Ertragsorientiertes Bankmanagement

Henner Schierenbeck • Michael Lister
Stefan Kirmße

Ertragsorientiertes Bankmanagement

Band 1: Messung von Rentabilität
und Risiko im Bankgeschäft

9., vollständig überarbeitete und erweiterte Auflage

Henner Schierenbeck
Universität Basel
Basel, Schweiz

Stefan Kirmße
Steinbeis-Hochschule Berlin
Berlin, Deutschland

Michael Lister
Steinbeis-Hochschule Berlin
Berlin, Deutschland

ISBN 978-3-8349-0824-7   ISBN 978-3-8349-6906-4 (eBook)
DOI 10.1007/978-3-8349-6906-4

Die Deutsche Nationalbibliothek verzeichnet diese Publikation in der Deutschen Nationalbibliografie; detaillierte bibliografische Daten sind im Internet über http://dnb.d-nb.de abrufbar.

Springer Gabler
© Springer Fachmedien Wiesbaden 1985, 1987, 1991, 1994, 1997, 1999, 2001, 2003, 2014

Gedruckt auf säurefreiem und chlorfrei gebleichtem Papier

Springer Gabler ist eine Marke von Springer DE. Springer DE ist Teil der Fachverlagsgruppe Springer Science+Business Media.
www.springer-gabler.de

Vorwort

In den vergangenen Jahren haben Finanz- und Eurokrise das Geschehen auf den internationalen Geld- und Kapitalmärkten beherrscht. Trotz der weiter voranschreitenden Mathematisierung der Risikomodelle wurden Risiken fehlerhaft bewertet und Finanzinstrumente falsch eingesetzt. Die international hohe Zahl von Bankinsolvenzen und die notwendigen Rettungsaktionen einiger Regierungen haben das Vertrauen in die Kreditwirtschaft nachhaltig belastet. Als politische Konsequenzen wurden weltweit aufsichtliche Bestimmungen verschärft und höhere Eigenmittelunterlegungen sowie neue Maßnahmen zur Messung und Begrenzung von Liquiditätsrisiken eingefordert. Das anhaltend niedrige Zinsniveau und der immer noch zunehmende Wettbewerb sind weitere Kennzeichen eines immer schwieriger beherrschbaren Bankenmarkts.

Von diesen Entwicklungen sind verschiedene Elemente des Bankcontrollings betroffen. Zu nennen ist hier beispielsweise die Integration von Liquiditätsrisikoprämien in die Marktzinsmethode. Dazu wurde die bereits bekannte Berücksichtigung gespaltener Geld- und Kapitalmärkte erweitert, sodass nun ein schlüssiges Verfahren zur Erfassung von Liquiditätsspreads präsentiert werden kann.

Daneben wird seit der Einführung des Value at Risk über die Zweckmäßigkeit dieses Risikomaßes diskutiert. Zum einen wird insbesondere aus investitionsrechnerischen Überlegungen das Lower Partial Moment als Alternative genannt. Zum anderen setzt sich mehr und mehr die Quantifizierung des Expected Shortfall als Basis der Risikotragfähigkeit durch. Zudem erweitern Stresstests das Spektrum der Risikoanalyse in Kreditinstituten.

Neben diesen und anderen kleineren, aber wichtigen inhaltlichen Anpassungen bestand die zentrale Arbeit in der kompletten Umstrukturierung des ersten und zweiten Bandes des Gesamtwerks. So wurde die bisherige Gliederung aufgegeben und eine neue inhaltliche Zuordnung gewählt. Im vorliegenden Band 1 stehen nunmehr alle Fragen im Vordergrund, die sich mit der Messung der Profitabilität des Bankgeschäfts und ihrer Risiken auseinandersetzen. Natürlich werden wie bisher im ersten Kapitel und einleitend mit den Aufgaben und Instrumenten, der Einbindung in die Bankorganisation sowie dem dualen Steuerungsmodell die Wesensmerkmale des modernen Bankcontrollings erörtert, bevor dann im zweiten Kapitel zunächst alle Aspekte einer entscheidungsorientierten Ergebniskalkulation des Bankgeschäfts ausführlich diskutiert und dargestellt werden. Dabei steht die Marktzinsmethode im Perioden- und Barwertkalkül weiterhin im Mittelpunkt.

Im dritten Kapitel wird die Risikomessung des Bankgeschäfts mit all seinen Facetten in den Fokus gestellt. Nach der ausführlichen Auseinandersetzung mit alternativen Risikomessverfahren, und hier vor allem mit dem Value at Risk, wird die Risikomessung einzelner Risikoarten erörtert. Dazu wird die Kreditrisikomessung auf Einzelgeschäfts- und Portfolioebene aufgezeigt. Das Zinsänderungsrisiko wird als Zinsspannen- und als Marktwertrisiko analysiert. Ergänzend werden Verfahren zur Berechnung des Währungs- und des Aktienrisikos diskutiert. Abschließend werden innovative Ansätze zur Kalkulation des operationellen Risikos und des Liquiditätsrisikos vorgestellt.

Wegen des neuen Zuschnitts von Band 1 wird natürlich auch der bisherige Band 2 umfassend zu überarbeiten sein. Dieser wird fortan das Konzept einer integrierten Rendite-/Risikosteuerung präsentieren. Dazu wird das erste Kapitel das Rentabilitätsmanagement auf Basis der ROI-Analyse, die Risikokapitalallokation sowie die Integration von handels- und steuerbilanziellen sowie von aufsichtlichen und ökonomischen Aspekten zu einer mehrdimensionalen Steuerung umfassen. Im zweiten Kapitel wird mit dem Vertrieb, der Produktion und der Steuerung das Management einzelner Aggregate eines Kreditinstituts durchleuchtet. Im abschließenden dritten Kapitel werden ausgewählte Controllingkonzepte alternativer Bankgruppen präsentiert.

Band 3 wird weiterhin als Fallstudiensammlung erscheinen. Allerdings werden die vorhandenen Fallstudien nach der Umstrukturierung der ersten beiden Bände überarbeitet und um zahlreiche neue Fallstudien ergänzt.

Für Fehlerhinweise und inhaltliche Anregungen der Leser sowie Anmerkungen der Autoren rund um das Thema „Ertragsorientiertes Bankmanagement" wurde eine eigene Internetseite unter www.ertragsorientiertesbankmanagement.de eingerichtet. Wir bedanken uns bei allen Lesern für wertvolle Hinweise. Weitere Unterlagen und Informationen zum Buch finden Sie unter www.springer.com.

Die Überarbeitung des vorliegenden Bandes 1 erforderte den Einsatz einer Vielzahl von Helfern und Diskussionspartnern, denen die Autoren zu Dank verpflichtet sind. Hierzu zählt vor allem Prof. Dr. Bernd Rolfes, der mit großer Leidenschaft zu jeder Zeit diskussionsbereit war. Dank für wertvolle Hinweise gebührt aber auch Prof. Dr. Reinhold Hölscher, Prof. Dr. Arnd Wiedemann, Prof. Dr. Claudia Wöhle und Prof. Dr. Michael Pohl. An der inhaltlichen und technischen Überarbeitung haben außerdem ehemalige und aktuelle in- und externe Doktoranden mitgeholfen. Dafür danken wir Dr. Markus Kudernatsch, Dipl.-Kfm. Peter Biegler, Dipl.-Kfm. (FH) Tayfun Erbil, Stephan Findeisen, M. Sc., Maximilian Hagensick, LL. M., Dipl.-Bw. (FH) Daniela Lacher, Dipl.-Vw. Tim Sebastian Nädele und Dipl.-Kffr. Kirsten Schmidt-Altmann.

Aufgrund der bereits erörterten Umstrukturierung dieses Bandes war vor allem die technische Umsetzung eine Mammutaufgabe, die Dipl.-Kffr. Silke Rahe übernommen hat. Mit großem Arbeitseinsatz, der ihr eigenen Akribie und unermüdlicher Beharrlichkeit hat sie zudem die Koordination des Gesamtprojekts übernommen. Für ihre Leistung sind wir Frau Rahe zu besonderem Dank verpflichtet.

Basel/Berlin/Münster

Henner Schierenbeck/Michael Lister/Stefan Kirmße

Inhaltsverzeichnis

Einleitung:
Controlling als integriertes Konzept ertragsorientierter Banksteuerung

Die Anforderungen an das Bankmanagement und das verwendete Steuerungsinstrumentarium nehmen ständig zu. Die Finanzdienstleistungspolitik der Länder führte zu maßgeblichen Veränderungen in den nationalen Bankensystemen. Die Wertschöpfungsprozesse wurden grundlegend umgestaltet. Die Spezialisierung auf Funktionen und Märkte nimmt weiter zu. Der Wettbewerbsdruck verschärft sich immer noch. Die Komplexität des Bankgeschäfts wächst.

Die Bankenwelt hat längst verstanden, dass ein modernes Controlling zur Zukunftssicherung unabdingbar geworden ist. Modernes Controlling – verstanden als integriertes Konzept des ertragsorientierten Bankmanagements – bildet den Gegenstand des vorliegenden Werks.

Über den Begriff „Controlling" gibt es keine einheitliche Ausfassung. Fest steht jedoch, dass **Controlling** nicht einfach mit Kontrolle gleichgesetzt werden darf, da der zugrunde liegende Terminus „to control" weit mehr umfasst und so viel bedeutet wie „Steuerung, Lenkung und Überwachung". Die somit im Vordergrund des Controllings stehende Steuerungsfunktion weist dabei konkret für Banken eine **inhaltliche** und eine **formale** Komponente auf.

Materiell zeichnet sich ein geschlossenes Konzept des Bankcontrollings dadurch aus, dass sowohl die Gesamtbank als auch die einzelnen Geschäftseinheiten bis hin zum einzelnen Geschäft mithilfe eines **integrierten** Konzepts bewusst **ertragsorientiert** gelenkt werden. Dabei geht es im Kern um die Formulierung und Durchsetzung einer Geschäftspolitik, die ihre **Philosophie** aus den Grundprinzipien der Triade des ertragsorientierten Bankmanagements herleitet (vgl. Abbildung 1):

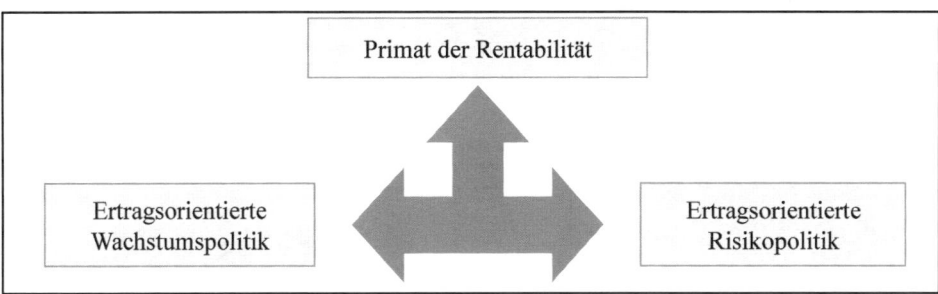

Abb. 1:   Die Triade des ertragsorientierten Bankmanagements

(1) Es gilt das Primat der Rentabilität! Alle geschäftspolitischen Entscheidungen sind stets der Frage zu unterwerfen, ob bzw. inwiefern sie zur Erzielung einer angemessenen (Mindest-) Rentabilität beitragen. Das Controlling fungiert damit als eine Art institutionalisiertes „**Ertragsgewissen**" der Bank.

(2) Geschäftswachstum wird grundsätzlich nicht als Selbstzweck angestrebt, sondern ausschließlich als Mittel zur Rentabilitätsmehrung und Rentabilitätssicherung gesehen. Dabei

erfolgt stets eine Abstimmung zwischen wachstumsbedingtem Rentabilitätsbedarf und den voraussichtlichen, wachstumsbedingten Rentabilitätswirkungen (= **ertragsorientierte Wachstumspolitik**).

(3) Die Übernahme von Risiken wird dem Rentabilitätsdenken insofern konsequent unterge-ordnet, als sie sich stets aus den dabei zu erwartenden Ertragsmöglichkeiten zu rechtferti-gen hat und strikt mit der generellen Risikotragfähigkeit der Bank gekoppelt sein muss. Das Controlling impliziert also eine deutlich defensive Grundhaltung, was das Eingehen von Risiken betrifft (= **ertragsorientierte Risikopolitik**).

Während die Konzeption des ertragsorientierten Bankmanagements die Rentabilität als oberste Zielgröße an die Spitze der bankbetrieblichen Ergebnishierarchie stellt, bestimmt in Sharehol-der-Value-Konzepten die **langfristig nachhaltige** Steigerung des Unternehmenswerts (= Value) für die Aktionäre (= Shareholder) die geschäftspolitischen Entscheidungen. Die Merkmale einer wertorientierten Unternehmenssteuerung sind jedoch grundsätzlich identisch mit den oben genannten Grundprinzipien des Konzepts ertragsorientierter Banksteuerung. Im Shareholder-Value-Management für Banken werden lediglich zusätzlich zwei Aspekte ergänzt: Zum einen finden die Investor Relations – also die Pflege der Beziehung zu den Aktionären – besondere Berücksichtigung, zum anderen wird zusätzlich die instrumentelle Beziehung der Bankrentabilität für den Marktwert des Bankeigenkapitals beleuchtet.

Ergänzend zur materiellen Komponente weist das Bankcontrolling stets auch eine formale Komponente auf. Hier kommt dem Controlling einerseits die Aufgabe zu, die Rationalität bankbetrieblicher Entscheidungsprozesse durch **systematische Planaktivitäten und Erfolgs-kontrollen** sicherzustellen. Andererseits hat das Controlling eine ausgeprägte **Koordinations- und Informationsfunktion** zu erfüllen. Das Controlling kann also institutionell als eine Art Informationszentrum verstanden werden, das steuerungsrelevante Informationen erfasst, auf-bereitet und weiterleitet, um die Aktivitäten der einzelnen Geschäftseinheiten im Hinblick auf die Gesamtbankziele zu koordinieren und abzustimmen.

Die informationelle Unterstützung der Entscheidungsträger im Hinblick auf ihre kybernetische Funktion für den Planungs- und Kontrollprozess dokumentiert sich nach einem Vorschlag von MERTIN im Einzelnen in folgenden Aufgaben:

a) die laufende Erfassung unternehmensrelevanter Daten,

b) die Interpretation der Daten in Abhängigkeit von zukünftigen Entwicklungen,

c) die entscheidungsgerechte Präsentation der Analysen für die Bankleitung,

d) die planerische Gestaltung der Unternehmensaktivitäten,

e) eine permanente und standardisierte Situations- und Abweichungsanalyse und

f) die automatische Reflexion der Analyseergebnisse durch organisierte Kurskorrekturen.

Das Wesen des Bankcontrollings kann zusammenfassend durch zwei (interdependente) Aspekte beschrieben werden (vgl. Abbildung 2): Im materiellen Sinne steht das Bankcontrol-ling für eine integrierte Managementkonzeption, welche die betonte Ertragsorientierung zum tragenden Fundament erhebt. Aus formaler Sicht vollzieht sich das Bankcontrolling als komplexer kybernetischer Prozess von revolvierend ablaufenden Planungs- und Kontrollaktivitäten, die in allen Phasen durch systematisches Informationsmanagement abgestützt werden. Im Mittelpunkt stehen dabei die Formulierung und Abstimmung der (ertragsorientierten) Unternehmensziele auf Gesamtbankebene und die Koordination aller Einzelaktivitäten und Geschäftsbereiche im Hinblick auf diese Ziele.

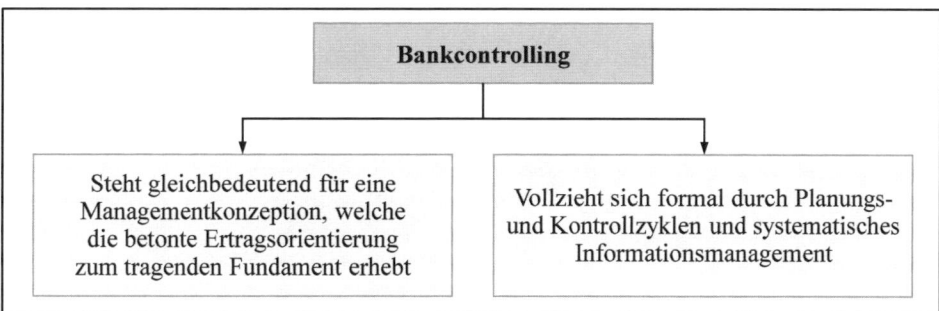

Abb. 2:   Die Dimensionen des Bankcontrollings

Erstes Kapitel:
Aufgaben, Strukturen und Prozesse des Bankcontrollings

Controllingkonzeptionen in Finanzinstituten lassen sich grundsätzlich auf eine einheitliche Grundphilosophie zurückführen. Das schließt nicht aus, dass sie in der praktischen Umsetzung differenziert nach institutsindividuellen Rahmenbedingungen zu gestalten sind. Controlling bedeutet nicht ein neues System, das den Unternehmenserfolg automatisch garantiert, und entbindet die Entscheidungsträger nicht von den Führungsaufgaben. Vielmehr beinhaltet es die Förderung des Verantwortungs- und Ergebnisbewusstseins der Entscheidungsträger und damit letztlich die Sicherstellung einer **konsequent zielgerichteten** und – sowohl **materiell** als auch **organisatorisch verankerten** – **systematischen Entscheidungsfindung auf allen Unternehmensebenen**.

A. Die Aufgaben und Instrumente des Controllings in Finanzinstituten

Vor dem Hintergrund der so umrissenen Grundphilosophie des Bankcontrollings stellt sich dem Management von Finanzinstituten ein Komplex von Aufgaben, der mit der Durchsetzung des Controllingdenkens in allen Bereichen einer Bank beginnt und bis hin zur Feinsteuerung kleinster Geschäftseinheiten reicht.

Die einzelnen Teilaufgaben des Bankcontrollings lassen sich dabei von verschiedenen Seiten systematisieren, wobei sich die drei Ebenen des gesamten Aufgabenkomplexes anschaulich in Form eines Würfels darstellen lassen (vgl. Abbildung 3). Die kompakte Darstellung als Aufgabenwürfel weist schon darauf hin, dass es sich bei den einzelnen Dimensionen um ein festes Bündel von Aufgaben handelt und die Teilaufgaben nicht isoliert betrachtet werden dürfen. Vielmehr existieren komplexe Interdependenzen, die ein integratives Denken und Handeln notwendig machen. So werden bei jedem controllingspezifischen Problem denn auch grundsätzlich sämtliche drei Dimensionen angesprochen.

I. Der Aufgabenwürfel im Bankcontrolling

Das Controlling hat in Banken **drei elementare Aufgaben** zu erfüllen:

(1) Aufbau und Sicherstellung einer den Grundgedanken ertragsorientierter Banksteuerung adäquaten **Infrastruktur**. Dem Bankcontrolling kommt hierbei eine systembildende Funktion zu, da die Organisationsstruktur, das Planungs- und Kontrollsystem sowie das Führungsinformationssystem konsequent an der Maxime der Ertragsorientierung auszurichten sind.

(2) Institutionalisierung eines schrittweisen Vorgehens bei der Wahrnehmung **controlling-spezifischer Prozessfunktionen**, um so durch die konsequente Einhaltung eines Stufenschemas über die Situationsanalyse, die Planungs- und die Kontrollphase die Geschlossenheit des Controllingzyklus zu garantieren.

(3) Moderation von **Gesamtbanksteuerung** und **Einzelgeschäftssteuerung** nach den Prinzipien des ertragsorientierten Bankmanagements. Das Bankcontrolling besitzt i. d. R. zwar keine direkte Entscheidungskompetenz, aber durch systematische Wahrnehmung von Informations- und Koordinationsaufgaben unterstützt es die einzelnen Managementbereiche in ihrer Aufgabenstellung. Bei Zielkonflikten kommt dem Controlling hierbei die Funktion eines „Ertragsgewissens" zu, indem es bei der Koordination die Ziele Rentabilität und Sicherheit in den Vordergrund stellt und so häufig eher eine „Bremserfunktion" innehat.

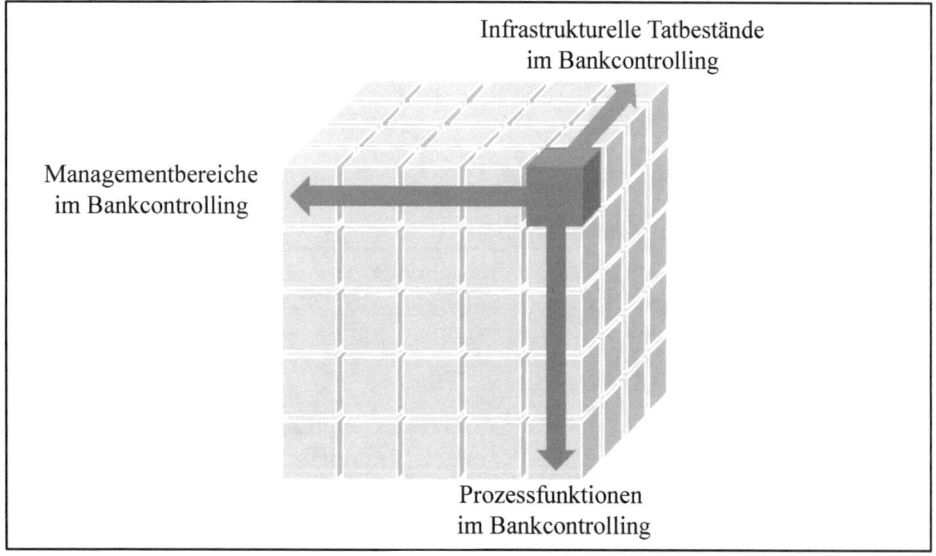

Abb. 3:   Dreidimensionale Aufspaltung des komplexen Aufgabenbündels im Bankcontrolling

Im Folgenden wird nun auf die drei Dimensionen des Aufgabenwürfels eingegangen.

1.   Aufbau einer controllingadäquaten Infrastruktur

Zunächst besteht die grundlegende Aufgabe des Bankcontrollings darin, eine – unter Berücksichtigung der spezifischen Gegebenheiten einer Bank – controllingadäquate Infrastruktur zu entwickeln und ihre Durchsetzung schließlich auch sicherzustellen. Eine solche Infrastruktur richtet sich zum einen auf die Manifestierung des Controllinggedankens auf allen Führungsebenen einer Bank und zum anderen auf die Gestaltung der Struktur des Managementsystems, d. h. auf die Schaffung der organisatorischen, der planungs- und kontrollrelevanten sowie der informationsbedingten Voraussetzungen einer ertragsorientierten Unternehmenssteuerung.

6

So setzt sich das Kerngerüst einer controllingadäquaten Infrastruktur denn auch klassischerweise aus vier elementaren Bausteinen zusammen (vgl. Abbildung 4), die im Folgenden erläutert werden.

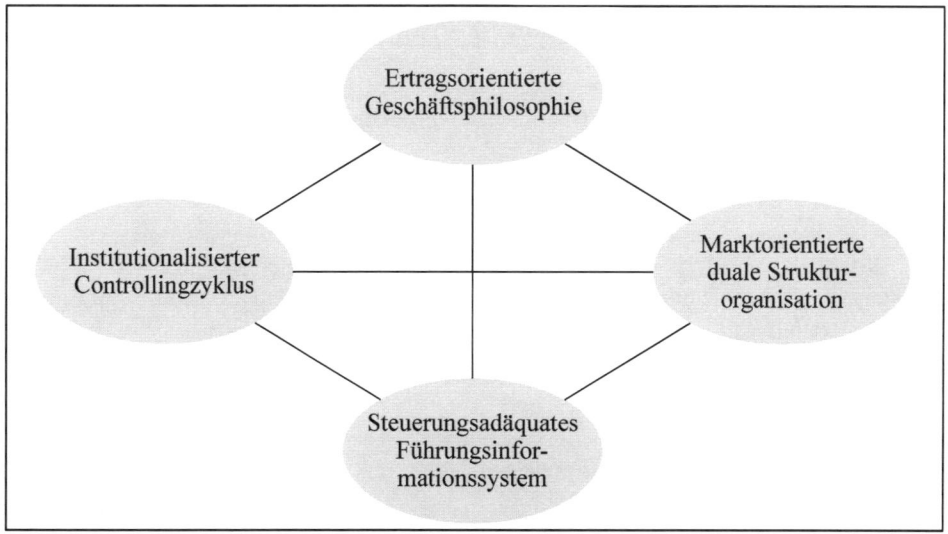

Abb. 4: Die vier Bausteine einer controllingadäquaten Infrastruktur in Finanzinstituten

a) Ertragsorientierte Geschäftsphilosophie

Die ertragsorientierte Geschäftsphilosophie als Kernelement eines integrierten Controllingsystems steht gleichbedeutend für eine Managementkonzeption, die die betonte Ertragsorientierung zum tragenden Fundament erhebt und dies auch in einer ganz spezifischen Art des Denkens und Handelns auf allen Führungsebenen einer Bank zum Ausdruck bringt. Ertragsorientierung heißt in diesem Sinne, dass das Bankergebnis konsequent im Mittelpunkt geschäftspolitischer Überlegungen stehen muss. Indikatoren hierfür lassen sich auf verschiedenen Ebenen festmachen:

- eine konsequente Orientierung des Denkens und des Entscheidungsverhaltens vorrangig an Rentabilitätskriterien;

- die Betrachtung von (Geschäftsvolumen-)Wachstum nicht als Selbstzweck, sondern seine strikte Relativierung als Mittel zum Zweck der Rentabilitätsmehrung resp. -sicherung;

- eine konsequent ertragsorientierte und an Kriterien der Tragfähigkeit ausgerichtete Risikopolitik;

- ein ausgeprägtes Verständnis für Kostenkontrolle und von Kostensenkungsmaßnahmen als kontinuierlichen Verbesserungsprozess;

- die systematische Entwicklung oder Sicherung komparativer Konkurrenzvorteile;

- die erfolgreiche Integration von Kundenorientierung und Ertragsorientierung in einem harmonischen Gesamtkonzept;

- eine betont leistungsorientierte Ausgestaltung der betrieblichen Anreizsysteme;

- die Synchronisation von Gesamtbankrentabilitätszielen und persönlichen Einkommens- und Karrierezielen;

- die konsequente Beurteilung von Kundenbeziehungen nach Ertragskriterien

- u. a. m.

Ein Teil der hier angesprochenen starken Indikatoren für die Existenz einer ertragsorientierten Geschäftsphilosophie lässt sich leicht überprüfen. Andere dagegen entziehen sich teilweise einer objektiven Beurteilung. Hier besteht in der Praxis häufig die Gefahr, dass die bankbetriebliche Realität trotz des „Lippenbekenntnisses" zur Ertragsorientierung noch stark von tradierten Denkschemata und Werten geprägt ist.

b) Marktorientierte duale Strukturorganisation

Den zweiten Baustein einer controllingadäquaten Infrastruktur bildet die Organisationsstruktur einer Bank. Neben der Durchsetzung einer bestimmten geistigen Grundhaltung muss auch der konkrete organisatorische Rahmen vorhanden sein, in dem die ertragsorientierte Geschäftsphilosophie am Markt umgesetzt werden kann. So sind vor allem Entscheidungen darüber zu treffen, nach welchen Organisationsprinzipien die einzelnen Unternehmensbereiche zunächst abgegrenzt und später in ihrem Zusammenwirken wieder koordiniert werden und in welchem Maße Entscheidungsbefugnisse an untere Führungsebenen delegiert werden sollen.

Die **klassische** Organisationsstruktur der Finanzinstitute ist durch ein Stab-Liniensystem gekennzeichnet, dessen (Haupt-)Abteilungen sowohl nach **funktionalen** Kriterien (insbesondere in den Stabs-, Verwaltungs- und Servicebereichen) als auch nach **produktbezogenen** Gesichtspunkten (insbesondere in den Marktleistungsbereichen) gegliedert sind. Sie gilt für Universalbanken seit Langem als nicht mehr adäquat, um dem tief greifenden Strukturwandel auf den Bankmärkten und den dynamischen Wettbewerbsverhältnissen im Kreditgewerbe schlagkräftig, flexibel und erfolgreich begegnen zu können.

Als Antwort hierauf sind in der Literatur und Praxis seit den späten 1960er-Jahren sogenannte **marktorientierte** Organisationsformen entwickelt worden, die – bei allen Unterschieden im Detail – den **Kunden** zur maßgeblichen Bezugsgröße für die organisatorische Gliederung der Marktleistungsbereiche einer Bank erklären.

Eine zielgerichtete Verwirklichung dieser Marktorientierung bietet in diesem Zusammenhang die sogenannte **Matrixorganisation**. Das Matrixprinzip beruht im Allgemeinen darauf, eine zweidimensionale Struktur zu schaffen, indem vertikale Funktionssäulen von einer horizontalen objektorientierten Struktur überlagert werden. Auf diese Weise wird versucht, die Vorteile von funktionalen (Organisation nach dem Verrichtungsprinzip) und divisionalen (Organisation nach dem Objektprinzip) Strukturen zu vereinen. Den Ursprung dieser Organisationsform bil-

8

den Erkenntnisse der verhaltenswissenschaftlichen Organisationstheorie, nach denen Konflikte zwischen Instanzen nicht zwingend nachteilig sind, sondern gegebenenfalls zu positiven Ergebnissen führen, sofern sie bei den Beteiligten einen stärkeren Einsatz hervorrufen und Leistungsreserven mobilisieren. Dies kann allerdings nur gelingen, wenn insbesondere eine klare Abgrenzung der Kompetenzen und Verantwortlichkeiten erfolgt. Die Matrixorganisation verkörpert letztlich das Grundprinzip des dualen Steuerungsmodells, das die prinzipielle Dualität der Steuerungskreise im praktischen Bankmanagement anerkennt. Demnach ist eine saubere Trennung zwischen kundenorientierten Marktbereichen einerseits und produkt- bzw. funktionsorientierten Fachressorts der Zentrale andererseits vorzunehmen.

Die Organisation der Marktbereiche folgt dem Objektprinzip und lässt sich unter dem Begriff der **kundenorientierten Profitcenterorganisation** subsumieren. Die Marktbereiche werden nach Kundenmerkmalen gegliedert (und nicht nach Produkten!), da nur so eine Kongruenz zwischen Ergebnishierarchie und Unternehmenshierarchie zu erreichen ist. Das heißt, dass sich die einzelnen Teilbetriebsergebnisse auf jeder Hierarchieebene zu Aggregaten zusammenfassen lassen, die in ihrer Summe selbst letztlich den Gesamtbankerfolg ergeben, ohne dass gleichzeitig die Verantwortlichkeit für den komplexen Markterfolg zerschnitten wird. Kundenorientierung meint dabei speziell, dass der Kunde an sich als maßgebliche Erfolgsquelle betrachtet wird. Wenn nun die Organisationsstruktur der Entstehung des Bankerfolgs folgen soll, dann hat sie sich auch an den Kunden bzw. deren Bedürfnissen zu orientieren. So ließe sich beispielsweise der gesamte Marktbereich in die Oberbereiche „Mengenkunden", „Vermögende Privatkunden" und „Firmenkunden" gliedern. Anschließend könnte der Oberbereich „Mengenkunden" weiter nach den Kundenmerkmalen „Einkommensklasse" und „Berufsgruppenzugehörigkeit" oder einer Kombination aus beiden Merkmalen untergliedert werden. Eine derart vorgenommene Marktsegmentierung würde bei einer kundenorientierten Organisation der Marktbereiche die Grundlage für die Organisationsstruktur bilden. Dabei sollte eine Kundengruppe marktseitig auch möglichst umfassend durch eine einzelne Organisationseinheit bedient werden, sodass stets ein konkreter, gleichbleibender Ansprechpartner für die Kunden – unabhängig von ihren konkreten Produktwünschen – existiert. Als Ergebnis ist so eine verbesserte Kundenansprache und über Cross-Selling-Bemühungen eine effektivere Ausschöpfung des jeweiligen Kundengruppenpotenzials möglich. Zur besseren Steuerung und Beurteilung der Mitarbeiter bzw. Organisationseinheiten sowie aus Motivationsgründen sind die organisatorischen Einheiten als Profitcenter zu konzipieren. Hierzu ist ihnen zwecks Selbststeuerung die Ertragsverantwortung für ihren Teilbereich zu übertragen, wozu eine klare Aufgaben- und Kompetenzabgrenzung notwendig ist.

Die Organisationsform der Profitcenter bedingt eine Tendenz zu dezentralen Führungsstrukturen, da eine Ertragsverantwortung der Profitcenter bei gleichzeitig fehlendem Entscheidungsspielraum zwangsläufig demotivierend wirken würde. Stattdessen sind den einzelnen Profitcentern zwecks Selbststeuerung genau zu definierende Kompetenzspielräume zuzuweisen, in deren Rahmen sie ohne Rückfragen selbstständig entscheiden können. Zur so erwünschten Begrenzung der Regelungsintensität und zur Koordination der Marktbereiche „vor Ort" bietet sich das Konzept der Führung durch Zielvereinbarung (Management by Objectives) an. Der hierarchische Aufbau der Bank kann dann insofern als Instrument zur Koordination und Förderung des Ertragsdenkens auf allen Führungsebenen – also zur Durchsetzung der Ertragsorientierung von oben nach unten – gesehen werden. Die dezentrale Führungsstruktur ermöglicht eine Koordination der dezentralen Entscheidungen der Marktbereiche, ohne hierbei in einen „Bankdirigismus" zu verfallen.

Von den dezentralen, kundenorientierten Marktbereichen sind die **zentralen Fachressorts** zu unterscheiden, die sich in zwei Gruppen untergliedern. Die erste Gruppe beinhaltet **produktorientierte Fachressorts mit struktureller Rentabilitäts- und Risikoverantwortung**. Sie sind für alle Entscheidungstatbestände verantwortlich, die im Sinne des dualen Steuerungsmodells nur zentral gesteuert werden können. Dazu zählen zum einen die Aufgaben des **Portfoliomanagements**, durch das die Geschäftsstruktur der Gesamtbank unter besonderer Berücksichtigung der Marktchancen und Marktrisiken in den verschiedenen Geschäftsfeldern gesteuert werden soll. Zum anderen sind damit die Aufgaben des **Bilanzstrukturmanagements** verbunden, das die Steuerung der Geschäftsstruktur unter besonderer Berücksichtigung der Bilanzstrukturrisiken und die Bestimmung gesamtbankbezogener Rentabilitätsvorgaben umfasst. Die Verantwortung der produktorientierten Fachressorts für diese genannten Problemkreise rechtfertigt die Möglichkeit, steuernd in die Geschäftskompetenzen der dezentralen Marktbereiche einzugreifen.

Als typisches Beispiel für ein Fachressort mit struktureller Rentabilitäts- und Risikoverantwortung gilt das sogenannte **Asset-Liability-Committee**. Seine Hauptaufgabe besteht darin, aus der Entwicklung des Geld- und Kapitalmarkts Anpassungs- und Korrekturmaßnahmen für die Steuerung der Bilanzstruktur abzuleiten und in regelmäßigen Zeitabständen die erforderlichen Finanzstrukturentscheidungen in Abstimmung mit der Geschäftsleitung zu treffen. Da in besonderen Situationen gegebenenfalls auch generelle Strukturrichtwerte verändert werden müssen (z. B. bei Zinsstrukturverschiebungen) und die Verantwortung dafür nur von höchster Ebene getragen werden kann, ist die Beteiligung der Geschäftsleitung im „Asset-Liability-Committee" generell unabdingbar. Daneben gehören dem Ausschuss sinnvollerweise Mitglieder all der Bereiche an, die auf der einen Seite die informatorischen Grundlagen für die zu treffenden Entscheidungen bereitstellen und von denen andererseits die entsprechenden Maßnahmen durchgesetzt werden müssen.

Die zweite Gruppe bilden **funktionsorientierte Fachressorts mit zentraler Service- und Abwicklungsverantwortung**. Die dezentralen Marktbereiche sind durch das Prinzip der Kundenorientierung recht hohen Anforderungen unterworfen, denen sie nicht immer ohne Unterstützung der Zentrale gerecht werden können. Die Komplexität ihrer Aufgaben macht es erforderlich, zentrale Ressorts einzurichten, die sie partiell entlasten. So gehört es zu den Aufgaben dieser Fachressorts, die fokussierte Betreuung für verschiedene Zielgruppen zu übernehmen. Ferner sollten sie kompetente Beratungsleistungen für seltene und möglicherweise individuell zu entwickelnde Spezialprodukte anbieten. Daneben erledigen sie ebenfalls die Bearbeitung und Abwicklung von Bankgeschäften, die mit zum Teil erheblichem technischen und personellen Aufwand verbunden sind und wegen der notwendigen Spezialisierung sowie der erzielbaren Kostendegressionseffekte auf sie übertragen werden. Die unterschiedlichen Qualifikationen und Neigungen der Mitarbeiter für Akquisitions- bzw. Verwaltungsarbeiten können auf diese Weise besser genutzt werden.

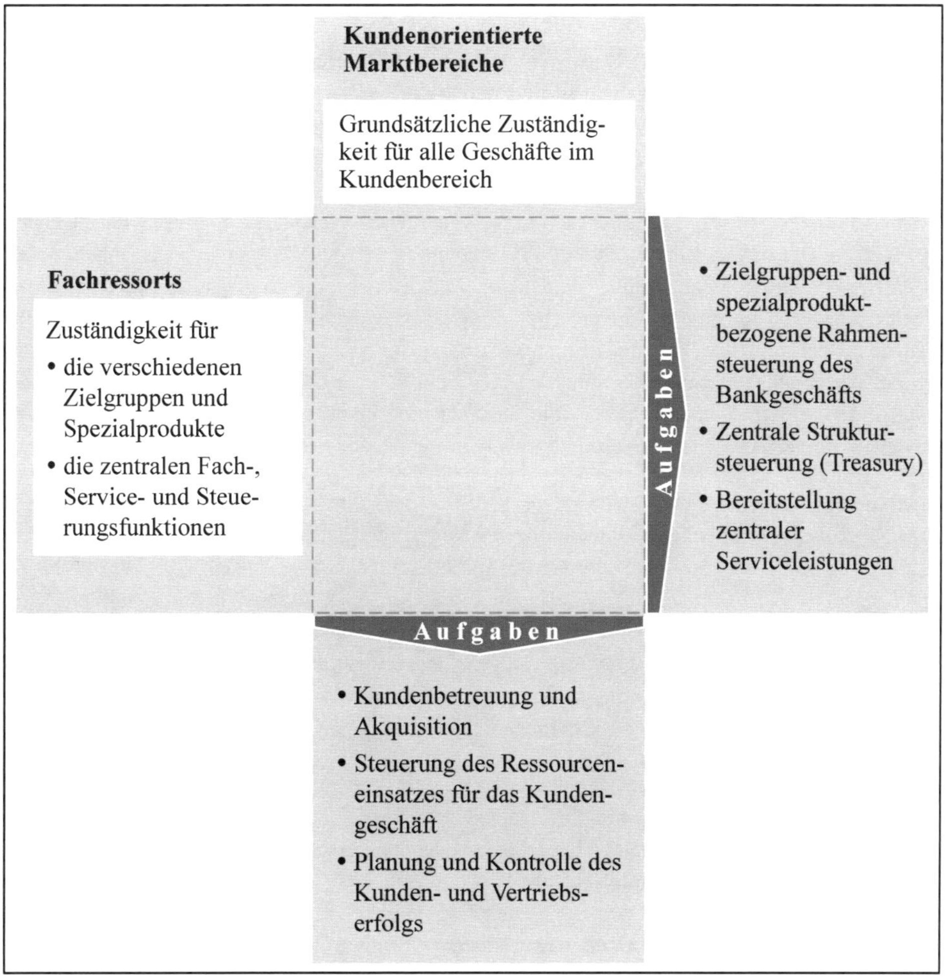

Kundenorientierte Marktbereiche

Grundsätzliche Zuständigkeit für alle Geschäfte im Kundenbereich

Fachressorts

Zuständigkeit für
- die verschiedenen Zielgruppen und Spezialprodukte
- die zentralen Fach-, Service- und Steuerungsfunktionen

Aufgaben

- Zielgruppen- und spezialprodukt-bezogene Rahmen-steuerung des Bankgeschäfts
- Zentrale Struktur-steuerung (Treasury)
- Bereitstellung zentraler Serviceleistungen

Aufgaben

- Kundenbetreuung und Akquisition
- Steuerung des Ressourcen-einsatzes für das Kunden-geschäft
- Planung und Kontrolle des Kunden- und Vertriebs-erfolgs

Abb. 5:   Grundschema der Matrixorganisation in Finanzinstituten

Abbildung 5 zeigt das Grundschema der beschriebenen Organisationsstruktur in Anlehnung an v. SCHIMMELMANN (1993, S. 940 f.). Es verdeutlicht die Aufgabenteilung zwischen Zentrale und Marktbereichen im Sinne des Matrixkonzepts, wobei trotz der Tatsache, dass die Querschnittskoordination von den zentralen Fachressorts wahrgenommen wird, beide Organisationsebenen aber prinzipiell gleichrangig und gleichgewichtig sind.

Da das Organisationssystem der Bank nicht nur die Verteilung der Funktionen umfasst, sondern ebenso Einfluss auf den Ablauf der Prozesse selbst nimmt, gilt es als wesentliche Determinante des Planungs- und Kontrollsystems, das den Gegenstand des folgenden, dritten Bausteins bildet.

c) Institutionalisierter Controllingzyklus

Controllingsysteme sind ihrem Kern nach komplexe Steuerungssysteme, bei denen die Planungs- und Kontrollaktivitäten nicht isoliert und unverbunden vollzogen werden, sondern sich konzeptionell in ein komplexes, hierarchisch vermaschtes kybernetisches Regelkreismodell einfügen. Um in diesem Sinne einen Controllingzyklus zu institutionalisieren, ist es unerlässlich, strategische und operative Ziele vor dem Hintergrund einer ertragsorientierten Geschäftsphilosophie zu formulieren und in strategische wie auch operative Plan-Größen umzusetzen. Die daraus resultierenden Soll-Größen dürfen nicht nur auf Gesamtbankebene als Orientierung dienen, sondern auch – entsprechend heruntergebrochen – in den einzelnen Profitcentern und für einzelne Kundengeschäfte, sodass diese Plan-Aktivitäten zu einem Gesamtplan koordiniert werden können, in dem sich dann die ertragsorientierte Zielkonzeption der Bank widerspiegelt. Dieser Gesamtplan ist die Grundlage und Voraussetzung dafür, Kontrollmaßnahmen zu ergreifen, Probleme, die letztlich nichts anderes als Soll-Ist-Abweichungen darstellen, überhaupt zu erkennen und kurskorrigierende Vorschläge zu unterbreiten.

Innerhalb des Bausteinmodells stellt die Organisation des Planungsprozesses nach dem „**Gegenstromverfahren**" ein zentrales Element dar. Dabei erfolgt die Planung durch eine Kombination aus „bottom-up-" und „top-down approach". Das bedeutet, dass zunächst ein vorläufiges Zielsystem festgesetzt wird, das von oben nach unten zunehmend konkretisiert und detailliert wird. Nachdem dieser Prozess die unterste Planungsebene erreicht hat, setzt in umgekehrter Richtung ein progressiver Rücklauf ein, durch den auf jeder hierarchischen Stufe die unmittelbar nachgeordneten Pläne schrittweise koordiniert und zusammengefasst werden. Erst nach Beendigung des Rücklaufs wird eine endgültige Entscheidung über das Gesamtsystem der Pläne getroffen.

Die Ausgestaltung einer regelmäßigen Zielerreichungskontrolle und systematischen Abweichungsanalyse erfolgt nach dem Führungskonzept „**Management by Exception**", also der Führung durch Abweichungskontrolle und Intervention in Ausnahmefällen. Es besagt, dass ein Mitarbeiter so lange selbstständig entscheiden und handeln kann, bis solch gravierende Probleme auftreten, dass er sie mit seinen eigenen Kompetenzen nicht mehr selbst lösen kann. Nur in diesem Fall gelangt er in den Regelkreis höherer Ordnung, d. h. seines Vorgesetzten.

In engem Zusammenhang mit diesem Führungskonzept steht das Prinzip des „**Self-Controllings**", durch das eine möglichst weitgehende Selbstständigkeit dezentraler Geschäftsbereiche gewährleistet werden soll. Es ermöglicht, dass grundsätzlich jeder Mitarbeiter als sein eigener Controller fungiert, zu diesem Zweck eigenständige Soll-Ist-Vergleiche durchführt und daraus resultierend ein entsprechendes Problembewusstsein entwickelt. Die notwendige Voraussetzung dafür bildet die Verankerung von Problembewusstsein, Kompetenz und Verantwortlichkeit an der Schnittstelle von Bank und Markt und wird aus Gründen der Motivation und Marktkenntnis als besonders sinnvoll angesehen. Eine Beschränkung dieser Selbststeuerung erfolgt lediglich dort, wo es aus Gründen eines zentralen Steuerungsbedarfs unumgänglich erscheint.

Die sich bereits hier andeutende Dualität der Steuerungskreise im praktischen Bankmanagement und deren integrative Verknüpfung durch entsprechende organisatorische Vorkehrungen entsprechen den konzeptionellen Hauptmerkmalen eines Steuerungsansatzes, der als „**duales Steuerungsmodell**" bezeichnet wird. Seine dualen Elemente lassen sich durch folgende

Begriffspaare kennzeichnen, welche die jeweils unterschiedlichen Problemdimensionen der ertragsorientierten Banksteuerung beleuchten:

- Die Unterscheidung von **Rentabilitätssteuerung** und **Risikosteuerung** knüpft an die Notwendigkeit der eigenständigen Berücksichtigung finanzieller Risiken in einer sonst rentabilitätsorientierten Steuerungskonzeption an.

- Die Unterscheidung von **potenzialorientierter Globalsteuerung** (strategisches Controlling) und **aktionsorientierter Feinsteuerung** (operatives Controlling) ergibt sich in konsequenter Anwendung des Prinzips der hierarchischen Unternehmensplanung.

- Die Trennung zwischen **Struktursteuerung** und **Geschäftssteuerung** verdeutlicht die unterschiedliche Sichtweise, die für die Gestaltung der Geschäftsstruktur (im Sinne von Portfolio- und Bilanzstruktur) einerseits und für die konkrete Ausfüllung dieser Strukturen durch geschäftspolitische (Einzel-)Entscheidungen andererseits zu gelten hat.

- Die Unterscheidung von **zentraler** und **dezentraler Steuerung** knüpft schließlich an der organisatorischen Zuordnung von Entscheidungskompetenzen und Verantwortlichkeiten an.

Am Beispiel des zuletzt genannten Begriffspaares soll nun die prinzipielle Grundidee des dualen Steuerungsmodells verdeutlicht werden. Dabei wird eine Trennung des Steuerungssystems in eine zentrale Struktursteuerung und eine dezentrale Marktsteuerung vorgenommen, die eine unmittelbare Aufnahme von Marktimpulsen ermöglicht. Jedem dieser beiden Steuerungskreise werden zunächst nur diejenigen Aufgaben zugeordnet, die in ihrem Beeinflussungs- und Verantwortungsbereich liegen. Der dezentralen Marktsteuerung unterliegen demnach alle Größen, die mit der ertragsorientierten Steuerung der Einzelgeschäfte (Kosten, Erlöse, Margen etc.) zusammenhängen. Zur zentralen Struktursteuerung zählen hingegen diejenigen Entscheidungstatbestände, die zum einen nur zentral, d. h. aus der Sicht der Gesamtbank, getroffen werden können und zum anderen die Geschäftsstruktur im Hinblick auf Parameter wie Fristigkeit, Wachstum, Risikoprofil u. Ä. tangieren. Aufgrund der grundsätzlichen Trennung von dezentraler und zentraler Kompetenz sowie Verantwortung ist des Weiteren ein Integrationskreis einzurichten, der eine Koordination beider Steuerungskreise vornimmt. Die notwendige Abstimmung geschieht mithilfe eines Konglomerats von Maßnahmen, zu denen unter anderem Zielvereinbarungen, Struktur- und Margenvorgaben sowie kompensatorische Eigengeschäfte gehören.

d)   Steuerungsadäquates Führungsinformationssystem

Als ein weiterer zentraler Baustein für integrierte Controllingsysteme in Banken gilt die Existenz eines steuerungsadäquaten Führungsinformationssystems. Wie schon an anderer Stelle ausgeführt, bezieht sich die formale Komponente des Controllings auf die Koordination sämtlicher Unternehmensaktivitäten durch **systematisches Informationsmanagement**. Da jede Entscheidung nur so gut sein kann wie ihre informatorische Grundlage, ist die Qualität von Bankmanagemententscheidungen auch davon abhängig, inwieweit es gelingt, diese Entscheidungsgrundlagen zu optimieren. Informationen werden so zu einer strategischen Managementressource.

Somit kommt in diesem Zusammenhang der Informationstechnologie eine besondere Bedeutung zu, die sich in einem permanenten, dynamischen Weiterentwicklungsprozess befindet. Diese Entwicklungen gilt es aufzunehmen und in den bankbetrieblichen Anwendungssystemen so umzusetzen, dass die grundsätzliche Zielsetzung eines controllingadäquaten Informationssystems erfüllt wird: Es soll vor allem der Erfassung, Speicherung und Distribution von relevanten Informationen dienen, d. h. dafür Sorge tragen, dass die richtigen Informationen am richtigen Ort zur rechten Zeit zur Verfügung stehen.

Vor diesem Hintergrund hat ein steuerungsadäquates Informationssystem grundsätzlich sicherzustellen, dass es allen Ebenen der Bank **entscheidungsrelevante** Ergebnisinformationen liefert (vgl. Abbildung 6). Dies bedeutet zum einen, dass Informationen darüber produziert werden müssen, was in Abhängigkeit von Kondition und Volumen bei einzelnen Geschäften verdient werden kann, sodass sowohl deren Erlösseite als auch deren Kostenseite im Sinne des Prinzips der Entscheidungsrelevanz zu erfassen sind. Zum anderen müssen dem Informationen über Ergebnisansprüche gegenübergestellt werden, damit sichtbar wird, welches Niveau der Zielerreichung sich bei Abschluss konkreter Geschäfte ergibt.

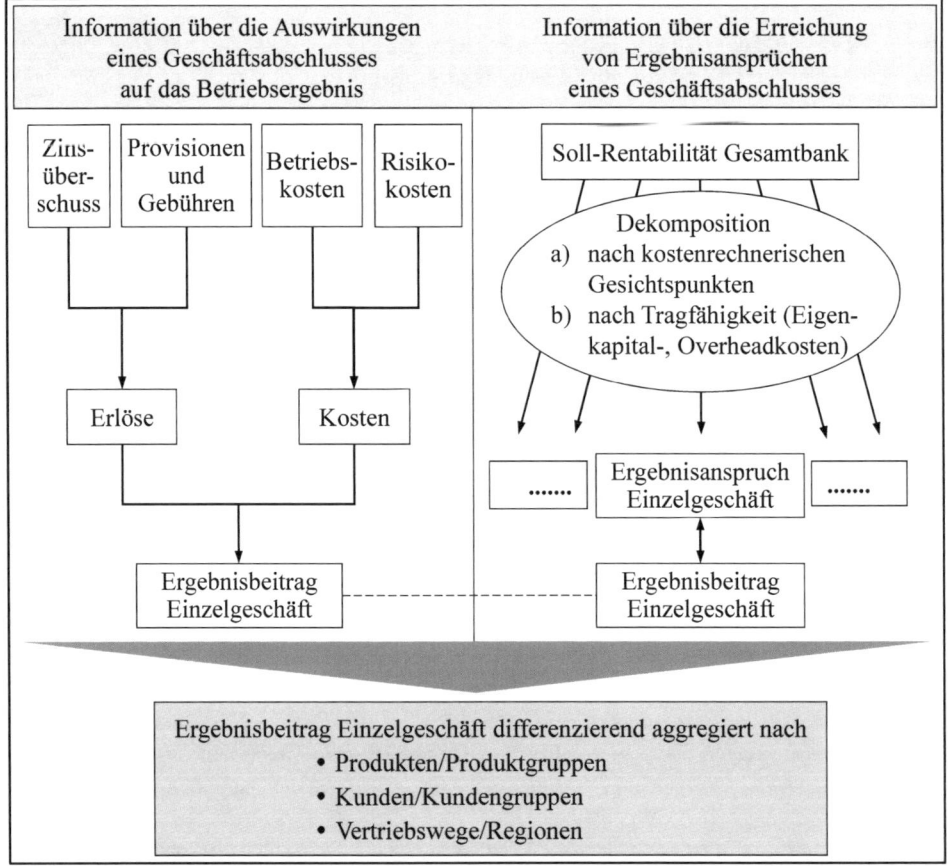

Abb. 6:   Entscheidungsrelevante, d. h. konzeptionell einzelgeschäftsbezogene (Soll-Ist-)Ergebnisinformation

Daneben muss das Informationssystem der Forderung nach **Transparenz der Ergebnisentstehung** gerecht werden. Es reicht oftmals nicht aus, nur die einzelgeschäftsbezogene Ergebniswirkung zu kennen. Vielmehr muss sichtbar sein, wie sich das Betriebsergebnis im Einzelnen zusammensetzt. Denn **im Kundengeschäft** lässt sich jeder einzelne Geschäftsabschluss drei unterschiedlichen Dimensionen zuordnen: Er gehört stets einem bestimmten Produkt oder einer Produktart an, er betrifft stets einen bestimmten Kunden oder eine Kundengruppe und er wird über einen bestimmten Vertriebsweg (z. B. eine konkrete Geschäftsstelle) abgesetzt. Erst diese drei Informationsdimensionen ermöglichen eine differenzierte Ergebnisrechnung in Form einer Produkt-, Kunden- oder Vertriebswegekalkulation. Eine solche Ergebnisrechnung für das Kundengeschäft wird durch die Ergebnisse in den **zentralen Handels-, Refinanzierungs- und Anlagebereichen** sowie durch die für die Gesamtbank anfallenden **Overheadkosten** ergänzt, um zum Betriebsergebnis zu gelangen.

Ferner müssen integrierte Risikoperformance- und Risikotragfähigkeitsinformationen für das Eingehen von Risiken durch das Führungsinformationssystem zur Verfügung gestellt werden (vgl. Abbildung 7). So sind Informationen über die Risikoindikationen für die verschiedenen Risikokategorien zu liefern. Die Vielfalt der heute im Bankgeschäft voneinander abgegrenzten Risikokategorien lässt eine vollständige Übersicht an dieser Stelle nicht zu. Exemplarisch sollen die zu generierenden Informationen anhand der Gegenparteien- und Marktrisiken demonstriert werden.

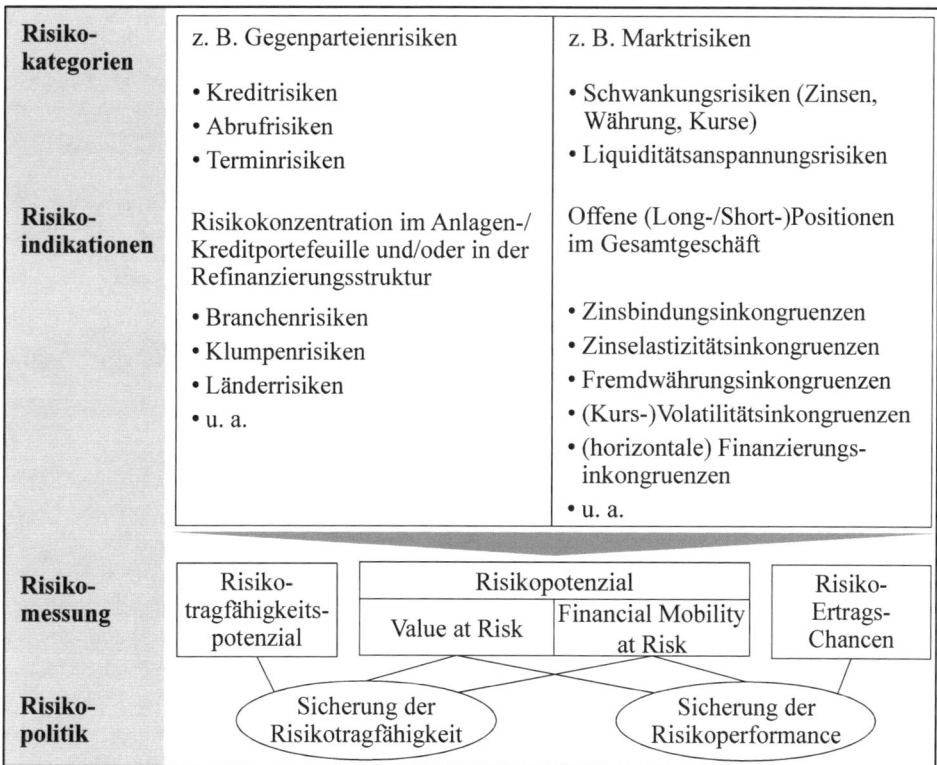

Abb. 7: Integrierte Risikoperformance- und Risikotragfähigkeitsinformationen am Beispiel von Gegenparteien- und Marktrisiken

Im Falle der Gegenparteienrisiken, worunter das Kreditrisiko sowie – liquiditätsbezogen – das Abruf- und das Terminrisiko fallen, wird der potenzielle Risikogehalt durch die Risikokonzentration im Anlagen- und Kreditportfolio sowie in der Refinanzierungsstruktur angezeigt. Unter die Marktrisiken fallen zum einen die Schwankungsrisiken, die aus Veränderungen von Zinsen, Währungen und Kursen resultieren. Zum anderen sind hier die Liquiditätsanspannungsrisiken zu nennen, die sich aus nicht vorhandenen Anlage- und Refinanzierungsmöglichkeiten aufgrund einer angespannten Liquiditätssituation am Markt ergeben. Die Risikosituation hinsichtlich dieser Marktrisiken wird durch offene Positionen im Gesamtgeschäft, d. h. Inkongruenzen bezüglich Zinsbindung, Zinselastizität, Fremdwährungen Volatilitäten sowie Finanzierungsinkongruenzen, beschrieben.

Darauf aufbauend hat die **Risikomessung** zu erfolgen, in deren Rahmen das Risikotragfähigkeitspotenzial, das Risikopotenzial und die Risikoertragschancen zu ermitteln sind. Das Risikotragfähigkeitspotenzial wird über die unterschiedlich abgestuften Risikodeckungsmassen, die im Falle des Eintretens von Erfolgsrisiken zur Verfügung stehen, sowie über die Liquiditätsreserven, die bei Liquiditätsengpässen zum Einsatz kommen, bestimmt. Mithilfe der Berechnung des **Value at Risk** und der **Financial Mobility at Risk** kann die Quantifizierung des Risikopotenzials vorgenommen werden. Unter dem Value at Risk ist der maximal zu erwartende Verlust aus dem Ausfall von Aktiven oder aus der Bonitätsverschlechterung von Schuldnern sowie aus der Veränderung von Zinsen, Währungen und Kursen zu verstehen, der unter üblichen Marktbedingungen innerhalb einer zuvor festgelegten Periode mit einer bestimmten Wahrscheinlichkeit eintreten kann. Für das Termin- und das Abrufrisiko sowie die Liquiditätsanspannungsrisiken quantifiziert die Financial Mobility at Risk die Liquiditätsressourcen, die im Falle des Schlagendwerdens der Liquiditätsrisiken mit einer bestimmten Wahrscheinlichkeit verbraucht werden. Neben der Ermittlung des Risikopotenzials für die einzelnen Risikokategorien ist die Aggregation auf Gesamtbankebene vorzunehmen, um Abhängigkeiten der Risiken untereinander zu berücksichtigen. Schließlich ist festzustellen, inwieweit den eingegangenen Risiken Ertragschancen gegenüberstehen. Während im Falle der Erfolgsrisiken die Ertragspotenziale direkt quantifizierbar sind, um die Risikoperformance zu ermitteln, sind für die Liquiditätsrisiken die Opportunitätskosten anzusetzen.

Die durch das Führungsinformationssystem bereitgestellten Informationen gehen in die **Risikopolitik** ein, die einerseits die Steuerung der Risikoperformance und andererseits die Sicherstellung der Risikotragfähigkeit zum Inhalt hat.

Zur Sicherstellung seiner Funktionsfähigkeit sollte ein steuerungsadäquates Informationssystem aus zwei interdependenten Teilen bestehen: dem Berichtswesen und dem Rechnungswesen. Zur optimalen informatorischen Fundierung von Bankmanagemententscheidungen ist das **Rechnungswesen** der Bank zu einem Führungsinstrument auszubauen. Seinen Schwerpunkt hat das interne, entscheidungsorientierte Rechnungswesen naturgemäß im operativen Controlling und dort in der Bereitstellung von Informationen für die Budgetierung und den Soll-Ist-Vergleich. Dabei kann auf den Einsatz leistungsfähiger Rechenzentren und Computersoftware grundsätzlich nicht verzichtet werden, weil nur so die Masse der pro Geschäftsvorfall anfallenden Daten effizient verarbeitet werden kann. Von Bedeutung ist ferner eine Verbindung von zentraler Groß-EDV (die der Datenerfassung und -speicherung dient) mit dezentralen PC-Systemen (mit deren Hilfe Auswertungsrechnungen und -analysen „vor Ort" und abgestimmt auf den spezifischen Informationsbedarf erstellt werden).

Das **Berichtswesen** umfasst die Gesamtheit der Informationen, die den Entscheidungsträgern in bestimmten Intervallen unaufgefordert oder bei konkretem Bedarf zur Verfügung gestellt werden (können). Dabei handelt es sich zum einen um Informationen aus dem Rechnungswesen, die gegebenenfalls in entsprechender Form tabellarisch oder grafisch aufbereitet sind. Zum anderen sind als Teil des Berichtswesens natürlich Marktanalysen, Zins- und Konjunkturprognosen sowie alle sonstigen Informationen aus dem wirtschaftlich-politischen Umfeld der Bank anzusehen.

Wegen der großen Flut von Informationen, die auf die Entscheidungsträger einer Bank ständig einwirken, ist die Aufgabe des Berichtswesens im Allgemeinen nicht darin zu sehen, richtige und zutreffende Informationen über alles erdenklich Relevante zusammenzutragen, sondern sich vielmehr im Sinne von **Informationsaskese** strikt zu beschränken. Gefragt werden muss also: **Wer braucht unbedingt welche Informationen in welcher Differenzierung und wie häufig?**

Dabei könnte beispielsweise ein dreistufiges Bedarfsschema für die Produktion und Bereitstellung von Informationen Verwendung finden. Nur ein kleiner Teil der Informationen, die für den oder die Entscheidungsträger benötigt werden, wird auch regelmäßig unaufgefordert zur Verfügung gestellt. Alle anderen Informationen werden nur bei konkreter Bedarfsäußerung im Einzelfall abgegeben, wobei hier zwei Unterfälle zu unterscheiden sind: Informationen, die schon produziert und bereitstellungsfähig gemacht worden sind, sodass sie sofort ohne weitere Aufbereitung zur Verfügung gestellt werden können, und Informationen, die bei Bedarfsauslösung erst noch erstellt werden müssen. Letztere sind im Allgemeinen solche, die sich der automatischen Datenverarbeitung aus den verschiedensten Gründen entziehen und deren Erstellung überdurchschnittlich hohe Kosten verursacht.

In diesem Zusammenhang kommt dem effizienten Einsatz der modernen Informations- und Kommunikationstechnologie in der Bank besondere Bedeutung zu. So erlauben es entsprechende Systeme durch die geschickte Zuteilung von definierten Rechten, dass jederzeit von verschiedenen Benutzerebenen aus auf die entscheidungsrelevanten Informationen zugegriffen werden kann.

2. *Wahrnehmung controllingspezifischer Fachfunktionen im bankbetrieblichen Steuerungsprozess*

Eine zweite Dimension des komplexen Aufgabenwürfels im Bankcontrolling wird sichtbar, wenn die verschiedenen Controllingfunktionen im bankbetrieblichen Steuerungsprozess betrachtet werden. Hiermit ist die formale Dimension des Controllings angesprochen, die sich als kybernetischer Prozess von revolvierend ablaufenden Planungs- und Kontrollaktivitäten beschreiben lässt, wobei dieser Prozess in allen Phasen durch systematisches Informationsmanagement abgestützt wird.

Da die spezifischen Informationsfunktionen im Bankcontrolling, die im Einzelnen die Phasen Informationsbeschaffung, Informationsverarbeitung (im Sinne einer Umformung, Verdichtung und Spezifizierung von Informationen), Informationsspeicherung sowie Informationsübermittlung umfassen, stets auf das Engste mit den entsprechenden Planungs- und Kontrollfunktionen verbunden sind und darüber hinaus oben schon angesprochen wurden, werden sie im Folgenden nicht mehr explizit beschrieben, sondern sind gleichsam implizit in den als komplexen

Informationsprozess gedeuteten Planungs- und Kontrollzyklus integriert. Dessen controlling-spezifische Prozessphasen beinhalten die Ziel- und Problemanalyse, die Erarbeitung von Entscheidungsvorlagen sowie Kontrollen und Abweichungsanalysen (vgl. Abbildung 8). Diese Prozessfunktionen werden im Folgenden kurz dargestellt.

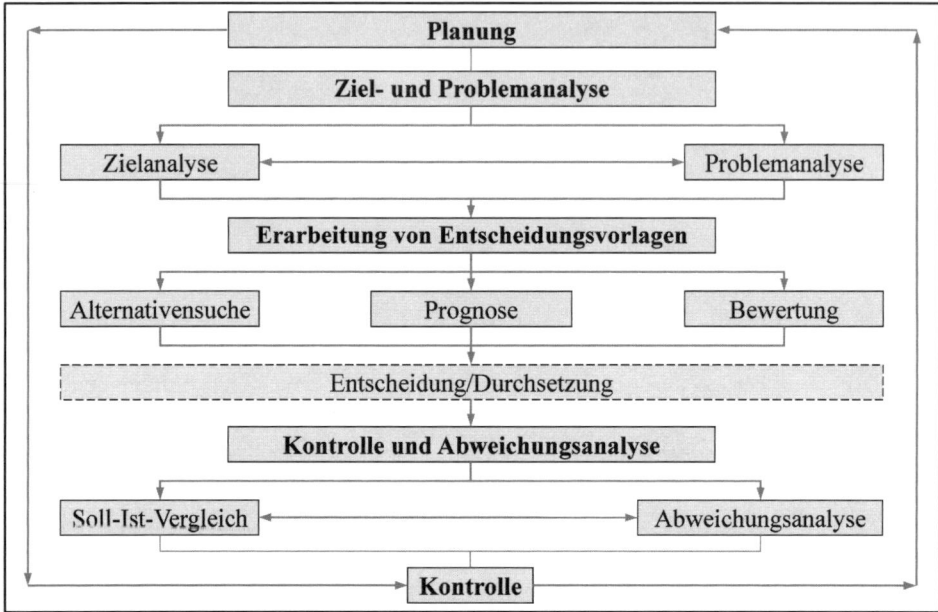

Abb. 8:   Prozessfunktionen im Bankcontrolling

a)   Ziel- und Problemanalyse

Die erste Stufe im Controllingprozess besteht in der systematischen Ziel- und Problemanalyse, wobei beide Bereiche eng zusammenhängen: Ohne konkrete Ziele können letztlich keine Probleme erkannt und gelöst werden bzw. „falsche" Zielsetzungen führen zwangsläufig auch dazu, dass „falsche" Probleme gelöst werden.

Nun können durch das Controlling keine Ziele vorgegeben, sondern lediglich Zielvorschläge entwickelt werden. Insofern kommen im Rahmen der **Zielplanung** dem Controlling insbesondere die folgenden Aufgaben zu:

• Vertretung des Rentabilitäts- und Sicherheitsarguments in den Zieldiskussionen,

• Operationalisierung und Konkretisierung bankpolitischer Zielvorstellungen,

• Prüfung des bankbetrieblichen Zielsystems auf Verträglichkeit, Konsistenz und Realisierbarkeit,

• periodische Überprüfung des Zielsystems und Lieferung von Anstößen für Zielrevisionen.

18

Vor dem Hintergrund konkreter Zielvorstellungen ist die bankbetriebliche Realität laufend zu beobachten und aus dem Vergleich von Ist-Zuständen und angestrebten Soll-Zuständen eine Vorstellung von der Art und dem Ausmaß möglicher gegenwärtiger oder zukünftiger bankpolitischer Probleme zu gewinnen. Wichtige Teilfunktionen der **Problemanalyse** im Controlling sind dabei im Einzelnen:

- Feststellung des Ist-Zustandes und seiner Bestimmungsfaktoren durch Diagnose.

- Prognose relevanter Entwicklungstendenzen, wobei entweder „echte" Prognosen oder sogenannte „what if"-Prognosen Verwendung finden. Letztere dienen der Bildung unterschiedlicher Zukunftsszenarien und dem Hinterfragen möglicher Konsequenzen für alternative Zukunftssituationen.

- Gegenüberstellung von Diagnose- sowie Prognoseergebnisse und bankpolitischem Zielsystem und damit Identifizierung von Problemfeldern.

- Zerlegung der Problemfelder in Problemelemente und Ordnung der Teilprobleme nach Abhängigkeiten und Prioritäten.

Diagnostische Situationsanalysen im Bankcontrolling werden häufig in Form der Erstellung von **Stärken- und Schwächenprofilen** betrieben. Gefragt wird dabei nach den spezifischen Stärken und Schwächen der Bank

- hinsichtlich ihrer Stellung im Markt und im Wettbewerb,

- bezogen auf ihre Geschäfts- und Bilanzstruktur,

- hinsichtlich ihrer Ertragskraft und Risikopotenziale,

- im Führungs- und Personalbereich,

- bei der Abwicklung von Bankgeschäften

- usw.

b)   Erarbeitung von Entscheidungsvorlagen

Während der bankbetriebliche Steuerungsprozess auf der ersten Stufe durch Ziel- und Problemanalysen initiiert wird, werden auf der zweiten Stufe konkrete Entscheidungsvorlagen zur Lösung der identifizierten bankpolitischen Problemstellungen erarbeitet. Einsatzbereiche des Controllings sind hier sowohl die Suche nach Lösungsalternativen, die Aufstellung von Wirkungsprognosen und die Bewertung von Entscheidungsalternativen.

Bei der **Alternativensuche** sind solche Handlungsmöglichkeiten zusammenzustellen, die generell geeignet erscheinen, eine identifizierte Problemstellung zu lösen. Hierbei können im Einzelnen folgende Schritte unterschieden werden:

- Sammlung von Einzelvorschlägen (-ideen) durch kreative Suche.

- Gliederung, Ordnung und Zusammenfassung der Einzelvorschläge zu Alternativen.

- Konkretisierung der Alternativen hinsichtlich erforderlicher Maßnahmen, Ressourcen, Termine und Träger.

- Analyse der Alternativenbeziehungen und -bedingtheiten.

- Vollständigkeitsprüfung dahin gehend, ob die Alternativpläne das Möglichkeitsfeld hinreichend vollständig erfassen, sämtliche Problembestandteile abdecken und inhaltlich hinreichend vollständig bestimmt sind.

- Zulässigkeitsprüfung dahin gehend, ob die erarbeiteten Alternativen gegen zwingende Nebenbedingungen oder allgemeine Prämissen der Problemlösung verstoßen.

Der Alternativensuche schließt sich die Prozessunterphase der **Prognose** an. Im Gegensatz zu den Entwicklungsprognosen der Ziel- und Problemanalyse geht es hier jedoch um die (zukünftigen) Wirkungen der zusammengestellten Alternativen. Es handelt sich also um Wirkungsprognosen, welche die Frage beantworten sollen, welche Konsequenzen bei Verwirklichung der verschiedenen Handlungsalternativen zu erwarten sind. Das Vorgehen bei der Aufstellung solcher Prognosen lässt sich wie folgt umreißen:

- Abgrenzung des Prognoseproblems insbesondere hinsichtlich der erforderlichen Präzision und zeitlichen Reichweite der Prognosen sowie hinsichtlich deren Informationsgehalt, Wahrheit, Bestätigungsgrad, Prüfbarkeit, Wahrscheinlichkeit und anderer Gütekriterien.

- Klärung der Rahmendaten und Analyse des Ursachensystems.

- Aufstellung (Auswahl) eines Prognosemodells, Prüfung auf Anwendbarkeit, Beschaffung und Auswertung der Informationen, Ableitung der Prognose und Angabe der Bedingungen, unter denen die Prognose gelten soll.

- Aufstellung von Alternativprognosen, Beurteilung der Alternativen anhand von Gütekriterien unter Berücksichtigung vorliegender Evidenzen, Auswahl der Prognosen, welche die Gütekriterien am besten erfüllen.

- Abschätzung der Prognosewahrscheinlichkeiten.

- Prüfung der (Einzel-)Prognosen auf Verträglichkeit und Widerspruchsfreiheit (Konsistenzprüfung).

Die (i. d. R. wahrscheinlichkeitsgewichteten) Aussagen über die voraussichtlichen Auswirkungen der geprüften Handlungsalternativen werden im Rahmen der **Bewertungsphase** auf ihre Zielwirksamkeit hin verglichen. Dazu werden schrittweise die zugrunde liegenden Ziele in Bewertungskriterien umgesetzt, deren relative Bedeutung zueinander festgelegt, die gewünschten bzw. möglichen Skalen zur Messung von Zielwirksamkeitsunterschieden ausgewählt sowie schließlich die Bewertung selbst durchgeführt. Im Rahmen eines solchen Bewertungsprozesses sind vor allem folgende Teilprobleme zu lösen:

Da im Allgemeinen mehrere Ziele gleichzeitig verfolgt werden, ist es im Rahmen einer sogenannten **Wertsynthese** erforderlich, die Alternativen in Bezug auf alle Ziele resp. Kriterien zu beurteilen und für sie eine konsistente Rangordnung zu bestimmen. Schwierigkeiten treten im

Rahmen der Wertsynthese immer dann auf, wenn Kriterienwerte und -gewichte nicht alle quantitativ (und mit gleichem Maßstab) bestimmbar sind.

Sofern sich Entscheidungsvorlagen nur auf einzelne Teilbereiche der Bank beziehen, ist auch eine **Abstimmung** mit den Zielen und Instrumenten der anderen Bankbereiche notwendig. Es handelt sich hier ebenfalls formal um eine Wertsynthese, wobei allerdings das Spektrum der Kriterienwerte und Kriteriengewichte entsprechend umfassender ausgelegt ist.

Da sich die Bewertung von Handlungsalternativen stets auf prinzipiell unsichere Wirkungsprognosen über deren zielrelevante Eigenschaften stützt, muss der (Un-)Sicherheitsgrad resp. die Wahrscheinlichkeit solcher Prognosen mit in die Alternativenbewertung einfließen. Eine Alternativenbewertung kann deshalb grundsätzlich nicht ohne die Einbeziehung einer entsprechenden **Risikoanalyse** auskommen.

c) Kontrolle und Abweichungsanalyse

„Planung ohne Kontrolle ist sinnlos, Kontrolle ohne Planung unmöglich" (WILD 1982). Die hier formulierte Verknüpfung der Planung mit der Kontrolle ist geradezu merkmalsbildend für den Controllingprozess, der in der systematischen Gegenüberstellung von realisierten Istwerten und Zielwerten (**Soll-Ist-Vergleich**) und der anschließenden Analyse von Abweichungsursachen (**Abweichungsanalyse**) seine eigentliche Bestimmung findet.

Kontrollen im Controllingprozess können dabei dreifacher Natur sein.

- **Prämissenkontrollen:** Sie dienen dem Zweck zu prüfen, ob und inwieweit die Entscheidungsgrundlagen, wie sie im Rahmen der Planung erarbeitet bzw. zugrunde gelegt waren, noch zutreffen, d. h. mit dem gegenwärtigen Zustand noch vereinbar sind.

- **Ergebniskontrollen:** Sie knüpfen (lediglich) an den angestrebten Sollzuständen und den realisierten Istzahlen an und stellen etwaige Abweichungen fest. Sie schließen begriffssystematisch auch sogenannte Planfortschrittskontrollen ein, die als eine Art zwischenzeitlicher Ergebniskontrollen charakterisiert werden können.

- **Verfahrens-/Verhaltenskontrollen:** Sie sind primär prozessorientiert und konfrontieren die im Planungsprozess verwendeten Techniken und Verfahren, aber auch die Entscheidungs-, Durchsetzungs- und Ausführungsvorgänge mit den ursprünglich erwarteten bzw. vorgesehenen Verhaltens- und Verfahrensweisen.

Für den Soll-Ist-Vergleich wie für die Abweichungsanalysen gilt, dass sie verschiedene Funktionen zu erfüllen haben:

- Sie sollen möglichst frühzeitig Planabweichungen erkennen lassen, um rechtzeitig eventuelle Gegensteuerungsmaßnahmen gezielt und ursachenbezogen einleiten zu können.

- Sie sollen als Führungsinstrument die Mitarbeiter koordinieren, motivieren und beurteilen helfen.

- Sie sollen Schwächen im Planungsprozess verdeutlichen und abbauen helfen.

- Sie sollen als Bindeglied zu nachfolgenden Planungsprozessen und zugleich als deren Impulsgeber fungieren.

Für diese Funktionen der Kontrolle – wie im Übrigen für alle Prozessfunktionen des Controllings, also auch für die Ziel- und Problemanalyse sowie die Erarbeitung von Entscheidungsvorlagen – gilt, dass zum Controlling stets auch die **Präsentation der Ergebnisse** gehört. Damit wird zum Ausdruck gebracht, dass das Controlling als Stabsfunktion erst in der Kommunikation und Diskussion mit den Entscheidungsträgern der Bank seine volle Wirksamkeit erzielen kann. Die Überzeugungskraft der Präsentation ist dabei nicht selten von größerer Bedeutung für das „Schicksal" einer Controllingvorlage als deren analytischer Gehalt.

3. Moderation von Bankmanagemententscheidungen nach den Grundsätzen ertragsorientierter Banksteuerung

Die dritte und letzte Dimension des Aufgabenwürfels im Bankcontrolling bilden die beiden zentralen Bankmanagementbereiche **Gesamtbanksteuerung** und **Einzelgeschäftssteuerung** und deren Moderation nach den Grundsätzen ertragsorientierter Banksteuerung. Gemäß seiner prinzipiellen Stabsfunktion kann das Bankcontrolling die einzelnen Managemententscheidungen selbst nicht dirigieren, sondern auf sie nur durch Sachinformationen Einfluss nehmen.

Die **inhaltlichen Schwerpunkte** der Controllingaktivitäten liegen im Rahmen des Portfoliomanagements in der Moderation der Markt- und Wettbewerbspolitik sowie hinsichtlich des Bilanzstrukturmanagements in der Entwicklung von Vorschlägen zur risikopolitischen „Optimierung" der Geschäftsstruktur und der Planung gesamtbankbezogener Rentabilitätsvorgaben. Des Weiteren geht es um die Feinsteuerung der Bankrentabilität durch Budgetierung und Budgetkontrollen (vgl. Abbildung 9).

Abb. 9:   Schwerpunktbereiche materieller Controllingaktivitäten

a) Portfoliomanagement

Portfoliomanagement umschreibt im Sinne des Marketings allgemein das Bemühen einer Unternehmung, ihr Produktprogramm so zusammenzusetzen und durch entsprechende distributionspolitische Maßnahmen so zu unterstützen, dass zu jedem Zeitpunkt, insbesondere aber unter langfristigen Gesichtspunkten,

- ein insgesamt möglichst hohes Niveau bzw. Wachstum des Erfolgspotenzials gewährleistet ist und dabei

- ein strategisches Gleichgewicht zwischen risikoreichen, aber zukünftig erfolgsträchtigen Geschäftsfeldern (mit i. d. R. gegenwärtig hohem Finanzbedarf) und gegenwärtig ertragsstarken, aber langfristig möglicherweise nicht mehr besonders Erfolg versprechenden Geschäftsfeldern besteht.

Im Bankcontrolling hat das Portfoliomanagement demnach vornehmlich die Aufgabe, die strategische Wettbewerbsposition des Finanzinstituts durch Entwicklung und Konkretisierung entsprechender Marktstrategien zu sichern und – wo unter risikopolitischen Gesichtspunkten vertretbar und marktlich durchsetzbar – auch auszubauen. Um dieses Ziel nachhaltig und auf Dauer zu erreichen, bedarf es einer bestimmten Vorgehensweise, die in der Literatur als **„strategischer Planungsprozess"** bezeichnet wird. Grundphasen eines solchen strategischen Planungsprozesses sind die

(1) Definition und Abgrenzung strategischer Geschäftsfelder (im Sinne von Produkt-Markt-Kombinationen) für das Finanzinstitut;

(2) Ableitung strategischer Erfolgsfaktoren für die strategischen Geschäftseinheiten (wie z. B. Wachstumsdynamik, Rentabilitätspotenzial, Wettbewerbsbedingungen, eigene Stärken und Schwächen usw.);

(3) Bewertung der strategischen Geschäftsfelder anhand der abgeleiteten Erfolgsfaktoren mithilfe systematischer Betriebs-, Markt- und Konkurrenzanalysen;

(4) Analyse der strategischen Ausgangssituation durch Zusammenfassung der Einzelbewertungen zu einer Gesamtbewertung für jedes strategische Geschäftsfeld (i. d. R. dargestellt in einer sogenannten Portfoliomatrix oder strategischen Geschäftsfeldkurve);

(5) Herausarbeitung strategischer Zielvorstellungen (im Sinne der Ableitung eines Soll-Portfolios) und Entwicklung hierauf ausgerichteter alternativer Marktstrategien;

(6) Formulierung der Gesamtstrategie.

Dem strategischen Planungsprozess nachgelagert ist die Konkretisierung der erarbeiteten Marktstrategien im Hinblick auf die Entscheidungsparameter des Portfoliomanagements. Unter Zuhilfenahme verschiedener Managementtechniken ist hier über die konkrete Produktpolitik, die Produktionsabläufe, die Vertriebssysteme sowie über die Preis- und Gebührenmodelle zu befinden.

b)   Bilanzstrukturmanagement

Ebenso wie das Portfoliomanagement ist auch das Bilanzstrukturmanagement in erster Linie eine strategische Aufgabe im Rahmen des Bankcontrollings. Es hat allerdings seiner Natur nach, da es sich stärker am Zahlenwerk der Bankbuchhaltung orientiert, bereits einen stärkeren Konnex zum operativen Controlling, und der Zeithorizont ist – gemessen an üblichen strategischen Dimensionen – relativ kurz.

Zum Bilanzstrukturmanagement zählen alle Maßnahmen, die mit der

* risikopolitischen „Optimierung" der Geschäftsstruktur sowie der

* Planung gesamtbankbezogener Rentabilitätsvorgaben

zusammenhängen.

Fast alle bilanzwirksamen Geschäfte der Bank verursachen für sich genommen oder in ihrem strukturellen Zusammenwirken Risiken, die es zu identifizieren und im Sinne einer ertragsorientierten Geschäftspolitik unter Berücksichtigung ihrer Tragfähigkeit für die Bank zu begrenzen gilt. Eine solche Begrenzung ist aber i. d. R. von dem notwendigen Verzicht auf entsprechende Ertragschancen begleitet, sodass es im Hinblick auf die erste Teilaufgabe erforderlich wird, eine gleichermaßen unter Risiko- und Rentabilitätsgesichtspunkten akzeptable und im Rahmen der Risikokapitalallokation fixierte, **optimale Geschäftsstruktur** zu definieren und die Geschäfte danach auszurichten.

Die Struktursteuerung wird von zwei Faktoren determiniert, nämlich zum einen von den Marktverhältnissen, die eine unter Risikogesichtspunkten erlaubte Bilanzstruktur begrenzen, und zum anderen von dem von der Bankleitung selbst festgelegten und nicht zu überschreitenden Risikoplafonds. In der Risikoobergrenze kommt der Grad der Risikofreudigkeit der für die Bank Verantwortlichen zum Ausdruck, wobei als grundlegendes Kriterium für deren Festlegung die potenzielle Tragfähigkeit aller Risiken durch entsprechende Erträge zu gelten hat.

Das Bilanzstrukturmanagement basiert somit auf dem Grundgedanken, dass zwar auf der einen Seite bestimmte Risikogrenzen nicht überschritten werden dürfen – hierin spiegelt sich die grundsätzlich eher defensive Denkhaltung des Controllings wider –, dass aber auf der anderen Seite diese Risikogrenze auch möglichst ausgeschöpft werden soll, um damit die marktmäßig möglichen Ertragschancen zu nutzen. Die Restriktionen müssen hier nicht immer bei den Risikoobergrenzen liegen. Vielmehr ist es durchaus denkbar, dass die marktlichen Grenzen häufig vorher zum Engpass werden, obwohl innerhalb der Risikosteuerung noch Spielräume vorhanden sind. Eine ansatzweise optimale Geschäftsstruktur kann dann angenommen werden, wenn einerseits die Markt- und Sicherheitsspielräume weitestgehend ausgenutzt sind, andererseits aber Sicherheitslücken auch vollständig geschlossen wurden.

Die zweite Teilaufgabe im Bilanzstrukturmanagement besteht darin, die Verbindung von Struktur- und Rentabilitätssteuerung herzustellen und die Abstimmung der Zielrichtungen Rentabilität, Sicherheit und Wachstum herbeizuführen. Hierzu gehören neben **ROI-Analysen**, die der systematischen Analyse von rentabilitätswirksamen Stärken und Schwächen sowie ihrer Ursachen dienen, vor allem geschäftspolitisch ausgerichtete **Gewinnbedarfs-** und **Mindestmargen-**

analysen. Hierbei legen einerseits bestimmte, vorher festgelegte Wachstums- und Strukturziele die zur langfristigen Existenzsicherung notwendige Mindestrentabilität einer Bank sowie daraus abgeleitete Teilergebnisgrößen fest. Andererseits sind in modernen, am Shareholder-Value ausgerichteten Konzepten der wertorientierten Unternehmensführung auch die Renditeforderungen der Eigenkapitalgeber zu berücksichtigen, aus denen sich zu erzielende Mindestergebnisgrößen ableiten lassen, die im modernen Bankmanagement in risikoadjustierte Performancekennzahlen wie beispielsweise RORAC oder RAROC transferiert werden.

c) Budgetmanagement

Der Controllingzyklus findet seinen Abschluss und Höhepunkt darin, dass die formulierten Bilanzstruktur- und Rentabilitätsziele mithilfe von Budgetplänen und -kontrollen in den einzelnen Geschäftsbereichen durchgesetzt werden. Denn die gesamte Zielerreichung hängt letztlich davon ab, ob in Teilbereichen die vorgesehenen Volumina, Überschüsse, geplanten Risikoübernahmen und finanziellen Strukturen realisiert werden.

Die **Budgetierung** der finanziellen Bestands- und Stromgrößen für die einzelnen Geschäftsbereiche, die im Übrigen natürlich auch die Risikobudgetierung umfasst, muss hier vor allem zwei Aspekte berücksichtigen: Erstens muss die Gesamtheit aller Zielvereinbarungen in ihrer Summe zum gewünschten Gesamtzielerreichungsgrad führen und somit auch eine Abstimmung zwischen „unten" und „oben" herbeigeführt werden. Und zweitens müssen die Kriterien der Budgetgestaltung so gewählt werden, dass für einzelne Teilbereiche die gesteckten Ziele im Rahmen des Erreichbaren liegen, um hiermit Budgetungleichgewichte und deren negative Auswirkungen sowohl für die Zielerreichung als auch für die Motivation der Verantwortlichen zu vermeiden.

Wirksame Budgetierung bedeutet zudem, dass **Abweichungen** der Ist-Werte von den Soll-Vorgaben regelmäßig festgestellt und auf ihre Ursachen hin überprüft werden. Die Abweichungsursachen sind letztlich maßgebend dafür, ob Anpassungsmaßnahmen auf der Führungsebene oder aufgrund einer unerwarteten Marktentwicklung auf Zielebene vorzunehmen sind. Dies setzt jedoch die Differenzierungsmöglichkeit der Abweichungen nach Ursachen und Verantwortungsbereichen voraus.

II. Instrumente und Techniken des Bankcontrollings

Zur Wahrnehmung des durch den Aufgabenwürfel repräsentierten und im vorangehenden Teil beschriebenen Aufgabenkomplexes steht dem Bankcontrolling eine große Zahl bewährter Managementtechniken und Instrumente zur Verfügung. Zum Teil weisen diese keine bankspezifischen Charakteristika auf, sondern sind dem Fundus der allgemeinen Betriebswirtschaftslehre entlehnt. So lassen sich die vielfältigen Erhebungs-, Prognose- und Bewertungstechniken zumeist ohne besonderen Anpassungsbedarf auch in den Prozessfunktionen des Bankcontrollings einsetzen (vgl. hierzu Abbildung 10).

Managementtechniken	Literaturhinweise
1. Erhebungstechniken	
– Interviewtechnik	Schmidt, G. (2000)
– Fragebogentechnik	
– Stichprobenverfahren	Cochran (1972)
2. Analysentechniken	
– Systemanalyse	Koreimann (1972)
– Scenariowriting	Jantsch (1967)
– Netzplantechnik	Grosse-Oetringhaus (1979)
– Kennzahlensysteme	Staehle (1969)
– Checklist-Verfahren	Wild (1973)
– Wertanalyse	Fallon (1973)
3. Kreativitätstechniken	
– Brainstorming	Clark (1973)
– Methode 653	Rohrbach (1973)
– Synektik	Gordon (1961)
– Morphologische Methode	Zwicky (1971)
4. Prognosetechniken	
– Delphi-Methode	Albach (1970)
– Statistische Extrapolationsverfahren	Lewandowski (1974)
– Analogieverfahren	Martino (1983)
– Querschnittsanalyse	Lehneis (1971)
– Indikationsmethode	Lehneis (1971)
– Regressionsanalyse	Rogge (1973)
– Ökonometrische Modelle	Schneeweiß (1990)
– Verweilzeitverteilungen	Guhse (1967)
– Input-Output-Analyse	Leontief (1970)
– Simulationsmodelle	Mertens (1982)
5. Bewertungstechniken	
– Produkt-Status-Analyse	Wild (1973)
– Scoring-Modelle	O'Meara (1961)
– Relevanzbäume (Pattern)	Töpfer (1976)
– Kosten-Nutzen-Analyse	Recktenwald (1971)
– Wirtschaftlichkeitsrechnung	Blohm/Lüder (1995)
– Break-even-Analyse	Tucker (1973)
– Risikoanalyse	Müller-Merbach (1984)
– Risiko-Chancen-Kalkül	Neubürger (1980)
6. Entscheidungstechniken	
– (Lineare) Optimierungsmodelle	Müller-Merbach (1992)
– Spieltheoretische Modelle	Bamberg/Coenenberg (2000)
– Entscheidungsregeln bei Ungewissheit	Schmidt, R.-B. (1973)
– Entscheidungstabellentechnik	Elben (1973)
– Entscheidungsbaumtechnik	Bühlmann et al. (1969)
7. Darstellungstechniken	
– Funktionendiagramme	Wild (1973)
– Stellenbeschreibungen	Höhn (1979)
– Flow Charts	Reichard (1987)
– Methode Jordt-Gscheidle	Schmidt, G. (2000)
8. Argumentationstechniken	
– Präsentationstechnik	Wohlleben (1984)
– Verhandlungstechnik	Lay (1992)
Quelle: SCHIERENBECK (2003)	

Abb. 10: Übersicht über wichtige Managementtechniken (mit Literaturhinweisen)

Daneben sind jedoch einige Instrumente und Techniken für die Managementbereiche im Bankcontrolling entweder speziell entwickelt oder zumindest weiterentwickelt worden. Diese Instrumente und Techniken, die hier einleitend nur aufgezählt werden sollen, werden im weiteren Verlauf des Buchs noch ausführlich beschrieben, da sie wesentliche Impulse zur Systematisierung, Abbildung oder Lösung von Controllingproblemen liefern.

In diesem Zusammenhang hat an erster Stelle das interne Rechnungswesen als wichtiger Teil des bankbetrieblichen Informationssystems die Aufgabe, den Entscheidungsträgern jederzeit entscheidungsrelevante und unverfälschte Kosten- und Ertragsinformationen zu Verfügung zu stellen und steht damit im Zentrum eines Konzepts ertragsorientierter Banksteuerung. Zentrale Grundlage ist dabei die einzelgeschäftsbezogene Kalkulation von Zinsüberschüssen (bzw. Margen) mithilfe der **Marktzinsmethode** (als Barwert oder Periodenmodell), von Standard-Risikokosten zur Abdeckung von erwarteten Verlusten im Kreditgeschäft und von Betriebskosten mithilfe der prozessorientierten **Standard-Einzelkostenrechnung**. Die systematische Aggregation von Einzelgeschäftsergebnissen führt zu den verschiedenen Auswertungsrechnungen, von denen die **Produkt-, Geschäftsstellen-** und **Kundenkalkulation** sowie die hierauf aufbauende und im Konzept der **ROI-Analyse** eingebettete **Teil-** und **Gesamt-Betriebsergebnisrechnung** die wichtigsten sind.

Zweitens können speziell im Rahmen des Portfoliomanagements je nach Qualität der vorliegenden Daten quantitative und qualitative Techniken eingesetzt werden. So finden neben der **ABC-Analyse** die Methoden der **Portfolioanalyse** und der **strategischen Geschäftsfeldkurve** Anwendung. Die Konkretisierung der erarbeiteten Strategien erfolgt anschließend mithilfe von **Punktbewertungsverfahren** und statischen sowie dynamischen Verfahren der **Wirtschaftlichkeitsrechnung**, wie beispielsweise der **Break-even-Analyse**. Ergänzt werden diese Instrumente schließlich noch durch statische und dynamische **Risikoanalysen**. Das Bilanzstrukturmanagement bedient sich zur Steuerung der strukturellen Rentabilität und der Risiken vor allem umfangreicher **Kennzahlen- und Klassifikationssysteme**, die der Indikation von Risiko- und Ertragsproblemen sowie der Planung und Kontrolle der Bankbilanzstruktur dienen. Statistische Verfahren zur Risikoanalyse – wie beispielsweise der Value-at-Risk-Ansatz spielen hier eine zentrale Rolle. Ferner können die Technik der **linearen Optimierung**, die **Sensitivitätsanalyse** und die **Simulationstechnik** sinnvoll eingesetzt werden.

Zur Feinsteuerung dient dem Bankcontrolling schließlich drittens das Instrument der **Budgetierung**, das noch um differenzierte Systeme der Abweichungsanalyse ergänzt wird. Schließlich kann auf die **Szenariotechnik** und verwandte Verfahren im Rahmen der strategischen Kontrolle zurückgegriffen werden.

B. Die Einbindung des Controllings in die Strukturorganisation von Finanzinstituten

Das Bankcontrolling ist zur Erfüllung seiner vielfältigen Aufgaben in die Strukturorganisation der Finanzinstitute zweckentsprechend einzubinden. Das führt unmittelbar zu der Frage, wie Bankcontrollingsysteme ablauf- und aufbauorganisatorisch sowie personell zu gestalten sind, um die Erfüllung der beschriebenen Controllingaufgaben unter Effizienz- und Motivationsgesichtspunkten zu gewährleisten.

Dabei steht nun die Frage der Stellenbildung und der Stellenbesetzung im Vordergrund der Betrachtung. Im Zusammenhang mit der **Stellenbildung** ist zunächst zu untersuchen, inwieweit bestimmte Controllingaufgaben in einer spezialisierten Organisationseinheit zusammengefasst, also zentralisiert werden sollen oder aber dezentral auf verschiedene Bereiche aufgeteilt werden können. Im ersten Fall der zentralen Wahrnehmung von Controllingaufgaben sind ausschließlich für diese Funktion eingerichtete Stellen zuständig, während im zweiten Fall Leitungsstellen anderer Bereiche neben ihren originären Aufgaben Controllingfunktionen ausüben.

Daneben umfasst die Aufgabe der Stellenbildung die hierarchische Einordnung einer (möglicherweise) zentralen Controllingstelle. Hier muss festgelegt werden, ob diese den Charakter einer Linien-, einer Stabs- oder einer Dienstleistungsstelle (als Mischform der beiden ersteren) annehmen soll, wie hoch das Controlling im Leitungssystem angesiedelt wird, und wie innerhalb des Controllingsystems Weisungsbeziehungen zu gestalten sind. Im Rahmen der Verantwortungs- und Kompetenzzuweisung ist zu klären, welche Entscheidungsbefugnisse dem Controller insgesamt zugewiesen werden.

Interdependent verbunden mit dem Problem der Stellenbildung ist die Aufgabe der **Stellenbesetzung**. Nur dann, wenn ein Mitarbeiter die geforderten charakterlichen Eigenschaften und Fähigkeiten verkörpert, die auch die Controllingstelle erfordert, kann eine Kongruenz erzeugt werden, die für eine funktionsfähige Implementierung unerlässlich erscheint.

Hingewiesen sei jetzt schon darauf, dass konkrete Aussagen über die optimale organisatorische Eingliederung des Controllings im Regelfall dadurch erschwert werden, dass eine Vielzahl von Einflussgrößen die Organisationsgestaltung mitbestimmt. Im Grunde kann diese Frage nur situativ, d. h. in Abhängigkeit von den spezifischen Kontextfaktoren des jeweiligen Finanzinstituts, beantwortet werden. Zudem wirft die Beurteilung der organisatorischen Effizienz selbst erhebliche Probleme auf, da die organisatorische Gestaltung im Wesentlichen nur qualitative Erfolgsfaktoren beeinflusst und deshalb auch nicht unmittelbar quantitativ messbar ist.

I.   Die Bildung von Controllingstellen

1.   Arbeitsteilige Erfüllung von Controllingaufgaben

Im Rahmen der Zuweisung von Controllingfunktionen auf Stellen und Abteilungen ist zunächst zu entscheiden, in welchem Umfang und in welcher Art Controllingaufgaben arbeitsteilig erfüllt werden sollen. In der Organisationstheorie spricht man diesbezüglich von **Spezialisierung**, wobei sich Unterschiede in der Spezialisierung hinsichtlich

(a)   des **Umfangs** der Spezialisierung (in welchem Ausmaß gibt es spezialisierte Controllingstellen oder -abteilungen und wo sind diese in der Strukturorganisation angesiedelt?)

und

(b)   der **Art** der Spezialisierung (nach welchen organisatorischen Kriterien sind die Controllingstellen oder -abteilungen gebildet?)

ergeben.

Hinsichtlich des Umfangs der Spezialisierung stehen sich völlig zentralisierte und teildezentralisierte Varianten gegenüber. Völlig dezentralisierte Konzepte sind wegen des integrierenden Charakters des Controllings – seine Aufgabe liegt ja unter anderem auch darin, die sich mit der Dezentralisation entwickelnden Zentrifugalkräfte einzudämmen und die Handlungseinheit der Bank zu wahren – von vornherein als ungeeignet anzusehen. Eine völlig zentralistische Wahrnehmung der Controllingaufgaben nur von einer einzigen zentralen Stelle oder Abteilung kann ebenfalls keine optimale Lösung sein, da dies dem Grundgedanken des begrenzten „Self-Controllings" operativer Einheiten widerspricht. Die Lösung besteht also darin, gewisse Teilbereiche des Controllings zu zentralisieren und andere – je nach den Gegebenheiten und Möglichkeiten des einzelnen Hauses – in die dezentralen Geschäftsbereiche zu verlagern.

Dabei spielen bestimmte Faktoren die Rolle von Determinanten für den **Zentralisationsgrad von Controllingsystemen**. Grundsätzlich sind praktisch dieselben Entwicklungen, die das Bedürfnis nach effizienten Controllingsystemen hervorgebracht haben (Unternehmensgröße, Evolutionsdynamik der Märkte, erhöhter Wettbewerbsdruck und Gewinnverfall) auch maßgebend für Dezentralisationstendenzen innerhalb der Banken. Dies wird am deutlichsten am Konzept der Schaffung von Gewinnverantwortungsbereichen (Profitcenterkonzept), mit dem man die Vorteile der kleinen Unternehmung (Marktnähe, Flexibilität, Motivation) in der großen Unternehmung wiedergewinnen will. Um nun allerdings mit dem Controlling als vor allem auf die Integration bedachtes Konzept die Dezentralisation nicht faktisch rückgängig zu machen oder schwer zu beeinträchtigen (Profitcenterleiter werden von den Controllern aufgrund deren überlegenen Expertenwissens und Informationsvorsprüngen möglicherweise autoritär kontrolliert), muss sich Controlling teilweise selbst dezentralisieren, d. h. der Dezentralisation folgen. Anzustreben ist also in großen Banken insbesondere unter Motivationsaspekten ein möglichst weitgehendes „Self-Controlling". Der Controller muss sich dabei als Partner bei Problemlösungen, Helfer zur Selbsthilfe und Berater bzw. Moderator verstehen, um die Intentionen partnerschaftlicher und kooperativer Personalführung nicht zu konterkarieren.

Zentralisationsbedürftig sind generell all die Controllingaufgaben, welche die Gesamtbank betreffen oder auf die Integration und Koordination der dezentralen Aktivitäten ausgerichtet sind. In allen anderen Fällen, in denen sich die wahrzunehmenden Controllingaufgaben innerhalb bestimmter Planungsphasen ausschließlich auf einen bestimmten Teilbereich der Bank beziehen und unabhängig von anderen Bereichen erfüllt werden können, ist eine Dezentralisierung möglich.

Für die Verteilung zentral oder dezentral wahrzunehmender Aufgaben auf entsprechende Stellen bestehen prinzipiell drei Möglichkeiten. Erstens kann den **Linieninstanzen**, also den Stellen, die innerhalb der Linienorganisation Leitungsfunktionen übernehmen, zusätzlich zu ihrem originären Aufgabenbereich ein Teil der Controllingaufgaben übertragen werden. Der Vorteil einer solchen Zuordnung besteht darin, dass die Aufgaben von Entscheidungsträgern wahrgenommen werden und von daher insbesondere die Umsetzung von Analyseerkenntnissen in konkretes Handeln besser durchgesetzt werden kann. Nachteilig wirkt sich hier aber die mögliche Verdrängung der Controllingaufgaben durch das Tagesgeschäft aus.

Die beiden weiteren Möglichkeiten, den Linieninstanzen zugeordnete **Stabsstellen** mit einem Teil der Controllingfunktion zu betrauen oder eine **spezielle Controllingstelle** einzurichten, weisen dagegen den Vorteil auf, dass das Controlling institutionalisiert und aufgrund der Spezialisierungsmöglichkeiten intensiver betrieben wird. Allerdings kommen diese beiden Alternativen nur bei großen Banken, bei denen der Arbeitsumfang der durchzuführenden Controllingaufgaben ein entsprechendes Ausmaß annimmt, in Betracht.

Ein weiterer Aspekt der Arbeitsteilung im Controlling betrifft die Frage nach der **Art** der Spezialisierung. Im Wesentlichen bieten sich hier zwei Strukturtypen für die Controllingorganisation an: die Aufspaltung nach den zu erfüllenden Funktionen und die Aufteilung nach den betroffenen Organisationsbereichen (Sparten).

Entsprechend der für das Controlling geforderten Infrastruktur lassen sich zwei generelle **Funktionsbereiche** in der Controllingorganisation trennen: das Planungs- und Kontrollsystem sowie das Management-Informationssystem.

Obwohl beide Bereiche natürlich eng miteinander verknüpft sind, bestehen doch erhebliche Unterschiede im Tätigkeitsfeld dieser beiden Systeme. Während der Aufbau und die Gestaltung des Informationssystems der formalen und technischen Beschaffung, Aufbereitung und Lieferung zukunfts- und entscheidungsorientierter Informationen dient, geht es im Planungs- und Kontrollsystem vor allem um die Nutzung und Auswertung der gewonnenen Informationen, aus deren Analyse dann konkrete Handlungsempfehlungen für die Entscheidungsträger hervorgehen sollen. Eine weitere Ausgliederung neben der sich unmittelbar aus dem Tätigkeitsbild ergebenden Unterscheidung von Planungs- und Kontrollsystem einerseits und Informationssystem andererseits bietet sich gegebenenfalls vor allem für die drei grundsätzlichen Managementbereiche im Bankcontrolling, also für das Portfolio-, Bilanzstruktur- oder das Budgetmanagement an. Beispielsweise könnte es unter Koordinationsgesichtspunkten zweckmäßig sein, eine Abteilung für den gesamten Bereich der Budgetierung zuständig zu wissen oder eine zentrale Einrichtung für die Liquiditäts- und Fristensteuerung sowie die Koordination von Aktiv- und Passivgeschäft (Asset-Liability-Management) einzurichten, der es obliegt, die Gesamtrisiko- und -ertragsposition einer Bank zu steuern sowie Gegensteuerungsmaßnahmen bei sich ergebenden Strukturungleichgewichten zu ergreifen.

Neben der funktionsorientierten Gliederung des Controllings kann eine Spezialisierung auch nach **Organisationsbereichen** (Sparten) erfolgen, wobei sich je nachdem, ob die Sparten nach Kundengruppen oder Geschäftsarten (oder einer Kombination hiervon) gebildet wurden oder eine Filialorganisation vorliegt, verschiedenartige Controllingtypen ergeben (Kundengruppen-Controller, Geschäftsarten-Controller, Filial-Controller). Da die jeweiligen Controllingstellen in diesem Fall Aufgaben sowohl innerhalb des Planungs- und Kontrollsystems als auch innerhalb des Informationssystems wahrzunehmen haben, erhöhen sich die Anforderungen an die entsprechenden Mitarbeiter erheblich. Zudem besteht die Gefahr, dass die Einheitlichkeit und der Koordinationsauftrag des Controllings nicht gewährleistet werden, sodass diese Aufteilung in der reinen Form nicht durchführbar ist. Von Vorteil ist aber die stärkere Kunden-/Marktnähe des Sparten-Controllers, die auch sicherstellt, dass eine größere Akzeptanz des Controllings erreicht wird und individuelle Problemstellungen der Teilbereiche berücksichtigt werden können. Um sowohl diese Vorteile als auch die Vorteile der funktionsorientierten Controllingorganisation (hohe Integrität der Systeme, gute Gesamtkoordination der Teilbereiche, Spezialisierung) zu nutzen, bietet es sich an, eine Kombination zwischen den beiden Gliederungsprinzipien zu verwirklichen (vgl. Abbildung 11).

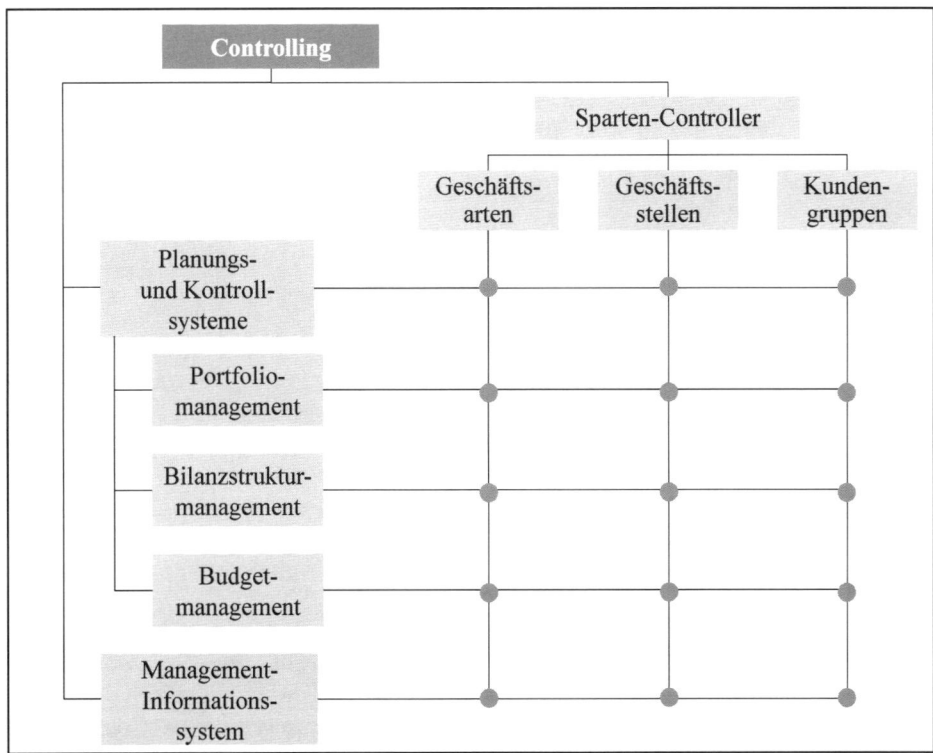

Abb. 11: Controllingorganisation nach dem Matrixkonzept

Allerdings spielt hierbei auch die Betriebsgröße einer Bank eine große Rolle. Für kleinere und mittlere Finanzinstitute erscheint wegen des tendenziell ohnehin höheren Zentralisationsgrads des Controllings eine funktionsorientierte Spezialisierung sinnvoll, da einerseits eine spartenorientierte Aufgliederung in reiner Form nicht durchführbar, andererseits eine Kombination der beiden Strukturtypen eher zu aufwendig ist. Insbesondere kann davon ausgegangen werden, dass ein solches Finanzinstitut noch in dem Maße überschaubar ist, dass alle bereichsspezifischen Controllingaufgaben in den jeweiligen Funktionsstellen hinreichend wahrgenommen werden können.

Einen wesentlichen Faktor für die organisatorische Effizienz von Controllingsystemen stellen schließlich sekundär-organisatorische Maßnahmen dar. Deren Zielsetzung besteht darin, bestimmte Problem- und Aufgabenbereiche, die wegen ihrer Bedeutung für die Gesamtbank und wegen des organisationsübergreifenden Charakters von der Controllingabteilung allein nicht gesteuert werden können, organisatorisch zu integrieren. Hierbei handelt es sich vor allem um bedeutsame und deshalb nur unter Mitwirkung der höchsten Führungsebene zu lösende Sonderprobleme sowie um solche Fälle, die wegen sich kurzfristig ändernder Umweltbedingungen (z. B. Zinsentwicklung, internationale Kredite etc.) einer schnellen Ad-hoc-Koordination und rascher Entscheidungen bedürfen.

2. Hierarchische Einordnung des Controllings

Bei der Frage der hierarchischen Stellung des Controllers im Leitungssystem einer Bank geht es einerseits darum, **auf welcher Hierarchieebene** das Controlling angesiedelt werden soll, und – in enger Verbindung dazu – ob das Controlling als Stabs- oder Linieninstanz zu organisieren ist und welche Weisungsbefugnisse dem Controller dabei zugewiesen werden. Wie hoch das Controlling in der Unternehmenshierarchie anzusiedeln ist, hängt davon ab, wie tief greifend die Veränderungen sind, die mit der Einführung eines Controllingkonzepts innerhalb der Bank notwendig werden, ob und wie der Controller an geschäftspolitischen Entscheidungen beteiligt werden soll und ob die Neutralität des Controllers angestrebt wird.

Tief greifende Veränderungen innerhalb des sozialen Systems einer Bank rufen i. d. R. erhebliche Widerstände hervor. Da ein effizientes Controlling solche Veränderungen jedoch häufig erfordert, kann es nur dort angesiedelt werden, wo man sich gegen diese Widerstände durchsetzen kann. Ob sich hieraus die Zuordnung zur höchsten Hierarchieebene zwingend ergibt, ist jedoch auch davon abhängig, in welchem Umfang sich die Geschäftsleitung für entsprechende Veränderungen entschieden und damit Fakten geschaffen hat. Tendenziell ist die Notwendigkeit, das Controlling auf höchster Ebene anzusiedeln, umso geringer, je mehr Rückendeckung der Controller durch grundsätzliche Vorentscheidungen der Geschäftsleitung erhält.

Der zweite Aspekt der hierarchischen Stellung des Controllers betrifft die Frage, ob und mit welchen Kompetenzen er an Entscheidungen beteiligt werden soll. Vorteilhaft ist eine **Entscheidungsbeteiligung des Controllers** vor allem deshalb, weil er wegen seiner breiten Informationsbasis und dem Überblick über die Gesamtzusammenhänge in der Bank in der Lage ist, den häufig einseitigen Interessen verschiedener Teilbereiche entgegenzuwirken.

Da der Controller seiner Funktion (und Persönlichkeit nach) eher sicherheitsorientiert denkt, repräsentiert er zudem den notwendigen und nur mit entsprechender Entscheidungsgewalt voll wirksamen Gegenpol zum eher expansiven Charakter der Marktbereiche.

Da gegen eine Entscheidungsbeteiligung häufig eingewandt wird, dass der Controller aufgrund seines Informationsvorsprungs ein unerwünschtes Übergewicht erlange und Entscheidungen in seinem Sinne beeinflussen könne, ist zu überprüfen, ob und unter welchen Umständen die sich dahinter verbergende Neutralitätsforderung für den Controller und damit eine entsprechend niedrigere hierarchische Einordnung gerechtfertigt ist.

Zunächst ist gegen das obige Argument grundsätzlich anzuführen, dass die aufgrund des Informationsvorsprungs bestehenden Manipulationsmöglichkeiten des Controllers nicht allein von der Frage der Entscheidungsgewalt abhängen. Vielmehr verfügt er darüber auch ohne formelle Kompetenzen durch die Möglichkeit, Informationsströme entsprechend zu lenken. Auszuschließen ist dies letztlich nur, indem auch der Controller entsprechende Richtlinien für die Informationspflicht gegenüber anderen Bereichen vorgegeben bekommt. Der erforderliche Neutralitätsgrad des Controllers ist letztlich allein davon abhängig, inwieweit vom Controllingsystem selbst Manipulationsmöglichkeiten zugelassen werden oder nicht. Dort, wo Ergebnisse und Aussagen vom System selbst und unbeeinflussbar von einer Person produziert werden (z. B. durch das Rechnungswesen), ist die Neutralität des Controllers gleichsam vom System her, gewissermaßen automatisch, gewährleistet. Andererseits ist der Controller dort, wo mit Schätzungen und nicht unmittelbar quantitativ messbaren Aussagen eine subjektive Komponente auftritt, zu Recht mit der Forderung nach manipulationsfreien Informationen konfrontiert.

Die Möglichkeiten der hierarchischen Einordnung des Controllers werden außer von diesen prinzipiellen Kriterien zudem von der Größe der Bank und der Zahl der Mitglieder in der Geschäftsleitung determiniert. In kleineren und zum Teil auch mittleren Banken besteht kaum die Möglichkeit, dass ein Mitglied der Geschäftsleitung ausschließlich die Controllingfunktion wahrnimmt, da sich die Gesamtheit der Aufgaben, die sich der Geschäftsleitung stellen, auf nur wenige Mitglieder verteilt. Zudem ist schon aufgrund des für diese Größenordnung geringeren Umfangs der Controllingtätigkeiten eine eigens dafür eingerichtete Position in der Geschäftsleitung kaum gerechtfertigt.

Es bleiben somit nur die Möglichkeiten, entweder einem Mitglied der Geschäftsleitung neben anderen Aufgaben auch die Controllingfunktion zuzuweisen, oder aber letztere auf die zweite Ebene zu verlagern. Zwar ist auf höchster Ebene die Durchsetzung von Controllingmaßnahmen am ehesten gewährleistet. Eine solche Einordnung hat jedoch den Nachteil, dass das Controlling dort wegen dann möglicherweise zu hoher sonstiger Arbeitsbelastung nur unzureichend ausgeübt wird. Ein weiterer Gesichtspunkt ist in diesem Zusammenhang, dass gerade bei Einführung des Controllings der besonders in kleineren Banken traditionell sehr stark am Tagesgeschäft orientierten Geschäftsleitung das notwendige Know-how fehlt und deshalb der konsequente Aufbau eines Controllingsystems und seine Funktionsfähigkeit von vornherein infrage gestellt sind. Allerdings ist bei der Zuordnung zur zweiten Ebene aufgrund der größeren Distanz zur oberen Entscheidungsebene die Gefahr, dass sich Widerstände durchsetzen, insbesondere wenn tief greifende Veränderungen notwendig sind, erheblich größer. Deshalb erscheint es sinnvoll, die Controllingfunktion bei kleineren Banken auf der zweiten Ebene dort anzusiedeln, wo eine größtmögliche Nähe zur Geschäftsleitung gegeben ist. Dies ist zweifellos beim Sekretariat der Geschäftsleitung der Fall, das sich außerdem häufig auch schon dadurch für diese Tätigkeit qualifiziert, dass dortige Stelleninhaber vielfach die wesentlichen Planungsaufgaben in der Bank wahrnehmen und daher, möglicherweise durch einen entsprechenden Ausbildungsgang fundiert, die größten Kenntnisse für das Controlling mitbringen. Gegebenenfalls können dabei entstehende Probleme der Arbeitsbelastung durch die Einrichtung einer speziellen Controllingstelle gelöst werden.

Daneben stellt sich die Frage, ob im Rahmen des Sekretariats der Geschäftsleitung – vom Controlling getrennt – nicht ebenfalls der Marketingbereich anzusiedeln ist. Dafür spricht, dass man hier wie bereits erwähnt i. d. R. über das größte Planungs-Know-how verfügt und deshalb eine systematisch betriebene Marketingplanung und Marktorientierung am ehesten gewährleistet scheint. Da zudem alle wesentlichen Informationen und somit auch Marktinformationen im Sekretariat der Geschäftsleitung zusammenlaufen, können Teilmärkte (Geschäftsbereiche) bewertet und verglichen werden und (sofern keine Geschäftsbereichsverantwortung vorliegt) unabhängig von eigenen Interessen gezielte Strategien für die Marktbereiche entwickelt werden. Dabei wird durch die prinzipielle Trennung zwischen einer speziellen Controlling- und Marketingstelle zumindest theoretisch sichergestellt, dass den als beinahe gegensätzlich zu bezeichnenden Aufgabenbereichen und den daraus resultierenden unterschiedlichen personellen Anforderungen explizit Rechnung getragen wird. Während nämlich im Marketing Aufgaben der verkaufsfördernden Marktanalyse vorherrschen, beschäftigt sich das Controlling vornehmlich mit der Durchführung interner Betriebsanalysen. Demgemäß sollte der Inhaber der Marketingstelle einen tendenziell expansiven Charakter verkörpern und der typische Controller von der Persönlichkeit her eher ein „Bremser" sein (vgl. Abbildung 12).

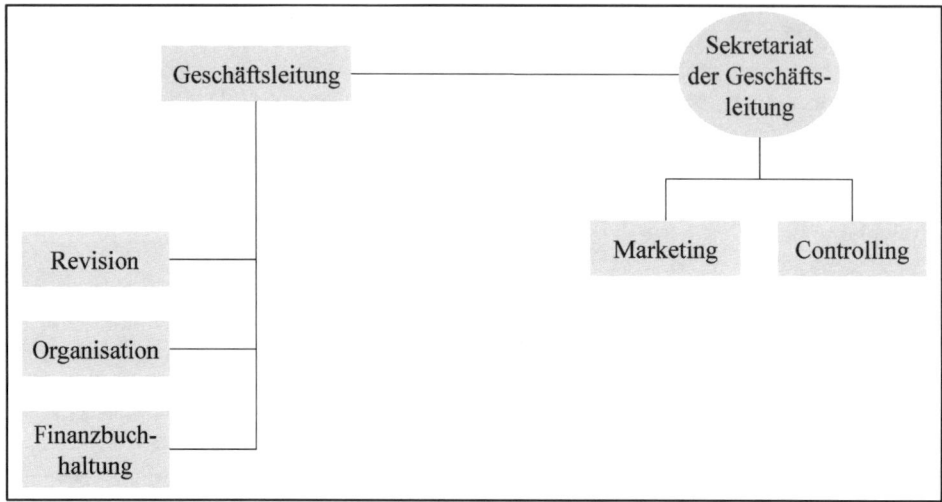

Abb. 12: Beispiele der hierarchischen Einordnung des Controllings bei kleinen und mittleren Banken

Weniger eingeengt sind die Zuordnungsalternativen mit zunehmender Größe der Bank, da die Anzahl der Mitglieder der Geschäftsleitung und der Umfang der Controllingaufgaben es erlauben, einem Mitglied der Geschäftsleitung den Controllingbereich als Hauptaufgabe zuzuweisen. Daneben ist es sinnvoll, stark mit der Controllingaufgabe verflochtene Bereiche in diese Position zu integrieren, wie z. B. die EDV und Organisation. Aus Gründen der Konzentration auf die Controllingfunktion und der notwendigen Neutralität des Controllers kann es allerdings problematisch sein, wenn das entsprechende Mitglied der Geschäftsleitung gleichzeitig einen Geschäftsbereich führt und andere Mitglieder der Geschäftsleitung mit Geschäftsbereichsverantwortung keine Controllingaufgaben wahrnehmen. Im Allgemeinen wird bei größeren Banken dem jeweiligen Mitglied der Geschäftsleitung jedoch neben der Controllingverantwortung gleichzeitig Verantwortung für einen Marktbereich zugewiesen, sodass Funktions- und Marktverantwortung analog zu anderen Bereichen der Geschäftsleitung miteinander gekoppelt werden (vgl. Abbildung 13).

Geschäftsleitung			
	1	2	3
Marktbereich	Geschäfts-bereich I	Geschäfts-bereich II	Geschäfts-bereich III
Funktionsbereich	Controlling, EDV, Organisation	Volkswirtschaft, Personal	Marketing, Recht

Abb. 13: Kombination von Funktions- und Marktbereich in der Organisation der Geschäftsleitung

Eine solche Aufteilung der Controllingaufgaben ermöglicht es zum einen, controllingnahe Bereiche wie die EDV und die Organisation in den Aufgabenbereich des für das Controlling verantwortlichen Mitglieds der Geschäftsleitung einzubeziehen. Dies ist vor allem für die Koordinationsqualität von großer Bedeutung, da hiermit die für ein funktionsfähiges Controlling grundlegenden Bereiche unmittelbar mit dem Controlling verquickt werden. Zum anderen wird mit dieser Konzeption verhindert, dass das für das Controlling zuständige Mitglied der Geschäftsleitung als Bankleiter ohne Gesamtverantwortung angesehen und deshalb auch innerhalb der Geschäftsleitung selbst möglicherweise isoliert wird.

Allerdings bleibt als Problem einer konsequenten Durchsetzung des Controllings bestehen, dass es ohne die Rückendeckung durch die entscheidenden Machtträger in der Geschäftsleitung auch bei einer solchen Aufgabenverteilung letztlich wirkungslos bleibt. Möglicherweise ist diese Gefahr sogar noch größer, wenn das Controlling nur eine Aufgabe unter mehreren darstellt, weil das Interesse sich dann eher auf die traditionellen, bekannten und keine Einarbeitung mehr erfordernden Tätigkeiten richtet.

II. Die Besetzung von Controllingstellen

Da es sich bei der Stellenbildung und -besetzung um Aufgaben handelt, die interdependent miteinander verknüpft sind, bedarf es einer gegenseitigen Abstimmung. Für die erfolgreiche Einbindung eines Controllingsystems in eine bereits bestehende Organisationsstruktur bedeutet dies, dass ein Controller stets ein bestimmtes Anforderungsprofil erfüllen muss. Überdies erscheint eine erfolgreiche Implementierung prinzipiell gefährdet. Aus diesem Grund muss nun – nach der Stellenbildung – die Stellenbesetzung im Vordergrund der Betrachtung stehen, in deren Rahmen die wesentlichen Persönlichkeitsmerkmale eines qualifizierten Controllers diskutiert werden sollen. Dabei ist zu beachten, dass ein Controller recht unterschiedlichen Anspruchsgruppen gerecht werden muss, sodass er i. d. R. einem mehrdimensionalen Anforderungsprofil unterworfen ist. Da er prinzipiell auf die Mithilfe aller hierarchischen Ebenen der Bank angewiesen ist, wird eine ihm gegenüber ablehnende Haltung stets negative Konsequenzen für die Effizienz seiner Tätigkeit haben.

Zunächst einmal sollte ein Controller über ausgeprägte **analytische Fähigkeiten** verfügen. Dies bedeutet, dass er in der Lage sein muss, komplexe Tatbestände in einzelne Fragmente zu zerlegen und zu untersuchen. Seine Tätigkeit, die – allgemein ausgedrückt – die Steuerung durch Planung und Kontrolle umfasst, verlangt von ihm eine ausgesprochene Zahlenorientiertheit. Häufig bestehen seine Aufgaben in der Erstellung von Budgets, der Auswertung von EDV-Listen, dem Aufspüren von Problemen und der Zuweisung von Verantwortlichkeiten. Da moderne Informationstechnologien hierbei oftmals als Hilfsinstrumente fungieren, sollte ihm der Umgang mit diesen ebenfalls unbedingt vertraut sein.

Auch wenn ein Controller als eher zahlenorientiert einzustufen ist, darf er keineswegs mit einem typischen „Buchhaltertyp" gleichgesetzt werden. Letzterer muss als reiner Registrator bereits eingetretener Tatbestände äußerst penibel – um nicht zu sagen cent- bzw. rappengenau – arbeiten. Dagegen sollte ein guter Controller eher zukunftsorientiert ausgerichtet sein – also über eine **planungsorientierte Denkweise** verfügen –, gestalterisch tätig sein, was ein hohes Maß an Kreativität abverlangt, und aufgrund seines Aufgabengebietes eher großzügig denken.

Ferner sollte ein Controller **vernetzt denken** können, denn häufig sind geschäftspolitische Probleme wegen ihrer Komplexität nur wirklich lösbar, wenn sie in ihren interdependenten Wirkungszusammenhängen gesamthaft (systemisch) gesehen werden. Das heißt, dass nicht nur einfache Kausalanalysen betrieben werden dürfen, sondern stets auch dynamische Rückkoppelungseffekte einzubeziehen sind. Kurz: Dem Controller wird ein mehrdimensionales, zirkuläres Denken abverlangt.

Um seine Aufgaben erfüllen zu können, muss ein Controller daneben natürlich auch mit den betrieblichen Strukturen vertraut sein. Dazu zählt neben den formellen, häufig schriftlich fixierten organisatorischen Regelungen nicht zuletzt das informelle Gefüge von Rollenerwartungen und Machtverhältnissen. Diese zu nutzen und gleichzeitig das notwendige Vertrauen für seine Tätigkeit zu gewinnen, gehört zu den zentralen Problemen seines Amtes und setzt eine entsprechende Persönlichkeitsstruktur voraus. Nicht allein aus diesem Grund sollte er sich stets um ein gutes Verhältnis zu den unterschiedlichsten Mitarbeitern bemühen.

Es gehört zum Aufgabengebiet eines Controllers, häufig mit völlig neuen, ständig wechselnden Problemstellungen konfrontiert zu werden. Um in dieser Situation möglichst rasch effiziente Lösungsansätze bieten zu können, ist es unerlässlich, sich relativ kurzfristig sowohl theoretisch als auch praktisch in eine fremde Materie einzuarbeiten und sich zusätzliches Fachwissen anzueignen. Nur mithilfe einer besonders **schnellen Auffassungsgabe** wird es ihm möglich sein, die an ihn gestellten Erwartungen zu befriedigen.

Ein Controller wird zur Erfüllung seiner Aufgaben immer auf die Informationsbereitschaft anderer Mitarbeiter angewiesen sein. Häufig jedoch wird seine Tätigkeit beargwöhnt und mit Fremdkontrolle gleichgesetzt, durch die jeder Fehler aufgedeckt und bestraft werden soll. Um nun trotzdem eine informationsfördernde Vertrauensbasis schaffen zu können, muss der Controller in der Lage sein, diese falsche Vorstellung von seiner Tätigkeit zu korrigieren. Denn seine Aufgabe besteht im eigentlichen Sinne darin, Hilfestellung zu leisten, zu beraten und so erst überhaupt das angestrebte Self-Controlling der Marktbereiche zu ermöglichen. Aufgrund der Tatsache, dass der Controller häufig als Sprachrohr der Geschäftsleitung fungiert, erscheint es in diesem Zusammenhang wichtig, dass er über Verhandlungsgeschick und entsprechendes „Fingerspitzengefühl" verfügt. Nicht selten bedarf es dabei vor allem auch des Abbaus sprachlicher Barrieren, um wirksam tätig zu sein. Natürlich muss der Controller andererseits auch die Kommunikation zur Geschäftsleitung pflegen. Hier ist es wichtig, ein sicheres Auftreten zu besitzen und durch Fachwissen zu überzeugen. Die aufgeführten Beispiele machen deutlich: Der Erfolg eines Controllers hängt in starkem Maße von seinen **Kommunikationsfähigkeiten** ab.

Nicht zuletzt sollte ein guter Controller neben unternehmerischem Gespür ebenfalls über ein **ausgeprägtes Risikobewusstsein** verfügen. Denn das Controlling versteht sich in seinem Selbstverständnis typischerweise als Korrektiv zu den expansiven Kräften in der Bank, indem es konsequent und beständig auf die Gefahren einer undifferenzierten Wachstumspolitik hinweist. Der Controller muss – durch seine gleichsame Personifikation des ertragsorientierten Risikogewissens der Bank – für diese Bremserfunktion auch persönlich geradestehen. Interessant ist dabei, dass der Controller gleichzeitig auch gewisse Treiberattitüden aufweisen muss und zwar, wenn es darum geht, für die Durchsetzung einer ertragsorientierten Geschäftspolitik und der damit verbundenen Entwicklung von Instrumenten, Regelungen und Mentalitäten zu streiten.

III. Der Einführungsprozess des Controllings

Aufbau und Implementierung eines Controllingsystems stellen dessen schwierigste Phasen dar. Zunächst wirft die konzeptionelle Entwicklung und die Einarbeitung geeigneter Funktionsträger erhebliche Probleme auf. Die größte Hürde stellen jedoch Widerstände in der Bank dar, die durch massive Änderungen in der Organisations- und Unternehmensstruktur hervorgerufen werden. Je nachdem, um welche Art von Widerständen es sich handelt, ist dagegen unterschiedlich vorzugehen. Willensbarrieren oder Verhaltenswiderstände sind durch eine emotionale Ablehnung geplanter Veränderungen gekennzeichnet und am schwierigsten zu überwinden, da die Beweggründe und Ängste meist sehr persönlicher, individueller Natur sind. Lösbar ist das Problem von dieser Seite nur, wenn mögliche Widerstandsmotive erkannt werden, und auf diese entsprechend reagiert wird. Fähigkeitsbarrieren und Systemwiderstände beschreiben dagegen die objektive Unfähigkeit, mit dem vorhandenen Wissensstand eine Veränderung einschätzen und akzeptieren zu können. Hier müssen vor allem Schulung und Information als Maßnahmen eingesetzt werden, um durch eine Verbesserung des Fähigkeitsniveaus eine höhere Akzeptanz zu erreichen.

Speziell die Einführung eines Controllingsystems kann verschiedenartige Probleme hervorrufen. Das Misstrauen gegenüber dem Controlling reicht natürlicherweise bis in die Geschäftsleitung der Bank, die befürchtet, das Controlling könne eine Art „Super-Geschäftsleitung" darstellen und die wichtigsten Entscheidungsbefugnisse nicht zuletzt aufgrund des erheblichen Informationsvorsprungs an sich bringen. In den einzelnen Linieninstanzen wird das Controlling, gefördert durch die begriffliche Assoziation mit der Kontrolle, als Spion der Unternehmensleitung angesehen. Die Angst der lückenlosen Überwachung und Beaufsichtigung wird hierbei von der computerunterstützten Planung und Kontrolle noch forciert.

Die größten Widerstände werden jedoch i. d. R. dort hervorgerufen, wo bestimmte Stellen und Querschnittsfunktionen ihren Einflussbereich und ihr Ansehen als gefährdet einstufen. Betroffen davon sind z. B. der Marketingbereich, dessen Expansionscharakter mit dem Controlling ein ertrags- und sicherheitsorientiertes Gegengewicht („Gewissen") gegenübergestellt wird, oder die Hauptbuchhaltung, deren Zahlen durch ein entscheidungsorientiertes Rechnungswesen an Bedeutung verlieren, sowie die dezentralen „Privatinformationssysteme", die nunmehr von der zentralen Controllingstelle beaufsichtigt und gesteuert werden. Außerdem werden durch das Controllingsystem bislang verdeckte Tatsachen offengelegt und sogenannte „Erbhöfe" und Machtstrukturen verändert. Deutlich wird das vor allem bei der Einführung eines entscheidungsorientierten, controllingadäquaten Systems der Bankkalkulation, wenn die tatsächlichen Erfolgsbeiträge einzelner Filialen, Abteilungen etc. aufgedeckt werden, und bisher in ihrer Bedeutung für die Bank als entscheidend angesehene Bereiche (z. B. traditionell der Kreditbereich) an Ansehen einbüßen, weil deutlich wird, dass die eigentlichen Erfolge in ganz anderen Bereichen erzielt werden (z. B. im Einlagenbereich).

Da ein wesentlicher Aspekt des Controllings darin besteht, ein geschlossenes Planungs- und Kontrollsystem zu implementieren, ist es nicht mehr möglich, Pläne zu erstellen und sich sodann dem Tagesgeschäft zuzuwenden, Planung also letztlich nur zum Schein durchzuführen. Jeder Plan führt konsequent zu entsprechenden Kontrollen, Soll-Ist-Vergleichen und Abweichungsanalysen. In diesem Zusammenhang können Widerstände deshalb auftauchen, weil häufig die bisher als „Nebentätigkeit" betriebene Planung nun plötzlich zum Tätigkeitsschwerpunkt wird und die vormals unterlassene Einarbeitung nachgeholt werden muss.

Widerständen kann durch bestimmte Maßnahmen, beginnend mit der Auswahl der Träger des Implementierungsprozesses bis hin zur Gestaltung des Einführungstempos, entgegengewirkt werden. Bei der Auswahl der Träger des Einführungsprozesses wird sich eine Einbeziehung der wichtigsten vermutlichen Opponenten anbieten, um dadurch letztlich eine Identifikation mit dem Controllingsystem selbst herbeizuführen. Vorteile weisen auch externe Controlling- und Organisationsberater als Mitträger des Prozesses auf, weil sie einerseits das zumeist in der Bank gar nicht vorhandene Spezialwissen mitbringen und zum anderen unabhängig sind und sich daher konsequenter von sachlichen Erwägungen leiten lassen können. Auch wenn die wesentlichen Entscheidungen von nur wenigen getroffen werden, so kann doch vor allem die Einrichtung von Projektgruppen und Kollegien auf den verschiedenen Führungsebenen Widerstände im Keim ersticken, wenn dadurch die Angst vor dem Unbekannten genommen und die Identifikation mit den Controllingzielen erreicht wird. Hierbei stellt die Ausschaltung von Widerständen nur eine Komponente dar. Vielmehr können vor allem auch die Kenntnisse und Erfahrungen der einzelnen Mitarbeiter genutzt und zu einer realistischen Konzeption umgesetzt werden.

Entscheidend für die erfolgreiche Einführung des Controllings sind auch Art und Tempo des organisatorischen Wandels. Als mögliche Alternativen dafür sind das Vorgehen in kleinen Schritten **(Inkrementalismus)** und die Strategie der sofortigen totalen Veränderungen **(Bombenwurf)** anzusehen. Das Prinzip der kleinen Schritte besteht darin, ein Controllingsystem nur mit jeweils geringen Veränderungen des Altzustands in einem mittleren bis längeren Zeitraum zu einer endgültigen Struktur zu führen. Der Vorteil dieser behutsamen Anpassung der vorhandenen Strukturen und Systeme an die Zielvorstellungen liegt darin, dass keine starken Widerstände aufgebaut werden. Jedoch ist in diesem Fall die Gefahr groß, dass die Systemeinführung zu langwierig verläuft, die Konsequenz in der Durchsetzung abnimmt und der Prozess schließlich auf halbem Wege versandet. Die Bombenwurfstrategie dagegen treibt die Implementierung zwar schneller voran, ruft jedoch erhebliche Widerstände hervor, sodass auch hier große Reibungsverluste entstehen können.

Als Lösung wird deshalb das Konzept der geplanten Evolution vorgeschlagen. Hierbei wird zunächst zentral und auf hoher hierarchischer Ebene eine Controllinggesamtkonzeption entwickelt, die in sich geschlossen ist und neuartige Strukturen zulässt. Diese wird dann jedoch in mehreren Teilschritten zeitlich abgestuft realisiert, wobei insbesondere aus den Teilschritten auch Rückschlüsse für die Gesamtkonzeption gezogen werden. Weitere Vorteile einer solchen Implementierungsstrategie (vgl. Abbildung 14) bestehen darin, dass ein Gesamtkonzeptionsziel sachlich und zeitlich fixiert und somit die Gefahr des „allmählichen Vergessens" vermindert wird. Auf der anderen Seite reduziert die stufenweise Einführung Widerstände und ermöglicht zudem einen sukzessiven Lernprozess und Modifikationen des Gesamtkonzepts aufgrund gesammelter Erfahrungen.

Die erfolgreiche Einführung sowie die generelle Effizienz des Controllings hängen entscheidend auch von der Person des Controllers bzw. den mit Controllingfunktionen beauftragten Personen ab. Die Wahl der geeigneten Person (Personen) ist schon deshalb problematisch, weil an diese schwer zu vereinigende Anforderungen gestellt werden müssen: Einerseits ist konstruktives, d. h. kreatives und politisch wertendes Denken gefordert, auf der anderen Seite eine

„Pedanterie der Zahl". Einerseits muss der Controller einen analytisch denkenden Technokraten darstellen, andererseits über hohe soziale Sensibilität und Geschick im Umgang mit Menschen verfügen.

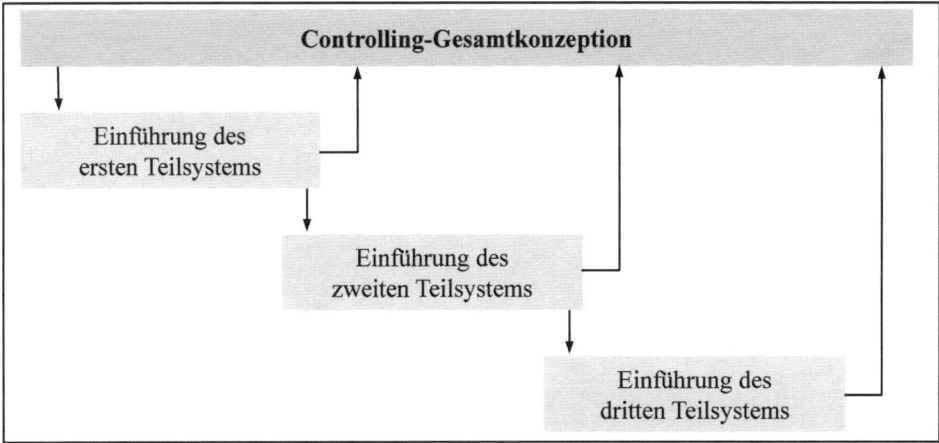

Abb. 14: Implementierung des Controllingsystems nach dem Konzept der geplanten Evolution

Ein weiteres Problem stellt die fachliche Kompetenz des Controllers dar. Er muss neben speziellen Kenntnissen im entscheidungsorientierten Rechnungswesen, in der Planungs- und Kontrollmethodik und in der Systemimplementierung auch über umfassendes bankspezifisches Fachwissen verfügen. Dabei ist diese Kombination in ihrer Idealform nur selten anzutreffen, da auf der einen Seite die ausgewiesenen Bankpraktiker häufig keine controllingspezifischen Kenntnisse und Erfahrungen aufweisen, auf der anderen Seite die sogenannten Controllingspezialisten nicht selten nur über geringe praktische Bankgeschäftserfahrungen verfügen.

Deshalb bedarf es gerade bei kleineren und mittleren Banken einer gezielten Rekrutierungs- und Ausbildungspolitik, da die personellen Defizite sich hier am gravierendsten auswirken und einer erfolgreichen Einführung des Controllings im Wege stehen werden.

LITERATURHINWEISE

ADAM, D. (1983)
ALBACH, H. (1966)
ANSOFF, H. I. (1982)
BAUMGARTNER, B. (1980)
BÜHLER, W. (1995)
BÜSCHGEN, H. E. (1987)
BÜSCHGEN, H. E. (2001)
CANDILIS, W. O. (1968)
COMPTON, E. N. (1981)
DANNENBERG, M. (2001)
DIEKHÖNER, B. (1984A)
ELLERMEIER, C. (1975)
FASSBENDER, H. (2001)
FLECHSIG, R. (1982)
FRIESENECKER, S. (1992)
GEISDORF, G./FRITSCHI, O. (1973)
HAGENMÜLLER, K.-F. (1976)
HANSELMANN, G.R. (1969)
HAUSCHILDT, J./SCHEWE, G. (1993)

ADRIAN, R./HEIDORN, TH. (2000)
ALTENHOFF, N. R. (1978)
BAKER, H. K./HASLEM, J. A. (1974)
BENÖLKEN, H./WINGS, H. I. (1984 UND 1985)
BÜSCHGEN, H. E. (1983A UND 1983B)
BÜSCHGEN, H. E. (1998)
BÜSCHGEN, H. E./BÖHNER, W. (1982)
COENENBERG, A.G./BAUM, H.-G./GÜNTHER, TH. (1999)
CONGENA (1995)
DEYLE, A./STEIGMEIER, B. ET AL. (1993)
DUTSCHKE, W./HABERKORN, H. (1985)
ERDMANN, U. (1991)
FEYL, W. (1978)
FLECHSIG, R. (1983)
GÄLWEILER, A. (1980)
GLOYSTEIN, P. (1983)
HAHN, D./TAYLOR, B. (1999)
HAUSCHILDT, J. (1993)
HEIN, M. (1994)

HENKEL, R./BENÖLKEN, H. (1975)
HESELER, P. (1984)
HORVÁTH, P. (1999)
KAESER, W. (1984)
KIESER, A./KUBICEK, H. (1992)
KIRSCH, W./ESSER, W. M./GABELE, E. (1979)
KLINGE, K.-A. (1967)
KOCH, H. (1982)
KRÜMMEL, H.-J./RUDOLPH, B. (1983)
LAMMERSKITTEN, P. (1978)
MANKWALD, R. (1975)
MCINTIRE, S.C. (1974)
MERTIN, K. (1984)
MEYER ZU SELHAUSEN, H. (2000)
MÜLHAUPT, L./SCHIERENBECK, H./FLECHSIG, R. (1982)
PENZKOFER, P. (1972 UND 1973)
PICOT, A./BÖHME, M. (1999)
POULLAIN, L. (1973)
RINGEL, J. (2001)
ROSSIER, J.A. (1973)
SAUER, H. (1985)
SCHIERENBECK, H./LISTER, M. (2002)
SCHIMMELMANN, W. V. (1993)
SCHMITZ, J. (1986)
SCHÜLLER, ST. (1985)
SCHWANITZ, J. (2001)
SERFLING, K. (1992)
SLEVOGT, H. (1982)
SORG, P. (1982)
STEIN, J. H .V./TERRAHE, J. (1995)
VOLLMUTH, H.J. (2000)
WIELENS, H. (1977)
WILHELM, W. (1974)
WOOD, D. R. (1980)

HERRHAUSEN, A. (1971)
HINTERHUBER, H. H. (1996)
HORVÁTH, P./GASSERT, H./SOLARO, D. (1991)
KALTENHÄUSER, U. (1979)
KIRSCH, W. (1975)
KLEWIN, B./MARUSEV, A. W. (1986)
KNAPP, TH. (1988 UND 1989)
KÖNIG, P./QUAST, W. (2001)
KRUMNOW, J. (1991)
LISTER, M. (2001)
MANN, R. (1989)
MERTIN, K. (1982)
MERTIN, K. (1987)
MEYER, E./WEBER, J. (1990)
PAUL, ST. (1996)
PFOHL, H.-C. (1997)
PICOT, A./NEUBURGER, R. (2000)
RICHTER, H. J. (1987)
ROLFES, B./KRIMßE, ST. (1999)
SANDER, S. (1990)
SCHIERENBECK, H. (2003B)
SCHIERENBECK, H./ROLFES, B. (1988)
SCHMALENBACH, E. (1963)
SCHÜLLER, ST. (1984)
SCHUSTER, L. (1973)
SEIDEL, E./WIRTZ, U. (1989)
SIEGEL, R./DEGENER, R. (1988)
SMITH, E.E. (1970)
SPREMANN, K./ZUR, E. (1992)
SÜCHTING J./PAUL, ST. (1998)
WEBER, J. (1999)
WILD, J. (1982)
WITTE, E. (1973)
ZAPP, H. (1974 UND 1981)

C. Das duale Steuerungsmodell als Kernelement der Banksteuerung

I. Dimensionen des dualen Steuerungsmodells

Mit der **Marktzinsmethode** steht ein Kalkulationsinstrument für den Zinsüberschuss zur Verfügung, das einen zentralen Baustein im Konzept ertragsorientierter Banksteuerung darstellt. Es gehört zu den wichtigen Charakteristika dieser Methode, dass sie neben dem Prinzip der Marktbewertung von Finanzgeschäften die saubere Trennung von Konditions- und Strukturergebnis ermöglicht. Erst diese Aufspaltung des komplexen Zinsergebnisses gewährleistet eine differenzierte und nach Verantwortlichkeiten sauber gegliederte Steuerung der verschiedenen Erfolgskomponenten im Zinsbereich. So gehört – wie ausführlich beschrieben – die Trennung eines zentral zu verantwortenden Strukturergebnisses mithilfe eines umfassenden **Asset-Liability-Managements** und der dezentral zu steuernden Konditionsergebnisse in den **kundenbezogenen Profitcentern** zu den tragenden Säulen dieses Konzepts.

Diese Überlegungen werden nun für ein umfassendes Rentabilitätscontrolling konsequent verallgemeinert und auf die Steuerung des Betriebsergebnisses einschließlich seiner Komponenten übertragen. Dabei werden die folgenden Begriffspaare verwendet, deren Verknüpfung in dem bereits an anderer Stelle (vgl. S. 12 f.) so bezeichneten **dualen Steuerungsmodell** erfolgt:

(1) Rentabilitätscontrolling und Risikocontrolling,

(2) potenzialorientierte Globalsteuerung (strategisches Controlling) und aktionsorientierte Feinsteuerung (operatives Controlling),

(3) Struktursteuerung und Geschäftssteuerung,

(4) zentrale Steuerung und dezentrale Steuerung.

Während das erstgenannte Begriffspaar die materielle Dimension des ertragsorientierten Bankmanagements abbildet, sind die drei übrigen Begriffspaare mehr formaler Natur und betreffen organisatorische, planungstheoretische und steuerungstechnische Aspekte. Schwerpunktartig bestehen dabei Verknüpfungen zwischen den Dimensionen. So ist Struktursteuerung primär gesamtbankbezogen, also global orientiert und vor allem Gegenstand der Zentralbereiche, wohingegen sich die dezentrale Geschäftssteuerung in erster Linie als Aufgabe der Feinsteuerung zeigt. Insofern steht das Konzept ertragsorientierter Banksteuerung stets in einem komplexen Spannungsfeld zwischen Rentabilitäts- und Risikocontrolling einerseits sowie zentraler, gesamtbankbezogener Struktursteuerung und dezentraler, einzelgeschäftsbezogener Feinsteuerung andererseits (vgl. Abbildung 15).

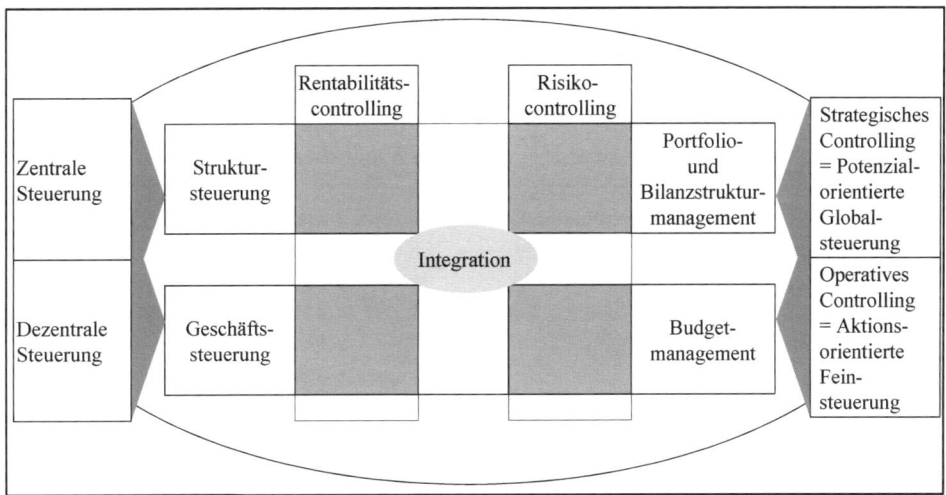

Abb. 15: Konzeptionelle Merkmale des dualen Steuerungsmodells

Zu (1): Unterscheidung zwischen Rentabilitätssteuerung und Risikosteuerung

Ertragsorientierte Banksteuerung heißt ihrem Wesen nach hauptsächlich **Rentabilitätscontrolling**. Die Steuerungsprozesse müssen darauf ausgerichtet sein, ertragsstarke Geschäftsfelder zu identifizieren, Märkte erfolgreich zu bearbeiten, eine auskömmliche Rentabilität zu erwirtschaften, ertragsorientierte Konditionen durchzusetzen und vieles andere mehr.

Weil bankpolitische Entscheidungen (wie unternehmerische Entscheidungen generell) aber stets unter Unsicherheit gefällt und durchgesetzt werden müssen, ist das Risiko von Liquiditätsstörungen oder die Gefahr rentabilitätsbeeinträchtigender Entwicklungen bis hin zur Insolvenz prinzipiell nicht auszuschließen. Insofern muss ertragsorientiertes Bankmanagement immer auch **Risikocontrolling** sein. Verstärkt wird diese Notwendigkeit durch die besondere Sensibilität des finanziellen Sektors, die Vertrauensempfindlichkeit des Bankgewerbes und die besonderen Risiken des Bankgeschäfts. Nicht zuletzt ist Risikocontrolling auch ein Erfordernis, das durch die Vorschriften der Bankenaufsicht und der Bankgesetze bestimmt wird.

Ertragsorientiertes Bankmanagement ist insofern stets ein aufeinander abgestimmtes duales System der Rentabilitäts- **und** Risikosteuerung, das in einer **integrierten Rendite-Risiko-Steuerung** gipfelt.

Zu (2): Unterscheidung zwischen potenzialorientierter Globalsteuerung und aktionsorientierter Feinsteuerung

Die Unterscheidung beruht auf einer konsequenten Anwendung des Prinzips der **hierarchischen Unternehmensplanung.** Die **Globalsteuerung,** die auch mit dem Begriff des **strategischen Controllings** belegt werden kann, zielt ausschließlich auf die Entwicklung, Strukturierung und Sicherung der Gesamtbank und ihrer Potenziale ab. Sie hat tendenziell einen langfristigen Zeithorizont. Ihre Steuerungsgrößen sind lediglich global formuliert. Typische Steuerungsgrößen sind etwa Bilanzstrukturrisiken, Marktrisiken, strukturelle Ertragskraft oder Wachstumspotenziale. Aufgabe des strategischen Controllings ist es unter anderem, die zukünftigen Existenzbedingungen für Finanzinstitute antizipierend zu erfassen, also Weitsichtigkeit und Sensibilität gegenüber möglichen oder sich bereits andeutenden Umweltveränderungen zu beweisen.

In diesem Sinne ist strategisches Controlling zwar in Zahlen verhaftet. Die Quellen für diese Zahlen können aber nicht einfach in der Bankbuchhaltung gefunden werden. Intuition, Kreativität, Denken in „philosophischen Kategorien", das alles sind Anforderungen, die an Führungskräfte zu stellen sind, die sich mit Fragen des strategischen Controllings – also mit den strukturellen Risiken und Chancen des Bankgeschäfts in der Zukunft – zu beschäftigen haben. Entsprechend ist das strategische Planungssystem im Kern offen und dynamisch, bürokratiefrei und intellektuell anspruchsvoll zu gestalten.

Das **operative Controlling** ist demgegenüber stärker zahlenorientiert und insoweit auch mittelbar mit den detaillierten Informationen, wie sie etwa aus der Bankkalkulation kommen, verbunden. Operatives Controlling bedeutet **Feinsteuerung** in dem Sinn, dass Entscheidungen auf einzelne Geschäfte und ihre Modalitäten ausgerichtet sind. Beispiel hierfür sind Konditionsentscheidungen im Rahmen der periodischen Sitzungen der Geschäftsleitung, Umsetzung von Investitionsplänen in Aktionsprogramme, produktpolitische Einzelentscheidungen, konkrete Refinanzierungsentscheidungen und anderes mehr. Entsprechend der im Vergleich zur Globalsteuerung größeren Detaillierung der Steuerungsgrößen ist auch der Zeithorizont im Allgemeinen kürzer. Im Normalfall wird er die laufende Budgetperiode nicht übersteigen.

Bedeutsam für die Funktionsfähigkeit des dualen Steuerungsmodells ist die sachgerechte Berücksichtigung der Interdependenz von Global- und Feinsteuerung und damit ihrer Integration durch das Prinzip der **revolvierenden Planung.** Denn die Globalsteuerung übergreift zwangsläufig auch (zumindest mittelbar) den Bereich, der von der Feinsteuerung abgedeckt wird, sodass die beiden Bereiche aufeinander einwirken.

Das Prinzip der revolvierenden Planung umschreibt in diesem Sinne eine bestimmte Form der periodischen Anpassung von Grob- und Detailplänen im Wege der Überprüfung, Konkretisierung, Änderung und Fortschreibung. Eine Koordination erfolgt dabei zweifach: Einerseits liefert die Globalsteuerung den Rahmen für die kurzfristige Feinsteuerung, andererseits wirkt sich die im Zeitablauf fortschreitende Detaillierung der Pläne kombiniert mit einem Planänderungssystem auch gestaltend auf die Globalsteuerung aus.

Zu (3): Unterscheidung zwischen Struktursteuerung und Geschäftssteuerung

Struktursteuerung ist ganz im Sinne der modernen **Gesamtbanksteuerung** zu verstehen, deren zentrale Aufgabe die integrierte Rendite-Risiko-Steuerung der Geschäftsstruktur darstellt. Zu unterscheiden sind die Bereiche Portfoliomanagement und Bilanzstrukturmanagement, die jeweils unterschiedliche Schwerpunkte aufweisen.

Im **Portfoliomanagement** wird die Geschäftsstruktur unter besonderer Berücksichtigung der Marktchancen und Marktrisiken in den verschiedenen Geschäftsfeldern der Bank gesteuert. Angestrebt wird dabei eine optimale Nutzung marktlicher Ertragspotenziale, was sich in entsprechenden Marktstrategien und Aktionsprogrammen niederschlägt. Dagegen steuert das **Bilanzstrukturmanagement** die Geschäftsstruktur, die nicht nur aus den bilanziellen, sondern auch aus den außerbilanziellen Geschäften resultiert. Dabei gilt es, die Geschäftsstruktur risikopolitisch zu optimieren sowie gesamtbankbezogene Rentabilitätsvorgaben zu bestimmen, die einerseits für die Erhaltung des finanziellen strukturellen Gleichgewichts sorgen, andererseits die an die Bank gestellten Renditeforderungen der Eigenkapitalgeber zu erfüllen in der Lage sind.

Das Gegenstück zur Struktursteuerung ist die **Geschäftssteuerung**. Hier geht es um die Ausfüllung der angestrebten Geschäftsstruktur durch konkrete geschäftspolitische (Einzel-)Entscheidungen. Den Rahmen dafür liefert das **Budgetmanagement**, das für die Umsetzung der gesamtbankorientierten Globalziele in operative Zielgrößen zu sorgen hat und letztlich die Voraussetzung dafür bietet, dass Geschäftsentscheidungen überhaupt auf ihre Zielwirksamkeit kontrolliert werden können. Neben dieser Orientierungs- und Kontrollfunktion erfüllen Budgets regelmäßig auch Motivations- und Koordinationsfunktionen bei dezentralisierten Entscheidungskompetenzen.

Insgesamt bestehen Grundgedanke und Vorzug des Budgetmanagements darin,

- frühzeitig Planabweichungen zu erkennen und zu analysieren,

- Gegensteuerungsmaßnahmen rechtzeitig einleiten zu können,

- das Verhalten der Mitarbeiter „vorzusteuern" und

- einen organisatorisch einheitlich verankerten und akzeptierten Maßstab für ihren Erfolg zu haben.

Obgleich die Zusammenhänge zwischen Struktursteuerung (bzw. Portfolio-/Bilanzstrukturmanagement) einerseits und strategischem Controlling (bzw. potenzialorientierter Globalsteuerung) andererseits evident sind, kann von inhaltlicher Identität nicht gesprochen werden. Wie auch Abbildung 15 verdeutlicht, kann die Struktursteuerung durchaus auch ein Problem des operativen Controllings sein. Umgekehrt gilt ebenfalls, dass die Geschäftssteuerung über ein entsprechendes Budgetmanagement zwar schwerpunktmäßig dem operativen Controlling zuzurechnen ist, aber Budgets ebenso wie einzelne Geschäftsentscheidungen sehr wohl auch eine dezidiert strategische Komponente aufweisen können und somit auch als ein Instrument für die Potenzialsteuerung infrage kommen.

Zu (4): Unterscheidung zwischen zentraler Steuerung und dezentraler Steuerung

Diese für das duale Steuerungsmodell besonders wesentliche Zweiteilung des Steuerungskreises knüpft an die Frage der organisatorischen Zuordnung von Entscheidungskompetenzen und Verantwortlichkeiten an.

Der **zentralen Struktursteuerung** obliegen all jene Problemkreise, die nur von einer übergeordneten Warte der Gesamtbank aus beurteilt werden können. Hieraus leiten sich konsequenterweise auch ihre Aufgaben ab. So sind Entscheidungen über die zentralen Steuerungsgrößen im betrieblichen Zielsystem – die angestrebte Gesamtbankrentabilität, das ertragsorientierte Wachstum sowie der „Risikoappetit" und die Risikotragfähigkeit – ganz klar in der zentralen Struktursteuerung angesiedelt.

Für die Steuerung der Fristentransformation aus Zinselastizitäts- und Währungsinkongruenzen, die nur aus der Gesamtsicht aller Geschäfte vorgenommen werden kann, wird in der zentralen Struktursteuerung der Strukturbeitrag gemäß Marktzinsmethode erfolgsmäßig angerechnet. Bei der Steuerung des Kreditrisikos ist die Strukturierung des Kreditportfolios sowie die Bepreisung der Risiken im Kreditgeschäft zentral anzusiedeln. Als Ergebnisbeitrag für die Steuerung des Kreditportfolios mit den daraus resultierenden Risiken fällt das Kreditrisikoergebnis somit in den Verantwortungsbereich der zentralen Struktursteuerung. Im Zusammenhang mit diesen Aspekten, die das gesamtbankbezogene Risikomanagement betreffen, ist auch die Einhaltung bankaufsichtsrechtlicher Vorschriften zu sehen, die mehr und mehr eine enge Verzahnung mit internen Steuerungssystemen aufweisen.

Weitere Aufgaben, die den Konnex zur **dezentralen Markt-(bereichs-)steuerung** tangieren, liegen in der strategischen Fixierung der Entscheidungsfelder für die Marktbereiche, also etwa zentrale Produkt-, Geschäftsfeld- und Investitionsentscheidungen.

Im Gegensatz dazu werden der dezentralen Markt-(bereichs-)steuerung all jene Aufgaben zugewiesen, die mit dem Kundengeschäft „vor Ort" verbunden sind. Dies beinhaltet im Konzept ertragsorientierter Banksteuerung kurz gesagt die Akquisition von Kundengeschäftsvolumina mit ausreichenden Margen bzw. Deckungsbeiträgen. Im Sinne des Kongruenzprinzips sind den Marktbereichen (etwa Kundenberater, Geschäftsstellen oder dem Bankaußendienst) die zur Erfüllung dieser Aufgaben notwendigen Kompetenzen zuzuweisen, damit diese ihren Akquisitions- und Betreuungsaufgaben gerecht werden können. Natürlich sind die Marktbereiche dann auch für den wirtschaftlichen Erfolg ihrer Tätigkeit verantwortlich. Die Begründung für diese starke dezentrale Komponente ergibt sich zum einen aus der besonderen Motivationskraft dezentraler Wirtschaftssysteme und zum anderen aus der Erkenntnis, dass dezentrale Systeme sich flexibel und rasch auf die Bedingungen des „Wirtschaftens vor Ort" einstellen können, wenn ihnen die entsprechenden entscheidungsrelevanten Informationen zur Verfügung stehen.

Für die Umsetzung dieser weitgehend dezentralen Markt-(bereichs-)steuerung ist es unabdingbar, dass die Erfolgswirkungen dieser Maßnahmen und Entscheidungen tatsächlich sauber isolierbar sind und den Verursachern eindeutig zugerechnet werden können. Dies bedeutet naturgemäß, dass auch die zum Zweck der Kundengeschäftskalkulation eingesetzten Instrumente dieser Anforderung gerecht werden müssen. Dass dies für die Ergebniskomponente des Konditionsbeitrags gilt, wurde bereits in den Ausführungen zur Marktzinsmethode aufgezeigt.

Neben dem Konditionsbeitrag müssen natürlich auch noch die übrigen Erfolgskomponenten eines Kundengeschäfts wie die Provisionserträge, die (Standard-)Einzelkosten und die (Standard-)Risikokosten in die Kalkulation einbezogen werden. Zu diesem Zweck existieren weitere ebenfalls im Konzept ertragsorientierter Banksteuerung entwickelte Instrumente wie die **prozessorientierte Standard-Einzelkostenrechnung** und die verschiedenen Ansätze für die Ableitung von **Standard-Risikokosten** (vgl. S. 286 ff.). Erwähnt sei in diesem Zusammenhang jedoch, dass die im Fall von Kreditgeschäften kalkulierten Standard-Risikokosten als einzelgeschäftsbezogene Kostenkomponente zur Abdeckung des erwarteten Verlusts dienen.

Zu beachten ist, dass die Lenkung der dezentralen Marktbereiche allein über Konditionsbeiträge und (nach ihrer Saldierung mit den Provisionserträgen, (Standard-)Einzelkosten und (Standard-)Risikokosten) über Deckungsbeiträge aufgrund der bisher noch fehlenden Koordination mit den Gesamtbankzielen nicht automatisch zu einem Ergebnisoptimum führen kann. Im Weiteren gilt es also aufzuzeigen, unter Einsatz welcher Instrumente das Erreichen eines Gesamtbankoptimums prinzipiell möglich erscheint.

II. Integrative Instrumente des dualen Steuerungsmodells

Um sicherzustellen, dass trotz der grundsätzlichen Autarkie der dezentralen Marktbereiche keine aus Gesamtbanksicht unerwünschten Fehlentwicklungen auftreten, besteht eine ganz wesentliche Aufgabe der zentralen Struktursteuerung darin, dafür Sorge zu tragen, dass die „vor Ort" abgeschlossenen Kundengeschäfte in ihren Ergebnis-, Risiko- und Strukturwirkungen den Gesamtbankzielen folgen. Zu diesem Zweck stehen ihr ganz unterschiedliche Maßnahmen zur Verfügung, zu denen einerseits Zielvereinbarungen und ergänzende Hilfsinstrumente als **Retailmaßnahmen** zählen, da sie direkt oder indirekt die Entscheidungen der dezentralen Marktbereiche beeinflussen. Andererseits sind als **Wholesale-Maßnahmen** kompensatorische Eigengeschäfte zu nennen, mit denen die Steuerung der Bilanzstruktur – aufsetzend auf einer gegebenen Kundengeschäftsstruktur – durch die zentrale Struktursteuerung vorgenommen wird.

Zielvereinbarungen bewirken, dass die Integration von zentraler Struktursteuerung und dezentraler Marktbereichssteuerung im Planungsprozess bereits berücksichtigt wird. Zielvereinbarungen sind das Resultat der Planung nach dem Gegenstromverfahren, durch das die zentralen Vorgaben bzw. Anforderungen mit den Möglichkeiten der dezentralen Geschäftsbereiche, rentables Kundengeschäft zu akquirieren und zu betreuen, koordiniert wird. Die Planung nach dem Gegenstromverfahren stellt eine Kombination von „bottom-up-" und „top-down approach" im Rahmen der hierarchischen Unternehmungsplanung dar. Sie ist dadurch gekennzeichnet, dass zunächst das vorläufige Zielsystem von oben nach unten konkretisiert wird, sodann aber in umgekehrter Richtung ein progressiver Rücklauf einsetzt, bei dem unter Mitsprache der jeweiligen Bereichsverantwortlichen nach oben hin die Koordination und Zusammenfassung der Teilpläne erfolgt. Die so beschlossenen Budgets berücksichtigen folgerichtig sowohl gesamtbankbezogene Zielvorstellungen als auch die marktlichen Möglichkeiten der dezentralen Geschäftsbereiche „vor Ort". Ganz im Sinne des Führungskonzepts „Management by Objectives", also der Führung durch Zielvereinbarungen, sind die Geschäftsbereiche für die Erfüllung der Budgets voll verantwortlich, d. h., sie müssen bei auftretenden Abweichungen die erforderlichen Maßnahmen zur Gegensteuerung im Rahmen ihrer Kompetenzen selbstständig ergreifen.

Damit wird verdeutlicht, dass auch die Controllingaufgaben auf die dezentralen Geschäftsberei-che delegierbar sind, was als Konzept des „Self-Controlling" in die Literatur eingegangen ist.

Im operativen Tagesgeschäft sind Zielvereinbarungen i. d. R. durch weitere Instrumente zu ergänzen, um jederzeit sicherzustellen, dass Gesamtbanksteuerung und Einzelgeschäftssteue-rung harmonisch aufeinander abgestimmt bleiben. Hier sind in erster Linie Richtkonditionen, Limite und Bonus-Malus-Systeme zu erwähnen, die aufgrund ihrer ergänzenden Funktion auch unter dem Begriff Hilfsinstrumente subsumiert werden und zur fallweisen Beeinflussung der Marktbereiche eingesetzt werden.

Richtkonditionen haben zweierlei Funktionen. Ihre erste Aufgabe besteht darin, dass sie – neben ihrer Wirkung, für ein einheitliches Auftreten der Bank am Markt zu sorgen – zumindest im Durchschnitt das Erreichen einer aus Gesamtbanksicht angestrebten Mindestrentabilität gewährleisten sollen. Ihre zweite Funktion besteht neben der Rentabilitätswirkung darin, dass sie naturgemäß auch immer eine Strukturwirkung aufweisen, sodass sie zur Erfüllung von Bilanzstrukturzielen eingesetzt werden können. Es gilt nämlich zu beachten, dass mit der Ver-änderung der relativen Differenzen zwischen den Konditionen vergleichbarer Produkte mit unterschiedlicher Fristigkeit Nachfrageänderungen einhergehen, die entsprechend genutzt wer-den können. Wegen der engen Interdependenz zu den Rentabilitätswirkungen von Richtkondi-tionen ist dieses Instrument allerdings nur sehr begrenzt einsetzbar. Im Übrigen sei nicht ver-schwiegen, dass insbesondere dann, wenn von Richtkonditionen nur in sehr engen Grenzen abgewichen werden darf, eine gewisse Schwächung der Ergebnisverantwortung der Marktbe-reiche auftreten kann, sodass dadurch unter Umständen das Problem der Rückdelegation von Verantwortung zum Tragen kommt.

Limite begrenzen die Möglichkeiten der Marktbereiche, überhaupt Geschäfte zu tätigen, sofern es aus Gesamtbanksicht notwendig erscheint. Dabei dienen sie nicht nur dazu, die Volumenent-wicklung bestimmter Geschäftsarten im Hinblick auf eine angestrebte Bilanzstruktur zu steuern. Vielmehr kann mit ihrer Hilfe ebenfalls sichergestellt werden, dass die Übernahme von Risiken in Übereinstimmung mit der Risikotragfähigkeit der Bank erfolgt, weshalb sie auch an den Grundsätzen des Risikotragfähigkeitskalküls ausgerichtet werden. Letzteres fordert, dass das maximale Totalverlustpotenzial aus risikobehafteten Geschäften die verfügbaren Risiko-deckungsmassen der Gesamtbank zu keinem Zeitpunkt übersteigen darf. Für die Quantifizierung von Totalverlustpotenzialen und Risikodeckungsmassen sind bei konsequenter Anwendung des Vorsichtsprinzips repräsentative Risikobelastungsfälle heranzuziehen. Nur im Rahmen der so definierten Spielräume dürfen Geschäfte getätigt werden, um positive Erfolge zu generieren. Dabei ist die dezentrale Marktsteuerung gemäß ihres Kompetenzspielraums konsequenterweise für ein einzelgeschäftsbezogenes Risikocontrolling verantwortlich, das sich nicht nur in einer selektiven Kreditpolitik manifestiert, sondern ebenfalls in einer effizienten Kreditwürdigkeits-prüfung sowie ausreichend kalkulierten und auch durchgesetzten Besicherungsquoten bzw. Risi-koprämien seinen Niederschlag findet. Hingegen ist das Risikocontrolling der zentralen Struk-tursteuerung stets gesamtgeschäftsbezogen und zielt insbesondere auf die Formulierung der betrachteten Risikolimite ab, wozu eine fortlaufende Überwachung der Gesamtgeschäftsstruktur im Hinblick auf die Risiko-Chancen-Verteilung und die Risikotragfähigkeit notwendig ist.

Wenn Richtkonditionen und Limite nicht oder nur unzureichend in der Lage sind, Bilanzstruk-turziele zu realisieren, können fallweise **Bonus-Malus-Systeme** eingesetzt werden. Mit ihrer

Hilfe werden die von den Marktkonditionen ausgehenden Erfolgsanreize verstärkt (Bonus) oder abgeschwächt (Malus). Sofern von der zentralen Struktursteuerung Boni (Mali) eingesetzt werden, um bestimmte Verhaltensanreize in den Marktbereichen zu erzeugen, so sind diese mit umgekehrtem Vorzeichen in der Ergebnisrechnung der zentralen Struktursteuerung zu verrechnen, sodass sich deren Ergebnisbeitrag mindert bzw. erhöht. Im Unterschied zu den Richtkonditionen kann damit auf die Geschäftsstruktur Einfluss genommen werden, ohne dass direkte Margeneffekte ausgelöst werden. Zudem weisen Bonus-Malus-Systeme verglichen mit der Vorgabe von Limiten einen weniger rigiden Charakter auf. Eingesetzt werden sie insbesondere, um die Marktbereiche für gesamtbankbezogene Engpasssituationen zu sensibilisieren, ihnen die daraus möglicherweise resultierenden Kosten transparent zu machen und sie zu gewünschten Handlungen zu führen. Kritisch ist jedoch anzumerken, dass hier möglicherweise die Gefahr des missbräuchlichen Einsatzes durch die Manipulation von Bewertungsmaßstäben, die zur Bestimmung von Ergebnisbeiträgen eingesetzt werden, bestehen kann.

Relevante Engpasssituationen, für die Bonus-Malus-Systeme entwickelt werden, sind vor allem Eigenkapital- und Liquiditätsengpässe. Letztere sorgen nämlich dafür, dass Kundengeschäfte trotz ausreichend hoher Konditionsbeiträge im Periodenmodell entweder gar nicht realisiert werden können bzw. sich eine andere Rangfolge der Vorteilhaftigkeit ergibt. Das Konzept der Marktzinsmethode kann also durch die Integration solcher Engpasssituationen in die einzelgeschäftsbezogene Ergebnisermittlung erweitert werden.

Mit der Hilfe **kompensatorischer Eigengeschäfte** besitzt die zentrale Struktursteuerung die Möglichkeit, unerwünschte Auswirkungen dezentraler Entscheidungen zu korrigieren. So ist sie beispielsweise in der Lage, die aus der Kundengeschäftsstruktur resultierenden Strukturrisiken am Geld- und Kapitalmarkt vollständig zu neutralisieren, sofern dies aus Gesamtbanksicht als notwendig oder wünschenswert angesehen wird. Kompensatorische Eigengeschäfte sollen nicht den Ausgleich der Zahlungsströme einzelner Kundengeschäfte durch Geld- und Kapitalmarktgeschäfte bewirken, obwohl dies – wie die Kalkulation im Barwertkalkül der Marktzinsmethode und die anschließende Verrentung des Konditionsbeitragsbarwerts unter Beachtung des Gegenseitenkonzepts noch zeigen wird (vgl. S. 80) – möglich ist. Hieraus würde sich im Extremfall eine Verdoppelung der Bilanzsumme einstellen, die entsprechende negative Rentabilitätswirkungen nach sich ziehen würde. Vielmehr sind die kompensatorischen Eigengeschäfte – worunter nicht nur bilanzielle, sondern auch außerbilanzielle Geschäfte wie beispielsweise Swaps zu zählen sind – auf die durch das Kundengeschäft resultierende Geschäftsstruktur aufzusetzen, um die gewünschten Effekte zu erzielen.

Die **Aufgabenteilung** zwischen dezentraler Markt-(bereichs-)steuerung und zentraler Struktursteuerung und ihre integrative Verknüpfung ist abschließend in der nachstehenden Abbildung 16 zusammengefasst.

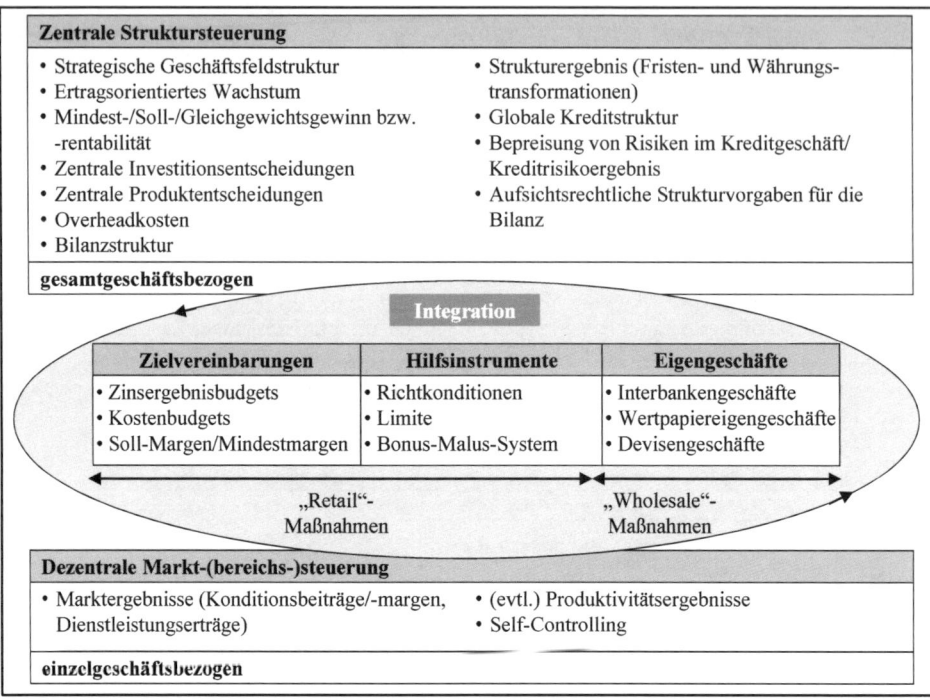

Zentrale Struktursteuerung

- Strategische Geschäftsfeldstruktur
- Ertragsorientiertes Wachstum
- Mindest-/Soll-/Gleichgewichtsgewinn bzw. -rentabilität
- Zentrale Investitionsentscheidungen
- Zentrale Produktentscheidungen
- Overheadkosten
- Bilanzstruktur

- Strukturergebnis (Fristen- und Währungstransformationen)
- Globale Kreditstruktur
- Bepreisung von Risiken im Kreditgeschäft/ Kreditrisikoergebnis
- Aufsichtsrechtliche Strukturvorgaben für die Bilanz

gesamtgeschäftsbezogen

Integration

Zielvereinbarungen	Hilfsinstrumente	Eigengeschäfte
• Zinsergebnisbudgets • Kostenbudgets • Soll-Margen/Mindestmargen	• Richtkonditionen • Limite • Bonus-Malus-System	• Interbankengeschäfte • Wertpapiereigengeschäfte • Devisengeschäfte

„Retail"-
Maßnahmen

„Wholesale"-
Maßnahmen

Dezentrale Markt-(bereichs-)steuerung

- Marktergebnisse (Konditionsbeiträge/-margen, Dienstleistungserträge)

- (evtl.) Produktivitätsergebnisse
- Self-Controlling

einzelgeschäftsbezogen

Abb. 16: Integriertes Margen- und Strukturmanagement im dualen Steuerungsmodell

III. Grenzen des dualen Steuerungsmodells

Das duale Steuerungsmodell basiert letztlich auf dem auf EUGEN SCHMALENBACH zurückgehenden Grundgedanken der pretialen Lenkung, Entscheidungen auf dezentraler Ebene zu ermöglichen, diese gleichzeitig im Sinne der Gesamtbankzielsetzung zu koordinieren und die Beurteilung der Qualität der getroffenen dezentralen Entscheidungen über aussagefähige Kontrollrechnungen sicherzustellen.

Entwickelt wurde das duale Steuerungsmodell aus der Kritik an den Simultanplanungsmodellen. Letztere haben in der Praxis der finanziellen Unternehmenssteuerung bis heute keine nennenswerte Verbreitung gefunden, nicht zuletzt, weil sie unrealistische Anforderungen an die informatorische Fundierung der Modellkomponenten stellen. Das duale Steuerungsmodell kann das theoretisch denkbare Gesamtbankoptimum naturgemäß nie (oder höchstens zufällig) erreichen. Angestrebt wird lediglich eine bestmögliche Annäherung an dieses Gesamtbankoptimum. Damit ist eine zentrale **modellimmanente Grenze** des dualen Steuerungsmodells aufgezeigt. Sie ergibt sich aus den Gründen, die mit dem Prinzip der hierarchischen Unternehmensplanung und der Theorie der Sekundäranpassung untrennbar verbunden sind: dem Verzicht auf die Simultanplanung in einer Welt der Unsicherheit, in der es vor allem auf die Sicherung einer bestimmten Mindestrentabilität auf einem definierten Gleichgewichtspfad der Entwicklung ankommt.

Grenzen des dualen Steuerungsmodells ergeben sich des Weiteren in seiner praktischen Handhabung und organisatorischen Ausgestaltung. Zunächst einmal ist es wesentlich, dass sich der obige Grundgedanke auch in der **Organisationsstruktur** der Bank widerspiegelt. Nur die Matrixorganisation kann der Dualität der Steuerungskreise Rechnung tragen, indem sie eine prinzipielle Trennung zwischen nach Kundenmerkmalen gegliederten Marktbereichen einerseits und produkt- bzw. funktionsorientierten Fachressorts der Zentrale andererseits ermöglicht. Die kundenorientierten Marktbereiche sind dabei als Profitcenter zu führen, was bedeutet, dass sie ausdrücklich eine eigenständige Ergebnisverantwortung besitzen.

Diese durch das duale Steuerungsmodell determinierte Organisationsstruktur muss sich folgerichtig auch im **Planungs- und Kontrollsystem** der Unternehmung niederschlagen, da sie sowohl die Verteilung der Funktionen regelt, als auch Einfluss auf den Ablauf des Planungs- und Kontrollprozesses selbst nimmt. Die Implementierung des Planungs- und Kontrollsystems ist – wie schon mehrfach betont – nach dem Prinzip der hierarchischen Unternehmensplanung vorzunehmen. Das Planungs- und Kontrollsystem muss sich also in das hierarchische Stellengefüge der Unternehmensorganisation einfügen und dabei der prinzipiellen Trennung beider Steuerungskreise einerseits sowie ihrer integrativen Verknüpfung andererseits Rechnung tragen.

Auch das **Führungsinformationssystem** muss in geeigneter Form die Grundidee des dualen Steuerungsmodells berücksichtigen. Bezüglich des Zinsüberschusses erfüllt die Marktzinsmethode diese Anforderung, indem sie eine entsprechende Ergebnistrennung zwischen Einzel- und Strukturentscheidungen vornimmt. Auch im Risikobereich ist die Separation zwischen einzelgeschäftsbezogenen Ausfallrisiken und gesamtbankbezogenen (strukturellen) Marktrisiken notwendig. Schließlich ist auch die Kostenrechnung den Prinzipien der relativen Entscheidungsrelevanz gemäß so auszugestalten, dass sie der Zweiteilung des Steuerungskreises Rechnung trägt.

In dem Maße, wie es gelingt, die genannten Voraussetzungen problemadäquat und aufeinander abgestimmt umzusetzen, werden wichtige Grundlagen für die prinzipielle Funktionsfähigkeit des dualen Steuerungsmodells geschaffen.

Damit bleibt natürlich im Einzelnen noch offen, ob die zentrale Struktursteuerung überhaupt in der Lage ist, Rahmenbedingungen für die Marktbereiche so zu fixieren, dass die Möglichkeiten der pretialen Lenkung dieser Bereiche nicht gefährdet werden. Unbeantwortet bleibt also, ob die **Qualität der notwendigen Integrationsmaßnahmen** ausreicht, um zufriedenstellende Ergebnisse für die Gesamtbank bei Aufrechterhaltung der dezentralen Verantwortungsstrukturen zu gewährleisten. Was Letzteres angeht, so sind etwa gesamtbankbezogene Engpässe oder zentrale Risikobewertungen auf die Marktbereiche so herunterzubrechen, dass diese die entsprechenden pretialen Impulse in ihren Entscheidungen problemadäquat einbinden. Diesbezüglich sind entsprechende Planungsmodelle entwickelt worden, wie etwa das Bonus-Malus-System im erweiterten Marktzinsmodell. Sie verdeutlichen zugleich den hohen Anspruch des dualen Steuerungsmodells an die Qualität dieser Instrumente bzw. allgemein an das moderne Bankcontrolling.

LITERATURHINWEISE

KOCH, H. (1980)
MERTIN, K. (1982)
SCHMALENBACH, E. (1963)

MARUSEV, A. W. (1990)
SCHMALENBACH, E. (1947)
WILD, J. (1982)

Zweites Kapitel:
Funktionen und Bestandteile der Kalkulation von Bankgeschäften

Nachdem im **ersten Kapitel** die Aufgaben des Controllings in Finanzinstituten und Fragen der organisatorischen Einordnung mehr oder weniger grob umrissen worden sind, um eine erste Orientierung und Grundlage für die Entwicklung von Bankcontrollingkonzeptionen zu schaffen, folgt im **zweiten Kapitel** nunmehr eine detaillierte Auseinandersetzung mit dem zentralen Baustein eines jeden Controllingsystems in der Kreditwirtschaft. Angesprochen ist hier zunächst die **Kalkulation von zinsabhängigen Geschäften** als zentrales Element des internen Rechnungswesens der Finanzinstitute und damit des **bankbetrieblichen Informationssystems**, das den Entscheidungsträgern jederzeit entscheidungsrelevante und unverfälschte Kosten- und Erlösinformationen zur Verfügung zu stellen in der Lage sein muss.

Die Bedeutung bankbetrieblicher Kalkulation von zinsabhängigen Geschäften für das Controlling ist erheblich. Ein funktionsfähiges und leistungsstarkes Controllingsystem ist ohne ein ausgebautes und entsprechend aussagefähiges System der Bankkalkulation nicht vorstellbar. Denn um die Entscheidungsträger der Bank durch Ziele zu führen und über Budgets und Budgetkontrollen die Möglichkeit des steuernden Eingriffs zu erhalten, ist es zwangsläufig erforderlich, dass Kosten- und Erlösinformationen in entsprechender Qualität zur Verfügung stehen. Kann dies nicht sichergestellt werden, muss das Controlling zwangsläufig an der Oberfläche und damit ein Lippenbekenntnis bleiben.

Im Mittelpunkt der Ausführungen steht die Marktzinsmethode, die zunächst in ihrem Periodenmodell als Margenkalkül und anschließend im Barwertkalkül dargestellt wird. Schließlich wird auf spezielle Anwendungsprobleme eingegangen, die sich aus dem Einsatz der Marktzinsmethode in der bankbetrieblichen Praxis ergeben.

A. Anforderungen an die Ergebniskalkulation

In der traditionellen Kalkulation von zinsabhängigen Bankgeschäften ist die Marge der zentrale Informationslieferant für die ertragsorientierte Banksteuerung. Dies gilt sowohl für das einzelne Geschäft, als auch – aggregiert – für verschiedene Geschäftsbereiche und für das Gesamtgeschäft einer Bank. Die sogenannte Marge als Ergebnisgröße eines (bilanzwirksamen) Bankgeschäfts wird traditionell auch als Teilzinsspanne bezeichnet, wobei der Begriff „Teilzinsspannenrechnung" gerade auch ehemals in der Praxis sehr eng mit der traditionellen Pool- und Schichtenbilanzkalkulation verbunden war. Um deutlich zu machen, dass die folgenden Ausführungen in erster Linie auf der modernen Rechnungskonzeption der Marktzinsmethode basieren, soll deshalb, obwohl inhaltlich im Prinzip kein Unterschied zwischen einer „Marge" und einer „Teilzinsspanne" besteht, stets der Begriff „Marge" verwendet werden.

Allgemein lässt sich die Marge von Kreditgeschäften als Differenz zwischen dem effektiven Ertragszins (Sollzins) und dem **kalkulatorischen** Kostenzins definieren. Für Einlagengeschäfte gilt diese Definition in umgekehrter Weise. Dort stellt die Marge die Differenz zwischen dem **kalkulatorischen** Ertragszins und dem effektiven Kostenzins (Habenzins) dar. Woraus sich jeweils der kalkulatorische Kostenzins (für Kreditgeschäfte) bzw. der kalkulatorische Ertragszins (für Einlagengeschäfte) ableitet, wird bei der Darstellung der Marktzinsmethode ausführlich beschrieben. Hier liegen die fundamentalen Unterschiede zu den traditionellen Pool- und Schichtenbilanzverfahren begründet.

I. Anforderungen an eine steuerungsadäquate Marge

Eine entscheidungsorientierte Margenkalkulation muss einer Reihe von Anforderungen genügen, die sich ihrerseits am Kalkulationszweck auszurichten haben. Um allerdings ein konzeptionelles wie auch praktisches Anforderungsprofil entwickeln zu können, muss allgemein geklärt werden, welche Hauptaufgabe die Kalkulation zu erfüllen hat.

1. Die Steuerungsfunktion der Marge

Die kalkulatorische Erfolgsrechnung hat in der Hauptsache der zielgerichteten **Fundierung** von Entscheidungen und damit der Verbesserung der **Entscheidungsqualität** zu dienen. Dies bedeutet nicht etwa, dass Kontroll- und Ermittlungsrechnungen im Rahmen eines entscheidungsorientierten Rechnungswesens nicht mehr oder nur noch von sekundärer Bedeutung sind. Im Gegenteil: Sie erhalten neben dem traditionellen und bei Banken primär extern ausgerichteten Rechnungswesen ihren Sinn erst dadurch, dass mit den Kontrollergebnissen die Ursachen für vergangene Entwicklungen und Abweichungen geklärt und auf dieser Basis verbesserte Entscheidungen getroffen werden können.

Steuerungsorientiert muss die Marge **zwei Hauptfunktionen** erfüllen, nämlich die Informations- und die Verhaltenssteuerungsfunktion.

Zielgerichtete Entscheidungen können im Prinzip nur getroffen werden, wenn die Entscheidungsträger über den Zielbeitrag eines Geschäfts informiert sind. Auch lassen sich Managementqualitäten erst dann kontrollieren und prüfen, wenn Informationen über die erfolgsmäßigen Konsequenzen der Entscheidungen geliefert werden. Entsprechend eng hängen die beiden Hauptfunktionen der Ergebnisgröße „Marge" zusammen. So bildet einerseits die **Informationsfunktion** die Voraussetzung für eine zielgerichtete Verhaltenssteuerung, andererseits sind Ergebnisinformationen wertlos, wenn diese das Verhalten der Entscheidungsträger nicht beeinflussen.

Die **Funktion der Verhaltenssteuerung** wird wesentlich, wenn Entscheidungen und Aktivitäten auf untergeordneten Ebenen im Sinne der pretialen Lenkung zielgerichtet gesteuert werden sollen. Wie selten diese Funktion trotz einer verstärkten Ertragsorientierung im Bankgewerbe erfüllt wird, zeigt die Tatsache, dass einzelne Verantwortungsbereiche in Finanzinstituten häufig lediglich an ihrem Geschäftsvolumen gemessen und beurteilt werden. Auch hier wird die Verzahnung mit der Informationsfunktion deutlich: Weil nämlich eine Erfolgszurechnung zu den getätigten Geschäften nicht erfolgt, kann auch das Verhalten nicht erfolgsorientiert gesteuert werden. Oftmals liegt die Ursache für die verfehlte Verhaltenssteuerung sogar noch tiefer, nämlich im mangelnden Bewusstsein über die Notwendigkeit einer Margeninformation.

Die Anforderungen an eine entscheidungsorientierte Margenkalkulation müssen letztlich aus der Steuerungsfunktion abgeleitet werden. Obwohl schon jetzt klar ist, dass erhebliche Überschneidungen auftreten, sollen im Folgenden konzeptionelle Anforderungen und zusätzliche, für die praktische Umsetzung und Handhabung zu erfüllende Anforderungen unterschieden werden. Auch potenzielle Konflikte zwischen den einzelnen Anforderungen sind zu erörtern.

2. Das konzeptionelle Anforderungsprofil

a) Das Postulat der grenznutzenorientierten Einzelbewertung

Das Gesamtergebnis einer Bank resultiert aus einer Vielzahl von Einzelentscheidungen und stellt letztlich die Summe der Einzelgeschäftserfolge dar. Mithin muss ein Kalkulationskonzept grundsätzlich die Bewertung jedes einzelnen Geschäfts ermöglichen. Diese Anforderung ist allerdings nicht allein dadurch begründet, dass das Einzelgeschäft ein isolierbares Element des Gesamtgeschäfts darstellt. Sie ist auch darauf zurückzuführen, dass Entscheidungen wegen der in der Realität unvollkommenen Information nicht nur zu **einem** Zeitpunkt und einheitlich getroffen werden, sondern laufend und von vielen teilweise unabhängigen Entscheidungsträgern einer Bank. Schon die laufenden Veränderungen der Erfolg beeinflussenden Faktoren sowie die Notwendigkeit einer verursachungsgerechten Bewertung von Entscheidungen bedingen also das Postulat der Einzelbewertung.

Untrennbar mit der Einzelbewertung verbunden ist die Anforderung einer Grenznutzenaussage der Margenkalkulation. Eine isolierte Aussage über den Einzelerfolg eines Geschäfts lässt sich nur dann treffen, wenn dieser in seiner Höhe von anderen Geschäften unabhängig ist und die Ergebnisinformation nur den Grenzertrag, also den **zusätzlichen** Ertrag, angibt. Die zu kalkulierende Marge hat also konkret eine Aussage darüber zu machen, wie sich das Ergebnis einer Bank **verändert**, wenn ein Geschäft abgeschlossen oder aber unterlassen wird.

Die Forderung nach einer grenznutzenorientierten Einzelbewertung führt zwangsläufig dazu, dass sich, insbesondere bei der Kalkulation der Bruttomarge, der kalkulatorische Kostenzins der Kreditgeschäfte und der kalkulatorische Ertragszins der Einlagengeschäfte einer Bank aus der alternativen und nächstbesten Geldanlage- bzw. Geldaufnahmemöglichkeit, auf die zugunsten des Kredit- bzw. Einlagengeschäfts jeweils verzichtet wird, ableiten muss. Denn einen zusätzlichen (Brutto-)Erfolg erwirtschaftet ein Kreditgeschäft nur, wenn sein Zinsertrag höher ist als der Zinsertrag der Geldanlage, die zugunsten des Kreditgeschäfts nicht mehr zum Zuge kommt. Ein Einlagengeschäft erwirtschaftet einen zusätzlichen Erfolg, wenn seine Zinskosten niedriger sind als die Zinskosten der Geldaufnahme, auf die zugunsten des Einlagengeschäfts verzichtet werden kann.

Bei der Bestimmung des alternativen Zinsertrags bzw. der alternativen Zinskosten taucht nun einerseits das Problem auf, dass die in der Theorie leicht zu formulierende Prämisse der vollkommenen Information in der Realität nicht gegeben ist und die nächstbeste **Kredit-** bzw. **Einlagen**alternative, die wegen des anstehenden Geschäfts **gerade nicht mehr** verwirklicht wird, der Bank im Prinzip nicht bekannt ist. Eine solche „interne", allenfalls spekulative Alternative kommt somit für die Erfolgsbewertung von Kredit- und Einlagengeschäften nicht infrage. Darüber hinaus stünde einer derartigen Bewertung auch der auf der Prämisse der vollkommenen Information beruhende logische Widerspruch der theoretischen Grundkonzeption der Bewertung mit innerbetrieblichen Verrechnungspreisen entgegen: Läge nämlich vollkommene Information vor, so ließe sich das gesamte Bankgeschäft simultan, d. h. gleichzeitig und in einem einzigen Zeitpunkt planen. Eine erfolgrechnerische Bewertung und damit eine Margenkalkulation für Einzelgeschäfte wäre überhaupt nicht mehr erforderlich, da die Entscheidungen darüber, welche Geschäfte abgeschlossen, welche aber unterlassen werden sollen, mit den Ergebnissen der Simultanplanung schon fest determiniert wären.

Das Postulat der grenznutzenorientierten Einzelbewertung einerseits und die faktische Unmöglichkeit der Erfolgsbewertung mit **internen** Bewertungsmaßstäben andererseits deuten ebenso wie das noch zu behandelnde Postulat der „richtigen" Ergebnisinformation daraufhin, dass der Bewertungsmaßstab für den Erfolg von Kredit- und Einlagengeschäften nur außerhalb des eigenen Kundengeschäfts einer Bank – also am Geld- und Kapitalmarkt – gefunden werden kann.

b)   Das Postulat der „richtigen" Ergebnisinformation

Damit die Margenkalkulation ihre Steuerungsfunktion erfüllen kann, müssen die Erfolgswirkungen von Entscheidungen der Realität entsprechend wiedergegeben werden. Nur dann werden die Ergebniswirkungen im Sinne der Zielsetzung „richtig" dargestellt. Diese Isomorphie zwischen dem Kalkulationskonzept und der Realität lässt sich mit der Erfüllung einer Reihe weiterer Bedingungen herstellen.

Ein erstes Kriterium der realitätsgerechten und gleichzeitig grenznutzenorientierten Kalkulation besteht darin, dass der Grenzerfolg eines Kredit- oder Einlagengeschäfts, also der **„Mehrerfolg"** von Kundengeschäften, bei einer Entscheidung eindeutig feststehen muss. Diese Anforderung der Sicherheit der kalkulierten Marge schließt die Verwendung interner Bewertungsmaßstäbe für Kredit- und Einlagengeschäfte aus. Denn z. B. im Zeitpunkt einer Kreditvergabe ist dem Entscheidungsträger nicht bekannt, welche Kreditalternativen an anderen Stellen der Bank gerade zur Disposition stehen. Erst recht ist unklar, welche Kreditalternativen sich möglicherweise am nächsten Tag, in der nächsten Woche oder im nächsten Monat bieten. Eine trotzdem in dieser Weise kalkulierte Marge wäre somit im Entscheidungszeitpunkt spekulativ und unsicher.

Das Kriterium der **Sicherheit** schließt nun zukünftige Änderungen der kalkulierten Marge, z. B. aufgrund von Verschiebungen der Zinsstruktur, nicht aus. Maßgebend ist vielmehr, dass die kalkulierte Marge im jeweiligen Entscheidungszeitpunkt eindeutig gültig ist. Sofern nämlich der Entscheidungs- und Handlungsspielraum nicht eingeschränkt ist, z. B. bei variabel verzinslichen Geschäften, entsteht bei veränderten Umweltbedingungen erneuter Entscheidungsbedarf, für den dann die für einen vorhergehenden Zeitpunkt kalkulierte Marge nicht mehr gültig sein muss. Vielmehr muss die Marge in der neuen Entscheidungssituation unter Berücksichtigung gegebenenfalls veränderter Marktverhältnisse wiederum sicher kalkulierbar sein.

Diese Überlegung führt unmittelbar zur Anforderung der **Datenaktualität**. Da sich die jeweiligen Alternativen, von denen der Mehrerfolg von Kredit- und Einlagengeschäften abhängig ist, in ihren Konditionen laufend verändern, fordert das Prinzip der Richtigkeit für die Kalkulation die Verwendung zeitnaher, aktueller Informationen. Diese Anforderung erhält gerade an den Finanzmärkten erhöhte Dringlichkeit dadurch, dass die Zinsstruktur recht starken und zum Teil sehr kurzfristigen Schwankungen unterliegt. Die Gefahr für die Kalkulation besteht somit darin, dass die Marge nicht den jeweils aktuellen Grenzerfolg von Kredit- und Einlagengeschäften anzeigt.

Noch weiter gehender als die Forderung nach Sicherheit und Aktualität der Kalkulation ist die Anforderung der **Objektivität** der Ergebnisinformation. Realitätsgerecht und damit „richtig" kann eine Ergebnisgröße nur dann sein, wenn indirekte oder direkte Entscheidungsträger den Bewertungsmaßstab nicht beeinflussen können und das Kalkulationssystem das Kalkulationsergebnis nicht implizit schon vorwegnimmt. Eine Marge darf also nicht den Erfolgswunsch, sondern nur die Erfolgsrealität abbilden und muss deshalb von subjektiven Entscheidungen über Bewertungsmaßstäbe frei sein. Darüber hinaus dürfen die kalkulierten Erfolgsbeiträge nicht von den Erfolgselementen, insbesondere Konditionen anderer Geschäfte beeinflusst werden, denn sonst könnte der Erfolg objektiv nicht mehr allein einem einzelnen Geschäft zugerechnet werden. Das Objektivitätskriterium ist somit komplementär zum Postulat der Einzelbewertung.

Zu einer realitätsgerechten und „richtigen" Kalkulation gehört außerdem, dass alle Erfolgsquellen, die selbstständig und unabhängig voneinander gesteuert werden können, identifiziert und in der Kalkulation isoliert behandelt werden. Diese Anforderung der **Erfolgsquellenabgrenzung** richtet sich auf die Isolierung der **Fristen- und Währungstransformation** und ergibt sich daraus, dass die bei Kundenkredit- und Kundeneinlagengeschäften auftretenden Fristen- und Währungsmerkmale auch bei Nichtkundengeschäften auftreten. Daraus folgt, dass die Erfolgsmerkmale „Fristigkeit" und „Währung" auch ohne Kundengeschäfte realisiert und gesteuert werden können. Dies bedeutet des Weiteren, dass in die Bewertung von Kredit- und Einlagengeschäften Fristigkeits- und Währungserfolge nicht eingehen dürfen, weil sie **keinen Mehrerfolg** gegenüber anderen Geschäften mit **gleichen** Fristigkeits- und Währungsmerkmalen erbringen. Schließlich begründet sich diese Anforderung auch aus der organisatorischen Verantwortungsstruktur: Die Fristen- und Währungstransformation fällt in den Bereich der Struktur- und damit der Global- oder Zentralsteuerung. Das Kundengeschäft dagegen kann und wird in den Marktbereichen dezentral getätigt. Die Tatsache, dass eine Bank z. B. bei normaler Zinsstruktur Interbanken-Tagesgeld aufnehmen und zu einem höheren Zinssatz in längerfristigen, festverzinslichen Wertpapieren anlegen kann, zeigt plastisch, dass Banken auch ohne ein einziges Kundengeschäft einen Erfolg aus der Fristentransformation erwirtschaften können. Eine realitätsgerechte Kalkulation muss diese Tatsache berücksichtigen.

c) Das Postulat der integrierten Ergebnisrechnung

Während mit den Generalanforderungen der grenznutzenorientierten Einzelbewertung und der „richtigen" Ergebnisinformation Elementarfunktionen der Kalkulation angesprochen sind, ist das Postulat der integrierten Ergebnisrechnung auf die Einbindung der Kalkulation in das Steuerungssystem ausgerichtet. Auch diese Generalanforderung ist an die Erfüllung verschiedener Teilkriterien gebunden.

Integrativ wirkt eine Erfolgsrechnung in einem Planungs- und Kontrollsystem nur dann, wenn die Vor- und Nachkalkulation auf den gleichen Entscheidungsgrundlagen beruhen. Die Forderung, dass den Nachkalkulationen exakt die Informationen zugrunde gelegt werden, die bei den laufenden Entscheidungen und den Vorkalkulationen bereitstehen, bedeutet umgekehrt, dass die jeweils aktuelle Informationsbasis einer späteren Analyse standhalten muss. Nur dann lässt sich in Rückgriff auf das im vorangegangenen Kapitel erläuterte Postulat der (vorab) richtigen Ergebnisinformation die Qualität der (nach den Ergebnissen der Vorkalkulation) getroffenen Entscheidungen richtig messen. Rechnungssysteme, die im Planungs- bzw. im Entscheidungszeitpunkt falsche Informationen liefern, machen einen sinnvollen Vergleich zwischen Plan- und Ist-Ergebnissen unmöglich. Abweichungen zwischen Vor- und Nachkalkulation dürfen also lediglich auf nicht vorhersehbare Veränderungen der Entscheidungstatbestände (Prognose- und Leistungsabweichungen), nicht jedoch auf falsche Entscheidungsgrundlagen im Planungs- und Entscheidungszeitpunkt zurückzuführen sein. Ohne eine **Identität der Entscheidungsgrundlagen** sind letztlich keine integrierten Entscheidungs- und Kontrollrechnungen möglich.

Eine zweite Anforderung für eine integrierte Ergebnisrechnung ist die **Identität von Gesamterfolg und Summe der Einzelgeschäftserfolge**. Mit diesem Kriterium wird der Tatsache Rechnung getragen, dass der gesamte Überschuss letztlich aus der Summe der einzelnen Geschäftsergebnisse resultiert und die Einzelergebnisse sich additiv zum Gesamtergebnis aggregieren. Eine Margenkalkulation, die diese Bedingung nicht erfüllt, kann die Realität der Ergebnisentstehung nicht abbilden.

Eine solche Konsistenz von Summe der Einzelgeschäftsergebnisse und Gesamterfolg muss letztlich auch gewährleistet sein, wenn dazwischenstehende Aggregationsebenen unterschiedliche Dimensionen aufweisen. So muss sich ganz unabhängig davon, ob ein Einzelgeschäftserfolg zu Kundengruppen-, Produkt- oder Filialergebnissen hochgerechnet wird, aus der Zusammenführung der aggregierten Kundengruppen-, Produkt- und Filialergebnisse immer wieder der Gesamterfolg einstellen. Der Erfolg eines einzelnen Geschäfts kann zwangsläufig nicht davon abhängig sein, wie er nachher aggregiert wird. Mit dieser Anforderung wird letztlich auch der Tatsache Rechnung getragen, dass es sich bei Kunden-, Produkt- und Filialergebniskalkulationen lediglich um Auswertungsrechnungen auf der Basis ein und desselben Kalkulationskonzepts handelt.

3. Praktische Zusatzanforderungen

a) Die Akzeptanz der Ergebnisinformation

Neben den konzeptionellen Anforderungen an ein Kalkulationskonzept sind für die praktische Umsetzung zusätzliche Anforderungen zu erfüllen. Letztere treten bei der praktischen Einführung i. d. R. absolut in den Vordergrund. Hier gilt häufig das Praktikermotto: „1 % der Arbeitszeit für konzeptionelle Überlegungen, 99 % für Um- und Durchsetzung".

Allerdings darf die Bedeutung des konzeptionellen Vordenkens gerade auch für die praktische Umsetzung nicht verkannt werden. Häufig scheitert letztere nämlich daran, dass die Konzeption – und hierzu gehören auch die Überlegungen zur praktischen Umsetzung – nicht fundiert herausgearbeitet wurden. Dies zeigt sich insbesondere im Bereich der Akzeptanz der Ergebnisinformationen und damit des Kalkulationssystems. Diese ist ihrerseits von verschiedenen Faktoren abhängig.

Zunächst einmal müssen die gelieferten Ergebnisinformationen für die Entscheidungsträger **nachvollziehbar** sein. Dieses Kriterium bezieht sich einerseits auf die Grundkonzeption der

Margenkalkulation, andererseits und abhängig davon aber auch auf die verständliche Darstellung und Präsentation. Nachvollziehbar wird ein Kalkulationssystem nur, wenn es logisch konsequent aufgebaut ist. Die zentrale Aussage der Ergebnisinformation ist hier von entscheidender Bedeutung. So ist z. B. unmittelbar einsichtig, dass ein Kredit- oder Einlagengeschäft nur dann vorteilhaft ist, wenn es mehr einbringt bzw. weniger kostet als eine im gleichen Moment realisierbare Geld- und Kapitalmarktalternative. An dieser Stelle wird auch der enge Zusammenhang zwischen der Akzeptanz der Ergebnisinformation und dem konzeptionellen Anforderungsprofil deutlich.

Ein zweiter Aspekt der Nachvollziehbarkeit liegt in der Aufbereitung und Präsentation der Ergebnisinformationen bei einer teilweise nicht zu umgehenden Komplexität der Margenkalkulation. Damit letztere nicht Zweifel an der Richtigkeit des Grundgedankens aufkommen lassen, ist es notwendig, die Ergebnisinformationen – auch wenn ihre Kalkulation einen komplizierten Rechenprozess durchläuft – immer wieder **auf ihre Kernaussage zurückzuführen**. Dies setzt einerseits voraus, dass die Ergebnisinformation „richtig" ist, denn nur dann lässt sie sich in eine „richtige" Kernaussage überführen. Andererseits dürfen komplexere Verfahren der Informationserstellung die Information selbst nicht undeutlich machen. Ein gutes Beispiel dafür bildet die elektronische Datenverarbeitung. So werden den Entscheidungsträgern die ablaufenden EDV-Prozesse i. d. R. zwar nicht erkennbar, wohl aber die Informationen, die mit der EDV produziert werden. Übertragen auf die Effektivzinsrechnung, die eines der Kernprobleme der Margenkalkulation darstellt, bedeutet dies: Die Effektivzinsformeln können und müssen für die Entscheidungsträger nicht durchsichtig sein, wohl aber die Effektivzinsinformation selbst und ihre Kernaussage. Hieraus ergibt sich für die Controllingexperten die Aufgabe, die finanzmathematischen Zusammenhänge der Margenkalkulation in eine nachvollziehbare Ergebnisinformation zu transformieren.

Die Akzeptanz eines Informationssystems ist in der Praxis des Weiteren nur dann zu erreichen, wenn es **leicht zu handhaben** ist. Bei dieser Anforderung ist der Konflikt zu anderen, insbesondere konzeptionellen Teilanforderungen, aber auch zu anderen praktischen Zusatzanforderungen nicht zu übersehen. Leichte Handhabung bedeutet nämlich z. B., dass eine Margenkalkulation einfach sein muss, dass sie nicht zu oft erfolgt und dass nicht mit unüberschaubaren Bewertungsmaßstäben kalkuliert wird. Allerdings ist zu beachten, dass ein möglicher praktischer Widerspruch zwischen einfacher Handhabung und „richtiger" Margenkalkulation, aber auch zwischen einfacher Handhabung und Nachvollziehbarkeit der Ergebnisinformation nur dann sinnvoll gelöst werden kann, wenn die praktische Umsetzung auf der Basis eines konzeptionell „sauberen" Grundsystems erfolgt. Denn nur dann können Abstriche bei den konzeptionellen und praktischen Teilanforderungen einerseits und Informationseinbußen andererseits systematisch in ein Gleichgewicht gebracht werden.

Von entscheidender Bedeutung für die Akzeptanz der Margenkalkulation ist schließlich, dass eine leistungsgerechte Beurteilung vom System ermöglicht und von den Entscheidungsträgern als solche empfunden werden muss. Dies setzt im Prinzip die **Erfüllung des konzeptionellen Anforderungsprofils** voraus. Eine leistungsgerechte Beurteilung ermöglicht die Margenkalkulation nämlich nur dann, wenn der von einem Entscheidungsträger zu verantwortende Erfolg nicht vom Erfolg anderer Entscheidungsträger abhängig ist und die Bewertungsmaßstäbe nicht in der Bank selbst manipuliert werden können. Insofern wäre diese Anforderung voll den konzeptionellen Postulaten zuzurechnen. Jedoch geht sie als praktische Zusatzanforderung insofern weiter, als für eine objektive Beurteilung der Entscheidungsträger nicht die Marge allein maßgebend ist. So ist beispielsweise die spezifische Situation einer Filiale mit zur Beurteilung eines Filialleiters heranzuziehen. Nur so kann die Margenkalkulation auch als leistungsgerecht empfunden werden.

b) Die Abstimmung mit der Erfolgsrechnung

Eng verbunden mit der Frage der Akzeptanz der Ergebnisinformation ist die Abstimmung der Margenkalkulation mit der Finanzbuchhaltung. Denn letztlich geht vom Wiederfinden des eigenen Erfolgs im Jahresabschluss eine erhebliche **Motivationswirkung** für die Entscheidungsträger aus. Diese Anforderung ist jedoch wegen des organisatorisch-technischen Aspektes und der erheblichen Probleme, die mit einer solchen Abstimmung verbunden sind, weiter gefasst als die Akzeptanzfrage.

Wird mit den konzeptionellen Postulaten gefordert, dass die Additionsfähigkeit der Einzelergebnisse zum Gesamtergebnis sowohl in Plan- als auch in Ist-Rechnungen gegeben sein muss, so gilt für die Integration der Margenkalkulation in die Finanzbuchhaltung, dass das GuV-Ergebnis im Jahresabschluss in seine einzelnen Komponenten bis hin zum Ergebnisbeitrag einzelner Geschäftsvorfälle zerlegbar sein soll. Dies setzt allerdings voraus, dass dort, wo Unterschiede zwischen den extern orientierten Richtlinien des Jahresabschlusses und der betriebswirtschaftlich orientierten internen Kalkulation bestehen, entweder das Kalkulationssystem an den externen Jahresabschluss angepasst wird oder aber umgekehrt. Ersteres führt die betriebswirtschaftliche Konzeption bei unsachgemäßer Überführung möglicherweise ad absurdum, der umgekehrte Fall ist in der Praxis, wenn überhaupt, sehr schwierig umzusetzen.

Die Abstimmung zwischen Kalkulation und Erfolgsrechnung, die ohnehin nur **vor** dem Ergreifen bilanzpolitischer Maßnahmen zu erfolgen hat, steht bezüglich der Margenkalkulation vor allem vor dem Problem, dass bei Krediten die derzeit zumeist noch gültige steuerliche Behandlung des Disagios, also der Differenz zwischen Nominal- und Auszahlungsbetrag eines Kredits, nicht nur einer betriebswirtschaftlichen Betrachtung entgegensteht. Sie widerspricht darüber hinaus auch einer anderen gesetzlichen Vorschrift, nämlich der Preisangabenverordnung für Banken. Selbst wenn sich also eine Bank im Hinblick auf eine möglichst enge Abstimmung zwischen Kalkulation und Marktpolitik ihre Margenkalkulation an der gesetzlich vorgeschriebenen, im Übrigen betriebswirtschaftlich vertretbaren Art der Effektivzinsberechnung ausrichtet, erreicht sie eine Abstimmung mit dem Jahresabschluss nur dann, wenn die Finanzbehörden die daraus sich zwangsläufig ergebende zeitliche Disagioverteilung akzeptieren.

Die organisatorisch-technische Verknüpfung von Erfolgsrechnung und Kalkulationssystemen ist insbesondere auch unter Wirtschaftlichkeitsaspekten von Bedeutung. Je mehr sich nämlich die Kalkulation an die Datenorganisation der extern orientierten Finanzbuchhaltung anlehnen kann, desto weniger Aufwand entsteht für die Kalkulation selbst, und desto besser wird die ohnehin schwer quantifizierbare Kosten-Nutzen-Relation eines Kalkulationssystems. Wünschenswert wäre im Hinblick auf eine möglichst enge Abstimmung mit der Gewinn- und Verlustrechnung ein einheitlicher Buchungskreislauf (Einkreis-System). Realisierbar erscheint dagegen eher ein integriertes und über Verrechnungskonten als Schnittstellen verbundenes

Zweikreis-System. An den Schnittstellen müssen dann die Unterschiede zwischen externer Rechnung und interner Kalkulation ausgeglichen werden.

c) Kosten-Nutzen-Aspekte der Margenkalkulation

Als zum größten Teil auch in der Praxis unbestritten kann die Notwendigkeit eines internen Kalkulations- und Steuerungssystems angesehen werden. Unterschiedliche Ansichten tauchen jedoch bei der Frage nach dem Umfang und der Detailliertheit eines solchen Systems auf. Denn im Vordergrund steht bei der praktischen Umsetzung vor allem auch die Anforderung einer angemessenen Kosten-Nutzen-Relation der Margenkalkulation.

Die Anforderung der **Kalkulationswirtschaftlichkeit** lässt sich nur schwer konkretisieren. Einerseits hängen der erforderliche Umfang und die notwendige Genauigkeit der Kalkulation von unterschiedlichsten Bedingungen wie der Größe einer Bank oder ihren geschäftlichen Schwerpunkten ab. Andererseits ist der Kalkulationsnutzen kaum quantifizierbar. Grundsätzlich lassen sich allerdings einige Thesen zu dieser Anforderung formulieren:

(a) Der Aufbau eines Kalkulations- und Steuerungssystems stellt eine Investition dar, die von der Bank langfristig genutzt wird. Um eine solche Investition kommen die Banken aufgrund des sich durch Strukturveränderungen verschärfenden Wettbewerbs, in dem die schnelle und richtige Information immer mehr zum Erfolgsfaktor wird, nicht herum. Wettbewerbsvorsprünge lassen sich nur durch Informationsvorsprünge sichern und ausbauen.

(b) Der (relative) Informationsnutzen ist unabhängig von der Größe einer Bank. Lediglich die (relativen) Investitionskosten unterscheiden sich und führen bei kleineren Banken isoliert betrachtet zu ungünstigeren bzw. nicht mehr vertretbaren Kosten-Nutzen-Relationen. Dies enthebt die Banken im Hinblick auf die langfristige Existenzsicherung aber nicht der Notwendigkeit, ein entsprechendes Informationssystem zu nutzen. Vielmehr führt es zu einer weiteren Bedingung, nämlich der Forderung nach einer übergeordneten Entwicklung z. B. durch die Verbände und Rechenzentren (vor allem im Sparkassen- und Genossenschaftsverbund), die zu einer Kostendegression bei gleichem Informationsnutzen führt.

(c) Ausmaß, Detailliertheit und Genauigkeit eines Kalkulationssystems hängen vom schrittweisen Zusatznutzen einer Informationsverbesserung ab. Der Zusatznutzen wird unter anderem von den aktuellen, aber auch zukünftigen geschäftlichen Schwerpunkten determiniert. So ist beispielsweise im tendenziell mit geringen Margen ausgestatteten Festzinsgeschäft eine exaktere Kalkulation als bei variabel verzinslichen Geschäften mit deutlich marktzinsabweichenden Konditionen notwendig.

(d) Die beim Aufbau eines Informationssystems anfallenden Kosten stellen nur zu einem Teil Grenzkosten, d. h. zusätzliche Kosten dar. Vielmehr können für die Umsetzung häufig zum Teil auch technologiebedingte Leerkapazitäten im Personal- wie im Sachkostenbereich sowie Synergieeffekte sowohl im Know-how („Rechnungswesen") als auch in der Datenverarbeitung genutzt werden.

LITERATURHINWEISE

BANKEN, R. (1987)
FLECHSIG, R./FLESCH, H.-R. (1982)
SCHIERENBECK, H./ROLFES, B. (1988)
SCHMALENBACH, E. (1963)

DROSTE, K. D. ET AL. (1983)
ROLFES, B. (1985)
SCHMALENBACH, E. (1947)

II. Stufenweise Deckungsbeitragsrechnung

Mit der Quantifizierung des Konditionsbeitrags im Rahmen der Einzelgeschäftskalkulation ist der Informationsbedarf hinsichtlich des Zinsüberschusses aus einem Kundengeschäft vollständig erfüllt, falls kein engpassbezogener Bonus/Malus zu berücksichtigen ist. Der (absolute) Konditionsbeitrag bzw. die Konditionsmarge als relative Ergebnisgröße stellt die höchste denkbare Verdichtung über das Umfeld des kalkulierten Einzelgeschäfts dar, da in sie das gesamte Wissen um den Kapitaldienst des Kunden sowie die Zinskonstellation am Geld- und Kapitalmarkt einfließt.

Für die rentabilitätsmäßige Beurteilung eines Einzelgeschäfts reicht die Kalkulation des Konditionsbeitrags allerdings normalerweise nicht aus. Denn mit einem Kundengeschäft sind zum einen regelmäßig weitere Kosten verbunden, die über den verdienten Konditionsbeitrag abgedeckt werden müssen. Zum anderen können auch Provisionserlöse bzw. Dienstleistungserträge direkt aus dem Geschäft resultieren. Insofern kann der Konditionsbeitrag lediglich als **Bruttoergebnisgröße** verstanden werden, der in aller Regel um weitere Kosten und Erlöse zu korrigieren ist.

1. Kalkulationsschema zur Bestimmung stufenweiser Deckungsbeiträge

Zur Erfassung der verschiedenen Kosten- und Erlöskomponenten ist in Anlehnung an die Verfahren der sogenannten Deckungsbeitragsrechnung ein dreistufiges Kalkulationsschema empfehlenswert:

- Der **Deckungsbeitrag I** (DB I) ist als umfassendster Erfolgssaldo gleichbedeutend mit dem Konditionsbeitrag bzw. der Bruttomarge.

- Der **Deckungsbeitrag II** (DB II) berücksichtigt alle diejenigen Kosten und Erlöse, die dem Einzelgeschäft **direkt** (weitgehend verursachergerecht) zugeordnet werden können und auch keine (versteckten) Gewinnbestandteile enthalten.

- Der **Deckungsbeitrag III** (DB III) schließlich stellt zusätzlich auf die Deckung der anteiligen Overheadkosten, die auf der Ebene des Einzelgeschäfts geschlüsselt werden müssen, und die als Gewinnansprüche deklarierten Eigenkapitalkosten ab. Letztere lassen sich zwar je nach Verrechnungssystematik auch direkt zurechnen, sind ihrer Natur nach aber eher wie Gemeinkosten zu interpretieren: Sie sind insgesamt zu verdienen, fungieren also als eine Art „Benchmark" für das Normalgeschäft. Es ist aber unerheblich, **wo** sie im Einzelfall letztlich erwirtschaftet werden.

Damit ergibt sich folgendes **Kalkulationsschema** (vgl. Tabelle 1):

	Brutto-Konditionsbeitrag	= Deckungsbeitrag I
–	Standard-Risikokosten	
–	Standard-Betriebskosten	
+	Provisionserlöse/Dienstleistungserträge	
=	Netto-(Markt-)Ergebnis	= Deckungsbeitrag II
–	(anteilige) Overheadkosten	
–	Eigenkapitalkosten	
=	Netto-Ergebnis nach Eigenkapitalkosten (= Übergewinn oder „mark up")	= Deckungsbeitrag III

Tabelle 1:   Kalkulationsschema (in absoluten Beträgen)

Deckungsbeitrag II:

Die Zurechnung von **Provisionserlösen** auf einzelne Bankgeschäfte erweist sich im Rahmen der Quantifizierung des Netto-Konditionsbeitrags eines Einzelgeschäfts als vergleichsweise unproblematisch, da sich Provisionserträge wie auch die kundenbezogenen Provisionsaufwendungen jeder von der Bank erbrachten Marktleistung exakt zuordnen lassen. Dabei können Provisionserträge grundsätzlich entweder stückproportional oder aber volumenproportional bemessen werden. Stückproportionale Erträge stellen z. B. die Gebühren für die Ausgabe einer EC-Karte, für Daueraufträge oder für Buchungen dar. Volumenproportional werden z. B. Bereitstellungsprovisionen im Kreditgeschäft berechnet.

Die Zusammenführung der einzelnen Provisionsbestandteile zum gesamten Provisionsüberschuss eines Einzelgeschäfts erfolgt, indem die verschiedenen Provisionserlösarten zunächst hinsichtlich ihres Mengengerüstes – also hinsichtlich der erwarteten Stückzahl und des Bezugsvolumens – konkretisiert und anschließend mit den entsprechenden Stückpreisen bzw. Prozent- oder Promillesätzen bewertet werden. Die sich daraus ergebenden Provisionserlösbeiträge der Einzelleistungen werden dann zum gesamten, dem einzelnen Geschäft zurechenbaren Provisionserlös aggregiert. Zum Teil muss hier mit Schätzgrößen gearbeitet werden, da z. B. nicht immer eindeutig ist, welche Zahlungsverkehrsleistungen in welchem Umfang mit dem konkret betrachteten Einzelgeschäft verbunden sein werden. Es bietet sich daher an, mit Durchschnittsgrößen zu operieren. Das Gleiche gilt im volumenproportionalen Bereich für Bereitstellungsprovisionen. Da die Kreditauszahlungszeitpunkte, bis zu denen letztlich Bereitstellungsprovisionen berechnet werden, ex ante nicht bekannt sind, lässt sich deren Höhe nur aus Erfahrungswerten ableiten. Letztere sind z. B. bei Baufinanzierungen zweifellos vorhanden und die Provisionserträge ließen sich zum Zeitpunkt des Geschäftsabschlusses aus durchschnittlichen Abrufzeiten ableiten.

Neben den einem Einzelgeschäft zurechenbaren Provisionserlösen gilt es, im Rahmen der vorgestellten Kalkulationssystematik auch **Standard-Risikokosten** und **Standard-Betriebskosten** einzelgeschäftsbezogen zu bestimmen, um vom Brutto- zum Netto-Konditionsbeitrag zu gelangen. Die Vorgehensweise zur Quantifizierung dieser Kostenkomponenten stellt sich allerdings als wesentlich schwieriger dar als die Kalkulation einzelgeschäftsbezogener Provisionserlöse. In den weiteren Ausführungen wird daher näher auf Konzepte zur entscheidungsorientierten Kalkulation dieser Kostenkomponenten im Einzelgeschäft einzugehen sein (vgl. S. 286 ff. und S. 338 ff.).

Deckungsbeitrag III:

Die hier zu berücksichtigenden, dem Einzelgeschäft nicht direkt zurechenbaren **Overheadkosten** werden in der Praxis häufig bereits im Deckungsbeitrag II zusammen mit den Standard-Einzelkosten erfasst. Hier wird aber einer sauberen Trennung von (Gemein-)Kosten, die nur im Wege der Schlüsselung und damit letztlich nicht verursachungsgerecht verteilt werden können, von denjenigen (Einzel-)Kosten, die in einem engen Prozesszusammenhang mit dem Einzelgeschäft stehen, aus Transparenzgründen der Vorzug gegeben.

Eine besondere Problemstellung bilden die **Eigenkapitalkosten**, die Ausdruck der vom Einzelgeschäft zu erwirtschaftenden Verzinsung des durch das Geschäft gebundenen Eigenkapitals sind. Obgleich die Eigenkapitalunterlegung von Geschäften bei Banken vordergründig in vielen Fällen eindeutig fixiert werden kann, weil etwa regulatorische Vorschriften oder geschäftspolitische Vorgaben die Eigenkapitalallokation entsprechend determinieren, bleibt es doch theoretisch zumindest fragwürdig, hierauf bezogene Gewinn- bzw. Renditeanforderungen formal gleich wie Betriebs- und Risikokosten zu behandeln.

In der Praxis ist diese Sichtweise jedoch sehr häufig wiederzufinden. Dort wird als Gewinn nur derjenige Ertragsbestandteil bezeichnet, der über diese Mindestgewinnanforderung hinausgeht und somit den Übergewinn bzw. „mark up" kennzeichnet. Dies wird konzeptionell jedoch nur im Rahmen der sogenannten Mindestmargenkalkulation vollzogen, wohingegen die Kalkulation des Ist-Betriebsergebnisses (in den verschiedenen Ermittlungsdimensionen) sich auf den Deckungsbeitrag II (auf einer höheren Aggregationsebene einschließlich Overheadkosten) beschränkt.

2.   Kalkulation des Netto-Ergebnisses eines Kundengeschäfts am Beispiel

Das vorgestellte Kalkulationsschema soll nun durch ein Beispiel illustriert werden. Dazu werden nicht nur die verschiedenen Deckungsbeiträge mit absoluten Beträgen ermittelt. Zusätzlich wird durch die Bezugnahme auf das mit dem Kundengeschäft verbundene Volumen der Weg von der Brutto-(Konditions-)Marge zur Netto-(Konditions-)Marge aufgezeigt.

Mit dieser parallelen Betrachtung von absoluten und relativen Ergebniskomponenten des Einzelgeschäfts wird die Unterscheidung von fixen bzw. stückbezogenen (und prinzipiell volumenunabhängigen) und volumenabhängigen Bestandteilen besonders hervorgehoben, sodass Break-even-Rechnungen hinsichtlich des mit dem einzelnen Geschäft verbundenen Volumens angestellt werden können. Zu den volumenabhängigen Komponenten zählt neben der Brutto-(Konditions-)Marge selbst vor allem die Standard-Risikokosten-Marge, wohingegen die Standard-Betriebskosten- und Provisionsmarge einen überwiegend fixen bzw. stückbezogenen Charakter aufweisen.

Ferner wird die Netto-(Konditions-)Marge um einen prozentualen **Soll-Deckungsbeitrag** (= Soll-Deckungsbeitrag II im Sinne von Tabelle 1) ergänzt, der zu einer rentabilitätsmäßigen Beurteilung der Ist-Nettomarge herangezogen werden kann und der die Zielgröße für die letztlich auch notwendige Abdeckung von Gemeinkosten (Overheadkosten) und Eigenkapitalkosten beinhaltet.

Damit gilt nun das in Tabelle 2 dargestellte erweiterte Kalkulationsschema.

Volumenabhängige Brutto-(Konditions-)Marge	Ist-Deckungsbeitrag I (in % p. a.)
– Volumenabhängiger Deckungsbedarf (in % p. a.) für Standard-Risikokosten (= Standard-Risikokosten-Marge)	
= Volumenabhängige Netto-(Konditions-)Marge	
– Fixer bzw. stückbezogener Deckungsbedarf (in % p. a.) für den Saldo aus Standard-Betriebskosten und Dienstleistungserträgen (= Standard-Betriebskosten-Marge abzüglich Provisionsmarge)	
= Gesamt Netto-(Konditions-)Marge	Ist-Deckungsbeitrag II (in % p. a.)
– Soll-Deckungsbeitrag (in % p. a.) für die Abdeckung von Overheadkosten und Eigenkapitalkosten	Soll-Deckungsbeitrag II (in % p. a.)
= Übergewinn/-verlust (= „mark up") (in % p. a.)	Ist-Deckungsbeitrag III (in % p. a.)

Tabelle 2: Kalkulationsschema (in Margengrößen)

Die kalkulatorischen Standard-Risikokosten sind bereits bei ihrer Ermittlung i. d. R. volumenabhängig als Standard-Risikokosten-Marge konzipiert. Ihre Berücksichtigung in der volumenabhängigen Netto-(Konditions-)Marge ist prinzipiell unproblematisch.

Schwieriger ist dagegen die richtige Berücksichtigung des fixen bzw. stückbezogenen Deckungsbedarfs aus Betriebskosten und Provisionserträgen in der Netto-(Konditions-)Marge. Eine Lösung hierfür zeichnet sich im Marktzinsmodell durch die Bestimmung der Brutto-(Konditions-)Marge aus dem **Barwertkalkül** ab (vgl. S. 151 ff.), dessen Konstruktionsmerkmale nun auf die Kalkulation der Netto-(Konditions-)Marge konsequent übertragen werden.

Tabelle 3 verdeutlicht die Vorgehensweise, wobei zunächst nur die Spalten (1) und (2) betrachtet werden. Ausdrücklich betont sei an dieser Stelle, dass – wie bereits erwähnt – die Kalkulation mit dem TEZ-Verfahren bzw. der Treasury-konformen Margenkalkulation (vgl. S. 137 ff.) in dem verwendeten Grundbeispiel zu einem periodisch schwankenden Opportunitätszins bzw. zu unterschiedlichen Periodenmargen führt, die sich der Einfachheit halber ebenfalls in durchschnittliche Ganzjahressätze umrechnen lassen. Diese finden hier – um die grundsätzliche Systematik der Netto-Margenkalkulation aufzuzeigen – in Form der bereits bekannten Werte in Höhe von 11,84058 % (effektiver Kundenkreditzins), 6,67317 % (durchschnittlicher GKM-Refinanzierungszins) und 5,16741 % (durchschnittliche Marge) Verwendung. Das hat allerdings zur Konsequenz, dass die nachfolgend zu verwendende Bezugsgröße zur Ermittlung der übrigen absoluten oder prozentualen Werte der Netto-Margenkalkulation, das (verbarwertete) Durchschnittsvolumen (248.979,86 EUR), eine Größe darstellt, die sich lediglich aufgrund der vereinfachten Betrachtung ergibt und somit auch nicht mit dem Barwert der Durchschnittssalden gemäß exaktem TEZ-Verfahren übereinstimmen kann. Da dieser Wert hier lediglich aus Gründen der Veranschaulichung Akzeptanz findet, soll auf seine rechnerische Ermittlung nicht weiter eingegangen werden. Angenommen wird nun zusätzlich, dass

- die institutsspezifische Standard-Risikokosten-Marge in dem betrachteten Segment 0,65425 % beträgt,

- die Provisionserträge, die unmittelbar mit dem Kreditgeschäft verknüpft sind, 40 EUR ausmachen und schließlich

- die Standard-Betriebskosten der Akquisition und Abwicklung des Kreditvorgangs über die gesamten zwei Laufzeitjahre recht hoch sind und 1.960 EUR betragen.

Hinsichtlich der kalkulierten Standard-Risikokosten stellt deren Ansatz als jährliche Risikoprämie – bei Durchsetzung am Markt – sicher, dass die kalkulierten Ausfälle ergebnisneutral abgedeckt werden können. Um den Risikokostenbarwert zu bestimmen, ist der Risikoprämiensatz von 0,65425 % auf den Barwert der Durchschnittssalden des betrachteten Kredits (hier: 248.979,86 EUR) zu beziehen. Um diesen Betrag ist schließlich der Konditionsbeitragsbarwert zu reduzieren (vgl. Tabelle 3).

Einzelgeschäftskalkulation	Barwerte		davon: volumenabhängig		davon: fix bzw. stückbezogen	
	in % p. a.	in EUR	in % p. a.	in EUR	in % p. a.	in EUR
Durchschnittsvolumen	100,00	248.979,86	100,00	248.979,86		
	(1)	(2)	(3)	(4)	(5)	(6)
Effektiver Zinsertrag	11,84058	29.480,66	11,84058	29.480,66		
– GKM-Refinanzierungszins	6,67317	16.614,85	6,67317	16.614,85		
= (Brutto-)Konditionsbeitrag bzw. -Marge	5,16741	12.865,81	5,16741	12.865,81		
– Standard-Risikokosten	0,65425	1.628,95	0,65425	1.628,95		
+ Dienstleistungsertrag	0,01607	40,00			0,01607	40,00
– Standard-Betriebskosten	0,78721	1.960,00			0,78721	1.960,00
= (Netto-)Konditionsbeitrag bzw. -Marge	3,74202	9.316,86	4,51316	11.236,86	-0,77114	-1.920,00
– Soll-Deckungsbeitrag	1,50000	3.734,70	1,5000	3.734,70		
= Übergewinn/-verlust (= „mark up")	2,24202	5.582,16	3,01316	7.502,16	-0,77114	-1.920,00
Break-even-Kreditvolumen						
(I) (Netto-)Konditionsbeitrag = 0	17,08662	42.542,24				
(II) (Netto-)Konditionsbeitrag = Soll-Deckungsbeitrag	25,5926	63.720,42				

Tabelle 3:   Netto-Margenkalkulation im Barwertkalkül (mit durchschnittlichen TEZ-Sätzen)

Für die Ermittlung der zurechenbaren direkten Dienstleistungserträge und der Standard-Betriebskosten wird die Umrechnung der zu erfassenden zukünftigen Zahlungsströme in deren Barwert vereinfacht mit dem Abzinsfaktor 1 vorgenommen, d. h., es wird zunächst generell bei diesen beiden Komponenten nicht abgezinst. Speziell im Fall der Kosten gilt nämlich, dass ein Großteil ohnehin zum Zeitpunkt des Vertragsabschlusses anfällt, sie im weiteren Verlauf relativ niedrig sind und erst gegen Vertragsende wieder ansteigen (z. B. 50 %, 10 %, 10 %, 30 %). Da der überwiegende Kostenteil bei einer Multiplikation mit den exakten Abzinsfaktoren aufgrund seiner Zukunftsnähe nur geringfügig abgezinst würde, sind die möglichen Abweichungen relativ unbedeutend. Als weiteres Argument gilt, dass bei einer mehrjährigen Betrachtung eine Steigerung des verrechneten Personalkostenanteils um zukünftige Tariferhöhungen erfolgen müsste, die dann durch korrekte Abzinsung ganz oder teilweise wieder aufgehoben würde. Auch hier führt die vereinfachte Art der Kalkulation bei der Erfassung der Kosten zu einer vernachlässigbaren Größenordnung. Insoweit genügt es für praktische Verhältnisse, mit heutigen Stundensätzen bzw. Stückkosten zu kalkulieren. Die durch eine exakte Kalkulation erzielbare Scheingenauigkeit braucht auch deshalb nicht angestrebt zu werden, weil im speziellen Fall der Kosten immer nur auf Durchschnittsbetrachtungen beruhende Zahlen herangezogen werden, die für den Einzelfall sowieso nicht genau zutreffen. Denn da es sich bei den Standard-Betriebskosten überwiegend um proportionalisierte Fixkosten handelt, stellt der daraus resultierende Deckungsbedarf eine Größe dar, deren Deckung auch nur im Durchschnitt und auf Dauer angestrebt werden sollte.

Obgleich bei den direkten Dienstleistungserträgen grundsätzlich anders argumentiert werden kann, werden sie genauso wie die Einzelkosten verrechnet, zumal ihr Gewicht im bilanzwirksamen Geschäft im Regelfall nur gering sein wird. Wenn man die Berechnung allerdings exakt durchführen will, können die Dienstleistungserträge natürlich auch im Kundencashflow mit aufgeführt und entsprechend abgezinst werden.

Im Beispiel ergibt sich eine Nettomarge von 3,74202 %, was einem Barwert des Netto-Konditionsbeitrags von 9.316,86 EUR entspricht (vgl. Tabelle 3). Diese Barwert- und Margeninformationen können in zweifacher Weise weiter gehend analysiert werden.

Zum einen kann der Netto-(Konditions-)Marge ein von Kreditgeschäften dieser Art zu erwirtschaftender **Soll-Deckungsbeitrag** gegenübergestellt werden. Denn natürlich ist ein Geschäft nicht schon dann „gut", wenn es überhaupt eine positive Nettomarge verspricht. Da die Netto-(Markt-)Ergebnisse aller Kundengeschäfte zumindest Teile des hier einzelgeschäftsbezogen nicht kalkulierten „Overheads", also der Gemeinkosten, abdecken und selbstredend auch zur Verzinsung des Eigenkapitals beitragen müssen, ist eine Soll- oder Mindestmarge als Orientierung für die Ertragsqualität von Kundengeschäften zu formulieren. Anders formuliert gilt, dass vom Einzelgeschäft also ein aus den Gesamtbankanforderungen abzuleitender Betrag – ähnlich einer ertragsabhängigen „Steuer für Infrastruktur" – als Soll-Deckungsbeitrag für die Deckung der Overheadkosten und der Eigenkapitalverzinsung abzuliefern ist.

In Tabelle 3 wird von einem Soll-Deckungsbeitrag, der die Ansprüche aus der Deckung von Overhead- und Eigenkapitalkosten zum Ausdruck bringen soll, in Höhe von 1,50 % p. a. ausgegangen, das entspricht einem Barwert von 3.734,70 EUR bzw. einer „Ertragsteuer" auf den Netto-Konditionsbeitrag in Höhe von 40,43 %. Damit ergibt sich im Beispiel eine Ergebnisüberdeckung gegenüber dem Soll von 2,24202 % oder 5.582,16 EUR.

Zum anderen ist in Tabelle 3 eine Aufspaltung der Barwert- und Margeninformationen nach ihrer Volumenabhängigkeit vorgenommen. Hier können nun ergänzende **Break-even-Analysen** durchgeführt werden. Setzt man den fixen bzw. stückbezogenen Deckungsbedarf eines Kundengeschäfts zu seinem volumenabhängigen Ergebnisbeitrag (und zwar jeweils in Form der Barwerte) in Beziehung, so ergibt sich das Mindestgeschäftsvolumen, ab dem das Kundengeschäft eine positive Nettomarge aufweist (Break-even-Point I) bzw. ab dem es mindestens den Soll-Deckungsbeitrag (II) erwirtschaftet (Break-even-Point II).

Für das betrachtete Kreditbeispiel ergibt sich ein Break-even-Kreditvolumen I von 17,09 % des kalkulierten Kreditvolumens (= 1.920 EUR : 11.236,86 EUR) und ein Break-even-Kreditvolumen II von 25,59 % des kalkulierten Kreditvolumens (= 1.920 EUR : 7.502,16 EUR). In Tabelle 3 sind die Break-even-Prozentsätze beispielsweise auf den Barwert der Durchschnittsvolumina des kalkulierten Kredits bezogen worden. Gleichwohl wäre auch eine Bezugnahme auf das nominale Kreditvolumen von 200.000 EUR möglich gewesen, was aber im Ergebnis zu keiner Änderung in der Aussage führt. Des Weiteren errechnet sich z. B. das Volumen, das notwendig ist, um 1 EUR zusätzlichen Netto-Konditionsbeitragsbarwert zu erwirtschaften, in Höhe von 17,80 EUR, indem das nominale Kreditvolumen zum volumenabhängigen Netto-Konditionsbeitragsbarwert ins Verhältnis gesetzt wird (= 200.000 EUR : 11.236,86 EUR). Diese Analyseergebnisse können vielfältige Verwendung finden, so insbesondere bei der Bestimmung von Volumenuntergrenzen im Kredit- bzw. Einlagengeschäft oder bei Untersuchungen der Hebelwirkung zwischen kosten- bzw. deckungsbedarfsenkenden Maßnahmen und Mindestvolumen.

Es sei nur darauf hingewiesen, dass die ermittelten Barwerte des Kreditbeispiels sich natürlich wiederum in der gleichen Weise verrenten lassen, wie das bereits für den Brutto-Konditionsbeitragsbarwert dargestellt wurde. Auch hier gilt also, dass Barwertkalkül und Periodenrechnung nur zwei Seiten der gleichen Medaille sind und beide Rechnungen durch das arbitragefreie Hin- und Herschieben von Geld auf der Zeitachse stets arbitragefrei ineinander überführt werden können (vgl. S. 167 ff.).

B. Die Komponenten der Deckungsbeitragsrechnung

I. Ermittlung des Konditionsbeitrags

1. Die Marktzinsmethode als entscheidungsorientiertes Verrechnungszinsmodell

Den traditionellen Verfahren der Margenkalkulation ist die Marktzinsmethode als entscheidungsorientiertes, modernes Konzept konzeptionell weit überlegen. Die Wurzeln der Marktzinsmethode finden sich im Konzept der pretialen Lenkung von EUGEN SCHMALENBACH wieder, das im Kern die Möglichkeit dezentraler Entscheidungskompetenzen bei gleichzeitiger Koordination im Sinne der Gesamtbankzielsetzung fordert.

Ihren ersten praktischen Einsatz fand sie in den 1970er- und 1980er-Jahren, als sie von den amerikanischen Money Center Banks eingesetzt wurde, um dort das Zinsgeschäft (Kredite und Einlagen) entscheidungsorientiert zu steuern. Zu dieser Zeit waren sowohl in den USA als auch in Europa weitestgehend Instrumente im Einsatz, die unter den Bezeichnungen Pool- und Schichtenbilanzmethode bekannt sind und deren begrenzter Wert für die Steuerung des Zinsgeschäfts in der Literatur hinreichend nachgewiesen worden ist.

Durch die Beratungsfirma McKinsey & Comp., Inc. hat sie unter der Bezeichnung Opportunitätszinsmethode (OZM) schließlich auch im deutschsprachigen Raum Einzug gehalten und ist beispielsweise Ende der 1970er-Jahre im Rahmen eines Pilotprojekts bei der Westdeutschen Landesbank implementiert worden. Aus heutiger Sicht war dies – bei allen Beschränkungen eines naturgemäß damals noch nicht ausgereiften Modells – eine wegweisende Pioniertat.

Im Zuge der weiteren Forschungs- und Entwicklungsarbeiten wurde von Henner Schierenbeck die Bezeichnung **Marktzinsmethode** eingeführt, um stärker als es mit dem Begriff Opportunitätszinsmethode der Fall war auf den letztlich entscheidenden Aspekt hinzuweisen, dass es sich bei den verwendeten Bewertungszinssätzen ihrem Kern nach um realisierbare Marktzinssätze handeln muss, damit die erforderliche Steuerungsadäquanz des Gesamtkonzepts sichergestellt werden kann. Dieser Begriff hat sich mittlerweile – wie auch die Literatur durchgängig zeigt – fest etabliert.

Von 1983 bis heute ist die Marktzinsmethode fortlaufend in zahlreichen Forschungsprojekten verfeinert, erweitert und adaptiert worden, um zum heutigen ausgereiften Entwicklungsstand zu gelangen. Auch im angelsächsischen Bereich hat sich dieses Verrechnungszinskonzept fest etabliert. Sie ist allerdings dort weniger theoretisch fundiert fortentwickelt und ist auch nicht – wie im deutschsprachigen Raum – integraler Bestandteil eines Gesamtkonzepts ertragsorientierter Banksteuerung geworden. Mit dem von Henner Schierenbeck geprägten Begriff „Matched Funds Transfer Pricing Concept" (MFTP-Concept) sollen die Bemühungen um eine Annäherung zwischen der deutschsprachigen und der angelsächsischen Forschung sowie der diesbezüglichen Praxis verdeutlicht werden.

a)   Ergebnisspaltung im Grundmodell der Marktzinsmethode

(1)   Der Strukturbeitrag als Transformationskomponente des Zinsüberschusses

Wichtigste Ursache für den Strukturbeitrag ist die von der Bank betriebene **Fristentransformation**. Zudem ist im Strukturbeitrag eine weitere Transformationskomponente isolierbar, die aus der Anlage bzw. Refinanzierung in fremden Währungen entsteht. Es handelt sich hierbei um die sogenannte Währungstransformation. Entsprechende Ausführungen hierzu sind also ebenfalls erforderlich.

(a)   Isolierung des Zinserfolgs aus der Fristentransformation

Am Geld- und Kapitalmarkt gelten i. d. R. für unterschiedliche Laufzeiten bzw. Zinsbindungsfristen auch unterschiedliche Zinssätze. Im Normalfall („normale Zinsstruktur") sind längerfristige Geldanlagen mit höheren Zinssätzen ausgestattet (vgl. Abbildung 17). So lag z. B. der 10-Jahres-Zins am deutschen Geld- und Kapitalmarkt im September 1986 mit 6,22 % um 1,83 % höher als der Tagesgeldzins in Höhe von 4,39 %. Die Geldanleger erhalten in einer solchen Situation somit eine Kapitalbindungs- oder Laufzeitprämie, wenn sie auf die kurzfristige Verfügbarkeit ihrer Mittel verzichten und letztere längerfristig anlegen. Diese Prämie wird auf der anderen Seite von den Geldnehmern bezahlt.

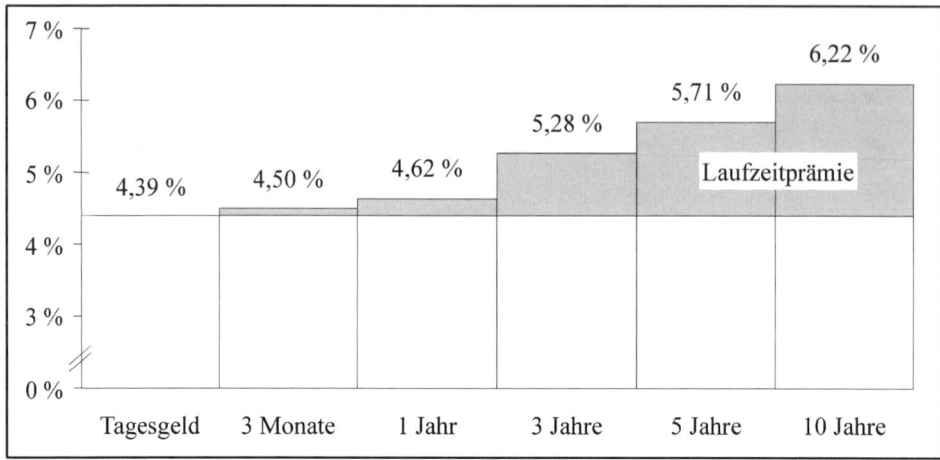

Abb. 17: Normale Zinsstruktur (am deutschen Geld- und Kapitalmarkt im September 1986)

Hinsichtlich des Verlaufs der Zinsstrukturkurve wurden verschiedene Theorien vorgestellt. Nach der **Liquiditätsprämissentheorie** präferieren die Kreditanbieter kurze Fristen, weil sie nicht zu lange auf den sonst möglichen Konsum verzichten möchten. Die **Marktsequenzierungstheorie** besagt, dass in den verschiedenen Laufzeitbändern unterschiedlich stark ausgeprägte Angebots- oder Nachfrageüberhänge die Zinshöhe bestimmen. Gemäß der **Erwartungshypothese der Zinsstruktur** müsste eigentlich der Zinsertrag aus langfristigen Anlagen dem Durchschnitt mehrerer kurzfristiger Anlagen entsprechen. Demnach würde der Verlauf der Zinsstrukturkurve die Erwartungshaltung der Kreditgeber und -nehmer widerspiegeln. Für tiefer gehende Analysen, Vergleiche und Beurteilungen dieser Theorien sei auf die Literatur verwiesen.

Je nach Zinsphase wird der Liquiditätsvorteil der kurzfristigen Verfügbarkeit unterschiedlich bewertet. Bei normaler Zinsstruktur, die für Niedrigzinsphasen typisch ist, geht „der Markt" offensichtlich davon aus, dass das Zinsniveau sich im Wesentlichen nur noch nach oben bewegen kann und die sich längerfristig bindenden Kapitalanleger das Risiko eingehen, an zukünftigen Renditesteigerungen nicht teilhaben zu können. Der Laufzeitprämie steht also eine konkrete Risikoleistung gegenüber und umgekehrt. Im Extremfall der für Hochzinsphasen typischen „inversen" Zinsstruktur liegen die kurzfristigen Geldmarktsätze sogar höher als die langfristigen Kapitalmarktsätze. So lag z. B. während der Hochzinsphase im August 1981 der Zinssatz für 3-Monats-Geld mit 12,90 % um 1,33 % höher als die Umlaufrendite zehnjähriger Anleihen in Höhe von 10,57 %. In dieser Situation hielt „der Markt" offenbar nur einen Rückgang des Zinsniveaus für wahrscheinlich. Von sinkenden Zinsen waren dann die Geldanleger betroffen, die ihre Mittel nicht zu einem vergleichsweise hohen Zinssatz längerfristig festlegten, sondern am Geldmarkt, also kurzfristig, unterbrachten. Da die Kurzfristanleger das Risiko fallender Zinsen trugen, erhielten sie in dieser Situation eine entsprechende Prämie. Wählt man den Tagesgeldzins als Bewertungsmaßstab, so erhalten andersherum die langfristigen Geldanleger in dieser Situation eine **negative Laufzeitprämie**.

Grundsätzlich können die Banken die aus unterschiedlichen Zinsbindungsfristen resultierenden Zinsdifferenzen rentabilitätswirksam nutzen, indem sie z. B. bei normaler Zinsstruktur Geld kurzfristig aufnehmen und längerfristig wieder anlegen. Dies kann darüber hinaus völlig losgelöst vom Kundengeschäft geschehen, was nicht nur für die kalkulatorische Ergebnisspaltung, sondern vor allem auch für die organisatorische Trennung eigenständiger Verantwortungsbereiche von großer Bedeutung ist. Zu bedenken ist allerdings, dass in einer bestimmten Zinsphase statisch gesehen zwar ein realer Erfolg verbucht werden kann, dass eine Bank bei dynamischer Betrachtung mit solchen Fristentransformationsentscheidungen jedoch ein erhebliches Zinsänderungsrisiko eingeht. Letzteres liegt eben darin begründet, dass die Laufzeitprämien für längerfristige Geldanlagen sich bei steigendem Zinsniveau reduzieren und in Hochzinsphasen bei einer völligen Umkehrung der Zinsstruktur sogar negativ werden können.

Die Fähigkeit einer Bank, allein durch Kapitalbindungs- bzw. Fristentransformation Erträge zu erwirtschaften, soll im Folgenden anhand einer Bank demonstriert werden, die sowohl aktivisch wie passivisch ausschließlich Geld- und Kapitalmarktgeschäfte betreibt und auf Kundengeschäfte vollkommen verzichtet. Ausgegangen wird von einer normalen Zinsstruktur, bei der die langfristigen Zinssätze über den kurzfristigen Zinssätzen liegen (vgl. Abbildung 18).

GKM-Zins	Tages-geld-zins	Bankbilanz (in Mio. EUR)				Tages-geld-zins	GKM-Zins
		Aktiva		Passiva			
4,5 %	4,4 %	3-Monats-Geld	20	40	Tagesgeld	4,4 %	4,4 %
6,5 %	4,4 %	Wertpapier LZ 10 Jahre	80	60	1-Jahres-Geld	4,4 %	4,6 %
6,1 %	4,4 %					4,4 %	4,52 %
+1,7 %		+1,58 %				-0,12 %	

Abb. 18: Das Strukturergebnis bei normaler Zinsstruktur

Passivisch hat sich die betrachtete Bank mit Tagesgeld (40 Mio. EUR) zu einem Zinssatz in Höhe von 4,4 % und mit 1-Jahres-Geld (60 Mio. EUR) zu einem Zinssatz in Höhe von 4,6 % refinanziert. Diese Mittel wurden aktivisch mit einem Betrag in Höhe von 20 Mio. EUR in 3-Monats-Geld zu einem Zinssatz in Höhe von 4,5 % und mit einem Betrag von 80 Mio. EUR in zehnjährigen Wertpapieren zu einer Rendite in Höhe von 6,5 % wieder angelegt. Damit ist die Kapitalbindung der Refinanzierung im Durchschnitt erheblich kürzer als die der Geldanlage. Hieraus resultiert insgesamt ein positiver Strukturbeitrag in Höhe von 1,58 %.

Die weitere Aufspaltung des Strukturbeitrags bzw. die differenzierte Ermittlung über die Strukturbeiträge der Einzelgeschäfte lässt sich mithilfe des Tagesgeldzinses vornehmen. Dabei wird dem Geld- und Kapitalmarktsatz der jeweiligen Fristigkeit bzw. Zinsbindung als „Bewertungszins" der Satz für täglich fälliges Geld gegenübergestellt. Die sich daraus ergebende Differenz stellt die Laufzeitprämie dar, die der Geldanleger erhält, wenn er auf den Vorteil täglicher Verfügbarkeit verzichtet und sein Geld längerfristig vergibt, bzw. der Geldnehmer bezahlen muss, wenn er längerfristige Mittel benötigt. Der Tagesgeldzins wird deshalb sinnvollerweise als Vergleichsmaßstab herangezogen, weil er den untersten Punkt der Zinsstrukturkurve markiert und damit für Geldanlagen jeglicher Fristigkeit bzw. Zinsbindung die Laufzeitprämie in vollem Umfang und ungeschmälert zum Ausdruck bringt.

Die konkrete Berechnung der einzelnen Strukturbeiträge erfolgt somit bei den aktivischen Geld- und Kapitalmarktgeschäften durch Subtraktion des Tagesgeldsatzes vom tatsächlich in der Bilanz stehenden Zinssatz für die jeweilige Fristigkeit bzw. Zinsbindung (vgl. Tabelle 4). So ergibt sich für das 3-Monats-Geld eine **Strukturmarge** in Höhe von 0,1 %. Dies führt bei dem 3-Monats-Geld-Volumen in Höhe von 20 Mio. EUR zu einem **Strukturbeitrag** (Zinsüberschussbeitrag) in Höhe von 20.000 EUR. Das zehnjährige Wertpapier erzielt wegen der erheblich längeren Kapital- und Zinsbindung mit 2,1 % eine wesentlich höhere Strukturmarge und damit bei einem Volumen in Höhe von 80 Mio. EUR einen Zinsbeitrag in Höhe von 1,68 Mio. EUR. Im Aktivgeschäft wird wegen der längeren Fristigkeit insgesamt eine positive Laufzeitprämie in Höhe von 1,7 % bzw. 1,70 Mio. EUR erwirtschaftet.

Im Passivgeschäft wird mit der 1-Jahres-Geld-Refinanzierung ein Teil der aktivisch erzielten Laufzeitprämie an die eigenen Gläubiger wieder ausgezahlt. Dort tritt eine negative Strukturmarge in Höhe von -0,2 % auf. Die Bank muss jetzt ihrerseits für die länger als einen Tag laufende Geldaufnahme eine Laufzeitprämie entrichten. Mit der 1-Jahres-Geld-Refinanzierung in Höhe von 60 Mio. EUR verringert sich der aktivisch erzielte Zinsüberschuss um 120.000 EUR. Bei der Tagesgeld-Refinanzierung ist der Strukturbeitrag naturgemäß gleich null, da in dieser Position nicht länger als für einen Tag Geld aufgenommen wird. In der Summe wird in dem Passivgeschäft eine Laufzeitprämie in Höhe von -0,12 % bzw. -0,12 Mio. EUR erzielt.

Im Rahmen der Marktzinsbewertung können Aktiv- und Passivgeschäfte grundsätzlich getrennt voneinander kalkuliert werden. Das Geschäftsvolumen beliefe sich dann folgerichtig nicht auf nur 100 Mio. EUR (Bilanzsumme), sondern auf die doppelte Bilanzsumme von hier 200 Mio. EUR. Der insgesamt erzielte Strukturbeitrag in Höhe von +1,58 Mio. EUR würde bezogen auf das addierte Aktiv- und Passivvolumen zu einer durchschnittlichen Einzelgeschäftsmarge in Höhe von 0,79 % führen (vgl. Tabelle 4).

Geld- und Kapitalmarkt-geschäfte	Zinssatz	GKM-Satz Tagesgeld	Marge	Volumen (in Mio. EUR)	Zinsbeitrag (in Mio. EUR)
3-Monats-Geld	4,50 %	4,40 %	+0,10 %	20	+0,02
10-Jahres-Wertpapier	6,50 %	4,40 %	+2,10 %	80	+1,68
Summe bzw. Ø Aktiva	6,10 %	4,40 %	+1,70 %	100	+1,70
Tagesgeld	4,40 %	4,40 %	0,00 %	40	0,00
1-Jahres-Geld	4,60 %	4,40 %	-0,20 %	60	-0,12
Summe bzw. Ø Passiva	4,52 %	4,40 %	-0,12 %	100	-0,12
Summe bzw. Ø (Aktiva + Passiva)	–	–	+0,79 %	200	+1,58

Tabelle 4: Strukturmargen und -beiträge der Einzelgeschäfte bei normaler Zinsstruktur

Allerdings ist für die Ermittlung des Strukturbeitrags insgesamt letztlich nicht entscheidend, ob man den Tagesgeldsatz (wie hier geschehen) oder einen beliebigen anderen Satz verwendet.

Am Beispiel von Tabelle 4 lässt sich dies zeigen. Bei Verwendung des 3-Monats-Geld-Satzes als Bewertungsmaßstab für den Strukturbeitrag ergeben sich abweichend folgende Zinsbeiträge:

$$(4,5\ \% - 4,5\ \%) \cdot 20\ \text{Mio. EUR} = \qquad 0\ \text{Mio. EUR}$$

$$(6,5\ \% - 4,5\ \%) \cdot 80\ \text{Mio. EUR} = \quad +\ 1,60\ \text{Mio. EUR}$$

$$(4,5\ \% - 4,4\ \%) \cdot 40\ \text{Mio. EUR} = \quad +\ 0,04\ \text{Mio. EUR}$$

$$(4,5\ \% - 4,6\ \%) \cdot 60\ \text{Mio. EUR} = \quad \underline{-\ 0,06\ \text{Mio. EUR}}$$

$$1,58\ \text{Mio. EUR}$$

Während sich die geschäftsartenspezifischen Strukturbeiträge verändern, bleibt der Strukturbeitrag in der Summe gleich. Dies gilt generell, sodass in allen Fällen, in denen auf die Erfassung und Interpretation von Einzelstrukturbeiträgen kein Wert gelegt wird, auch der Wahl des Basiszinssatzes keine Bedeutung zukommt. Der Strukturbeitrag wird also letztlich ausschließlich bestimmt

- von den Zinsstrukturen am Geld- und Kapitalmarkt sowie

- von den Fristenstrukturen aller Aktiv- und Passivengagements der Bank.

Das bedeutet auch, dass die gleiche Geschäftsstruktur bei einer inversen Zinsstruktur nicht mehr zu einem Fristentransformationsgewinn, sondern zu einem Strukturverlust führen muss. Dies zeigt die Abbildung 19, bei der angenommen wird, dass die kurzfristigen Zinsen die längerfristigen (auf höherem Niveau) übersteigen. So liegt die Rendite der zehnjährigen Wertpapiere bei 10,5 %, während das Tagesgeld einen Zinssatz in Höhe von 12 % aufweist. Das Beispiel macht weiterhin deutlich, dass sich die Zinsstruktur in Hochzinsphasen i. d. R. „am kurzen Ende", insbesondere im Bereich vom Tagesgeld bis zum 3-Monats-Geld, offensichtlich wegen des relativ gut überschaubaren Zeitraums nicht umdreht. So liegt z. B. der Satz für 3-Monats-Geld mit 12,9 % noch oberhalb des Tagesgeldzinses. Wegen der vergleichsweise hohen Fristentransformation führt die im Beispiel unterstellte Zinsstruktur insgesamt zu einem negativen Strukturergebnis in Höhe von -1,38 %.

GKM-Zins	Tages-geld-zins	Bankbilanz (in Mio. EUR)				Tages-geld-zins	GKM-Zins
		Aktiva			Passiva		
12,9 %	12 %	3-Monats-Geld	20	40	Tagesgeld	12 %	12 %
10,5 %	12 %	Wertpapier LZ 10 Jahre	80	60	1-Jahres-Geld	12 %	12,6 %
10,98 %	12 %					12 %	12,36 %
-1,02 %		-1,38 %				-0,36 %	

Abb. 19: Das Strukturergebnis bei inverser Zinsstruktur

Die differenzierte Ermittlung der Strukturbeiträge (vgl. Tabelle 5) macht auch hier die Ursachen für das negative Ergebnis im Einzelnen deutlich. Die Strukturmarge des 3-Monats-Geldes erhöht sich gegenüber der normalen Zinsstruktur sogar noch auf +0,9 %. Ihr Zinsbeitrag beläuft sich entsprechend auf +180.000 EUR. Beim zehnjährigen Wertpapier dagegen wird die Laufzeitprämie bzw. Strukturmarge mit -1,5 % negativ. Wegen des hohen Volumens in Höhe von 80 Mio. EUR ergibt sich aus dieser Geldanlage ein negativer Zinsbeitrag in Höhe von 1,2 Mio. EUR. Aufgrund dessen wird der aktivische Strukturbeitrag mit -1,02 Mio. EUR insgesamt negativ.

Da auf der Passivseite nicht langfristig genug refinanziert wird – sogar der 1-Jahres-Geld-Zins lag in der letzten Hochzinsphase über dem Tagesgeldzins –, wird der negative aktivische Strukturbeitrag nicht einmal teilweise durch einen positiven passivischen Strukturbeitrag kompensiert. Tatsächlich ergibt sich für die 1-Jahres-Geld-Refinanzierung eine negative Strukturmarge in Höhe von -0,6 % und ein negativer Zinsbeitrag in Höhe von -360.000 EUR. Insofern resultiert aus der im kurzfristigen Bereich „unterbrochenen" inversen Zinsstruktur für das Passivgeschäft insgesamt eine ebenfalls negative Laufzeitprämie in Höhe von -0,36 %. Diese addiert sich mit dem negativen aktivischen Strukturbeitrag zu dem Gesamt-Strukturergebnis in Höhe von -1,38 Mio. EUR bzw. -0,69 % bezogen auf die doppelte Bilanzsumme.

Geld- und Kapitalmarkt-geschäfte	Zinssatz	GKM-Satz Tagesgeld	Marge	Volumen (in Mio. EUR)	Zinsbeitrag (in Mio. EUR)
3-Monats-Geld	12,90 %	12,0 %	+0,90 %	20	+0,18
10-Jahres-Wertpapier	10,50 %	12,0 %	-1,50 %	80	-1,20
Summe bzw. Ø Aktiva	10,98 %	12,0 %	-1,02 %	100	-1,02
Tagesgeld	12,00 %	12,0 %	0,00 %	40	0,00
1-Jahres-Geld	12,60 %	12,0 %	-0,60 %	60	-0,36
Summe bzw. Ø Passiva	12,36 %	12,0 %	-0,36 %	100	-0,36
Summe bzw. Ø (Aktiva + Passiva)	–	–	-0,69 %	200	-1,38

Tabelle 5:   Strukturmargen und -beiträge der Einzelgeschäfte bei inverser Zinsstruktur

Die aus der Realität abgeleitete normale und inverse Zinsstruktur zeigt für das „kurze Ende" nicht nur, dass in diesem Bereich keine Umkehrung der Zinsrelationen erfolgt, die Vorzeichen der Laufzeitprämien also gleich bleiben. Auch die Strukturmargen, sowohl mit negativen wie mit positiven Vorzeichen, steigen in Hochzinsphasen. Das Zinsspektrum „am kurzen Ende" ist bei hohem Zinsniveau meist deutlich weiter gestreut.

Mit den obigen Beispielen sollten die Berechnung und die Determinanten des Strukturergebnisses einer Bank anhand von Geld- und Kapitalmarktgeschäften (Eigengeschäften) verdeutlicht werden. Die aufgezeigten Zusammenhänge gelten für die bislang noch ausgeklammerten Kundengeschäfte (Kredite und Einlagen) in völlig analoger Weise. Denn Kundengeschäfte – und diese Aussage ist für das Verständnis der Marktzinsbewertung von entscheidender Bedeutung – weisen exakt die gleichen Strukturmargen auf wie entsprechend fristen- und zinsbindungsäquivalente Eigengeschäfte (alternative Geld- und Kapitalmarktgeschäfte). So würde im obigen Beispiel auch ein zehnjähriger, endfälliger Festzinskredit genauso wie das 10-Jahres-Wertpapier bei normaler Zinsstruktur eine positive Laufzeitprämie in Höhe von 2,1 % und bei inverser Zinsstruktur eine negative Fristenprämie in Höhe von -1,5 % erzielen. Der Unterschied zwischen einem Kundengeschäft und einem alternativen Geld- und Kapitalmarktgeschäft äquivalenter Fristigkeit bzw. Zinsanpassung besteht formal „lediglich" darin, dass bei erstgenannten unter anderem wegen der höheren Risiko- und Betriebskosten ein zusätzlicher Zinsbeitrag, nämlich der Konditionsbeitrag, erzielt wird.

Für das Strukturergebnis (Transformationsbeitrag) gilt unabhängig von der Art der Aktiv- und Passivgeschäfte zusammenfassend, dass eine Bank bei normaler Zinsstruktur einen Erfolg dann erwirtschaftet, wenn sie Geld langfristiger ausleiht als passivisch hereinnimmt. In der gleichen Zinssituation wird diese umgekehrt einen Verlust erwirtschaften, wenn sie die Geldmittel langfristiger refinanziert als sie Mittel aktivisch vergibt. Bei inverser Zinsstruktur gilt der umgekehrte Zusammenhang. Dort ist der Transformationsbeitrag bei einem Aktivüberhang im langfristigen Bereich negativ und bei einem Passivüberhang im langfristigen Bereich positiv (vgl. Abbildung 20).

Fristen-transformation / Zinsstruktur	normal	invers
Aktivüberhang im langfristigen Bereich	positiv	negativ
	Fristentransformationsbeitrag	
Passivüberhang im langfristigen Bereich	negativ	positiv

Abb. 20:   Zusammenhang zwischen Zinsstruktur und Fristentransformation

Entsprechend gilt: Eine Bank, die keine Inkongruenzen in den Zinsbindungsfristen eingeht, kann aus der Laufzeitstruktur auch keine positiven Erträge erzielen. Das Problem der Fristentransformation liegt darin, dass sich die Zinssätze auf den Finanzmärkten laufend verändern und diese Entwicklungen möglichst zutreffend prognostiziert werden müssen. Fehlprognosen können zu erheblichen Zinsverlusten führen, wenn Art und Umfang der Fristentransformation nicht mehr in Einklang mit der Zinsstruktur stehen und diese Konstellation längere Zeit anhält.

Seinem Wesen nach kann der Strukturbeitrag in der Summe über alle Geschäfte der Bank nur von einer Warte aus gesteuert werden, welche die gesamte Bilanz, d. h. alle Aktiv- und Passivgeschäfte, überblickt. Es handelt sich also zwangsläufig um eine Zentralaufgabe, welche die Geschäftsleitung selbst, ein zentraler Ausschuss (Bilanzstrukturmanagement, Asset-Liability-Committee) oder eine Zentralabteilung (Zentraldisposition, Treasury) wahrzunehmen hat. Entsprechend sind auch die (positiven oder negativen) Ergebniswirkungen der Fristentransformation getrennt von den Konditionsbeiträgen zu erfassen und diesen Organisationseinheiten zentral zuzurechnen. Oder anders formuliert: Der Strukturbeitrag als eine Komponente des Zinsüberschusses steht grundsätzlich den entsprechenden Instanzen der Gesamtbanksteuerung zu, die hierin einen Gradmesser für die Qualität ihrer Fristentransformationsentscheidungen sehen können.

(b) Erfassung der Zinsüberschusskomponenten aus der Währungstransformation

Für die Ergebnisbeiträge aus der Währungstransformation gelten grundsätzlich die bisherigen Ausführungen über die Fristentransformation. Das in der Analyse des Zinsüberschusses abzubildende Phänomen besteht jetzt allerdings darin, dass die Bank ihren Strukturentscheidungen durch Währungsgeschäfte eine zusätzliche Problemdimension verleiht, dafür allerdings auch prinzipiell eine zusätzliche Erfolgsquelle erschließt.

Unter **Währungstransformation** ist die Mittelanlage in Fremdwährung (heimischer Währung) aus in heimischer Währung (Fremdwährung) aufgenommener Mittel bzw. allgemein die Kreditvergabe und Refinanzierung in unterschiedlichen Währungen zu verstehen. Ursächlich für die Entstehung von Währungstransformationserfolgsgrößen sind dabei Unterschiede zwischen den Zinsstrukturkurven der einzelnen Währungen. Denn in der jeweils betrachteten Fristigkeit bzw. Zinsbindung bestehen zwischen den Währungen Rendite- bzw. Zinssatzdifferenzen. Hierdurch können Erfolgsbeiträge entstehen, deren Isolierung für die richtige Kalkulation von Einzelgeschäften wie auch für die richtige Interpretation des Strukturerfolgs in Anbetracht des Stellenwerts der Fremdwährungspositionen bei Finanzinstituten von großer Bedeutung ist.

Die Vorgehensweise zur Ermittlung des Währungstransformationsbeitrags wird anhand eines einfachen Beispiels erläutert, bei dem lediglich Geld- und Kapitalmarktgeschäfte getätigt werden, sodass keine Konditionsbeiträge im Kundengeschäft anfallen.

Ein Finanzinstitut hat zum gleichen Zeitpunkt ein 1-Jahres-Refinanzierungsgeschäft in Höhe von umgerechnet 100.000 EUR am Geld- und Kapitalmarkt in Fremdwährung (z. B. Schweizer Franken) zu 4 % sowie eine aktive Anlage am Geld- und Kapitalmarkt in gleicher Höhe und äquivalenter Fristigkeit in EUR zu einem Zinssatz von 5 % getätigt. Zwischen den Zinssätzen für 1-Jahres-Geld besteht somit eine Differenz von 1 %. Treten keine Währungsparitätenänderungen auf, so lässt sich aus diesem Geschäft ein Zinsüberschuss von 1.000 EUR (= 100.000 EUR · (5 % – 4 %)) errechnen. Offensichtlich gibt dieser Zinsüberschuss unmittelbar die Höhe des entstehenden Währungstransformationsbeitrags an. So scheidet eine Interpretation dieses Überschusses als Konditionsbeitrag des Refinanzierungsgeschäfts schon deshalb aus, da die Geldaufnahme in Fremdwährung lediglich aufgrund der Unterschiede in den Zinsstrukturkurven billiger ist und nicht, weil die betrachtete Geldaufnahme etwa durch eine besondere Marktmacht oder aus Bonitätsgründen zu entsprechend vorteilhaften Sätzen erfolgt. Ebenso verbietet sich die Interpretation des Zinsüberschusses als einfacher Fristentransformationsbeitrag, da die Zinsbindungen auf der Aktiv- und der Passivseite in diesem Fall identisch sind. Insbesondere können Währungstransformationsbeiträge auch im Tagesgeldgeschäft zwischen unterschiedlichen Währungen auftreten.

Die obige Zinsüberschussermittlung stellt allerdings noch keinen allgemeinen Ansatz zur Bestimmung des Währungstransformationsbeitrags dar. Dieser wird vielmehr jeweils für Aktiv- und Passivgeschäfte folgendermaßen bestimmt:

(1a)   Währungstransformationsbeitrag für ein aktivisches Fremdwährungsgeschäft

$$= \begin{pmatrix} \text{fristengleicher} & \text{fristengleicher} \\ \text{GKM-Satz} & - & \text{GKM-Satz} \\ \text{Fremdwährung} & \text{Inlandswährung} \end{pmatrix} \cdot \text{Volumen}$$

(2a)   Währungstransformationsbeitrag für ein passivisches Fremdwährungsgeschäft

$$= \begin{pmatrix} \text{fristengleicher} & \text{fristengleicher} \\ \text{GKM-Satz} & - & \text{GKM-Satz} \\ \text{Inlandswährung} & \text{Fremdwährung} \end{pmatrix} \cdot \text{Volumen}$$

Im Beispielfall errechnet sich somit mithilfe der an zweiter Stelle angegebenen Formel:

Währungstransformationsbeitrag für Refinanzierung in Schweizer Franken für 1 Jahr

$= (5\ \% - 4\ \%) \cdot 100.000\ \text{EUR} = 1.000\ \text{EUR}$

Die Entstehung von Währungstransformationsbeiträgen lässt sich mit dem Opportunitätsprinzip erklären. Einer realisierten Fremdwährungsaufnahme oder -anlage steht als Alternative eine Anlage bzw. Refinanzierung in inländischer Währung gegenüber. Der Währungstransformationsbeitrag kann somit als positive oder negative Prämie für den „Marktwechsel" gedeutet werden. Die Interpretation des Währungstransformationsbeitrags als eine Marktwechselprämie verdeutlicht, dass Währungstransformationserfolge nicht erst dann anfallen, wenn ein aufgenommener Währungsbetrag in Inlandswährung konvertiert und im Aktivgeschäft zinsbringend angelegt wird. Der Währungstransformationserfolg einer Geldaufnahme in Fremdwährung entsteht bereits mit der Geldaufnahme selbst. Analog gilt dieses auch für ein Aktivgeschäft in Fremdwährung: Der Währungstransformationserfolg eines Aktivgeschäfts entsteht unabhängig davon, ob das Geschäft aus konvertierten Inlandsgeldern oder direkt aus Fremdwährungsgeldern „finanziert" wird und zu welchen Bedingungen dies geschieht. Die andere Seite der Bilanz ist somit für die Entstehung von Währungstransformationserfolgen grundsätzlich irrelevant. Zwar können sich aktivische und passivische Währungstransformationserfolge durchaus ganz oder teilweise kompensieren. Dies besagt jedoch nicht, dass die einzelnen Komponenten des Währungstransformationserfolgs keine eigenständigen Erfolgskomponenten sind. Insbesondere brauchen sich die Währungstransformationserfolge selbst bei absolut gesehen gleicher Höhe von aktivischen und passivischen Währungspositionen nicht auszugleichen.

Die Aufnahme von Währungsgeschäften führt nicht nur zu einer zusätzlichen Erfolgsquelle, sondern auch zu Änderungen bei der Berechnung der Strukturbeiträge. Die Ermittlung des Fristentransformationsbeitrags erfolgt wie bisher grundsätzlich auf Basis der inländischen Zinssätze. Hier wird dem fristenäquivalenten Inlandszinssatz am Geld- und Kapitalmarkt der Tagesgeldsatz gegenübergestellt. Der Strukturbeitrag, bestehend aus Fristen- und Währungstransformationsbeitrag, wird im Wege einer Differenzenbildung insofern zwischen dem fristenäquivalenten Fremdwährungssatz des betrachteten Geschäfts und dem inländischen Tagesgeldsatz bestimmt. Im Einzelnen ergeben sich für ein Aktivgeschäft (für ein Passivgeschäft analog) die weiteren Formeln:

(1b)   Fristentransformationsbeitrag für ein aktivisches Fremdwährungsgeschäft

$$= \begin{pmatrix} \text{fristengleicher} & \text{Tagesgeld-} \\ \text{GKM-Satz} & - & \text{Satz} \\ \text{Inlandswährung} & \text{Inlandswährung} \end{pmatrix} \cdot \text{Volumen}$$

(1)   Strukturbeitrag für ein aktivisches Fremdwährungsgeschäft

$$= \left(\begin{array}{cc} \text{fristengleicher} & \text{Tagesgeld-} \\ \text{GKM-Satz} & - \quad \text{Satz} \\ \text{Fremdwährung} & \text{Inlandswährung} \end{array} \right) \cdot \text{Volumen}$$

Der Strukturbeitrag einer Fremdwährungsposition (1) lässt sich natürlich auch aus der Addition der Formeln für den Fristen- und Währungstransformationsbeitrag (1a) + (1b) ermitteln.

Das folgende Beispiel verdeutlicht grafisch die Entstehung bzw. Ermittlung der einzelnen Erfolgskomponenten in Form von Margen bei einem Aktivgeschäft (vgl. Abbildung 21).

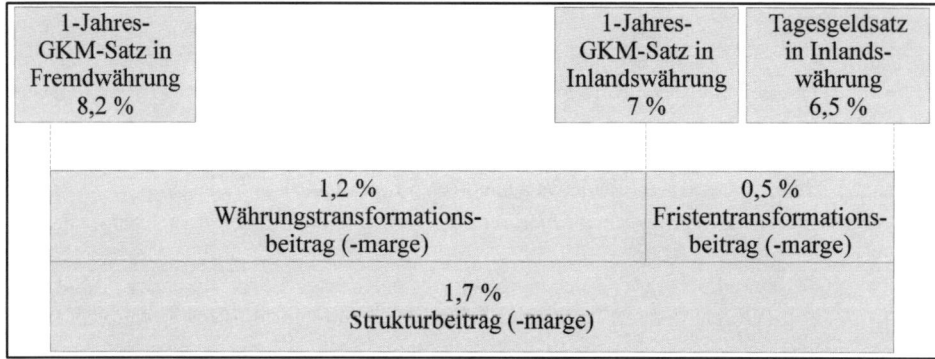

Abb. 21:   Beispiel zur Isolierung des Währungstransformationsbeitrags als zusätzliche Erfolgsquelle

Bei den vorliegenden Zinsdaten sind sämtliche Teilmargen des Aktivgeschäfts positiv. Dieses muss jedoch keineswegs immer der Fall sein. Insbesondere gilt hier: Jedes Engagement, das mit einer Währungstransformation verbunden ist, verursacht **Risiken**, die dazu führen können, dass sich der Zinsvorteil von Fremdwährungsoperationen letztlich in sein Gegenteil verkehrt. Ferner entscheidet erst die Summe aller Währungsgeschäfte über den Gesamterfolg der Währungstransformation. Hier können sich speziell aktivische und passivische Währungstransformationserfolge durchaus ganz oder teilweise kompensieren.

(2)   Die Erweiterung des Zinsüberschusskalküls um den Konditionsbeitrag

(a)   Konditionsbeiträge im Aktiv- und Passivgeschäft

Bei der Beschreibung des Strukturbeitrags wurde dargestellt, wie eine Bank allein durch Ausnutzen der Zinssatzdifferenzen am Geld- und Kapitalmarkt für verschiedene Laufzeiten sowie gegebenenfalls durch Hereinnehmen von Fremdwährungspositionen in die Bilanz einen Zinsüberschuss erwirtschaften kann. Alternativ kann sie jedoch auch Mittel mit einer äquivalenten Zinsbindungsfrist als Kundenkredite vergeben bzw. als Kundeneinlagen hereinnehmen. Der Kunde bezahlt bzw. erhält aber für gleiche Laufzeiten i. d. R. nicht den GKM-Satz, sondern einen höheren bzw. niedrigeren Zinssatz, der von der Bank mit ihm vereinbart wird. Schlechtere Konditionen, als sie zum Zeitpunkt der Kontrahierung eines Kundengeschäfts am Geld- und Kapitalmarkt erhalten würde, wird die Bank im Normalfall nicht akzeptieren. Je vorteilhafter sich die Konditionen im Kundengeschäft gegenüber den Sätzen am Geld- und Kapitalmarkt abheben, desto höher ist der Wert dieser Kundengeschäfte für die Bank. Der **Konditionsbeitrag**, der diesen Sachverhalt ausdrückt, ergibt sich folglich aus der Frage:

Wie verändert sich das Zinsergebnis, wenn ein bestimmtes Kundengeschäft anstelle eines alternativ möglichen laufzeit- bzw. zinsbindungsäquivalenten (und währungsgleichen) Geld- und Kapitalmarktengagements getätigt wird?

Man vergleicht also ein **aktivisches** Kundengeschäft mit einem **aktivischen** GKM-Geschäft (bzw. ein passivisches Kundengeschäft mit einem passivischen GKM-Geschäft) und fragt nicht, mit welchem Passivum ein bestimmtes Aktivum refinanziert wurde. Statt einen künstlichen Zusammenhang zwischen eigenem Aktiv- und Passivgeschäft herzustellen, wird der **Opportunitätsgedanke** in den Mittelpunkt der Kalkulation gestellt.

Konkret bedeutet dies:

(1) Der spezifische Ergebnisbeitrag eines **Kreditgeschäfts** besteht darin, höhere Zinserlöse zu erbringen als eine alternative Anlage am Geld- und Kapitalmarkt mit vergleichbarer Qualität (Zinsbindung, Laufzeit und Währung).

(2) Der spezifische Zinsbeitrag eines **Einlagengeschäfts** besteht darin, niedrigere Zinskosten zu verursachen als eine alternative Geldaufnahme am Geld- und Kapitalmarkt.

Repräsentativ für die alternative Handlungsmöglichkeit am Geld- und Kapitalmarkt ist dabei der dort zum Zeitpunkt des Geschäftsabschlusses gültige Geld- und Kapitalmarktsatz für Gelder, die hinsichtlich Zinsbindung, Laufzeit und Währung mit dem zur Frage stehenden Kundengeschäft korrespondieren. Somit ist die Anwendung des Opportunitätsgedankens gleichzusetzen mit dem aus der Finanzmarkttheorie bekannten **Duplikationsprinzip**: Die Struktur eines Kundengeschäfts wird mit Geld- und Kapitalmarktgeschäften dupliziert bzw. nachgebildet. Die Zinsaufwendungen bzw. -erträge dieser GKM-Geschäfte werden um die Konditionsmarge korrigiert, um die Kundenkondition zu erhalten. Da bei der Analyse der in einer Abrechnungsperiode erzielten Bruttozinsspanne für die Ermittlung der Konditionsmargen die im Abschlusszeitpunkt gültigen GKM-Zinssätze herangezogen werden, ergeben sich die gleichen Konditionsmargen, die auch im Zeitpunkt des Geschäftsabschlusses (nach dem Duplikationsprinzip) kalkuliert wurden.

Die Erweiterung des in der Abbildung 18 verwendeten Beispiels soll die Ermittlung sowie die Interpretation des Konditionsbeitrags verdeutlichen (vgl. Abbildung 22). Es sei unterstellt, dass sich an der Fristenstruktur nichts geändert hat und die Geld- und Kapitalmarktgeschäfte „lediglich" durch Kundengeschäfte ersetzt worden sind. So werden statt der 3-Monats-Geld-Anlage (zu 4,5 %) Wechselkredite zu einem vereinbarten Kundenzins in Höhe von 5 % und statt der 10-Jahres-Wertpapieranlage (zu 6,5 %) festverzinsliche Hypothekendarlehen mit gleicher Zinsbindung zu einem Kundenzins in Höhe von 7,6 % vergeben. Auf der Passivseite wird nicht mehr mit Tagesgeld (zu 4,4 %) bzw. 1-Jahres-Geld (zu 4,6 %), sondern mit Sichteinlagen zu 0,5 % und Termineinlagen zu 4 % refinanziert. Abbildung 22 zeigt die angesprochenen Zusammenhänge. Die in Klammern vermerkten Geld- und Kapitalmarktgeschäfte sind zur Kenntlichmachung der Anlage- bzw. Aufnahmealternativen am Geld- und Kapitalmarkt, auf die zugunsten der Kundengeschäfte verzichtet wird, aufgeführt.

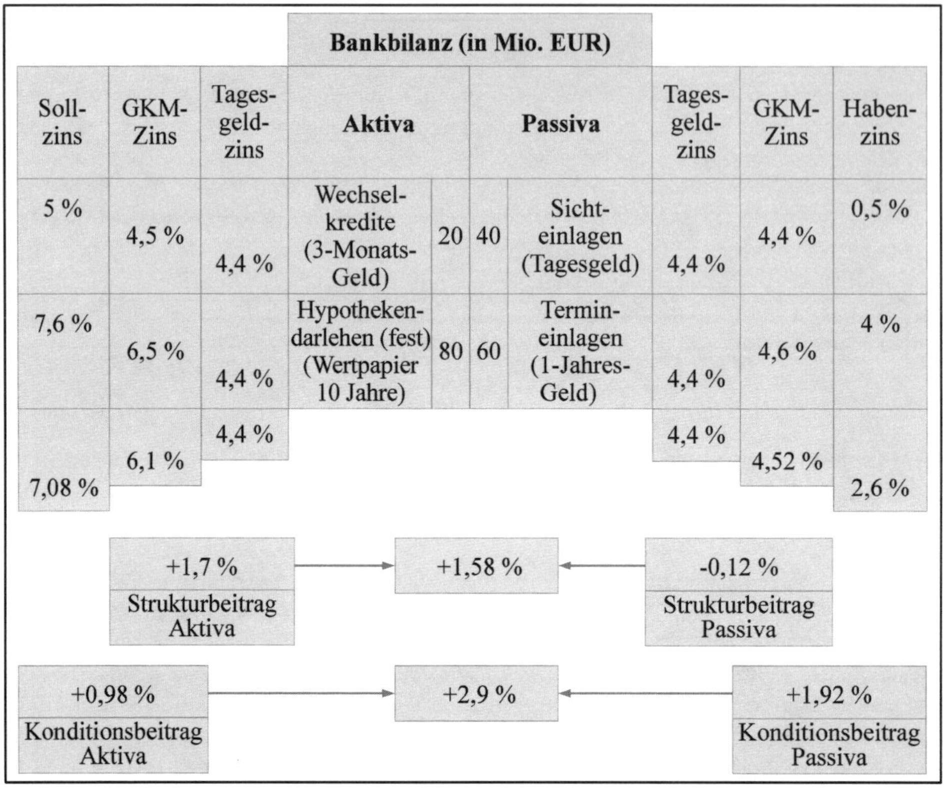

Soll-zins	GKM-Zins	Tages-geld-zins	Aktiva			Passiva	Tages-geld-zins	GKM-Zins	Haben-zins
			Bankbilanz (in Mio. EUR)						
5 %	4,5 %	4,4 %	Wechsel-kredite (3-Monats-Geld)	20	40	Sicht-einlagen (Tagesgeld)	4,4 %	4,4 %	0,5 %
7,6 %	6,5 %	4,4 %	Hypotheken-darlehen (fest) (Wertpapier 10 Jahre)	80	60	Termin-einlagen (1-Jahres-Geld)	4,4 %	4,6 %	4 %
7,08 %	6,1 %	4,4 %					4,4 %	4,52 %	2,6 %

+1,7 % Strukturbeitrag Aktiva	→	+1,58 %	←	-0,12 % Strukturbeitrag Passiva
+0,98 % Konditionsbeitrag Aktiva	→	+2,9 %	←	+1,92 % Konditionsbeitrag Passiva

Abb. 22: Der gesamte Zinserfolg setzt sich aus dem Konditionsbeitrag und dem Strukturbeitrag zusammen

Da anstelle der Geld- und Kapitalmarktgeschäfte Kundengeschäfte getätigt werden, wird aktivisch statt einer durchschnittlichen Rendite in Höhe von 6,1 % eine durchschnittliche Verzinsung in Höhe von 7,08 % realisiert. Der Mehrerlös im Kundenkreditgeschäft gegenüber der alternativen Anlage der Mittel am Geld- und Kapitalmarkt beläuft sich also im Durchschnitt des Gesamtvolumens auf +0,98 %. Dies ist der **aktivische Konditionsbeitrag**. Passivisch beläuft sich der durchschnittliche Zinskostensatz bei der Refinanzierung mit Kundengeldern auf 2,6 %.

Gegenüber dem durchschnittlichen Zinskostensatz bei Geld- und Kapitalmarktrefinanzierung in Höhe von 4,52 % bedeutet dies, dass das Kundeneinlagengeschäft Minderkosten gegenüber einer alternativen Refinanzierung notwendiger Mittel am Geld- und Kapitalmarkt in Höhe von 1,92 aufweist. Diese Minderkosten bilden den **passivischen Konditionsbeitrag**.

Im Einzelnen können den Kundenkrediten und -einlagen die folgenden Zinsvorteile zugerechnet werden (vgl. Tabelle 6): Bei den Wechselkrediten ergibt sich ein Zinsvorteil (Konditionsmarge) gegenüber der alternativen (aber hier nicht zum Zuge kommenden) 3-Monats-Geld-Anlage in Höhe von 0,5 %. Bei dem Volumen in Höhe von 20 Mio. EUR führt dieser Zinsvorteil zu einem absoluten Mehrerlös (Konditionsbeitrag) in Höhe von 100.000 EUR. Die festverzinslichen Hypothekendarlehen bringen eine Mehrrendite in Höhe von 1,1 % gegenüber der alternativen (aber nicht zum Zuge gekommenen) 10-Jahres-Wertpapieranlage. Bei dem Volumen in Höhe von 80 Mio. EUR beträgt der absolute Mehrertrag (Konditionsbeitrag) 880.000 EUR. Auf der

Passivseite ergibt sich bei den Sichteinlagen ein Refinanzierungsvorteil (Konditionsmarge) in Höhe von 3,9 %. Bezogen auf das Volumen von 40 Mio. EUR spart die Bank dadurch, dass sie statt in Tagesgeld zu 4,4 % mit Sichteinlagen zu 0,5 % refinanziert, Zinskosten in Höhe von absolut 1,56 Mio. EUR (Konditionsbeitrag). Bei den Termineinlagen liegt der Kostenvorteil bei 0,6 % bzw. bezogen auf das Volumen in Höhe von 60 Mio. EUR bei absolut 360.000 EUR.

Insgesamt erhöhen die Kundengeschäfte den Zinsüberschuss um absolut 2,9 Mio. EUR bzw. um 2,9 % (bezogen auf die einfache Bilanzsumme) bzw. 1,45 % (bezogen auf die doppelte Bilanzsumme). Zusammen mit dem Strukturbeitrag in Höhe von 1,58 % (bezogen auf die einfache Bilanzsumme) ergibt sich die Gesamtdifferenz von 4,48 % zwischen dem durchschnittlichen Aktivzins (7,08 %) und dem durchschnittlichen Passivzins (2,6 %).

Kundengeschäfte	Kunden-zins	fristen-gleicher GKM-Satz	Konditions-marge	Volumen (in Mio. EUR)	Konditions-beitrag (in Mio. EUR)
Wechselkredite	5,00 %	4,50 %	+0,50 %	20	+0,10
Festverz. Hypo.darlehen	7,60 %	6,50 %	+1,10 %	80	+0,88
Summe bzw. Ø Aktiva	7,08 %	6,10 %	+0,98 %	100	+0,98
Sichteinlagen	0,50 %	4,40 %	+3,90 %	40	+1,56
Termineinlagen	4,00 %	4,60 %	+0,60 %	60	+0,36
Summe bzw. Ø Passiva	2,60 %	4,52 %	+1,92 %	100	+1,92
Summe bzw. Ø (Aktiva + Passiva)	–	–	+1,45 %	200	+2,90

Tabelle 6: Die Ermittlung von Konditionsmargen und -beiträgen

Das Besondere an der Marktzinsmethode liegt nun vor allem in der Identifizierung und Abgrenzung **völlig unabhängig voneinander steuerbarer** Erfolgsbereiche. Jeder einzelne Konditionsbeitrag erhöht den Zinsüberschuss. So lässt sich beispielsweise ein aktivischer Konditionsbeitrag zusätzlich erwirtschaften, ohne dass davon der Konditionserfolg der Passivgeschäfte berührt wäre. Des Weiteren kann der Fristentransformationsbeitrag aus der Ausgangssituation – als die betrachtete Bank ausschließlich mit Geld- und Kapitalmarktgeschäften die Fristentransformation darstellte (vgl. Abbildung 18 und Abbildung 19) – in genau derselben Höhe aus dem Zinsüberschuss isoliert werden.

Auch der Fristentransformationserfolg lässt sich völlig selbstständig steuern. So kann nicht nur bei GKM-Geschäften, sondern auch bei Kundengeschäften die mit einem Geschäft verbundene Fristigkeits- und Währungswirkung (bzw. deren Rentabilitäts- und Risikoeffekt) – also der Erfolgsteil eines Kundengeschäfts, der dem Strukturbeitrag zuzurechnen wäre – ausgeschaltet werden, ohne dass hiermit der Konditionsbeitrag des entsprechenden Kundengeschäfts geschmälert würde. Denn mit dem Abschluss des fristengleichen Gegengeschäfts am Geld- und Kapitalmarkt zu jedem Kundengeschäft hat das Treasury die Möglichkeit, die Fristentransformation als Erfolgsquelle auszuschließen. In diesem Fall bestünde der auf jedes Geschäft anfallende Zinsergebnisbeitrag lediglich aus dem Konditionsbeitrag. Mit dieser Vorgehensweise könnten also die Ergebnisbeiträge, die den Marktbereichen gemäß Marktzinsmethode zugewiesen werden, auch tatsächlich (zinsänderungsrisikofrei) realisiert werden.

Im Beispiel von Abbildung 22 könnte das festverzinsliche Hypothekendarlehen z. B. mit zehnjährigen Schuldverschreibungen zum gültigen Geld- und Kapitalmarktzins von 6,5 % kongruent refinanziert werden. Würden diese zusätzlichen Mittel (die Kundeneinlagen wären ja unabhängig davon weiterhin vorhanden) in Tagesgeld zu 4,4 % wieder angelegt, so wäre durch diese Geld- und Kapitalmarktoperation der Strukturergebniseffekt der Hypothekendarlehen in Höhe von 2,1 % (= 6,5 % – 4,4 %) ausgeschaltet. Die Konditionsmarge in Höhe von 1,1 % (= 7,6 % – 6,5 %) des Hypothekendarlehens wird weiterhin realisiert. Das gesamte prozentuale Zinsergebnis (die Bruttozinsspanne) würde sich natürlich nicht nur wegen des Struktureffekts der kongruenten Refinanzierung, sondern auch wegen der Volumenaufblähung durch die Geld- und Kapitalmarktoperationen verringern.

Die Überlegung, dass sich bei einem Kundengeschäft ausschließlich der Konditionsbeitrag realisieren lässt, sofern das fristengleiche Gegengeschäft am Geld- und Kapitalmarkt abgeschlossen wird, führt zu einer neuen Möglichkeit der Berechnung von Konditionsbeiträgen. Hiernach müssten nämlich konsequenterweise Kundengeschäfte nicht – wie bei strikter Anwendung des Opportunitätsgedankens – mit den fristengleichen GKM-Zinssätzen von alternativ möglichen Geldanlagen bzw. Geldaufnahmen bewertet werden, sondern mit den GKM-Zinssätzen für das jeweilige fristengleiche Gegengeschäft am Geld- und Kapitalmarkt. Damit ergibt sich auch materiell eine neue Argumentation für die Zuweisung von Konditionsbeiträgen im Kundengeschäft, die als **Gegenseitenkonzept** bezeichnet wird. Danach werden den dezentralen Marktbereichen nur die Ergebnisbeiträge zugerechnet, die sich tatsächlich durch das Treasury bei Ausschluss der Fristentransformation umsetzen bzw. realisieren lassen. Solange an dieser Stelle der Betrachtungen im Zusammenhang mit dem Periodenmodell der Marktzinsmethode von der Besonderheit gespaltener Geld- und Kapitalmarktsätze, also der Existenz einer Geld-Brief-Spanne bei Marktzinssätzen gleicher Fristigkeit, abgesehen wird, führen beide Sichtweisen zu demselben Ergebnis bei der Berechnung von Konditionsbeiträgen.

Im **Grundmodell der Marktzinsmethode** kann also die Zuweisung des Konditionsbeitrags eines jeden Kundengeschäfts an die Marktbereichsverantwortlichen durch zwei unterschiedliche Erklärungen mit den entsprechenden Konsequenzen für die Berechnungsweise gerechtfertigt werden. Unter Anwendung des **Opportunitätsgedankens** erfolgt die Zurechnung, weil ein Kundengeschäft im Hinblick auf seine Erfolgswirkung nicht mehr wert ist als sein Zinsvorteil gegenüber der Alternativanlage. Nach dem **Gegenseitenkonzept** wird den Marktbereichen genau der Ergebnisbeitrag für ein einzelnes Kundengeschäft zugewiesen, der sich vom Treasury zinsänderungsrisikofrei durch den Abschluss eines fristengleichen Geschäfts am Geld- und Kapitalmarkt realisieren ließe. Abbildung 23 stellt die Konsequenzen in der Argumentation auf die Berechnung von periodischen Konditionsbeiträgen am Beispiel der Position Hypothekendarlehen von Abbildung 22 dar.

t	0	1	2		9	10
(1) Kundenkredit zu 7,6 %	-80,00	+6,08	+6,08	...	+6,08	+86,08
Anwendung des Opportunitätsprinzips						
(2) alternative Anlage am GKM zu 6,5 %	-80,00	+5,20	+5,20	...	+5,20	+85,20
(3) = (1) – (2) periodische Konditionsbeiträge	0,00	+0,88	+0,88	...	+0,88	+0,88
Anwendung des Gegenseitenkonzepts						
(4) Refinanzierung am GKM zu 6,5 %	+80,00	-5,20	-5,20	...	-5,20	-85,20
(3) = (1) +(4) periodische Konditionsbeiträge	0,00	+0,88	+0,88	...	+0,88	+0,88

Abb. 23: Berechnung von Konditionsbeiträgen nach dem Opportunitätsprinzip und nach dem Gegenseitenkonzept (Beträge in Mio. EUR)

Unter **Steuerungsgesichtspunkten** ist die Zuordnung der Konditionsbeiträge zum Kundengeschäftsbereich zudem verursachungs- und leistungsgerecht, weil die Marktbereiche letztlich auch nur den Konditionsbeitrag durch ihre Entscheidungen beeinflussen können und sollen. Der fristengleiche Geld- und Kapitalmarktzins stellt für die Bank und für die Marktbereiche eine externe, nicht beeinflussbare Größe und damit ein Datum dar, sodass der Konditionsbeitrag, wie der Begriff aussagt, nur über die Kundenkondition und die Art der Kundengeschäfte von den Marktbereichen beeinflusst werden kann.

Der Strukturbeitrag, der im Beispiel 1,58 % beträgt, muss dagegen von der Zentrale verantwortet werden, da er letztlich von der gesamten Geschäftsstruktur, die nur zentral koordiniert und gesteuert werden kann, abhängig ist. Wichtig für die Fähigkeit der Zentrale, unerwünschte Fristen- und Währungseffekte aus ansonsten positiven Kundengeschäften ausschalten zu können, ist die Tatsache, dass die Strukturmargen von Kundengeschäften und deren alternativen Geld- und Kapitalmarktgeschäften definitionsgemäß **stets identisch** sind. Denn auch die Strukturmarge eines Kundengeschäfts wird mit der Differenz zwischen dem Geld- und Kapitalmarktzins (der Alternativanlage bzw. Refinanzierung) und dem Tagesgeldzins gemessen. Auch aus dieser Identität der Strukturmarge von Kunden- und Alternativgeschäft am Geld- und Kapitalmarkt ergibt sich, dass die Strukturmarge niemals den Kundengeschäften zugerechnet werden darf, da sie letztlich auch mit Geld- und Kapitalmarktgeschäften bei sogar noch niedrigeren Betriebs- und Risikokosten realisiert werden könnte.

(b) Modifizierung der passivischen Konditionsbeiträge durch Kosten der Liquiditätsreservehaltung

In der **Europäischen Union** ist jede Bank verpflichtet, für Kundeneinlagen und begebene Schuldverschreibungen mit einer Laufzeit von weniger als zwei Jahren sowie für Geldmarktpapiere einen bestimmten Prozentsatz als **verzinsbare Mindestreserve** (MR) bei der Europäischen Zentralbank (EZB) zu halten.

Der Mindestreservesatz beträgt zwischen 1,5 % und 2,5 % der reservepflichtigen Verbindlichkeitskategorien. Ein pauschaler Freibetrag von 100.000 EUR stellt sicher, dass Finanzinstitute mit einer kleinen Reservebasis keine Mindestreserven unterhalten müssen. Als Reservebasis wird das Mindestreservesoll vor Abzug des genannten Freibetrags bezeichnet (vgl. Abbildung 24).

Mindestreservevorschriften der Europäischen Zentralbank	
• Kundeneinlagen unter zwei Jahren:	1,5–2,5 %
• begebene Schuldverschreibungen unter zwei Jahren:	1,5–2,5 %
• Geldmarktpapiere:	1,5–2,5 %
• Freibetrag	100.000 EUR
Vorschriften zur Kassaliquidität gemäß Schweizerischer Bankenverordnung	
• Bankenkreditoren auf Sicht oder auf Zeit (bis 3 Monate):	2,5 %
• Kundenkreditoren auf Sicht oder auf Zeit (bis 3 Monate):	2,5 %
• Einlagen auf Spar-, Depositen- und Einlagenhefte (-konten):	0,5 %
• kein Freibetrag vorgesehen	

Abb. 24: Gegenüberstellung der Vorschriften zur Mindestreserve gemäß EZB und zur Kassaliquidität gemäß Schweizerischer Bankenverordnung

Im Gegensatz zur früheren deutschen Regelung, welche für die bei der Bundesbank unterhaltenen Mindestreserven keine Entschädigung vorsah, verzinst die EZB Mindestreserveguthaben mit dem gleichen Satz, den sie für ihre hauptsächlichen Refinanzierungsoperationen, d. h. für Pensions- oder Repo-Geschäfte, anwendet. Bei einem solchen Geschäft kauft die Zentralbank Wertpapiere von den Geschäftsbanken, wobei gleichzeitig vereinbart wird, dass die Geschäftsbanken dieselben Wertpapiere zu einem späteren Zeitpunkt zurückkaufen. Somit handelt es sich um ein gesichertes Darlehen, für das die Geschäftsbanken der Zentralbank einen Zins entrichten.

Im Gegensatz zu den europäischen Bestimmungen wurden **in der Schweiz** im Jahre 1974 die inländischen und 1977 auch die ausländischen Einlagen gänzlich von der Mindestreservepflicht befreit, sodass eine solche Regelung hier nicht mehr zum Tragen kommt. Es ist jedoch zu beachten, dass die schweizerischen Vorschriften zur sogenannten **Kassaliquidität**, die ein angemessenes Verhältnis zwischen den greifbaren Mitteln und den Verbindlichkeiten fordern, ähnliche Wirkungen haben wie die europäische Mindestreserve. Im Gegensatz zur europäischen Regelung muss die Kassaliquidität aber nicht bei der Nationalbank unterhalten werden, wird nicht verzinst und erstreckt sich auch auf das sogenannte Interbankengeld. Für Banken- wie für

Kundenkreditoren mit einer Laufzeit bis zu drei Monaten beläuft sich der Liquiditätsreservesatz auf 2,5 %, während für Spareinlagen, Depositeneinlagen und Einlagen auf Einlageheften oder -konten ein solcher von 0,5 % gilt. Ein Freibetrag ist nicht vorgesehen (vgl. Abbildung 24).

Die Verpflichtung zum Unterhalt einer Mindestreserve bzw. einer Kassaliquidität beeinflusst die Höhe der **passivischen Konditionsmargen**. Es stellt sich also grundsätzlich die Frage, wie die Konditionsmargen für mindestreservepflichtige Produkte bzw. Produkte, die unter die Vorschriften für die Kassaliquidität fallen, konkret ermittelt werden.

Zunächst wird anhand eines Beispiels erklärt, wie sich die **EZB-Mindestreservebelastung** bei reservepflichtigen Kundeneinlagen im Konditionsbeitrag bzw. der -marge niederschlägt:

- Kundeneinlagevolumen: 100.000 EUR

- Kundeneinlagezins: 3,0 %

- Mindestreservesatz: 2,0 %

- fristengleicher Geld- und Kapitalmarktzinssatz: 3,5 %

- Verzinsung der Mindestreserve: 2,5 %

Bei einem Einlagezins von 3 % und einem Einlagevolumen von 100.000 EUR entsteht für das Kundengeschäft eine jährliche Zinsbelastung in Höhe von 3.000 EUR. Unterstellt man bei der Kalkulation den **Opportunitätsgedanken** (vgl. Spalten [1] und [2] in Tabelle 7), so müsste bei einer alternativen Refinanzierung am GKM dagegen nur ein Betrag von 98.000 EUR aufgenommen werden, da Interbankengeschäfte nicht mindestreservepflichtig sind. Bei einem GKM-Satz von 3,5 % führt dies zu Zinskosten von 3.430 EUR. Des Weiteren muss beachtet werden, dass bei einer alternativen Refinanzierung am Geld- und Kapitalmarkt die Verzinsung über 2,5 % der Mindestreserve von 2.000 EUR als Ertragsquelle ausfällt. Somit entsteht – im Sinne eines Opportunitätsverlusts – ein weiterer Aufwand in Höhe von 50 EUR (= 2.000 · 2,5 %). Vergleicht man nun die beiden Alternativen, so wird ersichtlich, dass eine Refinanzierung über den Geld- und Kapitalmarkt um 480 EUR (= -3.000 + [-3.430 + (-50)]) teurer ausfällt als eine Refinanzierung über Kundeneinlagen. Das entspricht per definitionem nach dem Opportunitätsprinzip dem Konditionsbeitrag der Kundeneinlagen.

Zu dem gleichen Ergebnis gelangt man, wenn man bei der Kalkulation des Konditionsbeitrags mit dem **Gegenseitenkonzept** (vgl. Spalten [1] und [3] in Tabelle 7) argumentiert, also die Anlage des hereingenommenen Einlagebetrags am Geld- und Kapitalmarkt unterstellt. Dabei setzt sich der mögliche GKM-Anlageertrag aus dem fristengleichen GKM-Zins auf den um das Mindestreservesoll gekürzten Einlagebetrag sowie dem Mindestreservezins auf das Mindestreservesoll zusammen.

	Rechenspalte	Kundengeschäft	Alternative GKM-Refinanzierung (Opportunitätsprinzip)	GKM-Anlage (Gegenseitenkonzept)
	[0]	[1]	[2]	[3]
Kundenzinssatz	(1)	3,00 %		
fristengleicher GKM-Zinssatz	(2)		3,50 %	3,50 %
Mindestreservesatz	(3)		2,00 %	2,00 %
Mindestreservezins	(4)		2,50 %	2,50 %
Volumen Kundengeschäft	(5)	100.000,00		
Zinsaufwand Kundengeschäft	(6) = -(1) · (5)	-3.000,00		
Volumen GKM-Geschäft	(7) = [1 – (3)] · (5)		98.000,00	98.000,00
Zinsaufwand bzw. Zinsertrag GKM-Geschäft	(8) = -(2) · (7) bzw. (8) = (2) · (7)		-3.430,00	3.430,00
Mindestreservesoll	(9) – (3) · (5)		2.000,00	2.000,00
Verzinsung Mindestreservesoll	(10) = -(4) · (9) bzw. (10) = (4) · (9)		-50,00	50,00
Zinsbelastung bzw. Zinsertrag GKM-Geschäft (inkl. Verzinsung MR)	(11) = (8) + (10)		-3.480,00	3.480,00
Konditionsbeitrag	(12) = (6) – (11) bzw. (12) = (6) + (11)		480,00	480,00

Tabelle 7:   Auswirkungen der Mindestreservevorschriften auf den Konditionsbeitrag

Die Berücksichtigung der Mindestreserve im Konditionsbeitrag erfolgt grundsätzlich durch eine Korrektur des GKM-Satzes und nicht etwa – wie in der Vergangenheit oft praktiziert – durch eine Korrektur des Einlagesatzes. Die Formel zur Berechnung dieses korrigierten GKM-Satzes wird dabei folgendermaßen hergeleitet:

Korrigierter GKM-Satz

= GKM-Satz – (GKM-Satz · MR-Satz) + (MR-Satz · MR-Zins)

= GKM-Satz – MR-Satz · (GKM-Satz – MR-Zins)

Angewendet auf das obige Beispiel ergibt sich ein korrigierter GKM-Satz von

3,5 % – 0,02 · (3,5 % – 2,5 %) = 3,48 %

Entsprechend berechnet sich der Konditionsbeitrag aus

$$(3,48\ \% - 3\ \%) \cdot 100.000\ \text{EUR} = 0,48\ \% \cdot 100.000\ \text{EUR} = 480\ \text{EUR},$$

was bezogen auf ein Einlagevolumen von 100.000 EUR einer Marge von 0,48 % entspricht. Die Verzinsung der Mindestreserve hat folgende allgemeine Konsequenzen: Wenn der GKM-Satz größer ist als der Satz, mit dem die Mindestreserve verzinst wird, so muss der Konditionsbeitrag einer mindestreservepflichtigen Einlage regelmäßig kleiner sein als der einer reserve-freien Einlage. Demgegenüber steigt der Konditionsbeitrag, wenn der GKM-Satz kleiner ist als der Zinssatz, der für die Mindestreserve bezahlt wird.

Unterstellt man eine unverzinsliche Mindestreservepflicht, so wird dem Term „MR-Zins" in den oben genannten Formeln der Wert null zugewiesen und der korrigierte GKM-Satz betrüge 3,43 %, was zu einer Konditionsmarge von 0,43 % (= 3,43 % – 3 %) führen würde. Bestünde schließlich keine Mindestreservepflicht, so müsste der GKM-Satz nicht korrigiert werden und die Konditionsmarge betrüge 0,5 % (= 3,5 % – 3 %).

Die genannten Formeln sowie das Beispiel basierten auf der Annahme, dass der von der EZB gewährte Freibetrag im Vergleich zum Mindestreservesoll sehr klein ist, sodass der auf den Konditionsbeitrag ausgeübte Einfluss vernachlässigt werden kann. Bei Banken mit kleinem mindestreservepflichtigem Einlagenvolumen lässt sich diese Prämisse allerdings nicht auf-rechterhalten, weshalb in einem solchen Fall der GKM-Satz zusätzlich noch um diesen Freibe-trag korrigiert werden muss. Dies führt zu folgender Formel:

Korrigierter GKM-Satz

$$= \text{GKM-Satz} - \left(\text{MR-Satz} - \frac{\text{Freibetrag}}{\text{Einlagevolumen}}\right) \cdot (\text{GKM-Satz} - \text{MR-Zins})$$

Berücksichtigt man im Beispiel den auf das Einlagenvolumen von 100.000 EUR zugeordneten Freibetrag in Höhe von 1.000 EUR, errechnet sich ein korrigierter GKM-Satz von 3,49 %. Die in diesem Fall resultierende leicht höhere Konditionsmarge von 0,49 % lässt sich dadurch erklären, dass der „Nachteil" der Mindestreservepflicht gegenüber nicht mindestreservepflich-tigen Geschäften durch die Einräumung des Freibetrags leicht gemindert wird.

Wie bereits erwähnt, weichen die **Schweizer Liquiditätsvorschriften** von den europäischen Regelungen in einigen Punkten ab. Betrachtet wird zunächst die Ermittlung der richtigen Kon-ditionsmarge bei liquiditätsreservepflichtigen Kundenkreditoren auf Sicht oder Zeit (bis drei Monate Laufzeit), die mit dem laufzeitgleichen GKM-Zins bewertet werden. Im Vergleich zur europäischen Mindestreserveregelung ist hier zu beachten, dass keine Korrekturnotwendigkeit des GKM-Zinses besteht, da für die Kundenkreditoren der gleiche Liquiditätssatz in Höhe von 2,5 % gilt wie für die Bankenkreditoren. Sowohl das Kunden- als auch das GKM-Geschäft weisen somit den gleichen Finanzierungseffekt auf, wodurch der Konditionsbeitrag trotz Reservepflicht unverändert bleibt.

Wendet man sich hingegen den Spareinlagen zu, so ist Abbildung 24 zu entnehmen, dass diese einem niedrigeren Reservesatz unterworfen sind als die Bankenkreditoren für Laufzeiten bis drei Monate. Unterstellt man für die Spareinlagen eine Kündigungsfrist von unter drei Monaten, so ließe sich für die Kalkulation der Konditionsmarge der GKM-Zinssatz für die juristische Laufzeit ansetzen. Die Wirkungsweise der Kassaliquidität soll ebenfalls anhand eines Beispiels aufgezeigt werden:

- Kundeneinlagevolumen: 100.000 EUR

- Kundeneinlagezins: 3,0 %

- erforderliche Kassaliquidität für Kundeneinlage: 0,5 %

- fristengleicher Geld- und Kapitalmarktzinssatz: 3,5 %

- erforderliche Kassaliquidität für alternatives GKM-Geschäft: 2,5 %

In der Kalkulation von Kundengeschäften, für die ein anderer Prozentsatz bezüglich der zu haltenden Kassaliquidität gilt als für die zur Bewertung heranzuziehenden Geld- und Kapitalmarktgeschäfte, ist in der Argumentation zwischen dem Opportunitätsprinzip und dem Gegenseitenkonzept zu unterscheiden.

Die Kalkulation nach dem **Gegenseitenkonzept** (vgl. Spalten [1] und [3] in Tabelle 8), die lediglich die erforderliche Kassaliquidität für das Kundengeschäft berücksichtigt, ergibt einen Konditionsbeitrag für das Kundengeschäft in Höhe von 482,50 EUR. In diesem Fall besteht in der Vorgehensweise bei der Korrektur des GKM-Zinses kein Unterschied zu den europäischen Vorschriften ohne Verzinsung der Mindestreserve und ohne Freibetrag.

Wendet man jedoch den **Opportunitätsgedanken** (vgl. Spalten [1] und [2] in Tabelle 8) an, so ist zunächst die GKM-Refinanzierung lediglich unter Berücksichtigung der erforderlichen Kassaliquidität für das Kundengeschäft in Höhe von 0,5 % zu bestimmen: 100.000 EUR · (1 – 0,5 %) = 99.500 EUR. Dieser Betrag ist um dem Effekt der notwendigen Liquiditätshaltung für eine alternative GKM-Refinanzierung zu korrigieren. Der letztendlich erforderliche alternative Refinanzierungsbetrag muss sich aufgrund der höheren Kassenhaltung erhöhen: 99.500 / (1 – 2,5 %) = 102.051,30 EUR. Auf diesen Betrag ist der alternative Zinsaufwand zu berechnen: 102.051,30 EUR · 3,5 % = 3.571,80 EUR. Der Zinsaufwand des alternativen GKM-Geschäfts ist mit dem Zinsaufwand aus dem Kundengeschäft in Höhe von 3.000 EUR zu vergleichen, was zu einem Vorteil des Kundengeschäfts – also dem Konditionsbeitrag – in Höhe von 571,80 EUR führt. Es zeigt sich also, dass sich trotz der Reservepflicht bei einer alternativen Finanzierung über Spareinlagen ein höherer Konditionsbeitrag erzielen lässt.

	Rechenspalte	Kundengeschäft	Alternative GKM-Refinanzierung (Opportunitätsprinzip)	GKM-Anlage (Gegenseitenkonzept)
	[0]	[1]	[2]	[3]
Kundenzinssatz	(1)	3,00 %		
fristengleicher GKM-Zinssatz	(2)		3,50 %	3,50 %
Kassenhaltung Kundengeschäft	(3)		0,50 %	0,50 %
Kassenhaltung GKM-Geschäft	(4)		2,50 %	
Volumen Kundengeschäft	(5)	100.000,00		
Zinsaufwand Kundengeschäft	$(6) = -(1) \cdot (5)$	-3.000,00		
Volumen GKM-Geschäft	$(7) = [1 - (3)] \cdot (5) / [1 - (4)]$ bzw. $(7) = [1 - (3)] \cdot (5)$		102.051,30	99.500,00
Zinsaufwand bzw. Zinsertrag GKM-Geschäft	$(8) = -(2) \cdot (7)$ bzw. $(8) = (2) \cdot (7)$		-3.571,80	3.482,50
Konditionsbeitrag	$(9) = (6) - (8)$ bzw. $(9) = (6) + (8)$		571,80	482,50

Tabelle 8: Korrektur des GKM-Satzes für Spareinlagen nach den schweizerischen Vorschriften zur Kassaliquidität am Beispiel

Opportunitätsprinzip: korrigierter GKM-Satz $= \dfrac{\text{GKM-Satz} \cdot (1 - LR_{SPE})}{(1 - LR_{BK})}$

Gegenseitenkonzept: korrigierter GKM-Satz $= \text{GKM-Satz} \cdot (1 - LR_{SPE})$

mit: LR_{BK} = Liquiditätsreservesatz (Bankenkreditoren); LR_{SPE} = Liquiditätsreservesatz (Spareinlagen)

In Tabelle 9 werden zum Abschluss die zahlenmäßigen Auswirkungen der EU-Mindestreserve- und der CH-Liquiditätsvorschriften auf die passivische Konditionsmarge nochmals zusammengefasst, wobei zu beachten ist, dass die unmittelbare Vergleichbarkeit durch die unterschiedlichen Mindestreservesätze für die Kundengeschäfte eingeschränkt ist.

Konditionsmarge ...	Europäische Mindest-reservevorschriften	Schweizerische Liquiditätsvorschriften
ohne Liquiditätsreservepflicht	0,50 %	0,50 %
mit Liquiditätsreservepflicht, aber ohne Verzinsung der Mindestreservepflicht	0,43 %	Opportunitätsprinzip: 0,5718 %
		Gegenseitenkonzept: 0,4825 %
mit Liquiditätsreservepflicht bei einer Verzinsung von 2,5 %	0,48 %	–

Tabelle 9: Auswirkungen verschiedener Liquiditätsreserveregelungen auf den Konditionsbeitrag im Zahlenbeispiel

(3) Die Zusammenführung von Konditions- und Strukturbeiträgen zum Zinsüberschuss gemäß Erfolgsrechnung

Abschließend soll nun die Zusammenführung der einzelnen Ergebniskomponenten gemäß Periodenmodell der Marktzinsmethode zum Zinsüberschuss, der in der Erfolgsrechnung des externen Rechnungswesens bzw. der Finanzbuchhaltung ausgewiesen wird, anhand des nachstehenden Beispiels demonstriert werden (vgl. Tabelle 10 und Abbildung 25). Es wird vereinfachend angenommen, dass die aufgeführten Kundenkredit- und -einlagengeschäfte das ganze Jahr über unverändert im Bestand sind und die Zinsstruktur für das Betrachtungsjahr unverändert Gültigkeit besitzt.

Durch den Vergleich der Kundenzinssätze mit ihren jeweils äquivalenten GKM-Zinssätzen lässt sich zunächst die einzelgeschäftsbezogene Konditionsmarge ermitteln. Auf die besonderen Zuordnungsprobleme bei der Ermittlung äquivalenter Opportunitätsgeschäfte für Bilanzpositionen außerhalb des Standardfalls wird an anderer Stelle differenziert eingegangen (vgl. S. 92 ff.). Die Multiplikation dieser Werte mit den entsprechenden Volumenanteilen führt in der Summe bei den Kundenkrediten zur Konditionsmarge Aktiv (2,13 %) und bei den Kundeneinlagen zur Konditionsmarge Passiv (3,04 %). Alternativ dazu lassen sich diese Werte ebenfalls aus den Differenzen zwischen durchschnittlichem Aktivzins und GKM-Zins (11,45 % – 9,32 % = 2,13 %) bzw. durchschnittlichem GKM-Zins und Passivzins (9,38 % – 6,34 % = 3,04 %) bestimmen. Will man nun die gesamte Konditionsmarge im Kundengeschäft kalkulieren, so sind diese beiden Größen (in Bezug auf das gesamte Kundengeschäftsvolumen) anteilsgewichtet zu addieren:

$$(93.600 : 202.800) \cdot 2,13 \% + (109.200 : 202.800) \cdot 3,04 \% = 2,62 \%.$$

Neben den Kundenkonditionsmargen Aktiv und Passiv, die den dezentralen Marktbereichen zugerechnet werden, sind stets noch weitere Ergebnisbeiträge am Zinsüberschuss einer Bank gemäß Erfolgsrechnung beteiligt. In diesem Zusammenhang sind zunächst die Konditionsbeiträge des Nichtkundengeschäfts zu nennen. Hierzu zählen sowohl solche Geschäfte, die ein Finanzinstitut in eigenem Namen und auf eigene Rechnung tätigt (z. B. Interbankenkredite und -einlagen, Wertpapiereigengeschäfte usw.), als auch Bilanzpositionen, die eine Bank zur Aufrechterhaltung ihrer Geschäftstätigkeit benötigt (z. B. Barreserve, Sachanlagen, Eigenkapital etc.).

Produkte	Volumen (in EUR)	Kundenzins	GKM-Zins	Konditions-marge
kurzfristige Kredite				
• fest	33.100	11,60 %	9,80 %	1,80 %
• variabel	17.800	14,80 %	10,10 %	4,70 %
langfristige Kredite				
• fest	17.000	8,40 %	7,50 %	0,90 %
• variabel	25.700	10,95 %	9,35 %	1,60 %
Kundenkredite	93.600	11,45 %	9,32 %	2,13 %
Sichteinlagen	22.200	0,50 %	10,74 %	10,24 %
Termineinlagen	46.000	9,90 %	9,66 %	- 0,24 %
Spareinlagen	41.000	5,52 %	8,33 %	2,81 %
Kundeneinlagen	109.200	6,34 %	9,38 %	3,04 %
Kundengeschäft insgesamt	202.800	–	–	2,62 %

Tabelle 10: Aufschlüsselung der Konditionsmargen für Kredite und Einlagen im Kundengeschäft

Die Ermittlung dieser Erfolgsbeiträge wird anhand einer Erweiterung in Abbildung 25 darge-stellt. Den Ausgangspunkt bildet eine Gesamtbilanz, die neben der Integration der aufgezeig-ten Kundengeschäfte die Aktivpositionen Barreserve, Forderungen an Banken (Bankdebito-ren), Wertschriften (bzw. Wertpapiere) und Sachanlagen sowie die Passivpositionen Verbindlichkeiten gegenüber Banken (Bankkreditoren), eigene Emissionen und Eigenkapital umfasst. Jeder Positionszins ist nun in Analogie zum Kundengeschäft mit dem entsprechenden Bewertungszins zu vergleichen. Die Positionen Barreserve, Sachanlagen und Eigenkapital bekommen einen Positionszins von null zugewiesen. Ihre GKM-Bewertungszinssätze entspre-chen ansonsten – mit Ausnahme der (zu 0 % bewerteten) Barreserve – dem langfristigen Kapi-talmarktzins (im Beispiel 8,2 %, vgl. S. 92 ff.). Die daraus resultierende Differenz führt jeweils zu den einzelpositionsbezogenen Konditionsmargen, die sich – volumengewichtet auf-addiert – wiederum zur durchschnittlichen (Gesamt-)**Konditionsmarge** (einschließlich Kun-dengeschäft) **Aktiv** (0,87 %) bzw. **Passiv** (2,56 %) verdichten lassen. Alternativ dazu führt die Subtraktion von durchschnittlichem Aktiv- und Bewertungszins (9,66 % – 8,79 % = 0,87 %) einerseits und die Differenz zwischen durchschnittlichem Bewertungszins und Passivzins (9,23 % – 6,67 % = 2,56 %) andererseits zu den gleichen Ergebnissen.

Gesamtbilanz									
Aktiva	Volumen		Zins	GKM	Passiva	Volumen		Zins	GKM
	abs. in EUR	relativ				abs. in EUR	relativ		
Bar-reserve	8.000	0,05	0 %	0 %	Bank-kreditoren	15.600	0,10	10,2 %	10,2 %
Bank-debitoren	31.000	0,20	9,9 %	9,9 %	Kunden-einlagen	109.200	0,70	6,34 %	9,38 %
Kunden-kredite	93.600	0,60	11,45 %	9,32 %	Eig. Emis-sionen	21.800	0,14	8,6 %	8,2 %
Wert-schriften	15.600	0,10	8,2 %	8,2 %	Eigen-kapital	9.400	0,06	0 %	8,2 %
Sach-anlagen	7.800	0,05	0 %	8,2 %					
	156.000	1,00	9,66 %	8,79 %		156.000	1,00	6,67 %	9,23 %

Bruttozinsspanne

$9,66\,\% - 6,67\,\% = 2,99\,\%$

davon:

$KB_A = 9,66\,\% - 8,79\,\% = 0,87\,\%$

$KB_P = 9,23\,\% - 6,67\,\% = 2,56\,\%$

$SB = 8,79\,\% - 9,23\,\% = -0,44\,\%$

$= 2,99\,\%$

dezentral zu verantworten:

KB Kredite = 2,13 % · 0,6 = +1,278 %

KB Einlagen = 3,04 % · 0,7 = +2,128 %

= +3,406 %

zentral zu verantworten:

(1) KB Zentralpositionen

• Sachanlagen = -8,2 % · 0,05 = -0,410 %

• Eig. Emissionen = -0,4 % · 0,14 = -0,056 %

• Eigenkapital = +8,2 % · 0,06 = +0,492 %

(2) Strukturbeitrag = -0,440 %

= -0,414 %

= +2,99 %

mit: KB = Konditionsbeitrag; A = Aktiv; P = Passiv; SB = Strukturbeitrag

Abb. 25: Komponenten des Zinsüberschusses gemäß Erfolgsrechnung

Den letzten Ergebnisbeitrag bildet die **Fristentransformationsmarge**, deren Höhe von der Gesamtgeschäftsstruktur einer Bank determiniert wird. Sie wird aus diesem Grund – ebenso wie das Nichtkundengeschäft – grundsätzlich zentral verantwortet. Rechnerisch lassen sich die einzelnen Strukturmargen anhand der Differenz zwischen äquivalentem GKM- und Tagesgeldzins ermitteln. Ihre anteilsgewichtete Addition führt zur gesamten Strukturmarge (-0,44 %). Verantwortlich für das Resultat der Fristentransformation sind bekanntlich zwei Einflussfaktoren: die Zinsstruktur und die Fristenstruktur der betrachteten Bank. Prinzipiell kann eine Zinsstruktur einen normalen oder inversen Verlauf aufweisen. Inwieweit dabei die am Markt herrschenden Zinsverhältnisse für die betrachtete Bank auch tatsächlich von Bedeutung sind, hängt grundsätzlich von den im Zusammenhang mit ihren Geschäften getroffenen Zinsvereinbarungen ab (vgl. S. 92 ff.). Die volumengewichtete Verteilung der gültigen Zinssätze wird von der Fristenstruktur der Bilanz determiniert. Dabei ist – wie bereits gezeigt wurde – zu unterscheiden, ob die durchschnittliche Kapitalbindungsdauer auf der Aktiv- oder Passivseite länger ist.

Das vorliegende Beispiel weist eine inverse Zinsstruktur auf, wobei die langfristigen Kredit-zinsen unter den kurzfristigen liegen. Sofern die Gesamtbilanz einen Passivüberhang (Aktiv-überhang) im langfristigen Bereich zeigt, wird ein positiver (negativer) Strukturbeitrag erwirt-schaftet. Der Vergleich der Aktiv- und Passivpositionen lässt hier aufgrund der geringeren Verzinsung der Aktivseite einen Aktivüberhang im langfristigen Bereich vermuten, was sich auch rechnerisch belegen lässt. Um nämlich das Strukturergebnis bestimmen zu können, muss nicht zwingend auf die einzelnen Strukturmargen zurückgegriffen werden. Vielmehr lässt sich vereinfacht aus der Differenz zwischen den durchschnittlichen GKM-Sätzen von Aktiv- und Passivgeschäften die gesamtbankbezogene Strukturmarge berechnen:

Ø GKM-Zins Aktivgeschäfte   8,79 %

− Ø GKM-Zins Passivgeschäfte 9,23 %

= Strukturmarge   -0,44 % (im Beispiel)

Durch die Multiplikation der Strukturmarge mit dem Geschäftsvolumen ergibt sich das Struk-turergebnis, womit bei der gegebenen inversen Zinsstruktur die Vermutung eines Aktivüber-hangs im längerfristigen Bereich betätigt wird.

Insgesamt ergibt sich nunmehr eine Bruttozinsspanne von 2,99 %, die sich aus der Addition der drei aufgezeigten Ergebniskomponenten Konditionsmarge Aktiv und Passiv sowie Struk-turmarge (0,87 % + 2,56 % + (-0,44 %) = 2,99 %) zusammensetzt. Der daraus resultierende absolute Zinsüberschuss (2,99 % · 156.000 EUR = 4.664,40 EUR) ist immer dann mit der in der Gewinn- und Verlustrechnung ausgewiesenen Differenz zwischen den Zinserträgen und -aufwendungen identisch, sofern die Praxis der Zinsverbuchung mit den hier verwendeten Zinsgrößen exakt übereinstimmt.

Dass sich der Zinsüberschuss gemäß Erfolgsrechnung auch direkt aus der Differenz zwischen durchschnittlichem Aktiv- und Passivzins (9,66 % − 6,67 % = 2,99 %) ermitteln lässt, macht im Übrigen deutlich, dass die Verwendung von Bewertungszinssätzen und die daraus resultierende Aufspaltung des Zinsüberschusses in Konditions- und Strukturbeiträge für die Erzielung einer Synchronizität mit der Erfolgsrechnung nicht relevant sind. Ihre Bedeutung ergibt sich vielmehr aus der Forderung nach entscheidungsrelevanten Ergebnisinformationen. Erst mit ihrer Hilfe werden einzelgeschäftsbezogene Daten geliefert, die transparent machen, inwieweit ein bestimmtes Geschäft im Vergleich zu einem äquivalenten, prinzipiell durchführbaren Alterna-tivgeschäft vorteilhaft ist. In engem Zusammenhang dazu steht die Möglichkeit, eine klare Ver-antwortungstrennung zwischen Marktbereichen einerseits und der Zentrale andererseits vorzu-nehmen. Während nämlich die dezentralen Marktbereiche die Steuerung der Konditionsbeiträge im Kundengeschäft zur Aufgabe haben, obliegt der Zentrale die Verantwortung für die übrigen Geschäfte und Bilanzpositionen sowie für den Strukturbeitrag (vgl. Abbildung 26).

In diesem Zusammenhang zeigt sich beispielsweise, dass im Kundengeschäft mit Ausnahme der Termineinlagen positive Margen erwirtschaftet werden. In der Summe der Konditionsbei-träge – bestehend aus Kundenkrediten, die einen Anteil von 60 % der Bilanzsumme stellen und Kundeneinlagen, die 70 % der Bilanzsumme repräsentieren – ergibt sich für diesen Verantwor-tungsbereich ein Ergebnisbeitrag in Höhe von 5.313,36 EUR, der sogar den Wert des gesamten Zinsüberschusses in Höhe von 4.664,40 EUR (= 2,99 % · 156.000 EUR) übersteigt. Dies bedeutet zwangsläufig, dass der zentral zu verantwortende Ergebnisbeitrag einen negativen

Einfluss auf das Gesamtergebnis hat und in retrograder Restrechnung folglich einen Wert von -648,96 EUR aufweisen muss. Er setzt sich zum einen aus dem Strukturbeitrag, dessen Höhe absolut -686,40 EUR (= -0,44 % · 156.000 EUR) beträgt und zum anderen aus den Konditions-beiträgen des Nichtkundengeschäfts von 37,44 EUR zusammen. Im Einzelnen sind hier der negative Konditionsbeitrag der Sachanlagen über -641,48 EUR, der ebenfalls negative Konditionsbeitrag der eigenen Emissionen über -88,60 EUR und der positive Konditions-beitrag des Eigenkapitals über 767,52 EUR zu nennen.

Wird nun die Summe der zentralen und dezentralen Ergebnisbeiträge auf die Bilanzsumme bezogen, so lässt sich als Ergebnis die aus Abbildung 26 bekannte Bruttozinsspanne in Höhe von 2,99 % (4.664,40 EUR : 156.000 EUR) ermitteln.

• Dezentral zu verantwortende Zinsüberschussbeiträge:			
KB Kundenkredite	(2,13 % · 0,6 · 156.000 EUR)	= 1.993,68 EUR	
KB Kundeneinlagen	(3,04 % · 0,7 · 156.000 EUR)	= 3.319,68 EUR	
Summe Kundenkonditionsbeiträge			+ 5.313,36 EUR
• Zentral zu verantwortende Zinsüberschussbeiträge:			
KB Sachanlagen	(-8,2 % · 0,05 · 156.000 EUR)	= -641,48 EUR	
KB Eig. Emissionen	(-0,4 % · 0,14 · 156.000 EUR)	= -88,60 EUR	
KB Eigenkapital	(8,2 % · 0,06 · 156.000 EUR)	= 767,52 EUR	
Summe Nichtkundenkonditionsbeiträge			+ 37,44 EUR
Strukturbeitrag	(-0,44 % · 156.000 EUR)		+ -686,40 EUR
Summe Zinsüberschuss			= 4.664,40 EUR

Abb. 26: Zentrale und dezentrale Komponenten des Zinsüberschusses

b) Erweiterung des Marktzinsmodells auf das gesamte Spektrum von Bilanz-geschäften

In den bisherigen Ausführungen wurde das theoretische Grundkonzept der Marktzinsmethode beleuchtet. In der Praxis entstehen bei der Umsetzung allerdings spezielle Probleme, die aus den unterstellten vereinfachenden Annahmen resultieren. Im Folgenden soll das Konzept, das sich im Periodenmodell nur auf festverzinsliche Kundengeschäfte mit einer bekannten festen Kapitalbindung bezieht, auf das gesamte Spektrum von Bilanzgeschäften ausgedehnt werden. Danach wird die Fragestellung behandelt, welche Anpassungen bezüglich der Kalkulation der einzelnen Ergebniskomponenten vorzunehmen sind, wenn realistischerweise davon ausgegangen wird, dass Marktparameter wie Zinssätze, Konditionen und bei Fremdwährungsgeschäften die Wechselkurse im Zeitablauf Schwankungen unterworfen sind.

(1) Prinzipien der Verknüpfung von Bank- und Opportunitäts-/Gegengeschäften

Aus Gründen der Vereinfachung wurde bislang im Rahmen des Periodenmodells der Markt-zinsmethode davon ausgegangen, dass sowohl die Konditionen der Kundengeschäfte als auch die entsprechenden GKM-Sätze in der betrachteten Abrechnungsperiode keinen Schwankungen unterliegen. Des Weiteren wurden für die Abrechnungsperiode konstante Kapitalbasen unterstellt und somit Tilgungszahlungen außer Acht gelassen. Beide Annahmen entsprechen nicht den Gegebenheiten in der Realität und werden nun (schrittweise) aufgehoben.

Zunächst ist grundsätzlich zwischen variabel verzinslichen Geschäften und Festzinsgeschäften zu unterscheiden. **Festzinsgeschäfte** sind Geschäfte, bei denen eine vertragliche Verpflichtung für die Bank besteht, den Zinssatz innerhalb der Zinsbindungsfrist nicht zu verändern, wobei die Zinsbindungsdauer länger als ein Tag sein muss. Tagesgeld gilt demnach nicht als ein Festzinsgeschäft, wohl aber z. B. Wechselkredite, Termineinlagen oder Festzinshypothekendarlehen. Umgekehrt zählen zu den **variabel verzinslichen Geschäften** diejenigen Positionen, die keine vertraglich vereinbarte Festzinsbindung aufweisen, unabhängig davon, ob die Zinssätze aus anderen Gründen fest bleiben oder nicht. So gelten Spareinlagen und Sichteinlagen als variabel verzinslich.

Aufgrund der unterschiedlichen Zinscharakteristika, die nun bei Festzins- und variabel verzinslichen Geschäften auftreten, ist es – um die Auswirkungen schwankender Zinssätze steuerungsadäquat aufzeigen zu können – zunächst notwendig, für alle real existierenden Geschäftsarten entsprechende Geld- und Kapitalmarktopportunitäten bzw. mögliche Gegengeschäfte zu den Kundengeschäften zu identifizieren. Vor der Analyse schwankender Zinssätze soll deshalb das sogenannte Zuordnungsproblem eingehend diskutiert werden.

Neben dem Aspekt variabler bzw. fester Zinsvereinbarungen ist bei der Bestimmung von Opportunitäten bzw. Gegengeschäften im Marktzinsmodell zudem auch die **Kapitalbindung** von Bedeutung. Auch diese Produkteigenschaft muss im Rahmen der Konstruktion von Marktgeschäften berücksichtigt werden, um den grenznutzenorientierten Mehrertrag bzw. Minderaufwand eines Kundengeschäfts adäquat erfassen und quantifizieren zu können. Die für die Konstruktion von Opportunitäten resp. Gegengeschäften notwendigen Anpassungsregeln und Zuordnungsprinzipien müssen folglich neben den Verzinsungsmodalitäten auch den Aspekt des Kapitalverlaufs berücksichtigen.

Die Notwendigkeit der Berücksichtigung der im zu kalkulierenden Kundengeschäft vereinbarten Verzinsungs- und Tilgungsmodalitäten in der Geld- und Kapitalmarktopportunität resp. dem GKM-Gegengeschäft erstreckt sich allerdings nicht nur auf in inländischer Währung kontrahierte Geschäfte, sondern auch auf den Bereich der Fremdwährungsgeschäfte. Das methodische Vorgehen und die Formulierung von Zuordnungsprinzipien bei der Festlegung adäquater Markteinstandssätze wird am Beispiel inländischer Kundengeschäfte näher erläutert.

Wie im Zusammenhang mit der Kalkulation von Konditionsmargen im Rahmen des Periodenmodells der Marktzinsmethode ausgeführt (vgl. S. 80), wird für Kundengeschäfte nicht nur im Sinne des Opportunitätsgedankens argumentiert, sondern gleichermaßen auch die Möglichkeit des Abschlusses von strukturgleichen Gegengeschäften zur Realisation der Ergebnisbeiträge des Kundengeschäfts einbezogen.

Die Betrachtungen werden durch sonstige Bilanzpositionen, wie Eigenkapital, Sachanlagen, Barreserve, Rückstellungen, ergänzt. Dies erfolgt im Hinblick darauf, dass es somit möglich wird, über sämtliche Bilanzpositionen aus den zu den einzelnen Positionen zugeordneten GKM-Zinssätzen das Ergebnis aus der Fristentransformation aus der Bilanzstruktur zu bestimmen. Zu beachten ist allerdings, dass bei diesen Bilanzpositionen strikt das Opportunitätsprinzip anzuwenden ist. Dies gilt auch für in der Bankbilanz enthaltende Geld- und Kapitalmarktgeschäfte. Da hier Positionszins- und Opportunitätszins im Regelfall (wenn keine Zuschläge auf den „risikofreien" Zins berücksichtigt werden) identisch sind, finden diese Positionen im Rahmen der folgenden Betrachtungen keine Berücksichtigung.

(a) Problemstellung und methodisches Vorgehen

Damit die Marktzinsmethode als entscheidungsorientiertes Zinsverrechnungskonzept eingesetzt werden kann, sind für konkrete Bankgeschäfte die „echten" Geld- und Kapitalmarktopportunitäten bzw. die entsprechenden Gegengeschäfte am Geld- und Kapitalmarkt mit den jeweils dazugehörigen Marktzinssätzen zu identifizieren bzw. – wenn nötig – zu konstruieren. Als Marktgeschäfte kommen nach der Grundregel der Marktzinsmethode nur laufzeit- oder zinsanpassungskongruente, real durchführbare Alternativ- bzw. Gegengeschäfte in Betracht. Da sich dieses Zuordnungsproblem je nach Produkt unterschiedlich komplex darstellt, sind **Zuordnungstypen** zu bilden, die Grundgeschäfte mit gleichen Zinsanpassungscharakteristika zusammenfassen. Gemäß den Unterschieden zwischen den einzelnen Typen kann daraufhin eine differenzierte Zuordnung von Alternativ- bzw. Gegengeschäften erfolgen, die ihrerseits die Laufzeit-, Kapitalbindungs- und/oder Zinsmerkmale der zugrunde liegenden Produkte exakt abbilden. In die Typenbildung werden auch sonstige (unverzinsliche) Bilanzpositionen wie Sachanlagen, Eigenkapital etc. einbezogen.

Dabei erscheint es sinnvoll, die Typologisierung der Grundgeschäfte anhand von **vier konkreten und operationalen Entscheidungstatbeständen** vorzunehmen:

(1) Wahl eines strukturäquivalenten Laufzeit- bzw. Zinsanpassungskriteriums für die einzelnen Bankprodukte;

(2) Festlegung der maßgeblichen (kleinsten) Bewertungseinheiten für konkrete Bankprodukte, die eine strukturäquivalente Abbildung von GKM-Geschäften ermöglichen;

(3) Berücksichtigung der im Kundengeschäft vereinbarten (bekannten) Kapitalbindung bzw. Annahme approximativer Kapitalverläufe bei unbekannter (tatsächlicher) Kapitalbindung;

(4) Bestimmung der Anpassungsregeln für die produktspezifischen Markteinstandssätze bei schwankenden Zinssätzen.

(b) Formulierung von Zuordnungsprinzipien und Anpassungsregeln

Mithilfe der vorgenannten Kriterien können die verschiedenen Bankprodukte nach Maßgabe konkreter Zuordnungstypen zusammengefasst werden. In Abbildung 27 werden diese Zuordnungstypen zusammenfassend dargestellt. Hier sei angemerkt, dass eine Vielzahl solcher Typologisierungen besteht. Diese unterscheiden sich in Nuancen, weisen jedoch prinzipiell stets das gleiche und hier abgebildete Grundgerüst auf.

Table (Abb. 27):

	variabel verzinsliche Produkte						sonstige Aktiv-/Passiv-Positionen
	Festzinsprodukte		indikatorgebundene Produkte		unspezifische variable Produkte		
	vereinbarte Kapitalbindung				unbekannte (tatsächliche) Kapitalbindung		
	variabel	konstant	kurzfristig (Geldmarkt) — konstant	längerfristig (Kapitalmarkt) — konstant/variabel	längerfristig	kurzfristig (bis 3 Monate)	
Beispiele	z. B. • Tilgungsdarlehen • Darlehen mit gestaffelten LFZ-Tranchen • Zerobonds	z. B. • endfällige Darlehen • Termineinlagen	z. B. • Geldmarkthypotheken • Geldmarkteinlagen	z. B. • Prime Rate Darlehen • Kapitalmarktdarlehen / z. B. • (Tilgungs-)Darlehen	z. B. • Sparenlagen mit vereinbarter Kündigungsfrist	z. B. • (normale) Spareinlagen • Sichteinlagen • Kontokorrentkredite	z. B. • Eigenkapital • Sachanlagen • Rückstellungen
Annahme von Ablauffiktionen	ja	nein	nein	ja	ja	nein	ja
Zuordnungsprinzipien	Zinsbindung			Zinselastizität (kalkulatorisch geschätzt oder effektiv durch gestaffelte Tranchen abgebildet)		formelle juristische oder technische (Mindest-)Laufzeit	
Bildung von Finanzierungs- bzw. Anlagetranchen?	nein			ja		nein	ja
Typ	Typ Ib	Typ Ia	Typ Ia	Typ IIa/b	Typ IIc	Typ IIIa	Typ IIIb

Abb. 27: Typologie von Zuordnungsbeziehungen zwischen Bankbilanzpositionen (ohne Geld- und Kapitalmarktpositionen) und GKM-Opportunitäts- bzw. Gegengeschäften

Im Wesentlichen lassen sich drei Zuordnungstypen unterscheiden. Der **Zuordnungstyp I** wird in zwei Untergruppen gegliedert. Der **Typ Ia** entspricht dem Periodenmodell der Marktzins-methode, da aufgrund der Fristen-, Kapitalbindungs- und Zinscharakteristika eine **direkte** Zuordnung von Geld- und Kapitalmarktopportunitäten bzw. Gegengeschäften möglich ist. Er beinhaltet Festzinsprodukte mit konstanter Kapitalbasis und indikatorgebundene variabel ver-zinsliche Geldmarktprodukte. Für Geschäfte des Zuordnungstyps Ia lässt sich beispielhaft der in Tabelle 11 wiedergegebene Katalog von Alternativ- bzw. Gegengeschäften aufstellen.

Ursprungsgeschäft		Alternatives GKM-Geschäft bzw. GKM-Gegengeschäft mit gleicher Zinsbindung
• Termineinlagen	1 Monat	1-Monats-Geld
• Terminkredite	3 Monate	3-Monats-Geld
mit endfälliger Tilgung	6 Monate	6-Monats-Geld
	12 Monate	1-Jahres-Geld
	usw.	usw.
• Geldmarkteinlagen	½ Jahr	6-Monats-Geld
mit endfälliger Tilgung	12 Monate	1-Jahres-Geld
• Euro-Kredite	usw.	usw.
mit Roll-over-Vereinbarung		
• Wechselkreditankauf	je nach Restlaufzeit	1-Monats-Geld
		3-Monats-Geld
		6-Monats-Geld
		usw.

Tabelle 11: Zuordnungsregeln bei Festzinsgeschäften des Typs Ia

Festzinsgeschäfte des **Typs Ib** sind deswegen komplexer als die des Typs Ia, weil sich bei ihnen während der Zinsbindungsfrist das Kapitalvolumen bzw. die Kapitalstruktur verändert. Diese Variabilität resultiert entweder aus Kapitaltilgung, dem Thesaurierungseffekt oder der Ablösung von abgelaufenen Kapitaltranchen durch neue Tranchen. Bei genauer Rechnung kann nicht einfach der alternative Marktzins für den entsprechenden Zinsbindungszeitraum gewählt werden, da hierdurch die variable Kapitalbindung des zu kalkulierenden Kundenge-schäfts in der Opportunität bzw. beim Gegengeschäft unberücksichtigt bliebe. Bei solchen Kundengeschäften setzt sich daher „das" GKM-Alternativ- bzw. Gegengeschäft aus mehreren Einzelgeschäften unterschiedlicher Fristigkeit zusammen.

Abbildung 28 verdeutlicht dies an einem einfachen Beispiel: Zugrunde gelegt wird ein vierjäh-riger Ratenkredit, dessen Tilgungstranchen jeweils als endfällige Kredite mit unterschiedlicher Laufzeit angesehen werden. Somit können zu den einzelnen Tilgungstranchen die fristenglei-chen GKM-Geschäfte bestimmt werden, aus denen ein zeit- und kapitalgewogener Durch-schnittszins für die Marktopportunität bzw. die zahlungsstrukturgleiche Refinanzierung gebil-det wird. Bewusst wird an dieser Stelle auf die konkrete Berechnung des durchschnittlichen

GKM-Zinses verzichtet, da mithilfe dieser Vorgehensweise nur eine ungefähre Annäherung erreicht werden kann. Die exakte Bestimmung des Bewertungszinssatzes wird im Zusammenhang mit der Kalkulation von Konditionsbeitragsbarwerten im Barwertkalkül und deren anschließende Periodisierung aufgezeigt. Bei dieser Vorgehensweise kann vom bekannten Kunden(effektiv-)zins in Verbindung mit der berechneten durchschnittlichen Konditionsmarge auf den durchschnittlichen Bewertungszins geschlossen werden (vgl. S. 151 ff.).

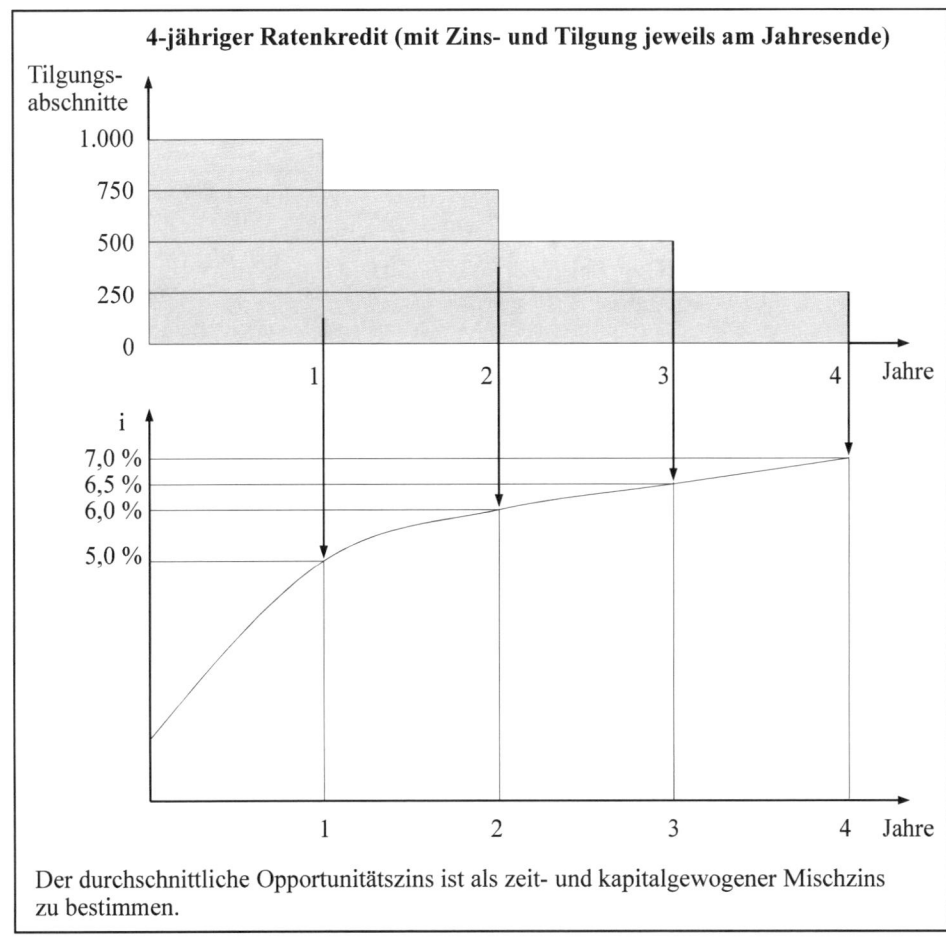

Abb. 28: Beim Typ Ib ist der Opportunitätszins von der Tilgungs- und Zahlungsstruktur des Ursprungsgeschäfts abhängig

Bei **Geschäften des Typs I** ist zu beachten, dass die am Abschlussstichtag geltenden GKM-Zinssätze für die gesamte Dauer der Zinsbindung Gültigkeit besitzen. Konsequenterweise können hier auch keine Änderungen des Konditionsbeitrags auftreten. Diese Konstanz ist insofern gerechtfertigt, als sich über die Dauer der Zinsbindung die kalkulierten Konditionsbeiträge tatsächlich (zinsänderungsrisikofrei) realisieren ließen, sofern die zahlungsstrukturkongruenten Gegengeschäfte am Geld- und Kapitalmarkt von der zentralen Struktursteuerung abgeschlossen würden. Da solche Strukturentscheidungen von der zentralen Struktursteuerung bzw. dem Treasury und nicht vom Kundenbereich zu treffen sind, werden dem Marktbereich bei Geschäften dieses Typs grundsätzlich konstante Konditionsbeiträge zugerechnet. Aus der Sicht der Gesamtbank tatsächlich auftretende Margenverengungen oder zusätzliche Zinsbeiträge, die aus inkongruenten Gegengeschäften bzw. aus der bewusst eingegangenen Fristentransformation in der Bankbilanz resultieren, sind demnach der Verantwortung der Zentrale zuzuordnen. Darüber hinaus ist für die Typ-I-Geschäfte festzustellen, dass die sich aus den Kontraktspezifikationen ergebende Zahlungsreihe im Kontrahierungszeitpunkt für die Dauer der Zinsbindung sicher feststeht, sofern keine als Leistungsstörung (vgl. S. 273 ff.) zu interpretierenden nachträglichen Anpassungen an den Zins- und Tilgungsmodalitäten vorgenommen werden.

Im Gegensatz zu den Geschäften des Typs I handelt es sich bei den Geschäften bzw. Bilanzpositionen des **Typs II** und **III** um Positionen, deren Verzinsungscharakteristika nicht den Usancen auf dem Geld- und Kapitalmarkt entsprechen. Variabel verzinsliche Geld- und Kapitalmarktgeschäfte sind mit Ausnahme der sogenannten „Floating Rate Notes" nicht existent. Variabel verzinsliche Positionen, deren Kapitalbindung bei Geschäftsabschluss unbekannt ist, sowie die sonstigen (unverzinslichen) Bilanzpositionen weisen eine unspezifische Fristigkeitenstruktur auf. Insofern sind die folgenden Konstruktionen von Geld- und Kapitalmarktgeschäften prinzipiell problematisch und stets diskussionswürdig. Eine Unterteilung dieser Positionen in zwei Klassen erscheint insofern sinnvoll, da es sich bei den Geschäften des **Typs II** ausschließlich um variabel verzinsliche Grundgeschäfte handelt, die mithilfe des Elastizitätskonzepts kalkuliert werden, während im **Typ III** das Zuordnungskriterium die formelle juristische bzw. technische (Mindest-)Laufzeit darstellt.

Bei Geschäften des **Typs II** handelt es sich um **variabel verzinsliche Geschäfte**. Üblicherweise hat der Kunde bei einem variabel verzinslichen Geschäft die Möglichkeit, bei jedem Zinsanpassungstermin das Geschäft zu beenden, sodass bei Geschäftsabschluss – also ex ante – neben den Zinszahlungen auch der Verlauf der Kapitalbindung unbekannt und damit unsicher ist. Diese Geschäfte werden dem Typ IIc zugeordnet. Daneben existieren auch Produkte – beispielsweise im Hypothekargeschäft –, für die bei Geschäftsabschluss der Kapitalverlauf vereinbart wird. Die vereinbarte Kapitalbindung kann analog zu den Geschäften des Typs Ia über die Laufzeit des Geschäfts konstant sein, weshalb diese Geschäfte mit Typ IIa bezeichnet werden. Variabel verzinsliche Geschäfte mit einer ex ante bekannten, jedoch nicht festen Kapitalbindung sind Geschäfte vom Typ IIb, analog zu den Geschäften vom Typ Ib im Festzinsbereich.

Die Unsicherheit im Zahlungsstrom resultiert also bei Geschäften des Typs IIa und IIb aus der variablen Zinsvereinbarung. Bei den Geschäften des Typs IIc ist die Ursache für die unsichere Zahlungsreihe zusätzlich in dem ex ante unbekannten Kapitalbindungsverlauf begründet. Das Zuordnungskriterium für die Bestimmung von Marktzinsen für alle Geschäfte des Typs II ist die Zinselastizität.

Das **Zinselastizitätskonzept** wurde ursprünglich für die Steuerung des Zinsänderungsrisikos entwickelt. In dieser Sichtweise besteht der Unterschied zwischen Festzinsgeschäften und variabel verzinslichen Geschäften darin, dass die Zins-(anpassungs-)elastizität bei ersteren stets null ist, während variabel verzinsliche Geschäfte eine solche zwischen null und eins aufweisen. Hieraus lässt sich bei einem konkreten variablen Kreditgeschäft ein elastizitätskongruenter Einstandszins konstruieren, der sich aus der Mischung eines laufzeitkongruenten Festzinses und eines kurzfristig anpassungsfähigen Geldmarktzinssatzes ergibt. Änderungen der Marktzinssätze drücken sich dann prinzipiell nur in der variablen Geldmarktzinskomponente aus und schlagen sich im Einstandszins entsprechend auch nur anteilig nieder. Je mehr die Zinselastizität des zu kalkulierenden Kundengeschäfts in Richtung eines Festzinsgeschäfts tendiert, desto geringer ist folgerichtig auch seine variable Geldmarktkomponente. Voraussetzung zur Konstruktion elastizitätskongruenter Opportunitäten bzw. Gegengeschäfte bildet die Kenntnis der **Zinselastizitäten** unterschiedlicher Produkte, die entweder aus empirischen Daten abgeleitet sein oder aber auch effektiv durch die Bildung von GKM-Tranchen abgebildet werden können.

Besonders hervorzuheben ist bei diesem Konzept die Möglichkeit, die Konditionsmarge konstant zu halten. Zwar ist im Gegensatz zu Festzinsgeschäften die Konditionsmarge dieses Typs aufgrund des veränderlichen Bewertungszinses als variabel zu bezeichnen. Da jedoch die Konstruktion der Opportunität bzw. des Gegengeschäfts elastizitätskonform zum Grundgeschäft erfolgt, können Änderungen des Bewertungszinses konzeptionell und grundsätzlich in gleichem Ausmaß auf die Kundenkondition übergewälzt werden. Inwieweit dies tatsächlich auch geschieht, ist letztlich jedoch die Entscheidung des Marktbereichs. Auch ist es bei Verwendung des Elastizitätskonzepts weiterhin möglich, die Strukturverantwortung der Zentraldisposition ebenso konsequent zu definieren wie für Geschäfte des Typs I. Demnach ist die Zentraldisposition für alle Margeneffekte verantwortlich, die daraus entstehen, dass tatsächlich keine elastizitätskongruenten Gegengeschäfte abgeschlossen werden.

Im Folgenden sei nun die Konstruktion fristenäquivalenter Opportunitätsgeschäfte bzw. Gegengeschäfte bei Geschäften des **Typs IIa** näher betrachtet. Dies wird zunächst am Beispiel eines variabel verzinslichen Hypothekarkredits erklärt, wobei die Ableitung der verwendeten Zinselastizität Abbildung 29 zu entnehmen ist.

	Zinszyklus			Zinselastizität		
	Zinstief (t = 0)	Zinshoch (t = 5)	Zinstief (t = 9)	Zinsanstieg	Zinssenkung	(zeitgewogener) ∅
Tagesgeldzins	3 %	9 %	4 %	$\frac{+6\%}{+6\%}=1{,}0$	$\frac{-5\%}{-5\%}=1{,}0$	1,0
10-Jahres-Rendite a) Portfolio-rendite bei Kauf in t = 0	6 %	6 %	6 %	$\frac{+0\%}{+6\%}=0{,}0$	$\frac{-0\%}{-5\%}=0{,}0$	0,0
b) Marktrendite	6 %	9 %	6,7 %	$\frac{+3\%}{+6\%}=0{,}5$	$\frac{-2{,}3\%}{-5\%}=0{,}46$	0,48
Variabler Hypothekenzins	7,5 %	11,1 %	8,1 %	$\frac{+3{,}6\%}{+6\%}=0{,}6$	$\frac{-3{,}0\%}{-5\%}=0{,}6$	0,60
Spareinlagenzins	2,0 %	3,85 %	2,25 %	$\frac{+1{,}85\%}{+6\%}=0{,}31$	$\frac{-1{,}6\%}{-5\%}=0{,}32$	0,31

$$\text{Zinselastizität} = \frac{\pm\Delta\,\text{Positionszins}}{\pm\Delta\,\text{Referenzzins (hier Tagesgeldzins)}}$$

Abb. 29: Ableitung von empirisch geschätzten Zinselastizitäten, die als Zuordnungsprinzip für Geschäfte des Typs IIa, IIb und IIc verwendet werden

In den Betrachtungszeitpunkten t = 0, t = 5 und t = 9 sind die Kulminationspunkte der Zinsentwicklung festzustellen. So steigt der Tagesgeldzins zunächst um 6 % und fällt dann um 5 %. Gleichzeitig verändert sich die 10-Jahres-Portfoliorendite (Festzins) überhaupt nicht, die 10-Jahres-Marktrendite lediglich um 3 % bzw. -2,3 %, der variable Hypothekarzins um 3,6 % bzw. -3,0 % und der Zins für Spareinlagen um 1,85 % bzw. -1,6 %. Die Zinselastizität ist definiert als Relation zwischen der Positionszinsänderung und der Referenzzinsänderung (jeweils in Prozent). Verwendet man aufgrund der notwendigen Zinsempfindlichkeit den Tagesgeldzins als Referenzgröße, so ergeben sich die ausgewiesenen Zinselastizitäten der jeweiligen Zinsphasen, die anschließend in zeitgewogene Durchschnittswerte umgerechnet werden.

Die Konstruktion einer elastizitätskongruenten Opportunität bzw. des elastizitätskongruenten Gegengeschäfts sowie die Ableitung des Einstandszinses für den variabel verzinslichen Hypothekarkredit, der während der Laufzeit von fünf Jahren keine laufenden Tilgungen aufweist und für den eine Zinselastizität von 0,6 unterstellt wird, zeigt Abbildung 30.

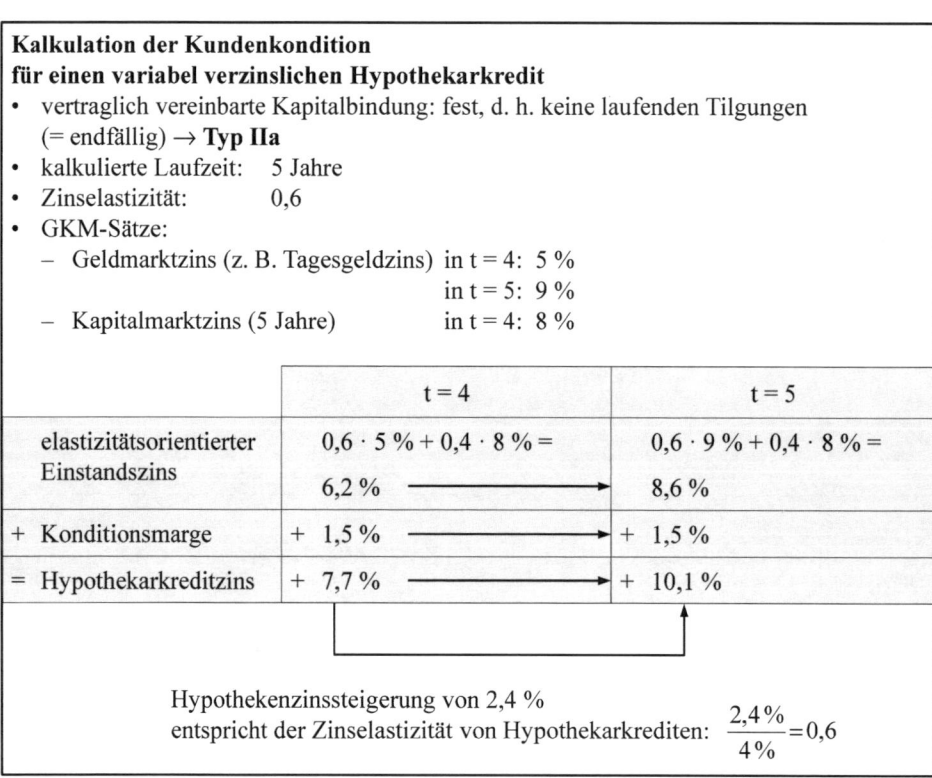

Abb. 30: Beispiel zum elastizitätsorientierten Einstandszins für ein Geschäft des Typs IIa

Dabei werden die Auswirkungen eines Zinsanstiegs betrachtet. Im Ausgangszeitpunkt t = 4 beträgt der Tagesgeldzins 5 %, während sich der laufzeitkongruente Kapitalmarktzins auf 8 % (fest) beläuft. Die entsprechende Opportunität bzw. das entsprechende Gegengeschäft, das ebenfalls eine Zinselastizität von 0,6 besitzen soll, ist nun zu 60 % aus Tagesgeld und zu 40 % aus 5-Jahres-Geld zu konstruieren. Der daraus resultierende Mischzins liegt folglich bei 6,2 % (= 0,6 · 5 % + 0,4 · 8 %). Wird nun unterstellt, dass die kreditgewährende Bank eine Marge von 1,5 % erzielen möchte, so muss der Hypothekar-Kundenzins im Ausgangszeitpunkt t = 4 auf 7,7 % (= 6,2 % + 1,5 %) festgelegt werden. In der Folge (Zeitpunkt t = 5) steigt nun das Zinsniveau derart an, dass sich der Tagesgeldzins um 4 % und somit auf 9 % erhöht. Dies hat zur Konsequenz, dass der elastizitätsorientierte Einstandszins um 2,4 % auf 8,6 % (= 0,6 · 9 % + 0,4 · 8 %) ansteigt. Wird nun zu diesem neuen Einstandszins die angestrebte Marge von 1,5 % addiert, so ergibt sich ein neuer Kundenzins in Höhe von 10,1 %, der bei Gültigkeit der Elastizitätsprämisse prinzipiell auch am Markt durchgesetzt werden kann.

Für Geschäfte des Typs IIa, für die eine **endfällige** Tilgung vereinbart wurde, ergibt sich in der Praxis unter Umständen ein Problem, wenn der Kunde eine Prolongation des auslaufenden Engagements verlangt. Unterstellt man im vorgenannten Beispiel, dass im Zeitpunkt der Fälligkeit des Hypothekengeschäfts nach fünf Jahren ein deutlich höheres Zinsniveau herrscht als im Kontrahierungszeitpunkt, schlägt sich dies in einer höheren Verzinsung der elastizitätsorientierten Opportunität bzw. des elastizitätsorientierten Gegengeschäfts für das Prolongationsgeschäft nieder. Grund hierfür ist die sprunghafte Verteuerung des Festzinsanteils des GKM-Geschäfts im Vergleich zum Ursprungsgeschäft.

Will die Bank nun die gleiche Konditionsmarge bei der Prolongation erzielen wie im Ursprungsgeschäft, müsste sie den durch den Festzinsanteil bewirkten Anstieg des GKM-Zinssatzes in der Konditionsverhandlung mit dem Kunden durchsetzen. Eine derartige sprunghafte Anhebung der Kreditkondition lässt sich in der Praxis vermutlich kaum durchsetzen. Insbesondere dann, wenn unterstellt wird, dass unmittelbar vor Fälligkeit des Ursprungsgeschäfts keine gravierenden Marktzinsänderungen mehr aufgetreten sind und somit davon auszugehen ist, dass alle vergangenen Zinsänderungen bereits in der (variablen) Kondition berücksichtigt wurden.

Um dieses Problem, das letztlich zu Konditionsveränderungen im Prolongationszeitpunkt führen würde, die so für den Kunden nicht nachvollziehbar wären, von vornherein zu vermeiden, müsste das Konzept des elastizitätsorientierten Opportunitätszinssatzes modifiziert werden. Anstelle des im Kontrahierungszeitpunkt des Ursprungsgeschäfts gültigen Festzinssatzes könnte beispielsweise ein **gleitender Durchschnitt** des für den Festzinsteil der Opportunität relevanten GKM-Laufzeitzinses im Sinne einer Poolbildung ins Kalkül einfließen. Während der Laufzeit des Ursprungsgeschäfts ließe sich dieser durchschnittliche Zinssatz des Festzinsblocks des GKM-Geschäfts laufend fortschreiben, sodass für den Fall einer am Ende der Laufzeit anstehenden Prolongation keine sprunghafte Anpassung des Bewertungszinses und damit des Kundenzinses mehr notwendig wäre. Vielmehr würden während der Laufzeit des Ursprungsgeschäfts auftretende Marktzinsänderungen durch die Fortschreibung des Durchschnittszinses auch im Festzinsanteil der Opportunität berücksichtigt und in der Konditionengestaltung weitergegeben, was letztlich einer Vorwegnahme des sonst notwendigen sprunghaften Konditionenanstiegs im Prolongationszeitpunkt gleichkäme.

Zu beachten ist allerdings, dass die Elastizität der Opportunität nicht mehr der ursprünglich angenommenen Elastizität der Kundenkondition entspricht. Ursache für diese Elastizitätsinkongruenz ist die im Rahmen der Poolbildung vorgenommene Durchschnittsbetrachtung im Festzinsblock der Opportunität, die bewirkt, dass die Elastizität im Festzinsblock während der Laufzeit des Ursprungsgeschäfts größer null ist. Damit die Marktbereiche dennoch ihre Konditionsmargen im Zeitablauf des Ursprungsgeschäfts konstant halten können, müssten sie ihre Kundenkonditionen entsprechend der nunmehr (höheren) Elastizität der Gesamtopportunität anpassen.

Die zweite Möglichkeit besteht darin, dass alternativ zu kalkulatorisch geschätzten Zinselastizitäten diese auch effektiv durch gestaffelte Tranchen der Opportunität bzw. des Gegengeschäfts abgebildet und auf das Kundengeschäft übertragen werden können. Ein Beispiel für ein solches, controllingbasiertes Produkt stellt die Portfoliohypothek der schweizerischen UBS AG dar. In Abbildung 31 ist für die Variante des 3-Jahres-Portfolios die Konstruktion des Bewertungszinses dargestellt, der sich an den realen Refinanzierungsmöglichkeiten über ein **Replikationsportfolio** orientiert. Der Kreditbetrag wird in zwölf Tranchen zerlegt, sodass ein Portfolio aus 12 „kleinen" 3-Jahres-Festhypotheken entsteht. Für die Bestimmung des GKM-Zinses wird die gleiche Aufteilung vorgenommen. Diese Tranchen sind so gestaffelt, dass alle drei Monate eine Tranche frei wird und diese sofort durch eine neue zu aktuellen Marktbedingungen – d. h. zum aktuell gültigen 3-Jahres-GKM-Zins – ersetzt wird. Der GKM-Opportunitäts- bzw. Refinanzierungszins für das Produkt ergibt sich also aus dem Durchschnitt der einzelnen Bewertungszinsen der Tranchen. Das Produkt wird mit einer konstanten Konditionsmarge kalkuliert, sodass der Kundenzins jeweils in gleichem Umfang wie der GKM-Zins alle drei Monate angepasst wird. So wird die Zinselastizität des GKM-Geschäfts, die sich aus der Zinsanpassung ergibt, auf das Kundengeschäft übertragen.

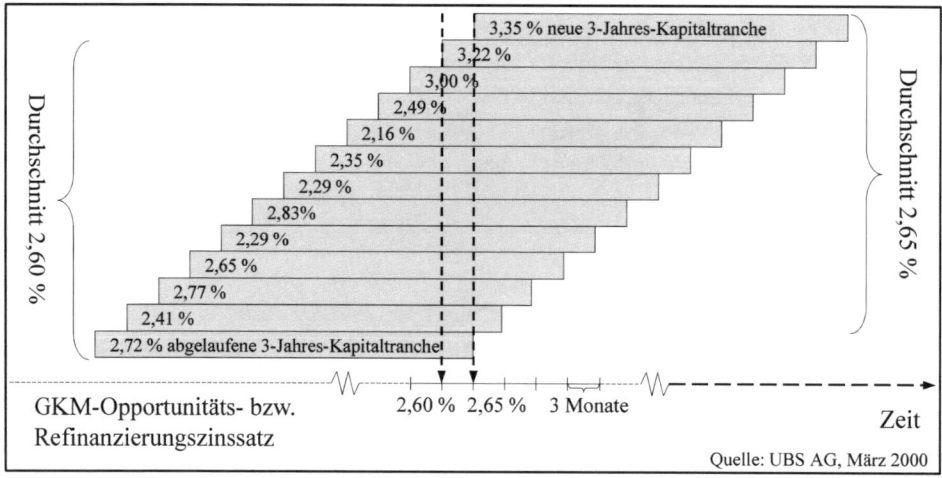

Abb. 31: Bestimmung des elastizitätsorientierten Einstandszinses am Beispiel der Portfoliohypothek der UBS in der Variante des 3-Jahres-Portfolios

Bei Geschäften des **Typs IIb** ist die im Kontrahierungszeitpunkt vereinbarte variable Kapitalbindung bei der Konstruktion der elastizitätsorientierten Opportunität bzw. des elastizitätsorientierten Gegengeschäfts zu beachten. Handelt es sich bei dem zu kalkulierenden Geschäft nicht mehr – wie in unserem Beispielfall – um ein endfälliges Engagement, sondern um ein variabel verzinsliches Tilgungsdarlehen mit recht hohen Tilgungsraten, ist das Elastizitätskonzept um die Bildung von Refinanzierungstranchen innerhalb des Festzinsblocks der Marktgeschäfte zu erweitern. Die Zerlegung in einzelne Refinanzierungstranchen erfolgt dabei analog zum Typ Ib, um dem bekannten Kapitalverlauf des Kundengeschäfts Rechnung zu tragen.

Um auch für Geschäfte des **Typs IIc**, die sich von den IIa- bzw. IIb-Geschäften durch ihre im Kontrahierungszeitpunkt unbekannte (tatsächliche) Kapitalbindung unterscheiden, ein adäquates Geld- und Kapitalmarktgeschäft zu konstruieren, muss eine **Ablauffiktion** unterstellt werden, die den vermuteten Kapitalverlauf der Position wiedergibt. Damit wird dem Problem des Fehlens des formellen Geschäftsbeginns und -endes Rechnung getragen. Zudem wird die unterstellte durchschnittliche Fristenqualität der zu kalkulierenden Position in der Marktopportunität berücksichtigt.

Anhand von **Spareinlagen** mit vereinbarter Kündigungsfrist soll die Vorgehensweise zur Konstruktion der Marktopportunität bzw. der GKM-Anlage für Typ-IIc-Geschäfte kurz erläutert werden. Für die Spareinlagen wird eine Zinsanpassungselastizität von 0,2 bei einem Einlagebetrag von 100.000 EUR unterstellt. Des Weiteren wird angenommen, dass 20 % der eingelegten Mittel 1 Jahr nach Einzahlung abgerufen werden sowie weitere 20 % nach zwei, drei und vier Jahren. Auf Basis der Elastizität und der den angenommenen Kapitalverlauf abbildenden Ablauffiktion lässt sich analog zu den bereits diskutierten Kundengeschäften des Typs IIa bzw. IIb das GKM-Geschäft konstruieren. Im Gegensatz zu den Geschäften mit vorab vereinbarten Tilgungs- bzw. Rückzahlungsmodalitäten ist für die Spareinlagen die Annahme einer Ablauffiktion notwendig, um die unterstellte Fristenqualität der eingelegten Mittel approximativ erfassen zu können. Die Zinsanpassungselastizität determiniert den Volumenanteil des variabel verzinslichen Anteils und über die Residualgröße den des Festzinsanteils des gesamten GKM-Geschäfts. Innerhalb des Festzinsanteils muss zudem die mittels der Ablauffiktion unterstellte Kapitalbindung der Spareinlagen anteilig mit berücksichtigt werden. Das heißt, im Zeitpunkt nach einem Jahr müssen sowohl innerhalb des variabel verzinslichen Anteils als auch im Festzinsblock des Marktgeschäfts die Volumina jeweils um 20 % reduziert werden, damit das Marktgeschäft insgesamt weiterhin eine Elastizität von 0,2 aufweist. Konkret bedeutet dies im variablen Teil des Marktgeschäfts eine Rückführung des Tagesgeldes um 5.000 EUR. Das Volumen im Festzinsanteil reduziert sich durch die Fälligkeit des 1-Jahres-Geldes um 20.000 EUR, sodass in der Summe die Elastizität des Marktgeschäfts von 0,2 erhalten bleibt. Tabelle 12 zeigt zusammenfassend das Konstruktionsprinzip der elastizitätsorientierten Marktopportunität bzw. des elastizitätsorientierten GKM-Anlagegeschäfts für Spareinlagen des Typs IIc.

Elastizitätsorientierte Opportunität/Anlage	Volumenanteil (in %)	Volumenanteil (in EUR)	GKM-Zinssätze
Variabel verzinslicher Anteil			
• Tagesgeld	20 %	20.000 EUR	5,00 %
Festzinsanteil			
• 1-Jahres-Geld	20 %	20.000 EUR	5,60 %
• 2-Jahres-Geld	20 %	20.000 EUR	6,40 %
• 3-Jahres-Geld	20 %	20.000 EUR	7,20 %
• 4-Jahres-Geld	20 %	20.000 EUR	7,60 %
Summe bzw. Durchschnitt	100 %	100.000 EUR	6,36 %

Tabelle 12: Elastizitätsorientierte Opportunität bzw. Anlage für eine Spareinlage des Typs IIc

Zu betonen ist, dass sich die im Kontrahierungszeitpunkt ermittelte Durchschnittsverzinsung der elastizitätsorientierten Opportunität bzw. Anlage in Höhe von 6,36 % im Zeitablauf verändert. Ursache hierfür sind zum einen die in den angenommenen Verfügungszeitpunkten aus dem Festzinsanteil des Marktgeschäfts jeweils herausfallenden fälligen Festzinstranchen, welche die Durchschnittsverzinsung des Festzinsanteils des GKM-Geschäfts beeinflussen. Zum anderen ist aber auch die im Zeitablauf schwankende Verzinsung des variabel verzinslichen Teils des Marktgeschäfts für die laufende Veränderung des durchschnittlichen GKM-Zinses verantwortlich. Werden die Kundenkonditionen nicht laufend an die Marktzinsveränderungen angepasst, kommt es zu Margenverengungen bzw. -ausweitungen, die von den Marktbereichen zu verantworten sind.

Geschäfte des **Typs IIIa** weisen zwar die gleichen Charakteristika bezüglich Zinszahlungsvereinbarung und Tilgungsmodalitäten auf wie Typ-IIc-Geschäfte. Aufgrund ihres kurzfristigen Charakters wird ihnen jedoch häufig ein auf der formell juristischen (Mindest-)Laufzeit basierender Markteinstandszins zugeordnet. Durch diese Vorgehensweise vereinfacht sich die Kalkulation der Typ-IIIa-Geschäfte im Vergleich zu einer alternativen Behandlung als Typ-IIc-Geschäfte erheblich. Die im **Typ IIIb** zusammengefassten sonstigen Aktiv- und Passivpositionen sind demgegenüber häufig hinsichtlich ihrer Fristigkeit nicht determiniert, sodass auch hier der Zahlungsstrom der Position im Kalkulationszeitpunkt unsicher ist. Als Kriterium zur Bestimmung des Markteinstandszinssatzes wird hier ebenfalls die formell juristische bzw. die technische (Mindest-)Laufzeit herangezogen.

Im Gegensatz zu den Spareinlagen mit vereinbarter Kündigungsfrist werden (normale) Spareinlagen mit kurzer Kündigungsfrist häufig als sogenannte **Typ-IIIa**-Geschäfte interpretiert. Daneben werden auch Sichteinlagen sowie Kontokorrentkredite innerhalb dieser Geschäftstypologie erfasst. Problematisch ist auch bei diesen Geschäften der i. d. R. fehlende Abschlussstichtag (und damit die Unmöglichkeit, einen festen Laufzeitzins vorzugeben) sowie die mangelnde Fristenkontur. Im Vergleich zu den Geschäften des Typs IIc sind sie jedoch deutlich kurzfristiger (durchschnittliche Laufzeit: drei Monate), sodass bei Festlegung der GKM-Zinsen für Geschäfte dieses Typs grundsätzlich ihre formelle (juristische Mindest-)Laufzeit in den Vordergrund rückt. Für Sichteinlagen und Kontokorrentkredite, die in engem Zusammenhang zum Zahlungsverkehr stehen und täglich abrufbereit sind, wird daher als GKM-Opportunität bzw. Gegengeschäft sinnvollerweise das Tagesgeld herangezogen. Dagegen sind z. B. Spareinlagen mit gesetzlicher Kündigungsfrist vorzugsweise mit dem 3-Monats-Zins zu bewerten (vgl. Tabelle 13).

Tendenziell sind die Konditionsmargen dieser Geschäfte vom Typ IIIa ebenso variabel wie die der Geschäfte vom Typ II, sofern Marktzinsänderungen, die sich zwangsläufig in den recht kurzfristigen Bewertungszinsen niederschlagen, bei diesen Geschäften häufig nicht an die Kunden weitergegeben werden können oder sollen. So sind etwa bei Sichteinlagen Anpassungen in den Konditionen eher die Ausnahme, sodass Änderungen in den Tagesgeldsätzen die Margen stets beeinflussen werden. Abgeschwächt gilt dies auch für die normalen Spareinlagen, wohingegen für Kontokorrentkredite eher die Tendenz besteht, die Konditionen zur Aufrechterhaltung einer bestimmten Marge anzupassen.

	Produkte/Position	GKM-Zins
Typ IIIa	Spareinlagen mit kurzer Kündigungsfrist (sofern nicht bereits über das Elastizitätskonzept erfasst)	z. B. 3-Monats-Zins (ggf. revolvierend in drei Tranchen unter Einbezug der frei disponiblen Bezüge)
	Sichteinlagen Kontokorrentkredite (sofern nicht bereits über das Elastizitätskonzept erfasst)	Tagesgeldzins (ggf. als gleitender Monatsdurchschnitt)
Typ IIIb	Eigenkapital Sachanlagen	Bei erstmaliger Anwendung der Marktzinsmethode (sofern keine Daten zur Bestandsentwicklung vorliegen sowie im Gründungsjahr): Bildung von 10 Tranchen und Bewertung dieser entweder mit den aktuellen Sätzen für 1-, 2-, 3-, ..., 10-Jahres-Geld oder mit den historischen Sätzen für 10-Jahres-Geld Danach: Jährliche Hinzufügung einer Tranche in der Größenordnung des Zuwachses an Eigenkapital/Anlagevermögen (einschließlich der neu zu disponierenden, frei gewordenen Tranchen) und Bewertung dieser mit dem aktuellen 10-Jahres-(Fest-)Zins
	Barreserve	null
	Rückstellungen	Je nach wirtschaftlichem Gehalt entweder wie laufzeitäquivalentes Fremdkapital oder wie Eigenkapital

Tabelle 13: Opportunitätskonstruktionen bei Geschäften des Typs IIIa und IIIb

Alternativ zu der an der formellen juristischen Laufzeit orientierten Konstruktion der Marktgeschäfte für Geschäfte des Typs IIIa wäre auch hier eine explizite Abbildung der angenommenen durchschnittlichen Fristenqualität dieser Geschäfte im Rahmen eines aus mehreren Teiltranchen bestehenden GKM-Geschäfts denkbar, wie dies bereits für Geschäfte des Typs IIc diskutiert wurde. Für Spareinlagen mit kurzer (z. B. gesetzlicher) Kündigungsfrist, Kontokorrentkredite und Sichteinlagen ist im Kontrahierungszeitpunkt die Kapitalbindung unbekannt, sodass ähnlich wie bei den längerfristigen Spareinlagen des Typs IIc Ablauffiktionen zur Abbildung der angenommenen Fristenqualität benötigt werden. Auf Basis historischer Schätzungen könnte die kalkulierende Bank auch für Sichteinlagen, Kontokorrentkredite und kurzfristige Spareinlagen repräsentative Kapitalverläufe approximieren und dadurch deren durchschnittliche Fristenqualität in das Marktzinskalkül integrieren. Unter Berücksichtigung des für Geschäfte des Typs II angewendeten Zinselastizitätskonzepts ließen sich mithilfe dieser Ablauffiktionen wiederum Marktgeschäfte konstruieren, die einerseits das beobachtete Zinsanpassungsverhalten der Kundenposition und andererseits den für diese Geschäfte unterstellten Kapitalverlauf nachbilden (vgl. S. 248 ff.). Entscheidet sich die Bank für dieses Konstruktionsprinzip des GKM-Geschäfts, werden aus den Geschäften des Typs IIIa faktisch Typ-IIc-Geschäfte.

Zu den Positionen des **Typs IIIb** zählen sonstige Aktiv- und Passivpositionen wie z. B. das Eigenkapital, Sachanlagen, Rückstellungen und die Barreserve. Für die Anwendung der Marktzinsmethode auf diese sonstigen Bilanzpositionen ist strikt der Opportunitätsgedanke bei der Konstruktion von Geld- und Kapitalmarktgeschäften anzuwenden. Es geht also darum, im Opportunitätsgeschäft die Fristigkeitenstruktur dieser Positionen abzubilden, weshalb hier die Laufzeit das Zuordnungskriterium darstellt.

Die Positionen **Sachanlagen und Eigenkapital** weisen typischerweise relativ unspezifische Fristenstrukturen auf. Aus diesem Grund bietet sich bei erstmaliger Anwendung der Markt-zinsmethode – sofern keine Daten über die Entwicklung dieser Bestandspositionen vorliegen – sowie im Gründungsjahr einer Bank die Bildung von 10 Tranchen an, die entweder mit den aktuellen Zinssätzen für 1-, 2-, 3-, …, 10-Jahres-Geld- und Kapitalmarktgeschäfte oder aber mit den historischen 10-Jahres-GKM-Zinssätzen bewertet werden. In den darauf folgenden Jahren werden Veränderungen (einschließlich frei werdender Tranchen) des Eigenkapitals bzw. Anlagevermögens durch zusätzliche Tranchen in Höhe des Zuwachses berücksichtigt. Aufgrund der i. d. R. doch längerfristigen Struktur dieser Bilanzpositionen werden für diese „neuen" Tranchen die dann jeweils gültigen aktuellen 10-Jahres-(Fest-)Zinssätze angesetzt. Der Bewertungszins ergibt sich dann als Durchschnittszins der für die einzelnen Tranchen angesetzten GKM-Zinssätze. Für die **Barreserve** wird aufgrund der gesetzlich geregelten Bar-haltungspflicht stets ein Marktzins von null herangezogen. Dagegen hat die Bewertung von **Rückstellungen** je nach ihrem wirtschaftlichen Gehalt – im Grenzfall sogar wie Eigenkapital – zu erfolgen (vgl. Tabelle 13).

Betrachtet man nun zusammenfassend **die Anpassungsregeln bzw. Bewertungsmaßstäbe im Falle von Marktzinsänderungen** für die Typen I, II und III, so wird deutlich, dass hier erheb-liche Unterschiede bestehen, welche die vorgestellte Typologisierung untermauern. Für **Typ-I**-Produkte gilt, dass für ihre Bewertung die am Abschlussstichtag gültigen GKM-Sätze Verwen-dung finden und für die gesamte Dauer der Zinsbindung gelten. Wie bereits erläutert wurde, können somit auch keine Veränderungen im Konditionsbeitrag, der bekanntlich den Marktbe-reichen zugerechnet wird, auftreten. Er ist daher bei Geschäften dieses Typs als fix zu bezeich-nen. Abweichend davon gilt für Produkte des **Typs II**, dass die kurzfristigen Geldmarktsätze nach festgelegten Modalitäten laufend angepasst werden. Auf diese Weise wird der notwen-dige Anpassungsimpuls für die Kundenkonditionen auch im Altgeschäft generiert. Falls jedoch die Konditionen nicht oder nicht gleichzeitig gemäß den neuen Marktsätzen angepasst werden, ist damit stets eine Veränderung des Konditionsbeitrags verbunden. Für die Geschäfte des **Typs III** bewirkt die Anpassung der Marktzinssätze, dass Änderungen in der Marktbewer-tung zeitnah abgebildet werden.

Zu entscheiden ist insbesondere für Geschäfte des Typs II, wie häufig diese Veränderungen im Rechenwerk erfasst werden. Theoretisch ideal wäre eine jederzeitige Anpassung der GKM-Sätze an die Situation auf den Finanzmärkten, die im Zweifel sogar mehrfach am Tag stattfin-den müsste. Dies ist aber unzweifelhaft weder praktikabel noch unter wirtschaftlichen Gesichts-punkten vertretbar. Letztlich wird man solche kurzfristigen Anpassungsmöglichkeiten nur im Geldhandel oder im Wertpapierbereich mit entsprechendem Nutzen vorzusehen haben. Im nor-malen Kundengeschäft wird eine ausreichend aktuelle Steuerung noch möglich sein, wenn die Marktsätze etwa in einem wöchentlichen Rhythmus angepasst werden. Dies hat den Vorteil, dass solche Anpassungen mit den wöchentlichen Sitzungen der Geschäftsleitung, in denen über die Geschäftspolitik beraten wird, gekoppelt werden können, die Geschäftsleitung also vom Rechnungswerk her „gezwungen" wird, einmal wöchentlich über die Konditionenpolitik der Bank nachzudenken. Der Nachteil solcher zeitlich fixierten Anpassungen besteht – je nach zeit-lichem Rhythmus – jedoch darin, dass unter Umständen nicht rechtzeitig genug auf kurzfristige Marktzinsänderungen reagiert werden kann. Diese Gefahr kann umgangen werden, indem unabhängig von zeitlichen Rhythmen bestimmte Veränderungsraten definiert werden, deren Erreichen als Impuls für die Korrektur der Einstandssätze gilt. Die Festlegung der Höhe der

Veränderungsraten erfolgt dabei produktbezogen. So ist etwa die Veränderungsrate für Festgelder eine andere als die für Spareinlagen. Als Nachteil dieses Anpassungsverfahrens ist anzuführen, dass sich die Kundenbetreuer hierbei nicht mehr auf feste zeitliche Anpassungsrhythmen verlassen können, sondern dass sie nun jederzeit mit Änderungen rechnen müssen.

Die vorgestellten Anpassungsregeln und Zuordnungsprinzipien ermöglichen die Konstruktion von marktnahen GKM-Opportunitäten bzw. Gegengeschäften für die im Wertbereich der Bank gängigen Kundengeschäfte. Dabei wird insbesondere den spezifischen Zinszahlungsmodalitäten sowie den Fristenqualitäten zinstragender Kundengeschäfte über die entsprechende Konstruktion der Marktgeschäfte adäquat Rechnung getragen. Von entscheidender Bedeutung für die Kalkulation ist somit, dass die zu konstruierenden Marktgeschäfte die Produkteigenschaften des kalkulierten Kundengeschäfts möglichst exakt nachbilden, um entscheidungsorientierte Ergebnisinformationen auf Einzelgeschäftsebene zu generieren.

(c) Berücksichtigung von Optionscharakteristika

Neben den Produktmerkmalen Verzinsung, Kapitalbindung und Laufzeit bzw. Zinsbindungsdauer, die bei der Ermittlung von Markteinstandszinssätzen eine wesentliche Rolle spielen, existieren im Kundengeschäft der Banken noch weitere Produktcharakteristika, die im Rahmen der Einzelgeschäftskalkulation zu erfassen sind. Dabei handelt es sich um Produkteigenschaften, deren Wirksamkeit vom Eintritt eines bestimmten zukünftigen Umweltzustands abhängig ist. Beispiele für derartige Produktcharakteristika sind (vorzeitige) Kündigungsrechte, die der Bank oder dem Kunden eingeräumt werden, oder die Vereinbarung von Zinsober- bzw. -untergrenzen im variabel verzinslichen Geschäft. In beiden Fällen hängt die Wirksamkeit der Vereinbarung von der zukünftigen Zinsentwicklung ab, wodurch letztlich auch die Zahlungsreihen der zu kalkulierenden Einzelgeschäfte als zustandsabhängig und damit im Kontrahierungszeitpunkt als unsicher zu interpretieren sind.

Die beschriebenen Produkteigenschaften, die in ihrer Wirkung auf den Zahlungsstrom vom Eintritt bestimmter Umweltzustände in der Zukunft abhängen, entsprechen ihrem Wesen nach Optionsrechten, deren Zahlungsstrom bekanntlich ebenfalls zustandsabhängig ist, sogenannte contingent claims. Derartige Produktcharakteristika sind im Rahmen der Opportunitäts- bzw. Gegengeschäftskonstruktion als Option zu interpretieren und mithilfe der Bewertungsansätze der Optionspreistheorie in das Kalkül zu integrieren. Ein Beispiel soll die grundsätzliche Vorgehensweise bei der Berücksichtigung von Optionscharakteristika in der Einzelgeschäftskalkulation kurz verdeutlichen.

Betrachtet wird eine von Banken häufig zu Refinanzierungszwecken begebene (vorzeitig) kündbare Inhaberschuldverschreibung. Die emittierende Bank hat das Recht, zu einem (oder mehreren) im Voraus festgelegten Termin(en) die Anleihe zu kündigen und zu einem ebenfalls vorab festgelegten Kurs zurückzuzahlen.

Die beschriebene Kündigungsanleihe lässt sich gedanklich in zwei Teilpositionen zerlegen. Die erste Teilposition besteht aus der Schuldverschreibung ohne Berücksichtigung des Kündigungsrechts, während die zweite Position das Kündigungsrecht beinhaltet.

Die Beurteilung der ersten Teilposition, der Festzinsanleihe ohne Kündigungsrecht(e), ist mithilfe der Marktzinsmethode problemlos möglich, da sowohl der (feste) Positionszins als auch die (konstante) Kapitalbindung und damit der Zahlungsstrom bekannt sind. Im Kontext der zuvor definierten Zuordnungsprinzipien handelt es sich bei dieser Teilposition um ein Geschäft des Typs Ia. Die Marktopportunität bzw. das GKM-Gegengeschäft zur Festzinsanleihe ohne Kündigungsrecht entspricht demzufolge einem laufzeitäquivalenten Geld- und Kapitalmarktgeschäft. Das Kündigungsrecht der Bank wird bei der Bewertung des Kundengeschäfts als Optionsrecht abgebildet und mithilfe der Optionspreistheorie bewertet, sodass die Opportunität resp. das Gegengeschäft für die kündbare Anleihe aus dem laufzeitäquivalenten GKM-Geschäft und dem Optionskontrakt auf die Anleihe besteht. Durch die explizite Berücksichtigung der Kündigungsklausel im Marktgeschäft unterscheidet sich der Ergebnisbeitrag der kündbaren von dem einer unkündbaren Anleihe. Da das Kündigungsrecht der emittierenden Bank zusteht, liegt der Ergebnisbeitrag der kündbaren Anleihe genau um den Wert des Verfügungsrechts über dem der Vergleichsanleihe ohne Kündigungsklausel.

Das Beispiel macht deutlich, dass mithilfe der Optionspreistheorie innovative Produktcharakteristika im Einzelgeschäftskalkül abgebildet werden können, die im Kontrahierungszeitpunkt zu unsicheren, zustandsabhängigen Zahlungsströmen führen (vgl. S. 260 ff.). Die Optionspreistheorie kann somit das vorgestellte Kalkulationsinstrumentarium der Marktzinsmethode ergänzen.

(2) Marktzinsorientierte Erfolgsquellenanalyse bei schwankenden Zinssätzen

Wie sich schwankende Zinssätze alternativ auf die Ergebnisbeiträge von Geschäften des Typs I und II auswirken, soll im Folgenden anhand der beschriebenen Anpassungsregeln demonstriert werden. Basis ist die folgende, stark vereinfachte Zinsertragsbilanz (vgl. Abbildung 32).

Zunächst wird unterstellt, dass eine Bank zu Beginn einen vierjährigen Festzinskredit (Typ Ia) vergibt und diesen mit einer gleichzeitig abgeschlossenen 3-Monats-Kundeneinlage (Typ Ia) refinanziert. Die Bank betreibt also Fristentransformation. Um den Kredit überhaupt liquiditätsmäßig darstellen zu können, muss die Kundeneinlage alle drei Monate prolongiert oder aber durch andere Kundengelder substituiert werden. Der Kundenkreditzins beläuft sich auf 9,5 % und der Kundeneinlagenzins auf 5,5 %. Insgesamt würde die Bank bei einem Volumen von 10.000 EUR einen Zinsüberschuss in Höhe von 400 EUR erzielen.

Da die fristenäquivalente Alternativrendite für eine 4-Jahres-Geldanlage 8,5 % beträgt, erwirtschaftet der Kundenkredit eine Konditionsmarge in Höhe von 1 % bzw. einen Konditionsbeitrag in Höhe von 100 EUR. Passivisch hätte die Bank alternativ 3-Monats-Geld am Geld- und Kapitalmarkt zu einem Satz in Höhe von 6,9 % aufnehmen müssen. Mit der Kundeneinlage erzielt sie also einen Kostenvorteil in Höhe von 1,4 % (Konditionsmarge) bzw. von 140 EUR (Konditionsbeitrag). In dem Zinsüberschuss in Höhe von 400 EUR sind also insgesamt 240 EUR enthalten, die allein aufgrund der Kundengeschäfte im Vergleich zu den äquivalenten Marktgeschäften entstanden sind und sich durch den Abschluss entsprechender GKM-Gegengeschäfte realisieren ließen.

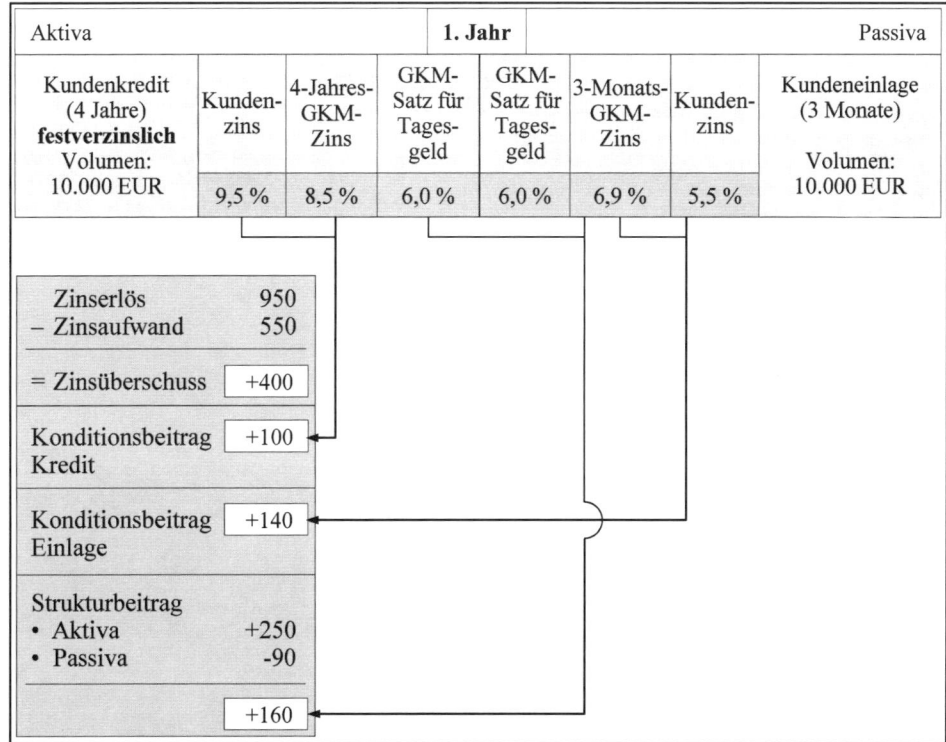

Aktiva				1. Jahr				Passiva
Kundenkredit (4 Jahre) **festverzinslich** Volumen: 10.000 EUR	Kunden-zins	4-Jahres-GKM-Zins	GKM-Satz für Tages-geld	GKM-Satz für Tages-geld	3-Monats-GKM-Zins	Kunden-zins	Kundeneinlage (3 Monate) Volumen: 10.000 EUR	
	9,5 %	8,5 %	6,0 %	6,0 %	6,9 %	5,5 %		

Zinserlös	950
– Zinsaufwand	550
= Zinsüberschuss	+400
Konditionsbeitrag Kredit	+100
Konditionsbeitrag Einlage	+140
Strukturbeitrag • Aktiva • Passiva	+250 -90
	+160

Abb. 32: Erfolgsquellenrechnung für das erste Jahr (Festzinskredit)

Allein durch das Ausnutzen der Zinsstruktur am Geld- und Kapitalmarkt hätte die Bank mit der vorliegenden Fristentransformation ohne die Kundengeschäfte einen Strukturbeitrag in Höhe von insgesamt 160 EUR – also die zum Zinsüberschuss in Höhe von 400 EUR noch fehlende Differenz – erwirtschaftet. Aufgrund der längerfristigen Anlage auf der Aktivseite und der Gültigkeit einer normalen Zinsstruktur erhält die Bank eine Laufzeitprämie von 250 EUR. Sie hat gleichzeitig jedoch wegen der längerfristigen Refinanzierung durch Termineinlagen anstelle von Tagesgeld auf der Passivseite eine Laufzeitprämie in Höhe von 90 EUR zu entrichten.

In einem ersten Schritt sollen nun die Auswirkungen eines Zinsanstiegs, der genau nach Ablauf eines Jahres stattfindet und für die gesamte Dauer des zweiten Jahres unverändert Gültigkeit besitzt, auf die einzelnen Ergebniskomponenten betrachtet werden (vgl. Abbildung 33).

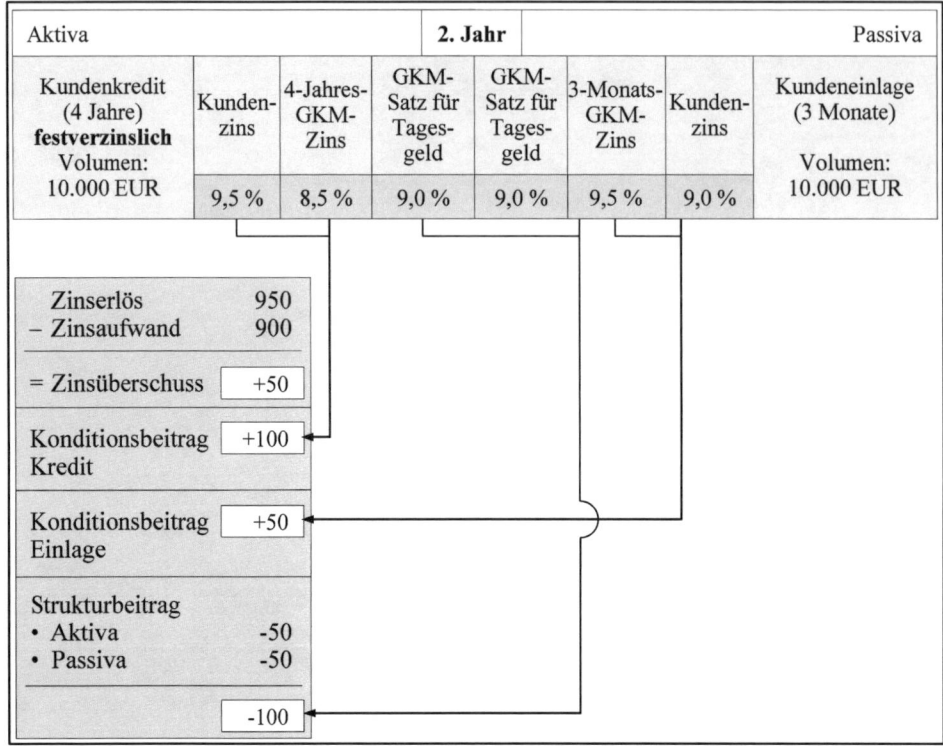

Aktiva					2. Jahr			Passiva
Kundenkredit (4 Jahre) **festverzinslich** Volumen: 10.000 EUR	Kunden-zins	4-Jahres-GKM-Zins	GKM-Satz für Tages-geld	GKM-Satz für Tages-geld	3-Monats-GKM-Zins	Kunden-zins		Kundeneinlage (3 Monate) Volumen: 10.000 EUR
	9,5 %	8,5 %	9,0 %	9,0 %	9,5 %	9,0 %		

Zinserlös	950
– Zinsaufwand	900
= Zinsüberschuss	+50
Konditionsbeitrag Kredit	+100
Konditionsbeitrag Einlage	+50
Strukturbeitrag • Aktiva • Passiva	-50 -50
	-100

Abb. 33: Erfolgsquellenrechnung für das zweite Jahr nach Zinsänderung (Festzinskredit)

Es wird angenommen, dass der Tagesgeldzins von 6 % auf 9 % steigt, der Einlagenzins sich von 5,5 % auf 9 % verändert und der entsprechende GKM-Satz sich von 6,9 % auf 9,5 % erhöht. Der Einlagenzins kann in dieser Situation angepasst werden, da der Zinsanstieg genau ein Jahr nach Abschluss der Kundengeschäfte erfolgt und daher mit dem Zeitpunkt der Einlagenprolongation zusammentrifft. Üblicherweise finden Neukonditionierungen bei Laufzeitende immer dann statt, wenn sich die Marktzinssituation verändert hat. Da jedoch bei Festzinsvereinbarungen grundsätzlich keine Zinsanpassungen während ihrer Laufzeit erfolgen können, verbleibt der Zins des vierjährigen Kundenkredits unverändert bei 9,5 %. Als Bewertungsmaßstab gilt weiterhin der am Abschlussstichtag bzw. zum Zeitpunkt der Darlehenszusage geltende GKM-Satz in Höhe von 8,5 %.

Die Höhe des gesamten Zinsüberschusses hat sich von 400 EUR auf 50 EUR reduziert. Der aktivische Konditionsbeitrag verharrt aufgrund der Konstanz von Kunden- und GKM-Zins unverändert bei 100 EUR. Die Ursachen der Überschussminderung sind demnach im Konditionsbeitrag der Einlage und im Strukturbeitrag zu suchen.

Während der passivische Konditionsbeitrag im ersten Jahr 140 EUR betrug, hat er sich im zweiten Jahr auf 50 EUR, also um fast 65 % verringert, da die Differenz zwischen fristenäquivalentem GKM-Zins und vergütetem Kundenzins von 1,4 % auf 0,5 % gesunken ist. Der Zinsanstieg wurde überproportional an den Kunden weitergegeben. Dies ging zulasten des Konditionsbeitrags. Die Verantwortung für diese Reduktion ist unbestreitbar dem Marktbereich zuzuweisen.

In Höhe der Veränderungsdifferenz von 0,9 % (= 1,4 % – 0,5 %) verliert die Bank somit an Zinsvorteil bei der Einlage. Konsequenterweise beträgt der Gesamt-Konditionsbeitrag von Kredit- und Einlagengeschäft nach der Zinsänderung nur noch 150 EUR, während vor der Zinsänderung noch ein Betrag in Höhe von 240 EUR realisiert werden konnte.

Berücksichtigt man, dass der gesamte Zinsüberschuss in Höhe von 50 EUR geringer ist als die Summe aus aktivischem und passivischem Konditionsbeitrag (100 EUR + 50 EUR), so wird deutlich, dass die Bank aus dem „reinen" Kundengeschäft mehr als den gesamten Zinsüberschuss verdient hat. Der Strukturbeitrag übt also einen ergebnisverschlechternden Einfluss aus, der sich in seinem Sinken von +160 auf -100 EUR widerspiegelt. Die differenzierte Betrachtung der Komponenten des Strukturbeitrags zeigt jedoch, dass der passivische Ergebnisbeitrag – im Gegensatz zum aktivischen – eine leichte Verbesserung von -90 auf -50 EUR erfährt. Dies ist darauf zurückzuführen, dass sich die Differenz zwischen Tagesgeld- und Bewertungszins von -0,9 % im ersten Jahr auf -0,5 % im zweiten Jahr reduziert, was bedeutet, dass die Zinsstruktur flacher geworden ist. Bei einer normalen Zinsstruktur geht davon stets eine positive Wirkung auf den passivischen Strukturbeitrag aus. Die Höhe des Strukturbeitrags wird letztlich nicht vom Zinsniveau determiniert. Vielmehr hängt sie von der relativen Struktur der Zinssätze zueinander ab, die natürlich auch vom Zinsniveau beeinflusst wird. Bei einer im Wesentlichen unveränderten Zinsstruktur am Geld- und Kapitalmarkt würde der Strukturbeitrag bei gegebener Fristentransformation weitgehend stabil bleiben. Allerdings ist nicht nur die Entwicklung der Marktzinsstruktur für die Zinsabhängigkeit des Ergebnisses maßgebend, sondern in erster Linie die durch spezielle Vereinbarungen bestimmte Zinsstruktur im eigenen Bankgeschäft, was sich ganz deutlich (bei diesem Beispiel) auf der Aktivseite zeigt. Im ersten Jahr konnte durch die Differenz zwischen Tagesgeldzins in Höhe von 6 % und dem Bewertungszins in Höhe von 8,5 % ein Strukturbeitrag von 250 EUR erzielt werden. Diese Differenz sinkt im zweiten Jahr auf -0,5 % (= 8,5 % – 9 %) oder -50 EUR. Der Grund dafür ist in dem konstant bleibenden Bewertungszins zu sehen, der eine „hausgemachte" inverse Zinsstruktur erzeugt. Invers deswegen, weil der kurzfristige Tagesgeldzins von 9 % höher ist als der vierjährige Bewertungszins von 8,5 %, was letztlich aus der speziellen Festzinsvereinbarung zwischen Bank und Kunden und nicht aus marktlichen Gegebenheiten resultiert.

Dass die Zuordnung und Verlagerung des Zinsbindungseffekts auf den Strukturbeitrag entscheidungsgerecht ist, verdeutlicht die Tatsache, dass die Zentrale den Festzinskredit mit 4-Jahres-Geld am Geld- und Kapitalmarkt kongruent hätte refinanzieren und die Mittel in 3-Monats-Geld wieder hätte anlegen können. Der positive Konditionsbeitrag des Festzinskredits wäre auf diese Weise erhalten geblieben, das Festzinsrisiko hätte jedoch ausgeschaltet werden können. Zu beachten ist allerdings, dass in der Ausgangssituation dann auch der Strukturbeitrag null gewesen wäre.

Zusammenfassend hat die Bank aufgrund ihrer Bilanzstruktur- und passivischen Konditionsentscheidung einen Zinsspannenverlust in Höhe von insgesamt 3,5 % bzw. 350 EUR hinnehmen müssen.

In einem weiteren Schritt soll nun die Ergebniswirkung einer Zinserhöhung bei Geschäften des Typs IIa analysiert werden. Zu diesem Zweck wird die zugrunde liegende Ausgangssituation dahin gehend geändert, dass der 4-Jahres-Kundenkredit nun **variabel verzinslich** ist und eine Zinselastizität von 0,6 aufweist. Gemäß der bereits diskutierten Zuordnungsregeln muss das

Marktgeschäft die gleichen Zinsanpassungscharakteristika verkörpern wie das zu kalkulierende Kundengeschäft. Aus diesem Grund setzt sich das in diesem Fall als Vergleichsmaßstab heranzuziehende Marktgeschäft zu 60 % aus Tagesgeld (GKM-Zinssatz Tagesgeld: 6 %) und zu 40 % aus einer vierjährigen GKM-Anlage (GKM-Zinssatz 4-Jahres-Geld: 8,5 %) zusammen, woraus sich ein Mischzins von 7,0 % (= 0,6 · 6 % + 0,4 · 8,5 %) ergibt. Das Marktgeschäft besitzt somit die gleiche Zinselastizität in Höhe von 0,6 wie das zugrunde liegende Produkt. Im Gegensatz zum Festzinskredit beläuft sich der aktivische Konditionsbeitrag auf 250 EUR anstelle von 100 EUR. Der aktivische Strukturbeitrag fällt mit 100 EUR gegenüber der aktivischen Kapitalbindungsprämie des Festzinskredits in Höhe von 250 EUR deutlich niedriger aus. Ursache dafür ist der elastizitätskongruent konstruierte Bewertungszins, der bekanntlich zu 60 % aus Tagesgeld besteht. Bei einer normalen Zinsstruktur ist damit zwangsläufig ein geringerer Bewertungszins verbunden, der auf Marktzinsschwankungen zu 60 % variabel reagiert. Geht man von einer gleich hohen Kundenkondition wie im Festzinsbeispiel aus, so muss die Konditionsmarge des variablen Kredits entsprechend höher sein, wogegen der aktivische Strukturbeitrag eine Reduzierung erfährt, da durch die 60%ige Geldmarktkomponente des Aktivgeschäfts in geringerem Maße Fristentransformation betrieben wird. Die Ergebniskomponenten der Passivseite bleiben zunächst unverändert. Der gesamte Zinsüberschuss verharrt aufgrund der konstanten Höhe von Aktiv- und Passivzins für beide Kundengeschäfte bei 400 EUR (vgl. Abbildung 34).

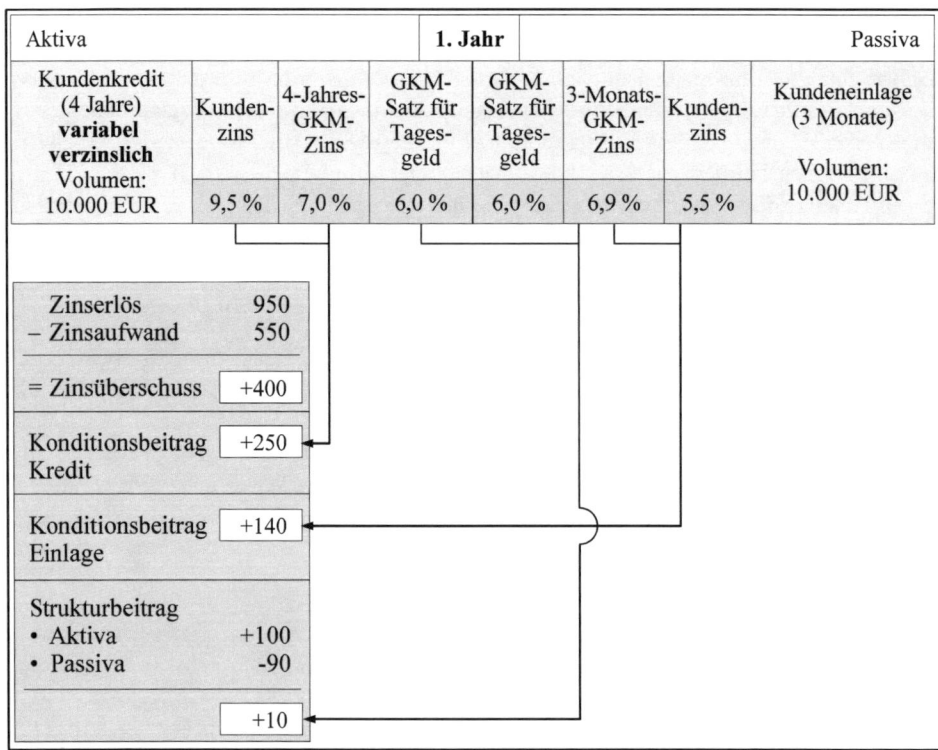

Abb. 34: Erfolgsquellenrechnung für das erste Jahr (variabel verzinslicher Kredit)

Geht man von einem Anstieg des Zinsniveaus im zweiten Jahr aus, kann bei variabler Verzinsung grundsätzlich eine Zinsanpassung im Kundengeschäft erfolgen. Steigt – analog zum Festzinsbeispiel – der Tagesgeldzins auf 9 % an, erhöht sich der elastizitätsorientierte Marktzinssatz für den Kredit auf 8,8 % (= 0,6 · 9 % + 0,4 · 8,5 %). Der Kundenkreditzins soll nun 10,5 % betragen. Passivisch ist – in Übereinstimmung zur Festzinsvariante – der Zinssatz für die Kundeneinlage auf 9,0 % und der GKM-Zinssatz für 3-Monats-Geld auf 9,5 % gestiegen. Aus dieser neuen Konstellation ergeben sich die in Abbildung 35 dargestellten Veränderungen für die Ergebnisrechnung.

Der gesamte Zinsüberschuss sinkt von 400 EUR vor der Zinsänderung auf 150 EUR nach der Zinsänderung. Zwar wird auch hier ein erheblich geringeres Ergebnis als im Vorjahr erzielt, es ist jedoch im Vergleich zum Überschuss der Festzinsvariante von 50 EUR (im zweiten Jahr) bedeutend höher.

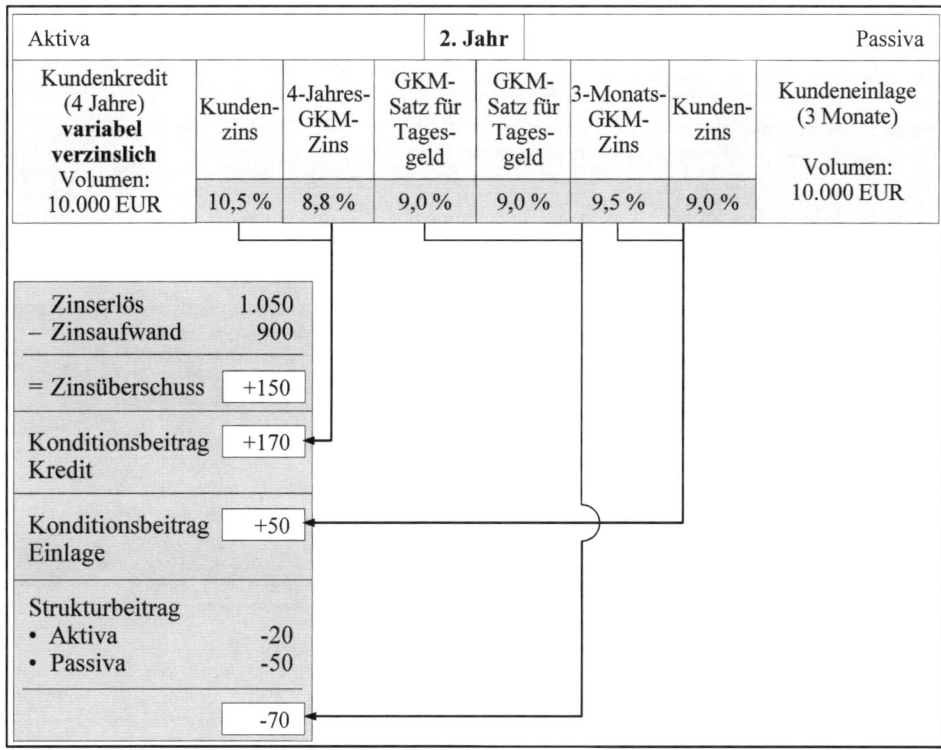

Abb. 35: Erfolgsquellenrechnung für das zweite Jahr nach Zinsänderung (variabel verzinslicher Kredit)

Auch beim variablen Beispiel sind die Ursachen für die Reduktion des Zinsüberschusses unterschiedlicher Natur. Zunächst ist auffällig, dass hier – im Gegensatz zum Festzinskredit – auch eine Veränderung des aktivischen Konditionsbeitrags von 250 auf 170 EUR festzustellen ist. Der Marktbereich nimmt nämlich trotz elastizitätskonformer Steigerung des Bewertungszinses um 1,8 % und der damit zumindest theoretisch gegebenen Möglichkeit, den Konditionsbeitrag des Kredits konstant zu halten, keine entsprechende Erhöhung der Kundenkondition vor. Mit der Anhebung des Kreditzinses um lediglich 1 % ist somit eine Reduktion des aktivischen Konditionsbeitrags um 80 EUR verbunden. Die Gründe hierfür können vielfältig sein, in jedem Fall sind sie der Verantwortung des Marktbereichs zuzuordnen.

Die Auswirkungen der Zinserhöhung auf die Ergebniskomponenten der Passivseite entsprechen denen der Festzinsvariante.

Ein wesentlicher Unterschied betrifft den aktivischen Strukturbeitrag. Während dieser bei der Festzinsvariante um 300 EUR (von +250 auf -50 EUR) sinkt, stellt die Reduzierung um 120 EUR (von +100 auf -20 EUR) bei dem variablen Kredit eine deutlich geringere Ergebniswirkung dar. Verantwortlich für diese „gebremste" Verschlechterung ist der elastizitätskongruente GKM-Zinssatz, der zu 60 % aus dem Tagesgeldzins besteht und daher auf Veränderungen dieses Geldmarktsatzes reagiert. Somit wird die Wirkung der Zinserhöhung auf den aktivischen Strukturbeitrag durch die Verwendung des zinsanpassungskongruenten Mischzinses gemäß der Zinselastizität des Kundengeschäfts teilweise neutralisiert. Trotzdem ist auch hier das Phänomen der „hausgemachten" inversen Zinsstruktur zu beobachten, wenn auch die Konsequenzen erheblich schwächer sind.

Nur erwähnt sei hier, dass die Strukturentscheidung der Bank allein aus dem Blickwinkel der zweiten Zinsperiode nicht abschließend zu beurteilen ist. Ob sich die Fristentransformation „per Saldo" gelohnt hat, lässt sich erst nach Schließen der Position

- entweder durch Fristablauf (d. h. nach vier Jahren) und damit je nach Zinsentwicklung im dritten und vierten Jahr)

- oder durch kompensatorische Gegengeschäfte zu Beginn des dritten Jahres (bzw. später) sagen (vgl. dazu ausführlich S. 186 ff.).

Ausgehend von einem gleich hohen Zinsüberschuss in Höhe von 400 EUR im ersten Jahr werden die Ergebnisveränderungen der beiden Beispielfälle im zweiten Jahr in der nachstehenden Tabelle 14 aufgelistet.

	Fall A festverzinslicher Kundenkredit		Fall B variabel verzinslicher Kundenkredit	
1. Jahr	Konditionsbeitrag Kredit	+100	Konditionsbeitrag Kredit	+250
	Konditionsbeitrag Einlage	+140	Konditionsbeitrag Einlage	+140
	Strukturbeitrag	+160	Strukturbeitrag	+10
	Zinsüberschuss	+400	Zinsüberschuss	+400
Veränderungen im 2. Jahr	Δ Konditionsbeitrag Kredit	0	Δ Konditionsbeitrag Kredit	-80
	Δ Konditionsbeitrag Einlage	-90	Δ Konditionsbeitrag Einlage	-90
	Δ Strukturbeitrag	-260	Δ Strukturbeitrag	-80
	Zinsüberschuss insgesamt	+50	Zinsüberschuss insgesamt	+150

Tabelle 14: Veränderung der Ergebniskomponenten im Zeitablauf

Die Konsequenzen des Zinsanstiegs sind je nach fester (Fall A) oder variabler Verzinsung (Fall B) sehr unterschiedlich. Im Vergleich zum Fall B schneidet der Festzinskredit bezüglich der Strukturbeitragsveränderung aus den genannten Gründen schlechter ab (A: -260 EUR versus B: -80 EUR). Hingegen fällt – wie ebenfalls bereits aufgezeigt wurde – die Reduktion der Konditionsbeiträge beim Fall A geringer aus als bei der variablen Variante (A: -90 EUR versus B: -170 EUR). Trotzdem bleibt der Konditionsbeitrag des Falls B mit 220 EUR – wegen der günstigeren Ausgangssituation – höher als der des Falls A mit 150 EUR. Die Festzinsvereinbarung hat insgesamt zu einem deutlich schlechteren Ergebnis für die Bank geführt als der variabel verzinsliche Kundenkredit.

(3) Marktzinsorientierte Erfolgsquellenanalyse bei schwankenden Wechselkursen

Bei Fremdwährungsgeschäften muss die Kalkulation der einzelnen Ergebniskomponenten realistischerweise nicht nur hinsichtlich der Schwankungen von Marktzinssätzen und Konditionen angepasst werden, sondern zusätzlich auch Veränderungen der Devisenkursparitäten berücksichtigen.

Zur Erläuterung der Integration schwankender Wechselkurse in die Erfolgsquellenrechnung sei vom im vorherigen Abschnitt konstruierten, Geschäfte des Typs Ia in Inlandswährung umfassenden Beispiel ausgegangen. Dieses wird im Folgenden dahin gehend abgeändert, dass das betreffende Finanzinstitut anstelle eines 4-Jahres-Festzinskredits in Inlandswährung (EUR) nun einen Kundenkredit gleicher Zinsbindung in Höhe von 9.091 USD vergibt. Das Kreditvolumen entspricht bei einem zu Beginn der Betrachtungsperiode bei 1,10 EUR/USD notierenden USD-Kurs exakt dem bisherigen Volumen des Euro-Kredits in Höhe von 10.000 EUR, verzinst sich zu 10 % p. a. und wird wiederum mit einer 3-Monats-Kundeneinlage in heimischer Währung (EUR) zu 5,5 % effektivem Jahreszins refinanziert.

Unter der Annahme zunächst konstanter Zinssätze und einer unveränderten Wechselkursnotierung bei 1,10 EUR/USD während der Betrachtungsperiode des ersten Jahres kann die Bank aus dem Kundenkredit in Höhe von 9.091 USD einen Zinsertrag von 909,10 USD bzw. 1.000 EUR erwirtschaften. Passivisch erwächst dem Finanzinstitut aus der Kundeneinlage – wie bisher – ein Zinsaufwand in Höhe von 550 EUR. Insgesamt ergibt sich damit für das erste Jahr ein Zinsüberschuss von 450 EUR, der sich aus folgenden, in Abbildung 36 berechneten Ergebniskomponenten zusammensetzt.

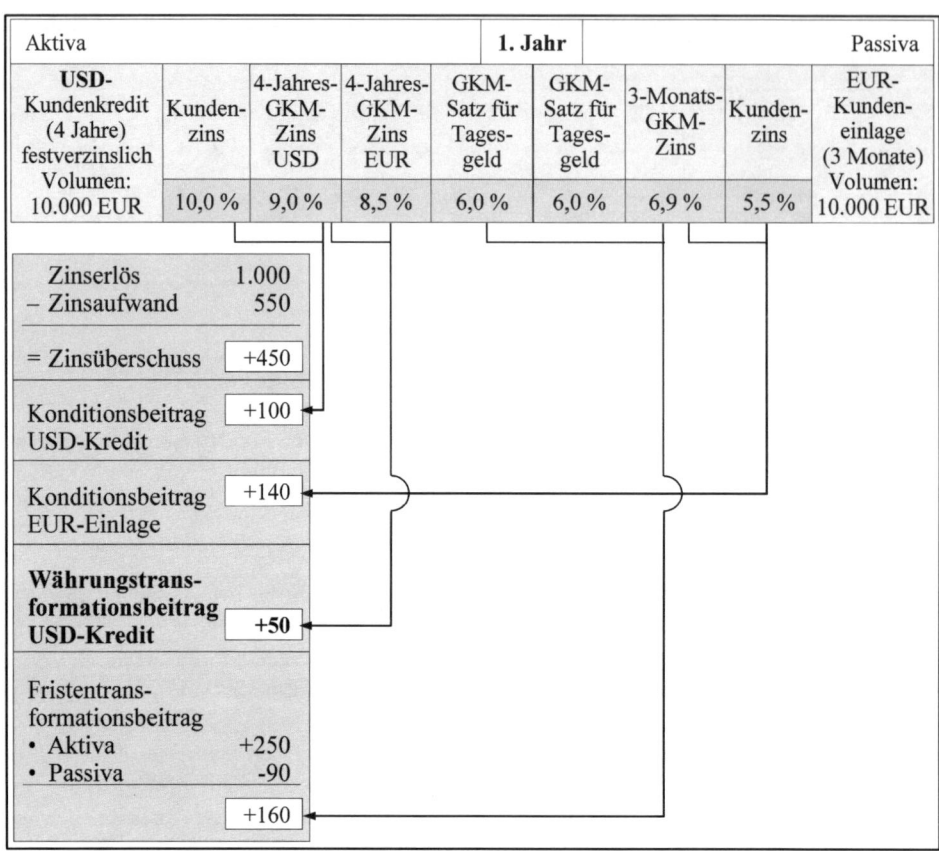

Aktiva				1. Jahr				Passiva
USD-Kundenkredit (4 Jahre) festverzinslich Volumen: 10.000 EUR	Kundenzins	4-Jahres-GKM-Zins USD	4-Jahres-GKM-Zins EUR	GKM-Satz für Tagesgeld	GKM-Satz für Tagesgeld	3-Monats-GKM-Zins	Kundenzins	EUR-Kundeneinlage (3 Monate) Volumen: 10.000 EUR
	10,0 %	9,0 %	8,5 %	6,0 %	6,0 %	6,9 %	5,5 %	

Zinserlös 1.000
– Zinsaufwand 550

= Zinsüberschuss +450

Konditionsbeitrag USD-Kredit +100

Konditionsbeitrag EUR-Einlage +140

Währungstransformationsbeitrag USD-Kredit +50

Fristentransformationsbeitrag
• Aktiva +250
• Passiva -90

+160

Abb. 36: Erfolgsquellenrechnung für das erste Jahr bei unveränderter Zins- und Wechselkurssituation (1 USD = 1,10 EUR)

Der Konditionsbeitrag eines Fremdwährungsgeschäfts wird aus der Gegenüberstellung von Kundenzins und fristengleichem ausländischen GKM-Zins bestimmt, der für ein alternatives Marktgeschäft bzw. für das strukturgleiche Gegengeschäft am Markt in Fremdwährung, das tatsächlich auch abgeschlossen werden könnte, gilt. Bei einem Kundenkreditzins von 10,0 % und einer fristenäquivalenten GKM-Rendite am US-amerikanischen Kapitalmarkt in Höhe von 9,0 % erwirtschaftet der Kundenkredit folglich eine Konditionsmarge in Höhe von 1 % bzw. – bezogen auf ein Kreditvolumen von 9.091 USD – einen Konditionsbeitrag von absolut 90,91 USD resp. 100 EUR. Mit der Kundeneinlage erzielt das Finanzinstitut weiterhin einen Kostenvorteil in Höhe von 1,4 %, der bei einem Refinanzierungsvolumen von 10.000 EUR einem passivischen Konditionsbeitrag in Höhe von 140 EUR entspricht. Insgesamt erwirtschaftet die Bank durch den Abschluss von Kundengeschäften – bei Argumentation im Sinne des Opportunitätsprinzips – anstelle alternativ möglicher laufzeit- bzw. zinsbindungsäquivalenter Geld- und Kapitalmarktengagements damit einen Beitrag zum Zinsüberschuss in Höhe von 240 EUR.

Aus der Refinanzierung des vierjährigen Kundenkredits mit einer dreimonatigen Kundeneinlage kann die Bank in der unverändert gültigen Situation einer normalen Zinsstruktur am Geld- und Kapitalmarkt des Weiteren eine Fristentransformationsmarge in Höhe von 1,6 %, die sich aus der Differenz des inländischen 4-Jahres-GKM-Zinses und dem GKM-Satz für 3-Monats-Geld ergibt, bzw. einen absoluten Beitrag in Höhe von 160 EUR erzielen. Die zum Zinsüberschuss in Höhe von 450 EUR noch fehlende Differenz in Höhe von 50 EUR ist schließlich als Beitrag aus der Währungstransformation zu interpretieren, den die Bank durch den Wechsel vom inländischen zum ausländischen Markt resp. durch die Vergabe eines Fremdwährungskredits erwirtschaftet. Dieser lässt sich – unter der Annahme konstanter Wechselkurse – unmittelbar aus der Multiplikation der Renditedifferenz zwischen den alternativ möglichen in- und ausländischen 4-Jahres-GKM-Geschäften in Höhe von 0,5 % mit dem EUR-Äquivalent des USD-Kredits in Höhe von 10.000 EUR bestimmen.

In Analogie zur Erfolgsquellenanalyse bei schwankenden Zinssätzen sollen in einem ersten Schritt zur Integration schwankender Devisenkurse in die Erfolgsquellenrechnung zunächst die Auswirkungen eines Zinsanstiegs auf die einzelnen Ergebniskomponenten des Fremdwährungskredits und der inländischen Kundeneinlage betrachtet werden. Hierzu wird unterstellt, dass das Zinsniveau sowohl im In- als auch im Ausland genau nach Ablauf eines Jahres steigt und dieses Niveau für die gesamte Dauer der Folgeperiode (2. Jahr) konstant bleibt. Der USD-Kurs möge zunächst weiterhin unverändert bei 1,10 EUR/USD notieren. Unter Berücksichtigung der Zinsänderung ergibt sich für das zweite Jahr die in Abbildung 37 dargestellte Ergebnisrechnung.

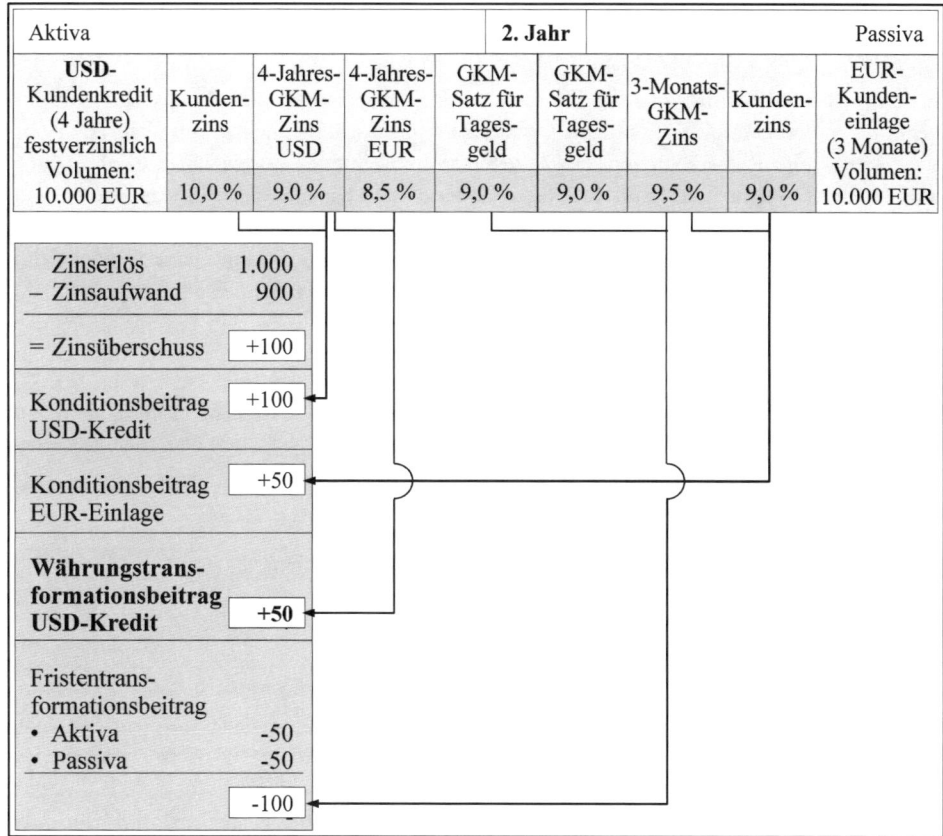

Abb. 37: Ergebnisrechnung bei veränderter Zinssituation und konstantem Wechselkurs (2. Jahr)

Aufgrund der vierjährigen Festzinsvereinbarung kann die Kondition des Fremdwährungskredits nicht an die veränderte Zinssituation angepasst werden. Die Bank erwirtschaftet auch im zweiten Jahr – unter der Annahme eines konstanten USD-Kurses – einen Zinsertrag von 1.000 EUR. Passivisch wird die bisherige 3-Monats-Kundeneinlage dagegen durch eine Einlage mit höherem Positionszins ersetzt, da der Zinsanstieg nach Ablauf eines Jahres erfolgt und daher mit dem Zeitpunkt der Einlagenprolongation zusammenfällt. Infolge des hieraus resultierenden deutlich höheren Zinsaufwands in Höhe von 900 EUR sinkt der Zinsüberschuss im zweiten Jahr damit um 350 EUR auf 100 EUR.

Da zur Kalkulation des aktivischen Konditions- und Währungstransformationsbeitrags als Bewertungszinssätze weiterhin die zum Zeitpunkt der Kontrahierung des Festzinsgeschäfts geltenden in- und ausländischen GKM-Zinsen herangezogen werden, sind die Ursachen für diese Überschussminderung – in Analogie zur Erfolgsquellenrechnung bei schwankenden Zinssätzen – wiederum im aktivischen und passivischen Fristentransformationsbeitrag und im Konditionsbeitrag der Einlage zu suchen. So reduziert sich der passivische Konditionsbeitrag aufgrund einer zwischen fristenäquivalentem GKM-Zins und vergütetem Kundenzins um 0,9 % geringeren Differenz in Höhe von 0,5 % um 90 EUR auf 50 EUR. Der passivische Fristentransformationsbeitrag dagegen verbessert sich infolge der im zweiten Jahr flacher, aber immer noch normal verlaufenden Zinsstrukturkurve leicht von -90 auf -50 EUR. Schließlich sinkt der Fristentransformationsbeitrag aus dem Kundenkredit aufgrund des bei 8,5 % konstant bleibenden Bewertungszinses drastisch von 250 auf -50 EUR.

In einem zweiten Schritt wird die Prämisse im Zeitablauf konstanter Wechselkursparitäten nicht mehr aufrechterhalten. Stattdessen wird als Folge unterschiedlicher in- und ausländischer Zinsentwicklungen zusätzlich von schwankenden Wechselkursen ausgegangen. Der USD wird unmittelbar nach dem Entscheid, den ausstehenden USD-Festzinskredit auch im zweiten Jahr über inländische 3-Monats-Kundeneinlagen zu refinanzieren, derart gegenüber dem Euro abgewertet, dass sich ein neuer Devisenkurs von 0,99 EUR/USD einstellt. Unter Berücksichtigung der unterstellten Paritätsverschiebung ändert sich die Erfolgsquellenrechnung für das zweite Jahr wie in Abbildung 38 illustriert.

Aufgrund der 10%igen Abwertung des USD beträgt der Gegenwert des Zinsertrags aus dem Kundenkredit in Euro nur noch 900 EUR (= 909,10 USD 0,99 EUR/USD) anstelle von zuvor 1.000 EUR (= 909,10 USD · 1,10 EUR/USD). Diese wechselkursbedingte Ertragsschmälerung in Höhe von 100 EUR führt bei einem Zinsaufwand in Höhe von 900 EUR schließlich dazu, dass der Zinsüberschuss im zweiten Jahr auf null sinkt.

Zwar erwirtschaftet der USD-Kredit mit einer Kundenkondition in Höhe von 10,0 % und einer fristenäquivalenten GKM-Rendite am US-amerikanischen Kapitalmarkt in Höhe von 9,0 % wie bisher eine Konditionsmarge von 1 % bzw., bezogen auf das Kreditvolumen von 9.091 USD, einen Konditionsbeitrag von 90,91 USD. Infolge des auf 0,99 EUR/USD gesunkenen Devisenkurses entspricht dies einem Konditionsbeitrag von 90 EUR. Neben der Verringerung des Konditionsbeitrags führt die Dollarabwertung darüber hinaus zu einem negativen Währungstransformationsbeitrag. So resultiert aus dem Vergleich des Zinsertrags eines vierjährigen GKM-Geschäfts in USD in Höhe von 818,18 USD (= 9.091 USD · 9,0 %), dessen Euro-Gegenwert bei einem Devisenkurs von 0,99 EUR/USD 810 EUR beträgt, mit dem Zinsertrag des alternativ möglichen fristenäquivalenten GKM-Geschäfts in Inlandswährung in Höhe von 850 EUR eine Marktwechselprämie in Höhe von -40 EUR.

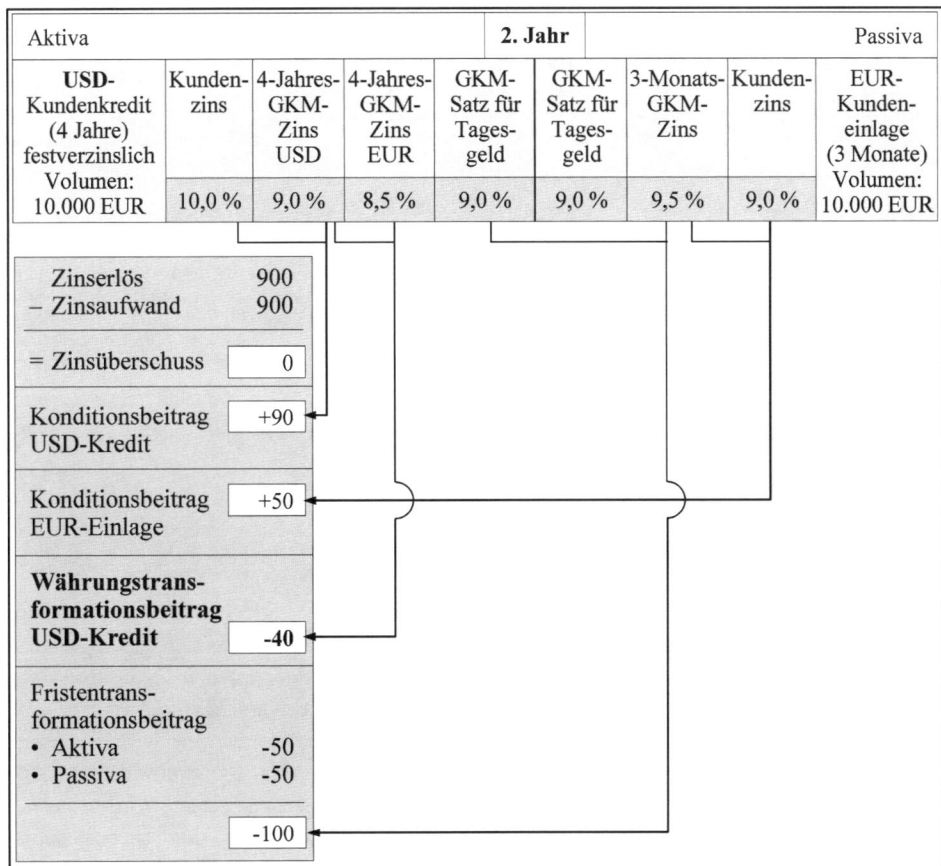

Aktiva				2. Jahr				Passiva
USD- Kundenkredit (4 Jahre) festverzinslich Volumen: 10.000 EUR	Kunden-zins	4-Jahres-GKM-Zins USD	4-Jahres-GKM-Zins EUR	GKM-Satz für Tages-geld	GKM-Satz für Tages-geld	3-Monats-GKM-Zins	Kunden-zins	EUR-Kunden-einlage (3 Monate) Volumen: 10.000 EUR
	10,0 %	9,0 %	8,5 %	9,0 %	9,0 %	9,5 %	9,0 %	

Zinserlös	900
– Zinsaufwand	900
= Zinsüberschuss	0
Konditionsbeitrag USD-Kredit	+90
Konditionsbeitrag EUR-Einlage	+50
Währungstrans-formationsbeitrag USD-Kredit	-40
Fristentrans-formationsbeitrag • Aktiva • Passiva	-50 -50
	-100

Abb. 38: „Naive" Erfolgsquellenrechnung für das zweite Jahr bei veränderter Zins- und Wechselkurssituation (1 USD = 0,99 EUR; Wechselkursveränderung = -10 %)

Da die abwertungsbedingte Verringerung des Konditionsbeitrags des USD-Kredits nur durch entsprechende Kurssicherungsmaßnahmen der Zentraldisposition hätte verhindert werden können, ist sie prinzipiell nicht dem Verantwortungsbereich des Marktbereichs zuzuweisen. Aus diesem Grunde ist der sich bei veränderter Zins- und Wechselkurssituation rechnerisch „naiv" ergebende Konditionsbeitrag über einen entsprechenden Zuschlag an das Niveau bei veränderter Zinssituation und konstantem Wechselkurs anzupassen. Der Zentraldisposition hingegen ist die abwertungsbedingte Reduktion des Konditionsbeitrags im Wege eines entsprechenden Abschlags auf den Währungstransformationsbeitrag bei veränderter Zins- und Wechselkurssituation zu belasten. Daraus resultieren die in Abbildung 39 dargestellten entscheidungsgerechten Ergebniskomponenten.

	Ergebniskomponenten bei **veränderter** Zinssituation und **konstantem** Wechselkurs	Ergebniskomponenten bei **veränderter** Zins- **und** Wechselkurssituation		
		Rechnerisch „naiv"	Adjustierzu-/ -abschlag	**Entscheidungsgerecht**
4-Jahres-Kundenkredit (USD)	KB +100	KB +90	Δ KB +10	KB **+100**
	WTB +50	WTB -40	Δ WTB -10	WTB **-50**
	FTB -50	FTB -50		FTB -50
3-Monats-Kundeneinlage (EUR)	KB +50	KB +50		KB +50
	FTB -50	FTB -50		FTB -50
	ZÜ +100	ZÜ 0	Δ ZÜ 0	ZÜ 0

mit: KB = Konditionsbeitrag; WTB = Währungstransformationsbeitrag; FTB = Fristentransformationsbeitrag; ZÜ = Zinsüberschuss

Abb. 39: Entscheidungsgerechte Adjustierung der rechnerisch „naiven" Erfolgsquellenrechnung für das zweite Jahr

c) Marktzinsmethode und Effektivzinsrechnung

Die Eignung der Marktzinsmethode für die ertragsorientierte Analyse und Steuerung des bilanzwirksamen Geschäfts steht und fällt mit der Möglichkeit, **entscheidungsorientierte Effektivmargen** für konkrete Einzelgeschäfte zu ermitteln. Im Folgenden wird auf die **Effektivzinsrechnung** speziell von Festzinsgeschäften eingegangen. Denn eine Effektivmarge setzt sich zwangsläufig aus zwei Effektivzinssätzen zusammen, von denen der eine der Effektivzins des (Kunden-)Geschäfts ist und der andere den Effektivzins der GKM-Opportunität bzw. des GKM-Gegengeschäfts darstellt. Neben Grundfragen der Effektivzinsrechnung wird insbesondere anhand des Sonderproblems der Disagiokredite die Problemstellung der Synchronisation von Entscheidungsrechnung und Finanzbuchhaltung verdeutlicht.

(1) Traditionelle Methoden der Effektivzinsrechnung

(a) Überblick über die Verfahren

Zur Ermittlung von Zinsüberschussbeträgen bzw. Margen mithilfe der Marktzinsmethode ist es erforderlich, alle erfolgswirksamen Konditionenbestandteile eines Kredit-, Wertpapier- oder Einlagengeschäfts zu einem einheitlichen Effektivzinssatz zusammenzufassen. Nur so lässt sich der (am alternativen Marktzins gemessene) Wert solcher Geschäfte für die Bank bestimmen. Die Effektivzinsrechnung wird damit zu einem unentbehrlichen Hilfsmittel des Controllings im Rahmen der Marktzinsmethode.

Faktoren, die den Effektivzins beispielsweise eines Kreditgeschäfts beeinflussen, sind in erster Linie

• der vereinbarte Nominalzins,

- ein etwaiges Disagio (Damnum),

- einmalige und laufende Bearbeitungsgebühren,

- die Art der Zinstagezählung,

- unterjährige Zinszahlungs- und Zinsverrechnungstermine,

- Tilgungstermine und zinsmäßige Tilgungsverrechnungstermine sowie

- Tilgungsmodalitäten.

Während die Mehrheit dieser Einflussfaktoren variable Bestandteile der Vertragsverhandlungen sind, bestehen bezüglich der **Zinstagezählung** eindeutige Usancen. So wird auf den europäischen Märkten das Jahr üblicherweise mit 360 Tagen und der Monat mit 30 Tagen gezählt, wogegen an einigen internationalen Märkten die Tage einer Teilperiode und des Jahres genau ausgezählt werden. Zur Renditeberechnung wird daher ein Faktor angegeben, der aus dem Verhältnis der Anzahl der Tage einer aktuellen Teilperiode und der Anzahl der Tage eines ganzen Jahres resultiert. Kombiniert man alle Möglichkeiten miteinander, resultieren daraus verschiedene theoretische Varianten, von denen jedoch nur vier am Geld- und Kapitalmarkt auftreten:

- 30/360 (deutsche Usance),

- actual/365 (englische Usance),

- actual/360 (französische Usance/Eurozinsmethode),

- actual/actual (amerikanische Usance bei US-Treasuries).

Die Zinstageberechnung auf den Geld- und Kapitalmärkten der Schweiz bzw. Deutschlands erfolgt i. d. R. nach der deutschen Usance. Anders ist es hingegen bei Euromarkt- bzw. internationalen Geschäften. In diesen Fällen gilt die französische Usance als Zinstageberechnungsgrundlage. Die Geltungsbereiche der übrigen Usancen stellen ihre heimischen Geld- und Kapitalmärkte dar.

Für die Angabe von Effektivzinsen im Kreditgeschäft in der **Europäischen Union** werden gemäß den Bestimmungen der entsprechenden EU-Richtlinie dem Jahr einheitlich 365 Tage unterstellt. Für die Tagezählung der einzelnen Teilperioden erhalten die Mitgliedsländer jedoch ein Wahlrecht: Bei der ersten Option wird auf unterschiedliche Monatslängen Rücksicht genommen und somit taggenau gezählt („Englische Usance"). Die zweite Möglichkeit ist die sogenannte „standardisierte Methode": Dabei wird mit gleichen Monatslängen – also 30,41667 Tagen (= 365 Tage / 12) – kalkuliert. Deutschland hat sich bei der Revision der Preisangabenverordnung (PAngV) für die „standardisierte Methode" entschieden.

Neben den aufgezählten Faktoren spielen die **Methoden der Effektivzinsrechnung** selbst eine nicht unerhebliche Rolle. Denn die Wahl der Rechnungsmethode kann das Ergebnis in gewissen Grenzen beeinflussen.

Auf einige zentrale Methoden sei näher eingegangen. Zunächst ergibt sich eine Zweiteilung in die **statische Effektivzinsrechnung** und die **dynamische Effektivzinsrechnung**. Die dynamischen Berechnungsmethoden beruhen zwar allesamt auf der sogenannten **Interner-Zinsfuß-Methode**. Sie unterscheiden sich im Detail durch ein Reihe von ergänzenden Prämissen. Zu den diesbezüglich in der Praxis üblichen dynamischen Varianten zählen

1. der „internationale" Effektivzins der International Securities Market Association (ISMA) und das damit identische Verfahren gemäß deutscher Preisangabenverordnung (PAngV),

2. der „amerikanische" Effektivzins (US) und

3. der Treasury-konforme Effektivzins (TEZ).

Der **statische Effektivzins** ergibt sich aus einer einfachen Durchschnittsrechnung. Im Prinzip werden die Erlöse aus dem Kreditgeschäft (Nominalzins, Disagio usw.) durchschnittlich pro Jahr ermittelt und dem durchschnittlich ausstehenden Kreditbetrag gegenübergestellt. Zu diesem Zweck operiert die Praxis mit dem Konzept der **durchschnittlichen Kreditlaufzeit** n_D. Deren Bestimmungsgleichung lautet allgemein:

$$(1) \qquad n_D = \frac{\displaystyle\sum_{t=1}^{n} K_t - F_N}{i_N \cdot F_N}$$

mit: K_t = Kapitaldienst der Periode t, F_N = Nennwert bzw. Rückzahlungsbetrag des Kredits, i_N = Nominalzins

bzw. speziell nur für den Fall der Ratentilgung (einschließlich endfälliger Tilgung)

$$(2) \qquad n_D = \frac{n - n_F + 1}{2} + n_F$$

mit: n = Gesamtlaufzeit des Kredits, n_F = Tilgungsfreijahre

In die Formel zur Berechnung des statischen Effektivzinssatzes geht die durchschnittliche Kreditlaufzeit ein, indem alle Konditionenbestandteile mit Ausnahme des Nominalzinssatzes auf sie verteilt und dann dem Auszahlungsbetrag gegenübergestellt werden. Zusammenfassend gilt für den statischen Effektivzins (i_{SR}):

$$(3) \qquad i_{SR} = \frac{i_N + \dfrac{d + k_e + k_L \cdot n}{n_D}}{1 - d - k_e}$$

mit: i_N = Nominalzinssatz (bezogen auf FN), F_N = Nennwert bzw. Rückzahlungsbetrag des Kredits, d = Disagio (bezogen auf FN), k_e = einmalige Kreditgebühr (bezogen auf FN), k_L = laufende Kreditgebühren (bezogen auf FN), n_D = durchschnittliche Kreditlaufzeit, n = Gesamtlaufzeit des Kredits

Nur erwähnt sei, dass in Formel (3) das Disagio stillschweigend als **zinsmäßiges Äquivalent** für die **Gesamtlaufzeit** des Kredits angesehen wird. Kann dies jedoch nicht unterstellt werden, fallen in diesem Sinne also die Kreditlaufzeit und die sogenannte Disagioverbrauchszeit auseinander, sind die obigen Aussagen geringfügig zu modifizieren:

- An die Stelle der Gesamtlaufzeit tritt die **Disagioverbrauchszeit**. Sie entspricht bei Festzinskrediten i. d. R. der Festzinsperiode. Bei variabel verzinslichen Krediten ist sie Gegenstand der Kreditverhandlungen. Nicht selten wird die Disagioverbrauchszeit von der ersten Zinsanpassung terminiert.

- Bei Festzinskrediten wird die durchschnittliche Kreditlaufzeit ersetzt durch die **durchschnittliche Festzinskreditlaufzeit**. Sie berechnet sich in Modifikation zu (1) aus:

$$(4) \qquad n_D = \frac{\sum_{t=1}^{n} (K_t - T_t)}{i_n \cdot F_n}$$

mit: n = Festzinsperiode, T_t = Tilgung in der Periode t

Wegen des Einbezugs der Zinsen in die Bestimmung von n_D verlängert sich in allen Fällen, in denen der Kredit bis zum Ende der Festzinsperiode noch nicht vollständig getilgt wurde (was der Regelfall sein dürfte), die durchschnittliche Festzinskreditlaufzeit gegenüber (1).

Ein einfaches Beispiel verdeutlicht die Vorgehensweise der statischen Effektivzinsrechnung: Eine Bank vergibt einen zweijährigen Kredit von nominal 200.000 EUR bei einer Auszahlung von 90 %, also von 180.000 EUR. Es ist eine jährliche Zins- und Tilgungsleistung vereinbart worden, wobei die Tilgung in zwei gleichen Raten am Ende des ersten und des zweiten Jahres erfolgen soll. Der Nominalzins beträgt 4 %.

Aus Formel (3) in Verbindung mit (2) ergibt sich:

$$(5) \qquad i_{SR} = \frac{0{,}04 + \dfrac{0{,}1}{1{,}5}}{1 - 0{,}1} = \frac{0{,}10\overline{6}}{0{,}9} = 11{,}85185 \%$$

Anders als bei der statischen Effektivzinsrechnung wird bei der **(dynamischen) Interner-Zinsfuß-Methode** der zeitliche Anfall von Rückzahlungen aus einem gegebenen Kredit berücksichtigt. Materiell kennzeichnet der interne Zinsfuß die Rentabilität, mit der sich der jeweils noch nicht amortisierte Kapitaleinsatz jährlich verzinst. Mit dem gleichen Zahlenbeispiel wie oben soll dieser Aussagegehalt des internen Zinsfußes verdeutlicht werden.

In einem ersten Schritt ist die genaue Zahlungsreihe des Kredits aufzustellen:

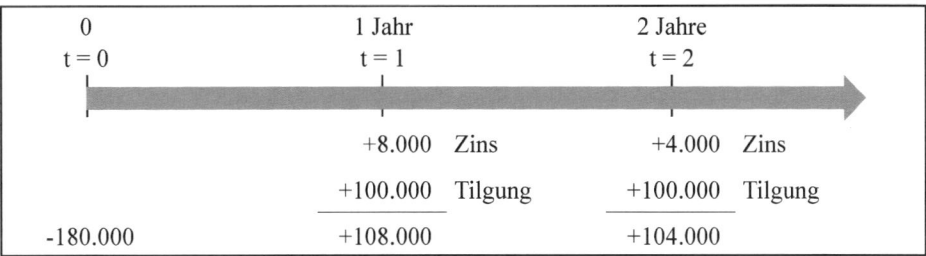

Abb. 40:   Zahlungsstrom eines Kundenkredits

Die Interner-Zinsfuß-Methode stellt formal zunächst einfach fest, mit welchem Zinsfuß die beiden Rückzahlungen in t = 1 und t = 2 abgezinst werden müssten, damit die Rückzahlungsbarwerte in ihrer Summe genau dem Kreditauszahlungsbetrag entsprechen. Dies verdeutlicht die Ausgangsgleichung zur Berechnung des internen Zinsfußes:

$$180.000 \text{ EUR} = 108.000 \text{ EUR} \cdot (1 + i_{IZM})^{-1} + 104.000 \text{ EUR} \cdot (1 + i_{IZM})^{-2}$$

Formt man diese Ausgangsgleichung in eine quadratische Gleichung um, so lässt sich daraus der Zinsfuß bestimmen, mit dem die Zahlungen abgezinst werden müssen. Er beläuft sich in diesem Beispiel auf 11,71767 %. Bei diesem Zinssatz handelt es sich um die Eigen- oder interne Verzinsung des jeweils noch eingesetzten Restkapitals (vgl. Abbildung 41).

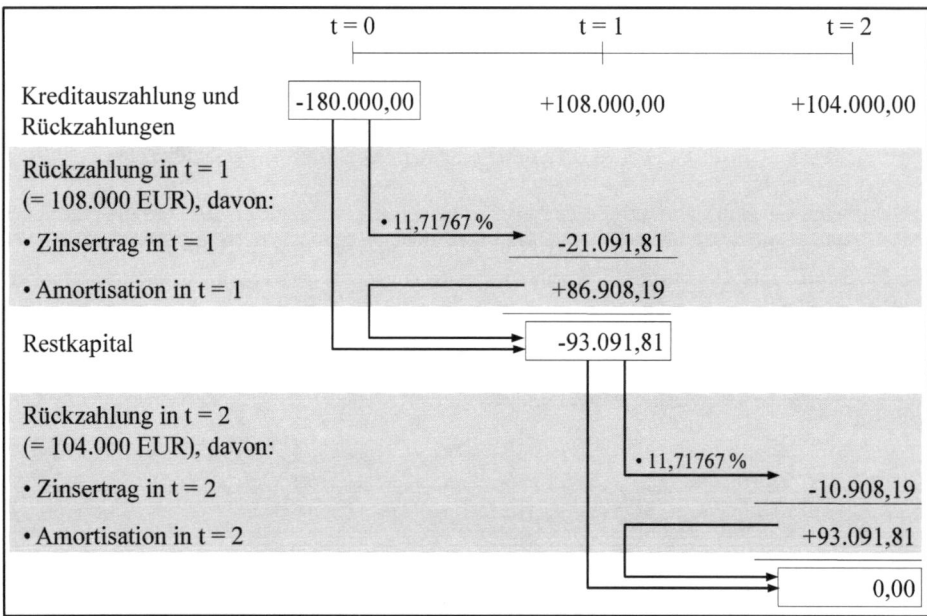

Abb. 41: Der interne Zins eines Kredits gibt die Verzinsung des jeweils noch nicht amortisierten Restkapitals an

So führt die Kreditauszahlung in Höhe von 180.000 EUR bei einer Verzinsung von 11,71767 % im ersten Jahr zu einem Zinsertrag von 21.091,81 EUR. Von der geleisteten Rückzahlung in t =1 in Höhe von 108.000 EUR verbleibt demzufolge ein effektiver Tilgungsanteil von 86.908,19 EUR. Das ursprünglich eingesetzte Kapital in Höhe von 180.000 EUR schmilzt um diesen Betrag ab, und im zweiten Jahr wird von der Bank effektiv ein Restkapital in Höhe von 93.091,81 EUR eingesetzt. Am Ende des zweiten Jahres wird dann mit 104.000 EUR das Restkapital inklusive der darauf entfallenden Zinsen zurückgezahlt.

Die Analyse der Unterschiede in den Ergebnissen beider Verfahren zeigt, dass der gesamte verrechnete Zinsertrag für die Bank in beiden Fällen gleich hoch ist. Er beträgt 32.000 EUR (= 108.000 EUR + 104.000 EUR – 180.000 EUR). Die Unterschiede können also lediglich in der verrechneten Kapitalbindung begründet sein. Während im statischen Verfahren die Kapitalbindung stets losgelöst von der Zinskomponente bestimmt wird, ist sie bei der Interner-Zinsfuß-Methode prinzipiell zinsabhängig und nur simultan mit dem Effektivzins zu bestimmen. Im Einzelnen:

Gebundenes Kapital im statischen Verfahren:

- insgesamt: 180.000 + 90.000   =   270.000 EUR

- im Durchschnitt: 270.000 : 2   =   135.000 EUR

Gebundenes Kapital im dynamischen Verfahren:

- insgesamt: 180.000 + 93.091,81 = 273.091,81 EUR

- im Durchschnitt: 273.091,81 : 2   = 136.545,91 EUR

Entsprechend gilt für den statischen Effektivzins:

$$(6a) \quad i_{SR} = \frac{32.000}{270.000} = 11,85185\ \%$$

bzw. für den dynamischen internen Zinsfuß:

$$(6b) \quad i_{SR} = \frac{32.000}{273.091,81} = 11,71767\ \%$$

Das Besondere an dem gewählten Grundbeispiel ist im Übrigen darin zu sehen, dass hier alle in der Praxis gängigen **dynamischen** Berechnungsmethoden den **gleichen Effektivzins** (hier: 11,71767 %) aufweisen. Die Varianten der dynamischen Effektivzinsverfahren (also ISMA- bzw. PAngV-, US- und TEZ-Verfahren) unterscheiden sich nur dann, wenn unterjährige Zahlungen geleistet werden.

Anhand des sehr wesentlichen Unterscheidungsmerkmals – der sogenannten Zinskapitalisierung – lassen sich die dynamischen Effektivzinsverfahren in zwei Gruppen unterteilen (vgl. Abbildung 42).

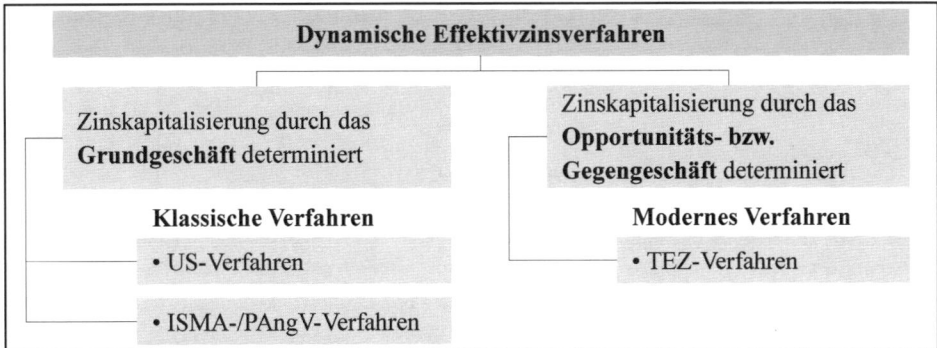

Abb. 42:   Übersicht über die dynamischen Effektivzinsverfahren

Der Zeitpunkt der Zinskapitalisierung kann entweder am Grundgeschäft ausgerichtet sein, wie es bei den sogenannten **klassischen Effektivzinsverfahren** der Fall ist, oder aber gemäß der modernen Sichtweise durch das Opportunitäts- bzw. Gegengeschäft determiniert werden. Bei den klassischen Verfahren erfolgt die Zinskapitalisierung unabhängig davon, wie sie beim zu Bewertungszwecken konstruierten Geld- und Kapitalmarktgeschäft gemäß den Usancen am Geld- und Kapitalmarkt stattfindet.

Während bei den Effektivzinsvarianten nach US- und TEZ-Verfahren unterjährig mit einer linearen Verzinsung, also ohne Zinseszinsen, gerechnet wird, arbeiten der „internationale" Effektivzins (ISMA) und das mit der ISMA-Methode identische Verfahren nach PAngV dagegen mit exponentieller Verzinsung, also mit Zinseszinsrechnung auch im unterjährigen Bereich. Der „amerikanische" Effektivzins nimmt insofern eine Sonderstellung ein, als der Bereich linearer Zinsrechnung durch frei wählbare Zinskapitalisierungszeitpunkte determiniert wird, über die hinaus dann exponentiell weiter gerechnet wird. Im Gegensatz dazu findet die Zinsverrechnung beim TEZ-Verfahren in Abhängigkeit von den Laufzeiten der Refinanzierungstranchen statt, wodurch die bereits erwähnte Ausrichtung am Opportunitäts- bzw. Gegengeschäft erreicht wird. Bei der früher geltenden Regelung nach PAngV wurde hingegen eine jährliche Zinsverrechnung vorgenommen, wobei festgelegt wurde, dass ein „gebrochener" Laufzeitanteil (z. B. ist bei einem Geschäft über 2,5 Jahre der „gebrochene" Laufzeitanteil 0,5 Jahre) an das Ende der Gesamtlaufzeit verlegt wurde.

Zusammenfassend lassen sich die **Unterscheidungsmerkmale** der verschiedenen dynamischen Effektivzinsverfahren der folgenden Übersicht entnehmen (vgl. Abbildung 43):

Unterscheidungs-kriterium	Interner Zinsfuß nach		
	TEZ	**US**	**ISMA bzw. PAngV**
(1) **Unterjährige Zinsverrechnung**	linear		exponentiell
(2) **Zins-kapitalisierung**	unterjährig		
	abhängig von den Laufzeiten der Finanzierungs-tranchen	abhängig von den Zahlungs- bzw. Zinskapitalisierungs-terminen	unabhängig von den Zahlungsterminen tägliche Zinskapitalisierung
(3) **„Gebrochene" Laufzeiten**	nicht relevant (im Gegensatz zur früheren PAngV-Regelung)		

Abb. 43: Praxisvarianten der Interner-Zinsfuß-Methode

(b) Der Effektivzins nach ISMA/PAngV und US

Im Folgenden werden die klassischen Effektivzinsverfahren, die Rechnung nach ISMA/PAngV und US noch etwas näher beleuchtet.

Der **Effektivzins nach PAngV** erhält seine Bedeutung dadurch, dass seit dem 1. September 1985 für deutsche Finanzinstitute eine Preisangabenverordnung gilt, in der genau festgelegt ist, welche Kostenbestandteile eines Kredits in einem „effektiven Jahreszins" (bei Festzinskrediten) bzw. „anfänglichen effektiven Jahreszins" (bei variabel verzinslichen Krediten) zu berücksichtigen sind und in welcher Weise dies geschehen soll. Das Ziel dieser Preisangabenverordnung bestand darin, ein einheitliches Vorgehen der Effektivzinsberechnung und -angabe bei den Finanzinstituten herbeizuführen. Um die grenzüberschreitende Vergleichbarkeit von Finanzierungsdienstleistungen im europäischen Raum zu gewährleisten, hat das Europäische Parlament in seiner II. Verbraucherkreditrichtlinie zu Beginn der 1990er-Jahre allerdings beschlossen, grundsätzlich in den Mitgliedsstaaten der EU ein einheitliches Effektivzinsverfahren einzuführen, das mit dem Verfahren nach **ISMA** identisch ist. In Deutschland wurde jedoch zunächst von dem in der Richtlinie ebenfalls festgelegten Wahlrecht Gebrauch gemacht und weiterhin das alte PAngV-Verfahren beibehalten. Das neue Verfahren trat schließlich per 1. September 2000 in Kraft. Der Effektivzins nach ISMA gilt allerdings seit längerer Zeit schon international für die Renditeberechnung von Wertpapieren.

Der **Effektivzins nach US** nimmt aufgrund seiner großen Flexibilität eine gewisse Sonderstellung ein und soll deshalb ebenfalls betrachtet werden. Zur Verdeutlichung ihrer Unterschiede werden zunächst die Zinskapitalisierungsmodalitäten der genannten Methoden einander gegenübergestellt (vgl. Tabelle 15).

Zinskapitalisierung	Effektivzins nach	
	US-Verfahren	**ISMA/PAngV**
jährlich	X	
halbjährlich	X	
quartalsweise	X	
monatlich	X	
täglich	X	X

Tabelle 15: Zinskapitalisierungszeitpunkte der klassischen dynamischen Effektivzinsverfahren

Die Unterschiede zwischen den einzelnen Verfahren sollen anhand einer leichten Modifikation des bereits verwendeten **Beispiels eines zweijährigen Kredits** aufgezeigt werden. Am 1.10.00 werden einem Kreditkunden 180.000 EUR ausbezahlt. Dieser Betrag entspricht 90 % des nominalen Kreditvolumens in Höhe von 200.000 EUR (Disagio = 10 %). Vereinbart sind halbjährliche Zinszahlungen (Nominalzins = 4 %) und jährlich Tilgungszahlungen in zwei gleichen Raten von 100.000 EUR. Die Zahlungsreihe des zweijährigen Kredits ist in Abbildung 44 dargestellt.

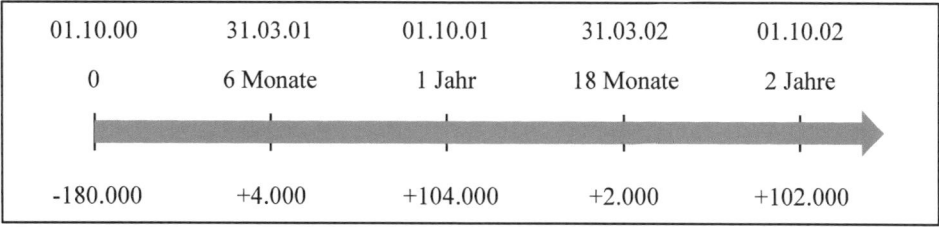

Abb. 44: Zahlungsstrom eines Kundenkredits

Effektivzins nach ISMA

Beim sogenannten „internationalen" Effektivzinsverfahren (ISMA) wird nicht nur im jährigen, sondern auch im unterjährigen Bereich mit exponentiellen Zinsen kalkuliert, unabhängig von willkürlich festgelegten Zinsverrechnungszeitpunkten. Der Unterschied zur US-Methode, die grundsätzlich ebenfalls mit einer unterjährigen Zinsverrechnung – in Abhängigkeit von den Zahlungszeitpunkten – operiert, besteht darin, dass die Zinsverrechnung gemäß ISMA quasi täglich erfolgt. Das bedeutet, dass die für einen Tag angefallenen Zinsen, unbesehen davon, ob eine Zahlung erfolgt oder nicht, täglich kapitalisiert und am nächsten Tag wieder mitverzinst werden. Im Beispiel wird die deutsche Usance der Zinstagezählung (30/360 Tage) angewendet.

Die Merkmale der Effektivzinsrechnung nach ISMA sind neben der Verwendung der Interner-Zinsfuß-Methode

• exponentielle unterjährige Verzinsung,

• tägliche Zinskapitalisierung sowie

• Zinsverrechnung unabhängig von den Zahlungszeitpunkten.

Die Grundgleichung zur Bestimmung des Effektivzinses nach ISMA wird in Abbildung 45 für das vorgenannte Beispiel formuliert.

$$
\begin{aligned}
180.000 = \quad & 4.000 \quad \cdot \quad (1 + i_{ISMA})^{-6/12} \\
+ \; & 104.000 \quad \cdot \quad (1 + i_{ISMA})^{-1} \\
+ \; & 2.000 \quad \cdot \quad (1 + i_{ISMA})^{-18/12} \\
+ \; & 102.000 \quad \cdot \quad (1 + i_{ISMA})^{-2}
\end{aligned}
$$

Effektivzins ISMA = 11,84424 %

Abb. 45: Gleichung zur Bestimmung des Effektivzinses nach ISMA

Jede Rückzahlung wird direkt exponentiell auf den Auszahlungszeitpunkt des Kredits abgezinst. Insofern weist diese Ausgangsgleichung gegenüber den anderen Effektivzinsverfahren formal die einfachste Struktur auf.

Faktisch bedeutet die exponentielle Abzinsung jedoch, dass jede Rückzahlung stufenweise vom Zahlungstag auf den Tag davor und von dort aus wiederum stufenweise über die einzelnen Tage zurück bis zum Auszahlungszeitpunkt abgezinst wird. Die Abzinsung erfolgt also nicht wie bei den anderen Verfahren von einem Zinsverrechnungszeitpunkt auf den nächsten davor liegenden, sondern von einem Tag auf den anderen. Die Abzinsungsschritte sind somit erheblich kürzer.

Der sich aus dieser Bestimmungsgleichung ergebende Effektivzins in Höhe von 11,84424 % unterstellt mit der Annahme der exponentiellen Verzinsung, dass die Zinsschuld täglich dem Kapital zugeschlagen wird. Auf die Termine der Zinsverrechnung nehmen die Zahlungstermine also keinen Einfluss – im Gegensatz zum US-Verfahren.

Abbildung 46 verdeutlicht, wie die Zins- und Amortisationsrechnung bei der ISMA-Methode erfolgt.

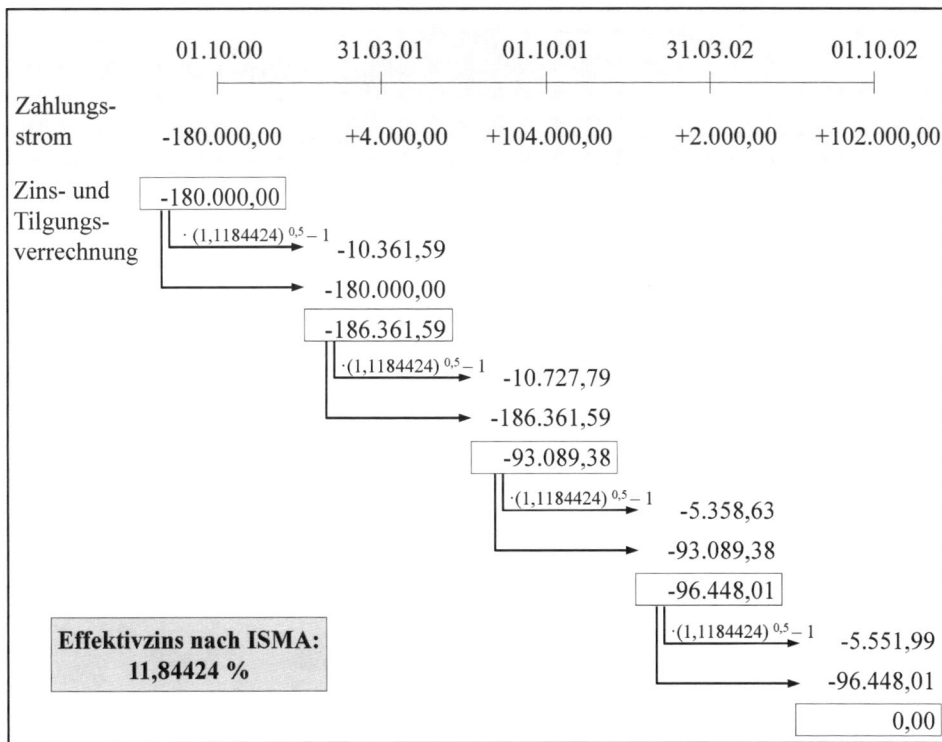

Abb. 46: Zinsverrechnungs- und Tilgungsplan des Kundengeschäfts nach ISMA

Ausgehend von dem Auszahlungsbetrag in Höhe von 180.000 EUR wird mit dem Effektivzins und mit exponentieller Zinsrechnung $(1,1184424^{0,5} - 1)$ die Zinsschuld in Höhe von 10.361,59 EUR zum ersten Zahlungstermin berechnet. Die Saldierung dieser Zinsschuld mit der Zahlung von 4.000 EUR darf jedoch nicht als Zinsverrechnung interpretiert werden. Es findet lediglich eine **Zahlungsverrechnung** mit dem aufgelaufenen Zinskapital statt. Das für die Zinsberechnung zugrunde gelegte Zinskapital entspricht schon während des ersten Halbjahres nicht mehr dem ausgezahlten Kapital in Höhe von 180.000 EUR. Praktisch gilt für jeden Tag zwischen dem 01.10.00 und dem 31.03.01 ein unterschiedliches (jeweils höheres) Zinskapital. Letztlich korrigiert die Rückzahlung in Höhe von 4.000 EUR also nur die bis dahin aufgelaufene Gesamtschuld in Höhe von 190.361,59 EUR (= 180.000 EUR + 10.361,59 EUR).

Besonders deutlich wird der zwischenzeitliche Zinseffekt des „internationalen" Effektivzinses, wenn man das Zinskapital zum 28.02.01, also einen Monat vor der ersten Rückzahlung betrachtet: Das Zinskapital beläuft sich am 28.02.01 auf 188.594,13 EUR (= 180.000 EUR · $1,1184424\frac{150}{360}$), das dann der Zinsberechnung **für den ersten Tag** des Monats März zugrunde gelegt wird. Für den zweiten Tag im März gilt aber schon wieder ein höheres Zinskapital in Höhe von 188.652,78 EUR (= 180.000 EUR · $1,1184424\frac{151}{360}$). Die Zinsen des ersten Märztages in Höhe von 58,65 EUR sind dem Zinskapital für die Zinsberechnung des zweiten Märztages also schon hinzugeschlagen worden.

Analog zu der Zahlungsverrechnung vom 31.03.01 werden die Rückzahlungen in Höhe von 104.000 EUR, 2.000 EUR und die Schlusszahlung über 102.000 EUR in der Zins- und Tilgungsrechnung behandelt. Am Ende der Laufzeit wird die letzte Zinsschuld von 5.551,99 EUR zusammen mit dem Restkapital in Höhe von 96.448,01 EUR wieder genau von der Schlusszahlung über 102.000 EUR gedeckt, sodass eine Restschuld von null verbleibt.

Um nicht nur die Zahlungs-, sondern auch die Zinsverrechnung wie bei den übrigen Verfahren **vollständig** darstellen zu können, bedarf es bei der ISMA-Methode im Prinzip einer Unterteilung der gesamten Kreditlaufzeit in einzelne Tage. Dies aber hätte die Darstellung in Abbildung 47 gesprengt.

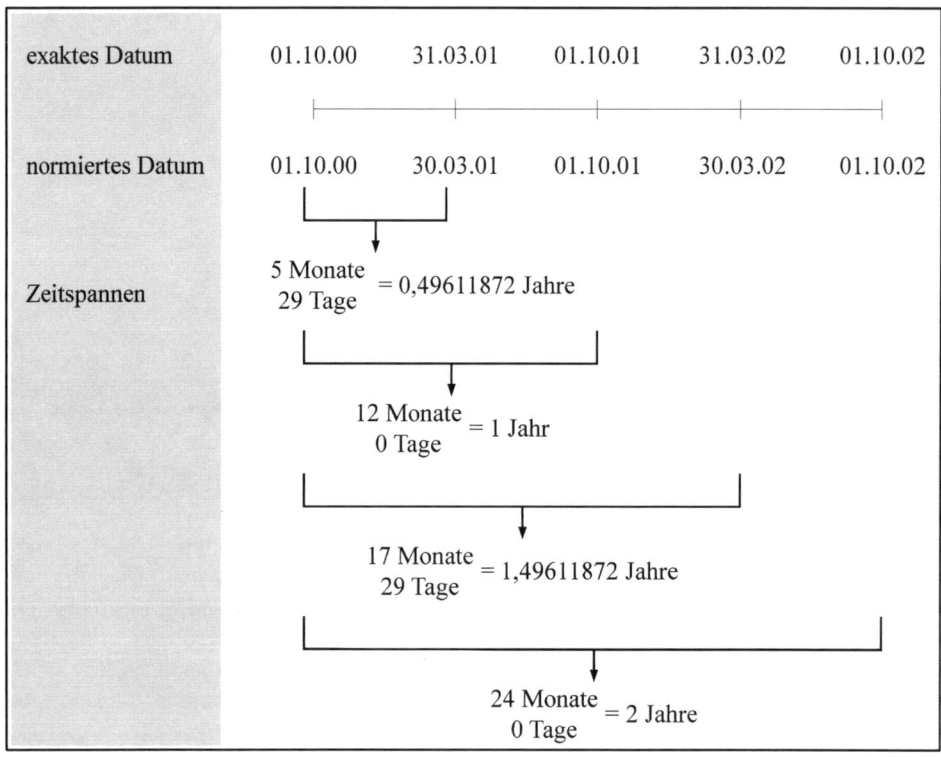

Abb. 47: Vorgehensweise zur Bestimmung der Zinstage gemäß revidierter PAngV-Regelung

Effektivzins nach PAngV

Die Berechnungsmethode gemäß der revidierten PAngV ist grundsätzlich mit dem Verfahren der ISMA identisch, schreibt aber eine konkrete Methode der Zinstagezählung vor. So werden dem Jahr einerseits zwar 365 Tage, andererseits aber auch 12 gleich lange Monate zugrunde gelegt. Dies wird durch die sogenannte „Normierung" erreicht: Fällt ein Zahlungstermin auf den 31. eines Monats oder auf einen 28. oder 29. Februar, so ist er auf den 30. desselben Monats zu setzen. Die Vorgehensweise zur Ermittlung der kumulierten Zeitspannen in Jahren zwischen den einzelnen Zahlungsterminen wird in Abbildung 47 dargestellt. So liegen zwischen dem 01.10.00 und dem 30.03.01 5 Monate und 29 Tage. Die 5 Monate entsprechen – gemäß den Prämissen 12 gleich langer Monate mit insgesamt 365 Tagen – 152,0833 Tagen (= 365/12). Addiert man die 29 Tage des letzten Monats, resultiert eine Zeitspanne von 181,0833 Tagen, was 0,4961 Jahren entspricht.

Anschließend kann die Formel der ISMA zur Bestimmung des internen Zinsfußes verwendet werden (vgl. Abbildung 48).

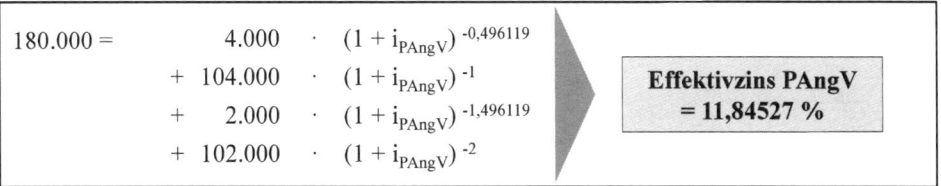

$$180.000 = \quad 4.000 \quad \cdot \quad (1 + i_{PAngV})^{-0,496119}$$
$$+ \ 104.000 \quad \cdot \quad (1 + i_{PAngV})^{-1}$$
$$+ \quad 2.000 \quad \cdot \quad (1 + i_{PAngV})^{-1,496119}$$
$$+ \ 102.000 \quad \cdot \quad (1 + i_{PAngV})^{-2}$$

Effektivzins PAngV = 11,84527 %

Abb. 48: Gleichung zur Bestimmung des Effektivzinssatzes gemäß PAngV

Mithilfe des Effektivzinses in Höhe von 11,84527 % lassen sich analog zum ISMA-Verfahren der Zinsverrechnungs- und Tilgungsplan nach revidiertem PAngV-Verfahren aufstellen (vgl. Abbildung 49).

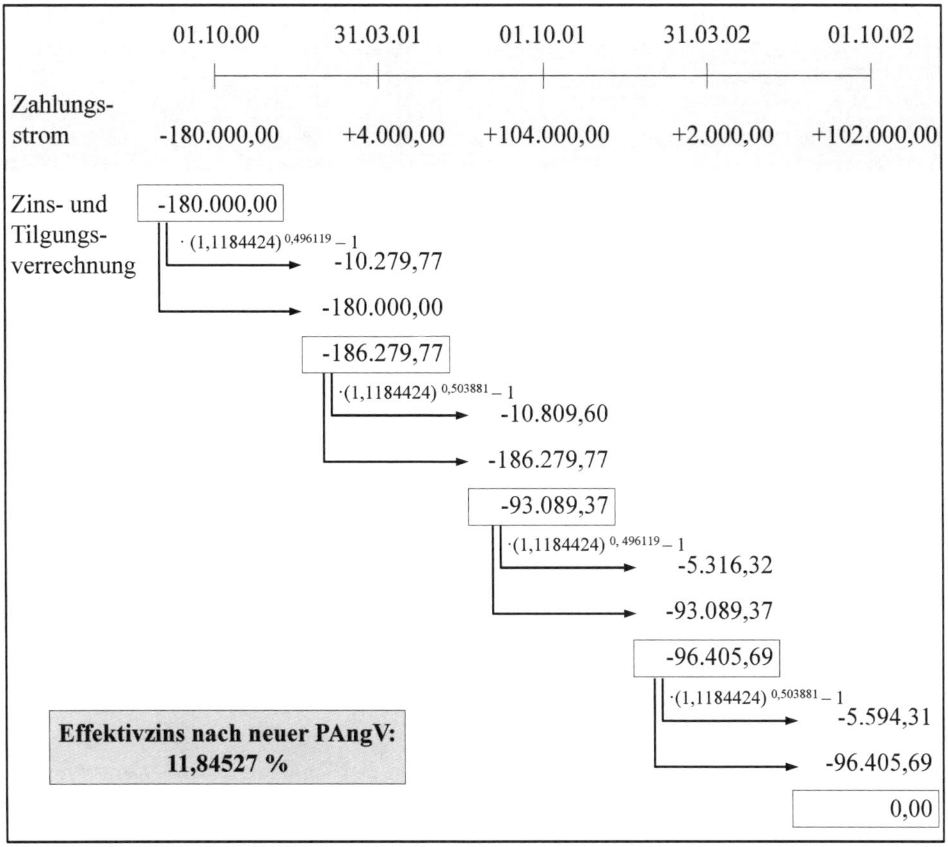

	01.10.00	31.03.01	01.10.01	31.03.02	01.10.02
Zahlungs- strom	-180.000,00	+4.000,00	+104.000,00	+2.000,00	+102.000,00

Zins- und Tilgungs- verrechnung

-180.000,00
$\cdot (1,1184424)^{0,496119} - 1$
-10.279,77
-180.000,00

-186.279,77
$\cdot (1,1184424)^{0,503881} - 1$
-10.809,60
-186.279,77

-93.089,37
$\cdot (1,1184424)^{0,496119} - 1$
-5.316,32
-93.089,37

-96.405,69
$\cdot (1,1184424)^{0,503881} - 1$
-5.594,31
-96.405,69

Effektivzins nach neuer PAngV: 11,84527 %

0,00

Abb. 49: Zinsverrechnungs- und Tilgungsplan des Kundengeschäfts nach revidiertem PAngV-Verfahren

Im Unterschied zur neuen Regelung legte die alte Regelung nach PAngV in Anlehnung an § 608 des Bürgerlichen Gesetzbuches (BGB) unabhängig von den Terminen der Kundenzahlungen und der Zinsrechnung des tatsächlichen Kredits eine Zinskapitalisierung jeweils im

Jahresabstand vom Termin der Kreditauszahlung zugrunde. Im Beispiel hätte dies dazu geführt, dass zuerst eine lineare Aufzinsung der Zahlung von Ende März auf Anfang Oktober notwendig geworden wäre. Anschließend hätte dieser Betrag exponentiell um ein Jahr abgezinst werden müssen. Deshalb müsste zuerst die Frage der Behandlung „gebrochener" Laufzeitanteile beantwortet werden.

Effektivzins nach US

Bei der sogenannten US-Methode erfolgt die Zinsverrechnung am jeweiligen Zahlungstermin. Das bedeutet, dass immer dann, wenn eine Zahlung stattfindet, die zwischenzeitlich angefallenen Zinsen kapitalisiert und in der Folgezeit mitverzinst werden. Die Zinsverrechnung wird demnach grundsätzlich auch unterjährig vorgenommen. Zwischen den unterjährigen Zinsterminen wird mit linearen Zinsen gerechnet. Die Merkmale der US-Methode lassen sich wie folgt zusammenfassen:

- lineare unterjährige Verzinsung zwischen den einzelnen Zinsverrechnungsterminen,

- Kapitalisierung und somit Mitverzinsung zwischenzeitlich aufgelaufener Zinsen grundsätzlich auch unterjährig,

- Zinsverrechnung in Abhängigkeit von den Zahlungszeitpunkten.

Der Effektivzins gemäß der US-Methode wird nach der in Abbildung 50 dargestellten Ausgangsgleichung ermittelt, wobei auch hier bei der Zinstagezählung zum besseren Vergleich mit der ISMA-Methode die deutsche Usance zugrunde gelegt wird:

$$
\begin{aligned}
180.000 = \quad & 4.000 \cdot \left(1 + i_{US} \cdot \tfrac{180}{360}\right)^{-1} \\
+\ & 104.000 \cdot \left(1 + i_{US} \cdot \tfrac{180}{360}\right)^{-2} \\
+\ & 2.000 \cdot \left(1 + i_{US} \cdot \tfrac{180}{360}\right)^{-3} \\
+\ & 102.000 \cdot \left(1 + i_{US} \cdot \tfrac{180}{360}\right)^{-4}
\end{aligned}
$$

Effektivzins US = 11,51287 %

Abb. 50: Gleichung zur Bestimmung des Effektivzinssatzes gemäß US-Verfahren

Bei Betrachtung der Gleichung wird deutlich, dass die Rückzahlungen nicht erst auf einen bestimmten Zinsverrechnungstermin aufgezinst werden müssen, sondern direkt – allerdings linear – auf den Zeitpunkt der Kreditauszahlung abgezinst werden, da jeder Zahlungstermin gleichzeitig einen Zinsverrechnungstermin darstellt. Aufgrund der unterjährig linearen Verzinsung können die Zahlungen nun jedoch nicht direkt auf den Zeitpunkt null abgezinst werden. Vielmehr werden sie zunächst quasi stufenweise auf die vorangegangenen Zahlungs- bzw. Zinsverrechnungstermine diskontiert, bevor sie vom ersten Zahlungs- und Verrechnungstermin schließlich auf den Auszahlungszeitpunkt abgezinst werden können.

Die Zins- und Tilgungsrechnung gemäß US-Methode zeigt auf, dass – ausgehend vom Auszahlungsbetrag in Höhe von 180.000 EUR – die bis zum ersten Zahlungstermin aufgelaufenen Zinsen von 10.361,59 EUR bei Erhalt der ersten Zahlung von 4.000 EUR sofort verbucht und dem ausstehenden Kapital zugeschlagen werden (vgl. Abbildung 51). Dadurch ergibt sich nach sechs Monaten ein effektives Restkapital von 186.361,59 EUR, das sogar höher ist als der ursprüngliche Auszahlungsbetrag. Die bis zum nächsten Zahlungszeitpunkt am 01.10.01 für das Restkapital aufgelaufenen Zinsen betragen 10.727,79 EUR und werden mit der Zahlung von 104.000 EUR saldiert. Dasselbe geschieht zu den beiden letzten Zahlungsterminen, womit sich die Restschuld per 01.10.02 auf null reduziert.

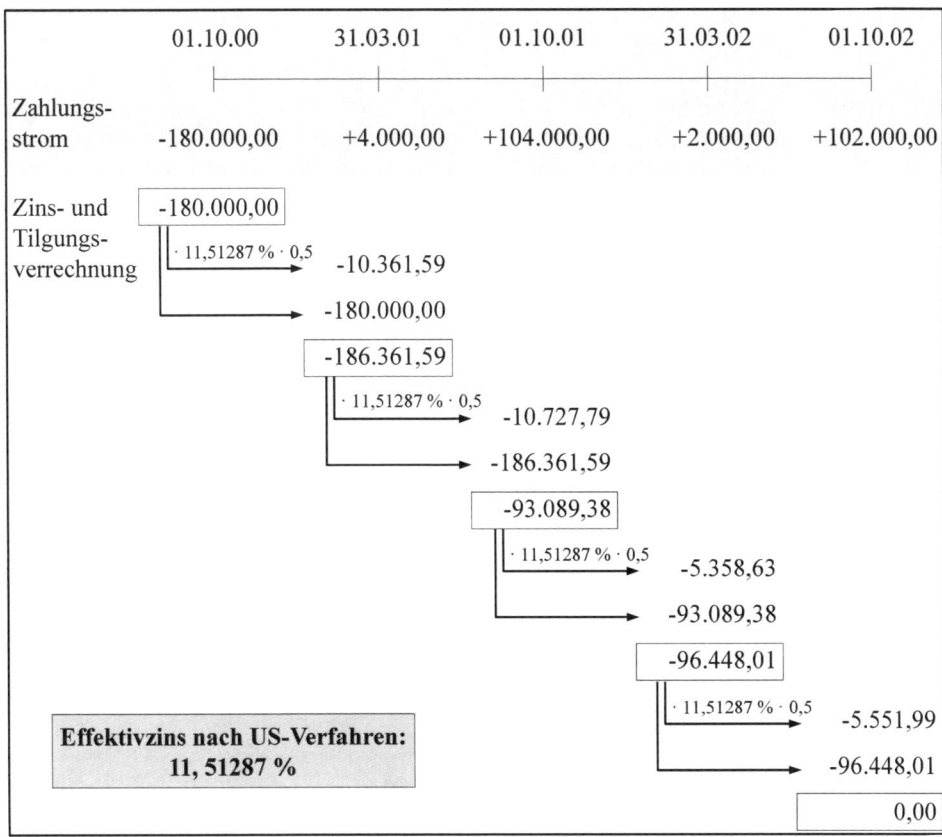

Abb. 51: Zinsverrechnungs- und Tilgungsplan des Kundengeschäfts nach US-Verfahren

Vergleicht man Abbildung 46 und Abbildung 51, so fällt auf, dass eine Zins- und Tilgungsverrechnung jeweils in gleicher Höhe stattfindet. Diese Identität zwischen ISMA- und US-Verfahren ist darauf zurückzuführen, dass die Abzinsungsfaktoren erst in der fünften Nachkommastelle voneinander abweichen, was in den auf zwei Nachkommastellen gerundeten Geldbeträgen natürlich nicht zum Ausdruck kommen kann.

(c)   Kritische Würdigung

Bei der Suche nach derjenigen Effektivzinsrechnung, die den Anforderungen der Marktzinsmethode am besten gerecht wird, stellt sich zunächst die Frage, ob nicht eine **statische Effektivzinsrechnung** den dynamischen Verfahren vorzuziehen sei. Mögliche **Vorteile** können in der Einfachheit und Unkompliziertheit der Vorgehensweise ebenso wie in der offensichtlichen Nähe des Verfahrens zum statischen Charakter der Bankbuchhaltung und Ergebnisrechnung gesehen werden. Letzteres ist für die geforderte Synchronität zwischen Entscheidungs- und Ermittlungsrechnung allerdings nur ein Scheinvorteil, da auch die dynamischen Verfahren – wie noch zu zeigen sein wird – letztlich Durchschnittsrechnungen darstellen und insofern das statische Verfahren keinen entscheidenden Vorteil aufweist. Auch die Unkompliziertheit des Ansatzes kann im Zeitalter der elektronischen Rechner allein kein schlagendes Argument sein. Demgegenüber sind die **Nachteile** der statischen Rechnung für die Zwecke der Marktzinsmethode ungleich schwerwiegender:

- Ein statisches Näherungsverfahren der Effektivzinsrechnung kann die geforderte Präzision von entscheidungsorientierten Margen grundsätzlich nicht erfüllen. Speziell durch die Vernachlässigung des Zeitfaktors ist die Gefahr von Fehlsteuerungen nicht auszuschließen.

- Darüber hinaus operiert das statische Verfahren mit Prämissen hinsichtlich der Kapitalbindung, die mit der beim Verfahren selbst unterstellten Zinsverrechnung in einem logischen Widerspruch stehen.

- Die für die Margenermittlung notwendigen GKM-Einstandssätze werden in der Bankpraxis nicht nach dem statischen Verfahren, sondern grundsätzlich nach dem dynamischen Verfahren der Interner-Zinsfuß-Methode bestimmt. Insofern ergäbe sich hier eine methodische Inkongruenz, die zu umständlichen Umrechnungen führen müsste.

Entscheidungsorientierte Margen sind demnach vorzugsweise mithilfe eines dynamischen Effektivzinsverfahrens zu bestimmen. Allerdings wird hinsichtlich der **Interner-Zinsfuß-Methode** in der Literatur bemängelt, dass bei ihr eine **Wiederanlage** zwischenzeitlicher Rückzahlungen zum internen Zinsfuß selbst generell unterstellt wird. Diese These muss allerdings infrage gestellt werden, weil der interne Zins, solange noch kein Vergleich angestellt wird, lediglich die jeweilige Verzinsung des durchschnittlich gebundenen Kapitals angibt und über die Wiederanlage zwischenzeitlicher Rückflüsse zunächst gar keine Aussage macht. Dies lässt sich mit dem Beispiel der Abbildung 42 leicht belegen: Dort wird in $t = 1$ ein Zinsertrag in Höhe von 21.091,81 EUR und in $t = 2$ ein Zinsertrag in Höhe von 10.908,19 EUR vereinnahmt. Die Summe in Höhe von 32.000 EUR entspricht genau der Differenz zwischen den (nominalen) Rückzahlungsbeträgen und dem Auszahlungsbetrag (108.000 EUR + 104.000 EUR – 180.000 EUR = 32.000 EUR). Bei einer Wiederanlage der in $t = 1$ erfolgenden Rückzahlung in Höhe von 108.000 EUR zum internen Zins von 11,71767 % hätte sich dagegen ein zusätzlicher Zinsertrag in Höhe von 12.655,08 EUR und damit insgesamt ein Zinsertrag in Höhe von 44.655,08 EUR (= 32.000 EUR + 12.655,08 EUR) ergeben. Der zusätzliche Zinsertrag taucht in der internen Zinsrechnung (vgl. Abbildung 42) jedoch nicht auf.

Auch bei den Varianten der Interner-Zinsfuß-Methode wird in der Summe immer die Differenz zwischen den Rückzahlungen und dem Auszahlungsbetrag als Zinsertrag vereinnahmt. Bei dem in Abbildung 46, Abbildung 49 und Abbildung 51 zugrunde gelegten Zahlungsstrom betrug die Differenz zwischen der Rückzahlungssumme und dem Auszahlungsbetrag 32.000 EUR (= 4.000 EUR + 104.000 EUR + 2.000 EUR + 102.000 EUR – 180.000 EUR). Dieser Betrag wird bei allen Varianten der Interner-Zinsfuß-Methode vereinnahmt. Lediglich die zeitliche Verteilung dieser Zinserträge unterscheidet sich, wie Tabelle 16 zeigt.

Termin	Nominaler Zinsertrag	Effektiver Zinsertrag nach		
		ISMA	PAngV	US-Verfahren
01.10.00	20.000,00	–	–	–
31.03.01	4.000,00	10.361,59	10.279,77	10.361,59
01.10.01	4.000,00	10.727,79	10.809,60	10.727,79
31.03.02	2.000,00	5.358,63	5.316,32	5.358,63
01.10.02	2.000,00	5.551,99	5.594,31	5.551,99
Summe	32.000,00	32.000,00	32.000,00	32.000,00

Tabelle 16: Bei allen Varianten der Interner-Zinsfuß-Methode ergibt sich in der Summe der gleiche Zinsertrag (inklusive Disagio)

Aufgrund der vereinfachten Annahme der Zinskapitalisierung zu den jeweiligen Zahlungszeitpunkten – anstelle einer tagtäglichen Verrechnung – weisen das US- und das ISMA-Verfahren ausnahmsweise eine identische zeitliche Verteilung der Effektivzinsen auf. Die Unterschiede zwischen diesen beiden Verfahren und der Effektivzinsberechnung nach PAngV ergeben sich, weil die PAngV-Variante aufgrund der unterstellten unterschiedlichen Tagzählung eine abweichende Kapitalbindung zugrunde legt. In der Summe sind die Zinserträge also identisch, nur in der zeitlichen Verteilung unterscheiden sie sich.

Bei der US-Methode lassen sich das durchschnittlich gebundene Kapital und in der Folge der Zinsertrag linear berechnen:

Durchschnittlich gebundenes Kapital nach US-Verfahren:

$$\frac{180.000 \cdot 0,5 + 186.361,59 \cdot 0,5 + 93.089,38 \cdot 0,5 + 96.448,01 \cdot 0,5}{2\,\text{Jahre}} = 138.974,75\ \text{EUR}$$

Den Zinsertrag erhält man, indem man diese 138.974,75 EUR mit dem Effektivsatz nach US multipliziert und auf zwei Jahre hochrechnet. Bei der ISMA-/PAngV-Methode ist dies nicht möglich, weil die unterjährige Verzinsung nicht dem zeitanteilsgewogenen Jahreszins entspricht, sondern niedriger ist. Eine Linearisierung der Zinsrechnung auf der Basis eines durchschnittlich gebundenen Kapitals kann nur dann herbeigeführt werden, wenn das jeweilige „Restkapital" (vgl. Abbildung 46) statt mit dem linearen Zeitanteil mit der Relation der unterjährigen Verzinsung zum konformen jährlichen Zins multipliziert wird.

Es ist also festzuhalten:

- Der dynamische Effektivzins kommt in allen seinen Varianten für sich genommen noch ohne **Wiederanlage- oder Nachfinanzierungsprämisse** aus, allerdings nur, solange kein Vergleich mit anderen Zinssätzen aufgestellt wird. Letzteres geschieht aber bei der Margenkalkulation methodenimmanent, da ja stets nach der Opportunität bzw. dem Gegengeschäft gefragt wird, und sich aus der Differenz zwischen den Zinssätzen die Marge ergibt. Voraussetzung für die Kalkulation einer entscheidungsorientierten Marge ist also die Konstruktion von Alternativ- resp. Gegengeschäften, bei denen sich das Problem der zwischenzeitlichen Wiederanlage bzw. Nachfinanzierung nicht ergibt. Sofern dies gelöst werden kann, können prinzipiell mit jedem dynamischen Verfahren entscheidungsrelevante Margen ermittelt werden. Auf diese Weise wird eine **controllingadäquate Steuerung des Kundengeschäfts** ermöglicht.

- Grundsätzlich eignen sich die dynamischen Effektivzinsverfahren auch für eine buchhalterische Erfassung. Der absolute Zinsertrag muss dazu lediglich periodisch verbucht werden, wie in Tabelle 16 dargestellt. Hinsichtlich der Kapitalbindung treten beim ISMA-/PAngV-Verfahren Probleme in der Verbuchung auf, was auf die exponentielle Verzinsung im unterjährigen Bereich zurückzuführen ist. Hier existiert keine lineare Kapitalbasis, die als Bezugsbasis für den Zinsertrag verwendet werden kann. Aus diesem Grund erscheint die Integration dieses Verfahrens in das betriebliche Rechnungswesen nur bedingt möglich. Das US-Verfahren weist diesen Nachteil nicht auf, da es Zinszahlungen tatsächlich als solche verrechnet. Beim US-Verfahren ist einschränkend zu berücksichtigen, dass es aufgrund der Nichtbeachtung der Zinskapitalisierung des Opportunitäts- bzw. Gegengeschäfts – wie sie tatsächlich gemäß den GKM-Usancen zu erfolgen hat – nicht in der Lage ist, eine völlige **Synchronisation von interner Ergebnisrechnung und Erfolgsrechnung** der Finanzbuchhaltung zu erzeugen, nämlich in dem Sinne, dass den realisierten Zinserträgen die tatsächlichen Zinsaufwendungen gegenübergestellt werden.

Ein sehr wesentliches Kriterium für die Wahl eines Treasury-adäquaten Effektivzinsverfahrens ist in der Vermeidung potenzieller Fehlsteuerungen im Transformationsbereich zu sehen. Es ist bereits jetzt erkennbar, dass durch das Nichtvorhandensein tagtäglicher Zinsverrechnung am Geld- und Kapitalmarkt die ISMA- resp. PAngV-Methode einem Treasurer keine echten Handlungsalternativen aufzeigt, da er sie in der Realität nicht in dieser Weise vorfindet, sodass potenzielle Fehlsteuerungen möglich werden. Zudem impliziert diese Methode, dass ein entsprechend konstruiertes GKM-Gegengeschäft zur Realisation der Kundengeschäftsbeiträge täglich abzuschließen wäre, was in dieser Weise natürlich nicht stattfindet. Die klassischen dynamischen Effektivzinsverfahren werden somit allesamt dem Anspruch der Treasury-Adäquanz nicht gerecht, da sie sich bezüglich ihres Zinskapitalisierungsgebahrens völlig vom GKM-Geschäft lösen. Stattdessen wird die Zinskapitalisierung des Kundengeschäfts auf das GKM-Geschäft übertragen, obwohl dies keine realistische Abbildung der Wirklichkeit darstellt. Deshalb ist weiter nach Effektivzinsverfahren zu suchen, die auch dem Anspruch der **Steuerungsadäquanz im Transformationsbereich** gerecht werden können.

Zusammengefasst lassen sich die **Beurteilungsergebnisse** der klassischen Effektivzinsverfahren wie folgt darstellen (vgl. Tabelle 17):

Kriterien	ISMA/PAngV-Verfahren	US-Verfahren
(1) Steuerungsadäquanz für das Kundengeschäft	+	+
(2) Synchronisation von Bankbuchhaltung und interner Ergebnisrechnung	(+)	(+)
(3) Steuerungsadäquanz im Transformationsbereich	–	–

Tabelle 17: Kritische Würdigung der klassischen dynamischen Effektivzinsverfahren

(2) Moderne marktzinsorientierte Effektivzinsrechnung

(a) Der Treasury-konforme Effektivzins

Als modernes dynamisches Effektivzinskonzept kann der sogenannte Treasury-konforme Effektivzins (**TEZ**) bezeichnet werden, der sich hinsichtlich des Zeitpunkts der Zinskapitalisierung am GKM-Opportunitäts- bzw. GKM-Gegengeschäft orientiert und diesen auf das Kundengeschäft überträgt. Dabei wird im Vergleich zu den klassischen dynamischen Effektivzinsverfahren der Tatsache Rechnung getragen, dass der Treasurer einer Bank gemäß den Usancen am Geld- und Kapitalmarkt für unterjährige Tranchen Zinsen zu entrichten hat. Folgende Prämissen werden getroffen:

- lineare Zinsrechnung im unterjährigen Bereich,

- für unterjährige Tranchen sind am Ende ihrer Laufzeit Zinsen zu zahlen,

- Zinszahlungen für Tranchen mit längerer Laufzeit (über 1 Jahr) sind jeweils nach Ablauf eines Jahres zu leisten.

Für die Umsetzung der TEZ-Methode ist die Formulierung eines Gleichungssystems erforderlich. Zunächst ist der Auszahlungsbetrag des betrachteten Kredits in einzelne Refinanzierungstranchen zu zerlegen ($x_1 - x_4$), die in ihrer Summe den Gesamtbetrag von 180.000 EUR ergeben. Aufgrund der unterstellten Prämissen sind im Weiteren die Tranchen danach zu differenzieren, ob es sich um unterjährige Tranchen oder um jährliche bzw. überjährige Tranchen handelt. Für unterjährige Tranchen gilt, dass sie mit ($1 + i_{TEZ}$ · Laufzeitanteil) zu multiplizieren sind und im Ergebnis der jeweiligen Kundenzahlung entsprechen müssen. Auf diese Weise erfolgt eine Aufspaltung jeder Kundenzahlung in einen Kapital- und einen Zinsertragsbestandteil. Für Tranchen mit einer jährlichen bzw. überjährigen Laufzeit gilt, dass für sie jährlich Zinsen zu verrechnen sind, unabhängig davon, wie lang ihre Laufzeit insgesamt ist. Diesem Gedanken wird Rechnung getragen, indem der nach zwölf Monaten fälligen Kundenzahlung sowohl die Zinsen für die 1-Jahres-Tranche als auch jene für alle laufzeitlängeren Tranchen angelastet werden.

Für das bekannte Beispiel ergibt sich somit:

$x_1 + x_2 + x_3 + x_4$	=	180.000
$x_1 \cdot (1 + i_{TEZ} \cdot 6/12)$	=	4.000
$x_2 \cdot (1 + i_{TEZ}) + x_3 \cdot i_{TEZ} + x_4 \cdot i_{TEZ}$	=	104.000
$x_3 \cdot (1 + i_{TEZ} \cdot 6/12)$	=	2.000
$x_4 \cdot (1 + i_{TEZ})$	=	102.000

Die Auflösung dieses Gleichungssystems, das aus fünf Gleichungen und fünf Unbekannten besteht, führt zu folgendem Ergebnis:

x_1	=	3.776,42 EUR
x_2	=	83.134,12 EUR
x_3	=	1.888,21 EUR

$x_4 = 91.201,25 \text{ EUR}$

$i_{TEZ} = 11,84058 \%$

Die unterstellten **Prämissen des TEZ-Verfahrens** werden anhand des Zinsverrechnungs- und Tilgungsplans besonders transparent (vgl. Abbildung 52).

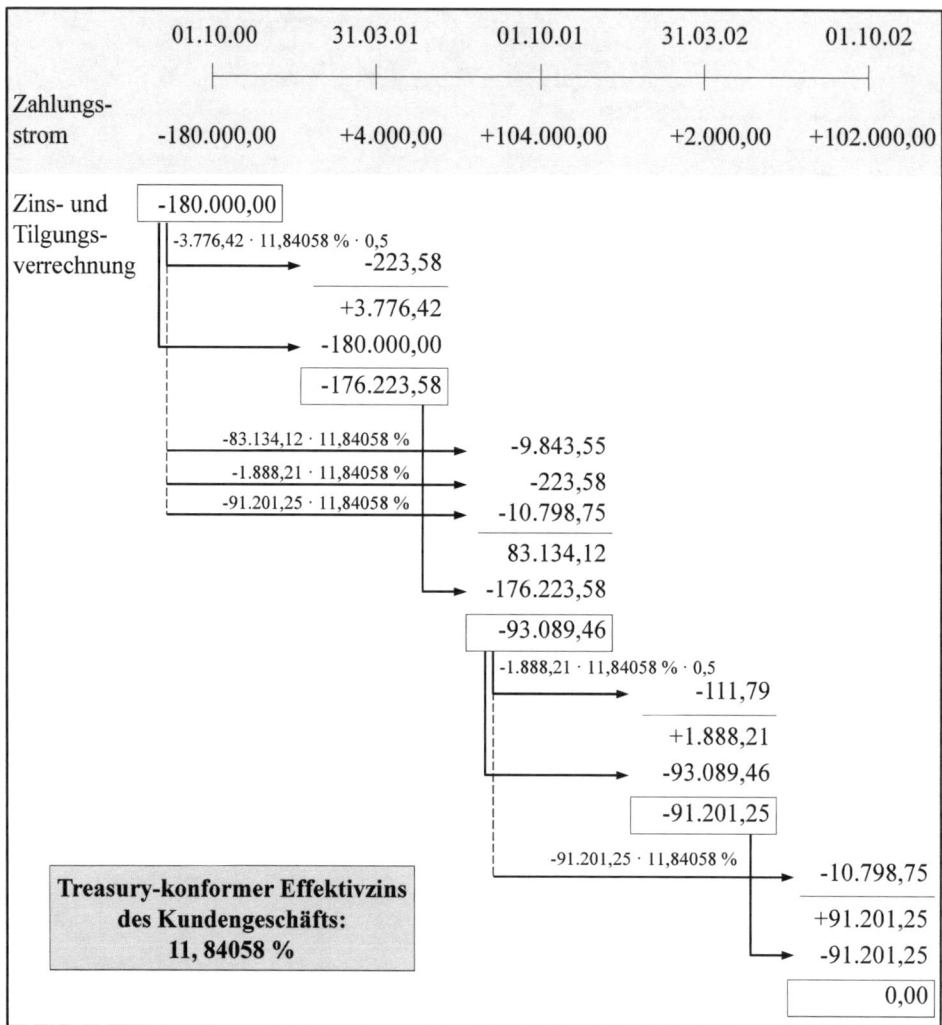

Abb. 52: Zinsverrechnungs- und Tilgungsplan des Kundengeschäfts nach TEZ-Verfahren

Zunächst ist der Auszahlungsbetrag in die bereits ermittelten Tranchen zu zerlegen. Nach einem halben Jahr werden die Zinsen für die sechsmonatige Tranche in Höhe von 223,58 EUR verrechnet. Dieser Betrag ergibt sich aus der Multiplikation der Tranche mit dem kalkulierten Effektivzins. Der Restbetrag von 3.776,42 EUR dient zur Tilgung. Nach einem Jahr fallen die Zinsen für die übrigen drei Tranchen an, die verbleibende Differenz zwischen Kunden- und Zinszahlung von 83.134,12 EUR dient wiederum zu Tilgungszwecken. Die folgenden Kundenzahlungen sind in analoger Weise zu verrechnen. Schließlich werden mit der Schlusszahlung in Höhe von 102.000 EUR die ausstehenden Zinsen der laufzeitlängsten Tranche und das verbleibende Restkapital gedeckt.

(b) Marktzinsorientierte Margenkalkulation

Nachdem die Effektivzinsrechnung nach TEZ am Kundengeschäft aufgezeigt wurde, soll nun kurz dargestellt werden, wie – gemäß den Usancen am Geld- und Kapitalmarkt – das Opportunitätsgeschäft zu konstruieren ist (vgl. Abbildung 53). Auf die gleiche Weise, nur mit umgekehrten Vorzeichen ließe sich entsprechend das GKM-Gegengeschäft formulieren, das bei tatsächlichem Abschluss zur Realisation der kalkulierten Kundengeschäftsbeiträge führen würde. Zu diesem Zweck sei angenommen, dass die am Geld- und Kapitalmarkt geltenden Sätze für Tranchen unterschiedlicher Fristigkeit bei einer Laufzeit von 6 Monaten 5 %, bei 12 Monaten 6 %, bei 18 Monaten 6,5 % und bei 24 Monaten 7 % betragen. Um nun die komplette GKM-Zahlungsreihe aufstellen zu können, sind die bereits ermittelten Finanzierungstranchen – gemäß den Prämissen des TEZ-Verfahrens – mit den jeweiligen Marktzinssätzen zu multiplizieren. Sie beginnt im Zeitpunkt t = 0 mit einer Einzahlung in Höhe von 180.000 EUR, die dem Betrag der Kundenauszahlung entspricht. Nach 6 Monaten sind 94,41 EUR (= 3.776.425 EUR · 0,05 · 0,5) als Zinszahlung und 3.776,42 EUR als fällige Tilgungszahlung zu entrichten (= 3.870,83 EUR). Für die nächste Zahlung nach einem Jahr ist zu beachten, dass hier nicht nur die fällige 1-Jahres-Tranche von 83.134,12 EUR zu verzinsen ist, sondern zu diesem Zeitpunkt ebenfalls die Zinsen für alle länger laufenden Geschäfte anfallen (83.134,12 EUR · 1,06 + 1.888,21 EUR · 0,065 + 91.201,25 EUR · 0,07 = 94.628,98 EUR). Als Opportunitätszahlung nach 18 Monaten lässt sich ein Betrag von 1.949,58 EUR berechnen, der eine Zinszahlung von 61,37 EUR (= 1.888,21 EUR · 0,065 · 0,5) und eine Tilgungszahlung von 1.888,21 EUR enthält. Die Zahlungsreihe endet mit einer Auszahlung in Höhe von 97.585,33 EUR (= 91.201,25 EUR · 1,07). Betrachtet man nun die stufenweise Zins- und Tilgungsrechnung des Opportunitätsgeschäfts, so wird deutlich, dass sich das durchschnittlich gebundene Kapital bei Opportunitäts- und Kundengeschäft exakt gleich entwickelt und somit auch keine Wiederanlageprämisse besteht.

Gemäß dem Zins- und Tilgungsplan lässt sich der durchschnittliche Opportunitätszins (wie auch der Refinanzierungszinssatz) aus dem Quotienten von Zinszahlungen (= 18.034,72 EUR) und Kapitaleinsatz (= 270.257,15 EUR) ermitteln, der im Beispiel 6,67317 % beträgt. Dabei handelt es sich lediglich um eine Durchschnittsgröße, die zwar über die Gesamtlaufzeit Geltung hat, jedoch periodenbezogen aufgrund der Tranchenorientierung starken Schwankungen unterworfen ist. Dies gilt ebenso für die Konditionsmarge, die sich aus der Differenz zwischen Kunden- und durchschnittlichem GKM-Zinssatz ermitteln lässt und demnach 5,16741 % (= 11,84058 % – 6,67317 %) beträgt.

Die in den einzelnen Zahlungszeitpunkten entstehenden Konditionsbeiträge lassen sich vereinfacht in absoluter Höhe direkt aus der Differenz zwischen Kunden- und GKM-Zahlungsreihe ermitteln und betragen somit für die erste Periode 129,17 EUR, für die zweite Periode 9.371,02 EUR, für die dritte Periode 50,42 EUR und für die letzte Periode 4.414,67 EUR. Die prozentualen Periodenmargen lassen sich aus dem Verhältnis zwischen den absoluten Konditionsbeiträgen und den zu verzinsenden Tranchen ermitteln. Demnach ergeben sich folgende Werte für die jeweiligen Teilperioden: 3,42 % (= 129,17 EUR : 3.776,42 EUR); 5,32 % (=

9.371,02 EUR : (83.134,12 EUR + 1.888,21 EUR + 91.201,25 EUR)); 2,67 % (= 50,42 EUR : 1.888,12 EUR); 4,84 % (= 4.414,67 EUR : 91.201,25 EUR). Die Synchronisation der so in Umrissen dargestellten TEZ-Margenkalkulation mit dem Barwertkalkül, der Cashflowrechnung und dem externen Rechnungswesen erfolgt ausführlich vor dem Hintergrund der Diskussion über die verschiedenen Verrentungskonzeptionen (vgl. S. 167 ff.).

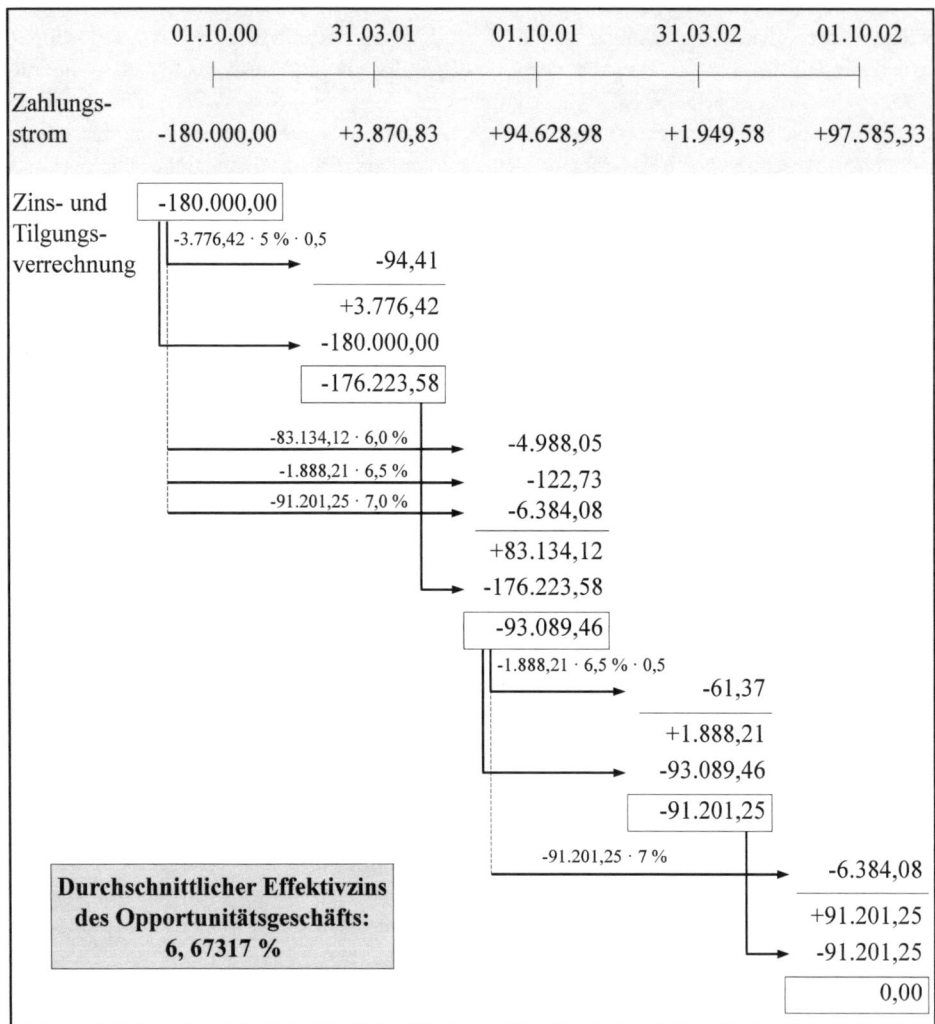

Abb. 53:   Zinsverrechnungs- und Tilgungsplan des Opportunitätsgeschäfts nach TEZ-Verfahren

(c)   Kritische Würdigung

Die rechnerische Darstellung der Effektivzinsrechnung gemäß TEZ-Verfahren zeigt, dass hier die Zinsverrechnung in Abhängigkeit von der Laufzeit der gebildeten GKM-Tranchen erfolgt. Auf diese Weise wird eine Ausrichtung am Marktgeschäft erzeugt. Der zentrale Vorteil liegt darin, dass so – im Gegensatz zu den bislang aufgezeigten Verfahren – den Usancen am Geld-

und Kapitalmarkt explizit Rechnung getragen wird. Somit können Fehlsteuerungen im Transformationsbereich vermieden und dem Treasurer einer Bank echte Handlungsalternativen aufgezeigt werden. Dies bildet die wesentliche Voraussetzung zur sauberen Ergebnistrennung zwischen Marktbereich und Zentralbereich gemäß den Prinzipien des dualen Steuerungsmodells (vgl. S. 40 ff.).

Neben der Eigenschaft der Treasury-Adäquanz zeigt sich, dass das TEZ-Verfahren ebenfalls entscheidungsrelevante Ergebnisinformationen zur Margenkalkulation liefert. Diese können sowohl ex post zur Nachkalkulation als auch ex ante als Entscheidungsgrundlage zur Steuerung des Kundengeschäfts Verwendung finden.

Nicht nur die Existenz einer linearen Kapitalbasis, welche die Bezugsgröße für die Zinszahlungen bildet, sondern auch die Verrechnung von Zinszahlungen als solche gewährleisten die Eignung des TEZ-Verfahrens zur Synchronisation von Bankbuchhaltung und Ergebnisrechnung. Da sich die kalkulierten Zahlen auch tatsächlich in der Erfolgsrechnung des externen Rechnungswesens wiederfinden lassen, ist diese Methode aus Gründen der Nachvollziehbarkeit und Akzeptanz besonders hervorzuheben (vgl. Abbildung 54).

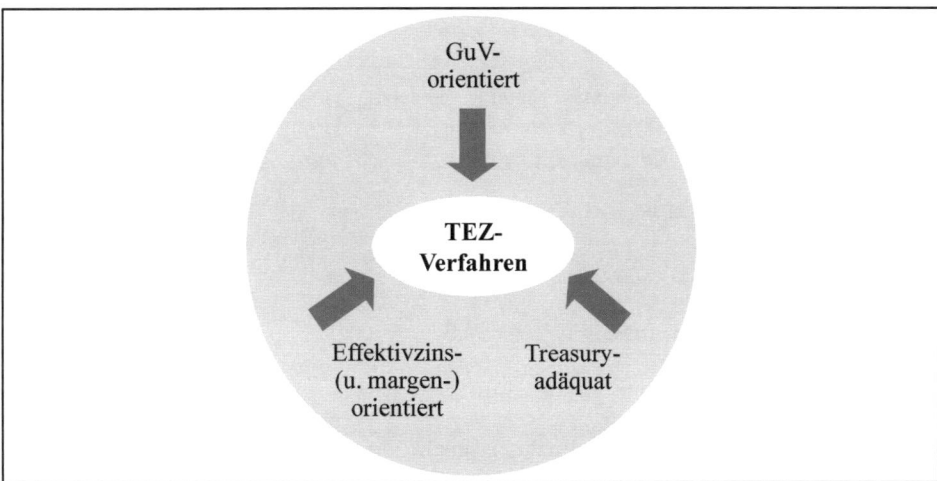

Abb. 54: Eigenschaften des TEZ-Verfahrens

Zusammenfassend lässt sich somit festhalten, dass das TEZ-Verfahren die Anforderungen an ein controllingadäquates Steuerungsinstrument – im Vergleich zu den übrigen, hier diskutierten Methoden – am besten erfüllt.

(3)   Effektivzinskonstante Disagioabgrenzung als Sonderproblem

(a)   Problemstellung

Im vorherigen Gliederungspunkt wurde bereits die Notwendigkeit angesprochen, die Ergebnisse der Effektivzinsrechnung mit dem Zahlenmaterial der Betriebsergebnisrechnung bzw. Bankbuchhaltung zu synchronisieren. Die tatsächlich vereinnahmten (planmäßigen) Zinsüberschüsse sollen so exakt den auf der Grundlage von Effektivzinssätzen kalkulierten Zinsüber-schüssen in den einzelnen Jahren entsprechen. Denn nur wenn dieses erreicht wird, kann von einem geschlossenen Controllingzyklus zwischen Entscheidungsrechnung und Ergebnisrech-nung gesprochen werden.

Als eine mögliche Störgröße sind dabei – sieht man einmal von Systemmängeln der Margen-kalkulation selbst ab – etwaige Disagiovereinbarungen vor allem bei Festzinskrediten anzuse-hen. Deren rechnungsmäßige Behandlung wird damit zu einem maßgeblichen Indikator für die Funktionsfähigkeit von Controllingsystemen im Wertbereich eines Finanzinstituts.

Die Effektivzinsrechnung erhält in diesem Zusammenhang die Aufgabe, das vereinbarte Disagio gemeinsam mit dem Nominalzins in einen Effektivzins umzurechnen. In der Betriebsergebnis-rechnung entsteht dagegen das Problem, dass dem Kunden lediglich der Kreditbetrag abzüglich Disagio ausgezahlt wird, dieser jedoch den gesamten Darlehensbetrag innerhalb der Kreditlauf-zeit zurückzuzahlen hat und die Bank somit das Disagio nach den Grundsätzen ordnungsmäßiger Buchführung und Bilanzierung zu bestimmten Zeitpunkten erfolgsmäßig vereinnahmen muss.

Das vereinbarte Disagio ist dementsprechend auf die Jahre der Laufzeit zu verteilen, und zwar so, dass sich ein jährlich gleichbleibender Effektivzins des betrachteten Kundenkreditgeschäfts ergibt.

Aus diesen Problemkreisen ergibt sich folgende Zielsetzung: Die Methoden der Disagiovertei-lung sollen sowohl einen jährlich gleichbleibenden Effektivzins für die Margenkalkulation garantieren als auch möglichst viele der folgenden Anforderungen erfüllen:

• vollständige Verteilung des gesamten Disagios,

• handels- und steuerrechtliche Zulässigkeit,

• Steuerungsadäquanz der Effektivzinsinformationen,

• einfache und damit praxisnahe Handhabung.

Grundlage für die Analyse ist die Effektivzinsmethode nach TEZ bzw. allgemein die **Inter-ner-Zinsfuß-Methode**. Disagioabgrenzungen auf der Basis der **statischen Effektivzinsrech-nung**, die in der Praxis große Bedeutung haben, werden hier nicht weiter verfolgt.

(b)   Disagioabgrenzung mithilfe der Interner-Zinsfuß-Methode

Das dynamische Verfahren interpretiert das Disagio als Ausdruck für die Differenz zwischen Rückzahlungs- und Auszahlungsbetrag des Kredits im Zeitpunkt der Darlehensvergabe. Der Auszahlungsbetrag entspricht definitionsgemäß dem Gesamtbetrag aller zukünftigen, mit dem internen Zinsfuß abgezinsten Zins- und Tilgungszahlungen. Diese Differenz zwischen nomi-neller Restschuld und effektivem Barwert noch ausstehender Zahlungen zum Betrachtungs-zeitpunkt vermindert sich im Laufe der Zeit und bestimmt damit die Höhe des jeweils abzu-grenzenden Disagios.

Die jährlichen Disagioteilbeträge lassen sich folglich wiederum als Differenz zwischen der mit dem Effektivzins bzw. dem Nominalzins multiplizierten Restschuld ermitteln, welche als effektiver Barwert der noch ausstehenden Zahlungen definiert ist. Da der jeweilige Barwert mithilfe des internen Zinsfußes berechnet wird, entspricht er genau der um den noch nicht vereinnahmten Disagioanteil gekürzten Restforderung. Insofern gelingt es hier, die tatsächliche bilanzielle Disagioverteilung auf Basis der Interner-Zinsfuß-Methode bei der Ermittlung der volumenmäßigen Bezugsgröße zu berücksichtigen.

Wie generell ist auch bei den dynamischen Verfahren nach Tilgungsmodalitäten zu differenzieren. Hier können allerdings im Gegensatz zu den statischen Verfahren keine generellen Verteilungsvorschriften angegeben werden, wohl aber je nach Tilgungsvariante verschiedene Formeln zur Ermittlung der Disagioverteilung. Eine weitere Möglichkeit zur Berechnung der Disagioteilbeträge besteht darin, für jede einzelne Kreditvergabe die Differenz zwischen dem auf die jeweilige Restschuld bezogenen Effektivzins und dem Nominalzins zu ermitteln. Beide Alternativen sollen im Folgenden anhand eines einheitlichen Beispiels und für alle Tilgungsvarianten demonstriert werden:

- Kreditbetrag F_N: 1.000 EUR

- Disagio D: 100 EUR

- Disagioprozentsatz d: 10 %

- Nominalzins i_N: 8 %

- Laufzeit n (= Disagioverbrauchszeit): 5 Jahre jährliche Zinszahlungen

Unterschieden werden die folgenden Tilgungsmodalitäten:

1. Endfällige Tilgung

2. Ratentilgung ohne Freijahre

3. Ratentilgung mit Freijahren

4. Annuitätentilgung.

Zu 1. Endfällige Tilgung

Bevor das Disagio auf die Jahre der Laufzeit verteilt werden kann, ist zunächst die Zahlungsreihe des Kredits aufzustellen, um daraus den internen Zinsfuß zu ermitteln:

$$-900 + \frac{80}{(1+i_{IZM})^1} + \frac{80}{(1+i_{IZM})^2} + \frac{80}{(1+i_{IZM})^3} + \frac{80}{(1+i_{IZM})^4} + \frac{1.080}{(1+i_{IZM})^5} \overset{!}{=} 0$$

Mithilfe der linearen Interpolation erhält man den internen Zinsfuß dieser Zahlungsreihe von $i_{IZM} = 10{,}684$ %. Auf der Basis dieses Effektivzinses ergibt sich dann die Disagioverteilung, wobei als Bezugsgröße für den Effektivzins die um den noch nicht verrechneten Disagioteil gekürzte Restforderung herangezogen wird (vgl. Tabelle 18).

Einfacher kann das Disagio auf Basis des internen Zinsfußes bei endfälliger Tilgung mithilfe der folgenden Formel verteilt werden:

$$D_t = \frac{(i_{IZM} - i_N) \cdot F_N}{(1 + i_{IZM})^n} (1 + i_{IZM})^{t-1}$$

Für das Beispiel gilt:

$$D_t = \frac{(0{,}10684 - 0{,}08) \cdot 1.000}{1{,}10684} (1{,}10684)^{t-1} = 16{,}16 \cdot 1{,}10684^{t-1}$$

D_1	=	$16{,}16 \cdot 1{,}10684^0$	=	16,16
D_2	=	$16{,}16 \cdot 1{,}10684^1$	=	17,89
D_3	=	$16{,}16 \cdot 1{,}10684^2$	=	19,80
D_4	=	$16{,}16 \cdot 1{,}10684^3$	=	21,91
D_5	=	$16{,}16 \cdot 1{,}10684^4$	=	24,25
Summe			=	100,01

Jahr	F_t	$F_t - D + \sum_{k=0}^{t-1} D_k$	$i_{IZM} \cdot (3)$	$i_N \cdot (2)$	D_t
(1)	(2)	(3)	(4)	(5)	(6) = (4) − (5)
1	1.000	900,00 + 0 = 900,00	96,16	80	16,16
2	1.000	900,00 + 16,16 = 916,16	97,88	80	17,88
3	1.000	916,16 + 17,88 = 934,04	99,79	80	19,79
4	1.000	934,04 + 19,79 = 953,83	101,91	80	21,91
5	1.000	953,83 + 21,91 = 975,74	104,25	80	24,25
Σ					99,99

Tabelle 18: Disagioverteilung bei endfälliger Tilgung

Wie das verwendete Beispiel zeigt, führen Formel und detaillierte Ermittlung zu identischen Ergebnissen (etwaige Differenzen beruhen auf Rundungsfehlern). Betrachtet man die Formel genauer, wird deutlich, dass der Quotient konstant bleibt, der Klammerausdruck jedoch im Zeitablauf steigt. Bei endfälliger Tilgung ergeben sich somit im Zeitablauf ansteigende Disagioteilbeträge.

Zu 2. Ratentilgung ohne Freijahre

Voraussetzung für die Disagioabgrenzung ist auch hier wiederum die Ermittlung des internen Zinsfußes. Für das bereits verwendete Beispiel ergibt sich i_{IZM} zu 12,327 % aus

$$-900 + \frac{280}{(1 + i_{IZM})^1} + \frac{264}{(1 + i_{IZM})^2} + \frac{248}{(1 + i_{IZM})^3} + \frac{232}{(1 + i_{IZM})^4} + \frac{216}{(1 + i_{IZM})^5} \overset{!}{=} 0$$

Die Ermittlung der Disagioteilbeträge erfolgt nach bekanntem Schema (vgl. Tabelle 19).

Die Formel für die Ermittlung der Disagioteilbeträge bei Ratentilgung ohne Freijahre lautet:

$$D_t = \frac{1}{n}(i_{IZM} - i_N) \cdot F_N \cdot \frac{(1 + i_{IZM})^{n+1-t} - 1}{i_{IZM} \cdot (1 + i_{IZM})^{n+1-t}}$$

Für das Beispiel gilt:

$$D_t = \frac{1}{5}(0{,}1233 - 0{,}08) \cdot 1.000 \cdot \frac{1{,}1233^{6-t} - 1}{0{,}1233 \cdot 1{,}1233^{6-t}} = 8{,}66 \cdot \frac{1{,}1233^{6-t} - 1}{0{,}1233 \cdot 1{,}233^{6-t}}$$

D_1	=	30,96
D_2	=	26,12
D_3	=	20,68
D_4	=	14,57
D_5	=	7,71
Summe		100,04

Im Gegensatz zur endfälligen Tilgung ergeben sich bei der Ratentilgung ohne Freijahre im Zeitablauf fallende Disagioteilbeträge, da $(n + 1 - t)$ mit steigendem t abnimmt.

Jahr	F_t	$F_t - D + \sum_{k=0}^{t-1} D_k$	$i_{IZM} \cdot (3)$	$i_N \cdot (2)$	D_t
(1)	(2)	(3)	(4)	(5)	(6) = (4) − (5)
1	1.000	$1.000 - 100 = 900{,}00$	110,97	80	30,97
2	800	$800 - 100 + 30{,}97 = 730{,}97$	90,13	64	26,13
3	600	$600 - 100 + 30{,}97 + 26{,}13 = 557{,}10$	68,69	48	20,69
4	400	$400 - 100 + 30{,}97 + 26{,}13 + 20{,}69 = 377{,}79$	46,58	32	14,58
5	200	$200 - 100 + 30{,}97 + 26{,}13 + 20{,}69 + 14{,}58 = 192{,}37$	23,72	16	7,72
Σ					100,09

Tabelle 19: Disagioverteilung bei Ratentilgung ohne Freijahre

Zu 3. Ratentilgung mit Freijahren

Die Ratentilgung mit Freijahren stellt eine Kombination aus den in 1. und 2. vorgestellten Varianten dar. Die tilgungsfreie Zeit ist vergleichbar mit der endfälligen Tilgung. Die Zeit danach entspricht der Ratentilgung ohne Freijahre. Dementsprechend kann bei Ratentilgung mit Freijahren eine Kombination beider Varianten erfolgen, indem für die tilgungsfreie Zeit sowie für die Zeit der Tilgung jeweils unterschiedliche Formeln verwendet werden und zwar die der vergleichbaren Tilgungsform unter Berücksichtigung der Freijahre.

Die sukzessive Ermittlung der Disagioteilbeträge muss selbstverständlich weiterhin individuell erfolgen, da sich je nach Tilgungsmodalität unterschiedliche Zahlungsreihen und damit auch verschiedene interne Zinsfüße ergeben. Unterstellt man Ratentilgung mit zwei Freijahren, ergeben sich für das bekannte Beispiel ein interner Zinsfuß von 11,265 % aus

$$-900 + \frac{80}{(1+i_{IZM})^1} + \frac{80}{(1+i_{IZM})^2} + \frac{413,33}{(1+i_{IZM})^3} + \frac{386,66}{(1+i_{IZM})^4} + \frac{360}{(1+i_{IZM})^5} \overset{!}{=} 0$$

und als Disagioverteilung die in Tabelle 20 aufgelisteten Werte.

Jahr	F_t	$F_t - D + \sum\limits_{k=0}^{t-1} D_k$	$i_{IZM} \cdot (3)$	$i_N \cdot (2)$	D_t
(1)	(2)	(3)	(4)	(5)	(6) = (4) − (5)
1	1.000,00	$1.000 - 100 + 0$ $= 900,00$	101,39	80,00	21,39
2	1.000,00	$1.000 - 100 + 21,39$ $= 921,39$	103,79	80,00	23,79
3	1.000,00	$1.000 - 100 + 21,39 + 23,79$ $= 945,18$	106,47	80,00	26,47
4	666,67	$666,67 - 100 + 21,39 + 23,79 + 26,47$ $= 638,32$	71,91	53,33	18,58
5	333,33	$333,33 - 100 + 21,39 + 23,79 + 26,47 + 18,58$ $= 323,56$	36,45	26,67	9,78
Σ					100,01

Tabelle 20: Disagioverteilung bei Ratentilgung mit Freijahren

Für die analytische Ermittlung der Disagioteilbeträge ist dagegen zu unterscheiden zwischen tilgungsfreiem Zeitraum und Zeitraum, in dem in konstanten Jahresraten getilgt wird, sodass letztlich zwei verschiedene Formeln zur Anwendung gelangen:

Für die Zeit bis zur ersten Tilgungsrate, d. h. bis $n_F + 1$, ist die folgende Formel zu verwenden:

$$D_t = (i_{IZM} - i_N - d \cdot i_{IZM}) \cdot F_N \cdot (1 + i_{IZM})^{t-1}$$

Für das verwendete Beispiel gilt diese Formel folglich für $t = 0$ bis $t = n_F + 1 = 3$

$$D_t = (0,11265 - 0,08 - 0,1 \cdot 0,11265) \cdot 1.000 \cdot 1,11265^{t-1} = 21,39 \cdot 1,11265^{t-1}$$

Für den Zeitraum n_{F+1} bis n gilt dagegen:

$$D_t = \frac{1}{n - n_F - 1}\left(i_{IZM} - i_N\right) \cdot \left(F_N - T\right) \cdot \frac{\left(1 + i_{IZM}\right)^{n+1-t} - 1}{i_{IZM} \cdot \left(1 + i_{IZM}\right)^{n+1-t}}$$

Mit den Zahlen des Beispiels:

$$D_t = \frac{1}{5 - 2 - 1}\left(0{,}11265 - 00{,}8\right) \cdot \left(1.000 - 333{,}33\right) \cdot \frac{1{,}11265^{6-t} - 1}{0{,}11265 \cdot 1{,}11265^{6-t}} = 10{,}88 \cdot \frac{1{,}11265^{6-t} - 1}{0{,}11265 \cdot 1{,}11265^{6-t}}$$

D_1	=	21,39
D_2	=	23,80
D_3	=	26,48
D_4	=	18,57
D_5	=	9,78
Summe		100,02

Beide Formeln lassen sich auch für die zugrunde liegenden Fälle der endfälligen Tilgung bzw. Ratentilgung ohne Freijahre verwenden. Das geringfügig unterschiedliche Erscheinungsbild der jeweiligen Formeln beruht allein auf der Notwendigkeit, die Anzahl der Freijahre explizit zu berücksichtigen. Dementsprechend ergibt sich auch ein identischer Abschreibungsverlauf: Für die tilgungsfreie Zeit ergeben sich steigende, für die Zeit danach fallende Disagioteilbeträge.

Zu 4. Annuitätentilgung

Auch bei Annuitätentilgung erfolgt die sukzessive Disagioverteilung nach bekanntem Schema (vgl. Tabelle 21). Für das Beispiel ergibt sich der interne Zinsfuß $i_{IZM} = 12{,}127\,\%$ aus

$$-900 + 250{,}46 \cdot \frac{\left(1 + i_{IZM}\right)^5 - 1}{i_{IZM} \cdot \left(1 + i_{IZM}\right)^5} \overset{!}{=} 0$$

Alternativ können die Disagioteilbeträge mittels folgender Formel ermittelt werden:

$$D_t = \left[\frac{1}{\left(1 + i_n\right)^{n+1-t}} - \frac{1}{\left(1 + i_{IZM}\right)^{n+1-t}}\right] \cdot A$$

Im Beispiel:

$$D_t = \left[\frac{1}{1{,}08^{6-t}} - \frac{1}{1{,}12127^{6-t}}\right] \cdot 250{,}46$$

$$D_1 = 29,14$$
$$D_2 = 25,64$$
$$D_3 = 21,16$$
$$D_4 = 15,52$$
$$D_5 = 8,54$$

Summe	100,00

Bei $i_{IZM} > i_N$ ergeben sich im Zeitablauf fallende Disagioteilbeträge, da die Differenz in der Klammer mit steigendem t abnimmt.

Jahr	F_t	$F_t - D + \sum\limits_{k=0}^{t-1} D_k$	$i_{IZM} \cdot (3)$	$i_N \cdot (2)$	D_t
(1)	(2)	(3)	(4)	(5)	(6) = (4) − (5)
1	1.000,00	$1.000 - 100 + 0$ $= 900,00$	109,14	80,00	29,14
2	829,54	$829,54 - 100 + 29,14$ $= 758,68$	92,01	66,36	25,65
3	645,44	$645,44 - 100 + 29,14 + 25,65$ $= 600,23$	72,79	51,63	21,16
4	446,61	$446,61 - 100 + 29,14 + 25,65 + 21,16$ $= 422,56$	51,24	35,73	15,51
5	231,88	$231,88 - 100 + 29,14 + 25,65 + 21,16 + 15,51$ $= 223,34$	27,08	18,55	8,53
Σ					99,99

Tabelle 21: Disagioverteilung bei Annuitätentilgung

(c)   Verknüpfung zwischen bilanzieller und effektivzinskonstanter Disagioabgrenzung

Früher allgemein üblich, inzwischen aber in den meisten Ländern steuerrechtlich nicht mehr zulässig, war eine voll ertragswirksame Verbuchung des gesamten Disagios zum Zeitpunkt der Kreditvergabe. Da jedoch alle Methoden der Effektivzinsberechnung das Disagio entweder linear oder annuitätisch auf die durchschnittliche Kreditlaufzeit verteilen, ist auch in der Betriebsergebnisrechnung eine Verteilung des Disagios über die Laufzeit erforderlich und nicht eine lediglich einmalige Verbuchung. Ungeachtet der handelsrechtlichen Zulässigkeit muss von dieser letztgenannten Methode also unter Synchronisationsaspekten abgesehen werden.

Steuerlich sind i. d. R. eine passive Rechnungsabgrenzung und die kapitalanteilige Auflösung des Disagios über die Jahre der Laufzeit bzw. Disagioverbrauchszeit vorgeschrieben. Empfohlen werden hierfür die Zinsstaffelmethode oder ihr äquivalente Verfahren. Die Zinsstaffelmethode verteilt das Disagio proportional zum pro Jahr zu verzinsenden Kapital und zwar entsprechend dem Produkt aus jährlichen Nominalzinsen und dem Verhältnis von Disagio zur

Summe aller Nominalzinsen. Da die Höhe der Gesamtzinsen offensichtlich von der Tilgungsform abhängt und insofern für jeden Kredit einzeln berechnet werden muss, werden in der Praxis tendenziell Vereinfachungsverfahren angewendet. Die gebräuchlichste und z. B. in Deutschland auch steuerlich akzeptierte Methode ist hier wohl das Einzelberechnungsverfahren nach der digitalen Methode. Hierbei wird nicht nach unterschiedlichen Tilgungsformen unterschieden, sondern pauschal durch jährlich sinkende (digitale) Disagioauflösungsbeträge dem durch Tilgung abnehmenden Kreditbetrag Rechnung getragen. Dieses und ähnliche Vereinfachungsverfahren wurden zwar für steuerrechtliche Zwecke entwickelt, werden aber auch für die handelsrechtliche Rechnungslegung verwendet. Handelsrechtlich lassen sich nämlich grundsätzlich keine zwingenden Vorschriften zur Disagioverteilung nachweisen.

Hier werden vor allem die Zinsstaffelmethode oder die lineare Abschreibung zur Abgrenzung herangezogen. In der internationale Rechnungslegung IFRS wird demgegenüber die Effektivzinsmethode eingesetzt.

Letztlich kann nur die konsequente Umsetzung einer effektivzinskonstanten Disagioabgrenzung zur Synchronisation von Effektivzinsrechnung und Betriebsergebnisrechnung führen. Voraussetzung für deren konsequente Umsetzung in die Bilanzierungspraxis ist

- zum einen die **Akzeptanz** der etwas komplizierten Rechenverfahren zur Bestimmung der zeitanteilig aufzulösenden Disagioteilbeträge und

- zum anderen die steuer- und handelsrechtliche **Zulässigkeit** dieses Verfahrens.

Die rechtliche Zulässigkeit ist für die Handelsbilanz nach GoB wohl einigermaßen unstrittig und für den IFRS bereits umgesetzt. Für die Steuerbilanz wird die Zulässigkeit allerdings gelegentlich mit dem Argument bestritten, dass die effektivzinskonstante Disagioabgrenzung mithilfe der Interner-Zinsfuß-Methode keine Disagioverteilung nach dem zu tilgenden Kapital ermögliche. Dieses Argument kann allerdings nicht überzeugen, bedenkt man, dass gleichzeitig z. B. den deutschen Finanzinstituten für das Privatkundengeschäft vorgeschrieben wird, ihre Kreditzinsen nach einem dynamischen Verfahren auszuzeichnen und damit faktisch bestimmt wird, dass Tilgungsleistungen nach diesen Grundsätzen zu berechnen sind!

LITERATURHINWEISE

ALBISETTI, E./GSELL, M./NYFFELER, P. (1990)
ASTFALK, TH. (2000)
BAXMANN, U. G. (1987)
CANARIS, C. W. (1987)
DROSTE, K. D. ET AL. (1983)
FASSBENDER, H. (1973)
FLESCH, H.-R./PIASKOWSKI, F./SEEGERS, J. (1987)
FLESCH, H.R./PIASKOWSKI, F./SIEVI, C.R. (1987)
GNOTH, K. (1987A)
GNOTH, K. (1991A)
GRILL, W. (1993)
HÖLSCHER, R. (1994)
KNIPPSCHILD, M. (1991)
KOMMISSION „FESTVERZINSLICHE WERTPAPIERE" (1984)
KOSMIDER, H. P. (1986)

ALLERKAMP, F. (1983)
BANKEN, R. (1987)
BLATTMANN, J. (1987)
DIBBERN, K. (1983)
FALKENROTH, G. (1983)
FLECHSIG, R./FLESCH, H.-R. (1982)
FLESCH, H.-R./PIASKOWSKI, F./SIEVI, C. R. (1984)
FLESCH, H.R./PIASKOWSKI, F./SIEVI, C. R. (1988)
GNOTH, K. (1987B)
GNOTH, K. (1991B)
HAGENMÜLLER, K.-F./JACOB, A.-F. (1988)
JACOB, H.-R./VILLIEZ, CHR.V. (1990)
KOLLHOSSER, H. (1986)
KOSIOL, E. (1991)
KOTISSEK, N. (1987)

KREWERTH, B. (1986) KRÜMMEL, H.-J./RUDOLPH, B. (1983)
KRUSCHWITZ, L. (2000) KUNZE, C. (1984)
LÜCKE, K. P. (1983) MAIR, W. (1972)
MARUSEV, A. W. (1988) MARUSEV, A. W. (1989)
MARUSEV, A. W. (1990) MEYER, H. (1985)
O.V. (1985A) O.V. (1985B)
RENGER, K. (2000) ROLFES, B. (1985)
ROLFES, B. (1998) ROLFES, B./SCHIERENBECK, H. (1992)
ROLFES, B./VILLIEZ, CHR.V. (1989) SCHIERENBECK, H. (1983)
SCHIERENBECK, H. (1984) SCHIERENBECK, H. (1986)
SCHIERENBECK, H. (2003B) SCHIERENBECK, H./MARUSEV, A. W. (1990)
SCHIERENBECK, H./MARUSEV, A. W. (1991) SCHIERENBECK, H./ROLFES, B. (1986)
SCHIERENBECK, H./ROLFES, B. (1987A) SCHIERENBECK, H./ROLFES, B. (1987B)
SCHIERENBECK, H./ROLFES, B. (1988) SCHIERENBECK, H./SEIDEL, E./ROLFES, B. (1987)
SCHIMMELMANN, W. V./HILLE, W. (1984) SCHMALENBACH, E. (1947 UND 1963)
SCHMIDT, W. (1984) SCHOLZ, F.J. (1985)
SECKELMANN, R. (1984) SIEVI, C. R. (1984)
STEPPELER, W. (1985A) STEPPELER, W. (1985B)
ULBRICHT, K. (1982) WAGNER, E. (1988)
WAHL, D. (1998) WALZ, H./WEBER, TH. (1989)
WIMMER, K. (1993) WIMMER, K. (2000)
WIMMER, K./STÖCKL-PUKALL, E. (1998)

2. Die Marktzinsmethode im Barwertkalkül

Im Barwertkalkül der Marktzinsmethode werden die Erfolgsbeiträge sowohl aus Kundenge-schäften als auch aus der Fristentransformation als **Barwertgrößen** bestimmt. Das heißt, die periodischen Ergebnisgrößen werden in jeweils einem Betrag aggregiert bezogen auf den gegenwärtigen Betrachtungszeitpunkt ausgewiesen.

Im Mittelpunkt der Betrachtungen steht zunächst die Kalkulation von Konditionsbeitragsbar-werten für festverzinsliche **Kundengeschäfte**. Im Periodenmodell der Marktzinsmethode, das sich vereinfachend auf endfällige Festzinsgeschäfte (Geschäfte des Typs Ia) bezieht, wie auch bei der Ausweitung des Konzepts auf das ganze Spektrum von Bankgeschäften, werden durch den Vergleich von Kundenzinssätzen mit Geld- und Kapitalmarktzinssätzen verursachungs- und leistungsgerecht periodische Erfolgsgrößen bestimmt. Im Barwertkalkül erfolgt die Kal-kulation in **Orientierung an denjenigen Zahlungsströmen**, die für jedes festverzinsliche Kundengeschäft mit dem Kunden vereinbart sind. Mit den vorgestellten Verfahren werden Konditionsbeitragsbarwerte bestimmt, die dann im Rahmen einer Barwertsteuerung des Kun-dengeschäfts die relevanten Erfolgsgrößen im Kundengeschäft bilden.

Konditionsbeitragsbarwerte lassen sich durch **Verrentung** mühelos in periodische Konditions-beiträge überführen. Daraus können wiederum Konditionsmargen abgeleitet werden, welche die Vorteilhaftigkeit von Kundengeschäften gegenüber strukturgleichen Geld- und Kapital-marktgeschäften als relative periodische Erfolgsgrößen ausdrücken. Vorgestellt werden dies-bezüglich die zeit-, die kosten-, die rückfluss- und die kapitalbindungsproportionale sowie die Treasury-konforme Verteilungsregel.

Die Berechnung von Konditionsbeitragsbarwerten und deren anschließende Verteilung über die Laufzeit stellen somit einen **zweistufigen Ansatz der Margenkalkulation** dar, der nicht nur auf die Zahlungsströme von endfälligen Festzinsgeschäften, sondern auf beliebige mit dem Kunden vereinbarte Zahlungsströme angewendet werden kann. So lassen sich Konditionsbeiträge und letztendlich Konditionsmargen auch für Festzinsgeschäfte mit variabler Kapitalbindung exakt kalkulieren und für die Steuerung des Kundengeschäfts über periodische Erfolgsgrößen einsetzen. Von Bedeutung ist die periodische Verteilung von Konditionsbeitragsbarwerten zudem für die Abstimmung von Entscheidungsgrößen des internen Rechnungswesens mit dem Zahlenwerk der Finanzbuchhaltung. Nur so kann die erforderliche Akzeptanz für die controllingrelevanten Steuerungsgrößen sichergestellt werden.

Abgeschlossen wird das Kapitel mit der Darstellung des **Treasury-Konzepts** der Marktzinsmethode, mit dessen Hilfe eine controllingadäquate Steuerung des **Fristentransformationsbeitrags**, der zweiten Ergebniskomponente des Zinsüberschusses, ermöglicht wird. Durch den Einbezug von zukünftig noch ausstehenden Zahlungsströmen kann der Erfolg des Treasury bzw. der Zentraldisposition jederzeit berechnet werden. Im Rahmen der Gesamtbanksteuerung können in Abstimmung mit dem Kundengeschäft Entscheidungen im Sinne einer ertragsorientierten Zinsergebnissteuerung abgeleitet werden.

a)   Der Konditionsbeitragsbarwert

Zuerst werden am Beispiel eines endfälligen Festzinsgeschäfts die **konzeptionellen Grundlagen** zur Ermittlung von Konditionsbeitragsbarwerten erläutert. Die Verfahren zur Ermittlung von Konditionsbeitragsbarwerten werden anschließend an einem Beispielkredit mit variabler Kapitalbindung und unterjährigen Zinszahlungen aufgezeigt. Ein solcher Kredit lässt sich mit dem Periodenmodell der Marktzinsmethode nicht exakt kalkulieren, da hier – wie für die Geschäfte am Geld- und Kapitalmarkt (GKM) – Endfälligkeit unterstellt werden muss, um aus dem Vergleich der laufzeitgleichen Zinssätze für Kunden- und GKM-Geschäft die Konditionsmarge zu ermitteln.

Mit den anschließend dargestellten Verfahren der Verrentung wird der Konditionsbeitragsbarwert in Form von periodischen Konditionsbeiträgen auf die Laufzeit des jeweiligen Geschäfts verteilt. Aus diesen lassen sich dann Konditionsmargen als relative Erfolgsgrößen ableiten. Die dargestellte Vorgehensweise zur Kalkulation von Konditionsbeitragsbarwerten lässt sich selbstverständlich auch auf die endfälligen Festzinsgeschäfte anwenden, wobei hier die Verrentung nicht erforderlich ist, da sich bei diesen Geschäften die Konditionsmarge als periodische Erfolgsgröße unmittelbar aus dem Vergleich von Kunden- und GKM-Zins ergibt.

(1)   Konzeptionelle Grundlagen zur Ermittlung von Konditionsbeitragsbarwerten

Das **Wesen eines Barwerts** besteht darin, dass zukünftige Zahlungsströme in einem Betrag auf den aktuellen Zeitpunkt bezogen ausgewiesen werden. Dabei werden die zukünftigen Zahlungsströme mit den aktuell gültigen Zinsen abgezinst bzw. diskontiert, um so den Zeitwert des Geldes adäquat zu berücksichtigen. Diese allgemeine Charakteristik gilt gleichermaßen für den Konditionsbeitragsbarwert, der nichts anderes darstellt als den Barwert der periodischen Konditionsbeiträge.

Da sich bei einem endfälligen Festzinsgeschäft die periodischen Konditionsbeiträge unmittelbar aus dem Vergleich von Kundenzins und fristengleichem Geld- und Kapitalmarktzins ableiten lassen, wird ein solches Geschäft vom Typ Ia zur Verdeutlichung der konzeptionellen Grundlagen als Beispiel herangezogen. Konkret wird ein zweijähriger endfälliger Kredit über ein Volumen von 100.000 EUR mit einer Kundenkondition von 7 % p. a. betrachtet. Der zweijährige Geld- und Kapitalmarktzinssatz beträgt im Zeitpunkt des Geschäftsabschlusses 6 %.

Nach dem **Periodenmodell der Marktzinsmethode** ergibt sich eine **Konditionsmarge** in Höhe von 1 %. Sowohl im ersten als auch im zweiten Jahr berechnet sich ein Konditionsbeitrag von 1.000 EUR, indem die Konditionsmarge auf das während der gesamten Laufzeit gebundene Kapital in Höhe von 100.000 EUR bezogen wird. Diese beiden periodischen Konditionsbeiträge sind nun auf der Zeitachse auf den Zeitpunkt des Geschäftsabschlusses zu verschieben, um so den Konditionsbeitragsbarwert zu erhalten. Für die Verbarwertung sind die von der Bank im aktuellen Zeitpunkt realisierbaren Geld- und Kapitalmarktzinssätze gemäß Zinsstrukturkurve anzusetzen. Der Effekt des Zeitwerts des Geldes zeigt sich darin, dass der **Konditionsbeitragsbarwert** kleiner ist als die Summe der periodischen Konditionsbeiträge, da diese durch die Diskontierung auf den Zeitpunkt t = 0 an Wert verlieren. (vgl. Abbildung 55).

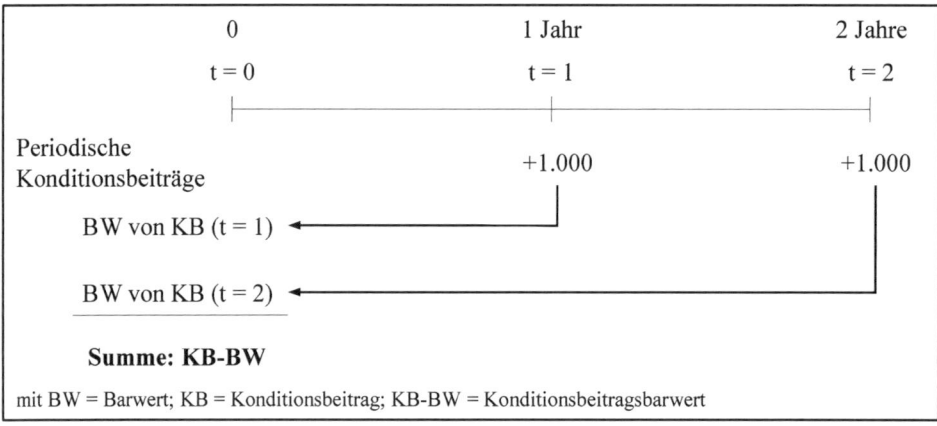

Abb. 55: Herleitung des Konditionsbeitragsbarwerts aus der Verbarwertung periodischer Konditionsbeiträge am Beispiel eines endfälligen Festzinskredits

Bei der Ermittlung der Konditionsmarge bzw. der periodischen Konditionsbeiträge wurden weiter oben zwei Interpretationsmöglichkeiten aufgezeigt: das Opportunitätsprinzip und das Gegenseitenkonzept (vgl. S. 80). Im Folgenden ist zu klären, wie diese beiden Erklärungsansätze auf die Ermittlung des Konditionsbeitragsbarwerts übertragen werden können. Zur Veranschaulichung wird wiederum das zweijährige Kreditgeschäft herangezogen, das sich einfach nach dem Periodenmodell der Marktzinsmethode kalkulieren lässt.

Bei Anwendung des **Opportunitätsprinzips** erklärt sich der Konditionsbeitrag als Mehrertrag des Kundengeschäfts gegenüber einem fristen- und strukturgleichen alternativen GKM-Geschäft. Formal resultieren die periodischen Konditionsbeiträge somit aus der Differenz der Zahlungsströme beider Geschäfte, die jeweils mit den gleichen Vorzeichen versehen sind.

Der Konditionsbeitragsbarwert könnte nun alternativ zur Darstellung in Abbildung 55 auch aus den Cashflows dieser beiden Geschäfte hergeleitet werden. Dazu werden zunächst die ausstehenden Zahlungen aus Kundengeschäft und Opportunitätsgeschäft verbarwertet. Anschließend wird die Differenz dieser Barwertsummen gebildet. Mit dieser Vorgehensweise werden also zunächst die Kurswerte beider Geschäfte bestimmt. Im Falle des Geld- und Kapitalmarktgeschäfts ist der Kurswert der ausstehenden Zahlungsströme bei Anwendung der aktuellen Geld- und Kapitalmarktzinsen betraglich genauso hoch wie die Anfangsauszahlung. Der (Ertrags-)Kurswert des Kundenkredits enthält zusätzlich den Konditionsbeitragsbarwert, der sich somit durch die Bildung der Kurswertdifferenz isolieren lässt. Im Sinne des Opportunitätsgedankens drückt sich die Vorteilhaftigkeit des Kundengeschäfts gegenüber dem strukturgleichen Geld- und Kapitalmarktgeschäft in dem höheren Kurswert aus (vgl. Abbildung 56).

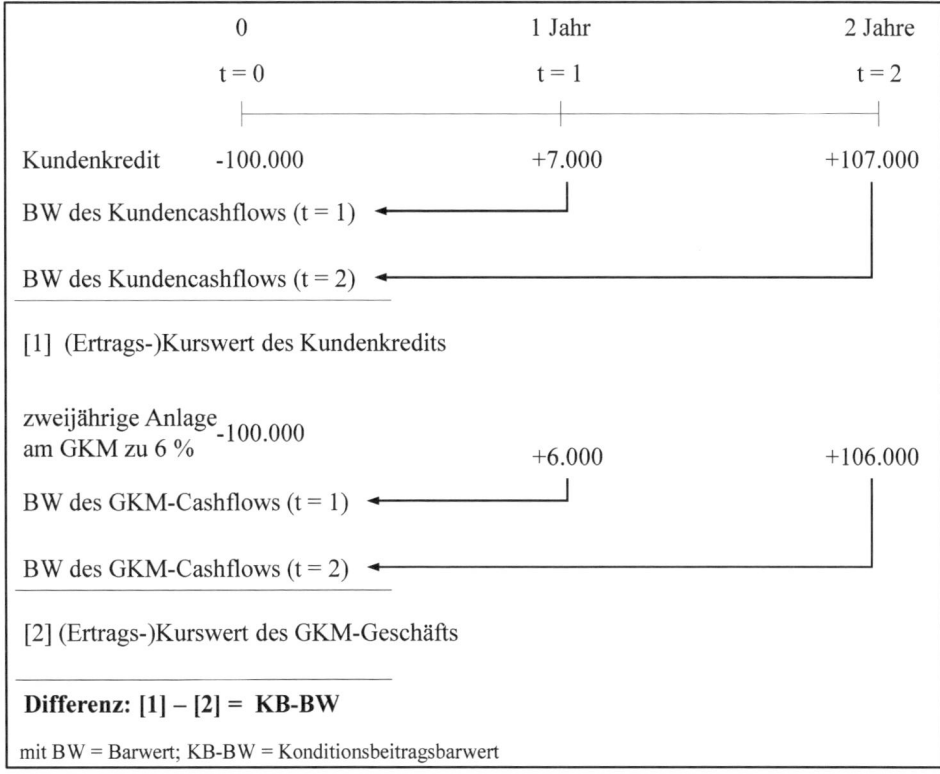

Abb. 56: Herleitung des Konditionsbeitragsbarwerts aus der Verbarwertung der Zahlungsströme von Kunden- und Opportunitätsgeschäft

Konzeptionell beinhaltet die Berechnung von Barwerten ausstehender Zahlungsströme die Glattstellung dieser Cashflows durch real durchführbare Geld- und Kapitalmarktgeschäfte. Demnach ist der (Ertrags-)Kurswert des Kundengeschäfts betraglich gleichzusetzen mit dem Refinanzierungsbetrag am Geld- und Kapitalmarkt, der erforderlich ist, um die ausstehenden Kundenzahlungen zu jedem zukünftigen Zeitpunkt auszugleichen. Da für die Refinanzierung Geld- und Kapitalmarktgeschäfte mit Zinszahlungen bzw. kupontragende Wertpapiere zur Verfügung stehen, sind ein einjähriges und ein zweijähriges GKM-Geschäft abzuschließen, um den erforderlichen Ausgleich der Zahlungsströme zu erreichen. Würden diese Gegen- bzw. Glattstellungsgeschäfte am Geld- und Kapitalmarkt tatsächlich abgeschlossen, so ließe sich der Konditionsbeitragsbarwert aus der Differenz von Refinanzierungsbetrag und Auszahlung an den Kunden realisieren. Damit folgt diese Argumentation dem **Gegenseitenkonzept**, welches bereits im Zusammenhang mit dem Periodenmodell der Marktzinsmethode aufgeführt wurde (vgl. S. 80).

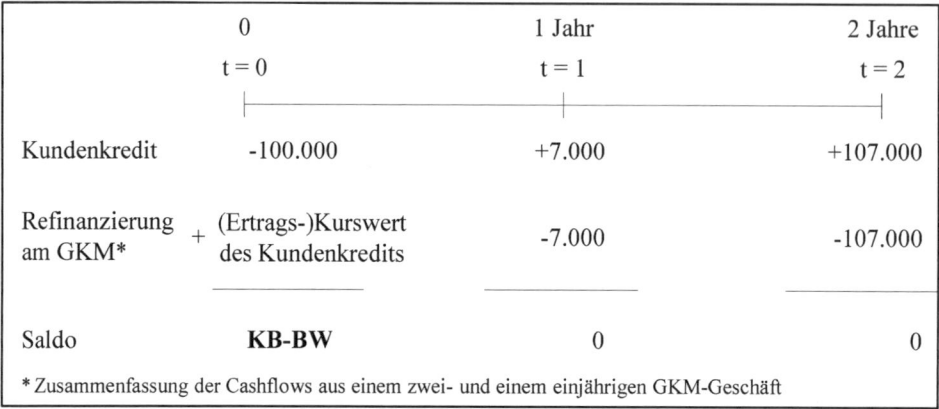

Abb. 57: Herleitung des Konditionsbeitragsbarwerts über die Glattstellung der zukünftigen Zahlungsströme aus dem Kundengeschäft durch Geld- und Kapitalmarktgeschäfte

Abbildung 57 zeigt die Struktur der Berechnung des Konditionsbeitragsbarwerts nach dem Gegenseitenkonzept auf, ohne die konkreten Beträge für die Refinanzierungstranchen aufzuführen. Die Vorgehensweise zur Berechnung des Refinanzierungsbetrags wird im Folgenden ausführlich aufgezeigt, wobei die Verfahren nicht nur auf endfällige Festzinsgeschäfte, sondern allgemein auf beliebig formulierte Zahlungsströme von Kundengeschäften anwendbar sind, um die exakten Kundengeschäftsbeiträge zu ermitteln.

(2)   Methoden zur Berechnung des Konditionsbeitragsbarwerts

Auf Basis der konzeptionellen Grundlagen zur Ermittlung von Konditionsbeitragsbarwerten werden im Folgenden **drei Berechnungsverfahren** vorgestellt, die sich für alle Kundengeschäfte anwenden lassen, für die der Zahlungsstrom zwischen Bank und Kunden fest vereinbart ist (= Geschäfte vom Typ Ia und Ib, vgl. S. 92 ff.). Der Konditionsbeitragsbarwert lässt sich entweder über die Konstruktion zahlungsstrukturkongruenter Gegengeschäfte oder aber über die Verwendung von aus der aktuellen GKM-Zinsstruktur abgeleiteten Zerobond-Abzinsfaktoren bestimmen.

(a)   Konstruktion zahlungsstrukturkongruenter Gegengeschäfte

Mithilfe der Konstruktion zahlungsstrukturkongruenter Anlage- bzw. Refinanzierungsströme, die aus den am Geld- und Kapitalmarkt als Gegengeschäfte zu den Kundengeschäften real abschließbaren endfälligen Festzinsgeschäften resultieren, soll erreicht werden, dass die zukünftigen Zahlungssalden aus Kundengeschäft und Gegengeschäften stets gleich null sind. Da diese Vorgehensweise zur Berechnung des Konditionsbeitragsbarwerts impliziert, dass dieser auch tatsächlich realisiert werden kann, wenn die entsprechenden GKM-Gegengeschäfte abgeschlossen werden, wird das Zinsänderungsrisiko bei der Kalkulation des Konditionsbeitrags ausgeschlossen.

Die Konstruktion eines solchen zahlungsstrukturkongruenten Zahlungsstroms aus Geld- und Kapitalmarktgeschäften sei im Folgenden anhand des bereits bei der Darstellung der Effektivzinsverfahren verwendeten Kreditbeispiels (vgl. S. 127 ff.) demonstriert. Es handelt sich um einen zweijährigen Ratenkredit über ein Nominalvolumen von 200.000 EUR, der unter Abzug eines Disagios von 10 % an den Kunden ausgezahlt wird. Die Tilgung erfolgt in zwei jährlichen Raten zu 100.000 EUR. Es werden halbjährliche Zinszahlungen in Höhe von 4 % (= Nominalzins) auf den jeweils nominal gebundenen Kapitalbetrag vereinbart. Den Zahlungsstrom dieses Kundenkredits zeigt Abbildung 58.

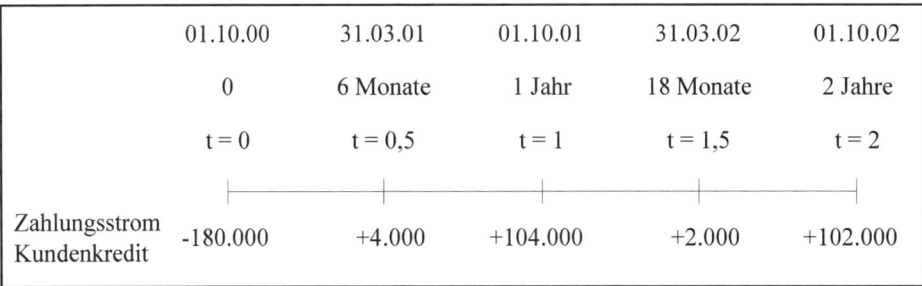

Abb. 58: Kreditbeispiel für die Kalkulation des Konditionsbeitragsbarwerts

Die Zinssätze am Geld- und Kapitalmarkt sollen im Beispiel aktuell (d. h. in $t = 0$) die in Tabelle 22 aufgelisteten Werte annehmen.

Laufzeit	GKM-Zinssätze
6 Monate	5,0 %
12 Monate	6,0 %
18 Monate	6,5 %
24 Monate	7,0 %

Tabelle 22: Zinsstruktur am Geld- und Kapitalmarkt im Zeitpunkt des Geschäftsabschlusses

Für die sich aus diesem Kredit ergebende Zahlungsreihe, bei der nach einem halben Jahr, nach einem vollen Jahr, nach 18 Monaten und nach zwei Jahren insgesamt vier Rückzahlungen erfolgen, wird eine **zahlungsstrukturkongruente Refinanzierung** konstruiert, bei der außer im Zeitpunkt null die Zahlungen aus der Kreditvergabe von den Zahlungen der Geldaufnahme am Geld- und Kapitalmarkt kompensiert werden (vgl. Abbildung 59).

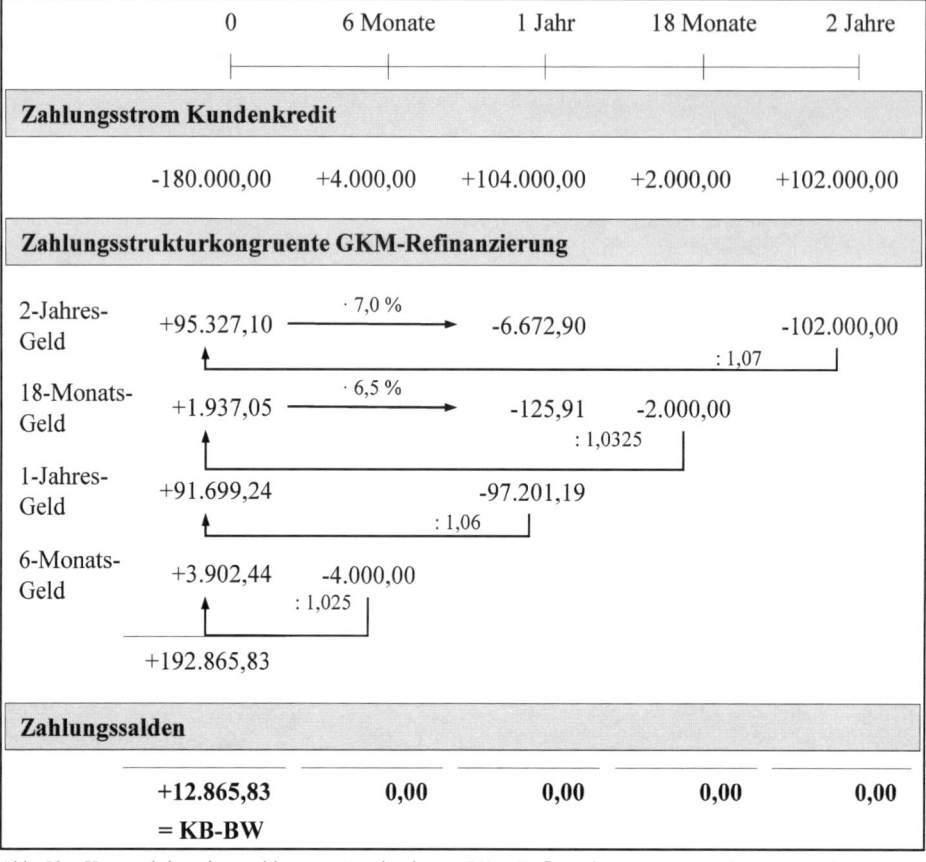

Abb. 59: Konstruktion einer zahlungsstromorientierten GKM-Refinanzierung zum Kundenkredit und Ableitung des Konditionsbeitragsbarwerts (KB-BW)

Da die zwischenzeitlichen Zinszahlungen der längerfristigen Refinanzierungsgeschäfte die Zahlungssalden der kürzerfristigen Refinanzierungsabschnitte beeinflussen, beginnt die Konstruktion der zahlungsstrukturkongruenten GKM-Zahlungsreihe bei der am weitesten in der Zukunft liegenden Rückzahlungstranche in Höhe von 102.000 EUR. Diese Kundenzahlung wird durch die Rückzahlungsverpflichtung über 102.000 EUR ausgeglichen, die aus einer **zweijährigen GKM-Refinanzierung** resultiert. Da es sich bei den GKM-Geschäften um endfällige Festzinsgeschäfte mit jährlichen Zinszahlungen bzw. Wertpapiere mit einem jährlichen Kupon handelt, beinhaltet die Rückzahlungsverpflichtung von 102.000 EUR sowohl den Refinanzierungsbetrag als auch Zinsen für ein Jahr. Der in t = 0 aufzunehmende Refinanzierungsbetrag beträgt also bei einem zweijährigen GKM-Zins in Höhe von 7 %: 102.000 / (1 + 0,07) = 95.327,10 EUR. Diese Geldaufnahme am Geld- und Kapitalmarkt führt am Ende des ersten Jahres zu einer von der Bank zu leistenden Zinszahlung in Höhe von 6.672,90 EUR, die bei der Berechnung des einjährigen Refinanzierungsgeschäfts eine Rolle spielt. Am Ende des zweiten Jahres zahlt die Bank neben den wiederum anfallenden Zinsen in Höhe von 6.672,90 EUR auch den für zwei Jahre aufgenommenen Betrag von 95.327,10 EUR, also insgesamt 102.000 EUR zurück. Diese letzte Rückzahlung aus der 2-Jahres-Geld-Tranche entspricht in der Summe dann genau der letzten Zahlung, die der Kreditkunde gegenüber der

Bank zu leisten hat. Der Zahlungssaldo aus Kundengeschäft und GKM-Geschäft im Zeitpunkt t = 2 beläuft sich demnach auf null.

Den zweiten GKM-Refinanzierungsabschnitt bestimmt die nach 1½ Jahren vom Kunden zu leistende Zinszahlung in Höhe von 2.000 EUR. Diese kann genau dann kompensiert werden, wenn die Bank im Zeitpunkt t = 0 **18-Monats-Geld** in Höhe von 1.937,05 EUR (= 2.000 / (1 + 0,065 · 0,5)) zum dafür gültigen Zinssatz in Höhe von 6,5 % aufnimmt. Nach Abzug der darauf nach einem Jahr anfallenden Zinszahlung in Höhe von 125,91 EUR – auch diese beeinflusst wiederum den Zahlungssaldo des einjährigen GKM-Refinanzierungsabschnitts – muss die Bank nach 1½ Jahren noch den aufgenommenen Betrag in Höhe von 1.937,05 EUR plus die für ein halbes Jahr zu zahlenden Zinsen von 62,95 EUR (= 6,5 % · 0,5 · 1.937,05 EUR) zurückzahlen. In der Summe bezahlt die Bank also nach 1½ Jahren genau soviel zurück, wie sie in diesem Zeitpunkt vom Kunden erhält.

Bei der Ermittlung des für ein Jahr aufzunehmenden GKM-Refinanzierungsbetrags müssen die zwischenzeitlichen Zinszahlungen auf die länger als ein Jahr laufenden Refinanzierungsbeträge berücksichtigt werden. Dazu werden diese Zinszahlungen in Höhe von insgesamt 6.798,81 EUR (= 6.672,90 EUR + 125,91 EUR) von der im Zeitpunkt t = 1 erfolgenden Kreditrückzahlung des Kunden von 104.000 EUR abgezogen. Als Differenz verbleibt ein Betrag in Höhe von 97.201,19 EUR. Dieser muss mit einer **einjährigen GKM-Refinanzierung** kompensiert werden. Dazu wird im Zeitpunkt t = 0 ein Geldbetrag in Höhe von 91.699,24 EUR (= 97.201,19 EUR / (1 + 0,06)) zu dem dann gültigen Zinssatz für 1-Jahres-Geld von 6 % aufgenommen.

Schließlich ist in einem vierten GKM-Refinanzierungsabschnitt die nach einem halben Jahr vom Kreditkunden geleistete Zinszahlung in Höhe von 4.000 EUR mit einer **6-Monats-Geld-Aufnahme** in Höhe von 3.902,44 EUR (= 4.000 EUR / (1 + 0,05 · 0,5)) zu dem im Zeitpunkt t = 0 gültigen Zinssatz in Höhe von 5 % p. a. auszugleichen.

Um in allen zukünftigen Zahlungszeitpunkten Zahlungssalden in Höhe von null zu erreichen, muss insgesamt ein Betrag in Höhe von 192.865,83 EUR in vier GKM-Refinanzierungstranchen aufgenommen werden. Die Anzahl der Refinanzierungstranchen entspricht immer der Anzahl der geleisteten Kapitaldienstzahlungen. Für die Kreditauszahlung an den Kunden werden im Beispiel jedoch nur 180.000 EUR benötigt, sodass im Zeitpunkt null ein Einnahmenüberschuss in Höhe von 12.865,83 EUR entsteht. Dieser Einzahlungsüberhang von am Geld- und Kapitalmarkt aufgenommenen Geldbeträgen über den ausgeliehenen Kreditbetrag stellt den sogenannten **Barwert des Konditionsbeitrags** dar (vgl. Abbildung 59).

(b)   **Verwendung von zinsstrukturspezifischen Abzinsfaktoren**

Der Konditionsbeitragsbarwert von Kundengeschäften lässt sich konzeptionell einfacher bestimmen, wenn auf der Grundlage der jeweiligen Marktzinssätze zunächst entsprechende Abzinsfaktoren bestimmt werden, die dann für alle Geschäfte, die in diesem Zeitpunkt kontrahiert werden, gleichermaßen einsetzbar sind. Es erübrigt sich somit eine individuelle Konstruktion der zahlungsstrukturkongruenten Gegengeschäfte für jedes einzelne Geschäft.

Zinsstrukturspezifische Abzinsfaktoren lassen sich über sogenannte Forward Rates bestimmen oder unmittelbar durch synthetisch konstruierte Zerobonds abbilden. Auf beide Vorgehensweisen wird im Folgenden eingegangen.

Forward Rates stellen Renditen von in der Zukunft beginnenden, jedoch von der aktuellen Zinsstruktur determinierten Geschäften ("Forward-Geschäfte") dar. Mithilfe des sogenannten **Duplikationsansatzes** lassen sich die Forward Rates aus den aktuell gültigen Zinssätzen für Geld- und Kapitalmarktgeschäfte herleiten. Dazu wird der Zahlungsstrom eines Forward-Geschäfts aus im aktuellen Zeitpunkt abgeschlossenen, unterschiedlich befristeten Geldanlage- und Geldaufnahmegeschäften zu aktuell gültigen Zinsen nachgebildet bzw. dupliziert. Aus dem duplizierten Zahlungsstrom lässt sich dann die Forward Rate berechnen.

Unter Annahme der GKM-Zinsstrukturkurve von Tabelle 22 wird die Berechnung der Forward Rates im Folgenden aufgezeigt. Abbildung 60 stellt zunächst die Berechnung der Forward Rate für eine einjährige Anlage, die nach einem Jahr beginnt, dar (= FR[Beginn in t = 1;Laufzeit = 1 Jahr]). Dazu wird ein beliebiger Betrag – im Beispiel 100 EUR – für 1 Jahr zu einem Zinssatz von 6 % aufgenommen. Dies führt nach einem Jahr zu einer Rückzahlungsverpflichtung in Höhe von 106 EUR. Um in t = 0 den gewünschten Saldo von null zu erhalten, muss in einem zweiten Schritt eine zweijährige Anlage über das gleiche Volumen von 100 EUR getätigt werden, die nach einem Jahr zu einem Zinsertrag in Höhe von 7 EUR und nach zwei Jahren zu Zins- und Tilgungsleistungen von 107 EUR führt.

	t = 0	t = 1 (1 Jahr)	t = 2 (2 Jahre)
Geldaufnahme über ein Jahr zu 6 %	+100,00	-106,00	
Geldanlage über zwei Jahre zu 7 %	-100,00	+7,00	+107,00
Summe: einjährige Forward-Anlage	**0,00**	**-99,00**	**+107,00**
		Forward Rate FR[1;1]: 8,0808 %	

Abb. 60: Ableitung der Forward Rate FR[1;1] über die Konstruktion eines Forward-Geschäfts mit einer Laufzeit von einem Jahr, das nach einem Jahr beginnt

Im Ergebnis dieses Duplikationsansatzes ergibt sich aus den Salden der Zahlungsströme dieser beiden GKM-Geschäfte der Zahlungsstrom einer einjährigen Forward-Anlage, bei der aus dem Anlagebetrag von 99 EUR eine Rückzahlung nach einem Jahr in Höhe von 107 EUR resultiert. Die Verzinsung dieses Geschäfts stellt die gesuchte Forward Rate dar:

$$FR[1;1] = \frac{107}{99} - 1 = 8,0808\ \%$$

Analog zu diesem Vorgehen ließe sich die einjährige Forward Rate für das dritte Jahr berechnen (FR[2;1]), allerdings nur unter Verwendung der soeben berechneten Forward Rate FR[1;1]. Nimmt man in Fortführung des Beispiels für ein dreijähriges GKM-Geschäft einen Zinssatz von

8 % an, so wären für eine einjährige Forward-Anlage während des dritten Jahres die folgenden GKM-Geschäfte zur Duplikation des Zahlungsstroms der Forward-Anlage zu tätigen: Zunächst ist ein beliebiger Betrag – wiederum beispielsweise 100 EUR – für drei Jahre zu 8 % anzulegen. Um in $t = 0$ den Zahlungssaldo auszugleichen, ist ein einjähriges Geldaufnahmegeschäft über ebenfalls 100 EUR abzuschließen. Des Weiteren ist für ein Jahr in $t = 1$ am Geld- und Kapitalmarkt ein Betrag von 98 EUR aufzunehmen, d. h., es ist die soeben berechnete Forward Rate FR[1;1] als Zinssatz für dieses einjährige Forward-Geschäft anzusetzen. Damit wird erreicht, dass auch in $t = 2$ die Zusammenfassung der Zahlungsströme (Zinsen auf die dreijährige Geldanlage von 8 EUR, Rückzahlungsbetrag für einjährige Refinanzierung von 106 EUR, Geldaufnahme aus dem in $t = 1$ beginnenden einjährigen Forward-Geschäfts von 98 EUR) einen Saldo von null ergibt. Schließlich besteht das gesuchte Forward-Geschäft aus einer Geldanlage von 97,92 EUR in $t = 2$, die nach einem Jahr mit einem Betrag von 108 EUR zurückgezahlt wird. Daraus berechnet sich dann die Forward Rate FR[2;1] in Höhe von 10,2950 %.

Mit der Aufstellung eines **Gleichungssystems** können alternativ zu der soeben vorgestellten Vorgehensweise Forward Rates bestimmt werden, ohne dafür jeweils zeitlich vorgelagerte Forward Rates bereits ermittelt zu haben, um sie einsetzen zu können. Im Folgenden wird dieser Ansatz auf die Ermittlung der Forward Rate FR[2;1] angewendet.

$$(1) \qquad -x_1 + \qquad -x_2 + \qquad x_3 = 0$$

$$(2) \qquad 1,06\,x_1 + \qquad 0,07\,x_2 + \qquad -0,08\,x_3 = 0$$

$$(3) \qquad\qquad\quad 1,07\,x_2 + \qquad -0,08\,x_3 = x_4$$

$$(4) \qquad\qquad\qquad\qquad\quad 1,08\,x_3 = x_4\,(1 + FR[2;1])$$

mit: x_1 = Geldanlage für ein Jahr zu 6 %; x_2 = Geldanlage für zwei Jahre zu 7 %; x_3 = Geldaufnahme für drei Jahre zu 8 %; x_4 = Forward-Geldanlage für ein Jahr im Zeitpunkt $t = 2$

Die Auflösung dieses Gleichungssystems führt wiederum zu der Forward Rate FR[2;1] in Höhe von 10,2950 %.

Eine Besonderheit stellt die Berechnung der **Forward Rates für unterjährige Laufzeiten** dar. Hier stellt sich die Frage, welches Verfahren der Zinstagezählung angewendet und wie die Zinsverrechnung vorgenommen wird (vgl. hierzu die Ausführungen zu den Verfahren der Effektivzinsrechnung, S. 120 ff.). Im Folgenden wird von der Deutschen Usance der Zinstagezählung von jeweils 30 Tagen pro Monat und 360 Tagen im Jahr sowie linearer unterjähriger Zinsverrechnung ausgegangen.

Somit lässt sich die Forward Rate für das erste Halbjahr des zweiten Jahres in Höhe von 3,7688 % (= FR[1;0,5]) analog zur Forward Rate FR[1;1] bestimmen, wie dies in Abbildung 60 dargestellt ist. Statt des zweijährigen Geldanlagegeschäfts zu 7 % würde man hier eine 18-monatige Geldanlage zu 6,5 % unterstellen, die bei dem gleichen Anlagebetrag in Höhe von 100 EUR nach einem Jahr zu Zinserträgen in Höhe von 6,50 EUR und nach 1½ Jahren zu einem Rückzahlungsbetrag von 103,25 EUR (= 100 EUR · 0,5 · 0,065) führen würde. Subtrahiert man die Zinserträge in $t = 1$ aus dieser Anlage von der Schlusszahlung des einjährigen Geldaufnahmegeschäfts zu 6 % in Höhe von 106 EUR, so ergäbe sich ein derivativer

Anlagebetrag in Höhe von 99,50 EUR. In Verbindung mit dem Rückzahlungsbetrag aus der 1½-jährigen Geldanlage von 103,25 EUR in t = 1,5 ergibt sich für die Forward-Anlage eine halbjährliche Rendite von 3,7688 %.

Für die Zeiträume von bis zu einem Jahr verzinsen sich Zahlungen mit den Kassazinssätzen. So gilt für das erste Jahr der GKM-Zinssatz von 6 %. Für den Zeitraum t = 0 bis t = 0,5 ist der Zinssatz p. a. für sechs Monate bei linearer unterjähriger Zinsverrechnung und der Zinstagezählung mit 360 Tagen pro Jahr und 30 Tagen pro Monat durch zwei zu teilen, um die Verzinsung für die sechs Monate zu erhalten.

Die Anwendung der Forward Rates soll zunächst an der bekannten Zahlungsreihe für eine zweijährige Anlage am Geld- und Kapitalmarkt, für die eine Verzinsung von 7 % gilt, demonstriert werden. Der Barwert der Zahlungsreihe beträgt im Ausgabezeitpunkt 100 EUR, da genau dieser Betrag angelegt werden muss, um einen Anspruch auf den zukünftigen Erhalt der Zahlungsströme zu erwerben. Bezieht man die ausstehenden Zahlungen mithilfe der Forward Rates auf den aktuellen Betrachtungszeitpunkt, so müsste sich also dieser Barwert in Höhe von 100 EUR ergeben.

Abbildung 61 zeigt diese retrograde Berechnung des Auszahlungsbetrags der zweijährigen GKM-Anlage über 100 EUR. Eine Zahlung, die nach zwei Jahren einen Wert in Höhe von 107 EUR hat, lässt sich auf den Zeitpunkt t = 1 beziehen, indem sie durch (1 + FR[1;1]), im Beispiel also (1 + 0,080808) dividiert wird. Um den Barwert auf t = 0 bezogen zu erhalten, wird die gleiche Rechenoperation mit dem einjährigen GKM-Zinssatz in Höhe von 6 % nochmals angewendet. Die Zinszahlung von 7 EUR wird durch (1 + 0,06) dividiert, um deren Barwert zu erhalten. In der Summe ergibt sich aus beiden Barwerten der Auszahlungsbetrag in t = 0 von 100 EUR (= 93,40 EUR + 6,60 EUR).

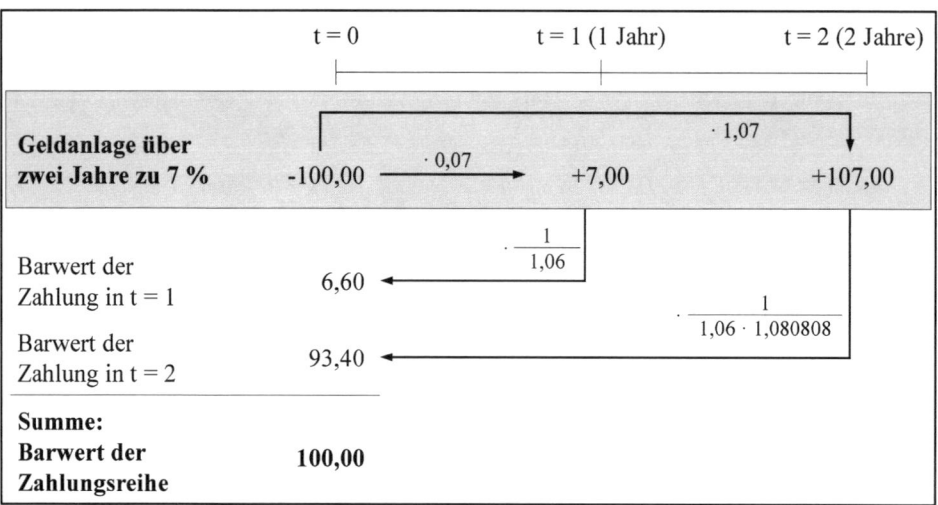

Abb. 61: Die Barwertberechnung mit Forward Rates am Beispiel der zweijährigen Geldanlage

Materiell werden mit der Berechnung der Barwerte der ausstehenden Zahlungen zwei Tranchen von Geld- und Kapitalmarktgeschäften berechnet, die erforderlich sind, um die zukünftigen Rückzahlungen aus der Geldanlage auszugleichen. Nimmt man in t = 0 einen Betrag in Höhe von 6,60 EUR auf, so ergibt sich in t = 1 eine Rückzahlungsverpflichtung von 7 EUR, welche die Zinszahlung aus dem zweijährigen Geldanlagegeschäft genau ausgleicht. Nimmt man in t = 0 einen weiteren Betrag von 93,40 EUR am Geld- und Kapitalmarkt auf, legt ihn zum einjährigen Zinssatz von 6 % an und vereinbart bereits in t = 0 ein einjähriges Forward-Geschäft, das genau den in t = 1 erforderlichen Rückzahlungsbetrag aufnimmt, so ergibt sich in t = 2 eine Rückzahlungsverpflichtung von 107 EUR, die wiederum der Rückzahlung aus der zweijährigen Geldanlage entspricht. Damit wird deutlich, dass bei der Berechnung des Barwerts grundsätzlich das zum Ausgleich der zukünftigen Zahlungen erforderliche Gegengeschäft am Geld- und Kapitalmarkt berechnet wird, das sich aus der gleichen Anzahl von Tranchen zusammensetzt, wie Zahlungen ausstehend sind.

Wendet man die Forward Rates zur Berechnung des Barwerts fest verzinslicher Kundengeschäfte an, so werden auch hier die für den zukünftigen Ausgleich der Kundenzahlungen erforderlichen GKM-Tranchen berechnet, die am Geld- und Kapitalmarkt als Gegengeschäfte im Zeitpunkt t = 0 in einer Kombination von Kassa- und Forward-Geschäften abgeschlossen werden müssen, wollte man den Konditionsbeitragsbarwert realisieren. Im Beispiel des Kundenkredits (vgl. Abbildung 58) ergibt sich der bereits bekannte Refinanzierungsbetrag in Höhe von 192.865,83 EUR. Da dem Kunden jedoch nur ein Betrag von 180.000 EUR ausgezahlt wird, verbleibt ein Konditionsbeitragsbarwert in Höhe von 12.865,83 EUR. (vgl. Tabelle 23).

Barwert der Zahlung in t = 2:	$102.000 \text{ EUR} \cdot$	$\dfrac{1}{1,06 \cdot 1,080808}$	$= 89.031,92 \text{ EUR}$
Barwert der Zahlung in t = 1,5:	$2.000 \text{ EUR} \cdot$	$\dfrac{1}{1,06 \cdot 1,037688}$	$= 1.818,26 \text{ EUR}$
Barwert der Zahlung in t = 1:	$104.000 \text{ EUR} \cdot$	$\dfrac{1}{1,06}$	$= 98.113,21 \text{ EUR}$
Barwert der Zahlung in t = 0,5:	$4.000 \text{ EUR} \cdot$	$\dfrac{1}{1,025}$	$= 3.902,44 \text{ EUR}$
Summe: Barwert der Refinanzierung:	192.865,83 EUR		
Konditionsbeitragsbarwert:	192.865,83 EUR − 180.000 EUR		$= 12.865,83 \text{ EUR}$

Tabelle 23: Berechnung des Konditionsbeitragsbarwerts des Beispielkredits mithilfe von Forward Rates

Da die Forward Rates völlig unabhängig von irgendwelchen konkreten Zahlungsbeträgen stets die aktuelle Zinsstruktur widerspiegeln, lässt sich bei jeder Zinsstruktur ein ganzes System von Abzinsfaktoren bilden. Solche Abzinsfaktoren können – und dies ist ihr entscheidender Vorteil – bei jedem beliebigen Kundengeschäft und für jede beliebige Zahlungsreihe zur Berechnung der Barwerte direkt verwendet werden, ohne dass noch größere und zeitraubende Iterationsprozesse durchlaufen werden müssen. Diese Abzinsfaktoren werden auch als **Zerobond-Abzinsfaktoren** bezeichnet, weil sie den rechnerischen Kurswert einer jeden einzelnen Zahlung einer Zahlungsreihe isoliert angeben und damit rechnerisch jede einzelne Zahlung als Schlusszahlung eines isolierten Zerobond-Geschäfts angeben.

Im Beispiel ergeben sich für die vier Zahlungszeitpunkte des Kredits die folgenden (Zero-bond-)Abzinsfaktoren ZB-AF[Beginn;Laufzeit] (vgl. Tabelle 24):

2-Jahres-(Zerobond-)Abzinsfaktor ZB-AF[0;2]:	$\dfrac{1}{1,06 \cdot 1,080808}$	=	0,872862
18-Monats-(Zerobond-)Abzinsfaktor ZB-AF[0;1,5]:	$\dfrac{1}{1,06 \cdot 1,037688}$	=	0,909132
1-Jahres-(Zerobond-)Abzinsfaktor ZB-AF[0;1]:	$\dfrac{1}{1,06}$	=	0,943396
6-Monats-(Zerobond-)Abzinsfaktor ZB-AF[0;0,5]:	$\dfrac{1}{1,025}$	=	0,975610

Tabelle 24: Ableitung der Zerobond-Abzinsfaktoren aus den Forward Rates (berechnet mit den ungerundeten Forward Rates)

Zerobonds (Nullkupon-Anleihen) sind allgemein ausgedrückt Finanztitel, deren Zahlungsstrom nur zwei Werte aufweist: einen Emissions- bzw. Anschaffungskurs (F_0) und einen Rückzahlungs- bzw. Verkaufskurs (F_N) nach Ablauf der Laufzeit von n Jahren. Der interne Zinsfuß bzw. die Rendite eines Zerobonds (i_{IZM}) errechnet sich wegen dieser einfachen Struktur aus der Grundformel

$$i_{IZM} = \sqrt[n]{\frac{F_N}{F_0}} - 1 \,.$$

Entsprechend gilt für den Zerobond-Abzinsfaktor eines Zerobonds die folgende Beziehung:

$$\frac{F_0}{F_N} = \left[\frac{1}{1 + i_{IZM}}\right]^n$$

Zerobond-Abzinsfaktoren stellen somit den in Prozent des Rückzahlungsbetrags ausgedrückten Anlagebetrag dar.

Ohne Bezugnahme auf die Forward Rates lassen sich die Zerobond-Abzinsfaktoren aus den jeweils gültigen Geld- und Kapitalmarktsätzen ermitteln, indem die Zahlungsstruktur exakt durch **synthetisch konstruierte Zerobonds** abgebildet bzw. dupliziert wird. Gefragt wird allgemein danach, welchen Mix von Geld- und Kapitalmarktgeschäften eine Bank durchführen muss, um einen Zerobond mit n Jahren Laufzeit aus realen Geld- und Kapitalmarktgeschäften synthetisch konstruieren zu können.

Allgemein erfolgt die Ermittlung vom laufzeitlängsten Geschäft zum jeweils nächstkürzeren. Ziel ist es jeweils, zwischenzeitliche Zahlungssalden durch entsprechende kürzerfristige Geld- und Kapitalmarktgeschäfte auf null zu bringen, damit die Zahlungsstruktur des Zerobonds mit einem Zahlungsstrom in t = 0 und einem in t = N abgebildet wird. Der saldierte Wert aller Geld- und Kapitalmarktgeschäfte, die in t = 0 abzuschließen sind, stellt den Barwert eines synthetischen Zerobonds (in Prozent des hier mit 1 bzw. 100 % normierten Rückzahlungskurses) dar.

Tabelle 25 zeigt die Berechnung für eine **zweijährige Zerobond-Anlage** auf der Grundlage der Marktzinssätze des Beispiels. Das Basisgeschäft ist eine zweijährige Anlage am Geld- und

Kapitalmarkt zu 7 %, bei der die letzte Zahlung am Ende des zweiten Jahres auf 1 bzw. 100 % normiert ist. Diese Zahlung enthält sowohl den Anlagebetrag also auch Zinsen für ein Jahr auf den Anlagebetrag. Folglich beläuft sich der Anlagebetrag auf 0,934579 (= 1 / (1 + 0,07)). Um die nach einem Jahr aus der Geldanlage anfallende Zinszahlung in Höhe von 0,065421 auszugleichen, ist eine Refinanzierung über ein Jahr erforderlich, aus der eine Rückzahlungsverpflichtung über genau den gleichen Betrag resultiert. So ergibt sich eine einjährige Geldaufnahme zu 6 % in Höhe von 0,061718. Fasst man die Zahlungsströme in t = 0 zusammen, so erhält man den Anlagebetrag bzw. Barwert des zweijährigen Zerobonds in Höhe von 0,872862, der nach zwei Jahren zu einem Rückzahlungsbetrag von 1 bzw. 100 % führt.

	GKM-Sätze	0	1	2
zweijährige Geldanlage	7,0 %	-0,934579	+0,065421	+ 1
einjährige Geldaufnahme	6,0 %	+0,061718	-0,065421	
Summe: Zahlungsstrom eines zweijährigen Zerobonds (Anlage)		-0,872862	0	+ 1

Tabelle 25: Konstruktion einer synthetischen Zerobond-Anlage über zwei Jahre mithilfe von real abschließbaren Geld- und Kapitalmarktgeschäften (Berechnungen mit ungerundeten Zwischenergebnissen)

Der interne Zinsfuß bzw. der **Effektivzins des Zerobonds** berechnet sich wie folgt:

$$\sqrt[2]{\frac{1}{0,872862}} - 1 \ = 7,0353 \ \%.$$

Die effektive Rendite dieses Zerobonds liegt aufgrund des Zinseszinseffekts um 0,0353 % über dem 2-Jahres-GKM-Zins von 7,0 %. Es sei nochmals betont, dass dieser Zerobond bei Vorliegen der zugrunde gelegten Geld- und Kapitalmarktsätze für ein Finanzinstitut eine reale Geldanlage bzw. Refinanzierung darstellt. Finanzinstitute können bei entsprechender Durchführung von Geld- und Kapitalmarktgeschäften in solche synthetischen Zerobonds tatsächlich investieren bzw. sich damit refinanzieren. Ferner ist festzuhalten, dass die so kalkulierten Abzinsfaktoren **arbitragefrei** sind und in deren Berechnung keinerlei implizite Wiederanlage- oder Nachfinanzierungsprämissen eingeflossen sind.

Für die Bestimmung von Zerobond-Abzinsfaktoren, die sich auf eine **„gebrochene" Laufzeit** beziehen, sind wiederum Entscheidungen über das Verfahren der Zinstagezählung und die Art und Weise der Zinsverrechnung zu treffen (vgl. S. 120 ff.). Geht man wie zuvor von der Deutschen Usance (30 Tage pro Monat und 360 Tage im Jahr) sowie linearer unterjähriger Zinsverrechnung aus, so lässt sich analog zur Vorgehensweise gemäß Tabelle 25 der 18-monatige Zerobond-Abzinsfaktor ZB-AF[0;18 Monate] bestimmen. Bei der Konstruktion der synthetischen 18-Monats-Zerobond-Anlage würde sich der Anlagebetrag über eine Laufzeit von 18 Monaten, der am Ende der Laufzeit zu einem Kapitaldienst in Höhe von 1 EUR führt, wie folgt berechnen: 1 / (1 + 0,065 · 180/360) = 0,968523. Die nach einem Jahr anfallende Zinszahlung von 0,062954 wäre wiederum durch eine Rückzahlungsverpflichtung aus einer einjährigen Geldaufnahme zu kompensieren. Der Saldo aus Geldanlage und Geldaufnahme führt in t = 0 zu dem gesuchten Zerbond-Abzinsfaktor ZB-AF[0;18 Monate] in Höhe von 0,909132.

Für **Laufzeiten bis zu einem Jahr** ergeben sich die Zerobond-Abzinsfaktoren nach der folgenden einfachen Rechnung:

ZB-AF[0;Laufzeit] mit Laufzeit ≤ 1 Jahr:

$$= \frac{1}{\left(1 + \text{laufzeitspezifischer Zins p. a.} \cdot \dfrac{\text{Laufzeit in Tagen}}{\text{Tage pro Jahr}}\right)}$$

Allgemein können – bei einem Planungshorizont von n Jahren – die arbitragefreien Zerobond-Abzinsfaktoren und die dazugehörigen GKM-Tranchen auch durch Lösen eines **Gleichungssystems** mit maximal n Unbekannten gewonnen werden, in dem die Zahlungsströme für die entsprechenden Geld- und Kapitalmarktgeschäfte in den einzelnen Spalten exakt beschrieben sind. Für ein **erweitertes Beispiel** mit fünfjährigem Zeithorizont gelten die in Tabelle 26 wiedergegebenen (realen) GKM-Sätze (Stand: 20.01.1986).

Laufzeit	GKM-Zinssätze
1 Jahr	4,80 %
2 Jahre	5,22 %
3 Jahre	5,68 %
4 Jahre	6,25 %
5 Jahre	6,43 %

Tabelle 26: Zinsstruktur am Geld- und Kapitalmarkt am 20.01.1986

Der Gleichungsansatz sieht entsprechend folgendermaßen aus:

	1	2	3	4	5
.1	1,048	0,0522	0,0568	0,0625	0,0643
.2		1,0522	0,0568	0,0625	0,0643
.3			1,0568	0,0625	0,0643
.4				1,0625	0,0643
.5					1,0643

Tabelle 27: Gleichungsansatz zur Berechnung von Zerobond-Abzinsfaktoren aus aktuellen GKM-Zinssätzen

Die linke obere Ecke der Inversen hierzu lautet (wenn nur sieben Stellen hinter dem Komma ausgewiesen werden) wie in Tabelle 28 ausgeführt. Dabei sind die einfachen Spaltensummen der Inversen identisch mit den Zerobond-Abzinsfaktoren. In den Spalten selbst stehen die GKM-Tranchen, deren Zins- und Schlusszahlungen dann wieder den synthetischen Zerobond ergeben, wie leicht am Beispiel des zweijährigen Zerobonds nachvollzogen werden kann.

	.1	.2	.3	.4	.5
1	0,9541985	-0,0473381	-0,0487412	-0,0504776	-0,0487939
2		0,9503897	-0,0510807	-0,0529005	-0,0511360
3			0,9462528	-0,0556619	-0,0538053
4				0,9411765	-0,0568615
5					0,9395847
ZB-AF	0,9541985	0,9030515	0,8464309	0,7821364	0,7289880
		0,9541985	0,9541985	0,9541985	0,9541985
			0,9030515	0,9030515	0,9030515
				0,8464309	0,8464309
					0,7821364
kum. ZB-AF	0,9541985	1,8572500	2,7036809	3,4858174	4,2148054

Tabelle 28: Lösung des Gleichungsansatzes zur Berechnung von Zerobond-Abzinsfaktoren (Berechnungen mit ungerundeten Zwischenergebnissen)

Alternativ lassen sich die Zerobond-Abzinsfaktoren auch sequenziell mithilfe der **kumulierten Zerobond-Abzinsfaktoren der vorherliegenden Jahre** ermitteln. Die Vorgehensweise sei beispielhaft für den vierjährigen Zerobond-Abzinsfaktor ZB-AF[0;4] aufgezeigt. Für die Berechnung werden nur der vierjährige GKM-Zinssatz und der über drei Jahre kumulierte Zerobond-Abzinsfaktor benötigt, wie Abbildung 62 zeigt.

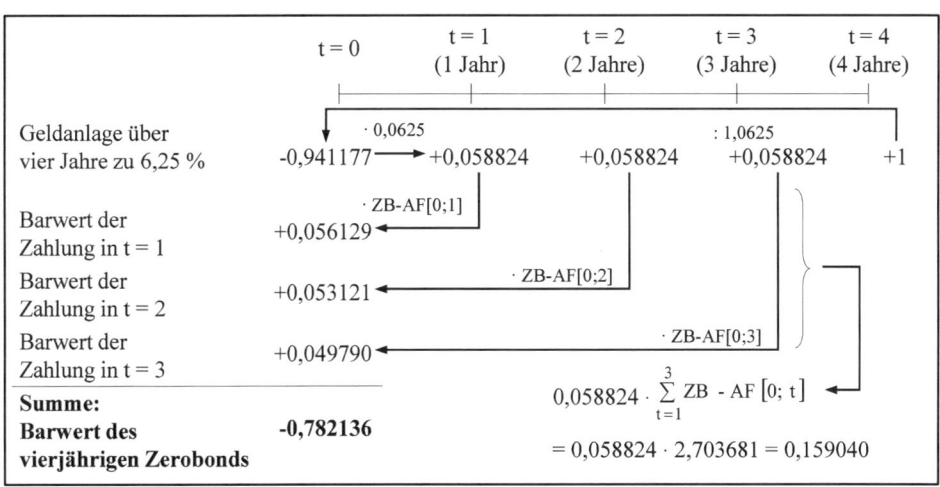

Abb. 62: Berechnung des vierjährigen Zerobond-Abzinsfaktors unter Verwendung der kumulierten Zerobond-Abzinsfaktoren für kürzere Laufzeiten (mit ungerundeten Zwischenergebnissen)

Damit aus einem endfälligen GKM-Geschäft nach vier Jahren eine Rückzahlung (Zins- und Tilgungsleistung) in Höhe von 1 resultiert, ist in t = 0 ein Betrag in Höhe von 0,941177 (= 1 / (1 + 0,0625)) anzulegen. Die Zinszahlungen in t = 1, t = 2 und t = 3 auf die soeben errechnete 4-Jahres-Geldanlage betragen 0,058824 (= 0,941177 · 0,0625). Diese Zinszahlungen sind zu kompensieren, damit per Saldo nur noch die Anfangszahlung (in Höhe des Barwerts) und die Schlusszahlung (in Höhe von 1) im vierten Jahr übrig bleiben. Hierzu können die Zerobond-

Abzinsfaktoren der vorherliegenden Jahre – sofern diese bereits berechnet und damit bekannt sind – verwendet werden. Vereinfachend können diese zunächst summiert und als Summe anschließend mit der Zinszahlung multipliziert werden. Zuletzt ist in t = 0 wiederum der Saldo aus dem vierjährigen Anlagebetrag und dem Barwert der Zinszahlungen zu bilden, um den Barwert für den vierjährigen Zerobond und damit den Zerobond-Abzinsfaktor von 0,782136 (= 0,941177 – 0,159040) zu erhalten.

Mithilfe des soeben aufgezeigten Verfahrens lassen sich auf Basis der jährlichen GKM-Zinssätze und der zugehörigen Zerobond-Abzinsfaktoren die **tagesgenauen Abzinsfaktoren für Zahlungen mit gebrochenen Laufzeiten** approximieren. Beispielsweise ließe sich der 2½-jährige Zerobond-Abzinsfaktor ZB-AF[0;2,5] wie folgt bestimmen:

Zunächst wird aus den beiden bekannten GKM-Zinssätzen für volle Jahre der dazwischen liegende Zinssatz als Per-annum-Zins approximativ abgeleitet, indem die Differenz zwischen den beiden Sätzen gleichmäßig auf die Tage pro Jahr aufgeteilt wird. Geht man wiederum von der Deutschen Usance bei der Zinstagezählung (30/360) aus, so würde sich als angenäherter GKM-Zinssatz für 2,5 Jahre 5,45 % (= [(5,22 % + 5,68 %) · (180/360)]) p. a. ergeben. Der Barwert einer 2½-jährigen Geldanlage berechnet sich aus 1/(1 + 0,0545 · 180/360) = 0,973473. Die darauf entfallenden jährlichen Zinszahlungen in t = 1 und t = 2 belaufen sich auf 0,053054 (= 0,973473 · 0,0545). Mithilfe der kumulierten Zerobond-Abzinsfaktoren für ein und zwei Jahre (= 1,857250) lassen sich diese Zinszahlungen wiederum verbarwerten (= 0,053054 · 1,857250 = 0,098535). Im Saldo beträgt der gesuchte Zerobond-Abzinsfaktor dann 0,874938 (= 0,973473 – 0,098535).

Die Zerobond-Abzinsfaktoren können also aus jeder Zinsstrukturkurve, die an den Geld- und Kapitalmärkten Gültigkeit hat, maschinell errechnet werden. Abschließend sind die GKM-Zinsstruktur und die zugehörigen Zerobond-Abzinsfaktoren in Abbildung 63 grafisch dargestellt.

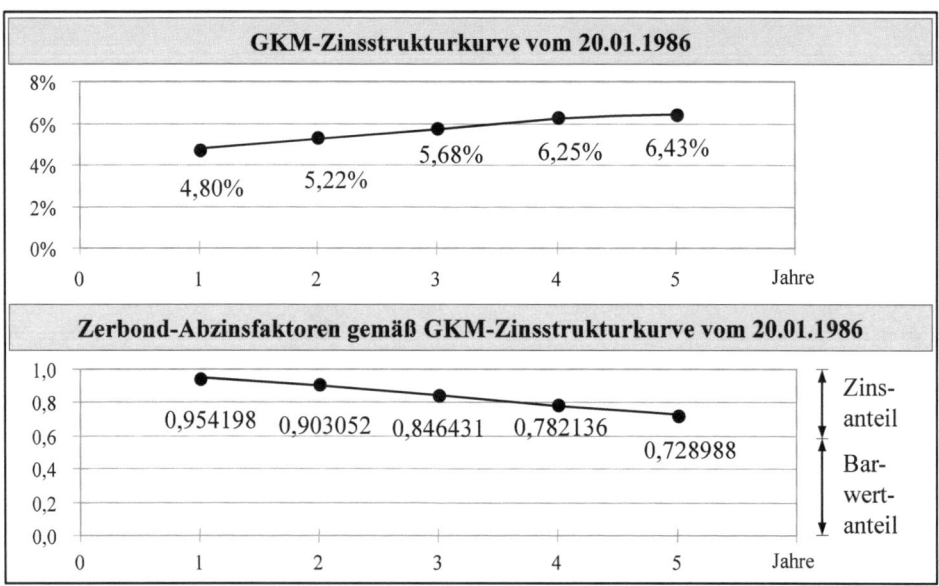

Abb. 63: Zinsstrukturkurve vom 20.01.1986 und die zugehörigen Zerobond-Abzinsfaktoren

(3) Verrentungskonzeptionen des Konditionsbeitragsbarwerts

Nachdem die Kalkulation des Konditionsbeitragsbarwerts dargestellt wurde, ist nun aufzuzeigen, wie dieser in periodische Konditionsbeiträge transformiert werden kann. An dieser Stelle soll lediglich auf die unterschiedlichen Verteilungsmöglichkeiten und deren Berechnungsmethodik eingegangen werden, ohne eine Diskussion über die grundsätzlichen Vor- und Nachteile einer auf Margen- bzw. auf Barwertgrößen ausgerichteten Steuerung zu führen. Diese Diskussion erfolgt im Zusammenhang mit der Behandlung der speziellen Anwendungsprobleme der Marktzinsmethode an späterer Stelle ausführlich – unter Einbezug der Fristentransformation als Ergebnisquelle (vgl. S. 214 ff.). Die korrekt nach dem Konzept der Marktzinsmethode kalkulierte barwertige Ergebnisgröße für ein Kundengeschäft lässt sich also in eine (periodische) Marge transformieren, die sich durch den Abschluss entsprechender Gegengeschäfte am Geld- und Kapitalmarkt auch realisierbar ist.

(a) Anforderungen an Verrentungskonzeptionen

Für die Verteilung des Konditionsbeitragsbarwerts über die Laufzeit eines zinsabhängigen Geschäfts existiert eine **Fülle von Alternativen**, die gewährleisten, dass die Abzinsung der periodisch verrechneten Überschussbeiträge zum Konditionsbeitragsbarwert führt. Mit jeder Verteilungsregel ist ein anderer Finanzierungskapitalverlauf verbunden. Das Konzept der Überschussverteilung, für das sich die Geschäftsleitung entscheiden wird, ist vom Treasury entsprechend umzusetzen.

Über die Eignung der möglichen Kalkulationsverfahren ist anhand verschiedener **Beurteilungskriterien** zu entscheiden, deren Gewichtung von der individuellen Situation des Finanzinstituts abhängt. In diesem Zusammenhang ist unter anderem zu prüfen:

(1) Steht die Verteilung des Konditionsbeitragsbarwerts in Einklang mit den Möglichkeiten des Treasury (Zentraldisposition), diese durch korrespondierende Geld- und Kapitalmarktgeschäfte real auch darzustellen?

(2) Ist die Verteilungsmethode offen für Zwecke der bilanzpolitischen Gestaltung des Jahresergebnisses?

(3) Steht die Verteilungsmethode in Einklang mit den externen Rechnungslegungsvorschriften, auch wenn keine entsprechenden Geld- und Kapitalmarktgeschäfte abgeschlossen werden?

(4) Entspricht das Verfahren dem traditionellen Denken der Praxis in konstanten Margengrößen?

(5) Ist die Art der Verteilung für die Mitarbeiter motivationsfördernd und daran anknüpfend als Grundlage für ein leistungsorientiertes Vergütungssystem geeignet?

In erster Linie soll die Prüfung anhand der vier erstgenannten Fragen erfolgen. Die fünfte Problemstellung wird hier aufgrund ihrer nicht geringen Bedeutung genannt. Sie ist jedoch noch

relativ wenig erforscht und soll hier nicht weiter vertieft werden. Die im Folgenden zu diskutie-
renden Verrentungskonzeptionen lassen sich in **zwei Gruppen** unterteilen (vgl. Abbildung 64).

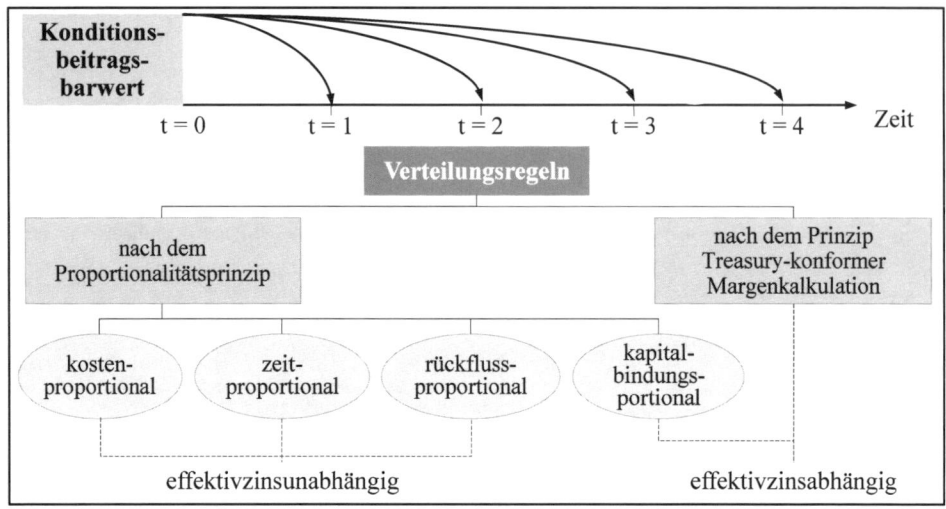

Abb. 64: Übersicht über die Konzeptionen zur Verrentung des Konditionsbeitragsbarwerts

Die erste Gruppe der Verfahren nimmt die Verteilung des Konditionsbeitragsbarwerts nach
dem Proportionalitätsprinzip vor. Hierzu zählen die zeitproportionale, die kostenproportionale,
die rückflussproportionale und die kapitalbindungsproportionale Verrentungsregel. Die andere
Gruppe bildet die Verteilung nach dem Prinzip Treasury-konformer Margenkalkulation.

(b) Verteilungsregeln nach dem Proportionalitätsprinzip

Zu den Verrentungskonzeptionen nach dem Proportionalitätsprinzip zählen unter anderem die
kostenproportionale, die zeitproportionale und die rückflussproportionale Verteilungsregel.
Bei diesen Verfahren erfolgt die Periodisierung des Konditionsbeitragsbarwerts losgelöst von
dem verwendeten Effektivzinsverfahren. Bei der am Proportionalitätsprinzip orientierten kapitalbindungsproportionalen Verteilungsmethode hängt die Höhe der periodischen Konditionsbeiträge davon ab, welches Effektivzinsverfahren zugrunde gelegt wurde. Zunächst sollen die
effektivzinsunabhängigen Verteilungsregeln näher betrachtet werden, um danach die Unterschiede zu den effektivzinsabhängigen Verfahren aufzeigen zu können.

(b1) Effektivzinsunabhängige Verteilungsregeln

Im Gegensatz zu einer sofortigen Vereinnahmung nehmen die Verteilungsmethoden – wie ihr
Name bereits andeutet – eine Periodisierung des Konditionsbeitragsbarwerts vor. Die Unterschiede zwischen den zu dieser Gruppe gehörenden Verfahren sind in ihren verschiedenen Pro-
portionalitätskriterien begründet. Bei der **zeitproportionalen Verteilungsregel** wird – im
Gegensatz zur kosten- oder rückflussproportionalen Verrentungskonzeption – die Erzielung konstanter Überschüsse bzw. Entnahmebeträge im Zeitablauf angestrebt. Ihre Vorgehensweise soll
nun mithilfe des bekannten Kreditbeispiels verdeutlicht werden (vgl. Abbildung 58 auf S. 155).

Zeitannuitäten sind mittels einer einfachen Gleichung bestimmbar. Diese basiert auf der Überlegung, dass sich der Konditionsbeitragsbarwert aus der Summe der vorerst noch unbekannten abgezinsten Zeitannuitäten ergeben muss. Für die Abzinsung sind die Zerobond-Abzinsfaktoren zu verwenden, die sich aus der aktuellen GKM-Zinsstrukturkurve ableiten lassen (vgl. S. 161 ff.). Als einzige Unbekannte in der Gleichung verbleibt somit die im Zeitablauf konstante Zeitannuität:

$$KB\text{-}BW = A \cdot \sum_{t=1}^{n} ZB\text{-}AF\,[0;t]$$

mit: KB-BW = Konditionsbeitragsbarwert; A = Zeitannuität; ZB-AF = Zerobond-Abzinsfaktor

Nach Umformung der obigen Gleichung kann die gesuchte Zeitannuität wie folgt berechnet werden:

$$A = \frac{KB\text{-}BW}{\sum_{t=1}^{n} ZB\text{-}AF\,[0;t]}$$

Diese Berechnung wird auf das bekannte Kreditbeispiel (vgl. Abbildung 58 auf S. 155) in Verbindung mit den aus der aktuellen Zinsstrukturkurve (vgl. Tabelle 26 auf S. 164) abgeleiteten Zerobond-Abzinsfaktoren (vgl. Tabelle 24 auf S. 162) angewendet:

Nach Einsetzen des Konditionsbeitragsbarwerts in Höhe von 12.865,83 EUR (vgl. Abbildung 59) und der Summe der Zerobond-Abzinsfaktoren von 3,70100 ergibt sich eine konstante Zeitannuität in Höhe von 3.476,31 EUR, die in jeder Periode als Konditionsbeitrag (KB) angesetzt wird.

Die Barwerte der Zeitannuitäten (BW[KB in t]) resultieren aus der Multiplikation mit den jeweiligen Zerobond-Abzinsfaktoren und betragen danach:

BW [KB in t = 1]:   3.476,31 EUR · 0,975610   = 3.391,52 EUR

BW [KB in t = 2]:   3.476,31 EUR · 0,943396   = 3.279,54 EUR

BW [KB in t = 3]:   3.476,31 EUR · 0,909132   = 3.160,43 EUR

BW [KB in t = 4]:   3.476,31 EUR · 0,872862   = 3.034,34 EUR

In der Summe müssen diese natürlich wieder zu der bekannten Summe in Höhe von 12.865,83 EUR führen. Die Verteilung des Konditionsbeitragsbarwerts nach der Zeitannuitätenmethode wird in Abbildung 65 dargestellt.

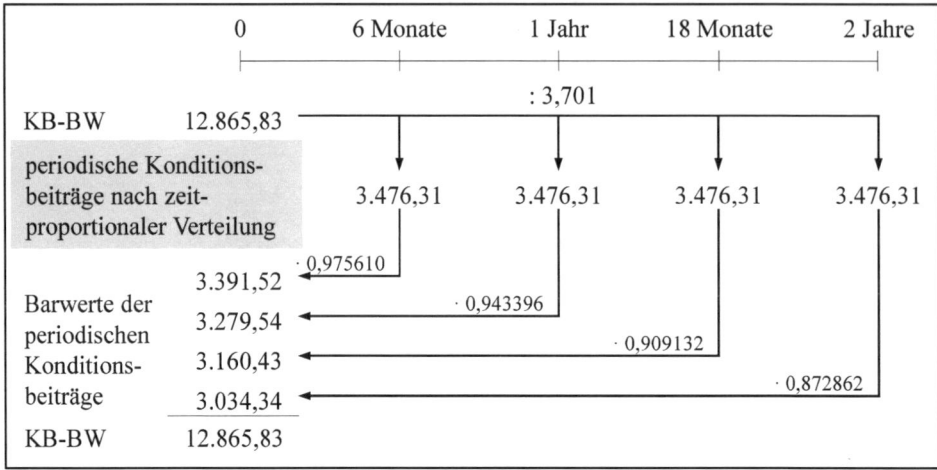

Abb. 65: Zeitproportionale Verteilung des Konditionsbeitragsbarwerts

Nach der Ermittlung der periodischen Konditionsbeiträge kann die Konstruktion des **Zahlungs-stroms des GKM-Gegengeschäfts** gemäß des allgemein anerkannten kapitalstrukturkongruenten Ansatzes erfolgen. Dabei werden diejenigen Geld- und Kapitalmarktgeschäfte ermittelt, die die nach Abzug der periodischen Konditionsbeiträge von den Kundenzahlungen verbleibenden Zahlungen kompensieren. Zu diesem Zweck sind von den jeweiligen Kundenzahlungen die ermittelten Zeitannuitäten in Höhe von 3.476,31 EUR zu subtrahieren. Die verbleibenden Zahlungen, die durch Geld- und Kapitalmarktgeschäfte glattzustellen sind, betragen somit: +523,69 EUR (t = 0,5); +100.523,69 EUR (t = 1); -1.476,31 EUR (t = 1,5); +98.523,69 EUR (t = 2). Insgesamt muss in t = 0 ein Betrag in Höhe von 180.000 EUR refinanziert werden, der damit die Kundenauszahlung genau ausgleicht (vgl. Abbildung 66).

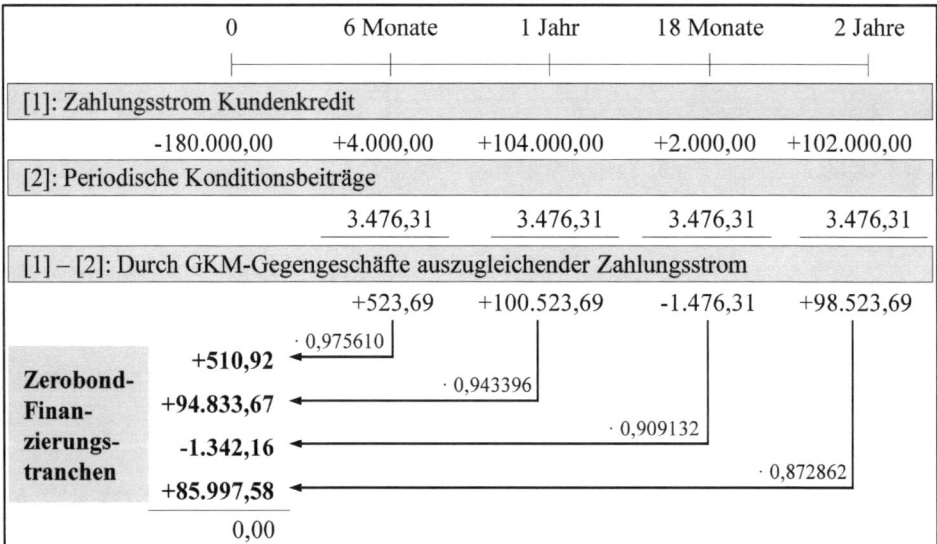

Abb. 66: Konstruktion des Zahlungsstroms des GKM-Gegengeschäfts und Ermittlung der Zerobond-Finanzierungstranchen bei zeitproportionaler Verteilung

Alternativ zu dieser Argumentation im Sinne des Gegenseitenkonzepts könnte auch der **Opportunitätsgedanke** bei der Konstruktion der GKM-Geschäfte angewendet werden. In diesem Fall müssten die nach Abzug der periodischen Konditionsbeiträge von den Kundenzahlungen verbleibenden Beträge durch GKM-Geschäfte nachgebildet bzw. dupliziert werden. Die Vorteilhaftigkeit des Kundengeschäfts gegenüber dem strukturgleichen Geld- und Kapitalmarktgeschäft zeigt sich in den periodischen Konditionsbeiträgen. Im Folgenden wird lediglich auf das Gegenseitenprinzip abgestellt. Durch den tatsächlichen Abschluss der GKM-Gegengeschäfte lassen sich dann die periodischen Konditionsbeiträge realisieren.

Prinzipiell könnte eine **Refinanzierung am Geld- und Kapitalmarkt** auf zweierlei Arten erfolgen: entweder über sogenannte Zerobond-Tranchen, die lediglich eine Einzahlung zu Beginn und eine Auszahlung am Ende bzw. vice versa aufweisen oder über sogenannte Kupon-Geschäfte, die den Normalfall einer Geld- und Kapitalmarktfinanzierung darstellen und neben den Anfangs- und Schlusszahlungen ebenfalls zwischenzeitliche Zinszahlungen verursachen.

Bei der **Refinanzierung** (im Zeitpunkt t = 0) über Zerobonds lassen sich die dafür erforderlichen Geldaufnahmen bzw. -anlagen durch einfache Abzinsung der Zahlungssalden mit ihren entsprechenden Abzinsfaktoren berechnen (vgl. Abbildung 66).

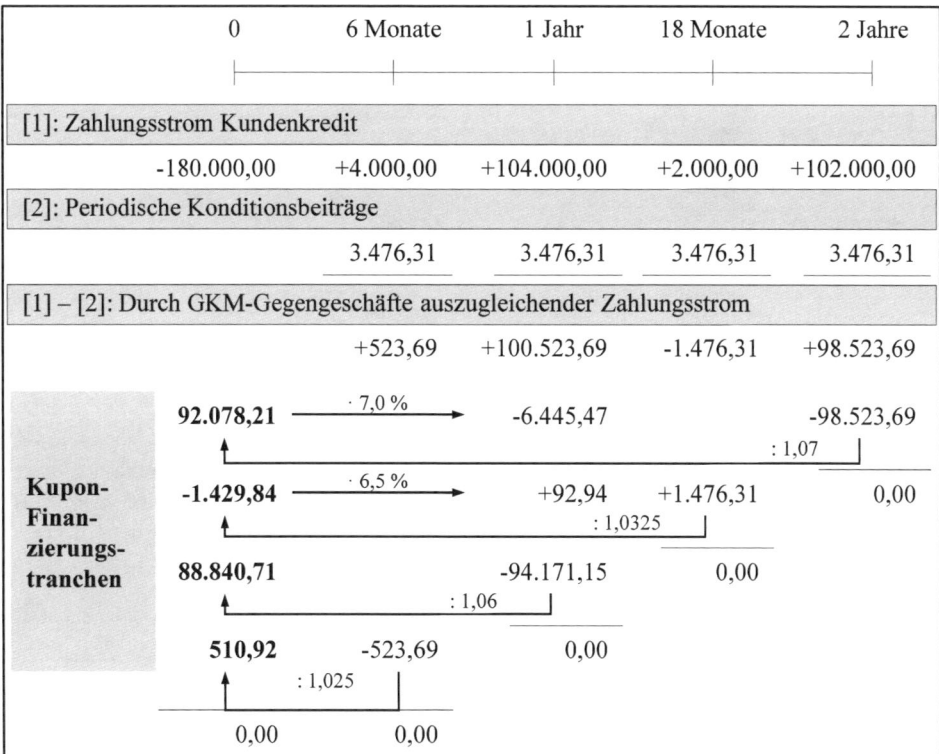

Abb. 67: Ermittlung der Kupon-Finanzierungstranchen bei zeitproportionaler Verteilung

Wird hingegen – wie es i. d. R. im Falle einer tatsächlichen Refinanzierung am Geld- und Kapitalmarkt üblich ist – eine **Finanzierung über kupontragende GKM-Geschäfte** vorgenommen, so lassen sich die dafür notwendigen Finanzierungtranchen durch retrogrades Abzinsen der Zahlungssalden mit den jeweiligen GKM-Zinssätzen bestimmen. Begonnen wird dabei – analog zur Vorgehensweise der zahlungsstrukturkongruenten Berechnung des Konditionsbeitragsbarwerts – mit dem am weitesten in der Zukunft liegenden Saldo (vgl. Abbildung 67).

Im Falle der tatsächlichen Durchführung der Refinanzierungsgeschäfte, deren Beträge in Abbildung 67 ermittelt wurden, lassen sich die Wirkungen der zeitproportionalen Verteilung in der Erfolgsrechnung der betrachteten Bank wiederfinden (vgl. Tabelle 29). Die nach dem Ablauf von sechs Monaten erfolgende Kundenzahlung von 4.000 EUR reduziert die Kundenforderung über 180.000 EUR um 510,92 EUR. Die verbleibende Residualgröße der Einzahlung in Höhe von 3.489,08 EUR (= 4.000 EUR – 510,92 EUR) ist als Zinsertrag zu verbuchen. Gleichzeitig erfolgt eine Auszahlung über 523,69 EUR, die zum einen zur Tilgung der sechsmonatigen Kupontranche von 510,92 EUR dient und zum anderen den dafür zu entrichtenden GKM-Zinsaufwand von 12,77 EUR enthält. Der daraus resultierende Konditionsbeitrag von 3.476,31 EUR ergibt sich aus der Differenz zwischen dem verbuchten Zinsertrag und Zinsaufwand [= (2) – (5)]. In analoger Weise erfolgt die Verbuchung der nachfolgenden Ein- und Auszahlungen [= (1) – (4)].

Teil-periode	Kundengeschäft			GKM-Geschäfte			Konditions-beitrag
	Ein-zahlungen	Zins-ertrag	Tilgung	Aus-zahlungen	Zins-aufwand	Tilgung	
	(1)	(2) = (1) – (3)	(3)	(4)	(5) = (4) – (6)	(6)	(7) = (1) – (4) bzw. (2) – (5)
1.	4.000	3.489,08	510,92	523,69	12,77	510,92	3.476,31
2.	104.000	15.159,29	88.840,71	100.523,69	11.682,98	88.840,71	3.476,31
3.	2.000	3.429,84	-1.429,84	-1.476,31	-46,47	-1.429,84	3.476,31
4.	102.000	9.921,79	92.078,21	98.523,69	6.445,48	92.078,21	3.476,31

Tabelle 29: Verbuchung der zeitproportionalen Verteilung

Bei der **kostenorientierten Verteilungsmethode** erfolgt die Periodisierung des Konditionsbeitragsbarwerts, indem konstante Überschussraten im Zeitablauf im Sinne eines stabilen Verhältnisses zwischen Zinsüberschuss und Betriebskosten angestrebt werden. Die Grundidee dieses Konzepts besteht darin, dass die Betriebskosten einer Periode in einer ganz bestimmten Weise zum Periodenüberschuss beitragen und letztlich als Ursache für den Erfolg angesehen werden. Ein Ertrag gilt somit als erwirtschaftet, wenn die entsprechenden Kosten angefallen sind.

Prinzipiell lassen sich **verschiedene Varianten** der Kostenverteilung unterscheiden (vgl. Abbildung 68). So könnten z. B. die gesamten Kosten eines Kundengeschäfts in der ersten Periode verrechnet werden. Dies hat zur Konsequenz, dass der Zinsüberschuss in den Folgeperioden von Betriebskostenbelastungen verschont bleibt. Ein anderes Verfahren stellt – in Anlehnung an die zeitproportionale Verteilungsmethode – die ungewichtete Periodisierung der Kosten des Produkts dar, durch die die Erzielung einer konstanten Belastung des Zinsüberschusses im Zeitablauf erreicht werden soll. Ferner stellt die kapitalgewichtete Periodisierung der Kosten des Produkts eine dritte Methode der Verrechnung dar.

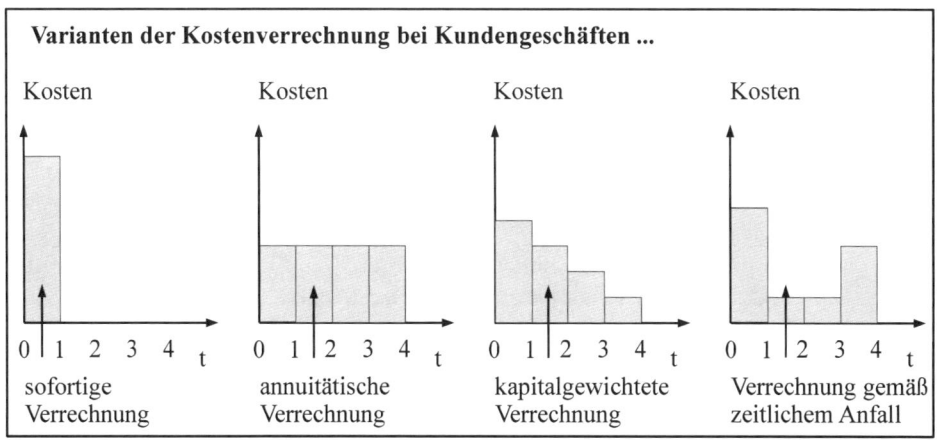

Varianten der Kostenverrechnung bei Kundengeschäften ...

| sofortige Verrechnung | annuitätische Verrechnung | kapitalgewichtete Verrechnung | Verrechnung gemäß zeitlichem Anfall |

Abb. 68: Varianten der Stückkostenverrechnung im Zeitablauf

Anders als bei diesen drei Varianten, die sich allesamt über den voraussichtlichen Anfall der Betriebskosten hinwegsetzen und sie aus Kalkulationszwecken auf die eine oder andere Art verrechnen, werden die kalkulierten Kosten bei der kostenproportionalen Verteilungsmethode so berücksichtigt, wie sie aller Wahrscheinlichkeit nach zeitlich anfallen werden. Der temporäre Anfall der Kosten sieht i. d. R. so aus, dass dieser – bedingt durch den Vertragsabschluss und die entsprechende Abwicklung – zu Beginn des Kundengeschäfts am höchsten und im weiteren Zeitablauf relativ gering ist, da dann nur noch Verwaltungs- und Kontrollarbeiten anfallen. Gegen Vertragsende steigen die Kosten durch Tätigkeiten wie Schriftwechsel, Kontoauflösungen, Sicherheitenherausgaben u. Ä. wieder an. Bezogen auf den bekannten Kreditfall wird dabei ein Kostenanfall von 50 % in der ersten, 10 % in der zweiten und dritten und 30 % in der vierten Periode unterstellt. Um nun die periodisierten Konditionsbeitragsbarwerte zu bestimmen, ist der Gesamtbetrag in Höhe von 12.865,81 EUR mit den jeweiligen Kostenfaktoren zu multiplizieren (vgl. Tabelle 30).

Teilperiode	Kostenanteile	Konditionsbeitragsbarwerte
1.	50 %	6.432,91
2.	10 %	1.286,58
3.	10 %	1.286,58
4.	30 %	3.859,74
Summe	100 %	12.865,81

Tabelle 30: Verteilungsschlüssel für die kostenproportionale Verteilung des Konditionsbeitragsbarwerts im Beispiel: zeitlicher Anfall der Betriebskosten

Da es sich bei den so ermittelten Beträgen um Barwerte und nicht um Zeitwerte handelt, sind sie in einem weiteren Schritt durch die zugehörigen Zerobond-Abzinsfaktoren zu dividieren.

Indem von den Kundenzahlungen die periodisierten Konditionsbeiträge (auf Zeitwertbasis) subtrahiert werden, lässt sich auch hier der zugehörige Zahlungsstrom des GKM-Gegengeschäfts bzw. des GKM-Opportunitätsgeschäfts konstruieren. Die zu kompensierende bzw.

173

nachzubildende Zahlungsreihe lautet: -2.593,74 EUR (t = 0,5); +102.636,22 EUR (t = 1); +584,82 EUR (t = 1,5); +97.578,05 EUR (t = 2, vgl. Abbildung 69). Aufgrund der analogen Vorgehensweise zur zeitproportionalen Verteilungsregel wird an dieser Stelle auf die Ermittlung von Zerobond- bzw. Kupontranchen verzichtet. Es versteht sich von selbst, dass die so ermittelten Tranchen in der Summe +180.000 EUR (Refinanzierungsbetrag bei Abschluss der Gegengeschäfte) bzw. -180.000 EUR (alternativer Anlagebetrag) ergeben und betraglich mit dem Auszahlungsbetrag des Kredits übereinstimmen. Wie bereits am Beispiel der zeitproportionalen Verrentungskonzeption aufgezeigt, lassen sich bei tatsächlichem Abschluss der kalkulierten Geld- und Kapitalmarktgeschäfte die periodischen Konditionsbeiträge aus der Differenz zwischen Zinsertrag und Zinsaufwand aus der Gewinn- und Verlustrechnung entnehmen.

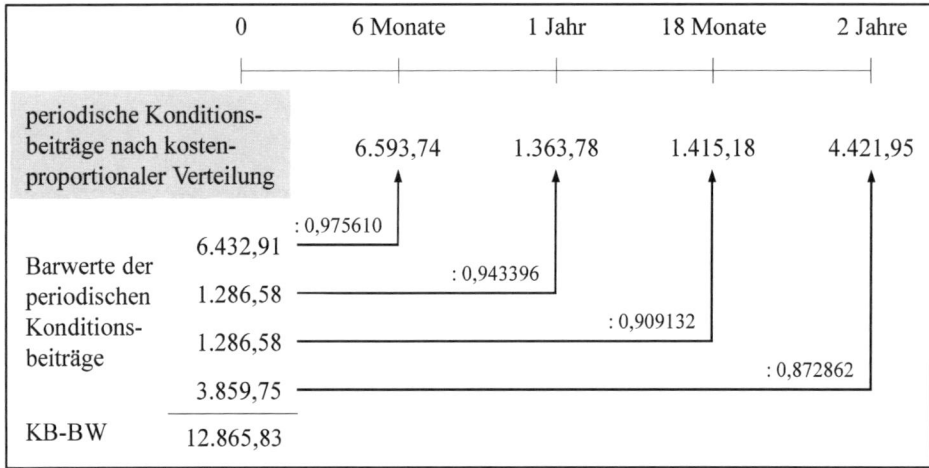

Abb. 69: Kostenproportionale Verteilung des Konditionsbeitragsbarwerts (Berechnungen mit ungerundeten Zerobond-Abzinsfaktoren)

Die **rückflussproportionale Verteilungsregel** stellt ein weiteres effektivzinsunabhängiges Verfahren zur Periodisierung des Konditionsbeitragsbarwerts dar. Hierbei wird als Bezugsgröße für die Verrentung der Anteil jeder Kundeneinzahlung am gesamten Kundencashflow zugrunde gelegt. Dadurch soll der Tatsache Rechnung getragen werden, dass jede einzelne Zahlung in ganz bestimmter Weise zur Gesamteinnahme und damit zum Überschuss eines Kundengeschäfts beiträgt.

Die Funktionsweise dieser Verteilungsregel wird anhand des bekannten Kreditbeispiels demonstriert. Zunächst sind die Barwerte der Kundenzahlungen unter Verwendung der entsprechenden Zerobond-Abzinsfaktoren zu ermitteln. Jeder einzelne Barwert ist zur Gesamtsumme der Barwerte in Höhe von 192.865,83 ins Verhältnis zu setzen, um so die prozentualen Wertanteile bestimmen zu können. Diese Prozentsätze, die in der Summe natürlich 100 % ergeben müssen, sind in einem darauf folgenden Schritt einzeln mit dem Konditionsbeitragsbarwert zu multiplizieren, um so die auf den Zeitpunkt t = 0 bezogenen Periodenwerte zu berechnen (vgl. Tabelle 31).

Zeitpunkt nach ... Monaten	Kapitaldienstleistungen	ZerobondAbzinsfaktoren	Barwerte der Kapitaldienstleistungen	Anteil an der Barwertsumme	Periodischer Anteil am Konditionsbeitragsbarwert
	(1)	(2)	(3) = (1) · (2)	(4) = (3) / 192.865,83	(5) = 12.865,83 · (4)
6	4.000	0,975610	3.902,44	2,0234 %	260,33
12	104.000	0,943396	98.113,21	50,8712 %	6.545,00
18	2.000	0,909132	1.818,26	0,9428 %	121,29
24	102.000	0,872862	89.031,92	46,1626 %	5.939,20
Summe			192.865,83	100,0000 %	12.865,83

Tabelle 31: Verteilungsschlüssel für die rückflussproportionale Verteilung des Konditionsbeitragsbarwerts (Berechnungen mit ungerundeten Zwischenergebnissen)

Aus der Division der einzelnen Konditionsbeitragsbarwerte durch die entsprechenden Zerobond-Abzinsfaktoren lassen sich wiederum die Zeitwerte kalkulieren (vgl. Abbildung 70).

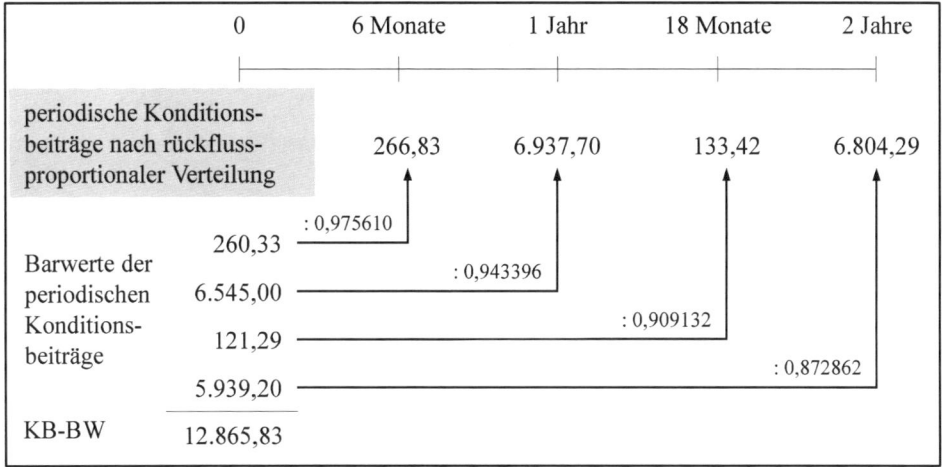

Abb. 70: Rückflussproportionale Verteilung des Konditionsbeitragsbarwerts

Der durch GKM-Gegengeschäfte auszugleichende bzw. durch GKM-Opportunitätsgeschäfte zu duplizierende Zahlungsstrom kann wiederum durch die Subtraktion der Zeitwerte von den jeweiligen Kundenzahlungen bestimmt werden: 3.733,17 EUR (t = 0,5); 97.062,30 EUR (t = 1); 1.866,58 EUR (t = 1,5); 95.195,71 EUR (t = 2). Auch an dieser Stelle wird aufgrund der Analogie zu den vorhergehenden Verfahren auf die Konstruktion der Zerobond- bzw. Kupontranchen und auf die Darstellung des externen Ergebnisausweises bei tatsächlichem Abschluss der Geld- und Kapitalmarktgeschäfte verzichtet.

(b2) Effektivzinsabhängige Verteilungsregeln

Die Ursache für das Erzielen des Konditionsbeitrags wird bei den **kapitalbindungsproportionalen Verteilungsmethoden** in der Überlassung des Kapitals gesehen. Dieser Sichtweise folgend wird eine strikt an der Kapitalbindung orientierte Verteilung des Konditionsbeitragsbarwerts angestrebt. Grundsätzlich lassen sich in diesem Zusammenhang drei unterschiedliche Verrentungskonzeptionen unterscheiden: die DEZ-Methode nach MCKINSEY, der Ansatz von SIEVI et al. und der kapitalstrukturkongruente Ansatz nach SCHIERENBECK et al. Die DEZ-Methode nimmt die Verrentung des Konditionsbeitragsbarwerts mittels eines für effektive Rechnungen unzulässigen Nominalwertkriteriums vor. Deshalb sind die Ergebnisse schon aus diesem Grund letztlich unbrauchbar. Der Ansatz von SIEVI et al. verstößt gegen die Bedingung der totalen Kapitalstrukturkongruenz, weil bei Kunden- und Opportunitäts- bzw. Gegengeschäft von einer unterschiedlichen Kapitalbindung ausgegangen wird.

Eine exakt an der **Maßgabe des effektiv gebundenen Durchschnittskapitals** orientierte Verteilung des Konditionsbeitragsbarwerts nimmt lediglich der kapitalstrukturkongruente Ansatz nach SCHIERENBECK et al. vor. Mithilfe von Geld- und Kapitalmarktgeschäften, die für einen Ausgleich der in den Kreditzahlungen des Kundengeschäfts enthaltenen effektiven Tilgungsbeträge sorgen, wird ein identischer Kapitaleinsatz zwischen Kunden- und Opportunitäts- bzw. Gegengeschäft erzeugt. Weil die aus diesem Verfahren resultierende Kapitalbindung für den Fall unterjähriger Zahlungen bzw. einer gebrochener Laufzeit in Abhängigkeit von dem verwendeten Effektivzinsverfahren unterschiedlich hoch ausfällt, kann das Verfahren als effektivzinsabhängig bezeichnet werden. Im Folgenden soll die Vorgehensweise dieser Verteilungsregel anhand des bekannten Kreditfalls auf der Basis des **Treasury-konformen Effektivzinses (TEZ)** aufgezeigt werden.

Dem Verursachungsmoment dieser Verteilungsregel folgend errechnet sich die **Marge** eines Einzelgeschäfts aus dem Verhältnis zwischen dem Barwert des Konditionsbeitrags und dem Barwert der Durchschnittssalden.

$$\text{Marge} = \frac{\text{Konditionsbeitragsbarwert}}{\text{Barwertsumme des durchschnittlich gebundenen Kapitals}}$$

Zu diesem Zweck ist in einem ersten Schritt der **Barwert der effektiven Durchschnittssalden des gebundenen Kapitals** zu bestimmen, bei dessen Ermittlung der nachstehende Zins- und Tilgungsplan gemäß TEZ Verwendung findet (vgl. Abbildung 71).

	Nominalrechnung				Effektivrechnung			
Datum	Zahlungen	Zinsen	Tilgung	Saldo	Zahlungen	Zinsen	Tilgung	Saldo
(1)	(2)	(3)	(4) = (2) – (3)	(5)	(6)	(7)	(8) = (6) – (7)	(9)
01.10.00	-200.000,00	-	-	-200.000,00	-180.000,00	-	-	-180.000,00
31.03.01	+4.000,00	4.000,00	0,00	-200.000,00	+4.000,00	223,58	3.776,42	-176.223,58
01.10.01	104.000,00	4.000,00	100.000,00	-100.000,00	104.000,00	20.865,88	83.134,12	-93.089,46
31.03.02	2.000,00	2.000,00	0	-100.000,00	2.000,00	111,79	1.888,21	-91.201,25
01.10.02	102.000,00	2.000,00	100.000,00	0	102.000,00	10.798,75	91.201,25	0

- Kreditbetrag: 200.000 EUR
- Nominalzins: 4,00 %
- Disagio: 10 %
- Ratentilgung: am Ende des 1. und des 2. Jahres je EUR 100.000 EUR
- halbjährliche Zinsverrechnung

TEZ: 11,84058 %

Abb. 71: Zins- und Tilgungsrechnung gemäß TEZ

Der gesuchte Barwert ergibt sich aus der Multiplikation der effektiven Durchschnittssalden gemäß **Zins- und Tilgungsplan** in der Effektivrechnung mit den jeweiligen Zerobond-Abzinsfaktoren (vgl. Tabelle 32).

Zeitpunkt nach ... Monaten	Effektives Restkapital	Zerobond-Abzinsfaktoren	Barwerte des durchschnittlich gebundenen Kapitals
	(1)	(2)	(3) = (1) · (2)
6	180.000,00	0,975610	175.609,76
12	176.223,58	0,943396	166.248,66
18	93.089,46	0,909132	84.630,65
24	91.201,25	0,872862	79.606,10
Summe			506.095,16

Tabelle 32: Ermittlung des Barwerts des durchschnittlich gebundenen Kapitals (berechnet mit ungerundeten Zerobond-Abzinsfaktoren)

Aus dem Quotienten von Konditionsbeitragsbarwert in Höhe von 12.865,83 EUR und dem gesamten Barwert der Durchschnittssalden über 506.095,16 EUR lässt sich in einem zweiten Schritt die **durchschnittliche Konditionsmarge** bestimmen, die sich auf 2,5422 % pro Teilperiode beläuft.

$$\text{Durchschnittliche Halbjahres-Marge} = \frac{12.865,83 \text{ GE}}{506.095,16 \text{ GE}} = 2,5422 \%$$

In einem dritten Schritt ist die durchschnittliche Halbjahresmarge mit den Durchschnittssalden zu multiplizieren, um so die **periodischen Konditionsbeiträge (auf Zeitwertbasis)** zu erhalten. Werden diese mit ihren jeweiligen Zerobond-Abzinsfaktoren multipliziert, ergeben die daraus resultierenden Barwerte in ihrer Summe den bekannten Betrag von 12.865,83 EUR (vgl. Tabelle 33).

Zeitraum in Monaten	Durchschnittlich gebundenes Kapital	Periodische Konditionsbeiträge	Zerobond-Abzinsfaktoren	Konditions-beitragsbarwerte
	(1)	(2) = (1) · 2,5422 %	(3)	(4) = (2) · (3)
6	180.000,00	4.575,92	0,975610	4.464,31
12	176.223,58	4.479,91	0,943396	4.226,33
18	93.089,46	2.366,50	0,909132	2.151,46
24	91.201,25	2.318,50	0,872862	2.023,73
Summe				12.865,83

Tabelle 33: Kapitalbindungsproportionale Verteilung des Konditionsbeitragsbarwerts

Aus der Subtraktion der ermittelten Konditionsbeiträge (auf Zeitwertbasis) von den Kunden-zahlungen folgt wiederum – analog zu den bereits vorgestellten Verteilungsverfahren – die **GKM-Zahlungsreihe**, die bei Anwendung des Gegenseitenkonzepts zu kompensieren bzw. bei Anwendung des Opportunitätsprinzips nachzubilden ist: -575,92 EUR (t = 0,5); 99.520,09 EUR (t = 1); -366,50 EUR (t = 1,5); 99.681,50 EUR (t = 2). Auf die Darstellung der Ermittlung von Zerobond- bzw. Kupontranchen und des bilanziellen Ausweises bei Abschluss entsprechender Gegengeschäfte am Geld- und Kapitalmarkt wird wiederum verzichtet.

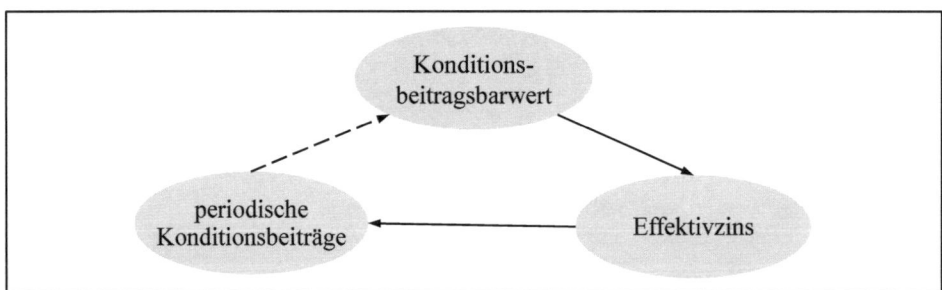

Abb. 72: Logische Struktur des Ermittlungsmodells bei kapitalbindungsproportionaler Verteilung des Konditionsbeitragsbarwerts

Die **logische Struktur** zur Herleitung der periodischen Konditionsbeiträge gemäß der kapital-bindungsproportionalen Verteilung des Barwerts verdeutlicht die Abbildung 72. Den Ausgangs-punkt bildet die Ermittlung des Konditionsbeitragsbarwerts, der auf den Barwert der Durch-schnittssalden zu beziehen ist, um die durchschnittliche Marge zu erhalten. Die Höhe der Durchschnittssalden wird durch das verwendete Effektivzinsverfahren determiniert. Durch die Multiplikation der auf diese Weise ermittelten Marge mit den effektiven Durchschnittsalden lassen sich die periodischen Konditionsbeiträge bestimmen, die abgezinst in ihrer Summe zum Konditionsbeitragsbarwert zurückführen.

(c) Verteilungsregel nach dem Prinzip Treasury-konformer Margenkalkulation

Die Verrentung des Konditionsbeitragsbarwerts gemäß der Treasury-konformen Margenkalkula-tion lässt sich im Vergleich zu einer rein kapitalbasisorientierten Verteilung nicht aus dem Produkt zwischen der vorhergehend ermittelten Marge und dem periodisch gebundenen Kapitalbetrag berechnen. Vielmehr berücksichtigt das TEZ-Verfahren explizit die **Zinskapitalisierung des GKM-Gegen- bzw. GKM-Opportunitätsgeschäfts**. Dies führt dazu, dass die Verteilung des Barwerts tranchenorientiert erfolgt und daher die **Marge im Zeitablauf schwankt**. Die entsprechenden Periodenwerte sind anhand eines Gleichungssystems zu ermitteln, das der tranchenorientierten Verteilung Rechnung trägt. Dabei ist zu beachten, dass sich die periodischen Konditionsbeiträge aus der Differenz zwischen effektivem Zinsertrag und Zinsaufwand des GKM-Gegengeschäfts bzw. dem alternativen Zinsertrag der alternativen GKM-Anlage der jeweiligen Periode ergeben. Unabdingbare Voraussetzung zur Kalkulation der periodisierten Konditionsbeiträge ist jedoch die Kenntnis des effektiven Kundenzinses, ohne dessen Verwendung die Ermittlung des gebundenen Kapitals bzw. der Tranchen nicht möglich ist.

Die Anzahl der notwendigen Gleichungen zur Berechnung der Tranchen, der periodisierten Konditionsbeiträge sowie des Kundeneffektivzinses lässt sich nach dem Schema (Anzahl der Teilperioden) · 2 + 1 ermitteln. Bezogen auf den bekannten Beispielfall, der vier Teilperioden aufweist, ist demgemäß ein **Gleichungssystem** mit den folgenden neun Gleichungen aufzustellen:

$$x_1 + x_2 + x_3 + x_4 = 180.000$$

$$x_1 \cdot (1 + i_{TEZ} \cdot 6/12) = 4.000$$

$$x_2 \cdot (1 + i_{TEZ}) + x_3 \cdot i_{TEZ} + x_4 \cdot i_{TEZ} = 104.000$$

$$x_3 \cdot (1 + i_{TEZ} \cdot 6/12) = 2.000$$

$$x_4 \cdot (1 + i_{TEZ}) = 102.000$$

$$x_1 \cdot (i_{TEZ} - GKM_1) \cdot 0,5 = KB_1$$

$$(x_2 + x_3 + x_4) \cdot i_{TEZ} - x_2 \cdot GKM_2 - x_3 \cdot GKM_3 - x_4 \cdot GKM_4 = KB_2$$

$$x_3 (i_{TEZ} - GKM_3) \cdot 0,5 = KB_3$$

$$x_4 (i_{TEZ} - GKM_4) = KB_4$$

Während die ersten fünf Gleichungen zur Ermittlung der Tranchen und des Effektivzinses dienen (vgl. S. 137 ff.), zeigen die letzten vier Gleichungen die Berechnung der periodischen Konditionsbeiträge auf. Die Auflösung des Gleichungssystems führt zu folgenden Ergebnissen:

$$x_1 = 3.776,42 \text{ EUR}$$

$$x_2 = 83.134,12 \text{ EUR}$$

$$x_3 = 1.888,21 \text{ EUR}$$

$$x_4 = 91.201,25 \text{ EUR}$$

$$i_{TEZ} = 11,84058 \%$$

$$KB_1 = 129,16 \text{ EUR}$$

$$KB_2 = 9.371,02 \text{ EUR}$$

$$KB_3 = 50,42 \text{ EUR}$$

$$KB_4 = 4.414,66 \text{ EUR}$$

Da es sich bei den ermittelten Konditionsbeiträgen um Zeitwerte handelt, sind diese mit den jeweiligen Zerobond-Abzinsfaktoren zu multiplizieren, um die entsprechenden Barwerte zu erhalten (vgl. Tabelle 34). In der Summe ergibt sich ein Konditionsbeitragsbarwert des Kredits in Höhe von 12.865,83 EUR.

Zeitpunkt nach ... Monaten	Periodische Konditionsbeiträge	Zerobond-Abzinsfaktoren	Konditionsbeitrags-barwerte
	(1)	(2)	(3) = (1) · (2)
6	129,16	0,975610	126,01
12	9.371,02	0,943396	8.840,58
18	50,42	0,909132	45,84
24	4.414,66	0,872862	3.853,39
Summe			12.865,83

Tabelle 34: Ermittlung des Konditionsbeitragsbarwerts

Die **Konstruktion der GKM-Zahlungsreihe**, die durch entsprechende Markt-Gegengeschäfte auszugleichen bzw. Opportunitätsgeschäfte am Markt nachzubilden ist, kann prinzipiell auf zweierlei Arten erfolgen. Der erste Lösungsweg umfasst die bekannte **Subtraktion** der periodisierten Konditionsbeiträge (auf Zeitwertbasis) von den jeweiligen Kundenzahlungen, sodass sich der folgende Zahlungsstrom ergibt: 3.870,84 EUR (t = 0,5); 94.628,98 EUR (t = 1); 1.949,58 EUR (t = 1,5); 97.585,34 EUR (t = 2).

Alternativ zu diesem Vorgehen kann diese Zahlungsreihe bekanntlich mithilfe der – im Gegensatz zu den übrigen Verteilungsregeln bereits **simultan mit den Konditionsbeiträgen** bestimmten – Kupontranchen konstruiert werden. Argumentiert man mit der Refinanzierung am Geld- und Kapitalmarkt, sind zu diesem Zweck für jede Teilperiode getrennt die tranchenorientierten Zinsaufwendungen zu berechnen. Die jeweilige GKM-Zahlung ergibt sich aus der Summe der periodischen Zinsaufwendungen und der in dieser Periode fälligen Tilgungszahlung für die auslaufende Tranche – hier wie auch im Folgenden jeweils mit ungerundeten Zwischenergebnissen berechnet. Für die erste Teilperiode beträgt der Zinsaufwand 94,41 EUR (= 5 % · 0,5 · 3.776,42 EUR) und die Tilgungszahlung 3.776,42 EUR, sodass sich die GKM-Zahlung auf 3.870,83 EUR beläuft. Die Zinsen für die zweite Teilperiode ergeben einen Betrag von 11.494,87 (= 6 % · 83.134,12 EUR + 6,5 % · 1.888,21 EUR + 7 % · 91.201,25 EUR). Gemeinsam mit der Tilgungszahlung für die einjährige Tranche von 83.134,12 EUR weist die GKM-Zahlung der zweiten Teilperiode einen Wert von 94.628,98 EUR auf. Bei analogem Vorgehen lässt sich in der dritten Teilperiode eine GKM-Zahlung von 1.949,58 EUR ermitteln, bestehend aus einem Zinsaufwand von 61,37 EUR (= 6,5 % · 0,5 · 1.888,21 EUR) und einer Tilgungszahlung von 1.888,21 EUR. In der vierten Teilperiode gelten 6.384,09 EUR (= 7 % · 91.201,25 EUR) als Zinsaufwand und 91.201,25 EUR als Tilgungsleistung. Die Summe über 97.585,34 EUR stellt somit die letzte GKM-Zahlung dar (vgl. Tabelle 35).

Finanzierungstranchen	GKM-Zinssätze	GKM-Zinsaufwendungen in den Teilperioden	Zahlungsreihe der GKM-Refinanzierung
(1)	(2)	(3)	(4) = (1) + (3)
x_1 (6 Monate) 3.776,42	5,0 %	94,41	3.870,84
x_2 (1 Jahr) 83.134,12	6,0 %	4.988,05 + 122,73 + 6.384,09	94.628,98
x_3 (18 Monate) 1.888,21	6,5 %	61,37	1.949,58
x_4 (2 Jahre) 91.201,25	7,0 %	6.384,09	97.585,34

Tabelle 35: Kalkulation der Zahlungsreihe der GKM-Refinanzierung (berechnet mit ungerundeten Zwischenergebnissen)

Bekanntlich kann die Refinanzierung des Kundengeschäfts nicht nur über Kupontranchen, sondern auch über Zerobond-Tranchen erfolgen. Natürlich lassen sie sich auch hier durch einfache Abzinsung der GKM-Zahlungsreihe mit den jeweiligen Zerobond-Abzinsfaktoren errechnen.

Die Berechnung der periodischen Konditionsbeiträge führt bei Verwendung des Treasury-konformen Effektivzinsverfahrens im Rahmen der Margenkalkulation, mithilfe der Cashflowrechnung und auf Basis der Zinsertragsbilanz zu identischen Ergebnissen. Voraussetzung für die Übereinstimmung der buchhalterischen, **finanziellen und kalkulatorischen Kontobewegungen** ist zum einen, dass konsequent mit Effektivzins- und nicht mit Nominalzinsgrößen gebucht wird, zum anderen, dass die verwendeten Markteinstandssätze die realen Zinssätze der Gegengeschäfte am Geld- und Kapitalmarkt widerspiegeln.

Zur Verdeutlichung der **Identität der Rechnungskreise** seien zunächst die periodischen GKM-Zinssätze und die Konditionsmargen für das erste und das zweite Jahr ermittelt. Der GKM-Zinsaufwand lässt sich dem stufenweisen Zins- und Tilgungsplan der GKM-Refinanzierung (vgl. Abbildung 53 auf S. 140) entnehmen. Der Berechnung des durchschnittlich gebundenen Kapitals liegt die Annahme zugrunde, dass die aus dem stufenweisen Zins- und Tilgungsplan ermittelten Kapitalbindungsbeträge jeweils für ein halbes Jahr gebunden sind (vgl. Tabelle 36).

Jahr	Zinsaufwand der GKM-Refinanzierung	Durchschnittlich gebundenes Kapital	**Jährlicher Refinanzierungszins**
1	94,41 + 11.494,87 = 11.589,28	(180.000,00 + 176.223,58) : 2 = 178.111,79	**6,50674 %**
2	61,37 + 6.384,09 = 6.445,45	(93.089,46 + 91.201,25) : 2 = 92.145,35	**6,99488 %**

Tabelle 36: Berechnung der jährlichen GKM-Refinanzierungszinssätze

Aus der Differenz des Effektivzinses des Kundengeschäfts und den jährlichen GKM-Refinanzierungszinssätzen ergeben sich dann die folgenden Konditionsmargen:

Jahr	Kundeneffektivzins	Jährlicher Refinanzierungszins	Konditionsmarge
1	11,84058 %	6,50674 %	**5,33383 %**
2	11,84058 %	6,99488 %	**4,84570 %**

Tabelle 37: Ermittlung der jährlichen Konditionsmargen

Im Rahmen der **Margenkalkulation** ermitteln sich die jährlichen Konditionsbeiträge anschließend durch Multiplikation des pro Jahr durchschnittlich gebundenen Kapitals mit den berechneten jährlichen Konditionsmargen (vgl. Tabelle 38).

Jahr	Jahresmarge	Durchschnittlich gebundenes Kapital	Periodische Konditionsbeiträge
1	5,33383 %	(180.000,00 + 176.223,58) : 2 = 178.111,79	**9.500,18**
2	4,84570 %	(93.089,46 + 91.201,25) : 2 = 92.145,35	**4.465,09**

Tabelle 38: Berechnung der jährlichen Konditionsbeiträge im Rahmen der Margenkalkulation

Zur Bestimmung der periodischen Konditionsbeiträge mithilfe der **Cashflowrechnung** müssen aus der Differenz der Zahlungsreihen des Kundengeschäfts und der GKM-Refinanzierung zunächst die Einnahmeüberschüsse je Halbjahr quantifiziert werden. Die Zusammenfassung der beiden Halbjahresbeträge des ersten und der des zweiten Jahres führt dann zu den jährlichen Konditionsbeiträgen (vgl. Tabelle 39).

Nach ... Monaten	Einnahme (Kunden-cashflow)	Ausgabe (Refinanzierungs-cashflow)	Einnahme-überschuss pro Halbjahr	Einnahme-überschuss pro Jahr
6	4.000	3.870,84	129,16	
12	104.000	94.628,98	9.371,02	**9.500,18**
18	2.000	1.949,58	50,42	
24	102.000	97.585,34	4.414,66	**4.465,09**

Tabelle 39: Bestimmung der jährlichen Konditionsbeiträge gemäß Cashflowrechnung

Hinsichtlich der Ermittlung der jährlichen Konditionsbeiträge auf Basis der **Zinsertragsbilanz** werden die Zinserträge des Kundengeschäfts den Zinsaufwendungen der GKM-Refinanzierung jeweils pro Jahr gegenübergestellt (vgl. Tabelle 40).

Jahr	Durchschnitt-lich gebundenes Kapital	Kunden-zins	Zins-ertrag	Jährlicher Refinanzie-rungszins	Zins-aufwand	Konditions-beitrag
1	178.111,79	11,84058 %	21.089,46	6,50674 %	11.589,28	**9.500,18**
2	92.145,35	11,84058 %	10.910,54	6,99488 %	6.445,45	**4.465,09**

Tabelle 40: Berechnung der jährlichen Konditionsbeiträge auf Basis der Zinsertragsbilanz

Wie ersichtlich führen alle Rechnungskreise zu identischen periodischen Konditionsbeiträgen. Mithilfe der Treasury-konformen Effektivzinsrechnung kann damit ein in sich geschlossenes Rechnungs- und Steuerungssystem aufgebaut werden (vgl. Abbildung 73), das als eine entscheidende Voraussetzung für ein mit den anderen Bausteinen integriertes Controllingsystem für Banken angesehen werden muss.

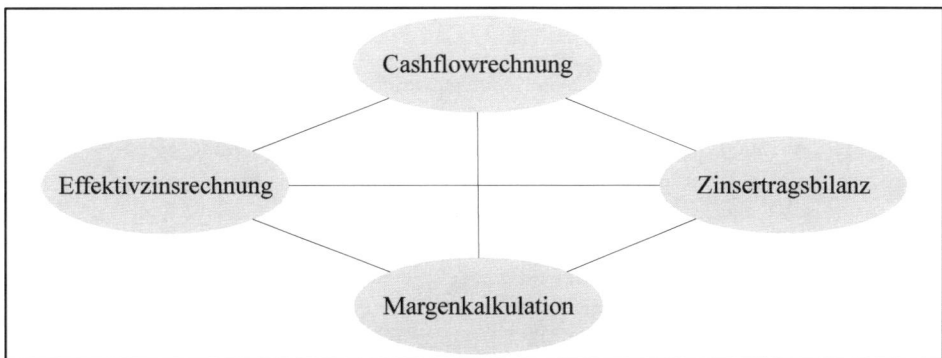

Abb. 73: Synchronisation der Rechnungskreise

Auf der Grundlage der wichtigsten aufgeführten Beurteilungskriterien kann nun eine **abschließende Wertung** aller dargestellten Verrentungsregeln erfolgen.

zu (1):

Zunächst ist im Zusammenhang mit der Konstruktion der Opportunität bzw. des Gegengeschäfts am Geld- und Kapitalmarkt hervorzuheben, dass ein interdependentes System zwischen Finanzierungsstruktur und Überschussperiodisierung besteht. Durch die Subtraktion der periodisierten Konditionsbeiträge von den Kundenzahlungen gemäß dem kapitalstrukturkongruenten Ansatz und angesichts der aufgezeigten Ermittlung der Finanzierungstranchen kann prinzipiell immer – unter Voraussetzung der tatsächlichen Durchführung der GKM-Gegengeschäfte – eine **Kongruenz zwischen Kalkulation und Finanzrechnung** erzeugt werden.

zu (2):

Die verschiedenen Verteilungsregeln können – sofern sie in Einklang mit den Buchführungsnormen stehen – die Höhe des ausgewiesenen Periodenerfolgs erheblich beeinflussen und somit höchst wirkungsvoll in den **Dienst der Bilanzpolitik** gestellt werden.

zu (3):

Bekanntlich stellt die Orientierung an den Prinzipien des finanziellen Rechnungswesens und der damit unweigerlich verbundenen Fähigkeit zur **Identifikation der kalkulierten Erfolgsbeiträge im Ergebnisausweis** eine zentrale Anforderung an ein controllingadäquates Kalkulationsinstrument dar. Vorab sei zu diesem Kriterium festgestellt, dass die aufgezeigten Verteilungsregeln quasi automatisch immer dann in Einklang mit den Rechnungslegungsvorschriften stehen, wenn das kalkulierte Gegengeschäft durch entsprechende Geld- und Kapitalmarktgeschäfte auch tatsächlich realisiert wird. Dann nämlich finden die daraus resultierenden Konditionsbeiträge nach dem Realisationsprinzip zwingend ihren Niederschlag im externen Ergebnisausweis. Anders ist es hingegen, wenn – wie es i. d. R. üblich sein wird – die Opportunität bzw. das (bei einheitlichen GKM-Anlage- und GKM-Aufnahmezinssätzen) betraglich identische Gegengeschäft lediglich zu kalkulatorischen Zwecken gemäß der jeweiligen Verteilungsmethode als Bewertungsmaßstab und nicht zur Refinanzierung herangezogen wird. In diesen Fällen wird nur dann eine Kongruenz zwischen internem und externem Ergebnisausweis existieren, wenn das Kalkulationsverfahren mit den allgemein anerkannten Bilanzierungsregeln korrespondiert.

So orientiert sich die zeitproportionale Verteilungsmethode ebenso wenig am Realisationsprinzip wie die im Voraus gesamthaft erfolgende Vereinnahmung des Konditionsbeitragsbarwerts. Die zeitproportionale Verteilung folgt lediglich dem formalen Kriterium, einen konstanten Betrag pro Periode abzugrenzen, unabhängig davon, was als Leistung zu diesem Zeitpunkt erbracht wurde. Demnach steht diese Verteilungsregel in krassem Widerspruch zu dem, was in der Gewinn- und Verlustrechnung als Aufwand und Ertrag ausgewiesen werden darf. Aufgrund der Diskrepanz zwischen internem und externem Ergebnisausweis ist die Nachvollziehbarkeit der Überschussverteilung für die Mitarbeiter recht problematisch. Auch bei der kostenproportionalen Verteilungsmethode muss in kalkulatorischer Hinsicht die Übereinstimmung mit dem externen Ergebnisausweis bedingt verneint werden. Das hier unterstellte Verursachungsmoment für die Entstehung des Konditionsbeitrags, die Betriebskosten, kann zwar zumindest als Versuch gewertet werden, einen Kausalzusammenhang zur Entstehung des Überschusses herzustellen. Bei genauerer Betrachtung wird jedoch deutlich, dass der Anfall von Betriebskosten nicht als ein überzeugendes Argument angesehen werden kann. Konsequenterweise wird sich der externe Ergebnisausweis erheblich von der internen Kalkulation unterscheiden. In gewisser Weise ist auch bei der rückflussproportionalen Verteilung eine Anlehnung an das Realisationsprinzip erkennbar. Bekanntlich liegt hier die Annahme zugrunde, dass jeder Zahlungseingang einen periodisch konstanten Beitrag zur Überschusserzielung leistet. Letztlich kann aber nur das überlassene Kapital als erbrachte Leistung eines Finanzinstituts und somit als Verursachungsmoment bzw. Verteilungsparameter des Konditionsbeitrags im zinsabhängigen Kreditgeschäft anerkannt werden. Im externen Ergebnisausweis der Finanzinstitute manifestiert sich demnach der periodisierte Konditionsbeitrag – sowohl für den Fall des reinen Opportunitätsgedankens als auch für eine tatsächlich durchgeführte Refinanzierung am Geld- und Kapitalmarkt – als Differenz zwischen dem aus dieser Verteilungsregel resultierenden effektiven Zinsertrag für das überlassene Kapital und dem für die kapitalstrukturkongruente GKM-Zahlungsreihe anzusetzenden Zinsaufwand. Somit kann festgehalten werden, dass lediglich die Kalkulationen gemäß der Treasury-konformen und der kapitalbindungsproportionalen Verteilungsregel in Übereinstimmung zu den externen Rechnungslegungsvorschriften stehen. Einschränkend ist in Bezug auf die kapitalbindungsproportionale Verteilungsregel anzumerken, dass die Operation mit einem durchschnittlichen GKM-Zins, der sich aus der Differenz zwischen dem Effektivzins des

Kundengeschäfts und der jährlichen durchschnittlichen Marge ergibt, zwar in der Summe die korrekten Zinsaufwendungen aufzeigt, diese jedoch periodenbezogen nicht exakt die tatsächlichen Zinsbelastungen widerspiegeln. Letztlich ist somit nur die Treasury-konforme Verteilungsregel in der Lage, sowohl bei rein kalkulatorischen Überlegungen als auch bei tatsächlichem Abschluss der entsprechenden Geld- und Kapitalmarktgeschäfte eine völlige Identität zwischen interner und externer Ergebnisrechnung zu erzeugen.

zu (4):

Das **Erzielen konstanter Margengrößen** – ein Beurteilungskriterium, das den Denkmustern der Bankpraxis entspringt und sich dort aufgrund der vereinfachten Kalkulation großer Beliebtheit erfreut – wird in absoluten Größen bei der zeitproportionalen und prozentual bei der kapitalbindungsproportionalen Verteilung erreicht. Die Umrechnung einzelner unterschiedlicher Periodenmargen zu einer durchschnittlichen, im Zeitablauf konstanten Marge ist hingegen in jeder Verteilungsform möglich. Aus diesem Grund sollte diesem Argument keine zu starke Bedeutung beigemessen werden.

Aufgrund der aufgezeigten Beurteilung der einzelnen Verteilungsregeln soll im Folgenden das Konzept der Treasury-konformen Margenkalkulation zugrunde gelegt werden. Es ist ausdrücklich zu betonen, dass das Phänomen der periodisch schwankenden Marge bzw. des unterschiedlichen GKM-Zinses bei dieser Verteilungsregel nur dann zum Tragen kommt, wenn das betrachtete Geschäft nicht endfällig ist oder keine flache Zinsstrukturkurve zugrunde liegt. Andernfalls lassen sich jedoch die schwankenden Periodenwerte – wenn dies gewünscht ist – auch völlig problemlos in Durchschnittswerte umrechnen.

b)   Das Treasury-Konzept der Marktzinsmethode

Barwerte, Margen und Effektivzinsen lassen sich harmonisch miteinander verbinden. Dies gilt nicht nur – wie bereits gezeigt wurde – für den Konditionsbeitrag und damit für die Kalkulation von Kundengeschäften, sondern auch für den Strukturbeitrag, also für den Bereich der **Fristentransformation**. Hierzu wird allerdings die Erweiterung des Periodenmodells der Marktzinsmethode durch das Barwertkonzept auch in Bezug auf das Strukturergebnis notwendig, um durch die Einbeziehung von impliziten Zukunftszinssätzen der besonderen Problemstellung der Fristentransformation adäquat Rechnung zu tragen. Das heißt allerdings nicht, dass damit eine Periodenrechnung überflüssig wird. Denn der Periodenerfolg ist, wie später noch gezeigt werden soll, für die Gesamtbeurteilung der Leistungen der Zentraldisposition neben dem Barwert der heute realisierbaren zukünftigen Erfolge ebenfalls von Bedeutung.

Die grundsätzlich sinnvolle Strategie einer Barwertsteuerung muss in der Praxis unter Einhaltung gewisser periodenbezogener Nebenbedingungen erfolgen. So muss die Zentraldisposition beispielsweise den aus der Gewinnbedarfsrechnung abgeleiteten anteiligen Mindest-Jahresüberschuss für Ausschüttungs- und Thesaurierungszwecke, aber auch die notwendigen Steuerzahlungen finanziell in einer Periode generieren. Ebenfalls periodenbezogen sind die aufsichtsrechtlichen Anforderungen einzuhalten.

Für die Zentraldisposition ist es unter Barwertgesichtspunkten völlig irrelevant, ob sie ein Wertpapier mit einem hohen oder einem niedrigen Zinssatz gleicher Laufzeit kauft. Der Ausgleich erfolgt über den Kurs und führt im Ergebnis zu identischen Barwerten. Für die Steuerung des periodenbezogenen Cashflows ist die Höhe des Nominalkupons, der die Höhe des jährlichen Zinsertrags bzw. -aufwands determiniert, von erheblicher Bedeutung, ganz abgesehen von dem unterschiedlichen Zinsänderungsrisiko, das den beiden Alternativen innewohnt. Ziel muss es daher sein, für die Zentraldisposition ein Steuerungsinstrumentarium zu entwickeln, das sowohl den Erfolg der aktuellen Periode als auch die Erfolgswirkungen zukünftiger Zahlungen adäquat erfasst und eine integrierte Ertrags-Risiko-Steuerung ermöglicht.

(1) Fristentransformationsbeitragsbarwert und periodischer Fristentransformationsbeitrag

Anhand eines einheitlichen Beispiels wird nun die Ergebniswirkung des Periodenmodells der Marktzinsmethode und des Barwertkalküls dargestellt. Das Periodenmodell der Marktzinsmethode wird für die folgenden Ausführungen herangezogen, weil sich danach die periodischen Erfolgsbeiträge unmittelbar durch den Vergleich von Kundenkonditionen und Geld- und Kapitalmarktzinssätzen ableiten lassen. Somit können die Zusammenhänge von periodischem Erfolgsausweis und Barwertkonzept mit der Konzentration auf das Wesentliche dargestellt werden. Auf dieser Basis ist in einem nächsten Schritt eine Ausweitung der Betrachtung auf Gesamtbankzahlungsströme, die aus dem ganzen Spektrum der zinsabhängigen Bankgeschäfte resultieren, ohne Weiteres möglich.

Dem Beispiel wird die in Tabelle 41 dargestellte Zinsstruktur zugrunde gelegt. Die Tabelle enthält die Zinssätze für Wertpapiere mit Laufzeiten von einem bis zu vier Jahren sowie die zugehörigen Zerobond-Abzinsfaktoren.

Laufzeit	Geld- und Kapitalmarktzinssätze	Zerobond-Abzinsfaktoren
1 Jahr	6,18 %	0,941797
2 Jahre	6,35 %	0,884058
3 Jahre	6,46 %	0,828527
4 Jahre	6,53 %	0,775996

Tabelle 41: Zinsstruktur am Geld- und Kapitalmarkt

Eine Bank habe im Januar 1989 zwei Kundengeschäfte abgeschlossen: Einen über vier Jahre laufenden, endfälligen Kredit zum Nominalbetrag von 100.000 EUR mit einem (Effektiv-)Zins von 7,53 % und eine 1-Jahres-Termineinlage, ebenfalls mit einem Volumen von 100.000 EUR, zu einem Zins von 5,18 %. Abbildung 74 zeigt das Ergebnis für die Bank sowohl in relativen (Bruttozinsspanne) als auch in absoluten Größen (Zinsüberschuss) und die einzelnen Ergebniskomponenten gemäß dem **Periodenmodell der Marktzinsmethode**.

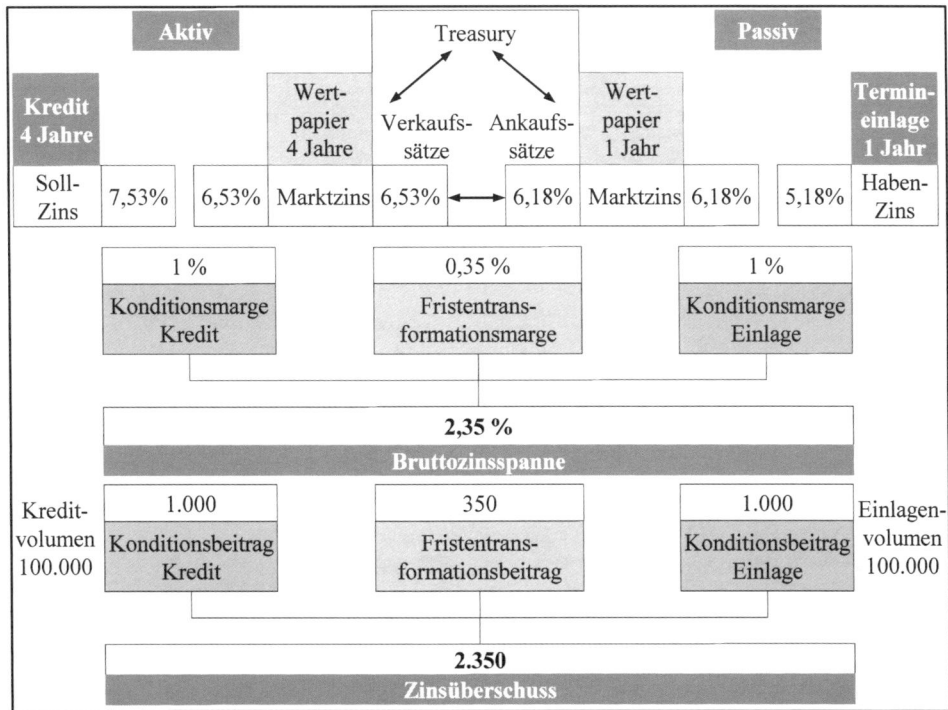

Abb. 74: Das Periodenmodell der Marktzinsmethode (Kunden- sowie zugehörige Geld- und Kapitalmarktkonditionen Januar 1989)

Insgesamt ergibt sich aus beiden Geschäften eine **Bruttozinsspanne** von 2,35 % bzw. absolut ein Zinsüberschuss von 2.350 EUR. Der Vorteil des Marktzinsmodells gegenüber den traditionellen Kalkulationsmethoden wie Poolmethode oder Schichtenbilanz liegt bekanntlich in der Möglichkeit einer verursachungsgerechten Ergebnisspaltung. An der Entstehung der Bruttozinsspanne von 2,35 % sind drei Bereiche in der Bank beteiligt. Der Marktbereich, der den Kredit ausgegeben hat, der Marktbereich, der die Termineinlage hereingeholt hat, und die Zentraldisposition, die über die Fristentransformation wacht. Dementsprechend wird zwischen der Konditionsmarge resp. dem -beitrag des Kredits, der Konditionsmarge resp. dem -beitrag der Einlage und der Fristentransformationsmarge resp. dem -beitrag unterschieden.

Die Konditionsmarge des Kredits erhält man, indem dem Kundenkredit zu 7,53 % eine äquivalente GKM-Opportunität bzw. ein äquivalentes GKM-Gegengeschäft gegenübergestellt wird. Dies ist in dem hier vorliegenden, einfachen Fall eines vierjährigen endfälligen Kredits ein Wertpapier gleicher Laufzeit, das zum Zeitpunkt der Kreditvergabe eine Verzinsung von 6,53 % aufweist. Hieraus resultiert eine Konditionsmarge von 1 % bzw. in absoluten Größen gemessen ein Konditionsbeitrag von 1.000 EUR. Für die Passivseite ergibt sich eine Konditionsmarge von 1 % (= 6,18 % – 5,18 %) bzw. ein Konditionsbeitrag von 1.000 EUR (= [6,18 % – 5,18 %] · 100.000 EUR).

Der noch verbleibende Rest des Zinsüberschusses entfällt auf die dritte Größe, den Fristentransformationsbeitrag. Er entsteht in diesem Fall, weil sich die Zentraldisposition zur Fristentransformation entschlossen hat, indem sie die von den Marktbereichen auf der Aktivseite angelieferte Zins- und Kapitalbindung von vier Jahren und auf der Passivseite die von einem Jahr unverändert übernommen hat. Aufgrund der aktuellen Zinssituation in Gestalt einer normalen Zinsstrukturkurve lohnt sich eine derartige Fristentransformation, da länger laufende Papiere einen höheren Zins erzielen als kürzer laufende. Im Ergebnis erwirtschaftet die Bank eine Fristentransformationsmarge von 0,35 % bzw. einen Fristentransformationsbeitrag von 350 EUR. Der gesamthaft erzielte Zinsüberschuss von 2.350 EUR müsste sich, wenn von den Marktbereichen und der Zentraldisposition für den Zeitraum von t = 0 bis t = 1 keine weiteren erfolgswirksamen Geschäfte abgeschlossen werden, auch beim Barwertkalkül in der Kasse wiederfinden.

Der aufgezeigten, für die erste Periode gültigen cashfloworientierten Sichtweise des Periodenmodells ist das Ergebnis gemäß Barwertkonzept gegenüberzustellen. Während im Periodenmodell lediglich die erste bzw. irgendeine beliebige, aber immer nur eine Periode betrachtet wird, erweitert das Barwertkalkül – wie bereits für den Konditionsbeitrag gezeigt wurde (vgl. S. 151 ff.) – den Horizont, indem jeweils die Gesamtlaufzeit eines Bankgeschäfts betrachtet wird. Ziel des Barwertkonzepts ist es, den heutigen und – wenn gewünscht – auch realisierbaren Wert sämtlicher aktuellen und zukünftigen Zahlungen eines Bankgeschäfts zu bestimmen.

Das **Barwertkonzept** blickt von der Gegenwart immer nur in die Zukunft. In der Vergangenheit bereits geflossene Zahlungen werden nicht mehr beachtet. Diese sind aber ebenfalls zu berücksichtigen, wenn das Barwertkonzept nicht mehr ausschließlich zur Kundengeschäftskalkulation in den Marktbereichen, sondern auch zur Beurteilung von Zentraldisposition und Eigenhandel eingesetzt werden soll. Für diese Bereiche sind neben den Erfolgen aus zukünftigen Zahlungen auch die in der vergangenen Periode realisierten Erfolge von Bedeutung.

Überträgt man die Berechnung von Konditionsbeiträgen und -margen gemäß Periodenmodell der Marktzinsmethode auf das Barwertkalkül, so entsteht der **Konditionsbeitragsbarwert** für ein Kundengeschäft ganz allgemein ausgedrückt aus dem Vergleich des Barwerts der ausstehenden Kundenzahlungen mit dem Barwert des strukturgleichen GKM-Opportunitätsgeschäfts (vgl. S. 151 ff.).

In dem hier betrachteten einfachen Beispiel, das vom Periodenmodell der Marktzinsmethode ausgeht, betragen die Kurswerte des vier- und des einjährigen Wertpapiers im Ausgabezeitpunkt (t = 0) +100.000 EUR bzw. -100.000 EUR, was dem ausgegebenen Kreditvolumen bzw. dem hereingenommenen Einlagenvolumen entspricht. Die Barwerte (= Kurswerte) der Kundengeschäfte werden berechnet, indem sämtliche in der Zukunft liegenden Zahlungen mithilfe von Zerobond-Abzinsfaktoren, die auf Basis der aktuellen GKM-Zinssätze arbitragefrei berechnet wurden, auf den Abschlusszeitpunkt diskontiert und dann summiert werden.

Für den Kundenkredit ergibt sich demnach in t = 0 ein Barwert Höhe von +103.430,38 EUR. Der Kurswert der Einlage beläuft sich zum gleichen Zeitpunkt auf -99.058,20 EUR. Durch Saldierung mit den Kurswerten der GKM-Geschäfte berechnet sich für den Kundenkredit ein Konditionsbeitragsbarwert von 3.430,37 EUR und für die Einlage einer von 941,80 EUR (vgl. Abbildung 75 und Abbildung 76).

0
1
2
3
4
Jahre
Zahlungsreihe Kundenkredit
-100.000,00
+7.530,00
+7.530,00
+7.530,00
+107.530,00
· 0,941797
+7.091,73
· 0,884058
+6.656,96
· 0,828527
+6.238,81
· 0,775996
+83.442,88
Kurswert Kundenkredit
+103.430,38
Zahlungsreihe GKM-Opportunität
-100.000,00
+6.530,00
+6.530,00
+6.530,00
+106.530,00
· 0,941797
+6.149,93
· 0,884058
+5.772,90
· 0,828527
+5.410,28
· 0,775996
+82.666,89
Kurswert GKM-Opport.
+100.000,00
KB-BW Kredit in t = 0
+3.430,38

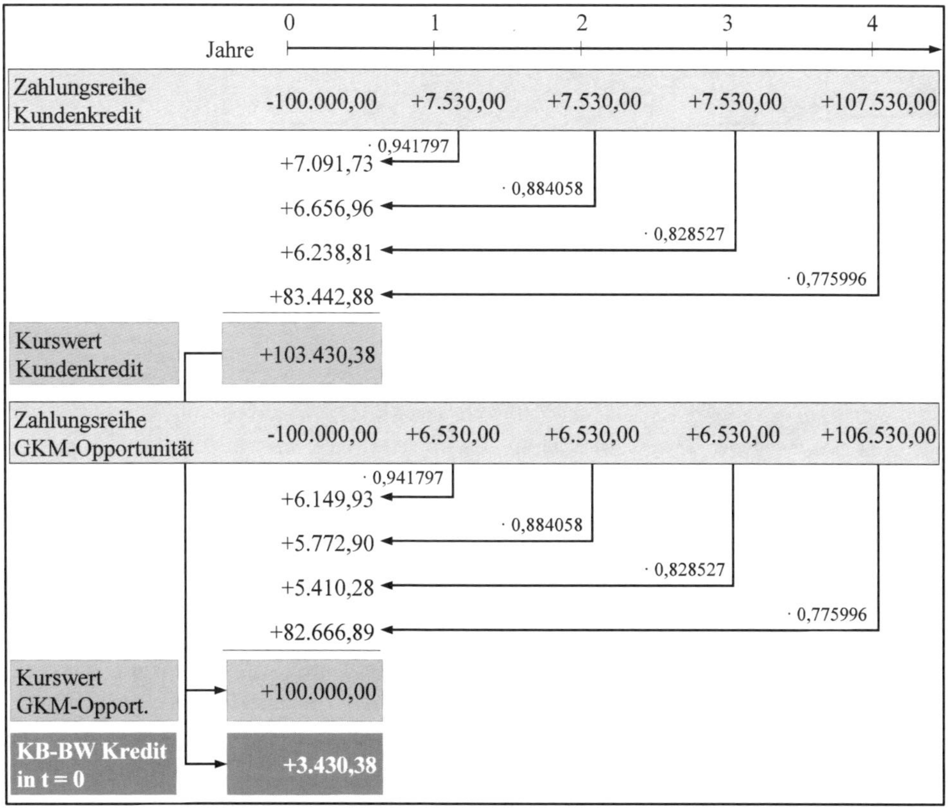

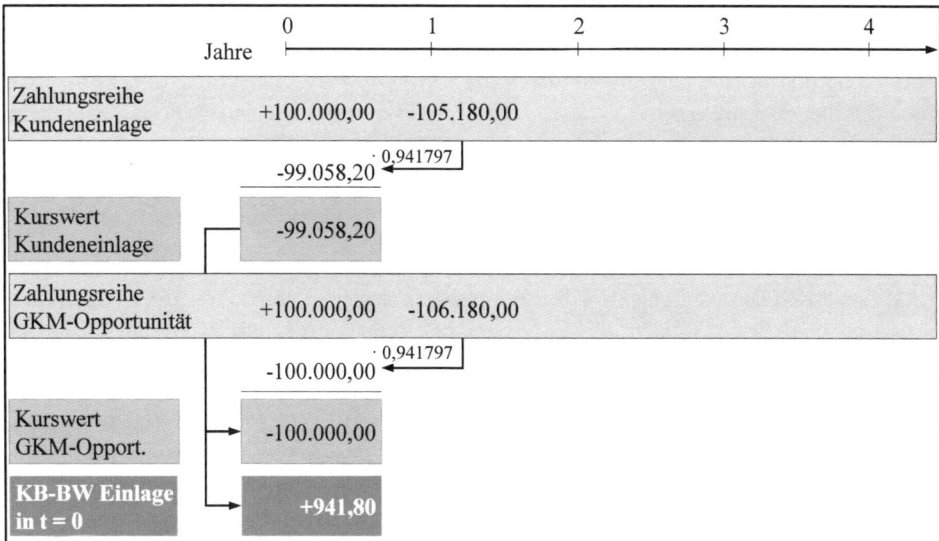

Abb. 75: Bestimmung des Konditionsbeitragsbarwerts (KB-BW) für den Kundenkredit

0
1
2
3
4
Jahre
Zahlungsreihe Kundeneinlage
+100.000,00
-105.180,00
· 0,941797
-99.058,20
Kurswert Kundeneinlage
-99.058,20
Zahlungsreihe GKM-Opportunität
+100.000,00
-106.180,00
· 0,941797
-100.000,00
Kurswert GKM-Opport.
-100.000,00
KB-BW Einlage in t = 0
+941,80

Abb. 76: Bestimmung des Konditionsbeitragsbarwerts für die Kundeneinlage

Die Ermittlung der Konditionsbeitragsbarwerte ist eindeutig determiniert. Hierüber bestehen in der Literatur auch keine Meinungsverschiedenheiten. Demgegenüber stellt die Frage der Steuerung des Kundengeschäfts entweder über Periodengrößen oder aber über den Ausweis von barwertigen Ergebnisgrößen eine geschäftspolitische Entscheidung dar (vgl. S. 209 ff.). Zudem ist ein geeignetes Verteilungsverfahren zu wählen, um den Konditionsbeitragsbarwert in periodische Konditionsbeiträge zu transformieren (vgl. S. 167 ff.).

Entscheidet man sich beispielsweise für die Steuerung des Kundengeschäfts über die Zuweisung periodischer Erfolgsbeiträge und nimmt eine **kapitalbindungsproportionale Verteilung** vor, so lassen sich im Beispiel die Erfolgsbeiträge über das Periodenmodell der Marktzinsmethode unmittelbar bestimmen (vgl. Abbildung 27 auf S. 95). Im Fall des Kundenkredits erhält man aus der Differenz von Kundenkreditzins (= 7,53 %) und Opportunitätszins (= 6,53 %) eine Konditionsmarge von 1 %. Tatsächlich könnte diese Konditionsmarge realisiert werden, wenn zur Refinanzierung des Kundenkredits ein vierjähriges Wertpapier mit einem Zinssatz von 6,53 % ausgegeben würde. Die Zahlungsreihe des Kredits besteht aus einer einmaligen Auszahlung von 100.000 EUR in $t = 0$, Zinszahlungen in Höhe von 7.530 EUR in den darauf folgenden drei Perioden und einer letztmaligen Zins- plus Kapitalrückzahlung von insgesamt 107.530 EUR in der vierten Periode. Demgegenüber weist das Gegengeschäft in Gestalt des vierjährigen Wertpapiergeschäfts die folgende Zahlungsreihe auf: +100.000 EUR; -6.530 EUR; -6.530 EUR; -6.530 EUR; -106.530 EUR. Damit ergibt sich ein Konditionsbeitrag in den Perioden eins bis vier von jeweils 1.000 EUR. Analog errechnet sich die Konditionsmarge für die Einlage aus der Differenz des einjährigen GKM-Zinses von 6,18 % und dem Kundeneinlagenzins von 5,18 % ebenfalls zu 1 %. Die Zahlungsreihe des Gegengeschäfts lautet: -100.000 EUR in $t = 0$ und +106.180 EUR in $t = 1$. Für die Einlage ist eine Einzahlung in $t = 0$ von 100.000 EUR und nach einem Jahr die Rückzahlung an den Kunden in Höhe von -105.180 EUR vereinbart. Im Ergebnis erhält man also in $t = 1$ den einmaligen Konditionsbeitrag von 1.000 EUR.

Damit wird auch unmittelbar der erweiterte Horizont des Barwertkalküls gegenüber dem Periodenmodell deutlich. Während letzteres nur die jeweils 1.000 EUR aktivischen und passivischen Konditionsbeitrag im Zeitpunkt $t = 1$ betrachtet, zeigt das Barwertkalkül in Gestalt des Konditionsbeitragsbarwerts in $t = 0$ die höhere Ertragskraft des Kundenkredits gegenüber der Kundeneinlage für die Bank an. Denn der Kundenkredit führt zu insgesamt viermal 1.000 EUR Konditionsbeitrag, während die Kundeneinlage aufgrund der nur einjährigen Laufzeit lediglich einen einmaligen Konditionsbeitrag von 1.000 EUR erwirtschaftete.

Im Anschluss an die Berechnung der Konditionsbeitragsbarwerte für die beiden Kundengeschäfte stellt sich nun die Frage, welchen Beitrag der dritte Ergebnisbereich, die **Fristentransformation**, erwirtschaftete. Es ist also der Fristentransformationsbeitragsbarwert zum Zeitpunkt des Geschäftsabschlusses zu bestimmen, der sich aufgrund der unterschiedlichen Fristigkeit der beiden Kundengeschäfte ergeben müsste. Alle Barwerte addiert ergibt dann den insgesamt von der Bank erzielbaren Zinsüberschussbarwert in $t = 0$. Um die Integration des Barwertmodells mit dem Periodenmodell der Marktzinsmethode herzustellen, müsste sich ein Fristentransformationsbeitrag von 350 EUR oder äquivalent dazu eine Marge von 0,35 % in $t = 1$ zeigen.

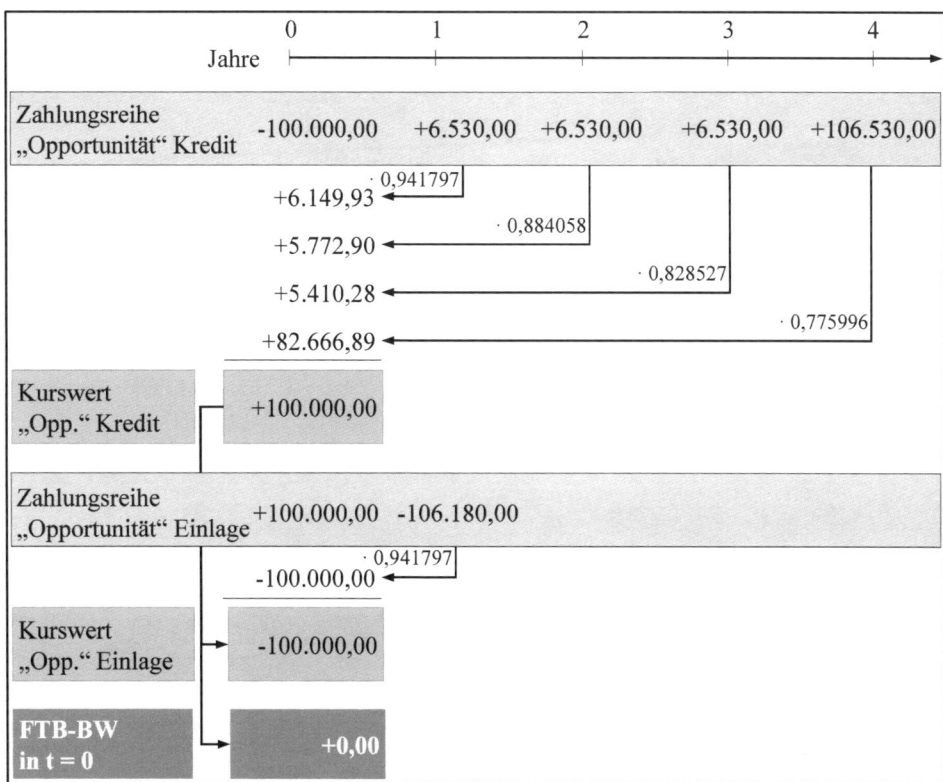

Abb. 77: Bestimmung der Fristentransformationsbeitragsbarwerte (FTB-BW) zum Zeitpunkt des Geschäftsabschlusses

Abbildung 77 zeigt die Bestimmung des Fristentransformationsbeitragsbarwerts zum Zeitpunkt des Geschäftsabschlusses, wobei wiederum wie im Periodenmodell vorgegangen wird. Stellt man sich vor, dass anstelle der Kundengeschäfte eine Anlage in ein vierjähriges Wertpapier und eine Refinanzierung über ein einjähriges Wertpapier am Geld- und Kapitalmarkt vorgenommen würden, so bestünde der Zinsüberschuss ausschließlich aus dem Fristentransformationsergebnis. Die Fristentransformationsmarge resultiert demnach aus dem Vergleich der beiden GKM-Zinssätze. Übertragen auf das Barwertkonzept bedeutet dies, dass sich aus dem Vergleich der Barwerte der beiden GKM-Geschäfte der Fristentransformationsbeitragsbarwert ergeben muss. Wie schon zuvor festgestellt, betragen die Barwerte der GKM-Opportunitäten -100.000 EUR bzw. +100.000 EUR, was im Saldo zu einem Ergebnis von 0 EUR führt. Aus mathematischer Sicht ist das Ergebnis für den Fristentransformationsbeitragsbarwert in Höhe von null im Zeitpunkt des Geschäftsabschlusses zwingend, denn die Zahlungsreihen der sich zu aktuellen Geld- und Kapitalmarktkonditionen verzinsenden Opportunitätsgeschäfte werden mit den auf Basis der aktuellen Zinssätze errechneten Zerobond-Abzinsfaktoren neutralisiert.

Fasst man die bisherigen Kalkulationsergebnisse zusammen, indem die Konditionsbeitragsbarwerte von Kredit und Einlage sowie der Fristentransformationsbeitragsbarwert addiert werden, so ergibt sich aus beiden Geschäften ein **Zinsüberschussbarwert** in Höhe von 4.372,18 EUR (vgl. Abbildung 78).

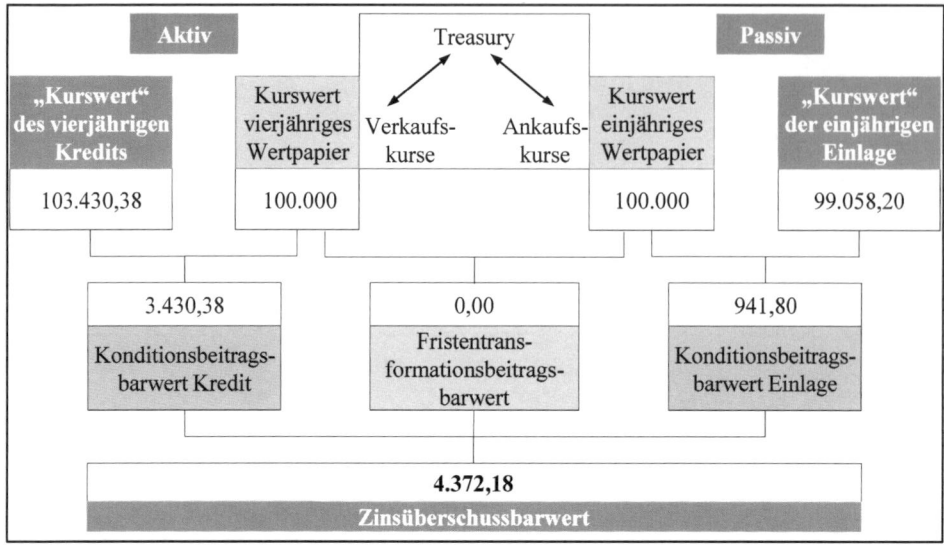

Abb. 78: Zusammensetzung des Zinsüberschussbarwerts

Das Ergebnis lässt sich überprüfen, indem statt der Einzelgeschäfte die **aggregierte Zahlungs-reihe** bewertet wird. Aus der Zusammenfassung der Zahlungsreihe des Kredits (-100.000 EUR; +7.530 EUR; +7.530 EUR; +7.530 EUR; +107.530 EUR) und der Zahlungs-reihe der Einlage (+100.000 EUR; -105.180 EUR) erhält man die aggregierte Zahlungsreihe des Portfolios (0 EUR; -97.650 EUR; +7.530 EUR; +7.530 EUR; +107.530 EUR). Wird diese Zahlungsreihe mit den zugehörigen Zerobond-Abzinsfaktoren multipliziert, so erhält man wie-derum den bereits bekannten Zinsüberschussbarwert von 4.372,18 EUR (vgl. Abbildung 79).

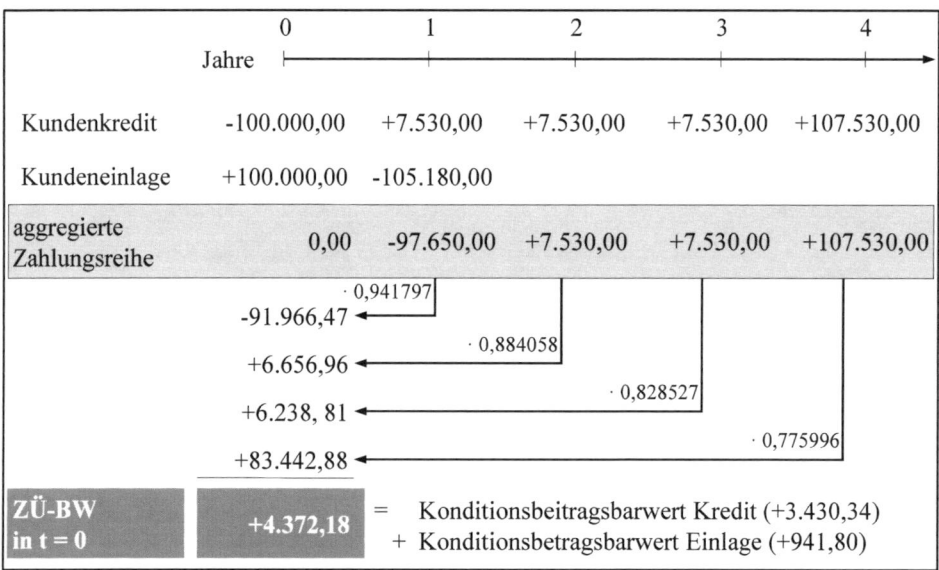

Abb. 79: Komponenten des Zinsüberschussbarwerts (ZÜ-BW) in t = 0

192

Ein **Vergleich der Ergebnisse** gemäß Periodenmodell der Marktzinsmethode und Barwertkalkül scheint in der Tat die Schlussfolgerung nahezulegen, dass Periodenmodell und Barwertkalkül unvereinbar sind (vgl. Abbildung 80).

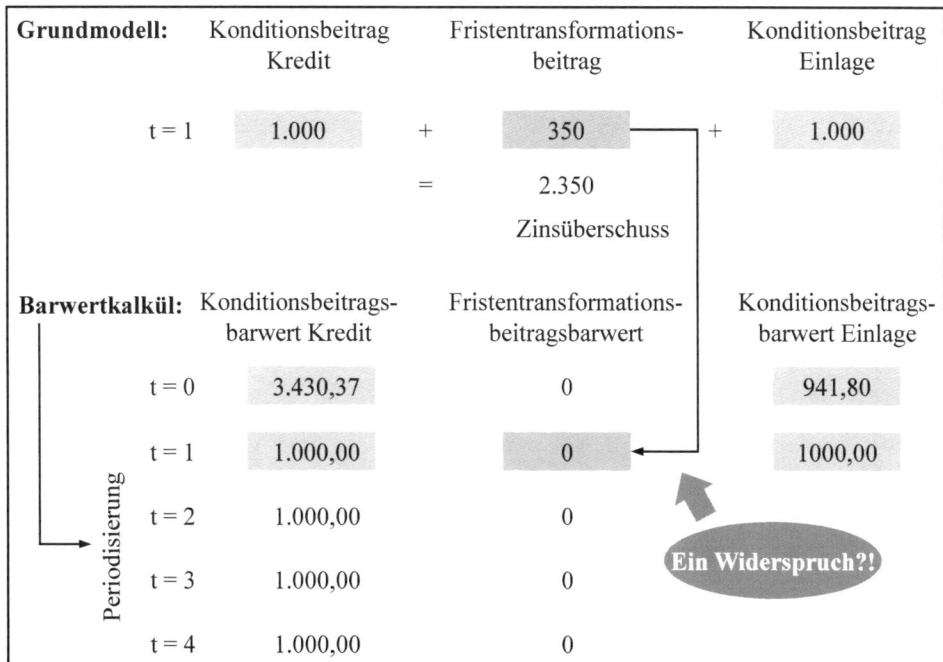

Abb. 80: Vergleich der Ergebnisse gemäß Periodenmodell der Marktzinsmethode und Barwertkalkül

Wie gezeigt, kommt das Periodenmodell zu dem Ergebnis, dass sich der Zinsüberschuss von 2.350 EUR in 1.000 EUR Konditionsbeitrag des Kredits, 350 EUR Fristentransformationsbeitrag und wiederum 1.000 EUR Konditionsbeitrag der Einlage aufteilen lässt. Periodisiert man demgegenüber die Barwerte gemäß der Zielsetzung kapitalbindungsproportionaler Verteilung (konstante Margen im Zeitablauf), so erhält man zwar die gleichen Konditionsbeiträge wie das Periodenmodell in der Periode t = 1, aber einen Fristentransformationsbeitrag von 0 EUR.

Ursache für diesen scheinbaren Widerspruch sind die **unterschiedlichen Prämissen der beiden Modelle**, insbesondere die unterschiedlichen Betrachtungszeitpunkte. Während das Periodenmodell unmittelbar das Ende der ersten Periode in den Fokus stellt und damit de facto bereits eine bestimmte Fristentransformationsentscheidung zugrunde legt, unterstellt das Barwertkalkül – richtigerweise – im Zeitpunkt des Geschäftsabschlusses (t = 0) eine strukturneutrale Deckung jedes Geschäfts. Auf das Beispiel bezogen wird also kalkulatorisch unterstellt, dass die Zentraldisposition sowohl für den Kundenkredit als auch für die Kundeneinlage die zugehörigen Gegengeschäfte am Geld- und Kapitalmarkt abschließt und damit Fristentransformation als Ergebnisquelle ausscheidet. Handelt die Zentraldisposition tatsächlich nach dieser Regel, so führt dies zu den in Abbildung 81 gezeigten periodischen Zinsüberschüssen.

	0	1	2	3	4
Kundenkredit	-100.000,00	+7.530,00	+7.530,00	+7.530,00	+107.530,00
GKM-Gegengeschäft Kredit	+100.000,00	-6.530,00	-6.530,00	-6.530,00	-106.530,00
GKM-Gegengeschäft Einlage	-100.000,00	+106.180,00			
Kundeneinlage	+100.000,00	-105.180,00			
Periodischer Zinsüberschuss	**0,00**	**+2.000,00**	**+1.000,00**	**+1.000,00**	**+1.000,00**

Abb. 81: Periodischer Zinsüberschuss in t = 0 bis t = 4

Unternimmt die Zentraldisposition dagegen nichts, und genau das wird im Periodenmodell der Marktzinsmethode für die Periode t = 1 abgebildet, so hat sie damit eine Strukturentscheidung getroffen. Als Ergebnis liegt dann in t = 1 der aus dem Periodenmodell bereits bekannten Fristentransformationsbeitrag von 350 EUR in der Kasse. Mit dem Ende von Periode 1 endet allerdings auch der Betrachtungszeitraum des Periodenmodells der Marktzinsmethode, das so gesehen als Ex-post-Analyse-Instrument einperiodischer liquiditätsmäßiger Erfolgswirkungen interpretiert werden kann.

Das Barwertkalkül geht darüber hinaus, indem weiter gefragt wird, welchen Wert die noch verbleibenden zukünftigen Zahlungsströme im aktuellen Zeitpunkt (hier nun t = 1) haben. Gesucht wird also der Fristentransformationsbeitragsbarwert der Zahlungsströme der Opportunitäten in t = 1 auf Basis der nun gültigen Geld- und Kapitalmarktzinssätze. Der in der ersten Periode aufgrund der eingegangenen Fristentransformation erzielte Fristentransformationsbeitrag von 350 EUR kann durch **Veränderungen der Zinsstrukturkurve** weiter gestiegen, gesunken oder sogar negativ geworden sein, weil die Zentraldisposition für die Perioden t = 2 bis t = 4 eine offene Position eingegangen ist.

Derartige, zusätzlich zu berücksichtigende Effekte, die sich in Form von **Kurswertschwankungen** niederschlagen, lassen sich grundsätzlich auf **zwei Ursachen** zurückführen. Zum einen ist der „Rutsch" auf der Zinsstrukturkurve zu nennen. Dieser Effekt tritt grundsätzlich immer ein, es sei denn, es liegt eine völlig flache Zinsstrukturkurve vor. Der Kurseffekt entsteht durch die Verkürzung der Restlaufzeit eines Wertpapiers resp. jedes beliebigen Bankgeschäfts und der damit veränderten Vergleichsgrundlage, die sich an den Restlaufzeiten orientiert. Heute würde eine in vier Jahren erfolgende Zahlung mit dem zugehörigen vierjährigen Zerobond-Abzinsfaktor bewertet. Nach einem Jahr wird die gleiche Zahlung nur noch mit dem vierjährigen Zerobond-Abzinsfaktor multipliziert, da sich der Zeitraum bis zum Zahlungszeitpunkt um ein Jahr verkürzt hat. Dieser Effekt führt allgemein dazu, dass bei normaler Zinsstrukturkurve der „Rutsch" auf der Kurve zu Kursgewinnen führt, bei inverser Zinsstruktur dagegen zu Kursverlusten. Er tritt unabhängig davon auf, ob sich die Zinsstrukturkurve selber verändert hat.

Darüber hinaus kann sich allerdings auch die Zinsstrukturkurve selbst verändern, indem das Zinsniveau steigt oder fällt mit zusätzlichen Variationen über eine Drehung der Zinsstrukturkurve, zum Beispiel von normal nach invers. Letzteres beruht auf der empirisch beobachtbaren Tatsache, dass die Zinsen am kürzeren Ende reagibler sind als am längeren Ende und somit stärker schwanken, sodass es zu einem Überdrehen kommen kann.

Die Wirkungen beider **Effekte auf den Kurswert** werden im Folgenden isoliert dargestellt. Um den reinen Fristentransformationseffekt nicht noch mit etwaigen Marktwertveränderungen der Konditionsbeitragsbarwerte zu vermischen, wird ausschließlich auf die Zahlungsreihen der GKM-Opportunitäten abgestellt. Dies lässt sich dadurch erreichen, dass die Konditionsbeiträge, die sich aus der kapitalbindungsproportionalen Verteilung des Konditionsbeitragsbarwerts ergeben, aus den Zahlungsreihen der Kundengeschäfte „herausgelöst" werden und somit nur noch die Zahlungen der GKM-Opportunitäten verbleiben (vgl. Abbildung 83). Damit wird gleichsam unterstellt, dass es in der Verantwortung des Treasury liegt, dass die im Zeitpunkt t = 0 kalkulierten (und auch realisierbaren) periodischen Konditionsbeiträge den Marktbereichen zinsänderungsrisikofrei zu dem jeweiligen Zeitpunkt aus dem Zinsüberschuss zugewiesen werden können.

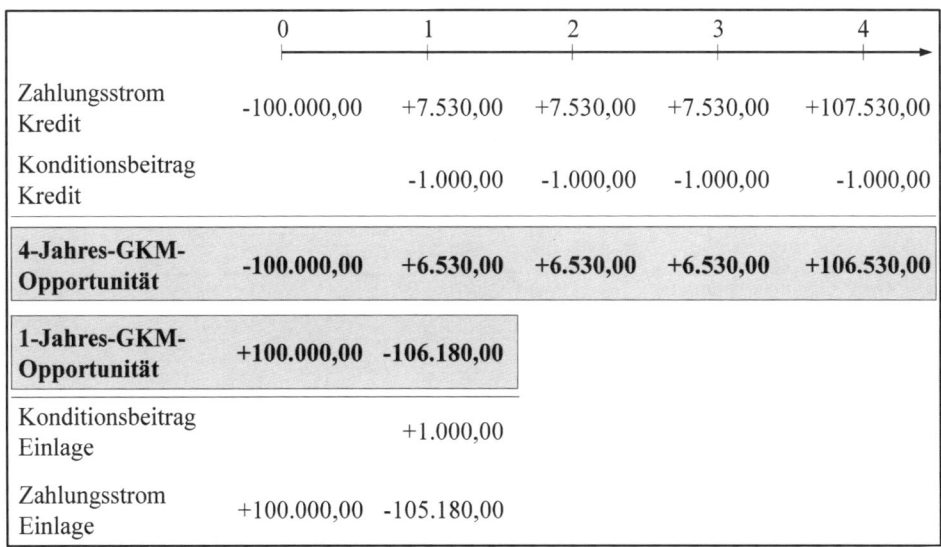

	0	1	2	3	4
Zahlungsstrom Kredit	-100.000,00	+7.530,00	+7.530,00	+7.530,00	+107.530,00
Konditionsbeitrag Kredit		-1.000,00	-1.000,00	-1.000,00	-1.000,00
4-Jahres-GKM-Opportunität	**-100.000,00**	**+6.530,00**	**+6.530,00**	**+6.530,00**	**+106.530,00**
1-Jahres-GKM-Opportunität	**+100.000,00**	**-106.180,00**			
Konditionsbeitrag Einlage		+1.000,00			
Zahlungsstrom Einlage	+100.000,00	-105.180,00			

Abb. 82: Aufspaltung der Zahlungsströme der Kundengeschäfte in die Zahlungsströme der GKM-Opportunitäten und die periodischen Konditionsbeiträge

Der Effekt des **„Rutschens" auf der Zinsstrukturkurve** lässt sich isolieren, indem man annimmt, dass sich die Zinssätze zwischen t = 0 und t = 1 nicht verändern. Die Zentraldisposition habe auch keine weiteren Maßnahmen ergriffen, sondern Fristentransformation wie im Periodenmodell unterstellt betrieben. Damit weist die Bank einen Aktivüberhang im längerfristigen Bereich auf, was bei normaler Zinsstruktur zu einem positiven Fristentransformationsbeitrag führen muss.

Schaut man sich die beiden Zahlungsreihen der Opportunitäten an, so erkennt man, dass die Fristentransformation am Ende des ersten Jahres zu einem auch liquiditätsmäßig vorhandenen Zinsvorteil von 350 EUR führt (vgl. Abbildung 83). Dieser entspricht dem Fristentransformationsbeitrag des Periodenmodells. Darüber hinaus besteht aber noch eine offene Position ab t = 1 in

Form des Zahlungsstroms -100.000 EUR; +6.530 EUR; +6.530 EUR; +106.530 EUR. Im Barwertkalkül wird nach dem Wert der noch verbliebenen zukünftigen Zahlungen zum aktuellen Zeitpunkt (nunmehr t = 1) gefragt. Da sich die Zinssätze definitionsgemäß nicht verändert haben, können weiterhin die schon im Januar 1989 gültigen Zerobond-Abzinsfaktoren verwendet werden. Mit der Verbarwertung wird unterstellt, dass die noch ausstehenden Zahlungen durch Abschluss der entsprechenden Gegengeschäfte zu den dann gültigen Zinssätzen glattgestellt werden können.

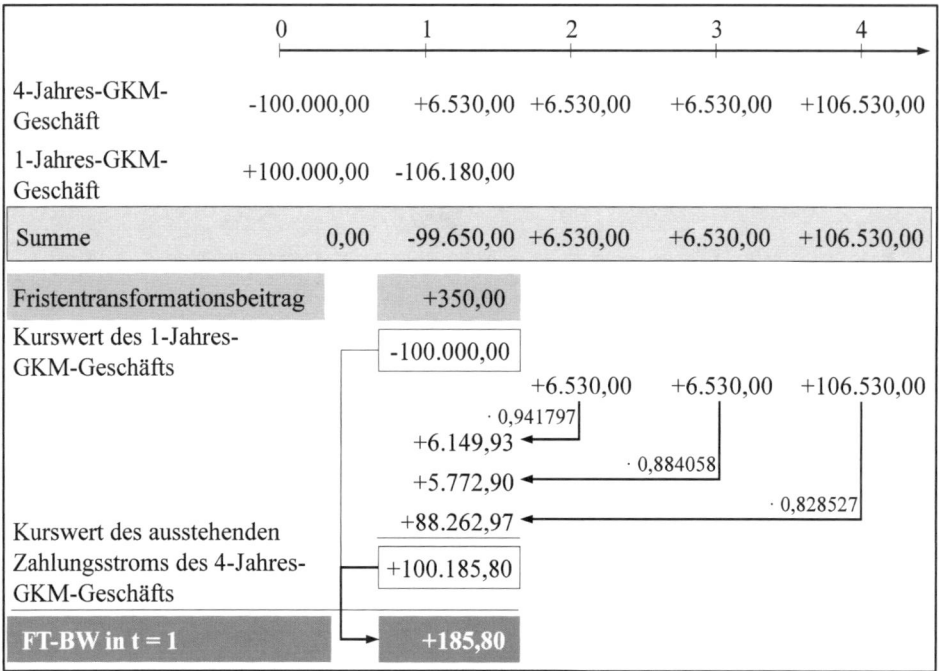

Abb. 83: Fristentransformationsergebnis in t = 1 bei Zinsen in t = 1 wie in der Ausgangssituation

Die Verkürzung der Restlaufzeit des vierjährigen Wertpapiers auf drei Jahre bewirkt einen positiven Kurseffekt. Würde die Zentraldisposition jetzt die offene Position schließen, so könnte sie einen Kurswert von 100.185,80 EUR realisieren. Rechnet man den Barwert des einjährigen Opportunitätsgeschäfts der Passivseite, der im Rückzahlungszeitpunkt dem Nominalbetrag in Höhe von 100.000 EUR entspricht, dagegen, so ergibt sich ein zusätzlicher Zinsertrag von 185,80 EUR. Dieser Wert entspricht dem Fristentransformationsbeitragsbarwert im Zeitpunkt t = 1. Die Fristentransformation hätte sich doppelt gelohnt, denn zusätzlich zu dem bereits vereinnahmten (periodischen) Fristentransformationsbeitrag von 350 EUR wäre der realisierbare Fristentransformationsbeitragsbarwert aus dem Schließen der offenen Positionen zu erfassen. Insgesamt ließe sich in t = 1 ein Fristentransformationsbeitrag von 535,80 EUR erwirtschaften; dies aber nur unter der gesetzten Prämisse, dass sich die Zinssätze während des Jahres nicht verändert haben, die Spekulation der Zentraldisposition also aufgeht.

Im Folgenden werden auch die Kurseffekte aus **Verschiebungen der Zinsstrukturkurve** betrachtet. Zugrunde gelegt werden die Zinssätze, wie sie sich tatsächlich ein Jahr später am Geld- und Kapitalmarkt eingestellt haben. Die Zentraldisposition hatte auf sinkende bzw. konstante Zinsen spekuliert und dementsprechend zum Zeitpunkt des Geschäftsabschlusses in t = 0 positive Fristentransformation betrieben. Sie hat also bewusst eine offene Position für den Zeitraum t = 2 bis t = 4 in Kauf genommen. Jetzt ist der Fristentransformationsbeitragsbarwert in t = 1 zu kalkulieren.

Die geänderte Zinsstrukturkurve macht eine Neuberechnung der Zerobond-Abzinsfaktoren notwendig (vgl. Tabelle 42).

Laufzeit	Geld- und Kapitalmarktzinssätze	Zerobond-Abzinsfaktoren
1 Jahr	8,14 %	0,924727
2 Jahre	8,14 %	0,855120
3 Jahre	8,13 %	0,790991
4 Jahre	8,12 %	0,731824

Tabelle 42: Zinsstruktur am Geld- und Kapitalmarkt in t = 1

Die offenen zukünftigen Zahlungen sind mit den neuen, jetzt aktuellen Zerobond-Abzinsfaktoren zu multiplizieren. Als Ergebnis erhält man insgesamt einen Kurseffekt von -4.113,35 EUR (vgl. Abbildung 84).

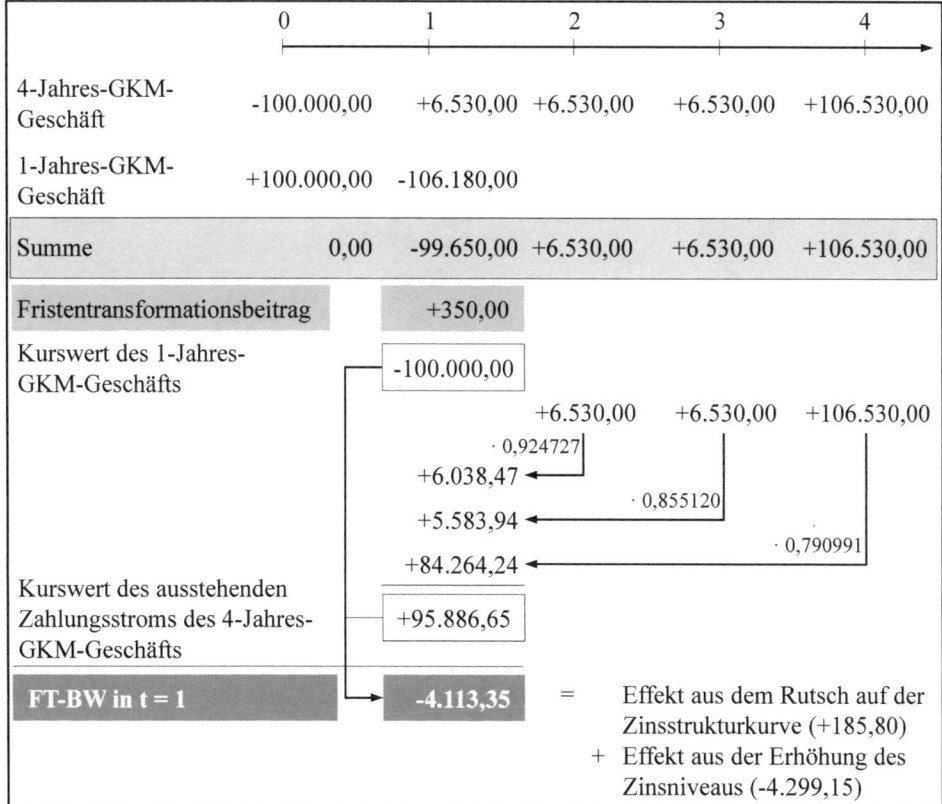

Abb. 84: Fristentransformationsergebnis in t = 1 bei gestiegenem Zinsniveau in t = 1

Der errechnete Kursverlust ist das Ergebnis beider Effekte, des Rutsches auf der Zinsstruktur-kurve und der Verschiebung der Zinsstrukturkurve. Will man den reinen Effekt der Zinsstruktur-verschiebung ermitteln, so ist der gesamte Kurseffekt um den Kursgewinn von 185,80 EUR aufgrund des Rutsches auf der Zinsstrukturkurve zu korrigieren. Insgesamt ergibt sich damit ein isolierter Kurseffekt von -4.299,15 EUR. Würde die Zentraldisposition die offene Position schließen, ergäbe sich in t = 1 ein Verlust aus der Fristentransformationsentscheidung von -3.763,35 EUR (= 350 – 4.113,35). Der Zinsanstieg war so stark, dass er durch den Zinsvorteil, der aufgrund der Fristentransformation während des Jahres erzielt wurde, nicht überkompen-siert werden konnte.

Darüber hinaus sind gegebenenfalls noch Marktwertveränderungen des Konditionsbeitragsbar-werts zu berücksichtigen. Für den Fall, dass den für die Kundengeschäfte verantwortlichen Marktbereichen periodische Erfolgsgrößen zugewiesen werden, gilt, dass im Zeitpunkt seiner Entstehung der Konditionsbeitragsbarwert in den Verfügungsbereich der Zentraldisposition gerät. Das Treasury hat dafür Sorge zu tragen, dass der Konditionsbeitragsbarwert mit den im Zeitpunkt des Geschäftsabschlusses gültigen Zinsen so verzinst wird, dass den Marktbereichen die im Zeitpunkt des Geschäftsabschlusses kalkulierten periodischen Konditionsbeiträge aus dem periodischen Zinsüberschuss zugewiesen werden können. Ausschließlich das Treasury trägt somit die Verantwortung für das Zinsänderungsrisiko, da es mit der Spekulation auf die Zinsent-wicklung versucht, für die Bank zusätzliche Zinsergebnisbeiträge zu erzielen.

Zusammenfassend lässt sich feststellen, dass sich das Barwertkalkül nahtlos in das Perioden-modell der Marktzinsmethode überführen lässt, wenn man die dem Periodenmodell zugrunde liegenden Prämissen berücksichtigt. Darüber hinaus weist der Barwertansatz aber den Vorteil auf, dass eine exakte Abschätzung der Aufwendungen bzw. Erträge ermöglicht wird, die das Schließen einer offenen Position verursacht. Die barwertige Kalkulation erweitert damit den Betrachtungshorizont des Periodenmodells beträchtlich.

(2)   Forward Rates und Forward-Abzinsfaktoren

Nachdem gezeigt wurde, wie das Periodenmodell der Marktzinsmethode in das Barwertkonzept integriert werden kann und in welchen Bereichen das Barwertkalkül über den Horizont des Peri-odenmodells hinausgeht, soll hierauf aufbauend dargestellt werden, wie der Barwertansatz als Instrument zur **Steuerung der Fristentransformation** eingesetzt werden kann.

Die Voraussetzung für den Aufbau eines effizienten Steuerungsinstrumentariums für die Fristen-transformation bilden exakte Messvorschriften. Das Gesamtbankergebnis muss verursachungs-gerecht auf die für seine Entstehung verantwortlichen Stellen (Marktbereiche, Zentraldisposition etc.) aufgeteilt werden. Eindeutige Messvorschriften bestehen bis jetzt aber nur für die Marktbe-reiche. Ihnen werden die Konditionsbeitragsbarwerte, gegebenenfalls in periodisierter Form, zugerechnet. Welchen Erfolgsbeitrag leistet aber die Zentraldisposition und wie kann er gemes-sen werden? Diese zentrale Frage soll im Folgenden beantwortet werden, wobei der Überschuss aus der Fristentransformation, welcher der Zentraldisposition zuzurechnen ist, als Treasury-Erfolg bezeichnet wird.

Zur **Messung der Leistung der Zentraldisposition** wird in der Literatur beispielsweise vorgeschlagen, das Transformationsergebnis p. a. durch eine Performancekennziffer nach Art der Investmentfonds zu ersetzen. Die Grundlage für die Berechnung der Performance bildet ein Barwertvergleich zwischen zwei Zeitpunkten. Problematisch an dieser Vorgehensweise ist allerdings, dass zwei unterschiedliche Vergleichszeitpunkte zugrunde gelegt werden und zwischen diesen Punkten die Veränderung der Barwerte gemessen wird. Dabei wird übersehen, dass die Zentraldisposition stets die Möglichkeit hat, den Barwert zu Beginn der Periode zu Marktzinsen für die betrachtete Periode anzulegen und damit risikolos eine entsprechende Barwertsteigerung zum Ende der Periode zu erzielen.

Eine derartige Anlage kann aber nicht schon allein als Verdienst der Zentraldisposition gewertet werden. Ein Barwertvergleich darf nur zu gleichen Zeitpunkten erfolgen. Der am Ende einer Periode tatsächlich verfügbare Barwert ist daher mit dem entsprechend aufgezinsten Barwert zu Beginn der Periode zu vergleichen. Nur dieser stellt die korrekte Benchmark bzw. Nulllinie für die Zentraldisposition dar und erst die über ihn hinausgehenden Überschüsse sind dem Ergebniskonto der Zentraldisposition gutzuschreiben. Offen ist damit aber noch die Frage, mit welchem Zinssatz bzw. Zinssätzen der Barwert zu Beginn der Periode risikofrei aufgezinst werden soll. Als Lösung wird die Verwendung der deterministischen zukünftigen Zinssätze, auch implizite Forward Rates genannt, vorgeschlagen.

Um die Darstellung möglichst einfach und überschaubar zu halten, wird die Vorgehensweise anhand eines einzelnen Geschäfts gezeigt. In der praktischen Anwendung kann auf die einzelgeschäftsbezogene Berechnung verzichtet werden und direkt der aggregierte Cashflow des Bankportfolios aller zinsabhängigen Geschäfte (= Zinsbuch) bewertet werden. In einem ersten Schritt wird nach dem Kurswert eines Bankgeschäfts resp. Portfolios in zukünftigen Zeitpunkten gesucht, der bereits heute an diesen zukünftigen Zeitpunkten sicher realisierbar wäre (vgl. Abbildung 85).

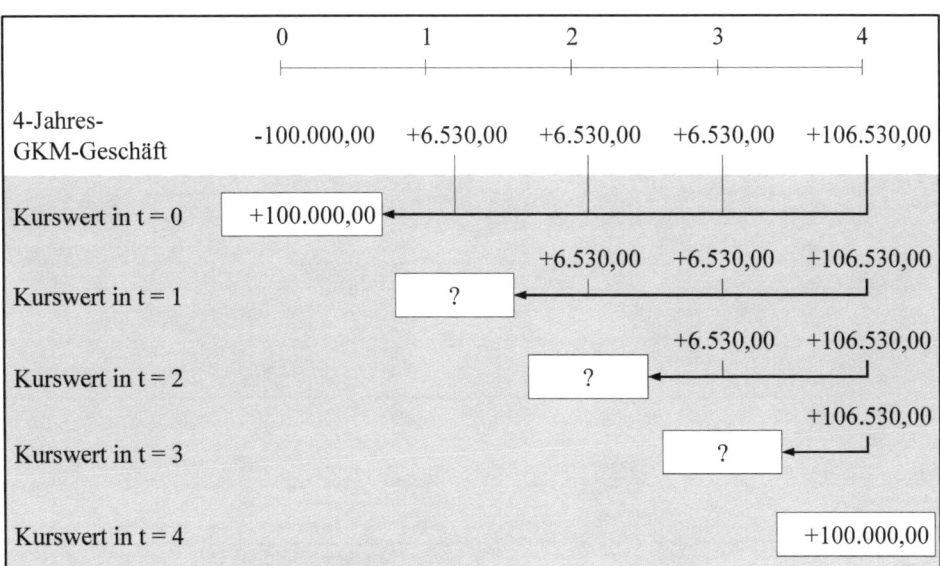

Abb. 85: Gesuchte deterministische zukünftige Kurswerte

Ausgehend von der Zahlungsreihe der Opportunität „Kredit", die im Zeitpunkt $t = 0$ einen Kurswert von 100.000 EUR aufweist, wird nach den deterministischen Kurswerten in den Jahren 1990 ($t = 1$), 1991 ($t = 2$), 1992 ($t = 3$) und 1993 ($t = 4$) gesucht. Die Opportunität „Kredit" weist im Zeitpunkt $t = 0$ einen Kurswert von 100.000 EUR bzw. 100 % auf, da die Nominalverzinsung von 6,53 % exakt dem zurzeit gültigen Geld- und Kapitalmarktzinssatz für vier Jahre entspricht.

Um die deterministischen zukünftigen Kurswerte eines Geschäfts bestimmen zu können, müssen zuerst die zukünftigen **deterministischen Zinsstrukturkurven** aus den aktuellen Geld- und Kapitalmarktzinssätzen hergeleitet werden. Dies geschieht in zwei Stufen: In einem ersten Schritt sind analog zur bisherigen Vorgehensweise für den Zeitpunkt $t = 0$ auch für alle zukünftigen Zeitpunkte die Zerobond-Abzinsfaktoren zu bestimmen.

Analog zur Vorgehensweise bei der Berechnung der Kassa-Zerobond-Abzinsfaktoren, die in $t = 0$ beginnen, können entsprechend auch die übrigen **(Forward-)Zerobond-Abzinsfaktoren** berechnet werden, indem die Zahlungsströme von in der Zukunft beginnenden Zerobond-Geschäften durch GKM-Geschäfte zu den aktuellen Konditionen dupliziert werden. Wenn die Kassa-Zerobond-Abzinsfaktoren jedoch bereits bekannt sind, lässt sich diese Information nutzen, um eine einfachere Berechnungsweise anzuwenden. Die Duplikation des gewünschten Zahlungsstroms kann dann nämlich durch eine Kombination von Zerobond-Geschäften, die in $t = 0$ abgeschlossen werden, erfolgen. Abbildung 86 zeigt dies für den Zerobond-Abzinsfaktor ZB-AF[1;3], der eine im Zeitpunkt $t = 4$ anfallende Zahlung arbitragefrei auf den Zeitpunkt $t = 1$ transformiert.

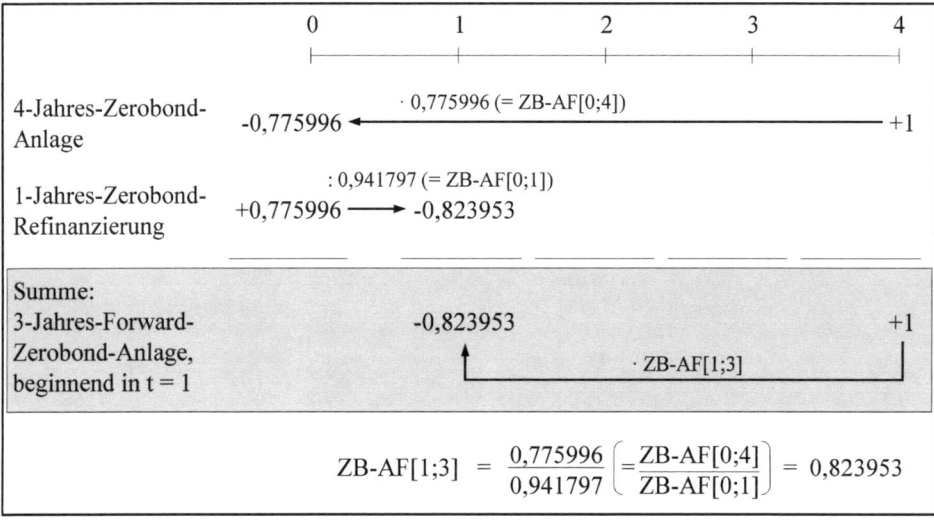

Abb. 86: Berechnung des (Forward-)Zerobond-Abzinsfaktors ZB-AF[1;3]

Allgemein gilt also für die Berechnung von Zerobond-Abzinsfaktoren:

$$\text{Zerobond-Abzinsfaktor ZB-AF [Beginn;Laufzeit]} = \frac{\text{ZB-AF [0;Beginn + Laufzeit]}}{\text{ZB-AF [0;Beginn]}}$$

Daran anschließend werden aus den Zerobond-Abzinsfaktoren die dazugehörigen Zinssätze (**Forward Rates**) konstruiert. Hierfür gilt allgemein:

$$\text{Zerobond-Forward-Rate FR[Beginn;Laufzeit]} = \sqrt[\text{Laufzeit}]{\frac{1}{\text{ZB-AF[Beginn;Laufzeit]}}}$$

Als Ergebnis erhält man die gesuchten deterministischen Zinsstrukturkurven für zukünftige Zeitpunkte. In diesem Fall implizieren die Zinssätze vom Januar 1989 für die Jahre 1990, 1991 und 1992 ein Ansteigen des Zinsniveaus, wobei die Zinsstrukturkurve aber ihre normale Form behält (vgl. Abbildung 87).

Zerobond-Abzinsfaktoren (ZB-AF) [Beginn;Laufzeit]					Zerobond-Forward-Rates (FR) [Beginn;Laufzeit]				
Beginn \ Laufzeit	1 Jahr	2 Jahre	3 Jahre	4 Jahre	Beginn \ Laufzeit	1 Jahr	2 Jahre	3 Jahre	4 Jahre
t = 0	0,941797	0,884058	0,828527	0,775996	t = 0	6,1800 %	6,3554 %	6,4709 %	6,5455 %
t = 1	0,938693	0,879730	**0,823953**		t = 1	6,5311 %	6,6167 %	**6,6676 %**	
t = 2	0,937186	0,877766			t = 2	6,7024 %	6,7359 %		
t = 3	0,936598				t = 3	6,7694 %			

Beispiel: ZB-AF [1,3] = 0,823953   FR [1,3] = 6,6676 %

$$0{,}823953 \cdot 1{,}06676^3 = 1$$

Abb. 87: Deterministische Zerobond-Abzinsfaktoren und Zerobond-Forward-Rates

(3) Die Kalkulation des Treasury-Erfolgs im Wertbereich

Die zukünftigen Zerobond-Abzinsfaktoren bzw. Zerobond-Forward-Rates können dazu benutzt werden, die deterministischen Kurswerte von Bankgeschäften in der Zukunft zu errechnen. Abbildung 88 zeigt die Bestimmung des deterministischen Kurswerts der Kundenkreditopportunität für den Zeitpunkt t = 1 auf Basis der aktuell in t = 0 gültigen Zinsstrukturkurve.

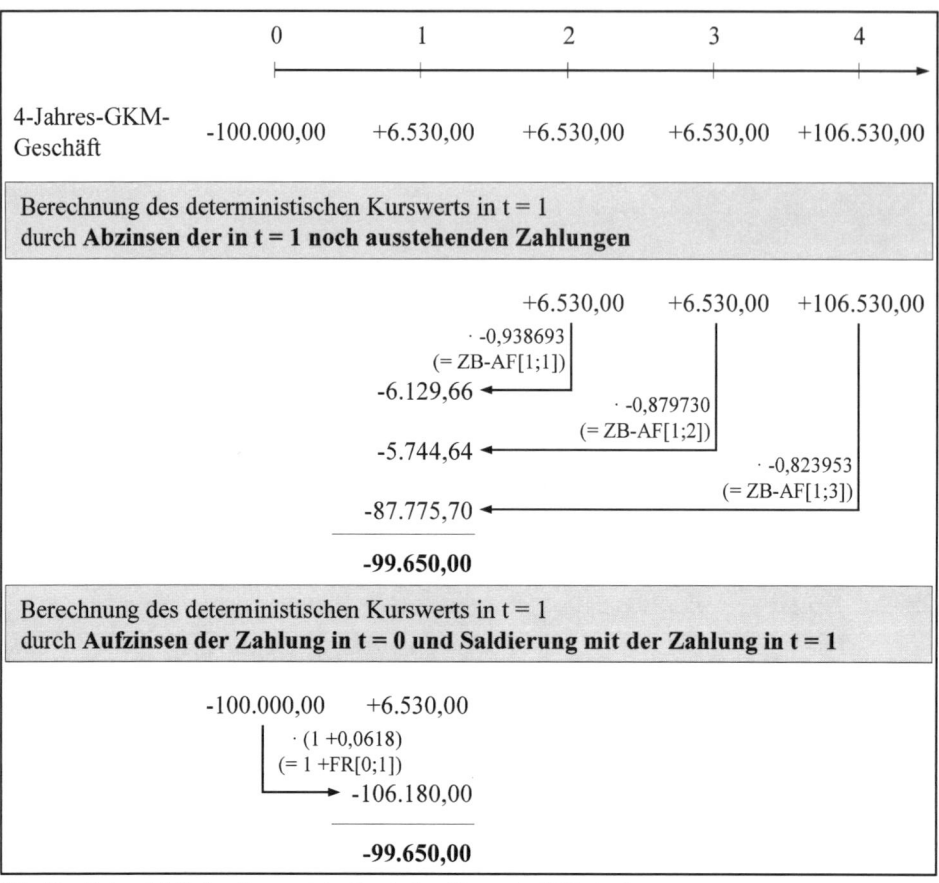

	0	1	2	3	4
4-Jahres-GKM-Geschäft	-100.000,00	+6.530,00	+6.530,00	+6.530,00	+106.530,00

Berechnung des deterministischen Kurswerts in t = 1 durch Abzinsen der in t = 1 noch ausstehenden Zahlungen

$$+6.530,00 \qquad +6.530,00 \qquad +106.530,00$$

· -0,938693
(= ZB-AF[1;1])

-6.129,66 ◄

· -0,879730
(= ZB-AF[1;2])

-5.744,64 ◄

· -0,823953
(= ZB-AF[1;3])

-87.775,70 ◄

-99.650,00

Berechnung des deterministischen Kurswerts in t = 1 durch Aufzinsen der Zahlung in t = 0 und Saldierung mit der Zahlung in t = 1

-100.000,00   +6.530,00

· (1 +0,0618)
(= 1 +FR[0;1])

-106.180,00

-99.650,00

Abb. 88:   Deterministischer Kurswert der Kundenkreditopportunität in t = 1

Grundsätzlich stehen zwei Wege offen, um die **deterministischen Kurswerte** zu errechnen: Entweder werden die bis zum Betrachtungszeitpunkt erfolgenden Zahlungen mit den zugehörigen Forward Rates aufgezinst und mit den gegebenenfalls im Betrachtungszeitpunkt anfallenden Zahlungen saldiert oder aber es werden die über den Betrachtungszeitpunkt hinausgehenden Zahlungen mit den entsprechenden Zerobond-Abzinsfaktoren auf den Betrachtungszeitpunkt abgezinst.

Im Fall des Abzinsens werden die über $t = 1$ hinausgehenden Zahlungen mit den zugehörigen zukünftigen Zerobond-Abzinsfaktoren multipliziert. So wird beispielsweise die Zahlung von 6.530 EUR in $t = 2$ mit dem Zerobond-Abzinsfaktor multipliziert, der für Geschäfte gültig ist, die im Zeitpunkt $t = 1$ beginnen und eine Laufzeit von genau einem Jahr haben. Entsprechend wird die Zahlung von 6.530 EUR in $t = 3$ mit dem Zerobond-Abzinsfaktor multipliziert, der in $t = 1$ beginnt und eine Laufzeit von zwei Jahren aufweist, usw. Als Ergebnis erhält man den deterministischen Kurswert in $t = 1$ von -99.650 EUR. Beim Aufzinsen führt die Multiplikation des ausgezahlten Kapitalbetrags von -100.000 EUR in $t = 0$ mit der einjährigen Forward Rate FR[0;1] zu -106.180 EUR. Saldiert man diesen Wert mit dem Zinsertrag von 6.530 EUR, der in $t = 1$ fällig wird, so erhält man wiederum den deterministischen Kurswert von -99.650 EUR in $t = 1$.

Dieser deterministische Kurswert stellt die Nulllinie der Zentraldisposition für die Opportunität dar, da er aus heutiger Sicht für die Zentraldisposition risikofrei erzielbar ist. Der Kurswert enthält sämtliche rechnerischen Kursgewinne resp. -verluste, die aus dem Schließen aller noch offenen Positionen des Geschäfts in t = 0 zum Zeitpunkt t = 1 resultieren.

Die beiden Alternativen zur Kurswertberechnung verdeutlichen aber auch noch einmal das besondere Wesensmerkmal deterministischer Zinssätze in Gestalt der Forward Rates, nämlich die Möglichkeit, Zahlungen, die heute oder in der Zukunft erfolgen, beliebig auf der Zeitachse arbitragefrei hin- und herzuschieben. Angenommen, die Zentraldisposition hätte im Zeitpunkt t = 0 das Kundenkreditgeschäft fristenkongruent refinanzieren wollen, dann hätte sie anstatt des direkten Kaufs eines vierjährigen Wertpapiers mit dem entsprechenden Volumen die fristenkongruente Refinanzierung z. B. auch durch Kombination eines einjährigen Wertpapiers mit entsprechenden Forward-Geschäften gestalten können.

Die Alternative im Zeitpunkt t = 0 wäre gewesen, ein einjähriges Wertpapier zum aktuellen Zinssatz von 6,18 % zu kaufen und gleichzeitig drei Zerobond-Forward-Geschäfte abzuschließen, die – jeweils im Zeitpunkt t = 1 beginnend – ein, zwei und drei Jahre laufen. Das 1-Jahres-Forward-Geschäft kann heute zu einem deterministischen Zinssatz von 6,5311 % abgeschlossen werden, das über zwei Jahre laufende Geschäft zu 6,6167 % und das über drei Jahre laufende Geschäft zu 6,6676 %.

Insgesamt führen diese drei Zerobond-Forward-Geschäfte mit den Volumina 6.129,66 EUR, 5.744,64 EUR und 87.775,70 EUR zu einer exakten Nachbildung der noch offenen zukünftigen Zahlungsreihe von t = 2 bis t = 4 in Gestalt der 6.530 EUR in t = 2, 6.530 EUR in t = 3 und 106.530 EUR in t = 4. Die positive Fristentransformation im ersten Jahr führt zu einem Fristentransformationsbeitrag von 350 EUR [= (6,53 % – 6,18 %) · 100.000 EUR]. Dieser wird allerdings wieder aufgezehrt durch die drei Forward-Geschäfte. Denn die offene Position kann nur mit einem Kursverlust von 350 EUR geschlossen werden. Der Fristentransformationsgewinn in der ersten Periode führt zusammen mit dem Kursverlust, der aus den Forward-Geschäften zum Schließen der offenen Position resultiert, wieder zu einem exakt ausgeglichenen Ergebnis. Per Saldo ist der Fristentransformationserfolg der Zentraldisposition, wie schon beim unmittelbaren Kauf eines vierjährigen Wertpapiers, also wieder gleich null.

Führt man die deterministische Kurswertberechnung auch für die Zeitpunkte t = 2, t = 3 und t = 4 durch, so erhält man insgesamt die folgenden deterministischen Kurswerte: 100.000 EUR; 99.650 EUR; 99.628,24 EUR; 99.775,74 EUR; 100.000 EUR. Ausgehend von dem Kurswert von 100.000 EUR in t = 0 fällt der Kurswert der Opportunität bis t = 2, um dann bis zur Fälligkeit in t = 4 wieder kontinuierlich auf 100.000 EUR anzusteigen. Dabei sei noch einmal betont, dass dieser Kursverlauf durch die in t = 0 gültigen Zinssätze determiniert ist und jeder dieser zukünftigen Kurswerte bei entsprechenden Maßnahmen in t = 0 sicher realisiert werden kann. Da die aktuellen Zinssätze eine steigende, normale Zinsstrukturkurve für die Zukunft implizit enthalten, führt dies zu Kursverlusten zu Beginn der Laufzeit, die jedoch später durch den Effekt des Rutsches auf der Zinsstrukturkurve überkompensiert werden und letztendlich wieder zu dem Rückzahlungsbetrag von 100.000 EUR in t = 4 führen.

Nachdem bekannt ist, wie hoch der sichere Kurswert der Opportunität in t = 1 ist, wird nun der deterministische Zinsüberschuss in t = 1 berechnet, der sich auf Basis der in t = 0 gültigen

Zinssätze für t = 1 errechnet. Insgesamt sind in dem hier zugrunde gelegten Beispiel vier Zahlungsströme zu berücksichtigen: die Konditionsbeiträge des Kredits und der Einlage sowie die Opportunitäten des Kredits und der Einlage (vgl. Abbildung 89).

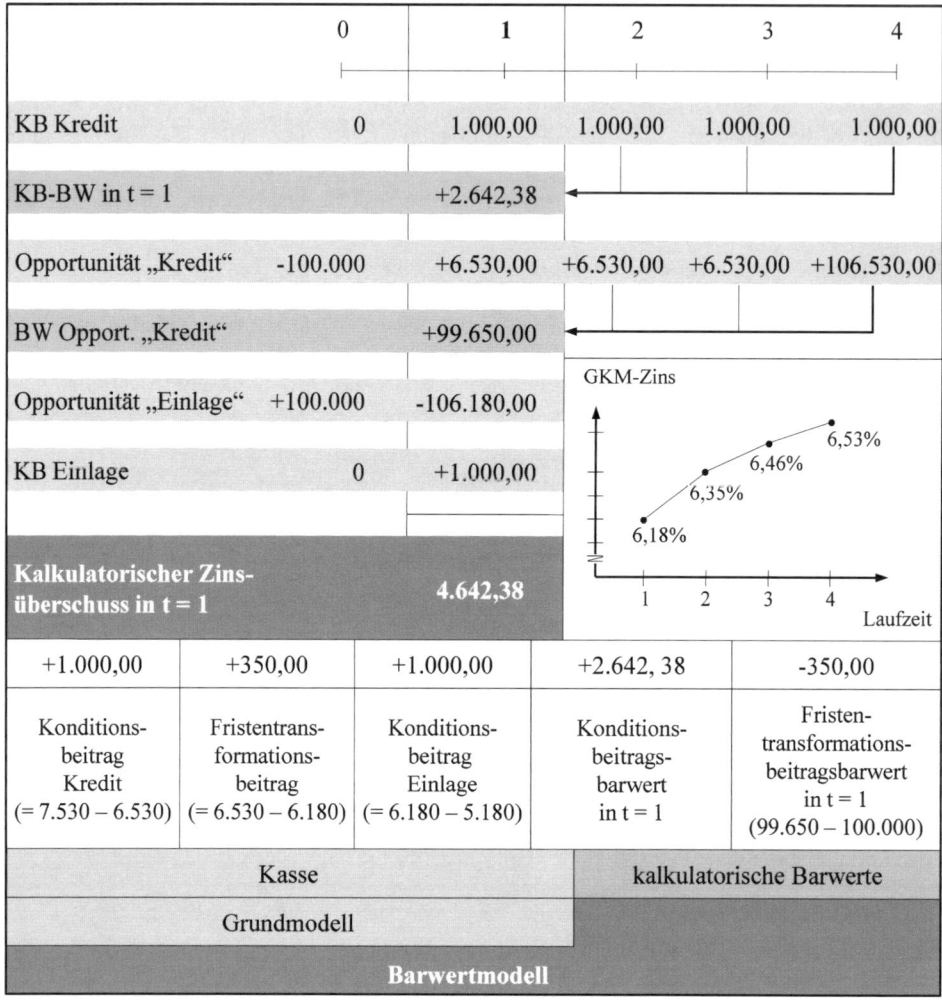

Abb. 89: Zinsüberschuss in t = 1 auf Basis der Zinsstrukturkurve von t = 0

Die über den Zeitpunkt t = 1 hinausragenden zukünftigen Zahlungen sind mit den entsprechenden zukünftigen Zerobond-Abzinsfaktoren zu bewerten und damit auf den Zeitpunkt t = 1 abzuzinsen. Dies führt für die noch verbleibenden Konditionsbeiträge des Kredits in den Jahren t = 2 bis t = 4 zu einem Rest-Konditionsbeitragsbarwert in t = 1 von 2.642,38 EUR.

Der Kurswert der Opportunität „Kredit" beläuft sich wie in Abbildung 88 gezeigt auf 99.650 EUR. Der Kurswert der Opportunität der Einlage entspricht dem Ausgangsbetrag von 100.000 EUR, da das Wertpapier in t = 1 fällig ist.

Addiert man sämtliche tatsächlichen – d. h. liquiditätswirksamen – und kalkulatorischen Effekte, so erhält man in t = 1 einen deterministischen Zinsüberschuss von 4.642,38 EUR. Dieser lässt sich wie folgt in seine einzelnen Bestandteile aufteilen: In der Kasse befinden sich die ersten 1.000 EUR Konditionsbeitrag des Kredits, die sich aus der Differenz der Zinsen des Kundenkredits und der Opportunität (= 7.530 EUR – 6.530 EUR) errechnen. Ebenfalls liquiditätswirksam fällt der Fristentransformationsbeitrag in Höhe von 350 EUR an, der aus dem höheren Zinsertrag der vierjährigen Opportunität (6.530 EUR) gegenüber dem Zinsaufwand der einjährigen Opportunität (= 6.180 EUR) resultiert. Schließlich werden weitere 1.000 EUR (= 6.180 – 5.180) Konditionsbeitrag erwirtschaftet, wodurch sich die Vorteilhaftigkeit der Kundeneinlage gegenüber einer alternativen Geld- und Kapitalmarktaufnahme widerspiegelt. Insgesamt ergibt sich ein in der Kasse auch tatsächlich wiederzufindender (pagatorischer) Zinsüberschuss in Höhe von 2.350 EUR. Er entstünde, wenn die Bank ausschließlich diese beiden Geschäfte getätigt hätte. Zu diesem Ergebnis kommt auch das Periodenmodell der Marktzinsmethode. Darüber hinaus sind aber auch die kalkulatorischen bzw. rechnerischen Effekte zukünftiger Zahlungen zu berücksichtigen. Es handelt sich zum einen um den noch nicht verteilten Konditionsbeitragsbarwert des Kredits (= 2.642,38 EUR) und zum anderen um den (potenziellen) Kursverlust der Opportunität „Kredit" (99.650 EUR – 100.000 EUR = -350 EUR).

Der sich aus der Addition sämtlicher Effekte ergebende Betrag von 4.642,38 EUR könnte von der Bank in t = 1 auf Basis der aktuellen Zinsstrukturkurve definitiv realisiert werden. Voraussetzung hierzu wäre allerdings, dass die Bank bereits heute die entsprechenden Forward-Geschäfte tätigt, um in den Zeitpunkten t = 2 bis t = 4 keine offene Position mehr aus dem Kundenkredit zu haben. In der hier betrachteten Datenkonstellation (erstes Laufzeitjahr) handelt es sich bei dem Zinsüberschuss in t = 1 exakt um den um ein Jahr aufgezinsten Konditionsbeitragsbarwert aus t = 0.

Hierauf aufbauend soll überprüft werden, welche Konsequenzen die Entscheidung der Zentraldisposition in t = 0, nichts zu unternehmen, gehabt hätte. In t = 1 liegen die Zinssätze für Wertpapiere mit einjähriger Laufzeit bei 8,14 %, mit zweijähriger Laufzeit ebenfalls bei 8,14 %, mit dreijähriger Laufzeit bei 8,13 % und mit vierjähriger Laufzeit bei 8,12 %. Die Zinsstrukturkurve ist damit gegenüber dem Stand von t = 0 erheblich gestiegen und hat sich zu einem leicht inversen, fast waagerechten Verlauf verflacht (vgl. Abbildung 90).

Berechnet man nun den Zinsüberschuss für t = 1, so müssen die bereits ermittelten Zerobond-Abzinsfaktoren, die auf Basis der nunmehr gültigen Zinssätze errechnet wurden, verwendet werden (vgl. Tabelle 42). Hieraus errechnet sich ein neuer Rest-Konditionsbeitragsbarwert des Kredits von 2.570,84 EUR (= 1.000 · 0,9247 + 1.000 · 0,8551 + 1.000 · 0,7910) bzw. ein neuer Kurswert der Opportunität von 95.886,65 EUR (= 6.530 · 0,9247 + 6.530 · 0,8551 + 106.530 · 0,7910). Insgesamt ergibt sich nur noch ein realisierbarer Zinsüberschuss von 807,49 EUR (vgl. Abbildung 90). Wie in Abbildung 90 ersichtlich ist, hat die Entscheidung der Zentraldisposition keine Auswirkungen auf den Kassenstatus der Bank. Insgesamt wird ein periodischer Zinsüberschuss von 2.350 EUR realisiert, der sich in die bekannten drei Größen aufteilt: 1.000 EUR Konditionsbeitrag des Kredits, 1.000 EUR Konditionsbeitrag der Einlage und 350 EUR Fristentransformationsbeitrag. Damit kann als Erstes festgehalten werden, dass das liquiditätsmäßige Ergebnis der Bank unabhängig von der zukünftigen Zinsentwicklung ist.

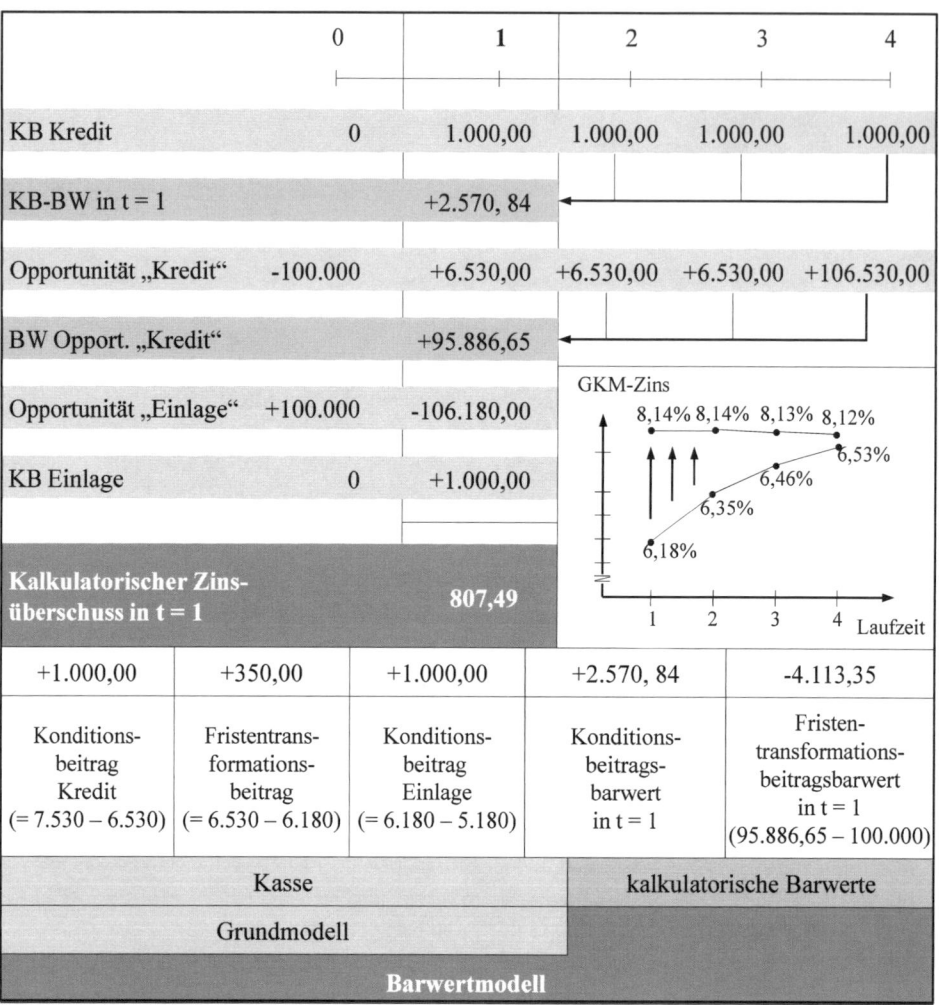

Abb. 90: Zinsüberschuss in t = 1 auf der Basis der Zinsstrukturkurve von t = 1

Veränderungen haben sich allerdings bei den rechnerischen Kurswerten ergeben, da hier die neuen Zerobond-Abzinsfaktoren zur Anwendung kommen. Der rechnerische Rest-Konditionsbeitragsbarwert des Kredits hat sich nur verhältnismäßig moderat von 2.642,38 EUR auf 2.570,84 EUR reduziert. Demgegenüber fällt der Kursverlust bei der Opportunität in Form des Fristentransformationsbeitragsbarwerts von -350 EUR auf -4.113,35 EUR schon erheblich größer aus. Die Entscheidung der Zentraldisposition, in t = 0 nicht schon vorsorglich die offene Position in den Jahren t = 2 bis t = 4 zu schließen, war demnach falsch.

Wie hoch ist nun der negative **Treasury-Erfolg**, welcher der Zentraldisposition zuzurechnen ist? Unter der Annahme, dass sich die Bank für eine kapitalstrukturkongruente Verteilung des Konditionsbeitragsbarwerts entschieden hat, werden den Marktbereichen „Aktiv" und „Passiv" im Zeitpunkt t = 1 jeweils 1.000 EUR zugerechnet. Es verbleibt den Marktbereichen dann noch

206

ein Rest-Konditionsbeitragsbarwert von 2.642,38 EUR, aus dem die noch verbleibenden dreimal 1.000 EUR Konditionsbeitrag „Aktiv" in den Perioden t = 2 bis t = 4 finanziert werden.

In den Einflussbereich des Treasury fallen dagegen die in der Kasse vereinnahmten 350 EUR aus der Fristentransformation zwischen t = 0 und t = 1 sowie die kalkulatorischen Effekte, die sich in Veränderungen des Fristentransformations- und des Konditionsbeitragsbarwerts niederschlagen. Im Zeitpunkt t = 0 betrug der Fristentransformationsbeitragsbarwert noch 0 EUR. Aufgrund der für die Bank bei der gegebenen Transformationsentscheidung unglücklichen Zinsentwicklung beläuft sich der Fristentransformationsbeitragsbarwert in t = 1 allerdings nun auf -4.113,35 EUR. Durch das gestiegene Zinsniveau ist der Kurswert der Opportunität des Kredits von ehemals 100.000 EUR auf jetzt nur noch 95.886,65 EUR gesunken (vgl. Abbildung 90).

Darüber hinaus hat die Zentraldisposition aber auch die Wertveränderungen des Konditionsbeitragsbarwerts zu verantworten, denn ein rechtzeitiges Schließen der Position in t = 0 hätte einen Rest-Konditionsbeitragsbarwert von 2.642,38 EUR gesichert. Auf Basis der aktuellen Zinsstruktur hat sich der Wert allerdings auf 2.570,84 EUR verringert. Die Differenz von -71,54 EUR ist der Zentraldisposition und nicht den Marktbereichen anzulasten, denn diese haben den Konditionsbeitragsbarwert der Zentraldisposition ab t = 0 mit der Verrentungsauflage zur Verfügung gestellt, ihnen in jeder Periode der Laufzeit 1.000 EUR gutzuschreiben. Damit lässt sich das Treasury-Ergebnis zusammenfassend wie folgt berechnen:

	periodischer Fristentransformationsbeitrag	+350,00 EUR
+	Fristentransformationsbeitragsbarwert	-4.113,35 EUR
+	Konditionsbeitragsbarwert-Veränderung	-71,54 EUR
=	Treasury-Ergebnis	-3.834,89 EUR

Abbildung 91 zeigt abschließend, wie sich dieser Verlust auf die verschiedenen Komponenten aufteilt und stellt zugleich den Zusammenhang zum kalkulatorischen Ergebnis der Erfolgsrechnung her. Dabei wird zwischen einer Periodenrechnung und kalkulatorischen Barwerten unterschieden. Die Periodenrechnung spiegelt die definitiv eintretenden und damit liquiditätswirksamen Effekte wider, während die kalkulatorischen Barwerte den jeweils aktuellen Wert aller offenen Positionen in der Zukunft wiedergeben und damit den Erfolg bzw. den Verlust bei Schließen dieser Positionen anzeigen.

	Ent-scheidungs-zeitpunkt	Zeitpunkt des Schließens der offenen Positionen	Pagatorische Periodenrechnung					Kalkulatorische Barwerte			(kalk.) Gesamt-Ergebnis (pag. ZÜ + kalk. ZÜ-Barwert)
			Konditions-beitrag Kredit	Fristen-transforma-tions-beitrag	Konditions-beitrag Einlage	paga-torischer Zins-überschuss	KB-Barwert	FT-Barwert	kalk. Zins-überschuss-Barwert	
	(0)	(1)	(2)	(3)	(4)	(5) = (2)+(3)+(4)	(6)	(7)	(8) = (6)+(7)	(9) = (5)+(8)
I.	t = 0	t = 0	-	-	-	-	4.372,17	-	4.372,17	4.372,17
II.	t = 1	t = 0	+1.000	-	+1.000	+2.000	2.642,38	-	2.642,38	4.642,38
III.	t = 2	t = 0	+1.000	+350	+1.000	+2.350	2.570,84	-4.113,35	-1.542,51	807,49
IV.	t = 3	Δ (III.-II.)	0	+350	0	+350	-71,54	-4.113,35	-4.184,89	-3.834,89

·1,0618

807,49 Gesamtergebnis in t = 1 (= pagatorischer Zinsüberschuss + kalkulatorischer Zinsüberschuss-Barwert)

-3.834,89 Kalkulatorisches Treasury-Ergebnis in t = 1 (= 350 – 71,54 – 4.113,35)

Abb. 91: Zusammenfassend – Herleitung des Treasury-Ergebnisses

In Zeile I. wird der Abschlusszeitpunkt von Kredit und Einlage betrachtet. Es erscheinen der hinlänglich bekannte Konditionsbeitragsbarwert von 4.372,17 EUR sowie der Fristentransformationsbeitragsbarwert von 0 EUR, sodass in t = 0 insgesamt ein Gesamtergebnis von 4.372,17 EUR resultiert. Als Benchmark bzw. Nulllinie für die Aktivitäten des Treasury wird dieses Ergebnis jetzt auf den Zeitpunkt t = 1 hochgerechnet (vgl. Zeile II.). Dies geschieht, indem das Gesamtergebnis mit dem 1-Jahres-Geld- und Kapitalmarktzinssatz von 6,18 % aufgezinst wird. Der Gesamtbetrag teilt sich in die beiden periodisierten Konditionsbeiträge „Aktiv" und Passiv" von jeweils 1.000 EUR und den verbleibenden Rest-Konditionsbeitragsbarwert von 2.642,38 EUR auf.

In Zeile III. wird diesem potenziell möglich gewesenen Ergebnis der Zentraldisposition das tatsächliche Ergebnis auf Basis der nunmehr gültigen Zinssätze gegenübergestellt. Zusätzlich zu den Konditionsbeiträgen von zweimal 1.000 EUR erwirtschaftet die Fristentransformationsentscheidung den bereits im Entscheidungszeitpunkt sicheren positiven periodischen Fristentransformationsbeitrag von 350 EUR. Hinzu kommen die neuen kalkulatorischen Werte für den Konditionsbeitragsbarwert von 2.570,84 EUR und den Fristentransformationsbeitragsbarwert von -4.113,35 EUR, sodass sich insgesamt ein Gesamtergebnis von 807,49 EUR ergibt (vgl. auch Abbildung 90).

In den Bereich der Zentraldisposition fällt zum einen der positive Fristentransformationsbeitrag von 350 EUR. Darüber hinaus muss sich das Treasury aber zum anderen Verluste im Bereich der kalkulatorischen Barwerte anrechnen lassen. Der Rest-Konditionsbeitragsbarwert hat sich um -71,54 EUR und der Fristentransformationsbeitragsbarwert um -4.113,35 EUR verringert (vgl. Zeile IV.). Hieraus errechnet sich insgesamt ein Treasury-Ergebnis von -3.834,89 EUR. Vereinfacht lässt sich das Treasury-Ergebnis auch aus der Differenz der beiden Gesamtergebnisse errechnen: Dem potenziell möglichen (= 4.642,38 EUR) wird das tatsächliche Ergebnis (= 807,49 EUR) gegenübergestellt.

Das Treasury-Ergebnis ist damit strikt zu trennen von einer ebenfalls denkbaren **Benchmark**, dem kalkulatorischen Gesamtergebnis. Dieses beläuft sich in t = 0 nur noch auf 807,49 EUR.

Es zeigt an, ob die Bank im Betrachtungszeitpunkt noch in der Lage ist, einen positiven Zinsüberschuss zu erzielen, wenn sie keine weiteren Geschäfte mehr abschließen, gleichzeitig sämtliche offenen Positionen schließen und die hieraus resultierenden Zinserträge und -aufwendungen im Betrachtungszeitpunkt vereinnahmen würde.

Der hier gemachte Vorschlag für eine Definition des Treasury-Ergebnisses verdeutlicht, dass grundsätzlich zwischen unmittelbar liquiditätswirksamen und zuerst einmal nur kalkulatorischen, aber potenziell (bei Realisation) ebenfalls liquiditätswirksamen Effekten unterschieden werden muss. Während die **liquiditätswirksamen Effekte** für die Liquiditätssteuerung, für die Gewinnbedarfsrechnung und damit den Jahresüberschuss die unmittelbar relevanten Größen darstellen, sind für die Zwecke eines effizienten Bilanzstrukturmanagements auch die **kalkulatorischen Effekte** konsequent mit ins Kalkül einzubeziehen, da die Barwerte quasi den Pool an potenziell liquiditäts- und damit auch GuV-wirksamer Dispositionsmasse zur Steuerung der Jahresergebnisse darstellen.

LITERATURHINWEISE

BENKE, H./GEBAUER, B./PIASKOWSKI, F. (1991)
FLESCH, H.-R./PIASKOWSKI, F./SIEVI, C.R. (1988)
GRABIAK, S. ET AL. (1988)
KLEWIN, R./MARUSEV, A. W. (1988)
KRUSCHWITZ, L. (2000)
MARUSEV, A. W. (1989)
MARUSEV, A. W./PFINGSTEN, A. (1992)
ROLFES, B./DARTSCH, A. (1998)
SCHIERENBECK, H./FELLENSTEIN, D. (1992)
SCHIERENBECK, H./MARUSEV, A. W. (1990)
SCHIERENBECK, H./WIEDEMANN, A. (1993B)
SCHIERENBECK, H./WIEDEMANN, A. (1996)
SIEVI, C. R. (1984)

BENKE, H./PIASKOWSKI, F./SIEVI, C. R. (1995)
FLESCH, H.-R./PIASKOWSKI, F./SIEVI, C. R. (1984)
HÖLSCHER, R. (1994)
KOTISSEK, N. (1987)
MARUSEV, A. W. (1988)
MARUSEV, A. W. (1990)
ROLFES, B. (1998)
ROLFES, B./HASSELS, M. (1994)
SCHIERENBECK, H./HÖLSCHER, R. (2001)
SCHIERENBECK, H./WIEDEMANN, A. (1993A)
SCHIERENBECK, H./WIEDEMANN, A. (1995)
SCHNEIDER, D. (1992)

c) Pro und Contra der periodischen und barwertigen Zinsergebnissteuerung

In der bankbetrieblichen Praxis hat die Marktzinsmethode einen Siegeszug gehalten, der seinesgleichen sucht. Nicht nur im deutschen Genossenschaftsbankensektor fungiert die Marktzinsmethode als unumstrittenes Zinsverrechnungskonzept. Auch in großen Teilen des Sparkassensektors und bei der Mehrheit der privaten Banken (z. B. Deutsche Bank) findet sie eine entsprechende Akzeptanz. Analoges gilt auch für Österreich, wo die Beharrungskräfte in Bezug auf die traditionellen Zinsverrechnungskonzepte zwar stärker als in Deutschland waren, aber mittlerweile eine umso schnellere Verbreitung der Marktzinsmethode um sich greift. Gleiches ist auch für die Schweiz zu berichten. Hier wurde die Einführung der Marktzinsmethode ebenfalls verspätet rezipiert. Sie erfolgte erst im Einklang mit der Erkenntnis, dass ein ausgefeiltes Zinsverrechnungskonzept vor allem dann an Bedeutung gewinnt, wenn – wie in jüngster Zeit zu beobachten war – Margen unter Druck geraten. Mittlerweile erfreut sie sich auch hier großer Zustimmung und ist beispielsweise in das Rechnungswesen der UBS voll integriert.

Aus theoretischer Sicht verlaufen die Entwicklungen auf der Grundlage der Marktzinsmethode inzwischen weit über den Bereich des Bankensektors hinaus. Zu nennen ist zum einen die Übertragung der Marktzinsmethode auf den Bereich der **Investitionsrechnung** durch ROLFES, die bekanntlich den Gegenstand einer ausführlichen Diskussion in der Zeitschrift für Betriebswirtschaft (ZfB) bildete. Auf der Basis des Marktzinsmodells der Investitionsrechnung ist von WIEDEMANN das Industriemodell der Marktzinsmethode entwickelt worden, das die entscheidungsorientierte Ergebnisspaltung für Industrieunternehmen ermöglicht. Dabei wird explizit die Passivseite von Industrieunternehmen als Erfolgsquelle eines erfolgreichen Zinsmanagements hervorgehoben.

Nicht nur im klassischen Bankgeschäft, sondern auch in anderen Bereichen des **Finanzdienstleistungsgeschäfts** lässt sich das Konzept der Marktzinsmethode anwenden. Stellvertretend zu nennen ist hier das Versicherungsgeschäft. So hat HÖLSCHER die Notwendigkeit der entscheidungsorientierten Anwendung der Marktzinsmethode im Rahmen der Überschussbeteiligung von Lebensversicherungen nachgewiesen. Des Weiteren wurde die Übertragung des Konzepts der Marktzinsmethode auf das Bausspargeschäft vorgenommen.

Grundsätzlich hat sich also das Konzept der Marktzinsmethode als entscheidungsorientiertes Zinsverrechnungskonzept in der Praxis durchgesetzt. Unter Steuerungsaspekten wird jedoch intensiv diskutiert, ob eine Zinsergebnissteuerung über den periodischen oder den barwertigen Ergebnisausweis erfolgen soll.

Im Zusammenhang mit den Ausführungen zum Barwertkalkül der Marktzinsmethode wurde bereits aufgezeigt, dass sich in Orientierung an den Zahlungsströmen von Kundengeschäften Konditionsbeitragsbarwerte durch die Konstruktion real abschließbarer Gegengeschäfte am Geld- und Kapitalmarkt exakt kalkulieren lassen. Ebenso ist es möglich, Konditionsbeitragsbarwerte beliebig auf der Zeitachse in die Zukunft zu verschieben, um so den periodischen Ergebnisausweis für Kundengeschäfte zu ermöglichen (vgl. S. 151 ff.), wobei hier wiederum das Prinzip der Realisierbarkeit von ausgewiesenen Ergebnisgrößen umgesetzt wurde. Die Ausführungen zum Treasury-Konzept der Marktzinsmethode haben die entsprechenden Zusammenhänge für den Bereich der Fristentransformation dargestellt (vgl. S. 186 ff.). Damit ist also klar, dass Zinskonditionsbeiträge und Zinskonditionsbeitragsbarwerte nur zwei verschiedene Seiten der gleichen Medaille sind und jede Rechnung beliebig in die jeweils andere Rechnung überführt werden kann.

Dass in jedem Fall – auch bei interner Steuerung ausschließlich mithilfe von Barwertgrößen – periodische Ergebnisrechnungen durchgeführt werden müssen, ergibt sich aus der Notwendigkeit, dass der externe Ergebnisausweis der Erfolgsrechnung den periodischen Zinsüberschuss beinhaltet. In diesem Zusammenhang ist die Forderung nach Transparenz der Ergebnisentstehung zu betonen, wonach der nach außen dokumentierte Erfolg sich auch in der internen Rechnung wiederfinden lassen muss. Unter Motivationsgesichtspunkten ist es nämlich wichtig, dass der einzelne Mitarbeiter seinen Beitrag zum extern ausgewiesenen Zinsüberschuss identifizieren kann. Werden also entsprechende Periodenrechnungen nicht durchgeführt, treten Verständnisschwierigkeiten und Akzeptanzprobleme bei den Mitarbeitern auf, die sich i. d. R. negativ auf das Betriebsergebnis auswirken.

Während die soeben getroffene Aussage für beide Ergebnisquellen, in die sich der Zinsüberschuss aufteilen lässt, gleichermaßen gilt, wird im Folgenden getrennt nach Entscheidungsbereichen argumentiert. Zunächst werden Vor- und Nachteile der internen Steuerung in den **dezentralen Marktbereichen** mithilfe von Konditionsmargen bzw. Konditionsbeitragsbarwerten diskutiert.

Ergebnisrechnungen, in denen die periodischen Konditionsbeiträge aufgeführt sind, weisen den Nachteil auf, dass jeweils nur ein Teil des Geschäftserfolgs sichtbar wird. Im Barwertkalkül hingegen wird ein Kundengeschäft ganzheitlich erfasst, da der Erfolg des Kundengeschäfts im Vergleich zu einem strukturgleichen Geld- und Kapitalmarktgeschäft in einer Größe im Zeitpunkt des Geschäftsabschlusses ausgewiesen wird. Damit wird also in **barwertigen Ergebnisrechnungen** jeweils ausschließlich das Neugeschäft erfasst. Dies bringt eine **Reihe von Vorteilen** mit sich.

Zunächst ist unter Anreizaspekten die **Motivationswirkung** für die Marktmitarbeiter zu nennen. Durch die Abbildung der Akquisitionsleistung der Marktmitarbeiter wird deren Ausrichtung auf Neugeschäftsabschlüsse forciert und das „Ausruhen" auf den Leistungen – also den Konditionsbeiträgen aus in der Vergangenheit abgeschlossenen Geschäften – vermieden.

Des Weiteren ist es möglich, sowohl positive als auch negative Entwicklungstendenzen im Ergebnisbeitrag des Neugeschäfts bereits frühzeitig zu erkennen. Daraufhin können beispielsweise entsprechende **Kapazitätsanpassungen** im Kundengeschäft vorgenommen werden.

Schließlich werden die **Controllingprozesse vereinfacht**, da jedes Geschäft nur einmal als Neugeschäft geplant, im Entscheidungszeitpunkt bewertet und in den Ergebnisrechnungen ausgewiesen wird.

Dem Einsatz der barwertigen Ergebnissteuerung in den dezentralen Marktbereichen stehen jedoch auch **gewichtige Nachteile** gegenüber, die wiederum für eine Steuerung über Konditionsmargen und periodische Konditionsbeiträge sprechen.

Im Barwertkalkül lassen sich Festzinsgeschäfte mit einer im Zeitpunkt des Geschäftsabschlusses vereinbarten Fristigkeit und einer vereinbarten – wie auch immer verlaufenden – Kapitalbindung in Orientierung an die Zahlungsströme exakt kalkulieren. Auch Kündigungsrechte können in die Marktbewertung mithilfe der Optionspreistheorie integriert werden. Das Barwertkalkül stößt jedoch an seine Grenzen, wenn es um die **Bewertung variabel verzinslicher Geschäfte** geht, deren Fristigkeitsstruktur unspezifisch ist, wie beispielsweise bei Spar- und Sichteinlagen. Für diese Produkte ist die Abgrenzungsproblematik quasi unlösbar, was jedoch die Voraussetzung für eine saubere Einzelgeschäftskalkulation ist. Wenn im Rahmen der Einzelgeschäftskalkulation mit sehr starken Annahmen wie beispielsweise gesamtpositionsbezogenen Ablauffiktionen gerechnet wird, wird lediglich versucht, das Problem zu umgehen. Letztlich ergeben sich daraus erhebliche Schwierigkeiten in der verursachungsgerechten Ergebniszuweisung (vgl. S. 92 ff. und S. 248 ff.).

Der Konditionsbeitragsbarwert stellt eine auf den Zeitpunkt des Geschäftsabschlusses bezogene, extrem verdichtete Erfolgsgröße eines Kundengeschäfts in Form eines absoluten Geldbetrags dar. Es handelt sich hierbei also nicht um eine Rentabilitätsgröße. Was dies unter Steuerungsaspekten für Geschäfte mit unterschiedlicher Laufzeit und unterschiedlichem Kapitalbindungsverlauf bedeutet, soll an einem einfachen Beispiel demonstriert werden (vgl. Abbildung 92). Dabei werden drei endfällige Kreditgeschäfte mit unterschiedlicher Laufzeit von einem, vier und zehn Jahren betrachtet. Aus der Kundenkondition in Verbindung mit der aktuell gültigen Zinsstruktur am Geld- und Kapitalmarkt resultieren für alle drei Geschäfte gleich hohe Konditionsbeitragsbarwerte. Für einen Kundenbetreuer, der seine Entscheidungen einzig an den zu erzielenden Konditionsbeitragsbarwerten ausrichtet, wären demnach die drei Geschäfte als „gleichwertig" zu bezeichnen.

Bezieht man jedoch in die Entscheidungsfindung über ein Kundengeschäft als zusätzliche Information die unterschiedlichen Laufzeiten ein, so ist selbstverständlich ein kürzer laufendes einem längerfristigen Geschäft, das den gleichen Konditionsbeitragsbarwert liefert, vorzuziehen. Genau diese Information liefert jedoch die Konditionsmarge in einer Größe, da es sich hier um eine **Rentabilitätskennziffer** handelt, die den Erfolg des Geschäfts auf das während der Laufzeit gebundene Kapital bezieht. So ergibt sich im Beispiel für den zehnjährigen Kredit aus dem Vergleich von Kundenkondition und fristengleichem Geld- und Kapitalmarktzins eine Konditionsmarge von nur 0,5 %, während der Kundenkredit über ein Jahr eine Marge von 3,6573 % verspricht.

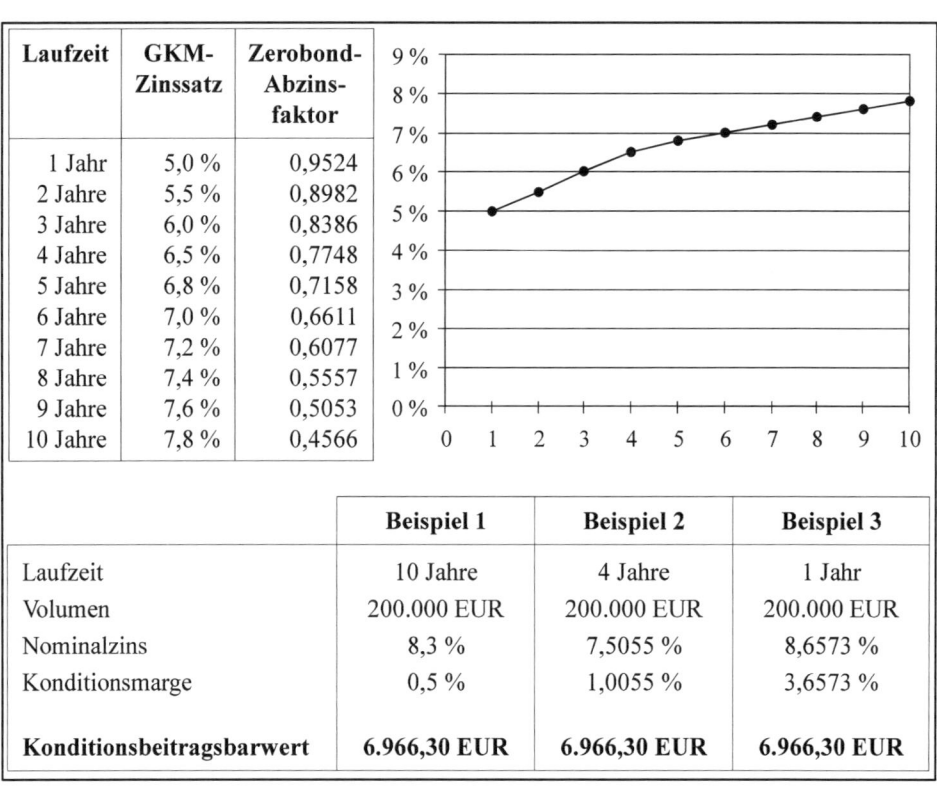

Laufzeit	GKM-Zinssatz	Zerobond-Abzins-faktor
1 Jahr	5,0 %	0,9524
2 Jahre	5,5 %	0,8982
3 Jahre	6,0 %	0,8386
4 Jahre	6,5 %	0,7748
5 Jahre	6,8 %	0,7158
6 Jahre	7,0 %	0,6611
7 Jahre	7,2 %	0,6077
8 Jahre	7,4 %	0,5557
9 Jahre	7,6 %	0,5053
10 Jahre	7,8 %	0,4566

	Beispiel 1	Beispiel 2	Beispiel 3
Laufzeit	10 Jahre	4 Jahre	1 Jahr
Volumen	200.000 EUR	200.000 EUR	200.000 EUR
Nominalzins	8,3 %	7,5055 %	8,6573 %
Konditionsmarge	0,5 %	1,0055 %	3,6573 %
Konditionsbeitragsbarwert	**6.966,30 EUR**	**6.966,30 EUR**	**6.966,30 EUR**

Abb. 92: Erzielung des gleichen Konditionsbeitragsbarwerts bei unterschiedlichen Geschäften

Bei **ausschließlicher Orientierung an barwertigen Ergebnisgrößen** im Zeitpunkt des Geschäftsabschlusses besteht die Gefahr, dass aufgrund hoher Margen, die für den Kunden erhöhte Kosten bedeuten, Neugeschäftsabschlüsse bei laufzeitkurzen Geschäften tendenziell zurückgehen und dies zwangsläufig zu einer Reduktion des Geschäftsvolumens führt. Ein Marktmitarbeiter wird sich möglicherweise durch die Geschäftssteuerung ausschließlich anhand des Barwerts dazu veranlasst sehen, hauptsächlich laufzeitlange Geschäfte mit niedrigen und somit kundenfreundlicheren Margen abzuschließen, um einerseits das vorgeschriebene Neugeschäftsvolumen und andererseits die angestrebten Barwerte realisieren zu können.

Dass diese Strategie zu falschen Steuerungsimpulsen und einer einseitigen Verschiebung der Geschäftsstruktur zu längeren Laufzeiten und damit verbunden zu einem höheren Risiko der Kundenbeziehungen führen kann, wird in den meisten Fällen nicht für das Wohl der Bank förderlich sein. Bei Ausrichtung der Entscheidungen im Kundengeschäft an Margengrößen besteht die Gefahr einer derartigen Fehlsteuerung nicht.

Durch die Beurteilung von Geschäften anhand ihres Barwerts gehen also wesentliche Informationen verloren. In der **Marge** hingegen drückt sich **deutlich die Vorteilhaftigkeit** des Kundengeschäfts in Abhängigkeit von der Kapitalbindung aus, sodass hier auch die Laufzeit eines Geschäfts Berücksichtigung findet.

Was unter **Motivationsgesichtspunkten** für die Marktmitarbeiter zunächst positiv zu bewerten ist, kann natürlich auch zu Verhaltensweisen führen, die einer „Vertretermentalität" entsprechen. So kann die Betreuung attraktiver Kundenbeziehungen, bei denen aktuell kein Neugeschäftsabschluss ansteht, unter einer einseitigen Ausrichtung auf das Neugeschäft leiden.

Was den **Bereich der zentralen Struktursteuerung** bzw. den des Treasury betrifft, weist die Barwertsteuerung eindeutige Vorteile gegenüber der klassischen Steuerung über Periodengrößen auf. Im Fristentransformationsbeitragsbarwert werden zukünftige Erfolgswirkungen ausstehender Zahlungsströme erfasst, während Fristentransformationsmargen nur einen Teil des Ergebnisses bezogen auf eine Periode ausweisen. In einer Marktwertbetrachtung lässt sich der barwertige Erfolg problemlos in das Risikomanagement integrieren, da für den Bereich der Marktrisiken, wozu das Zinsänderungsrisiko zu zählen ist, markt- oder barwertorientierte Risikomodelle im Vordergrund stehen. Somit lassen sich risikoadjustierte Ergebniskennzahlen berechnen, die den barwertigen Fristentransformationserfolg in Beziehung zum eingegangenen Risiko – ausgedrückt als Marktwertveränderung – setzen. Des Weiteren lässt sich der Erfolg verschiedener Entscheidungsbereiche (dezentrale Marktbereiche, Handelsbereich, Treasury) einheitlich über ihren (barwertigen) Beitrag zur Unternehmenswertsteigerung vergleichen. Schließlich ist es möglich, die Performance des Treasury im Vergleich zu externen Benchmarks zu bewerten.

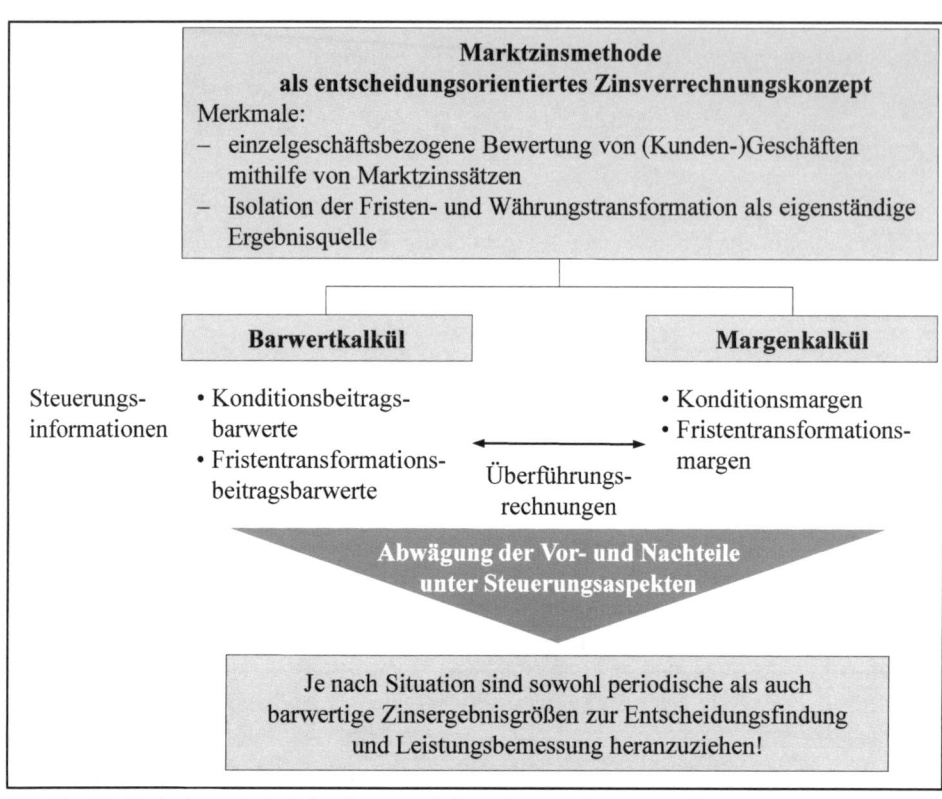

Abb. 93: Die Marktzinsmethode liefert Steuerungsinformationen als Barwert- und Margengrößen

Im Controlling müssen also sowohl periodische als auch barwertige Ergebnisrechnungen vorgehalten werden. Je nach Entscheidungssituation ist im Kundengeschäft die eine oder andere Art des Ergebnisausweises zur Entscheidungsfindung heranzuziehen. Entsprechend sind für die Bemessung der Leistung der Mitarbeiter die relevanten Größen mit dem Anreizsystem, insbesondere dem Vergütungssystem zu verknüpfen.

3. Spezielle Anwendungsprobleme der Marktzinsmethode

Die bisherigen Ausführungen haben das theoretische Grundkonzept der Marktzinsmethode beleuchtet. In der Praxis entstehen bei dem Bemühen der Umsetzung allerdings spezielle Probleme, die zum überwiegenden Teil aus zunächst unterstellten vereinfachenden Annahmen resultieren. Im Hinblick auf eine größere Realitätsnähe werden deshalb die folgenden Spezialfragen näher behandelt:

• Welchen Einfluss haben gespaltene Geld- und Kapitalmarktsätze auf die Kalkulation mit der Marktzinsmethode?

• Wie lassen sich Liquiditätsspreads in das Verrechnungskonzept integrieren?

- Wie lassen sich Bankgeschäfte mit nicht deterministischen Geschäftsverläufen, also Geschäfte mit unsicheren Zahlungsströmen und Geschäfte mit Leistungsstörungen als Spezialfall, mit dem Konzept der Marktzinsmethode kalkulieren?

- Welche Vor- und Nachteile ergeben sich beim Einsatz der Marktzinsmethode, wenn die Steuerung des Zinsergebnisses über periodische und über barwertige Ergebnisgrößen erfolgt?

Eine oftmals geäußerte Kritik am Einsatz der Marktzinsmethode in der Praxis resultiert aus den realen Unvollkommenheiten von Geld- und Kapitalmärkten, wodurch die Qualität der Marktzinssätze als externe Maßstäbe zur Bewertung von Bankgeschäften infrage gestellt wird. Gründe für Unvollkommenheiten der Märkte sind auf gespaltene Zinssätze, Marktzugangs- und Volumenbeschränkungen, die damit einhergehende Existenz von Liquiditätsspreads sowie auf die nicht auszuschließende Beeinflussbarkeit der Marktzinssätze durch einzelne Marktteilnehmer zurückzuführen. Während das Problem der gespaltenen Zinssätze und der darin enthaltenen Liquiditätsspreads – wie im Folgenden zu zeigen ist – lösbar ist, ist die Qualität der durch die Marktzinsmethode generierten Steuerungsinformationen vor dem Hintergrund der anderen genannten Einschränkungen zu bewerten. Das Zinsverrechnungskonzept Marktzinsmethode kann also nur so gut sein wie der Markt, an dem es sich orientiert. Jedoch kann es durch die genannten Einschränkungen nicht grundsätzlich infrage gestellt werden.

a)   Bestimmung von Konditions- und Strukturbeiträgen bei gespaltenen Geld- und Kapitalmarktsätzen

(1)   Problemstellung

Die Darstellung der Marktzinsmethode ging bisher davon aus, dass für Gelder äquivalenter Fristigkeit in den verschiedenen Währungen ein einheitlicher Marktzins am Geld- und Kapitalmarkt besteht, der für Anbieter wie auch für Nachfrager gleichermaßen gilt. Diese Prämisse ist jedoch in der Praxis häufig nicht erfüllt.

Vor allem die Finanzmarktkrise 2007/2008 hat zu der Erkenntins geführt, dass sich Liquiditätskosten in zum Teil erheblichen Liquiditätsspreads niederschlagen, welche das Zinsergebnis enorm beeinflussen können. Vor diesem Hintergrund soll zunächst geklärt werden, wie generell gespaltene Geld- und Kapitalmarktsätze in das Konzept integriert werden können. Diese Vorgehensweise war und ist bereits seit Langem – vor allem weit vor der Finanzkrise 2007/2008 – bekannt. Anschließend wird ein neues von der Beratungsgesellschaft zeb/ entwickeltes Modell präsentiert, mit dem aufbauend auf der Idee der Erfassung gespaltener Geld- und Kapitalmarktsätze das Modell zur Kalkulation der Effekte aus Liquiditätsspreads modifiziert werden muss.

Zum einen existieren am Geld- und Kapitalmarkt im Regelfall für jede Fristigkeitskategorie nicht nur ein, sondern mehrere Zinssätze mit zum Teil beachtlichen Unterschieden. Man denke beispielsweise an die Renditeunterschiede zwischen Kommunalobligationen, Bankschuldverschreibungen und Bundesanleihen, die sich als Resultat vielfacher Einflüsse am Markt bilden und in denen sich Bonitätsunterschiede ebenso wie das Marktvolumen und die Nachfragestruktur der Anleger niederschlagen. Zum anderen kann aus der Sicht eines Finanzinstituts der Fall eintreten, dass der **Geld- und Kapitalmarktanlagezinssatz** größer oder kleiner ist als sein entsprechender, fristen- bzw. zinsbindungsäquivalenter **Refinanzierungssatz**. Ursache für diese (permanenten) Zinsdifferenzen können für Institute **mit Geld- und Kapitalmarktzugang** Bonitätsunterschiede zwischen den Instituten sowie den sonstigen Marktteilnehmern sein. Bei Instituten **ohne Geld- und Kapitalmarktzugang**, wie dies (zumindest auf der Refinanzierungsseite) vor allem bei kleineren und mittleren Instituten in Verbundsystemen – in Deutschland z. B. Sparkassen und Kreditgenossenschaften – der Fall ist, ergeben sich Unterschiede zwischen den Anlage- und Refinanzierungssätzen, weil die Anlage beim jeweiligen Zentralinstitut grundsätzlich nur zu einem niedrigeren Zinssatz möglich ist als die entsprechende Refinanzierung. Für diese nicht geldmarkt- bzw. emissionsfähigen Institute stellen die Anlage- und Refinanzierungsmöglichkeiten bei ihren jeweiligen Zentralen also praktisch einen Ersatz-„Geld- und Kapitalmarkt" dar, der allerdings den aufgeführten Nachteil aufweist. Die Zentralinstitute kalkulieren oftmals eine eigene Marge, die etwa im Sparkassensektor im Durchschnitt 0,25 % über alle Fristigkeiten ausmacht. Neben den genannten Ursachen können aber auch unterschiedliche Regulierungsgrade auf verschiedenen Teilmärkten, sogenannte Instrumentenspezifika sowie allgemein unterschiedliche rechtliche Rahmenbedingungen für das Auftreten gespaltener Geld- und Kapitalmarktsätze verantwortlich sein.

(2) Berücksichtigung gespaltener Geld- und Kapitalmarktsätze im Margenkalkül

(a) Verfahren zur Auswahl der Einstandszinssätze im Kundengeschäft

Es lassen sich also grob zwei (miteinander verbundene) Fälle unterscheiden, die im Hinblick auf die Konsequenzen für die Kalkulation von Kundengeschäften näher zu analysieren sind:

Fall 1: Es bestehen Unterschiede in den Anlage- und Refinanzierungssätzen bei den jeweiligen Fristigkeiten bzw. Zinsbindungen.

Fall 2: Es existieren zu jedem Zeitpunkt für die verschiedenen Fristigkeits- bzw. Zinsbindungskategorien auf der Anlage- bzw. Refinanzierungsseite mehrere Zinssätze.

(a1) Behandlung der Geld-Brief-Spanne bei GKM-Zinssätzen mit gleicher Zinsbindung

Zunächst soll der in **Fall 1** dargestellte Sachverhalt für die Kalkulation von Kundengeschäften näher beleuchtet werden. Die Anlagesätze (Geldsätze) müssen in den einzelnen Fristigkeits- bzw. Zinsbindungskategorien nicht mit den entsprechenden Refinanzierungssätzen (Briefsätzen) der gleichen Qualität identisch sein. Unterschiede ergeben sich im Regelfall aus Standing-Differenzen der Banken auf den verschiedenen Teilmärkten, wobei sich zwei Unterfälle unterscheiden lassen:

(a) Der Anlagezins ist größer als der entsprechende Refinanzierungszins.

(b) Der Anlagezins ist niedriger als der entsprechende Refinanzierungszins.

Der Fall eines höheren GKM-Anlagezinssatzes kann in der Praxis dann eintreten, wenn eine Bank ein besonderes Geldmarkt- und Emissions-Standing besitzt. Von größerer praktischer Relevanz als die Situation (a) ist jedoch das formale Gegenstück, nämlich der Fall höherer Passiv- als Aktivzinssätze. Zur Bestimmung des Einstandszinssatzes für Kundengeschäfte lassen sich grundsätzlich **drei Auswahlverfahren** ableiten, die im Folgenden hinsichtlich ihrer Steuerungsadäquanz für die Marktbereiche und die Zentraldisposition untersucht werden sollen. Dabei wird auf den in der Praxis bedeutsameren Fall (b) abgestellt. Die gemachten Aussagen gelten aber grundsätzlich für beide beschriebenen Unterfälle gespaltener Geld- und Kapitalmarktsätze.

Verfahren 1: Das Opportunitätsprinzip (wie im Periodenmodell der Marktzinsmethode)

Bei konsequenter Anwendung des Opportunitätsgedankens folgt die Entscheidungsregel, dass für Kundenkredite als Opportunität der Anlagezinssatz (Geldsatz) und für Kundeneinlagen der Geldaufnahmezinssatz (Briefsatz) gewählt wird.

Verfahren 2: Die „engpassorientierte Betrachtungsweise"

Liegt innerhalb einer bestimmten Fristigkeit im Kundengeschäft ein Aktivengpass vor (Überschuss an anlegbaren Mitteln), wird zur Kalkulation auf beiden Bilanzseiten der (engpassorientierte) Geldanlagezinssatz verwendet. Bei Bestehen eines Passivengpasses, d. h. bei Fehlen hinreichender Mittel aus dem Kundengeschäft, ist dagegen der Geldaufnahmesatz zu verwenden.

Verfahren 3: Das Gegenseitenkonzept (bzw. Gegenpositionsprinzip)

Das Gegenseitenkonzept basiert auf dem Gedanken, dass jedes Geschäft, das die Marktbereiche tätigen, kalkulatorisch sofort zu den aktuellen GKM-Konditionen glattgestellt wird. Einem Kundenkredit wird demnach der aktuelle Geldaufnahmesatz als Bewertungszins zugeordnet, während Kundeneinlagen der Geldanlagesatz als Bewertungszins gegenübergestellt wird.

Die Wirkungsweise der drei vorzustellenden Auswahlverfahren wird an einem einheitlichen Beispiel demonstriert, in dem lediglich zwei Kundengeschäfte betrachtet werden. Auf der Aktivseite wurde ein Kredit mit einem Volumen von 100 Mio. EUR zu einem Zinssatz von 8,8 % vergeben. Auf der Passivseite konnte die Bank eine einjährige Kundeneinlage akquirieren, die ebenfalls ein Volumen von 100 Mio. EUR aufweist und mit 7,9 % verzinst wird. Um die Konsequenzen der einzelnen Verfahren deutlich hervorheben zu können, wird eine Geld-Brief-Spanne von 0,3 % gewählt, die sich aus einem einjährigen GKM-Anlagezins von 8,1 % und einem fristengleichen GKM-Refinanzierungssatz von 8,4 % ergibt.

Zu Verfahren 1: Das Opportunitätsprinzip

Das sogenannte **Opportunitätsprinzip** basiert auf der konsequenten Umsetzung des Opportunitätsgedankens der Marktzinsmethode. Statt eines Kundengeschäfts könnte eine Bank alternativ auch am Geld- und Kapitalmarkt tätig werden. Bezogen auf einen Kundenkredit könnte die Bank das Geld auch am Geld- und Kapitalmarkt platzieren, während für die Passivseite gilt, dass sich die Mittel statt durch die Hereinnahme einer Kundeneinlage auch am Interbankenmarkt beschaffen ließen. Hieraus folgt nach dem Opportunitätsprinzip die Entscheidungsregel, dass für Kundenkredite als Opportunität der Anlagezinssatz (Geldsatz) und für Kundeneinlagen der Geldaufnahmezinssatz (Briefsatz) gewählt wird.

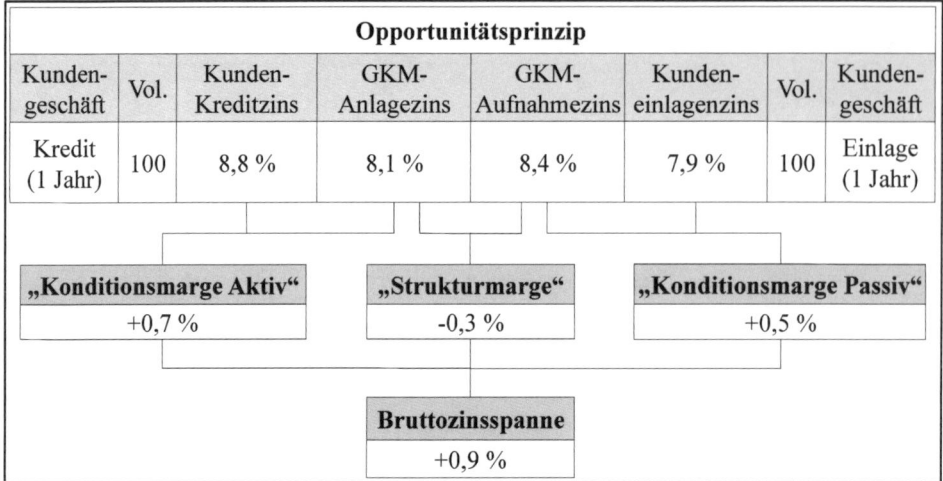

Opportunitätsprinzip							
Kunden-geschäft	Vol.	Kunden-Kreditzins	GKM-Anlagezins	GKM-Aufnahmezins	Kunden-einlagenzins	Vol.	Kunden-geschäft
Kredit (1 Jahr)	100	8,8 %	8,1 %	8,4 %	7,9 %	100	Einlage (1 Jahr)

„Konditionsmarge Aktiv"	„Strukturmarge"	„Konditionsmarge Passiv"
+0,7 %	-0,3 %	+0,5 %

Bruttozinsspanne
+0,9 %

Abb. 94: Ergebniskomponenten bei Anwendung des Opportunitätsprinzips

Abbildung 94 verdeutlicht, welche Auswirkungen diese Entscheidungsregel für die Aufteilung der Bruttozinsspanne auf die drei Ergebniskomponenten, „Konditionsmarge Aktiv", „Konditionsmarge Passiv" und „Strukturmarge" hat.

Da die Opportunität für den Kundenkredit die Anlage der 100 Mio. EUR am Geld- und Kapitalmarkt für ein Jahr gewesen wäre, ergibt sich als zugehöriger Einstandszins der Anlagezinssatz von 8,1 %. Die Konditionsmarge „Aktiv" errechnet sich demnach aus der Differenz zwischen dem Kunden-Kreditzins und dem GKM-Anlagezinssatz. Im Ergebnis erhält man eine Konditionsmarge „Aktiv" von 0,7 % (= 8,8 % – 8,1 %). Den Marktbereichen wird hiermit signalisiert, dass sie für die Bank ein positives Geschäft abgeschlossen haben. Statt der Alternativanlage am Geld- und Kapitalmarkt zu 8 % konnte ein Kunde gefunden werden, der bereit war, Mittel zu 8,8 % aufzunehmen.

Für die Passivseite errechnet sich eine Konditionsmarge von 0,5 %. Anstatt sich zu 8,4 % am Interbankenmarkt zu refinanzieren, wurde eine Kundeneinlage zu 7,9 % für ein Jahr akquiriert. Wiederum wird den Marktbereichen signalisiert, dass sie für die Bank einen positiven Ergebnisbeitrag im Vergleich zum fristengleichen Geld- und Kapitalmarktgeschäft erwirtschaften.

Saldiert man die Konditionsmargen der Kundengeschäfte und vergleicht die sich ergebende Summe mit der Bruttozinsspanne (+0,9 %), wird deutlich, dass eine weitere Ergebnisgröße zu bestimmen ist. Die Strukturmarge als dritte Ergebniskomponente im Periodenmodell der Marktzinsmethode spiegelt den Erfolg oder Misserfolg aus der Fristentransformation wider. Mithin deuten Strukturmargen mit Werten ungleich null darauf hin, dass die Bank bei nicht horizontaler Zinsstrukturkurve unterschiedliche Laufzeiten auf der Aktiv- und Passivseite miteinander kombiniert und damit Fristentransformation betrieben hat. Da in diesem Beispiel die Bank aber sowohl auf der Aktiv- als auch auf der Passivseite laufzeitgleiche Geschäfte abgeschlossen hat, müsste die Strukturmarge laut dem Periodenmodell der Marktzinsmethode einen Wert von 0 % annehmen.

Tatsächlich errechnet sich eine Strukturmarge von -0,3 % (= GKM-Anlagezins – GKM-Aufnahmezins = 8,1 % – 8,4 %). Die Strukturmarge ist bei gespaltenen Geld- und Kapitalmarktsätzen folglich umfassender zu interpretieren als ausschließlich als das Ergebnis aus der Fristentransformation. Ihr negativer Wert ergibt sich aus den gespaltenen Geld- und Kapitalmarktzinssätzen. Addiert man die drei Ergebnisgrößen, so ergibt sich insgesamt für die Bank eine positive Bruttozinsspanne von +0,9 % (= 0,7 % + 0,5 % + (-0,3 %)). Da den Marktbereichen in der Summe positive Ergebnisbeiträge in Höhe von +1,2 % zugewiesen werden, liegt die Schlussfolgerung nahe, dass die Zentraldisposition, die über der Fristentransformation wacht, für die per Saldo geringere Bruttozinsspanne in Höhe von 0,9 % verantwortlich ist, zumal ihr auch eine negative Strukturmarge von -0,3 % zugewiesen wird. Die Zentraldisposition konnte die negative Strukturmarge aber nicht vermeiden, da aus ihrer Sicht für die Bank aufgrund der laufzeitgleichen Aktiv- und Passivgeschäfte kein Zinsänderungsrisiko besteht. Die Zentraldisposition kann bei einer Vorgabe der Einstandszinssätze gemäß dem Opportunitätsprinzip im für sie besten Fall ein Ergebnis von -0,3 % erzielen.

Die Zurechnung dieser Ergebnisgröße in das Strukturergebnis ist jedoch nicht adäquat. Sofern nämlich eines der beiden Kundengeschäfte nicht abgeschlossen werden kann, muss die Bank zur Beendigung der Fristentransformation ein kompensatorisches GKM-Geschäft abschließen. In diesem Fall stellt der gemäß Opportunitätsprinzip vorgegebene Einstandszinssatz aber nicht mehr den richtigen Bewertungsmaßstab dar, also den Zinssatz, zu dem die Bank die Konditionsmarge realisieren könnte. Die Konditionsmarge des verbleibenden Kundengeschäfts müsste vielmehr genau um -0,3 %, also den im Strukturergebnis verrechneten Ergebnisbeitrag gekürzt werden, damit die richtige Grenzinformation bezüglich der Vorteilhaftigkeit des Kundengeschäfts korrekt abgebildet wird. Damit ist die quantifizierte „Strukturmarge" aber letztlich als eine Art verdeckte Konditionsmarge zu verstehen und darf somit nicht der Zentraldisposition zugerechnet werden. Aufgrund der angeführten Kritikpunkte muss das Opportunitätsprinzip daher als Steuerungsgrundlage für gespaltene Geld- und Kapitalmarktzinssätze abgelehnt werden.

Zu Verfahren 2: Das Engpassprinzip

Um die für das Opportunitätsprinzip aufgezeigten Steuerungsdefizite zu vermeiden, wird alternativ die Wahl des Einstandszinssatzes nach dem sogenannten **Engpassprinzip** vorgeschlagen. Dieses Engpassprinzip hat seit der Finanzkrise 2007/2008 wieder an Bedeutung gewonnen. Zum einen ist seitdem immer wieder zu beobachten, dass in bestimmten Laufzeitbändern bestimmte Geschäfte plötzlich nicht oder nur in eingeschränktem Umfang verfügbar sind. Zum anderen kann die Einführung der neuen Liquiditätskennziffern **LCR** und **NSFR** dazu führen, dass Finanzierungs- bzw. Anlageprobleme in bestimmten Laufzeitbändern entstehen, sodass nur das Engpassprinzip adäquate Steuerungsimpulse liefern kann.

Voraussetzung zur adäquaten Anwendung dieses Auswahlverfahrens ist die Kenntnis der jeweiligen Kundenkredit- resp. Kundeneinlagenüberhänge in den jeweiligen Fristen. Hat die Bank beispielsweise im Bereich einjähriger Geschäfte weniger Kundenkredite ausgegeben, als sie an Kundeneinlagen hereingenommen hat, so müsste sie, um Fristentransformationsrisiken zu vermeiden, die überschüssigen Kundeneinlagen am Geld- und Kapitalmarkt anlegen. Die Bank befindet sich in einem sogenannten **Aktivengpass**. Eine solche Situation ist in Abbildung 95 unterstellt. Die beiden Kundengeschäfte entsprechen jenen aus dem vorherigen Beispiel.

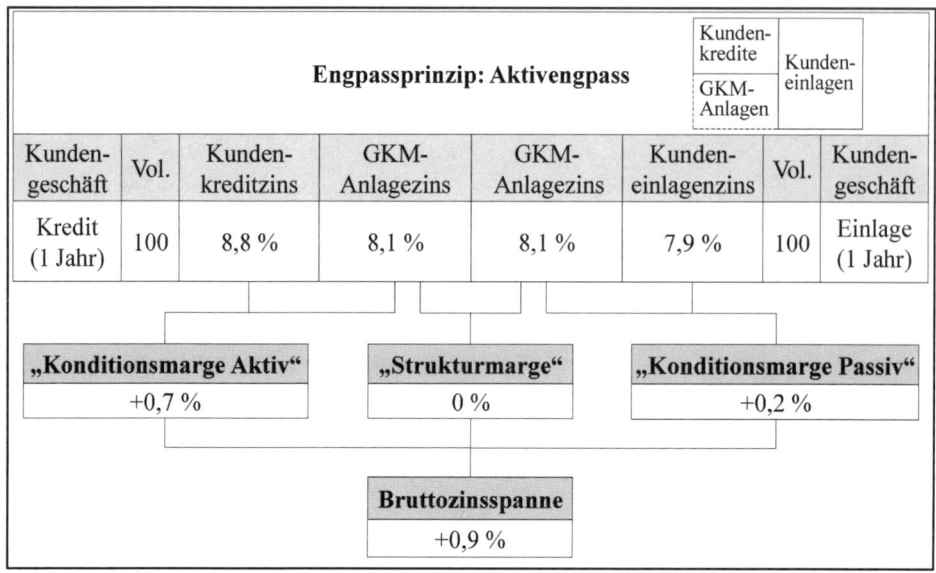

| | | | Kunden-kredite | Kunden-einlagen |
| | Engpassprinzip: Aktivengpass | | GKM-Anlagen | |

Kunden-geschäft	Vol.	Kunden-kreditzins	GKM-Anlagezins	GKM-Anlagezins	Kunden-einlagenzins	Vol.	Kunden-geschäft
Kredit (1 Jahr)	100	8,8 %	8,1 %	8,1 %	7,9 %	100	Einlage (1 Jahr)

| „Konditionsmarge Aktiv" +0,7 % | „Strukturmarge" 0 % | „Konditionsmarge Passiv" +0,2 % |

Bruttozinsspanne +0,9 %

Abb. 95: Ergebniskomponenten im Falle eines Aktivengpasses

Da die Bank im einjährigen Bereich einen Aktivengpass aufweist, überschüssige Einlagen also am Geld- und Kapitalmarkt zu platzieren sind, findet der Anlagezinssatz von 8,1 % Verwendung.

Die Konditionsmarge „Aktiv" beläuft sich auf +0,7 % (= 8,8 % – 8,1 %), welche wiederum den Erfolgsbeitrag der Marktbereiche darstellt. Da die Bank aufgrund des Aktivengpasses als Alternative ausschließlich die Platzierung der Mittel am Markt zu 8,1 % hat, ist es vorteilhafter, einen Kundenkredit zu 8,8 % herauszugeben. Demgegenüber errechnet sich eine Konditionsmarge „Passiv" von nur +0,2 % (= 8,1 % – 7,9 %). Für die Passivseite wird ein sehr viel geringerer Ergebnisbeitrag ausgewiesen, der aus der Engpasssituation resultiert. Zinsänderungsrisikofrei könnte durch das Treasury in jedem Fall eine GKM-Anlage zu 8,1 % vorgenommen werden, sodass der Ergebnisausweis für die Kundeneinlage in Höhe von 0,2 % korrekt ist.

Mit der Wahl des engpassorientierten Einstandszinses durch das Treasury wird nämlich ein Steuerungsimpuls gesetzt. Für den Fall des Aktivengpasses wird mit dem Ansatz des niedrigeren Anlagezinssatzes für beide laufzeitgleichen Kundengeschäfte die Marge für die Kundeneinlage wesentlich weniger attraktiv als die für den Kundenkredit ausgewiesen. Somit soll verhindert werden, dass durch die Hereinnahme von weiteren Kundeneinlagen der Aktivengpass noch vergrößert wird bzw. umgekehrt durch die wesentliche höhere Marge für Kundenkredite diese Geschäftsart forciert wird.

Auch die dritte Steuerungsgröße, die Strukturmarge, führt zu adäquaten Ergebnissen, denn pro Frist findet ausschließlich ein Zinssatz als Einstandszins Verwendung, sodass positive oder negative Strukturmargen eindeutig auf die Folgen der Fristentransformation zurückzuführen sind. Im Ergebnis errechnet sich wieder eine positive Bruttozinsspanne von +0,9 %.

Alternativ lässt sich untersuchen, welches Ergebnis sich ergeben hätte, wenn die Bank im 1-Jahres-Bereich statt des Aktivengpasses einen **Passivengpass** aufwiese. Abbildung 96 zeigt die Konsequenzen für die drei Ergebnisbereiche. Die Bank hat jetzt im Laufzeitbereich von einem Jahr mehr Kundenkredite ausgegeben, als sie in der gleichen Frist an Kundeneinlagen aufweist. Um Fristentransformation zu vermeiden, müsste sie zusätzlich Gelder am Interbankenmarkt aufnehmen. Demnach findet der höhere Geldaufnahmezinssatz von 8,4 % als Einstandszinssatz Verwendung.

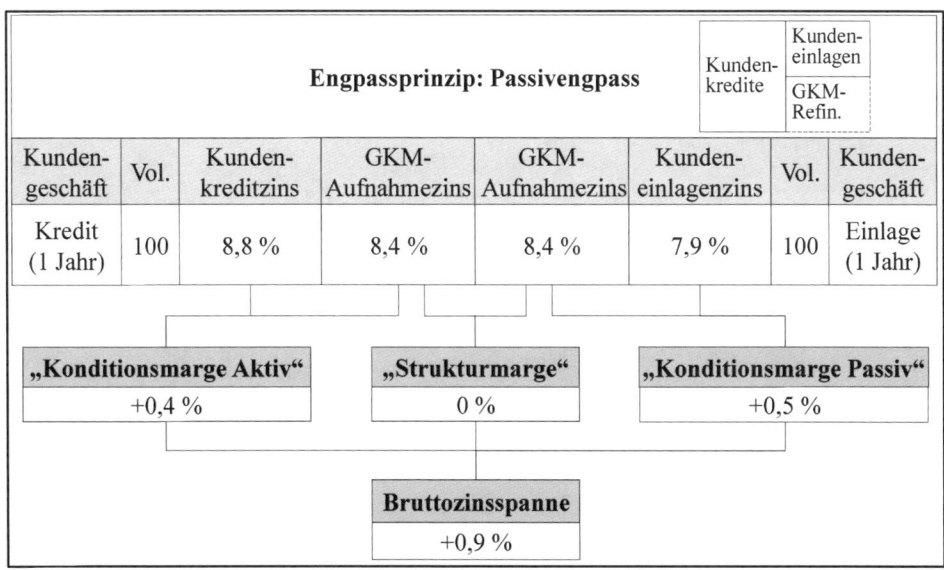

Abb. 96: Ergebniskomponenten im Falle eines Passivengpasses

Der Kundenkredit, der bei einem Aktivengpass noch eine deutlich positive Konditionsmarge erwirtschaftet hat, erbringt der Bank im Falle eines Passivengpasses eine deutlich reduzierte Konditionsmarge von +0,4 %, denn mit der Vergabe des Kundenkredits erweitert sich der Überhang an Kundenkrediten gegenüber den Kundeneinlagen, und die Glattstellung muss über zusätzliche Mittel am Geld- und Kapitalmarkt erfolgen. Da diese aber nur zu 8,4 % verfügbar sind, erwirtschaftet der Kundenkredit die aufgezeigte, geschmälerte Marge. Demgegenüber führen zusätzliche Kundeneinlagen zu einer Reduzierung des Überhangs. Durch die Hereinnahme der Kundeneinlage zu 7,9 % kann die Aufnahme von Interbankengeldern zu 8,4 % vermieden werden. Entsprechend weist die Konditionsmarge „Passiv" ein positives Ergebnis von 0,5 % auf. Die Strukturmarge als dritte Steuerungsgröße ist wiederum 0 %, da die Bank keine Fristentransformation betrieben hat. In der Summe ergibt sich die bekannte Bruttozinsspanne von +0,9 %.

Dieser auf den ersten Blick theoretisch faszinierenden Lösung steht aber **erhebliche Kritik**, insbesondere im Hinblick auf die praktische Realisierung entgegen. Zuerst ist die Auswahl des Einstandszinssatzes ausschließlich gemäß den Überhängen im Kundengeschäft zu kritisieren. Es kann in der Praxis durchaus vorkommen, dass Kundengeschäftsüberhänge durch bereits abgeschlossene Interbankengeschäfte überkompensiert werden. So wäre es denkbar, dass eine Bank auf der Aktivseite Kundenkredite für zwei Jahre mit einem Volumen von 300 Mio. EUR ausgelegt hat. Diesem Kundenkreditvolumen stehen Kundeneinlagen in der gleichen Frist in

Höhe von 400 Mio. EUR gegenüber. Gemäß der Entscheidungsregel des Engpassprinzips hätte dies zur Konsequenz, dass den Marktbereichen als Einstandszinssatz der (niedrigere) Geldanlagesatz vorgegeben würde.

Nun könnte die Bank aber zusätzlich bereits über zweijährige Interbankenkredite in Höhe von 200 Mio. EUR verfügen. Unter Berücksichtigung des Interbankengeschäfts würde sich der Aktivengpass in einen Passivengpass umdrehen. Die Vorgabe des niedrigeren Anlagezinssatzes würde für die neu abzuschließenden Kundengeschäfte falsche Steuerungsimpulse liefern. Den Marktbereichen würde signalisiert, das Aktivgeschäft zu forcieren, während auf der Passivseite durch den niedrigeren Einstandszinssatz gebremst würde. Zum Ausgleich der Fristentransformation hätte dagegen genau der andere Zinssatz, nämlich der (höhere) Geldaufnahmesatz Verwendung finden müssen. Der Überhang von 100 Mio. EUR auf der Passivseite müsste durch zusätzliche Kundengeschäfte gedeckt werden.

Das Beispiel sollte aufzeigen, dass die Wahl des Einstandszinssatzes gemäß den Kundengeschäftsüberhängen in jeder Frist nur unter der Prämisse richtig ist, dass bestehende Interbankengeschäfte jederzeit revidiert und durch entsprechende Kundengeschäfte ersetzt werden können. Diese Möglichkeit haben Banken aber praktisch nicht. Sofern Interbankenkredite oder -einlagen aufgenommen werden, ist die Bank für die gesamte Laufzeit daran gebunden und kann diese Gelder nicht vorzeitig wieder auflösen. Eine Ausnahme bilden lediglich die Wertpapieranlagen auf der Aktivseite. Hier hat eine Bank grundsätzlich die Möglichkeit, diese bei entsprechender Marktliquidität wieder zu verkaufen. Mithilfe von Wertpapiereigenanlagen können Fristentransformationsstrukturen flexibel auf- und abgebaut werden.

Emittiert eine Bank dagegen Wertpapiere auf der Passivseite, z. B. Inhaberschuldverschreibungen, so hat sie diese Möglichkeit zum flexiblen Abbau nicht. Über die Rückgabe der Anteile entscheidet nämlich nicht die Bank, sondern ausschließlich der Käufer. Für die Bank bedeutet dies eine Einbahnstraße im Auf- und Abbau von Fristen auf der Passivseite. Während ein Aufbau in gewünschten Fristen jederzeit möglich ist (vorausgesetzt, die Marktverfassung und die Bonität der Bank erlauben es), ist die Revidierung dieser Entscheidung nur selten realisierbar.

Eine mögliche Lösung könnte nun darin bestehen, dass sich die Bank auf der Passivseite langfristige Mittel in Form von Inhaberschuldverschreibungen beschafft und diese auf der Aktivseite sofort wieder in Wertpapieren gleicher Laufzeit anlegt. Die Aktivseite wäre dann der Dispositionsspielraum. Entscheidet sich die Zentraldisposition, eine vormals getroffene Fristentransformationsentscheidung wieder aufzuheben, könnten in entsprechendem Umfang Wertpapiere verkauft werden. Diese Lösung weist aber den Nachteil auf, dass die Bank zuerst einmal ihre Bilanz verlängern muss, um den nötigen Dispositionsspielraum zu gewinnen und das in sämtlichen benötigten Fristigkeiten sowie unter zusätzlicher Inkaufnahme des Geld-Brief-Spannen-Verlustes. Zudem birgt der Aufbau des dargestellten Dispositionsspielraums auf der Aktivseite die Gefahr, dass sich mit steigendem Zinsniveau Kursverluste im Wertpapierbestand einstellen, die entsprechend von der Zentraldisposition zu verantworten wären.

Weitere Schwierigkeiten in der praktischen Umsetzung des Engpassprinzips resultieren aus der Bestimmung der Kundengeschäftsüberhänge für die einzelnen Laufzeiten. Die exakte Lösung würde eine tagesgenaue Feststellung der jeweiligen Kundengeschäftsüberhänge erfordern. Hierfür würden sich allerdings im Regelfall keine passenden Geld- und Kapitalmarktgeschäfte finden lassen. Als praktikable Lösung könnten Laufzeitbänder dienen. Beispielsweise ließen sich sämtliche Geschäfte mit Laufzeiten bis zu einem Jahr im Laufzeitband „ein Jahr" zusammenfassen. Das nächste Laufzeitband könnte dann von ein bis zwei Jahren laufen usw.

Problematisch an dieser Vorgehensweise ist allerdings die Unschärfe, die dadurch in der Ergebnismessung entsteht. Stets wird man Vor- oder Nachläufe in den einzelnen Fristen in Kauf nehmen müssen, womit die Engpasssteuerung im unterjährigen Bereich mehr oder weniger dem Zufall überlassen bleibt. Hierdurch geht ein wesentliches Anforderungskriterium der einzelgeschäftsbezogenen Margenkalkulation verloren, nämlich die isolierte Quantifizierung der Ergebniswirkung eines Geschäfts und damit die exakte Zuordnung von Konditions- und Strukturmargen, ganz zu schweigen von den Problemen der Zentraldisposition bei der Steuerung des Zinsänderungsrisikos.

Außerdem führt die Vorgabe der Einstandszinssätze nach dem Engpassprinzip dazu, dass die Marktbereiche stets abhängig sind von Entscheidungen der Zentraldisposition. Aufgrund der häufig nicht gegebenen Abbaufähigkeit von Interbankenpositionen müssen diese in die Ermittlung der Engpasssituation miteinbezogen werden. Damit hängt der Ergebnisbeitrag der Marktbereiche aber davon ab, ob die Zentraldisposition die jeweiligen Gegengeschäfte am Geld- und Kapitalmarkt de facto abschließt oder ob sie bewusst Fristentransformation betreibt. Dies widerspricht dem Anspruch der Marktzinsmethode, jeden Ergebnisbereich unabhängig von den Handlungen anderer Ergebnisbereiche zu messen. Im Fall der Marktbereiche möchte man gerade erreichen, dass diese ausschließlich an der Differenz zwischen Kundenkondition und fristenkongruenter Geld- und Kapitalmarktkondition gemessen werden. Engpasssituationen können dann nur entstehen, wenn die Zentraldisposition bewusst Vorläufe aufbaut oder Refinanzierungsentscheidungen unterlässt, die dann entsprechende Konsequenzen auf die Wahl des Einstandszinssatzes haben. Diese Fristentransformationsentscheidungen dürfen aber gerade nicht die Ergebnisse der Marktbereiche beeinflussen.

Will man dennoch den Steuerungsimpuls zur Forcierung bestimmter Kundengeschäfte über die Vorgabe des Einstandszinssatzes an die Marktbereiche weitergeben, wäre es steuerungsadäquater, diesen Wunsch der Zentraldisposition zur Erzielung einer bestimmten Bilanzstruktur über ein Bonus-Malus-System zu erreichen, anstatt mithilfe des engpassbezogenen Einstandszinssatzes den Marktbereichen verdeckt Unterlassungen der Zentraldisposition in ihren Ergebnisbereich zu verlagern. Der Steuerungseffekt wäre derselbe, nur wüssten die Marktbereiche eindeutig, dass bestimmte Geschäfte aufgrund struktureller Überlegungen bonifiziert oder malifiziert werden. Die aufgeführte Kritik führt insgesamt dazu, dass unter Steuerungsgesichtspunkten das Engpassprinzip ebenfalls abzulehnen ist.

Zu Verfahren 3: Das Gegenseitenkonzept (bzw. Gegenpositionsprinzip)
Eine Lösung bietet dagegen das dritte Verfahren, das sogenannte **Gegenseitenkonzept bzw. Gegenpositionsprinzip**. Das Konzept basiert auf dem Gedanken, dass jedes Geschäft, das der Marktbereich tätigt, kalkulatorisch sofort zu den aktuellen Konditionen am Geld- und Kapitalmarkt glattgestellt wird. Für das gewählte Beispiel heißt das, dass die Kreditvergabe an den Kunden zu 8,8 % sofort durch eine laufzeitgleiche Mittelaufnahme am Interbankenmarkt refinanziert wird. Dies ist nur zu 8,4 % möglich, sodass sich insgesamt eine Konditionsmarge „Aktiv" von +0,4 % ergibt (vgl. Abbildung 97).

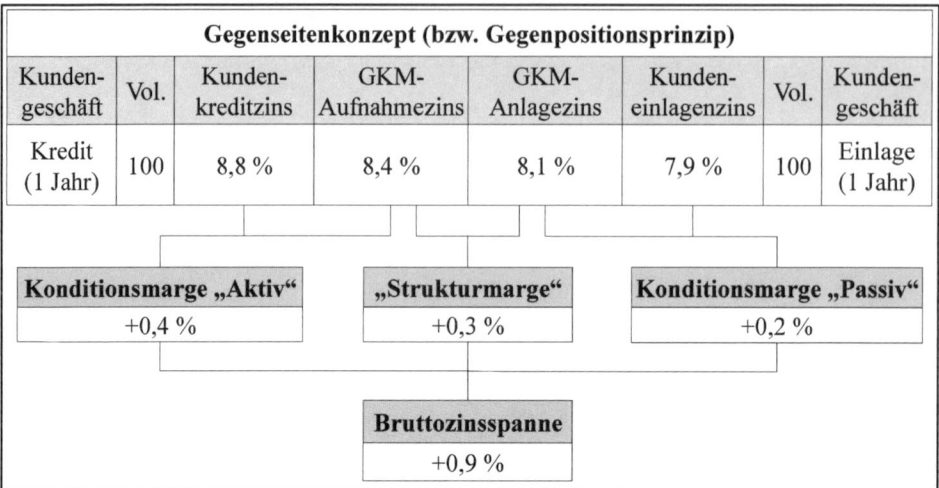

Gegenseitenkonzept (bzw. Gegenpositionsprinzip)							
Kunden-geschäft	Vol.	Kunden-kreditzins	GKM-Aufnahmezins	GKM-Anlagezins	Kunden-einlagenzins	Vol.	Kunden-geschäft
Kredit (1 Jahr)	100	8,8 %	8,4 %	8,1 %	7,9 %	100	Einlage (1 Jahr)

Konditionsmarge „Aktiv"	„Strukturmarge"	Konditionsmarge „Passiv"
+0,4 %	+0,3 %	+0,2 %

Bruttozinsspanne
+0,9 %

Abb. 97: Ergebniskomponenten bei Anwendung des Gegenseitenkonzepts

Auf der Passivseite errechnet sich dagegen ein geringeres Konditionsergebnis. Die Kundeneinlage zu 7,9 % wird durch eine Mittelanlage am Kapitalmarkt zu 8,1 % glattgestellt und erwirtschaftet damit eine Konditionsmarge „Passiv" von +0,2 %. Obwohl wieder zwei fristengleiche Kundengeschäfte abgeschlossen wurden, errechnet sich dennoch eine positive Strukturmarge für die Zentraldisposition von +0,3 %. In der Summe führen die drei Werte zur bekannten Bruttozinsspanne von +0,9 %.

Dass die positive Strukturmarge von 0,3 % für die Zentraldisposition gerechtfertigt ist, zeigt Abbildung 98, in der zwei mögliche Handlungsalternativen des Treasury unterstellt werden. In der **ersten Handlungsalternative** stellt das Treasury die beiden Kundengeschäfte unmittelbar nach Abschluss durch die Marktbereiche glatt. Durch diese Maßnahmen würden sich die Aktivgeschäfte in der Bilanz auf 200 Mio. EUR mit einem Durchschnittszins von 8,45 % belaufen. Die Geschäfte auf der Passivseite über das gleiche Volumen ergeben einen Durchschnittszins von 8,15 %. Der absolute Zinsertrag beträgt demnach 16,9 Mio. EUR und der Zinsaufwand entsprechend auf 16,3 Mio. EUR. Insgesamt entstünde ein Zinsüberschuss von 0,6 Mio. EUR. Von diesem Zinsüberschuss stehen 0,4 Mio. EUR dem für den Kredit zuständigen Marktbereich zu, während 0,2 Mio. EUR auf die Kundeneinlage entfallen. Somit ergibt sich ein Strukturbeitrag von 0 EUR bzw. eine Strukturmarge von 0 %. Mit der jeweiligen sofortigen **Glattstellung der Kundengeschäfte** hat das Treasury bzw. die Zentraldisposition, die für die Entscheidungen über die Fristentransformation zuständig ist, die Fristentransformation als Erfolgsquelle ausgeschlossen, weshalb der Ergebnisbeitrag von 0 in diesem Fall gerechtfertigt ist.

1. Handlungsalternative des Treasury:
Sofortige Glattstellung der Kundengeschäfte

Aktivgeschäfte	Vol.	Soll-zins	GKM-Zins	GKM-Zins	Haben-zins	Vol.	Passivgeschäfte
Kundenkredit	100	8,8 %	8,4 %	8,4 %	8,4 %	100	Interbankeneinlage
Interbankenkredit	100	8,1 %	8,1 %	8,1 %	7,9 %	100	Kundeneinlage
Summe bzw. Ø	200	8,45 %	8,25 %	8,25 %	8,15 %	200	Summe bzw. Ø

„Strukturmarge"
0 %

2. Handlungsalternative des Treasury:
Verzicht auf die Glattstellung der Kundengeschäfte

Aktivgeschäft	Vol.	Soll-zins	GKM-Zins	GKM-Zins	Haben-zins	Vol.	Passivgeschäft
Kundenkredit	100	8,8 %	8,4 %				
				8,1 %	7,9 %	100	Kundeneinlage
Summe bzw. Ø	100	8,8 %	8,4 %	8,1 %	7,9 %	100	Summe bzw. Ø

„Strukturmarge"
0,3 %

Abb. 98: Handlungsalternativen der Zentraldisposition

In der **zweiten Handlungsalternative** hat die Zentraldisposition jedoch auf die unmittelbare Refinanzierung des Kundenkredits verzichtet. Wäre die Spekulation tatsächlich aufgegangen, dass die Marktbereiche noch eine laufzeitgleiche Kundeneinlage akquirieren, dann erhöht sich der Zinsüberschuss auf +0,3 Mio. EUR. Die Leistung der Zentraldisposition besteht im Verzicht auf die sofortige Glattstellung des Kundenkredits. Das Risiko, dass die Marktbereiche die Kundeneinlage von 100 Mio. EUR nicht erbringen und ein späteres Schließen der offenen Position nur zu höheren Zinsen möglich ist, trägt die Zentraldisposition.

Im Ergebnis lässt sich festhalten, dass die Steuerung nach dem Gegenseitenkonzept zu adäquaten Signalen für die Marktbereiche und die Zentraldisposition führt. Die Kritik, suboptimale Ergebnisse zu erzielen, kann nicht akzeptiert werden, da sie im Zeitpunkt des einzelnen Geschäftsabschlusses auf Spekulationen über zukünftige Geschäfte beruht.

(a2) Auswahl des Einstandszinssatzes aus mehreren GKM-Zinssätzen mit gleicher Zins-
bindung auf der Anlage- bzw. Refinanzierungsseite

Nachdem die drei Verfahren zur Auswahl des Einstandszinssatzes im Kundengeschäft eingehend analysiert wurden, soll in einem weiteren Schritt der vormals als **Fall 2** bezeichnete Sachverhalt behandelt werden. Anstatt wie bisher implizit zu unterstellen, dass für jede Fristigkeit bzw. Zinsbindungskategorie auf der Geld- und Briefseite je ein Zinssatz existiert, wird im Folgenden von einer Vielzahl von Anlage- und Refinanzierungssätzen pro Fristigkeit ausgegangen. Ein Finanzinstitut, das mit der Marktzinsmethode arbeiten möchte, muss somit für jede Fristenkategorie definieren, welche Anlage- bzw. Refinanzierungssätze anzuwenden sind. Bei der Auswahl kommen die folgenden Möglichkeiten in Betracht:

• der Zins, den die Institutionen mit der höchsten Bonität am Geld- und Kapitalmarkt zahlen (Staat, Triple-A-Adressen);

• der Zins, den die eigene Bank aufgrund ihres Standings erzielt (z. B. passivisch der Satz für die eigenen Bankschuldverschreibungen);

• der Durchschnittszins aus dem Spektrum von Marktzinssätzen, die für die einzelnen Fristigkeits- bzw. Zinsbindungskategorien zu beobachten sind.

Für die Wahl eines mehr oder weniger globalen Durchschnittssatzes sprechen allenfalls Vereinfachungsgründe. Entscheidungsorientierte Relevanz weisen solche Sätze grundsätzlich nicht auf, sodass dieser Ansatz aus Steuerungsgesichtspunkten zu verwerfen ist. Für den erstgenannten Zinssatz spricht, dass er der einzige Satz ist, der selbst praktisch keine Risikoprämie enthält. Als Basis der Kalkulation dient somit ein risikoloser Referenzsatz. Für die Wahl bankspezifischer Laufzeitzinssätze spricht, dass diese die eigenen Refinanzierungs- und Anlagemöglichkeiten am Geld- und Kapitalmarkt besser als andere Zinssätze wiedergeben.

Entscheidet man sich für die konsequente Umsetzung des Gegenseitenkonzepts, wird jedes Kundengeschäft mit dem für die Bank am Geld- und Kapitalmarkt realisierbaren Zinssatz der (bilanziellen) Gegenseite bewertet. Das heißt, den Marktbereichen wird jeweils der laufzeit- bzw. zinsbindungsäquivalente Zinssatz als Einstandszins vorgegeben, zu dem die Bank das Kundengeschäft tatsächlich glattstellen könnte.

Dies bedeutet, dass bei der Auswahl der Anlage- bzw. Refinanzierungssätze pro Fristigkeit jeweils auf für die Bank verfügbare Sätze zurückzugreifen ist. Für die Kalkulation der Aktivgeschäfte wird demnach der **bankeigene** fristen- bzw. zinsbindungskongruente GKM-Refinanzierungssatz verwendet. Bei der Bewertung der Passiva stehen für das Finanzinstitut dagegen mehrere Einstandszinssätze zur Auswahl. So wäre neben der Verwendung eines (fristenäquivalenten) **Triple-A-Anlagezinssatzes** (z. B. die Rendite einer Bundesanleihe) auch der Rückgriff auf die Rendite einer Kommunalobligation oder einer fremden Bankschuldverschreibung vorstellbar, da auch diese Sätze der Bank zur Glattstellung eingekaufter Passivgeschäfte prinzipiell zur Verfügung stünden. Bei Anwendung fristenäquivalenter Triple-A-Anlagezinssätze als Bewertungsmaßstab erzielen die zu beurteilenden Passiva allerdings die vergleichsweise niedrigsten Konditionsmargen. Dennoch sind diese Zinssätze für die Kalkulation heranzuziehen, da in ihnen weder (Ausfall-)Risiko- noch Liquiditätsprämien enthalten sind und sie damit den Konditionsbeitrag unverfälscht zum Ausdruck bringen.

Im Rahmen der vorgestellten Kalkulationssystematik ist allerdings zu beachten, dass das Gegenpositionsprinzip auf den Bereich der **Geld- und Kapitalmarktgeschäfte** einer Bank **nicht** angewendet werden darf. Da diese Geschäfte nicht von den Marktbereichen, sondern von der Zentraldisposition, z. B. aus bilanzstrukturellen Überlegungen heraus, getätigt werden, sind die resultierenden Erfolgsbeiträge entsprechend vom Treasury zu verantworten. Die Notwendigkeit der Auswahl eines (gegenpositionsorientierten) GKM-Einstandszinssatzes entfällt hier, da die Übertragung des Grundgedankens des Gegenseitenkonzepts, einer (möglichen) Glattstellung des kalkulierten Geschäfts, auf vom Treasury abgeschlossene Interbankengeschäfte nicht sinnvoll ist. Würde das Gegenseitenkonzept auf Interbankengeschäfte angewendet, entstünden aufgrund der existierenden Geld-Brief-Spanne systematisch negative „Konditionsmargen", die ihrem Wesen nach aber nicht dem Charakter von Konditionsmargen im Kundengeschäft entsprächen. Innerhalb der systematisierenden Darstellung einer Zinsertragsbilanz wird daher bei den Geld- und Kapitalmarktgeschäften der Bank in die Spalte der GKM-Einstandszinssätze der tatsächlich kontrahierte Positionszins übertragen. Mithin resultieren für Geld- und Kapitalmarktgeschäfte der Bank auch im Fall gespaltener GKM-Sätze Konditionsmargen in Höhe von null. Als Zinserfolgskomponente verbleiben für die Interbankengeschäfte somit ausschließlich Strukturbeiträge.

Die Kalkulation der Konditionsmargen **aktivischer Kundengeschäfte** einer Bank lässt sich bei Existenz gespaltener Geld- und Kapitalmarktsätze zudem noch weiter verfeinern, wenn das kalkulierende Finanzinstitut keine Bank bester Bonität (Triple A) ist. Bislang wurde den zu bewertenden Aktivgeschäften lediglich der bankeigene GKM-Refinanzierungssatz als Einstandszins zugeordnet. Die dabei aus der Kalkulation resultierenden Konditionsmargen hängen (neben dem aktivischen Positionszins des zu bewertenden Geschäfts) entscheidend von der Höhe des für die Bank am Geld- und Kapitalmarkt realisierbaren laufzeit- bzw. zinsbindungsäquivalenten Refinanzierungssatzes ab. Je besser das Standing der Bank am Geld- und Kapitalmarkt ist, desto niedriger werden die bankeigenen Refinanzierungssätze liegen. Dies hat umgekehrt zur Konsequenz, dass die Konditionsmargen der Aktivgeschäfte ansteigen bzw. weniger stark negativ werden, je besser das Standing der Bank am Geld- und Kapitalmarkt ist.

Um den dargestellten Sachverhalt im Rahmen der Quantifizierung aktivischer Konditionsmargen transparent zu machen, wird deshalb mit dem laufzeit- bzw. zinsbindungskongruenten GKM-Refinanzierungssatz einer Bank bester Bonität (Triple A) ein weiterer kalkulationsrelevanter Zinssatz eingeführt und gedanklich als Trennlinie innerhalb der Konditionsmarge implementiert (vgl. Abbildung 99). Die Konditionsmarge der zu kalkulierenden Aktivgeschäfte wird damit in zwei Margenbestandteile zerlegt. Für den bereits angesprochenen Kundenkredit ergeben sich die in Abbildung 99 dargestellten Teilmargen.

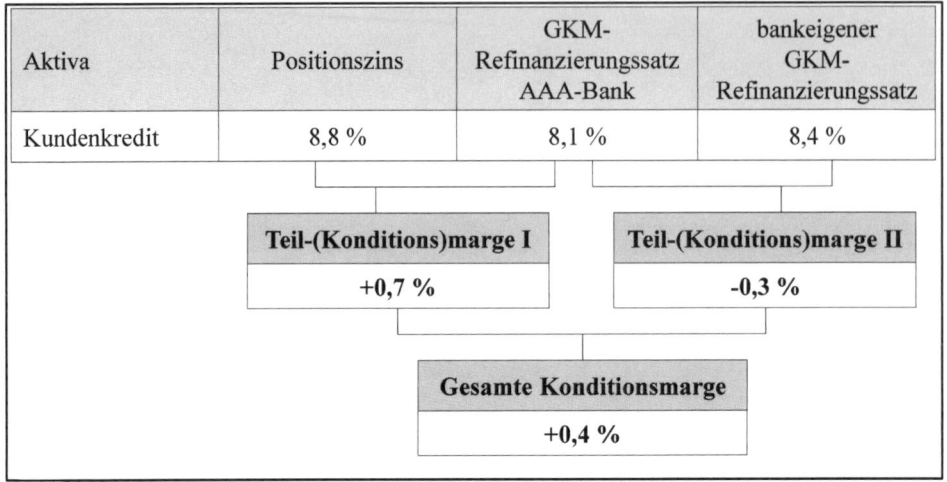

Aktiva	Positionszins	GKM-Refinanzierungssatz AAA-Bank	bankeigener GKM-Refinanzierungssatz
Kundenkredit	8,8 %	8,1 %	8,4 %

Teil-(Konditions)marge I	Teil-(Konditions)marge II
+0,7 %	-0,3 %

Gesamte Konditionsmarge
+0,4 %

Abb. 99:   Aufspaltung der Konditionsmarge von Aktivgeschäften im Gegenseitenkonzept

Der von der Bank vergebene Kundenkredit weist eine Konditionsmarge in Höhe von +0,4 % auf. Durch die zusätzliche Berücksichtigung des GKM-Refinanzierungssatzes einer Bank höchster Bonität lässt sich diese Konditionsmarge in zwei Margenbestandteile in Höhe von +0,7 % bzw. -0,3 % zerlegen. Der zweitgenannte, negative Margenbestandteil resultiert ausschließlich daraus, dass die kalkulierende Bank gegenüber dem Triple-A-gerateten Vergleichsinstitut ein schlechteres Geld- und Kapitalmarkt-Standing aufweist und dementsprechend höhere Refinanzierungskosten zu tragen hat. Der auf diese Weise ermittelte Bestandteil der Konditionsmarge kann daher auch als sogenannte **Standing-Marge** der Bank interpretiert werden. Dagegen ist die verbleibende positive Teilmarge ihrem Charakter nach als Konditionsmarge im klassischen Sinn zu verstehen, da sich in ihr Marktunvollkommenheiten und/oder Bonitätsunterschiede niederschlagen. Aggregiert ergeben die beiden Teilmargen wieder die bereits bekannte Konditionsmarge des Kundenkredits. Zu betonen ist abschließend nochmals, dass die hier vorgestellte Aufspaltung aktivischer Konditionsmargen nur für die Banken sinnvoll ist, die ein schlechteres Geld- und Kapitalmarkt-Standing aufweisen als eine Triple-A-Bank. Für eine Bank bester Bonität nimmt die oben genannte Standing-Marge aufgrund der Identität des bankeigenen mit dem Triple-A-Refinanzierungssatz einen Wert von null an, sodass die Aufspaltung aktivischer Konditionsmargen in diesem Fall keine zusätzlichen Informationen mehr liefert.

(b)   Verfeinerung des Kalküls durch Aufspaltung der Strukturmarge

Neben den vorgestellten Modifikationen bei der Bestimmung aktivischer Konditionsmargen wird nun im Folgenden eine weitere Verfeinerung des Kalküls hinsichtlich der **einzelgeschäftsbezogenen Strukturmargen** vorgestellt. Wie vorab bereits kurz angesprochen, sind neben Bonitätsunterschieden bzw. dem mangelnden Zugang zum Geld- und Kapitalmarkt auch unterschiedliche rechtliche Rahmenbedingungen, das jeweilige Angebots- und Nachfrageverhalten der Marktteilnehmer auf den verschiedenen Teilmärkten sowie sogenannte Instrumentenspezifika für die Existenz gespaltener Geld- und Kapitalmarktsätze verantwortlich. Marktpreisunterschiede stellen allerdings auch ein grundsätzliches Phänomen aller Finanzmärkte dar. Selbst auf den nahezu unregulierten, hoch liquiden Eurogeldmärkten, auf denen homogene Güter (Zentralbankgeld) von Marktteilnehmern höchster Bonität gehandelt werden, existieren jeweils zwei Zinssätze je Fristigkeit und Währung, der niedrigere Geldsatz und der höhere Briefsatz.

Ein Finanzinstitut, das als sogenannter **Market-User** eine Geldmarktanlage bei einem anderen Institut abschließt, wird dafür den (niedrigeren) Geldsatz erhalten. Nimmt das Finanzinstitut allerdings bei einer Geldmarktanlage die Position des **Market-Makers** ein, weil eine andere Bank Refinanzierungsmittel benötigt, so wird bie dieser Transaktion gewöhnlich der (höhere) Briefsatz zugrunde gelegt. Je nachdem, ob eine Transaktion eigen- oder fremdinduziert abgeschlossen wird, kommt entweder der Geld- oder der Briefsatz zur Anwendung.

Die Existenz dieser Geld- und Briefsätze ist nicht auf eine Preisdifferenzierung infolge von Bonitätsunterschieden, Instrumentenspezifika oder ähnlichen Faktoren zurückzuführen, sondern resultiert vielmehr aus implizit im Zins enthaltenen Marktnutzungsprämien, die Market-User den Market-Makern für die ständige Bereitstellung von Geldanlage- und Geldaufnahmemöglichkeiten entrichten müssen. Für einen Market-User führt dies bei Mittelaufnahmen zu einem Zinsaufschlag zum fristenspezifischen „kostenfreien" Zinssatz. Bei Geldanlagen erlösen Market-User eine um die Marktnutzungsprämie gekürzte fristenspezifische Rendite.

Diesem Tatbestand folgend wird die Struktur- bzw. Transformationsmarge eines Einzelgeschäfts zerlegt: in die bereits bekannte Fristentransformationsmarge und in eine marktpositionsabhängige Komponente, die im Folgenden als **Marktpositionsmarge** bezeichnet werden soll.

Zur Aufspaltung von Geld- und Kapitalmarktzinsen in eine rein fristenabhängige und in eine marktpositionsabhängige Komponente sind für alle relevanten Zinsbindungsfristen entsprechende **Referenzzinsen** festzulegen. Hierfür kann grundsätzlich jeder Wert zwischen der fristenspezifischen Geld- und Briefnotierung verwendet werden. Zwar ist die Höhe der positionsspezifischen Fristentransformations- und Marktpositionsmarge direkt von der Festlegung der fristenspezifischen Referenzzinsen abhängig. Die Wahl der Fixpunkte hat jedoch bei gleich hohen finanziellen Ansprüchen und Verpflichtungen keinen Einfluss auf die Gesamtsumme der kalkulierten Strukturbeiträge. Im Folgenden soll daher davon ausgegangen werden, dass die in den Marktkonditionen implizit enthaltenen Marktnutzungsprämien für Geldaufnahmen und Geldanlagen identisch sind. Die fristenspezifischen Referenzzinsen entsprechen somit dem arithmetischen Mittel aus Geld- und Briefnotierung.

Ohne Unterscheidung von Marktpositions- und Fristentransformationsmarge werden aktivische Strukturmargen bekanntlich dadurch ermittelt, dass vom positionsspezifischen GKM-Zins der Mittelzins für Tagesgeld subtrahiert wird. Bei Passiva ist zur Kalkulation der jeweiligen Strukturmarge der positionsspezifische GKM-Zins vom Mittelzins für Tagesgeld abzuziehen. Erweitert man die Bestimmungsgleichungen zur Berechnung des einzelgeschäftsbezogenen Strukturbeitrags durch eine gleichzeitige Addition und Subtraktion des fristenkongruenten Referenzzinses, so lassen sich als Teildifferenzen die Marktpositions- und die Fristentransformationsmarge isolieren.

Die Berechnung von einzelgeschäftsbezogenen Strukturmargen für Aktiv- und Passivgeschäfte stellt sich formal wie folgt dar:

$$\text{Strukturmarge}_{\text{aktiv}} = \text{GKM-Zins} - \frac{\text{fristenkongruenter}}{\text{Referenzzins}} + \frac{\text{fristenkongruenter}}{\text{Referenzzins}} - \frac{\text{Referenzzins}}{\text{Tagesgeld}}$$

$$\text{Strukturmarge}_{\text{aktiv}} = \text{Marktpositionsmarge}_{\text{aktiv}} + \text{Fristentransformationsmarge}_{\text{aktiv}}$$

bzw.

$$\text{Strukturmarge}_{\text{passiv}} = \frac{\text{fristenkongruenter}}{\text{Referenzzins}} - \text{GKM-Zins} + \frac{\text{Referenzzins}}{\text{Tagesgeld}} - \frac{\text{fristenkongruenter}}{\text{Referenzzins}}$$

$$\text{Strukturmarge}_{\text{passiv}} = \text{Marktpositionsmarge}_{\text{passiv}} + \text{Fristentransformationsmarge}_{\text{passiv}}$$

Die Marktpositionsmarge quantifiziert den Unterschied zwischen dem positionsspezifischen GKM-Zins und dem fristenäquivalenten Mittelzins und besitzt für Market-Maker-Geschäfte ein positives, für Market-User-Geschäfte ein negatives Vorzeichen. In der einzelgeschäftsbezogenen Fristentransformationsmarge kommt die Differenz aus fristenkongruentem Referenzzins und dem Mittelzins des Tagesgeldes zum Ausdruck.

Je nachdem, welcher positionsspezifische GKM-Zins bei einem Geschäft zur Anwendung kommt, können Marktpositionsmargen in einem kumulativen oder auch in einem kompensatorischen Verhältnis zur errechneten Fristentransformationsmarge stehen.

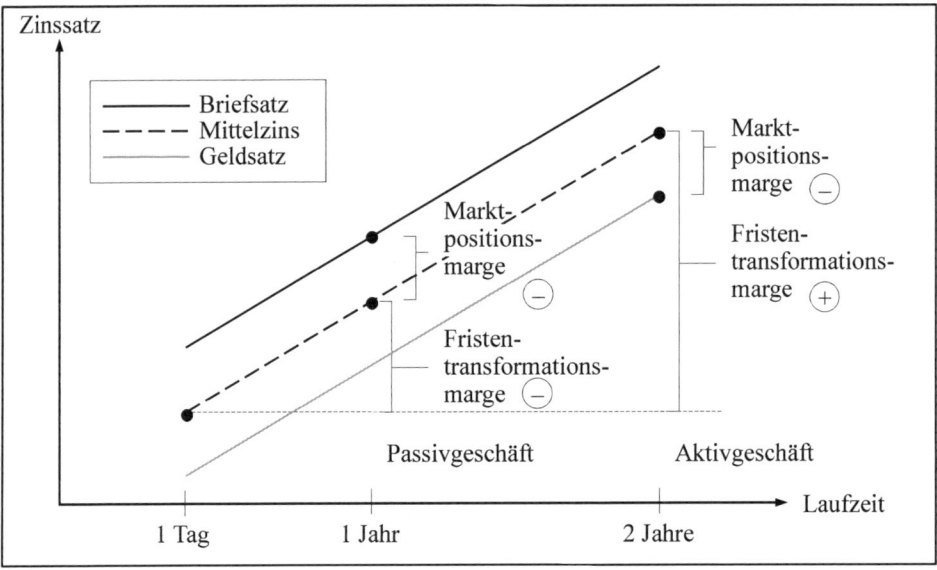

Abb. 100: Bestimmung von Marktpositions- und Fristentransformationsmarge

So besitzt z. B. ein einjähriges Passivgeschäft, das zum Briefsatz abgeschlossen wurde, aufgrund des höheren Refinanzierungssatzes im Vergleich zum fristenäquivalenten Mittelzins eine negative Marktpositionsmarge (vgl. Abbildung 100). Auch die Fristentransformationsmarge der unterstellten Geldmarktrefinanzierung ist negativ. Bei einer angenommenen zweijährigen Geld-marktanlage zum Geldsatz besitzt die Marktpositionsmarge aufgrund des vergleichsweise nied-rigen Anlagezinssatzes ein negatives Vorzeichen, während die Fristentransformationsmarge bedingt durch den normalen Verlauf der Zinsstruktur positiv ist.

Im Folgenden wird anhand eines Beispiels die Berechnung von Marktpositions- und Fristen-transformationsmargen näher erläutert. Hierzu soll von einer Bank ausgegangen werden, die ausschließlich am Interbankengeldmarkt aktiv ist. Die einzelnen Geschäfte werden auf Basis der in Tabelle 43 dargestellten Zinsstrukturkurve abgeschlossen. Die Referenzzinsen entspre-chen dem arithmetischen Mittel aus den jeweiligen Geld- und Briefnotierungen.

Fristigkeit	Geldsatz	Briefsatz	Fristenäquivalenter Referenzzins
1 Tag	5,0000 %	5,1250 %	5,0625 %
1 Jahr	5,5625 %	5,6875 %	5,6250 %
2 Jahre	6,3200 %	6,3600 %	6,3400 %
3 Jahre	6,8000 %	6,8400 %	6,8200 %
4 Jahre	7,0600 %	7,1100 %	7,0850 %
5 Jahre	7,2100 %	7,2600 %	7,2350 %
10 Jahre	7,6000 %	7,6500 %	7,6250 %

Tabelle 43: Geld- und Kapitalmarktsätze sowie fristenäquivalente Referenzzinsen

Die Zinsertragsbilanz in Tabelle 44 beinhaltet die von der Bank abgeschlossenen Geld- und Kapitalmarktgeschäfte, die sowohl in der Position des Market-Users als auch der des Market-Makers kontrahiert wurden. Zur Quantifizierung der Marktpositions- und einzelgeschäftsbezo-genen Fristentransformationsmargen sind für jedes GKM-Geschäft neben dem Positionszins der fristenkongruente Referenzzins (Mittelzins) sowie der Referenzzins für Tagesgeld aufge-führt (vgl. Tabelle 44).

Die betrachtete Bank besitzt bei einem Geschäftsvolumen von 5 Mio. EUR einen durchschnitt-lichen Aktivzins von 7,1604 % und einen durchschnittlichen Passivzins von 5,9427 %, woraus sich eine Strukturmarge in Höhe von 1,2177 % errechnet. Dasselbe Ergebnis resultiert auch aus der Summe der durchschnittlichen aktivischen und passivischen Marktpositions- und Fris-tentransformationsmargen. Über sämtliche Aktiva erzielt die Bank eine Fristentransformati-onsmarge von +2,1103 %, während diese im Passivgeschäft durchschnittlich bei -0,91 % liegt. Insgesamt ergibt sich aus der Fristentransformation daher eine Marge von +1,2003 %.

Die durchschnittliche aktivische Marktpositionsmarge von -0,0124 % verdeutlicht, dass die betrachtete Bank ihre Geldmarktanlagen vorwiegend als Market-User abgeschlossen hat. Im Passivgeschäft überwiegt dagegen das Market-Maker-Geschäft. Die durchschnittliche Markt-positionsmarge beläuft sich hier auf +0,0298 %. Insgesamt wird eine Marktpositionsmarge von +0,0174 % erwirtschaftet.

GKM-Anlagen

Laufzeit	Volumen (Tsd. EUR)	Positions-zins	Fristen-kongruenter Referenzzins	Referenz-zins Tages-geld	Markt-positions-marge	Fristentrans-formationsmarge
		(1)	(2)	(3)	(4) = (1) – (2)	(5) = (2) – (3)
2 Jahre	1.000	6,3600 %	6,3400 %	5,0625 %	+ 0,0200 %	+1,2775 %
3 Jahre	400	6,8400 %	6,8200 %	5,0625 %	+ 0,0200 %	+1,7575 %
4 Jahre	200	7,0600 %	7,0850 %	5,0625 %	- 0,0250 %	+2,0225 %
5 Jahre	1.400	7,2100 %	7,2350 %	5,0625 %	- 0,0250 %	+2,1725 %
10 Jahre	2.000	7,6000 %	7,6250 %	5,0625 %	- 0,0250 %	+2,5625 %
Σ Aktiva	5.000	7,1604 %	7,1728 %	5,0625 %	- 0,0124 %	+2,1103 %

GKM-Finanzierungen

Laufzeit	Volumen (Tsd. EUR)	Positions-zins	Fristen-kongruenter Referenzzins	Referenz-zins Tages-geld	Markt-positions-marge	Fristentrans-formationsmarge
		(6)	(7)	(8)	(9) = (7) – (6)	(10) = (8) – (7)
1 Tag	600	5,0000 %	5,0625 %	5,0625 %	+0,0625 %	+0,0000 %
1 Jahr	600	5,6875 %	5,6250 %	5,0625 %	-0,0625 %	-0,5625 %
1 Jahr	2.000	5,5625 %	5,6250 %	5,0625 %	+0,0625 %	-0,5625 %
2 Jahre	600	6,3200 %	6,3400 %	5,0625 %	+0,0200 %	-1,2775 %
3 Jahre	400	6,8400 %	6,8200 %	5,0625 %	-0,0200 %	-1,7575 %
4 Jahre	800	7,0600 %	7,0850 %	5,0625 %	+0,0250 %	-2,0225 %
Σ Passiva	5.000	5,9427 %	5,9725 %	5,0625 %	+0,0298 %	-0,9100 %

Insgesamt (Σ Aktiva + Σ Passiva)	Struktur-marge	=	Marktposi-tionsmarge	+	Fristentransfor-mationsmarge
	1,2177 %	=	0,0174 %	+	1,2003 %
	(1) – (6)	=	(4) + (9)	+	(5) + (10)

Tabelle 44: Kalkulation von Marktpositions- und Fristentransformationsmargen

Die getrennte Kalkulation von Fristentransformations- und Marktpositionsmargen gewährleistet, dass gleichgerichtete fristenkongruente Transaktionen im Hinblick auf die Fristentransformation gleich beurteilt werden. So besitzt im Beispiel die einjährige Finanzierung, die zum Briefsatz abgeschlossen wurde, mit -0,5625 % dieselbe Fristentransformationsmarge wie die einjährige Finanzierung, die zum Geldsatz kontrahiert wurde (vgl. Abbildung 101). Der Konditionsunterschied schlägt sich kalkulatorisch in den unterschiedlichen Marktpositionsmargen der beiden Geschäfte (-0,0625 % und +0,0625 %) nieder.

Exakt gegenläufige Transaktionen neutralisieren sich hinsichtlich ihrer Wirkung auf das Fristentransformationsergebnis. Im Beispiel ergibt sich für die dreijährige GKM-Anlage eine Fristentransformationsmarge von +1,7575 %, während sie für die dreijährige Finanzierung -1,7575 % beträgt. Der Nettoeffekt beider Interbankengeschäfte auf das Fristentransformationsergebnis ist demnach null. Auch für das Marktpositionsergebnis ist der Nettoeffekt null, da Aktiv- und Passivgeschäft aufgrund identischer Positionszinsen Marktpositionsmargen in Höhe von +0,02 % bzw. -0,02 % aufweisen. Überdies wird anhand der zweijährigen Transaktionen in der Beispielbilanz deutlich, dass fristenidentische, gegenläufige Geschäfte, bei denen die Bank dieselbe Marktposition eingenommen hat, identische Marktpositionsmargen besitzen. Hier wurden beide Geschäfte als Market-Maker abgeschlossen, sodass sie eine Marktpositionsmarge von je +0,02 % besitzen.

Das Beispiel macht deutlich, dass die Höhe des Strukturergebnisses neben der unterschiedlichen Zinsbindungsstruktur von Aktiv- und Passivgeschäft auch durch Ungleichgewichte zwischen Market-Maker- und Market-User-Geschäft beeinflusst wird. Die grundsätzlichen Zusammenhänge zwischen Transaktion, Marktposition und positionsspezifischer Marktpositionsmarge sind in Abbildung 101 festgehalten.

Position der Bank \ Transaktion	Geldaufnahme	Geldanlage
Market-Maker	positiv	positiv
Market-User	negativ	negativ

Abb. 101: Zusammenhang zwischen Transaktion, Marktposition und Marktpositionsmarge

Eine Bank, die schwerpunktmäßig am Interbankenmarkt als Market-Maker auftritt, erwirtschaftet selbst bei vollständiger Fristenkongruenz positive Erfolgsbeiträge. Nimmt eine Bank dagegen überwiegend die Rolle des Market-Users ein, so wirkt sich dies unabhängig von Fristentransformationsbeiträgen belastend auf das Strukturergebnis aus, da jede Transaktion als Market-User mit einem negativen Marktpositionsbeitrag verbunden ist. Die hier entwickelte Kalkulationssystematik gewährleistet, dass die in fristengleichen Positionen fixierten Nettoerfolge nicht als Fristentransformationsbeiträge fehlinterpretiert werden, sondern als gezahlte oder erhaltene Marktnutzungsprämien identifiziert werden können.

Durch die Zinsergebnisspaltung gemäß der Marktzinsmethode ist eine Bank in der Lage, die einzelnen Erfolgskomponenten verursachungsgerecht und steuerungsadäquat aufzuteilen. Während Strukturbeiträge die ertragsmäßige Konsequenz aus dem auf zentraler Ebene zu verantwortenden Eingehen und Beseitigen von strukturellen Inkongruenzen abbilden, stellen die Konditionsbeiträge den von dezentralen Entscheidungsträgern im Kundengeschäft zu verantwortenden Teil des Zinsergebnisses dar.

Der separate Ausweis von Konditionsbeiträgen und Strukturbeitragskomponenten wird erst dadurch möglich, dass jedem einzelnen Kundengeschäft strukturkongruente Marktkonditionen gegenübergestellt werden. So ergibt sich die Konditionsmarge eines Kundengeschäfts aus der Differenz zwischen dem Kundenzins und dem fristenkongruenten Marktzinssatz. Durch die Festlegung des Einstandszinses für ein Kundengeschäft wird allerdings nicht nur dessen Konditionsmarge, sondern auch die Strukturmarge fixiert. Die einzelgeschäftsbezogenen Fristen-transformationsmargen werden analog zum Interbankengeschäft aus der Differenz zwischen fristenkongruentem Referenzzins und dem aktuellen Tagesgeld-Referenzsatz berechnet. Die einzelgeschäftsbezogenen Marktpositionsmargen im Kundengeschäft werden durch den Unterschied zwischen Einstandszins und fristenkongruentem Referenzzins bestimmt.

Da für jede Fälligkeit zwei Marktsätze (Geld- und Briefsatz) existieren, stellt sich die Frage, welcher Marktsatz einem Kundengeschäft zur Kalkulation zugeordnet werden muss. Als Auswahl-verfahren für den zur einzelgeschäftsbezogenen Kalkulation notwendigen Einstandszins stehen prinzipiell die drei bereits diskutierten Konzepte zur Verfügung. Das Gegenseitenkonzept stellte sich in diesem Zusammenhang als das aus Steuerungsgesichtspunkten am besten geeignete Aus-wahlverfahren für den Einstandszinssatz eines Kundengeschäfts dar, sodass es auch bei der Ver-feinerung der Kalkulationssystematik um die Marktpositionsmargen Verwendung findet.

Die Kalkulation von Kundengeschäften unter Verwendung des Gegenseitenkonzepts soll anhand eines einfachen Beispiels illustriert werden. Hierbei wird auf die bereits bei der Isolierung der Marktpositionsmargen verwendete Zinsstrukturkurve zurückgegriffen (vgl. Tabelle 43). Die unterstellte Bankbilanz besteht aus jeweils drei Kundengeschäften auf der Aktiv- und Passiv-seite. Insgesamt wird mit diesen sechs Geschäften bei konstanter Geschäfts- und Zinsstruktur eine Bruttozinsspanne von 2,234 % erzielt (vgl. Tabelle 45). Für die Kalkulation der Konditions-margen, also dem Vorteilhaftigkeitskriterium für den Abschluss eines Kundengeschäfts, wird jedem Kundenzins der Marktsatz gegenübergestellt, zu dem beim Abschluss des Kundenge-schäfts eine fristenkongruente Glattstellung am Geld- und Kapitalmarkt möglich gewesen wäre. Im Aktivgeschäft führt diese Zuordnungsregel des Gegenpositionsprinzips zu einer durch-schnittlichen Konditionsmarge von +0,3375 %. Der zweijährige Kundenkredit erwirtschaftet eine Negativmarge, da der Kundenzins 0,25 % unter dem fristenkongruenten Einstandszins liegt. Die beiden anderen Aktivgeschäfte besitzen dagegen positive Margen von +0,25 % und +0,5 %, da die jeweiligen Kundengeschäfte entsprechend über den fristenkongruenten Briefnotierungen am Geld- und Kapitalmarkt abgeschlossen werden konnten. Im Passivgeschäft konnten sämtli-che Geschäfte unterhalb der kongruenten Geldnotierungen kontrahiert werden, wobei die Marge bei den Kundensichtgeldern +0,25 %, bei den dreijährigen Einlagen +0,625 % und bei den vier-jährigen Einlagen +0,5 % beträgt (vgl. Tabelle 45).

Im Durchschnitt wird im Passivgeschäft eine Konditionsmarge von +0,3625 % erzielt. Insge-samt ergibt sich im gesamten Kundengeschäft somit eine Konditionsmarge von +0,7 %. Aus-gangspunkt für die Berechnung der einzelnen Strukturergebniskomponenten, die im Kunden-geschäft anfallen, bilden die Einstandszinssätze der einzelnen Geschäfte. Während aktivischen Kundengeschäften stets der (im Vergleich zum fristenkongruenten Referenzzins höhere) Brief-satz zugeordnet wird, kommt bei passivischen Kundengeschäften der (im Vergleich zum fris-tenkongruenten Referenzzins niedrigere) Geldsatz zur Anwendung. Aufgrund dieses durch-gängig angewandten Gegenpositionsprinzips bei der Bestimmung der Zinskonditionsmargen besitzt jedes Kundengeschäft eine **positive** Marktpositionsmarge. Im gewählten Beispiel führt dies im Aktivgeschäft zu einer durchschnittlichen Marktpositionsmarge von +0,0245 %, im Passivgeschäft zu +0,047 %. Im gesamten Kundengeschäft fällt demnach eine Marktpositions-marge in Höhe von +0,0715 % an. Die Erfolgsbeiträge aus der Fristentransformation werden analog zum Interbankengeschäft kalkuliert. Aufgrund der unterstellten Zins- und Geschäfts-konstellation ergibt sich im gewählten Beispiel eine Fristentransformationsmarge von

1,4625 %. Insgesamt summieren sich sämtliche Margenkomponenten (Zinskonditionsmarge = 0,7 %, Marktpositionsmarge = 0,0715 %, Fristentransformationsmarge = 1,4625 %) zur Bruttozinsspanne von 2,234 %.

Aktivische Kundengeschäfte

Laufzeit	Volumen (Tsd. EUR)	Kundenzins	Einstandszins	Fristenkongruenter Referenzzins	Referenzzins Tagesgeld	Konditionsmarge	Marktpositionsmarge	Fristentransformationsmarge
	(1)	(2)	(3)	(4)		(5) = (1) – (2)	(6) = (2) – (3)	(7) = (3) – (4)
2 Jahre	200	6,1100%	6,3600 %	6,3400 %	5,0625 %	-0,2500 %	+0,0200 %	+1,2775 %
4 Jahre	700	7,3600 %	7,1100 %	7,0850 %	5,0625 %	+0,2500 %	+0,0250 %	+2,0225 %
10 Jahre	1.100	8,1500 %	7,6500 %	7,6250 %	5,0625 %	+0,5000 %	+0,0250 %	+2,5625 %
Σ Aktiva	2.000	7,6695 %	7,1332 %	7,3075 %	5,0625 %	+0,3375 %	+0,0245 %	+2,2450 %

Passivische Kundengeschäfte

Laufzeit	Volumen (Tsd. EUR)	Kundenzins	Einstandszins	Fristenkongruenter Referenzzins	Referenzzins Tagesgeld	Konditionsmarge	Marktpositionsmarge	Fristentransformationsmarge
	(8)	(9)	(10)	(11)		(12) = (9) – (8)	(13) = (10) – (9)	(14) = (11) – (10)
1 Tag	1.200	4,7500%	5,0000 %	5,0625 %	5,0625 %	+0,2500 %	+0,0625 %	+0,0000 %
3 Jahre	200	6,1750 %	6,8000 %	6,8200 %	5,0625 %	+0,6250 %	+0,0200 %	-1,7575 %
4 Jahre	600	6,5600 %	7,0600 %	7,0850 %	5,0625 %	+0,5000 %	+0,0250 %	-2,0225 %
Σ Passiva	2.000	5,4355 %	5,7980 %	5,8450 %	5,0625 %	+0,3625 %	+0,0470 %	-0,7825 %

Insgesamt (Σ Aktiva + Σ Passiva)	Bruttozinsspanne	=	Konditionsmarge	+	Marktpositionsmarge	+	Fristentransformationsmarge
	2,234 %	=	0,7000 %	+	0,0715 %	+	1,4625 %
	(1) – (8)	=	(5) + (12)	+	(6) + (13)	+	(7) + (14)

Tabelle 45: Kalkulation von Ergebnisbeiträgen im Kundengeschäft und Zusammensetzung der Bruttozinsspanne

Zusammenfassend bleibt festzustellen, dass durch die Anwendung des Gegenseitenkonzepts die Zinsergebniskomponenten Konditionsbeitrag und Strukturbeitrag selbstständig steuerbar bleiben. Einerseits lassen sich Entscheidungen im Kundengeschäft eigenständig fällen, ohne dass die Messlatte für die Vorteilhaftigkeit dieser Geschäfte in Abhängigkeit der aktuellen Überhang- bzw. Engpasssituation variiert. Andererseits ist sichergestellt, dass die Entscheidungen hinsichtlich Engpass- und Struktursteuerung tatsächlich auf zentraler Ebene getroffen werden können, ohne dass die Gesamtstruktur maßgeblich durch das Kundengeschäft determiniert wird und die Beseitigung unerwünschter Strukturwirkungen nur unter Fixierung von negativen Erfolgsbeiträgen für das Treasury erreicht werden kann. Wird ein Kundengeschäft sofort risikolos durch ein Market-User-Geschäft am Interbankenmarkt glattgestellt, so ist die Summe der einzelgeschäftsbezogenen Strukturbeitragskomponenten aus Grundgeschäft und

Glattstellungsgeschäft stets null. Bei unmittelbarer Wiederherstellung der vor Abschluss des Kundengeschäfts vorliegenden zentralen Fälligkeitsstruktur wird somit der kalkulierte Konditionsbeitrag erwirtschaftet.

Abschließend ist zu betonen, dass sich die vorgestellte Kalkulationssystematik zur Aufspaltung der Ergebnisbeiträge im Zinsgeschäft grundsätzlich auch auf den Bereich der Fremdwährungsgeschäfte übertragen lässt (vgl. S. 74 ff.). Dabei finden dieselben Prinzipien Anwendung wie bei den auf Inlandswährung basierenden Geschäften des Finanzinstituts. Als zusätzliche Erfolgskomponente ergibt sich im Fremdwährungsgeschäft die Währungstransformationsmarge, die sich aus der Differenz der fristenäquivalenten Referenzzinsen (Mittelzinsen) in Fremd- und Inlandswährung errechnet. Damit ist gewährleistet, dass die durch den Marktwechsel entstehende zusätzliche Erfolgskomponente innerhalb der vorgestellten Kalkulationssystematik exakt quantifizierbar und somit letztlich steuerbar ist.

(3) Berücksichtigung gespaltener Geld- und Kapitalmarktsätze im Barwertkalkül

(a) Berechnung von Zerobond-Abzinsfaktoren für gespaltene Geld- und Kapitalmarktsätze

Im Folgenden gilt es nunmehr zu klären, wie das Barwertkalkül der Marktzinsmethode zu modifizieren ist, damit im Sinne einer noch größeren Praxisnähe die Problematik gespaltener Geld- und Kapitalmarktsätze adäquat berücksichtigt werden kann. Geht man davon aus, dass auf eine einfache Weise Barwerte mithilfe von Zerobond-Abzinsfaktoren berechnet werden können, so werden nachfolgend zunächst Zerobond-Abzinsfaktoren unter Ansatz gespaltener Geld- und Kapitalmarktzinssätze berechnet.

Bei der nachstehenden Darstellung wird erneut der Fall unterstellt, dass die **GKM-Anlagezinssätze unterhalb der GKM-Refinanzierungssätze** liegen. In den Beispielrechnungen werden die in Tabelle 46 aufgeführten Geld- und Briefsätze unterstellt. Die Geldaufnahmesätze liegen durchgängig um 0,4 % über den laufzeitäquivalenten Anlagesätzen.

Laufzeit	GKM-Zinssatz für Geldanlagen (= Geldsatz)	GKM-Zinssatz für Geldaufnahmen (= Briefsatz)
6 Monate	4,8 %	5,2 %
12 Monate	5,8 %	6,2 %
18 Monate	6,3 %	6,7 %
24 Monate	6,8 %	7,2 %

Tabelle 46: Angenommene Zinsstruktur unter Berücksichtigung der Geld-Brief-Spannen

Da in jeder Laufzeitkategorie zwei Marktzinssätze für die Bank existieren, lassen sich jeweils **zwei laufzeitäquivalente synthetische Zerobonds** konstruieren. Das heißt, für jede Fristigkeit ist je ein synthetischer Zerobond für die Anlage- und die Refinanzierungsseite darstellbar. Das Konstruktionsprinzip entspricht grundsätzlich dem der (synthetischen) Zerobonds im Falle eines perfekten Geld- und Kapitalmarkts.

Am Beispiel der zweijährigen Laufzeit soll die Konstruktion der beiden zugehörigen synthetischen Zerobonds demonstriert werden. Der zukünftige Wert der Zerobonds wird wiederum auf eine Geldeinheit normiert. Dies hat den Vorteil, dass der Gegenwartswert des Zerobonds als Barwertfaktor zur Abzinsung zukünftiger Zahlungen verwendet werden kann. Für die **Mittelanlage in Form eines zweijährigen Zerobonds** ergeben sich die in Tabelle 47 dargestellten Geld- und Kapitalmarkttranchen, die saldiert den Zahlungsstrom des Zerobonds generieren.

	GKM-Sätze	0	1	2
zweijährige Geldanlage	6,8 % (Geldsatz)	-0,93633	+0,06367	+1
einjährige Geldaufnahme	6,2 % (Briefsatz)	+0,05995	-0,06367	
Summe = Zahlungsstrom einer zweijährigen Zerobond-Anlage		-0,87638	0	+1

Tabelle 47: Konstruktion des synthetischen ZB-AF(Anlage)[0;2]

Zunächst wird eine zweijährige Anlage zu 6,8 % (Geldsatz) getätigt. Die aus diesem Geschäft im Zeitpunkt t = 1 (nach einem Jahr) anfallende Zinszahlung muss in einem zweiten Schritt durch die Aufnahme eines 1-Jahres-Geldes zu 6,2 % (Briefsatz) kompensiert werden. Bei Saldierung der Cashflows der beiden Geschäfte erhält man den gewünschten zweijährigen Zerobond für eine Geldanlage. Die im Zeitpunkt t = 0 anfallende Auszahlung in Höhe von 0,87638 EUR stellt den gesuchten Zerobond-Abzinsfaktor einer zweijährigen Geldmarktanlage ZB-AF(Anlage)[0;2] dar. Um in t = 2 eine Zahlung von 1 EUR zu erhalten, müssen heute 0,87638 EUR angelegt werden.

Analog zur Konstruktion des ZB-AF(Anlage)[0;2] lässt sich auch der **synthetische ZB-AF(Refinanzierung)[0;2]** ermitteln (vgl. Tabelle 48).

	GKM-Sätze	0	1	2
zweijährige Geldaufnahme	7,2 % (Briefsatz)	+0,93284	-0,06716	-1
einjährige Geldanlage	5,8 % (Geldsatz)	-0,06348	+0,06716	
Summe = Zahlungsstrom einer zweijährigen Zerobond-Refinanzierung		+0,	0	+1

Tabelle 48: Konstruktion des synthetischen ZB-AF(Refinanzierung)[0;2]

Dabei ist zu beachten, dass sich bei den Cashflows der implizit im Zerobond enthaltenen Geld- und Kapitalmarkttranchen nicht nur die Vorzeichen ändern, sondern aufgrund der existierenden Geld-Brief-Spannen auch die jeweils „entgegengesetzten" Laufzeitzinssätze zur Anwendung gelangen. Dies hat zur Folge, dass zunächst eine Mittelaufnahme über zwei Jahre zum Briefsatz von 7,2 % erfolgt und die hieraus resultierende Zinszahlungsverpflichtung nach einem Jahr in t = 1 durch eine einjährige Mittelanlage zum Geldsatz von 5,8 % kompensiert wird. Der sich durch Saldierung der beiden Zahlungsströme ergebende ZB-AF(Refinanzierung)[0;2] unterscheidet sich vom oben genannten laufzeitgleichen ZB-AF(Anlage)[0;2] nicht nur hinsichtlich der Vorzeichen der Zahlungsreihe. Vielmehr stimmen die als Zerobond-

Abzinsfaktoren zu interpretierenden Barwerte in t = 0 auch konsequenterweise betraglich nicht überein. Bei gespaltenen Geld- und Kapitalmarktsätzen gilt also in allgemeiner Form:

$$|\text{ZB-AF(Anlage)}[\text{Beginn;Laufzeit}]| \neq |\text{ZB-AF(Refinanzierung)}[\text{Beginn;Laufzeit}]|.$$

Auf Basis der in Tabelle 46 angenommenen Zinsstruktur ergeben sich gemäß der vorgestellten Kalkulationsmethodik die folgenden (gerundeten) Zerobond-Abzinsfaktoren. Bei der Berechnung unterjähriger Zerobond-Abzinsfaktoren bzw. der Abzinsfaktoren mit gebrochenen Laufzeiten wurde für die Tagzählung die Usance 30/360 angenommen (vgl. Tabelle 49).

Laufzeit (LZ)	ZB-AF(Anlage)[0;LZ]	ZB-AF(Refinanzierung)[0;LZ]
6 Monate	0,97656	0,97466
12 Monate	0,94518	0,94162
18 Monate	0,91195	0,90631
24 Monate	0,87638	0,86935

Tabelle 49: Zerobond-Abzinsfaktoren (gerundet) unter Berücksichtigung der Geld-Brief-Spannen

(b) **Kalkulation von Konditionsbeitragsbarwerten bei Existenz einer Geld-Brief-Spanne**

Nachdem die Vorgehensweise zur Bestimmung von Zerobond-Abzinsfaktoren bei gespaltenen Geld- und Kapitalmarktsätzen dargestellt wurde, soll in einem weiteren Schritt deren Verwendung bei der Quantifizierung von Konditionsbeitragsbarwerten illustriert werden. Hierbei wird das bereits bekannte Beispiel eines zweijährigen Ratenkredits über 200.000 EUR mit einer Nominalverzinsung von 4 % p. a. und halbjährlichen Zinszahlungsterminen verwendet, wobei zu Beginn der Laufzeit nur 90 % des nominalen Kreditvolumens an den Kunden ausgezahlt wird (Disagio: 10 %) und der Kunde nach jeweils einem Jahr in gleich hohen Raten das nominale Kreditvolumen tilgt. Daraus ergibt sich folgende Zahlungsreihe: -180.000 EUR; +4.000; +104.000; +2.000 EUR; +102.000 EUR (vgl. Abbildung 44 auf S. 127). Der Treasury-konforme Effektivzins dieses Geschäfts beträgt 11,84058 % (vgl. Abbildung 52 auf S. 138).

Im Falle des perfekten Geld- und Kapitalmarkts wurde der Konditionsbeitragsbarwert eines Kundenkredits durch Multiplikation der zukünftigen Zahlungen mit den laufzeitadäquaten Zerobond-Abzinsfaktoren und anschließender Saldierung der hierbei ermittelten Barwerte mit dem Auszahlungsbetrag berechnet. Bei Existenz gespaltener Geld- und Kapitalmarktsätze stellt sich nun die Frage, welcher der beiden pro Laufzeit berechneten Zerobond-Abzinsfaktoren zur Verbarwertung der ausstehenden Kundenzahlungen zu verwenden ist. Greift man auf die Ergebnisse der Diskussion um die Wahl des richtigen Einstandszinses für die Kalkulation von Kundengeschäften im Margenkalkül der Marktzinsmethode (vgl. S. 217 ff.) zurück, so ist das Gegenseitenkonzept anzuwenden. Die Zahlungen aus einem (Kunden-)Geschäft sind bei Anwendung dieses Prinzips mit den Zerobond-Abzinsfaktoren der bilanziellen Gegenseite zu bewerten.

Die Anwendung des **Gegenseitenkonzepts** zur Bestimmung von Zinsergebnisbeiträgen für Kundengeschäfte basiert auf dem Gedanken, dass jedes Geschäft, welches die Marktbereiche tätigen, **kalkulatorisch** sofort zu den am Geld- und Kapitalmarkt geltenden Konditionen (zahlungsstrukturkongruent) glattgestellt wird. Die Entscheidung, ob die Position tatsächlich geschlossen wird, trifft das Treasury. Den Marktbereichen wird unabhängig von der Entscheidung der Zentraldisposition der gemäß Gegenseitenkonzept kalkulierte Konditionsbeitragsbarwert zugerechnet. Damit ist gewährleistet, dass die Ergebnisbeiträge der Marktbereiche unabhängig von den Handlungen des Treasury gemessen werden.

Für die Kalkulation des Beispielkredits werden also die Zerobond-Abzinsfaktoren der Refinanzierungsseite ZB-AF(Refinanzierung)[0;LZ] eingesetzt. Somit ergibt sich nach dem Gegenseitenkonzept ein Konditionsbeitragsbarwert in Höhe von 12.313,76 EUR, der den Marktbereichen zuzurechnen ist (vgl. Abbildung 102).

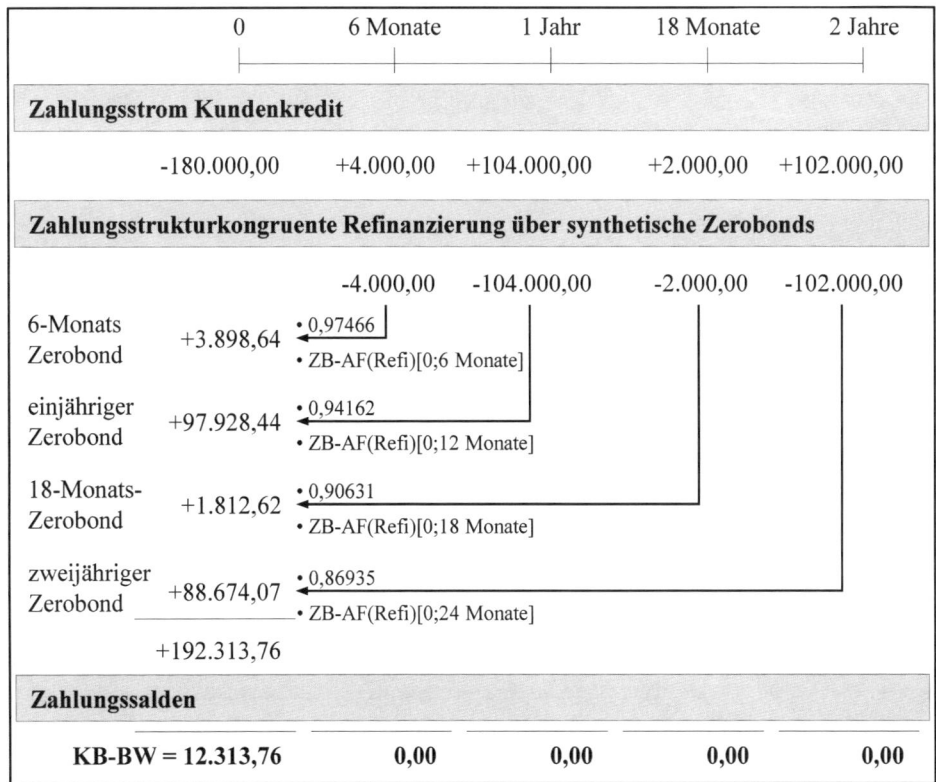

Abb. 102: Ermittlung des Konditionsbeitragsbarwerts (KB-BW) mithilfe von Zerobond-Abzinsfaktoren bei Anwendung des Gegenseitenkonzepts (Verwendung ungerundeter Zerobond-Abzinsfaktoren)

Schließt das Treasury die zunächst offen gelassene Position erst zu einem späteren Zeitpunkt, muss es sich eventuell auftretende Abweichungen zwischen dem den Marktbereichen zugerechneten und dem bei der verspäteten Glattstellung tatsächlich realisierten Konditionsbeitragsbarwert zurechnen lassen. Möchte die Zentraldisposition dagegen Fristentransformation von vornherein ausschließen, muss sie die neu abgeschlossenen (Kunden-)Geschäfte sofort über Transaktionen am Interbankenmarkt zahlungsstrukturkongruent glattstellen. Das heißt für den Beispielkredit, dass alle in Zukunft anfallenden Zahlungen des Kunden mit umgekehrten Vorzeichen erzeugt werden müssen. Um die Position zu schließen, müsste die Bank am Geld-

und Kapitalmarkt insgesamt 192.313,76 EUR aufnehmen. Saldiert man diesen Barwert mit dem Auszahlungsbetrag an den Kunden (= 180.000 EUR), ergibt sich der bekannte Konditionsbeitragsbarwert von 12.313,76 EUR (vgl. Abbildung 102).

(c) Suboptimalität der Zerobond-Abzinsfaktoren

Entscheidet man sich im Rahmen des Barwertkalküls für eine konsequente Anwendung des Gegenseitenkonzepts, werden Konditionsbeitragsbarwerte quantifiziert, die durch den Abschluss entsprechender Gegengeschäfte durch das Treasury tatsächlich realisiert werden können. Somit werden die zunächst nur kalkulatorischen Ergebnisbeiträge der Marktbereiche unter Umständen zu liquiditätswirksamen Zahlungsüberschüssen bzw. -fehlbeträgen.

Bei der Berechnung von Konditionsbeitragsbarwerten mithilfe von Zerobond-Abzinsfaktoren wird gleichsam implizit unterstellt, dass die Zentraldisposition für die Glattstellung des Kundengeschäfts am Geld- und Kapitalmarkt die konstruierten (synthetischen) Zerobonds verwendet. In diesen Zerobonds enthalten sind – wie bereits zu Beginn verdeutlicht – am Geld- und Kapitalmarkt verfügbare Kupontranchen, die entsprechend zu kombinieren sind, damit der Zahlungsstrom einer Nullkuponanleihe generiert wird. Anstatt die Glattstellung über diese (synthetischen) Zerobonds zu bewerkstelligen, ist die realistischere Alternative, dass das Treasury die direkte Neutralisation der Kundenzahlungen mithilfe der am Interbankenmarkt verfügbaren Geld- und Kapitalmarktgeschäfte mit Kuponzahlungen durchführt (vgl. Abbildung 103).

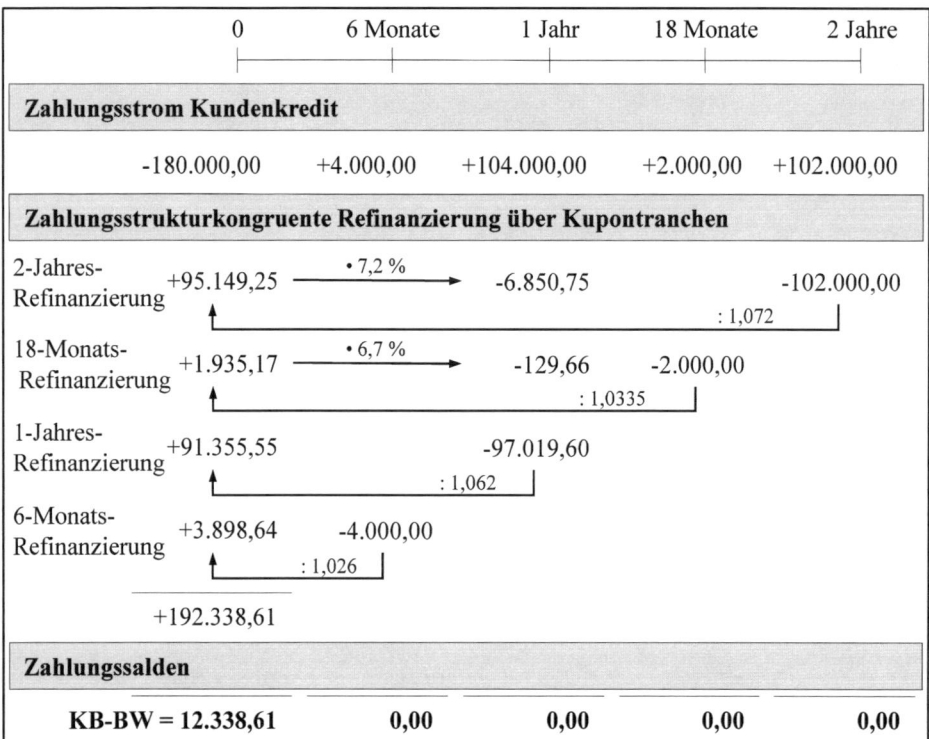

Abb. 103: Direkte Glattstellung des Kundenkredits mithilfe von GKM-Tranchen

Analog zur Vorgehensweise im Falle eines perfekten Geld- und Kapitalmarkts wird zunächst die am weitesten in der Zukunft liegende Zahlung des Kundenkredits durch eine zweijährige Mittelaufnahme zum Briefsatz von 7,2 % neutralisiert. Anschließend wird retrograd unter Beachtung der Zinszahlungen der bereits abgeschlossenen GKM-Tranchen die jeweils noch am weitesten in der Zukunft liegende Kundenzahlung glattgestellt. Dies geschieht so lange, bis alle ausstehenden Zahlungen des Kundenkredits durch die am Interbankenmarkt getätigten Transaktionen kompensiert werden (vgl. Abbildung 103). Für den Zeitpunkt des Geschäftsabschlusses ergibt sich ein Zahlungssaldo von 12.338,61 EUR, der den Konditionsbeitragsbarwert des Kundenkredits darstellt.

Stellt man den auf diese Weise ermittelten Konditionsbeitragsbarwert (= 12.338,61 EUR) dem sich bei einer Glattstellung über synthetische Zerobonds ergebenden Vergleichswert von 12.313,76 gegenüber (vgl. Abbildung 102), wird deutlich, dass beide Varianten zur Neutralisation des Kundenzahlungsstroms nicht äquivalent sind. Deshalb ist zu klären, wo die Unterschiede zwischen den beiden Kalkulations- bzw. Glattstellungsmethoden liegen.

Um die beiden Verfahren vergleichbar zu machen und die konzeptionellen Abweichungen detailliert herausarbeiten zu können, müssen in einem ersten Schritt die in den synthetischen Zerobonds enthaltenen GKM-Tranchen herausgelöst und explizit sichtbar gemacht werden. Zur Glattstellung des Kundenkredits sind, wie aus Abbildung 102 hervorgeht, vier synthetische Zerobonds notwendig.

In dem zweijährigen synthetischen Zerobond ist eine 2-Jahres-Refinanzierung über 95.149,25 EUR und eine 1-Jahres-Anlage in Höhe von 6.475,19 EUR enthalten. Diese beiden Geschäfte bilden den bereits bekannten zweijährigen Zerobond der Refinanzierungsseite ZB-AF(Refinanzierung)[0;2] (88.674,07) und neutralisieren die in zwei Jahren fällige Kundenzahlung von 102.000 EUR. Der 18-Monats-Zerobond (1.812,62) besteht aus einer laufzeitgleichen Refinanzierung (1.935,17 EUR) und einer 1-Jahres-Anlage (122,55 EUR) und kompensiert die nach 18 Monaten erwartete Kundenzahlung. Die zwei Kundenzinszahlungen nach sechs bzw. zwölf Monaten werden entsprechend durch 6- bzw. 12-Monats-Refinanzierungen am Geld- und Kapitalmarkt glattgestellt (vgl. Abbildung 104).

Der wesentliche Unterschied dieser Verfahrensweise im Vergleich zur direkten Kompensation über GKM-Tranchen besteht darin, dass bei Verwendung synthetischer Zerobonds jede Kundenzahlung isoliert und damit unabhängig von den anderen neutralisiert wird. Dagegen wird bei der direkten Glattstellung zunächst die am weitesten in der Zukunft liegende Kundenzahlung durch eine entsprechende GKM-Tranche kompensiert.

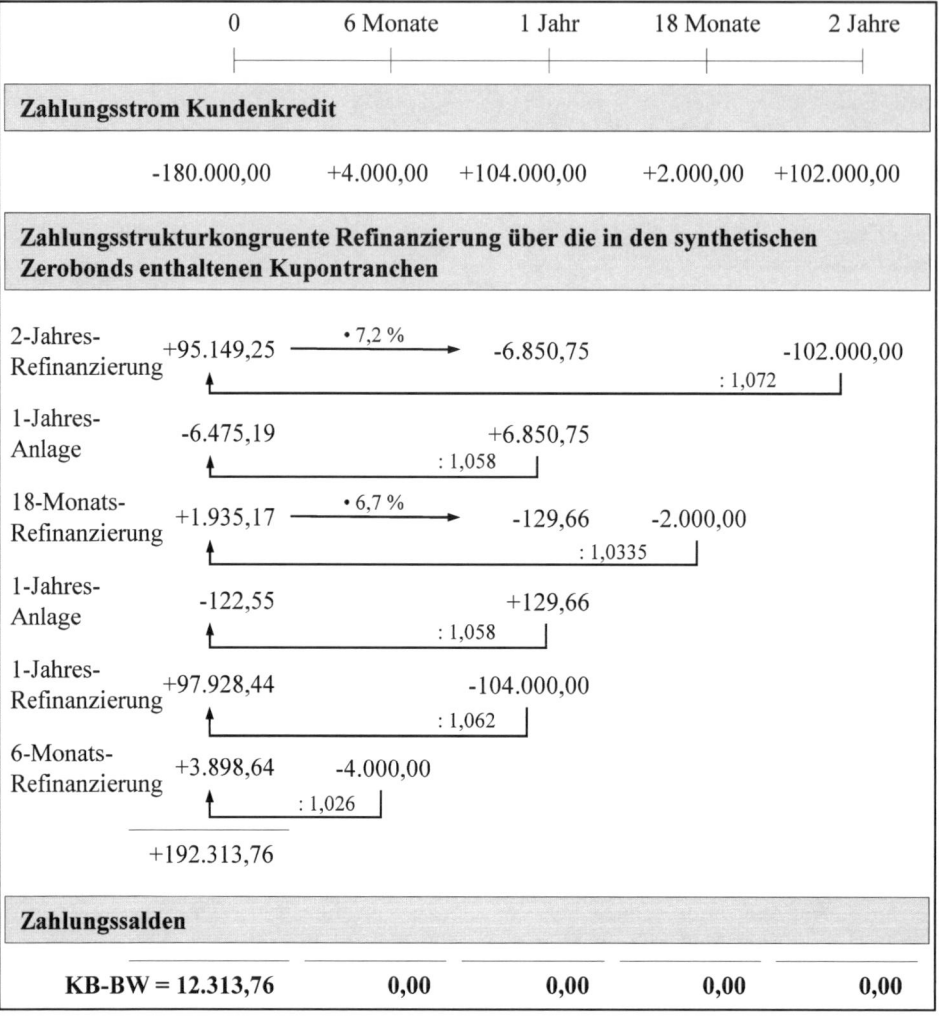

	0	6 Monate	1 Jahr	18 Monate	2 Jahre

Zahlungsstrom Kundenkredit

| -180.000,00 | +4.000,00 | +104.000,00 | +2.000,00 | +102.000,00 |

Zahlungsstrukturkongruente Refinanzierung über die in den synthetischen Zerobonds enthaltenen Kupontranchen

2-Jahres-Refinanzierung +95.149,25 •7,2 % -6.850,75 -102.000,00 : 1,072

1-Jahres-Anlage -6.475,19 +6.850,75 : 1,058

18-Monats-Refinanzierung +1.935,17 •6,7 % -129,66 -2.000,00 : 1,0335

1-Jahres-Anlage -122,55 +129,66 : 1,058

1-Jahres-Refinanzierung +97.928,44 -104.000,00 : 1,062

6-Monats-Refinanzierung +3.898,64 -4.000,00 : 1,026

+192.313,76

Zahlungssalden

| KB-BW = 12.313,76 | 0,00 | 0,00 | 0,00 | 0,00 |

Abb. 104: Explizierung der in den synthetischen Zerobonds enthaltenen GKM-Tranchen

Die anfallenden Zinszahlungen werden mit den in diesen Zeitpunkten fälligen Kundenzahlungen verrechnet. Nur der resultierende (Rest-)Saldo wird neutralisiert (vgl. Abbildung 103). In diesem Fall beeinflussen also bereits abgeschlossene GKM-Geschäfte die noch zur vollständigen Glattstellung des Kundenzahlungsstroms benötigten Interbankentransaktionen. Eine isolierte Neutralisation jeder einzelnen Kundenzahlung ist bei dieser Vorgehensweise nicht gegeben.

Vergleicht man nun die für beide Verfahren notwendigen Geld- und Kapitalmarktgeschäfte, wird deutlich, dass die beiden Methoden im Gegensatz zum Fall des perfekten Markts nicht mehr identisch sind (vgl. Tabelle 50). Hinsichtlich der 6-, 18- und 24-monatigen GKM-Geschäfte besteht im Beispiel Übereinstimmung zwischen den beiden alternativen Vorgehensweisen. Im Bereich der einjährigen Geld- und Kapitalmarktgeschäfte offenbaren sich allerdings Unterschiede. Während im Falle der direkten Glattstellung einmalig 91.355,55 EUR für zwölf Monate refinanziert werden, müssen bei der Verwendung synthetischer Zerobonds einerseits

6.475,19 EUR und 122,55 EUR angelegt, andererseits aber auch 97.928,44 EUR für ein Jahr aufgenommen werden. Dies führt dazu, dass per Saldo 91.330,70 EUR für ein Jahr refinanziert werden (= -6.597,73 EUR + 97.928,44 EUR). Damit werden im Vergleich zur direkten Neutralisation 24,85 EUR weniger refinanziert (= -91.355,55 EUR – (-91.330,70 EUR)). Dieser Differenzbetrag entspricht dem Unterschied zwischen den beiden vorher kalkulierten Konditionsbeitragsbarwerten (= 12.338,61 EUR – 12.313,76 EUR). Die Neutralisation eines Kundengeschäfts mit synthetischen Zerobonds führt also bei Vorhandensein von Geld-Brief-Spannen im Vergleich zur direkten Glattstellung zu abweichenden Ergebnissen.

Laufzeit	Direkte Glattstellung des Kundengeschäfts durch Kupontranchen		Glattstellung des Kundengeschäfts durch synthetische Zerobonds	
	Anlage	Refinanzierung	Anlage	Refinanzierung
6 Monate		3.898,64		3.898,64
12 Monate		91.355,55	-6.475,19	97.928,44
			-122,55	
			-6.597,73	
18 Monate		1.935,17		1.935,17
24 Monate		95.149,25		95.149,25
Summe Gegengeschäfte		192.338,61	-6.597,73	198.911,50
Kundenauszahlung	-180.000,00		-180.000,00	
Konditionsbeitragsbarwert	+12.338,61		+12.313,76	

Tabelle 50: Vergleich der Geld- und Kapitalmarktgeschäfte (Berechnungen mit ungerundeten Zerobond-Abzinsfaktoren und Zwischenergebnissen)

Diese Abweichungen sind letztlich darauf zurückzuführen, dass das mehrfache „Mischen" von GKM-Tranchen (zuerst Konstruktion von Zerobonds, anschließend Neutralisation der Kundenzahlungen) mehr kostet als die direkte Mischung der Kupontranchen. Im Beispiel tauchen in der Laufzeitkategorie von einem Jahr nämlich GKM-Tranchen auf der Aktiv- und der Passivseite mit unterschiedlichen Laufzeitzinssätzen auf, die sich allerdings nicht kostenfrei wegsaldieren lassen.

Im Ergebnis bleibt festzuhalten, dass im Falle gespaltener Geld- und Kapitalmarktsätze der Einsatz von Zerobond-Abzinsfaktoren zu suboptimalen Ergebnissen führt. Die Identität der alternativ berechneten Konditionsbeitragsbarwerte kann allenfalls ein Zufallsergebnis sein. Werden hingegen die existierenden Geld-Brief-Spannen am Geld- und Kapitalmarkt kleiner, so nähern sich auch die beiden vorgestellten Kalkulationsverfahren in ihrem Ergebnis aneinander an.

Für den Einsatz von Zerobond-Abzinsfaktoren spricht, trotz der angesprochenen Suboptimalität der Ergebnisse, die rechnerische Einfachheit des Verfahrens. Nachdem in einem ersten Schritt die Abzinsfaktoren kalkuliert wurden, lassen sich diese auf jedes neu hereingenommene Kundengeschäft anwenden. Der Vorteil der vereinfachten Kalkulation spielt im Zeitalter der elektronischen Datenverarbeitung aber nur noch eine untergeordnete Rolle.

In der Praxis scheint sich allerdings das Verfahren der **zahlungsstromorientierten direkten Glattstellung** durchzusetzen, da dieses Konzept die potenziell von der Zentraldisposition zu tätigenden Transaktionen adäquat abbildet. So wird das Treasury für den Fall der Glattstellung eines neu akquirierten Kundengeschäfts eher den direkten Weg über am Markt verfügbare GKM-Tranchen beschreiten, als zunächst synthetische Zerobonds zu kalkulieren, um diese anschließend entsprechend der Kundenzahlungsreihe zu realisieren. Aber auch wenn es keine Glattstellung vornimmt, erscheint die direkte Kalkulation des Konditionsbeitragsbarwerts sinnvoll, da genau der Barwert quantifiziert wird, den das Treasury realisieren könnte. Diese Ergebnisgröße stellt somit eine Art „Benchmark" dar, an der sich die Zentraldisposition messen lassen muss, insbesondere dann, wenn sich der Konditonsbeitragsbarwert durch bewusstes Offenlassen der Position nachträglich verändert.

Die Frage, welches der beiden vorgestellten Kalkulationsverfahren letztlich zum Einsatz kommt, sollte situationsbedingt beantwortet werden. Es ist mithin abzuwägen, ob im Sinne einer exakten Quantifizierung des Erfolgsbeitrags eines Kundengeschäfts auf die direkte Neutralisation der Kundenzahlungen oder, um eine möglichst einfache Vorgehensweise zu gewährleisten, auf die (indirekte) Kalkulation mithilfe von Zerobond-Abzinsfaktoren zurückgegriffen wird.

b) Integration von Liquiditätskosten

Die regulatorischen Anforderungen an Kreditinstitute haben sich seit der Finanzkrise 2007/ 2008 hinsichtlich der Steuerung der Liquidität und des Liquiditätsrisikos deutlich erhöht. Im Rahmen der vierten Novelle der Mindestanforderungen an das Risikomanagement vom Dezember 2012 wird ein Liquiditätstransferpreissystem zur verursachungsgerechten internen Verrechnung von Liquiditätskosten, -erträge und -risiken gefordert. Daher muss nun die Integration der Liquiditätskosten in die Marktzinsmethode thematisiert werden. Die Liquiditätsspreads sind seit der Finanzkrise auf einem hohen Niveau. Zudem zeichnen sie sich durch eine erhöhte Volatilität aus. In den Liquiditätskosten inbegriffen sind die Aufschläge eines Kreditinstituts für Geldaufnahme und -anlage. Nicht zuletzt deshalb ist das hier vorgestellte Konzept dem der Anwendung von gespaltenen Geld- und Kapitalmarktsätzen sehr ähnlich. Im Fokus steht die Aufspaltung des Strukturbeitrags.

Voraussetzung für die Messung und Steuerung der Liquiditätskosten ist die Aufspaltung des Strukturbeitrags. Dieser spiegelt die Fristentransformation wider und kann in ein Zins- und Liquiditätsfristentransformationsergebnis zerlegt werden. Notwendig dazu ist die Aufspaltung des Opportunitätszinssatzes in zwei Komponenten. Diese sind zum einen der risikolose Basiszins entsprechend der Zinsbindung des Einzelgeschäfts und zum anderen der Liquiditätsspread, dem die Kapitalbindung des Einzelgeschäfts zugrunde liegt und der den institutseigenen refinanzierungsspezifischen Credit Spread beinhaltet.

Als Credit Spread wird die Zinsdifferenz zwischen einem risikobehafteten und einem risikolosen Geschäft verstanden. Beispielsweise können als risikolose Geschäfte Triple-A geratete Staatsanleihen wie die Anleihen der Bundesrepublik Deutschland angesehen werden. Alternativ kann als Vergleichsmaßstab der Zins-Swap-Satz herangezogen werden. Dieser beinhaltet ein geringes Ausfallrisiko, da lediglich die Zinszahlungen bedroht sind. Liquiditätsspreads stellen potenzielle Änderungen der Refinanzierungskosten eines Kreditinstituts durch die Veränderung der hauseigenen Refinanzierungskurve dar. Vielfach werden daher Credit Spread und Liquiditätsspread als Begriff synonym verwendet.

Abbildung 105 zeigt die verschiedenen Ergebniskomponenten der modifizierten Marktzinsmethode. Zur vollständigen Erfassung der Ergebnisse sind alle bilanziellen und außerbilanziellen Positionen aufzuführen. Darüber hinaus sind den jeweiligen Positionen Opportunitätszinssätze aus Zins- und Liquiditätsbindungsperspektive zuzuordnen. Vergleichbar zu den vorherigen Ausführungen kann ein dem Markt zuzurechnenden Ergebnis, der Konditionsbeitrag, ermittelt werden. Das Pendant hierzu sind bei Eigengeschäften Credit Spreads. Sie entsprechen dem Preis für das Adressrisiko des jeweiligen Emittenten. Aggregiert über alle Geschäfte und Positionen ergeben sich die gesamtbankbezogenen Erfolgsgrößen. Aus den sonstigen Aktiva und Passiva sowie dem Eigenkapital resultiert das kalkulatorische Zinsergebnis der übrigen Positionen, welches in der Summe die ersparten Refinanzierungsaufwendungen aus sonstigen Passiva und die entgangenen Zinserträge aus sonstigen Aktiva umfasst.

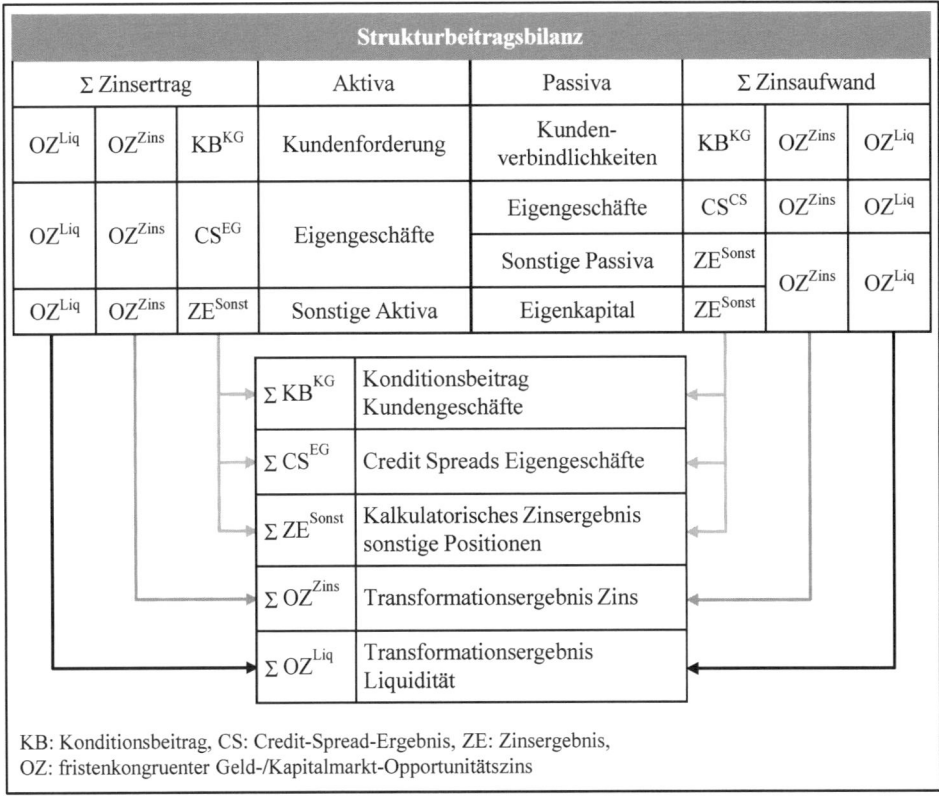

Abb. 105: Ergebniskomponenten unter Berücksichtigung von Liquiditätsspreads

Der Struktur- bzw. Fristentransformationsbeitrag kann in einen Zins- und Liquiditätsbestandteil aufgespalten werden. Dem jeweiligen Einzelgeschäft sind einerseits der zinsbindungskongruente Teil des Opportunitätszinssatzes, der Basiszins, und andererseits der kapitalbindungskongruente Opportunitätszinssatz, der Liquiditätsspread, zuzuordnen. Im Vergleich mit dem Alternativ- oder Gegengeschäft kann sowohl das Transformationsergebnis Zins als auch das

Transformationsergebnis Liquidität bestimmt werden. Aggregiert über alle Positionen hinweg ist eine Ausweisung des Transformationsergebnisses Zins und Liquidität möglich. So lässt sich der Strukturbeitrag in zwei Komponenten zerlegen. Es existieren demnach zwei unterschiedliche Ausprägungen der Fristentransformation. Diese sind zum einen die Zinsbindungstransformation als Ergebnis der Zinsbindungsunterschiede zwischen Aktiv- und Passivpositionen inkl. Derivate, und zum anderen die Liquiditätsfristentransformation. Diese spiegelt die Summe der Liquiditätsspreads aller bilanziellen und außerbilanziellen Positionen wider und zeigt die Kapitalbindungsunterschiede zwischen Aktiva und Passiva.

Durch diese Aufspaltung des Strukturbeitrags können sämtliche zentralen Ergebnis-/Risikotreiber des Zinsüberschusses und hier im Speziellen des Strukturbeitrags transparent gemacht werden. Auf dieser Grundlage können die Werttreiber identifiziert und mit Markterwartungen und Risikoneigungen abgeglichen werden. Die wesentlichen institutsspezifischen Einflussgrößen für die Ergebnisentwicklung sind die Bilanzstruktur (Anteile der Kunden- und Eigengeschäfte), die Fälligkeitsstruktur (Cashflows aus Zins- und Liquiditätsbindungssicht) sowie das Ausmaß an gedeckter und ungedeckter Refinanzierung und Mittelanlage (Nutzungsgrad von Pfandbriefen).

Durch die Integration der Liquiditätskosten in die Marktzinsmethode soll einerseits eine höhere Transparenz erzielt und andererseits eine verbesserte Informationsbasis für Steuerungsentscheidungen geliefert werden. Dabei bleibt die Fixierung der „richtigen" Liquiditätsaufschläge bzw. -spreads eine Herausforderung. Denn diese sollten einerseits auf marktorientierten, institutsindividuellen Liquiditätspreisen basieren. Andererseits sollten die intern verrechneten Liquiditätskosten und -erträge den aktuellen Wert der Liquidität eines Kreditinstituts aus deren Perspektive wiedergeben. Folglich werden die Transferpreise der Verhaltenssteuerungsfunktion als einer weiteren Anforderung an die Einzelgeschäftskalkulation gerecht.

Gemäß der Festlegung, dass Credit Spreads und Liquiditätsspreads identisch sind, müsste die Ermittlung von Liquiditätsspreads analog zu den Credit Spreads erfolgen. Es hat sich jedoch in dynamischen Märkten gezeigt, dass fixe, anhand der Bonität eines Kreditinstituts bemessene Aufschläge sich als unzureichend erwiesen haben. Darüber hinaus wären die Bilanzstruktur und die sich daraus ergebenden Dispositionserfordernisse zu berücksichtigen. Folglich muss sichergestellt werden, dass die kalkulatorischen Verrechnungssätze realisierbar sind und eine Steuerung somit machbar ist. Möglich wäre eine regelmäßige Fixierung der Liquiditätsaufschläge mithilfe des klassischen, ebenfalls bereits dargestellten Engpassprinzips. Voraussetzung für diesen Lösungsansatz ist die Definition einer Zielbilanzstruktur unter Berücksichtigung der strategischen Ausrichtung des Kreditinstituts. Wahrscheinlich ist die Zielbilanzstruktur vieler Kreditinstitute durch das klassische Retailgeschäft geprägt. Einerseits sind die Geschäfte Liquiditätsabnehmer (Kreditgeschäft). Andererseits stellen sie Liquidität bereit (Einlagengeschäft). Abgeleitet aus der Zielbilanzstruktur kann der angestrebte Liquiditätsüberhang absolut oder relativ im Verhältnis zum Gesamtgeschäftsvolumen bestimmt werden. Somit kann ein Abgleich zwischen dem aktuellen und dem angestrebten Liquiditätsüberhang erfolgen. Daraus resultiert ein Indikator für die Anpassung und die Anpassungsrichtung der Liquiditätsaufschläge.

In Abbildung 106 wird eine Situation dargestellt, in der ein Liquiditätsüberhang angestrebt wird. Szenario 1 weist einen geringeren Liquiditätsüberschuss gegenüber dem strategischen Zielwert bzw. einen Liquiditätsmangel auf. In diesem Fall sind die Liquiditätsaufschläge zu erhöhen, sodass die Kreditmargen ceteris paribus sinken.

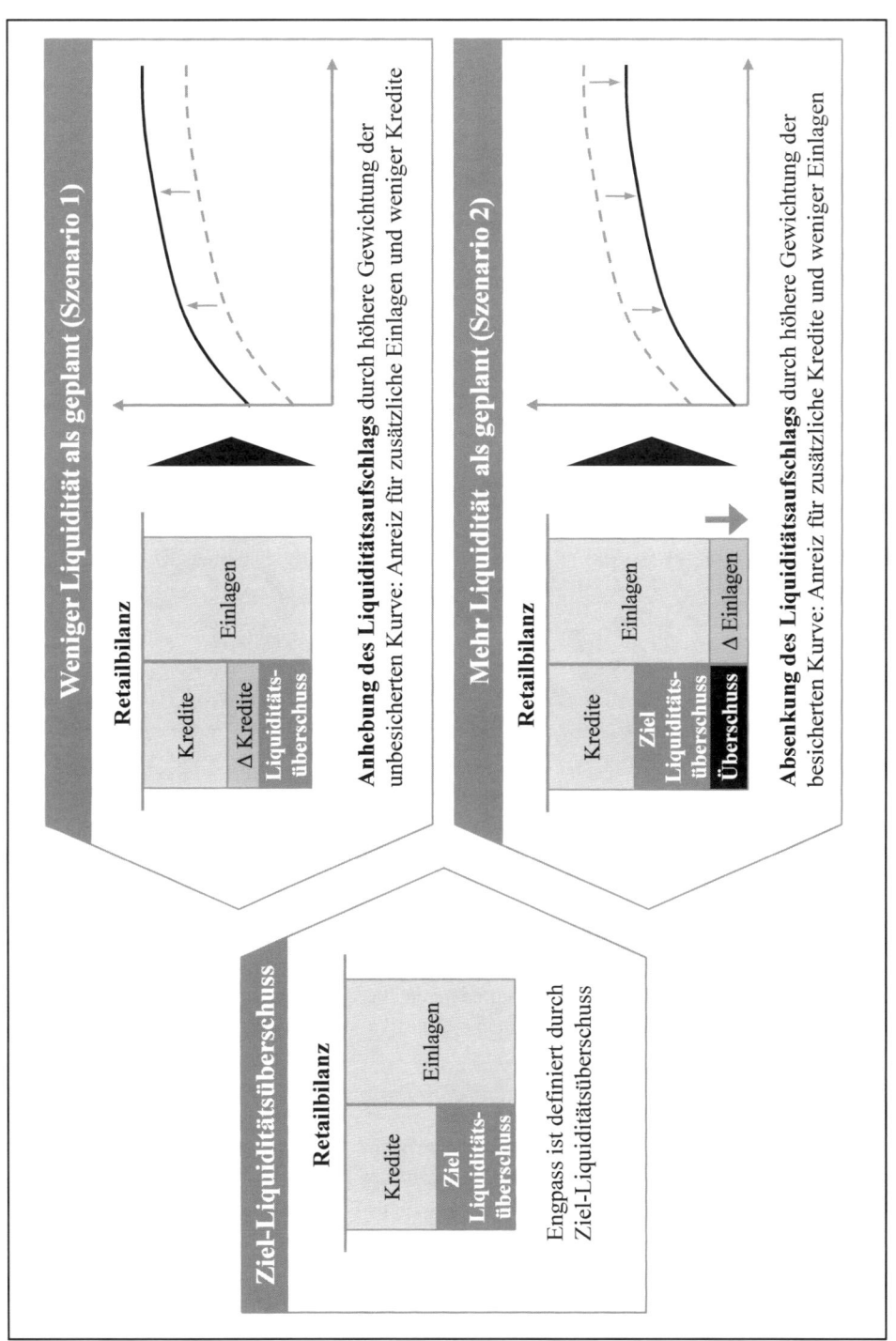

Abb. 106: Anwendung des Engpassprinzips bei unterschiedlichen Bilanzstrukturen

Damit reduziert sich der Anreiz für den Vertrieb, weitere Kredite abzuschließen. Für die Einlagen als Liquiditätsbereitsteller bedeutet dies, dass sich die Einlagenmargen ceteris paribus erhöhen. So ist ein Anreiz für den Vertrieb geschaffen, das Einlagengeschäft zu forcieren. Wird diese Anpassung nicht vorgenommen, so würden ggf. weitere Kredite zu einem Transferpreis abgeschlossen, der für die Zentraldisposition nicht realisierbar wäre. Denn die Kreditopportunitäten existieren am Markt nicht.

Szenario 2 stellt die entgegengesetzte Situation dar. Es liegt ein Liquiditätsüberhang vor. Folglich sind die Liquiditätsaufschläge zu senken. Dadurch erhöhen sich ceteris paribus die Kreditmargen und es entsteht für den Vertrieb ein Anreiz, Kredite zu vergeben. Die Margen der Einlagen verringern sich ceteris paribus, und es entsteht ein erhöhter Vertriebsanreiz, Einlagen abzuschließen. Die Festlegung dieser Liquiditätsaufschläge sollte nicht willkürlich vorgenommen werden, sondern im Rahmen eines transparenten und regelbasierten Prozesses. Die zu Beginn geforderte Marktorientierung kann gewährleistet werden, indem die institutsindividuellen gedeckten und ungedeckten Liquiditätsaufschläge am Geld- und Kapitalmarkt als Unter- bzw. Obergrenze der intern zu verrechnenden Liquiditätsaufschläge festgelegt werden. Die intern zu verrechnenden Liquiditätsaufschläge werden abhängig von der Abweichung vom in der Zielbilanzstruktur festgelegten Liquiditätsüberhang als Unter- und Obergrenze gewichtet. Wenn gewisse Schwellenwerte überschritten werden, sind die Gewichtungsfaktoren zu verändern, um die gewünschten Anreize zu bewirken.

Vorteilhaft an diesem Modell ist zudem die Verknüpfung der strategischen Vertriebsaktivitäten mit der Liquiditätssituation des Kreditinstituts. Denn durch das engpassbasierte Transferpreiskonzept werden die Aktivitäten des Vertriebs beeinflusst. Es ersetzt nicht die klassischen Instrumente der Vertriebssteuerung, kann jedoch als ergänzendes Konzept herangezogen werden.

c)   Kalkulation von Bankgeschäften mit nicht deterministischen Geschäftsverläufen

(1)   Bewertung von Bankgeschäften mit unsicheren Zahlungsströmen

Die bislang im Rahmen der Ausführungen zum Barwertkalkül vorgestellten Verfahren und Konzepte zur Ermittlung bzw. Verrentung des Konditionsbeitragsbarwerts eines Bankgeschäfts wurden stets anhand von Kreditengagements mit Festzinsvereinbarung über die gesamte Geschäftslaufzeit illustriert. Zudem war aufgrund der vereinbarten Tilgungsmodalitäten auch die Kapitalbindung im Zeitpunkt des Geschäftsabschlusses bekannt. Dies hatte zur Konsequenz, dass der Zahlungsstrom der jeweils betrachteten Geschäfte im Kontrahierungszeitpunkt für die kalkulierende Bank feststand. In der Praxis existiert für ein Finanzinstitut allerdings eine Vielzahl von Geschäften, deren Zahlungsreihen im Abschlusszeitpunkt als unsicher und somit im Zeitablauf als variabel anzusehen sind. Im Folgenden wird erklärt, wie sich derartige Geschäfte mithilfe der Marktzinsmethode bewerten lassen.

Die Marktzinsmethode basiert im Periodenmodell auf dem Prinzip der marktbezogenen Duplikation des zu bewertenden Geschäfts (vgl. S. 92 ff.). Diese Vorgehensweise gewährleistet, dass die Vorteilhaftigkeit des jeweils kalkulierten (Kunden-)Geschäfts gegenüber einem qualitätsgleichen Geld- und Kapitalmarktgeschäft in Form einer periodischen Marge oder dem Konditionsbeitragsbarwert abgebildet werden kann. Voraussetzung ist allerdings die Kenntnis des Zahlungsstroms im Bewertungszeitpunkt. Gerade dies ist bei einer Reihe von Bankprodukten jedoch nicht gegeben. Als Ursache für die Unsicherheit von Zahlungsströmen lassen sich grundsätzlich drei Gründe identifizieren. Entweder werden Geschäfte **ohne Festzinsvereinbarung** abgeschlossen oder **die Kapitalbindung** ist zu Beginn der Laufzeit **nicht eindeutig festgelegt**. Darüber hinaus existieren aber auch **Produktmerkmale, die ihrem Wesen nach Optionsrechten entsprechen** und dafür verantwortlich sind, dass der Zahlungsstrom eines Geschäfts vom Eintritt bestimmter zukünftiger Umweltszenarien abhängt und somit ex ante unsicher ist. Zu nennen wären hier beispielsweise mit dem Kunden vereinbarte (vorzeitige) Kündigungsrechte oder Zinsbegrenzungsklauseln im variabel verzinslichen Geschäft. Aber auch die in der jüngeren Vergangenheit immer populärer gewordenen strukturierten Anlageprodukte wie z. B. GROIs (GROI = Guarenteed Return on Investment) oder TOROs (TORO = Title or Return Option) weisen Optionscharakteristika auf, sodass auch deren Zahlungsströme zustandsabhängig und damit ex ante unsicher sind.

Die sich aus den genannten Gründen ergebende Variabilität des Zahlungsstroms von bestimmten Bankgeschäften führt dazu, dass deren Bewertung mithilfe der Marktzinsmethode nicht mehr so problemlos durchzuführen ist wie bei Geschäften mit deterministischen Zahlungsreihen. In der Folge soll daher die Bewertung unsicherer Zahlungsströme mithilfe des Barwertkonzepts der Marktzinsmethode und der Optionspreistheorie als Instrumentarium zur Bewertung von zustandsabhängigen Produktmerkmalen verdeutlicht werden.

(a) Behandlung variabel verzinslicher Kundengeschäfte

Die Bewertung variabel verzinslicher Bankgeschäfte nimmt, wie bereits bei der Darstellung der Margenkalkulation verdeutlicht, eine gewisse Sonderstellung innerhalb der Marktzinsmethode ein, da die am Geld- und Kapitalmarkt verfügbaren Geschäfte i. d. R. nicht die Vielfalt der im Kundengeschäft vorhandenen Ausgestaltungsmodalitäten aufweisen. In der Margenkalkulation wurde deshalb für variabel verzinsliche Bankgeschäfte des Typs IIa/b das Konzept des elastizitätsorientierten Bewertungszinses entwickelt (vgl. S. 98 ff.). Dieses Konzept wird nunmehr auch auf das Barwertkalkül der Marktzinsmethode übertragen. Dadurch wird erreicht, dass sich ein konkret zu bewertendes variabel verzinsliches Kundengeschäft sowie das entsprechend konstruierte Gegengeschäft in ihrer Zinsreagibilität analog verhalten und damit im gleichen (absoluten) Ausmaß auf Veränderungen des Tagesgeldzinssatzes reagieren. Die für die Konstruktion des Geld- und Kapitalmarkt-Gegengeschäfts notwendige Zinsanpassungselastizität der Kundenkondition lässt sich auf der Basis statistischer Zeitreihenanalysen empirisch schätzen. Aufgrund des identischen Zinsanpassungsverhaltens des Kundengeschäfts und des elastizitätsorientierten GKM-Gegengeschäfts lässt sich eine von Marktzinsveränderungen unabhängige, stabile Zinsüberschusszahlungsreihe generieren, die mithilfe der bereits bekannten Zerobond-Abzinsfaktoren zum Konditionsbeitragsbarwert des Geschäfts verdichtet werden kann.

Dementsprechend würde zur Bewertung eines zweijährigen variabel verzinslichen Kundenkredits mit vierteljährlichen Zinsterminen und jährlicher Ratentilgung, dessen Kondition eine Elastizität von 0,6 aufweist, eine Refinanzierung aus Geld- und Kapitalmarktgeschäften konstruiert, die in diesem Fall zu 60 % des Volumens aus 3-Monats-Geld und zu 40 % aus Festzinsgeschäften besteht. Dabei weist die gesamte GKM-Refinanzierung den gleichen Kapitalbindungsverlauf auf wie das Kundengeschäft. Das auf diese Weise konstruierte Gegengeschäft ist am Geld- und

Kapitalmarkt realisierbar und ermöglicht demnach der Zentraldisposition, das Kundengeschäft im Kontrahierungszeitpunkt sofort glattzustellen (vgl. Abbildung 107).

Schließt die Zentraldisposition die in Abbildung 107 dargestellten GKM-Gegengeschäfte tatsächlich ab, können Veränderungen der sich ergebenden Zinsüberschusszahlungsreihe nur noch dann auftreten, wenn die Kundenkondition bei verändertem Zinsniveau nicht entsprechend der angenommenen Elastizität angepasst werden kann. In diesem Fall entsteht eine **Elastizitätsinkongruenz** zwischen dem Kundengeschäft und der Glattstellungsstrategie, die für die Veränderung der ursprünglich kalkulierten Zinsüberschusszahlungsreihe verantwortlich ist.

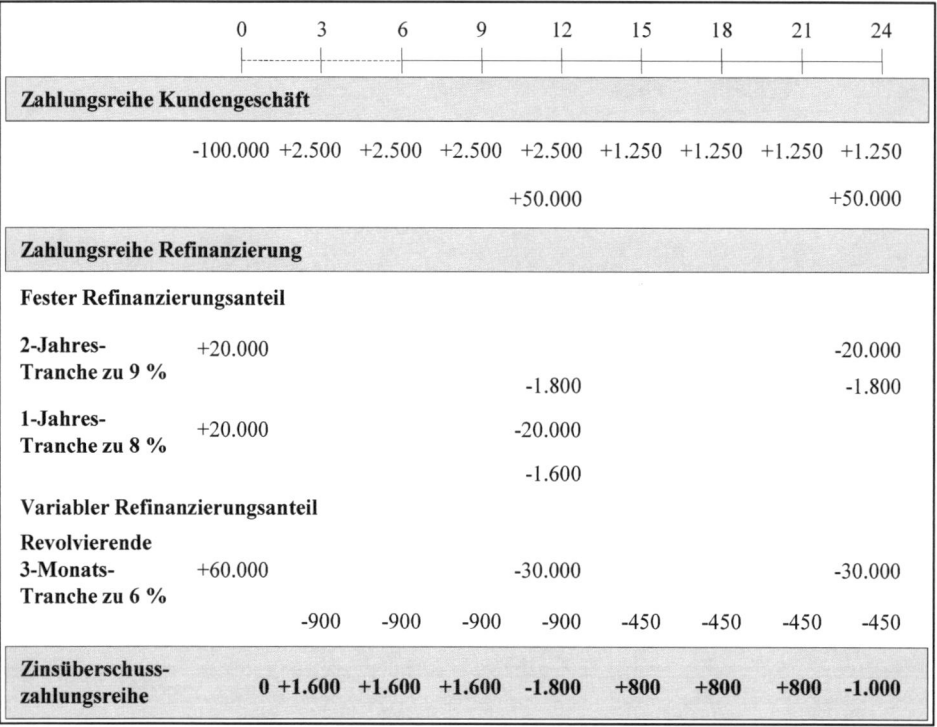

Abb. 107: Kalkulation der Zinsüberschusszahlungsreihe bei ursprünglichem Zinsniveau

Im Weiteren sollen die Auswirkungen eines Zinsanstiegs im zweiten Laufzeitjahr näher betrachtet werden. Dabei wird unterstellt, dass der 3-Monats-Zins von 6 % auf 8 % steigt. Um nun auch weiterhin den ursprünglich kalkulierten Zinsüberschuss zu erzielen, müsste die Kundenkondition um 1,2 % (= 0,6 · 2 %) heraufgesetzt werden. Häufig sind jedoch solche Zinserhöhungen – insbesondere wegen der verschärften Wettbewerbssituation auf dem Finanzsektor oder der unterschiedlichen Preiselastizitäten verschiedener Kundengruppen – nicht durchsetzbar. In solchen Fällen tritt der beschriebene Effekt der Elastizitätsinkongruenz zwischen Kundenkredit und GKM-Refinanzierung auf. Wie sich dieser Effekt konkret auswirkt, lässt sich anhand der Abbildung 108 für das Beispiel nachvollziehen.

Aufgrund der gestiegenen Zinsbelastung für die variabel verzinslichen Refinanzierungsgelder in Höhe von 30.000 EUR resultiert bei Konstanz der Zinszahlungen aus dem Kundengeschäft ein

Anstieg der Zinsaufwendungen um jeweils 150 EUR pro Quartal (= 2 % · 0,25 · 30.000 EUR) des zweiten Jahres. Diese Minderung des Zinsüberschusses ist auf die fehlende Möglichkeit zur Weitergabe der gestiegenen Marktzinssätze an den Kreditnehmer zurückzuführen.

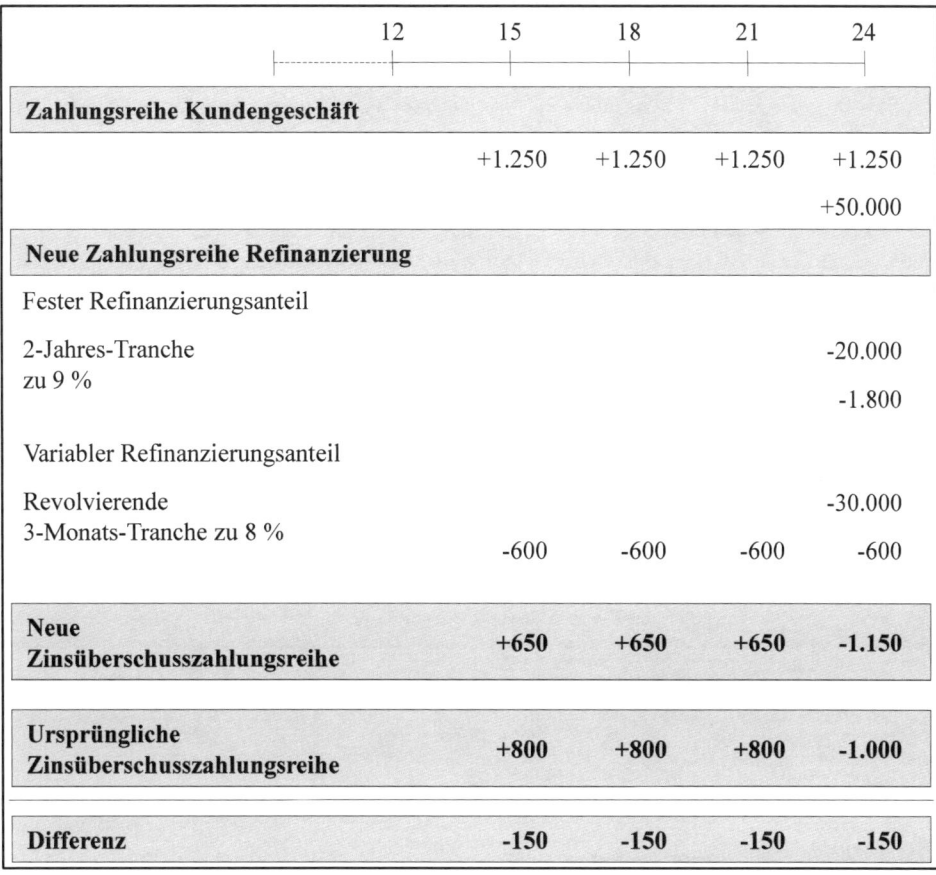

Abb. 108: Kalkulation des Zinsüberschussverlustes im zweiten Jahr bei verändertem Zinsniveau

(b) Erfassung unbekannter Kapitalverläufe in der Produktkalkulation

Ein im Vergleich zu dem oben diskutierten variabel verzinslichen Kundenkredit komplexeres Bewertungsproblem ergibt sich für Geschäfte, die sowohl hinsichtlich der Zinsbindung als auch der Kapitalbindung unbestimmt sind. Bei diesen Geschäften sind nicht nur die im Zeitablauf variablen Zinszahlungen für den ex ante unsicheren Zahlungsstrom verantwortlich, sondern es besteht zusätzlich keine Klarheit darüber, welche Kapitalbeträge während der Geschäftslaufzeit mit welcher Fristigkeit gebunden sind.

Geschäfte, die im Kontrahierungszeitpunkt eine unsichere Kapitalbindung aufweisen, sind für die Bankkalkulation keineswegs ungewöhnlich. Im Aktivgeschäft einer Bank stellen die Kontokorrentkredite den bedeutendsten Geschäftstyp dar, der die oben angesprochenen Produktcharakteristika aufweist. Im Einlagengeschäft wären Spar- oder Sichteinlagen zu nennen.

Aufgrund der im Kontrahierungszeitpunkt unbekannten Zahlungsreihe der oben beschriebenen Bankprodukte wird die Ermittlung von Konditionsbeitragsbarwerten im Rahmen der Marktzinsmethode erheblich erschwert. Die verwendete Vorgehensweise wird anhand der Kontokorrentkredite exemplarisch dargestellt. Hierzu bedarf es neben der Festlegung einer Zinsanpassungselastizität zur Erfassung der Zinsreagibilität der Kundenkondition auch der Vorgabe einer Ablauffiktion hinsichtlich der gebundenen Kapitalvolumina. Dieser auf Basis vergangenheitsorientierter Analysen der Position „Kontokorrentkredite" ermittelte fiktive Kapitalverlauf dient als Approximation für die ex ante unbekannte tatsächliche Kapitalbindung. Auf Basis dieser Prämissen lässt sich der Zahlungsstrom der Kontokorrentkredite zunächst unter der Annahme unveränderter Marktzinssätze bestimmen.

Es wird ein Kontokorrentkredit über 100.000 EUR betrachtet, der bei einer Elastizität von 0,8 einen anfänglichen Effektivzins von 14 % aufweist. Hinsichtlich der zukünftigen Kapitalbindung nimmt die Bank an, dass nach erfolgter Auszahlung 20 % des Kreditbetrags nach einem Monat, die nächsten 20 % nach zwei Monaten, weitere 20 % nach drei und sechs Monaten und der Restbetrag nach einem Jahr zurückgezahlt werden. Die für die Kalkulation relevanten Geld- und Kapitalmarktsätze bzw. die korrespondierenden Zerobond-Abzinsfaktoren sind der Tabelle 51 zu entnehmen.

Laufzeit (LZ)	Geld- und Kapitalmarktzins	Zerobond-Abzinsfaktor ZB-AF[0;LZ]
1 Tag	3,00 %	0,99992
1 Monat	4,00 %	0,99668
2 Monate	4,25 %	0,99297
3 Monate	4,50 %	0,98888
6 Monate	5,00 %	0,97561
9 Monate	5,50 %	0,96038
12 Monate	6,00 %	0,94340

Tabelle 51: Aktuelle Geld- und Kapitalmarktzinssätze bzw. Zerobond-Abzinsfaktoren

Neben den aus der **Ablauffiktion** abgeleiteten Tilgungszahlungen müssen im Kundenzahlungsstrom auch die quartalsweise belasteten Zinsaufwendungen des Kunden berücksichtigt werden. Diese lassen sich auf einfache Art und Weise über eine Zinsstaffelrechnung ermitteln. Addiert man die Zahlungsreihe des Kapitalverlaufs und der Zinsen zusammen, so erhält man die geplante Kundenzahlungsreihe (vgl. Abbildung 109).

Die **Konstruktion der Zahlungsreihe des GKM-Gegengeschäfts** erfolgt nun auf Basis der angenommenen Elastizität der Kundenkondition. 80 % der Marktrefinanzierung bestehen aus einem variabel verzinslichen Anteil, die verbleibenden 20 % werden dagegen durch den Festzinsanteil gebildet. Bei der Festlegung des Festzinsanteils ist zudem zu berücksichtigen, dass während des Laufzeitjahres insgesamt fünf Tilgungen auftreten. Demzufolge müssen im Festzinsteil der GKM-Refinanzierung ebenfalls fünf Tranchen gebildet werden, um für die Refinanzierung über die gesamte Laufzeit die gleiche Kapitalbindung wie die des Kundengeschäfts zu gewährleisten. Der 20%ige Festzinsanteil bei einem Kreditvolumen von 100.000 EUR insgesamt 20.000 EUR wird somit zu je 4.000 EUR auf eine ein-, zwei-, drei-, sechs- und zwölfmonatige GKM-Tranche verteilt. Der variable Teil der GKM-Refinanzierung in Höhe von

80.000 EUR wird dagegen in Form von revolvierenden Monatsgeschäften abgeschlossen. Damit wird implizit unterstellt, dass die Bank Anpassungen in der Kundenkondition lediglich monatlich, z. B. mit dem Versand der Kontoauszüge, vornehmen kann. Diese Vorgehensweise erscheint im Hinblick auf die gängige Marktpraxis gerechtfertigt. Zu beachten ist im variablen Block der Refinanzierung, dass dieser, ähnlich wie der Festzinsteil, dem Kapitalverlauf des Kundengeschäfts folgt. Das Monatsgeld muss entsprechend zu jedem angenommenen Tilgungstermin des Kunden reduziert werden. Abbildung 109 zeigt die notwendigen Geld- und Kapitalmarktgeschäfte der Refinanzierung.

Saldiert man Kunden- und Refinanzierungszahlungsreihe, führt dies zur Zinsüberschusszahlungsreihe. In ihr finden sich die periodischen Zinsüberschüsse wieder, die der Kontokorrentkredit gegenüber einer alternativen GKM-Refinanzierung unter der Voraussetzung erwirtschaftet, dass die beiden Prämissen bezüglich Ablauffiktion und Zinsanpassungselastizität tatsächlich zutreffen. Durch Verbarwertung der Zinsüberschusszahlungsreihe erhält man schließlich den gesuchten Konditionsbeitragsbarwert des Kontokorrentkredits, der im Beispiel 3.801,73 EUR beträgt.

Aus dem Konstruktionsprinzip des Gegengeschäfts am Geld- und Kapitalmarkt wird deutlich, dass sowohl die Zinsanpassungselastizität der Kundenkondition als auch die unterstellte Ablauffiktion die Salden in der Zinsüberschusszahlungsreihe und damit die Höhe des Konditionsbeitragsbarwerts determinieren. Hinsichtlich des Einflusses unterschiedlich hoher Zinsanpassungselastizitäten gilt, dass bei konstanter Ablauffiktion und normal geneigter Zinsstruktur eine Erhöhung (Reduktion) der unterstellten Zinsanpassungselastizität zu einer Erhöhung (Reduktion) des Konditionsbeitragsbarwerts führt. Da bei hoch elastischen Geschäften der Zinsbindungsaspekt über die höhere Elastizität stärker im GKM-Gegengeschäft gewichtet wird als der Kapitalbindungsaspekt, gehen die niedrigeren Zinssätze am kurzen Ende der Zinsstrukturkurve stärker in die GKM-Refinanzierung ein und führen damit zu höheren Werten im Konditionsbeitragsbarwert.

Zu fragen ist des Weiteren, ob und wenn ja, welche Konsequenzen Marktzinsänderungen für den ursprünglich quantifizierten Konditionsbeitragsbarwert nach sich ziehen, wenn sowohl die Ablauffiktion als auch die unterstellte Elastizität für die Laufzeit des Geschäfts zutreffen. Für den Kontokorrentkredit mit ex ante unbekannter Kapitalbindung wirkt sich eine während der Laufzeit des Geschäfts eintretende Marktzinsveränderung einerseits gemäß der vorgegebenen Elastizität zu 80 % auf die Kundenkondition aus. Andererseits wird dadurch auch der variable Teil der Refinanzierung, das 1-Monats-Geld, tangiert. Aufgrund der abweichenden Zinszahlungstermine im Kundengeschäft und dem variablen Teil der Refinanzierung verändert sich jedoch die ursprünglich ermittelte Zinsüberschusszahlungsreihe. Während beim Kontokorrentkredit erst nach drei Monaten Zinsen zu zahlen sind, fallen in der Refinanzierung monatlich Zinszahlungen an. Die Verschiebungen der Zinszahlungszeitpunkte sind verantwortlich für die nachträgliche Veränderung des ursprünglichen Konditionsbeitragsbarwerts. Dies darf jedoch nicht zulasten der Marktbereiche gehen, da diese die Zinsänderung gemäß der vorab festgelegten Elastizität an den Kunden weitergegeben haben. Die auftretenden Differenzbeträge sind vielmehr der Zentraldisposition zuzurechnen, die damit letztlich die Verantwortung für die unterschiedlichen Zinszahlungszeitpunkte übernimmt.

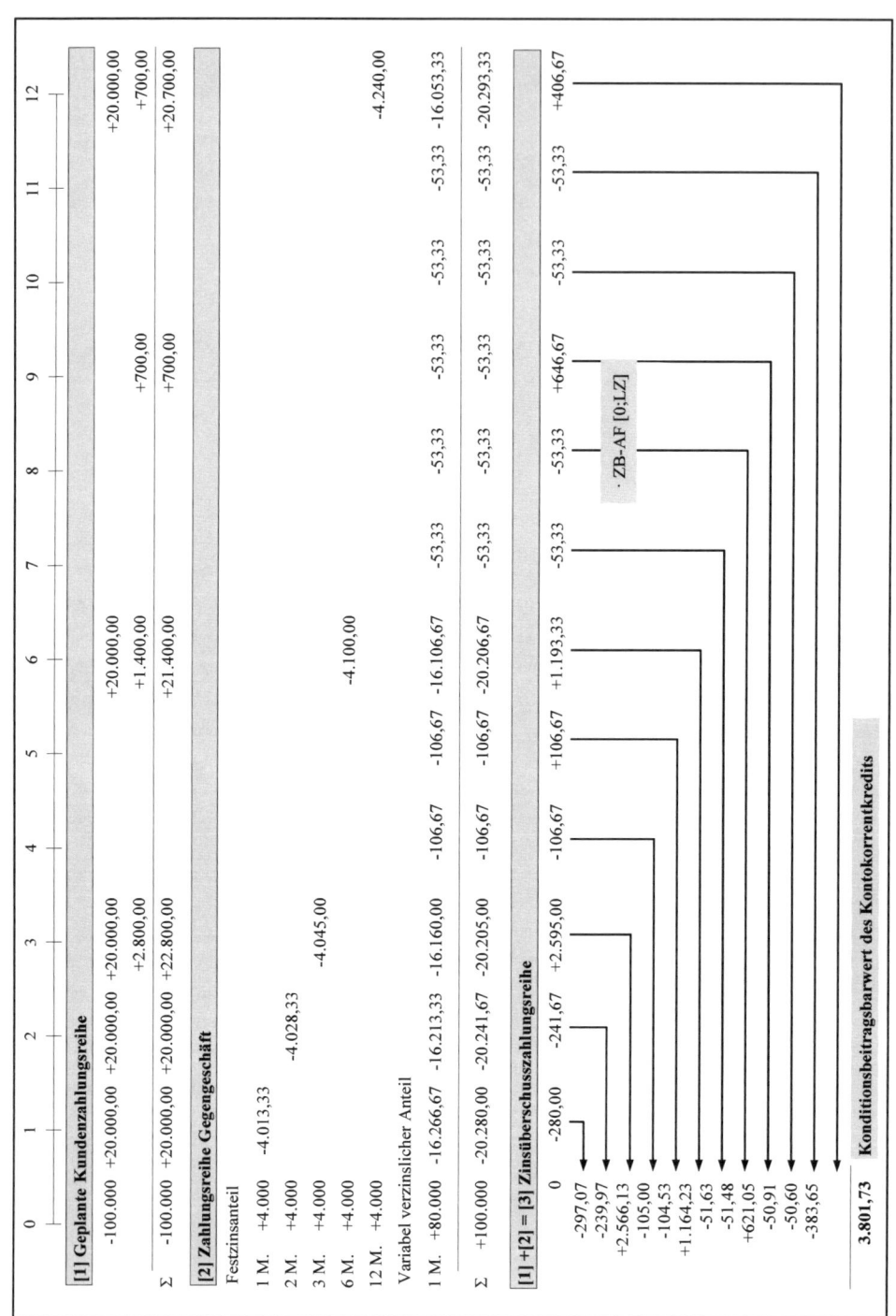

Abb. 109: Bestimmung des Konditionsbeitragsbarwerts eines Kontokorrentkredits

Saldiert man Kunden- und Refinanzierungszahlungsreihe, führt dies zur Zinsüberschusszahlungsreihe. In ihr finden sich die periodischen Zinsüberschüsse wieder, die der Kontokorrentkredit gegenüber einer alternativen GKM-Refinanzierung unter der Voraussetzung erwirtschaftet, dass die beiden Prämissen bezüglich Ablauffiktion und Zinsanpassungselastizität tatsächlich zutreffen. Durch Verbarwertung der Zinsüberschusszahlungsreihe erhält man schließlich den gesuchten Konditionsbeitragsbarwert des Kontokorrentkredits, der im Beispiel 3.801,73 EUR beträgt.

Aus dem Konstruktionsprinzip des Gegengeschäfts am Geld- und Kapitalmarkt wird deutlich, dass sowohl die Zinsanpassungselastizität der Kundenkondition als auch die unterstellte Ablauffiktion die Salden in der Zinsüberschusszahlungsreihe und damit die Höhe des Konditionsbeitragsbarwerts determinieren. Hinsichtlich des Einflusses unterschiedlich hoher Zinsanpassungselastizitäten gilt, dass bei konstanter Ablauffiktion und normal geneigter Zinsstruktur eine Erhöhung (Reduktion) der unterstellten Zinsanpassungselastizität zu einer Erhöhung (Reduktion) des Konditionsbeitragsbarwerts führt. Da bei hoch elastischen Geschäften der Zinsbindungsaspekt über die höhere Elastizität stärker im GKM-Gegengeschäft gewichtet wird als der Kapitalbindungsaspekt, gehen die niedrigeren Zinssätze am kurzen Ende der Zinsstrukturkurve stärker in die GKM-Refinanzierung ein und führen damit zu höheren Werten im Konditionsbeitragsbarwert.

Zu fragen ist des Weiteren, ob und wenn ja, welche Konsequenzen Marktzinsänderungen für den ursprünglich quantifizierten Konditionsbeitragsbarwert nach sich ziehen, wenn sowohl die Ablauffiktion als auch die unterstellte Elastizität für die Laufzeit des Geschäfts zutreffen. Für den Kontokorrentkredit mit ex ante unbekannter Kapitalbindung wirkt sich eine während der Laufzeit des Geschäfts eintretende Marktzinsveränderung einerseits gemäß der vorgegebenen Elastizität zu 80 % auf die Kundenkondition aus, andererseits wird dadurch auch der variable Teil der Refinanzierung, das 1-Monats-Geld, tangiert. Aufgrund der abweichenden Zinszahlungstermine im Kundengeschäft und dem variablen Teil der Refinanzierung verändert sich jedoch die ursprünglich ermittelte Zinsüberschusszahlungsreihe. Während beim Kontokorrentkredit erst nach drei Monaten Zinsen zu zahlen sind, fallen in der Refinanzierung monatlich Zinszahlungen an. Diese Verschiebungen der Zinszahlungszeitpunkte sind verantwortlich für die nachträgliche Veränderung des ursprünglichen Konditionsbeitragsbarwerts. Dies darf jedoch nicht zulasten der Marktbereiche gehen, da diese die Zinsänderung gemäß der vorab festgelegten Elastizität an den Kunden weitergegeben haben. Die auftretenden Differenzbeträge sind vielmehr der Zentraldisposition zuzurechnen, die damit letztlich die Verantwortung für die unterschiedlichen Zinszahlungszeitpunkte übernimmt.

Unter Abwägung des Kosten-Nutzen-Verhältnisses können das vorgestellte Konstruktionsprinzip für die GKM-Refinanzierung von Kontokorrentkrediten modifiziert und alternativ eine Ablauffiktion von einem Tag unterstellt werden. Es wird eine tägliche Fälligkeit der ausstehenden Zins- und Kapitalbeträge angenommen. Das GKM-Gegengeschäft wird somit nicht mehr an einer von der Bank unterstellten approximativen Ablauffiktion für die Position Kontokorrentkredite ausgerichtet, sondern an deren formal-juristischen Laufzeit. Die GKM-Refinanzierung besteht in diesem Fall ausschließlich aus Tagesgeld, das definitionsgemäß eine Elastizität von eins aufweist. Dadurch wird einerseits zwar die Konstruktion der Refinanzierung von Kontokorrentkrediten erheblich vereinfacht, andererseits ergeben sich aber auch Veränderungen bei der Quantifizierung des Konditionsbeitragsbarwerts.

Hierbei sind **drei Aspekte** zu berücksichtigen. Die Annahme der täglichen Fälligkeit führt im Fall einer normal geneigten Zinsstrukturkurve dazu, dass die Verzinsung der GKM-Refinanzierung (Tagesgeldsatz) niedriger ist als die durchschnittliche Verzinsung der Refinanzierung bei Unterstellung einer approximativen Ablauffiktion, die den Rückfluss gebundener Kapitalbeträge über einen längeren Zeitraum unterstellt. Zudem ist zu beachten, dass bei angenommener täglicher Fälligkeit der Kontokorrentkredite Konditionsbeitragsbarwerte lediglich auf Tagesbasis quantifiziert werden können, während sich die für längerfristige Ablauffiktionen quantifizierten Konditionsbeitragsbarwerte entsprechend auf einen längeren Zeitraum beziehen. Des Weiteren muss bei Annahme täglicher Fälligkeit von der im Rahmen einer längerfristigen Ablauffiktion unterstellten Kapitalbindung Abstand genommen werden. Stattdessen wird von einer täglichen Fälligkeit des gesamten Kapitalbetrags ausgegangen.

Wenn man das Problem der unterschiedlichen Kapitalbindung vorerst ausklammert und den Konditionsbeitragsbarwert bei Annahme täglicher Fälligkeit mit dem Konditionsbeitragsbarwert vergleicht, der im Falle einer längerfristigen Ablauffiktion ermittelt wird, müssen die beiden Ergebnisbeiträge zeitlich gleichnamig gemacht werden. Dabei sind prinzipiell zwei Vorgehensweisen denkbar. Entweder wird der auf Basis der längerfristigen Ablauffiktion ermittelte Konditionsbeitragsbarwert im Sinne einer annuitätischen Verrentung in eintägige Konditionsbeiträge transformiert oder die täglich anfallenden Konditionsbeiträge werden barwertig über den Zeitraum der längerfristigeren Ablauffiktion „hochgerechnet".

Für die erste Variante der zeitlichen Synchronisation der zu vergleichenden Ergebnisbeiträge spricht die relativ einfache Handhabbarkeit. Um den längerfristigen Konditionsbeitragsbarwert, der sich im diskutierten Beispiel des Kontokorrentkredits auf ein Jahr bezieht, auf Tagesbasis zu verrenten (KB_a (LZ = 1 Tag)), muss dieser durch die Summe der (unterjährigen) Zerobond-Abzinsfaktoren mit einer Laufzeit bis zu einem Jahr dividiert werden. Formal gilt somit:

$$KB_a(LZ = 1\ \text{Tag}) = \frac{KB\text{-}BW\ (LZ = 1\ \text{Jahr})}{\sum\limits_{LZ\,=\,1\ \text{Tag}}^{360\ \text{Tage}} ZB\text{-}AF[0;LZ]}$$

Um die für die Verrentung notwendigen (unterjährigen) Zerobond-Abzinsfaktoren ermitteln zu können, werden für jede Laufzeit unter einem Jahr die am Geld- und Kapitalmarkt gültigen Laufzeitzinssätze benötigt. Da jedoch nicht für jede unterjährige Laufzeit Marktsätze verfügbar sind, muss mittels linearer Interpolation die Zinsstrukturkurve im Laufzeitbereich unter einem Jahr ergänzt. Darauf aufbauend müssen die notwendigen Zerobond-Abzinsfaktoren berechnet werden. Unterstellt man bei einem aktuellen Tagesgeldsatz von 3 % für die in Tabelle 51 auf S. 252 dargestellte Zinsstrukturkurve einen linearen Verlauf zwischen den angegebenen GKM-Zinssätzen, ergibt sich nach linearer Interpolation und Umrechnung der generierten Laufzeitzinssätze für die gesuchte Summe der Zerobond-Abzinsfaktoren im Laufzeitbereich unter einem Jahr ein Wert von 350,73378 (vgl. Tabelle 52).

Laufzeit (LZ)	Zerobond-Abzinsfaktor ZB-AF[0;LZ]	Forward Rate FR[t = LZ;1 Tag]
1 Tag	0,99992	3,0687 %
2 Tage	0,99983	3,1374 %
3 Tage	0,99974	3,2061 %
. . .	. . .	. . .
358 Tage	0,94379	7,5346 %
359 Tage	0,94359	7,5435 %
360 Tage	0,94340	–
Summe	350,73378	–

Tabelle 52: Tägliche (Kassa-)Zerobond-Abzinsfaktoren und Forward Rates

Wird der auf Basis der einjährigen Ablauffiktion berechnete Konditionsbeitragsbarwert durch diesen Wert dividiert, erhält man den täglichen Konditionsbeitrag, der über ein Jahr hinweg im Durchschnitt erzielt wird:

$$KB_a \, (LZ = 1 \, Tag) = \frac{3.801,73 \, GE}{350,73378} = 10,84 \, EUR$$

Dieser Wert wird nun mit dem Konditionsbeitrag verglichen, der bei Annahme täglicher Fälligkeit der Kontokorrentkredite anfällt. Für den ersten Tag nach Kontrahierung des Kundengeschäfts ergibt sich auf Basis des vereinbarten Effektivzinses und des gültigen Tagesgeldsatzes ein Konditionsbeitrag in Höhe von

$$KB \, (0,1 \, Tag) = 100.000 \, EUR \cdot (14 \, \% - 3 \, \%) \cdot \frac{1}{360} = 30,56 \, EUR.$$

Der für den ersten Tag nach Geschäftsabschluss ermittelte Konditionsbeitrag liegt deutlich über dem Vergleichswert, der sich aus der Verrentung des jährlichen Ergebnisbeitrags ergibt. Die Ursache für die große betragliche Abweichung der beiden täglichen Konditionsbeiträge liegt in der Konstruktion des jeweiligen GKM-Gegengeschäfts begründet. Da bei Annahme der einjährigen Ablauffiktion die durchschnittliche Verzinsung der GKM-Refinanzierung deutlich über dem Tagesgeldsatz liegt, ergeben sich hier relativ niedrige tägliche Konditionsbeiträge, während bei Annahme einer täglichen Fälligkeit der niedrige Tagesgeldsatz zu vergleichsweise hohen (täglichen) Ergebnisbeiträgen führt.

Der unmittelbare Vergleich der beiden Werte ist jedoch problematisch, da hierfür unterstellt werden müsste, dass der am ersten Laufzeittag generierte Konditionsbeitrag über das gesamte Jahr hinweg täglich anfällt. Dies wäre jedoch nur dann der Fall, wenn sowohl die Kundenkondition als auch der Tagesgeldzins über das Jahr hinweg konstant blieben. Diese Annahme dürfte zumindest für den Tagesgeldsatz sehr unrealistisch sein.

Anstelle der beschriebenen Vorgehensweise ließen sich, wie bereits kurz angesprochen, auch die bei täglicher Fälligkeit anfallenden Konditionsbeiträge barwertig über ein Jahr hinweg aggregieren und mit dem auf Basis der einjährigen Ablauffiktion ermittelten Konditionsbeitragsbarwert vergleichen. Dann stellt sich die Frage, in welcher Höhe tägliche Konditionsbeiträge über das zu betrachtende Laufzeitjahr anfallen. Wie verdeutlicht, kann nicht davon ausgegangen werden, dass der am ersten Laufzeittag erzielte Konditionsbeitrag in gleicher Höhe auch für die verbleibenden 359 Zinstage anfällt, selbst wenn die Kundenkondition als feststehend angenommen wird, da insbesondere der Tagesgeldzins als außerordentlich volatil anzusehen ist. Um die zukünftige Zinsentwicklung des Tagesgeldsatzes einigermaßen realistisch abbilden zu können, wird daher vorgeschlagen, aus der im Kontrahierungszeitpunkt gültigen Zinsstrukturkurve die arbitragefreien Terminzinssätze (Forward Rates) für das Tagesgeld zu ermitteln und diese als Prognosewerte für die zukünftig auftretenden Tagesgeldzinsen zu verwenden (vgl. Tabelle 52). Die sich aus den arbitragefreien Terminzinssätzen und dem als konstant angenommenen Kundenzins ergebenden täglichen Konditionsbeiträge müssen abschließend noch auf den Kontrahierungszeitpunkt diskontiert werden. Dies geschieht mithilfe der aus der aktuellen Zinsstrukturkurve ermittelten (Kassa-)Zerobond-Abzinsfaktoren.

Wird die beschriebene Vorgehensweise auf das gewählte Beispiel angewendet, ergibt sich als barwertige Summe der täglich auftretenden Konditionsbeiträge ein Wert von 7.979,27 EUR (vgl. Tabelle 53). Dieser Konditionsbeitragsbarwert bezieht sich auf die gleiche Zeitspanne, wie der auf Basis der einjährigen Ablauffiktion ermittelte Vergleichswert von 3.801,73 EUR. Die hohe betragliche Abweichung ist wiederum darauf zurückzuführen, dass im Falle der einjährigen Ablauffiktion mit einer im Durchschnitt höher verzinslichen GKM-Refinanzierung kalkuliert wurde. Demgegenüber wurden die täglichen Konditionsbeiträge und der daraus gebildete Konditionsbeitragsbarwert auf Basis von Tagesgeld-Refinanzierungen quantifiziert. Je nach Ablauffiktion werden die Kontokorrentkredite hinsichtlich ihrer Fristenqualität unterschiedlich behandelt, sodass allein aus diesem Grund der Vergleich der Konditionsbeitragsbarwerte zu Problemen führt.

Laufzeittag (t)	KB(t)	ZB-AF[0;LZ = t]	KB-BW(t)
(1)	(2)	(3)	(4) = (2) · (3)
1. Tag	30,56	0,99992	30,55
2. Tag	30,36	0,99983	30,36
3. Tag	30,17	0,99974	30,17
. . .	. . .	. . .	. . .
358. Tag	17,98	0,94379	16,97
359. Tag	17,96	0,94359	16,95
360. Tag	17,93	0,94340	16,92
Summe	8.172,62	350,73378	7.979,27

Tabelle 53: Konditionsbeitragsbarwert für ein Jahr auf Basis täglicher Konditionsbeiträge

Ein gewichtiges Argument, das die direkte Vergleichbarkeit der ermittelten Konditionsbeitragsbarwerte ebenfalls einschränkt, sind die unterschiedlichen Annahmen bezüglich der gebundenen Kapitalbeträge innerhalb der jeweiligen Ablauffiktion. Während bei der einjährigen Ablauffiktion im Beispiel ein treppenförmiges Abschmelzen der gebundenen Kapitalbeträge unterstellt wird, geht man im Falle täglicher Fälligkeit von permanent revolvierenden Geschäften zum ursprünglichen Nominalvolumen aus und unterstellt damit faktisch eine konstante Kapitalbasis. Allein diese Diskrepanz führt schon zu höheren Konditionsbeitragsbarwerten im Falle täglicher Fälligkeit, da hier über die gesamte Betrachtungsperiode von einem Jahr Konditionsbeiträge auf Basis höherer gebundener Kapitalien erzielt werden. Eine Übertragung der in der längerfristigen Ablauffiktion unterstellten approximativen Kapitalbindung auf die Kalkulation bei Annahme täglicher Fälligkeit erscheint nicht adäquat, da hierdurch letztlich die zwei Bewertungsansätze miteinander vermischt würden.

Es bleibt festzustellen, dass die beiden vorgestellten Ansätze zur Quantifizierung von Konditionsbeitragsbarwerten von Geschäften mit unbekannter Kapitalbindung hinsichtlich ihrer Ergebnisinformationen nur bedingt miteinander vergleichbar sind. Die Frage, welches der beiden vorgestellten Verfahren letztlich zum Einsatz kommt, kann nur nach sorgfältiger Abwägung der jeweiligen Vor- und Nachteile beantwortet werden.

Für die Anwendung einer längerfristigen Ablauffiktion spricht die Beobachtung, dass formaljuristisch täglich fällige Gelder in der Praxis zumindest anteilig längerfristig gebunden sind. Eine Orientierung an der formaljuristischen Laufzeit bewirkt hingegen, dass sich die Objektivität des Ansatzes verbessert, da hier nicht auf bankspezifische Informationen bezüglich der Fristigkeit gebundener Kapitalbeträge abgestellt werden muss.

Ebenfalls von Bedeutung sind die mit den unterschiedlichen Kalkulationsansätzen verbundenen Steuerungsimpulse für die Marktbereiche. Wie gezeigt wurde, hängt der Ergebnisbeitrag der Kontokorrentkredite entscheidend von der jeweils unterstellten Ablauffiktion ab. Je längerfristig die unterstellte Ablauffiktion für Kontokorrentkredite angesetzt wird, desto geringer fällt bei einer normalen Zinsstrukturkurve der Konditionsbeitragsbarwert der Kundengeschäfte aus. Auf der Passivseite dreht sich die Argumentation gerade um. So wird der Konditionsbeitragsbarwert von Sichteinlagen bei Annahme täglicher Fälligkeit geringer ausfallen als bei Annahme einer längerfristigen Ablauffiktion. Durch die Vorgabe der Ablauffiktion für Geschäfte mit ex ante unbekannter Kapitalbindung könnte die Zentraldisposition somit deren Attraktivität aus Sicht der Marktbereiche im Sinne von angestrebten Strukturveränderungen gezielt beeinflussen und damit aus deren Perspektive manipulieren. Andererseits ist zu beachten, dass bei Verwendung längerfristiger Ablauffiktionen faktisch Strukturbeiträge in den Konditionsbeitragsbarwert transformiert werden. Dies bedeutet für das Aktivgeschäft, dass die Marktbereiche in den Fällen, in denen die tatsächlichen Fälligkeiten der Mittel höher sind als in der angenommenen Ablauffiktion, die im Konditionsbeitragsbarwert implizit enthaltenen Laufzeitprämien gegenüber der Zentraldisposition ausgleichen müssten. Umgekehrt könnte man natürlich auch für die Sichteinlagen argumentieren, dass die Marktbereiche von der Zentraldisposition immer dann Laufzeitprämien als Leistungsanreiz erhalten sollten, wenn es ihnen gelingt, die eingelegten Mittel länger als in der vorgegebenen Ablauffiktion unterstellt zu Refinanzierungszwecken für die Bank zu akquirieren. Inwieweit dies technisch umgesetzt werden kann, ist vor dem Hintergrund der hiermit verbundenen Kosten- und Nutzenaspekte sorgfältig abzuwägen. Zudem ist es zumindest fraglich, ob von der vorgestellten Kalkulationsmethodik letztlich die richtigen Anreizimpulse ausgehen.

(c) Kalkulation von Bankgeschäften mit Optionscharakteristika

Neben Geschäften mit variabler Verzinsung oder unbekannter Kapitalbindung existiert für eine Bank noch ein Vielzahl anderer Produkte, deren Zahlungsreihen im Kontrahierungszeitpunkt unsicher sind. Ursache hierfür sind spezifische Produktcharakteristika, die dazu führen, dass der Zahlungsstrom des jeweils betrachteten Engagements vom Eintritt bestimmter zukünftiger Umweltzustände abhängt. Derartige Produktmerkmale gilt es, bei der Beurteilung der Vorteilhaftigkeit des jeweiligen Geschäfts im Vergleich zu einem alternativ möglichen Geld- und Kapitalmarktgeschäft entsprechend zu berücksichtigen. Zur Kalkulation solcher als Optionsrechte zu interpretierenden Produkteigenschaften bieten sich die in der Kapitalmarkttheorie entwickelten **Optionspreismodelle** an. Diese Konzepte, die eine Bewertung zustandsabhängiger Zahlungsströme ermöglichen, basieren prinzipiell auf dem Grundsatz der Arbitragefreiheit und dem damit unmittelbar verbundenen **Duplikationsprinzip**. Somit ergänzen sie das ebenfalls auf dem Gedanken der Duplikation basierende Konzept der Marktzinsmethode in idealer Weise. Zur Bestimmung des Preises für ein Optionsrecht wird in der Optionspreistheorie ein Duplikationsportfolio konstruiert, das den Zahlungsstrom der Option in jedem zukünftigen Zeitpunkt bzw. Umweltzustand exakt repliziert, wobei der Preis der bewerteten Option dem des Duplikationsportefeuilles entsprechen muss.

Anhand verschiedener Geschäfte sei nunmehr beispielhaft verdeutlicht, wie sich mithilfe der Optionspreistheorie Produktcharakteristika abbilden und bewerten lassen, aufgrund derer der zukünftige Zahlungsstrom eines Geschäfts vom Eintritt bestimmter Umweltzustände abhängt.

(c1) Berücksichtigung von Kündigungsklauseln

Für die Bewertung von Bankprodukten, die aufgrund von vorab vereinbarten Verfügungs- bzw. Kündigungsrechten ex ante einen unsicheren Zahlungsstrom aufweisen, bedeutet der Einbezug der Optionspreistheorie in die Kalkulation, dass die für die Unsicherheit der Zahlungsreihe letztlich verantwortlichen **(Options-)Rechte getrennt bewertet** werden können. Das Bankprodukt lässt sich somit gedanklich in zwei Teilpositionen zerlegen. Das dem Kunden für einen Zeitpunkt (europäische Option) bzw. Zeitraum (amerikanische Option) während der Laufzeit des Geschäfts eingeräumte Verfügungsrecht wird mithilfe der Optionspreistheorie bewertet, während der verbleibende (sichere) Zahlungsstrom durch das Barwertkalkül der Marktzinsmethode kalkulatorisch erfasst wird.

Anhand eines konkreten Beispiels soll im Folgenden die Vorgehensweise der (zweigeteilten) Bewertung eines derartigen Bankgeschäfts verdeutlicht werden. Dazu wird auf ein Sparprodukt zurückgegriffen, das in seiner Ausgestaltung den deutschen Bundesschatzbriefen nachempfunden ist.

Die Laufzeit für diese als „**Zuwachssparen**" bezeichnete Sparform beträgt i. d. R. vier bis sechs Jahre, wobei der Festzinssatz während der Laufzeit in vorab festgelegten jährlichen Schritten ansteigt. Zusätzlich erhält der Kunde das Recht zur vorzeitigen Kündigung des Sparvertrags. Das Geschäft besteht somit aus zwei Teilpositionen: einem im Voraus bekannten Festzinszahlungsstrom und einem Optionsrecht für den Kunden.

Laufzeit (LZ)	Spot-Rates	Zerobond-Abzinsfaktoren ZB-AF[0;LZ]
0,5 Jahre	4,50 %	0,97823
1 Jahr	5,00 %	0,95238
1,5 Jahre	5,50 %	0,92283
2 Jahre	6,00 %	0,89000
2,5 Jahre	6,50 %	0,85433
3 Jahre	7,00 %	0,81630
4 Jahre	8,00 %	0,73503

Tabelle 54: Aus Kuponsätzen am Geld- und Kapitalmarkt abgeleitete Spot-Rates und Zerobond-Abzinsfaktoren

Für das Einlagengeschäft wird im Beispiel eine Laufzeit von vier Jahren festgelegt. Das Kontraktvolumen beträgt 100.000 EUR, wobei für die jährlichen Zinskupons ansteigende Sätze von 4 %, 5 %, 6 % und 7 % unterstellt werden. Für den Kunden besteht zudem die Möglichkeit, nach Ablauf von zwei Laufzeitjahren die vorzeitige Rückzahlung des Nominalvolumens der Einlage von der Bank zu verlangen. Des Weiteren gelten die in Tabelle 54 angegebenen Zinssätze bzw. Zerobond-Abzinsfaktoren. Zur Vereinfachung der Kalkulation werden hier bereits die als Renditen synthetischer Zerobonds resultierenden laufzeitspezifischen Spot-Rates angegeben, die sich aus den am Geld- und Kapitalmarkt verfügbaren Kuponzinssätzen ableiten lassen (vgl. S. 161 ff.).

Die **Pay-off-Diagramme** in Abbildung 110 zeigen den Gewinn- bzw. Verlustverlauf der beschriebenen Teilpositionen und der Gesamtposition aus Sicht des Kunden und der Bank. Für den Kunden entspricht die beschriebene Geldanlage einem Portfolio, dass sich aus einer Kaufposition in der bereits beschriebenen Festzinsanlage (Anleihe long) und einer gekauften Verkaufsoption (Put long) zusammensetzt. Der Verkaufsoption liegt dabei als Basisinstrument die Festzinseinlage zugrunde und der Ausübungspreis entspricht dem Nominalwert des Geschäfts (vgl. Abbildung 110 a)). Bei sinkenden Marktzinsen gewinnt die Festzinsanlage an Wert (= steigender Kurs). In diesem Fall erzielt der Kunde einen Opportunitätsgewinn, da er seine Mittel aufgrund der vereinbarten Kondition günstiger veranlagt hat als zu den dann gültigen Marktsätzen. Dem bei steigenden Marktzinsen prinzipiell auftretenden Verlustpotenzial für die Festzinseinlage (= sinkender Kurs) steht jedoch das eingeräumte Kündigungsrecht in Form der beschriebenen Verkaufsoption gegenüber. Sinkt der Kurs der Festzinseinlage infolge steigender Marktzinsen unter den Buchwert, so kann der Kunde von seinem vorzeitigen Kündigungsrecht Gebrauch machen, die Verkaufsoption ausüben und von der Bank die Rückzahlung seiner eingesetzten Mittel verlangen. Die durch das steigende Zinsniveau ausgelösten Kursverluste werden somit durch die Ausübung der Verkaufsoption kompensiert. Insgesamt ergibt sich für das Bankprodukt „Zuwachssparen" ein Risikoprofil, das mit dem einer gekauften Kaufoption (Call long) identisch ist.

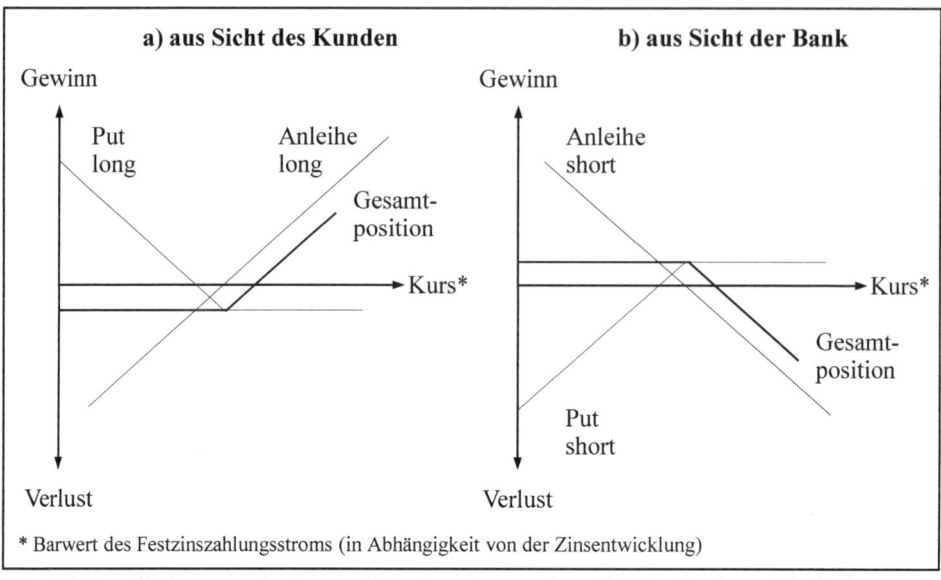

Abb. 110: Pay-off-Diagramme des Sparprodukts „Zuwachssparen" aus Sicht des Kunden und der Bank

Aus Sicht der Bank verläuft das Gewinn- und Verlustprofil des Kundengeschäfts genau spiegelbildlich zur Position des Kunden (vgl. Abbildung 110 b)). Kündigt der Kunde im Falle steigender Marktzinsen das Geschäft, muss die Bank die Einlage vor Fälligkeit an den Kunden zurückzahlen. Eine Ersatzbeschaffung der dadurch abfließenden Mittel kann aber nur zu höheren Zinsen erfolgen. Die für die Bank bei einer Festzinseinlage infolge steigender Marktzinsen normalerweise anfallenden Opportunitätsgewinne werden durch die aus der Short-Position im Put entstehenden Verluste aufgezehrt (vgl. Abbildung 110 b)). Bei sinkenden Zinsen (= steigender Kurs) wird das Kündigungsrecht durch den Kunden dagegen nicht ausgeübt. Für das Finanzinstitut entstehen allerdings Opportunitätsverluste, da es infolge der Festzinsvereinbarung nicht am sinkenden Zinsniveau partizipieren und damit seine Refinanzierungskosten senken kann. Für die Gesamtposition der Bank ergibt sich bei vertikaler Addition der Pay-off-Profile der beiden Teilpositionen das Gewinn- und Verlustprofil einer verkauften Kaufoption (Call short).

Aus dem oben stehenden Beispiel wird deutlich, dass für die ex ante bestehende Unsicherheit der Zahlungsreihe des Geschäfts ausschließlich das dem Kunden zugestandene Kündigungsrecht verantwortlich ist. Dieses Verfügungsrecht wird durch eine Verkaufsoption abgebildet, deren Basisinstrument die Festzinseinlage und deren Basispreis der Nominalwert der Einlage ist. Gedanklich zerfällt das Passivgeschäft daher in ein bezüglich des Zahlungsstroms deterministisches Festzinsgeschäft und eine Optionsposition.

Die **Bewertung der Festzinseinlage** vollzieht sich analog zu der im Rahmen des Barwertkalküls dargestellten Vorgehensweise zur Ermittlung des Konditionsbeitragsbarwerts von Festzinsgeschäften (vgl. S. 151 ff.). Der Zahlungsstrom der Festzinseinlage wird somit unter Verwendung der aktuellen Zerobond-Abzinsfaktoren auf den Abschlusszeitpunkt verbarwertet und nach Saldierung mit dem Einzahlungsbetrag des Kunden verrechnet. Als Ergebnis resultiert im Beispiel ein Konditionsbeitragsbarwert der Festzinseinlage in Höhe von 8.194,47 EUR (vgl. Abbildung 111).

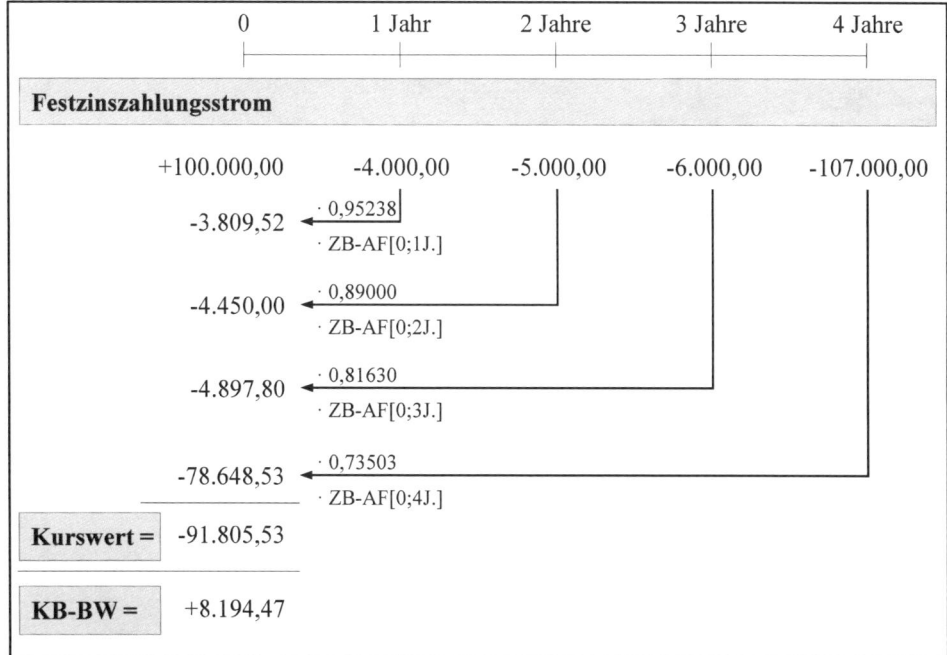

Abb. 111: Bestimmung des Konditionsbeitragsbarwerts (KB-BW) des Festzinszahlungsstroms

Für die zweite Teilposition, die **Verkaufsoption auf den Festzinszahlungsstrom**, wird die Optionspreistheorie als Bewertungskonzept eingesetzt. Die Bewertung der aus Sicht des Kunden erworbenen Put-Option auf den Festzinszahlungsstrom erfolgt dabei auf Basis des von BLACK für Kündigungsrechte auf Festzinsanleihen abgeleiteten Kursmodells, das auf dem für Aktienoptionen entwickelten **BLACK/SCHOLES-Modell** basiert.

Der Konditionsbeitragsbarwert des Kundengeschäfts (KB-BW$_{ZW}$) ergibt sich, indem der Brutto-Konditionsbeitragsbarwert des Festzinszahlungsstroms (KB-BW$_{FZ}$) und der für das Kündigungsrecht ermittelte Optionspreis (P) miteinander verrechnet werden. Da die Spareinlage „Zuwachssparen" aufgrund des Kündigungsrechts für die Bank weniger wert ist als eine Kundeneinlage mit identischem Zahlungsstrom, aber ohne Kündigungsrecht, muss der Optionspreis vom Konditionsbeitragsbarwert des Festzinszahlungsstroms abgezogen werden. Formal gilt demzufolge:

$$KB\text{-}BW_{ZW} = KB\text{-}BW_{FZ} - P$$

mit: KB-BW$_{ZW}$ = Brutto-Konditionsbeitragsbarwert des Sparprodukts „Zuwachssparen", KB-BW$_{FZ}$ = Brutto-Konditionsbeitragsbarwert des Festzinszahlungsstroms ohne Kündigungsrecht, P = Preis des Kündigungsrechts (Marktwert der Verkaufsoption).

Auf Basis des Ansatzes von BLACK resultiert für das **Kündigungsrecht des Kunden** die folgende modifizierte Preisformel t:

$$P = ZB\text{-}AF(0;LZ_p) \cdot [X \cdot N(\text{-}d_2) - F \cdot N(\text{-}d_1)]$$

wobei:

$$d_1 = \frac{\ln\left(\frac{F}{X}\right) + \left(\frac{\sigma^2}{2}\right) \cdot LZ_P}{\sigma \cdot \sqrt{LZ_P}} \quad \text{und} \quad d_2 = \frac{\ln\left(\frac{F}{X}\right) - \left(\left(\frac{\sigma^2}{2}\right) \cdot LZ_P\right)}{\sigma \cdot \sqrt{LZ_P}} = d_1 - \sigma \cdot \sqrt{LZ_P}$$

mit: F = Terminkurs des Festzinszahlungsstroms im Kündigungszeitpunkt (t = 2), LZ = Fristigkeit des Kündigungsrechtes in Jahren, N(..) = Standard-Normalverteilungsquantil, X = Basispreis des Kündigungsrechts

Wie aus der oben stehenden Formel hervorgeht, wird als weiterer Inputparameter des Optionspreismodells noch die Volatilität des Kurses des Festzinszahlungsstroms benötigt, die im Beispiel mit 3,5 % p. a. angenommen wird. Zur Bestimmung des ebenfalls kalkulationsrelevanten Terminkurses des Festzinszahlungsstroms (F) im Zeitpunkt t = 2 ist der im Bewertungszeitpunkt gültige Kurswert um die Barwerte der beiden bis zur Fälligkeit des Optionsrechts anfallenden Zinszahlungen zu kürzen. Der hierbei resultierende Differenzbetrag ist anschließend auf den Kündigungstermin aufzuzinsen. Für die beiden Zinszahlungen resultiert ein Gesamtbarwert von 8.259,52 EUR (= 3.809,52 EUR + 4.450 EUR), der sich aus dem Marktzinskalkül des Festzinszahlungsstroms ableiten lässt (vgl. Abbildung 111).

Für den Terminkurs der Festzinseinlage (ohne Kündigungsrecht) im Zeitpunkt t = 2 ergibt sich demnach ein Wert von 93.871,92 EUR (vgl. Tabelle 55). Werden die notwendigen Inputparameter in das Preismodell von BLACK eingesetzt, resultiert für das vorzeitige Kündigungsrecht des Kunden nach zwei Jahren ein Marktpreis von 5.655,08 EUR.

Ausgangsdaten	
Nennwert:	100.000 EUR
Basispreis der Option X:	100.000 EUR
Laufzeit der Option LZ:	2 Jahre
Volatilität σ:	3,5 % p. a.
Aktueller Kurswert des Festzinszahlungsstroms B: 91.805,53 EUR	
Bewertung des Kündigungsrechts P in t = 2	
Terminkurs der in t = 3 und t = 4 noch ausstehenden Zahlungsströme per t = 2: (6.000 EUR · 0,81630 + 107.000 EUR · 0,73503) / 0,89000 = 93.871,92 EUR	

$$d_1 = \frac{\ln\left(\frac{93.871,92}{100.000}\right) + \left(\frac{0,035^2}{2}\right) \cdot 2}{0,035 \cdot \sqrt{2}} = -1,2529 \qquad \rightarrow \quad N(-d_1) = 0,8949$$

$$d_2 = -1,2529 - 0,035 \cdot \sqrt{2} = -1,3024 \qquad \rightarrow \quad N(-d_2) = 0,9036$$

$\rightarrow$ **P** = 0,89000 · (100.000 EUR · 0,9036 – 93.871,92 EUR · 0,8949) = **5.655,08 EUR**

Tabelle 55: Bewertung des Kündigungsrechts des Kunden im Zeitpunkt t = 2

Subtrahiert man abschließend vom Konditionsbeitragsbarwert des Festzinszahlungsstroms den Marktpreis des Kündigungsrechts, ergibt sich für die kalkulierende Bank im Bewertungszeitpunkt der **Konditionsbeitragsbarwert der Einlagenform „Zuwachssparen"**. Formal gilt:

$$KB\text{-}BW_{ZW} = KB\text{-}BW_{FZ} - P_{2\,Jahre} = 8.194,47\ EUR - 5.655,08\ EUR = 2.539,39\ EUR.$$

Im Vergleich zu einer identischen Einlage ohne Kündigungsrecht für den Kunden fällt der Ergebnisbeitrag des betrachteten Kundengeschäfts genau um den Wert des Kündigungsrechts niedriger aus.

Anstelle der Bewertung der Put-Option mit dem auf dem Ansatz von BLACK/SCHOLES basierenden Kursmodell könnten auch für die Bewertung von Zinsderivaten entwickelte sogenannte **„Zinsmodelle"** eingesetzt werden, die im Gegensatz zum Modell von BLACK die stochastische Entwicklung eines oder mehrerer Zinssätze modellieren und daraus den Preis zinsabhängiger Termingeschäfte ableiten. Ohne an dieser Stelle näher auf spezifische Zinsmodelle eingehen zu wollen, sei bemerkt, dass je nach eingesetztem Bewertungsansatz zum Teil erhebliche Unterschiede bei der Bewertung von Zinsderivaten auftreten. Ursache hierfür sind die je nach Modell unterschiedlichen Annahmen bezüglich der Abbildung des stochastischen Prozesses eines einzelnen oder mehrerer Zinssätze. Aufgrund der relativ guten Handhabbarkeit und der noch immer großen Bedeutung des Kursmodells von BLACK in der Praxis wird auf eine nähere Darstellung von Zinsmodellen verzichtet.

Der sich für das Sparprodukt ergebende Brutto-Konditionsbeitragsbarwert stellt für die Bank zunächst nur eine kalkulatorische Ergebnisgröße dar. Realisiert wird der Brutto-Konditionsbeitragsbarwert nur dann, wenn die Zentraldisposition das Geschäft im Abschlusszeitpunkt sofort über entsprechende Gegengeschäfte am Geld- und Kapital- bzw. Optionsmarkt neutralisiert. Das heißt, das Treasury muss zur **Glattstellung** des Sparprodukts „Zuwachssparen" den Zahlungsstrom des Anleihenteils mit umgekehrtem Vorzeichen durch Geschäfte am Geld- und Kapitalmarkt erzeugen (Anleihe long) und zusätzlich die Short-Position des Puts über den Kauf eines identischen Optionskontrakts am Markt (Put long) kompensieren. Fasst man anschließend die Teilpositionen der Spareinlage und der kompensatorischen Gegengeschäfte zusammen, ergibt sich für den Kontrahierungszeitpunkt der kalkulierte Brutto-Konditionsbeitragsbarwert des Kundengeschäfts als liquiditätswirksamer Zahlungsüberschuss. Da die Bank durch die vollständige Glattstellung des Kundengeschäfts das Zinsänderungsrisiko eliminiert hat, liegt das Gewinn- und Verlustprofil der Gesamtposition unabhängig von den in der Zukunft auftretenden Marktzinsveränderungen immer bei null (vgl. Abbildung 112 b)).

Alternativ zur vollständigen Kompensation des Geschäfts könnte die Bank aber auch **nur das Kündigungsrecht des Kunden neutralisieren**, indem sie nur die Short-Position des Puts durch eine entsprechende Long-Position glattstellt. In diesem Fall würde für die Bank unter Berücksichtigung des kompensatorischen Optionsgeschäfts (Put long) das Risikoprofil einer unkündbaren Festzinseinlage resultieren (vgl. Abbildung 112 a)).

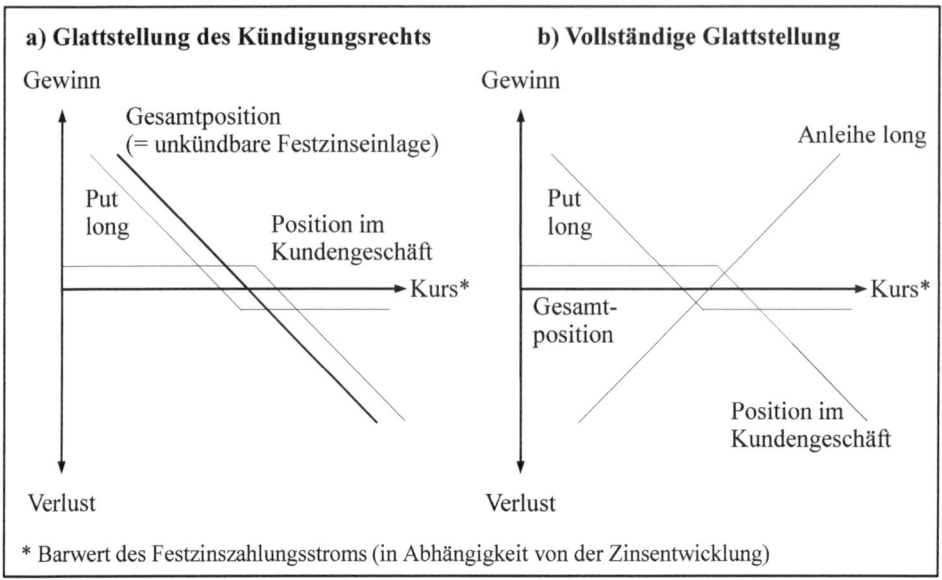

a) Glattstellung des Kündigungsrechts

Gewinn

Gesamtposition
(= unkündbare Festzinseinlage)

Put
long

Position im
Kundengeschäft

Kurs*

Verlust

b) Vollständige Glattstellung

Gewinn

Anleihe long

Put
long

Gesamt-
position

Kurs*

Position im
Kundengeschäft

Verlust

* Barwert des Festzinszahlungsstroms (in Abhängigkeit von der Zinsentwicklung)

Abb. 112: Glattstellung des Kündigungsrechts und vollständige Glattstellung des Kundengeschäfts

(c2) Zinsbegrenzungsvereinbarungen im variabel verzinslichen Geschäft

Eine weitere Produkteigenschaft, die den Einsatz der Optionspreistheorie in der Einzelge-schäftskalkulation erfordert, ist die Vereinbarung von Zinsober- bzw. -untergrenzen im variabel verzinslichen Geschäft einer Bank. Diese Produktmerkmale sind hinsichtlich ihrer Ergeb-niswirkung für die Bank ebenfalls abhängig von der zukünftigen Entwicklung eines bestimmten Marktparameters, sodass sich die Optionspreistheorie auch hier zur Bewertung dieser zustandsabhängigen Kontraktmerkmale anbietet.

Zinsobergrenzen (Caps) dienen zur Begrenzung von Zinsaufwendungen für variabel verzins-liche Mittelaufnahmen, während **Zinsuntergrenzen (Floors)** einen Investor gegen absinkende Zinserträge aus einer variabel verzinslichen Mittelanlage absichern. Darüber hinaus werden derartige Terminkontrakte aber auch im Rahmen des Bilanzstrukturmanagements einer Bank zur Steuerung von Zinsänderungsrisiken eingesetzt.

Caps und Floors sind als Optionen auf einen im Kontrakt festgelegten Referenzzins zu inter-pretieren, wobei zu beachten ist, dass mit jedem Optionskontrakt nur gerade eine zukünftige Zinszahlung abgesichert werden kann. Folglich entspricht die Anzahl der Cap-Tranchen eines Cap genau der Anzahl von Zinszahlungen, die gegen Zinsanstiege abgesichert werden sollen. Vereinbarte Zinsober- bzw. -untergrenzen sind somit als Portefeuilles einzelner Cap- bzw. Floor-Tranchen zu interpretieren. Um den Wert des gesamten Cap bzw. Floor bestimmen zu können, müssen die enthaltenen Tranchen mithilfe der Optionspreistheorie bewertet und anschließend die berechneten Werte summiert werden.

Betrachtet man einen **variabel verzinslichen Kundenkredit, der mit einem Cap ausgestattet ist**, birgt diese Vereinbarung für die Bank das Risiko, den Positionszins nicht über das vereinbarte Maximalniveau hinaus anpassen zu können. Im Vergleich zu einem identischen Kredit ohne Cap sind die Zinsertragschancen daher eingeschränkt, sodass der „gecappte" Kredit in der Einzelgeschäftskalkulation weniger vorteilhaft zu beurteilen wäre als das Vergleichsgeschäft ohne Cap. Im variabel verzinslichen Aktivgeschäft der Bank stellen Caps somit eine wertmindernde Produkteigenschaft dar. Anders verhält es sich im variabel verzinslichen Passivgeschäft. Hier ist die Vereinbarung einer Zinsobergrenze aus Sicht der Bank positiv zu beurteilen, da der zukünftige Zinsaufwand derartiger Positionen auf ein Maximalniveau begrenzt werden kann, während dies bei Positionen ohne Cap nicht der Fall ist. Für Zinsuntergrenzen im variabel verzinslichen Geschäft gilt umgekehrt, dass sich Floors aus Sicht der Bank im Aktivgeschäft positiv und im Passivgeschäft negativ auf die Beurteilung der Vorteilhaftigkeit auswirken.

Am Beispiel einer **variabel verzinslichen Kundeneinlage, die mit einer Zinsobergrenze** ausgestattet ist, soll die allgemeine Vorgehensweise zur Berücksichtigung von Caps und Floors im Rahmen der entscheidungsorientierten Einzelgeschäftskalkulation illustriert werden. Für die Beispieleinlage wird eine Laufzeit von drei Jahren unterstellt. Der Nominalbetrag des endfälligen Geschäfts beträgt 100.000 EUR. Die im Zeitablauf variablen Zinszahlungen erfolgen halbjährlich und sind von der Entwicklung des 6-Monats-GKM-Zinssatzes abhängig, wobei die Zinsverpflichtung der Bank jeweils um 1,2 % unter diesem Marktsatz liegt. Die Höhe der Zinszahlungen der Bank hängt jedoch nicht von der Höhe des Referenzzinssatzes im jeweiligen Zahlungszeitpunkt ab, sondern vielmehr von der Höhe dieses Marktsatzes im davorliegenden Zinstermin, dem sogenannten Roll-over-Termin. Der 6-Monats-GKM-Zins in einem Jahr determiniert die Zinszahlung der Bank nach anderthalb Jahren. Für die erste fällige Zinszahlung nach sechs Monaten wäre somit der im Kontrahierungszeitpunkt gültige Wert des Referenzzinssatzes von Bedeutung, womit diese Zinszahlung als deterministisch anzusehen ist und auch nicht durch eine Cap-Tranche abgesichert werden muss. Die mit dem Kunden vereinbarte Zinsobergrenze bezieht sich im Beispiel daher nur auf die ab dem Zeitpunkt in einem Jahr anfallenden halbjährlichen Zinszahlungen. Der gesamte Cap für das Einlagengeschäft besteht folglich aus fünf Cap-Tranchen. Des Weiteren werden für den Bewertungszeitpunkt erneut die in Tabelle 54 dargestellten Spot-Rates bzw. Zerobond-Abzinsfaktoren unterstellt.

Zunächst wird die variabel verzinsliche Einlage ohne Berücksichtigung der Zinsobergrenze kalkuliert. Zwar weist ein solches Geschäft keinen deterministischen Zahlungsstrom auf. Aufgrund der beschriebenen Produkteigenschaften lässt sich jedoch das GKM-Gegengeschäft leicht bestimmen (vgl. S. 248 ff.). Die beschriebene variabel verzinsliche Einlage (ohne Cap) hätte die Bank am Markt für den gleichen Zeitraum revolvierend zum 6-Monats-GKM-Zins anlegen können. Aus der Zusammenfassung von Kundengeschäftszahlungsstrom und Zahlungsstrom der GKM-Anlage resultiert für die Einlage ein im Bewertungszeitpunkt stabiler Zahlungsstrom des Zinsüberschusses, der sich unter Zuhilfenahme der aktuellen Zerobond-Abzinsfaktoren in den **Konditionsbeitragsbarwert** transformieren lässt. Im Beispiel ergibt sich für die Einlage (ohne Cap) ein Konditionsbeitragsbarwert von 3.248,45 EUR (vgl. Abbildung 113).

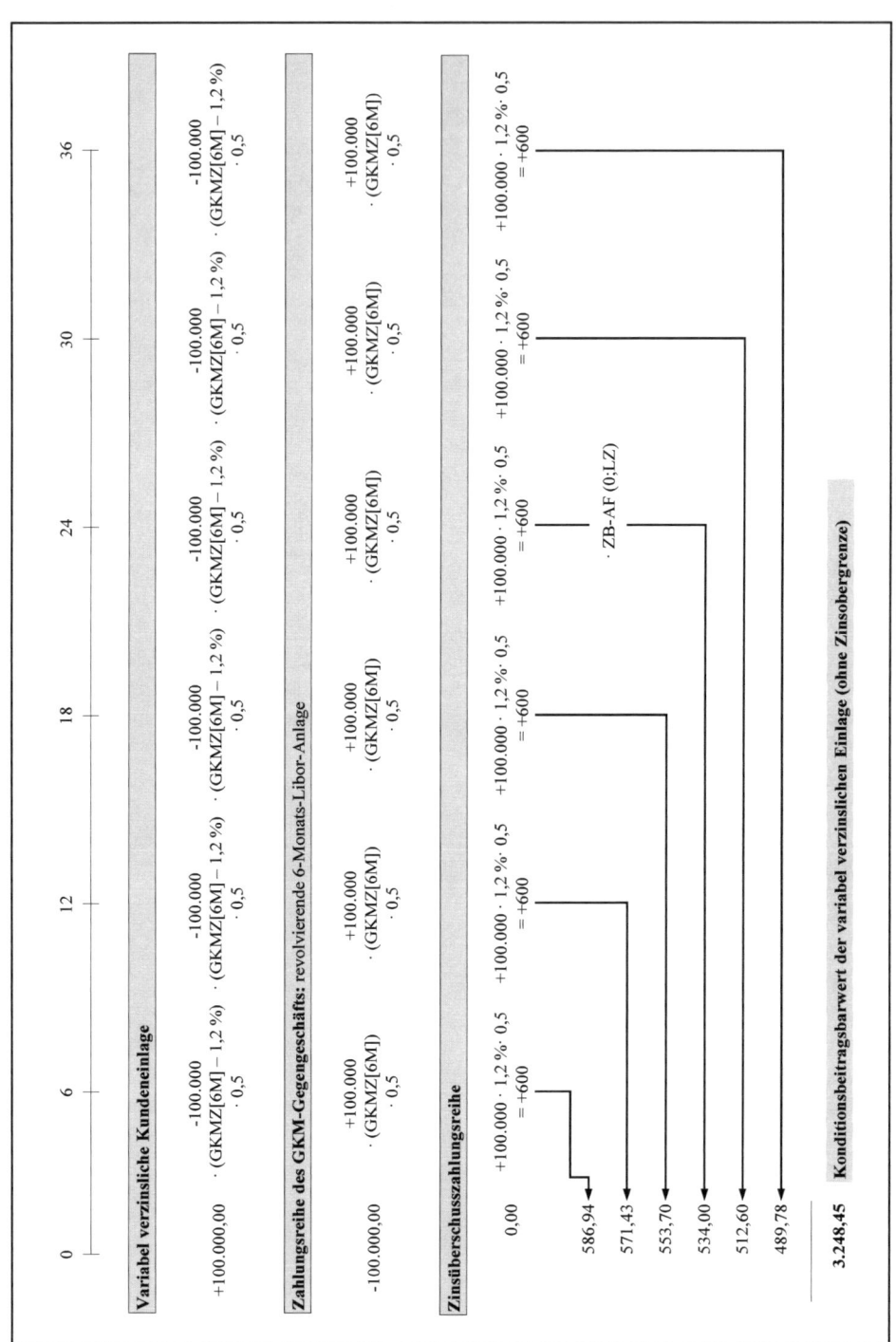

Abb. 113: Konditionsbeitragsbarwert der variabel verzinslichen Einlage (ohne Cap)

268

Nachdem die Vorteilhaftigkeit der variabel verzinslichen Einlage ohne Berücksichtigung des Caps für den Kontrahierungszeitpunkt bestimmt wurde, muss in einem weiteren Schritt die **Zinsbegrenzungsvereinbarung bewertet** werden. Als Zinsobergrenze (Cap-Rate) der Einlage wird ein Wert von 7 % p. a. festgesetzt. Der Cap wird aus Sicht der Bank erst dann wirksam, wenn der dem Positionszins des Geschäfts zugrunde liegende 6-Monats-GKM-Zins auf Werte über 8,2 % (= 7 % + 1,2 %) ansteigt. Zur Absicherung der in der Zukunft liegenden unsicheren Zinszahlungen der Bank werden fünf einzelne Cap-Tranchen benötigt, sodass der gesamte Cap als eine Reihe von Call-Optionen auf einen festgelegten Referenzzins zu interpretieren ist. Im gewählten Beispiel bezieht sich der Cap auf den Positionszins der variabel verzinslichen Einlage, der vom 6-Monats-GKM-Zins abhängt. Zu jedem Roll-over-Termin (t) einer Cap-Tranche bestimmt sich aus Sicht der Bank eine Ausgleichszahlung (AGZ), die im jeweiligen Verfalltermin an den Cap-Inhaber fließt. Formal gilt für das Beispiel:

$$AGZ_{Cap}^{t} = LZ_{Cap} \cdot CV \cdot \max\,[(\text{6-Monats-GKM-Zins}(t) - 1,2\,\%) - 7\,\% \,;\, 0]$$

mit: AGZ_{Cap}^{t} = Ausgleichszahlung einer Cap-Tranche mit Roll-over-Termin t

LZ_{Cap} = Laufzeit einer Cap-Tranche

CV = Volumen einer Cap-Tranche

Die Formel lässt sich vereinfachen, sodass für das Ergebnisprofil der einzelnen Cap-Tranchen gilt:

$$AGZ_{Cap}^{t} = LZ_{Cap} \cdot CV \cdot \max\,[\text{6-Monats-GKM-Zins}(t) - 8,2\,\%;\, 0]$$

Die Bewertung der in der Zinsbegrenzungsvereinbarung enthaltenen Calls auf den 6-Monats-GKM-Zins erfolgt nunmehr auf Basis des bereits bei der Bewertung von Kündigungsrechten dargestellten Bewertungsansatzes von BLACK für komplexe Zinsoptionen. Die zur **Cap-Bewertung adaptierte Preisformel** von BLACK lautet formal:

$$P_{Cap}^{t} = LZ_{Cap} \cdot CV \cdot ZB\text{-}AF[0;LZ_{Cap}] \cdot (FR[t;LZ_{Cap}] \cdot N(d_1) - r_{Cap} \cdot N(d_2))$$

wobei:

$$d_1 = \frac{\ln\left(\frac{FR[t;LZ_{Cap}]}{r_{Cap}}\right) + \left(\frac{\sigma_t^2}{2}\right) \cdot t}{\sigma_t \cdot \sqrt{t}} \quad \text{und} \quad d_2 = \frac{\ln\left(\frac{FR[t;LZ_{Cap}]}{r_{Cap}}\right) - \left(\left(\frac{\sigma_t^2}{2}\right) \cdot t\right)}{\sigma_t \cdot \sqrt{t}} = d_1 - \sigma_t \cdot \sqrt{LZ_P}$$

mit: P_{Cap}^{t} = Preis einer Cap-Tranche mit Roll-over-Termin t

$ZB\text{-}AF[0;t + LZ_{Cap}]$ = Zerobond-Abzinsfaktor für die Fristigkeit (t + LZ_{Cap})

$FR[t;LZ_{Cap}]$ = Terminsatz des Referenzzinses im Zeitpunkt t für die Laufzeit LZ_{Cap}

r_{Cap} = Cap-Rate

Im Bewertungszeitpunkt (t = 0) wird für den 6-Monats-GKM-Zins ein Wert von 4,45 % bei einer annualisierten Volatilität von 26 % unterstellt. Der Marktsatz unterscheidet sich von der gegebenen fristenäquivalenten Spot-Rate von 4,5 %, da die unterjährigen Zinsen für die zu diesem Satz kontrahierten GKM-Geschäfte im Gegensatz zu einem sechsmonatigen synthetischen Zerobond, der die Spot-Rate determiniert, linear und nicht exponentiell berechnet werden.

Anhand der Cap-Tranche, die zur Absicherung der in einem Jahr fälligen Zinszahlung benötigt wird, sei nun die Vorgehensweise zur Bewertung des Caps illustriert. Laufzeitbeginn dieser häufig auch als Caplet bezeichneten Zinsoption ist der Zeitpunkt in sechs Monaten, in dem die in einem Jahr fällige Ausgleichszahlung festgesetzt wird. Um den Wert dieser Tranche bestimmen zu können, gilt es zunächst, den kalkulationsrelevanten 6-Monats-Terminsatz für den Zeitpunkt in einem halben Jahr zu bestimmen. Dazu werden die aus den aktuellen Spot-Rates abgeleiteten Kassa-Zerobond-Abzinsfaktoren verwendet. Für den Zeitpunkt nach 6 Monaten ergibt sich für die Laufzeit der Cap-Tranche (LZ_{Cap} = 6 Monate) ein Forward-Zerobond-Abzinsfaktor von

$$ZB\text{-}AF[0,5\ J.;0,5\ J.] \ = \ \frac{ZB\text{-}AF[0;1J.]}{ZB\text{-}AF[0;0,5J.]} \ = \ \frac{0,95238}{0,97823} \ = \ 0,97357$$

Der Barwert muss anschließend in die sechsmonatige Forward Rate mit linearer Zinsberechnung transformiert werden. Grundsätzlich gilt für Terminsätze mit Fristigkeiten unter einem Jahr der folgende Zusammenhang:

$$\frac{1}{ZB\text{-}AF[t;LZ]} \ = \ (1 + FR[t;LZ] \cdot LZ) \quad \text{bzw.} \quad FR[t;LZ] \ = \ \frac{\dfrac{1}{ZB\text{-}AF[t;LZ]} - 1}{LZ}$$

mit: LZ = Fristigkeit des Terminsatzes (in Jahren)

   FR[t;LZ] = Terminzins (Forward Rate) im Zeitpunkt t mit der Fristigkeit LZ

Für die gesuchte sechsmonatige Forward Rate in einem halben Jahr resultiert auf Basis der definierten Formel ein Zinssatz von 5,43 %. Der Wert der untersuchten Call-Option auf den 6-Monats-GKM-Zins mit Roll-over-Termin in einem halben Jahr und einer (zustandsabhängigen) Ausgleichszahlung in einem Jahr lässt sich somit mit 2,59 EUR bestimmen (vgl. Tabelle 56).

Der sehr geringe Wert erklärt sich daraus, dass der für den Roll-over-Termin bestimmte Terminzins deutlich unter der als Basispreis des Calls festgelegten Cap-Rate liegt. Der Call ist somit weit aus dem Geld, d. h. der innere Wert beträgt null. Zudem ist die Zeitspanne bis zum Laufzeitbeginn der Cap-Tranche mit sechs Monaten ebenfalls recht kurz, sodass auch der neben dem inneren Wert preisbestimmende Zeitwert des Kontrakts gering ist.

Ausgangsdaten	
Cap-Volumen CV:	100.000 EUR
Referenzzins r_{Ref}:	6-Monats-GKM-Zins
Cap-Rate r_{Cap}:	8,2 %
Laufzeit des Caplet LZ_{Cap}:	0,5 Jahre
Roll-over-Termine t:	alle 6 Monate
Volatilität σ:	26 % p. a.
FR[0,5 J.;0,5 J.]	5,43 %
ZB-AF[0;1 J.]:	0,95238
Bewertung des Caplet mit Roll-over-Termin t = 0,5 Jahre	

$$d_1 = \frac{\ln\left(\frac{5{,}43\,\%}{8{,}2\,\%}\right) + \left(\frac{0{,}26^2}{2}\right)\cdot 0{,}5}{0{,}035\cdot\sqrt{2}} = -2{,}1501 \quad \rightarrow \quad N(-d_1) = 0{,}0158$$

$$d_2 = -2{,}1501 - 0{,}26\cdot\sqrt{0{,}5} = -2{,}3339 \quad \rightarrow \quad N(-d_2) = 0{,}0098$$

$$\rightarrow \quad P = 0{,}5 \cdot 100.000\ \text{EUR} \cdot 0{,}95238 \cdot (0{,}0543 \cdot 0{,}0158 - 0{,}082 \cdot 0{,}0098) = \mathbf{2{,}59\ EUR}$$

Tabelle 56: Bewertung einer Cap-Tranche auf den 6-Monats-GKM-Zins

Die verbleibenden vier Cap-Tranchen, mit denen die weiter in der Zukunft fälligen Zinszahlungen abgesichert werden, weisen dagegen deutlich höhere Werte auf (vgl. Tabelle 57). Da die Roll-over-Termine dieser Kontrakte weiter in der Zukunft liegen, resultieren hier höhere Zeitwerte. Für die Cap-Tranchen, die die beiden letzten Zinszahlungen der Bank absichern, liegt der sechsmonatige Terminzins im jeweiligen Roll-over-Termin (t = 2 bzw. 2,5 Jahre) zudem über der vereinbarten Cap-Rate von 8,2 %, sodass zusätzlich zu den vergleichsweise hohen Zeitwerten noch positive innere Werte resultieren.

Aggregiert man die Preise der fünf den Cap bildenden Call-Optionen, erhält man den Wert der mit dem Kunden vereinbarten Zinsobergrenze in Höhe von 1.747,23 EUR (vgl. Tabelle 57). Der Konditionsbeitragsbarwert des betrachteten Kundengeschäfts beträgt demnach:

$$KB\text{-}BW_{\text{Einlage mit Cap}} = KB\text{-}BW_{\text{Einlage ohne Cap}} + \sum_{t=0,5}^{2,5} P_{Cap}^t$$

$$= 3.248{,}45\ \text{EUR} \quad + \quad 1.747{,}23\ \text{EUR} \quad = \mathbf{4.995{,}68\ EUR}$$

Analog zu der für den Cap demonstrierten Vorgehensweise lassen sich auch **Floors** und **Collars** bewerten und damit in die entscheidungsorientierte Einzelgeschäftskalkulation integrieren. Die hierzu notwendige Bewertungsformel für Floors lässt sich über die Put-Call-Parität aus der für Caps definierten Preisbeziehung ableiten.

t	FR[t;0,5 J.]	Caplet mit Roll-over-Termin in t P_{Cap}^{t}
0,5 J.	5,43 %	$0,5 \cdot 100.000 \cdot 0,95238 \cdot (0,0543 \cdot 0,0158 - 0,082 \cdot 0,0098) = \quad 2,59$ EUR
1 J.	6,40 %	$0,5 \cdot 100.000 \cdot 0,92283 \cdot (0,0640 \cdot 0,2052 - 0,082 \cdot 0,1394) = \quad 78,53$ EUR
1,5 J.	7,38 %	$0,5 \cdot 100.000 \cdot 0,89000 \cdot (0,0738 \cdot 0,4318 - 0,082 \cdot 0,3120) = 279,59$ EUR
2 J.	8,35 %	$0,5 \cdot 100.000 \cdot 0,85433 \cdot (0,0835 \cdot 0,5922 - 0,082 \cdot 0,4465) = 548,30$ EUR
2,5 J.	9,32 %	$0,5 \cdot 100.000 \cdot 0,81630 \cdot (0,0932 \cdot 0,6974 - 0,082 \cdot 0,5422) = 838,23$ EUR
	$\sum_{t=0.5}^{2,5} P_{Cap}^{t} =$	**1.747,23 EUR**

Tabelle 57: Kalkulation des Cap mithilfe des Kursmodells von BLACK

Im Beispiel wurde aus Vereinfachungsgründen eine über die gesamte Laufzeit des Kundenge-schäfts konstante Kapitalbindung unterstellt. Die zur Absicherung der zukünftigen Zinszahlun-gen benötigten Cap-Tranchen bezogen sich demzufolge alle auf den Nominalbetrag der Ein-lage. Wird stattdessen für die Kundeneinlage eine **variable Kapitalbindung** infolge periodischer Kapitalrückzahlungen unterstellt, muss dem Kapitalverlauf entsprechend über unterschiedlich hohe Kontraktvolumina in den einzelnen Cap-Tranchen Rechnung getragen werden. Des Weiteren ist zu betonen, dass auch hier anstelle des im Beispiel verwendeten Kurs-modells von BLACK wiederum ein speziell für die Bewertung von Zinsderivaten entwickelter Optionspreisansatz hätte eingesetzt werden können.

Abschließend bleibt festzustellen, dass sich die anhand einfacher Beispiele dargestellten Ver-fahren zur Bewertung von Bankgeschäften mit ex ante unsicheren Zahlungsströmen prinzipiell auch auf komplexere Geschäftsstrukturen anwenden lassen. So wären auch innovative Anlei-hekonstruktionen mithilfe der vorgestellten Bewertungsmethodik kalkulierbar. Ein Beispiel für derartige Wertpapiere sind die sogenannten „Leveraged Floater", die sich von herkömmli-chen Floating Rate Notes durch ihr vergleichsweise überproportionales Anpassungsverhalten des Zahlungsstroms bei Marktzinsveränderungen unterscheiden. Ursache hierfür sind bestimmte, in den Anleihebedingungen implizit enthaltene Optionscharakteristika, die mittels der Optionspreisansätze in der Einzelgeschäftskalkulation erfasst und steuerungsadäquat abge-bildet werden können. Gleiches gilt auch für die von den Banken in jüngster Zeit vermehrt angebotenen maßgeschneiderten bzw. strukturierten Anlageprodukte, auf die sich der vorge-stellte Bewertungsansatz übertragen lässt. Zu nennen sind hier beispielsweise die von der CRE-DIT SUISSE FIRST BOSTON emittierten sogenannten TOROs (TITLE OR RETURN OPTIONS), die ähnlich strukturierten „BUY LOW OR CASH (BLOC)-Zertifikate von SBC WARBURG DILLON READ oder die seitens des SCHWEIZERISCHEN BANKVEREINS bereits zu Beginn der neunziger Jahre (jetzt von der UBS) herausgegebenen GUARANTEED RETURN ON INVESTMENT (GROI)-Units. Charakteristisch für die genannten Produkte ist ihr für Optionsrechte typisches asymme-trisches Pay-off-Profil im Zeitpunkt des Verfalls, das von der Wertentwicklung bestimmter Marktparameter wie z. B. Börsenindizes, Währungsparitäten oder Aktienkurse abhängig ist, sodass auch hier eine integrierte Einzelgeschäftskalkulation auf Basis des Marktzinsmodells und der Optionspreistheorie adäquat erscheint.

(2) Kalkulation von Leistungsstörungen als Sonderproblem

(a) Problemstellung

Für Kundengeschäfte mit Festzinsvereinbarung ist es nicht untypisch, dass sie vor Ablauf der Zinsbindungsdauer auf Wunsch des Kunden in einzelnen Merkmalen abgeändert werden. Denkbar ist etwa eine Verkürzung oder Verlängerung der Laufzeit bzw. eine Anpassung der laufenden Zahlungen nach oben oder nach unten. Grenzfälle sind hierbei der Wunsch nach vorzeitiger vollständiger Rückzahlung des Kredits oder im Einlagengeschäft die Bitte, die festgelegten Einlagen vorzeitig disponieren zu können. Damit basieren die hier beschriebenen nachträglichen Veränderungen der Zahlungsreihe des Geschäfts nicht – wie im vorherigen Abschnitt angenommen – auf einem dem Kunden bei Geschäftsabschluss eingeräumten Kündigungs- bzw. Verfügungsrecht. Derartige gegen die ursprünglichen Vertragsbedingungen verstoßende nachträgliche Änderungen einer fest vereinbarten Zahlungsreihe werden im Folgenden als **Leistungsstörungen** im eigentlichen Sinne bezeichnet.

Dabei stehen wiederum Kreditgeschäfte im Vordergrund. Hier taucht speziell bei vorzeitigen Kündigungen die Frage auf, wie hoch die „Ablösesumme" sein sollte bzw. wie Sondertilgungen richtig zu bewerten sind und welche Konsequenzen sich hieraus für etwaige noch zu leistende Kapitaldienste ergeben.

Kreditgeschäfte werden nach der Marktzinsmethode grundsätzlich als „kongruent refinanziert" bewertet. Nur die Differenz zwischen dem effektiven Zinsertrag eines Kredits und dem Zinsaufwand der (kapital-)kongruenten Refinanzierung, also der Konditionsbeitrag, wird den Krediten und damit dem Profitcenter, das diese Kredite abgeschlossen hat, zugerechnet. Zwar kann das Treasury unabhängig von dieser Bewertung auf eine kongruente Refinanzierung verzichten. Dies hat dann aber nichts mehr mit dem Kredit selbst zu tun, da der Strukturbeitrag und das damit verbundene Zinsänderungsrisiko nicht dem Kundengeschäft zugerechnet werden. Das Kreditgeschäft muss also während der **gesamten** Kreditlaufzeit so behandelt werden, als sei es tatsächlich kongruent refinanziert.

Bei **vorzeitiger Kreditablösung** hat die Bank kalkulatorisch zu jedem Zeitpunkt genauso viel Effektivkapital refinanziert, wie sie für den Kredit jeweils benötigt. Will ein Kunde den Kredit ablösen, zahlt er (zunächst einmal) die effektive Kapitalschuld im Ablösungszeitpunkt zurück. Damit verfügt die Bank über Refinanzierungsmittel, die sie gar nicht mehr benötigt. Geht man davon aus, dass die Bank die entsprechenden Refinanzierungsmittel im Zeitpunkt der Kreditablösung nicht gleichzeitig verlustfrei zurückzahlen kann – was die Regel sein dürfte –, so bleibt nur eine Wiederanlage der überschüssigen Refinanzierungsmittel am Geld- und Kapitalmarkt (Letzteres muss unterstellt werden, um Vermischungen mit anderen Kreditgeschäften zu vermeiden).

Hier taucht die Frage auf, **wie** die überschüssigen Refinanzierungsmittel wieder anzulegen sind. Als Grundbedingung muss gelten, dass lediglich die aus dem gesamten Refinanzierungsgeschäft resultierenden Zahlungseffekte mit den Wiederanlagegeschäften ausgeglichen werden. Würden durch die Wiederanlagen dagegen darüber hinausgehende Zahlungen verursacht, so stünden diese nicht mehr in einem unmittelbaren Zusammenhang mit dem Kredit- und dessen Refinanzierungsgeschäft.

Sofern der Kunde das Geschäft nicht kündigen, sondern mit einer anderen als der ursprünglich vereinbarten Zahlungsreihe fortsetzen möchte, sind zunächst für die Ablösung die entsprechenden Überlegungen anzustellen. In der Ergänzung dazu ist in einem zweiten Schritt die Ablösesumme als die Kreditschuld eines **Anschlussgeschäfts** anzusehen und in Verbindung mit den gewünschten Zahlungen des Kunden dieses Anschlussgeschäft wie ein neues Kreditgeschäft zu kalkulieren.

Abzugrenzen von der Kalkulation der Ablösesumme bei vorzeitiger Kündigung bzw. des Anschlussgeschäfts im Sinne des Kundenwunsches auf Basis des Marktzinskalküls ist die Rechtsprechung zu diesem Thema, durch welche Banken angehalten werden, bestimmte Verfahren anzuwenden. So kann in Deutschland nach Urteilen des Bundesgerichtshofs (BGH) die sogenannte **Vorfälligkeitsentschädigung**, mit der die positive Differenz zwischen der effektiven Kreditschuld und der kalkulierten Ablösesumme bezeichnet wird, nach zwei Verfahren kalkuliert werden. Grundsätzlich wird dabei die Zielsetzung verfolgt, dass der Bank durch die vorzeitige Ablösung des Kunden kein wirtschaftlicher Nachteil entsteht, wobei der Einbezug einmaliger Kosten für die Bearbeitung der vorzeitigen Kreditrückzahlung zulässig ist.

Bei dem sogenannten **Aktiv-Aktiv-Vergleich** wird eine sofortige Wiederzuführung vorzeitig zurückgezahlter Beträge in ein neues Kreditengagement unterstellt. Dabei resultiert die Vorfälligkeitsentschädigung über die kumulative Verknüpfung des Zinsverschlechterungs- und des Zinsmargenschadens. Der Zinsverschlechterungsschaden ergibt sich aus der Differenz des ursprünglich höheren Kundenzinses im Vergleich zum aktuell erzielbaren Kundenzins bei einem zwischenzeitlich gesunkenen Zinsniveau. Der Zinsmargenschaden ergibt sich daraus, dass dem Kreditgeber der für die Laufzeit des Vertrags erwartete Gewinn nicht zufließt. Die Kalkulation erfolgt in Orientierung an der Nettomarge des Kredits (= Brutto-(Konditions-)marge abzüglich Risikoprämie zur Berücksichtigung der (Ausfall-)Risikokosten und abzüglich anteiliger Verwaltungskosten).

Starke Ähnlichkeiten zur Kalkulation des verlustneutralen Ablösesaldos nach dem Marktzinskalkül hat das zweite, in der Praxis stärker verbreitete Verfahren, der **Aktiv-Passiv-Vergleich**. Hierbei wird mit den aktuellen Renditen alternativer Geld- und Kapitalmarktgeschäfte gerechnet, die naturgemäß keine Konditionsbeiträge beinhalten. Somit sind auch bei dieser Methode implizit der Zinsverschlechterungs- und der Zinsmargenschaden enthalten.

(b) Kalkulation des Ablösesaldos bei vorzeitiger Kündigung

Im Falle der Ablösung bei vorzeitiger Kündigung eines Kredits sind die vom Kunden zurückzuzahlenden Mittel genau so anzulegen, dass die nach der Marktzinsmethode kalkulierten, vom abzulösenden Kreditgeschäft determinierten Refinanzierungsverpflichtungen am Geld- und Kapitalmarkt exakt kompensiert werden. Für eine rein **zahlungsneutrale** Wiederanlage muss die Bank die im Zeitpunkt der Kreditablösung vorwiegend noch aus längerfristigen Refinanzierungstranchen bestehende Refinanzierungsmittel in kürzere Fristen wieder anlegen. Eine Wiederanlage von durch Kreditablösungen frei werdenden Refinanzierungsmitteln ist somit immer nur auf dem unteren „Ast" der Zinsstrukturkurve möglich. Bei inverser Zinsstruktur, wenn also die kurzfristigen Zinssätze am Geld- und Kapitalmarkt über den langfristigen liegen, hat die Bank hierdurch gegebenenfalls einen Vorteil. Bei normaler Zinsstruktur dagegen, wenn also die kurzfristigen Zinssätze niedriger sind als die langfristigen, ist die durchschnittliche Verzinsung der Wiederanlage niedriger als die durchschnittliche Verzinsung der Refinanzierung. In beiden Fällen wurde dabei unterstellt, dass das Zinsniveau und die Zinsstruktur sich vom Beginn der Kreditlaufzeit bis zum Ablösungszeitpunkt nicht verändert haben.

Geht man davon aus, dass zu Beginn der Kreditlaufzeit eine normale Zinsstruktur vorlag und sich diese bis zum Zeitpunkt der Kreditablösung nicht verändert, so ist mit der durch die Kreditablösung hervorgerufenen Wiederanlagenotwendigkeit grundsätzlich ein Verlust verbunden, weil der durchschnittliche Wiederanlagezins dann unterhalb des durchschnittlichen Refinanzierungszinses liegt. In dieser Situation hätte der Kreditnehmer also selbst bei gleichbleibender Zinsstruktur eine über die effektive Kapitalschuld hinausgehende „Strafzahlung" zu leisten, mit der der durch die Wiederanlage entstehende Verlust der Bank ausgeglichen würde.

Wie diese „Strafzahlung" konkret zu bestimmen ist, soll anhand eines fünfjährigen Annuitätendarlehens über nominal 100.000 EUR mit jährlich endfälliger Zins- und Tilgungszahlung aufgezeigt werden. An dieser Stelle wird nicht auf das bekannte zweijährige Kreditbeispiel zurückgegriffen, da die einzelnen Effekte besser an einem längerfristigen Kreditbeispiel dargestellt werden können. Der Auszahlungsbetrag dieses Kredits beläuft sich auf 96.000 EUR (Disagio = 4 %), der für die gesamte Laufzeit geltende Festzins beträgt 7,75 % p. a. Daraus resultieren Kundenzahlungen vom ersten bis zum vierten Jahr in Höhe von 25.000 EUR und eine Schlusszahlung im fünften Jahr über 24.304,40 EUR. Anhand der unterstellten Daten ergibt sich ein effektiver Kundenzins in Höhe von 9,31745 % p. a.

Abbildung 114 zeigt die Nominal- und Effektivzinsrechnung sowie die Disagioverteilung auf. Die unterstellte Zinsstruktur am Geld- und Kapitalmarkt und die daraus ableitbaren Zerobond-Abzinsfaktoren sind Tabelle 58 zu entnehmen.

Laufzeit	GKM-Zinssätze	Zerobond-Abzinsfaktoren
1 Jahr	4,80 %	0,9541985
2 Jahre	5,22 %	0,9030515
3 Jahre	5,68 %	0,8464309
4 Jahre	6,25 %	0,7821364
5 Jahre	6,43 %	0,7289880

Tabelle 58: Zinsstruktur am Geld- und Kapitalmarkt am 01.01.00

Datum	Nominalrechnung				Effektivrechnung				Disagioverteilung	
	Zahlungen	Zinsen	Tilgung	Saldo	Zahlungen	Zinsen	Tilgung	Saldo	Abschreibung	(Rest-) Bestand
(1)	(2)	(3)	(4) = (2) - (3)	(5)	(6)	(7)	(8) = (6) - (7)	(9)	(10) = (7) - (3)	(11)
01.01.00	-100.000,00	–	–	-100.000,00	-96.000,00	–	–	-96.000,00	–	4.000,00
01.01.01	25.000,00	7.750,00	17.250,00	-82.750,00	25.000,00	8.944,76	16.055,24	-79.944,76	1.194,76	2.805,24
01.01.02	25.000,00	6.413,13	18.586,88	-64.163,13	25.000,00	7.448,82	17.551,18	-62.393,57	1.035,69	1.769,55
01.01.03	25.000,00	4.972,64	20.027,36	-44.135,77	25.000,00	5.813,49	19.186,51	-43.207,06	840,85	928,7
01.01.04	25.000,00	3.420,52	21.579,48	-22.556,29	25.000,00	4.025,80	20.974,20	-22.232,86	605,28	323,42
01.01.05	24.304,40	1.748,11	22.556,29	0	24.304,40	2.071,54	22.232,86	0	323,42	0

- Kreditbetrag: 100.000 EUR
- Nominalzins: 7,75 % (für 5 Jahre fest)
- Disagio: 4 %
- annuitätischer Kapitaldienst: am Ende des 1., 2., 3. und 4. Jahres je 25.000 EUR
  Schlussrate am Ende des 5. Jahres: 24.304,40 EUR
- jährliche Zinsverrechnung

Effektivzins: 9,31745 %

Abb. 114: Beispiel zur Kalkulation von Leistungsstörungen

276

Aufgrund der bereits diskutierten Vorteile wird im Weiteren die Kalkulation von Leistungsstörungen auf der Basis **Treasury-konformer Margenkalkulation** analysiert (vgl. S. 178 ff.). Bekanntlich ergeben sich demnach die Konditionsbeiträge aus der Differenz zwischen effektivem Zinsertrag und Zinsaufwand. Da der kalkulierte Zinsertrag bereits ermittelt wurde, ist nun der erforderliche Zinsaufwand zu bestimmen, wozu ebenfalls die dargestellte Effektivzinsrechnung Verwendung findet (vgl. Abbildung 114). Die Treasury-konformen Tranchen entsprechen nämlich den Tilgungsbeträgen laut Effektivzinsrechnung. Auf diese Tranchen entfallen bekanntlich jährlich zu entrichtende Zinszahlungen. Zu beachten ist dabei, dass sich der Zinsaufwand eines Jahres nicht nur aus den Zinsen der fälligen Tranche, sondern ebenfalls aus den Aufwendungen für die laufzeitlängeren Tranchen zusammensetzt. Die Zinssätze selbst variieren in Abhängigkeit von der Laufzeit der Tranchen. Unter Beachtung dieser üblichen Geld- und Kapitalmarktusancen ergeben sich Zinsaufwendungen in Höhe von 5.517,08 EUR, 4.746,43 EUR, 3.830,25 EUR, 2.740,46 EUR und 1.429,57 EUR für die jeweiligen Perioden. Deren genaue Berechnung ist Abbildung 115 zu entnehmen. Der aus der Effektivzinsrechnung hervorgehende Zinsertrag der ersten Periode beläuft sich auf 8.944,76 EUR, von dem nun der Zinsaufwand über 5.517,08 EUR zu subtrahieren ist, um den Konditionsbeitrag nach Ablauf eines Jahres in Höhe von 3.427,68 EUR zu erhalten. Die Konditionsbeiträge der Folgeperioden betragen analog zu dieser Vorgehensweise 2.702,39 EUR, 1.983,24 EUR, 1.285,34 EUR und 641,96 EUR. Sie lassen sich mittels Division durch die jeweils zinspflichtigen Tranchen in prozentuale, im Zeitablauf schwankende Margengrößen umrechnen.

Rest-kapital (1)	Jahre (2)	GMK-Sätze (EUR) (3)	Opportunitätszinsaufwand (4)	Zinsertrag (effektiv) (5)	Zins-konditions-beiträge (6)	Marge $(7) = \frac{(6)}{(1)}$
96.000,00 - 16.055,24 = 79.944,76	1 Jahr	4,80 % (= 770,65)	770,65 + 916,17 + 1.089,79 + 1.310,89 + 1.429,57 = 5.517,08	8.944,76	3.427,68	3,570 %
- 17.551,18 = 62.393,57	2 Jahre	5,22 % (= 916,17)	0 + 916,17 + 1.089,79 + 1.310,89 + 1.429,57 = 4.746,43	7.448,82	2.702,39	3,380 %
- 19.186,51 = 43.207,06	3 Jahre	5,68 % (= 1.089,79)	0 + 0 + 1.089,79 + 1.310,89 + 1.429,57 = 3.830,25	5.813,49	1.983,24	3,179 %
- 20.974,20 = 22.232,86	4 Jahre	6,25 % (= 1.310,89)	0 + 0 + 0 + 1.310,89 + 1.429,57 = 2.740,46	4.025,80	1.285,34	2,975 %
- 22.232,86 = 0,00	5 Jahre	6,43 % (= 1.429,57)	0 + 0 + 0 + 0 + 1.429,57 = 1.429,57	2.071,54	641,96	2,887 %
			18.263,79	28.304,40	10.040,61	

Abb. 115: Ermittlung der periodischen Konditionsbeiträge (Berechnungen mit ungerundeten Zwischenergebnissen)

Die Kalkulation des bei diesem Kreditfall zu erzielenden Konditionsbeitragsbarwerts kann, wie bereits gezeigt wurde, auf verschiedene Arten erfolgen (vgl. S. 154 ff.). Eine Möglichkeit besteht darin, zunächst die Kundenzahlungen mit den jeweiligen Zerobond-Abzinsfaktoren zu multiplizieren und anschließend von der Summe dieser Barwerte in Höhe von 104.863,05 EUR den Kreditauszahlungsbetrag von 96.000 EUR zu subtrahieren. Die daraus resultierende Differenz über 8.863,05 EUR stellt den Konditionsbeitragsbarwert des Beispielfalls dar (vgl. Tabelle 59).

	Kapitaldienstleistungen bzw. Cashflow Kundengeschäft (1)	Zerobond-Abzinsfaktoren (2)	Barwerte der Kundencashflows (3) = (1) · (2)
1 Jahr	25.000,00	0,9541985	23.854,96
2 Jahre	25.000,00	0,9030515	22.576,29
3 Jahre	25.000,00	0,8464309	21.160,77
4 Jahre	25.000,00	0,7821364	19.553,41
5 Jahre	24.304,40	0,7289880	17.717,62
Summe	124.304,40		104.863,05
Auszahlungsbetrag	-96.000,00		-96.000,00
Saldo	28.304,40		8.863,05

Tabelle 59: Ermittlung des Konditionsbeitragsbarwerts

Es sei unterstellt, dass der Kunde nach Ablauf des zweiten Jahres den Kredit ablösen möchte. Des Weiteren wird angenommen, dass die ursprüngliche Zinsstruktur auch noch im Ablösungszeitpunkt gültig ist. Entscheidend für die Kalkulation der Sonderzahlung sind zum einen die zu diesem Zeitpunkt noch vorhandene effektive Kapitalschuld des Kredits bzw. der Refinanzierung in Höhe von 62.393,57 EUR sowie die von diesem Zeitpunkt aus gesehen noch in der Zukunft liegenden Refinanzierungszahlungen, die sich bekanntlich aus der Differenz zwischen Kundenzahlung und jährlichem Konditionsbeitrag ergeben. Demnach betragen sie 23.016,76 EUR EUR (= 25.000 EUR − 1.983,24 EUR) nach drei Jahren, 23.714,66 EUR (= 25.000 EUR − 1.285,34 EUR) nach vier Jahren und 23.662,44 EUR (= 24.304,40 EUR − 641,96 EUR) nach fünf Jahren. Das Disagio wird für die Bestimmung der Ablösesumme zunächst noch vernachlässigt. Die aufgezählten Größen bilden quasi die Rest-„Zahlungsreihe" der Refinanzierung nach zwei Jahren. Das Restkapital in Höhe von 62.393,57 EUR kann nach Ablauf von zwei Jahren nämlich als Auszahlungsbetrag der Refinanzierung angesehen werden. Damit wird auch deutlich, dass im Zeitpunkt der Kreditablösung alle früheren Effektiv- und Zahlungsdaten vernachlässigt bzw. vergessen werden können („Memory less").

Die der **Kalkulation des verlust- bzw. erfolgsneutralen Ablösesaldos** zugrunde liegende Mindestbedingung besteht im Beispiel darin, dass die nach der Kreditablösung noch ausstehenden Verpflichtungen aus der Refinanzierung des Kredits (= Auszahlungen) in Höhe von 23.016,76 EUR, 23.714,66 EUR und 23.662,44 EUR durch Wiederanlage-(ein-)zahlungen in gleicher Höhe kompensiert werden. Durch Abzinsung dieser Zahlungen mit den zum Zeitpunkt der Kreditablösung geltenden Zerobond-Abzinsfaktoren erhält man in der Summe den Anlagebetrag, der diese Mindestbedingung erfüllt. Von einer gleichbleibenden Zinsstruktur ausgehend ist demnach die Refinanzierungszahlung in Höhe von 23.016,76 EUR mit dem einjährigen, der Betrag von 23.714,66 EUR mit dem zweijährigen und der Betrag von 23.662,44 EUR mit dem dreijährigen Zerobond-Abzinsfaktor zu multiplizieren (vgl. Abbildung 116). Aus der Summe der Barwerte ergibt sich ein verlustneutraler Ablösesaldo in Höhe von 63.406,74 EUR.

Bekäme die Bank vom Kunden lediglich die effektive Kapitalschuld in Höhe von 62.393,57 EUR zurückgezahlt (das Disagio wird zunächst noch vernachlässigt), so würden ihr 1.013,17 EUR für eine erfolgsneutrale Wiederanlage fehlen. Diesen Betrag müsste der Kunde im Zeitpunkt der Kreditablösung also zusätzlich zu der effektiven Kapitalschuld zahlen, damit die Bank aus dieser Kreditablösung verlustfrei hervorgehen kann.

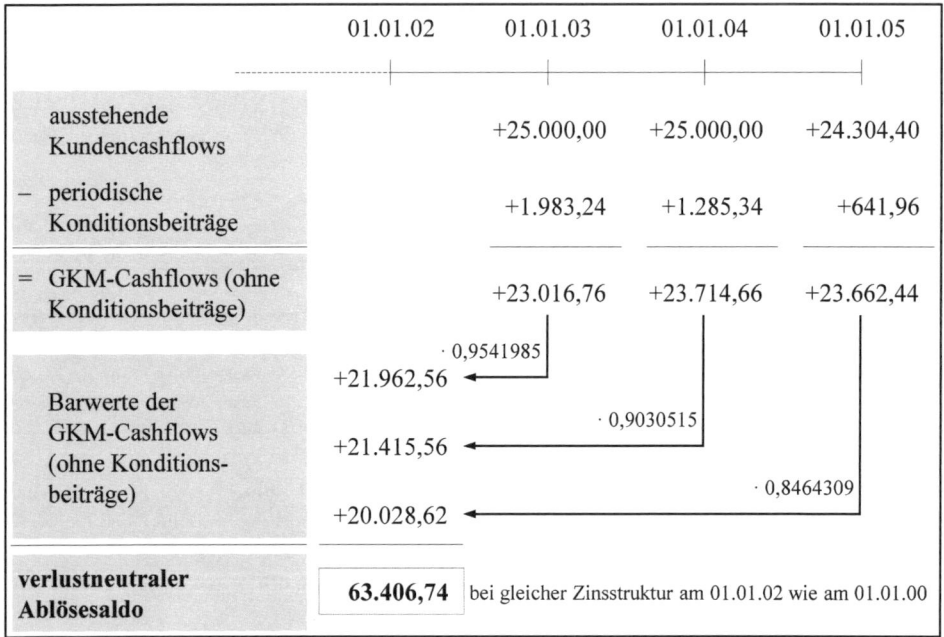

Abb. 116: Kalkulation des verlustneutralen Ablösesaldos bei gleicher Zinsstruktur am 01.01.02 wie am 01.01.00

Zusammengefasst würde die Bank in unserem Beispiel bei einer Kreditablösung zum effektiven Kapitalbetrag nach der Vereinnahmung von Konditionsbeiträgen von 3.427,68 EUR im ersten Jahr und 2.702,39 EUR im zweiten Jahr für die ursprünglich vereinbarte Restlaufzeit von drei Jahren einen Verlust von 1.013,17 EUR (= 62.393,57 EUR – 63.406,74 EUR) erzielen. Dabei stellt letzterer einen negativen Strukturbeitrag dar, da es sich sowohl bei der kalkulatorischen Refinanzierung wie auch bei der kalkulatorischen Wiederanlage ausschließlich um Geld- und Kapitalmarktgeschäfte handelt. Verursacht wird dieser Verlust letztlich durch ein „Rutschen" auf der Zinsstrukturkurve vom lang- in den kurzfristigen Bereich.

Die **absolute Ablöseuntergrenze** beträgt im Beispiel 63.406,74 EUR. Da jedoch ein Disagio von 4.000 EUR vereinbart wurde, von dem in den ersten beiden Jahren bei effektivzinskonstanter Abgrenzung (vgl. Abbildung 114) erst 2.230,45 EUR (= 1.194,76 EUR + 1.035,69 EUR) vereinnahmt wurden, würde die Bank hier – ohne Berücksichtigung rechtlich bindender Vorschriften vonseiten des Gesetzgebers – nicht auf die erfolgsneutrale Ablösesumme heruntergehen, sondern mit der nominellen Restschuld in Höhe von 64.163,13 EUR auch den noch nicht abgegrenzten Disagio-Teilbetrag in Höhe von 1.769,55 EUR (= 840,85 EUR + 605,28 EUR + 323,42 EUR) vereinnahmen. Im Beispiel würde sich die Bank somit durch die volle Einbehaltung des Disagios im Prinzip gar nicht falsch verhalten können.

Die Ablösesumme geht immer dann über die nominelle Restschuld hinaus, wenn beim Kreditgeschäft kein oder nur ein geringes Disagio vereinbart wurde oder der durchschnittliche Wiederanlagezins zusätzlich vor allem dadurch nach unten gedrückt wird, dass seit Beginn des Kreditgeschäfts die Zinsstrukturkurve, insbesondere am „kurzen Ende", nach unten gefallen ist. In einem solchen Fall kann die erfolgsneutrale Ablösesumme sogar erheblich über der nominellen Restschuld liegen.

Grundsätzlich können Kreditablösungen natürlich auch mit beträchtlichen Ertragschancen verbunden sein, wenn nämlich seit Beginn des Kreditgeschäfts die Geld- und Kapitalmarktzinsen erheblich gestiegen sind. Dies wäre im Kreditfall beispielsweise dann gegeben, wenn die Zinsstruktur nicht gleich geblieben, sondern möglicherweise invers geworden und z. B. der 1-Jahres-Zins auf 10 %, der 2-Jahres-Zins auf 9,4 % und der 3-Jahres-Zins auf 8,8 % gestiegen wäre (vgl. Tabelle 60).

Laufzeit	GKM-Zinssätze	Zerobond-Abzinsfaktoren
1 Jahr	10,00 %	0,9090909
2 Jahre	9,40 %	0,8359648
3 Jahre	8,80 %	0,7779734

Tabelle 60: Inverse Zinsstruktur am Geld- und Kapitalmarkt am 01.01.02

Dann würde die Abzinsung der Refinanzierungszahlungen zu einem erfolgsneutralen Gesamtanlagebetrag in Höhe von 59.157,70 EUR führen. Die Bank würde also schon bei Vereinnahmung nur der effektiven Restschuld in Höhe von 62.393,57 EUR einen Überschussbetrag in Höhe von 3.235,87 EUR (= 62.393,57 EUR − 59.157,70 EUR) erzielen (vgl. Abbildung 117). Dieser Betrag stellt den Barwert des Ablösegewinns dar. Zu erklären ist auch dieser dann auftretende Gewinn letztlich aus der im Prinzip negativen Fristentransformation, die generell durch Kreditablösungen bewirkt wird. Denn im Grunde wird eine langfristige Refinanzierung in eine kurzfristige Wiederanlage transformiert.

Neben der rein **erfolgsneutralen Ablösesumme**, die gerade beim Fehlen eines Disagios oder bei stark gesunkenem Zinsniveau sogar über der nominellen Restschuld liegen wird, lässt sich auch der Betrag errechnen, den die Bank vom Kunden fordern müsste, wenn sie ihren für die Zukunft kalkulierten Konditionsbeitrag ebenfalls mit vereinnahmen will. In diesem Fall wären nicht die Refinanzierungszahlungen, sondern die ursprünglich für die Zukunft erwarteten Kundenzahlungen auf den Zeitpunkt der Kreditablösung abzuzinsen. Im Beispiel belaufen sich die erwarteten Kreditzahlungen auf 25.000 EUR nach drei Jahren, auf 25.000 EUR nach vier Jahren und auf 24.304,40 EUR nach insgesamt fünf Jahren. Abgezinst – analog zu der bereits aufgezeigten Vorgehensweise – ergäbe sich daraus in unserem Beispiel bei im Vergleich zur Ausgangssituation gleichbleibendem Zinsniveau ein Barwert in Höhe von 67.003,25 EUR (vgl. Abbildung 115).

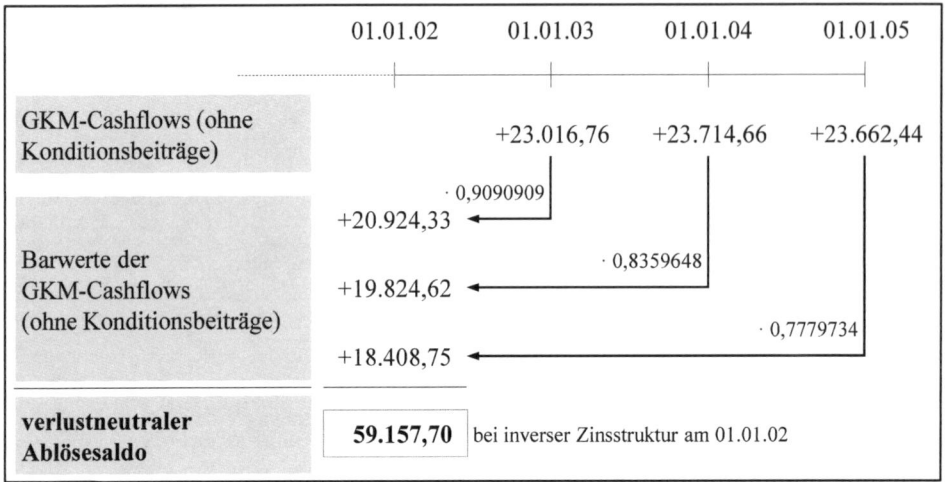

Abb. 117: Kalkulation des erfolgsneutralen Ablösesaldos bei inverser Zinsstruktur am 01.01.02

Dieser Barwert würde den **Ertrags- oder Kurswert des Kredits** darstellen. Denn mit seiner Vereinnahmung wäre sichergestellt, dass die ursprünglich kalkulierten Konditionsbeiträge auch bei vorzeitiger Ablösung des Kredits erwirtschaftet werden könnten.

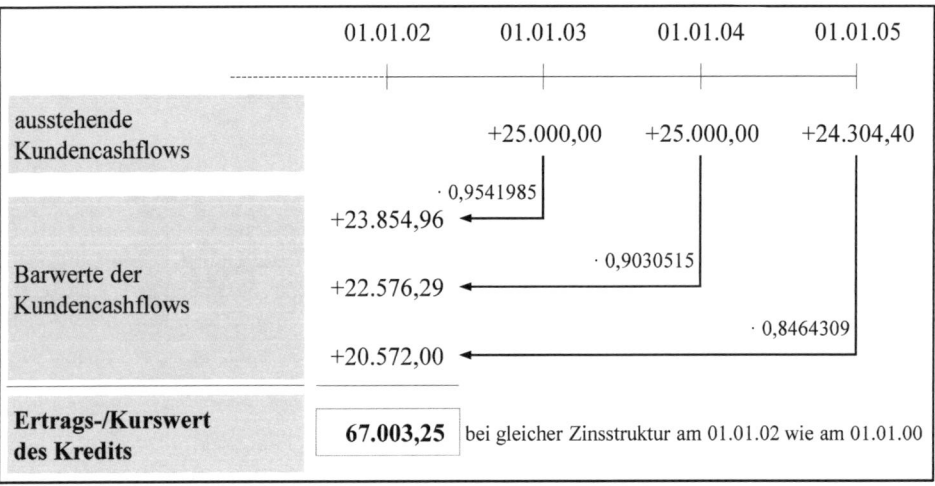

Abb. 118: Berechnung des Ertrags-/Kurswerts des Kredits bei gleicher Zinsstruktur am 01.01.02 wie am 01.01.00

Wie der Überblick über die hier beschriebenen Orientierungsgrößen für eine Kreditablösung zeigt, wird mit der Vereinnahmung des Ertragswerts die **nominelle Restschuld des Kredits** übertroffen. Eine Ablösung zum nominellen Restkapitalbetrag wäre im Beispiel für die Bank also ungünstiger als das Darlehen weiterzuführen.

Effektive Restschuld = 62.393,58 EUR

Erfolgsneutrale Ablösesumme = 63.406,74 EUR

Nominelle Restschuld   = 64.163,13 EUR

Ertrags-(Kurs-)wert   = 67.003,25 EUR

(c) Kalkulation von Anschlussgeschäften

Die hier angestellten Überlegungen sind für Banken gegebenenfalls auch dann von großer Bedeutung, wenn Kunden von sich aus gar nicht um eine Kreditablösung nachfragen. So kann es gerade bei schon sehr lange laufenden und mit vergleichsweise niedrigen Zinssätzen abgeschlossenen Krediten bei bestimmten Zinsstrukturen sehr sinnvoll sein, den Kunden in den letzten Jahren der Kreditlaufzeit von sich aus eine Ablösung anzubieten. Insbesondere dann nämlich, wenn die nominelle Restschuld über dem Ertragswert liegt, kann mit den zwischenliegenden Beträgen eine Kreditablösung **sowohl** für den Kunden **als auch** für die Bank vorteilhaft sein. Solche Strategien wurden z. B. in der Hochzinsphase 1980/81 insbesondere von den Landesbanken auch betrieben.

Im Vergleich zur vollständigen Ablösung eines Kredits stellt sich der Fall von Sondertilgungen grundsätzlich komplexer dar, weil sich hier Auswirkungen auf die zukünftigen Kreditzahlungen ergeben bzw. ergeben müssen. Ähnlichkeit mit dem Problem der Kreditablösung besteht insofern, als mit der Sondertilgung ein Teil der ursprünglichen kalkulatorischen Refinanzierung „überschüssig" wird und ebenfalls Wiederanlageüberlegungen erforderlich macht. Neben dem Unterschied aber, dass es sich statt um eine Gesamt- nur um eine Teiltilgung handelt, kommt als wesentlicher Aspekt hinzu, dass die **„Umsetzung"** möglicher Sondertilgungsverluste für die Bank nicht unbedingt mit einer einzigen Größe, nämlich der Ablösesumme, sondern mit einer veränderten Kreditzahlungsreihe und somit mit veränderten Konditionen und Konditionsbeiträgen erfolgen kann.

Wie sich die Sondertilgung auf den zukünftigen Kapitaldienst des Kredits niederschlagen soll, hängt ebenso wie bei der Festsetzung der Ablösesumme im Fall der vollständigen Kredittilgung von der Zielsetzung der Bank und den Umständen der Kundenbeziehung ab. So kann bei Sondertilgungen die Zielsetzung z. B. darin bestehen, auf den verminderten Kapitalbetrag unter Berücksichtigung des (Teil-)Ablöseverlustes die ursprüngliche Konditionsmarge weiterhin zu realisieren. Dies hätte wegen der verminderten Kapitalbasis einen anteilig verringerten Konditionsbeitrag zur Folge. Andererseits könnte auch angestrebt werden, den ursprünglichen Konditionsbeitrag auch nach der Sondertilgung in absoluter Höhe zu erhalten. Dies würde wegen der verringerten Kapitalbasis konsequenterweise eine Erhöhung der Konditionsmarge bedeuten.

Vergleichsweise einfach ist die **Behandlung von Sondertilgungen** immer dann, wenn ursprünglich ein Disagio vereinbart wurde, von dem ein größerer Teil noch nicht in der schon abgelaufenen Kreditfrist vereinnahmt wurde und die im Zeitpunkt der Sondertilgung am Geld- und Kapitalmarkt gegebene Zinsstruktur nicht zu übermäßig hohen Verlusten einer solchen Teilablösung führt.

Es wird nun angenommen, dass nach zwei Jahren nicht eine vollständige Kreditablösung erfolgt, sondern dass der Kunde zu diesem Zeitpunkt eine **zusätzliche Sonderzahlung** leisten möchte, welche die ursprünglich vereinbarte Kreditlaufzeit von fünf auf vier Jahre und die beiden verbleibenden Raten auf je 20.000 EUR reduziert. Zusätzlich sei unterstellt, dass die Geld- und Kapitalmarktsätze gesunken sind (vgl. Tabelle 61).

Laufzeit	GKM-Zinssätze	Zerobond-Abzinsfaktoren
1 Jahr	3,80 %	0,9633911
2 Jahre	4,32 %	0,9186939
3 Jahre	4,85 %	0,8666847

Tabelle 61: Gesunkenes Zinsniveau am Geld- und Kapitalmarkt am 01.01.02

Damit die Bank die noch unbekannte Höhe der gewünschten Sonderzahlung fixieren kann, ist es zunächst notwendig, den Kurswert des unveränderten Altgeschäfts zu bestimmen. Zu diesem Zweck sind die noch ausstehenden Kundenzahlungen des ursprünglichen Annuitätendarlehens und die aktuellen Zerobond-Abzinsfaktoren zu verwenden. Die Kundenzahlung nach insgesamt drei Jahren in Höhe von 25.000 EUR ist demnach mit dem einjährigen Zerobond-Abzinsfaktor von 0,9633911 zu multiplizieren. Der daraus resultierende Barwert beträgt 24.084,78 EUR. Analog zu dieser Ermittlung beläuft sich der Barwert der Kundenzahlung nach insgesamt vier Jahren auf 22.967,35 EUR (= 25.000 EUR · 0,9186939), der Barwert der Kundenzahlung nach insgesamt fünf Jahren auf 21.064,25 EUR (= 24.304,40 EUR · 0,8666847). In der Summe ergibt sich daraus ein Kurswert des unveränderten Altgeschäfts in Höhe von 68.116,38 EUR (vgl. Abbildung 119).

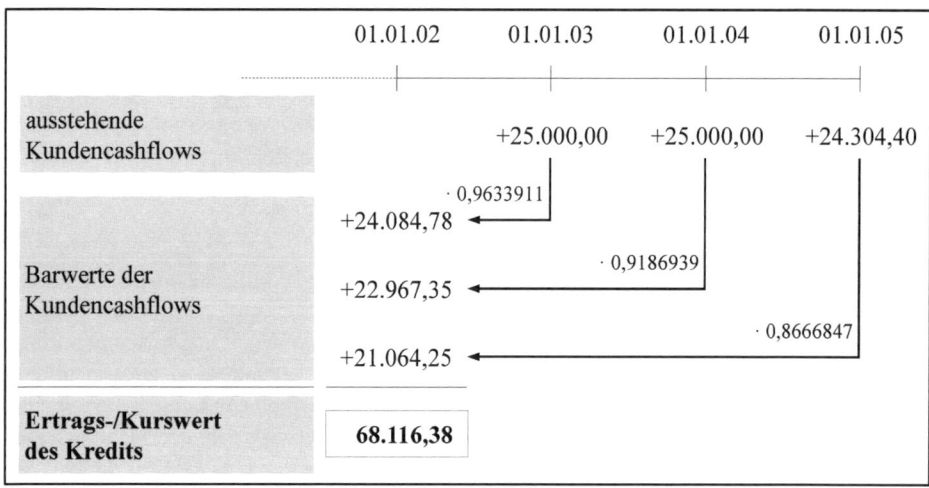

Abb. 119: Berechnung des neuen Ertrags-/Kurswerts des unveränderten Altgeschäfts

Da der so ermittelte Kurswert ebenfalls die zukünftigen Konditionsbeiträge beinhaltet und somit über die Mindestanforderung, nämlich den verlustneutralen Ablösesaldo, hinausgeht, ist letzterer – zur Kenntnis der absoluten Untergrenze – ebenfalls zu bestimmen. Zu diesem Zweck sind die kalkulierten Konditionsbeiträge von den ursprünglichen Kundenzahlungen abzuziehen. Die verbleibenden Salden sind nun mit den aktuellen Zerobond-Abzinsfaktoren zu multiplizieren. Die genaue Berechnung des verlustneutralen Ablösesaldos in Höhe von 64.468,53 EUR ist Abbildung 120 zu entnehmen.

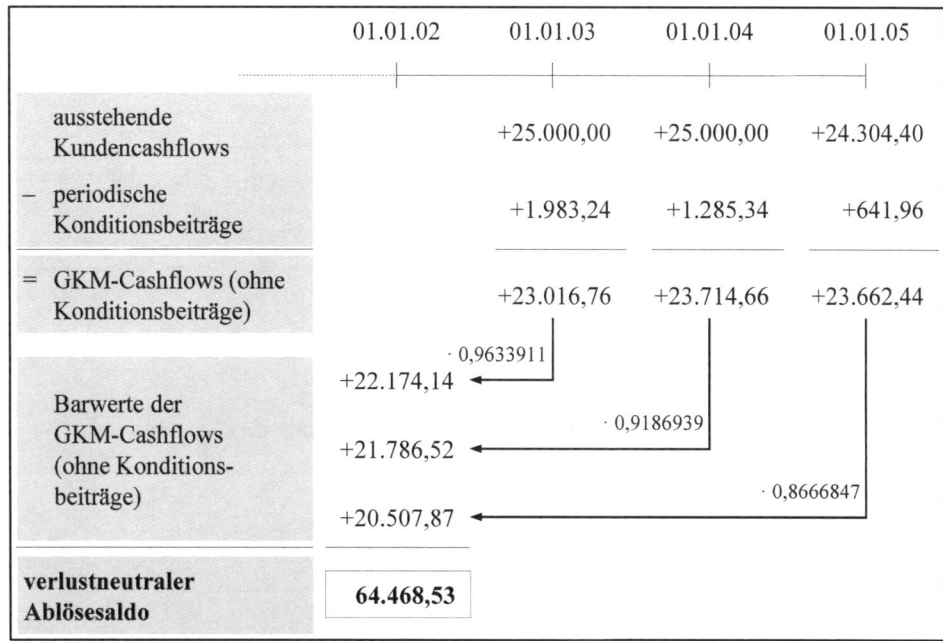

	01.01.02	01.01.03	01.01.04	01.01.05
ausstehende Kundencashflows		+25.000,00	+25.000,00	+24.304,40
− periodische Konditionsbeiträge		+1.983,24	+1.285,34	+641,96
= GKM-Cashflows (ohne Konditionsbeiträge)		+23.016,76	+23.714,66	+23.662,44
Barwerte der GKM-Cashflows (ohne Konditionsbeiträge)	+22.174,14 · 0,9633911 +21.786,52 · 0,9186939 +20.507,87 · 0,8666847			
verlustneutraler Ablösesaldo	**64.468,53**			

Abb. 120: Kalkulation des verlustneutralen Ablösesaldos bei gesunkenem Zinsniveau am 01.01.02

In der Regel wird eine kreditgewährende Bank nur dann auf den Wunsch ihres Kunden nach Änderung des Altgeschäfts eingehen, sofern ihr daraus keine Nachteile erwachsen. Das bedeutet, dass das veränderte Neugeschäft den gleichen Ertrags-(kurs-)wert erwirtschaften muss wie das ursprüngliche Altgeschäft. Da diese Zielgröße bereits berechnet wurde (vgl. Abbildung 119) und die Höhe der beiden (nach der Sonderzahlung) verbleibenden Raten vom Kunden auf je 20.000 EUR fixiert wurden, ist die gesuchte Sonderzahlung durch die Auflösung der nachstehenden Gleichung zu berechnen. Dabei ist zu beachten, dass die Sonderzahlung aufgrund ihrer sofortigen Entrichtung in voller Höhe in den Kurswert eingeht, wogegen die nachfolgenden Kundenzahlungen mit dem einjährigen bzw. mit dem zweijährigen Zerobond-Abzinsfaktor zu multiplizieren sind.

68.116,38 EUR = Sonderzahlung + 20.000 EUR · 0,9633911 + 20.000 EUR · 0,9186939 EUR

Als Ergebnis lässt sich eine anzustrebende Sonderzahlung in Höhe von 30.474,68 EUR feststellen, die letztlich gewährleistet, dass die Bank durch die Variation des Altgeschäfts keinerlei Ertragsminderungen erleidet.

LITERATURHINWEISE

BALKE, C./ELLENBECK, R. (2013)
BANKEN, R. (1987)
BENKE, H./GEBAUER, B./PIASKOWSKI, F. (1991) BENKE, H./PIASKOWSKI, F./ SIEVI, C.R. (1995)
BLACK, F. (1976)
BLACK, F./SCHOLES, M.S. (1973)
BÜHLER, W. (1988)
DROSTE, K. D. ET AL. (1983)
FIGLEWSKI, S. (1990)
FLECHSIG, R. (1982)
GRABIAK, S. ET AL. (1988)
HÖLSCHER, R. (1994)
HÖLSCHER, R. (1999A)
KALHÖFER, CHR. (2001)

KLEINEBECKEL, H. (1998)
MARUSEV, A. W. (1990)
MOTTÉ, R. (1981)
PFINGSTEN, A./MARUSEV, A. W. (1991)
ROLFES, B. (1998)
ROLFES, B./BANNERT, TH. (2001)
ROLFES, B./SCHIERENBECK, H. (1992)
SCHIERENBECK, H./FELLENSTEIN, D. (1992)
SCHIERENBECK, H./MARUSEV, A. W. (1991)
SCHIERENBECK, H./PAUL, ST. (1998)
SCHIERENBECK, H./WIEDEMANN, A. (1996)
SLEVOGT, H. (1988)
WAGNER, R./WIMMER, K. (2010)
WIEDEMANN, A. (1998)

MARUSEV, A. W. (1988)
MARUSEV, A. W./PFINGSTEN, A. (1992)
NOLTE, M. (1997)
RAAYMANN, J. G. (1995)
ROLFES, B. (2001)
ROLFES, B./HASSELS, M. (1994)
ROLFES, B./SCHWANITZ, J. (1992)
SCHIERENBECK, H./HOLLÄNDER, D./PICKER, M. (2013)
SCHIERENBECK, H./MARUSEV, A. W./WIEDEMANN, A. (1992)
SCHIERENBECK, H./ROLFES, B. (1988)
SIEVI, C.R. (1984)
UBS AG (2001)
WIEDEMANN, A. (1992)

II. Kalkulation von Standard-Risikokosten auf Basis des Versicherungsprinzips

1. Grundlagen

a) Zur Begründung einer Transformation von Kreditrisiken in Standard-Risikokosten

Für Banken, die im Kreditgeschäft tätig sind, gehören Verluste aufgrund der (teilweisen oder vollständigen) Nichterfüllung von kontrahierten (Rück-)Zahlungsverpflichtungen oder von Ratingabstufungen ihrer Kreditkunden zu den normalen Ereignissen, die mit einer bestimmten statistischen Wahrscheinlichkeit vorhersehbar sind. Demzufolge können solche Kreditverluste, soweit sie in diesem statistischen Erwartungsbereich liegen, auch nicht einfach undifferenziert zusammen mit „echten" Verlustüberraschungen in einen Topf geworfen und als außerordentliche Aufwendungen verbucht werden, wie das in der Vergangenheit üblicherweise der Fall war. Vielmehr sind die **„erwarteten" Kreditverluste** als Bestandteil des ordentlichen Betriebsergebnisses von Banken zu betrachten.

Folgerichtig formulierte schon die Schweizerische Bankenkommission (heute FINMA) seinerzeit als Aufsichtsorgan der Schweizer Kreditinstitute:

„Kreditverluste stellen somit ordentliche Ereignisse der Banktätigkeit dar, die mit einer statistischen Wahrscheinlichkeit voraussehbar sind. Daraus leitet sich die Folgerung ab, die statistisch zu erwartenden Verluste bereits bei der Kreditgewährung als Risikokosten, um die der Bruttoertrag bzw. die Zinsmarge geschmälert wird, einzubeziehen."(zitiert aus: ZUBERBÜHLER (1997), S. 6).

Diese methodische Sichtweise führt also zu einer **Zweiteilung von Risikokosten**:

• Solche, die den erwarteten Verlust abdecken und bereits bei der Kreditvergabe berücksichtigt werden; sie mindern als Standard-Risikokosten das ordentliche Betriebsergebnis,

• und solche, die darüber hinausgehen und insoweit unerwartete Verluste darstellen; sie sind durch entsprechende Eigenmitteldotierungen (Schwankungsreserven) aufzufangen.

Das Grundpostulat, Standard-Risikokosten als Kostenbestandteile der Kreditkalkulation systematisch zu berücksichtigen, wirft eine Vielzahl theoretisch wie praktisch wichtiger Fragen auf.

Ein erstes grundsätzliches Problem ist mit der Frage verbunden, wie stark differenzierend die Standard-Risikokosten zu kalkulieren sind. Diese können nämlich prinzipiell auf mindestens vier Ebenen bestimmt werden: auf Ebene des gesamten Kreditgeschäfts, auf Ebene der einzelnen Geschäftssegmente, auf Ebene einzelner Ratingstufen sowie im Endeffekt auf Ebene der Einzelkunden. Eine Risikokalkulation auf Ebene der Einzelkunden erfolgt, indem jedem Einzelkunden bzw. dem mit ihm abzuschließenden Kreditgeschäft ein eigenständiger Risikokostenzuschlag zuerkannt wird. Auf der Ebene von Ratingstufen werden alle Geschäftsabschlüsse von Kunden der gleichen Ratingstufe bezüglich der kalkulierten Ausfallwahrscheinlichkeit gleichbehandelt. Letzteres wäre auf der Ebene von Geschäftssegmenten ähnlich für alle Kunden dieses Segments. Schließlich gäbe es auf Ebene des Gesamtgeschäfts nur einen einheitlichen Risikokostenzuschlag.

Nun wird die These aufgestellt, dass eine **verursachungsgerechte Standard-Risikokostenkalkulation** mindestens auf Ebene Ratingstufe differenziert aufgebaut sein sollte. Die Risikoprämien wären deshalb so zu bemessen, dass Geschäften mit höherem Kreditrisikorating auch höhere Risikosätze zuzurechnen wären als denen mit geringerem Risikogehalt. Nur so wird eine verursachungsgerechte Vorkalkulation und Preisfindung möglich. Bei einer einheitlichen Risikokostenkalkulation auf Ebene von Geschäftssegmenten oder sogar des gesamten Kreditgeschäfts tritt das Phänomen der Quersubventionierung in hohem Maße auf. Denn es führt praktisch dazu, dass Kreditgeschäfte mit bonitätsmäßig guten Kunden einen vergleichsweise zu hohen Preis zahlen müssen, wohingegen Kreditkunden mit schlechter Bonität einen im Vergleich zu ihrer Risikolage zu tiefen Preis für den Kredit zahlen müssten (vgl. Abbildung 121).

Neben der theoretischen Verletzung der Verursachungsgerechtigkeit sind bei einer solchen **undifferenzierten Gestaltung der Risikoprämien** die asymmetrischen Anreizeffekte zu beachten. Es ist zu erwarten, dass die „guten" Risiken im Kreditgeschäft sich entweder weigern, diese vergleichsweise zu hohen Kreditpreise zu zahlen und dann aufgrund ihrer guten Verhandlungsposition doch wiederum einen günstigeren Kreditzins erhalten oder dass sie schlicht abwandern und zu den Banken gehen, die ihre gute Bonität entsprechend honorieren. Umgekehrt wird das Verhalten der Kreditnehmer sein, die einen im Verhältnis zu ihrer schlechteren Bonität vergleichsweise guten Kreditzins zugesprochen bekommen. Sie werden sich natürlich nicht beschweren und diese „Risikorente" gerne in Anspruch nehmen. Darüber hinaus wird es tendenziell zu einer Zuwanderung solcher schlechteren Risiken in das Kreditgeschäft derjenigen Banken kommen, die eine solch undifferenzierte Risikoprämienpolitik betreiben. Denn für schlechte Risiken wird es günstig sein, sich bei solchen Banken um einen Kredit zu bewerben. Das Ergebnis wird tendenziell eine systematische Verschlechterung der Bonität des gesamten Kreditportfolios sein. Die erwarteten Verluste werden durch die dann zu niedrigen Risikokosten im Zweifel auch nicht vollständig gedeckt werden können.

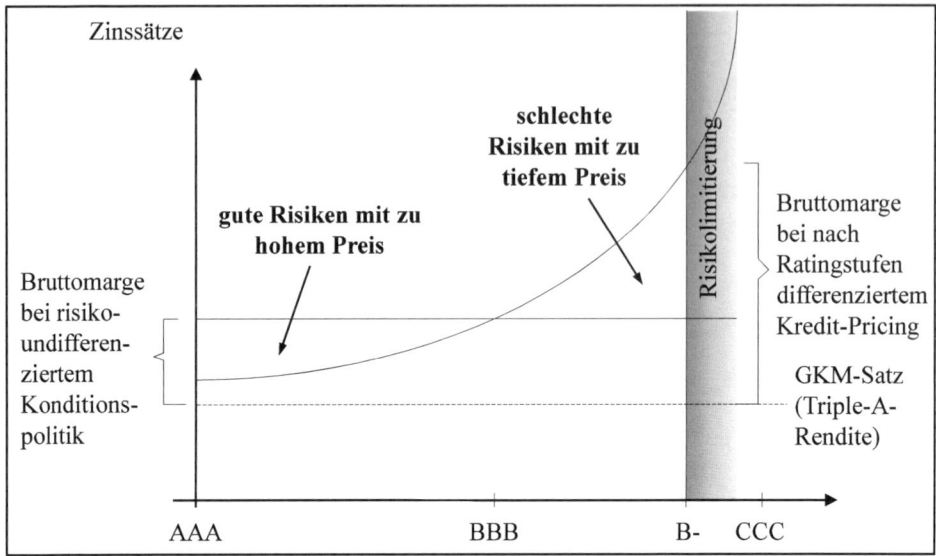

Abb. 121: Risikoadjustierte versus risikoindifferente Konditionengestaltung

Letzten Endes bleibt es den Banken also nicht erspart, risikodifferenzierte Zuschläge im Kreditzins entsprechend der kalkulierten Risikostufe durchzusetzen, um sich dem beschriebenen Wirkungsmechanismus strukturell zu entziehen.

Ein zweites einleitendes Problem berührt die Frage, inwieweit die zu kalkulierenden Standard-Risikokosten auch **Portfolioeffekte** berücksichtigen sollten und inwieweit **Wirkungsinterdependenzen** zwischen Kreditrisiko einerseits und den Marktrisiken sowie operationalen Risiken andererseits zu berücksichtigen sind. Was Letzteres betrifft, so werden hier zentrale theoretische Fragen aufgeworfen, denn natürlich sind Szenarien denkbar und auch wahrscheinlich, wonach Veränderungen in den Marktpreisen (Zinsen, Währungen, Aktienkurse) bzw. schlagend gewordene operationelle Risiken (Abwicklungsfehler, rechtliche Vertragsprobleme) das Kreditrisiko nicht unerheblich erhöhen können.

Fortan gilt dessen ungeachtet die These (und dies steht auch im Einklang mit dem überwiegenden Teil der Praxis), dass diese risikobeeinflussenden Faktoren den „unerwarteten Verlust" und nicht den „erwarteten Verlust" betreffen, welcher sich in den Standard-Risikokosten auszudrücken hat. Das Gleiche gilt für die eingangs angesprochenen Portfolioeffekte, die im Kreditgeschäft ja vor allem Diversifikationseffekte sein können. Auch sie werden dem Bereich der unerwarteten Verluste zugerechnet und berühren somit konzeptionell die Kalkulation der Standard-Risikokostensätze nicht. Das bedeutet aber natürlich im Umkehrschluss, dass dort, wo die unerwarteten Kreditverluste systematisch methodisch behandelt werden, auf diese jeweiligen zusätzlichen Einflussgrößen modellierend einzugehen sein wird.

b) Rechnungskomponenten des Kreditrisikos

Die Abgrenzung von erwarteten und unerwarteten Kreditverlusten ist bereits angesprochen worden. Klar ist zudem, dass zwischen Standard-Risikokosten und Ist-Risikokosten unterschieden werden muss. Weniger offensichtlich ist eine mögliche Unterscheidung von Ausfallrisiko und Bonitätsrisiko. In beiden Fällen kann das Kreditrisiko darüber hinaus als barwertige Größe oder als periodische Erfolgsgröße quantifiziert werden. Damit ergibt sich die in Abbildung 122 skizzierte Unterteilung.

		Ausfallrisiko [1]	Bonitätsrisiko
ex ante [2]	Expected Loss	erwarteter Kreditausfall	erwartete Bonitätsverschlechterung
	Unexpected Loss	innerhalb des Konfidenzniveaus über den Expected Loss hinausgehender	
		möglicher insolvenzinduzierter Kreditausfall	möglicher bonitätsinduzierter Wertverlust
ex post [3]		Ist-(Ausfall-)Risikokosten	Ist-(Ausfall-)Bonitätskosten
Verrechnungssatz [4]		periodische Risikokosten	
			barwertige Risikokosten

Abb. 122: Rechnungskomponenten des Kreditrisikos

Zu [1]:

Das **Ausfallrisiko** stellt auf die dem traditionellen Kreditgeschäftsverständnis entsprechende Gefahr des Abgleitens eines Kreditnehmers in die „Default"-Klasse ab, sodass die Bank also die vereinbarten Kapitaldienstleistungen nur teilweise oder gar nicht erhält.

Das **Bonitätsrisiko** ist dagegen mit der Gefahr verknüpft, dass die Kreditnehmerbonität sich während der Kreditlaufzeit verschlechtert, wobei der Ausfall nur den Extrempunkt einer Wanderungsbewegung hin zu schlechteren Bonitätsstufen darstellt.

Grundsätzlich drückt sich das Bonitätsrisiko in erwarteten oder möglichen Marktwertverlusten von Krediten aus und ist daher in erster Linie bei als Wertpapiere verbrieften und börsenmäßig gehandelten Schuldtiteln sichtbar. Prinzipiell kann dieser Marktwerteffekt aber auch bei Buchkrediten durch Verbarwertung des ausstehenden Zahlungsstroms mithilfe von Marktzinssätzen abgebildet werden. Dennoch wird üblicherweise bei solchen Krediten lediglich das Ausfallrisiko quantifiziert.

Zu [2]:

Sowohl für das Ausfallrisiko als auch für das Bonitätsrisiko lassen sich wie bereits eingangs angesprochen ein „Expected Loss" und ein „Unexpected Loss" definieren. Der **„Expected Loss"** beschreibt Risikokosten, die bereits ex ante bei der Kreditvergabe aufgrund der aktuellen Bonitätseinschätzung des Kreditnehmers erwartet werden und als Standard-Risikokosten in den Kreditpreis einzurechnen sind. Demgegenüber umfasst der **„Unexpected Loss"** den darüber hinausgehend möglichen Kreditverlust (entweder in Form eines höheren Ausfalls oder einer stärkeren Wertminderung).

Da mit dem „Expected Loss" der statistische Erwartungswert und mit dem „Unexpected Loss" ein bestimmter Bereich der Wahrscheinlichkeitsverteilung von Kreditverlusten angesprochen wird, sind für die Modellierung der Risikokosten möglichst zutreffende Annahmen über diese wahrscheinlichen Verteilungen zu treffen. Einigkeit besteht in Theorie und Praxis dahin gehend, dass Kreditverluste bei entsprechend geringen Stückzahlen oder zu hohen durchschnittlichen Volumina eine hochgradig asymmetrische Verteilung aufweisen, also prinzipiell nicht normal verteilt sind. Ein Beispiel aus dem Zahlenwerk der CREDIT SUISSE GROUP 1998 verdeutlicht diesen Sachverhalt für den Fall eines Kreditportfolios (vgl. Abbildung 123).

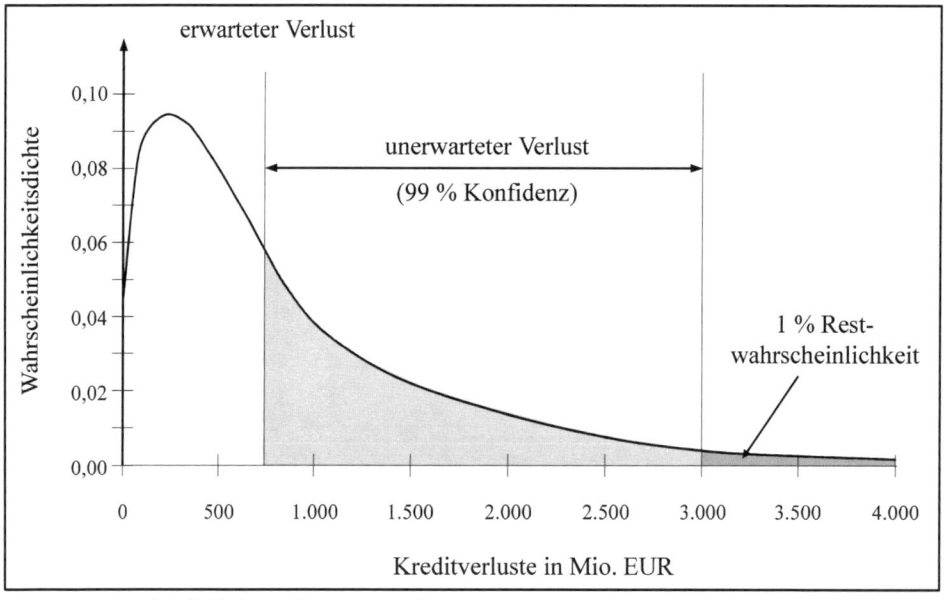

Abb. 123: Wahrscheinlichkeitsverteilung von Kreditverlusten

Die in Abbildung 123 deutlich ausgeprägte **rechtsschiefe Verteilung** gilt umso ausgeprägter, je kleiner das Kreditportfolio ist: Bei einem einzelnen Kredit werden im Regelfall gar keine Verluste auftreten, im seltenen Fall des Ausfallereignisses dagegen sehr hohe Verluste.

Zu [3]:

Die ex post quantifizierbaren **Ist-(Ausfall-)Risikokosten** erfolgen buchhalterisch zunächst mithilfe von **Einzelwertberichtigungen** (in der Schweiz häufig auch als **Rückstellungen** bezeichnet). Dabei werden üblicherweise nicht nur reine Kapitalforderungsbeträge, sondern auch die noch nicht geleisteten, aber der Bank zustehenden Zinsforderungsbeträge in den Forderungs(rest)betrag einbezogen, indem diese i. d. R. „durchgebucht", also aktiviert werden. Die so erfassten Einzelwertberichtigungen sind dann noch um die Direktabschreibungen von Kapital- und Zinsforderungen zu ergänzen, um die Ist-Risikokosten einer Periode (im engeren

Sinne) zu erhalten. Im weiteren Sinne können hierzu evtl. auch die Betriebskosten aus der Bewirtschaftung von Problemkrediten gezählt werden. Die weiteste Fassung erhalten die Ist-Risikokosten schließlich durch die Einbeziehung von Eingängen aus bereits früher einzelwertberichtigten oder abgeschriebenen Forderungen, die den Nettoausfallbetrag aus Kreditrisiken reduzieren (vgl. Tabelle 62).

	Forderungs(rest)beträge aller ausfallbedrohten Kreditengagements
–	Summe der erwarteten eingehenden Tilgungsleistungen
–	Summe der erwarteten Einzahlungen aus der Verwertung von Sicherheiten
=	Einzelwertberichtigungsbedarf für den relevanten Forderungsbestand
+	Direktabschreibung auf Forderungen (einschließlich Zinsverzichte)
=	Ist-Risikokosten der Periode im engeren Sinne
+	(evtl.) Betriebskosten aus der Bewirtschaftung von „Abwicklungskrediten"
=	Ist-Risikokosten der Periode im weiteren Sinne
–	Eingänge aus wertberichtigten Forderungen von Vorperioden
–	Eingänge aus abgeschriebenen Forderungen von Vorperioden
=	Netto-Gesamtbelastung aus Kreditrisiken in einer Abrechnungsperiode (= Ist-Risikokosten der Periode im weitesten Sinne)

Tabelle 62: Abgrenzung von Ist-(Ausfall-)Risikokosten

Für die Ermittlung der **Ist-(Bonitäts-)Risikokosten** gilt prinzipiell eine analoge Vorgehensweise. Allerdings gibt es zwei Unterschiede:

• Zum einen werden bereits die entstehenden Wertminderungen des Kreditportfolios aufgrund von eingetretenen Bonitätsverschlechterungen erfasst, ohne dass es zwingend zu einem Kreditausfall kommen muss.

• Zum anderen ist bei Nichteintritt der Insolvenz und faktisch weiter erfolgten Rück- und Zinszahlungen bis zum Ende der Kreditlaufzeit die vordem erfolgte Einzelwertberichtigung wieder rückgängig zu machen. Es entstehen also in solchen Fällen „Risikoerträge", die ähnlich zu behandeln wären wie Eingänge aus einzelwertberichtigten Kreditpositionen bei den (Ausfall-)Risikokosten.

Zu [4]:

Traditionell werden Risikokosten als **periodische Erfolgsgrößen** verrechnet. Das gilt für die Buchhaltung in der Ist-Kostenrechnung ebenso wie für Standard-Risikokosten, die als Zuschlag zu den Refinanzierungskosten erhoben werden.

Dies hat sich in letzter Zeit durch das Vordringen der barwertorientierten Steuerungsphilosophie aber deutlich verändert. So sind barwertige Risikoprämien natürlich immer dann anzusetzen, wenn das Grundgeschäft selbst als Konditionsbeitragsbarwert kalkuliert ist. Da dies im Fall der Erfassung des Bonitätsrisikos sogar die Regel ist, führt auch die verstärkte Betrachtung dieser Kreditrisikokategorie zwangsläufig zu einem Vordringen des Barwert- bzw. Marktwertgedankens.

Einfluss auf diese Entwicklung haben auch die Kalkulationsverfahren zur Ermittlung der Risikoprämien. Beispielsweise führt der optionspreistheoretische Ansatz automatisch zu einer **barwertigen Risikoprämie**, während die zustandsbezogenen, traditionellen Verfahren eher eine Periodenprämie generieren. Aber natürlich gilt hier auch das bereits im Rahmen des Marktzinsmodells Gesagte: Grundsätzlich lässt sich jede Periodengröße in eine Barwertgröße (und umgekehrt) transformieren (vgl. ausführlich S. 167 ff.).

c) Grundgleichung der Verlusterwartung auf Einzelgeschäftsebene

(1) Ausfallrisiko

Standard-(Ausfall-)Risikokosten, die den erwarteten Verlust einzelner Kreditengagements ausdrücken, lassen sich grundsätzlich in die drei Komponenten

• Erwartete Ausfallrate (Ausfallwahrscheinlichkeit),

• Rückzahlungsquote bei Ausfall bzw. Insolvenz und

• Kreditvolumen bzw. Kreditäquivalent

zerlegen, wobei die Bestimmungsgleichung für **Standard-(Ausfall-)Risikokosten** diese Komponenten multiplikativ verknüpft.

Abbildung 124 gibt diese Grundgleichung wieder. Wegen der diesbezüglich stark angelsächsisch geprägten Begriffswelt werden dabei deutsche und englische Begriffe gleichberechtigt bzw. parallel verwendet.

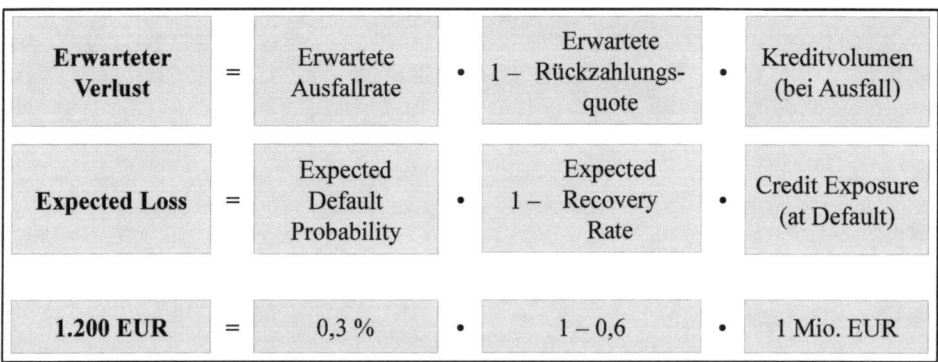

Abb. 124: Grundgleichung der Kalkulation von Standard-(Ausfall-)Risikokosten (mit Zahlenbeispiel)

Die drei in der Grundgleichung angegebenen Parameter werden i. d. R. als voneinander unabhängige Variablen modelliert, wenn es darum geht, Standard-Risikokosten auf Einzelgeschäftsebene (im Gegensatz zum Portfoliofall) zu kalkulieren. Grundlage dafür sind systematisch betriebene Kreditwürdigkeitsprüfungen und daraus abgeleitete Bonitätseinstufungen des

Kreditnehmerbestands sowie umfassende statistische Analysen über Kreditausfallhäufigkeiten (Default Frequencies) und ihrer wichtigsten Determinanten. Zu ergänzen sind diese um Analysen über den Einfluss von Sicherheiten, Schuldnermoral, Rechtsnormen und Möglichkeiten der Rechtsdurchsetzung auf Rückzahlungsquoten sowie um Erkenntnisse bezüglich der Zusammensetzung von Änderungen des Kredit-Exposure in der Nähe einer drohenden Insolvenz.

(2) Bonitätsrisiko

Im Gegensatz zum Ausfallrisiko, das die Gefahr der Insolvenz des Kreditnehmers beschreibt, ist das Bonitätsrisiko mit der Gefahr verbunden, dass sich die Bonität des Kreditnehmers nach Beginn der Kreditlaufzeit verschlechtert. Es ist insofern umfassender als das Ausfallrisiko, zumal es den Kreditausfall als Extremfall der Bonitätsverschlechterung i. d. R. mit einschließt.

Anfängliches Rating	Migrationswahrscheinlichkeiten in % nach 1 Jahr								
	Aaa	Aa	A	Baa	Ba	B	Caa-C	D	N.R.
Aaa	88,32	6,15	0,99	0,23	0,02	0,00	0,00	0,00	4,29
Aa	1,21	86,76	5,76	0,66	0,16	0,02	0,00	0,06	5,36
A	0,07	2,30	86,09	4,67	0,63	0,10	0,02	0,12	5,99
Baa	0,03	0,24	3,87	82,52	4,68	0,61	0,06	0,28	7,71
Ba	0,01	0,08	0,39	4,61	79,03	4,96	0,41	1,11	9,39
B	0,00	0,04	0,13	0,60	5,79	76,33	3,08	3,49	10,53
Caa-C	0,00	0,02	0,04	0,34	1,26	5,29	71,87	12,41	8,78
Anfängliches Rating	Migrationswahrscheinlichkeiten in % nach 4 Jahren								
	Aaa	Aa	A	Baa	Ba	B	Caa-C	D	N.R.
Aaa	66,18	13,91	3,68	0,79	0,46	0,07	0,00	0,08	14,82
Aa	3,07	60,24	14,52	2,85	0,94	0,14	0,02	0,40	17,81
A	0,18	5,54	61,07	9,65	2,28	0,49	0,07	0,82	19,91
Baa	0,07	0,76	9,30	52,93	7,95	1,95	0,28	1,79	24,95
Ba	0,04	0,24	1,63	9,95	43,41	8,26	1,19	4,81	30,47
B	0,01	0,09	0,39	2,15	10,45	39,06	3,89	11,12	32,84
Caa-C	0,00	0,00	0,02	1,31	3,40	8,04	36,26	25,54	25,44
Anfängliches Rating	Migrationswahrscheinlichkeiten in % nach 10 Jahren								
	Aaa	Aa	A	Baa	Ba	B	Caa-C	D	N.R.
Aaa	41,51	19,00	6,09	2,11	0,77	0,19	0,02	0,64	29,62
Aa	4,48	33,35	19,84	4,88	2,21	0,59	0,13	1,45	33,08
A	0,30	6,52	38,62	11,07	3,28	1,10	0,20	2,24	36,65
Baa	0,08	1,33	11,71	30,00	6,36	2,05	0,30	4,41	43,76
Ba	0,07	0,32	3,00	10,13	17,06	6,08	1,26	9,91	52,18
B	0,02	0,06	0,81	2,74	7,78	13,75	2,10	18,62	54,11
Caa-C	0,00	0,02	0,00	2,12	3,21	5,06	13,50	36,92	39,17

Quelle: MOODY'S INVESTORS SERVICE, Beobachtungen: 1920–1996, N.R. = nicht mehr eingestuft

Tabelle 63: Ratingmigrationsmatrizen

Werden der Ausfall des Kredits oder eintretende Zahlungsstörungen ausgeklammert, kann sich der erwartete Verlust für das Bonitätsrisiko ausschließlich in einer Markt- bzw. Barwertminderung aufgrund einer möglichen Bonitätsverschlechterung niederschlagen. Entsprechend sind folgende zwei Determinanten für einen solchen kalkulatorischen Verlust abzugrenzen:

• die Wahrscheinlichkeiten für eine entsprechende Ratingmigration während der Kreditlaufzeit sowie

• die Höhe und Wahrscheinlichkeitsverteilung der ratingspezifischen Credit Spreads (= Risikozuschläge) für die Verbarwertung der offenstehenden Zahlungsströme bei einer eingetretenen Ratingmigration.

Für **Ratingmigrationen** bestehen z. B. bei den Ratingagenturen STANDARD & POOR'S und MOODY'S entsprechende Datenbanken, die die **Migrationswahrscheinlichkeiten** von Kreditnehmern (genauer: Anleiheschuldnern) in Abhängigkeit ihres anfänglichen Ratings und der Kreditlaufzeit angeben. Ein solches Beispiel zeigt Tabelle 63.

Aufbauend auf solchen Migrationswahrscheinlichkeiten und unter Verwendung der entsprechenden Forward-Zerobond-Abzinsungsfaktoren (vgl. S. 198 ff.) lassen sich „Expected Loss"-Werte für das Bonitätsrisiko kalkulieren. Formal gilt die in Abbildung 125 dargestellte Grundgleichung.

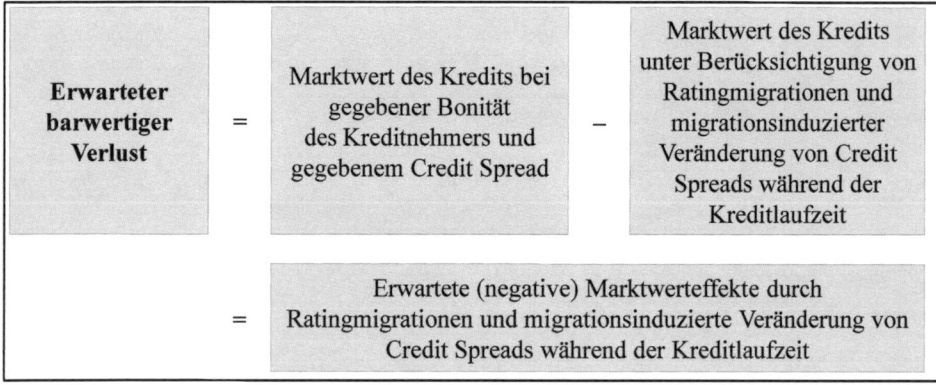

Abb. 125: Grundgleichung der Kalkulation von Standard-(Bonitäts-)Risikokosten

(3) Bestimmung laufzeitabhängiger Verlusterwartungen für das Ausfall- und Bonitätsrisiko

Ratingsysteme definieren ein System von Risikoklassen mit zugehörigen Ausfallraten. Soweit sie lediglich auf die Bonität des Kreditnehmers abstellen, übersehen sie allerdings einen wichtigen Aspekt, der darin besteht, dass bei gegebenem Bonitätsrating die erwartete Ausfallrate auch von der Laufzeit des Kredits mitbestimmt wird. Insofern wäre es also erforderlich, für jede Ratingstufe die Ausfallrate nach der Kreditlaufzeit zu differenzieren.

Ausgangspunkt hierfür sind empirische Erkenntnisse über den Zusammenhang von Laufzeit und Ausfallwahrscheinlichkeit. Sie zeigen insbesondere auf den mittleren Qualitätsstufen der Ratingskala (nach der MOODY'S Systematik ab etwa Baa bzw. gemäß S&P-Rating ab BBB) und darunter ein starkes Ansteigen der Ausfallraten bei längeren Kreditlaufzeiten. Ähnliche Erkenntnisse liefern auch die von ALTMAN/KISHORE (1996) empirisch ermittelten kumulierten „**Mortalitätsraten**" von Kreditschuldnern bei alternativen Kreditlaufzeiten. Mortalitätsraten unterscheiden sich dabei von den Ausfallraten der Ratingagenturen lediglich durch die Herausrechnung desjenigen Effekts auf die erwartete Ausfallrate, der sich durch die typischerweise ungleichmäßige Verteilung der Insolvenzfälle über die einzelnen Ratingklassen und Kreditlaufzeiten ergibt.

Rating	Kreditlaufzeit in Jahren									
	1	2	3	4	5	6	7	8	9	10
AAA	0,00 %	0,00 %	0,00 %	0,00 %	0,08 %	0,08 %	0,08 %	0,08 %	0,08 %	0,08 %
AA	0,00 %	0,05 %	1,11 %	1,20 %	1,20 %	1,20 %	1,20 %	1,20 %	1,26 %	1,30 %
A	0,00 %	0,19 %	0,26 %	0,47 %	0,53 %	0,59 %	0,78 %	0,98 %	0,98 %	0,98 %
BBB	0,41 %	0,66 %	0,97 %	1,51 %	2,39 %	2,77 %	2,86 %	2,86 %	3,44 %	3,66 %
BB	0,50 %	1,08 %	5,19 %	9,78 %	10,79 %	11,26 %	13,64 %	13,87 %	14,55 %	15,21 %
B	1,59 %	8,60 %	14,82 %	21,02 %	23,71 %	28,21 %	30,22 %	31,70 %	33,63 %	35,91 %
CCC	8,32 %	18,13 %	33,30 %	40,14 %	45,63 %	48,66 %	49,94 %	51,42 %	57,39 %	N.A.

Tabelle 64: Kumulierte Mortalitätsraten 1971–1994 (nach ALTMAN/KISHORE 1996)

Tabelle 64 zeigt die zum Teil dramatisch mit der Kreditlaufzeit zunehmenden Mortalitätsbzw. Ausfallraten und verdeutlicht exemplarisch die Notwendigkeit der Berücksichtigung laufzeitabhängiger Ausfallraten bei der Standard-Risikokostenkalkulation.

Mithilfe von Ratingmigrationsmatrizen, die die Wahrscheinlichkeit für die Ratingbewegung der Kreditnehmer in die verschiedenen Ratingklassen angeben, lassen sich sogenannte **bedingte Wahrscheinlichkeiten** berechnen. Diese geben an, dass ein bestimmtes Ereignis unter der Voraussetzung eintritt, dass ein anderes Ereignis vorher eingetreten ist. Im Folgenden wird aufgezeigt, wie sich auf Basis einer Ratingmigrationsmatrix (vgl. Tabelle 65) differenziertere Ausfallwahrscheinlichkeiten für die Laufzeitjahre eines Kreditengagements ableiten lassen. Dazu können zwei Betrachtungsweisen unterschieden werden:

• Bei der statischen Betrachtung wird die Annahme getroffen, dass sich die Ratingeinstufung der Gegenpartei im Zeitablauf nicht verändert.

• Im Rahmen der dynamischen Betrachtung wird diese Annahme durch Berücksichtigung der Veränderung der Ratingeinstufung im Zeitablauf gemäß Ratingmigrationsmatrix aufgehoben.

Zur **statischen Betrachtung** wird zunächst beispielhaft von der Ratingklasse BB ausgegangen. Die Wahrscheinlichkeit, dass der Kreditnehmer im ersten Jahr solvent bleibt, beträgt 98,94 % (= 100 % − 1,06 %). Infolgedessen darf nicht angenommen werden, dass die Ausfallwahrscheinlichkeit des Kreditnehmers im zweiten Jahr ebenfalls 1,06 % betragen wird, obwohl seine Ratingeinstufung konstant bleibt. Denn die Höhe der Ausfallwahrscheinlichkeiten im zweiten

Jahr hängt davon ab, in welchem Zustand – Ausfall oder Nichtausfall – sich das Kreditengagement am Ende des ersten Jahres befindet. Es handelt sich also um eine bedingte Wahrscheinlichkeit. Infolgedessen beträgt die Insolvenz- sowie die Solvenzwahrscheinlichkeit des Kreditnehmers im zweiten Jahr 1,04876 % (= 98,94 % · 1,06 %) resp. 97,89124 % (= 98,94 % – 1,04876 %). Die bedingte Insolvenzwahrscheinlichkeit für das dritte Jahr beläuft sich folglich auf 1,03765 % (= 97,89124 % · 1,06 %).

		Rating in t = 0						
		AAA	AA	A	BBB	BB	B	CCC
Rating in t = 1	AAA	90,81 %	0,70 %	0,09 %	0,02 %	0,03 %	0,00 %	0,22 %
	AA	8,33 %	90,65 %	2,27 %	0,33 %	0,14 %	0,11 %	0,00 %
	A	0,68 %	7,79 %	91,05 %	5,95 %	0,67 %	0,24 %	0,22 %
	BBB	0,06 %	0,64 %	5,52 %	86,93 %	7,73 %	0,43 %	1,30 %
	BB	0,06 %	0,06 %	0,74 %	5,30 %	80,53 %	6,48 %	2,38 %
	B	0,12 %	0,14 %	0,26 %	1,17 %	8,84 %	83,46 %	11,24 %
	CCC	0,00 %	0,02 %	0,01 %	0,12 %	1,00 %	4,07 %	64,86 %
	Ausfall	0,00 %	0,00 %	0,06 %	0,18 %	1,06 %	5,20 %	19,79 %

Tabelle 65: Ratingmigrationsmatrix für ein Jahr

Charakteristisch für die bedingten Wahrscheinlichkeiten ist, dass die periodischen Insolvenzwahrscheinlichkeiten sowie die Solvenzwahrscheinlichkeit des Kreditnehmers des letzten betrachteten Jahres sich schließlich wieder zu 100 % summieren (vgl. Abbildung 126).

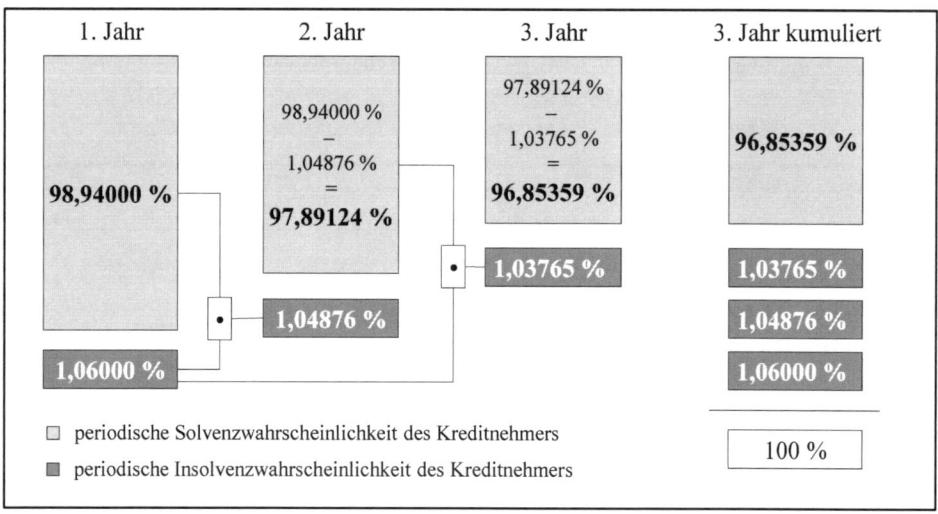

Abb. 126: Entwicklung der periodisch bedingten (In-)Solvenzwahrscheinlichkeiten für die Ratingklasse BB

Durch Einbezug aller Ratingklassen ergeben sich bei einer exemplarischen Betrachtung von sechs Jahren die in Tabelle 66 aufgelisteten, bedingten Ausfallwahrscheinlichkeiten. Die zuvor berechneten bedingten Ausfallwahrscheinlichkeiten der Ratingklasse BB für das erste bis dritte Jahr sind in der Zeile BB zu finden.

	Bedingte Ausfallwahrscheinlichkeiten (ohne Migrationen)					
	1. Jahr	2. Jahr	3. Jahr	4. Jahr	5. Jahr	6. Jahr
AAA	0,00000 %	0,00000 %	0,00000 %	0,00000 %	0,00000 %	0,00000 %
AA	0,00000 %	0,00000 %	0,00000 %	0,00000 %	0,00000 %	0,00000 %
A	0,06000 %	0,05996 %	0,05993 %	0,05989 %	0,05986 %	0,05982 %
BBB	0,18000 %	0,17968 %	0,17935 %	0,17903 %	0,17871 %	0,17839 %
BB	1,06000 %	1,04876 %	1,03765 %	1,02665 %	1,01577 %	1,00500 %
B	5,20000 %	4,92960 %	4,67326 %	4,43025 %	4,19988 %	3,98148 %
CCC	19,78000 %	15,86752 %	12,72892 %	10,21114 %	8,19138 %	6,57112 %

Tabelle 66: Laufzeitspezifische bedingte Ausfallwahrscheinlichkeit ohne Berücksichtigung der Migrationen

Zur praktischen Umsetzung und Abbildung laufzeitabhängiger Verlusterwartungen im Rahmen einer statischen Betrachtung ohne Berücksichtigung der Migrationen hat ROLFES das Instrument eines **Ausfallraten-Laufzeitgitters** entwickelt. In Anlehnung an ROLFES wird im Folgenden hierzu ein Beispiel wiedergegeben, das den Grundgedanken veranschaulicht (vgl. Tabelle 67 und Tabelle 68).

		Zeitpunkt der erstmaligen Kreditvergabe bzw. der letztmaligen Neukonditionierung				
Jahr	Daten	1999	2000	2001	2002	gesamt
1999	Anzahl Kredite	5.000				5.000
	Ausfälle (KN-Anzahl)	52				52
	Ausfallrate	1,04 %				1,04 %
2000	Anzahl Kredite	4.948	4.002			8.950
	Ausfälle (KN-Anzahl)	70	41			111
	Ausfallrate	1,41 %	1,02 %			1,24 %
2001	Anzahl Kredite	4.878	3.961	4.387		13.226
	Ausfälle (KN-Anzahl)	83	61	50		194
	Ausfallrate	1,70 %	1,54 %	1,14 %		1,47 %
2002	Anzahl Kredite	4.795	3.900	4.337	4.921	17.953
	Ausfälle (KN-Anzahl)	96	75	68	49	288
	Ausfallrate	2,00 %	1,92 %	1,57 %	1,00 %	1,60 %

Tabelle 67: Ausfallraten-Jahresgitter einer Ratingkategorie (mit: KN = Kreditnehmer)

Grundlage der Analyse ist ein Ausfallraten-Jahresgitter, in dessen Felder die periodischen Ausfallraten für Kredite eines bestimmten Geschäftsjahres für jede Ratingkategorie gerechnet werden. Für das Beispiel wird dabei angenommen, dass die verwendete Datenbasis den statistischen Anforderungen an Repräsentativität der ermittelten Ausfallraten genügt. Für das Jahr 1999 zeigt sich beispielsweise, dass 5.000 Kredite neu abgeschlossen bzw. neu konditioniert worden sind und dass im gleichen Jahr hiervon 52 Kredite unmittelbar ausfallen. Es verbleiben folglich im Jahr 2000 noch 4.948 Kredite. Im Jahre 2000 möge dann von den aus dem Vorjahr stammenden Krediten 70 weitere Kredite ausgefallen sein, was einer Ausfallrate von 1,41 % entspricht.

Hinzu kommen die neu abgeschlossenen Geschäfte des Jahres 2000, bei denen ebenfalls bereits im ersten Jahr Kredite ausfallen (41 Kredite von insgesamt 4.002 Neuabschlüssen), was zu einer Ausfallrate von 1,02 % führt. Insgesamt ergibt sich für das Jahr 2000 so beispielsweise eine Ausfallrate von 1,24 %. Analog wird mit den übrigen Geschäften und Ausfällen der Jahre 2001 und 2002 verfahren. Die Zahlen in Tabelle 67 zeigen, dass die durchschnittlichen Ausfallraten für die betrachtete Risikokategorie kontinuierlich von 1,04 % auf 1,60 % angestiegen sind (unter Vernachlässigung etwaiger vor 1999 abgeschlossener Geschäfte).

Mit dieser Darstellung wird jedoch noch nicht deutlich, dass die Ausfallraten sich laufzeitabhängig entwickeln. Um dies sichtbar zu machen, wird das Ausfallraten-Jahresgitter in ein Ausfallraten-Laufzeitgitter transformiert, indem das Jahr des Kreditausfalls durch die Laufzeit seit dem Geschäftsabschluss ersetzt wird (vgl. Tabelle 68).

Jahr	Daten	Zeitpunkt der erstmaligen Kreditvergabe bzw. der letztmaligen Neukonditionierung				
		1999	2000	2001	2002	gesamt
1. Lauf-zeitjahr	Anzahl Kredite	5.000	4.002	4.387	4.921	18.310
	Ausfälle (KN-Anzahl)	52	41	50	49	192
	Ausfallrate	1,04 %	1,02 %	1,14 %	1,00 %	1,05 %
2. Lauf-zeitjahr	Anzahl Kredite	4.948	3.961	4.337		13.246
	Ausfälle (KN-Anzahl)	70	61	68		199
	Ausfallrate	1,41 %	1,54 %	1,57 %		1,50 %
3. Lauf-zeitjahr	Anzahl Kredite	4.878	3.900			8.778
	Ausfälle (KN-Anzahl)	83	75			158
	Ausfallrate	1,70 %	1,92 %			1,80 %
4. Lauf-zeitjahr	Anzahl Kredite	4.795				4.795
	Ausfälle (KN-Anzahl)	96				96
	Ausfallrate	2,00 %				2,00 %

Tabelle 68: Ausfallraten-Jahresgitter einer Ratingkategorie (mit: KN = Kreditnehmer)

Mit diesem Laufzeitgitter werden die Ausfallraten nicht mehr nach dem Jahr ihres Anfalls, sondern nach ihrem zeitlichen Abstand seit Geschäftsabschluss bzw. Neukonditionierung zusammengefasst. So ergibt sich im Beispiel bei zeilenweiser Saldierung, dass im Jahr des

Geschäftsabschlusses bzw. der Neukonditionierung insgesamt 192 Kredite ausgefallen sind, was einer Ausfallrate von 1,05 % entspricht. Bis zum vierten Jahr nach Geschäftsabschluss steigt diese Rate auf 2,00 % und verdeutlicht so die Laufzeitstruktur der Risikoraten.

Die zuvor getroffene Annahme über die konstante Ratingeinstufung während der gesamten Laufzeit eines Kreditengagements spiegelt keineswegs die Realität wider. Durch eine volatile Ertrags- bzw. Einkommenslage des Kreditnehmers – ausgelöst beispielsweise durch konjunkturelle Einflüsse – kann sich die anfängliche Ratingeinstufung eines Kreditnehmers während der Kreditlaufzeit durchaus verändern. Die Wahrscheinlichkeit der Ratingänderung eines Kreditnehmers lässt sich im Rahmen einer **dynamischen Betrachtung** auch aus der Ratingmigrationsmatrix ableiten.

Die Quantifizierung der bedingten Ausfallwahrscheinlichkeiten unter Berücksichtigung der Ratingmigrationen gestaltet sich komplizierter als jene unter Annahme konstanter Ratingeinstufung. Die bedingten Ausfallwahrscheinlichkeiten sind in dem Falle nicht nur von der Ausfallwahrscheinlichkeit in der jeweiligen Ratingklasse abhängig, sondern auch von der Art der Klassen, in die der Kreditnehmer gemäß Migrationswahrscheinlichkeit wandern kann. Zum Zeitpunkt der Kreditvergabe existieren im vorliegenden Fall für den Kreditnehmer der Ratingklasse BB nach Ablauf des **ersten Jahres** acht mögliche Ratingkonstellationen: Upgrade in die Ratingklassen AAA, AA, A sowie BBB (mit Wahrscheinlichkeiten von: 0,03 %, 0,14 %, 0,67 % und 7,73 %), Beibehaltung der Ratingklasse BB (mit 80,53 % Wahrscheinlichkeit), Downgrade in die Ratingklassen B oder CCC (mit Wahrscheinlichkeiten von 8,84 % und 1,00 %). Die Wahrscheinlichkeit eines Abrutschens des Kreditnehmers in die Default-Klasse entspricht der erwarteten Ausfallrate für das erste Jahr und beträgt 1,06 % (vgl. Abbildung 127).

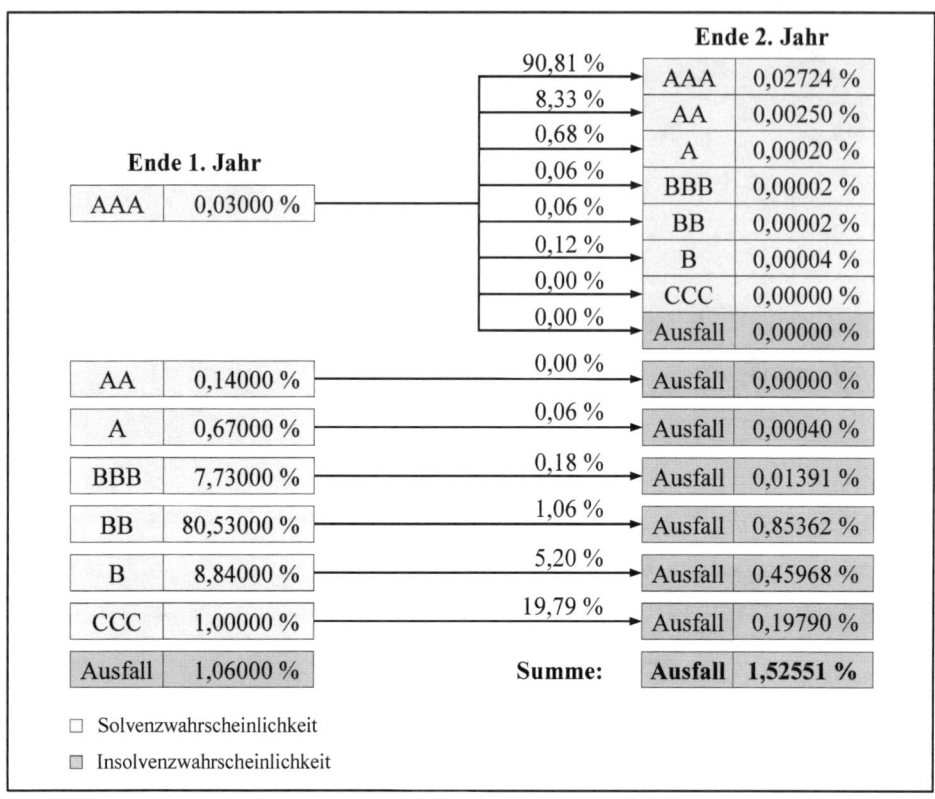

Abb. 127: Laufzeitspezifische bedingte Ausfallwahrscheinlichkeit ohne Berücksichtigung der Migrationen

Bleibt der Kreditnehmer im ersten Jahr solvent, so ist vorher nicht klar, in welche Ratingklasse der Kreditnehmer am Ende des ersten Jahres migriert. Daher werden ausgehend von den Ratingkonstellationen des ersten Jahres die Ratingkonstellationen des **zweiten Jahres** konstruiert. So beträgt beispielsweise die Wahrscheinlichkeit, dass der Kreditnehmer am Ende des ersten Jahres in die Ratingklasse AAA migriert, 0,03 %. Davon ausgehend können zum Ende des zweiten Jahres wiederum acht (bedingte) Ratingkonstellationen identifiziert werden (Abbildung 127). Zum Beispiel beträgt die Wahrscheinlichkeit, dass ein AAA-Kreditnehmer nach einem Jahr zum AA-Kreditnehmer wird, gemäß der Migrationsmatrix 8,33 %. Da es sich im zweiten Jahr ausschließlich um bedingte Wahrscheinlichkeiten handelt, beträgt die Wahrscheinlichkeit dafür, dass der Kreditnehmer zum Ende des ersten Jahres eine Ratingklasse von AAA und anschließend zum Ende des zweiten Jahres eine Ratingklasse von AA aufweist, 0,00250 % (= 0,030 % · 8,33 %). Auf diese Weise können die Wahrscheinlichkeiten der restlichen sieben bedingten Ratingkonstellationen ermittelt werden (vgl. Abbildung 127). Bei den daraus resultierenden bedingten Ratingkonstellationen ist wiederum zwischen Solvenz- und Insolvenzwahrscheinlichkeiten zu unterscheiden. Die Summe der Wahrscheinlichkeiten dieser acht bedingten Ratingkonstellationen im zweiten Jahr entspricht in der Spalte AAA genau wiederum der Wahrscheinlichkeit von 0,03 %, dass der Kreditnehmer im Verlauf des 1. Jahres von BB zu AAA migriert (= 0,02724 % + 0,00250 % + 0,00020 % + 0,00002 % + 0,00002 % + 0,00004 % + 0,00000 % + 0,00000 %). Entsprechend können die bedingten Insolvenzwahrscheinlichkeiten für die übrigen Ratingkonstellationen am Ende des ersten Jahres konstruiert werden. Die Summe aller bedingten Insolvenzwahrscheinlichkeiten des zweiten Jahres entspricht der Ausfallrate des zweiten Jahres in Höhe von 1,52551 %.

Durch Anwendung der oben beschriebenen Vorgehensweise können die (In-)Solvenzwahrscheinlichkeiten der übrigen Ratingklassen detailliert für das zweite Jahr berechnet werden. Diese bilden die Grundlage für eine über zwei Jahre hinausgehende Betrachtung. Die Ratingmigrationswahrscheinlichkeit eines Kreditnehmers mit anfänglichem Rating von BB nach Ablauf von zwei Jahren kann durch zeilenweise Saldierung der einzelnen Ratingkonstellationen konstruiert werden. Abbildung 128 zeigt jeweils die Summe der einzelnen (In-)Solvenzwahrscheinlichkeiten, wobei die Gesamtheit der Insolvenzwahrscheinlichkeiten logischerweise genau der bereits zuvor berechneten Ausfallwahrscheinlichkeit des zweiten Jahres in Höhe von 1,52551 % entspricht.

Die Betrachtung beschränkte sich bisher auf einen Kreditnehmer, welcher anfänglich der Ratingklasse BB angehörte. Überträgt man die gleichen Berechnungsschritte auf die übrigen Ratingklassen, so ergeben sich die im unteren Teil von Abbildung 128 angegebenen bedingten Wahrscheinlichkeiten für das zweite Jahr.

Die Berechnung der bedingten Wahrscheinlichkeiten kann in gleicher Weise für weitere Betrachtungsjahre fortgeführt werden (vgl. Tabelle 69). Dabei entsprechen die Werte in der Spalte für das zweite Jahr genau den zuvor im unteren Teil der Abbildung 128 abgeleiteten Ausfallwahrscheinlichkeiten für dasselbe Jahr. Ergänzend sind darin auch die bedingten Ausfallwahrscheinlichkeiten bis zum sechsten Jahr je nach Ratingklasse aufgeführt.

Es fällt auf, dass in den Ratingklassen AAA bis BB die bedingten Wahrscheinlichkeiten im Zeitablauf zunehmen, während in den Ratingklassen B und CCC ein Rückgang zu verzeichnen ist. Einzige Ausnahme bildet der Anstieg vom ersten auf das zweite Jahr in der Ratingklasse B. Zu erklären ist diese Feststellung damit, dass die Kreditnehmer mit guter Ratingeinstufung sich durch die Ratingmigrationen mit höherer Wahrscheinlichkeit im Rating eher verschlechtern als verbessern können, wohingegen es bei den beiden schlechtesten Ratingklassen umgekehrt ist und eine Verbesserung der Einstufung im Zeitablauf eintritt.

	1. Jahr	2. Jahr im Detail AAA	AA	A	BBB	BB	B	CCC	Summe 2. Jahr
BB									
AAA	0,03000 %	0,02724 %	0,00098 %	0,00060 %	0,00155 %	0,02416 %	0,00000 %	0,00220 %	0,05673 %
AA	0,14000 %	0,00250 %	0,12691 %	0,01521 %	0,02551 %	0,11274 %	0,00972 %	0,00000 %	0,29259 %
A	0,67000 %	0,00020 %	0,01091 %	0,61004 %	0,45994 %	0,53955 %	0,02122 %	0,00220 %	1,64405 %
BBB	7,73000 %	0,00002 %	0,00090 %	0,03698 %	6,71969 %	6,22497 %	0,03801 %	0,01300 %	13,03357 %
BB	80,53000 %	0,00002 %	0,00008 %	0,00496 %	0,40969 %	64,85081 %	0,57283 %	0,02380 %	65,86219 %
B	8,84000 %	0,00004 %	0,00020 %	0,00174 %	0,09044 %	7,11885 %	7,37786 %	0,11240 %	14,70153 %
CCC	1,00000 %	0,00000 %	0,00003 %	0,00007 %	0,00928 %	0,80530 %	0,35979 %	0,64860 %	1,82306 %
Ausfall	1,06000 %	0,00000 %	0,00000 %	0,00040 %	0,01391 %	0,85362 %	0,45968 %	0,19790 %	1,52551 %
AAA Ausfall	0,00000 %	0,00000 %	0,00000 %	0,00041 %	0,00011 %	0,00064 %	0,00624 %	0,00000 %	0,00739 %
AA Ausfall	0,00000 %	0,00000 %	0,00000 %	0,00467 %	0,00115 %	0,00064 %	0,00728 %	0,00396 %	0,01770 %
A Ausfall	0,06000 %	0,00000 %	0,00000 %	0,05463 %	0,00994 %	0,00784 %	0,01352 %	0,00198 %	0,08791 %
BBB Ausfall	0,18000 %	0,00000 %	0,00000 %	0,00357 %	0,15647 %	0,05618 %	0,06084 %	0,02375 %	0,30081 %
BB Ausfall	1,06000 %	0,00000 %	0,00000 %	0,00040 %	0,01391 %	0,85362 %	0,45968 %	0,19790 %	1,52551 %
B Ausfall	5,2000 %	0,00000 %	0,00000 %	0,00014 %	0,00077 %	0,06869 %	4,33992 %	0,80545 %	5,21498 %
CCC Ausfall	19,79000 %	0,00000 %	0,00000 %	0,00013 %	0,00234 %	0,02523 %	0,58448 %	12,83579 %	13,44797 %

Abb. 128: Bestimmung der bedingten Ausfallwahrscheinlichkeiten für das zweite Jahr für alle Ratingklassen

	Bedingte Ausfallwahrscheinlichkeiten (mit Migrationen)					
	1. Jahr	2. Jahr	3. Jahr	4. Jahr	5. Jahr	6. Jahr
AAA	0,00000 %	0,00739 %	0,01614 %	0,02584 %	0,03632 %	0,04754 %
AA	0,00000 %	0,01770 %	0,03578 %	0,05484 %	0,07528 %	0,09727 %
A	0,06000 %	0,08791 %	0,12325 %	0,16410 %	0,20878 %	0,25582 %
BBB	0,18000 %	0,30081 %	0,42479 %	0,54438 %	0,65493 %	0,75388 %
BB	1,06000 %	1,52551 %	1,84785 %	2,05729 %	2,18007 %	2,23787 %
B	5,20000 %	5,21498 %	5,00013 %	4,67551 %	4,30999 %	3,94169 %
CCC	19,79000 %	13,44797 %	9,34895 %	6,67555 %	4,91175 %	3,73114 %

Tabelle 69: Laufzeitspezifische bedingte Ausfallwahrscheinlichkeit ohne Berücksichtigung der Migrationen

2. Die zentralen Kalkulationsparameter für die Standard-(Ausfall-)Risikokosten

Im Folgenden sollen das klassische Ausfallrisiko im Kreditgeschäft der Banken und die dazu erforderliche Kalkulation von Standard-Risikokosten eingehend behandelt werden. Das Bonitätsrisiko, das bei der einzelgeschäftsbezogenen Kreditkalkulation zumindest im europäischen Kontext noch keine dominante Rolle spielt, wird lediglich anhand eines Beispiels zur Kalkulation von Standard-(Bonitäts-)Risikokosten erläutert. Diese Thematik wird erneut bei der Behandlung der Kreditrisikomodelle, die sich in erster Linie mit dem „Unexpected Loss" auseinandersetzen, aufgegriffen.

Für die Bestimmung von Standard-(Ausfall-)Risikokosten sind die drei zentralen Kalkulationsparameter (vgl. Abbildung 124)

- Kredit-Exposure (bei Ausfall),

- erwartete Rückzahlungsquote,

- erwartete Ausfallrate

mit dem erforderlichen Dateninput zu versorgen.

a) Kredit-Exposure

Die Kreditpositionen im Insolvenzfall bilden den ersten Bezugsrahmen für die Kalkulation von Standard-Risikokosten. Im klassischen Kreditgeschäft ist dies zumeist gleichgesetzt mit dem Buchwert aller ausstehenden Forderungen gegenüber einem Kreditnehmer (bzw. Kreditnehmergruppe). Ökonomisch gesehen ist dies jedoch streng genommen falsch, ist doch bei einem Ausfall der ausstehende Barwert des Kundencashflows (einschließlich Konditionsbeitragsbarwert) die maßgebende Bezugsgröße für den entstehenden Schaden (vgl. ausführlich S. 273 ff.). Eine besondere Rolle kommt derivativen Kreditpositionen zu, bei denen ein entsprechendes Kreditäquivalent als aktueller Betrag der Wiederbeschaffungskosten einer vergleichbaren Forderung bei einem Ausfall der Gegenpartei definiert wird.

Geht man richtigerweise vom Barwert des zukünftigen Kredit-Exposure (genauer: zum Zeitpunkt der erwarteten Insolvenz) aus, so ist zum einen festzuhalten, ob und wenn ja, welcher Teil der Kreditexpositionen im Fall einer Verschlechterung der Bonitätslage des Kunden reduziert werden kann (etwa durch Rückführung der Kreditlinien). Zum anderen ist zu analysieren, von welchen Faktoren der nicht von der Bank beeinflussbare Restbetrag des Kredit-Exposure bestimmt wird. Hier können zwei Aspekte unterschieden werden:

(a) marktpreisinduzierte Veränderungen des Kredit-Exposure (z. B. durch Erhöhung des Wiederbeschaffungswerts von Derivaten) und

(b) kreditnehmerinduzierte Veränderungen des Kredit-Exposure (z. B. durch freiwillige Kredittilgungen bzw. deren Gegenteil, nämlich die intensivere Ausnutzung von zugesagten Kreditlinien).

Für (b) kann konstatiert werden, dass Kreditlinien den Charakter einer Liquiditätsoption für den Schuldner haben, die dieser sehr häufig gerade bei einer Verschlechterung seiner Bonität in Anspruch nehmen wird. Im Extremfall beansprucht der Kreditnehmer den gesamten eingeräumten Kreditrahmen und fällt anschließend aus. Es ist deshalb erforderlich, dass die Ausnutzung der Kreditlinie im Fall der Insolvenz modellmäßig geschätzt wird. Analog gilt für (a), dass hier die Erwartungswerte der Wahrscheinlichkeitsverteilung der Wiederbeschaffungskosten von (vor allem derivativen) Kreditexpositionen abzuschätzen sind, um einen Wertansatz für das voraussichtliche Kredit-Exposure im Fall einer Insolvenz zu erhalten.

b)   Rückzahlungsquote

Im Insolvenzfall wird der „Expected Loss" neben dem Kredit-Exposure durch die Rückzahlungsquote bestimmt, die von der Bank realisiert werden kann. Der Kreditverlust ist umso geringer, je höher die trotz Insolvenz erreichte Rückzahlungsquote (sie schließt die Zinsen bei vollständiger Betrachtung mit ein) ist.

Wichtige Determinanten für die Rückzahlungsquote sind neben der Höhe des bei Insolvenz noch vorhandenen Vermögens

• die Höhe und Art der Kreditsicherheiten,

• die Rangstellung der beanspruchten Gläubigerposition sowie

• die Effektivität des sogenannten „Workouts" bzw. der Recovery-Maßnahmen.

Das Instrument der Besicherung eröffnet der kreditgebenden Bank die Möglichkeit, bei Ausfall des Schuldners die gestellten **Sicherheiten** zu verwerten und mit dem Verwertungserlös die Kreditverluste zu reduzieren oder sogar vollständig zu vermeiden.

Damit ist als Wert von Kreditsicherheiten der erzielbare Nettoerlös bei Sicherheitsverwertung anzusetzen. Um diesen Erlös zu quantifizieren, ist zu analysieren, welche zukünftigen Einflüsse den Wert der gestellten Sicherheiten beeinträchtigen können. Dazu muss auch überprüft werden, inwieweit der Wert der Sicherheiten unabhängig von der Insolvenz der Schuldner ist. So ergibt sich bei gewerblichen Kreditkunden häufig die Situation, dass sie gerade dann in Zahlungsschwierigkeiten geraten, wenn ihre als Sicherheit bestellten Vorräte nahezu unverkäuflich sind. Zu berücksichtigen ist ferner, dass bei Ausfall des Kreditnehmers Kosten für die Sicherheitenverwertung entstehen und dass der Zeitpunkt des Forderungsausfalls und der Zeitpunkt der Sicherheitenverwertung typischerweise auseinanderfallen. In der Praxis werden zur Berücksichtigung solcher Umstände Beleihungsgrenzen definiert, die diese Probleme zu antizipieren versuchen (vgl. Tabelle 70, in Anlehnung an SAUTER 1994, S. 423).

Art der Sicherheit	Voraussetzung	Vorteile	Nachteile	Durchschnittl. Beleihungsgrenze
Grundschuld	• notarielle Beurkundung • Grundbucheintragung • ggf. Übergabe des Grundschuldbriefs	• sehr wertbeständig (Sachwerte) • wiederholt für Kredite verwendbar • geringer Überwachungsbedarf • Verwertung ohne jurist. Probleme	• relativ hohe Notariatskosten • ggf. Bewertungsprobleme für Immobilien (v. a. Gewerbeimmobilien)	60–80 % des Verkehrswertswerts
Verpfändung von Guthaben beim eigenen Institut	• Einigung über das Pfandrecht • ggf. Hinterlegung des Sparbuchs o. Ä.	• sehr geringe Kosten • sehr sicher	• evtl. Bestehen von prämien- oder steuerschädlichen Implikationen	100 % des Guthabens bzw. Barwerts
Bürgschaft	• i. d. R. schriftlicher Bürgschaftsvertrag • Entstehen der Hauptforderung	• sehr geringe Kosten • schnelle und unproblematische Verwertung	• evtl. Probleme bei der Bonitätsprüfung und -überwachung • bei der Verwertung kann das Verhältnis zwischen Bürge und Bank gestört werden	bis 100 % je nach Bonität
Verpfändung von Wertpapieren	• Einigung über das Pfandrecht • Übertragung der Wertpapiere	• geringe Kosten • leicht überschaubar, da Marktbewertung • i. d. R. sofort verwertbar	• Gefahr des Kursverfalls	ca. 70–80 % des Anleihewerts ca. 50–60 % des Aktienwerts

Tabelle 70: Die banküblichen Kreditsicherheiten im Überblick

Art der Sicherheit	Voraussetzung	Vorteile	Nachteile	Durch-schnittl. Beleihungs-grenze
Abtretung von Forderungen aus Geld- und Kapitalmarktanlagen (Banken, Versicherungen, Bausparkassen)	• bei Banken und Bausparkassen: Offenlegung und Bestätigung • bei Versicherungen: Offenlegung, Bestätigung, Aushändigung der Policen	• geringe Kosten • leicht überschaubar • sehr sicher • i. d. R. sofort verwertbar	• Gefahr der Doppelabtretung in best. Fällen • evtl. Bestehen von prämien- oder steuerschädlichen Abtretungsverboten	100 % vom Guthaben bzw. vom Rückkaufswert
Abtretung von Gehaltsansprüchen	• Abtretungserklärung • evtl. Mitteilung an den Arbeitgeber	• geringe Kosten • i. d. R. sofortige Verwertung möglich	• Gefahr: Arbeitsplatzaufgabe, -verlust • Ausschluss der Abtretung durch den Arbeitgeber möglich	
Sicherungsübereignung	• Einigung über die Übereignung • Besitzkonstitut	• geringe Kosten • bei marktgängigen Gütern rasche Verwertung möglich	• Bewertungsprobleme, Überwachungsprobleme • Konkurrenz zu anderen Rechten (z. B. Eigentumsvorbehalt) • Verwertung erfordert häufig gerichtliche Auseinandersetzung	20–50 % des Anschaffungs- bzw. des Marktwerts je nach Sicherungsgut
Abtretung von Forderungen aus Lieferungen und Leistungen	• Abtretungserklärung • bei Mantelkonzession: Übergabe der Debitorenlisten u. Rechnungskopien	• geringe Kosten • bei der offenen Zession i. d. R. sofortige Verwertung möglich	• sehr überwachungsintensiv • Bewertungsprobleme • Konkurrenz zu anderen Rechten • besondere Gefahren der stillen Zession	20–40 % je nach Drittschuldner

Tabelle 70: Die banküblichen Kreditsicherheiten im Überblick (Forts.)

Systematischer und methodisch sauberer kann man die Liquidationswertänderungen von gestellten Kreditsicherheiten analog zu den Verfahren modellieren, die bei der Bestimmung marktpreisinduzierter Kreditexpositionen angewendet werden. Mit ihrer Hilfe lassen sich die zum aktuellen Zeitpunkt für die kreditgebende Bank verfügbaren Informationen zu einer zentralen Zielgröße zusammenführen, die als Verlust im Insolvenzfall (Loss Given Default LGD) bezeichnet wird.

Neben den Kreditsicherheiten gehört die **Rangstellung** der beanspruchten Gläubigerposition zu den wichtigen Einflussfaktoren auf die Rückzahlungsquote im Insolvenzfall. Unterschieden werden hier insbesondere vorrangige bzw. nachrangige Gläubigerpositionen, die jeweils noch über- oder untergeordnet sein können. Insbesondere in der Kombination mit gestellten Kreditsicherheiten, indem nämlich diese Gläubigerrangpositionen entweder gesichert oder ungesichert sein können, ergeben sich wichtige Anknüpfungspunkte zur Quantifizierung der erwarteten Rückzahlungsquote.

Schließlich zeigt sich in der Praxis des Kreditgeschäfts, dass die Organisation einer effizient arbeitenden **„Recovery-Abteilung"** einen erheblichen Einfluss auf die Höhe der Rückzahlungsquoten hat. Dies gilt vor allem dann, wenn die Gläubigerrangpositionen und die Kreditsicherheiten alleine nicht ausreichen, den entstehenden Insolvenzverlust abzudecken oder wenn die übernommenen Kreditsicherheiten „kreativ" verwertet werden müssen, um den Kreditverlust zu reduzieren.

c) Ausfallrate

(1) Der Kreditnehmer als Bezugsgröße für die Ausfallrate

Es besteht weitgehend Einigkeit darüber, dass Methoden zur Quantifizierung der erwarteten Ausfallrate prinzipiell **kreditnehmerbezogen** ausgestaltet werden sollten, sich also an der Bonität bzw. dem Rating der Schuldner zu orientieren haben. Denn die Ausfallrate bezieht sich stets auf das Risiko der vollständigen oder partiellen Zahlungsunfähigkeit (seltener: Zahlungsunwilligkeit) des Schuldners. Folgerichtig orientieren sich die einschlägigen Rechtsvorschriften für das Kreditgeschäft der Banken am gesamten Kreditvolumen des Schuldners. Auch fallen schließlich Kredite nicht per se aus, sondern stets nur in Abhängigkeit von den schuldnerindividuellen Umständen.

Ratingsysteme, die als systematische Grundlage für die Quantifizierung der Ausfallraten herangezogen werden, müssen also die Bonität des Kreditnehmers als Schuldner im Auge haben. Das schließt natürlich nicht aus, dass etwa im Firmenkreditgeschäft Branchenkriterien, Größenkriterien oder die Rechtsform und im Privatkreditgeschäft Kriterien wie Beruf, Stand oder Alter des Kreditnehmers in das Rating mit einfließen.

Ratingsysteme stellen demnach in erster Linie **Kundenratings** dar. Von dieser Regel gibt es nur wenige Ausnahmen. Diese sind vornehmlich in der Projektfinanzierung und hier insbesondere bei Hypothekenkrediten zu finden. Bei solchen speziellen Kreditgeschäften kann ein Objektrating (oder Transaktionsrating) an die Stelle des Kundenratings treten. Voraussetzung hierfür ist allerdings, dass sich der Kapitaldienst aus den erwarteten Objekt- bzw. Projektcashflows selbst finanziert oder dass die Sicherheit für die Rückzahlungsverpflichtungen aus der möglichen Objektverwertung hergeleitet werden kann.

Von solchen Sonderfällen abgesehen, geht es aber stets darum, Kreditnehmer bonitätsmäßig einzuschätzen, d. h. ihre Fähigkeit zu prognostizieren, die jeweils fälligen Zahlungsverpflichtungen aus dem Kreditverhältnis zu erfüllen. Dazu wird ein Klassifizierungssystem eingerichtet und Ratingstufen (Risikoklassen) definiert, die es mit entsprechender Trennschärfe für die einzelnen Ratingstufen erlauben, die Kreditwürdigkeit der Kreditnehmer zumindest ordinal zu bewerten. Für die Standard-Risikokostenkalkulation gilt der weiter gehende Grundsatz, dass Kreditnehmer einer Ratingstufe die gleiche erwartete Ausfallrate zugewiesen bekommen. Dies bedeutet zugleich, dass Kreditnehmer auf einer Ratingstufe hinsichtlich ihres Risikogehalts möglichst homogen sein sollten, will man das Prinzip verursachungsgerechter Kalkulation von Risikoprämien nicht verletzen.

Dieses Verursachungsprinzip darf natürlich nicht so verstanden werden, dass jeder Kreditnehmer mit seinen Risikoprämien seinen eigenen Ausfall finanzieren würde. Dies ist schlechterdings nicht möglich. Vielmehr liegt den meisten Kalkulationskonzepten das **Versicherungsprinzip** zugrunde. Die Kreditnehmer bilden jeweils eine Gefahrengemeinschaft, die durch ihre Zuordnung zu den einzelnen Ratingstufen definiert ist. Für diese jeweils so verstandenen Risikosegmente werden dann die Risikokostensätze kalkuliert. Die über die Kundenkonditionen vereinnahmten, ratingspezifisch differenzierten Risikoprämien fließen von der Konzeption her kontinuierlich in eine Art Risikodeckungsfonds ein und dienen zur Abdeckung der Ist-Risikokosten, die bei den Kreditnehmern in den jeweiligen Ratingstufen entstanden sind (vgl. Abbildung 129).

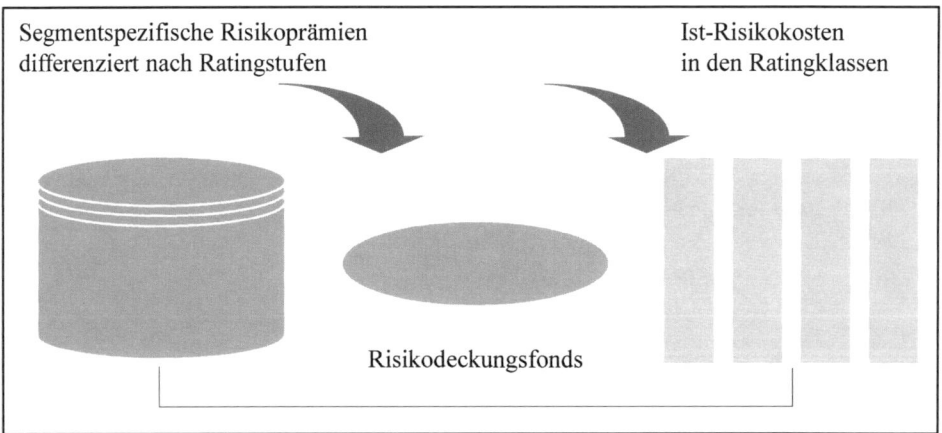

Abb. 129: Das Versicherungsprinzip der Standard-Risikokostenkalkulation

(2) Verwendung externer Ratingsysteme mit ihren empirischen Ausfallraten

Mit externen Ratingsystemen sind i. d. R. die Systeme der kommerziellen Ratingagenturen gemeint und hier in erster Linie die beiden Marktführer MOODY'S INVESTORS SERVICES INC. (MOODY'S) und STANDARD & POOR'S CORPORATION (S&P). Beide bieten verschiedene Ratings an. Für die Ableitung von Ausfallraten werden jedoch überwiegend die langfristigen Emissionsratings verwendet.

Tabelle 71 zeigt eine Übersicht über die verwendeten, ordinal klassifizierten Bonitätsabstufungen für (Long-term Senior Debt Ratings). Je nach Datenverfügbarkeit kann auch auf die Feinjustierung mit Plus bzw. Minus (bei S&P) resp. 1, 2, 3 (bei MOODY'S) verzichtet werden.

Segment	Einschätzung des Kreditrisikos	S&P	Moody's
Anlagebereich (Investment Grade)	beste Qualität, geringes Ausfallrisiko	AAA	Aaa
	hohe Qualität, aber etwas höheres Risiko als die Spitzengruppe	AA+	Aa1
		AA	Aa2
		AA-	Aa3
	gute Qualität, viele gute Investmentattribute, aber auch Elemente, die sich bei veränderter Wirtschaftsentwicklung negativ auswirken können	A+	A1
		A	A2
		A-	A3
	mittlere Qualität, aber mangelnder Schutz gegenüber einer sich verändernden Wirtschaftsentwicklung	BBB+	Baa1
		BBB	Baa2
		BBB-	Baa3
Spekulations-bereich (Speculative Grade)	spekulative Anlage, nur mäßige Deckung der Zins- und Tilgungsleistungen	BB+	Ba1
		BB	Ba2
		BB-	Ba3
	sehr spekulativ, geringe Sicherheit der langfristigen Schuldenbedienung	B+	B1
		B	B2
		B-	B3
	niedrigste Qualität, geringster Anlegerschutz oder in direkter Gefahr des Zahlungsverzugs (S&P) bzw. in Zahlungsverzug	CCC	Caa
		CC	Ca
		C	C
	Ausfall	D	D

Tabelle 71: Ratingsystem für die Bonität von Anleiheschuldnern (Long-term Senior Debt Ratings)

Der große Vorteil solcher Ratingsysteme ist vor allem darin zu sehen, dass beide Rating-agenturen eine große empirische Datenbasis aufgebaut haben und auf dieser Grundlage zahlreiche recht zuverlässige Studien zu den Ausfallraten in den einzelnen Ratingkategorien vorliegen (vgl. Tabelle 72).

S&P		Moody's	
Ratingklasse	Mittelwert 1981–1997	Ratingklasse	Mittelwert 1970–1997
AAA	0,00 %	Aaa	0,00 %
AA	0,00 %	Aa	0,03 %
A	0,05 %	A	0,01 %
BBB	0,18 %	Baa	0,12 %
BB	0,91 %	Ba	1,34 %
B	4,74 %	B	6,78 %
CCC	18,90 %	Caa–C	24,06 %

Tabelle 72: Annualisierte empirische Ausfallraten je Ratingklasse

Allerdings dürfen auch die Probleme einer Verwendung solcher Ausfallraten für die Standard-Risikokostenkalkulation nicht unerwähnt bleiben.

- Eine zentrale Voraussetzung ist, dass die Kreditnehmer der Banken ein entsprechendes externes Kreditrating aufweisen. Ganz zu schweigen vom Privatkreditgeschäft kann selbst das Firmenkreditgeschäft zumindest in Europa kaum von solchen externen Ratings profitieren. Im Mittelstand wird man nur wenige extern geratete Unternehmen finden und selbst für Großunternehmen sind derzeit (noch) nicht allzu viele Beispiele zu beobachten. Nach KIRMSSE wies z. B. die deutsche Ratingliste von S&P im Jahre 1995 nur 45 deutsche Unternehmen (ohne die ausländischen Finanzierungstöchter) auf.

- Die externen Ratings werden nicht nur auf die Wahrscheinlichkeit des Ausfalls abgestellt. Es fließen auch andere Faktoren (wie etwa Art und Ausstattung der Anleihe, Sicherheiten und Rangordnung der Verbindlichkeiten) in das Bonitätsurteil ein. Für die erwartete Ausfallrate müssten diese Faktoren eigentlich herausgerechnet werden oder man müsste wenigstens annehmen können, dass die Faktoren keinen oder zumindest einen gleichmäßigen Einfluss auf das Ratingsystem haben.

(3) Ableitung der Ausfallraten auf Grundlage interner Ratingsysteme

Bei Verwendung interner Ratingsysteme werden die Kreditnehmer von der Bank mithilfe einer Bonitätsanalyse bzw. Kreditwürdigkeitsprüfung in Risikoklassen eingestuft. Die Ausfallraten in diesen Ratingstufen werden durch Rückgriff auf historische Kreditnehmerzahlen bzw. Kreditvolumina einerseits sowie historische Insolvenzdaten in diesen Risikoklassen andererseits ermittelt.

Kritisch hierbei ist zum einen die Qualität des internen Ratingsystems (einschließlich der Verfahren zur Festlegung der Risikokategorien) und zum anderen die Zuverlässigkeit der Bonitätsanalyse bei der Einstufung der Kreditnehmer.

(a) Generelle Anforderungen an interne Ratingsysteme

Die Anforderungen an interne Ratingsysteme sind zahlreich, deren Erfüllung höchst bedeutsam für die Sicherung der Qualität von Risikokostenkalkulationen.

Für die Sicherstellung einer verlässlichen internen Risikoklasseneinstufung ist die Zahl der Ratingstufen so zu bemessen, dass einerseits eine hinreichende Trennschärfe (Separationsfähigkeit) im Ratingsystem ermöglicht wird, andererseits aber die Zahl der Kreditnehmer je Ratingstufe mit homogener Risikorate nicht zu klein wird. Die Homogenität ist zu fordern, um eine für alle Kreditnehmer einer Risikoklasse repräsentative Insolvenzwahrscheinlichkeit ermitteln zu können. Auf eine gewisse Mindestzahl von Schuldnern in den Risikoklassen kann nur verzichtet werden, wenn kein Rückgriff auf historische Insolvenzdaten erforderlich ist (wie beim optionspreistheoretischen Ansatz).

Der Zahl von Kreditfällen in den einzelnen Kreditklassen kommt zur Begrenzung des statistischen Schätzfehlers bei der Bestimmung von Ausfallraten eine erhebliche Bedeutung zu. Wie BRÖKER darlegt, wird die erforderliche Zahl von Kreditfällen N_{min} (im Sinne von jährlichen

Daten von Unternehmen) von der Höhe der Ausfallrate AR selbst und dem akzeptablen Schätzfehler F (ausgedrückt als Prozentsatz von der Ausfallrate) gemäß der Formel

$$N_{min} = \frac{1}{AR \cdot F^2}$$

bestimmt. So ist die Betrachtung von N_{min} = 25.000 Unternehmensjahren für eine Risikoklasse mit zugehöriger Ausfallrate von 0,1 % erforderlich, um diese Ausfallrate mit einem Schätzfehler von +/- 20 % – was einer möglichen Abweichung der Ausfallrate von +/- 0,02 % entspricht – bestimmen zu können.

Diese Zusammenhänge führen zu einigen wichtigen Schlussfolgerungen:

• Für die zuverlässige Schätzung von Ausfallraten ist eine sehr umfangreiche historische Insolvenzstatistik, die mehrere Jahre von Unternehmenszahlen umfassen muss, notwendig.

• Mit Ausnahme der Großbanken wird die Vielzahl der kleineren Institute über die hierfür erforderlichen umfangreichen statistischen Unterlagen nicht verfügen. Diese werden Ratingsysteme nur aufbauen können, wenn sie Zugang zu institutsübergreifenden Datenbanken haben.

• Wie die Beispielrechnung oben zeigte, ist der erforderliche Umfang an Kreditfällen in den guten Bonitätsklassen besonders ausgeprägt und nimmt zudem überproportional mit dem Anspruch an Genauigkeit der ermittelten Risikoraten zu.

• Die begrenzt zur Verfügung stehenden Insolvenzdaten beschränken in erheblichem Maße eine an sich wünschenswerte feinere Differenzierung der Risikoklassen bzw. die Genauigkeit der zugehörigen Ausfallraten.

Vor diesem Hintergrund ist es nicht verwunderlich, dass insbesondere größere Institute im Ansatz versuchen, ihre internen Bonitätseinstufungen auf einen externen Ratingstandard zu transformieren. Dadurch wird es möglich, auch Marktausfallraten und andere statistische Größen aus veröffentlichten Insolvenzstatistiken und Publikationen der Ratingagenturen zusammen mit den eigenen historischen Daten für die Bestimmung der marktüblichen Ausfallraten einzusetzen.

Um dieses Ziel zu erreichen, ist es aber erforderlich, die bankeigenen Ausfalldaten mit den statistischen Ausfallraten der externen Ratingagenturen abzustimmen und eine Transformationsregel zwischen bankeigenen Ratingstufen und der Ratingsystematik etwa von S&P oder MOODY'S zu definieren. Tabelle 73 zeigt hierzu das Beispiel der Schweizerischen Großbank UBS, die ihr Kundenrating nach 14 Ratingstufen differenziert und diese den externen Ratingklassifikationen zuordnet.

	UBS Kundenrating	S&P	Moody's
„Investment Grade"-Kategorien	C1	AAA, AA+	Aaa, Aa1
	C2	AA, AA-, A+	Aa2, Aa3, A1
	C3	A, A-	A2, A3
	C4	BBB+, BBB	Baa1, Baa2
	C5	BBB-	Baa3
„Sub-Investment Grade"-Kategorien	C6	BB+	Ba1
	C7	BB	Ba2
	C8	BB-	Ba3
	C9	B+	B1
	D0	B	B2
	D1	B-	B3
gefährdete Kredite	D2	CCC, CC, C	Caa, Ca, C
	D3	D	D
	D4	D	D

Tabelle 73: Das Ratingsystem der UBS im Vergleich mit MOODY'S und S&P

Auffallend ist dabei, dass die Ratingstufen unterschiedlich differenziert ausfallen. Bei den guten Kreditrisiken (die auch als „Investment Grade"-Engagements gelten) werden tendenziell mehrere Abstufungen der externen Ratingskalen in einer UBS-Ratingstufe zusammengefasst. Beispielsweise entspricht die Stufe C2 den Ratingstufen AA, AA- und A+ bei S&P. Hingegen ist bei den „Sub-Investment Grade"-Kategorien eine genaue Zuordnung nach den Ratingsystemen vorgenommen worden. Bemerkenswert ist die Vorgehensweise bei der Klassifizierung der „gefährdeten Kredite". Die Ratingstufe D2 enthält einerseits alle Abstufungen der C-Kategorie, während die bei MOODY'S und S&P verwendete D-Klassifikation (= Ausfall) im UBS-System noch differenziert wird: D3 „geratete" Kredite sind solche Engagements, für die zwar schon Rückstellungen oder Wertberichtigungen gebildet werden müssen, für die aber noch der Kapitaldienst geleistet wird („performing loans"). Demgegenüber leisten D4 „geratete" Kredite diesen Kapitaldienst nicht mehr („non performing loans").

(b) Die Rolle der Bonitätsanalysen bei internen Ratingsystemen

Bonitätsanalysen, die traditionell auch als **Kreditwürdigkeitsprüfung** bezeichnet werden, sind das dominierende Instrument zur einzelgeschäftsbezogenen Risikoabschätzung. Waren sie traditionell darauf ausgerichtet, den Ja/nein-Entscheid für die Kreditgewährung zu fundieren, sind sie nun verstärkt in das Rating eingebunden, indem sie die Einstufung der Kreditnehmer in die verschiedenen Risikoklassen möglichst zuverlässig vorzunehmen haben. Darüber hinaus werden sie genutzt, um diese Einstufung während der gesamten Dauer des Kreditverhältnisses zu kontrollieren.

Es gibt zahlreiche Ansätze zur Systematisierung der verschiedenen Verfahren zur Bonitätsanalyse. Eine besondere Erwähnung verdient die Unterscheidung von logisch/deduktiven Verfahren und empirisch/induktiven Verfahren.

Das Ziel der **logisch-deduktiven Verfahren** der Kreditwürdigkeitsprüfung besteht darin, einen Begründungszusammenhang zwischen der künftigen Situation des Kreditnachfragers und den diese Situation beeinflussenden Determinanten herbeizuführen, um so ein Risikourteil abgeben zu können. Daher wird aus allgemeinen Kriterien, die erfüllt sein müssen, damit ein Engagement einer bestimmten Risikostufe zugeordnet werden kann, auf den zu beurteilenden Einzelfall geschlossen. Voraussetzung für die Anwendbarkeit solcher Verfahren ist eine Fundamentalanalyse des Kreditnehmers, bei der sowohl auf interne als auch auf externe Daten zurückzugreifen ist. Im Gegensatz zu den logisch/deduktiven Verfahren verzichten **empirisch-induktive Verfahren** bewusst auf die Herleitung eines Begründungszusammenhangs zwischen der künftigen Risikosituation und den dazu führenden Einflussgrößen. Sie knüpfen an typische Merkmalsausprägungen und Indikationen anderer Kredite und Kreditnehmer in der Vergangenheit an. Diese werden dann verallgemeinernd auf den zu beurteilenden Fall angewendet. Die Bonitätsurteile werden aber i. d. R. auf Basis mathematisch/statistischer Methoden hergeleitet.

Wegen ihrer Vielfalt können die verschiedenen Verfahren der Kreditwürdigkeitsprüfung in diesem Rahmen nicht vollständig dargestellt werden.

Im Folgenden sollen daher nur

1. die traditionelle Bonitätsanalyse,

2. die Bonitätsanalyse mithilfe von Scoringmodellen,

3. multivariate Diskriminanzanalysen und schließlich

4. die Analyse der künstlichen neuronalen Netze

vorgestellt werden. Die drei zuletzt genannten Ansätze können den empirisch/induktiven Verfahren zugeordnet werden, während der erstgenannte Ansatz, die traditionelle Kreditwürdigkeitprüfung, zu den logisch/deduktiven Verfahren zählt.

Zu 1.:
Die **traditionelle Bonitätsanalyse** zielt besonders im Privatkundengeschäft und im personenbezogenen Firmenkundengeschäft auf persönliche, individuelle Eigenschaften des Antragstellers (Kriterien etwa wie Glaubwürdigkeit, Geschäftsmoral und Zuverlässigkeit), aber auch auf fachliche Fähigkeiten (Managementqualitäten) ab. Sie ist aber dann vor allem im Firmenkundengeschäft im Übrigen stark auf bilanzanalytische Erkenntnisse (Kennzahlen, zu Ertrags-, Vermögens- und Finanzlage des Unternehmens, häufig ergänzt um Finanzpläne) fokussiert.

Charakteristisch für die traditionelle Bonitätsanalyse ist, dass sowohl die Auswahl und Bewertung der quantitativen und qualitativen Bonitätskriterien als auch ihre Gewichtung im Bezug auf das reduzierte Gesamturteil stark von individuellen Präferenzen und subjektiven Einschätzungen der zuständigen Verantwortlichen abhängig sind. Obwohl viele Banken den Entscheidungsprozess auch bereits im traditionellen Konzept systematisieren und formalisieren, indem beispielsweise Bonitäts-Checklisten oder genormte Formen der Kreditberichte eingeführt werden, verbleibt ein entsprechender Spielraum beim zuständigen Kreditsachbearbeiter. Neben der damit stets einfließenden Subjektivität der Prüfung sind auch die Transparenz und Nachvollziehbarkeit der Urteile nicht immer klar gegeben. Auch kann nicht ausgeschlossen werden, dass wichtige Kriterien nicht beachtet oder falsch gewichtet werden. Je nach dem Stand der Standardisierung und Automatisierung sind auch die nicht unbeträchtlichen Kosten der traditionellen Kreditwürdigkeitsprüfung zu erwähnen.

Zu 2.:

Scoringmodelle oder **Punktbewertungsverfahren** zur Bonitätsanalyse werden sowohl bei Privat- als auch Firmenkundenkrediten eingesetzt. Ihre Verwendung konzentriert sich allerdings tendenziell auf das standardisierbare Mengengeschäft. Abbildung 130 verdeutlicht die Teilschritte bei der Entwicklung eines Scoringmodells.

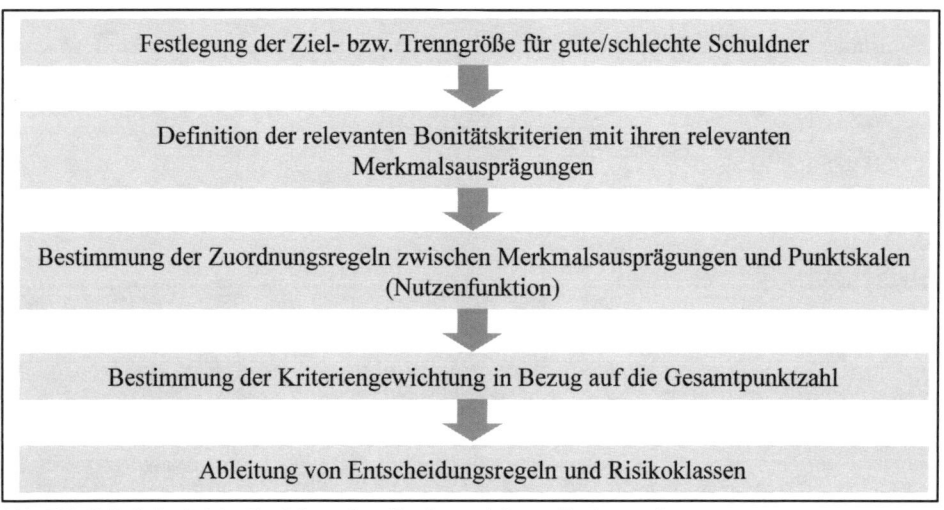

Abb. 130: Teilschritte bei der Ermittlung eines Scoringmodells zur Bonitätsanalyse

Um eine zuverlässige Trenngröße für gute bzw. schlechte Schuldner mit ihren weiter gehenden Abstufungen in verschiedene Risikoklassen definieren zu können, bedarf es – wie schon bei der Darstellung der Anforderungen an interne Systeme angesprochen – einer entsprechenden Mindestanzahl von empirischen Daten über die Historie von Kreditverhältnissen. Deshalb werden Scoringmodelle vor allem im Mengengeschäft eingesetzt. Die Entwicklung der Kriterienkataloge erfordert die Berücksichtigung von Aspekten der Datenverfügbarkeit und der Forderung nach Unabhängigkeit der Kriterien. Letzteres ist notwendig, um unbewusste Doppelerfassungen und hohe Korrelationen ähnlicher Kriterien und damit auch Doppelgewichtungen zu vermeiden.

Kritisch sind die Bestimmung der Zuordnungsregeln zwischen Merkmalsausprägungen und den Punkteskalen und die Gewichtung der einzelnen Kriterien. Sowohl zur Kriteriengewichtung wie auch zur Vergabe der Punktzahlen existieren statistische und praxisorientiert-intuitive Ansätze. Bei der Ableitung von Entscheidungsregeln und Risikoklassen sind insbesondere auch die Opportunitätskosten für die fälschlicherweise abgelehnten Antragsteller und die Kosten der Insolvenz von fälschlicherweise angenommenen Antragstellern zu berücksichtigen. Auch müssen die Regeln für Konstellationen, bei denen weitere Prüfungen erforderlich sind, definiert werden. Für die Einteilung der verschiedenen Zonen von Punktwerten in unterschiedliche Risikoklassen ist es schließlich erforderlich, diese so zu festzulegen, dass möglichst homogene Risikokategorien und trennscharfe Ausfallraten daraus resultieren.

Scoringmodelle können bei fachgerechtem Einsatz die beschriebenen Nachteile der traditionellen Bonitätsanalyse weitgehend vermeiden. Hervorzuheben sind insbesondere die Automatisierbarkeit der Bonitätsanalyse, die höhere Objektivität und Transparenz sowie die einheitlich strukturierte und systematische Vorgehensweise. Damit ist auch die Möglichkeit gegeben, Kreditkompetenzen verstärkt zu dezentralisieren.

Allerdings nehmen Scoringmodelle nicht selten gleichsam nur eine Pseudo-Objektivierung der Risikobeurteilung vor, da die empirische Basis für die Schlussfolgerungen und Verknüpfungen unzureichend ist. Genau dies wird nun in den folgenden beiden Verfahren korrigiert.

Zu 3.:

Multivariate Diskriminanzanalysen (MDA) basieren auf der sogenannten Insolvenzforschung, die mit statistischen Untersuchen Merkmale bzw. Merkmalskombinationen von Kreditnehmern herausarbeiten, welche ausfallgefährdete Engagements von den unproblematischen Krediten besonders gut unterscheiden helfen. Hierzu werden Hypothesen darüber gebildet, welche Kriterien die Bonität eines Kreditnehmers bestimmen und welche Kenngrößen sich in ihrer Ausprägung zwischen der Gruppe der „guten" und „schlechten" Kreditnehmer besonders deutlich unterscheiden können. Diese werden sodann in einer ausreichend großen und repräsentativen Stichprobe von in der Vergangenheit solvent gebliebenen oder insolvent gewordenen Kreditnehmer getestet. Iterativ und unter sukzessivem Ausschluss unscharf trennender Diskriminanzfunktionen wird nach dem kritischen Trennwert geforscht, der die geringsten Fehlerquoten aufweist. Es wird eine Trennfunktion zur Berechnung des kreditnehmerspezifischen Diskriminanzwerts definiert. Dabei werden Kennzahlenkombinationen solange variiert, bis die Gruppentrennung nicht weiter verbessert werden kann. Die so gefundene Diskriminanzfunktion gibt an, wie die Ausprägungen der ausgewählten Kenngrößen zu gewichten sind.

$$D = a_0 + a_1 \cdot K_1 + a_2 \cdot K_2 + ... + a_n \cdot K_n$$

mit:

D	=	Diskriminanzwert
$K_1, ..., K_n$	=	Kennzahlen 1, ..., n
$a_1, ..., a_n$	=	Gewichtungsfaktoren der Kennzahlen
a_0	=	Konstante

Der Diskriminanzwert eines Kreditnehmers entscheidet dann, ob dieser als insolvenzgefährdet einzustufen ist oder nicht. Der Diskriminanzwert kann zudem auch benutzt werden, um eine Klassifizierung der Kreditnehmer in verschiedene Risikokategorien zu ermöglichen. Dabei wird davon ausgegangen, dass bei größerem Abstand von der Trennfunktion die Solvenz- bzw. Insolvenzprognose mit größerer Sicherheit gestellt werden kann.

Abbildung 131 veranschaulicht das Vorgehen (vereinfacht aus Darstellungsgründen) anhand einer bivariaten Trennung mit den beiden Kennzahlen Eigenkapitalquote und Umsatzrentabilität (in Anlehnung an Baetge 1997).

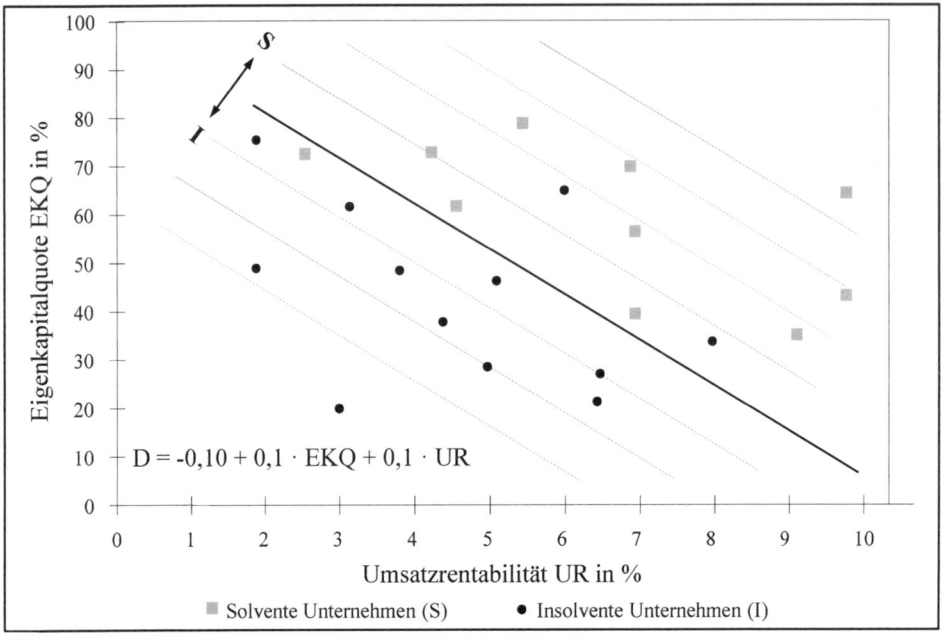

$$D = -0{,}10 + 0{,}1 \cdot EKQ + 0{,}1 \cdot UR$$

■ Solvente Unternehmen (S)   ● Insolvente Unternehmen (I)

Abb. 131: Bivariate Diskriminierung nach Umsatzrendite und Eigenkapitalquote

Angedeutet ist in diesem Beispiel ebenfalls das Prinzip der Generierung von Risikoklassen durch die dünneren grauen Trennlinien. Kann von einem repräsentativen Querschnitt von solventen und insolventen Kreditnehmern ausgegangen werden, können die mittleren Ausfallraten in den so bestimmten einzelnen Risikoklassen als Anteil der insolventen Kreditnehmer an der gesamten Kreditnehmerzahl bestimmt werden. Abbildung 131 zeigt ferner die beiden als Alpha- bzw. Beta-Fehler bezeichneten Abgrenzungsfehler bei der Diskriminanzanalyse. Alpha-Fehler entstehen, wenn später insolvent gewordene Unternehmen in der Analyse fälschlicherweise als solvent eingestuft wurden (im Beispiel von Abbildung 131 sind das zwei Fälle), während Beta-Fehler dadurch entstehen, dass ein später solvent gebliebenes Unternehmen ursprünglich als insolvent eingestuft wurde (im Beispiel ist dies bei einem Unternehmen der Fall).

Als theoretische Voraussetzung für die Anwendung der linearen multivariaten Diskriminanz-analyse gelten insbesondere Unabhängigkeit der Kennzahlenwerte, Normalverteilung der Kennzahlenwerte und die Gleichheit der Varianz-Kovarianz-Matrizen. Obwohl diese Voraus-setzungen in der Praxis nie vollständig erfüllt sind, ermöglicht die multivariate Diskriminanz-analyse sowohl eine recht gute Trennung von insolvenz- und nicht insolvenzgefährdeten Kre-ditnehmern als auch eine Einstufung in Risikoklassen. Auch kann diesen Verfahren eine hohe zeitliche Stabilität der Trenngüte nachgewiesen werden.

Zu 4.:

Die **Analyse künstlicher neuronaler Netze (KNN)** stellt einen allgemeiner formulierten Ansatz der multivariaten Diskriminanzanalyse dar. Ein künstliches neuronales Netz ist ein nicht lineares Regressionsmodell, mit dem jede beliebige, auch nicht lineare Funktion appro-ximiert werden kann. Damit können KNN-Analysen, die auf Linearität beschränkten Funktio-nen der multivariaten Diskriminanzanalyse überwinden und sich besser an die tatsächliche

Verteilung einer Stichprobe anpassen. Abbildung 132 (in Anlehnung an BAETGE 1998, S. 11) veranschaulicht den konzeptionellen Unterschied.

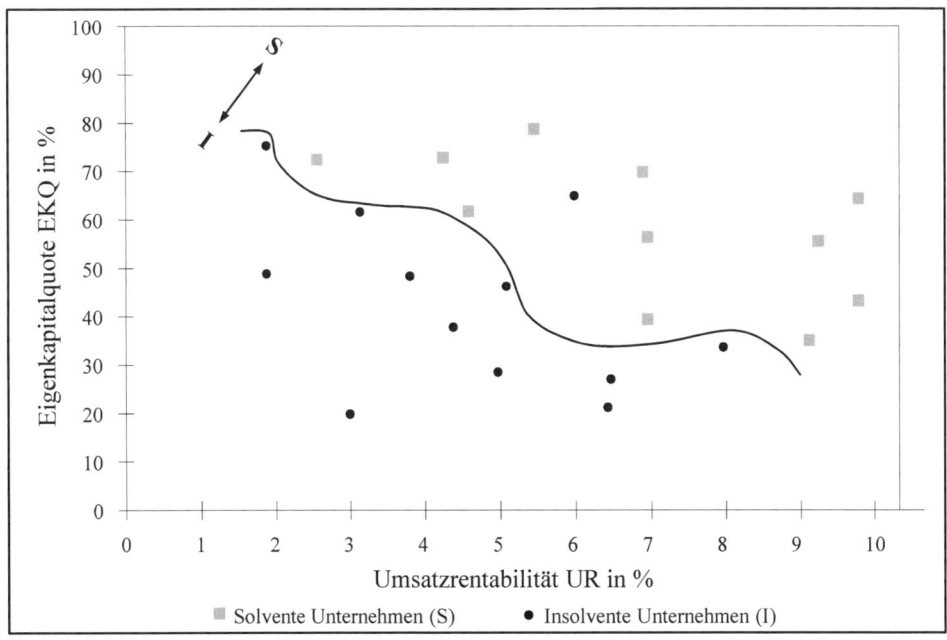

Abb. 132: Trennung solventer und insolventer Unternehmen mit KNN-Analysen

Ein weiterer Vorteil dieser Modelle ist, dass sie nicht an die restriktiven statistischen Voraussetzungen der Diskriminanzanalyse gebunden sind und insbesondere auch qualitative Daten zusammen mit quantitativen Daten prinzipiell verarbeiten können. So kann mit neuronalen Netzen die Klassifikationsleistung auch deshalb gesteigert werden, weil Daten, wie z. B. das Alter eines Unternehmens, neben den üblichen Jahresabschlusskennzahlen mit einfließen können. Diese Erweiterung ist deshalb bedeutsam, weil nachgewiesen werden kann, dass mehr als die Hälfte der Insolvenzen auf Unternehmen entfallen, die keine sieben Jahre existierten. Bei älteren Unternehmen gilt, dass Insolvenzen nicht selten im Zusammenhang mit der Betriebsnachfolge auftreten. Auch konnten als besonders bonitätsrelevante qualitative Informationen die Merkmale Branche, Rechtsform, Zahl und berufsbezogene Ausbildung der Geschäftsführer sowie die Zahlungsmoral identifiziert werden.

Diese Vorteile der KNN-Analyse werden aber mit dem Nachteil der mangelnden Nachvollziehbarkeit der erzielten Bonitätsurteile eingekauft. Während die Ergebnisse der Diskriminanzanalyse wegen ihrer linearen Struktur der Trennfunktion grundsätzlich noch nachvollzogen werden können, macht der komplexe Aufbau von künstlichen neuronalen Netzen diese Analyseform letztlich zu einer „Blackbox".

Ebenso wie die multivariate Diskriminanzanalyse gestattet auch die KNN-Analyse nicht nur eine dichotomische Trennung zwischen solventen und insolventen Unternehmen, sondern auch eine Einteilung in verschiedene Risikoklassen mit den dazugehörigen durchschnittlichen Ausfallraten. Abbildung 133 zeigt das Beispiel des von BAETGE entwickelten BP-14-Bonitätsrating, das auf der Analyse der neuronalen Netze basiert.

Unternehmen	Umsatz (Mrd. Mark)	Gesamt-Index (N-Wert)					Rating
		1993	1994	1995	1996	1997	
1. SAP	6,02	8,75 (1)	8,66 (1)	8,80 (1)	8,73 (1)	8,73	AA
2. BASF	55,78	5,61 (6)	6,67 (3)	7,32 (2)	7,32 (2)	7,40	A
3. Schering	6,25	6,53 (2)	7,01 (2)	6,77 (3)	6,42 (4)	7,04	A
4. Deutsche Telekom	67,55	3,13 (18)	4,92 (11)	5,70 (7)	6,21 (6)	6,80	A
5. Linde	9,55	6,32 (4)	6,42 (5)	6,53 (4)	6,38 (5)	6,50	A
6. Bayer	55,01	6,25 (5)	6,48 (4)	6,33 (5)	6,44 (3)	6,38	A
7. Veba	76,07	5,37 (7)	5,48 (7)	5,82 (6)	5,69 (7)	5,26	BB
8. RWE	61,20	5,64 (8)	5,03 (6)	5,26 (9)	5,20 (8)	-	BB
9. Deutsche Lufthansa	23,15	2,04 (20)	4,52 (13)	4,03 (16)	4,24 (15)	5,07	BB
10. Preussag	26,66	4,43 (12)	4,65 (12)	4,49 (10)	4,47 (11)	4,86	BB
11. Mannesmann	39,10	3,65 (13)	4,46 (15)	4,24 (12)	4,62 (9)	4,30	BB
12. Thyssen	40,75	2,42 (19)	3,53 (17)	4,41 (11)	3,80 (18)	4,28	BB
13. Siemens	106,93	4,82 (11)	4,51 (14)	5,14 (8)	4,35 (13)	4,22	BB
14. Henkel	20,07	5,09 (10)	5,25 (9)	4,18 (13)	4,25 (14)	4,18	BB
15. Viag	49,55	3,53 (16)	3,82 (16)	4,14 (15)	4,50 (10)	4,10	BB
16. Daimler-Benz	124,76	1,82 (21)	2,95 (22)	2,44 (22)	3,74 (20)	4,10	BB
17. Karstadt	-	6,33 (3)	5,05 (10)	3,98 (17)	3,75 (19)	-	B
18. MAN	21,35	3,38 (14)	4,16 (19)	4,36 (14)	3,72 (12)	-	B
19. Degussa	15,34	3,39 (17)	3,40 (18)	3,87 (19)	3,84 (17)	3,27	B
20. Volkswagen	113,25	1,79 (22)	3,13 (20)	2,82 (21)	2,49 (22)	3,26	B
21. BMW	60,14	3,61 (15)	3,07 (21)	3,28 (20)	3,08 (21)	3,02	B
22. Hoechst	52,10	5,29 (9)	5,33 (8)	3,95 (18)	3,86 (16)	2,89	B
23. Adidas-Salomon	6,78	- (k. A.)	- (k. A.)	- (k. A.)	- (k. A.)	2,58	B
24. Metro	56,84	- (k. A.)	- (k. A.)	- (k. A.)	- (k. A.)	-0,06	C

Abb. 133: BP14-Bonitäts-Rating nach BAETGE

d) Kalkulation von Standard-Risikokosten am Beispiel

Im Folgenden wird die Kalkulation von Standard-Risikokosten anhand eines Beispiels aufgezeigt. Dazu sind die folgenden Daten eines AA-gerateten Obligationenkredits gegeben:

* Nominalwert: 1 Mio. EUR,

* Restlaufzeit: 5 Jahre,

* Coupon: 6 %, jährlich zahlbar,

* Wert der Sicherheiten bei Ausfall in t = 1 : 510.000 EUR bzw. Verlustquote bei Ausfall jeweils 55,235 %.

Die aktuellen risikolosen Zerobond-Renditen resp. die dazugehörigen (Kassa-)Zerobond-Abzinsfaktoren sind der Tabelle 74 zu entnehmen.

Laufzeit in Jahren	aktuelle risikolose Zerobond-Rendite	zugehörige (Kassa-)Zerobond-Abzinsfaktoren
1	3,19 %	0,969086
2	3,26 %	0,937855
3	3,34 %	0,906139
4	3,54 %	0,870096
5	3,72 %	0,833081

Tabelle 74: Aktuelle risikolose Zerobond-Renditen bzw. Zerobond-Abzinsfaktoren

Durch Verbarwertung der periodischen Cashflows mit den aktuellen risikolosen Zerobond-Renditen bzw. den dazugehörigen (Kassa-)Zerobond-Abzinsfaktoren kann der Marktwert des Kredits in Höhe von 1.104.056,90 EUR ermittelt werden (vgl. Abbildung 134).

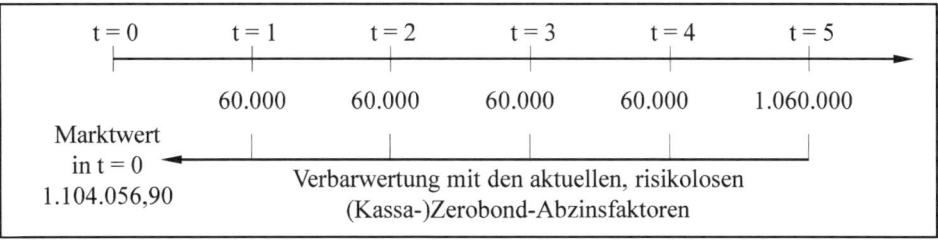

Abb. 134: Marktwert des Kredits in t = 0 bei Verbarwertung mit den aktuellen (Kassa-)Zerobond-Abzinsfaktoren

Die Standard-Risikokosten (= erwarteter Verlust) werden bestimmt als

* (periodische) Standard-(Ausfall-)Risikokosten und als

* (barwertige) Standard-(Bonitäts-)Risikokosten.

(1) Standard-(Ausfall-)Risikokosten

Die grundsätzliche Vorgehensweise zur Bestimmung von **periodischen Standard-(Ausfall-) Risikokosten** besteht in der Ermittlung von Teil-Risikoprämien, die jeweils für den Ausfall während eines Laufzeitjahres gelten. Hierfür ist jeweils der Barwert des ausfallgefährdeten Kundencashflows zu bestimmen, der mit der bedingten Ausfallwahrscheinlichkeit des Laufzeitjahres zu multiplizieren ist. Damit sich die so ermittelten Teil-Risikoprämien zu den gesamten Standard-(Ausfall-)Risikokosten für den Kredit zusammenfassen lassen, müssen sie auf einen einheitlichen Zeitpunkt bezogen werden, sinnvollerweise als Barwert auf $t = 0$, sodass der gesamte Standard-(Ausfall-)Risikokostenbarwert resultiert. Bestimmt man den Barwert des ausfallgefährdeten Zahlungsstroms von vorneherein jeweils bezogen auf $t = 0$, so erspart man sich ein erneutes Abzinsen der Zeitwerte der Teil-Risikoprämien.

Zur Kalkulation der (periodischen) Standard-(Ausfall-)Risikokosten wird zunächst jeweils der Cashflow, der bei einem Ausfall während des ersten, des zweiten usw. Jahres gefährdet ist, betrachtet (vgl. Abbildung 134). Dieser wird als Barwert auf den Zeitpunkt $t = 0$ bezogen. Bei einem Ausfall während des dritten Jahres (Ausfallperiode 3) ergibt sich der Barwert des noch ausstehenden Cashflows (vgl. Abbildung 135) mit 989.640,43 EUR.

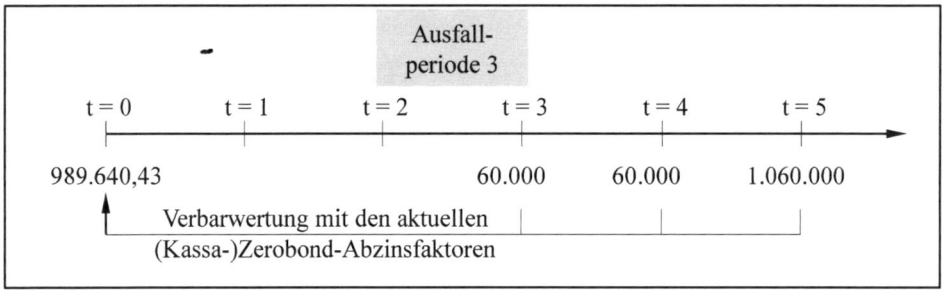

Abb. 135: Barwert der noch ausstehenden Cashflows per $t = 0$ bei einem Ausfall in $t = 3$

Es wird damit gerechnet, dass der Wert der Sicherheiten jeweils 44,765 % des Barwerts der im jeweiligen Zeitraum noch ausstehenden Cashflows entspricht. Entsprechend ergibt sich der Barwert der Sicherheitenverwertung per $t = 0$ für die Ausfallperiode 3 in Höhe von 443.012,54 EUR ($= 44,765 \% \cdot 989.640,43$ EUR). Demnach sind 55,235 % resp. 546.627,89 EUR ausfallgefährdet.

Im Beispiel werden dabei die in Tabelle 66 berechneten bedingten Wahrscheinlichkeiten verwendet. Durch Multiplikation der periodenspezifischen bedingten Ausfallwahrscheinlichkeiten mit den entsprechenden Barwerten des in der Ausfallperiode ausfallgefährdeten Zahlungsstroms ergeben sich die barwertigen Teil-Standard-(Ausfall-)Risikokosten. Deren Summe entspricht den barwertigen Standard-(Ausfall-)Risikokosten in Höhe von 948,33 EUR.

Sofern im Rahmen der Margenkalkulation eine Periodisierung der berechneten Standard-(Ausfall-)Risikokosten vorgenommen werden soll, bietet sich das Verfahren der kapitalbindungsproportionalen Verteilung an, das zu konstanten Standard-(Ausfall-)Risikokostenmargen führt. Die Periodisierung der barwertigen Standard-(Ausfall-)Risikokosten wird proportional zur Kapitalbindung vorgenommen. Hierfür wird der Barwert der Standard-(Ausfall-)Risikokosten auf den

Barwert des gebundenen Kapitals (= 4.516.257,69 EUR) bezogen. Daraus resultiert eine einheitliche Standard-(Ausfall-)Risikokostenmarge von 0,020998 %. Diese auf das jeweils pro Periode gebundene Kapital (= 1.000.000 EUR) bezogen ergibt die periodischen Standard-(Ausfall-)Risikokosten von 209,98 EUR als Bestandteil der erforderlichen Mindestmargen (vgl. Tabelle 75).

Jahr des Ausfalls	1	2	3	4	5
Barwert der erwarteten Cashflows per t = 0	1.104.056,90	1.045.911,73	989.640,43	935.272,11	883.066,33
Barwert der Sicherheitenverwertung per t = 0	494.231,07	468.202,39	443.012,54	418.674,56	395.304,64
Verlust im Insolvenzfall per t = 0	609.825,83	577.709,34	546.627,89	516.597,55	487.761,69
bedingte Ausfallwahrscheinlichkeiten für Ratingklasse AA	0,00000 %	0,01770 %	0,03578 %	0,05484 %	0,07528 %
barwertige Teil-Standard-(Ausfall-)Risikokosten	0,00	102,25	195,58	283,30	367,19
barwertig Standard-(Ausfall-)Risikokosten	948,33				
Zeitpunkt	0	1	2	3	4	5
Standard-(Ausfall-)Risikokostenmarge		0,020998 %	0,020998 %	0,020998 %	0,020998 %	0,020998 %
periodische Standard-(Ausfall-)Risikokosten		209,98	209,98	209,98	209,98	209,98

Tabelle 75: Kalkulation der (periodischen) Standard-(Ausfall-)Risikokosten (in EUR)

(2)   Standard-(Bonitäts-)Risikokosten

Die allgemeine Vorgehensweise zur Bestimmung von (**barwertigen) Standard-(Bonitäts-)Risikokosten** besteht in der Ermittlung der erwarteten (negativen) Marktwerteffekte durch Ratingmigrationen und migrationsinduzierte Veränderung von Credit Spreads während der Kreditlaufzeit. Dazu wird der Marktwert des Kredits bei gegebener Bonität des Kreditnehmers und gegebenem Credit Spread mithilfe der zum Bestimmungszeitpunkt beginnenden Forward-Zerobond-Renditen berechnet. Davon ist der zu diesem Zeitpunkt erwartete Kurs- bzw. Marktwert zu subtrahieren. Dieser wird im Wesentlichen durch die für den Kreditnehmer dann relevante Risikoklasse determiniert. Da letztere jedoch nicht mit Sicherheit bekannt ist, muss auf der Grundlage der Gewichtung der Migrationswerte mit den Migrationswahrscheinlichkeiten ein erwarteter Kurs- bzw. Marktwert berechnet werden.

Die Kalkulation von (barwertigen) Standard-(Bonitäts-)Risikokosten für die Periode t = 1 erfolgt im Beispiel durch die Berechnung der Migrationswerte in t = 1 mithilfe der Forward-Zerobond-Renditen für AA-Kreditnehmer. Diese geben die Verzinsung von Zahlungsströmen an, die in t = 1 beginnen und jeweils die aus Abbildung 136 ersichtlichen Laufzeiten aufweisen. Die Berechnung der Migrationswerte zum Zeitpunkt t = 1 erfolgt durch Abzinsen der ausstehenden Cashflows mit den laufzeitspezifischen Forward-Zerobond-Renditen. So beläuft sich beispielsweise der Migrationswert zum Zeitpunkt t = 1 bei unveränderter Bonität – d. h. bei Verbleib in der Ratingklasse AA – auf 1.091.724 EUR.

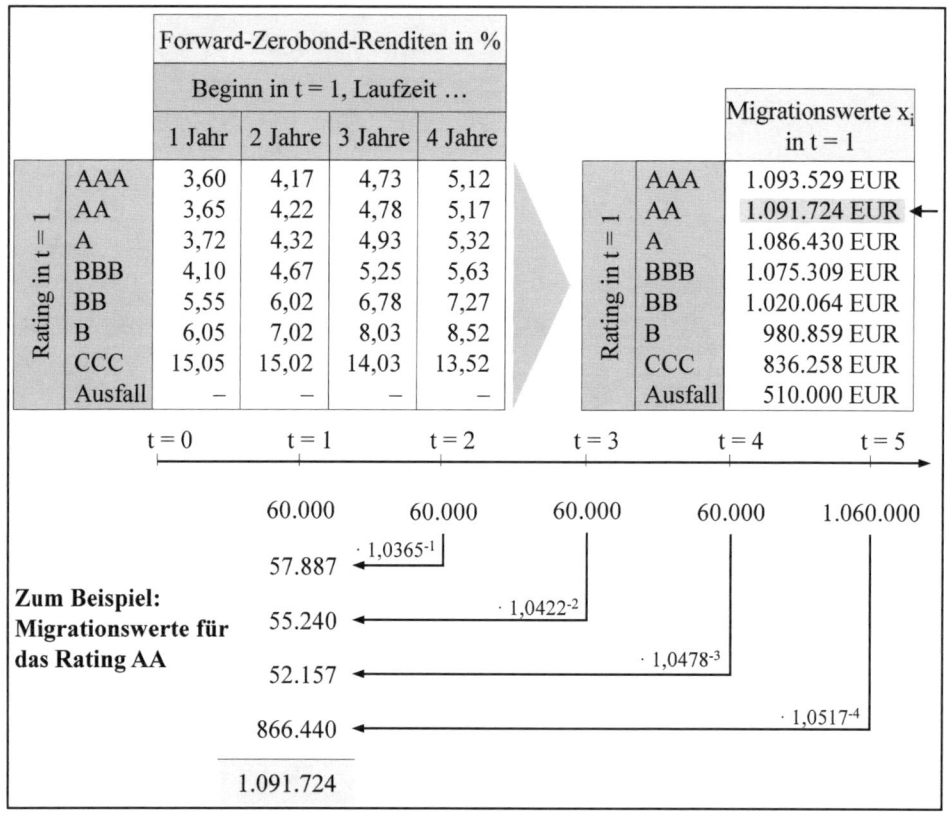

Abb. 136: Berechnung der Migrationswerte mithilfe von Forward-Zerobond-Renditen

In gleicher Weise sind auch die Migrationswerte der übrigen Ratingklassen zu bilden. Diese fließen anschließend in die Berechnung des erwarteten Kurs- bzw. Marktwerts unter Verwendung der Migrationswahrscheinlichkeiten zum Zeitpunkt t = 0 ein.

Ausgehend von der Migrationsmatrix in Tabelle 65 auf S. 296 bestehen für jeden Kreditnehmer insgesamt acht mögliche Zustände von AAA bis zu einem Ausfall, die er am Ende des Jahres einnehmen kann. Allen Ereignissen wurden unterschiedliche Eintrittswahrscheinlichkeiten zugeordnet. Für einen Kreditnehmer, der zum Zeitpunkt des Geschäftsabschlusses (in t = 0) in die Ratingklasse AA eingestuft wurde, beträgt die Wahrscheinlichkeit, dass er am Ende des Jahres immer noch dieser Ratingklasse angehört, 90,65 %.

Deshalb müssen zur Ermittlung des Kurs- bzw. Marktwerts des Kreditgeschäfts die Migrationswerte jeweils mit den entsprechenden Migrationswahrscheinlichkeiten der Ratingklasse AA (in t = 0) gewichtet werden.

Der Kurs- bzw. Marktwert des AA-Kredits ist durch Addition der mit den Migrationswahrscheinlichkeiten gewichteten Migrationswerte zu ermitteln. Abbildung 137 veranschaulicht die formale Vorgehensweise zur Bestimmung des Kurs- bzw. Marktwerts, welcher im Beispiel einen Wert in Höhe von 1.090.970 EUR aufweist.

		Migrationswerte x_i in t = 1			Migrationswahrscheinlichkeit w_i in %						
					Rating in t = 0						
					AAA	AA	A	BBB	BB	B	CCC
Rating in t = 1	AAA	1.093.529 EUR	Rating in t = 1	AAA	90,81	0,70	0,09	0,02	0,03	0,00	0,22
	AA	1.091.724 EUR		AA	8,33	90,65	2,27	0,33	0,14	0,11	0,00
	A	1.086.430 EUR		A	0,68	7,79	91,05	5,95	0,67	0,24	0,22
	BBB	1.075.309 EUR		BBB	0,06	0,64	5,52	86,93	7,73	0,43	1,30
	BB	1.020.064 EUR		BB	0,06	0,06	0,74	5,30	80,53	6,48	2,38
	B	980.859 EUR		B	0,12	0,14	0,26	1,17	8,84	83,46	11,24
	CCC	836.258 EUR		CCC	0,00	0,02	0,01	0,12	1,00	4,07	64,86
	Ausfall	510.000 EUR		Ausfall	0,00	0,00	0,06	0,18	1,06	5,20	19,79

		Migrationswerte x_i in t = 1	w_i in %	$w_i \cdot x_i$	
Rating in t = 1	AAA	1.093.529 EUR	0,70	7.655 EUR	
	AA	1.091.724 EUR	90,65	989.648 EUR	
	A	1.086.430 EUR	7,79	84.633 EUR	
	BBB	1.075.309 EUR	0,64	6.882 EUR	
	BB	1.020.064 EUR	0,06	612 EUR	
	B	980.859 EUR	0,14	1.373 EUR	
	CCC	836.258 EUR	0,02	167 EUR	
	Ausfall	510.000 EUR	0,00	0 EUR	
Summe				$EW(x_i)$ = 1.090.970 EUR	EW = Erwartungswert

Abb. 137: Kalkulation der (barwertigen) Standard-(Bonitäts-)Risikokosten

Der erwartete (Marktwert-)Verlust per t = 1 errechnet sich aus der Differenz

• des Marktwerts des Obligationenkredits in t = 1 bei Verbleib in der Ratingklasse AA in Höhe von 1.091.724 EUR und

• erwartetem Kurs- bzw. Marktwert unter Einbezug der Migrationswahrscheinlichkeiten und Verwendung der Zerobond-Renditen per t = 1 in Höhe von 1.090.970 EUR.

Als erwarteter Verlust und somit barwertigen Standard-(Bonitäts-)Risikokosten ergibt sich schließlich ein Wert in Höhe von -754 EUR (= 1.090.970 EUR – 1.091.724 EUR).

3. Verwendung des Optionspreismodells für die Kalkulation von Standard-Risiko-kosten

a) Grundlagen des Kalkulationsverfahrens

Während es bislang darum ging, die Kalkulation von Standard-Risikokosten mithilfe der Grundgleichung (vgl. Abbildung 124) und der jeweils möglichst zutreffenden Schätzung der hierin enthaltenen drei zentralen Risikoparameter zu bestimmen, soll nunmehr ein Ansatz diskutiert werden, der methodisch von der modernen Kapitalmarkttheorie geprägt ist und die Optionspreistheorie für Zwecke der Standard-Risikokostenkalkulation einsetzt.

Neben der methodisch völlig anders gearteten Vorgehensweise, die mit dem Optionspreismodell verbunden ist, muss ein weiterer Aspekt betont werden, der dieses Modell von dem des vorhergehend beschriebenen „Expected Loss"-Ansatzes unterscheidet: Im Optionspreisansatz ist kein Rückgriff auf historische Insolvenzdaten und keine Schätzung einer statistischen Ausfallrate erforderlich. Vielmehr erfolgt die Berechnung der Standard-Risikokosten kreditnehmerindividuell. Es ist nicht erforderlich, versicherungstechnisch homogene Gefahrenklassen bzw. Risikosegmente zu bilden. Damit eignet sich der Ansatz besonders im Geschäft mit Großkunden, für die statistisch gesehen keine zuverlässigen Risikoraten bestimmt werden können, weil es an den Voraussetzungen für das „Gesetz der großen Zahl" mangelt.

Von seiner Grundidee folgt der optionspreistheoretische Kalkulationsansatz der die Marktzinsmethode prägenden Forderung, jedes Geschäft einzeln zu kalkulieren. Dies sollte auch für das Ausfallrisiko gelten, sodass auch die Ausfallrisikokosten kreditnehmer- und engagementspezifisch zu ermitteln sind. Damit löst sich dieser Ansatz konzeptionell von den Verfahren, die die Risikokostensätze aus den Ausfallraten der gebildeten Segmente ableiten, wodurch ein Rückgriff auf das Versicherungsmodell nicht länger notwendig ist.

Der Grundgedanke der optionspreistheoretischen Ausfallrisikobewertung besteht in der Überlegung, dass für die kreditgebende Bank eine Krisensituation immer dann eintritt, wenn der Ertragswert des finanzierten Unternehmens, in der Folge als der Marktwert der Aktiva bezeichnet, unter den ökonomischen Wert des Fremdkapitals fällt (vgl. Abbildung 138).

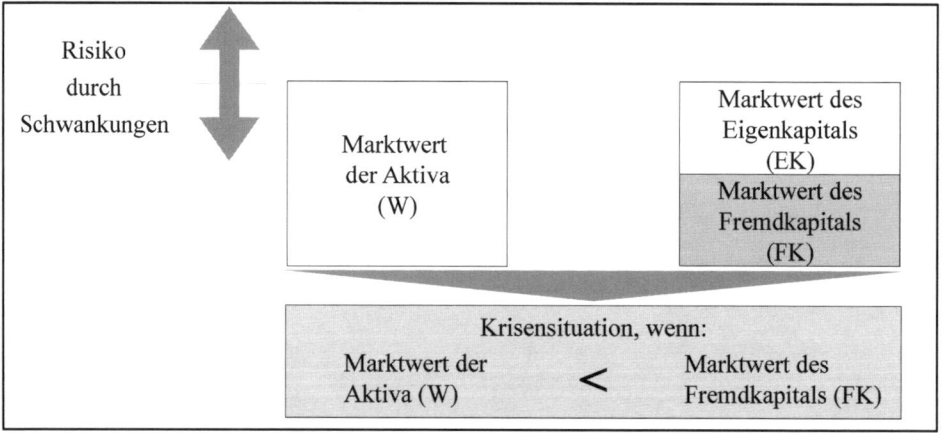

Abb. 138: Grundgedanke der kundenindividuellen Ausfallrisikobewertung mithilfe des Optionspreismodells

Die aufgezeigte Gefahr muss jede Bank bei der Kreditvergabe zukunftsbezogen einschätzen. Die Höhe des von ihr zu tragenden Risikos hängt dabei von vier Einflussfaktoren ab. Die erste Einflussgröße ist die erwartete Entwicklung der Ertragslage. Diese bestimmt den Marktwert der Aktiva. Da dieser zukunftsorientiert bestimmt werden muss, ist als Zweites zu fragen, mit welcher Wahrscheinlichkeit die erwarteten Erträge anfallen. Die Bank muss hierfür die erwartete Ertragsstabilität (Volatilität) abschätzen.

Dem Bewertungsergebnis der Aktivseite ist der Marktwert des Fremdkapitals gegenüberzustellen. Hierfür ist als dritte Einflussgröße die Finanzierungsstruktur des Unternehmens zu ermitteln. Den vierten Faktor bildet schließlich der Planungshorizont der Bank. Langfristige Kredite sind für eine Bank grundsätzlich risikoreicher als kurzfristige. Aus diesen Informationen ist nun ein Gleichgewichtspreis für die Übernahme des Risikos eines möglichen Kreditausfalls zu ermitteln. Dazu wird zunächst das Grundmodell der optionspreistheoretischen Bewertung von Kredit- bzw. Fremdkapitalpositionen näher erläutert, bevor darauf aufbauend für konkrete Kreditengagements kundenindividuelle Risikoprämien quantifiziert werden.

Vereinfachend wird ein Unternehmen betrachtet, das zur Finanzierung seiner Geschäftsaktivitäten lediglich zwei Arten von Wertpapieren ausgegeben hat. Zum einen hat das Unternehmen Aktien emittiert, die das Eigenkapital der Unternehmung repräsentieren, zum anderen besteht das Fremdkapital ausschließlich aus Nullkuponanleihen (Zerobonds) gleicher Fristigkeit (T), für die ein Rückzahlungsbetrag in Höhe von F vereinbart wurde. Weiterhin wird angenommen, dass keinerlei Transaktionskosten anfallen und dass auf die Aktien bis zur Fälligkeit des Fremdkapitals im Zeitpunkt T keine Dividenden ausgeschüttet werden.

Für den Fälligkeitszeitpunkt der Zerobonds in T wird zudem unterstellt, dass der gesamte Marktwert der Aktiva (W_T) auf die Aktionäre und Fremdkapitalgeber aufgeteilt wird, wobei zuerst das Fremdkapital bedient wird und ein (eventuell) darüber hinaus verbleibender Restbetrag den Eigenkapitalgebern zufließt. Das Zahlungsprofil bzw. der Marktwert des Eigenkapitals (EK_T) sowie des Fremdkapitals (FK_T) im Zeitpunkt T lässt sich demnach wie folgt grafisch darstellen (vgl. Abbildung 139).

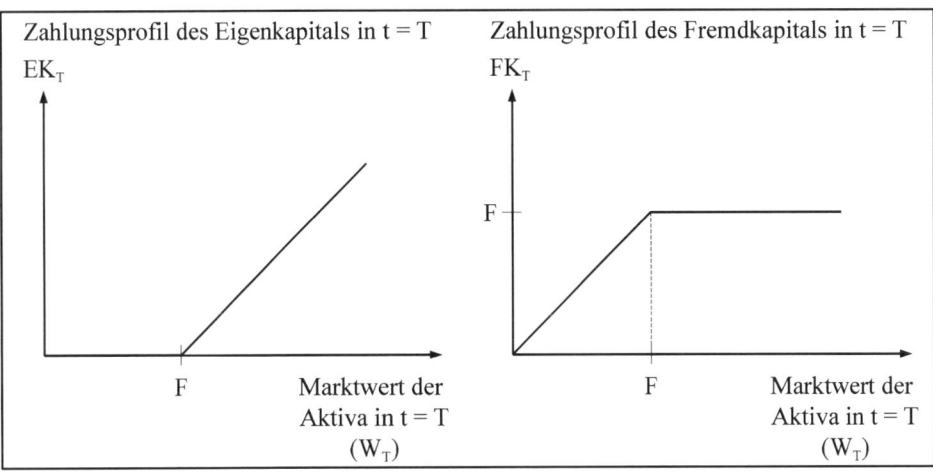

Abb. 139: Zahlungsprofil (Marktwert) des Eigen- und Fremdkapitals im Zeitpunkt T

Sofern im Zeitpunkt T der Marktwert der Aktiva (W_T) über dem mit den Fremdkapitalgebern vereinbarten Rückzahlungsbetrag F liegt, verbleibt nach Abgeltung dieser Ansprüche noch ein Restbetrag in Höhe von $W_T - F$, der an die Aktionäre des Unternehmens weitergegeben wird. Der Marktwert des Eigenkapitals ist in diesem Fall also positiv. Ist der Marktwert der Aktiva im Zeitpunkt T dagegen niedriger als der von den Gläubigern geforderte Rückzahlungsbetrag F, so erhalten diese lediglich den Marktwert der Aktiva (W_T) als Rückzahlung. Die Aktionäre gehen in diesem Fall leer aus und verlieren damit ihre gesamte Kapitaleinlage. Der Marktwert des Eigenkapitals ist demzufolge gleich null (vgl. Abbildung 139).

Formal lassen sich die abgebildeten Zahlungsprofile der Eigen- und der Fremdkapitaltitel wie folgt darstellen:

$EK_T = \max(W_T - F; 0)$ für die Eigenkapitaltitel (Aktien) bzw.

$FK_T = \min(W_T; F)$ für die Fremdkapitaltitel (Zerobonds).

Aus den formalen Bewertungsgleichungen sowie den Pay-off-Profilen wird ersichtlich, dass die Werte der Finanzierungstitel in T vom Marktwert der Aktiva (W_T) abhängen. Das Zahlungsprofil der Aktien des betrachteten Unternehmens entspricht dabei gerade dem einer gekauften Kaufoption (Long Call). Dies bedeutet, dass der Marktwert der Aktien des Unternehmens dem Wert eines Calls (C) auf den Marktwert der Aktiva (W) mit einem Basispreis in Höhe von F entsprechen muss. Es gilt somit für den Zeitpunkt T:

$EK_T = C_T$

Da das Zahlungsprofil des Eigenkapitals im Zeitpunkt T dem des beschriebenen Calls entspricht und damit der Marktwert des Eigenkapitals in T gleich dem Wert der Option bei Verfall ist, muss aufgrund von Arbitrage-Überlegungen auch für den Betrachtungszeitpunkt t = 0 gelten:

$EK_0 = C_0(W_0, F, T)$

Es wird deutlich, dass der Marktwert des Eigenkapitals bzw. der Aktien eine Funktion des (stochastischen) Marktwerts der Aktiva (W), des vereinbarten Rückzahlungsbetrags F und der Laufzeit des Fremdkapitals T ist.

Analog zu den Eigenkapitaltiteln lässt sich auch ein Zusammenhang zwischen Optionen und der in Abbildung 139 dargestellten Fremdkapitalposition formulieren. Das Zahlungsprofil der Fremdkapitaltitel kann alternativ zu der bereits angegebenen Bewertungsgleichung für den Fälligkeitszeitpunkt T auch wie folgt beschrieben werden:

$FK_T = \min(W_T; F) = F - \max(F - W_T; 0)$

Die Fremdkapitalposition des Unternehmens lässt sich also gedanklich in ein (replizierendes) Portfolio bestehend aus zwei Teilpositionen zerlegen, wobei die erste Teilposition im Zeitpunkt T eine sichere Zahlung in Höhe von F aufweist, während die Zahlung der zweiten von der Höhe des (unsicheren) Marktwerts der Aktiva im Zeitpunkt T abhängt. Betrachtet man den zweiten Summanden der oben stehenden Differenz ($\max(F - W_T, 0)$) genauer, wird klar, dass es sich hierbei um die Zahlungsfunktion einer Verkaufsoption (Put) handelt, deren „Basispapier" wiederum der Marktwert der Aktiva (W) und deren Basispreis der Rückzahlungsbetrag des Fremdkapitals (F) ist. Das Minuszeichen vor der Zahlungsfunktion des Puts weist darauf hin, dass es sich um eine Stillhalterposition (Short Put) handelt. Damit lässt sich die Position der Fremdkapitalgeber, also z. B. einer Bank, die die Zerobonds des Unternehmens in ihrem Bestand hält, als ein Portfolio aus einem Bestand an risikofreien Fremdkapitaltiteln (F) und einer Stillhalterposition in einem europäischen Put auf die Unternehmensaktiva interpretieren. Formal bedeutet dies für den Zeitpunkt der Fälligkeit des Fremdkapitals:

$$FK_T = F - \max(F - W_T; 0) = F - P_T,$$

wobei P_T die Zahlungsfunktion der beschriebenen Put-Option auf das Unternehmensvermögen darstellt.

Der derzeitige Marktwert des Fremdkapitals (t = 0) ergibt sich analog zur Vorgehensweise beim Eigenkapital, indem man die aktuellen Marktwerte der beiden Teilpositionen des Portfolios bestimmt. Der Marktwert des Fremdkapitals in t = 0 beträgt demnach

$$FK_0 = F \cdot (1 + r)^{-T} - P_0(W_0, F, T)$$

und bei stetiger (kontinuierlicher) Verzinsung

$$FK_0 = F \cdot e^{-R \cdot T} - P_0(W_0, F, T)$$

$F \cdot e^{-R \cdot T}$ bzw. $F \cdot (1 + r)^{-T}$ bezeichnen den derzeitigen Marktwert der risikolosen Teilposition des Portefeuilles, die in T eine deterministische Zahlung in Höhe von F generiert. Zur Bestimmung dieses Marktwerts wird F entsprechend mit dem risikofreien Zinssatz r bzw. bei stetiger Verzinsung mit R abgezinst. P_0 stellt den Wert der europäischen Put-Option Unternehmensvermögen dar und ist ebenso wie das Eigenkapital abhängig vom Marktwert der Aktiva, dem Rückzahlungsbetrag und der Fristigkeit der Fremdkapitaltitel des Unternehmens.

Das Ausfallrisiko, dem sich die Gläubiger des Unternehmens durch die Bereitstellung ihrer Mittel aussetzen, schlägt sich beim Fremdkapital folglich ausschließlich in der Optionsposition (Short Put) des replizierenden Portefeuilles nieder, da nur die Option in ihrem Wert von der Wertentwicklung des Unternehmensvermögens abhängt. Für die Übernahme des Ausfallrisikos erhalten die Fremdkapitalgeber dementsprechend aus ihrer Stillhalterposition im Put eine Prämie, die als Risikoprämie zu interpretieren ist.

Da sich die Fremdkapitaltitel eines Unternehmens als ein Portfolio aus einer risikolosen Anlage mit einem deterministischen Rückzahlungsbetrag F und einer Short-Position eines Put auf das Unternehmensvermögen darstellen lassen, liegt es nahe, den Put und damit das unternehmensspezifische Ausfallrisiko mithilfe der Optionspreistheorie zu bewerten. Dafür bietet sich die von BLACK und SCHOLES entwickelte **Optionspreisformel** an. Zu beachten sind dabei allerdings einige Annahmen, die in der Optionspreistheorie ausführlich diskutiert werden. Bedeutsam für die Bestimmung von Risikoprämien im Firmenkundengeschäft ist insbesondere, dass der bei der Preisbestimmung von Aktienoptionen angenommene stochastische Prozess der Aktienkurse auf den Prozess der Wertentwicklung der Unternehmensaktiva übertragen wird. Unterstellt wird demnach, dass der Marktwert der Aktiva einem stetigen und stationären Zufallsprozess (sogenannter Wiener Prozess) folgt und dass die (stetige) Rendite des Marktwerts des Vermögens normalverteilt ist.

Für die zu bewertende Put-Option auf den Marktwert der Aktiva ergibt sich auf Basis der BLACK/SCHOLES-Optionspreisformel und der sogenannten Put-Call-Parität die folgende Preisbildungsgleichung:

$$P = F \cdot e^{-R \cdot T} \cdot N(d_2) - W \cdot N(d_1)$$

$$d_1 = \frac{-\ln\left(\dfrac{W}{F}\right) - (R + 0,5 \cdot V^2) \cdot T}{V \cdot \sqrt{T}} \quad \text{bzw. } d_2 = \frac{-\ln\left(\dfrac{W}{F}\right) - (R - 0,5 \cdot V^2) \cdot T}{V \cdot \sqrt{T}} = d_1 + V \cdot \sqrt{T}$$

mit:

R = „risikoloser" (stetiger) Zinssatz

W = (stochastischer) Marktwert der Aktiva

F = Rückzahlungsbetrag des Fremdkapitals bzw. Basispreis der Put-Option

$N(d_1)/N(d_2)$ = Integrale über die Dichtefunktion der Normalverteilung der stetigen Renditen von W, wobei $N(d_1)$ dem Optionsdelta entspricht

T = (Rest-)Laufzeit des Fremdkapitals bzw. der Option

V = Standardabweichung (Volatilität) des Marktwerts der Aktiva

P = Wert der Put-Option = Risikoprämie

Hieraus geht hervor, dass der als Risikoprämie zu interpretierende Put-Preis P neben den bereits diskutierten Einflussfaktoren Marktwert der Aktiva (W), Rückzahlungsbetrag des Fremdkapitals (F) und der Fristigkeit (T) auch von der Volatilität des Unternehmensvermögens (V) und dem risikolosen Zinssatz (R) abhängt. Mit zunehmender Volatilität des Marktwerts der Aktiva (V) steigen das Ausfallrisiko der Unternehmung und damit die Risikoprämie in Form des Put-Preises an. Den gleichen Einfluss auf die Risikoprämie hat auch eine verlängerte Laufzeit des Fremdkapitals. Formal lässt sich der Einfluss veränderter Volatilitäts- bzw. Laufzeitparameter auf die Risikoprämie durch die erste Ableitung des Optionspreises nach V bzw. T darstellen. Es gilt demzufolge:

$$\frac{\delta P}{\delta V} > 0 \quad \text{bzw. } \frac{\delta P}{\delta T} > 0$$

Der Grundansatz der optionspreistheoretischen Risikokostenmethode verdeutlicht, dass sich das individuelle Ausfallrisiko eines kreditnehmenden Unternehmens durch die Bewertung einer Verkaufsoption auf das Unternehmensvermögen theoretisch exakt quantifizieren lässt. Bei der praktischen Anwendung des vorgestellten Konzepts sind allerdings noch verschiedene Modifikationen des Grundmodells notwendig, damit der vorgestellte Ansatz auf das Firmenkundenkreditgeschäft einer Bank übertragen werden kann.

Bisher wurde unterstellt, dass das zu kreditierende Unternehmen Fremdkapital in Form von emittierten Nullkuponanleihen aufnimmt. In der Praxis beschaffen sich Unternehmen aber häufig ihre Fremdmittel in Form von Krediten, die sie bei einem Finanzinstitut aufnehmen. Des

Weiteren wird die bislang gemachte Annahme fallen gelassen, dass das gesamte Fremdkapital zum gleichen Zeitpunkt fällig wird, das Unternehmensvermögen auf die Gläubiger und Aktionäre aufgeteilt und damit de facto das Unternehmen liquidiert wird. Im Sinne einer größeren Realitätsnähe wird vielmehr davon ausgegangen, dass Teile des Fremdkapitals unterschiedlich lange zur Verfügung stehen, sodass die Unternehmung auch nach Fälligkeit eines einzelnen Kredits bzw. Schuldtitels weiter existiert. Die in die Bewertungsformel für das Ausfallrisiko einfließenden Parameter F und T müssen aus diesem Grund anders interpretiert werden. Für den Parameter F, den Basispreis der Option, wird nunmehr der ökonomische Wert des Fremdkapitals zum Zeitpunkt der Fälligkeit eines zu betrachtenden Kreditgeschäfts eingesetzt, während für den Zeitparameter T die (Rest-)Laufzeit des betreffenden Kredits in die Formel eingeht.

Die zukunftsbezogene Einschätzung des ökonomischen Werts der Verbindlichkeiten im Zeitpunkt der Kreditfälligkeit (F) erweist sich in der Praxis als sehr problematisch. Aus diesem Grund werden zur Approximation des in die Preisbildungsformel für den Put einfließenden Barwerts von F häufig die aktuellen bilanziellen Gesamtverbindlichkeiten des kreditnehmenden Unternehmens (K) herangezogen. Es gilt somit annähernd:

$$F \cdot e^{-R \cdot T} \approx K \quad \text{bzw.} \quad F \approx K \cdot e^{R \cdot T}$$

GERDSMEIER und KROB schlagen unter Berücksichtigung dieser Annahme eine modifizierte Optionspreisformel zur Quantifizierung kundenindividueller Risikoprämien für das Firmenkundenkreditgeschäft vor.

$$P = K \cdot N(d_2) - W \cdot N(d_1)$$

$$d_1 = \frac{-\ln\left(\frac{W}{F}\right) - 0,5 \cdot V^2 \cdot T}{V \cdot \sqrt{T}} \quad \text{bzw.} \quad d_2 = \frac{-\ln\left(\frac{W}{F}\right) + 0,5 \cdot V^2 \cdot T}{V \cdot \sqrt{T}} = d_1 + V \cdot \sqrt{T}$$

Betrachtet man die oben stehende Bewertungsgleichung genauer, stellt man fest, dass der risikolose Zinssatz R aus der Formel eliminiert wurde. Die Annahme der approximativen Identität von K und $F \cdot e^{-R \cdot T}$ führt also offensichtlich dazu, dass der risikolose Zins für die Höhe der Risikoprämie keine Rolle mehr spielt.

b) Ermittlung einzelgeschäftsbezogener Standard-Risikokostenbarwerte

Nachdem nunmehr der Grundgedanke der optionspreistheoretischen Risikokostenmethode und die sich daraus ergebenden Bewertungsgleichungen zur Quantifizierung des kundenindividuellen Ausfallrisikos diskutiert wurden, soll im Folgenden die konkrete Anwendung des Verfahrens auf einen Firmenkundenkredit dargestellt werden. Zunächst ist es allerdings notwendig, die in die Optionspreisformel eingehenden Risikoparameter zu quantifizieren bzw. zukunftsorientiert abzuschätzen.

Wie bereits angedeutet, fließen in die Risikobewertung ökonomische Wertansätze, d. h. der Marktwert der Aktiva, die Ertragsvolatilität und der Marktwert der Passiva ein. Auf Basis dieser Inputfaktoren werden in einem ersten Teilschritt zunächst kundenindividuell laufzeitspezifische Risikoprämien kalkuliert. Die Ableitung dieser kundenindividuellen **„Risikostrukturkurve"** erfolgt zunächst noch ohne konkreten Bezug auf ein zu kalkulierendes Einzelgeschäft. Erst in dem sich anschließenden Teilschritt werden die zuvor generierten Risikoprämiensätze auf ein konkretes Kreditgeschäft des Kunden übertragen, um die engagementspezifischen Risikokosten zu quantifizieren.

Die für die Ableitung der kundenindividuellen Risikostrukturkurve benötigten Daten könnten im Idealfall unmittelbar aus der Geschäftsplanung des zu kreditierenden Unternehmens abgeleitet werden. In diesem Fall könnte sich die kreditgewährende Bank darauf beschränken, die Planungsannahmen zu überprüfen. Dieses Ideal wird sich allerdings wohl nur sehr selten erreichen lassen, da der Bank derart spezifische, unternehmensinterne Informationen i. d. R. nicht zur Verfügung stehen. Für den Normalfall der Unternehmensfinanzierung wird die kreditgebende Bank daher auf die üblichen, im Rahmen der Kreditwürdigkeitsprüfung erhobenen Unternehmensdaten und Marktinformationen zurückgreifen müssen.

Aus den erhobenen Daten ist der Marktwert der Aktiva zu ermitteln. Das Fundament bildet eine quantitative Analyse der Unternehmensdaten durch den Kreditsachbearbeiter. Der Marktwert der Aktiva entspricht dabei dem Barwert aller künftig erwarteten Ertragszahlungen auf Basis von Cashflowschätzungen, die dem Unternehmen aus heutigen Investitionen zufließen und die zur Abdeckung der Schulden zur Verfügung stehen. Die entsprechenden Ertragsgrößen lassen sich mithilfe des Discounted-Cashflow-Verfahrens ermitteln.

Neben rein quantitativen Faktoren sollten ergänzend auch qualitative Faktoren berücksichtigt werden. Aus Sicht der Bank ist zu beurteilen, ob das Unternehmen beeinflussende Indikatoren, wie zum Beispiel das Marktwachstum oder Markteintrittsbarrieren, positiven oder eher negativen Einfluss auf den Unternehmenswert haben. Bedeutsame Einzelindikatoren sind beispielsweise der Markt, die Zulieferer- und Abnehmerstruktur, das Management und das sonstige Unternehmensumfeld.

Über ein Punktwertverfahren lassen sich die ausgewählten Einzelindikatoren zu einem qualitativen Gesamturteil zusammenführen. Der Gesamtwert wird anschließend in einen Adjustierungsfaktor für die zuvor gewonnenen, quantitativen Risikowerte transformiert. Ein Faktor von kleiner als eins für den Ertragscashflow bedeutet eine kritische Zukunftsbewertung, ein Faktor größer als eins eine positive. Damit gelingt es, die aus der Unternehmenshistorie gewonnenen Entwicklungstrends auf ihre Stichhaltigkeit für die Zukunft zu überprüfen und gegebenenfalls zu modifizieren.

Auch die zweite Inputgröße, die Volatilität, die sich aus den erwarteten, jährlichen Schwankungen des prognostizierten Ertragsstroms bei alternativen Umweltszenarien ableitet, sollte mittels qualitativer Faktoren wie zum Beispiel der Qualität des Managements modifiziert werden, um gegebenenfalls Trendveränderungen der Unternehmensentwicklung zeitnah zu erfassen.

Die dritte Einflussgröße stellt der Marktwert des Fremdkapitals dar. Er entspricht dem Barwert des künftigen Kapitaldienstes aus den aktuell in Anspruch genommenen Krediten. Wie bereits im vorherigen Abschnitt verdeutlicht, wird der Marktwert des Fremdkapitals aus Vereinfachungsgründen mit dem Nominalbetrag des ausstehenden Fremdkapitals unter Einschluss der Rückstellungsposition gleichgesetzt. Mit dieser Vorgehensweise wird unterstellt, dass die Verzinsung der Fremdmittel den aktuellen Marktkonditionen entspricht, womit eine Abzinsung der Passivcashflows wieder zum Nominalwert der ausgewiesenen Fremdmittel führt.

Die auf diese Weise gewonnenen Inputdaten werden anschließend in das Optionspreismodell eingesetzt. Man erhält als Ergebnis die Risikostrukturkurve für das zu beurteilende Unternehmen. Darauf aufbauend können anschließend für jedes Kreditgeschäft des bewerteten Unternehmens engagementspezifische Risikokosten im Sinne eines Barwerts kalkuliert werden, der vom Brutto-Konditionsbeitragsbarwert des Geschäfts abzuziehen ist.

Im Folgenden soll anhand eines konkreten Beispiels zunächst die Vorgehensweise zur Kalkulation der kundenindividuellen Risikoprämiensätze demonstriert und anschließend deren Anwendung auf einen Beispielkredit veranschaulicht werden.

Die quantitative Analyse des betrachteten Unternehmens hat auf Basis von Vergangenheits- und Gegenwartsdaten einen jährlichen Ertragscashflow in Höhe von 10,6 Mio. EUR ergeben. Die beobachtete Volatilität der Unternehmensaktiva beträgt 9 % und der als Näherung für den Barwert des Fremdkapitals verwendete Nominalbetrag der aktuellen bilanziellen Verbindlichkeiten des Unternehmens beträgt 150,7 Mio. EUR.

Im sich anschließenden Teilschritt werden diese Unternehmensdaten mit den aus der Analyse der qualitativen Faktoren abgeleiteten Adjustierungsfaktoren multipliziert. Im Beispiel neigt die Bank nach Überprüfung der qualitativen Einflussfaktoren zu einer vorsichtigeren Einschätzung des Ertragscashflows und der Volatilität, als die aus den Vergangenheits- und Gegenwartsdaten ermittelten Werte. Dementsprechend ergeben sich für den Ertragscashflow ein Adjustierungsfaktor von 0,90 und für die Volatilität ein Korrekturwert von 1,2. Auf Basis dieser Daten berechnet sich für den Ertragscashflow eine erwartete Größe von 9,54 Mio. EUR (= 10,6 Mio. EUR · 0,9) und für die Volatilität ein Wert von 10,8 % (= 9 % · 1,2).

Der erwartete Ertragscashflow ist in den Marktwert der Aktiva zu transformieren. Dies geschieht durch Verrentung mit dem langfristigen, risikolosen Kapitalmarktzinssatz. Unterstellt man hierfür einen Zinssatz von 5,22 %, ergibt sich ein Marktwert der Aktiva von 182,76 Mio. EUR.

Investitionstheoretisch entspricht der geschätzte Ertragscashflow einer unendlichen Annuität bzw. Rente. Mithilfe der Formel für den Barwert einer „ewigen" Rente kann bei Kenntnis des langfristigen, risikolosen Kapitalmarktzinssatzes der Marktwert der Aktiva wie folgt bestimmt werden:

$$I_0 = \frac{\text{Annuität}}{i}$$

mit:

I_0 = Marktwert der Aktiva

Annuität = erwarteter Ertragscashflow des zu bewertenden Unternehmens

i = langfristiger, risikoloser Kapitalmarktzinssatz

Hieraus ergibt sich der gesuchte Marktwert der Aktiva wie folgt:

$$\text{Marktwert der Aktiva (W)} = \frac{\text{Ertragscashflow}}{i} = \frac{9,54 \text{ Mio. GE}}{0,0522} = 182,76 \text{ Mio. GE}$$

Neben dem Marktwert der Aktiva von 182,76 Mio. EUR gehen auch der Nominalwert der bilanziellen Verbindlichkeiten von 150,7 Mio. EUR und der Volatilitätsparameter (10,8 %) in das Optionspreismodell ein. Aus diesen Daten errechnen sich für das Beispiel laufzeitspezifische Optionsprämien, die in Form einer Risikostrukturkurve des Kunden abgebildet werden. Cashflows, die beispielsweise nach zwei Jahren zurückgezahlt werden, werden mit einer Risikoprämie von 0,83 % bewertet (vgl. Tabelle 76).

	Ertragscashflow	Volatilität (V)	Nominalwert des aktuellen bilanziellen Fremdkapitals (K)
Stufe 1: Quantitative Analyse auf Basis von Vergangenheits- und Gegenwartsdaten	10,6 Mio. EUR	9,0 %	150,7 Mio. EUR
	•	•	
Stufe 2: Qualitative Analyse durch zukunftsorientierte Adjustierung der Vergangenheits- und Gegenwartsdaten	0,9	1,2	
	=	=	
Ergebnis: erwartete Größen	9,54 Mio. EUR	10,8 %	150,7 Mio. EUR
	↓	↓	↓
Dateninput	Marktwert der Aktiva (W) 182,76 Mio.	Volatilität (V) 10,8 %	Nominalwert des aktuellen bilanziellen Fremdkapitals (K) 150,7 Mio.
Bewertung	Berechnung der Optionspreise = laufzeitspezifische Risikoprämien		
Ergebnis	Kundenindividuelle Risikostrukturkurve		

Laufzeit (T) in Jahren	1	2	3	4	5	...	10
Risikoprämiensatz (= P(T)/K) (gerundet)	0,18 %	0,83 %	1,61 %	2,41 %	3,19 %	...	6,66 %

Tabelle 76: Bestimmung der kundenindividuellen Risikostrukturkurve

Aus der dargestellten **Risikostrukturkurve** wird ersichtlich, wie die Risikoprämien mit zunehmender Laufzeit ansteigen. Für Cashflows, die erst nach zehn Jahren zurückfließen, ergibt sich bereits eine Risikoprämie von 6,66 %. Nochmals betont sei, dass die ermittelte Risikostrukturkurve für den betrachteten Kunden unabhängig davon gilt, welche Ausgestaltung der konkret zu bewertende Kredit hat. Sofern Zahlungen in einer bestimmten Laufzeitklasse erfolgen, wird immer derselbe Risikoprämiensatz Anwendung finden.

Nachdem die laufzeitspezifischen Risikokostensätze für das Unternehmen berechnet wurden, soll anhand des nachfolgenden Kreditgeschäfts die Quantifizierung des einzelgeschäftsbezogenen Risikokostenbarwerts illustriert werden.

Das Unternehmen hat bei seiner Hausbank einen vierjährigen Kredit zu den folgenden Konditionen aufgenommen:

Volumen: 2 Mio. EUR,

Laufzeit: 4 Jahre,

Nominalzins: 7,5 %,

Disagio: 5,0 %,

Zinstermine: jährlich,

Tilgung: endfällig,

Besicherung: keine.

Laufzeit	Geld- und Kapitalmarktzinssätze	Zerobond-Abzinsfaktoren
1 Jahr	5,0 %	0,952381
2 Jahre	5,5 %	0,898217
3 Jahre	6,0 %	0,838645
4 Jahre	6,5 %	0,774835

Tabelle 77: Zinsstruktur am Geld- und Kapitalmarkt im Zeitpunkt der Kreditvergabe

Die Quantifizierung des Risikokostenbarwerts des Beispielkredits erfolgt, indem man die in der Zukunft anfallenden und potenziell durch eine Krisensituation ausfallbedrohten Zins- bzw. Tilgungszahlungen jeweils mit den laufzeitäquivalenten Risikoprämiensätzen aus der Risikostrukturkurve des Kunden bewertet und die sich ergebenden Produkte anschließend summiert (vgl. Tabelle 78).

Jahr	Zahlungsstrom des Kundenkredits	Laufzeitspezifische Risikoprämiensätze	Risikokosten
(0)	(1)	(2)	$(3) = (1) \cdot (2)$
0	-1.900.000	–	–
1	+ 150.000	0,18 %	263,58
2	+ 150.000	0,83 %	1.240,05
3	+ 150.000	1,61 %	2.418,85
4	+ 2.150.000	2,41 %	51.844,67
Risikokostenbarwert des Kundenkredits (Gewährung ohne Kreditsicherheiten)			**55.767,15**

Tabelle 78: Ermittlung des einzelgeschäftsbezogenen Risikokostenbarwerts auf Basis der Risikostrukturkurve (berechnet mit ungerundeten Zwischenergebnissen)

Der auf den ersten Blick sehr hoch erscheinende Wert für die Risikokosten des Kundenkredits stellt eine Barwertgröße dar und erfasst somit sämtliche über die Laufzeit des Kredits anfallenden Risikokosten. Der Risikokostenbarwert muss demzufolge analog zu der im Margenkalkül von der Bruttomarge abzuziehenden (periodischen) Risikomarge mit dem Brutto-Konditionsbeitragsbarwert verrechnet werden. Auf Basis der in Tabelle 77 gegebenen Zinsstrukturkurve ergibt sich für den Kundenkredit ein Brutto-Konditionsbeitragsbarwert von 169.281,57 EUR, sodass nach Abzug des Risikokostenbarwerts ein Restbetrag in Höhe von 113.514,42 EUR verbleibt. Dieser dient zunächst zur Abdeckung der ebenfalls im Kreditgeschäft anfallenden Betriebskosten. Ein danach noch verbleibender Restsaldo trägt zur Erhöhung des Kundengeschäftsergebnisses der Bank bei. Entscheidet sich die Bank, den Brutto-Konditionsbeitragsbarwert über die Laufzeit des Kreditgeschäfts zu verteilen, so wird damit auch der Risikokostenbarwert, der im Brutto-Konditionsbeitragsbarwert enthalten ist, periodisiert. Zur Verrentung stehen die bereits diskutierten Verteilungsverfahren zur Verfügung (vgl. S. 167 ff.).

Für das betrachtete Kreditgeschäft wurde bislang davon ausgegangen, dass das Unternehmen keinerlei werthaltige Sicherheiten zur Abdeckung eines eventuell auftretenden Kreditausfalls zur Verfügung gestellt hat und der Kredit damit blanko gewährt wurde. Es ist deshalb zu fragen, wie sich Kreditsicherheiten auf die Kalkulation des Risikokostenbarwerts im Optionspreismodell auswirken. Dazu wird angenommen, dass das kreditnehmende Unternehmen der Bank werthaltige Sicherheiten in Höhe von 1 Mio. EUR zur Verfügung stellt. Dies kann beispielsweise durch die Eintragung eines Grundpfandrechts auf ein Firmengrundstück zugunsten der Bank oder eine selbstschuldnerische Bürgschaft eines Gesellschafters erfolgen. Alle anderen vereinbarten Kreditkonditionen bleiben unverändert. Tabelle 79 verdeutlicht die Auswirkungen der (Teil-)Besicherung auf den engagementspezifischen Risikokostenbarwert.

Jahr	Zahlungsstrom des Kundenkredits	Zu bewertender Zahlungsstrom	Laufzeitspezifische Risikoprämiensätze	Risikokosten
(0)	(1)	(2)	(3)	(4) = (2) · (3)
0	-1.900.000	-1.900.000	–	–
1	+150.000	+150.000	0,18 %	263,58
2	+150.000	+150.000	0,83 %	1.240,05
3	+150.000	+150.000	1,61 %	2.418,85
4	+2.150.000	+1.150.000	2,41 %	27.730,87
Risikokostenbarwert des Kundenkredits bei Berücksichtigung der Kreditsicherheiten				31.653,35

Tabelle 79: Risikokostenbarwert eines Kreditgeschäfts bei Berücksichtigung von Kreditsicherheiten (berechnet mit ungerundeten Zwischenergebnissen)

Abweichend zum Blankokredit muss bei der Existenz von Kreditsicherheiten der Zahlungsstrom des Kundenkredits durch eine entsprechende Verminderung der zu bewertenden Cashflows modifiziert werden. Im Falle des endfälligen Beispielkredits wirkt sich die Besicherung ausschließlich auf die letzte Kundenzahlung aus. Die Besicherung führt zu einer Kürzung des in diesem Cashflow enthaltenen Tilgungsbetrags um 1 Mio. EUR, da nunmehr nur noch die Hälfte des ausstehenden Kapitalbetrags von 2 Mio. EUR ausfallbedroht ist (vgl. Tabelle 79). Der resultierende Zahlungsstrom ist anschließend erneut mit den Risikoprämiensätzen aus der (unveränderten) Risikostrukturkurve zu bewerten. Im Vergleich zu dem Blankokredit errechnet sich hier ein deutlich reduzierter Risikokostenbarwert von 31.653,35 EUR (-43,24 %).

c) Probleme und Grenzen des Kalkulationsverfahrens

Die optionspreistheoretische Risikokostenmethode ermöglicht, wie bereits dargelegt, die kundenindividuelle Quantifizierung der Risikokosten eines Kreditgeschäfts. Bei der Darstellung des Grundmodells und der Ermittlung engagementspezifischer Risikokosten wurde allerdings von den Problemen und den Grenzen des Kalkulationsverfahrens, die sich insbesondere bei der praktischen Umsetzung des Ansatzes im Kreditgeschäft einer Bank ergeben, weitgehend abstrahiert. Im Folgenden sollen daher kurz die Probleme und die konzeptionellen Schwächen der optionspreistheoretischen Bewertungsmethode für Ausfallrisiken diskutiert werden.

Wie bereits angesprochen, beschränkt sich die Einsatzmöglichkeit des Optionspreisansatzes auf das Firmenkundengeschäft der Bank. Die Anwendung des Modells auf das Kreditgeschäft mit Privatkunden ist dagegen aufgrund des erforderlichen Dateninputs von vornherein ausgeschlossen. Die optionspreistheoretische Risikokostenmethode kann daher lediglich als ein die bisher vorgestellten (segmentspezifischen) Verfahren ergänzendes Konzept angesehen werden.

Die Generierung der notwendigen Unternehmensinformationen kann für die kreditgewährende Bank allerdings auch im Firmenkundenbereich ein Problem darstellen, da es sich häufig um unternehmensinterne Informationen handelt, aus denen die Inputdaten des Modells spezifiziert werden. So dürfte es für die Bank allein auf Basis öffentlich verfügbarer Unternehmensdaten nur schwer möglich sein, den Marktwert der Aktiva (W), der auf zukünftig erwarteten Ertragscashflows basiert, realistisch abzuschätzen, wenn der Rückgriff auf unternehmensinterne Planungsdaten nicht möglich ist. Das Gleiche gilt für den Volatilitätsparameter (V), der sich aus den Schwankungen des Werts der Unternehmensaktiva ableitet.

Neben den rein quantitativen Faktoren gehen aber auch qualitative Kriterien in die Risikokostenkalkulation mit ein. Zum Teil lassen sich diese Faktoren aus Informationen ableiten, die den (Teil-)Markt betreffen, in dem sich das zu kreditierende Unternehmen betätigt. Andere Einflussfaktoren, wie z. B. die Qualität des Managements oder die Kundenstruktur des Unternehmens sind dagegen als unternehmensspezifisch zu charakterisieren. Demzufolge ergibt sich auch für die qualitativen Einflussfaktoren das Problem, dass neben den öffentlich verfügbaren Unternehmensdaten auch unternehmensinterne Informationen zur Bildung eines qualitativen Gesamturteils benötigt werden.

Allgemein bleibt festzuhalten, dass die mithilfe des Optionspreismodells berechneten Risikokosten das unternehmensspezifische Ausfallrisiko umso besser quantifizieren, je mehr Unternehmensinformationen, sowohl interne als auch öffentliche, zur Spezifizierung des notwendigen Dateninputs zur Verfügung stehen. Um einen besseren Zugriff insbesondere auf unternehmensinterne Informationen zu erhalten, sollte das Finanzinstitut dem zu kreditierenden Unternehmen daher verdeutlichen, dass eine zu restriktive Informationspolitik über entsprechende Modifikationen der Adjustierungsfaktoren im Bewertungsmodell zu einer weniger positiven Beurteilung der Bonitätslage führen würde, wodurch letztlich höhere Risikokosten zu veranschlagen wären. Für das kreditnehmende Unternehmen zahlt sich somit die Bereitstellung aussagekräftiger (interner) Unternehmensdaten in Form niedrigerer Risikokosten aus, die über die Kreditkonditionen zu entrichten sind.

Ein bedeutender Kritikpunkt am Konzept der optionspreistheoretischen Bewertung des Ausfallrisikos bezieht sich auf die im Grundmodell implizit gemachte Annahme, dass eine Krisensituation, in welcher der Marktwert der Aktiva unter den ökonomischen Wert des Fremdkapitals sinkt, lediglich im Zeitpunkt der Fälligkeit des Fremdkapitals bzw. der einzelnen Kundenzahlungen auftreten kann. Durch diese Vereinfachung konnte die Position der Gläubiger bzw. der kreditgebenden Bank formal als ein Portfolio aus einer risikolosen Anlage und einer Stillhalterposition in einem **europäischen** Put auf das Unternehmensvermögen dargestellt werden, wobei das unternehmensspezifische Ausfallrisiko durch den (die) als Risikoprämie(n) zu interpretierenden Optionspreis(e) quantifiziert wurde.

In der Praxis kann eine solche Krisensituation aber nicht nur zu den Fälligkeitszeitpunkten der einzelnen Kundenzahlungen bzw. der als Fremdkapital unterstellten Zerobonds eintreten, sondern prinzipiell während der gesamten Laufzeit des Kreditgeschäfts bzw. des Fremdkapitals. Damit erscheint die Verwendung der Preisbildungsformel nach BLACK/SCHOLES für einen **europäischen** Put zur Quantifizierung unternehmensspezifischer Risikokosten nicht gerechtfertigt, da in diesem Fall das tatsächliche Ausfallrisiko nur unzureichend abgebildet wird. Die mithilfe der europäischen Putpreis-Formel berechneten Risikokosten stellen vielmehr nur eine Preisuntergrenze für die auf Basis des tatsächlichen Ausfallrisikos zu vereinnahmenden Risikokosten dar.

Aus theoretischer Sicht wäre also die Verwendung einer Putpreis-Formel für den **amerikanischen** Optionstyp sinnvoll, da sich dadurch die Möglichkeit eines Ausfalls während der gesamten Laufzeit des Kreditengagements bzw. des Fremdkapitals besser abbilden ließe. In der optionspreistheoretischen Literatur findet sich allerdings bislang keine analytisch exakte Formel für den Preis einer amerikanischen Verkaufsoption, sodass sich eine Bank bei Verwendung der vorgestellten (europäischen) Optionsformel zumindest über deren konzeptionelle Unzulänglichkeiten im Klaren sein sollte.

Noch schwerwiegender als die bisher dargestellten Probleme wiegt allerdings die Tatsache, dass bei der Bestimmung des Risikokostenbarwerts für ein Kreditgeschäft der Einfluss der während der Laufzeit des Geschäfts anfallenden Kundenzahlungen auf die Inputdaten des Optionspreismodells und damit auf die Risikokosten für die noch ausstehenden Kundenzahlungen vernachlässigt wird. So wäre es denkbar, dass die im dargestellten Kreditgeschäft nach einem Jahr erfolgende Kundenzahlung (150.000 EUR) Einfluss auf die Finanzierungsstruktur des Unternehmens hat, wenn zur Sicherstellung der fristgerechten Zahlung neue Fremdmittel aufgenommen werden mussten. Dies hätte zur Folge, dass sich die Position der bilanziellen Gesamtverbindlichkeiten (K) gegenüber dem Zeitpunkt des Geschäftsabschlusses erhöhen würde. Die zu Beginn der Kreditlaufzeit ermittelten Risikokosten für die noch ausstehenden Kundenzahlungen wären in diesem Fall aufgrund der veränderten Datenkonstellation nicht mehr adäquat, um das verbleibende engagementspezifische Ausfallrisiko korrekt zu quantifizieren. Es müssten daher auf Basis der erhöhten bilanziellen Gesamtverbindlichkeiten neue Risikokosten für die noch ausstehenden Kundenzahlungen ermittelt werden.

Grundsätzlich sollte eine Neubewertung des noch verbleibenden Kundenzahlungsstroms immer dann erfolgen, wenn sich Veränderungen bei den Inputdaten des Optionspreismodells und damit letztlich des kundenindividuellen Ausfallrisikos ergeben. Dies kann nicht nur, wie beschrieben, aus den zwischenzeitlich anfallenden Kundenzahlungen resultieren, sondern zum Beispiel auch bei offenkundigen Bonitätsverschlechterungen, die sich formal in einem erhöhten Volatilitätsparameter niederschlagen. Durch diese Vorgehensweise wird gewährleistet, dass Veränderungen in der Ausfallrisikosituation des kreditnehmenden Unternehmens zeitnah in der Risikokostenkalkulation erfasst werden.

Abschließend bleibt festzuhalten, dass der optionspreistheoretische Ansatz zwar ein kapitalmarkttheoretisch fundiertes Verfahren zur Kalkulation kundenindividueller Risikokosten liefert, das Konzept aber vermutlich aufgrund der hohen Komplexität, den konzeptionellen Unzulänglichkeiten und nicht zuletzt dem aufwendigen Dateninput bislang nur in recht geringem Ausmaß in der Praxis umgesetzt wurde.

LITERATURHINWEISE

ALTMANN, E.I./KISHORE, V. (1996)
BAETGE, J. (1997)
BAETGE, J./SIERINGHAUS, I. (1996)
BERBLINGER, J. (1996)
BLACK, F./SCHOLES, M. S. (1973)
BRÖKER, F. (2000)
DISMAN, S. H. (1994)
FLECHSIG, R./ROLFES, B. (1987)
HÖLSCHER, R. (1987)
HÜLS, D. (1995)
KIRMSSE, ST. (1996)
REHKUGLER, H./PODDIG, T. (1998)

ANDERS, U. (1996)
BAETGE, J. (1998)
BEHRENWALDT, U. (1996)
BIEG, H. (1998)
BRAKENSIEK, T. (1991)
CREDIT SUISSE GROUP (1998)
EIGERMANN, J. (2001)
GERDSMEIER, S./KROB, B. (1994)
HULL, J.C. (2000)
JURGEIT, L. (1989)
MOODY'S INVESTOR-SERVICE (1998)
ROLFES, B. (2003)

ROLFES, B./BRÖKER, F. (2000)
RUDOLPH, B. (2001)
SCHIERENBECK, H. (2003B)
TOUTENBOURG, H. (2000)
UTHOFF, C. (1997)
ZUBERBÜHLER, D. (1997)

ROLFES, B./SCHIERENBECK, H. (2001)
SAUTER, W. (1994)
SCHIERENBECK, H./HÖLSCHER, R. (1998)
UBS AG (2001)
WEISS, C. L. (1998)

III. Kalkulation von Standard-Betriebskosten

1. Verfahren und Grundprobleme der traditionellen Bankkostenrechnung

Die traditionelle Bankkostenrechnung im Betriebsbereich übernimmt typischerweise die in der industriellen Kostenrechnung übliche Unterscheidung nach Kostenarten, Kostenstellen und Kostenträgern. In der Kostenartenrechnung werden die Gesamtkosten nach der Art ihrer Entstehung gegliedert (**Welche Kosten fallen an?**). Betrachtet man Kostenstellen, so werden die Gesamtkosten nach dem Ort der Kostenverursachung differenziert (**Wo fallen welche Kosten an?**). Die Kostenträgerrechnung beantwortet die Frage, für welche Bankprodukte welche Kosten angefallen sind (**Wofür, d. h.** für welche Leistungen fallen Kosten an?). Dabei ist im Bankbetrieb nicht nur das einzelne „Geschäft" das betrachtete **Kalkulationsobjekt**. Es kommen hierfür zusätzlich folgende Gruppen infrage:

- Geschäftsarten (die einzelne Kreditart, Einlagenart, das einzelne Dienstleistungsprodukt), Produktgruppen und -sparten;

- Vertriebswege (Profitcenter, in denen Bankgeschäfte betrieben werden (Geschäftsstellen), Außendienst, elektronischer Vertrieb etc.) oder Regionen;

- Geschäftssparten (Zusammenfassung einzelner Produkte und/oder Kundengruppen zu Sparten);

- Konten und Kunden (das Konto stellt hierbei eigentlich nur den buchhalterischen Ausdruck der Kundenbeziehung dar), Kundengruppen und -segmente.

Neben der Herausbildung einer spezifischen Kostenstellen- und Kostenträgerrechnung ist für die traditionelle Bankkostenrechnung merkmalsbildend, dass sie vom Prinzip der **Vollkostenrechnung** (auf Ist- oder Normalkostenbasis) dominiert ist. Es werden grundsätzlich sämtliche (tatsächlich entstandene oder im Durchschnitt normalerweise anfallende) Periodenkosten, also Einzel- **und** Gemeinkosten, variable **und** fixe Kosten verrechnet und in mehreren Rechnungsstufen auf Kostenstellen und Kostenträger überwälzt.

Für die **traditionelle Kostenstellenrechnung** gilt dabei als Grundlage genau wie im industriellen Rechnungswesen der **Betriebsabrechnungsbogen** (BAB). Während jedoch im industriellen Rechnungswesen die Kostenträgereinzelkosten direkt den einzelnen Kostenträgern zugerechnet, also im BAB nicht gesondert erfasst werden, erfolgt eine Verrechnung dieser Kosten im Bankbetrieb über den BAB, da der Anteil der Kostenträgereinzelkosten im Betriebsbereich der Banken für eine Einzelverrechnung zu gering ist. Ansonsten entsprechen sich Aufgliederung und Kostenverteilung im BAB von Industrie- und Bankbetrieb.

In beiden Bereichen werden allgemeine Kostenstellen, Haupt- und Hilfskostenstellen unterschieden, denen die angefallenen Kosten stufenweise zugeordnet werden. Allgemeine Kostenstellen in Finanzinstituten sind dabei vorwiegend Verwaltungskostenstellen, die dem Geschäftsleitungsbereich zuzurechnen sind. Hier werden Leistungen für den Gesamtbetrieb erstellt, die quantitativ und qualitativ so verschieden sind, dass Erfassung und Verteilung Probleme bereiten (z. B. Rechtsabteilung, Direktion). Die Hauptkostenstellen stehen dagegen als Produktions- oder Vertriebsstellen in direkter Berührung mit der Betriebsleistung. Hier fallen Funktionsbereiche und Abteilungen meist zusammen und ermöglichen eine problemlose Leistungsbewertung (z. B. Scheck-, Wechsel-, Devisenabteilung). Als Serviceabteilungen der Hauptkostenstellen fungieren die Hilfskostenstellen, zu denen beispielsweise Expedition, Fuhrpark und Registratur zählen. Abbildung 140 zeigt formal den Abrechnungsweg in einem solchen BAB, der üblicherweise drei Genauigkeitsschichten unterscheidet.

Kostenarten	Σ	Allgemeine Kostenstellen			Hauptkostenstellen						Hilfskosten- stellen			
					Produktions- stellen			Vertriebs- stellen						
		I	II	III	I	II	III	I	II	III	I	II	III	
1. Stellen-Einzelkosten														1. Genauigkeitsstufe
a) Personalkosten	400	–	–	–	–	–	–	–	–	–	–	–	–	
b) Sachkosten	200	–	–	–	–	–	–	–	–	–	–	–	–	
Σ Stellen-Einzelkosten	600													
2. Stellen-Gemeinkosten														2. Genauigkeitsstufe
a) Personalkosten	50	–	–	–	–	–	–	–	–	–	–	–	–	
b) Sachkosten	250	–	–	–	–	–	–	–	–	–	–	–	–	
Σ Stellen-Gemeinkosten	300													
Σ Stellen-(Einzel- + Gemein-)kosten vor Kostenumlage	900	60	95	45	55	120	135	90	100	80	40	30	50	3. Genauigkeitsstufe
Kostenumlagen					–	–	–	–	–	–	–	–	–	
Σ Stellen-(Einzel- + Gemein-)kosten vor Kostenumlage	900	–	–	–	80	220	180	120	160	130	–	–	–	

Abb. 140: Betriebsabrechnungsbogen (BAB) einer Universalbank

Erste Verrechnungen fallen dagegen in der **zweiten** Genauigkeitsschicht an, in der die restlichen, als Stellengemeinkosten klassifizierten Betriebskosten mithilfe von möglichst verursachungsgerechten Kostenschlüsselungen verteilt werden. Zu den Stellengemeinkosten zählen in diesem Zusammenhang sowohl „echte" als auch „unechte" Bestandteile. Während bei ersteren ein Verursachungszusammenhang völlig fehlt (z. B. Abschreibungen auf Bankgebäude), wird bei letzteren lediglich aus technischen oder wirtschaftlichen Gründen auf eine direkte Erfassung verzichtet (z. B. Stromkosten, Porti). Unabhängig davon sind jedoch alle hier angesprochenen Stellengemeinkosten mithilfe von Verrechnungsschlüsseln umzulegen. Die dazu verwendeten Methoden stimmen mit den in der Industrie gebräuchlichen Verfahren überein und können der entsprechenden Literatur entnommen werden.

Nachdem in den ersten beiden Rechnungsstufen alle angefallenen Betriebskosten den zuvor gebildeten Kostenstellen zugewiesen worden sind, werden in der **dritten** Genauigkeitsschicht die gesamten Stellenkosten der allgemeinen Kostenstellen und der Hilfskostenstellen auf die Hauptkostenstellen umgelegt. Diese innerbetriebliche Leistungsverrechnung ist notwendig, weil einige Kostenstellen nur mittelbar an der Erstellung der Marktleistung beteiligt sind und dementsprechend keine absatzfähigen Produkte hervorbringen. Ihre konkrete rechnerische Umsetzung ist allerdings mit zwei Problemen verbunden, die sich aus folgenden Fragestellungen ergeben:

• Welcher Leistungszusammenhang besteht zwischen den einzelnen Kostenstellen und kann als Grundlage zur Verteilung der Kosten herangezogen werden?

• Wie berücksichtigt man wechselseitige Leistungsverflechtungen zwischen Haupt-, Hilfs- und allgemeinen Kostenstellen?

Beide Probleme müssen für jede Kostenstelle individuell gelöst werden, wobei man in der Praxis dazu tendiert, geringfügige Leistungsverflechtungen zu negieren. Für umfangreiche innerbetriebliche Leistungen steht dagegen das Instrumentarium der industriellen Kostenrechnung zur Verfügung. Hierzu zählen beispielsweise das Anbauverfahren, das Stellenausgleichsverfahren, das mathematische Verfahren oder der Stellenausgleich mithilfe der Matrizenrechnung.

Der Einsatz von zumeist sehr differenzierten Rechenmethoden zur Verteilung der Stellenkosten in der zweiten und dritten Genauigkeitsschicht darf jedoch nicht darüber hinwegtäuschen, dass die in diesen Stufen erfolgenden kostenrechnerischen Umlagen in aller Regel höchst zweifelhafte Schlüsselungen und subjektive Zurechnungen beinhalten und dementsprechend nur noch sehr bedingt zu entscheidungsrelevanten Ergebnissen führen.

Trotzdem bilden die Ergebnisse der Kostenstellenrechnung in der traditionellen Bankkostenrechnung die Basis für die Stückleistungskalkulation. Hier werden die ermittelten Kosten der Hauptkostenstellen auf die einzelnen Leistungseinheiten umgelegt, und zwar mittels Methoden, die von der Vorgehensweise her mit den bekannten Verfahren des industriellen Rechnungswesens übereinstimmen.

Die **Stückleistungskalkulation** ermittelt die Kosten pro Betriebsleistung (z. B. Durchführung einer Überweisung). Sie ist ebenso wie die Kostenstellenrechnung eine Vollkostenrechnung auf Ist- oder Normalkostenbasis und verteilt dementsprechend alle entstandenen Betriebskosten auf die einzelnen Leistungseinheiten. Je nach Art der zu kalkulierenden Stückleistungen stehen zur Kostenumlage folgende Verfahren zur Verfügung:

• einfache Divisionskalkulation,

- Äquivalenzziffernrechnung,

- Zuschlagsrechnung.

Bei der **einfachen Divisionskalkulation** werden zur Ermittlung der Selbstkosten pro Stück die gesamten Periodenkosten einer Hauptkostenstelle durch die Anzahl der dort erstellten Leistungen dividiert:

Stückkosten für die in der Kostenstelle erbrachten Leistungen

$$= \frac{\text{Kostenstellen} - \text{Kosten pro Periode}}{\text{Leistungsmenge der Kostenstelle}}$$

Die Kostenstellenkosten entnimmt man dabei dem BAB und zwar nachdem die Kostenstellenumlagen der dritten Genauigkeitsschicht durchgeführt worden sind. Der Kostenstelle Überweisung wurden laut BAB beispielsweise 79.500 EUR an Betriebskosten zugewiesen. Sind in der vergangenen Periode z. B. 100.000 Überweisungen bearbeitet worden, so belaufen sich die Kosten pro Überweisung auf

$$\frac{79.500 \, \text{GE}}{100.000} = 0,795 \, \text{EUR}.$$

Der Vorteil dieses Verfahrens liegt in seiner einfachen Handhabung. Anwendungsvoraussetzung ist allerdings die Existenz von homogenen Leistungen in den jeweiligen Hauptkostenstellen, da sich nur dann mit dieser Methode sinnvolle Ergebnisse erzielen lassen.

Sind die erstellten Stückleistungen einer Hauptkostenstelle nicht mehr homogen, so zieht man die Äquivalenzziffernrechnung zur Umlage der Kosten heran. Mithilfe von Gewichtungsziffern werden verschiedenartige Leistungen auf eine gleichnamige Leistung umgerechnet, indem man eine einheitliche Bezugsgrundlage als gemeinsamen Maßstab wählt. Die Auswahl der Äquivalenzziffern sollte immer nach dem Verursachungsprinzip erfolgen. Als Bezugsgrundlage bietet sich häufig der Zeitbedarf pro Leistungseinheit an.

Die Kosten pro Stück ermitteln sich dann, indem man die Kostenstellenkosten pro Periode mit der für die betreffende Stückleistung ermittelten Äquivalenzziffer multipliziert und durch die Summe der Verrechnungseinheiten dividiert. Die Verrechnungseinheiten sind definiert als die mit ihren Äquivalenzziffern gewichteten Leistungsmengen:

$$\text{Stückkosten} = \frac{\text{Kostenstellen} - \text{Kosten pro Periode} \cdot \text{Äquivalenzziffer}}{\text{Summe der Verrechnungseinheiten}}$$

Die Äquivalenzziffernrechnung soll am Beispiel der Kostenstelle „Geschäftsgiroverkehr", für die in der vergangenen Periode 500.000 EUR an Betriebskosten angefallen sind, verdeutlicht werden (vgl. Tabelle 80, in Anlehnung an KLOPFER/KREUTZ/ULL 1989).

Leistungselement	Anzahl Stück	Zeitaufwand Minuten = Äquivalenzziffer	Verrechnungs-einheiten [VE]	Selbstkosten pro Stück [EUR]
(1)	(2)	(3)	(4) = (2) · (3)	(5)
Kontoeröffnungen	1.330	25,9	34.447,0	16,32
Kontoauflösungen	601	15,8	9.495,8	9,95
Stammdatenänderungen	25.001	0,4	10.000,4	0,25
Einzahlungen	42.200	0,8	33.760,0	0,50
Auszahlungen ohne Scheck	30.003	1,5	45.004,5	0,94
Auszahlungen mit Scheck	65.320	1,3	84.916,0	0,82
Überweisungsaufträge	322.980	0,6	193.788,0	0,38
Sonstige Kontobelastungen	102.300	0,6	61.380,0	0,38
Scheck/Lastschrift Einreichung	198.104	0,5	99.052,0	0,31
Sonstige Gutschriften	233.100	0,4	93.240,0	0,25
Ausgeführte Daueraufträge	122.100	0,1	12.210,0	0,06
Kontoauszüge	595.922	0,2	119.184,4	0,13
Summe			796.478,1	

Tabelle 80: Stückkkostenrechnung mithilfe von Äquivalenzziffern für die Kostenstelle „Geschäftsgiroverkehr"

Zunächst werden die in dieser Kostenstelle erstellten Teilleistungen einschließlich ihrer Häufigkeit aufgelistet (Spalte 1 und 2) und hinsichtlich eines gemeinsamen Maßstabs beurteilt. Bei den im Folgenden aufgeführten manuellen Tätigkeiten bietet sich als Äquivalenzziffer der Zeitbedarf pro Teilleistung an, der pro Leistungselement detailliert zu ermitteln ist. Hierfür wird das betrachtete Leistungselement in einzelne Tätigkeiten aufgespalten (z. B. beraten, Formular ausfüllen, Legitimation prüfen) für die jeweils der durchschnittliche Zeitaufwand, also die im Normalfall benötigte Zeit, anzusetzen ist. Als Summe ergibt sich der Leistungszeitbedarf pro Teilleistung, der als Äquivalenzziffer der Kalkulation zugrunde gelegt wird (Spalte 3).

Durch Multiplikation der Äquivalenzziffern mit der Anzahl der jeweiligen Teilleistungen pro Periode erhält man die Verrechnungseinheiten, deren Summe hier 796.478,1 beträgt (Spalte 4) und Grundlage der Selbstkostenermittlung pro Stück darstellt:

- Kosten pro Verrechnungseinheit (VE) = $\dfrac{500.000 \text{ GE}}{796.478,1 \text{ VE}} \approx 0,63$ GE/VE

- Kosten pro Leistungselement:
  z. B. pro Kontoeröffnung = 0,63 EUR/VE · 25,9 VE = 16,32 EUR.

In Spalte 5 wurde diese Rechnung für jede Teilleistung durchgeführt. Die Selbstkosten pro Leistungseinheit – multipliziert mit der jeweiligen Stückzahl – müssen aufaddiert wiederum die gesamten Kostenstellenkosten von hier 500.000 EUR ergeben, sodass eine vollständige Aufteilung der angefallenen Kosten gewährleistet ist.

Die Äquivalenzziffernrechnung stellt eine differenzierte Variante der Divisionskalkulation dar. Sie hat den Vorteil, auch dann angewendet werden zu können, wenn die einzelnen Teilleistungen nicht vollkommen homogen sind. Trotzdem ist auch bei dieser Methode die

Existenz einer einheitlichen Bezugsgrundlage Voraussetzung. Eine Zurechnung der Kosten kann umso besser erfolgen, je detaillierter ein Betrieb in Kostenstellen aufgeteilt ist, da die Teilleistungen einer Kostenstelle dann umso gleichwertiger sind.

Eine starke Kostenstellendifferenzierung führt auf der anderen Seite aber auch zu umfangreichen abrechnungstechnischen Arbeiten, sodass letztlich eine ausgewogene Lösung zwischen beiden Extremen (zu viele bzw. zu wenige Kostenstellen) gefunden werden muss.

Bei Kostenstellen, bei denen eine Homogenität der Teilleistungen nicht vorhanden ist bzw. nur sehr aufwendig herzustellen wäre, findet die **Zuschlagsrechnung** Verwendung. Hier werden die Kosten pro Stück ermittelt, indem zu den Einzelkosten einer Betriebsleistung die Gemeinkosten in Form von globalen Zuschlägen addiert werden. Das in der Praxis gebräuchlichste Verfahren benutzt die Einzelkosten der jeweiligen Kostenstelle als Bezugsgrundlage. Die Zuschlagsprozentsätze ergeben sich dann aus der Relation der Periodengemeinkosten zu den Periodeneinzelkosten pro Kostenstelle. Betragen die gesamten Personalgemeinkosten einer Bank beispielsweise 20 % der gesamten Personaleinzelkosten, so wird auch den jeweiligen Personaleinzelkosten pro Leistungseinheit dieser Prozentsatz an Personalgemeinkosten angelastet. Neben den Einzelkosten sind zum Teil auch stück- oder zeitabhängige Bezugsgrößen zur Verteilung der Gemeinkosten üblich. Letztlich ist für jede Gemeinkostenart individuell zu entscheiden, welche Bezugsgrundlage zweckmäßig erscheint. Das Kalkulationsschema bleibt vom Grundaufbau her jedoch unabhängig von der gewählten Bezugsgröße gleich:

	Einzelkosten einer Betriebsleistung	
+	Gemeinkostenzuschläge für	• Stellengemeinkosten • allgemeine Kostenstellen • Hilfskostenstellen • u. a.
=	Stückkosten	

Die gesamten Kosten pro Überweisung würden nach dieser Methode beispielsweise wie folgt ermittelt:

	Personaleinzelkosten pro Überweisung	0,40 EUR
+	Personalgemeinkosten (= 20 % der Personaleinzelkosten)	0,08 EUR
=	Personalkosten	0,48 EUR
+	Sacheinzelkosten pro Überweisung	0,20 EUR
+	Sachgemeinkosten (= 60 % der Sacheinzelkosten)	0,12 EUR
=	Personal- und Sachkosten	0,80 EUR
+	Verwaltungsgemeinkosten (= 15 % der Personal- und Sachkosten)	0,12 EUR
=	**Selbstkosten pro Überweisung**	**0,92 EUR**

Die Kritik an der traditionellen Stückleistungskalkulation als Vollkostenrechnung auf Ist- oder Normalkostenbasis kann in zwei zentrale Problemkreise unterteilt werden:

• **Gemeinkostenschlüsselung**

In die Stückkosten gehen Kostenanteile ein, die in keiner eindeutigen Beziehung zu einzelnen Leistungsarten insgesamt stehen. Hierzu zählen alle Gemeinkosten, deren Zurechnung in der zweiten bis dritten Genauigkeitsschicht über eine grundsätzlich fragwürdige Kosten-schlüsselung erfolgt, wodurch Kosteninformationen verschleiert, verzerrt oder vernichtet werden. Nur durch einen zumindest teilweisen Verzicht auf Gemeinkostenschlüsselungen erhielte man steuerungsadäquate Ergebnisse.

- **Fixkostenproportionalisierung**
  Da die Kosten nicht danach differenziert werden, ob sie mengenabhängig sind (variable Kosten) oder ob sie lediglich durch Zeitablauf ohne direkten Leistungsbezug entstehen, wer-den die fixen Kosten faktisch wie variable Kosten behandelt, also letztlich unzulässiger-weise proportionalisiert, indem sie auf die pro Periode erstellten Leistungseinheiten verteilt werden, obwohl sie in keiner direkten oder bestimmten (Kausal-)Beziehung zu den einzel-nen Geschäften (bzw. allgemein: Kostenträgern) stehen. Eine solche unkontrollierte Ver-rechnung der Fixkosten führt wegen der fehlerhaften Bezugsbasis zu Ergebnissen, die prinzipiell nur bedingt Entscheidungsrelevanz aufweisen und besonders dann zu falschen Schlussfolgerungen verleiten, wenn die Beschäftigung der Bank im Betriebsbereich Schwankungen unterworfen ist.

2. Die moderne prozessorientierte Standard-Einzelkostenrechnung

a) Merkmale des Rechnungskonzepts

Aus der Kritik an den traditionellen Kostenrechnungsmethoden des Betriebsbereichs ergibt sich unmittelbar die Forderung nach einem **entscheidungsorientierten Teilkostenrechnungs-system** auch für Finanzinstitute.

Einem einzelnen Bankgeschäft dürfen unter Entscheidungsgesichtspunkten im strengen theoreti-schen Sinne nur solche Kosten zugerechnet werden, die erstens von diesem Geschäft **zusätzlich** verursacht werden (**Grenzprinzip**) und zweitens diesem Geschäft eindeutig **direkt**, d. h. allein zugerechnet werden können (**Einzelkostenprinzip**). Nach den Strukturkriterien der Kostenrech-nung bezeichnet wären dies die sogenannten variablen Einzelkosten des Einzelgeschäfts. Eine Vollkostenrechnung käme somit für die Einzelgeschäftskalkulation von vornherein nicht infrage. Denn mit dieser würden auch Overheadkosten, wie z. B. Vorstandsgehälter, die weder mit dem einzelnen Geschäft variieren (**Fixkosten**) noch in direktem und alleinigem Zusammen-hang mit dem Einzelgeschäft stehen (**Gemeinkosten**), verrechnet.

Allerdings führen auch strenge Teilkostenrechnungen nicht so ohne Weiteres zu einer befriedi-genden Lösung. Zwar lassen sich nach dem Riebel'schen Einzelkostenprinzip alle Kosten einer Bank durch eine entsprechende hierarchische Gliederung als Einzelkosten zuordnen und erfassen, insbesondere bei Banken – und dieses ist im Vergleich zur Industrie deren spezielles Kalkulationsproblem – bleibt dann jedoch nur ein verschwindend geringer Teil der Betriebsko-sten, z. B. bei einer Überweisung gerade noch die Formularkosten, für eine Zurechnung auf die einzelne Leistung bzw. das einzelne Geschäft übrig. So sind z. B. weder Personalkosten noch Maschinen- und EDV-Kosten bei strenger Auslegung des Teilkostenprinzips (Verursachungs-prinzip) auf die einzelne Leistung zurechenbar. Sowohl die Mitarbeiter als auch die Maschi-nen- und EDV-Anlagen werden für eine Vielzahl von Leistungen „verwendet". Ihre Kosten werden entsprechend von vielen Leistungen gemeinsam verursacht (Gemeinkosten). Mitarbeiter und EDV-Anlagen wären mit anderen Worten auch dann erforderlich, wenn eine spezielle Leistung nicht erbracht wird, und auch ihre betragsmäßige Höhe würde sich in einem gewissen Rahmen bei einer Mehr- oder Minderleistung nicht verändern (Fixkosten).

Aus diesem Grund muss auch die moderne Bankkostenrechnung gewisse Kompromisse machen, um Anwendbarkeit auf der einen Seite und Entscheidungsorientierung auf der anderen Seite gleichermaßen zu gewährleisten. Eine solche Konzeption besteht in der bereits seit längerer Zeit mit Erfolg im Bankbereich praktizierten **prozessorientierten Standard-Einzelkostenrechnung (PSEK)**. Sie lässt sich anhand folgender **Merkmale** charakterisieren:

(1) Prozessorientierung

Ziel der PSEK ist die kostenrechnerische **Erfassung und Bewertung sämtlicher bankbetrieblicher Prozesse**, die – verstanden als kostenstellenübergreifende Aktivitätsbündel – **zur Produktion oder zum Vertrieb von Bankprodukten** durchgeführt werden. Unter einer einzelnen Aktivität soll die logisch zusammengehörende, meist geordnete Folge von Arbeitshandlungen innerhalb eines Prozesses verstanden werden.

(2) Orientierung an den prozessabhängigen Einzelkosten

Aufgrund des – wie bereits erwähnt – auf Einzelgeschäftsebene in Banken nur geringen Anteils variabler (mengenabhängiger) Kosten (z. B. Formularkosten einer Überweisung), wird dazu das oben genannte Grenzprinzip in Kombination mit dem Einzelkostenprinzip durch das Prinzip der **Einzelkostenzurechnung und normierten Leistungsinanspruchnahme** ersetzt. Dadurch ist es möglich, ein hierarchisches System der stufenweisen (direkten) Kostenzurechnung aufzubauen, indem eine Berücksichtigung der anfallenden Kostengrößen – entsprechend ihrem nachvollziehbaren Leistungszusammenhang – als Einzelkosten und der damit erlaubten Zuordnung zu den bankbetrieblichen Prozessen erfolgen kann. Auf der untersten Stufe dieser Bezugsgrößenhierarchie wird konsequent auf die Zurechnung jeglicher Art von Gemeinkosten verzichtet. Als prozessabhängige Einzelkosten werden somit nur die Kostengrößen definiert, die direkt leistungsbezogen mit der Erstellung oder dem Vertrieb eines Bankprodukts in Verbindung stehen. Neben den oben genannten variablen stückbezogenen Sachkosten werden dabei mithilfe von Ablauf- und Zeitstudien auch die fixen periodenbezogenen Personalkosten der mit diesen Aktivitäten befassten Mitarbeiter zugerechnet. Dabei handelt es sich nicht um eine pauschale Gemeinkostenschlüsselung im herkömmlichen Sinne, da die Ablauf- und Zeitstudien den Zusammenhang zwischen den Periodenkosten und den zuzurechnenden Kostenbestandteilen **leistungsbezogen** aufhellen. In analoger Form erfolgt der Einbezug der sogenannten Arbeitsplatzkosten. Darunter sind jene fixen Kosten zu verstehen, die für die Bereitstellung einer angemessenen Infrastruktur am Arbeitsplatz anfallen, wie z. B. Nutzung von Büro- und Schreibtischkapazitäten, Kopierern und technischer Kommunikationsmittel (Telefon, Telefax, Inter- und Intranet). Diese Kostenkomponenten stehen in unmittelbarem Zusammenhang zur Anzahl der Mitarbeiter und damit zur Leistungserstellung. Durch die oben genannten Arbeits- und Zeitablaufstudien sind auch sie im Sinne des Prinzips der Einzelkostenzurechnung und normierten Leistungsinanspruchnahme direkt den Kostenträgern zurechenbar.

(3) Kalkulation der Kostensätze auf der Basis von Standard-Arbeitsabläufen, Standard-Bearbeitungszeiten bzw. Standard-Verbrauchsmengen sowie Orientierung dieser Größen an einer definierten Standardauslastung

Normierte Zeit- und Mengenverbräuche bewertet mit Planpreisen bilden die Basis für die Bestimmung der Standardkosten. Mithilfe der Standardkosten lassen sich so jene Kostengrößen je Kostenträger ermitteln, die bei wirtschaftlichem Einsatz der Ressourcen anfallen würden. Die Standardkosten werden bestimmt durch

- Zeit- und Ressourcenstandards als Normgrößen für die in der Bank anfallenden Leistungserstellungsprozesse,

- Ist-Mengen (Anzahl Vorfälle) für die Aktivitäten in der Abrechnungsperiode,

- Preise je Zeiteinheit bzw. Ressourcenstandard der die Leistungen erbringenden Organisationseinheiten resp. Mitarbeiter.

Für die Preisbestimmung finden die – nach wirtschaftlichen Kriterien – geplanten Personal- und Arbeitsplatzkosten im obigen Sinne Anwendung. Die Kalkulation der Standardkosten auf dieser Basis bedingt, dass den Kostenträgern ausschließlich **Nutzkostenanteile** zugeordnet werden. Man erreicht dadurch, dass die den einzelnen bankbetrieblichen Leistungsprozessen zugerechneten Kostensätze unabhängig von der tatsächlichen Auslastung der Kostenstellen konstant bleiben und mit den Kosten identisch sind, die für die Sicherstellung einer bestimmten Leistungskapazität (eben der Standardauslastung) unter Wirtschaftlichkeitsgesichtspunkten anfallen dürfen. Auf diesem Wege werden somit aus der Kalkulation konsequent die Kosteneinflussgrößen ferngehalten, die auf Beschäftigungsschwankungen, unwirtschaftliche Abläufe oder Unterschreitung von Leistungsnormen zurückgehen.

(4) Relativierung der Einzel-/Gemeinkostenbetrachtung und Zuordnung der Arbeitsprozesse zur tiefstmöglichen Bezugsgröße in den Dimensionen

Wenn man die PSEK im Sinne einer „relativen Prozesskostenrechnung" konzipiert, lassen sich weitere steuerungsrelevante Informationen gewinnen und die Kostenzuordnung im Sinne des Verursachungsprinzips optimieren. Betrachtet man die Arbeitsprozesse der Bank im Sinne des Ergebniswürfels mit den Dimensionen Produktarten, Kundengruppen und Geschäftsstellen bezüglich ihrer Zurechenbarkeit als Einzel- oder Gemeinkosten, so finden sich in der Bankpraxis

- Arbeitsprozesse, die unmittelbar Einzelgeschäfte betreffen und sich damit konsequent den niedrigsten Bezugsgrößen in allen drei Dimensionen als Einzelkosten zuordnen lassen **(Standard-(Prozess-)Kosten im engeren Sinne)**,

- Arbeitsprozesse, die in einer oder mehreren Dimensionen aus Sicht des Einzelgeschäfts als Gemeinkosten aufzufassen sind, sich jedoch z. B. in Bezug auf Produktsparten und/oder Kundensegmente als Einzelkosten erfassen lassen **(Standard-(Prozess-)Kosten höherer Ordnung bzw. im weiteren Sinne)**.

Im Sinne der dimensionsspezifischen Differenzierung nach Produktarten, Kundengruppen und Geschäftsstellen sowie der hierarchischen Relativierung der Einzel-/Gemeinkostenbetrachtung

(z. B. Einzelgeschäft, Produktart, -gruppe, -sparte) wird der jeweilige Kostenanfall im Rahmen der relativen Prozesskostenrechnung jeweilig jener Bezugsgröße in den Dimensionen zugeordnet, bei der die Zuordnung gerade noch ohne Schlüsselung erfolgen kann. Abbildung 141 visualisiert diesen Gedanken der hierarchischen Zuordnung.

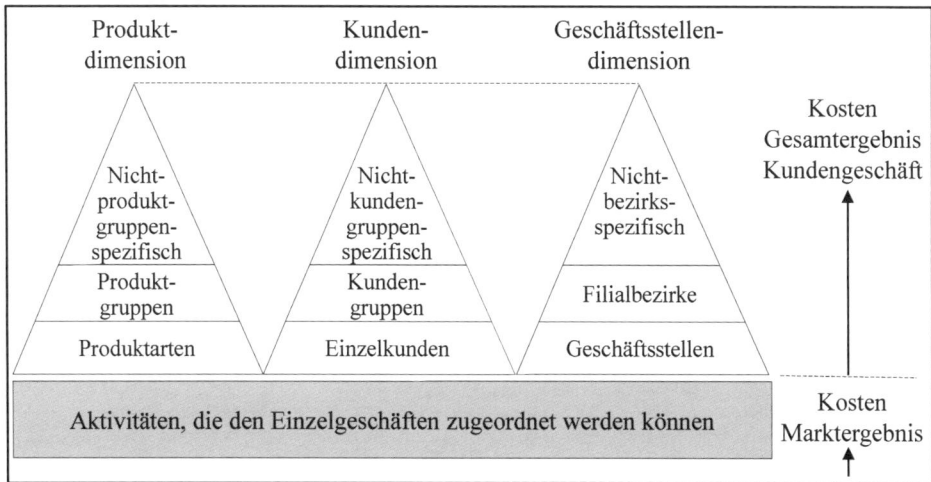

Abb. 141: Hierarchische Kostenzuordnung im Rahmen der PSEK

Durch die Verwendung der gleichartigen Standardkostenbasis in allen drei Dimensionen entsprechen die Gesamtergebnisse der einzelnen Dimensionen einander. Damit gewährleistet die Konzeption die Integration in das Gesamtbankergebnis (vgl. S. 358 ff.) und ermöglicht gleichzeitig die Erstellung optimaler dimensionsspezifischer Auswertungen.

Die Umsetzung der PSEK lässt sich zur übersichtlicheren Darstellung in zwei getrennten Stufen darstellen, die im Einzelnen auch die **Aufgaben der PSEK** charakterisieren:

• Verbesserung der Kostentransparenz durch Identifikation der hinter den Prozessen stehenden Kosteneinflussgrößen („Cost Drivers"),

• Ermittlung von steuerungsrelevanten Kostensätzen für die betrieblichen Leistungsprozesse innerhalb der Bank.

Grundvoraussetzung zur Anwendung der PSEK ist zunächst die Festlegung der in diese Rechnung einzubeziehenden Aktivitätsbereiche und der aus ihnen resultierenden Kostengrößen.

b) Vorgehensweise der prozessorientierten Standard-Einzelkostenrechnung

(1) Kostenursachenanalysen als Anwendungsvoraussetzung

Um die PSEK mit ihrer charakteristischen Fokussierung auf die direkten, leistungsbezogenen Kosten und der damit einhergehenden Festlegung der in diese Rechnung einzubeziehenden

Aktivitätsbereiche konkret einsetzen zu können, gelten systematische **Kostenursachenanalysen** als **Anwendungsvoraussetzung** der PSEK.

Dabei stehen zwei Fragestellungen im Vordergrund:

1. **Welche Kategorien von Kosten** können im Bankbereich unterschieden werden?

2. **Aus welchen Gründen** können diese Kosten im Einzelnen entstehen?

Somit lassen sich die Kostenursachenanalysen in zwei Teilbereiche differenzieren (vgl. Abbildung 142).

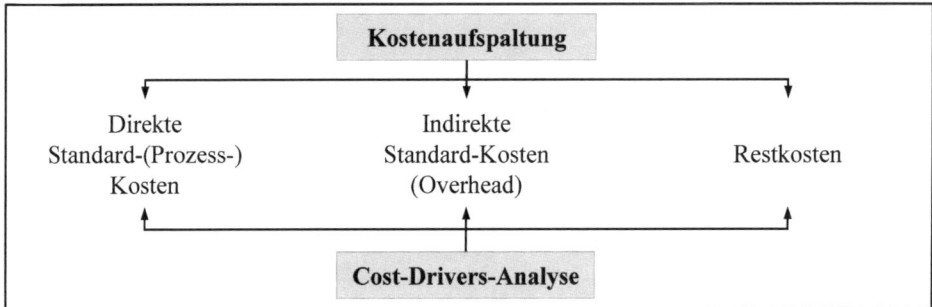

Abb. 142: Kostenursachenanalysen in Banken

Analysiert man die Kosten im Bankbereich im Hinblick auf ihren Leistungsbezug, so lassen sich unterscheiden:

• **Direkte Standard-(Prozess-)Kosten**, die mithilfe von Prozessanalysen unmittelbar mit den bankbetrieblichen Geschäftsvorgängen des Tagesgeschäfts in Verbindung zu setzen sind (z. B. Sparbucheröffnung, Kreditvergabe, Durchführung einer Überweisung), von Leistungserstellungsprozessen (wie z. B. Listenbearbeitungen, allgemeiner Kundenbetreuung, Fachführungsaktivitäten) eines Produktbereichs/Kundensegments bedingt und als Standard-Kosten gleichwohl über Zeit- und Ressourcenstandards konstruktiv den Kostenträgern (auf höheren Ebenen) zurechenbar sind.

• **Indirekte Standard-Kosten (Overhead)**, die aus Aktivitäten resultieren, die selbst auf oberster Ebene der Bezugsgrößenhierarchie den Dimensionen des Ergebniswürfels nicht mehr zurechenbar erscheinen. Als diesbezügliche Beispiele lassen sich vor allem die Aktivitäten bzw. Kosten der Geschäftsleitung, der vielfältigen Stäbe zur Führungsunterstützung – etwa volkswirtschaftliche Abteilungen, Rechnungswesen und Ähnliches – sowie Aufgaben der allgemeinen Verwaltung nennen sowie

• die sogenannten **Restkosten**, die sich durch die unwirtschaftliche Nutzung vorhandener Kapazitäten ergeben resp. durch eine Abweichung von den nach wirtschaftlichen Kriterien festgelegten Plankosten, die als Ausgangsbasis der Standardkosten-Festlegung fungieren, auftreten.

Zur stärkeren Differenzierung der einzelnen Kostengruppen ist die **Identifikation der „Cost Drivers"** nützlich, die hinter den Geschäftsvorgängen innerhalb der Bank stehen und somit für die Kostenhöhe in den einzelnen Bereichen verantwortlich sind. Im Allgemeinen lassen sich im Bankbereich zwei **Arten von „Cost Drivers"** unterscheiden (in Anlehnung an SHANK 1989):

Unter **operativen „Cost Drivers"** im Bankbereich versteht man dabei die Anzahl der zu bearbeitenden Geschäftsvorgänge, die in Kombination mit der dafür benötigten Zeit den Kostenverbrauch pro Vorgang determiniert und in ihrem Auftreten direkt zähl- und messbar ist. Bei der systematischen Suche sind dabei an die „Kostenantriebskräfte" grundsätzlich folgende Anforderungen zu stellen (in Anlehnung an COOPER 1989):

- Einfache Ableitbarkeit aus den verfügbaren Informationssystemen einer Bank,

- Proportionalität zur Beanspruchung bankbetrieblicher Ressourcen und damit der durch sie verursachten Kosten,

- Durchschaubarkeit und Verständlichkeit.

Abzugrenzen davon – und in ihrer Identifikation schwieriger – sind die **strukturellen „Cost Drivers"** („MEGA-Cost Drivers"), die für die Kostenstruktur einer Bank insgesamt als Bestimmungsfaktoren anzusehen sind und – unabhängig von der Abwicklung einzelner Geschäftsvorgänge – einen wesentlichen Teil des gesamten Kostenblocks der Banken verursachen.

Im Einzelnen ergibt die Überprüfung der einzelnen Kostenkategorien in Bezug auf ihre Verwendbarkeit in der PSEK und die Identifikation der „Cost Drivers" folgende Ergebnisse:

Standard-(Prozess-)Kosten: Diese Kosten entstehen im Zusammenhang mit operativen, sich prinzipiell wiederholenden Geschäftsvorgängen und lassen sich als direkte Kosten einwandfrei entsprechenden Ablaufprozessen zuordnen. Als Beispiele für routinemäßige Geschäftsvorgänge seien für das Kundengeschäft die Abwicklung des Zahlungsverkehrs, die Gewährung von Krediten und die Durchführung von Wertpapierkauf-/verkaufsaufträgen genannt. Da sich diese Abläufe ständig wiederholen, können die Kostensätze vor dem Hintergrund von Wirtschaftlichkeitsüberlegungen standardisiert werden, um die kostenrechnerische Kalkulation der Abläufe zu erleichtern. Analoge Überlegungen gelten für die genannten Leistungserstellungsprozesse wie z. B. Listenbearbeitungen, allgemeine Kundenbetreuung und Fachführungsaktivitäten. Wenn sie sich auch nicht im strengen Sinne standardisieren lassen, so können durch empirische Untersuchungen in der Praxis für so geartete Aktivitätskomplexe doch durchschnittliche Zeitwerte resp. Abhängigkeiten von operativen Cost-Drivern ermittelt, auf ihre Wirtschaftlichkeit überprüft und als Standards vorgegeben werden (z. B. Führungszeitgrößen pro unterstelltem Mitarbeiter, Betreuungsfaktoren für Kundensegmente etc.). Mit einem geschätzten Anteil von 50–70 %, je nach Differenzierungsgrad des eingesetzten Kostenrechnungssystems, bilden die Standard-(Prozess-)Kosten den Schwerpunkt des bankbetrieblichen Gesamtkostenblocks. Als wichtigster struktureller „Cost Driver" in dieser Kostenart ist die **Technologie** zu nennen, da sie die Veränderungen in den Prozessabläufen bestimmt und somit wesentlichen Einfluss auf die Kostenhöhe hat. Eng mit der Technologie verbunden sind die **Organisationsabläufe**, die um die Technologie herum in Bankbetrieben installiert sind und das reibungslose Funktionieren der Leistungserstellungsprozesse gewährleisten. Des Weiteren müssen bei der Suche nach den Kostenantriebskräften innerhalb der Standard-(Prozess-)Kosten noch die **rechtlichen Vor-**

schriften berücksichtigt werden, in deren Rahmen die kostenverursachenden Prozesse abzulaufen haben. Sie sind als exogene Determinanten den Finanzinstituten vorgegeben und müssen bei der Analyse der Standard-(Prozess-)Kosten berücksichtigt werden (z. B. Einhaltung der bankaufsichtsrechtlichen Vorschriften im Kreditgeschäft etc.).

Eine gesonderte Stellung innerhalb dieser Kategorie nehmen die **Projektkosten** ein. Sie entstehen nur durch die Initiierung von Projekten innerhalb der Bank und können somit keinen direkten, unmittelbaren Bezug zu operativen Geschäftsvorgängen aufweisen. Als Beispiele von Projekten im Kundengeschäft seien die Entwicklung neuer Bankprodukte, der Ausbau des Zweigstellennetzes, die Implementierung von EDV-Beratungssystemen sowie die Durchführung von Reorganisationsprojekten genannt. Weil es sich bei diesen Projekten in den meisten Fällen um Einzelprojekte ohne Wiederholungscharakter handelt, sind die Kosten nicht standardisierbar und entziehen sich somit im strengen Sinne einer kostenrechnerischen Betreuung mithilfe der PSEK. Da die Kosten mit einem Gesamtanteil von häufig bis zu 15 % aber konkret von einzelnen Projekten verursacht werden, lassen sich bei Anwendung moderner Projektverfolgungssysteme die für die Projekte benötigten Zeit- und Ressourcenverbräuche ermitteln und mit den Kostenstandards verknüpfen. Bei Anwendung der relativen Prozesskostenrechnung können die Projekte den Bezugsgrößen der Dimensionen des Ergebniswürfels (gegebenenfalls über Perioden normiert) zugeordnet werden. Typische strukturelle „Cost Drivers" in diesem Bereich sind die **Informationstechnologie-Projekte,** die vermehrt zur Rationalisierung und Optimierung bankbetrieblicher Betriebsabläufe eingesetzt werden.

Der Bereich der **indirekten Standard-Kosten** umfasst jene Aktivitätskomplexe, die selbst auf oberster Ebene der Bezugsgrößenhierarchie nicht mehr zurechenbar sind und weder im Zusammenhang mit operativen Geschäftsvorgängen noch mit einzelnen Projekten stehen. Je nach Betriebsgröße und Kostenbewusstsein auf der Ebene der Geschäftsleitung beträgt der geschätzte Anteil der Overheadkosten an den Gesamtkosten immerhin zwischen 5 und 15 %. Primär handelt es sich dabei um Kosten der oben genannten Führungssysteme einer Bank, in denen keine standardisierbaren Leistungen erstellt werden. Neben sachlich begründbaren Entstehungsursachen für solche Overheadkosten liegen strukturelle Gründe häufig in den persönlichen Interessenlagen der unternehmenspolitischen Entscheidungsträger. So entstehen wesentliche „Cost Drivers" unter anderem in der **Ausnutzung von Organisationsmacht** durch die Geschäftsleitung, z. B. für die Inanspruchnahme kostenwirksamer Nebenleistungen. Da sich die Overheadkosten als echte Gemeinkosten aus den genannten Gründen einer verursachungsgerechten Zuordnung entziehen, bleibt eine Anwendung der PSEK auf diese Kostenkategorie nur bedingt möglich. Es empfiehlt sich jedoch auch für diese Stellen bzw. Aktivitätskomplexe der Bank die Durchführung von globalen Tätigkeits- und Zeitanalysen. So lassen sich

• einerseits konstruktive Untersuchungen über den Nutzenbeitrag dieser Stellen initiieren, um diesen Kostenblock zu verringern,

• andererseits über die Multiplikation mit den Plankostenstandards je Zeiteinheit und ihre Gegenüberstellung mit den Ist-Kosten der Kostenstelle ein Teil der Restkosten auch dieser Einheiten differenziert ausweisen.

Als Instrumente für das Kostenmanagement von Projekt- und Overheadkosten stehen Verfahren des Investitions- und Projektcontrollings sowie Personalgenehmigungsverfahren zur Verfügung.

Restkosten schließlich ergeben sich durch die Nichtnutzung bzw. unwirtschaftliche Nutzung vorhandener (fix-)kostenverursachender Kapazitäten, resp. durch eine erhöhte, von den Plangrößen abweichende Ist-Kosten-Verursachung. Im Sinne der Produkt- und Kundendimension sind sie, da sie keiner Bezugsgröße konkret zurechenbar bleiben, als Gemeinkosten zu charakterisieren, die oberhalb der Dimensionen im Gesamtergebnis ausgewiesen werden müssen. Durch die Gegenüberstellung der Standardkosten und tatsächlich in einer Periode angefallenen Ist-Kosten der einzelnen Kostenstellen lassen sie sich im Rahmen der PSEK einer systematischen Analyse unterziehen. Kostenantriebskräfte und Hauptursachen für die Restkosten können im Wesentlichen vierfacher Natur sein:

1. **Unterauslastung der Mitarbeiter:** Die Mitarbeiter sitzen an ihren Arbeitsplätzen, ohne produktiv arbeiten zu können, da ihnen die entsprechenden Aufträge bzw. Kunden fehlen.

2. **Ineffizienz bei der Leistungserstellung:** Die Mitarbeiter sind nicht in der Lage, ökonomisch effizient zu arbeiten, sodass die kalkulierten Standard-Bearbeitungszeiten für bestimmte Vorgänge regelmäßig überschritten werden.

3. **Mangelnde Abschlussorientierung:** Die Mitarbeiter arbeiten zwar im Rahmen ihrer Zeitvorgaben effizient, sind aber nicht in der Lage, die in Verkaufsgespräche investierten Zeiten auch in einen erfolgreichen Geschäftsabschluss umzusetzen. Somit ist es nicht möglich, eine produktive Beziehung zwischen dem Input bei der Leistungserstellung und dem Output – einem erfolgreichen Geschäftsabschluss – herzustellen, sodass auch diese Kostenanteile wiederum in die Restkosten eingehen.

4. **Überhöhter bzw. überteuerter Einkauf von Personal- resp. Sachmitteln**, d. h. eine Abweichung der Ist-Kosten von den für die Standardkostenermittlung herangezogenen, wirtschaftlich gerechtfertigten Plankostenwerten.

(2) Ermittlung von steuerungsrelevanten Kostensätzen

Nach der Festlegung der in die PSEK einzubeziehenden Aktivitätsbereiche und der Identifikation der „Cost Drivers" erfolgt nun anschließend die Ermittlung von steuerungsrelevanten Kostensätzen mithilfe der PSEK. Die Anwendung einer mit den oben genannten Merkmalen ausgestatteten PSEK muss durch eine saubere **Operationalisierung** und klar strukturierte Vorgehensweise sichergestellt werden. Am Beispiel der Ermittlung von Kostensätzen für einzelne Bankprodukte (= Standard-(Prozess-)Kosten i. e. S.) kann die Vorgehensweise der prozessorientierten Standard-Einzelkostenrechnung zur Ermittlung von Kostensätzen durch **fünf Ablaufstufen** erläutert werden (vgl. Abbildung 143). Für die Ermittlung von Standardkosten höherer Ordnung (z. B. auf der Ebene von Kundensegmenten oder Produktsparten) gelten die Überlegungen analog.

1. Stufe	**Erstellung von Produktkatalogen**	
	Zinsprodukte	Provisionsprodukte

2. Stufe	**Durchführung von Arbeitsablaufstudien**
	Identifikation der hinter den Produkten stehenden (kostenstellen-übergreifenden) Aktivitätsbündel im Sinne von Prozessen
	Ergebnis: Für jedes Produkt sind die für die Produktion und den Vertrieb notwendigen Aktivitäten bekannt.

3. Stufe	**Ermittlung des Zeit-/Mengengerüstes der innerbetrieblichen Aktivitäten für jedes Produkt**		
	Personal EDV		Sonstige Sachmittel
	Zeitstudien		Verbrauchsstudien
	Ergebnis: Für jedes Produkt sind die Standard-Bearbeitungszeiten bzw. Standard-Verbrauchsmengen bekannt.		

4. Stufe	**Bewertung des Zeit-/Mengengerüstes der Aktivitäten für jedes Produkt**
	für Personal und EDV-Leistungen für sonstige Sachmittelleistungen
	Ermittlung von Einzelkosten-Zeitfaktoren (für Kosten- oder Geschäftsstellen) Ermittlung der Einzelkosten-Stückfaktoren
	$(\text{Def.:} \dfrac{\text{Perioden-Einzelkosten}}{\text{verfügbare Kapazität (in Zeiteinheiten)}})$ (= Wertsätze pro Verbrauchseinheit)

5. Stufe	**Multiplikation der Standard-Zeiten bzw. Standard-Verbrauchsmengen mit den Einzelkosten-Zeit- bzw. -Stückfaktoren und Addition über alle Aktivitäten für jedes Produkt**
	Ergebnis: Standard- Einzelkostensätze für jedes Produkt

Abb. 143: Aufbau der prozessorientierten Standard-Einzelkostenrechnung für Bankprodukte

In einem **ersten Schritt** sind die Produktkataloge, die eine Bank ihren Kunden am Markt anbietet, zu systematisieren. In einer auf der Ertragsherkunft aufbauenden Differenzierung lassen sich auf der einen Seite die aus dem Zinsgeschäft ihren Ertrag generierenden Produkte (Zinsprodukte) und auf der anderen Seite die durch den Verkauf von Dienstleistungen Ertrag erzielenden Produkte (Provisionsprodukte) unterscheiden. Bei der Produktion und dem Vertrieb von Zinsprodukten handelt es sich immer um eine Kombination aus Betriebs- und Wertleistungen, wie sie z. B. in einem Kreditgeschäft zum Ausdruck kommt, während sich Provisionsprodukte grundsätzlich nur im Wege einer vom Wertgeschäft losgelösten reinen Betriebsleistung, wie z. B. im Depotgeschäft deutlich wird, erstellen und verwerten lassen.

Aufbauend auf der Definition der Produktkataloge geht es in einem **zweiten Schritt** darum, mithilfe von Arbeitsablaufstudien die hinter den einzelnen Produkten stehenden (kostenstellenübergreifenden) Aktivitätsbündel (= Prozesse) zu identifizieren. Für jedes Produkt sind danach konkret sämtliche zur Produktion oder zum Vertrieb notwendigen Aktivitäten bzw. Vorgänge bekannt.

Daran anschließend muss für jede Aktivität der **Standardverbrauch,** also z. B. die bei durchschnittlicher Arbeitsbelastung notwendige Zeitinanspruchnahme eines Mitarbeiters, ermittelt werden. In diesem **dritten Schritt**, bei dem im Prinzip das differenzierte Zeit- oder Mengengerüst der innerbetrieblichen Aktivitäten für jedes einzelne Produkt vollständig und realitätsnah erstellt wird, ist der Aufbau der prozessorientierten Standard-Einzelkostenrechnung am aufwendigsten. Denn hier wird unter anderem gemessen und festgelegt, was unter **durchschnittlicher Arbeitsleistung** zu verstehen ist.

Vergleichsweise unproblematisch bei der Ermittlung des Zeit- oder Mengengerüstes ist die Zurechnung von Sachmitteln, z. B. von Formularkosten. Denn bei diesen ist der Verbrauch selbst schon auf die Dimension „Stück" normiert. Der Verbrauch von EDV-Kapazitäten wird dagegen in sogenannten CPU-Zeiten gemessen. Damit ist die Zeit gemeint, die der Rechner zur Bearbeitung eines Geschäftsvorgangs benötigt. Sie ist exakt ermittelbar und kann für jede Aktivität genau bestimmt werden.

Größere Vorarbeiten sind nun bei der Zurechnung des Arbeitszeitverbrauchs notwendig. Während nämlich bei der EDV-Nutzung die gesamte Leistungsfähigkeit, z. B. die maximale Anzahl möglicher Buchungen, eindeutig vorgegeben ist, ist die menschliche Arbeitsleistung vergleichsweise „elastisch", darüber hinaus personenabhängig und somit nur begrenzt normierbar. Allerdings schließt dies die Ableitung von Verbrauchsnormen für die menschliche Arbeitszeit keineswegs aus, denn auch ein großer Teil von Angestelltentätigkeiten sind schematisch und fallen häufig in größerer Zahl und in gleicher Form an.

Welche Arbeitszeit für solche standardisierten Verrichtungen benötigt werden „darf", ist mit Zeitmessverfahren zu ermitteln. Mit diesen soll letztlich bestimmt werden, welcher Arbeitszeitverbrauch bei durchschnittlichem Leistungsgrad, also unter Vernachlässigung personen- und umfeldbedingter Leistungsschwankungen, für eine einzelne Aktivität bzw. aggregiert auch für die vollständige Produktion bzw. den Vertrieb eines Bankprodukts als Norm- oder Standardverbrauch angesehen werden kann. Bei den Zeitmessverfahren lassen sich konventionelle und analytische Verfahren beschreiben. Die konventionellen Verfahren orientieren sich an direkten Zeitbestimmungen, Zeitschätzungen und Mitarbeiterzeitaufschreibungen. Zu den analytischen Verfahren zählen das bekannte REFA-Zeitmessverfahren, das Multimoment-Verfahren und das Master-Clerical-Data-Verfahren. Die Eignung der Verfahren wird dabei durch den Grad der Strukturiertheit der Bankaktivitäten determiniert. Für deutlich abgegrenzte, stark standardisierte Aufgaben im Retailgeschäft und Abwicklungskomplexe – wie z. B. der Zahlungsverkehr – können analytische Verfahren Anwendung finden.

Beim **REFA-Zeitmessverfahren** werden die Ausführungszeiten von erfahrenen Zeitnehmern mit Stoppuhren gemessen. Dabei erfolgt auch eine Einstufung des Leistungsgrads der beobachteten Person. Aufgrund der mittlerweile schon großen Erfahrungen führt diese Leistungsgradschätzung durch versierte Experten zu akzeptablen Ergebnissen und ermöglicht damit das Herausfiltern von Normwerten aus den gemessenen Ist-Werten. Die Probleme der REFA-Methode liegen zum einen bei den wegen der umfangreichen Zeitstudien hohen Kosten der Durchführung und zum anderen in den vergleichsweise hohen psychologischen Widerständen der beobachteten Personen.

Beim sogenannten **Multimoment-Verfahren** werden nicht sämtliche Tätigkeiten und deren Verbrauchszeiten erfasst. Es erfolgt vielmehr stichprobenartig „in verschiedenen Momenten" eine Aufnahme der Häufigkeit anfallender Verrichtungen. Deren Zeitbedarf dagegen steht bei diesem Verfahren jedoch nicht im Vordergrund. Trotz der verhältnismäßig geringen Kosten und der erheblich verminderten psychologischen Widerstände der Mitarbeiter ist dieses Verfahren deshalb für die Ableitung von Standard-Bearbeitungszeiten ungeeignet. Denn in nur kurzen Beobachtungszeiten ist eine verlässliche Einschätzung des Leistungsgrads, dessen Erfassung für eine Standardrechnung unabdingbar ist, nicht möglich.

Ein Mittelweg zwischen den beiden vorgenannten Verfahren wird mit dem sogenannten **Master-Clerical-Data-Verfahren** beschritten. Dieses Verfahren orientiert sich an dem individuellen Arbeitsablauf einer Bank. Dabei werden zunächst sich ständig wiederholende Grundbewegungen herauskristallisiert. Sodann wird deren Zeitdauer gemessen. Die notwendige Einstufung des Leistungsgrads wird überzeugend gelöst, indem „normale" Arbeitsplätze gefilmt werden und der Leistungsgrad von verschiedenen Experten unabhängig voneinander eingeschätzt wird. Da sich die Analyse auf die Grundbewegungen konzentriert und sowohl losgelöst vom täglichen Geschäft als auch außerhalb des Instituts erfolgen kann, treten auch bei diesem Verfahren kaum psychologische Probleme auf. Wird darüber hinaus für die Ableitung der Grundbewegungszeiten auf existierende Zeitmessungen zurückgegriffen, die auch auf externen Zeitmessungen bei anderen Banken resultieren können, so werden die Kosten gegenüber dem REFA-Verfahren erheblich niedriger, weil lediglich die Grundbewegungen der einzelnen Tätigkeiten der Bank zu analysieren sind. Auf dieser Basis stellt das MCD-Verfahren einen gelungenen Kompromiss zwischen den beiden vorher genannten Verfahren dar und wird in der Praxis auch schon seit Längerem angewendet. Im Individual- und Wholesale-Geschäft sowie bei den gering standardisierten Aktivitätskomplexen in den übrigen Teilbereichen des Finanzinstituts lassen sich die analytischen Verfahren in der Praxis kaum anwenden. Hier greift man auf das Fachwissen der Experten zu und operiert mit Zeitschätzungen resp. Zeitverteilungen. Durch ausreichende statistische Breite der Erhebungen lassen sich Normgrößen ermitteln, die als Standard-Vorgaben für alle Stellen gelten können, die diesbezügliche Aktivitäten aufweisen.

Das Endergebnis dieses dritten Teilschritts besteht in einer produktbezogenen Aufstellung von Standard-Bearbeitungszeiten für den Einsatzfaktor „Personal" und „EDV" und Standard-Verbrauchsnormen für die sonstigen Sachmittel. Dabei wird häufig im Interesse einer raschen Umsetzbarkeit auch auf schon vorhandenes Zahlenmaterial zurückgegriffen. Für personelle Leistungen sind dies z. B. Personalbedarfsrechnungen, die bankübergreifend eine durchschnittliche Soll-Produktivität einer Betriebsgrößengruppe, z. B. im genossenschaftlichen Bankenverbund, zugrunde legen.

In einem **vierten Schritt** erfolgt nun die Bewertung des Zeit- und Mengengerüsts der klassifizierten Aktivitäten. Für den Personal- und EDV-Einsatz werden Einzelkostenfaktoren bestimmt, während für die direkt zurechenbaren Sachmittel, wie z. B. Formulare, die Stückkosten direkt ermittelt werden können (vgl. Abbildung 143).

Einzelkostenfaktoren werden als Relation von direkt zurechenbaren Kosten und den diesen zugehörigen Standardauslastungen gebildet. Dieser Faktor stellt zwar keinen variablen Kostenfaktor dar. Er lässt sich jedoch wegen der Bezugsgröße „Standardkapazität" für die Bewertung der durch eine einzelne Aktivität in Anspruch genommenen Kapazität verwenden, weil damit Kosten von „Leerkapazitäten" nicht auf das einzelne Produkt verrechnet werden. Für die Bestimmung der Einzelkostenfaktoren sind zwei Berechnungsmodalitäten denkbar.

Das erste Verfahren stützt sich auf die von vorgelagerten Rechnungssystemen (Personalverwaltung, Anlagebuchhaltung, Abrechnungs- und Planverfahren etc.) aufbereiteten und in der

Kostenstellen- und -artenrechnung zusammengefassten Plankostendaten. Mithilfe der Anzahl der Mitarbeiter und der je Mitarbeiter pro Periode (nach Abzug durchschnittlicher Abwesenheitszeiten) zur Verfügung stehenden Arbeitszeit wird die erwartete Kostenstellenkapazität ermittelt. Zwecks Division durch die Plankosten der Kategorien Personal und Arbeitsplatz lassen sich, z. B. einmal jährlich, Preisfaktoren je Zeiteinheit ermitteln, die mit den Zeitgrößen zu den Einzelkostenfaktoren der Prozesse führen. Damit der Preis je Prozess ortsunabhängig einheitlich gilt, arbeitet man in der Praxis meist mit Kostenstellentypen (z. B. ein Preis für alle Anlageteams). In analoger Form gewinnt man aus den Kosten der EDV-Anlagen und dem geplanten Transaktionsvolumen die Preise je CPU-Einheit.

Das zweite Verfahren geht im Sinne der Standardisierung einen Schritt weiter. Es stellt als Bezugsobjekt für die Kostenbestimmung den mit der Ausführung der jeweiligen Aktivität beschäftigten Mitarbeiter in den Vordergrund. Je Aktivität wird die notwendige Qualifikation des Mitarbeiters (und damit Einordnung in eine spezielle Tarifgruppe) festgestellt. Aufgrund der zukünftigen Gehaltsentwicklung (ermittelt auf Basis von Zuschlagsschätzungen, resp. auf Basis abgeschlossener Tarifverträge) und der durchschnittlichen Anwesenheit der Mitarbeiter lassen sich Standardpreise je Zeiteinheit und damit je Prozess bestimmen. Darüber hinaus müssen bei diesem Verfahren die durchschnittlichen Kosten der Arbeitsplatzausstattung der Mitarbeiterkategorien geplant und diesbezügliche Einzelkostenfaktoren bestimmt werden. Während bei einer kostenstellen- (mit Einschränkung auch noch typ-) bezogenen Erfassung der Kosten standardunabhängige Faktoren wie Alter, Dauer der Betriebszugehörigkeit oder Zahl der Kinder Einfluss nehmen, stellt diese Ermittlung den Norm-Charakter der Einzelkostenfaktoren stärker in den Vordergrund (Unterstellung des qualitativ notwendigen Mitarbeiterstandards und damit Preises). Sie erweist sich in der Praxis jedoch als aufwendigeres Verfahren.

Die Zugrundelegung von Standard-Gehältern bzw. Arbeitsplatzkosten je Mitarbeiterkategorie oder von Kostenstellentyp-Faktoren ist besonders auch für spätere Kostenstellen-Abweichungsanalysen von Bedeutung, da Abteilungen mit gleichem Tätigkeitsfeld durchaus Kostenstrukturabweichungen aufweisen können, die weder der einzelnen Aktivität noch einer fehlenden Produktivität angelastet werden können.

Für die EDV erfolgt die Berechnung analog. Zuerst ist die Standard-Betriebszeit der Rechner in der Periode festzusetzen. Sodann sind die direkten EDV-Kosten, ebenfalls unter Berücksichtigung der Nebenkosten, zu ermitteln. Durch Division der Anlagenkosten durch die definierte Standard-Betriebszeit erhält man auch hier den Einzelkostenfaktor.

Sind sämtliche Einzelkostenfaktoren und Stückkosten bestimmt, so erfolgt im **fünften Schritt** die Bewertung des Zeit- und Mengengerüstes, die im Ergebnis zu den Einzelkosten pro innerbetrieblicher Aktivität führt. Die Standard-Einzelkosten aller einzelnen Aktivitäten sind dann in einer letzten Rechenoperation durch Addition in die Standard-Einzelkosten eines Produkts zu überführen (vgl. Abbildung 143).

Die als Ergebnis mithilfe der PSEK kalkulierten **Standard-Einzelkosten** eines Produkts erlauben je nach gewünschter Auswertungsdimension eine Darstellung als Periodenwerte oder als Stückgrößen. Für die Überführung von Standard-Einzelkosten von der einen Rechendimension in die andere gilt das **Proportionalitätsprinzip**. Das bedeutet, dass Standard-Stückkostensätze (Standard-Periodengrößen) durch einfache Multiplikation mit (Division durch die) Mengenkomponente der Leistungen in Periodengrößen (Stückgrößen) transformiert werden.

c) Kalkulation von Standard-Einzelkosten am Beispiel

Im Hinblick auf die Einzelgeschäftskalkulation würde sich die prozessorientierte Standard-Einzelkostenrechnung im einfachen Beispiel (nur Einzelproduktprozesse) etwa wie im Folgenden beschrieben darstellen (vgl. Abbildung 144).

Personalleistungen				
Vorgang	Einheiten pro Kreditfall	Minuten pro Einheit	Kosten (EUR) pro Minute	Standard-Stückkosten (EUR) pro Einheit
Summe	(1)	(2)	(3)	(4) = (1) · (2) · (3)
Vorgespräch	1	20	3,25	65,00
Bearbeitung des Antrags	1	30	1,90	57,00
Kontoeröffnung	1	10	1,90	19,00
Schufa-Meldung	1	5	1,90	9,50
Anlegen der Kreditakte	1	10	1,90	19,00
Kontoauswertung	8	8	2,10	134,40
Summe	–	–	–	303,90
EDV-Leistungen				
Vorgang	Einheiten pro Kreditfall	Sekunden pro Einheit	Kosten (EUR) pro Sekunde	Standard-Stückkosten (EUR) pro Einheit
Summe	(1)	(2)	(3)	(4) = (1) · (2) · (3)
Kontoeröffnung bzw. -löschung	2	0,3	2,50	1,50
Kontoführung	24	0,3	2,50	18,00
Kontoabschluss	2	0,5	2,50	2,50
Summe	–	–	–	22,00
Sonstige Sachmittelleistungen				
Material		Einheiten pro Kreditfall	Kosten (EUR) pro Einheit	Standard-Stückkosten (EUR) pro Einheit
Summe		(1)	(3)	(4) = (1) · (2) · (3)
Antragsformular		1	0,40	0,40
Formular zur Sicherheitenbestellung		1	0,20	0,20
Schufa-Mitteilung		1	0,20	0,20
Kreditaktenordner		1	1,45	1,45
Kreditbestätigungsformular		1	0,15	0,15
Porti u. a.		8	1,00	8,00
Summe		–	–	10,40
Standard-Stückkosten eines Kleinkredits (Laufzeit 2 Jahre): 336,30 EUR				

Abb. 144: Kalkulation der Standard-Stückkosten eines Kleinkredits

Ausgehend von dem in der **Stufe 1** erstellten Produktkatalog sind die für ein konkretes Einzelgeschäft, z. B. hier für einen Kleinkredit, erforderlichen Aktivitäten bzw. Vorgänge zu konkretisieren (Vorgespräch, Bearbeitung des Darlehensantrages etc., **Stufe 2**). Diesen sind die entsprechenden Standard-Bearbeitungszeiten und Einzelkostenfaktoren zuzurechnen (**Stufe 3 und 4**). Während sich dabei die Einzelkosten-Zeitfaktoren durch die Proportionalisierung der geplanten Perioden-Einzelkosten der einzelnen Aktivität bei einer definierten Standardauslastung ergeben, repräsentieren die Einzelkosten-Stückfaktoren die auf Planpreisen basierenden Wertansätze pro Verbrauchseinheit (vgl. auch Abbildung 143). In diesem Zusammenhang sind bei der Betrachtung der Höhe der Einzelkosten-Zeitfaktoren im Bereich der Personalleistungen zwei wichtige Punkte erwähnenswert:

Erstens enthalten die Einzelkosten-Zeitfaktoren in diesem Bereich zu gleichen Teilen auch die Sach-Gemeinkosten, die – wie bereits oben genannt – als Arbeitsplatzkosten in einem direkten, leistungsbezogenen Zusammenhang zum Arbeitsplatz stehen. Diese Kosten sind gemäß dem im Einzelnen zu analysierenden Zusammenhang zwischen „reinen" Personalkosten und Arbeitsplatzkosten proportional in den Einzelkosten-Zeitfaktoren verrechnet.

Zweitens repräsentieren die – trotz gleicher Kapazitätsdimension (personelle Arbeitszeit) und gleichmäßiger Verteilung der Arbeitsplatzkosten – unterschiedlichen Einzelkosten-Zeitfaktoren in den Aktivitäten das erforderliche Niveau der Qualifikation der Mitarbeiter für die einzelnen Bearbeitungsvorgänge. So werden beispielsweise Vorgespräche von höher qualifizierten und damit höheren Kosten pro Zeiteinheit verursachenden Kundenbetreuern geführt, während die Abwicklung eines solchen Kredits, z. B. Überarbeitung des Darlehensantrags, von Mitarbeitern des Kundenberaters durchgeführt wird. Der Vorgang „Vorgespräch" ist somit pro Zeiteinheit teurer als andere, nachgelagerte Vorgänge.

Durch Multiplikation der vorgangsbezogenen Einzelkostenfaktoren und der entsprechenden Standard-Bearbeitungszeiten werden die Standard-Stückkosten eines jeden einzelnen Vorgangs ermittelt, die aufaddiert die Standard-Stückkosten des gesamten Einzelgeschäfts ergeben (**Stufe 5**). Sie wären in die Netto-Margenkalkulation einzubeziehen.

LITERATURHINWEISE

ANTENSTEINER, E./FEUERSTEIN, D. (1989)
COOPER, R. (1989)
EMMERICH, G. (1969)
FLECHSIG, R. (1982)
FRANKE, A. (1968)
GÜDE, U. (1967)
HORVÁTH, P. (1998)
JOHNSON, H. T./KAPLAN, R. S. (1987)
KLOPFER, D./KREUTZ, P./ULL, J. (1989)
KREWERTH, B. (1981)
LINDENMANN, H.-H. (1978)
MÜLHAUPT, L. (1956)
PASSARDI, A. (1971)
SCHEURER, K./REX, G. (1983)
SCHIERENBECK, H./MARUSEV, A. W. (1990)
SCHÜLLER, ST. (1992)
SÜCHTING, J. (1982)
SÜCHTING, J./PAUL, ST. (1998)
WILD, J. (1982)

BOHNENKAMP, P./KASTNER, K.H. (1993)
DOLZANSKI, C. (2000)
FISCHER, O. (1975)
FLECHSIG, R./FLESCH, H.-R. (1982)
FUCHS, K. (1983)
HABERSTOCK, L./BREITHECKER, V. (1998)
JOHNSON, H. T. (1988)
KASTNER, K. H./BOHNENKAMP, P. (1993)
KÖLLHOFER, D. (1975)
LEHMANN, M./SCHMIDT, R.H. (1982)
MERTIN, K. (1982)
MÜLLER, M. (1976)
RIEBEL, P. (1994)
SCHIERENBECK, H. (2003B)
SCHIERENBECK, H./ROLFES, B. (1988)
SHANK, J. K. (1989)
SÜCHTING, J. (1985)
VILLIEZ, CH.V. (1989)
WITT, F.-J. (1991)

C. Integration des Kundengeschäftsergebnisses in das Gesamtbankergebnis

Standen in den bisherigen Ausführungen die Zusammenhänge zwischen den Ergebnissen der Einzelgeschäftskalkulation und den Auswertungsrechnungen des Kundengeschäftsergebnisses im Vordergrund, so bedarf es zur Abrundung der ROI-Analyse mithilfe von Daten der Einzelgeschäftskalkulation noch einer Integration des Kundengeschäftsergebnisses in den Zusammenhang des Gesamtbankergebnisses. Dabei sind neben dem Kundengeschäftsergebnis die weiteren Komponenten des Gesamtbankergebnisses zu berücksichtigen. Dies sind zum einen das Zentral- bzw. Risikoergebnis und das Produktivitätsergebnis, zum anderen die gesamtbankbezogenen Overheadkosten, die sich weder dem Kunden- noch dem Nichtkundengeschäft zuordnen lassen. Auf diese Ergebnisbestandteile wird nach der Vorstellung des Aufbaus der einzelgeschäftsbezogenen Ergebnissystematik nachfolgend gesondert eingegangen.

I. Die einzelgeschäftsbezogene Ergebnissystematik

Abbildung 145 stellt alle Komponenten des Betriebsergebnisses der Gesamtbank in der einzelgeschäftsbezogenen Ergebnissystematik zusammen. Die drei Bestandteile Kundengeschäftsergebnis, Zentralergebnis (bzw. Risikoergebnis) und Produktivitätsergebnis sowie die Overheadkosten sind deutlich voneinander abgegrenzt.

Des Weiteren wird in Abbildung 145 die Überführung des Betriebsergebnisses zum extern ausgewiesenen Reingewinn auf Gesamtbankebene deutlich. Hierfür ist das Betriebsergebnis um das sonstige und das außerordentliche Ergebnis zu korrigieren.

Um die Darstellung übersichtlich zu halten, ist das Kundengeschäftsergebnis bildlich in Form des Ergebniswürfels dargestellt. Wie im vorherigen Abschnitt ausführlich behandelt, kann das Kundengeschäftsergebnis in den drei Dimensionen Produkte, Kunden/Kundengruppen und Vertriebswege/Regionen detailliert ausgewertet werden. Im Folgenden näher zu beleuchten sind das Zentralergebnis (bzw. Risikoergebnis) mit seinen Komponenten, das Produktivitätsergebnis sowie die gesamtbankbezogenen Overheadkosten.

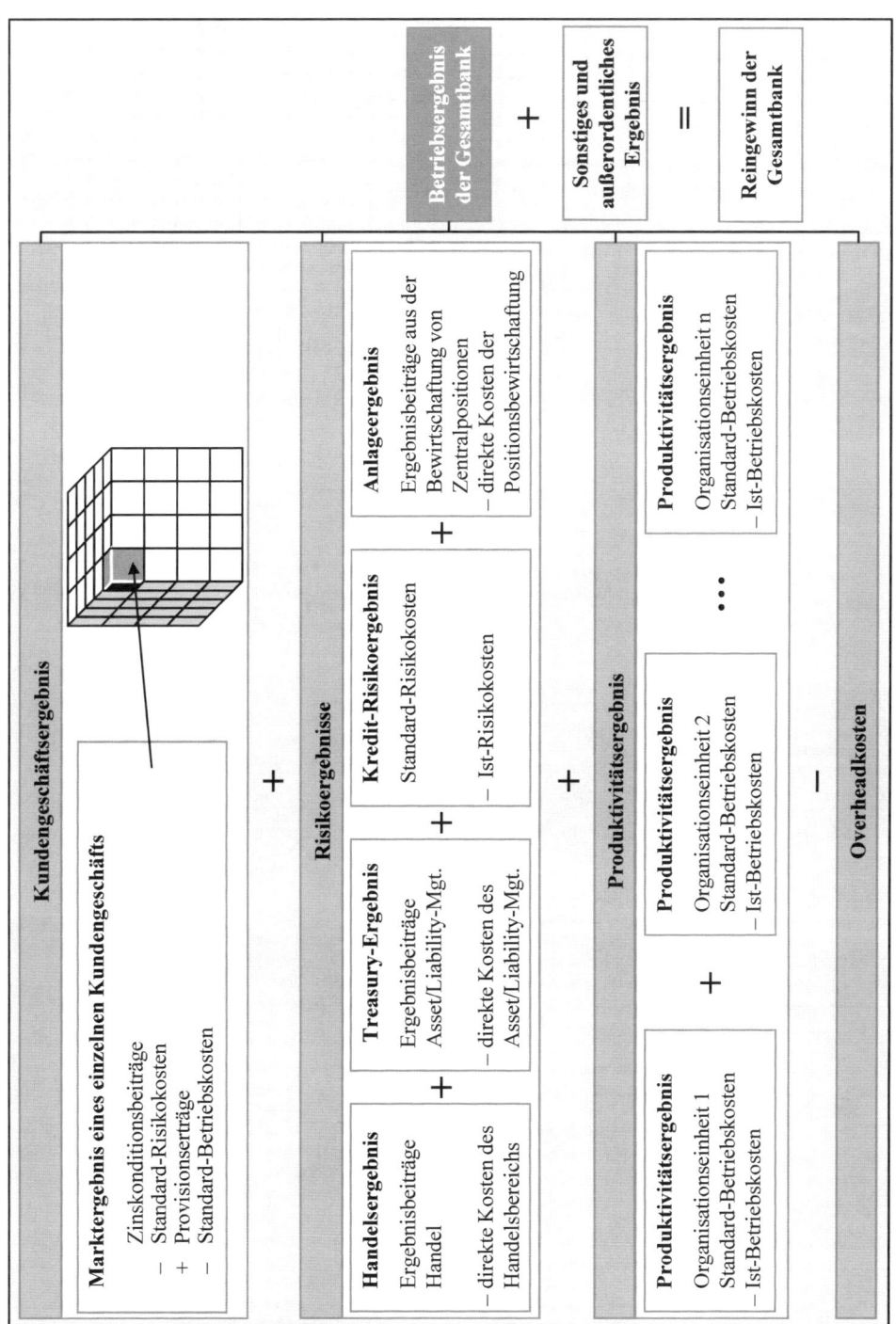

Abb. 145: Die einzelgeschäftsbezogene Ergebnissystematik einschließlich der Überleitung von Betriebsergebnis zum Reingewinn der Gesamtbank

II. Komponenten des Zentralergebnisses bzw. Risikoergebnisses

Das **Zentralergebnis bzw. Risikoergebnis** repräsentiert neben dem Kundengeschäftsergebnis die zweite zentrale Säule bankbetrieblicher Ergebniskomplexe. Hierin werden alle diejenigen Erfolgsbeiträge verrechnet, die Banken ausschließlich durch Transaktionen an den Geld- und Kapitalmärkten erzielen können bzw. die aus der Bewirtschaftung von Zentralpositionen resultieren, die sich also ohne jeden Kundenkontakt erwirtschaften ließen. Hierbei werden jeweils spezifische Risiken eingegangen, die jeweils mit Risikokapital zu unterlegen sind. Von daher bemisst sich die Leistung der mit der Steuerung der einzelnen Risikokategorien beauftragten Abteilungen nicht allein an Nettoergebnissen, sondern an den um den Risikokapitaleinsatz relativierten Nettoergebnissen, also an risikoadjustierten Ergebnisbeiträgen. Vereinfachend wird an dieser Stelle jeweils nur auf die Ermittlung der Nettoergebnisse eingegangen.

Das Zentralergebnis bzw. Risikoergebnis setzt sich aus den folgenden Bestandteilen zusammen (vgl. Abbildung 145):

- das Handelsergebnis (netto),

- das Treasury-Ergebnis (netto),

- das Kreditrisikoergebnis (netto) und

- das Anlageergebnis (netto).

1. Handelsergebnis

Zunächst ist das **Handelsergebnis** (netto) als Komponente des Zentralergebnisses näher zu betrachten. Hierin werden sämtliche Erfolgsbeiträge zusammengefasst, die im Zusammenhang mit eigenständigen Marktaktivitäten der Handelsabteilungen erwirtschaftet werden. Dazu zählen Erträge bzw. Aufwendungen aus Devisen-, Edelmetall-, Aktien- und Rentenpositionen, die durch tendenziell eher kurzfristige Engagements bei geschicktem Ausnutzen von Marktunvollkommenheiten bzw. -veränderungen entstehen.

Den Erfolgsbeiträgen des Handelsbereichs sind die direkten Kosten des Handels gegenüberzustellen, um so das Handelsergebnis (netto) zu erhalten. Bedient sich der Handelsbereich in diesem Zusammenhang der Leistungen anderer Betriebsabteilungen, so ist das Handelsergebnis im Wege der innerbetrieblichen Leistungsverrechnung mit den entsprechenden Kosten zu belasten. Soweit hier mit Standard-Kosten gerechnet wird, sind Produktivitätsergebnisse der entsprechenden Organisationseinheiten darstellbar.

Zur deutlichen Abgrenzung der verschiedenen Erfolgsquellen speziell im Wertbereich des Handelsergebnisses soll deren klare Differenzierung am Beispiel festverzinslicher Wertpapiere aufgezeigt werden. Der (realisierte) Gesamtertrag eines festverzinslichen Wertpapiers im Handelsbereich setzt sich aus zwei Komponenten zusammen: den vereinnahmten Zinserträgen und dem (realisierten) Kursgewinn bzw. -verlust. Diesem Gesamtertrag ist gemäß dem Gegenpositionsprinzip der Marktzinsmethode ein entsprechender Bewertungszins als Zinsaufwand gegenüberzustellen, um auf diese Weise das Gesamtergebnis eines Engagements bestimmen zu können. Aufgrund der tendenziell eher kurzfristigen Ausrichtung des Handelsbestands und seiner relativen Geldnähe ist der GKM-Tagesgeldzins als Bewertungszins heranzuziehen. Das daraus resultierende Gesamtergebnis beinhaltet nach dem Konzept der Marktzinsmethode sowohl den Konditions- als auch den Strukturbeitrag, die dem Handelsbereich erfolgsrechnerisch zuzuweisen sind.

Demnach ist das Handelsergebnis in ein **Arbitrageergebnis** und ein **Strukturergebnis** zu unterteilen. Das Strukturergebnis enthält sämtliche Erfolgskomponenten, die aus Veränderungen der Zinsstrukturkurve seit dem Kauf des Wertpapiers resultieren. Es lässt sich weiter in ein Zinsergebnis sowie ein Kursergebnis untergliedern und entsteht durch das Ausnutzen von (richtig prognostizierten) Zinsniveauveränderungen bzw. Zinsstrukturkonstellationen (**Zeitarbitrage**, vgl. Abbildung 146).

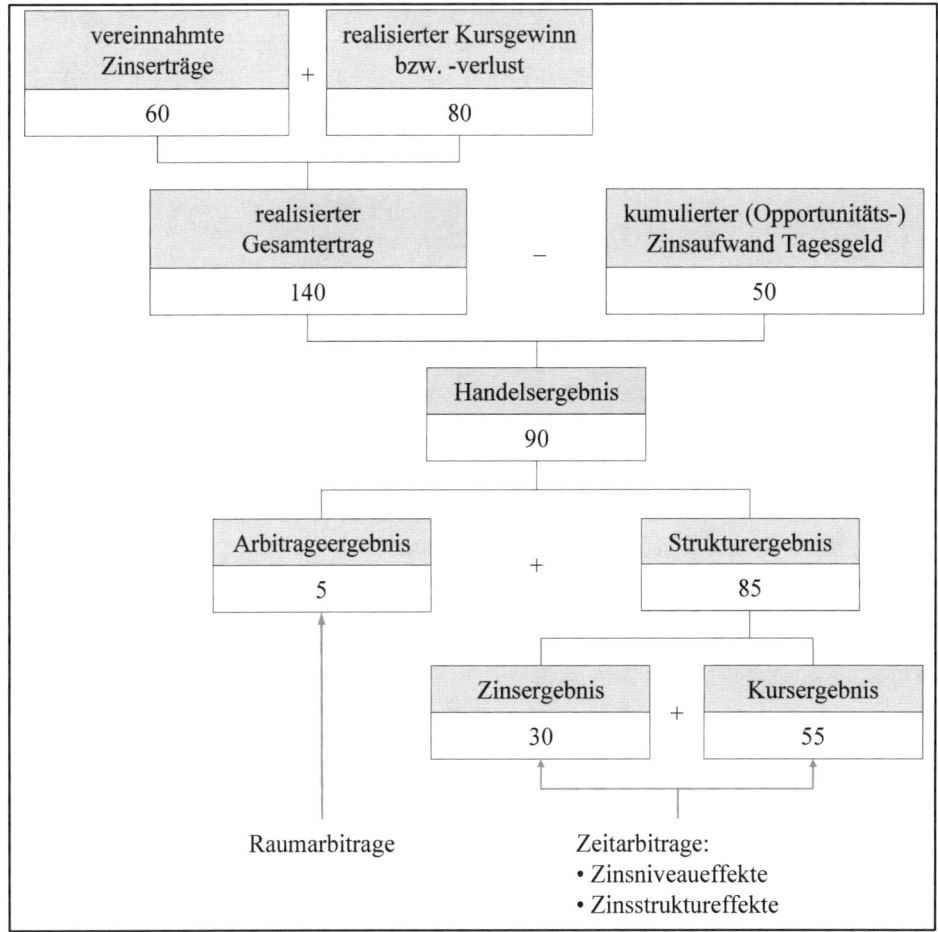

Abb. 146: Abgrenzung des Handelsergebnisses (brutto, ohne Berücksichtigung von Betriebskosten)

Das **Zinsergebnis** berechnet sich aus der Differenz von Effektivzinserträgen des Wertpapiers und dem Zinsaufwand für die verrechneten GKM-Tagesgeldzinsen während der Halteperiode.

Zur Ermittlung der Effektivzinserträge des Wertpapiers ist auf den Effektivzins abzustellen, der sich im Kaufzeitpunkt gemäß dem zugrunde liegenden Zins- und Tilgungsplan ergibt. Die Bank kann ihn realisieren, wenn sie das Wertpapier bis zur Endfälligkeit im Bestand hält. Weil der verrechnete Tagesgeldzins als Einstandssatz für den Handelsbereich während der Halteperiode selbst natürlich schwanken wird, ist das richtige „Timing" dieser Geschäfte für Höhe und Vorzeichen des resultierenden Zinsergebnisses von zentraler Bedeutung.

Darüber hinaus sind **Kursergebnisse** zu berücksichtigen, die sich immer dann ergeben, wenn Handelsobjekte ge- bzw. zeitversetzt wieder verkauft werden und zwischen den beiden Transaktionszeitpunkten eine Neubewertung der Handelsobjekte durch den Markt stattfindet. Dabei können sich nicht nur das Zinsniveau, sondern auch die Zinsstruktur im Zeitablauf gegenüber der Situation im Kaufzeitpunkt positiv oder negativ ändern: Einerseits unterliegen festverzinsliche Wertpapiere mit begrenzter Laufzeit einem permanenten inneren Strukturwandel, der durch das Rutschen auf der Zinsstrukturkurve bedingt ist und tendenziell einen laufenden Kursanstieg festverzinslicher Wertpapiere bewirkt. Andererseits ist das Marktzinsniveau selbst durch primär konjunkturelle Einflussfaktoren ausgelösten Zinsniveau- und Zinsstrukturschwankungen unterworfen, die wegen der unmittelbaren Abhängigkeit der Barwerte von der jeweils aktuellen Zinsstrukturkurve ebenfalls zu Kursschwankungen im Handel mit festverzinslichen Handelsobjekten führen. Die Handelsabteilung besitzt prinzipiell die Möglichkeit, durch das Betreiben von Zeitarbitrage diese Zinsänderungen gewinnbringend auszunutzen. Durch den Vergleich mit der Zinsstrukturkurve im Kaufzeitpunkt, also der Nulllinie, kann abschließend festgestellt werden, inwieweit der Handelsbereich erfolgreich war bzw. welche Beiträge durch seine eigene Leistung erzielt wurden (vgl. Abbildung 146).

Neben dem Strukturergebnis beinhaltet das Handelsergebnis auch noch ein etwaiges Arbitrageergebnis (vgl. Abbildung 146), das durch geschicktes Ausnutzen von Marktintransparenzen entsteht (**Raumarbitrage**). Gelingt es den Händlern, besonders niedrige Kaufkurse bzw. besonders hohe Verkaufskurse zu realisieren, so sind die hieraus resultierenden Erfolgsbeiträge ausschließlich auf das Verhandlungsgeschick der Händler zurückzuführen und deshalb verursachungsgerecht den Handelsabteilungen erfolgsrechnerisch zuzuordnen. Die Quantifizierung solcher Raumarbitrageerträge setzt stets die Definition eines Vergleichsmaßstabs voraus. Die Wahl dieses Maßstabs bereitet immer dann keine Schwierigkeiten, wenn die betreffenden Handelsobjekte einen konkreten rechnerischen Wert besitzen. Für Handelsobjekte, die einen solchen rechnerischen Wert nicht aufweisen (z. B. Kassadevisen), lässt sich der im Transaktionszeitpunkt gültige durchschnittliche Marktkurs als Vergleichsmaßstab heranziehen. Möglichkeiten zur Erzielung solcher Arbitrageergebnisse ergeben sich allerdings nur dann, wenn einzelne Marktteilnehmer keine einwandfreie Marktübersicht besitzen. Da die Finanzmärkte in diesem Segment aber durchweg ein sehr hohes Maß an Markttransparenz aufweisen, werden die Möglichkeiten zur Erzielung von Raumarbitrageerträgen immer geringer.

Inwieweit das Handelsergebnis ferner innerhalb der ROI-Kennzahlenhierarchie weiter in „Teil"-Handelsergebnisse aufgespalten wird, hängt von der Größe einer Bank und dem Umfang ihrer Handelsaktivitäten ab. So kann es bei umfangreichen Eigenhandelsaktivitäten durchaus sinnvoll sein, innerhalb des Handelsergebnisses weiter zwischen Aktien-, Renten-, Edelmetall- und Devisenhandelsergebnissen zu differenzieren. Die theoretisch denkbare Möglichkeit, sogar für einzelne Händler Handelsergebnisse zu ermitteln, erscheint insofern allerdings nicht unproblematisch, als in der Praxis häufig zu beobachten ist, dass die Händler an einem Handelstisch eng zusammenarbeiten und eine personenbezogene Erfolgszuweisung die Gefahr eines kontraproduktiven Wettbewerbs zwischen den Händlern beinhaltet.

2. Treasury-Ergebnis

Zentrale Aufgaben des Treasury bzw. des Asset-Liability-Managements sind die Steuerung von Transformationserfolgen aus der Fristen- und Währungstransformation, die Steuerung der Refinanzierung insbesondere des Eigenkapitals sowie die Liquiditätssteuerung. Somit sind im Treasury-Ergebnis die diesbezüglichen Erfolgsbeiträge auszuweisen.

Die **Transformationserfolge** resultieren aus der Nutzung der für unterschiedliche Kapital- oder Zinsbindungsfristen gültigen Zinssätze am nationalen Geld- und Kapitalmarkt sowie aus der Nutzung unterschiedlicher Verläufe der Zinsstrukturkurven an internationalen Finanz- märkten. Als bilanzielle Instrumente zur Steuerung des Transformationsergebnisses stehen dem Treasury Interbanken- und Wertpapiereigengeschäfte zur Verfügung. In diesem Zusam- menhang erwirtschaftete Erfolgsbeiträge lassen sich erfolgsrechnerisch mithilfe der Markt- zinsmethode bestimmen und werden als Fristen- und Währungstransformationsbeiträge ausge- wiesen (vgl. S. 67 ff.). In der Erweiterung des Grundkonzepts der Marktzinsmethode lassen sich zusätzlich einzelgeschäftsbezogene Konsequenzen von Marktzinsänderungen mithilfe eines Barwertkalküls (Strukturbeitragsbarwert) isolieren. Eine ausführliche Darstellung dieser Effekte erfolgte bereits im Zusammenhang mit dem Treasury-Konzept der Marktzinsmethode (vgl. S. 185 ff.).

Grundsätzliche Entscheidungen über das Ausmaß der zu realisierenden Fristen- und Währungs- transformation einer Bank können nur zentral, d. h. vom Treasury, gefällt werden, da nur diese als eine der Zentralabteilungen der Bank den für die Struktursteuerung erforderlichen Gesamt- überblick über aktuelle Fristenungleichgewichte und offene Währungspositionen hat. Maßnah- men zur Steuerung der Fristen- und Währungstransformation, wie etwa die Durchführung kom- pensatorischer Eigengeschäfte, können dementsprechend auch nur durch das Treasury initiiert werden, sodass die Ergebniskonsequenzen solcher Strukturentscheidungen dem Postulat einer verursachungsgerechten Erfolgszuweisung folgend im Treasury-Ergebnis zu erfassen sind.

Mit der Unterteilung des Strukturergebnisses in das Ergebnis aus strategischen, also langfristig orientierten Positionen und aus Handelspositionen wird üblicherweise ein Teil der Steuerung des Strukturergebnisses dem Handelsbereich übertragen. Wichtig ist jedoch, letztlich einen Überblick über Transformationsentscheidungen auf Gesamtbankebene zu behalten, wofür das Treasury Sorge zu tragen hat.

Im Hinblick auf die Steuerung und Beurteilung des Transformationsergebnisses gilt, dass ein für kürzere Abrechnungszeiträume ermitteltes (periodisches) Transformationsergebnis meist nur bedingt aussagefähig ist. So kann es in Abhängigkeit von aktuellen und prognostizierten Zins- verhältnissen durchaus sinnvoll sein, kurzfristig negative Transformationsergebnisse bewusst in Kauf zu nehmen, wenn diesen mittelfristig besondere strukturelle Erfolgspotenziale in zukünfti- gen Perioden gegenüberstehen. Des Weiteren ist das mit der Erzielung der Ergebnisbeiträge ver- bundene Risiko in die Analyse einzubeziehen. Bezüglich dieser beiden Aspekte bietet sich die barwertige Steuerung des Transformationsergebnisses unter Rendite-Risiko-Kriterien an.

Zur Steuerung der Bilanzstruktur insbesondere zu **Refinanzierungszwecken** kann das Treasury auch eigene Emissionen tätigen. Zusätzlich zum Beitrag zum Strukturergebnis entsteht dem Treasury hier ein weiterer Zinsergebniserfolg. In der Kalkulation der Marktzinsmethode wird diesen Emissionsgeschäften der für die Bank gültige Refinanzierungssatz am Geld- und Kapitalmarkt zugeordnet. Ist dieser niedriger als der Zinssatz, der den Investoren für die Wertpapieranlage gezahlt wird, ergibt sich für das Treasury eine negative Konditionsmarge.

Im Treasury-Ergebnis ist als weiterer Zinsergebnisbeitrag der **Konditionsbeitrag auf das Eigenkapital** enthalten. So wird dem Eigenkapital, auf das im Rahmen der hier behandelten Ergebnisentstehung keine Zinsaufwendungen zu entrichten sind und auf das aus diesem Grunde in der Zinsertragsbilanz ein Positionszins von 0 % anzusetzen ist, nach den bereits erwähnten Zuordnungsprinzipien zur Bestimmung von Opportunitätszinsen am Geld- und Kapitalmarkt ein die Fristigkeit des Eigenkapitals abbildender Bewertungszins gegenübergestellt. Dieses Zinsergebnis wird verursachungsgerecht dem Treasury zugerechnet, das für die Disposition des Eigenkapitals verantwortlich ist.

In engem Zusammenhang dazu stehen die aus der Aufspaltung der aktivischen Konditionsmargen der Eigengeschäfte im Wertpapierbereich und der Kundengeschäfte resultierenden **Standing-Margen**, welche für Banken von nicht bester Bonität feststellbar sind. Durch den Vergleich des laufzeit- bzw. zinsbindungsäquivalenten Triple-A-Zinssatzes mit dem entsprechenden bankspezifischen Refinanzierungssatz drückt sich die Stellung der Bank am Kapitalmarkt aus, die unter anderem von der Eigenkapitalsituation der Bank beeinflusst ist. Von daher sind auch diese Margenbestandteile dem Treasury, in dessen Steuerungsbereich diese fallen, zuzuordnen.

Die hier vorgenommene Zuordnung der Verantwortung über die Disposition des Eigenkapitals entspricht der klassischen Zuordnung der Verantwortung über Refinanzierungsentscheidungen ganz allgemein an das Treasury. In einem modernen Verständnis ließe sich die Disposition über das Eigenkapital in Verbindung mit der Risikokapitalallokation auf Gesamtbankebene unter Steuerungsaspekten zusammenfassen, sodass die entsprechenden Ergebnisbeiträge hier anzusiedeln wären.

Im Rahmen der **Liquiditätssteuerung** kann eine dem Treasury-Ergebnis zuzurechnende Konditionsmarge dadurch entstehen, dass der über die gesetzlich vorgeschriebene Liquiditätsreserve hinausgehende (unverzinsliche) Kassenbestand mit dem Tagesgeldzins als Opportunität zu bewerten ist.

In Analogie zum Handelsergebnis (brutto) ist auch das Treasury-Ergebnis (brutto) mit den direkt zurechenbaren Kosten zu belasten. Da der Handelsbereich häufig für die Durchführung der Entscheidungen des Treasury zuständig ist, ist im Rahmen der innerbetrieblichen Leistungsverrechnung über Standard-Transaktionskosten eine verursachungsgerechte Kostenverteilung zwischen diesen beiden Bereichen vorzunehmen. Im Falle der Kalkulation mit Standard-Kosten im Betriebsbereich besteht auch für das Treasury die Möglichkeit, ein Produktivitätsergebnis zu ermitteln.

3. Kreditrisikoergebnis

Das **Kreditrisikoergebnis,** das in den Verantwortungsbereich der Kreditportfoliosteuerung fällt, gibt an, inwieweit die ex ante kalkulierten und bei den einzelnen Geschäften verrechneten Standard-Risikokosten (= „expected loss") mit den ex post zu verzeichnenden, tatsächlichen Ist-Risikokosten im Kreditgeschäft übereinstimmen. Die in den Marktergebnissen mit negativem Vorzeichen kalkulierten Standard-Risikokosten werden dementsprechend kalkulatorisch neutralisiert, indem sie mit positivem Vorzeichen im Kreditrisikoergebnis aufgenommen werden. Per Saldo werden auf diese Weise im Kundengeschäftsergebnis nur die tatsächlichen (Ausfall-/Bonitäts-)Risikokosten berücksichtigt. Das Kreditrisikoergebnis weist so die Differenz zwischen den Standard-Risikokosten und den Ist-Risikokosten aus und bringt betragsmäßig die Abweichung zwischen den erwarteten Risikokosten und den Ist-Risikokosten zum Ausdruck. Damit stellt das Kreditrisikoergebnis auch den unerwarteten Verlust bzw. „unexpected loss" im Kreditgeschäft dar, der sich auf das Kreditportfolio bezieht (vgl. hierzu ausführlich S. 286 ff.).

Zur **Interpretation** des Kreditrisikoergebnisses ist bei den Funktionen einer Kalkulation von Standard-Risikokosten anzusetzen. Die Risikokostenverrechnung verfolgt grundsätzlich die folgende Zielsetzung: Mit der Vereinnahmung der kalkulierten Standard-Risikokosten über entsprechend nachhaltige Kundenkonditionen sollen die zukünftig eintretenden Risiken in Form von Ist-Ausfällen bzw. eventuell auch Wertminderungen durch Bonitätsverschlechterungen abgedeckt werden. In diesem Sinne geht es bei der Kalkulation von Risikoprämien im Sinne des Versicherungsprinzips darum, einen „Risikotopf" aufzufüllen, aus dem dann ein auftretender Risikodeckungsbedarf „gespeist" werden kann. Mit der Bestimmung von bonitätsspezifischen Standard-Risikoprämien wird somit gleichzeitig eine direkte Vergleichbarkeit zwischen Geschäften mit unterschiedlichem Risikogehalt hergestellt, sodass der Risikogehalt eines Kundenkredits in die Entscheidung über den Abschluss des Geschäfts einfließt.

Vor diesem Hintergrund ist die Interpretation des Kreditrisikoergebnisses zu sehen, die ein Maßstab für die **Qualität der gesamten Kreditrisikopolitik** darstellt. Als Ursachen für die Abweichung der Ist-Risikokosten von den erwarteten Verlusten sind die Verfahren zur Bestimmung der Standard-Risikokosten und die Entstehung der Ist-Risikokosten zu nennen.

Negative Kreditrisikoergebnisse deuten darauf hin, dass bei den einzelnen Geschäftsabschlüssen zu niedrige Standard-Risikokosten angesetzt wurden und insofern die Vorteilhaftigkeit einzelner Geschäftsalternativen nicht korrekt beurteilt werden konnte. Positive Kreditrisikoergebnisse lassen einerseits vermuten, dass es besser als in der Vergangenheit gelungen ist, (ausfall-)risikobehaftete Geschäfte oder Geschäftsstrukturen von vornherein zu identifizieren und zu begrenzen. Gründe hierfür können beispielsweise in einer verbesserten Kreditwürdigkeitsprüfung liegen. Andererseits können durch eine ertragsorientierte Steuerung des Kreditportfolios vonseiten des zentralen Kreditportfoliomanagements bewusst positive Kreditrisikoergebnisse – beispielsweise durch den professionellen Transfer von Kreditrisiken durch Verbriefung – erzielt worden sein.

Weitergehende Aufschlüsse über das Kreditrisikoergebnis ermöglicht seine Aufspaltung unter Berücksichtigung der Komponenten der Grundgleichung, die der Kalkulation der Standard-Risikokosten zugrunde liegt (vgl. S. 292 ff.). Hierbei sollte eine Differenzierung nach Ratingklassen erfolgen, nach denen sich die Ausfallwahrscheinlichkeiten bestimmen. Des Weiteren sind die geplanten mit den realisierten Ausfallvolumina (Kredit-Exposures) zu vergleichen, um so volumenbedingte Abweichungen im Kreditrisikoergebnis identifizieren zu können. Schließlich ist die geplante und die letztlich im Falle des Ausfalls realisierte Rückzahlungsquote als weiterer Grund für die Abweichung der erwarteten Verluste von den tatsächlich realisierten Ist-Risikokosten zu analysieren.

Dem Charakter der Kalkulation von Standard-Risikokosten aus reinen Prognosewerten mit den damit einhergehenden Unsicherheiten entspricht es, dass Kreditrisikoergebnisse i. d. R. von Abrechnungsperiode zu Abrechnungsperiode wechselnd negativ und positiv sind. Die Interpretation der Kreditrisikoergebnisse sollte deshalb – den **Periodengemeinkostencharakter** von Risikokosten berücksichtigend – stets einen Zeitraum von mehreren Perioden umfassen, um regelmäßige, sich gegenseitig wieder ausgleichende Schwankungen erkennen und einordnen zu können. Unter Steuerungsaspekten entscheidend ist letztlich, zu verhindern, dass ein über mehrere Perioden anhaltender Ausweis negativer Kreditrisikoergebnisse einen aufgebauten Risikodeckungsstock aufzehrt und so zusätzlichen Risikodeckungsbedarf bewirkt. In diesem Falle wären rechtzeitig risikopolitische Anpassungsmaßnahmen einzuleiten, die beispielsweise bei einer Neukalkulation der Standard-Risikokosten oder einer Überprüfung der Kreditwürdigkeitsprüfungen ansetzen könnten.

4.   Anlageergebnis

Schließlich bildet das **Anlageergebnis** den vierten Bestandteil des Zentralergebnisses (vgl. Abbildung 145). Es entsteht aus der Bewirtschaftung der Zentralposition Sachanlagen. Sinnvoll ist eine Aufteilung der Sachanlagen in Teilportfolios, einerseits in betriebsnotwendige und nicht betriebsnotwendige bzw. fremdgenutzte Sachanlagen, andererseits nach den verschiedenen Anlagekategorien (Immobilien, EDV-Anlagen etc.), um deren speziellen Risiken (z. B. Immobilienrisiken, technische Risiken) adäquat Rechnung tragen zu können.

Ergebnisbeiträge können aus der Bewirtschaftung der **Sachanlagen** resultieren. Die betriebsnotwendigen Sachanlagen wie Gebäude, EDV-Anlagen etc. werden für die Durchführung des Bankgeschäfts von den verschiedenen Organisationseinheiten in der Bank genutzt. Dafür werden diesen Bereichen im Rahmen der innerbetrieblichen Leistungsverrechnung kalkulatorische Mietkosten belastet, die folglich in die Ergebnisrechnungen als verrechnete (sekundäre) Kosten für bezogene Leistungen Berücksichtigung finden. Für die Zentralabteilung Anlagen stellen diese kalkulatorischen Mieten Erträge für abgegebene Leistungen dar. Für nicht betriebsnotwendige Sachanlagen – wie beispielsweise in die eigene Bewirtschaftung übergegangene Immobilien aus Konkursen von Firmenkunden – sind die entsprechenden zuzuordnenden (Miet-)Erträge und (Betriebs-)Aufwendungen zu berücksichtigen.

Nach dem Konzept der Marktzinsmethode ist den Sachanlagen in der Zinsertragsbilanz eine Opportunität zuzuordnen, die sich nach den Zuordnungsprinzipien für Opportunitätsgeschäfte am Geld- und Kapitalmarkt an dem formellen Laufzeitkriterium orientiert. Die auf diese Weise als Bestandteil des Anlageergebnisses ermittelte Konditionsmarge ist somit als Ausdruck für die Vorteilhaftigkeit der Bewirtschaftung von Sachanlagen durch die Bank im Vergleich zu einer alternativen Anlage dieser Mittel am Geld- und Kapitalmarkt zu interpretieren. Schließlich sind analog dem Anlageergebnis sämtliche Betriebskosten, die mit der Bewirtschaftung dieser Positionen zusammenhängen, anzulasten.

III. Produktivitätsergebnis

Produktivitätsergebnisse lassen sich grundsätzlich für sämtliche Organisationseinheiten bzw. Kostenstellen kalkulieren, in denen ganz oder teilweise standardisierte Leistungen erstellt werden. Zur Neutralisation der bei den einzelnen Kundengeschäften bzw. bei sonstigen Geschäftsprozessen standardisiert verrechneten direkten Betriebskostenbestandteile werden die mit negativem Vorzeichen in den Marktergebnissen bzw. sonstigen Ergebnisbereichen erfassten Standard-Betriebskosten zunächst abteilungsbezogen in gleicher Höhe mit positivem Vorzeichen im jeweiligen Produktivitätsergebnis erfasst. Diesen verrechneten Standard-Betriebskosten werden anschließend die in den Kostenstellen tatsächlich angefallenen Ist-Betriebskosten gegenübergestellt. Der Saldo zwischen den ex ante kalkulierten und verrechneten Standard-Betriebskosten und den ex post tatsächlich registrierten Ist-Betriebskosten wird als Produktivitätsergebnis ausgewiesen und bringt als „Innenumsatz" der einzelnen Kostenstellen zum Ausdruck, inwieweit die Ist-Kosten einer Kostenstelle in die anderen Ergebnisbereiche weiterverrechnet und in den am Markt realisierten Konditionen „verdient" werden konnten.

Abbildung 147 verdeutlicht die Zusammenhänge am Beispiel einer Wertpapierorder. An der Abwicklung des vereinfacht dargestellten Prozesses „Ausführung einer Wertpapierorder" sind die Kostenstellen „Filiale" und „Zentrale" beteiligt. Während in der Filiale die Prozessschritte „Kundenberatung" und „Orderweitergabe" durchgeführt werden, erfolgt in der Zentrale die „Börsenabwicklung" sowie die „Abrechnung" des Börsenauftrags. Insgesamt ergeben sich für den gesamten Prozess Standard-Stückkosten in Höhe von 79 EUR, die sich wie in Abbildung 147 dargestellt auf die vier Teilprozesse verteilen. In das Marktergebnis gehen die gesamten Standard-Stückkosten ein, indem bei der Ermittlung des Deckungsbeitrags II für eine Wertpapierorder von den Provisionserträgen diese gesamten Standard-Stückkosten abgezogen werden. Damit wird die Leistung des Markts, die mit dem Kundengeschäft „Wertpapierorder" erbracht wurde, adäquat bewertet. Für die Bewertung der Wirtschaftlichkeit der Leistungserstellung im Betriebsbereich sind Produktivitätsergebnisse pro Kostenstelle zu ermitteln. In das Produktivitätsergebnis der Kostenstelle „Filiale" gehen positiv die anteiligen Standard-Stückkosten in Höhe von 42 EUR (bzw. „Zentrale" 37 EUR) sowie sämtliche weiteren anteiligen Standard-Stückkosten aller Betriebsleistungen ein, die in einer Abrechnungsperiode von der Kostenstelle erbracht wurden. Von diesen werden die tatsächlich in der Kostenstelle ex post angefallenen Betriebskosten abgezogen.

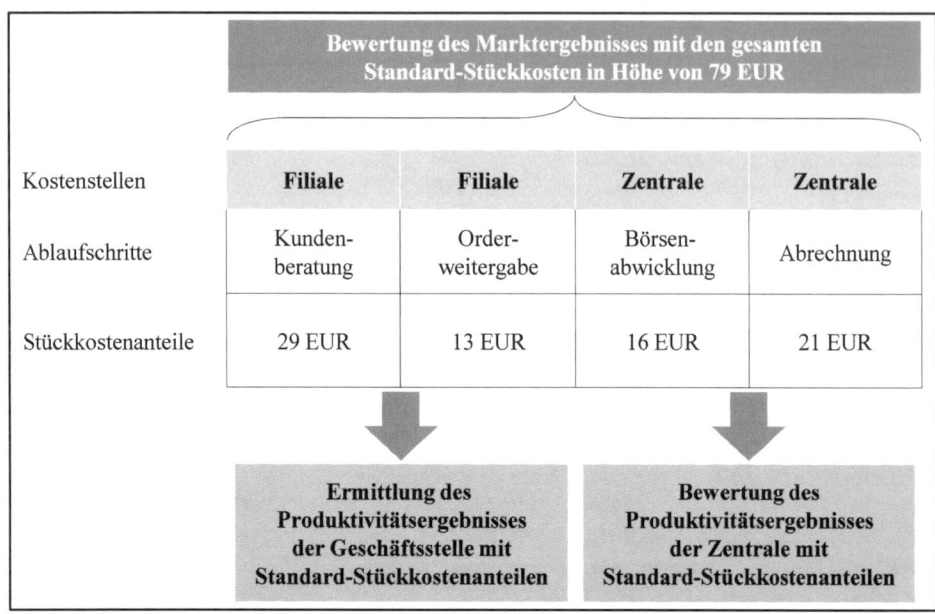

Abb. 147: Differenzierte Abrechnung von Standard-Stückkostenanteilen für die Ermittlung des Produktivitätser-
gebnisses für einzelne Kostenstellen am Beispiel einer Wertpapierorder

Produktivitätsergebnisse liefern insofern wichtige **Informationen zur Betriebskostensteue-
rung** der einzelnen Organisationseinheiten und verdeutlichen rückblickend, ob in der abgelaufenen Kalkulationsperiode im Betriebsbereich die kalkulierten Normalbedingungen tatsächlich
realisiert wurden. Sie bilden im Rahmen der ROI-Analyse einen Maßstab dafür, inwieweit im
Betriebsbereich produktiv gearbeitet wurde. Ein negatives Produktivitätsergebnis signalisiert
in diesem Zusammenhang, dass die tatsächlichen Ist-Kosten höher ausgefallen sind als
zunächst angenommen und in Form von Standard-Betriebskosten ex ante kalkulatorisch verrechnet sind. Gründe hierfür können in Unterauslastungen der Kostenstellen, Unwirtschaftlichkeiten bei der Leistungserstellung oder gestiegenen Preisen bei der Beschaffung der Produkti-
onsfaktoren liegen.

Unter der Voraussetzung einer ausgebauten Kostenstellenrechnung lässt sich ein negatives
Produktivitätsergebnis dementsprechend ähnlich wie im industriellen Rechnungswesen in
Beschäftigungs-, Verbrauchs- und Preisabweichungen aufspalten. Während **Preisabweichungen** allgemein auf gegenüber der Planung veränderte Preise der Inputfaktoren zurückzuführen
sind, resultieren **Verbrauchsabweichungen** aus erhöhten variablen Kosten aufgrund erhöhter
Verbrauchsmengen. **Beschäftigungsabweichungen** repräsentieren die in der abgelaufenen
Periode angefallenen Leerkosten. Damit lassen sich aus einer kostenstellenbezogenen Analyse
solcher Produktivitätsergebnisse Rückschlüsse auf die Kapazitätsdimensionierung und so auf
eine wirtschaftliche Betriebsführung ziehen. Gleichzeitig bleiben die Vorzüge einer Standardrechnung gewahrt und es wird verhindert, dass die Kalkulation und Vorteilhaftigkeitskontrolle
anderer Ergebnisbereiche durch Unwirtschaftlichkeiten und Leerkapazitäten im Betriebsbereich verzerrt wird.

IV. Overheadkosten

Während im Kundengeschäftsergebnis und im Zentralergebnis sämtliche Erfolgskomponenten verrechnet werden, die auf irgendeiner Aggregationsebene der einzelgeschäftsbezogenen Ergebnissystematik direkt und ohne Kostenschlüsselung zurechenbar sind, verbleibt in Banken regelmäßig ein bestimmter Anteil von Betriebskosten, der keinem der bisher dargestellten Ergebnisaggregate direkt zugerechnet werden kann. Solche selbst auf oberster Kostenträgerebene nicht mehr zurechenbare Betriebskosten werden als **Overheadkosten** bezeichnet. Sie bilden neben dem Kundengeschäftsergebnis, dem Zentralergebnis und dem Produktivitätsergebnis die vierte Komponente des Betriebsergebnisses Gesamtbank.

Hierbei handelt es sich neben den Kosten, für die nicht zwangsläufig eigene Kostenstellen gebildet werden, wie beispielsweise das Gehalt eines Pförtners, vor allem um die Kosten solcher Kostenstellen, in denen keine standardisierbaren Leistungen erstellt werden und die gleichzeitig weder dem Kundengeschäft noch dem Nichtkundengeschäft eindeutig zugeordnet werden können. So erbringen vor allem Stabsabteilungen wie die zentrale Revision oder das Vorstandssekretariat regelmäßig Betriebsleistungen, die nicht als „Innenumsatz" an andere Kostenstellen weiterverrechnet werden können und bei denen gleichzeitig eine eindeutige Zuordnung zum Kunden- oder Nichtkundengeschäft scheitert. Der Gesamtumfang der Overheadkosten ist meist positiv korreliert mit dem Umfang der Geschäftstätigkeit einer Bank. Allerdings zeigen sich bei Betrachtung dieses Kostenblocks relativ zum Geschäftsvolumen häufig interessante Unterschiede zwischen den einzelnen Banken, die es im Hinblick auf die relevanten Einflussgrößen zu untersuchen gilt.

Im Hinblick auf die Steuerung der Overheadkosten ergibt sich das Problem, dass dieser häufig auch als „**Gemeinkostenblock**" bezeichnete Kostenkomplex einer konkreten Wirtschaftlichkeitskontrolle nicht zugänglich ist. Auch wenn dieser Ergebnisbereich damit tendenziell den Charakter einer Sammelposition auf Gesamtbankebene besitzt, ist es dennoch erforderlich, alle hier eingehenden Kosten möglichst detailliert zu erfassen, um auch in diesem Bereich bereits im Zeitpunkt des Kostenanfalls die Informationen für weiterführende Auswertungsrechnungen aufzubereiten. Ziel der Kostenrechnung sollte generell sein, den Gemeinkostenanteil durch **systematische Analyse der Verursachungszusammenhänge** so klein wie möglich zu halten. Untersuchungen haben in diesem Zusammenhang gezeigt, dass die Gesamtsumme der Overheadkosten bei konsequenter Kostenerfassung i. d. R. 20 % der Gesamtkosten nicht übersteigt.

LITERATURHINWEISE

DROSTE, K. D. ET AL. (1983)   ECHTERBECK, H. (1991)
EVERDING, M. (1997)   SCHÜLLER, ST. (1988)
VILLIEZ, CH. V. (1989)

Drittes Kapitel:
Arten von Risiken im Bankgeschäft und deren Quantifizierung

A. Risikocontrolling im Konzept ertragsorientierter Banksteuerung

Ertragsorientiertes Bankmanagement betont zwar das Primat der Rentabilität, bindet aber konzeptionell Wachstums- und risikopolitische Ziele entsprechend abgestuft stets mit ein. Die Risikodimension ist für die Gesamtkonzeption ertragsorientierter Banksteuerung in mehrfacher Hinsicht von zentraler Bedeutung:

(1) Die Vorschriften der **Bankenaufsicht** und der speziellen Bankgesetze sollen sicherstellen, dass Kreditinstitute ihre Risiken hinreichend begrenzen und Sorge für eine den eingegangenen Risiken gegenüber adäquate Eigenmitteldeckung tragen.

(2) **Schlagend werdende Risiken** beeinflussen die Bankrentabilität einerseits i. d. R. negativ, andererseits ist das gezielte **Eingehen von Risiken** Voraussetzung dafür, um eine angemessene Performance überhaupt zu ermöglichen.

(3) Schließlich ist die Erweiterung des Konzepts ertragsorientierter Banksteuerung hin zu einer **Wertsteuerung** im Sinne des Shareholder-Value-Konzepts gleichbedeutend mit einer integrativen Berücksichtigung des **Rentabilitäts- und Risikocontrollings**. Diese explizite Integration von Rentabilitäts- und Risikokriterien gilt heute als Inbegriff **moderner Gesamtbanksteuerung**.

Dabei ist die Einigung auf einen einheitlichen Risikobegriff die Grundlage für die spätere Formulierung von Risikotragfähigkeits- und Risiko-Performance-Grundsätzen. Das zentrale Messkonzept für das Risikopotenzial ist der „Value at Risk", auf den ausführlich einzugehen sein wird (vgl. S. 402 ff.). Da sich dieser aber nur auf die Messung von Erfolgsrisiken bezieht, ist als Pendant dazu entsprechend die „Liquidity at Risk" – oder auch „Financial Mobility at Risk" genannt – für Liquiditätsrisiken zu definieren. In der jüngeren Vergangenheit wurden erste wissenschaftliche Arbeiten zum Konzept der Liquidity at Risk veröffentlicht (POHL 2007, ZERANSKI 2005). Deren Erkenntnisse werden im zweiten Kapitel Abschnitt C.VI. erörtert.

I. Abgrenzung relevanter Risikokategorien

Für eine systematische Risikomessung und -steuerung im Sinne der genannten Risikokalküle sind insbesondere die saubere Identifikation und Differenzierung der banktypischen Risikokategorien von elementarer Bedeutung. Zu diesem Zweck können verschiedene dichotomische Begriffspaare gebildet werden:

• Finanzrisiken vs. operationelle Risiken,

- Transaktionsrisiken vs. Positionsrisiken,

- Erfolgsrisiken vs. Liquiditätsrisiken,

- Gegenparteienrisiken vs. Marktrisiken,

- einzelgeschäftsbezogene vs. geschäftsstrukturbezogene Risiken und

- unsystematische vs. systematische Risiken.

Abbildung 148 verdeutlicht den Zusammenhang zwischen den genannten Risikokategorien. Mit Ausnahme der Marktrisiken, die stets als strukturabhängige Risiken zu kennzeichnen sind, ist jede Risikokategorie mit beiden Ausprägungen des jeweils nachgelagerten Risikobegriffspaares verknüpft.

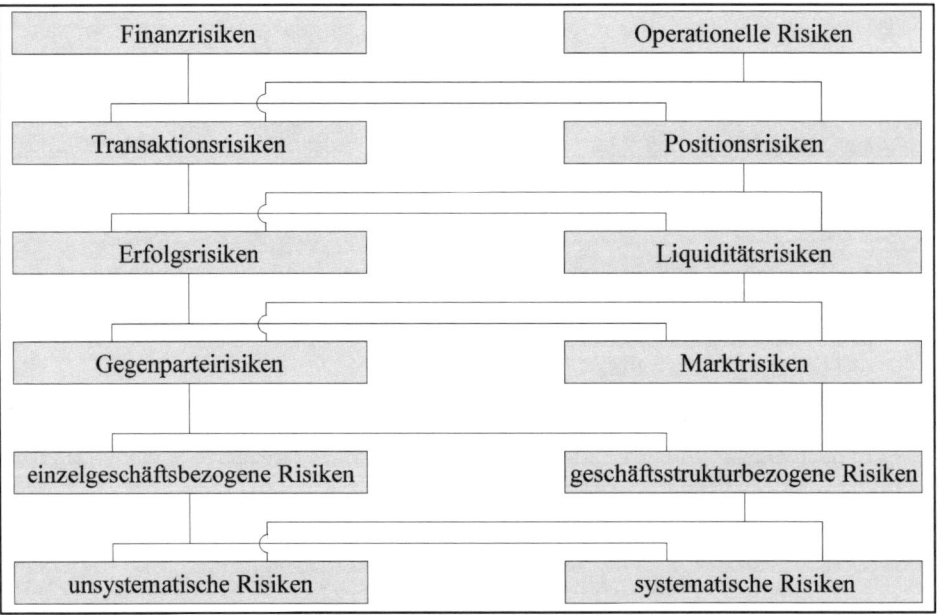

Abb. 148: Dichotomie banktypischer Risiken im Zusammenhang

Auf einer ersten Ebene kann zwischen Finanzrisiken und operationellen Risiken unterschieden werden. **Finanzrisiken** beziehen sich unmittelbar auf die Finanzströme eines Kreditinstituts und umfassen daher sämtliche Risiken des Wertbereichs. Zu den **operationellen Risiken** zählen hingegen operative sowie strategische Risiken. Sie stellen damit primär auf die Risiken des Betriebsbereichs ab. Bei den operativen Risiken können technische Risiken und Verhaltensrisiken unterschieden werden. Technische Risiken beziehen sich auf sämtliche Probleme, die innerhalb der Kommunikation eines Kreditinstituts sowie der Informatik auftreten können. Nicht überschneidungsfrei von diesen zu trennen sind Katastrophenrisiken, etwa die Gefahr eines Erdbebens oder eines Elektrizitätsausfalls, da aus letzteren auch durchaus negative Implikationen für die Kommunikation oder Informatik erwachsen können. Die Verhaltensrisiken beinhalten schließlich einerseits die Gefahr ungewollter Personalabwanderungen und andererseits die

Gefahr, dass ein Kreditinstitut infolge von Betrug, Irrtum oder Fahrlässigkeit ihrer Mitarbeiter oder eines Dritten Schaden nimmt. Von den operativen Risiken abzugrenzen sind die strategischen Risiken. Darunter sind vor allem Investitionsrisiken zu verstehen. Sie beschreiben die Gefahr fehlerhafter Entscheidungen hinsichtlich des Auf- oder Abbaus von Geschäftsfeldern bzw. Produkten. Zu den strategischen Risiken werden auch Ereignisrisiken (Event Risks) gezählt, die sämtliche rechtliche und regulatorische Aspekte umfassen. Die enorme Bedeutung der operationellen Risiken, auf die in Kreditinstituten ein immer stärkeres Augenmerk gelegt wird, lässt sich leicht an der Vielzahl prominenter und immer wieder neu auftretender Beispiele schlagend gewordener operationeller Risiken ablesen, wie z. B. dem 2012 festgestellten Schaden durch falsche bzw. fehlende Kontrollmechanismen bei der UBS AG in London.

Sowohl Finanzrisiken als auch operationelle Risiken können entweder in Form von Transaktionsrisiken oder als Positionsrisiken auftreten. **Transaktionsrisiken** umfassen einerseits **Abwicklungsrisiken**, d. h. alle Gefahren, die aus (fehlerhaften) Arbeitsabläufen entstehen können. Diese treten insbesondere bei komplexen Produkten auf, wie beispielsweise bei Finanzderivaten oder bei bearbeitungsaufwendigen Akkreditivgeschäften. Sie müssen klassenlogisch zu den operationellen Risiken gezählt werden. Andererseits entstehen **Erfüllungsrisiken**, wenn bei Transaktionen, die Zug-um-Zug abgewickelt werden (wie vor allem im Devisengeschäft) die Gegenpartei ihrer Lieferverpflichtung nicht nachkommt, obwohl die eigene Seite bereits geleistet hat. Davon abzugrenzen sind die **Positionsrisiken**. Diese ergeben sich, wenn sich der Wert einer Geschäftsposition beispielsweise aufgrund von Marktbewegungen oder Bonitätsveränderungen zum Nachteil des Kreditinstituts verändert.

Bezüglich der Risiken des Wertbereichs lassen sich Erfolgs- und Liquiditätsrisiken unterscheiden. **Finanzielle Erfolgsrisiken** werden auch als (Eigenkapital-)Verlustrisiken bezeichnet. Sie mindern, wenn sie schlagend werden, den Erfolg eines Kreditinstituts oder führen sogar zu Verlust. Demgegenüber beinhalten **Liquiditätsrisiken** primär Fristigkeitsrisiken, die sich in der Gefahr äußern, dass die Liquiditätsdispositionen eines Kreditinstituts nach Umfang und zeitlicher Struktur nicht in der für die Sicherung der Liquidität notwendigen Qualität aufrechterhalten werden können. Einen besonderen Aspekt des Liquiditätsrisikos beschreibt das Liquidationsrisiko von Anlagen mangels ausreichender Marktliquidität.

Abbildung 149 zeigt eine weiter gehende Aufteilung von Erfolgsrisiken in Gegenpartei- und Marktrisiken, die ihrerseits jeweils weiter untergliedert sind.

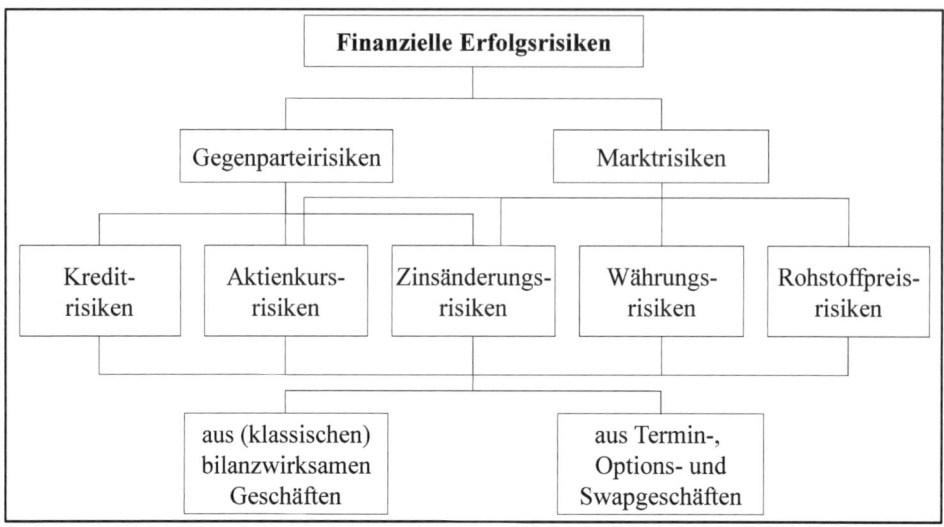

```
                    Finanzielle Erfolgsrisiken


        Gegenparteirisiken                    Marktrisiken


  Kredit-      Aktienkurs-    Zinsänderungs-    Währungs-    Rohstoffpreis-
  risiken        risiken         risiken         risiken        risiken


          aus (klassischen)              aus Termin-,
          bilanzwirksamen                Options- und
             Geschäften                 Swapgeschäften
```

Abb. 149: Abgrenzung von finanziellen Erfolgsrisikokategorien (ohne operationelle Risiken)

Gegenparteienrisiken treten in erster Linie als **Kreditrisiken** auf. In einer ersten Annäherung sind sie mit dem Risiko der Zahlungsunfähigkeit einer Gegenpartei bei Ausleihungen, Garantien oder auch bei Derivatkontrakten verbunden (**Ausfallrisiko**). In einer erweiterten Version wird auch das immer bedeutendere **Bonitätsrisiko** zum Kreditrisiko gezählt. Es umschreibt die Gefahr, dass sich die Bonität des Kreditnehmers resp. Anleiheschuldners nach Beginn der Kreditlaufzeit bzw. nach dem Kauf eines Wertpapiers verschlechtert. Verknüpfungen des Gegenparteirisikos zum Aktienkursrisiko und zum Zinsänderungsrisiko ergeben sich insofern, als insbesondere Bonitätsrisiken (aber auch Ausfallrisiken) den Kurswert von Aktien- und Zinspositionen negativ beeinflussen.

Marktrisiken beschreiben allgemein die Gefahr negativer Entwicklungen eines Markts für das Kreditinstitut. Hierzu zählen das Aktienkursrisiko, das Zinsänderungsrisiko, das Währungsrisiko und das Rohstoffpreisrisiko. Bei den Aktienkurs- und Zinsänderungsrisiken ist das emittentenspezifische Gegenparteienrisiko von dem allgemeinen Marktrisiko abzugrenzen.

Dementsprechend ist unter dem marktabhängigen **Aktienkursrisiko** allgemein die Gefahr zu verstehen, dass sich der Wert eines Aktienportfolios aufgrund von Marktbewegungen vermindert. Das Aktienkursrisiko umfasst als Marktrisiko lediglich die Gefahr von Aktienkursschwankungen, die sich aus dem Zusammenwirken von Angebot und Nachfrage ergeben, die wiederum von den unterschiedlichsten fundamentalen und technischen Faktoren abhängen.

Unter dem **Zinsänderungsrisiko** wird die Gefahr der von Marktzinsänderungen herbeigeführten Verringerung einer geplanten oder erwarteten Zinsergebnisgröße verstanden. Es tritt als **Zinsspannenrisiko** auf, wenn Marktzinsänderungen zulasten der Zinsspanne gehen oder als **Marktwertrisiko**, wenn Änderungen des Zinsniveaus zu negativen Marktwerteffekten von Aktiv- oder Passivpositionen führen.

Das **Währungsrisiko** kann für Kreditinstitute naturgemäß nur dann entstehen, wenn sie Fremdwährungspositionen in ihrer Bilanz halten, wobei Fremdwährungsaktiva (-passiva) zu einem

Verlust führen, wenn die heimische Währung aufgewertet (abgewertet) wird. Wie beim allgemeinen Zinsänderungsrisiko gleichen sich auch beim Währungsrisiko Erfolgswirkungen auf der Aktiv- und Passivseite aus. Ertragsbelastungen aufgrund von Währungsparitätsänderungen können sich deshalb nur bei nicht ausgeglichenen Währungspositionen ergeben. Offene Positionen können hierbei als Folge betragsmäßiger Differenzen bei Währungspositionen gleicher Fristigkeit (**Devisenkursrisiko**) oder aufgrund unterschiedlicher Fälligkeiten der Liefer- und Abnahmeverpflichtungen (**Swapsatzrisiko**) auftreten. In einer weiteren Abgrenzung wird häufig auch das **Goldpreisrisiko**, d. h. die Gefahr einer für das Kreditinstitut nachteiligen Entwicklung des Goldpreises zum Währungsrisiko, gezählt. Die verbleibenden **Edelmetallkursrisiken** (Silber, Platin etc.) werden aber im Regelfall den **Rohstoffpreisrisiken** zugerechnet. Hierunter fallen sämtliche Erfolgseinbußen, die aus einer für das Kreditinstitut ungünstigen Entwicklung von Rohstoffpreisen und/oder Edelmetallpreisen (außer Gold) resultieren.

Von den Erfolgsrisiken sind die **Liquiditätsrisiken** abzugrenzen. Soweit sie nicht als unmittelbare Folge von Erfolgsrisiken auftreten, lassen sich drei Hauptkategorien von Liquiditätsrisiken unterscheiden, wie Abbildung 150 veranschaulicht:

- Das **Liquiditätsanspannungsrisiko** besteht in der Gefahr, dass mangels ausreichender Marktliquidität Liquidationen erschwert werden (Liquidationsrisiko) oder dass erforderliche Anschlussfinanzierungen nicht (oder nur zu schlechteren Konditionen) durchgeführt werden können (Risiko der Anschlussfinanzierung).

- Das **Terminrisiko** beinhaltet die Gefahr einer unplanmäßigen Verlängerung der Kapitalbindungsdauer von Aktivgeschäften. Gründe hierfür können im Markt (Markthemmnisse verzögern den Liquiditätszufluss) oder bei der Gegenpartei (Schuldner zahlt nicht pünktlich) liegen.

- Das **Abrufrisiko** besteht schließlich in der Gefahr, dass Kreditzusagen unerwartet in Anspruch genommen bzw. Einlagen unerwartet abgerufen werden. Es ist stets ein Gegenparteirisiko und tritt sowohl als aktivisches als auch als passivisches Liquiditätsrisiko in Erscheinung. Darüber hinaus ist es für diese Risikokategorie typisch, dass sie vornehmlich im Großkredit- und -einlagengeschäft auftritt.

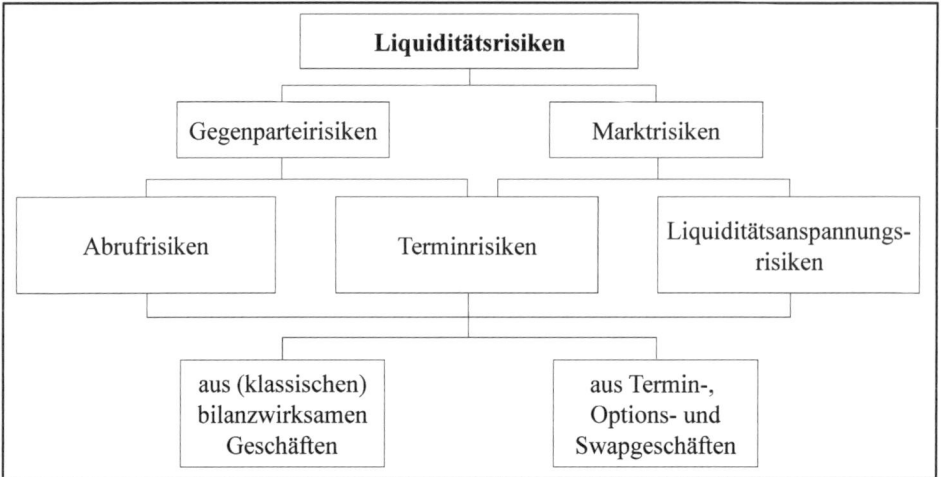

Abb. 150: Abgrenzung von Liquiditätsrisikokategorien

Bezüglich der Erfolgs- und Liquiditätsrisiken ist es wichtig darauf hinzuweisen, dass diese sich nicht nur aus den (klassischen) bilanzwirksamen Geschäften, sondern auch aus Termin-, Options- und Swap-Geschäften ergeben können.

Die Abgrenzung zwischen **einzelgeschäfts-** und **geschäftsstrukturbezogenen Risiken** ist erforderlich, da ein Großteil der zu steuernden Risiken wie etwa die gesamten Marktrisiken prinzipiell nicht aus dem Einzelgeschäft, sondern aus der Struktur aller Aktiv- und Passivgeschäfte entstehen. Strukturelle Risiken entstehen aber auch im Kreditgeschäft, wo jene sich etwa in der aus der Größen- oder Branchenverteilung ergebenden Risikostruktur des Kreditportfolios ausdrücken. Streng genommen sind es sogar ausschließlich die strukturellen Risiken, die im Kreditgeschäft das Risiko beschreiben. Denn die erwarteten Kreditverluste werden über Risikoprämien in eine Kostenkomponente des Betriebsergebnisses transformiert. Als Kreditrisiko lassen sich daher nur noch die (verbleibenden) unerwarteten Verluste bezeichnen, die auf eine unzureichende Strukturierung (Risikodiversifikation und Risikozerfällung) des Kreditportfolios oder allgemeine Marktentwicklungen z. B. aus Insolvenzwellen zurückzuführen sind.

Die Trennung zwischen **systematischen** und **unsystematischen** Risiken ist kapitalmarkttheoretisch geprägt. Dabei wird das Gesamtrisiko einer bestimmten Position in zwei Teile zerlegt. Ein Teil des Gesamtrisikos ist darauf zurückzuführen, dass es allgemeine Marktschwankungen, z. B. des Aktienmarkts, gibt. Diesen Risikoteil bezeichnet man als **systematisches Risiko**. Daneben existiert aber auch ein titelspezifisches Risiko, das durch spezielle, von der Gesamtmarktentwicklung losgelöste Ereignisse entsteht. Letzteres wird als **unsystematisches Risiko** bezeichnet. Das unsystematische Risiko, das auch als unternehmens- oder titelspezifisches Risiko bezeichnet wird, kann durch Diversifikation eliminiert werden.

Für die Gesamtbanksteuerung muss das Gesamtbankrisiko sauber in steuerungsrelevante Teilbereiche zerlegt werden. Dazu wird auf oberster Ebene die Trennung von Finanzrisiken und operationellen Risiken erforderlich. Die Finanzrisiken werden in Liquiditäts-, Kredit- und Marktpreisrisiken unterteilt. Den Marktpreisrisiken werden schließlich Aktienkurs-, Zinsänderungs-, Währungs- und Rohstoffpreisrisiken zugerechnet (vgl. Abbildung 151).

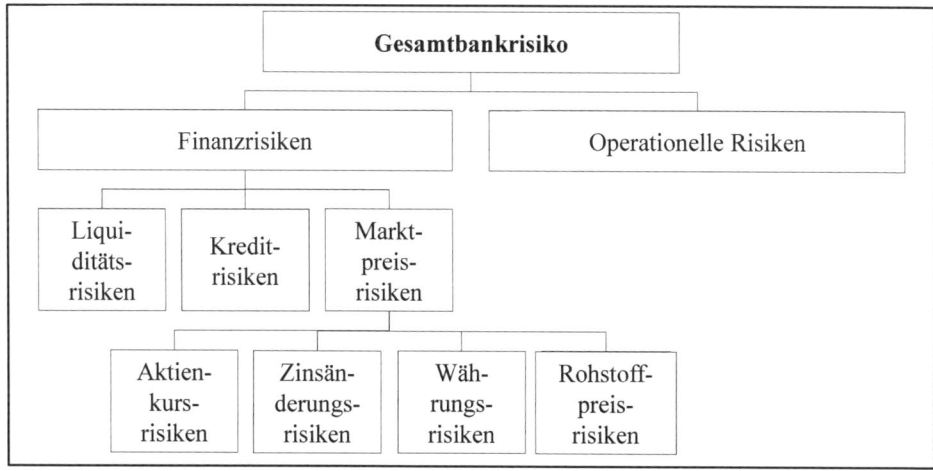

Abb. 151: Aufteilung des Gesamtbankrisikos

II. Quantifizierung des Risikopotenzials der Gesamtbank

Der sogenannte **Value at Risk (VaR)** stellt heute das zentrale Messkonzept zur Quantifizierung von Risikopotenzialen dar. Zur Ermittlung des VaR wurden bereits zahlreiche Verfahren entwickelt, die in Abhängigkeit von den Charakteristika der betrachteten Risikoart zur Anwendung kommen. Bestimmt man die VaR der einzelnen Risikopositionen, müssen diese zum VaR der entsprechenden Risikokategorie und im nächsten Schritt zum VaR der Gesamtbank aggregiert werden. Dies erweist sich als problematisch, da die verschiedenen Risiken in aller Regel nicht strikt positiv korreliert sind. Mit dem Risikopotenzial der Gesamtbank bestimmt man gleichzeitig die Mindesthöhe der zur Verlustdeckung vorzuhaltenden Risikodeckungsmassen und damit das sogenannte ökonomische Kapital bzw. Risikokapital.

Im Folgenden wird auf die Konzeption des VaR und dessen Aggregation zum Gesamtbank-Risikopotenzial näher eingegangen.

1. Der Value at Risk als Maßgröße für das Risikopotenzial

Den Erläuterungen zum VaR muss die Definition des zugrunde liegenden Risikobegriffs vorausgehen. Das Risiko wird grundsätzlich als die in einem unzureichenden Informationsstand begründete Gefahr einer **negativen Abweichung** des **tatsächlichen** Ergebniswerts vom **erwarteten Ergebniswert** gesehen. Der VaR versucht nun, diese negative Abweichung zu quantifizieren und mit einer Wahrscheinlichkeitsaussage zu verknüpfen. Demzufolge ist der Value at Risk definiert als

- der geschätzte

- maximale Wertverlust einer Einzelposition oder eines Portfolios

- der innerhalb eines festgelegten Zeitraums

- mit einer bestimmten Wahrscheinlichkeit

eintreten kann. Der VaR kann sowohl auf Basis von Periodenwerten als auch auf Grundlage von Barwerten bestimmt werden. In einer **barwertorientierten Betrachtung** gibt der Value at Risk bezogen auf die Gesamtbank den maximal erwarteten **marktwertorientierten Eigenkapital-verlust** eines Kreditinstituts an, den es mit einer bestimmten Wahrscheinlichkeit erleiden wird. Abbildung 152 illustriert die Zusammenhänge. Grundsätzlich besteht die Gefahr, dass die Marktwerte der Aktiva und des Fremdkapitals sich zum Nachteil des Kreditinstituts verändern. Bezüglich der Aktiva besteht die Gefahr sinkender, bezüglich des Fremdkapitals die Gefahr steigender Marktwerte. Sofern die Änderungen der Marktwerte der Aktiva und des Fremdkapi-tals nicht gleichgerichtet oder nicht im gleichen (absoluten) Ausmaß erfolgen, können sich Min-derungen des Marktwerts des Eigenkapitals ergeben. Eben diese Marktwertschwankungen des Eigenkapitals sollen im barwertorientierten Value-at-Risk-Ansatz quantifiziert werden.

Abb. 152: VaR hergeleitet aus den Marktwertschwankungen des Eigenkapitals

Die **periodenerfolgsorientierte Value-at-Risk**-Berechnung wird in Abbildung 153 skizziert. Danach werden zunächst die Schwankungen der Erträge und Aufwendungen gemessen. Die Verlustgefahr besteht dabei in einer unerwarteten Verminderung der Erträge bzw. in einer ungeplanten Erhöhung der Aufwendungen. Auch hier führt eine nicht gleichgerichtete und nicht im gleichen (absoluten) Ausmaß erfolgende Veränderung der Aufwendungen und Erträge zu gegebenenfalls negativen Veränderungen des Periodenergebnisses. Diese negativen Veränderungen werden auch als **Earnings at Risk** (EaR) bezeichnet. Das Zusammenspiel der Ertrags- und Aufwandsschwankungen entscheidet schließlich über das Ausmaß der Schwan-kungen des Periodenergebnisses.

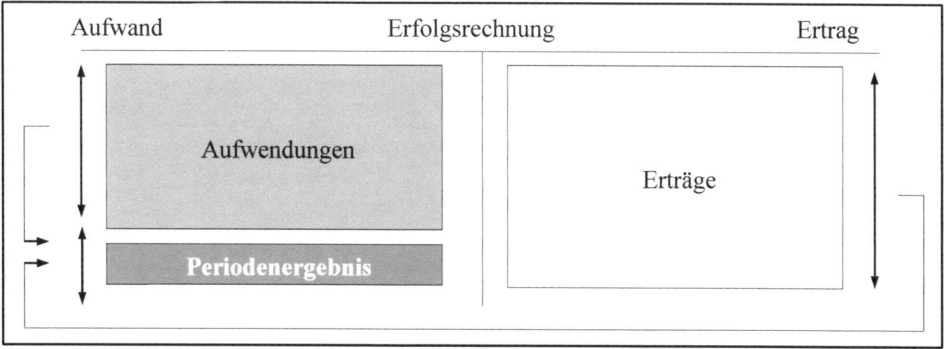

Abb. 153: VaR hergeleitet aus den Ergebnisschwankungen

Im Folgenden wird das VaR-Konzept an einem stark vereinfachten Beispiel auf Basis eines imaginären Aktienportfolios demonstriert. Die Ergebnisse von periodenerfolgsorientierter und barwertorientierten Betrachtungsweise sind dann identisch.

Grundlage zur Bestimmung des VaR sind grundsätzlich Vergangenheitsdaten. In Tabelle 81 werden verschiedene Intervalle definiert und die Häufigkeit, mit der die in der Vergangenheit realisierten Wertveränderungen des Portfolios innerhalb der definierten Intervallgrenzen lagen, abgetragen.

Ergebnisintervalle (in 1.000 EUR)	Häufigkeiten einzeln	Häufigkeiten kumuliert
+0 % bis +15 %	13	13
+15 % bis +10 %	215	228
+10 % bis +5 %	1.359	1.587
+5 % bis 0 %	3.413	5.000
0 % bis -5 %	3.413	8.413
-5 % bis -10 %	1.359	9.772
-10 % bis -15 %	215	9.987
-15 % bis -20 %	13	10.000

Tabelle 81:   Historische Häufigkeiten der Ergebniswerte eines Aktienportfolios

Grafisch lässt sich dieses Ergebnis, wie in Abbildung 154 dargestellt, anhand einer sogenann-ten **Verteilungsfunktion** darstellen. Auf der horizontalen Achse wird die Bandbreite der in der Vergangenheit realisierten Ergebnisse abgetragen, während die vertikale Achse die kumulier-ten Häufigkeiten der entsprechenden Ergebniswerte repräsentiert.

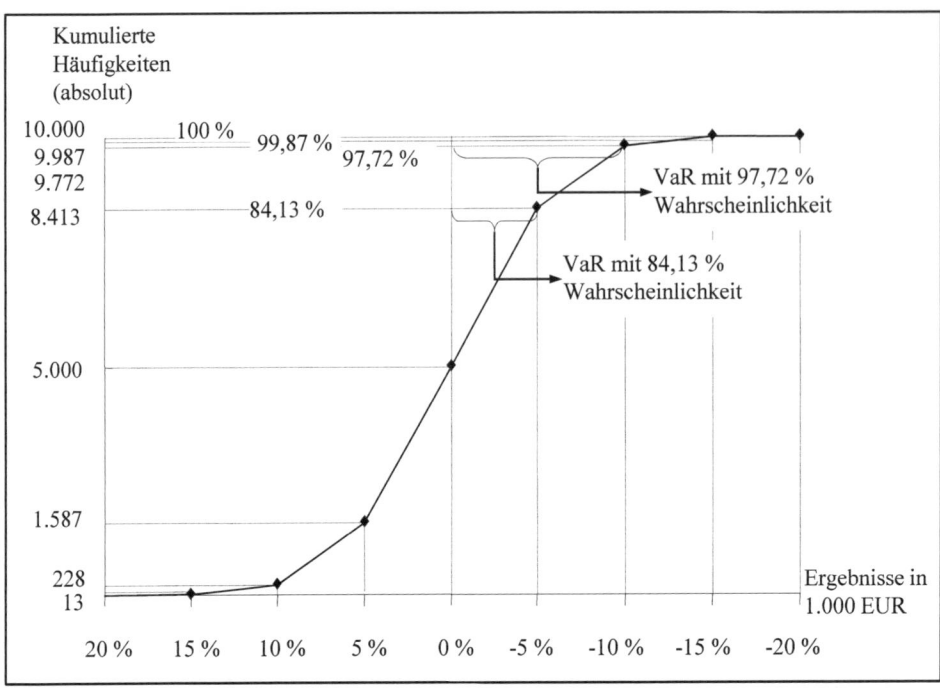

Abb. 154: Kumulierte Häufigkeiten der Wertveränderungen eines Aktienportfolios (Verteilungsfunktion)

Abbildung 154 macht deutlich, dass die Wahrscheinlichkeit dafür, dass ein maximaler Verlust in Höhe von 5.000 EUR nicht überschritten wird, gerade 84,13 % beträgt. Der VaR mit einer Wahrscheinlichkeit von 84,13 % entspricht gemäß obiger Definition also einem Betrag von 5.000 EUR. Entsprechend können auch VaR mit anderen Wahrscheinlichkeiten bestimmt werden. So beträgt beispielsweise der VaR mit einer Wahrscheinlichkeit von 97,72 % 10.000 EUR.

Modelle zur Berechnung des VaR legen im Allgemeinen Annahmen über die Verteilung der zukünftigen Ergebniswerte zugrunde. Im einfachsten Fall wird dabei die **Normalverteilung** unterstellt. Sind die Ergebnisse normalverteilt, lässt sich die Verteilung in Form der **Gauß'sche Glockenkurve** darstellen. Diese wird durch das arithmetische Mittel und die **Standardabweichung (STD)** der realisierten Ergebnisse hinreichend determiniert und ermöglicht durch die Ermittlung der Fläche unterhalb des Kurvenverlaufs die Bestimmung der Wahrscheinlichkeiten, mit der entsprechende Ergebniswerte unter- oder überschritten werden. Die Standardabweichung kann dabei als Maß für den Risikogehalt einer Position angesehen werden und umschreibt die Streuung der realisierten Ergebnisse um das arithmetische Mittel. Die Verteilung der für das obige Beispiel angenommenen Ergebniswerte entspricht einer Normalverteilung mit dem Erwartungswert 0 EUR und einer Standardabweichung von 5.000 EUR.

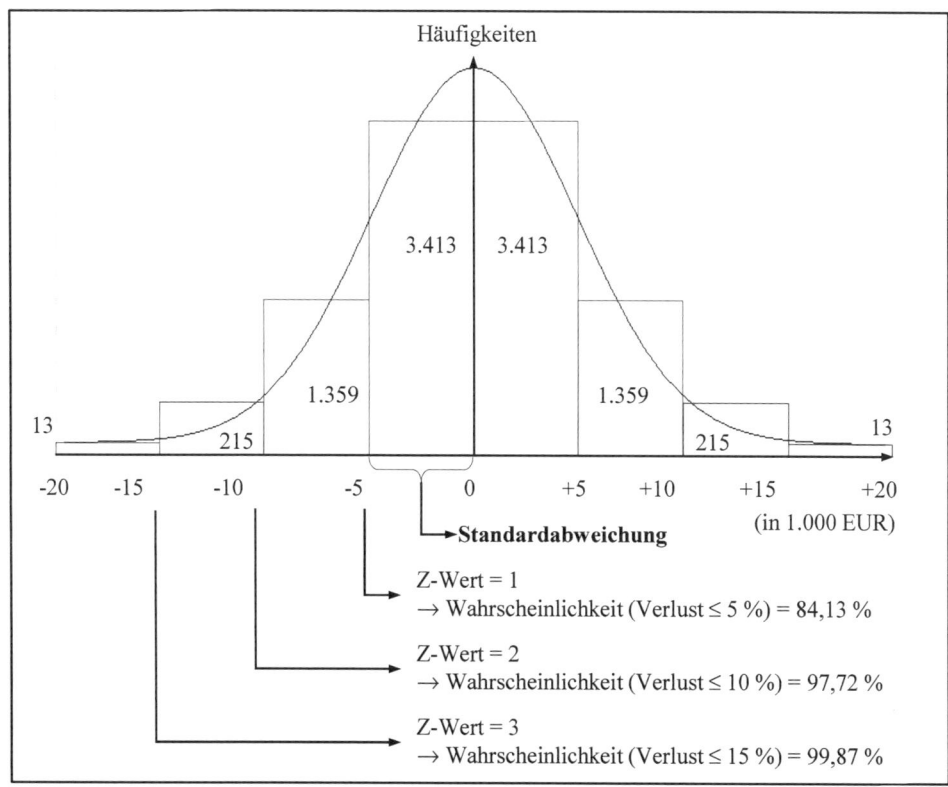

Abb. 155: Gauß'sche Glockenkurve und Häufigkeitsverteilung des Aktienportfolios

Geht man von einer Normalverteilung aus, ist es möglich, den sogenannten **Z-Wert** für alternative **Konfidenzniveaus** vorzugeben. Unter einem Konfidenzniveau oder Sicherheitsniveau versteht man die Wahrscheinlichkeit, mit der ein bestimmter Verlust nicht überschritten wird. Jedem Z-Wert ist eindeutig eine Wahrscheinlichkeit zugeordnet. Des Weiteren gibt der Z-Wert Auskunft über die Höhe des maximalen Verlustes bei der entsprechenden Wahrscheinlichkeit. Dieser lässt sich durch multiplikative Verknüpfung von Z-Wert und Standardabweichung ermitteln (ausführlicher hierzu vgl. die statistischen Grundlagen S. 386 ff.).

Aus Abbildung 155 wird ersichtlich, dass dem Z-Wert von 2 ein Konfidenzniveau von 97,72 % entspricht. Im Beispiel wird somit ein maximaler Verlust von 10.000 EUR [= (ZWert) 2 · (STD) 5.000 EUR] mit einer Wahrscheinlichkeit von 97,72 % nicht überschritten. Durch Variation des Z-Werts können nun verschiedene **Szenarien**, die verschiedene Risikoneigungen repräsentieren, simuliert werden.

Der Zusammenhang zwischen Z-Wert und Wahrscheinlichkeit wird in Abbildung 156 nochmals verdeutlicht. Der gesamtbankbezogene VaR wird als Funktion variierender Wahrscheinlichkeitswerte dargestellt. Dazu wird ein normiertes Risikovolumen von 1 EUR der Berechnung des Value at Risk zugrunde gelegt. Für alternative, den Value at Risk determinierende Standardabweichungen von 5 %, 10 % und 15 % ergeben sich die in Abbildung 156 dargestellten Funktionsverläufe.

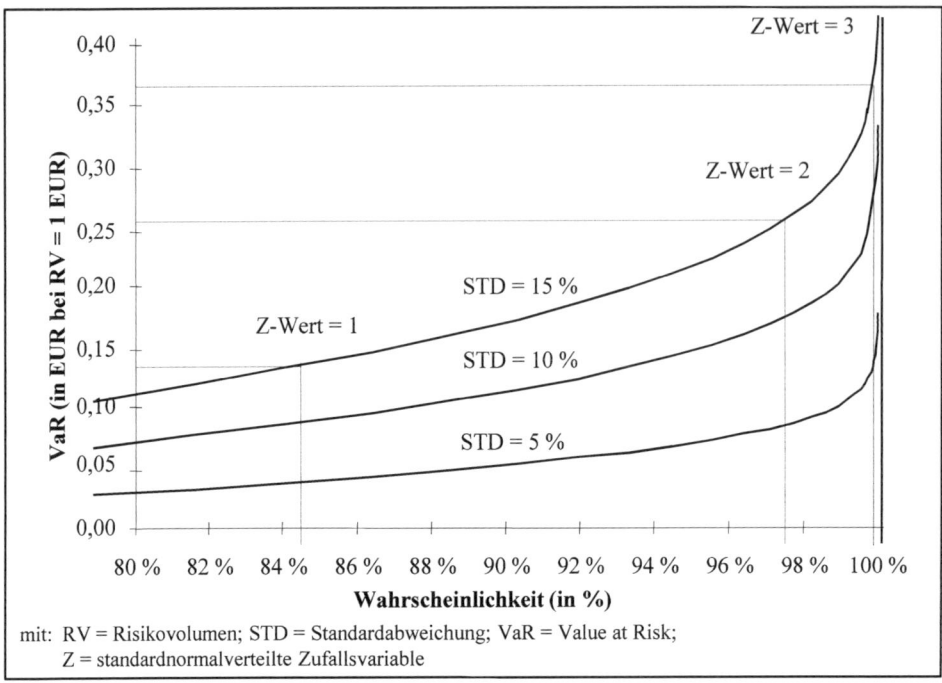

Abb. 156: Value at Risk in Abhängigkeit von der Eintrittswahrscheinlichkeit bei einem normierten Risikovolumen in Höhe von 1 EUR

Die Berechnungen erfolgen hier sowie im Folgenden anders als in den bisher verwendeten Beispielen auf Basis stetiger Renditen. Die Verwendung stetiger Renditen ist der Verwendung diskreter Werte vorzuziehen. Dies wird später noch tiefer gehend erörtert. An dieser Stelle sei lediglich darauf hingewiesen, dass sich der normierte VaR im Beispiel aus der Gleichung

$$\text{VaR} = 1\,\text{EUR} \cdot (e^{-\text{Z-Wert} \cdot \text{STD}} - 1)$$

ergibt. Ein Z-Wert von 1 entspricht grundsätzlich einem Konfidenzniveau von 84,13 %. Mit einer Erhöhung des Z-Werts geht immer auch eine Erhöhung der Sicherheit, resp. des Konfidenzniveaus einher. So steigt dieses auf 97,72 %, wenn der Z-Wert auf 2 erhöht wird und erreicht 99,87 % bei einem Z-Wert von 3. Der maximale Verlust, der mit der jeweiligen Wahrscheinlichkeit nicht überschritten wird, hängt zum einen vom Konfidenzniveau, zum anderen von der entsprechenden Standardabweichung und dem Risikovolumen ab. Für eine Standardabweichung von 15 % und einem Risikovolumen von 1 EUR errechnet sich bei einem Konfidenzniveau von 84,13 % ein VaR in Höhe von 0,1393 EUR. Mit einer Wahrscheinlichkeit von 97,72 % wird der maximale Verlust 0,2592 EUR nicht übersteigen und die Wahrscheinlichkeit, dass der maximale Verlust kleiner oder gleich 0,3624 EUR ist, beträgt 99,87 % (vgl. Abbildung 156). Aus diesen Funktionsverläufen wird außerdem ersichtlich, dass der Value at Risk mit größer werdender Wahrscheinlichkeit überproportional zunimmt. Eine nur marginale Erhöhung des Sicherheitsniveaus führt dann zu einer beträchtlichen Erhöhung des Risikopotenzials.

2. Der Gesamtbank-Value-at-Risk

Ausgangspunkt für die Bestimmung des Value at Risk der Gesamtbank ist die sogenannte Risikomatrix. In der Risikomatrix werden auf der horizontalen Ebene die verschiedenen Risikokategorien abgebildet, während auf der vertikalen Ebene nach Unternehmensbereichen unterschieden wird. Die Aggregation der einzelnen Risikopositionen unter Berücksichtigung verschiedener **Szenarien** zum Risikopotenzial der Risikokategorie resp. des Unternehmensbereichs, und im nächsten Schritt zum Gesamtbank-Risikopotenzial wird allerdings durch bestehende **Korrelationen zwischen den Risikoarten** erheblich erschwert.

Sind Risikoarten stark positiv korreliert, ist damit zu rechnen, dass sich Verluste aus den betreffenden Bereichen kumulieren. So hat die Vergangenheit gezeigt, dass beispielsweise starke Korrelationen zwischen Ausfall- und Zinsänderungsrisiken für die finanzielle Stabilität eines Finanzinstituts erhebliche Gefahren bergen. Die Hochzinsphase 1980/81 in Deutschland machte deutlich, wie existenzbedrohend die Kumulation von Ausfall- und Zinsänderungsrisiken sein kann. Denn auf der einen Seite stieg die Ausfallrate aufgrund der hohen Konkursrate sprunghaft an (was zum Teil sogar durch relativ hohe Kreditzinsen bedingt war). Auf der anderen Seite waren gleichzeitig Ergebniseinbußen aus inkongruenten Finanzierungsverhältnissen zu verzeichnen. Deshalb sind die **Interdependenzen** zwischen den einzelnen Risikoarten aufzuzeigen und die kumulativen wie auch die kompensierenden Effekte zu analysieren.

Die Analyse der Interdependenzen zwischen den einzelnen Risikoarten geschieht zwangsläufig auf Basis von Vergangenheitsdaten. Als Ergebnis erhält man die sogenannte **Korrelationskoeffizientenmatrix**, aufgrund derer die verschiedenen Risikoarten miteinander verknüpft werden können. Verschiedene Szenarien können hierbei simuliert werden, indem das der Value-at-Risk-Ermittlung zugrunde liegende **Konfidenzniveau** variiert wird. Allerdings geht man dabei von der impliziten Annahme **normaler Marktbedingungen** aus. Gefährlich wird die Situation für ein Kreditinstitut im Allgemeinen aber gerade dann, wenn von normalen Marktbedingungen nicht mehr ausgegangen werden kann. Deshalb sind bei der Ermittlung des (Total-)Risikopotenzials verschiedene **Risikoszenarien** durchzuspielen, wobei unbedingt auch **Crash-Szenarien bzw. Maximalbelastungsfälle** zu berücksichtigen sind. Gerade bei der Berücksichtigung von Maximalbelastungssituationen muss davon ausgegangen werden, dass die Wahrscheinlichkeit risikoreduzierender Korrelationseffekte eher gering ist. Daher empfiehlt es sich, die verschiedenen Risikopotenziale sicherheitshalber additiv zu verknüpfen, d. h., vollständig positive Korrelationen zu unterstellen.

LITERATURHINWEISE

ARNSFELD, T. (2002)
BASLER AUSSCHUSS (1997)
BUNDESREGIERUNG (1997)
EIDGENÖSSISCHE BANKENKOMMISSION (2000)
GROSS, H./KNIPPSCHILD, M. (1997)
J.P. MORGAN (1995)
LISTER, M. (1997)
POHL, M. (2008)
RAPPAPORT, A. (1999)
SCHIERENBECK, H./LISTER, M. (2002)
SCHWARZ, M. (2004)
ZIMMERMANN, H. (2000)

BASLER AUSSCHUSS (1988)
BUNDESAUFSICHTSAMT FÜR DAS KREDITWESEN (1998)
EIDGENÖSSISCHE BANKENKOMMISSION (1995)
ELTON, E. J. ET AL. (1978)
HAUCK, W. (1991)
KRUMNOW, J. (1990)
NEUKOMM, M. (2004)
PROFESSOREN-ARBEITSGRUPPE (1987)
SCHIERENBECK, H. (2003B)
SCHIERENBECK, H./WIEDEMANN, A. (1996)
ZERANSKI, S. (2005)

B. Ansätze zur Risikoquantifizierung

I. Interne Modelle versus regulatorische Konzepte

Die interne **Managementperspektive** orientiert sich an den noch zu erörternden zentralen (Un-)Gleichgewichtsbedingungen im Risikotragfähigkeitskalkül. In einer „Soll"-Betrachtung muss demnach zum einen das festgestellte (Total-)Risikopotenzial kleiner oder gleich den verfügbaren Risikodeckungsmassen sein. Zum anderen gilt in einer „Ist"-Betrachtung, dass die (realisierten) Verluste aus den Risikopositionen geringer oder maximal in gleicher Höhe wie die allozierten Risikodeckungsmassen ausfallen müssen.

Aus der Managementperspektive des Risikocontrollings bedeutet dies im Kern für die „Soll"-Betrachtung, dass Instrumente zur sachgerechten Quantifizierung der Risikopotenziale zu implementieren sind und dass präzise Informationen über die verfügbaren Risikodeckungsmassen nach Art und Höhe zeitnah zur Verfügung gestellt werden können. Des Weiteren gilt, dass Klarheit und Einigkeit darüber bestehen muss, welche Anpassungsmaßnahmen bei drohenden Ungleichgewichtssituationen infrage kommen bzw. allgemein, mit welchen Maßnahmen solche Ungleichgewichtssituationen soweit möglich vermieden werden können.

Demgegenüber hat die Bankenaufsicht eine dieser Managementperspektive der einzelnen Kreditinstitute deutlich übergeordnete Betrachtungsweise. Allerdings setzt auch die Bankenaufsicht, die mit ihren regulatorischen Vorschriften die Sicherheit und Stabilität des Finanzsystems zu gewährleisten hat und ihr Augenmerk entsprechend auf die systemischen Risiken richtet, letztlich am Risikotragfähigkeitskalkül an und überwacht unter anderem die Risikopositionen der Kreditinstitute in Relation zu ihrer Risikotragfähigkeit. Da aber nicht alle Kreditinstitute über dieselben personellen und finanziellen Ressourcen verfügen, um angemessene interne Modelle zu entwickeln und anzuwenden, müssen die Aufsichtsbehörden dafür sorgen, dass einfach zu applizierende Risikomessmethoden für alle Marktteilnehmer frei zur Verfügung stehen.

Diese Einfachheit in der Anwendung geht in vielen Fällen jedoch auf Kosten der differenzierten Ausgestaltung eines solchen Risikomesssystems. Um diesen Zielkonflikt zu umgehen, behelfen sich die Aufsichtsbehörden mit einem sogenannten **„evolutionären Ansatz"**: Denjenigen (Groß-)Banken, die sich die Entwicklung sophistizierter interner Modelle mit hoher Messgenauigkeit leisten können, soll die Verwendung dieser Modelle auch für aufsichtliche Zwecke erlaubt werden, sofern die Modelle gewisse Rahmenbedingungen erfüllen, mithin auf vorgegebene Parameter kalibriert sind.

Um aber für kleinere Kreditinstitute Anreize zu schaffen, mehr Ressourcen in die Entwicklung interner Modelle zu investieren und damit indirekt das Risikobewusstsein zu erhöhen, sind die **aufsichtlichen Standardmodelle** meist so konstruiert, dass sie ceteris paribus ein höheres Risikopotenzial ausweisen als die mit aufsichtlichen Parametern kalibrierten internen Modelle. Dies führt zu einer höheren Eigenmittelunterlegungspflicht und damit auch zu höheren Kosten und somit auch zu einem weiteren Problem, nämlich demjenigen der Wettbewerbsungleichheit zwischen größeren und kleineren Kreditinstituten. Grundsätzlich erscheint nämlich eine Erleichterung bei der aufsichtlichen Eigenmittelunterlegung für größere Institute insofern problematisch, als dieser Vorteil im Wettbewerb wegen der damit verbundenen geringeren Eigenkapitalbelastung für risikobehaftete Geschäfte zulasten der kleinen Institute ausgespielt werden kann.

Zusammenfassend lässt sich feststellen, dass sich die Entwicklung und der Einsatz von regulatorischen Konzepten sowie internen Modellen im Spannungsfeld zwischen den **Zielen** „Sicherheit und Stabilität des Finanzsystems", „Effizienter Einsatz der knappen Ressource Kapital" und „Schaffung resp. Sicherung gleicher Wettbewerbsbedingungen für alle Teilnehmer im relevanten Markt" bewegt, was Abbildung 157 illustriert.

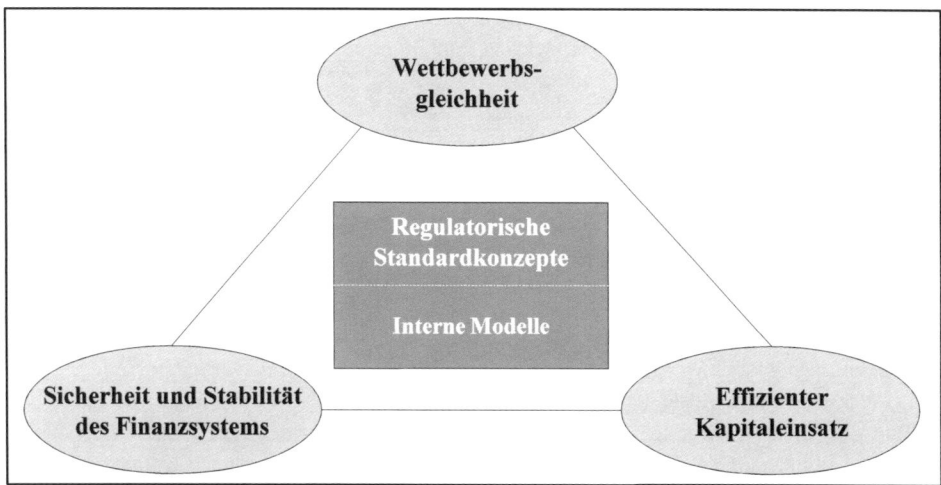

Abb. 157: Regulatorische Standardkonzepte und interne Modelle im Spannungsfeld

Nachfolgend werden somit zunächst die Grundlagen der bankinternen Risikomessung diskutiert, bevor die qualitativen und quantitativen Voraussetzungen für die Verwendung interner Modelle zu aufsichtlichen Zwecken in den Bereichen Marktrisiko, Kreditrisiko und operationelles Risiko erläutert werden.

II. Bankinterne Risikomessung mit VaR-Konzeption

Die immer stärker werdende und zu höheren Volatilitäten führende Verflechtung internationaler Finanzmärkte sowie die extreme Zunahme der Handelsvolumina für Finanzderivate haben in den 1990er-Jahren in Kreditinstituten zu einer intensiven Auseinandersetzung mit den damit einhergehenden Risiken geführt. Die Antwort darauf war die Entwicklung und Erweiterung unterschiedlicher Konzepte, mit denen sich das immens gestiegene Risikopotenzial – nicht nur aus Finanzinnovationen – besser abbilden und somit steuern lässt. In diesem Zusammenhang sind Begriffe wie VaR, Money at Risk, EVM, RORAC, RAROC^{TM} oder RiskMetrics^{TM} zu nennen, aus denen sich die Vielfalt an Instrumentarien ablesen lässt. Gemeinsame Basis dieser Konzepte ist der Versuch, mithilfe finanzmarkttheoretischer Erkenntnisse und statistischer Verfahren eine möglichst **exakte Messung unterschiedlicher Risiken** zu erreichen. Risiko wird dabei grundsätzlich definiert als die in einem unzureichenden Informationsstand begründete Gefahr einer **negativen Abweichung** des **tatsächlichen** Ergebniswerts vom **erwarteten Ergebniswert**.

Auch die Bankenaufsicht ist bemüht, den größer sowie komplexer gewordenen Risiken von Kreditinstituten mit geeigneten Vorschriften entgegenzutreten und eine angemessene Unterlegung mit Eigenmitteln einzufordern. Dabei zeigt z. B. die Bankenkrise des Jahres 2007, dass das Know-how der Kreditinstitute bei der Entwicklung individueller Risikomodelle noch nicht in allen Fällen ausreichend groß ist. Gleichwohl können die Risiken mit internen Modellen sicher genauer erfasst werden, als dies mithilfe der standardisierten Verfahren der Bankenaufsicht möglich ist. Um von der Bankenaufsicht als vollwertiger Ersatz für die standardisierten Verfahren zugelassen zu werden, müssen die bankinternen Risikomessverfahren eine Reihe von Auflagen erfüllen.

Um Vor- und Nachteile von Risikomodellen abschätzen und Ergebnisse einer Risikomessung richtig interpretieren und verstehen zu können, sollen einleitend die wichtigsten statistischen Grundlagen dargestellt werden.

1. Statistische Messverfahren

Die Gebiete der Statistik werden grob eingeteilt in die **beschreibende** und die **beurteilende Statistik**. Während erstere Zustände und Vorgänge beschreibt und dabei Maßzahlen wie Lagemaße und Streuungsmaße verwendet, baut die beurteilende Statistik auf den Erkenntnissen der Wahrscheinlichkeitsrechnung auf und schließt auf allgemeine Gesetzmäßigkeiten, die über den Beobachtungszeitraum hinaus gültig sind. Das Vorgehen in Risikomodellen greift auf beide Gebiete zurück. In einem ersten Schritt wird i. d. R. mithilfe der beschreibenden Statistik eine Anzahl von Daten beschrieben und analysiert. In einem zweiten Schritt erfolgt die Anwendung der beurteilenden Statistik, indem anhand der Erkenntnisse von Vergangenheitsdaten Eintrittswahrscheinlichkeiten für bestimmte Zustände berechnet werden. Sofern dem Verständnis von Risikokonzeptionen dienlich, soll deshalb auf beide Gebiete der Statistik zurückgegriffen werden.

a) Berechnung von Maßzahlen in der beschreibenden Statistik

Die Aufgabe der beschreibenden Statistik ist einerseits die Darstellung von Beobachtungen anhand sogenannter empirischer Verteilungen und andererseits die Charakterisierung derselben mithilfe von Kenngrößen. Die beiden verbreitetsten Kenngrößen sind **Lageparameter** und **Streuungsmaße**. Lageparameter beschreiben das Zentrum einer Verteilung, während Streuungsmaße die Abweichung der Beobachtungen vom Zentrum der Verteilung messen. Zur Illustration soll ein Beispiel dienen, welches aus einer Stichprobe von zehn wöchentlichen Renditen des Genussscheins (GSH) des Schweizer Pharmaunternehmens ROCHE besteht (vgl. Tabelle 82).

Zeitpunkt (t)	Kurse des ROCHE GSH in EUR (K_a)	wöchentliche Renditen[a] (a_i)	Abweichungen vom Mittelwert	quadrierte Abweichungen vom Mittelwert
08.09.00	15.370	–	–	–
15.09.00	14.850	-3,383 %	-4,392 %	0,1929 %
22.09.00	15.400	3,704 %	2,695 %	0,0726 %
29.09.00	15.410	0,065 %	-0,944 %	0,0089 %
06.10.00	15.720	2,012 %	1,003 %	0,0101 %
13.10.00	15.930	1,336 %	0,327 %	0,0011 %
20.10.00	16.085	0,973 %	-0,036 %	0,0000 %
27.10.00	16.240	0,964 %	-0,045 %	0,0000 %
03.11.00	16.705	2,863 %	1,854 %	0,0344 %
10.11.00	16.715	0,060 %	-0,949 %	0,0090 %
17.11.00	16.965	1,496 %	0,487 %	0,0024 %
Summe	–	10,090 %	–	0,3314 %

Tabelle 82: Analyse der Beobachtungsreihe wöchentlicher Kurse des Roche Holding GSH

[a] Die Renditeberechnung erfolgt zur Vereinfachung noch auf Basis diskreter Renditen ($a_t = K_t / K_{t-1}$ mit: a = diskrete Rendite der Datenreihe A; K = Kurswert; t = Zeitpunkt). Wie später noch zu zeigen ist, wird in Risikomodellen auf stetige Renditen zurückgegriffen.

Die wöchentlichen Renditen können in Form einer Häufigkeitsverteilung grafisch dargestellt werden. In Abbildung 158 werden die Beobachtungen in Klassen eingeteilt und die jeweilige Häufigkeit der Beobachtungen einer Klasse auf der y-Achse abgetragen. Aufgrund der geringen Anzahl an Daten können keine Aussagen über die tatsächliche Verteilung wöchentlicher Renditen des ROCHE-Genussscheins gemacht werden. In Risikomodellen muss deshalb auf eine größere Datenbasis zurückgegriffen werden.

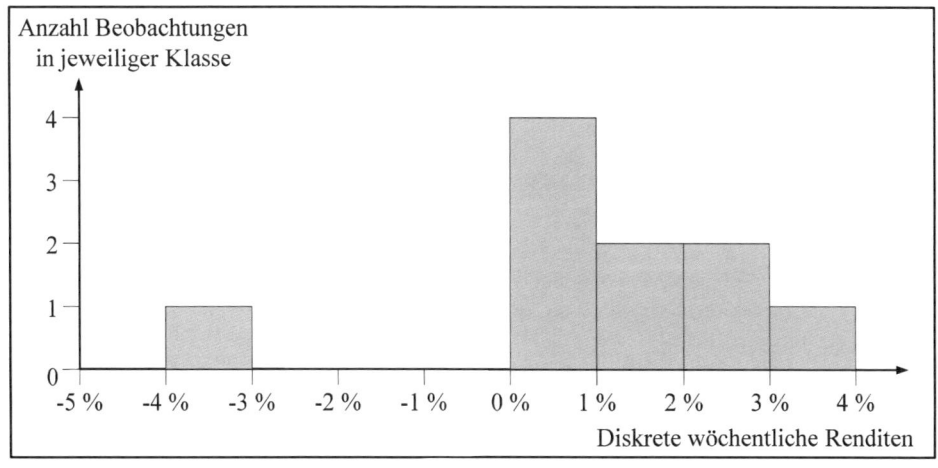

Abb. 158: Verteilung der Stichprobendaten

Abbildung 159 zeigt, dass mit wachsender Datenzahl eine pyramidenförmige Verteilung entsteht. Die größer werdende Aussagekraft mit steigender Stichprobengröße kann damit erklärt werden, dass ein immer größerer Anteil der gesamten Daten der Grundgesamtheit berücksichtigt wird. Den weiteren Ausführungen soll aus Gründen der Nachvollziehbarkeit aber weiterhin die Datenbasis von zehn Renditen dienen.

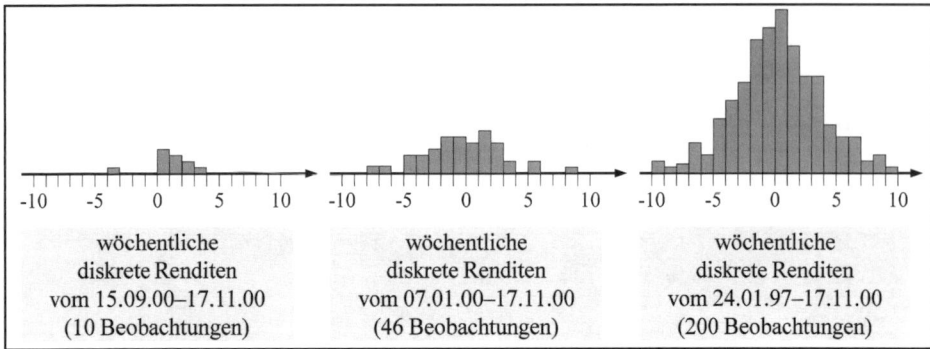

Abb. 159: Häufigkeitsverteilungen auf Basis unterschiedlich großer Stichproben

Der wichtigste Lageparameter in Risikomodellen stellt im Rahmen der beschreibenden Statistik das **arithmetische Mittel** dar. Das arithmetische Mittel (AM) gibt den Durchschnitt der beobachteten Daten wieder. Dieser entspricht dem Wert, bei dem die Summe der Abstände auf beide Seiten gleich groß ist. Bei N Elementen einer Datenbasis berechnet sich das arithmetische Mittel gemäß folgender Formel:

$$AM = \frac{1}{N}(a_1 + a_2 + \dots + a_N) = \frac{1}{N}\sum_{i=1}^{N} a_i$$

mit: AM = arithmetisches Mittel; N = Anzahl Elemente der Datenbasis; a_i = Beobachtungen

Werden die Daten aus obigem Beispiel eingesetzt, erhält man für das arithmetische Mittel einen Wert von AM = $\frac{10{,}09\,\%}{10}$ = 1,009 %

In der vorliegenden Stichprobe konnte demnach pro Woche durchschnittlich eine Rendite von etwas mehr als einem Prozent erreicht werden.

Zur Beantwortung der Frage, inwieweit die beobachteten Ergebnisse vom arithmetischen Mittel abweichen, dienen die **Streuungsmaße**. Das wichtigste Streuungsmaß ist die Varianz resp. die Standardabweichung. Müsste die Streuung der obigen Datenbasis quantifiziert werden, läge intuitiv das Vorgehen nahe, die Summe der Abweichungen vom Mittelwert zu berechnen und durch die Anzahl an Beobachtungen zu teilen. Diese Vorgehensweise führt allerdings zu keinem sinnvollen Ergebnis, da aufgrund der Definition des arithmetischen Mittels die Summe der Abweichungen immer null ergibt. Aus diesem Grund wird zur Berechnung der **Varianz** die Summe der durchschnittlichen quadratischen Abweichungen der einzelnen Beobachtungen vom arithmetischen Mittel verwendet:

$$VAR = \frac{1}{N}\sum_{i=1}^{N}(a_i - AM)^2$$

mit: VAR = Varianz; AM = arithmetisches Mittel; N = Anzahl Elemente der Datenbasis; a_i = Beobachtungen

388

Hinweis: Die Summe der quadrierten Abweichung müsste im Beispiel eigentlich nicht durch N, sondern durch N – 1 geteilt werden. Dies ist immer dann notwendig, wenn eine kleine Stichprobe vorliegt. In Risikomodellen werden allerdings so große Stichproben gewählt, dass diese Korrektur vernachlässigt werden kann und bei der Erarbeitung der Grundlagen dementsprechend weggelassen wird.

Für die Beobachtungen im Beispiel errechnet sich hiermit eine Varianz von

$$VAR = \frac{0,3314\,\%}{10} = 0,03314\,\%$$

Prinzipiell besitzt aber die Varianz die Dimension „Quadrat". Um die gleiche Dimension des Streuungsmaßes zu erhalten wie jene der Beobachtungswerte, wird die positive Quadratwurzel aus der Varianz gezogen, welche als Standardabweichung (resp. Volatilität) bezeichnet wird:

$$STD = \sqrt{\frac{1}{N} \sum_{i=1}^{N} (a_i - AM)^2}$$

mit: STD = Standardabweichung; AM = arithmetisches Mittel; N = Anzahl Elemente der Datenbasis; a_i = Beobachtungen

Für die wöchentlichen Renditen ergibt sich hiermit ein gerundeter Wert in Höhe von

$$STD = \sqrt{0,03314\,\%} = 1,82\,\%$$

Mit dem arithmetischen Mittel und der Varianz wurden zwei statistische Maßzahlen eingeführt, welche die Eigenschaften einer Beobachtungsreihe für unsere Zwecke hinreichend gut beschreiben. Weitere statistische Maßzahlen, welche im Rahmen von Risikomodellen zum Teil wichtige Informationen liefern, sind Schiefe und Exzess.

Abbildung 160 zeigt Häufigkeitsverteilungen mit unterschiedlicher Schiefe. Bei einer rechtsschiefen Häufigkeitsverteilung liegt der häufigste Wert weiter links als bei einer symmetrischen Häufigkeitsverteilung. Umgekehrtes gilt für eine linksschiefe Häufigkeitsverteilung.

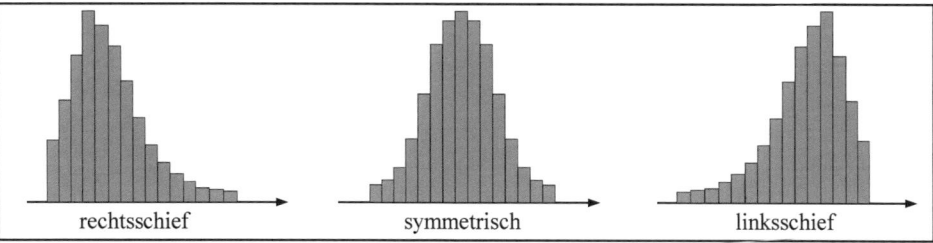

rechtsschief   symmetrisch   linksschief

Abb. 160: Verteilungen mit unterschiedlicher Schiefe

Die statistische Maßzahl Exzess beschreibt, inwieweit die Häufigkeitsverteilung durch einen breiten Gipfel (platykurtisch) oder einen schmalen Gipfel (leptokurtisch) charakterisiert ist (vgl. Abbildung 161). Diese Maßzahl beschreibt also, welcher Anteil der gesamten Anzahl an

Beobachtungen einer Verteilung sich im Zentrum und welcher sich an den Enden der Verteilung befindet.

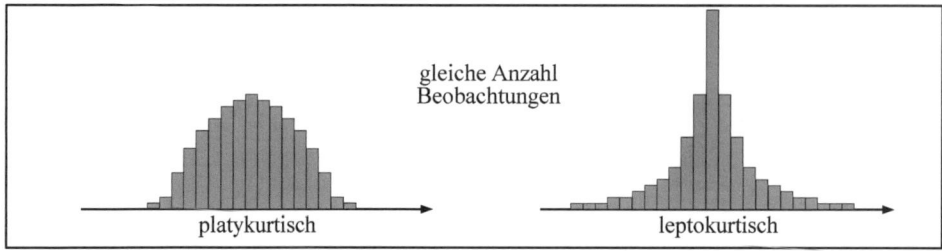

Abb. 161: Verteilungen mit unterschiedlichem Exzess

Neben den statistischen Maßzahlen, welche Häufigkeitsverteilungen charakterisieren, ist zusätzlich von Interesse, wie sich zwei Beobachtungsreihen untereinander verhalten, d. h., inwieweit die Entwicklung von Beobachtungen einer Datenreihe von einer anderen abhängt. Die Stärke dieses Zusammenhangs kann über die Kovarianz beschrieben werden.

Die **Kovarianz** wird berechnet, indem das Produkt der jeweiligen Beobachtungspaare (a_i, b_i) der beiden Datenreihen gebildet und durch die Anzahl Beobachtungen dividiert wird. Anschließend wird das Produkt der Mittelwerte der beiden Datenreihen A und B abgezogen:

$$COV(A, B) = AM(A \cdot B) - AM_A \cdot AM_B = \frac{1}{N} \sum_{i=1}^{N} a_i b_i - AM_A \cdot AM_B$$

mit: COV = Kovarianz; AM = arithmetisches Mittel; N = Anzahl Elemente der Datenbasis; a_i = Werte der
Beobachtungen der Datenreihe A; b_i = Werte der Beobachtungen der Datenreihe B

Die Kovarianz hängt von den Einheiten der zugrunde liegenden Beobachtungen ab. Sie liegt stets zwischen $-\infty$ und $+\infty$ und kann im Gegensatz zur Varianz auch negative Werte annehmen. Um Zusammenhänge zwischen unterschiedlichen Datenreihen aufzeigen zu können, ist es sinnvoll, die Kovarianz auf ein bestimmtes Intervall zu normieren. Eine solche Normierung der Kovarianz auf Werte zwischen -1 und +1 ergibt sich, indem die Kovarianz durch das Produkt der jeweiligen Standardabweichungen dividiert wird. Der normierte Wert wird als Korrelationskoeffizient bezeichnet und berechnet sich wie folgt:

$$COR(A, B) = \frac{COV(A, B)}{STD(A) \cdot STD(B)}$$

Zur besseren Verständlichkeit sollen Datenreihen mit Korrelationskoeffizienten von 1, 0 und -1 veranschaulicht werden (vgl. Abbildung 162).

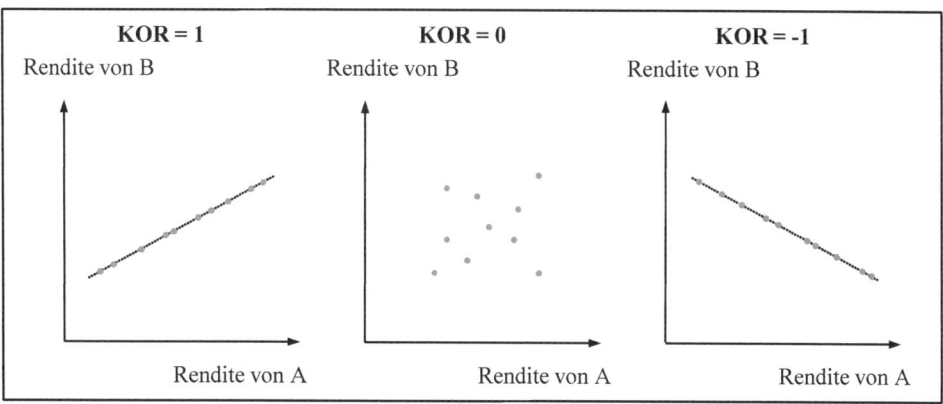

KOR = 1	KOR = 0	KOR = -1
Rendite von B	Rendite von B	Rendite von B

Abb. 162: Datenreihen mit unterschiedlichen Korrelationskoeffizienten

In obigen Diagrammen sind jeweils die Beobachtungspaare (a_i, b_i) der beiden Datenreihen A und B gegeneinander abgetragen. Wenn es möglich ist, durch die Wertepaare eine Gerade mit positiver Steigung so zu legen, dass alle Paare auf der Geraden liegen, entspricht dies einem Korrelationskoeffizienten von genau eins. Wichtig für das Verständnis ist in diesem Zusammenhang, dass bei jedem positiven Steigungswinkel ein Korrelationskoeffizient von eins resultiert, solange alle Punkte auf der Geraden liegen. Mathematisch bedeutet dies, dass die beiden Zeitreihen linear voneinander abhängen. Eine perfekt negative Korrelation erhält man dagegen, wenn es möglich ist, eine Gerade mit negativer Steigung durch alle Wertepaare zu legen, sodass alle Paare auf der Geraden liegen. Sind die Beobachtungspaare hingegen (linear) unabhängig voneinander, wie in der mittleren Grafik dargestellt, erhält man mit obiger Formel einen Korrelationskoeffizienten von null.

Die gewonnenen Erkenntnisse sollen nun anhand des bekannten Beispiels veranschaulicht werden. Die zweite Beobachtungsreihe setzt sich aus den wöchentlichen Renditen der Namenaktie (Na) des Pharmawerts Novartis zusammen, welche jeweils über den gleichen Zeitraum gemessen wurden. Tabelle 83 zeigt in Spalte I und III die Kurse und in Spalte II und IV die diskreten Renditen der beiden Pharmawerte. In Spalte V sind die in die Kovarianzformel einfließenden Produkte der Renditen der Beobachtungspaare berechnet. Des Weiteren sind die Summen der Spalten II, IV und V sowie das arithmetische Mittel und die Standardabweichung der diskreten Renditen angegeben.

Mit den Informationen aus Tabelle 83 und der weiter oben aufgeführten Formel errechnet sich für die Kovarianz ein Wert von -0,0083 %:

$$COV(A, B) = \frac{0{,}0262\,\%}{10} - 1{,}009\,\% \cdot 1{,}083\,\% = -0{,}0083\,\%$$

Die Normierung unter Hinzunahme der beiden Standardabweichungen ergibt einen negativen Korrelationskoeffizienten von

$$COR(A, B) = \frac{-0{,}0083\,\%}{1{,}820\,\% \cdot 1{,}656\,\%} = -0{,}276 \,.$$

Dieses Resultat ist erstaunlich, da bei Kursrenditen zweier Unternehmen der gleichen Branche ein Wert zu erwarten gewesen wäre, welcher näher bei +1 liegt. Tatsächlich ergibt sich bei einer signifikanten Datenreihe wöchentlicher diskreter Renditen über 10 Jahre (523 Beobachtungen) ein Korrelationskoeffizient in Höhe von 0,96.

Zeitpunkt (t)	Kurse GSH ROCHE (K_a)	diskrete Renditen (a_i)	Kurse Na Novartis (K_b)	diskrete Renditen (b_i)	Produkt von a_i und b_i (II · IV)
Spalte	I	II	III	IV	V
08.09.00	15.370	–	2.508,54	–	–
15.09.00	14.850	-3,383 %	2.510,48	0,077 %	-0,00262 %
22.09.00	15.400	3,704 %	2.509,51	-0,039 %	-0,00143 %
29.09.00	15.410	0,065 %	2.612,21	4,092 %	0,00266 %
06.10.00	15.720	2,012 %	2.618,99	0,260 %	0,00522 %
13.10.00	15.930	1,336 %	2.623,84	0,185 %	0,00247 %
20.10.00	16.085	0,973 %	2.622,87	-0,037 %	-0,00036 %
27.10.00	16.240	0,964 %	2.681,01	2,217 %	0,02136 %
03.11.00	16.705	2,863 %	2.642,25	-1,446 %	-0,41400 %
10.11.00	16.715	0,060 %	2.720,00	2,943 %	0,00176 %
17.11.00	16.965	1,496 %	2.790,00	2,574 %	0,03849 %
Summe	–	10,088 %	–	10,826 %	0,02616 %
AM	–	1,009 %	–	1,083 %	–
STD	–	1,820 %	–	1,656 %	–

Tabelle 83: Beobachtungsreihe wöchentlicher Kurse des GSH ROCHE und der Na Novartis

Der Zusammenhang zweier Datenreihen erfährt unter Risikosteuerungsaspekten eine große Bedeutung. Sobald ein Korrelationskoeffizient kleiner eins existiert, verfügt ein aus den betrachteten Wertpapieren zusammengestelltes Portfolio über eine kleinere Standardabweichung als das nach den Anteilen gewichtete Mittel der Standardabweichungen der beiden Aktien. Der risikoreduzierende Effekt ist umso größer, je kleiner der Korrelationskoeffizient ist, d. h. je weniger die einzelnen Beobachtungspaare voneinander abhängen. Bei einer perfekt negativen Korrelation zweier Zeitreihen, bestehend aus den Renditen zweier Wertpapiere, könnte sogar ein risikoloses Portfolio konstruiert werden.

Im Beispiel können Standardabweichungen von jeweils 1,82 % und 1,66 % beobachtet werden. In Tabelle 84 wurde die Standardabweichung der Renditen eines Portfolios berechnet, welches aus einem Genussschein der ROCHE und fünf Novartis Namenaktien (Na) besteht. Die Standardabweichung ist mit 1,07 % erwartungsgemäß deutlich geringer als die Standardabweichungen der einzelnen Aktien.

Zeitpunkt (t)	Kurse GSH ROCHE (K_a)	diskrete Renditen (a_i)	Kurse Na Novartis (K_b)	diskrete Renditen (b_i)	Portfolio: $1 \cdot$ Spalte I + $5 \cdot$ Spalte III	diskrete Rendite des Portfolios
Spalte	I	II	III	IV	V	VI
08.09.00	15.370	–	2.508,54	–	27.912,70	–
15.09.00	14.850	-3,383 %	2.510,48	0,077 %	27.402,40	-1,828 %
22.09.00	15.400	3,704 %	2.509,51	-0,039 %	27.947,55	1,989 %
29.09.00	15.410	0,065 %	2.612,21	4,092 %	28.471,05	1,873 %
06.10.00	15.720	2,012 %	2.618,99	0,260 %	28.814,95	1,208 %
13.10.00	15.930	1,336 %	2.623,84	0,185 %	29.049,20	0,813 %
20.10.00	16.085	0,973 %	2.622,87	-0,037 %	29.199,35	0,517 %
27.10.00	16.240	0,964 %	2.681,01	2,217 %	29.645,05	1,526 %
03.11.00	16.705	2,863 %	2.642,25	-1,446 %	29.916,25	0,915 %
10.11.00	16.715	0,060 %	2.720,00	2,943 %	30.315,00	1,333 %
17.11.00	16.965	1,496 %	2.790,00	2,574 %	30.915,00	1,979 %
STD	–	1,820 %	–	1,656 %	–	1,067 %

Tabelle 84:   Diskrete Renditen eines gleichgewichtigen Portfolios des ROCHE GSH und der Na Novartis

In Abbildung 163 sind die Beobachtungspaare als Punkte dargestellt. Ein linearer Zusammenhang ist nur schwer feststellbar, da die Punkte sehr stark streuen. Eine Gerade, welche die quadrierten Abstände zu den einzelnen Beobachtungspaaren minimiert, hätte eine leicht negative Steigung (-0,276).

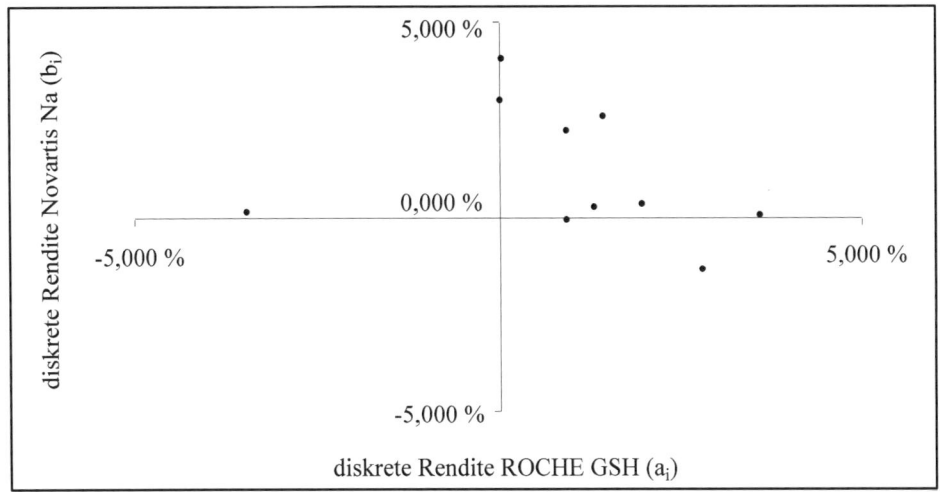

Abb. 163: Beobachtungspaare der wöchentlichen Renditen der ROCHE (a_i) und Novartis (b_i)

Es soll hier nochmals darauf hingewiesen werden, dass die ermittelten Ergebnisse des Beispiels aufgrund der kleinen Stichprobe keine repräsentative Abbildung der Grundgesamtheit darstellen.

b) Einsatz der beurteilenden Statistik für Risikomodelle

Damit Risikomodelle in der Praxis verwendbar sind, müssen diese Aussagen über die **Zukunft** erlauben. Naheliegend wäre es, die aus Vergangenheitsdaten errungenen Kenntnisse in die Zukunft zu extrapolieren. Bei dieser Vorgehensweise wird unterstellt, dass von den Eigenschaften der Häufigkeitsverteilungen vergangener Beobachtungen (arithmetisches Mittel, Varianz und Kovarianz) auf die Verteilung zukünftiger Beobachtungen geschlossen werden kann. Grundlagen eines solchen Vorgehens sind grundsätzlich die Analyse der vergangenen Beobachtungen und die daraus gewonnenen Erkenntnisse über deren Verteilung, wie sie im letzten Abschnitt behandelt wurden. Aussagen über die Zukunft enthalten aber immer eine Unsicherheitskomponente.

Ein in die Zukunft extrapoliertes arithmetisches Mittel wird **Erwartungswert** genannt. Dies ist wiederum der Wert, von dem angenommen wird, dass die Summe der jeweiligen Abweichungen zukünftiger Beobachtungen gegenüber dem Erwartungswert in beide Richtungen gleich groß sein wird. Ein aus historischen Beobachtungen übernommener Erwartungswert impliziert die Annahme eines im Zeitablauf konstanten Erwartungswerts. Gleiches gilt für **Varianz** und **Kovarianz**, welche auf Basis derselben Zeitreihe ermittelt wurden. Muss die Annahme im Zeitablauf konstanter Maßzahlen verworfen werden, bieten sich eine Reihe von Modellen an, welche dieser Veränderung Rechnung tragen. Unterschieden werden können beispielsweise die Methode der gleitenden Durchschnitte, die exponentielle Glättung oder GARCH-Modelle, welche die Daten aus der Vergangenheit hinsichtlich unterschiedlicher Kriterien glätten. Für die Darstellung dieser Modelle soll auf weiter gehende Literatur verwiesen werden. Allerdings ist auch bei komplizierten Modellen zu beachten, dass die Transformation der statistischen Maßzahlen in die Zukunft nicht zwangsläufig besser sein muss als unter der Prämisse konstanter Maßzahlen.

Noch unsichere zukünftige Beobachtungen werden in der beurteilenden Statistik **Ausprägungen** (auch Realisationen) genannt und im Folgenden mit dem Term x_i bezeichnet. Eine Gruppe solcher Ausprägungen nennt man **Zufallsvariablen**. Sie werden mit Großbuchstaben (X, Y etc.) gekennzeichnet. Der Aktienkurs an einem Tag oder die Aktienkursrendite zweier aufeinander folgender Tage wäre demnach eine Ausprägung, während eine Zeitreihe bestehend aus Aktienkursen oder Aktienkursrenditen eine Zufallsvariable darstellt.

Grundsätzlich wird zwischen stetigen und diskreten Zufallsvariablen unterschieden. Von **stetigen** Zufallsvariablen wird dann gesprochen, wenn diese zumindest in einem bestimmten Intervall jeden beliebigen Wert annehmen können. Im Gegensatz dazu werden Zufallsvariablen als **diskret** bezeichnet, wenn diese nur endlich viele Ausprägungen annehmen können, wie dies beim Würfeln beispielsweise der Fall ist. So kann beim Würfeln nur die Ausprägung 1, 2, 3, 4, 5 oder 6, nicht aber eine von 4,125 realisiert werden. Stetige und diskrete Zufallsvariablen sind nicht zu verwechseln mit stetigen und diskreten Renditen, da mit letzteren Begriffen die Art der Verzinsung unterschieden wird.

Die Häufigkeit resp. Wahrscheinlichkeit, mit der Ausprägungen einen bestimmten Wert annehmen, lässt sich nur im Rahmen diskreter Zufallsvariablen berechnen. Im Falle stetiger Zufallsvariablen ist die Wahrscheinlichkeit für einen bestimmten Wert definitionsgemäß unendlich klein. Hingegen ist es bei stetigen Zufallsvariablen möglich, Wahrscheinlichkeiten für das Erreichen bzw. Über- oder Unterschreiten eines bestimmten **Werteintervalls** zu berechnen. Unter der Prämisse, dass Renditen in die Definition stetiger Zufallsvariablen fallen, wäre ein Beispiel für ein Werteintervall die Wahrscheinlichkeit des Auftretens wöchentlicher Renditen zwischen zwei und drei Prozent. Bei statistischen Untersuchungen von Finanzmarktdaten wird häufig Stetigkeit der Zufallsvariablen unterstellt.

Sowohl für diskrete als auch für stetige Zufallsvariablen existieren **theoretische Verteilungen**. Die wichtigste theoretische Verteilung, welche auf stetigen Zufallsvariablen aufbaut, ist die Normalverteilung (auch Gauß'sche Glockenkurve genannt). Die dominierende Stellung hat die Normalverteilung zum einen der Tatsache zu verdanken, dass viele sozialwissenschaftlich relevante Merkmale annähernd normalverteilt sind. Zum anderen lassen sich weitere theoretische Verteilungen unter gewissen Bedingungen durch die Normalverteilung approximieren. Auch in zahlreichen Risikomodellen bildet die Gauß'sche Glockenkurve eine wichtige Grundlage.

Jede Verteilung stetiger Zufallsvariablen lässt sich auf zwei Arten darstellen. Die **Dichtefunktion** einer Verteilung beschreibt, mit welcher Häufigkeit bzw. Wahrscheinlichkeit eine stetige Zufallsvariable einen Wert in einem bestimmten Intervall annimmt. Die Normalverteilung besitzt eine **symmetrische Dichtefunktion**, welche durch Erwartungswert und Varianz definiert ist:

$$f_n(x/EW; VAR) = \frac{1}{STD\sqrt{2\pi}} e^{-\frac{1}{2}\left(\frac{x-EW}{STD}\right)^2}$$

mit: f_n = normalverteilte Dichtefunktion; EW = Erwartungswert; STD = Standardabweichung; x = Ausprägung

Der Erwartungswert entspricht aufgrund der symmetrischen Dichtefunktion dem Wert auf der X-Achse, bei welchem die Dichtefunktion ihr Maximum erreicht. Die Streuung wird durch die Varianz charakterisiert. Abbildung 164 zeigt eine grafische Darstellung verschiedener normalverteilter Dichtefunktionen. Dabei ist ersichtlich, wie sich die Dichtefunktion bei einer Veränderung der Parameter Erwartungswert und Standardabweichung verändert. Je geringer die Standardabweichung ist, desto mehr konzentrieren sich die Häufigkeiten um den Mittelpunkt, den Erwartungswert et vice versa.

Die zweite Darstellungsform einer Verteilung ist die **Verteilungsfunktion**. Die Verteilungsfunktion entspricht dem Integral der Dichtefunktion. Sie gibt an, mit welcher Häufigkeit bzw. Wahrscheinlichkeit die Beobachtungsdaten einen bestimmten Wert oder ein bestimmtes Wertintervall erreichen bzw. über- oder unterschreiten. Die Verteilungsfunktion der Normalverteilung hat einen S-förmigen Verlauf und wird gemäß folgender Formel berechnet:

$$F_n(x/EW; VAR) = \int_{-\infty}^{x} \frac{1}{STD\sqrt{2\pi}} e^{-\frac{1}{2}\left(\frac{v-EW}{STD}\right)^2} dv$$

mit: F_n = normalverteilte Verteilungsfunktion; EW = Erwartungswert; STD = Standardabweichung; x = Ausprägung

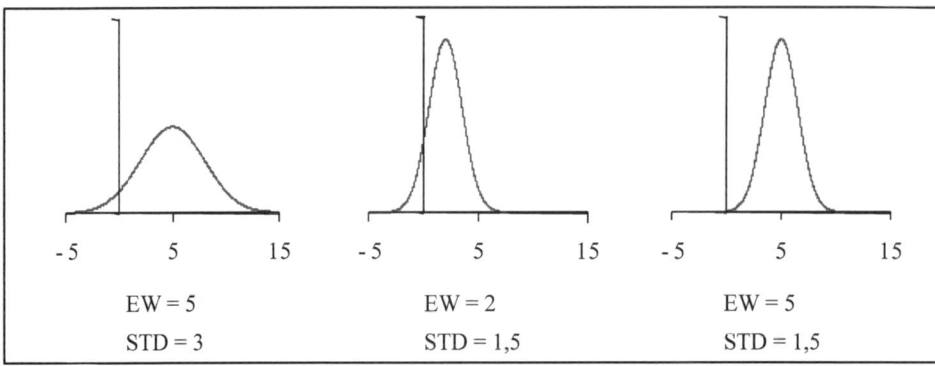

Abb. 164: Vergleich von Dichtefunktionen der Normalverteilung mit unterschiedlichen EW und STD

Durch eine spezielle lineare Transformation ist es möglich, jede beliebige Normalverteilung in eine Normalverteilung mit einem Erwartungswert von null und einer Varianz von eins umzuwandeln. Eine solche Verteilung bezeichnet man auch als **Standardnormalverteilung**.

Die Standardisierung erfolgt, indem von jeder einzelnen Ausprägung der Erwartungswert abgezogen und der verbleibende Term durch die Standardabweichung dividiert wird:

$$Z = \frac{X - EW}{STD}$$

mit: Z = standardnormalverteilte Zufallsvariable; X = normalverteilte Zufallsvariable; EW = Erwartungswert; STD = Standardabweichung

Der **Z-Wert** kann demnach auch als der Wert interpretiert werden, der dem Vielfachen der Standardabweichung (welche bei der Standardnormalverteilung eins beträgt) entspricht. Der Verlauf der Dichtefunktion der Standardnormalverteilung ist in Abbildung 165, der Verlauf der Verteilungsfunktion in Abbildung 166 dargestellt. In Abhängigkeit von unterschiedlich hohen Z-Werten und damit verbundenen unterschiedlich großen Intervallen variieren die Wahrscheinlichkeiten für das Erreichen bzw. Über- oder Unterschreiten derartiger Intervalle. Es ist ersichtlich, dass an der Stelle Z = 0 der Erwartungswert der Standardnormalverteilung liegt. Aus der Verteilungsfunktion lassen sich verschiedene Aussagen z. B. zu den Eintrittswahrscheinlichkeiten bestimmter Werte ableiten. Für den Erwartungswert von 0 ergibt sich aus der Verteilungsfunktion ein Funktionswert von 50 %. Somit sind mit einer Wahrscheinlichkeit von 50 % die Beobachtungswerte größer und mit einer Wahrscheinlichkeit von 50 % kleiner als der Erwartungswert von 0.

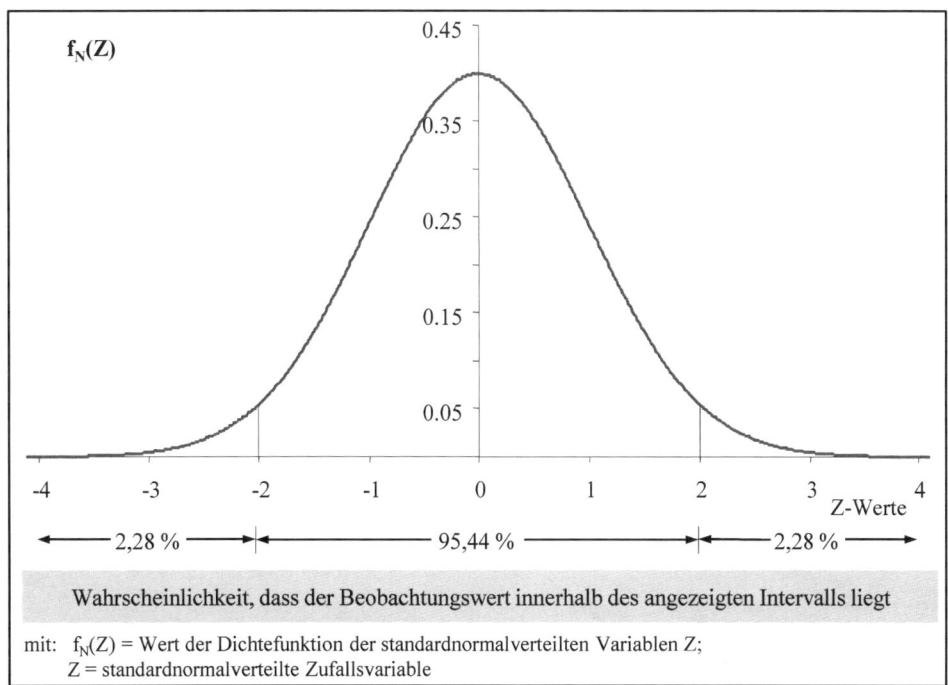

Abb. 165: Dichtefunktion der Standardnormalverteilung

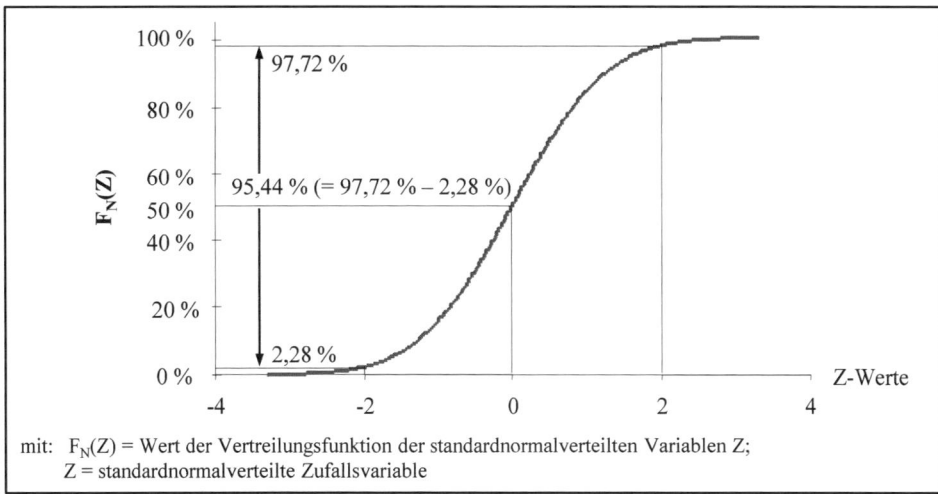

Abb. 166: Verteilungsfunktion der Standardnormalverteilung

Zusammenfassend lässt sich feststellen, dass jede beliebige normalverteilte Zufallsvariable X mit Erwartungswert und Standardabweichung in die standardnormalverteilte Zufallsvariable Z mit einem Erwartungswert von 0 und einer Standardabweichung von 1 überführt werden kann. Diese Eigenschaft kann man sich für die Berechnung von Intervallen zunutze machen. Durch die Transformationseigenschaft reichen Kenntnisse über die Verteilungsfunktion der Standardnormalverteilung, da jegliche normalverteilte Zufallsvariable standardisiert und wieder in die ursprüngliche Verteilung überführt werden kann. Der mit der Berechnung individueller Häufigkeiten und Verteilungen verbundene Rechenaufwand entfällt somit. Zur Ermittlung der relevanten Wahrscheinlichkeiten kann auf die tabellarisch erfassten Werte der Dichte- und Verteilungsfunktion der Standardnormalverteilung zurückgegriffen werden. Tabelle 85 zeigt Auszüge aus dieser:

z	0,0000	0,5000	1,0000	1,6449	2,0000	2,3263	3,0000
$F_N(z)$	0,5000	0,6915	0,8413	0,9500	0,9772	0,9900	0,9987

Tabelle 85: Funktionswerte der Verteilungsfunktion der Standardnormalverteilung für ausgewählte Z-Werte

Der Wert $F_N(2) = 0{,}9772$ bedeutet, dass mit einer Wahrscheinlichkeit von 97,72 % die Werte der Zufallsvariablen Z unter +2 und mit einer Wahrscheinlichkeit von 2,28 % (= 100 % − 97,72 %) über +2 liegen. Da aufgrund der Symmetrie der Normalverteilung die Beziehung $F_N(-z) = 1 - F_N(z)$ für alle negativen Z-Werte gilt, müssen nur Werte der Dichte- und Verteilungsfunktion für positive Z-Werte erfasst werden. In unserem Beispiel kann deshalb zusätzlich die Aussage gemacht werden, dass entsprechend die Werte der Zufallsvariablen Z mit 2,28 % Wahrscheinlichkeit unter -2 und mit 97,72 % Wahrscheinlichkeit darüber liegen werden. Die über einem negativen Z-Wert resp. unter einem positiven Z-Wert liegende Wahrscheinlichkeit wird im Rahmen von Risikomodellen in der Literatur auch als **Konfidenzniveau** bezeichnet. Dieser Ausdruck ist in diesem Kontext zwar statistisch nicht ganz korrekt. Dennoch soll in den folgenden Ausführungen in Anbetracht der Verbreitung in der Literatur weiterhin dieser Ausdruck verwendet werden.

Je größer (der negative oder positive) Z-Wert gewählt wird, desto höher ist auch die Wahrscheinlichkeit dafür, dass dieses Konfidenzniveau eingehalten wird. Hier liegt der große Unterschied zur Standardabweichung (auch Volatilität genannt) als Risikomaß, bei welcher nicht nur die negative Abweichung von einem Zielwert, sondern die Gesamtabweichung – also sowohl die positive als auch die negative Abweichung – gemessen wird.

Oben gemachte Überlegungen zu einem solchen Konfidenzniveau lassen sich mit den folgenden Beziehungen allgemein darstellen:

$$W(X \leq x_i) = F_n(x_i \mid EW; VAR) = W(Z \leq z_i) = F_n(z_i)$$

$$\text{mit: } z_i = \frac{x_i - EW}{STD}$$

Ausgehend von einer normalverteilten Zufallsvariablen X mit Erwartungswert EW und Varianz VAR wird die Wahrscheinlichkeit W dafür gesucht, dass eine Ausprägung kleiner x_i beobachtet werden kann. Dafür wird die Zufallsvariable X unter Verwendung der bekannten Standardisierungsformel in eine standardnormalverteilte Zufallsvariable Z transformiert, mit dem Resultat, das Sicherheitsniveau z_i zu erhalten und dessen Wahrscheinlichkeit in einer standardisierten Tabelle nachschlagen zu können.

Um diese Überlegungen zu verdeutlichen, soll die Wahrscheinlichkeit dafür berechnet werden, dass die Rendite einer normalverteilten Zufallsvariablen X (z. B. Aktienkursrenditen eines bestimmten Unternehmens) mit einem Erwartungswert von 1 % und einer Varianz von 4 %^{2} unter -3 % liegt. Die Überführung in eine standardnormalverteilte Zufallsvariable erfolgt anhand der Standardisierungsformel:

$$W(X \leq -3\,\%) = W\left(Z \leq \frac{-3\,\% - 1\,\%}{2\,\%}\right) = W(Z \leq -2\,\%)$$

Das Konfidenzniveau bei einer Rendite von -3 % der normalverteilten Zufallsvariablen X entspricht also dem Niveau bei einer standardnormalverteilten Zufallsvariable Z von -2, wie in Abbildung 167 dargestellt.

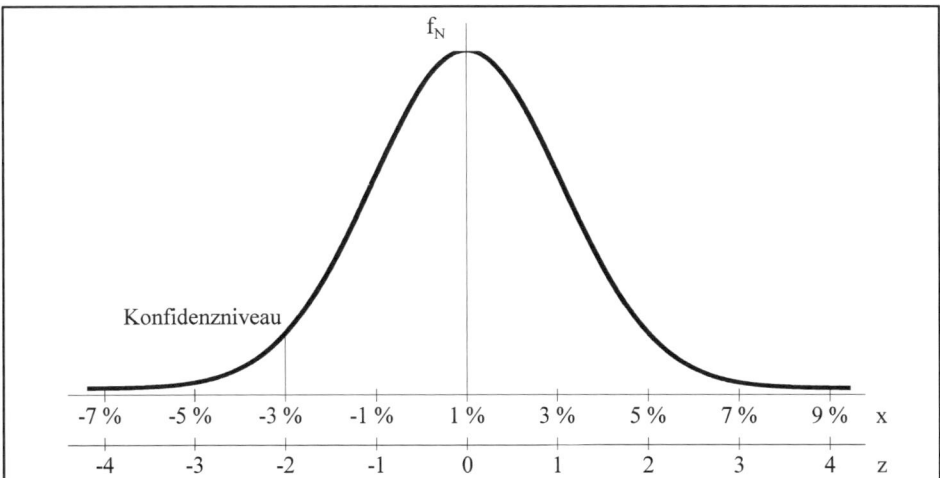

Abb. 167: Beispiel zur Berechnung eines Konfidenzniveaus

In Tabelle 85 kann der Wert der Verteilungsfunktion (97,72 %) bei einem Z-Wert von 2 abgelesen werden. Aufgrund obiger Beziehung, welche durch die Symmetrie der Normalverteilung gegeben ist, ergibt sich ein Wert von 2,28 %:

$$F_N(-2) = 1 - F_N(2) = 1 - 0,9772 = 0,0228 \text{ oder } 2,28\,\%$$

Mit einer Wahrscheinlichkeit von 2,28 % muss demnach mit Beobachtungen gerechnet werden, die unter -3 % liegen.

c)   Anforderungen an Finanzmarktdaten für statistische Auswertungen

Nun soll untersucht werden, welche Anforderungen Finanzmarktdaten erfüllen sollten, damit statistische Aussagen wie jene über die Eintrittswahrscheinlichkeit gemacht werden dürfen. Grundlage einer Analyse von Finanzmarktdaten ist i. d. R. eine **Zeitreihe**, welche aus periodisch erhobenen Beobachtungen besteht. Ein häufiges Problem bei Zeitreihen besteht darin, dass die beobachteten Werte voneinander abhängen. Diese Arten von linearen Abhängigkeiten müssen von den zuvor beschriebenen Korrelationen und Korrelationskoeffizienten unterschieden werden. In diesem Fall handelt es sich nicht um die Abhängigkeit zwischen zwei unterschiedlichen

Zeitreihen A und B, sondern um diejenige zwischen den einzelnen Beobachtungen innerhalb einer Zeitreihe A, auch **Autokorrelation** genannt. Autokorrelation hat zur Folge, dass die einzelnen Beobachtungen nicht unabhängig voneinander sind und demnach einem Trend unterliegen. Ein solcher Trend bedeutet aber, dass sich der Mittelwert einer Zeitreihe ständig ändert. Wenn eine beobachtete Zeitreihe Prognosezwecken dienen soll, ist es wichtig, dass diese hinsichtlich Mittelwert, aber auch bezüglich Varianz und Kovarianz vom Zeitindex unabhängig ist, d. h. diese Werte sich im Zeitablauf nur unmerklich ändern. Falls eine Zeitreihe diese Eigenschaft erfüllt, spricht man von einer **schwach stationären Zeitreihe**. Schwach stationäre Zeitreihen werden häufig erreicht, wenn an Stelle des absoluten Betrags (beispielsweise Kurswert) die **Veränderungsrate** (z. B. Rendite) betrachtet wird. Dadurch entsteht kein Informationsverlust, da Veränderungsraten problemlos wieder in den ursprünglichen Wert überführt werden können.

Veränderungsraten können sowohl stetig als auch diskret berechnet werden (die Erläuterungen erfolgen anhand von Aktienrenditen als Spezialfall allgemeiner Veränderungsraten). Es stellt sich die Frage, welche Definition für Zeitreihenanalysen geeigneter ist. Die **diskrete Rendite** unterstellt eine zeitpunktbezogene Veränderung eines Basiswerts. Die Verzinsung des Kapitals erfolgt in der betrachteten Periode genau einmal. Die diskrete Rendite ergibt sich demnach aus der Überlegung, dass beispielsweise der Kurswert nach einer Periode dem Kurswert im Ausgangszeitpunkt zuzüglich der einmaligen Rendite entspricht:

$$K_t = K_{t-1} + r_t^d \cdot K_{t-1}$$

mit: K_t = Kurswert im Zeitpunkt t; K_{t-1} = Kurswert im Zeitpunkt t – 1; r_t^d = diskrete Rendite resp. Veränderungsrate

Löst man obige Gleichung nach der Rendite r_t^d auf, so ergibt sich die diskrete Rendite aus dem Verhältnis des Verkaufspreises zum Kaufpreis abzüglich eins:

$$r_t^d = \frac{K_t}{K_{t-1}} - 1$$

Stetige Renditen können aus den diskreten Renditen abgeleitet werden, indem an Stelle einer einmaligen Preisänderung unendlich viele Preisänderungen unterstellt werden, die in unendlich kleinen Abständen eintreten. Der Kurswert nach einer Periode ergibt sich entsprechend gemäß folgender Formel:

bei m Preisänderungen: $K_t = K_{t-1} \cdot \left(1 + r_t^d \cdot \frac{1}{m}\right)^m$

falls m gegen unendlich geht: $\lim\limits_{m \to \infty} \left(1 + \frac{1}{m}\right)^m = e = 2{,}718281828...$

lautet die Gleichung neu: $K_t = K_{t-1} \cdot e^{r_t^s}$

mit: K_t = Kurswert im Zeitpunkt t; K_{t-1} = Kurswert im Zeitpunkt t–1; r_t^s = stetige Rendite resp. Veränderungsrate; e = Eulersche Zahl; m = Anzahl an Preisänderungen

Um die Gleichung nach der stetigen Rendite aufzulösen, müssen beide Seiten der Gleichung mit dem natürlichen Logarithmus multipliziert werden. Für die stetige Rendite resultiert schließlich

$$r_t^s = \ln\left(\frac{K_t}{K_{t-1}}\right) = \ln(K_t) - \ln(K_{t-1})$$

mit: ln = natürlicher Logarithmus

Die beiden Renditedefinitionen können einfach ineinander überführt werden, wie in den folgenden Gleichungen gezeigt wird:

$$r_t^d = e^{r_t^s} - 1 \text{ resp. } r_t^s = \ln(1 + r_t^d)$$

Je nach Anwendungsbereich kann die eine Renditedefinition der anderen vorgezogen werden. Stetige Renditen besitzen im Gegensatz zu den diskreten Renditen allerdings viele Eigenschaften, welche den Einsatz von statistischen Verfahren und Modellen erst ermöglichen.

Stetige Renditen folgen eher einer symmetrischen Verteilung um den Mittelwert. Dieses Merkmal ist sehr wichtig, da diese Eigenschaft eine notwendige Bedingung für die **Normalverteilung** darstellt. Diskrete Renditen sind hingegen häufig nicht symmetrisch, sondern rechtsschief. Dies resultiert daraus, dass negative diskrete Renditen auf -100 % beschränkt sind, während positive diskrete Renditen unendlich groß sein können.

Müssen beispielsweise für die Vergleichbarkeit verschiedener Veränderungsraten Tagesrenditen in Monats- oder Jahresrenditen umgewandelt werden, empfiehlt sich zusätzlich der Gebrauch von stetigen Renditen. Diese haben die Eigenschaft, dass die Berechnung von **Mehrperiodenrenditen** durch einfache Addition vorgenommen werden kann. Die Jahresrendite berechnet sich entsprechend aus der Addition der zwölf Monatsrenditen. Für diskrete Renditen trifft diese Eigenschaft nicht zu. Eine einfache Addition diskreter Renditen ergibt widersprüchliche Resultate, wie Tabelle 86 zeigt. Während sich der Kurs nach drei Perioden im Vergleich zur Ausgangssituation wieder auf dem gleichen Niveau befindet, erhält man als Summe aus den Einzelrenditen für die diskrete Rendite einen Wert von 217 % und bei der stetigen Rendite den „richtigen" Wert in Höhe von 0 %.

Periode	0	1	2	3	Summe
Kurswert	100	300	50	100	–
diskrete Rendite	–	+200 %	-83 %	+100 %	+217 %
stetige Rendite	–	+110 %	-179 %	+69 %	0 %

Tabelle 86:   Eigenschaften von diskreten und stetigen Renditen

Die **Additivität** von stetigen Veränderungsraten ist besonders in Risikomodellen eine wichtige Eigenschaft, da die in ein Modell einfließenden Veränderungsraten die **gleiche Zeitbasis** besitzen müssen.

Die gleiche Anforderung gilt in Risikomodellen für Varianzen. Da Varianzen mit ansteigendem Intervall der Datenerhebung größer werden und dadurch Varianzen mit unterschiedlichem Intervall der zugrunde liegenden Daten in einem Risikomodell nicht mehr unmittelbar miteinander verglichen werden können, ist es notwendig, diese auf ein einheitliches Intervall zu kalibrieren. Unter der Annahme, dass die einzelnen Veränderungsraten voneinander unabhängig (d. h., dass diese nicht autokorrelieren) und die Varianzen stationär sind, lässt sich die Varianz eines beliebigen Zeitintervalls (T − t) gemäß folgender Formel berechnen:

$$VAR_{T-t} = VAR(\sum_{n=1}^{N} R_n) = VAR(R_1) + VAR(R_2) + \ldots + VAR(R_N) = N \cdot VAR(R_n)$$

mit: T = Ende des Zeitintervalls; t = Beginn des Zeitintervalls; VAR_{T-t} = Varianz mit der Zeitbasis (T − t);
R_n^s = Zeitreihe mit stetigen Renditen auf Zeitbasis (T − t) / N;
N = Anzahl Zeitreihen mit Zeitbasis (T − t) / N

Die Varianz mit einem Zeitintervall T − t errechnet sich dementsprechend durch Addition der N Varianzen mit einem Zeitintervall von (T − t) / N (z. B. Handelstagen). Abgeleitet aus obiger Gleichung berechnet sich die Standardabweichung eines Intervalls T − t nach der auch als **Wurzelgesetz** bekannten Gleichung:

$$STD_{T-t} = \sqrt{N \cdot VAR(R_n)} = \sqrt{N} \cdot STD(R_n)$$

Die Standardabweichung von Jahresrenditen würde demnach bei einer konstanten Standardabweichung von monatlichen Aktienkursrenditen in der Höhe von 5 % wie folgt berechnet:

$$STD_{1\,Jahr} = \sqrt{12} \cdot 5\,\% = 17{,}32\,\%$$

Da die Prämissen für die Anwendung des Wurzelgesetzes sehr restriktiv sind, ist es in Risikomodellen von Vorteil, darauf zu achten, dass die Datenerhebung aus einheitlichen Intervallen besteht.

2. Bestimmung des Value at Risk

In Theorie und Praxis wurde der VaR-Ansatz auf unterschiedlichste Art weiterentwickelt und verfeinert. Dabei blieb die Grundidee der Verknüpfung des potenziellen Verlustes mit einer Wahrscheinlichkeitsaussage in allen Modellvarianten erhalten. Alle VaR-Modelle haben zum Ziel, möglichst exakt Einzelrisiken zu spezifizieren und zu einem Gesamtbankrisiko zusammenzuführen. Hinsichtlich möglicher Vorgehensweisen können für die VaR-Berechnung analytische Ansätze von Simulationen unterschieden werden. Grundlage analytischer Modelle sind theoretische Verteilungen, auf deren Basis Wahrscheinlichkeitsaussagen gemacht werden. Im einfachsten Fall wird die Normalverteilung der analysierten Daten unterstellt, welche durch die beiden Maßzahlen Erwartungswert und Standardabweichung charakterisiert ist. Im Unterschied zu den analytischen Modellen entfällt im Rahmen simulativer Modelle die explizite Festlegung theoretischer Verteilungen. Vielmehr werden Informationen direkt aus der simulierten oder historischen Ergebnisverteilung entnommen, wodurch eine unterstellte Verteilung i. d. R. nicht mehr benötigt wird. Aufgrund spezifischer Vor- und Nachteile werden beide Modellarten in einem Kreditinstitut eingesetzt. Alle Varianten werden im Folgenden in einem Risikomodell mit dem Titel **RiskMaster** zusammengefasst. Dieses Risikomodell ist weder neu noch eigenständig. Gleichwohl sind alles wesentlichen Varianten der modernen Risikomessung darin enthalten. Im RiskMaster werden Elemente beider VaR-Ansätze verwendet. Die Darstellung erfolgt aufgrund der größeren Bedeutung auf barwertorientierter Basis. Die Berechnung periodenorientierter Value at Risk deckt sich jedoch mit dem Vorgehen der Barwertberechnung.

Das Modell setzt sich zusammen

- aus einem **analytischen Grundmodell**, das ein standardisiertes Verfahren zur Messung des VaR **einzelner Risikokategorien** beinhaltet,

- sowie einer **Risikomatrix**, in der die einzelnen Risikokategorien aggregiert werden,

- und aus **Modellerweiterungen** (basierend auf **Simulationen**), die in Abhängigkeit von der zu bewertenden Risikoart zur Verbesserung der Messergebnisse herangezogen werden.

a) Quantifizierung des Value at Risk anhand des analytischen Grundmodells

(1) Berechnung des Value at Risk einer einzelnen Position

In analytischen Modellen wird, wie bereits erwähnt, der VaR unter Rückgriff auf eine theoretische Verteilung und die ihr zugrunde liegenden statistischen Maßzahlen berechnet. Das hier näher betrachtete analytische Grundmodell ist in Abbildung 168 anhand eines **standardisierten Verfahrens** dargestellt. Die ersten fünf Stufen zeigen die Ermittlung des VaR einer einzelnen Position. In der sechsten Stufe erfolgt die Verknüpfung mehrerer VaR, welche Bestandteil des nächsten Kapitels ist.

Stufe 1	Definition des Risikoparameters (RP) und des Risikovolumens (RV)
Stufe 2	Berechnung der Standardabweichung des Risikoparameters STD_{RP}
Stufe 3	Bestimmung einer Risikomesszahl durch Fixierung des Konfidenzniveaus mit der Auswahl des Z-Werts $$RMZ_{RP} = \pm \text{Z-Wert} \cdot STD_{RP}$$
Stufe 4	Ableitung des Risikofaktors $$RF_{RP} = e^{RMZ_{RP}} - 1$$ Prämisse: Erwartungswert immer gleich null!
Stufe 5	VaR eines einzelnen Risikoparameters: $$VaR = RV_{RP} \cdot RF_{RP}$$
Stufe 6	Verknüpfung der Stufen 1 bis 5 über eine Korrelationskoeffizientenmatrix zum Value at Risk bei einem oder mehreren Risikoparametern VaR mehrerer Risikoparameter: $$VaR_{Gesamt} = \sqrt{\begin{array}{c}[\text{Risikovektor}]\\ \cdot [\text{Korrelationskoeffizentenmatrix}]\\ \cdot [\text{Transponente des Risikovektors}]\end{array}}$$

mit: e = Eulersche Zahl; i = Index eines beliebigen Risikoparameters; n = Gesamtzahl der Risikoparameter; RMZ = Risikomesszahl; RP = Risikoparameter; RV = Risikovolumen;
STD = Standardabweichung; Z = standardnormalverteilte Zufallsvariable

Abb. 168: Standardisierte Risikoquantifizierung im Grundmodell des bankinternen Risikomodells RiskMaster

Zu Stufe 1:

In der ersten Stufe sind die für die jeweiligen Risikopositionen, welche barwertiger (z. B. Akti-
enwerte) oder periodischer Natur (z. B. Cashflows) sein können, relevanten Risikoparameter
und Risikovolumina zu definieren. Für die Bestimmung der **Risikoparameter** ist es zunächst
wichtig, die Risikokategorien für die Risikopositionen eines Kreditinstituts zu bestimmen.
Tabelle 87 gibt einen Überblick über ausgewählte Risikopositionen und mögliche preisbestimmende Risikokategorien.

Risikoposition	Risikokategorien						
	Zins-änderungs-risiko	Währungs-risiko	Kurs-risiko	Volatili-tätsände-rungsrisiko	Zeitablauf-risiko	Basis-risiko	Spread-risiko
Einlagen/ Ausleihungen	x	x					x
Swaps	x	x					x
Zinsfutures	x	x				x	
Anleihen	x	x					x
Devisenkassa-geschäfte		x					
Devisen-optionen	x	x		x	x		
Aktienkassa-geschäfte		x	x				

Tabelle 87: Ausgewählte Risikopositionen und die ihnen zugrunde liegenden Risiken

Für die verschiedenen Risikokategorien können Risikoparameter definiert werden. Diese stellen sich i. d. R. als stetige Veränderungsrate der Risikokategorie dar. Stellvertretend für die Risikokategorie Aktienkursrisiko besteht der Risikoparameter aus einer Zeitreihe von stetigen Aktienkursrenditen, für das Zinsänderungsrisiko aus Änderungen der Zerobond-Abzinsfaktoren, für das Wechselkursrisiko aus stetigen Devisenkursänderungen etc. Des Weiteren können von sämtlichen Ergebnissen aus periodenorientierter Sicht Risikoparameter und darauf aufbauend VaR berechnet werden. Der Risikoparameter von Kostenbudgets könnte in den stetigen Kostenabweichungsraten, der Risikoparameter von Cashflows in stetigen Abweichungsraten aufeinander folgender Cashflows etc. bestehen. Wesentlich ist in diesem Zusammenhang, dass nicht die unmittelbaren Beobachtungen (Aktienkurse, Zinssätze oder Devisenkurse), sondern die sich aus den Entwicklungen dieser Größen ergebenden stetigen Renditen bzw. stetigen Veränderungsraten als Risikoparameter zu betrachten sind, welche im Grundmodell als annähernd normalverteilt angenommen werden.

Durch die Ableitung der Risikoparameter aus den Risikokategorien, anstelle einer direkten Ermittlung einer Zeitreihe bestehend aus stetigen Abweichungsraten der Risikopositionen selbst (z. B. bei einer Obligation), können die Renditeverteilungen der Risikoparameter unabhängig von den Risikopositionen verwendet werden. Diese Vorgehensweise hat den Vorteil, dass beispielsweise die Preisänderungen von zwei unterschiedlichen Zinspositionen mit der gleichen Restlaufzeit durch dieselbe Veränderungsrate des Zerobond-Abzinsfaktors bestimmt werden können und dadurch eine Aufwandsreduktion resultiert. Ein weiterer Vorteil besteht darin, dass die historische Datenverfügbarkeit der „standardisierten" Risikoparameter viel eher gewährleistet ist als diejenige beispielsweise einer Anleihe, welche erst seit zwei Monaten auf dem Markt gehandelt wird. Die statistische Aussagekraft bei der Verwendung von Risikoparametern anstelle der Risikopositionen ist aber nur dann die gleiche, wenn zwischen Risikoparameter und den unmittelbaren Beobachtungen eine lineare Beziehung besteht.

Das **Risikovolumen** wird definiert als das finanzielle Volumen, das einem Risiko ausgesetzt ist. Grundsätzlich kann für sämtliche Ist- und Plangrößen einer Unternehmung, die bestimmten Schwankungen unterliegen, das mit einer festgelegten Wahrscheinlichkeit schlagend werdende Abweichungsrisiko bestimmt werden. Im Modell RiskMaster stehen dabei die Marktwerte des liquiditätsmäßig-finanziellen Bereichs im Vordergrund der Analyse. Allerdings können, wie zuvor beschrieben, grundsätzlich auch Periodengrößen Gegenstand der Analyse sein.

Zu Stufe 2:

In der zweiten Stufe werden der **Mittelwert** und die **Standardabweichung** aus einer Datenreihe des jeweiligen **Risikoparameters** berechnet. Dabei ist zu entscheiden, welche **Haltedauer** und welcher **Beobachtungszeitraum** den Berechnungen zugrunde gelegt wird. Vonseiten der Aufsichtsbehörden wird für Marktrisiken beispielsweise eine Haltedauer von zehn Börsentagen verlangt. Konkret bedeutet dies, dass die Standardabweichung aus Veränderungsraten mit einem Zeitraum von zehn Handelstagen berechnet wird. Diese Berechnung kann entweder überlappend erfolgen, indem die erste Veränderungsrate aus dem ersten Handelstag und dem zehnten, die zweite aus dem zweiten und elften usw. berechnet wird. Ein solches Vorgehen hat den Nachteil, dass eine positive Autokorrelation entsteht, welche zu falschen statistischen Resultaten führen kann. Die andere Variante besteht darin, die erste Veränderungsrate aus dem ersten Handelstag und dem zehnten, die zweite aus dem elften und dem zwanzigsten Handelstag zu berechnen, wodurch die Zeitreihe aus den stetigen Veränderungsraten im Vergleich zur ersten Methode um ein Vielfaches kleiner wird.

Kürzere Beobachtungszeiträume weisen grundsätzlich einen stärkeren Zeitbezug zu den aktuellen Marktentwicklungen auf. Damit verbunden ist jedoch das Problem unsicherer Schätzungen und damit stärker schwankender Risikowerte. Die bankaufsichtlichen Verfahren zur Risikomessung legen eher auf lange **Beobachtungsperioden** Wert, wobei unter Umständen die näher zurückliegenden Beobachtungsdaten eine stärkere Gewichtung erfahren können. Aus statistischer Sicht sind ebenfalls längere Zeiträume kürzeren vorzuziehen, da die statistische Aussagekraft und Annäherung an eine für die weitere Vorgehensweise erforderliche Normalverteilung durch größere Datenreihen des zugrunde gelegten Risikoparameters i. d. R. besser wird.

Zu Stufe 3:

In der dritten Stufe erfolgt die Fixierung der sogenannten **Risikomesszahl**. Die Risikomesszahl stellt einen mathematischen Ausdruck zur Bestimmung der mit einer bestimmten Wahrscheinlichkeit eintretenden Entwicklung des Risikoparameters dar. Grundsätzlich muss definiert werden, auf welchem Konfidenzniveau der VaR berechnet werden soll. Ist der VaR beispielsweise auf einem Konfidenzniveau von 99 % zu bestimmen, so entspricht dies einem Z-Wert von 2,3263. Um diesen Z-Wert auf die Verteilung des Risikoparameters zu transformieren, wird die Transformationsformel von S. 396 nach X aufgelöst.

Aus $Z = \dfrac{X - EW}{STD}$ resultiert dann $X = Z \cdot STD + EW$

mit: EW = Erwartungswert; STD = Standardabweichung; Z = standardnormalverteilte Zufallsvariable;
       X = normalverteilte Zufallsvariable

Dieser Rechenschritt soll an einem Beispiel verdeutlicht werden. Es sei angenommen, dass der Manager eines Aktienportfolios, der eine Long-Position eines beliebigen Aktienwerts eingegangen ist, anhand der stetigen Veränderungsraten wissen möchte, welche maximale negative Veränderungsrate mit einer Wahrscheinlichkeit von 97,72 % nicht überschritten bzw. mit einer Wahrscheinlichkeit von 2,28 % überschritten wird. Aus dem Verlauf der Dichte- und der Verteilungsfunktion der Standardnormalverteilung ist abzulesen, dass der Z-Wert in Höhe von -2 die Standardnormalverteilung entsprechend teilt. Demzufolge stellt der Z-Wert von -2 diejenige maximale negative Abweichung vom Erwartungswert dar, die mit einer Wahrscheinlichkeit von 97,72 % nicht überschritten wird. Aus einem gemäß Stufe 2 berechneten Erwartungswert der Portfoliorendite von z. B. 5 % und einer Standardabweichung von 10 % bei einer Haltedauer von 100 Handelstagen folgt nach der Transformationsregel:

$$X = -2 \cdot 10\,\% + 5\,\% = -15\,\%$$

Mit einer Wahrscheinlichkeit von 97,72 % kann angenommen werden, dass die erwartete stetige Rendite bei einer Haltedauer von 100 Handelstagen nicht schlechter als -15 % ausfallen wird.

Die Wahl des Konfidenzniveaus und damit des Z-Werts kann zum einen aufgrund von aufsichtlichen Bestimmungen erfolgen. Zum anderen handelt es sich meist um subjektive Entscheidungen des Managements, welche nicht zuletzt vom angestrebten Standing des Unternehmens abhängig sind. Aus obiger Rechnung ist ersichtlich, dass mit steigendem Konfidenzniveau, also steigendem Z-Wert, die Abweichung von der erwarteten Rendite steigt. Wie zu zeigen sein wird, steigt bei einer Erhöhung des Konfidenzniveaus der VaR und somit das zu unterlegende Risikokapital, wodurch sich das Kreditinstitut auf einem höheren Sicherheitsniveau befindet.

Aus obigen Überlegungen kann die Gleichung für die **Risikomesszahl** abgeleitet werden:

$$RMZ(RP) = STD(RP) \cdot Z$$

mit: RMZ = Risikomesszahl; RP = Risikoparameter; STD = Standardabweichung; Z = standardnormalverteilte Zufallsvariable Z

Ein Vergleich der Formel für die Risikomesszahl mit der Transformationsformel zeigt die Vernachlässigung des Erwartungswerts bei der Berechnung der Risikomesszahl. Der Risikofaktor basiert demnach auf der **Prämisse eines Erwartungswerts von null**. Diese Prämisse wird üblicherweise sowohl aus rechentechnischen als auch aus pragmatischen Erwägungen heraus grundsätzlich akzeptiert. Denn ansonsten würden die Gleichungen zur Risikoberechnung eine ungleich höhere Komplexität verbunden mit höherem Berechnungsaufwand aufweisen. Die Prämisse ist allerdings insofern unproblematisch, als dass das tatsächliche Verlustrisiko gegenüber der Ausgangssituation grundsätzlich zu hoch bewertet wird. Abbildung 169 zeigt, dass aufgrund der genannten Prämisse die Risikomesszahl im Beispiel -20 % anstatt -15 % beträgt. Die „Sicherheit" vergrößert sich also durch die Prämisse eines Erwartungswerts von null.

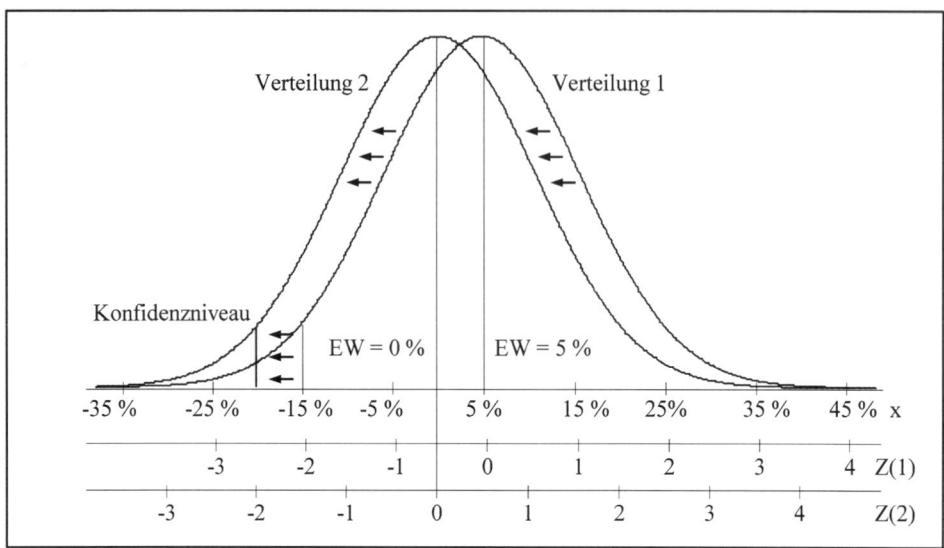

Abb. 169: Auswirkungen der Prämisse eines Erwartungswerts von null an einem Beispiel

Je nach Risikoparameter und der zu bewertenden Position handelt es sich beim Z-Wert um eine positive oder negative Zahl. Bei einer Long-Position in einer Anleihe beispielsweise besteht das Zinsänderungsrisiko, gemessen anhand des Risikoparameters Zerobond-Abzins-faktor, in steigenden Zinsen und demnach einer negativen Veränderungsrate des Zerobond-Abzinsfaktors. Dementsprechend würde das Risiko in einem negativen Z-Wert begründet sein. Genau entgegengesetzt verhält es sich bei einer Short-Position in der genannten Anleihe, wenn das Risiko beim genannten Risikoparameter durch einen positiven Z-Wert charakterisiert wird. Tabelle 88 fasst diesen Sachverhalt anhand einer Matrix zusammen.

	Risikoparameter	
Position	Stetige Veränderungsraten von Aktienkursen, Zerobond-Abzinsfakto-ren, Devisenkursen etc.	Stetige Veränderungsraten von Zerobondrenditen
Long-Position	Das Risiko besteht in der Gefahr sinkender Veränderungsraten (in negativen Z-Werten)	Das Risiko besteht in der Gefahr steigender Veränderungsraten (in positiven Z-Werten)
Short-Position	Das Risiko besteht in der Gefahr steigender Veränderungsraten (in positiven Z-Werten)	Das Risiko besteht in der Gefahr sinkender Veränderungsraten (in negativen Z-Werten)

Tabelle 88: Das Risiko in Abhängigkeit von ausgewählten Risikoparametern bei einer Long- resp. Short-Position

Zu Stufe 4:

Die Risikomesszahl bildet die Basis für die Berechnung des **Risikofaktors**. Zum besseren Verständnis des Risikofaktors ist auf die erste Stufe des Risikomodells zurückzugreifen. Schon bei der Definition der Risikoparameter ist zu beachten, dass diese Werte als **stetige Kennzif-fern** zu berechnen sind, um den für die Anwendung statistischer Instrumentarien erforderlichen Verteilungsannahmen gerecht zu werden. In der Folge soll die Risikomesszahl, welche auf Basis stetiger Risikoparameter berechnet wurde, in eine diskrete Kennzahl umgewandelt werden.

Das Vorgehen dieser Umwandlung soll anhand eines Beispiels verdeutlicht werden. Die stetige Rendite zweier Aktienkurse in Höhe von 100 EUR in t = 0 und 110 EUR in t = 1 ergibt sich aufgrund der bekannten Formel:

$$\text{stetige Rendite: } \ln\left(\frac{110}{100}\right) = 9{,}53\,\%$$

Die Umwandlung einer stetigen in eine diskrete Rendite erfolgt, indem unter Zuhilfenahme der Eulerschen Zahl in einem ersten Schritt die Logarithmierung rückgängig gemacht wird. In einem zweiten Schritt erfolgt die Berechnung der diskreten Rendite, welche sich aus der einfachen Division der beiden Aktienkurse und der Subtraktion von eins ergibt:

$$\text{diskrete Rendite: } \frac{110}{100} - 1 = e^{\ln\left(\frac{110}{100}\right)} - 1 = e^{9{,}53\,\%} - 1 = 10\,\%$$

mit: e = Eulersche Zahl = 2,718281828; ln = natürlicher Logarithmus

Der Grund für die Umwandlung der auf dem stetigen Risikoparameter aufbauenden Risikomesszahl in eine diskrete Größe liegt darin, dass die **logarithmische Verknüpfung** zweier Preise dazu führt, dass das Risiko nicht durch die einfache Multiplikation einer bestimmten Position mit der Risikomesszahl ermittelt werden kann. Erst das Rückgängigmachen dieser logarithmischen Verknüpfung durch Berechnung des **Risikofaktors** ermöglicht in Stufe 5 die Ermittlung des VaR durch eine einfache multiplikative Verknüpfung. Der Risikofaktor ergibt sich in Anlehnung an obige Überlegung:

$$RF(RP) = e^{RMZ(RP)} - 1$$

mit: e = Eulersche Zahl = 2,718281828; RF = Risikofaktor; RMZ = Risikomesszahl; RP = Risikoparameter

Zu Stufe 5:

Der **VaR** als das mit einer vorgegebenen Wahrscheinlichkeit schlagend werdende Risiko wird für einzelne Risikoparameter grundsätzlich aus der Multiplikation des in Stufe 1 beschriebenen Risikovolumens mit dem Risikofaktor berechnet:

$$VaR = RF \cdot RV$$

mit: RF = Risikofaktor; RV = Risikovolumen

Grundsätzlich kann für sämtliche Risikopositionen eines Kreditinstituts, die Wertschwankungen unterliegen, das mit einer bestimmten Wahrscheinlichkeit schlagend werdende Abweichungsrisiko bestimmt werden. Ein negativer Wert in Stufe 5 zeigt, dass es sich um ein Risiko handelt.

Zu Stufe 6:

In der sechsten und letzten Stufe werden die Ergebnisse der **Stufen 1–5 zusammengeführt**. Sofern jedoch nicht nur ein, sondern mehrere Risikoparameter bei der Risikoanalyse der Bankgeschäfte auftreten, sind die zwischen diesen Risikoparametern bestehenden **Risikoverbundeffekte** zu berücksichtigen. Die Risikoverbundeffekte verdienen deshalb besondere Beachtung, weil sich zwei Risikoparameter üblicherweise nicht gleich entwickeln. Vielmehr ist anzunehmen, dass durch **teilweise oder vollständig gegenläufige Entwicklungen** risikokompensierende Wirkungen eintreten, die bei der Risikomessung zu erfassen sind. Die Quantifizierung solcher Risikoverbundeffekte über Korrelationen soll im nächsten Abschnitt ausführlich behandelt werden.

(2) Aggregation einzelner Values at Risk mithilfe der Korrelationskoeffizientenmatrix

Die Gleich- bzw. Gegenläufigkeit der Entwicklung zweier oder mehrerer Risikoparameter, also das Ausmaß der Risikoverbundeffekte, wird mithilfe der im Statistikteil definierten Parameter Kovarianz resp. Korrelationskoeffizient erfasst. Der Einfluss dieser Risikoverbundeffekte kann am besten dargestellt werden, indem ein Portfolio bestehend aus zwei Wertpapieren betrachtet wird. Die Varianz eines solchen Portfolios ergibt sich nach der sog. Linearkombinationsregel:

$$VAR(P) = w_A^2 \cdot VAR(A) + w_B^2 \cdot VAR(B) + 2 \cdot w_A \cdot w_B \cdot KOV(A,B)$$

mit: VAR = Varianz; KOV = Kovarianz; A resp. B = stetige Rendite der Aktie A resp. B;
     w_A resp. w_B = Anteilswert der Aktie A bzw. B; P = Portfolio

Im Gegensatz zur Renditeerwartung eines Portfolios, welche sich aus der einfachen gewichteten Addition der einzelnen erwarteten Renditen ergibt, enthält die Varianz eines Portfolios zusätzlich einen (bei nicht vollständig positiver Korrelation) risikoreduzierenden Kovarianzterm. Anstelle des Kovarianzterms kann die Linearkombinationsregel auch mithilfe der Korrelation geschrieben werden (vgl. S. 390):

$$VAR(P) = w_A^2 \cdot STD(A)^2 + w_B^2 \cdot STD(B)^2 + 2 \cdot w_A \cdot w_B \cdot KOR(A,B) \cdot STD(A) \cdot STD(B)$$

Zur einfacheren Handhabung dieser Beziehung lässt sich die Gleichung in eine Matrizenschreibweise überführen:

$$VAR(P) = [w_A \cdot STD(A) \;\; w_B \cdot STD(B)] \begin{bmatrix} 1 & KOR(A,B) \\ KOR(A,B) & 1 \end{bmatrix} \cdot \begin{bmatrix} w_A \cdot STD(A) \\ w_B \cdot STD(B) \end{bmatrix}$$

Entsprechend gilt für die Standardabweichung:

$$STD(P) = \sqrt{[w_A \cdot STD(A) \;\; w_B \cdot STD(B)] \begin{bmatrix} 1 & KOR(A,B) \\ KOR(A,B) & 1 \end{bmatrix} \cdot \begin{bmatrix} w_A \cdot STD(A) \\ w_B \cdot STD(B) \end{bmatrix}}$$

Bei der Zusammenführung von zwei oder mehreren VaR kann unter Annahme der Normalverteilung die dargestellte Linearkombinationsregel angewendet werden. Dabei ist zu beachten, dass die gewichteten Standardabweichungen durch die einzelnen VaR ersetzt werden. Allgemein gilt:

$$\text{VaR(P)} = \sqrt{[\text{Risikovektor}] \cdot [\text{Korrelationskoeffizientenmatrix}] \cdot [\text{Transponente des Risikovektors}]}$$

mit:

$$\text{VaR(RP}_n) = \text{RV(RP}_n) \cdot \text{RF(RP}_n)$$

$$[\text{Risikovektor}] = [\text{VaR(RP}_1)\ \text{VaR(RP}_2)\ \dots\ \text{VaR(RP}_n)]$$

$$
\begin{bmatrix}
\text{Korrelations-} \\
\text{koeffizienten-} \\
\text{matrix}
\end{bmatrix}
=
\begin{bmatrix}
1 & \text{KOR(RP}_1,\text{RP}_2) & \dots & \text{KOR(RP}_1,\text{RP}_n) \\
\text{KOR(RP}_2,\text{RP}_1) & 1 & \dots & \text{KOR(RP}_2,\text{RP}_n) \\
\dots & \dots & 1 & \dots \\
\text{KOR(RP}_n,\text{RP}_1) & \text{KOR(RP}_n,\text{RP}_2) & \dots & 1
\end{bmatrix}
$$

[Transponente des Risikovektors] = Risikovektor in Spaltenform

Diese Formel ist bereits aus Stufe 6 in Abbildung 168 bekannt. Aus der Quadratwurzel der multiplikativen Verknüpfung eines Risikovektors, der Korrelationskoeffizientenmatrix sowie der Transponenten des Risikovektors resultiert der zwei oder mehr Risikoparameter umfassende VaR. Dabei bilden die jeweiligen VaR einzelner Risikoparameter die Elemente des **Risikovektors**, der zunächst als Zeilenvektor zu definieren ist. Aus den gleichen, in Spaltenschreibweise zusammengefassten Elementen wird die Transponente des Risikovektors gebildet. Die **Korrelationskoeffizientenmatrix** enthält die zwischen den Risikoparametern bestehenden Korrelationen.

Zu beachten ist bei der Aggregation von Long- und Short-Positionen über die Korrelationskoeffizientenmatrix, dass das Risiko i. d. R. zur gleichen Zeit sowohl in steigenden als auch in sinkenden Risikoparametern besteht. Die Berücksichtigung der Gegenläufigkeit von Mittelzu- und Mittelabflüssen wird über die Vorzeichen bei der Berechnung der einzelnen VaR-Rechnung gewährleistet und muss bei der Aufstellung der Vektoren übernommen werden.

Aufgrund der fehlenden Linearität des natürlichen Logarithmus und der daraus folgenden Abweichung der Wertänderung, die sich bei einer negativen Standardabweichung ergibt, von derjenigen, die bei einer positiven Standardabweichung resultiert, sollte das Marktwertrisiko der Gesamtposition sowohl in Abhängigkeit eines Anstiegs als auch in Abhängigkeit einer Senkung der relevanten Risikoparameter bestimmt werden. Aus Vorsichtsgründen ist dann der größere der beiden Risikowerte als VaR zu betrachten. Somit müssen stets zwei Szenarien zur Ermittlung eines aggregierten VaR bestehend aus Long- und Short-Positionen berechnet werden. Das erste Szenario impliziert positive Z-Werte, das zweite negative Z-Werte bei der Berechnung der Risikomesszahl.

Schon im Zusammenhang mit der Stufe (4) im Modell RiskMaster wurde erklärt, dass das vorgestellte bankinterne Risikomodell unter der Prämisse eines Erwartungswerts von null funktioniert. Für das VaR-Konzept ist damit die implizite Prämisse verbunden, dass der heutige Marktwert, dessen Schwankungen untersucht werden, am Ende des Planungshorizonts in gleicher Höhe erwartet wird. Damit ist weiterhin die Annahme verbunden, dass am Ende des Planungshorizonts gegenüber dem Ausgangszeitpunkt unveränderte Cashflows erwartet werden. In rechentechnisch sehr aufwendigen Simulationsverfahren versucht man, diesen eher statischen Ansatz durch eine dynamische Betrachtung der Geschäftsabläufe zu ergänzen. Dann müssen allerdings Prämissen bezüglich des Neugeschäfts getroffen werden, die mit Unsicherheiten verbunden sind. Trotzdem stellen diese Simulationen zukünftiger Geschäftsentwicklungen eine sinnvolle Ergänzung der traditionell statischen VaR-Konzeption dar.

(3) Erfassung des Gesamtbankrisikos mit einer Risikomatrix

Ein großer Vorteil des dargestellten Varianz-Kovarianz-Ansatzes besteht darin, dass das Modell nicht nur dazu geeignet ist, die Verlustgefahren einzelner Risikopositionen oder Geschäftsbereiche zu quantifizieren. Vielmehr lassen sich auch **verschiedene Risikokategorien** über eine entsprechend formulierte Korrelationsmatrix **zusammenführen**. Problematisch ist in diesem Zusammenhang die Ausgestaltung der Vektoren, die zur Risikoquantifizierung miteinander zu verknüpfen sind. Für ein vollständiges Modell ist es grundsätzlich erforderlich, die Risiken sämtlicher Einzelgeschäfte eines Kreditinstituts zu erfassen und miteinander zu verknüpfen. Da die Korrelationen zwischen allen zu berücksichtigenden Risikoparametern in die Matrix einfließen müssen, steigt die Zahl der Parameter stark an. So werden für die Verknüpfung über die Korrelationskoeffizientenmatrix bei N Positionen $N \cdot (N - 1) / 2$ Korrelationen benötigt. Bei 100.000 Positionen wären demzufolge bereits 4.999.950.000 Korrelationen notwendig, um das aggregierte Risiko zu ermitteln. Diese **Datenflut** erfordert standardisierte Zusammenfassungen bestimmter Geschäfte.

Diesbezüglich ist es sinnvoll, sich von der Einzelgeschäftsbetrachtung zu lösen, innerhalb verschiedener Risikokategorien Risikovolumina zusammenzufassen und die für diese Risikokategorien gesamthaft relevanten Risikoparameter in der Art eines Portfolioansatzes zu **Bausteinen der Risikomatrix** zu erheben. Deren Standardabweichungen führen unter Berücksichtigung des gewünschten Konfidenzniveaus zum jeweiligen VaR. Die einzelnen Risikowerte fließen schließlich in den Risikovektor und dessen Transponente ein. Die Korrelationskoeffizientenmatrix entsteht, indem die Korrelationen der fixierten Risikoparameter ermittelt werden. Durch die multiplikative Verknüpfung der drei Vektoren ergibt sich aus der Quadratwurzel des Ergebnisses der Matrizenrechnung das Gesamtrisiko. Diese allgemeine Vorgehensweise beschreibt die nachfolgende Gleichung:

$$\mathrm{VaR}_{\text{Gesamt}} =$$

$$\sqrt{
\begin{bmatrix} \mathrm{VaR}(RP_1) & \mathrm{VaR}(RP_2) & \dots & \mathrm{VaR}(RP_n) \end{bmatrix}
\cdot
\begin{bmatrix}
1 & \mathrm{KOR}(r(RP_1), r(RP_2)) & \dots & \mathrm{KOR}(r(RP_1), r(RP_n)) \\
\mathrm{KOR}(r(RP_1), r(RP_2)) & 1 & & \dots \mathrm{KOR}(r(RP_2), r(RP_n)) \\
\dots & \dots & 1 & \dots \\
\mathrm{KOR}(r(RPn), r(RP_1)) & \mathrm{KOR}(r(RPn), r(RP_2)) \dots & & 1
\end{bmatrix}
\cdot
\begin{bmatrix} \mathrm{VaR}(RP_1) \\ \mathrm{VaR}(RP_2) \\ \dots \\ \mathrm{VaR}(RP_n) \end{bmatrix}
}$$

mit: KOR = Korrelationskoeffizient; RP = Risikoparameter

Wesentliche Voraussetzung für eine effiziente Auswahl der Risikoparameter ist die Möglichkeit, die Risikovolumina einer möglichst großen Menge einzelner Geschäfte einem einzelnen Risikoparameter direkt zuordnen zu können. Grundsätzlich kann und muss diesbezüglich jedes Kreditinstitut eine eigene Korrelationsmatrix vor dem Hintergrund der speziellen Geschäftsstruktur aufstellen, da beispielsweise unterschiedliche Fremdwährungs- oder Aktiengeschäfte betrieben werden.

b)   Simulative Vorgehensweise zur Quantifizierung des Value at Risk

Die analytische Vorgehensweise zur Berechnung des VaR kann nur auf solche Positionen angewendet werden, bei denen ein **lineares Verhältnis** zwischen der Rendite, Veränderungs- oder Abweichungsrate auf der einen und der Wertentwicklung der Position auf der anderen Seite besteht oder approximativ hergestellt werden kann. Beispielsweise gilt im Falle einer Aktienoptionsposition diese Aussage nicht mehr. Je nachdem, ob die Option im, am oder aus dem Geld ist, führen Veränderungen des Aktienkurses zu einer über- oder unterproportionalen Veränderung des Optionspreises. Derartige **nicht lineare Beziehungen** können im dargestellten analytischen Grundmodell nur mit unzureichender Genauigkeit erfasst.

Nicht nur die mit nicht linearen Relationen verbundenen Probleme lassen sich durch simulative Modelle teilweise vermeiden. Auch die restriktive Normalverteilungsannahme lässt sich durch die Verwendung von Simulationen umgehen. Deshalb lösen heute in der praktischen Anwendung mehr und mehr Simulationsrechnungen das Varianz-Kovarianz-Modell ab. Die zwei gängigsten simulativen Modelle sind die historische Simulation und die Monte-Carlo-Simulation, welche in der Folge kurz dargestellt werden sollen.

(1)   Historische Simulation

Bei den **historischen Simulationen** werden aus den Daten der Vergangenheit **Portfolioveränderungen** ohne Verwendung statistischer Parameter generiert. Die historische Simulation ist konzeptionell das einfachste Modell, einen VaR zu berechnen. Dessen Ermittlung soll an drei Schritten dargestellt werden. In einem **ersten Schritt** muss eine historische Zeitreihe der preisbestimmenden Parameter oder direkt der Preise der zu bewertenden Position oder des Portfolios aufgestellt werden. Analog zur analytischen Vorgehensweise können auf Basis der aufgestellten Zeitreihe in einem **zweiten Schritt** stetige Wertänderungen berechnet werden. Einfacher ist es allerdings, diskrete Veränderungsraten zu berechnen, weil im Gegensatz zu analytischen Modellen keine Verteilungsannahmen dieser Veränderungsraten benötigt werden. Durch Multiplikation der diskreten Wertänderungen mit dem aktuellen Wert wird die Position oder das Portfolio für die gesamte Zeitreihe neu bewertet. Die Differenz von aktuellem Positions- oder Portfoliowert und den Zeitreihenwerten reflektieren die Gewinne oder Verluste gemäß unterstellter Halteperiode von beispielsweise einem Handelstag. Im **dritten Schritt** werden die historischen Gewinne oder Verluste der Größe nach geordnet. Der VaR kann dadurch auf Basis des unterstellten Konfidenzniveaus durch Abzählen ermittelt werden. Die Vorgehensweise geht damit von der impliziten Prämisse aus, dass die Informationen aus der ermittelten vergangenheitsorientierten Zeitreihe für die unterstellte Haltedauer Gültigkeit hat.

Diese Vorgehensweise wird in Tabelle 89 und Tabelle 90 an einem historischen Beispiel illustrativ dargestellt. Untersucht wird das Portfolio eines deutschen Kreditinstituts per 27.02.01, das sich an diesem Stichtag aus 5.000 Mannesmann-Aktien von 33,25 EUR und aus 10.000 Siemens-Aktien zu einem Kurs von 127,3 EUR zusammensetzt.

Zuerst werden zwei historische Zeitreihen aufgestellt, welche jeweils aus den jeweiligen Aktienkursen der letzten 1.000 Handelstage bestehen (Spalten (3) und (4)). Mithilfe dieser **historischen Zeitreihen** lassen sich in einem zweiten Schritt die **stetigen täglichen Renditen** der beiden Aktien berechnen (Spalte (5) und (6)). Um den Gewinn resp. Verlust aus der jeweiligen eintägigen Haltedauer des Kurswerts im Betrachtungszeitpunkt zu berechnen, werden die stetigen Renditen in diskrete überführt und mit dem Kurswert in t = 0 multipliziert. Den simulierten Gewinn resp. Verlust für das gesamte Portfolio bei einer eintägigen Haltedauer erhält man durch Multiplikation der simulierten Gewinne oder Verluste pro Aktie mit der Anzahl dieser Aktien im Portfolio und der Aggregation der restlichen Aktienpakete.

Datum	Nr.	A KW_t	B KW_t	$A\ r_t$	$B\ r_t$	$A\ r_t$ (in EUR pro Aktie)	$B\ r_t$ (in EUR pro Aktie)	Gewinn/ Verlust Portfolio
(1)	(2)	(3)	(4)	(5)	(6)	(7)	(8)	(9)
				$= \ln(KW_t / KW_{t-1})$ oder $KW_t / KW_{t-1} - 1^a$		$= (KW_{t=0}) \cdot (e^{(r)}{}_t - 1)$ oder $(KW_{t=0}) \cdot r_t^a$		$(7) \cdot 5.000 +$ $(8) \cdot 10.000$
01.01.10		33,25	127,3					
28.04.05		25,31	45,97					
29.04.05	1	25,41	47,03	0,3943 %	2,2797 %	0,1314	2,9353	30.010
30.04.05	2	25,51	47,96	0,3928 %	1,9582 %	0,1309	2,5173	25.827
01.05.05	3	25,51	47,96	0,0000 %	0,0000 %	0,0000	0,0000	0

Tabelle 89: Beispiel zur historischen Simulation

Datum	Nr.	A KW_t	B KW_t	A r_t	B r_t	A r_t (in EUR pro Aktie)	B r_t (in EUR pro Aktie)	Gewinn/ Verlust Portfolio
(1)	(2)	(3)	(4)	(5)	(6)	(7)	(8)	(9)
				$= \ln (KW_t / KW_{t-1})$ oder $KW_t / KW_{t-1} - 1^a$		$= (KW_{t=0}) \cdot (e^{(r)}_t - 1)$ oder $(KW_{t=0}) \cdot r_t^a$		$(7) \cdot 5.000 + (8) \cdot 10.000$
02.05.05	4	25,33	48,44	-0,7081 %	0,9959 %	-0,2346	1,2741	11.568
05.05.05	5	25,54	49,52	0,8256 %	2,2051 %	0,2757	2,8382	29.761
06.05.05	6	25,97	50,11	1,6696 %	1,1844 %	0,5598	1,5167	17.966
07.05.05	7	26,56	50,23	2,2464 %	0,2392 %	0,7554	0,3048	6.825
08.05.05	8	26,56	50,23	0,0000 %	0,0000 %	0,0000	0,0000	0
09.05.05	9	26,56	51,59	0,0000 %	2,6715 %	0,0000	3,4467	34.467
12.05.05	10	26,51	51,87	-0,1884 %	0,5413 %	-0,0626	0,6909	6.596
...	...	...	...	...	...	...	...	...
22.12.09	991	33,70	145,50	0,4461 %	1,2448 %	0,1487	1,5946	16.689
23.12.09	992	33,90	142,00	0,5917 %	-2,4349 %	0,1973	-3,0622	-29.635
24.12.09	993	33,80	147,20	-0,2954 %	3,5965 %	-0,0981	4,6617	46.126
25.12.09	994	34,30	143,20	1,4685 %	-2,7550 %	0,4919	-3,4592	-32.133
26.12.09	995	33,33	140,70	-2,8687 %	-1,7612 %	-0,9403	-2,2224	-26.926
27.12.09	996	33,60	137,10	0,8068 %	-2,5919 %	0,2694	-3,2571	-31.225
28.12.09	997	34,40	134,00	2,3530 %	-2,2871 %	0,7917	-2,8784	-24.826
29.12.09	998	33,90	131,10	-1,4642 %	-2,1879 %	-0,4833	-2,7550	-29.966
30.12.09	999	32,75	122,20	-3,4512 %	-7,0301 %	-1,1279	-8,6420	-92.060
31.12.09	1.000	33,45	127,10	2,1149 %	3,9315 %	0,7107	5,1045	54.598

mit: e = Eulersche Zahl; KW = Kurswert; PFW = Portfoliowert; r_t = stetige Rendite in t

Tabelle 89: Beispiel zur historischen Simulation (Forts.)

[a] Die Berechnungen bei der historischen Simulation können grundsätzlich mit diskreten Renditen erfolgen, da keine Verteilungsannahmen getroffen werden müssen. Das Vorgehen wurde aber, ohne das Resultat zu beeinflussen, der Monte-Carlo-Simulation angepasst, welche stetige Renditen voraussetzt. Dies bedingt in einem zweiten Schritt wieder die Transformation in diskrete Renditen.

Für die Gesamtmenge der festgestellten Gewinne bzw. Verluste wird eine Rangfolge festgelegt. Diese Rangfolge führt im dritten Schritt zu der in Tabelle 90 und Abbildung 170 dargestellten Datenreihe aus den entsprechenden Gewinnen und Verlusten. Die Rangfolge kann schließlich zur Risikobestimmung herangezogen werden. Wenn, wie im Beispiel, an 990. Stelle ein Verlust von 73.700 EUR registricrt wurde, so bedeutet dies bei insgesamt 1.000 beobachteten Fällen, dass mit einer Wahrscheinlichkeit von 99 % der VaR nicht höher bzw. dass mit einer Wahrscheinlichkeit von 1 % der Verlust größer sein wird als 73.700 EUR.

täglicher Gewinn/ Verlust Portfolio	Nummer (vgl. Tabelle 89)	Rang	täglicher Gewinn/ Verlust Portfolio	Nummer (vgl. Tabelle 89)	Rang
213.710	318	1	...	...	...
150.491	397	2	-73.700	420	990
124.044	132	3	-77.579	728	991
103.426	768	4	-78.971	952	992
97.450	755	5	-92.060	999	993
90.533	737	6	-92.376	720	994
89.363	452	7	-95.507	750	995
87.359	754	8	-97.050	365	996
87.252	908	9	-107.229	363	997
86.844	784	10	-113.641	752	998
82.110	715	11	-138.572	373	999
...	...	...	-142.113	131	1.000

Tabelle 90: Rangfolge der Gewinne/Verluste in der historischen Simulation

Das Modell historischer Simulationen berücksichtigt indirekt die zwischen den Positionen bestehenden Korrelationen, da sich der Portfoliowert aus den gegen- oder gleichläufigen Wertentwicklungen der einzelnen Positionen ergibt. Die mathematischen Schwierigkeiten bezüglich der Risikoverknüpfung sind bei diesem Modell nicht relevant. Das Modell ist zudem besonders geeignet, nicht lineare Risiken zu erfassen. Allerdings wird schon an dem Beispiel mit lediglich zwei Positionen deutlich, mit welchem Aufwand ein aus der Simulation jedes einzelnen Geschäfts resultierender Risikostatus für die Gesamtbank verbunden wäre.

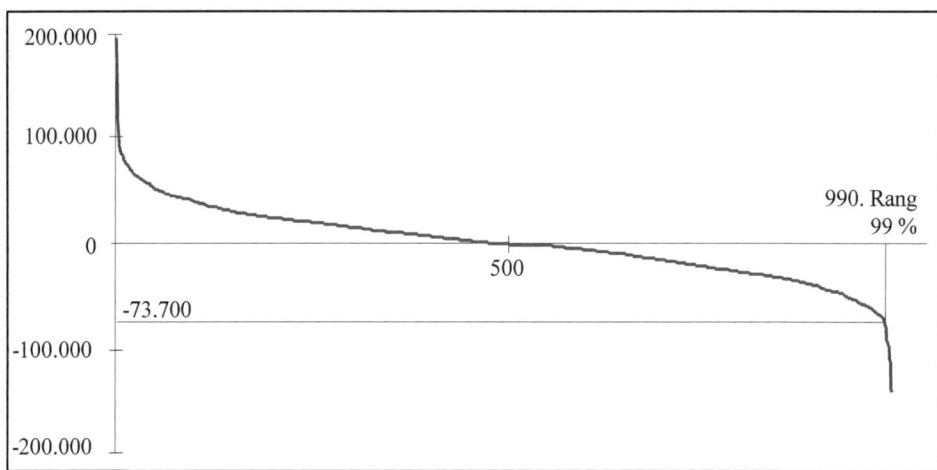

Abb. 170: Grafische Darstellung der Rangfolge in der historischen Simulation

(2)   Monte-Carlo-Simulation

Im Gegensatz zu den historischen Simulationen wird bei der **Monte-Carlo-Simulation** versucht, ein von den Daten der Vergangenheit weniger stark beeinflusstes Risikobild zu erzeugen. Dies soll erreicht werden, indem im Unterschied zur historischen Simulation nicht die beobachtbaren historischen Risikoparameter verwendet, sondern Risikoparameter simuliert werden. Mithilfe solcher Zufallszahlen, die auf der Basis vorgegebener Verteilungsannahmen generiert werden, können Preisänderungen simuliert und die statistischen Maßzahlen (Erwartungswert, Varianz etc.) berechnet werden.

Die Bestimmung des VaR nach dem Monte-Carlo-Verfahren unterscheidet sich im Vergleich zur historischen Simulation in Stufe 1: Beim Monte-Carlo-Verfahren werden Zufallszahlen generiert, welche beispielsweise mittels stochastischer Prozesse in die zu simulierenden Verteilungen transformiert werden. Eine Wiederholung dieses Vorgangs ergibt eine Anzahl von simulierten stetigen Abweichungsraten. Das weitere Vorgehen entspricht dann jenem der historischen Simulation.

Am Beispiel der Normalverteilung soll das Vorgehen konkretisiert werden. Der Verlauf einer Normalverteilung kann mit statistischen Formeln unter Kenntnis der Standardabweichung und des Erwartungswerts des Risikoparameters exakt beschrieben werden. Für eine progressive Risikomessung wird durch Zufallszahlen ein zukünftiges Risikobild erzeugt, indem Daten generiert werden, die zwar dem Verlauf der Normalverteilung, **nicht** jedoch den **in der Vergangenheit** tatsächlich **beobachteten Veränderungsraten** entsprechen.

Tabelle 91 zeigt in Spalte (2) die Zufallszahlen, welche mithilfe eines Computers erzeugt wurden. Je größer diese in Spalte (2) abgebildete Menge ist, desto genauer ist die spätere Wahrscheinlichkeitsaussage. Die Zufallswerte, die üblicherweise zwischen 0 und 1 liegen, sind als Wahrscheinlichkeitswerte der Verteilungsfunktion der Standardnormalverteilung zu betrachten. Aus diesen Werten lässt sich der zugehörige standardisierte Z-Wert ableiten, indem derjenige Z-Wert gesucht wird, welcher der per Zufallszahl generierten Wahrscheinlichkeit zuzuordnen ist. So führt eine Zufallszahl von 0,5, die einer Wahrscheinlichkeit von 50 % entspricht, gemäß der statistischen Annahmen zu einem Z-Wert von 0. Die aus den Zufallszahlen abgeleiteten Z-Werte sind in Spalte (3) abzulesen.

Bekanntlich stellt der Z-Wert die lineare Transformation einer normalverteilten Zufallsvariable X dar und berechnet sich nach der Formel:

$$Z = \frac{X - EW}{STD}$$

Um zu den stetigen normalverteilten Zufallsvariablen oder in unserem Beispiel Renditen r zu gelangen, ist diese Formel nach X aufzulösen und X durch r zu ersetzen:

$$r = Z \cdot STD + EW$$

mit: EW = Erwartungswert; r = stetige Rendite; STD = Standardabweichung; Z = standardnormalverteilte Zufallsvariable

Unter Vorgabe der Standardabweichung und des Erwartungswerts kann demnach die Rendite berechnet werden, welche bei einer bestimmten Zufallszahl zu beobachten wäre. Auf diese Weise lassen sich in den Spalten (4) und (5) der Tabelle 91 aus dem über einen Zufallsgenerator abgeleiteten Z-Wert die entsprechenden **Werte für die stetigen Renditen** bestimmen. Dabei ist zu beachten, dass durch diese einmalige Bildung von Zufallszahlen eine Korrelation von null unterstellt wird. Eine von null abweichende Korrelation kann z. B. über eine Cholesky-Faktorisierung simuliert werden.

Nr.	Zufallszahl ZFZ_i	abgeleitete Z-Werte	A r_t	B r_t	A r_t (in EUR pro Aktie)	B r_t (in EUR pro Aktie)	Gewinn/ Verlust Portfolio
(1)	(2)	(3)	(4)	(5)	(6)	(7)	(8)
		mit $F_N(Z_i) =$ ZFZ_i	$r_i = Z_i \cdot STD + EW$		$= (KW_{t=0}) \cdot (e^{(r)}{}_t - 1)$		$(7) \cdot 5.000 +$ $(8) \cdot 10.000$
1	0,239792	-0,706971	-1,5881 %	-1,6831 %	-0,5239	-2,1246	-23.866
2	0,210482	-0,804749	-1,8116 %	-1,9299 %	-0,5969	-2,4332	-27.317
3	0,355872	-0,369516	-0,8168 %	-0,8312 %	-0,2705	-1,0537	-11.889
4	0,227916	-0,745729	-1,6767 %	-1,7809 %	-0,5529	-2,2470	-25.235
5	0,571788	0,180928	0,4415 %	0,5585 %	0,1471	0,7129	7.865
6	0,740389	0,644545	1,5012 %	1,7289 %	0,5029	2,2200	24.714
7	0,571018	0,178968	0,4370 %	0,5535 %	0,1456	0,7066	7.794
8	0,182279	-0,906714	-2,0447 %	-2,1873 %	-0,6730	-2,7542	-30.907
9	0,371535	-0,327791	-0,7214 %	-0,7258 %	-0,2390	-0,9206	-10.401
10	0,054010	-1,607150	-3,6458 %	-3,9556 %	-1,1904	-4,9372	-55.324
...	...	...	...	...	...	...	...
991	0,920762	1,410212	3,2514 %	3,6618 %	1,0989	4,7479	52.973
992	0,012597	-2,238430	-5,0888 %	-5,5493 %	-1,6497	-6,8718	-76.967
993	0,921568	1,415697	3,2639 %	3,6757 %	1,1032	4,7662	53.178
994	0,927694	1,458832	3,3625 %	3,7846 %	1,1370	4,9101	54.786
995	0,096532	-1,301569	-2,9473 %	-3,1842 %	-0,9657	-3,9896	-44.724
996	0,253088	-0,664802	-1,4917 %	-1,5766 %	-0,4923	-1,9913	-22.375
997	0,792650	0,815651	1,8923 %	2,1608 %	0,6352	2,7807	30.983
998	0,829196	0,950993	2,2017 %	2,5025 %	0,7402	3,2259	35.960
999	0,747075	0,665314	1,5487 %	1,7813 %	0,5189	2,2879	25.474
1.000	0,235106	-0,722134	-1,6228 %	-1,7214 %	-0,5352	-2,1725	-24.401

mit: EW = Erwartungswert; FN(Z) = Wert der Dichtefunktion der Standardnormalverteilung für die Zufalls-variable Z; r = stetige Rendite; STD = Standardabweichung; Z = standardnormalverteilte Zufallsvariable; ZFZ = Zufallszahl

Tabelle 91: Beispiel zur Monte-Carlo-Simulation

In Tabelle 92 wird erneut das Beispiel eines Portfolios bestehend aus 5.000 A-Aktien und 10.000 B-Aktien betrachtet. Die Kurswerte zum Stichtag 27.02.01 betrugen für A-Aktien 33,25 EUR und für B-Aktien wiederum 127,3 EUR. Zur Transformation des Z-Werts in eine stetige Rendite ist es erforderlich, die Parameter Erwartungswert und Standardabweichung zu kennen. Damit ist trotz aller Zukunftsbezogenheit des Konzepts eine Rückschau in die Vergangenheit erforderlich. Aus den historischen Kursentwicklungen sind gemäß der Vorgehensweise im Grundmodell entweder Standardabweichung und Erwartungswert der beiden Aktien einzeln zu ermitteln und durch Kombination zu Portfoliowerten zu transformieren. Alternativ dazu können diese statistischen Größen unmittelbar durch Simulation der Veränderungsraten eines Portfolios mit gleicher Zusammensetzung bestimmt werden. Aus ersterer Vorgehensweise resultieren für die A-Aktien eine Standardabweichung von 2,2858 % und ein Erwartungswert von 0,0279 %, für die B-Aktien eine Standardabweichung von 2,5245 % und ein Erwartungswert von 0,1017 % bei einer Haltedauer von einem Tag. Setzt man diese Werte in die o. g. Gleichung ein, so ergeben sich für das Beispiel die Renditewerte in den Spalten (4) und (5).

täglicher Gewinn/ Verlust Portfolio	Nummer (vgl. Tabelle 91)	Rang	täglicher Gewinn/ Verlust Portfolio	Nummer (vgl. Tabelle 91)	Rang
111.110	331	1	...	...	...
103.120	672	2	-84.642	258	990
91.851	621	3	-84.725	404	991
91.766	825	4	-86.535	765	992
90.343	346	5	-86.618	899	993
88.612	321	6	-87.970	959	994
88.550	279	7	-92.240	177	995
87.710	911	8	-94.641	658	996
85.915	222	9	-97.303	365	997
85.886	500	10	-99.885	616	998
85.610	383	11	-106.680	212	999
...	...	...	-134.676	854	1.000

Tabelle 92: Rangfolge der Gewinne/Verluste in der Monte-Carlo-Simulation

Wie schon bei der historischen Simulation lässt sich auch für diese Renditen eine absolute Wertänderung pro Aktie bezogen auf den Wert des Betrachtungszeitpunktes (Spalten (6) und (7)) und ebenfalls Gewinne resp. Verluste des Portfolios berechnen (Spalte (8)) und eine **Gewinn/Verlust-Rangfolge** von 1 bis 1.000 bestimmen. Mit dieser in Tabelle 92 ausschnittsweise skizzierten Rangfolge lassen sich dann die gewünschten Wahrscheinlichkeitsaussagen formulieren. Beispielsweise wird mit einer Wahrscheinlichkeit von 99 % derjenige Wert, der den 990. Rang belegt und im Beispiel -84.642 EUR beträgt, nicht überschritten. In Abbildung 171 werden diese Ergebnisse abschließend grafisch dargestellt.

Da die historische Simulation und die Monte-Carlo-Simulation auf den gleichen Grunddaten basieren, können die Ergebnisse unmittelbar miteinander verglichen werden. Es zeigt sich, dass die historische Simulation im Beispiel bei gleichem Konfidenzintervall von jeweils 99 % zu einem mit -73.700 EUR kleineren Risiko führt als die Monte-Carlo-Simulation, für die der VaR -84.642 EUR beträgt. Ursache dieser Abweichung kann zum einen sein, dass die bei der Monte-Carlo-Simulation zugrunde gelegte Normalverteilung der Veränderungsraten mit der tatsächlichen Verteilung nicht völlig übereinstimmt. So ergeben sich aus diesen Abweichungen nicht vollständig vergleichbare Risikowerte. Diese Abweichung kann auf unterschiedliche Ursachen zurückgehen. Zum einen wurde bei der Monte-Carlo-Simulation im Gegensatz zur historischen Simulation eine Normalverteilung der stetigen Veränderungsraten zugrunde gelegt. Zum anderen führt die einfachheitshalber unterstellte Korrelation von eins zu einer unrealistischen Risikodiversifikation von null. Darüber hinaus ist bei einer Anzahl von 1.000 Simulationen die statistische Signifikanz für die Schätzung der Enden einer Verteilung zu gering.

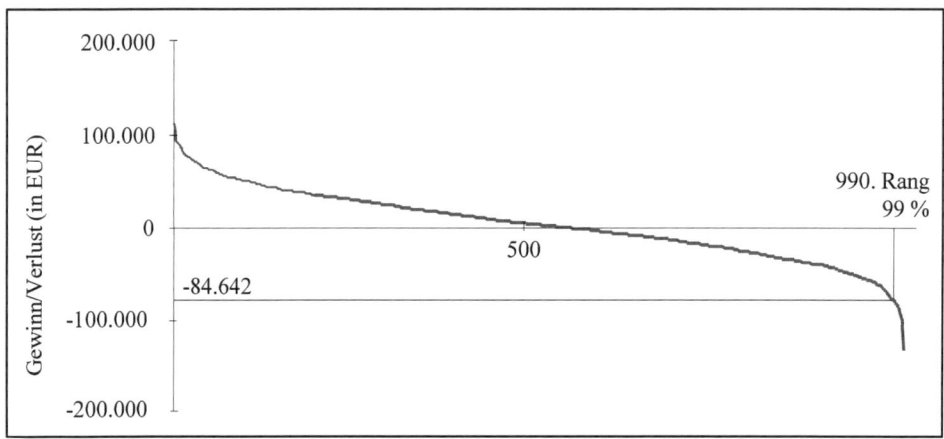

Abb. 171: Grafische Darstellung der Rangfolge einer Monte-Carlo-Simulation

Beide Ergebnisse lassen sich des Weiteren mit den Resultaten aus der Anwendung des Grundmodells (vgl. Abbildung 168) vergleichen. Hieraus ergibt sich für das Portfolio bei einem Korrelationskoeffizienten zwischen den beiden Aktienpositionen von 0,3108 sowie einem Z-Wert von 2,3263, der einem Konfidenzniveau von 99 % entspricht, ein Risiko in der Höhe von 75.727 EUR. Damit liegt der Risikowert des Grundmodells zwischen den Risikowerten der Monte-Carlo-Simulation und der historischen Simulation, kommt aber in diesem Fall dem Resultat der historischen Simulation deutlich näher.

Zusammenfassend bleibt festzustellen, dass der analytische Ansatz zur Ermittlung des VaR nicht immer geeignet ist, das Risiko sämtlicher Bankgeschäfte mit einer ausreichenden Genauigkeit zu erfassen. Vor diesem Hintergrund sind mit den Szenariomodellen Konzepte entwickelt worden, mit denen analytische Modelle zur Risikoberechnung modifiziert, teilweise sogar ersetzt werden können. Für alle Modellvarianten besteht aber grundsätzlich die Notwendigkeit, auf bestimmte Prämissen zurückzugreifen, welche in der Folge etwas genauer untersucht werden sollen.

3. Analyse der dargestellten Value-at-Risk-Modelle

Die Analyse des Grundmodells und der Simulationsmodelle soll mittels unterschiedlicher Kriterien erfolgen. Zunächst werden die den Modellen zugrunde liegenden Annahmen näher betrachtet und deren Relevanz und Praxisbezug untersucht. Darauf aufbauend soll geprüft werden, inwieweit gewisse Prämissen gelockert werden können und ob die Ansätze geeignet sind, das Risikokapital bei Extremsituationen zu quantifizieren. Die gewonnenen Erkenntnisse sollen schließlich dazu dienen, aus den Stärken und Schwächen mögliche Einsatzgebiete für die jeweiligen Ansätze abzuleiten.

a) Überprüfung der wichtigsten Modellannahmen

In der Literatur gibt es viele verschiedene Varianten **analytischer Modelle**. Gegenstand der Überprüfung wichtiger Modellannahmen soll im Folgenden aber die auf S. 403 ff. auch als Grundmodell bezeichnete Vorgehensweise sein. Die wichtigsten dem Modell zugrunde liegenden Prämissen sind

- Normalverteilung der Risikoparameter,

- Konstanz von Erwartungswert, Varianz und Kovarianz (Stationarität der Risikoparameter),

- lineare Beziehung zwischen Risikoparameter und Risikoposition.

Die **Normalverteilung** der Risikoparameter spielt im Grundmodell eine zentrale Rolle, da diese sowohl für die Berechnung einzelner VaR zugrunde gelegt wird, als auch für die Aggregation mittels Korrelationskoeffizientenmatrix. Ist die **Stationaritätsannahme** erfüllt, haben die aus der Vergangenheit berechneten statistischen Maßzahlen auch für die Zukunft Gültigkeit und können demnach unmittelbar in die Berechnung des VaR übernommen werden. Dadurch, dass beim dargestellten analytischen Ansatz i. d. R. nicht direkt die Preisänderungen der Risikopositionen, sondern die preisbestimmenden Risikoparameter zur Berechnung der statistischen Maßzahlen hinzugezogen werden, muss zwischen ihnen eine **lineare Beziehung** bestehen. Nur in diesem Fall unterscheiden sich die statistischen Maßzahlen der Risikoparameter und Risikopositionen nicht.

Bei der **historischen Simulation** sind im Gegensatz zu den analytischen Modellen **keine Verteilungsannahmen** notwendig. Vielmehr dient die empirische Verteilung der beobachteten Zeitreihe der Risikoparameter als Grundlage für die Ermittlung des VaR. Durch den Verzicht auf Verteilungsannahmen entfällt zudem die Berechnung von statistischen Maßzahlen. Die Erfassung der vergangenen Risikoverbundeffekte erfolgt implizit, indem sämtliche Gewinne und Verluste zu gleichen Zeitpunkten bei entsprechendem Aggregationsniveau addiert werden. Aus diesem Grund erübrigt sich zudem die Ermittlung von Korrelationen und der damit zusammenhängenden Prämissen. Bei der historischen Simulation wird jedoch unterstellt, dass die beobachteten Daten aus der Vergangenheit für die Berechnung des VaR repräsentativ sind. Dies bedingt die **Stationarität** der Verteilung des Risikoparameters. Ist dies nicht der Fall, liefert das Modell trotz der im Vergleich zu den analytischen Modellen wenigen Annahmen falsche Ergebnisse. Wenn die Stationarität der Verteilung nur bedingt zutrifft, stellt sich bei der historischen Simulation (wie beim Grundmodell) die Frage nach der Länge des Beobachtungszeitraums. Kurze Beobachtungszeiträume haben den Nachteil, dass „Ausreißer" nur ungenügend geglättet werden, indem in Phasen vorübergehend großer Turbulenzen ceteris paribus höhere VaR resultieren und in kurzfristig ruhigen Phasen das Gegenteil der Fall ist. Diesem Nachteil steht der Vorteil gegenüber, dass kurze Stützperioden den näher zurückliegenden Marktgegebenheiten eher Rechnung tragen.

Die **Monte-Carlo-Simulation** basiert zwar wie die analytischen Modelle auf einer theoretischen Verteilung. Im Gegensatz zu analytischen Modellen kann aber jede beliebige Verteilung zugrunde gelegt und simuliert werden. Dies setzt jedoch voraus, dass gesicherte Erkenntnisse über die Verteilung von Risikoparametern oder über Preisprozesse vorliegen. Die Verteilungsprämisse bei der Monte-Carlo-Simulation ist demnach grundsätzlich weniger restriktiv als bei den analytischen Modellen. Sie beschränkt sich auf die richtige Erfassung der den Risikoparametern zugrunde liegenden Verteilung. Dadurch wird ersichtlich, dass die Intention der Monte-Carlo-Simulation darin besteht, die **Vorteile analytischer Modelle mit jenen der historischen Simulation zu verbinden.** Aufgrund der Flexibilität des Modells ist aber nicht sichergestellt, dass die mit der Freiheit der Verteilungswahl zusammenhängenden zusätzlichen Annahmen tatsächlich besser sind. Es besteht nämlich die Gefahr, dass ökonomisch unlogische oder sogar unzulässige Werte simuliert werden (vgl. für eine Gegenüberstellung der Prämissen Tabelle 93).

	Analytisches Grundmodell	Historische Simulation	Monte-Carlo-Simulation
Zugrunde liegende Verteilung	Normalverteilung	keine Verteilungsannahmen	Verteilung frei wählbar
Stationarität	Ja	implizit	nicht notwendig
Annahme der Linearität der Preisfunktion	Ja	nein	nein

Tabelle 93:   Zusammenfassung der Prämissen bei den einzelnen Modellen

Zunächst gilt es somit, das analytische Modell danach zu untersuchen, ob die Risikoparameter als approximativ normalverteilt angenommen werden können. In **theoretischer** Hinsicht kann für zeitlich voneinander unabhängige stetige Renditen resp. Veränderungs- oder Abweichungsraten die Normalverteilung zugrunde gelegt werden, wenn eine genügend große Anzahl an Beobachtungen vorliegt. Dies bedeutet, dass bereits aus theoretischer Sicht die Normalverteilungsannahme derjenigen Risikoparameter kritisch betrachtet werden muss, welche dem Kriterium der Unabhängigkeit nicht genügen (z. B. Aktienrenditen von unregelmäßig gehandelten Nebenwerten, Währungen etc.). **Empirische Untersuchungen** deuten darauf hin, dass der Annahme der Normalverteilung und Unabhängigkeit stetiger Aktienkursrenditen, Wechselkursänderungen, Zinssatzänderungen etc. kritisch begegnet werden muss. Häufig kann abweichend von der Normalverteilung eine Schmalgipfligkeit (Leptokurtosis, vgl. S. 389) beobachtet werden. Leptokurtosis bedeutet, dass die Änderungsraten mit größerer Häufigkeit um den Mittelpunkt herum und in den Randbereichen der Verteilung (welche bei der Berechnung von VaR zentral sind) auftreten, als dies aufgrund der Normalverteilung erwartet wird. Des Weiteren liegt bei vielen Untersuchungen **Schiefe** und zeitliche **Instabilität** der statistischen Maßzahlen vor. Es bleibt also fraglich, inwieweit die tatsächliche Verteilung der Risikoparameter durch die Normalverteilung, welche durch die beiden Maßzahlen Erwartungswert und Varianz bestimmt ist, approximiert werden kann. Die **Vernachlässigung von Schiefe und Wölbung** kommt bei einer von der Normalverteilung abweichenden Verteilung einem Informationsverlust gleich, der zwar die Messung des VaR vereinfacht, gleichzeitig aber die Präzision der Ergebnisse vermindert.

Die **Instabilität** der statistischen Maßzahlen in der Praxis hat zudem negative Konsequenzen für die Genauigkeit der historischen Simulation, da die Stationaritätseigenschaft die zentrale Prämisse in diesem Modell ist.

b) Mögliche Erweiterung der Modelle

Wie im letzten Abschnitt dargestellt, müssen manche Prämissen in der Praxis verworfen werden. In einer Vielzahl von Modellvarianten wurde deshalb versucht, die Prämissen zu lockern. Bei **analytischen Modellen** sind dies vor allem die Annahmen der Normalverteilung und der Stationarität. Alternative Modelle der ersten Gruppe richten ihr Augenmerk auf die Berücksichtigung von Schiefe oder Wölbung. Zentral ist in diesem Zusammenhang, dass Verteilungen gewählt werden, welche immer noch die Aggregation einzelner VaR erlauben, aber dennoch Schiefe oder Wölbung der zu untersuchenden Daten miteinbeziehen und die Verteilung der zugrunde liegenden Daten so gut wie möglich approximieren. Die Annahme der Unabhängigkeit der Renditen und Konstanz der statistischen Maßzahlen wird bei diesen Ansätzen jedoch beibehalten. Bei der zweiten Gruppe von Modellerweiterungen analytischer Ansätze wird der Nichtstationaritätseigenschaft vieler Zeitreihen Rechnung getragen. Dabei wird versucht, die statistischen Maßzahlen mithilfe von statistischen Modellen zu prognostizieren. Die Prämisse der Stationarität bei der **historischen Simulation** kann nicht aufgegeben werden, da ansonsten die Daten gemäß Monte-Carlo-Simulation simuliert werden müssten. Unter diesem Blickwinkel könnte die **Monte-Carlo-Simulation** selbst als Modellerweiterung der historischen Simulation betrachtet werden, welche es zwar ermöglicht, der Nichtstationarität von Zeitreihen Rechnung zu tragen, dafür aber nicht mehr die direkten Marktdaten zur Berechnung des VaR heranziehen zu können.

Eine weitere Dimension von Modellerweiterungen bilden die sog. **Crash-Szenarien oder Stresstests**. Hier wird die Definition von VaR, bei welcher übliche Marktbedingungen zugrunde gelegt werden, erweitert. Einmalige Ereignisse, wie etwa ein Börsencrash oder strukturelle Veränderungen sind Extremsituationen, welche für ein Kreditinstitut in Bezug auf die Risikotragfähigkeit große Relevanz aufweisen und bei der Risikomessung separat berücksichtigt werden sollten. Bei **analytischen Modellen** kann dies über die Erhöhung des Z-Werts erfolgen und/oder über die Erhöhung der Haltedauer. Durch eine Erhöhung des Z-Werts wird zwar das Sicherheitsniveau erhöht. Ein praxisorientierteres Modell müsste aber zusätzlich die Korrelationen betrachten, da empirische Studien darauf hindeuten, dass sich bei Extremsituationen die Korrelationen verändern und beispielsweise im Fall von Aktienwerten steigen. Bei der **historischen Simulation** bestünde die Möglichkeit, für die Datenbasis „unruhige" Marktbedingungen zu verwenden und darauf aufbauend den VaR zu berechnen. Wiederum die meisten Möglichkeiten bietet die **Monte-Carlo-Simulation**. Hier können mit vorgegebenen Parametern extreme Marktbedingungen simuliert werden. Dabei gilt es zu beachten, dass bei einer solchen Simulation die Risikoverbundeffekte eine zentrale Rolle spielen, da diese in Extremsituationen, wie oben erwähnt, nicht jenen bei normalen Marktbedingungen entsprechen.

Mittlerweile ist eine Vielzahl alternativer Risikomaße in die Risikomessung integriert worden. Hierzu zählen das **Lower Partial Moment**, der **Expected Shortfall**, **Expected Tail Loss** sowie der **Conditional Value at Risk**. Lower Partial Moments sind sogenannte Downside Risikomaße. Sie erfassen nur denjenigen Teil einer Wahrscheinlichkeitsfunktion, der über eine bestimmte Schranke hinausgeht. Wenn also ein Institut das Risiko nicht in der Abweichung vom (statistisch festgelegten) Erwartungswert, sondern z. B. im Unterschreiten eines Ergebnisses c in Höhe von 0 EUR sieht, dann wird nur der über diese 0-EUR-Grenze hinausgehende und als Shortfall bezeichnete Teil der Wahrscheinlichkeitsfunktion zur Risikomessung herangezogen. Es werden drei Varianten des Lower Partial Moments unterschieden. Das LPM0 umfasst als Shortfall-Wahrscheinlichkeit die Wahrscheinlichkeit dafür, dass ein vorgegebenes Ereignis X jenseits der gesetzten Grenze c eintritt. Das LPM1 bildet den Shortfall-Erwartungswert, das LPM2 den Shortfall-Varianz ab.

Der Expected Shortfall, Expected Tail Loss und Conditional Value at Risk entsprechen grundsätzlich dem Erwartungswert der oberhalb eines zuvor z. B. im Rahmen der VaR-Messung definierten Quantils. Hier wird also nur derjenige Teil der Verteilungsfunktion betrachtet, der jenseits des zuvor festgelegten Wahrscheinlichkeitswerts liegt. Im Prinzip erklärt man damit die im gewählten Quantil liegenden Ereignisse zu den „üblichen Marktbedingungen" und beschränkt sich mit diesen Risikomaßen speziell auf die Analyse der über die „üblichen Marktbedingungen" hinausgehenden Ereignisse. Aus diesen sogenannten Tail-Events wird deren Erwartungswert als Risikomaß berechnet. Unter bestimmten Bedingungen, z. B. in Abhängigkeit von sogenannten Sprungstellen, können sich diese Risikomaße in der Berechnung geringfügig unterscheiden, ohne dass sich der Kern der Aussage wesentlich verändert. Aktuell wird diskutiert und mancherorts für das Kreditrisiko sogar schon heute empfohlen, ob bzw. dass diese Risikomaße den VaR ablösen sollten.

c)   **Einsatzmöglichkeiten der einzelnen Modelle**

Grundsätzlich ist es sehr schwierig, spezifische Aussagen über Stärken und Schwächen der einzelnen Ansätze aufzulisten, da bei jedem Ansatz wiederum viele verschiedene Modelle unterschieden werden können. Dennoch lassen sich einige Kernaussagen treffen, welche in Tabelle 94 in einer Übersicht dargestellt sind.

	Analytische Modelle	Historische Simulation	Monte-Carlo-Simulation
Stärken	• Einfach kommunizierbar und verständlich • Offenlegung von Risikoverbundeffekten und Risiken von einzelnen Risikoarten • Grundmodell mit relativ geringem Aufwand implementierbar	• Sehr einfach verständliches und intuitiv einleuchtendes Modell • Auch nicht lineare Risikomessung möglich	• Hohe Flexibilität • Simulation sämtlicher Risiken möglich
Schwächen	• Sehr restriktive Annahmen • Berücksichtigung von nicht linearen Preisfunktionen schwierig	• Anspruch an Datenbasis sehr hoch • Nur implizite Erfassung von Risikoverbundeffekten	• Definition von Abhängigkeitsbeziehungen • Hohe Komplexität (damit einhergehend hohes Modellrisiko)

Tabelle 94: Stärken und Schwächen analytischer und simulativer Modelle

Die Stärken des **analytischen Grundmodells** liegen in erster Linie in der einfachen Kommunizierbarkeit und Verständlichkeit und in der relativ einfachen Implementierbarkeit. Die benötigten Daten der Risikoparameter können teilweise aus öffentlichen Quellen bezogen werden. Die größte Schwäche beim Grundmodell sind die sehr restriktiven Verteilungsannahmen. Zusätzlich wird der Einsatzbereich analytischer Modelle durch nicht lineare Preisfunktionen eingeschränkt. Die Einsatzmöglichkeiten für das analytische Grundmodell beschränken sich deshalb meist auf Positionen mit linearen Preisfunktionen oder Portfolios mit einem sehr kleinen Anteil an Optionen.

Die Ergebnisse der **historischen Simulation** sind einfach nachzuvollziehen, da sie zum einen direkt aus einer Datenreihe mit Gewinnen und Verlusten ersichtlich sind. Zum anderen überzeugt das Vorgehen, das Risikopotenzial unmittelbar aus den in der Vergangenheit am Markt aufgetretenen Verluste zu schätzen. Dieses direkte Vorgehen ist der spezifische Vorteil der historischen Simulation, weil keine Approximation an eine Verteilung oder mathematisch-statistische Modelle zur Berücksichtigung von Risikoverbundeffekten notwendig sind. Das Risikopotenzial spiegelt, ausgedrückt als VaR, exakt jenes der Vergangenheit wider. Auch nicht lineare Risiken können im Rahmen der historischen Simulation mittels Preismodellen wie dem Black-Scholes-Optionspreismodell anhand des Underlyings simuliert werden, wenn keine historischen Kurswerte der Optionen existieren.

Der Nachteil der historischen Simulation liegt darin, dass der Anspruch an die Datenbasis groß ist, weil für jede Position eine Zeitreihe bestehend aus Veränderungsraten berechnet werden muss. Der Vorteil des direkten Vorgehens muss deshalb insofern relativiert werden, als aufgrund des großen Rechenaufwands gegebenenfalls Vereinfachungen notwendig werden, indem z. B. verschiedene Positionen in Kategorien zusammengefasst und mit einheitlichen Risikoparametern bewertet werden. Zur Kontrolle solcher Positionen, deren Risiko mit vereinfachten Prämissen ermittelt wurde, könnte von Zeit zu Zeit der VaR mittels vollständiger Neubewertung berechnet werden, um die Approximationen zu überprüfen.

Aufgrund der einfacheren Berücksichtigung nicht linearer Preisrisiken – verglichen mit analytischen Modellen – ist die Anwendung der historischen Simulation vor allem bei Positionen oder Portfolios sinnvoll, die einen größeren Anteil von Produkten mit nicht linearen Bewertungsfunktionen enthalten. Allerdings besteht bei der historischen Simulation keine Möglichkeit, zukünftige Tendenzen zu berücksichtigen, weshalb die Resultate immer vergangenheitsorientiert bleiben.

Die Stärken und Schwächen der **Monte-Carlo-Simulation** hängen aufgrund der Flexibilität sehr stark vom jeweils verwendeten Modell ab. Grundsätzlich kann die Monte-Carlo-Methode alle relevanten Risiken simulieren. Problematisch ist die Behandlung von Abhängigkeiten zwischen Risikopositionen. Bei der Generierung von Zufallszahlen müssen bereits Risikoverbundeffckte berücksichtigt werden. Die Simulation von Korrelationen selbst macht aber wenig Sinn. Korrelationen, wie auch die restlichen Prozessparameter, müssen vielmehr beispielsweise aus Zeitreihenanalysen ermittelt und prognostiziert werden. Der Vorteil gegenüber der historischen Simulation liegt bei einem solchen Vorgehen in der Möglichkeit einer zukunftsgerichteten Schätzung des VaR und in der expliziten Darstellung von Risikoverbundeffekten.

Wie die historische Simulation ist die Monte-Carlo-Simulation insbesondere bei nicht linearen Bewertungsfunktionen geeignet. Im Gegensatz zur historischen Simulation können jedoch weitere Risiken, wie beispielsweise Volatilitätsrisiken, separat simuliert werden. Die Komplexität des Modells hat allerdings den Nachteil, dass dieses nicht mehr leicht verständlich ist. Da für jeden Risikoparameter eine Verteilung vorgegeben werden muss, in welche die (gleichverteilten) Zufallszahlen transformiert werden, sind die Undurchsichtigkeit und das Modellrisiko hoch. Zudem sind die Anforderungen an die Datenverarbeitung enorm. Bei 1.000 Preispfaden für 1.000 Risikoparameter oder Positionen müssten bereits 1 Mio. Neubewertungen erfolgen.

Die Frage, wo welche Variante angewendet werden soll, kann nicht abschließend beantwortet werden. Die Auswahl beruht nicht zuletzt auf den Implementierungskosten, der Rechenkapazität und dem Know-how des Kreditinstituts. Dabei kann es durchaus sinnvoll sein, eine weniger exakte Risikomessung zugunsten einer exakteren, aber teureren und undurchsichtigeren Methode zu bevorzugen. Simulationen sind bei nicht linearen Risiken allerdings klar zu bevorzugen, da mittels analytischer Vorgehensweise keine befriedigenden Resultate erreicht werden oder die Komplexität bei der Aggregation explodiert. Bei der Anwendung mehrerer Modellvarianten ist ein Kreditinstitut zusätzlich mit dem Problem der Zusammenführung des VaR basierend auf unterschiedlichen Ansätzen konfrontiert.

III. Analyse alternativer Risikomaße

1. Die fehlende Kohärenz des Value at Risk

Als in den 1990er-Jahren das Risikomanagement der Kreditinstitute weltweit auf den Prüfstand gestellt wurde, lag dies vor allem an der Einführung des Risikomaßes Value at Risk. Dieser wird heute nicht mehr alleine mit dem Varianz-Kovarianz-Ansatz bestimmt. Der Value at Risk kann auch mittels historischer Simulation oder Monte-Carlo-Simulation quantifiziert werden.

Grundsätzlich wird von Risikomaßen Kohärenz gefordert (vgl. hierzu ARTZNER ET AL.). Ein Risikomaß ist kohärent, wenn es:

• translationsinvariant,

- homogen,

- monoton und

- subadditiv

ist. Es stellt sich zunächst einmal die Frage, warum Risikomaße überhaupt diese Eigenschaften besitzen müssen, um generelle Anerkennung zu finden. Deshalb werden diese vier Axiome im Folgenden untersucht.

Die Translationsinvarianz ist als erstes Axiom grundsätzlich mathematisch definiert als:

$$Tf(x) = f(x+t)$$

Die Addition des Terms „+t" beinhaltet die Translation. Der Wert der Funktion darf sich als Folge der Translation nicht ändern. Wenn man z. B. für eine Risikoposition einen Erwartungswert EW und eine Standardabweichung STD ermitteln konnte, danach zusätzlich zur bestehenden Risikoposition einen Betrag x risikofrei investiert, so verlagert sich zwar der Erwartungswert, aber das Risiko bleibt identisch.

Mit dem Risikomaß p, dem Verlust L und der risikofreien Anlage l gilt:

$$p(L+l) = p(L)+l$$

Ökonomisch lässt sich dieser Zusammenhang an einem einfach Beispiel erklären. Ein Aktienportefeuille über 1 Mio. EUR weist mit 95 % Wahrscheinlichkeit einen Verlust von maximal 100.000 EUR auf. Der Investor müsste also 100.000 EUR Kapital bereitstellen, um den möglichen Verlustfall zu überstehen. Wenn der Investor jetzt 60.000 EUR risikofrei investiert, bekommt er dieses Geld in jedem Fall zurück. Sein Verlustrisiko sinkt insgesamt auf 40.000 EUR. Dabei bleibt zum einen das Risiko aus dem Aktiengeschäft mit 100.000 EUR bestehen. Zum anderen umfasst der Gesamtbetrag der Investition jetzt 1.060.000 EUR. Es gilt:

p(1.000.000 EUR *risikobehaftet* plus 60.000 EUR *risikofrei*) =

p(1.000.000 EUR) – 60.000 EUR

40.000 EUR = 100.000 EUR – 60.000 EUR

Neben der Translationsinvarianz wird mit dem zweiten Axiom Homogenität gefordert. Mathematisch ausgedrückt, gilt:

$$p(\lambda \cdot L) = \lambda \cdot p(L)$$

Wenn eine Risikoposition verdoppelt wird ($\lambda \cdot L$), so muss auch das zur Verfügung gestellte Kapital verdoppelt werden, um diesen Verlust tragen zu können. Wird die zuvor erwähnte Aktienposition von 1 Mio. EUR auf 2 Mio. EUR erhöht, so steigt das Verlustpotenzial von 100.000 EUR auf 200.000 EUR. Der erforderliche Kapitaldeckungsbetrag verdoppelt sich.

Das dritte Axiom betrifft die Monotonie. Rechnerisch muss gelten:

Wenn $L_1 \leq L_2$,

so gilt auch $p(L_1) \leq p(L_2)$.

Ökonomisch übersetzt muss das gemessene Risiko einer Risikoposition L_1, die insgesamt kleiner ist als die Risikoposition L_2, kleiner sein als das Risiko der Risikoposition L_2. Im Beispiel wäre das Risiko einer Aktienposition in Höhe von 1.000.000 EUR mit 100.000 EUR kleiner als das Risiko einer Aktienposition in Höhe von 1.200.000 EUR mit einem Risikowert in Höhe von 120.000 EUR.

Das vierte Axiom fordert die Subadditivität. Danach muss gelten:

$$p(L_1 + L_2) \leq p(L_1) + p(L_2)$$

Subadditivität verlangt demnach, dass durch Diversifikation das Risiko reduziert werden kann. Subadditivität bedeutet aber auch, dass das Risiko aus zwei Risikopositionen nicht größer als die Summe beider Risiken sein darf.

Diese letzte Forderung ist z. B. für das schon fast traditionelle Risikomaß VaR problematisch. Zur Erörterung seien zwei Kreditportefeuilles mit jeweils einem Kredit à 100 GE bei einer Ausfallwahrscheinlichkeit von 0,75 % betrachtet. Jedes einzelne Portefeuille weist eine „Überlebenswahrscheinlichkeit" von 99,25 % bei einer „Untergangswahrscheinlichkeit" von 0,75 % auf. Der 99%-VaR beträgt für beide 0 GE, in der Summe also wiederum 0 GE. Tatsächlich bewirkt die Zusammenführung beider Portefeuilles eine Veränderung der VaR-Struktur. Jetzt gilt:

Wahrscheinlichkeit für einen

- Ausfall von 0 EUR: 99,25 % * 99,25 %   = 98,505625 % Eintrittswahrscheinlichkeit

- Ausfall von 100 EUR: 2*0,75 % * 99,25 % = 1,488750 % Eintrittswahrscheinlichkeit

- Ausfall von 200 EUR: 0,75 % * 0,75 %   = 0,005625 % Eintrittswahrscheinlichkeit

In einer kumulierten Betrachtung ist das Ergebnis mit einer Wahrscheinlichkeit von 98,505625 % nicht schlechter als 0 EUR, mit 99,994375 % nicht schlechter als -100 EUR und mit 100 % nicht schlechter als 200 EUR. Der 99%-VaR beträgt dann 100 EUR und ist somit größer als die Summe der Einzelrisikowerte.

Ursache für den Verstoß gegen die Subadditivität ist die Verteilungsform. Lagen z. B. nur Normalverteilungen vor, so wäre die Subadditivität des VaR gegeben. Wenn aber die Verteilungen „schief" verlaufen, verliert der VaR als Risikomaß unter Umständen seine Subadditivität. Erst wenn alle vier Axiome erfüllt sind, ist das Risikomaß kohärent. Dem Value at Risk fehlt demnach die Kohärenz, weshalb zu untersuchen ist, ob alternative Risikomaße zweckmäßiger sind.

Doch bevor die Risikomaße abschließend bewertet werden können, müssen sie zunächst einmal vorgestellt werden. Im Folgenden werden das Lower Partial Moment erster, zweiter und dritter Ordnung sowie der Expected Shortfall bzw. der Conditional Value at Risk diskutiert.

2. Risikomessung mit alternativen Risikomaßen

a) Darstellung einer beispielhaften Risikoposition

Die Erörterung der Risikomessung mit alternativen Risikomaßen erfolgt anhand des fiktiven Beispiels einer Aktienkursentwicklung, die in Abbildung 172 dargestellt ist. Aus den dahinter stehenden 1001 Aktienkursen lassen sich 1000 historische Renditen errechnen. Deren Verteilung wird in Abbildung 173 dargestellt. Der Erwartungswert dieser Renditen beträgt 0,05 %. Der 95%-VaR ergibt sich gemäß analytischem Grundmodell aus der Multiplikation der Standardabweichung in Höhe von 1,48 % mit dem z-Wert von 1,645 und beträgt 2,43 %. Wird der VaR mithilfe einer historischen Simulation ermittelt, so ergibt sich ein Wert in Höhe von 2,37 %.

Abb. 172: Fiktiver Aktienkursverlauf

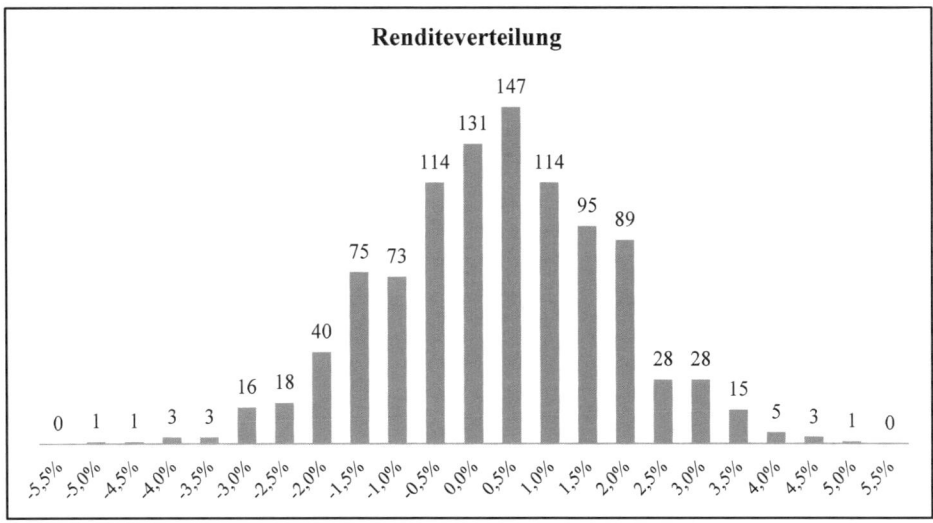

Abb. 173: Häufigkeitssäulen zur Verteilung der sortierten Renditen 950 bis 1000

Für eine Aktienposition mit einem Gesamtvolumen von 1 Mio. EUR würde dies eine notwendige Eigenmittelunterlegung in Höhe von 24.319 EUR gemäß analytischem Grundmodell bzw. 23.682 EUR gemäß historischer Simulation bedeuten.

Für die nachfolgenden Erörterungen ist die Analyse der sogenannten Tail Events bedeutsam. Der VaR würde mit einem Konfidenzniveau von 95 % bestimmt. Er umfasst also grundsätzlich die ersten 950 von insgesamt 1000 Werten des zugrunde gelegten Aktienbeispiels. Die 50 schlechtesten, darüberhinausgehenden Werte Nr. 951 bis 1000) werden inklusive des 950. Werts in Tabelle 95 aufgelistet.

Rang	Wert	Rang	Wert	Rang	Wert	Rang	Wert	Rang	Wert
950	-2,368 %								
951	-2,369 %	961	-2,535 %	971	-2,709 %	981	-3,111 %	991	-3,475 %
952	-2,385 %	962	-2,537 %	972	-2,752 %	982	-3,170 %	992	-3,491 %
953	-2,390 %	963	-2,559 %	973	-2,812 %	983	-3,183 %	993	-3,585 %
954	-2,406 %	964	-2,616 %	974	-2,851 %	984	-3,208 %	994	-3,589 %
955	-2,407 %	965	-2,629 %	975	-2,851 %	985	-3,209 %	995	-3,800 %
956	-2,414 %	966	-2,648 %	976	-2,968 %	986	-3,220 %	996	-4,104 %
957	-2,417 %	967	-2,664 %	977	-3,004 %	987	-3,246 %	997	-4,104 %
958	-2,473 %	968	-2,684 %	978	-3,034 %	988	-3,393 %	998	-4,169 %
959	-2,505 %	969	-2,685 %	979	-3,085 %	989	-3,416 %	999	-4,813 %
960	-2,534 %	970	-2,687 %	980	-3,105 %	990	-3,426 %	1000	-5,023 %

Tabelle 95:   Sortierte Renditen 950 bis 1000 der Aktienkursentwicklung

Die Verteilung der Werte 951 bis 1000 wird in Abbildung 174 zudem grafisch dargestellt. Da es sich nur um den Rand einer Verteilung handelt, kann der sonst häufig zu beobachtende näherungsweise symmetrische Verlauf der Verteilung nicht erwartet werden. Stattdessen fallen die Häufigkeiten immer weiter ab, je höher der Verlust ist.

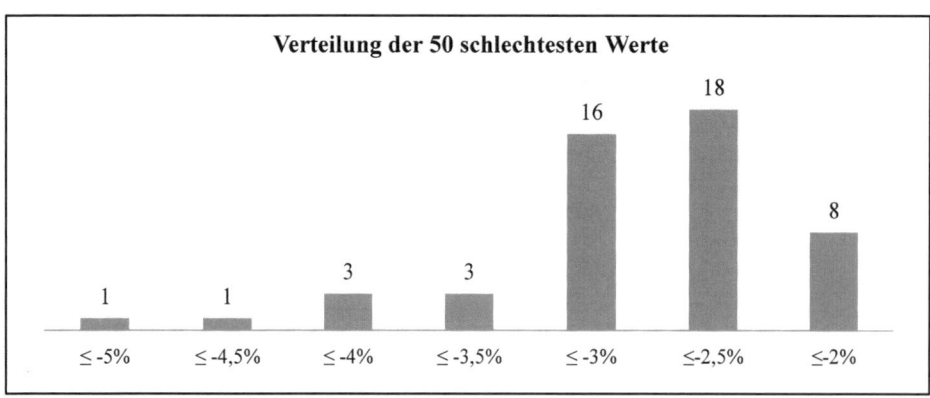

Abb. 174: Häufigkeitsverteilung der 50 schlechtesten Renditen

b) Lower Partial Moment

Im VaR-Konzept wird das Risiko als Abweichung vom Erwartungswert definiert. Diese Definition entspricht im Grunde dem praktischen Vorgehen der meisten Banken: Es wird ein bestimmtes Ergebnis geplant und budgetiert. Die Gefahr besteht dann darin, dass ein solchermaßen erwartetes Ergebnis nicht erreicht, also im negativen Sinne unterschritten wird. Diese Gefahr muss strikt am Erwartungswert ausgerichtet, gemessen und gesteuert werden.

Das Konzept der Lower Partial Moments (LPM) rückt von einer solchen Risikodefinition ab. Es wird stattdessen eine Grenze definiert, deren Unterschreiten untersucht wird. Die originäre Begründung für ein solches Vorgehen liefern positive Erwartungswerte von Risikopositionen. Ein „echter" Verlust trifft immer erst dann zu, wenn die Nulllinie unterschritten wird. Solange nur positive, über null liegende Ergebniswerte nicht erreicht werden, wird kein Vermögen vernichtet. Das Risiko besteht dann also nicht mehr in einer Abweichung vom Erwartungswert, sondern in der Verringerung des ursprünglich eingesetzten Vermögens bzw. Investitionsbetrags. Die Grenze muss aber nicht zwangsläufig beim Wert null gezogen werden. Sie kann beliebig definiert und fixiert werden. Im Beispiel wird jedoch eine Rendite von 0 % als Grenzwert festgelegt. Demgemäß bilden alle Renditen unter 0 % die Basis zur Berechnung des LPM.

Im Beispiel nimmt die an 525. Stelle sortierte Rendite den Wert +0,0087 % ein, die Rendite an 526. Stelle beträgt -0,0006 %. Somit liegen 525 Werte über der Grenze von 0 % und 475 Werte darunter. Die Wahrscheinlichkeit für die Unterschreitung der 0%-Grenze beträgt demnach 47,5 % (= 475/1000). Diese Berechnung basiert auf den Ergebnissen der historischen Simulation. Unter der Annahme der Normalverteilung lässt sich aus den ermittelten Werten für EW und STD der z-Wert

$$z = \frac{EW}{STD} = \frac{0,05\,\%}{1,48\,\%} = 0,0366$$

ermitteln. Dieser ist mit einer Wahrscheinlichkeit von 51,5 % verbunden. Damit beträgt die Wahrscheinlichkeit für das Unterschreiten der 0%-Grenze 48,5 %. Diese Wahrscheinlichkeit entspricht dem Lower Partial Moment der Ordnung 0, also LPM_0.

Das Lower Partial Moment erster Ordnung LPM_1 stellt den Erwartungswert aller die Grenze unterschreitenden Renditen dar. Über den Umweg der historischen Simulation müssen die 475 relevanten Werte addiert und das Ergebnis durch 475 geteilt werden. Das arithmetische Mittel beträgt in diesem Fall -1,18 %. Die Normalverteilung müsste jetzt nach dem Wert suchen, der das 47,5%-Intervall halbiert. Dies entspräche einer Wahrscheinlichkeit von

$$52,5\,\% + \frac{47,5\,\%}{2} = 76,25\,\%.$$

Damit verbunden ist ein z-Wert von 0,7756. Aus dem z-Wert lässt sich der gesuchte Mittelwert ableiten aus:

$$x_i = EW - z \cdot STD = 0,05\,\% - 1,48\,\% \cdot 0,7756 = -1,098\,\%$$

Schon die damit verbundene Wahrscheinlichkeit von 75,75 % macht deutlich, dass dieser Wert keine Basis für eine adäquate Eigenmittelunterlegung sein kann. Die Wahrscheinlichkeit für das Unterschreiten dieser Grenze ist zu hoch.

Das Lower Partial Moment zweiter Ordnung LPM_2 löst dieses Risikobewertungsproblem. LPM_2 entspricht der Varianz der grenzunterschreitenden Werte. Im Beispiel beträgt die Varianz der grenzunterschreitenden Werte 0,008214 %. Dies entspricht einer Standardabweichung in Höhe von 0,91 %. Hier macht ein Vergleich zu den sich aus der historischen Simulation ergebenden Daten wenig Sinn. Stattdessen wird direkt aus der Standardabweichung die Höhe der Kapitalunterlegung ermittelt. Ein Konfidenzniveau in Höhe von 95 % verbunden mit einem z-Wert von -1,645 führt zu einer Abweichung vom Mittelwert in Höhe von -1,49 % [= 0,91 % • (-1,645)]. Das LPM_1 = -1,18 % dient als Basis. Hieraus folgt als untere Grenze der Wert -1,18 % + -1,49 % = -2,67 %. Damit verbunden ist ein z-Wert von 1,84. Dieser entspricht einer Wahrscheinlichkeit gemäß Normalverteilung in Höhe von 96,72 %. Keineswegs darf hieraus verallgemeinernd abgeleitet werden, dass das so berechnete Wahrscheinlichkeitsniveau immer über dem der ursprünglichen Normalverteilung liegt. Denn Letzteres hängt immer auch von der Lage des Erwartungswerts der ursprünglichen Verteilung ab.

Alle Werte können mithilfe der historischen Simulation überprüft werden. Insgesamt sind 202 der beobachteten Renditen < LPM_1. Das bedeutet, 20,2 % sind schlechter, 79,8 % sind nicht schlechter als der LPM_1-Wert in Höhe von -1,18 %. Zudem sind 33 Werte schlechter als -2,67 %, sodass dieser Wert also mit einer Wahrscheinlichkeit von 96,72 % nicht unterschritten wird.

Die Kapitalunterlegung auf Basis der LPM_0 ist sinnlos, da dieser nur eine Wahrscheinlichkeit angibt. Die Kapitalunterlegung auf Basis des LPM_1 ist ebenfalls nicht angemessen, da hier lediglich ein Mittelwert mit zu hoher Gefahr des Unterschreitens errechnet wird. Im Beispiel läge die Kapitalunterlegung bei lediglich 11.768 EUR. Die Bereitstellung von Deckungsmasse in Höhe des LPM_2 würde bei einem gewählten Konfidenzniveau von 95 % für das LPM-Maß insgesamt 26.677 EUR betragen. Sie läge über der VaR-Unterlegung, weil im Beispiel die gewählte LPM-Grenze unterhalb des Mittelwerts liegt. Bezogen auf die originäre Verteilung wird dann mit dem LPM eine höhere Absicherung, aber aufgrund der höheren Eigenmittelunterlegung auch eine geringere Rendite erreicht.

c)   Expected Shortfall und Conditional Value at Risk

Expected Shortfall (ES) und Conditional Value at Risk (CVaR) sind grundsätzlich identisch. Wenn eine Verteilung mit Sprungstellen behaftet ist, kann der Conditional Value at Risk den Expected Shortfall übertreffen. Auf diese Differenzierung wird im Folgenden verzichtet, weshalb die Begriffe gleichgesetzt werden können.

Mit dem ES wird der den VaR übertreffenden Bereich untersucht. Es wird der Mittelwert aller den VaR übertreffenden Werte ermittelt. Im zugrunde liegenden Beispiel wurde der 95%-VaR mit -2,37 % festgelegt. 50 Werte waren schlechter. Diese Werte wurden in Tabelle 95 aufgelistet. Deren Mittelwert beträgt 3,05 %. Aus der Transformation dieses Beobachtungswerts ergibt sich ein z-Wert von -2,095, der einer Wahrscheinlichkeit von 98,17 % entspricht. In der historischen Simulation zeigt sich, dass 22 Beobachtungswerte den ES in Höhe von -3,05 % unterschreiten. Demnach wird der Verlust in Höhe von -3,05 % im Beispiel mit einer Wahrscheinlichkeit von 97,8 % nicht übertroffen.

Der Expected Shortfall findet in der Bankpraxis mehr und mehr Beachtung. Grund hierfür ist dessen Kohärenzeigenschaft, die eine einfache Aggregation aller so gemessenen Risikowerte ergibt. Die Kapitalunterlegung würde im Beispiel somit auf Basis des Expected Shortfall 30.490 EUR betragen.

3. Value at Risk, Lower Partial Moment und Expected Shortfall im Vergleich

Alle zuvor gewonnenen Ergebnisse werden in Abbildung 175 grafisch zusammengefasst. Die Risikobewertung fällt mit dem VaR am geringsten aus. Das LPM übernimmt die mittlere Position. Der ES führt zur höchsten Verlusterwartung. Damit einhergehen Kapitalunterlegungen von 23.682 EUR über 26.677 EUR bis hin zu 30.490 EUR. Die Werte sind jedoch nicht vergleichbar. Denn auf Basis der ursprünglichen Verteilung sind sie mit unterschiedlichen Konfidenzniveaus verbunden.

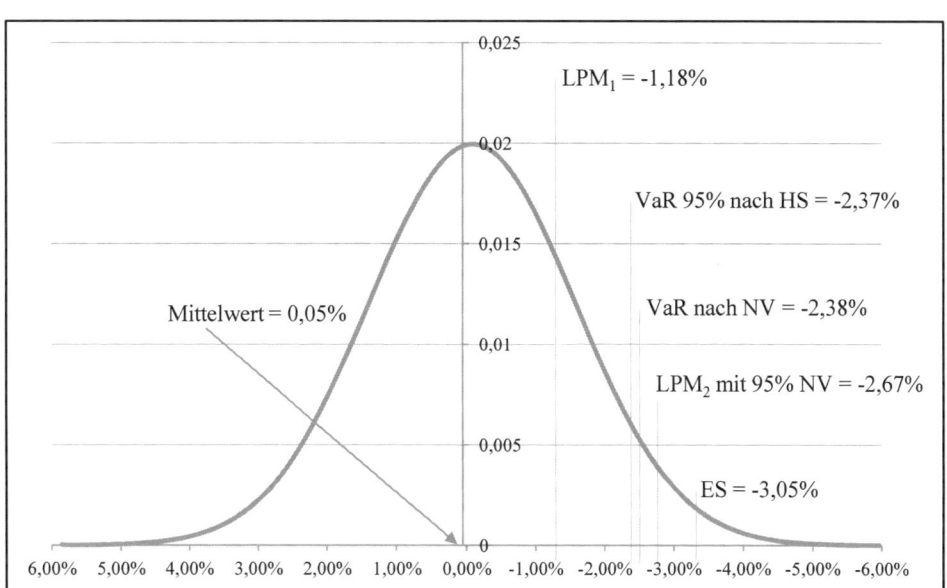

Abb. 175: VaR, LPM und ES im Vergleich

Zur Beurteilung der Kohärenz sind alle drei Risikomaße hinsichtlich Homogenität, Monotonie, Translationsinvarianz und Subadditivität zu beurteilen.

Der VaR ist zwar monoton, homogen und translationsinvariant, nicht jedoch subadditiv, wie das Beispiel zum Kreditrisiko zeigen konnte. Damit ist der VaR nicht kohärent. Das LPM entspricht grundsätzlich dem VaR, nur dass nicht die Abweichung vom Erwartungswert, sondern von einer vorgegebenen Grenze gezogen wird. Grundsätzlich musste zwischen LPM der Ordnung 0,1 und 2 differenziert werden.

LPM_0 erklärt, mit welcher Wahrscheinlichkeit eine vorgegebene Grenze unterschritten wird. Insofern ist dieses Maß als Basis der Kapitalunterlegung nicht brauchbar. LPM_1 kann bei positiven Referenzwerten zwar subadditiv sein. Dies gilt jedoch nicht für das LPM_2. Dem LPM fehlt demzufolge in seiner Gesamtheit ebenfalls die Kohärenzeigenschaft

Der Expected Shortfall erfüllt als einziges Risikomaß alle vier Axiome und ist somit kohärent. Insofern ist dieses Risikomaß zumindest aus theoretischer Sicht den anderen überlegen (vgl. hierzu ausführlich ARTZNER ET AL., DALDRUP, A./GEHRKE, N./SCHUMANN, M., DALDRUP, A.).

Allerdings ist aus praktischer Sicht zu hinterfragen, ob das Problem der Subadditivität zur Ablehnung von VaR und LPM führen müssen, wenn diese z. B. beim VaR und im Falle bestimmter Verteilungen doch gegeben sein könnte und somit nur in bestimmten Fällen nicht gegeben ist.

4. Stresstests

Die Krisen der letzten Jahre und Jahrzehnte, allen voran die Finanzkrise 2007/2008 und die noch immer während Eurokrise, haben gezeigt, dass Banken allen Risikoberechnungen zum Trotz doch insolvent werden können. Auch die ausgeklügeltste Risikorechnung wird nicht verhindern, dass auch in der Zukunft Banken an den Rand der Existenzfähigkeit geführt werden können. Die internationale Bankenaufsicht fordert deshalb die Banken zur Durchführung von Stresstests auf. Damit soll überprüft werden, wie belastbar die Kreditinstitute im Falle des Eintreffens bestimmter extremer Szenarien sind.

Im Kern geht es bei diesen Stresstests nicht darum, das Risiko mit einem besonders hohen Konfidenzniveau zu berechnen. Vielmehr werden bestimmte Szenarien angenommen, die die verschiedenen Geschäftsbereiche der Kreditinstitute betreffen und dort zu großen Verlusten führen können. Die EBA-Methodik umfasst diesbezüglich z. B.

- Kursrückgang europäischer Aktien um 15 %,

- Kursrückgang amerikanischer Aktien um 11 %,

- Steigerung der kurzfristigen Zinsen um 125 BP,

- Steigerung der Verzinsung langfristiger europäischer Staatsanleihen um 75 BP

- oder auch diverse makroökonomische Veränderungen.

Die Kreditinstitute simulieren die sich ergebenden Veränderungen bzw. deren Auswirkungen auf Bilanz, GuV bzw. Eigenmittelausstattung. So soll frühzeitig erkannt werden, ob die Institute auch eine neue Krise überleben können.

Die BaFin hat die Durchführung von Stresstests in die MaRisk aufgenommen. Danach sollen die Stresstests für die wesentlichen Risiken durchgeführt werden, die Art, Umfang, Komplexität und den Risikogehalt der Geschäftsaktivitäten widerspiegeln. Zudem werden sogenannte inverse Stresstests verlangt. Mit solchen Tests wird überprüft, welche Entwicklungen überhaupt eintreten müssten, sodass der Zusammenbruch des Instituts hervorrufen werden könnte.

Insgesamt soll mit den Stresstests ein besseres Verständnis für die Risikowirkung des Bankgeschäfts erzeugt werden. Die Einführung der damit verbundenen Szenariotechnik wird aber natürlich nicht dazu führen, dass das Risiko für den Normalfall nicht mehr gemessen wird. So wird denn auch mehr denn je z. B. in den MaRisk eine qualitativ hochwertige Risikomessung eingefordert.

LITERATURHINWEISE

ARTOPOEUS, W. (1996)
BAFIN (2012)
BASLER AUSSCHUSS (1995B)
BASLER AUSSCHUSS (1996B)
BASLER AUSSCHUSS (1997)
BASLER AUSSCHUSS (2002)
BEDER, T. S. (1995)
BRAMMERTZ, W. (1992)
BRAMMERTZ, W. (1997B)
DALDRUP, A. (2005)
GLESSNER, W. (2006)
J.P. MORGAN (1995)
JORION, P. (2001)
MEYER, C. (1999)
PRESS, W. H. ET AL. (1986)

ARZTNER ET AL. (1997)
BANKERS TRUST (1995)
BASLER AUSSCHUSS (1996A)
BASLER AUSSCHUSS (1996C)
BASLER AUSSCHUSS (2001A)
BASLER AUSSCHUSS (2004)
BLEYMÜLLER, J./GEHLERT, G./GÜLICHER, H. (2008)
BRAMMERTZ, W. (1997A)
DALDRUP, A./GEHRKE, N./SCHUMANN, M. (2006)
EUROPEAN BANKING AUTHORITY (2011)
GROSS, H./KNIPPSCHILD, M. (2001)
J.P. MORGAN (1996)
LISTER, M. (1997)
PODDIG, T./DICHTL H./PETERSMEIER, K. (2003)
SOBOL, I. M. (1991)

C. Quantifizierung einzelner Risikoarten

Ausgehend von den allgemeinen statischen Messverfahren und Konzepten für die bankinterne Risikomessung, die grundlegend erläutert worden sind, werden nun die einzelnen banktypischen Risikokategorien einer vertieften Analyse unterzogen.

Behandelt werden dabei im Einzelnen

• das Kreditrisiko,

• das Zinsänderungsrisiko,

• das Währungsrisiko,

• das Aktienkursrisiko,

• das operationelle Risiko sowie

• das Liquiditätsrisiko.

Neben Fragen der Messung bzw. Quantifizierung dieser Risiken im konkreten Einzelfall steht deren Begrenzung als Bestandteil der Risikotragfähigkeitsdiskussion im Vordergrund.

I. Das Kreditrisiko

1. Das Kreditrisiko im Spannungsfeld von erwarteten und unerwarteten Verlusten

Kreditverluste können mit einer bestimmten statistischen Wahrscheinlichkeit vorhergesehen werden. Deshalb ist es nur folgerichtig, dass solche Kreditverluste, die im statistischen Erwartungsbereich liegen, auch nicht einfach undifferenziert zusammen mit „echten" Verlustüberraschungen in einen Topf geworfen werden dürfen. Wie bereits ausführlich erläutert, sind die vorhersehbaren Kreditverluste damit auch konsequent in die Kalkulation des Betriebsergebnisses bzw. genauer in die Kosten des Kreditgeschäfts einzubeziehen. Die so kalkulierten Standard-Risikokosten haben also die Funktion, den erwarteten Verlust abzudecken und ihn prinzipiell bereits bei der Kreditvergabe zu berücksichtigen. Kreditrisiken, die diesen erwarteten Verlust umschreiben, können dementsprechend nicht mehr Gegenstand des Kreditrisikos sein, das nunmehr in den Mittelpunkt der Betrachtung rückt.

Als Kreditrisiko, das eine mögliche **Verlustüberraschung** umschreibt, kann nur der unerwartete Verlust bezeichnet werden, der über den bereits bei der Standard-Risikokosten-Rechnung antizipierten erwarteten Verlust hinausgeht. In Anlehnung an Abbildung 122 auf S. 289 und der dort vorgenommenen Abgrenzung von Ausfallrisiko und Bonitätsrisiko einerseits sowie der Unterscheidung in eine Ex-ante- und eine Ex-post-Betrachtung anderseits verdeutlicht Abbildung 176 die beschriebene Sichtweise. In einer Ex-ante-Betrachtung ist das **Ausfallrisiko** gekennzeichnet durch einen innerhalb des vorgegebenen Konfidenzniveaus über den Expected Loss hinaus gehenden möglichen Kreditausfall, wohingegen für das **Bonitätsrisiko** gilt, dass es hier den möglichen zusätzlichen Wertverlust aufgrund von Ratingmigrationen und migrationsinduzierten Veränderungen der Credit-Spreads beschreibt. In einer Ex-post-Betrachtung müssen naturgemäß die zur Abwicklung des erwarteten Verlustes verrechneten Standard-Risikokosten mit den tatsächlich anfallenden Ist-Risikokosten verglichen werden. Der Saldo dieser beiden Größen wird durch das **Kreditrisikoergebnis** dargestellt. Immer dann, wenn dieses Kreditrisikoergebnis kleiner als null ist, sind unerwartete Kreditverluste schlagend geworden. Wie Abbildung 176 ferner verdeutlicht, erfolgt die rechnungstechnische Abbildung des Bonitätsrisikos in aller Regel durch eine Barwertrechnung, wohingegen beim Ausfallrisiko sowohl eine barwertige Rechnung wie – und das ist bei den derzeitigen Konzepten die Regel – eine Periodenrechnung möglich ist.

	Kreditrisiko als Ausdruck des Unexpected Loss/unerwarteten Verlusts	
	Ausfallrisiko	**Bonitätsrisiko**
ex ante	= innerhalb des Konfidenzniveaus über den Expected Loss hinausgehender	
	insolvenzinduzierter möglicher Kreditausfall	migrationsinduzierter möglicher Wertverlust
ex post	Periodenrechnung Barwertige Rechnung	
	verrechnete Standard-Risikokosten < Ist-Risikokosten $\Rightarrow$ Kredit-Risikoergebnis < 0	

Abb. 176: Abbildungsmöglichkeiten des aus dem „Unexpected Loss" hergeleiteten Kreditrisikos

Das hier zu behandelnde Kreditrisiko weist zudem noch mindestens zwei weitere Dimensionen auf:

- Angesprochen ist zum einen das spezifische **Erfüllungsrisiko** (bzw. Settlement Risk). Dies entsteht dann, wenn eine Transaktion mit gegenseitigen Lieferverpflichtungen bei Fälligkeit nicht Zug-um-Zug abgewickelt werden kann und die Gegenpartei ihrer Verpflichtung nicht nachkommt, obwohl die eigene Seite bereits geliefert hat. Von besonderer Bedeutung ist das Erfüllungsrisiko im Devisen- und Edelmetallgeschäft.

- Zum anderen ist das **Länderrisiko** zu erwähnen. Es überlagert die kreditnehmerspezifische Ausfallrisiko- bzw. Bonitätsproblematik und entsteht dadurch, dass speziell im internationalen Kreditgeschäft grenzüberschreitende Kapitaldienstleistungen aufgrund von Transferschwierigkeiten, die auf hoheitliche Maßnahmen eines ausländischen Staates zurückzuführen sind, nicht erfolgen können. Das internationale Kreditgeschäft weist folglich eine **zweistufige Risikostruktur** auf: Auf der Ebene des Kreditnehmers das Ausfall- bzw. Bonitätsrisiko und auf der Ebene politökonomischer Rahmenbedingungen das Länderrisiko. Letztes kann auch dann schlagend werden, wenn keine relevanten kreditnehmerspezifischen Ausfall- bzw. Bonitätsrisiken bestehen.

Während für das Länderrisiko üblicherweise ebenfalls Standard-Risikokosten kalkuliert werden können und es auch Ansätze zur Quantifizierung des unerwarteten Verlustes gibt, sind Erfüllungsrisiken bzw. Settlement Risks nur schwer in diese Kalkulationssystematik einzubinden. Da diese üblicherweise durch technische und vertragliche Regelungen gesteuert werden, werden sie aus pragmatischen Gründen auch nicht selten dem operationellen Risiko zugeordnet. Im Folgenden soll weder auf das Erfüllungsrisiko noch auf das Länderrisiko weiter gehend eingegangen werden.

Das „normale" Kreditrisiko, wie es in den nun folgenden Betrachtungen weiter analysiert wird, weist **drei** weitere Besonderheiten auf, die bei der Implementierung von Kreditrisikomodellen und der Formulierung von geschäftspolitischen Strategien zur Begrenzung von Kreditrisiken zu berücksichtigen sind:

(1) In aller Regel sind die Wahrscheinlichkeiten für Kreditverluste deutlich **rechtsschief** verteilt (vgl. Abbildung 177). Dies bedeutet unter anderem, dass die Quantifizierung des Kreditrisikos mit einem standardmäßigen Value-at-Risk-Ansatz äußerst problematisch ist, da die zentrale Bedingung für die Gültigkeit dieses Ansatzes – die Normalverteilung der Kreditverluste – nicht erfüllt ist. Es bedarf hier also entsprechender ergänzender methodischer Überlegungen, um dieses Phänomen angemessen zu berücksichtigen. Infrage kommen grundsätzlich Simulationsmodelle, mit deren Hilfe Kreditrisiken bestimmt werden können, ohne mit expliziten Verteilungsannahmen arbeiten zu müssen.

(2) Obwohl durch die Berücksichtigung von Standard-Risikokosten eine saubere Trennung zwischen erwarteten Verlusten und unerwarteten Verlusten vollzogen wird und nur letztere den Gegenstand der Kreditrisikoquantifizierung darstellen, ist der erwartete Verlust wegen vielfacher **Interdependenzen** zum unerwarteten Verlust bei der Messung des Kreditrisikos immer wieder mit zu berücksichtigen:

- Bezogen auf das Ausfallrisiko besteht ein Grund etwa darin, dass bei der Kalkulation von Standard-Risikokosten die drei Hauptkomponenten (erwartete Ausfallrate, Rückzahlungsquote bei Ausfall und Kreditvolumen bei Insolvenz) als voneinander unabhängige Variablen modelliert werden, dass aber im Portfoliofall, der für das hier abgegrenzte Kreditrisiko von zentraler Bedeutung ist, dies grundsätzlich nicht zulässig ist.

- Zudem können die Komponenten der Grundgleichung des Ausfallrisikos selbst unerwartete Entwicklungen nehmen. So können sich nicht nur die Erwartungswerte für die Ausfallrate, die Rückzahlungsquote und das Kreditvolumen verändern, sondern auch deren Wahrscheinlichkeitsverteilung.

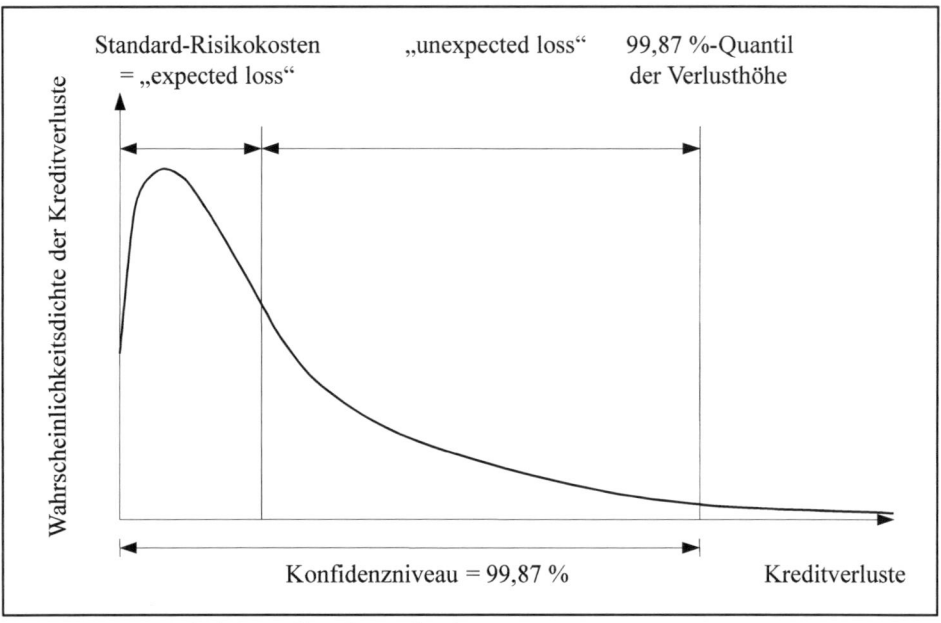

Abb. 177: Wahrscheinlichkeitsverteilung für Kreditverluste

Analoge Aussagen lassen sich für das Bonitätsrisiko herleiten. Hier sind es die Interdependenzen zwischen Ratingmigrationen und Credit Spreads einerseits und die Veränderungen der Erwartungswerte (einschließlich ihrer Verteilungsmuster) andererseits, die für diese Parameter eine komplexere Modellierung notwendig machen.

(3) In Analogie zur Kapitalmarkttheorie lassen sich auch beim Kreditrisiko eine systematische und eine unsystematische Komponente unterscheiden. Es gilt die These, dass das Kreditrisiko, also der unerwartete Verlust, durch Diversifikation des Kreditportfolios verringert werden kann. Dieser Teil des Kreditrisikos wird als **unsystematisches Risiko** bezeichnet. In einem Marktportfolio von Krediten, in dem sämtliche Kredite eines Markts (eines Landes, einer Region oder sogar der ganzen Welt) enthalten sind, läge definitionsgemäß eine maximal mögliche Diversifikation vor. Das dann dennoch verbleibende Kreditrisiko, das stark durch makroökonomische Einflussgrößen geprägt ist, wäre als **systematisches Kreditrisiko** zu bezeichnen.

438

Infolge der Beschränkung des Kreditrisikos auf den unerwarteten Verlust ist die Analogie zur Kapitalmarkt- bzw. Portfoliotheorie nur bedingt zulässig. So wäre es zumindest denkbar, dass ein vollständig diversifiziertes Kreditportfolio das Kreditrisiko im Sinne des unerwarteten Verlustes nicht nur vollständig eliminiert, sondern sogar negativ wird, indem die verrechneten Standard-Risikokosten systematisch größer werden als die tatsächlichen Ist-Risikokosten. In so einem Falle würde eine Bank durch ihre Kreditdiversifikation effektiv zusätzliche Erträge erwirtschaften.

Dieser Sachverhalt scheint in der Praxis durchaus auch zu existieren. So hat beispielsweise bei der schweizerischen Großbank UBS eine eigenständige Abteilung (mit der Bezeichnung „Risikotransformation") die Aufgabe, solche zusätzlichen Erträge im Sinne eines positiven Risikoergebnisses zu erzielen. Ähnliches lässt sich auch bei anderen Großbanken finden.

2. Diskussion ausgewählter Kreditrisikomodelle

a) Quantifizierung des Ausfallrisikos auf Portfolioebene

Mittlerweile ist eine Vielzahl von Ansätzen zur Quantifizierung des Kreditrisikos entwickelt worden. Zu nennen sind in diesem Zusammenhang beispielsweise das Modell einer Kreditrisikomessung auf Basis der historischen Kreditrisikoergebnisse, CreditRisk+^{TM} von Credit Suisse Financial Products, CreditMetrics^{TM} von JP Morgan und CreditPortfolioView^{TM} von McKinsey & Co. Gemeinsam ist allen Modellen sowohl ihr Ziel, die unerwarteten (Kredit-)Verluste zu messen, als auch die explizite Betrachtung des gesamten Kreditportfolios, d. h. die Berücksichtigung von Diversifikations- bzw. Risikostreuungseffekten. Die Konzepte unterscheiden sich jedoch hinsichtlich der zugrunde liegenden Risikoauffassung.

(1) Risikoergebnisbasierte Kreditrisikomessung

Bei der Kreditrisikomessung auf Basis des Kreditrisikoergebnisses wird das Risiko als Abweichung der effektiven von den erwarteten Kreditausfällen (Ausfallrisiko) und als Abweichung der tatsächlich eingetretenen von den erwarteten (durch Bonitätsänderung des Kreditnehmers bedingten) Marktwertverlusten von marktfähigen Kredittiteln (Bonitätsrisiko) verstanden, d. h. mit den Schwankungen des Kreditrisikoergebnisses gleichgesetzt. Das **Kreditrisiko** besteht hier also darin, dass das **Kreditrisikoergebnis** einen **negativen Saldo** aufweist. Die Bestimmung des erwarteten Verlustes im Kreditgeschäft wurde bereits im Rahmen der Nettomargenkalkulation und bei der Diskussion der Grundlagen des Risikocontrollings erörtert (vgl. insbesondere S. 292 ff.). Danach werden die im Kundengeschäft vereinnahmten Standard-Risikokosten den tatsächlichen Ist-Risikokosten im Konzept der **einzelgeschäftsbezogenen Ergebnissystematik** im **Kreditrisikoergebnis** gegenübergestellt. Wenn das Kreditrisikoergebnis einen Saldo von null aufweist, ist kein Kreditrisiko schlagend geworden, denn die Standard-Risikokosten sind ex ante in der richtigen Höhe kalkuliert worden. Allerdings lassen sich positive oder negative Salden des Kreditrisikoergebnisses nicht von vornherein ausschließen. Vielmehr ist damit zu rechnen, dass sich allein schon aufgrund von Kalkulationsunsicherheiten bei kleinen Grundgesamtheiten ein ständig schwankendes Kreditrisikoergebnis zeigt.

Abbildung 178 visualisiert ein solches beispielhaft. Ein stark schwankendes Kreditrisikoergebnis ist dabei einerseits ein Indikator für eine falsche bzw. ungenaue Kalkulation der Standard-Risikokosten. Andererseits kann es insbesondere bei negativen Abweichungen wertvolle Hinweise für eine unzureichende Risikodiversifikation liefern.

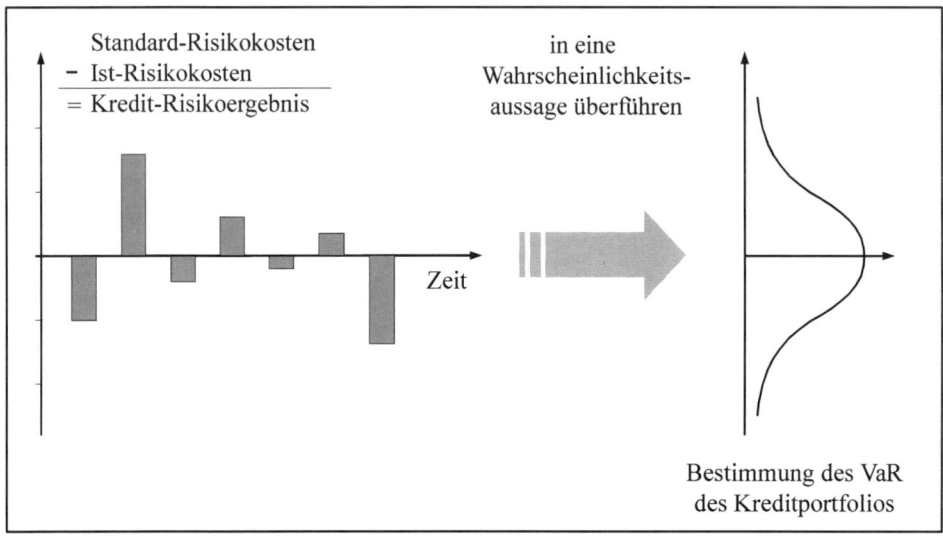

Abb. 178: Risikomessung auf Basis des Kreditrisikoergebnisses

Diese periodischen Schwankungen des Kreditrisikoergebnisses um den Wert von null können konzeptionell in eine Wahrscheinlichkeitsaussage transformiert werden. Darauf aufbauend lässt sich ein Value at Risk mithilfe eines bankinternen Risikomodells ermitteln. Als zentrale Voraussetzung für die Aussagekraft eines solchen Modells ist allerdings eine hinreichend große historische Datenbasis erforderlich. Angesichts der Tatsache, dass der Einsatz der Standard-Risikokostenkalkulation mit konsistenten statistischen Verfahren über einen längeren Zeitraum in der Bankpraxis eher die Ausnahme denn die Regel ist, ist diese Bedingung vermutlich nur schwer zu erfüllen. Auch fehlen mit gleicher Begründung empirische Daten über den Einfluss von Portfoliostrukturen (Ratingverteilungsstrukturen, Kreditnehmerzahl- und Volumengrößenverteilung, Diversifikationsqualitäten u. Ä.) auf diese Kreditrisikoergebnisschwankungen.

Eine weitere Bedingung für ein solches Risikomodell ist hingegen vergleichsweise leicht zu erfüllen: Die Prämisse der Normalverteilung von Kreditrisikoergebnisschwankungen. Sie wird näherungsweise dadurch erfüllt, dass durch den periodischen Vergleich von Standard-Risikokosten und Ist-Risikokosten gleichsam ein Regelkreis in Gang gesetzt wird, der durch periodische Anpassung der Standard-Risikokosten systematisch auf ein Kreditrisikoergebnis von null hin tendiert. Dies wird allerdings nur über Schwankungen und natürlich stets mit einem zeitlichen Lag als Durchschnittswert – betrachtet etwa über einem kompletten Konjunkturzyklus – erreicht.

Die statistische Analyse des Kreditrisikoergebnisses wird in Tabelle 96 anhand eines Beispiels demonstriert. Dabei wird ermittelt, inwieweit die kalkulierten Standard-Risikokosten von den tatsächlichen Ist-Risikokosten abweichen. Für die Messung des Value at Risk ist die **Standardabweichung** zwischen diesen Größen entscheidend. Diese errechnet sich aus den jährlichen prozentualen Abweichungen des periodischen Kreditrisikoergebnisses von den jeweils verrechneten bzw. geplanten Standard-Risikokosten. Mithilfe des Erwartungswerts, also der durchschnittlichen Abweichungsrate, sowie der Verteilungsfunktion der Abweichungsraten kann überprüft werden, ob die Bedingungen für eine näherungsweise Normalverteilung erfüllt sind. Ist das gegeben, kann durch die Multiplikation mit dem gewünschten Z-Wert, der das Konfidenzniveau determiniert, der Value at Risk ermittelt werden.

Peri-ode	Standard-Risikokosten	Ist-Risikokosten	(Ist-)Kreditrisiko-ergebnis	kumuliertes Kreditrisikoergebnis	Abweichungsrate Risikoergebnis zu Standard-Risiko-kosten
	(in 1.000 EUR)	(in 1.000 EUR)	(in 1.000 EUR)	(in 1.000 EUR)	
(0)	(1)	(2)	(3) = (1) – (2)	(4)	(5) = (3) / (1)
1	1.000	1.250	-250	-250	-25,0 %
2	1.110	1.310	-200	-450	-18,0 %
3	1.250	1.240	10	-440	0,8 %
4	1.280	1.450	-170	-610	-13,3 %
5	1.350	1.320	30	-580	2,2 %
6	1.200	980	220	-360	18,3 %
7	1.320	950	370	10	28,0 %
8	1.490	1.590	-100	-90	-6,7 %
9	1.200	1.390	-190	-280	-15,8 %
10	1.270	1.380	-110	-390	-8,7 %
11	1.450	1.330	120	-270	8,3 %
12	1.460	1.210	250	-20	17,1 %
13	1.480	1.370	110	90	7,4 %
14	1.400	1.280	120	210	8,6 %
15	1.530	1.620	-90	120	-5,9 %
16	1.200	1.250	-50	70	-4,2 %
Erwartungswert:					-0,4 %
Standardabweichung:					14,1 %

Tabelle 96: Statistische Analyse des Kreditrisikoergebnisses

Aus den Werten in Tabelle 96 ergibt sich eine Standardabweichung von 14,1 % und ein Erwartungswert von -0,4 %. Bildet man entsprechende Klassen von Abweichungsraten (beispielsweise in 10-Prozent-Schritten zwischen +30 % und -30 %) zeigt sich zudem eine recht gute Annäherung an eine Normalverteilung.

Unter Annahme eines vorgegebenen Z-Werts von -3 und geplanten Standard-Risikokosten in der Folgeperiode von 6 Mio. EUR ergib sich ein VaR von

VaR = 14,1 %. · (-3) · 6 Mio. EUR = (-42,3 %) · 6 Mio. EUR = 2,538 Mio. EUR

Mit einer Wahrscheinlichkeit von ca. 99,87 % werden demnach die Ist-Risikokosten in der Folgeperiode um maximal 2,538 Mio. EUR höher ausfallen als die geplanten Standard-Risikokosten. In dieser Größenordnung wären dann zusätzlich Eigenmittel für das Kreditportfolio zu unterlegen.

Abschließend sei noch darauf verwiesen, dass bei der Berechnung der Abweichungsrate Risikoergebnis zu Standard-Risikokosten der periodenübergreifende Charakter des Kreditrisikoergebnisses zu berücksichtigen ist. Insofern kann es sinnvoll sein, die über mehrere Perioden hinweg aggregierten Standard- und Ist-Risikokosten miteinander zu vergleichen. Außerdem sind gegebenenfalls für die Aggregation des Gesamtbankrisikos und die damit verbundene Berechnung von Korrelationen mit anderen Risikoparametern die Barwerte der Standard-Risikokosten als Datenbasis zugrunde zu legen.

(2) CreditRisk+™

Kreditrisiken weisen in Bezug auf die Art des Eintretens von Kreditereignissen und die Höhe der sich daraus ergebenden Verluste für die kreditgebende Bank zahlreiche Ähnlichkeiten zu versicherungswirtschaftlichen Risiken auf. Charakteristisch für beide Bereiche sind die Seltenheit des Kredit- bzw. Schadensereignisses, die ex ante schwer quantifizierbaren potenziellen Verlust- bzw. Schadensvolumina und die Existenz der Risikointerdependenzen zwischen den Kreditnehmern bzw. Versicherungsnehmern. Aufgrund dieser Ähnlichkeiten können die in der Versicherungswirtschaft bereits entwickelten und implementierten methodischen Ansätze zur Quantifizierung und Steuerung des Versicherungsrisikos auf den Bereich des Kreditrisikos übertragen werden.

Die in diesem Kontext entwickelten **aktuarischen Kreditrisikomodelle** betrachten das Eintreten von Kreditereignissen – analog eines Schadensereignisses in der Versicherungswirtschaft – ausschließlich als Insolvenzereignisse. Als Determinanten des Ausfallrisikos werden im aktuarischen Basismodell **vier Risikoparameter** identifiziert. Die ersten drei Risikoparameter Kredit-Exposure (Kreditexpositionen im Insolvenzfall) sowie erwartete Rückzahlungsquote im Insolvenzfall und erwartete Ausfallrate werden im Basismodell ausschließlich als konstante Größen unterstellt. Als vierter Risikoparameter bilden die ebenfalls als konstant unterstellten paarweisen Ausfallkorrelationen die Risikointerdependenzen zwischen den Kreditnehmern ab.

Die **zentralen Mängel** des aktuarischen Basismodells liegen insbesondere in den restriktiven Annahmen über die zeitliche Konstanz der Risikoparameter begründet, welche die Realität keineswegs widerspiegeln. Zusätzlich einschränkend wirken die schwer quantifizierbaren Ausfallkorrelationen, die weder in der Praxis zur Verfügung stehen noch direkt gemessen werden können, auf die praktischen Anwendungsmöglichkeiten des aktuarischen Basismodells ein.

Das von Credit Suisse Financial Products im Jahre 1997 entwickelte **CreditRisk+™** ist eine Weiterentwicklung des aktuarischen Basismodells. Dabei fasst CreditRisk+™ das Kreditrisiko ebenfalls als Ausfallrisiko auf und quantifiziert den sich daraus ergebenden „Unexpected Loss" auf Portfolioebene für ein bestimmtes Konfidenzintervall sowie einen bestimmten Zeithorizont. Mithilfe dieses Modells ist es möglich, Steuerungsinformationen sowohl für ein aktives Portfoliomanagement als auch für die Bildung einer angemessenen Rückstellung für Verluste aus Kreditausfällen zu generieren. Dieses Modell zeichnet sich in der Praxis insbesondere wegen seiner einfachen Handhabung und der geringen Anforderung an Inputdaten aus. Zur Erfassung des „Unexpected Loss" benötigt das CreditRisk+™ dabei lediglich fünf Arten von Inputdaten (vgl. Abbildung 179):

1. das Kredit-Exposure bei Ausfall,

2. die Rückzahlungsquote bei Ausfall,

3. die erwartete Ausfallrate

4. die Volatilität der Ausfallrate und

5. die Ausfallkorrelationen im Portfoliofall.

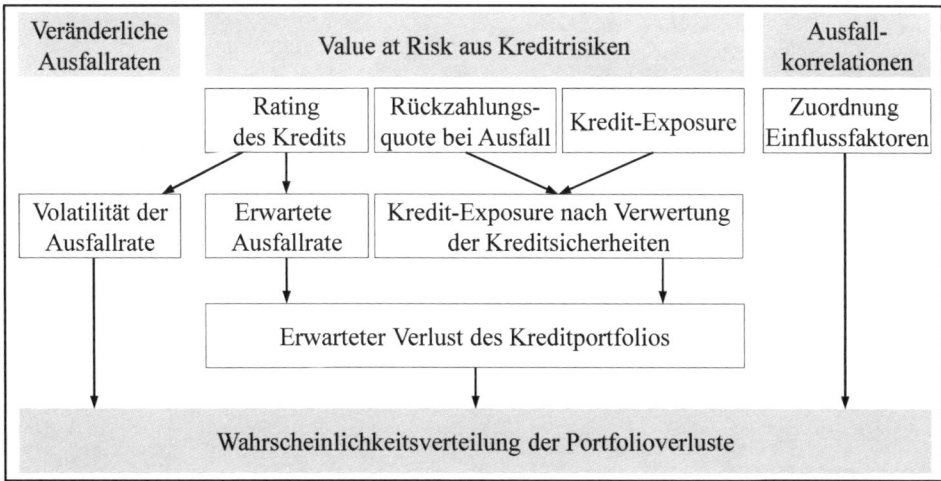

Abb. 179: Aufbauschema des CreditRisk+™

Aus Abbildung 179 ist zunächst ersichtlich, dass sich die Höhe des erwarteten Verlustes eines Kreditportfolios aus der Summe der erwarteten Kreditverluste – **Expected Loss** – der einzelnen Kreditengagements ergibt, deren Höhe sich wiederum mittels der Grundgleichung zur Kalkulation von Standard-Risikokosten ermitteln lässt (vgl. S. 292 ff.). Dabei dient der erwartete Verlust zusammen mit dem maximal zu erwartenden Verlust des Kreditportfolios, welcher unter Zugrundelegung eines vorgegebenen Konfidenzniveaus zu bestimmen ist, als Grundlage zur Kalkulation des **Unexpected Loss** des Kreditportfolios (vgl. Abbildung 180):

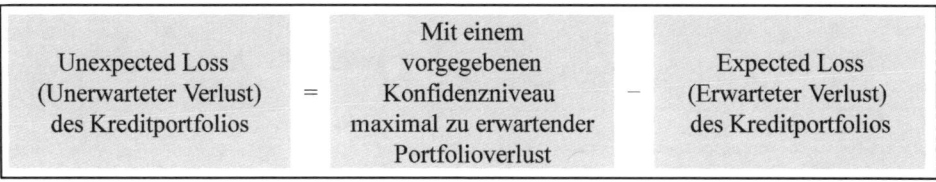

Abb. 180: Grundgleichung zur Bestimmung des Unexpected Loss

Die Höhe des Unexpected Loss des Kreditportfolios wird in CreditRisk+™ durch die Granularität des Kreditvolumens einerseits und durch die Volatilität der Ausfallraten sowie die Risikointerdependenzen zwischen den Kreditnehmern andererseits determiniert. Der Unexpected Loss eines Kreditportfolios wird umso größer, je weniger Kreditnehmer das Portfolio enthält und je höher das Volumen ist, das die einzelnen Kreditengagements aufweisen. Wird das Volumen des Kreditportfolios auf möglichst viele unterschiedliche Kreditnehmer verteilt und so die **Granularität** des Kreditportfolios entsprechend erhöht, kann der Unexpected Loss erheblich reduziert werden. Auf die Wirkungen von Volumen und Granularität auf die Höhe des unerwarteten Verlustes des Kreditportfolios wird im Einzelnen noch einzugehen sein.

Um die Vorgehensweise nachvollziehbar darzustellen, wird bei der Modellierung des CreditRisk+™ zunächst von konstanten Ausfallraten und Unabhängigkeit zwischen den Kreditnehmern ausgegangen. Unter diesen Annahmen wird somit die Höhe der unerwarteten Verluste eines Kreditportfolios im Wesentlichen durch zwei Faktoren bestimmt:

- Anzahl der Kreditausfälle

- Verlusthöhe der einzelnen Ausfälle

Zur Bestimmung der Anzahl der Kreditausfälle werden in CreditRisk+™ zunächst die erwarteten Ausfallraten verwendet, welche grundsätzlich durch die Heranziehung eines externen Ratings (falls vorhanden) oder mittels Verfahren des internen Ratings durch die kreditgebende Bank zu ermitteln sind. Für ein Portfolio mit N Krediten ergibt sich die zu erwartende Anzahl an Kreditausfällen als Summe der einzelnen erwarteten Ausfallraten:

$$\mu = \sum_{i=1}^{N} p_i$$

mit: m = erwartete Anzahl an Kreditausfällen; p_i = erwartete Ausfallrate des Kreditnehmers i; N = Anzahl der Kredite im Portfolio

Unter Annahme einer einheitlichen Ausfallrate für alle Kreditnehmer ($p = p_i$), welche weiterhin als voneinander unabhängig angesehen werden, lässt sich die Wahrscheinlichkeitsverteilung der Kreditausfälle durch die sogenannte **Binomialverteilung** beschreiben:

$$W_n^N = \binom{N}{n} \cdot p^n \cdot (1-p)^{N-n} = \frac{N!}{(N-n)! \cdot n!} \cdot p^n \cdot (1-p)^{N-n}$$

mit: W_n^N = Wahrscheinlichkeit dafür, dass von N Kreditnehmern n ausfallen

Anzahl der Kreditausfälle	Binomialverteilungen		Wahrschein-lichkeiten	Kumulierte Wahr-scheinlichkeiten
0	$W_0^{40} = \binom{40}{0} \cdot 0,05^0 \cdot (1-0,05)^{40-0}$	=	12,851 %	12,851 %
1	$W_1^{40} = \binom{40}{1} \cdot 0,05^1 \cdot (1-0,05)^{40-1}$	=	27,055 %	39,906 %
2	$W_2^{40} = \binom{40}{2} \cdot 0,05^2 \cdot (1-0,05)^{40-2}$	=	27,767 %	67,674 %
3	$W_3^{40} = \binom{40}{3} \cdot 0,05^3 \cdot (1-0,05)^{40-3}$	=	18,511 %	86,185 %
4	$W_4^{40} = \binom{40}{4} \cdot 0,05^4 \cdot (1-0,05)^{40-4}$	=	9,012 %	95,197 %
5	$W_5^{40} = \binom{40}{5} \cdot 0,05^5 \cdot (1-0,05)^{40-5}$	=	3,415 %	98,612 %
6	$W_6^{40} = \binom{40}{6} \cdot 0,05^6 \cdot (1-0,05)^{40-6}$	=	1,049 %	99,661 %
7	$W_7^{40} = \binom{40}{7} \cdot 0,05^7 \cdot (1-0,05)^{40-7}$	=	0,268 %	99,929 %
8	$W_8^{40} = \binom{40}{8} \cdot 0,05^8 \cdot (1-0,05)^{40-8}$	=	0,058 %	99,987 %
9	$W_9^{40} = \binom{40}{9} \cdot 0,05^9 \cdot (1-0,05)^{40-9}$	=	0,011 %	99,998 %
10	$W_{10}^{40} = \binom{40}{10} \cdot 0,05^{10} \cdot (1-0,05)^{40-10}$	=	0,002 %	100,000 %
. . .	. . .	=	. . .	. . .
40	$W_{40}^{40} = \binom{40}{40} \cdot 0,05^{40} \cdot (1-0,05)^{40-40}$	=	0,00 %	100,000 %

Tabelle 97:   Wahrscheinlichkeiten der Kreditausfälle in einer Binomialverteilung

Im Folgenden soll anhand eines Beispiels die Vorgehensweise zur Ermittlung der Wahrschein-lichkeiten von Kreditausfällen mittels Binomialverteilung demonstriert werden. Das Beispiel-portfolio besteht aus 40 voneinander unabhängigen Kreditnehmern mit jeweils identischer Ausfallrate in Höhe von 5 %. Die Anzahl der erwarteten Kreditausfälle beläuft sich innerhalb der Betrachtungsperiode somit auf 2:

$$\mu = \sum_{i=1}^{40} p_i = 40 \cdot 5\% = 2$$

Mit welcher Wahrscheinlichkeit ein, zwei oder mehrere Kreditnehmer ausfallen, wird mithilfe der Binomialverteilung ermittelt und in Tabelle 97 dargestellt.

Aus den dargestellten **kumulierten Wahrscheinlichkeiten** lässt sich die Aussage ableiten, dass mit einer Wahrscheinlichkeit von 99,661 % nicht mehr als sechs Kreditnehmer ausfallen werden (vgl. Tabelle 97). In Abbildung 181 werden die Ergebnisse dieses Beispiels grafisch dargestellt:

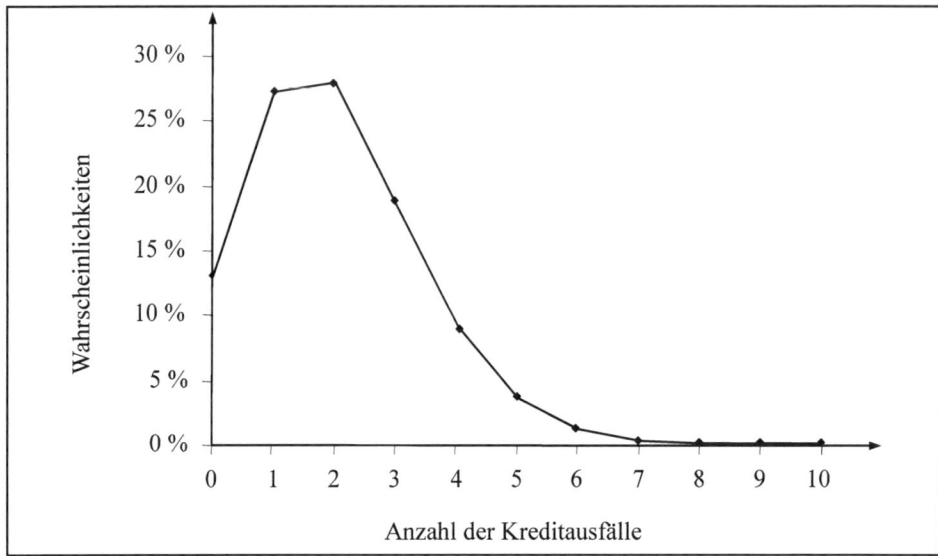

Abb. 181: Binomialverteilte Wahrscheinlichkeiten von Kreditausfällen

In der praktischen Anwendung von CreditRisk+^{TM} wird für die Beschreibung der Wahrscheinlichkeitsverteilung der Kreditverluste eine **Poissonverteilung** unterstellt, da diese für geringe Ausfallraten eine gute Approximation der Binomialverteilung erzielen kann und ferner nicht die Unterstellung identischer Ausfallraten für alle Kreditnehmer erfordert. Die Wahrscheinlichkeiten der Kreditausfälle lassen sich mithilfe der Poissonverteilung folgendermaßen ermitteln:

$$W_n^{Poisson} = \frac{e^{-\mu} \cdot \mu^n}{n!}$$

mit: μ = erwartete Anzahl an Kreditausfällen; $W_n^{Poisson}$ = Wahrscheinlichkeit dafür, dass n Kreditnehmer ausfallen; e = Eulersche Zahl; n = Anzahl der Kreditausfälle

Bei der Wahrscheinlichkeitsaussage, dass in einer Betrachtungsperiode keiner der Kredite ausfällt, also n = 0, reduziert sich die obige Formel auf:

$$W_{n=0}^{Poisson} = e^{-\mu}$$

Für ein Kreditportfolio, das beispielsweise aus vier Krediten mit den jeweiligen erwarteten Ausfallraten in Höhe von 1 %, 4 %, 6 % und 8 % besteht, beträgt die Zahl der erwarteten Kreditausfälle:

$$\mu = \sum_{i=1}^{4} p_i = 1\% + 4\% + 6\% + 8\% = 0,19$$

Die Wahrscheinlichkeit dafür, dass keiner der Kredite während der Betrachtungsperiode ausfällt, beläuft sich somit auf:

$$W_{n=0}^{Poisson} = e^{-\mu} = e^{-0,19} = 82,70\%$$

Da die gleiche Verlustsumme sowohl aus einigen Ausfällen mit hohem Kredit-Exposure als auch aus einer Vielzahl von Ausfällen mit jeweils geringem Kredit-Exposure resultieren kann, stellt neben der Anzahl der Kreditausfälle die Höhe des Kredit-Exposure der einzelnen Kreditengagements das zweite Element für die Höhe der unerwarteten Verluste eines Kreditportfolios dar. Um die Volumenstruktur des Kreditportfolios abzubilden, werden alle Kredite in Größenklassen, die auch als **„Exposure-Bänder"** bezeichnet werden, eingeteilt. Demnach wird in jedem Exposure-Band der potenzielle Verlust eines Kredits stets als ein ganzzahliges Vielfaches einer Grundeinheit L (z. B. 1 Mio. EUR) ausgedrückt. Der durch die Grundeinheit L normierte erwartete Kreditverlust aller Kreditnehmer, welche einem bestimmten Exposure-Band j angehören, lässt sich durch folgende Beziehung ausdrücken:

$$\varepsilon_j = \frac{\sum_{x=1}^{M} p_x \cdot V_x}{L}$$

mit: ε_j = durch Grundeinheit L normierter Kreditverlust des Exposure-Bandes j; p_x = erwartete Ausfallrate des Kreditnehmers x; V_x = Kredit-Exposure des Kreditnehmers x, M = Anzahl der Kreditnehmer innerhalb eines Exposure-Bandes

Auf Basis dieser Werte kann die Wahrscheinlichkeit dafür, dass ein mit der Grundeinheit L normiertes Kreditvolumen n in einer Betrachtungsperiode ausfällt, mittels einer Rekursionsformel hergeleitet werden:

$$W_n = \sum_{j=1}^{n} \frac{\varepsilon_j}{n} \cdot W_{n-j}$$

mit: W(n) = Wahrscheinlichkeit für den Ausfall mit einem Volumen von n

Unter Zugrundelegung des Expected Loss der einzelnen Exposure-Bänder wird die Wahrscheinlichkeitsverteilung für alle potenziellen Ausfallvolumina mithilfe der oben stehenden Formel ermittelt.

Anhand eines Beispiels soll die Herleitung der Wahrscheinlichkeitsverteilung für alle möglichen Ausfallvolumina demonstriert werden. Das Beispielportfolio besteht aus vier Kreditnehmern mit jeweiligem Kredit-Exposure in Höhe von 1, 2, 3 und 4 Mio. EUR sowie erwarteten Ausfallraten von 4 %, 8 %, 6 % und 1 %. Die Korrelationen zwischen den Kreditnehmern sowie die Schwankungen der Ausfallraten bleiben unberücksichtigt. In einem ersten Schritt werden die Volumenstruktur sowie die erwarteten Verluste des Beispielportfolios durch Exposure-Bänder abgebildet (vgl. Tabelle 98). Dabei wird 1 Mio. EUR als Grundeinheit für die Exposure-Bänder festgelegt.

Exposure-Bänder		Exposure (in EUR)	Erwartete Ausfallrate	Grundeinheit (1 Mio. EUR)	Erwarteter normierter Kreditverlust	Erwarteter Kreditverlust (Expected Loss in EUR)
		(1)	(2)	(3)	(4) = (1) · (2) / (3)	(5) = (3) · (4)
1	1	1 Mio.	4 %	1 Mio.	0,04	0,04 Mio.
2	2	2 Mio.	8 %	1 Mio.	0,16	0,16 Mio.
3	3	3 Mio.	6 %	1 Mio.	0,18	0,18 Mio.
4	4	4 Mio.	1 %	1 Mio.	0,04	0,04 Mio.
Summe bzw. Durchschnitt:		10 Mio.	4,2 %	1 Mio.	0,42	0,42 Mio.

Tabelle 98:   Abbildung der Volumenstruktur des Kreditportfolios durch Exposure-Bänder

Anschließend werden beginnend mit der Wahrscheinlichkeit dafür, dass in einer Betrachtungsperiode kein Kredit ausfällt, mithilfe der obigen Rekursionsformel sukzessive die einzelnen Wahrscheinlichkeiten für den Ausfall von Kreditvolumina in Höhe von 1 Mio. EUR, 2 Mio. EUR usw. ermittelt, wie dies in Abbildung 182 dargestellt wird.

Die in der zweiten Spalte von Abbildung 182 aufgeführten kumulierten Wahrscheinlichkeiten können als Grundlage für eine Aussage über den Value at Risk des Kreditportfolios dienen. Mit einem Konfidenzniveau von 99,89 %, das etwa einem Z-Wert in Höhe von 3 in der Standardnormalverteilung entspricht, würde das Ausfallvolumen die Grenze von 6 Mio. EUR nicht überschreiten. Der Unexpected Loss des Kreditportfolios würde also bei einem Expected Loss in Höhe von 0,42 Mio. EUR (= 0,04 Mio. EUR + 0,16 Mio. EUR + 0,18 Mio. EUR + 0,04 Mio. EUR) den Wert von 5,58 Mio. EUR (= 6 Mio. EUR – 0,42 Mio. EUR) mit einer Wahrscheinlichkeit von 99,89 % nicht überschreiten (vgl. Abbildung 182).

Ausfall-volumina n in Mio. EUR	kumulierte Wahrscheinlichkeit	Wahrscheinlichkeit W_n	Exposure-Band 1	Exposure-Band 2	Exposure-Band 3	Exposure-Band 4
0	82,70 %	82,70 %	$= e^{-(4\,\% + 8\,\% + 6\,\% + 1\,\%)}$			
1	86,00 %	3,31 %	$= \frac{0{,}04}{1} \cdot 82{,}70\,\%$			
2	92,69 %	6,68 %	$= \frac{0{,}04}{2} \cdot 3{,}31\,\%$	$+ \frac{0{,}16}{2} \cdot 82{,}70\,\%$		
3	97,91 %	5,23 %	$= \frac{0{,}04}{3} \cdot 6{,}68\,\%$	$+ \frac{0{,}16}{3} \cdot 3{,}31\,\%$	$+ \frac{0{,}18}{3} \cdot 82{,}70\,\%$	
4	99,21 %	1,30 %	$= \frac{0{,}04}{4} \cdot 5{,}23\,\%$	$+ \frac{0{,}16}{4} \cdot 6{,}68\,\%$	$+ \frac{0{,}18}{4} \cdot 3{,}31\,\%$	$+ \frac{0{,}04}{4} \cdot 82{,}70\,\%$
5	99,65 %	0,44 %	$= \frac{0{,}04}{5} \cdot 1{,}30\,\%$	$+ \frac{0{,}16}{5} \cdot 5{,}23\,\%$	$+ \frac{0{,}18}{5} \cdot 6{,}68\,\%$	$+ \frac{0{,}04}{5} \cdot 3{,}31\,\%$
6	99,89 %	0,24 %	$= \frac{0{,}04}{6} \cdot 0{,}44\,\%$	$+ \frac{0{,}16}{6} \cdot 1{,}30\,\%$	$+ \frac{0{,}18}{6} \cdot 5{,}23\,\%$	$+ \frac{0{,}04}{6} \cdot 6{,}68\,\%$
7	99,97 %	0,07 %	$= \frac{0{,}04}{7} \cdot 0{,}24\,\%$	$+ \frac{0{,}16}{7} \cdot 0{,}44\,\%$	$+ \frac{0{,}18}{7} \cdot 1{,}30\,\%$	$+ \frac{0{,}04}{7} \cdot 5{,}23\,\%$
8	99,99 %	0,02 %	$= \frac{0{,}04}{8} \cdot 0{,}07\,\%$	$+ \frac{0{,}16}{8} \cdot 0{,}24\,\%$	$+ \frac{0{,}18}{8} \cdot 0{,}44\,\%$	$+ \frac{0{,}04}{8} \cdot 1{,}30\,\%$
9	100,00 %	0,01 %	$= \frac{0{,}04}{9} \cdot 0{,}02\,\%$	$+ \frac{0{,}16}{9} \cdot 0{,}07\,\%$	$+ \frac{0{,}18}{9} \cdot 0{,}24\,\%$	$+ \frac{0{,}04}{9} \cdot 0{,}44\,\%$
10	100,00 %	0,00 %	$\approx \frac{0{,}04}{10} \cdot 0{,}01\,\%$	$+ \frac{0{,}16}{10} \cdot 0{,}02\,\%$	$+ \frac{0{,}18}{10} \cdot 0{,}07\,\%$	$+ \frac{0{,}04}{10} \cdot 0{,}24\,\%$

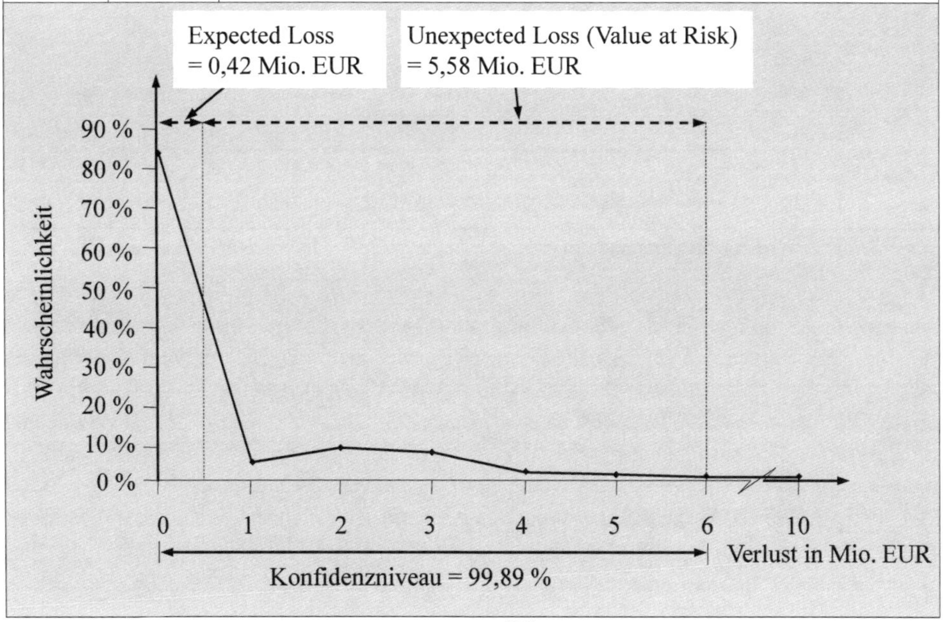

Expected Loss = 0,42 Mio. EUR
Unexpected Loss (Value at Risk) = 5,58 Mio. EUR
Wahrscheinlichkeit
90 %
80 %
70 %
60 %
50 %
40 %
30 %
20 %
10 %
0 %
0
1
2
3
4
5
6
10
Verlust in Mio. EUR
Konfidenzniveau = 99,89 %

Abb. 182: Bestimmung der Verlustverteilung in CreditRisk+TM

Im Folgenden soll anhand eines weiteren Beispiels mit einem modifizierten Kreditportfolio gezeigt werden, wie die Höhe der unerwarteten Verluste des Kreditportfolios dadurch beeinflusst wird, dass die Annahme über die im Zeitablauf konstanten Ausfallraten und die Prämisse der Unabhängigkeit der Kreditnehmer aufgehoben wird. Das betrachtete Kreditportfolio besteht aus 40 Kreditnehmern, die in der Ausgangssituation zunächst unkorreliert voneinander jeweils eine konstante und identische Ausfallrate von 5 % aufweisen. Die einzelnen Kredit-Exposure liegen zwischen 1 und 17 Mio. EUR und verteilen sich gleichmäßig auf die jeweiligen Kreditnehmer. Unter Zugrundelegung eines unterstellten durchschnittlichen Verlustes im Insolvenzfall in Höhe von 7,5 Mio. EUR für die Kreditnehmer beläuft sich der erwartete Verlust des Kreditportfolios auf 15 Mio. EUR (= 40 · 5 % · 7,5 Mio. EUR). Mit einem Konfidenzniveau von 99 % ergibt sich somit ein maximal zu erwartender Portfolioverlust in Höhe von 52,38 Mio. EUR. Dieses Ergebnis führt schließlich zu der Aussage, dass mit einer Wahrscheinlichkeit von 99 % der unerwartete Verlust des Kreditportfolios die Grenze von 37,38 Mio. EUR (= 52,38 Mio. EUR – 15 Mio. EUR) nicht überschreiten wird (vgl. Abbildung 183).

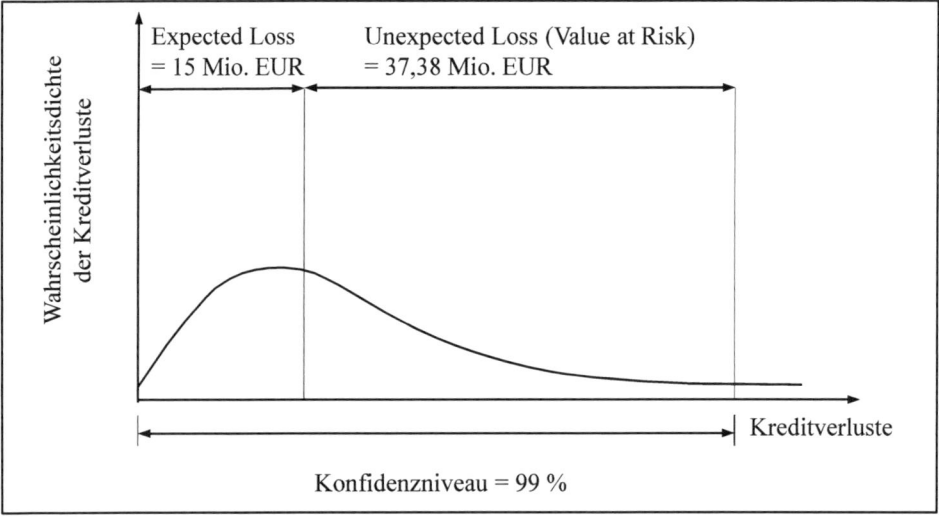

Abb. 183: Verlustverteilung des Kreditportfolios mit 40 unabhängigen Kreditnehmern bei Annahme konstanter Ausfallraten

Diese Verlustverteilung ändert sich deutlich, wenn zugelassen wird, dass die Ausfallraten im Zeitablauf schwanken und zugleich die Prämisse der Unabhängigkeit der Kreditnehmer aufgehoben wird. Empirisch ist der Fall schwankender Ausfallraten eher belegt als der Fall konstanter Ausfallraten, wie Abbildung 184 zeigt: Für den Zeitraum von 1970 bis 1997 verzeichnet die Ausfallrate der Ratingkategorie B (nach Moody's) deutliche Schwankungen. So sind z. B. in den Jahren 1976 und 1979 keine Ausfälle zu verzeichnen, während im Jahre 1970 insgesamt 23,4 % der Anleihen dieser Kategorie ausfielen. Damit ist ersichtlich, dass die Ausfallraten keineswegs als zeitlich konstant betrachtet werden dürfen. Sie sind vielmehr einer mehr oder weniger starken Volatilität unterworfen.

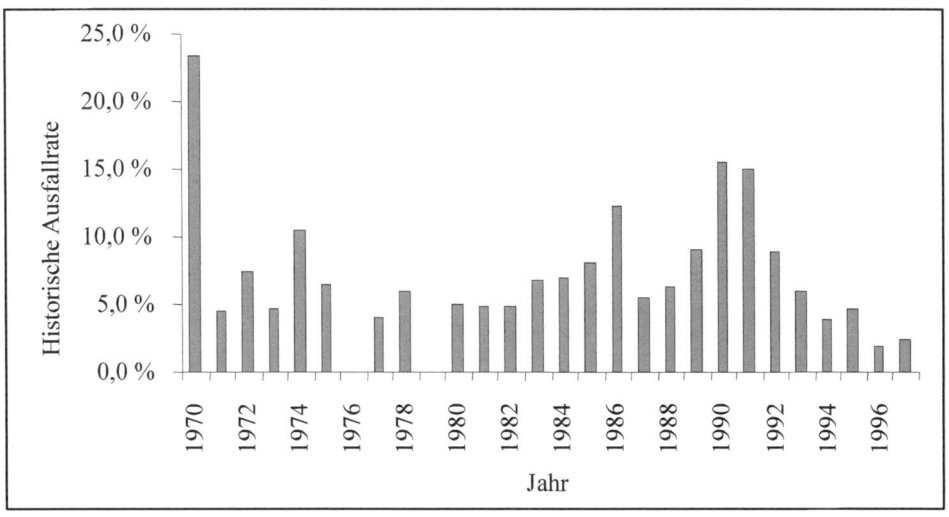

Abb. 184: Historische Ausfallraten für das Moody's Rating B

Durch die Einführung der **Volatilität der Ausfallrate** in die Modellierung soll die Ausfallrate einzelner Kreditnehmer nun als Zufallsgröße aufgefasst werden. Dabei lässt sich die Wahrscheinlichkeitsdichteverteilung der Ausfallrate durch eine **Gammaverteilung** approximativ beschreiben. Die Approximation durch die Gammaverteilung weist den Vorteil auf, dass diese die Eigenschaft einer Zweiparameterverteilung besitzt, und daher lediglich durch Angabe des Mittelwerts und der Standardabweichung vollständig bestimmbar ist. Die bisher verwendete Rekursionsformel zur Ermittlung der Verlustverteilung eines Kreditportfolios muss demnach unter Berücksichtigung der zufallsverteilten Ausfallraten im Folgenden modifiziert werden.

Werden nun zusätzlich zufallsverteilte Ausfallraten und eine Ausfallkorrelation in Höhe von +1 zwischen den Kreditnehmern unterstellt, ändert sich das oben geschilderte Beispiel dahin gehend, dass zwar weiterhin eine einheitliche Ausfallrate von 5 % für alle Kreditnehmer gilt, diese jedoch jeweils einer Standardabweichung von ebenfalls 5 % unterworfen sind. Dadurch bleibt zwar die Höhe des erwarteten Portfolioverlusts gleich. Es erhöht sich aber der maximal zu erwartende Verlust des Kreditportfolios deutlich (im Modell von BRÖKER um 65 % von 52,38 Mio. EUR auf 86,47 Mio. EUR). Der sich daraus ableitende unerwartete Portfolioverlust beläuft sich bei einem Konfidenzniveau von 99 % auf 71,47 Mio. EUR (= 86,47 Mio. EUR – 15 Mio. EUR, vgl. Abbildung 185). Für den Fall, dass die Ausfallkorrelation zwischen den Kreditnehmern eine Höhe von weniger als +1 aufweist, würde der unerwartete Portfolioverlust naturgemäß wieder niedriger ausfallen als das oben stehende Ergebnis. Im Folgenden wird darauf jedoch nicht weiter eingegangen.

In Bezug auf die Faktoren, die sich auf die Schwankungen und Korrelationen der Ausfallraten der Kreditnehmer auswirken, unterscheidet CreditRisk+^{TM} zwischen **spezifischen und systematischen Einflussfaktoren**.

Bei den spezifischen Einflussfaktoren handelt es sich um Faktoren wie z. B. Managementqualität, Marktstellung des Kreditnehmers, Produktsortiment der kreditnehmenden Unternehmung etc., die einen direkten Bezug zu einzelnen Kreditnehmern aufweisen. Darum können die Wirkungen dieser Faktoren auf den Unexpected Loss eines Kreditportfolios – ähnlich den unsystematischen Risiken eines Aktienportfolios – dadurch eliminiert werden, dass dieses Portfolio über eine Vielzahl an Kreditnehmern diversifiziert wird.

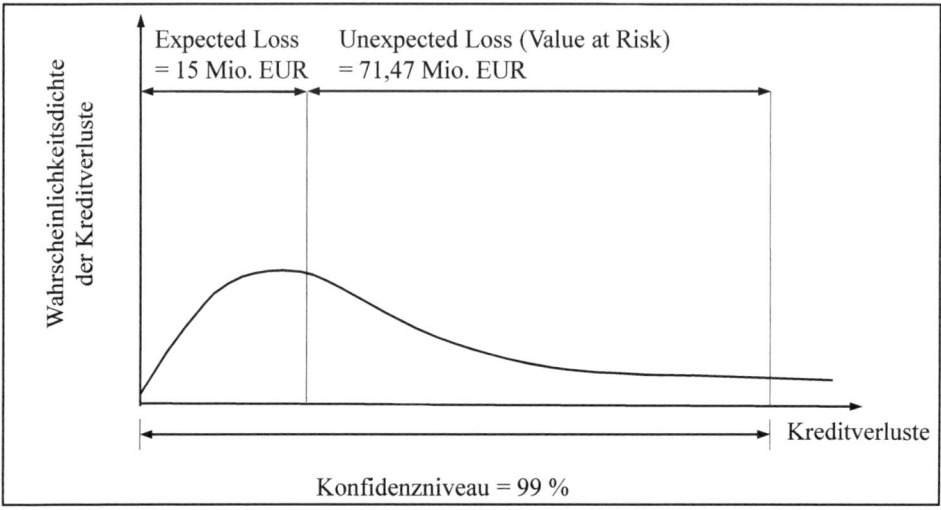

Abb. 185: Verlustverteilung des Kreditportfolios mit 40 Kreditnehmern bei schwankenden Ausfallraten

Die auch als **Hintergrundfaktoren** bezeichneten systematischen Einflussfaktoren beziehen sich im Gegensatz zu spezifischen Einflussfaktoren vornehmlich auf makroökonomische Größen und haben entscheidenden Einfluss auf die Höhe des Unexpected Loss des Kreditportfolios. Sie determinieren im Wesentlichen das Ausmaß der Schwankungen der Ausfallraten und der Risikointerdependenzen zwischen den Kreditnehmern (Ausfallkorrelationen). Durch eine Signifikanzanalyse werden alle Kreditnehmer, deren Schwankungen der Ausfallrate eng mit einem einzigen systematischen Einflussfaktor (z. B. Baukonjunktur) zusammenhängen, zu einem Hintergrundsektor (z. B. Sektor Bauwirtschaft) zusammengefasst. Diese Vorgehensweise impliziert, dass alle Kreditnehmer innerhalb eines Hintergrundsektors eine hohe Risikointerdependenz untereinander aufweisen und daher als homogen betrachtet werden können. Die Bildung eines Hintergrundsektors richtet sich nach dem Vorhandensein eines relevanten systematischen Einflussfaktors. Die Auswahl von systematischen Einflussfaktoren orientiert sich wiederum an Kriterien wie hoher Erklärungsgehalt, Portfolioanteil, Überschneidungsfreiheit und größtmögliche Unabhängigkeit. Um ein idealtypisches Kreditportfolio zu gestalten, soll demnach zwischen den Kreditnehmern innerhalb eines Hintergrundsektors **eine Korrelation in Höhe von eins** bestehen, zwischen den Hintergrundsektoren grundsätzlich Unabhängigkeit herrschen und damit **eine Korrelation von null** (vgl. Abbildung 186). Für den Fall, dass die Schwankungen der Ausfallrate eines Kreditnehmers von mehreren systematischen Einflussfaktoren beeinflusst werden, besteht in CreditRisk+^{TM} die Möglichkeit, den Kreditnehmer volumenmäßig auf verschiedene Hintergrundsektoren aufzuteilen. Die Höhe der Ausfallkorrelation zweier Kreditnehmer ist also im Wesentlichen davon abhängig, inwieweit sie den identischen systematischen Einflussfaktoren zugeordnet werden können. Durch die Einführung der systematischen Einflussfaktoren ist CreditRisk+^{TM} somit besser als das aktuarische Basismodell in der Lage, die Auswirkung von Ausfallkorrelationen zu berücksichtigen, ohne jedoch diese explizit als Inputdaten für die Modellierung ermitteln zu müssen.

452

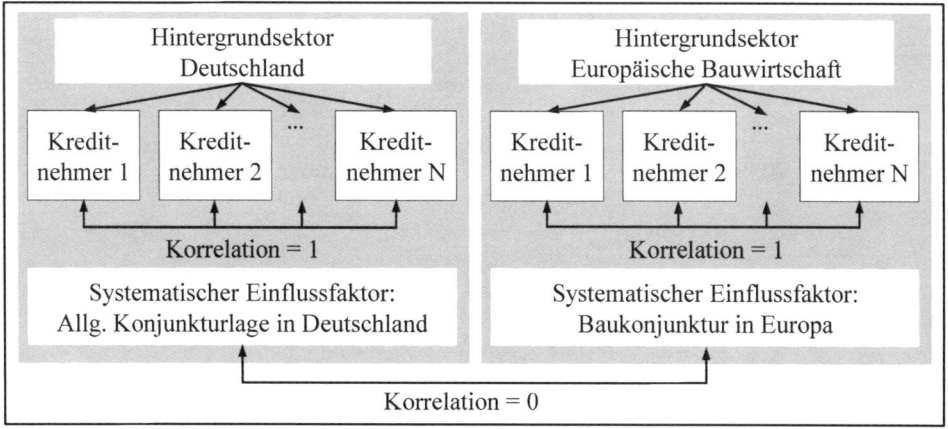

Abb. 186: Bildung von Hintergrundsektoren eines idealtypischen Kreditportfolios in CreditRisk+^{TM}

Die Bildung der Hintergrundsektoren ermöglicht einerseits eine ursachenbezogene Risikoerkennung und andererseits die Eröffnung eines Horizonts zur Formulierung weiterer Diversifikationsstrategien. Nach Auffassung von CreditRisk+^{TM} kann ein Kreditportfolio erst dann als diversifiziert betrachtet werden, wenn eine ausreichende Anzahl an möglichst voneinander unabhängigen Hintergrundsektoren gebildet wird, und dabei jeder Kreditnehmer einem dieser Hintergrundsektoren zugeordnet werden kann. Das **Klumpenrisiko** ist besonders virulent, wenn das Kreditportfolio nur aus einem einzigen Hintergrundsektor bestünde. Die Grenze der Diversifikation wird erreicht, wenn durch weitere Sektorbildung keine zusätzliche signifikante Reduktion des unerwarteten Verlustes möglich wird. Abbildung 187 zeigt das Verhältnis zwischen der mit einem 99%igen Konfidenzniveau festgestellten Verlustverteilung eines Mehrsektor-Kreditportfolios und der eines Einsektor-Kreditportfolios. Es ist zu erkennen, dass der Diversifikationseffekt bei dem Übergang eines Einsektor-Kreditportfolios auf ein Zweisektor-Kreditportfolio am größten ist. Dieser Effekt schwächt sich jedoch mit der steigenden Anzahl der gebildeten Sektoren sukzessiv ab.

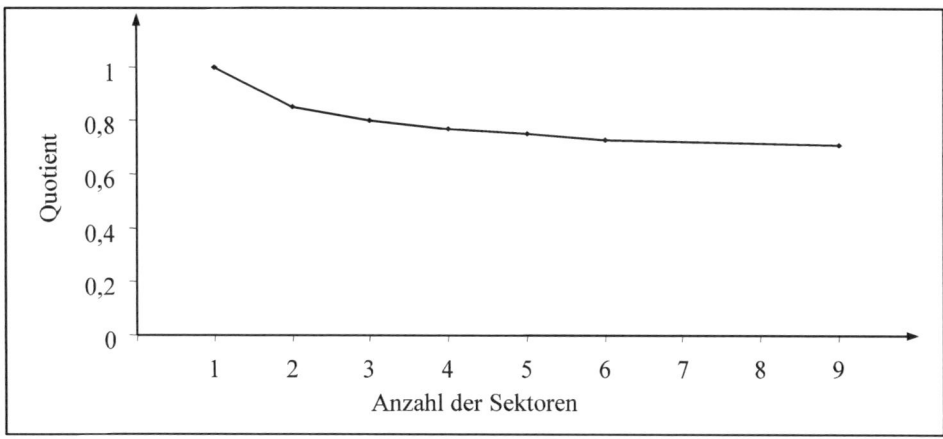

Abb. 187: Quotient der Verlustverteilung eines Mehrsektor-Kreditportfolios und eines Einsektor-Kreditportfolios

453

Bei der Beurteilung des CreditRisik+™ als Kreditrisikomodell wird vor allem die geringe Datenanforderung als ein wesentlicher Vorteil für den praktischen Einsatz dieses Modells angesehen. Die vier Eingangsparameter, nämlich das Kredit-Exposure sowie die erwartete Rückzahlungsquote bei Ausfall, die erwartete Ausfallrate und deren Volatilität, lassen sich relativ problemlos durch die von der Bank vorgenommenen Zeitreihenanalysen und Risikoeinstufungen der Kreditnehmer ermitteln. Durch die Zuordnung und Einteilung der Kreditnehmer zu den Hintergrundsektoren mithilfe von systematischen Einflussfaktoren ist mit CreditRisk+™ möglich, dass einerseits die Auswirkungen von Risikointerdependenzen zwischen den Kreditnehmern reflektiert werden, und andererseits die Notwendigkeit zur Quantifizierung der schwer zugänglichen und zeitlich instabilen Ausfallkorrelationen umgangen wird. Damit ist das CreditRisk+™ besser als das aktuarische Basismodell in der Lage, das Kreditrisiko mit hoher Präzision zu erfassen.

Die Ausbaufähigkeit von CreditRisk+™ zeigt sich an der Möglichkeit, das zu erwartende Kreditrisiko nicht nur auf eine bestimmte Betrachtungsperiode (z. B. auf Jahresbasis), sondern auch in den folgenden Betrachtungsperioden bzw. in den Folgejahren zu ermitteln. Damit verbunden ist auch explizit die Möglichkeit, neben der Quantifizierung des Ausfallrisikos auch das Bonitätsrisiko als Gefahr unerwarteter Kurswertveränderungen von marktfähigen Kredittiteln über mehrere Perioden zu erfassen.

b) **Quantifizierung des Bonitätsrisikos auf Portfolioebene**

Neben der Kreditrisikomessung auf Basis effektiver Ausfälle lässt sich das Kreditrisiko auch in Form eines Marktwertverlustes quantifizieren, der aufgrund von Bonitätsveränderungen eines oder mehrerer Kreditnehmer auftreten kann. Im Extremfall kann eine solche Veränderung in der Zahlungsunfähigkeit eines Kreditnehmers münden. Im Rahmen der Ausführung über CreditRisk+™ wurde bereits erörtert, dass neben der Quantifizierung des Ausfallrisikos ebenfalls die Möglichkeit besteht, in einer Modellerweiterung das Bonitätsrisiko von marktfähigen Kredittiteln zu erfassen. Nachfolgend werden zwei Ansätze vorgestellt, die ausschließlich das Bonitätsrisiko als Gegenstand der Modellierung betrachten. Mit CreditMetrics™ wird zunächst ein Ansatz vorgestellt, der das Kreditrisiko mithilfe einer Marktwertbetrachtung zu quantifizieren versucht. Dieser Ansatz wird in CreditPortfolioView™ durch die Hinzunahme makroökonomischer Parameter als zusätzliche Einflussgrößen der Bonität erweitert.

(1) **CreditMetrics™**

Ziel von CreditMetrics™ ist es, das aus kreditbezogenen Ereignissen herrührende Portfoliorisiko zu bestimmen, d. h. die Unsicherheit des zukünftigen Portfoliowerts am Zeit- bzw. Risikohorizont bedingt durch Veränderungen in der Kontrahentenbonität zu messen.

Die Risikoquantifizierung in CreditMetrics™ lässt sich in **drei Schritte** untergliedern (vgl. Abbildung 188). Im **ersten Schritt** wird das Kredit-Exposure jedes Finanzinstrumentes innerhalb eines Portfolios bestimmt. Dabei wird zwischen Instrumenten mit einem stabilen Exposure – das Exposure liegt stets nahe bei pari, wie z. B. das einer Floating Rate Note – und

Instrumenten mit einem marktabhängigen variablen Exposure (z. B. festverzinsliche Anleihen) unterschieden.

Wesentlich ist der nun folgende **zweite Schritt**. Hier werden für jedes Instrument mögliche **Wertänderungen** aufgrund eines geänderten Ratings (sogenannte Down- oder Upgradings), im Extremfall eines Kreditausfalls, berechnet. Jeder dieser möglichen **Wanderungsbewegungen** (Migrationen) ist dabei eine andere Wahrscheinlichkeit zugeordnet, eine sogenannte **Migrationswahrscheinlichkeit**. Migriert ein Kreditnehmer im Laufe seines Kreditengagements in eine andere Ratingklasse, dann hat dies zur Konsequenz, dass der dem Kreditgeschäft zugrunde liegende Zahlungsstrom mit einer neuen, der aktuellen Ratingklasse entsprechenden Zinsstruktur zu bewerten ist. Da für diese neue Zinsstruktur andere Credit Spreads gelten, bedingt die Migration eine Änderung des Marktwerts des Kredits.

Im **dritten Schritt** werden unter Berücksichtigung der Korrelationen der kreditbezogenen Ereignisse (Migrationen) die Volatilitäten der einzelnen Instrumente zusammengefasst und eine aggregierte Portfoliovolatilität bestimmt, um daraus schließlich einen Value at Risk abzuleiten. Zur Bestimmung des Value at Risk ist auch hier die bereits bekannte zweigeteilte Vorgehensweise notwendig. Zunächst werden die erwarteten Marktwertbewegungen abgegriffen, um darauf aufbauend Schwankungen um den ermittelten Erwartungswert identifizieren zu können. Die Quantifizierung des Value at Risk erfolgt dabei letztlich immer in Abhängigkeit eines im voraus zu fixierenden Risikohorizonts.

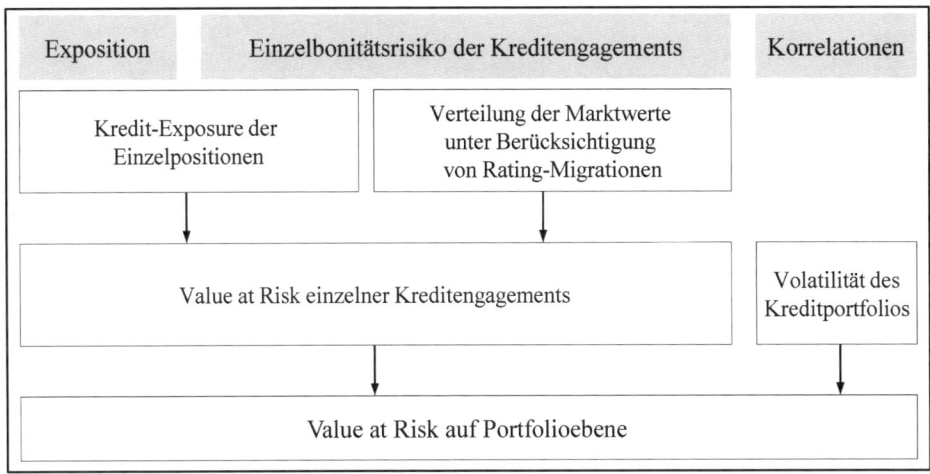

Abb. 188: Aufbauschema vom CreditMetrics^{TM}

Die Bestimmung der **Migrationswahrscheinlichkeiten** stellt den Ausgangspunkt für die Bestimmung des Erwartungswerts eines Kreditgeschäfts oder eines Kreditportfolios am Jahresende bzw. zum Zeitpunkt t = 1 dar. Zu diesem Zwecke werden auf Basis historischer Migrationsbewegungen in den jeweiligen Ratingklassen die relativen Häufigkeiten ermittelt, als Wahrscheinlichkeiten interpretiert und in sogenannten **Migrationsmatrizen** erfasst. Abbildung 189 zeigt beispielhaft eine solche Migrationsmatrix für einen Risikohorizont von einem Jahr.

Ausgehend von der Migrationsmatrix in Abbildung 189 bestehen für jeden Kreditnehmer insgesamt acht mögliche Zustände von AAA bis zu einem Ausfall, die er am Ende des Jahres einnehmen kann. Allen Ereignissen sind unterschiedliche Eintrittswahrscheinlichkeiten zugeordnet. Für einen Kreditnehmer, der zum Zeitpunkt des Geschäftsabschlusses (in t = 0) in die Ratingklasse AA eingestuft wurde, beträgt die Wahrscheinlichkeit, dass er am Ende des Jahres immer noch dieser Ratingklasse angehört, 90,65 %. Die sämtlichen Migrationswahrscheinlichkeiten lassen sich stets zu 100 % addieren. Die höchste Wahrscheinlichkeit gilt für das Gleichbleiben der Bonität. Mit einer Wahrscheinlichkeit von 7,79 % wird sich der Kreditnehmer um eine Ratingklasse verschlechtern und mit einer Wahrscheinlichkeit von 0,70 % sogar verbessern.

		Migrationswahrscheinlichkeit w_i in % Anfängliches Rating (t = 0)						
		AAA	AA	A	BBB	BB	B	CCC
Rating am Jahresende (t = 1)	AAA	90,81	0,70	0,09	0,02	0,03	0,00	0,22
	AA	8,33	90,65	2,27	0,33	0,14	0,11	0,00
	A	0,68	7,79	91,05	5,95	0,67	0,24	0,22
	BBB	0,06	0,64	5,52	86,93	7,73	0,43	1,30
	BB	0,06	0,06	0,74	5,30	80,53	6,48	2,38
	B	0,12	0,14	0,26	1,17	8,84	83,46	11,24
	CCC	0,00	0,02	0,01	0,12	1,00	4,07	64,86
	Ausfall	0,00	0,00	0,06	0,18	1,06	5,20	19,79

Abb. 189: Migrationsmatrix für acht Ratingklassen

Darauf aufbauend ist der Marktwert des Kredits am Ende des Betrachtungszeitraums zu bestimmen. Dieser wird offensichtlich im Wesentlichen durch die für den Kreditnehmer dann relevante Risikoklasse determiniert. Da diese jedoch nicht mit Sicherheit bekannt ist, muss auf der Grundlage deterministischer Kurswerte ein Erwartungswert berechnet werden.

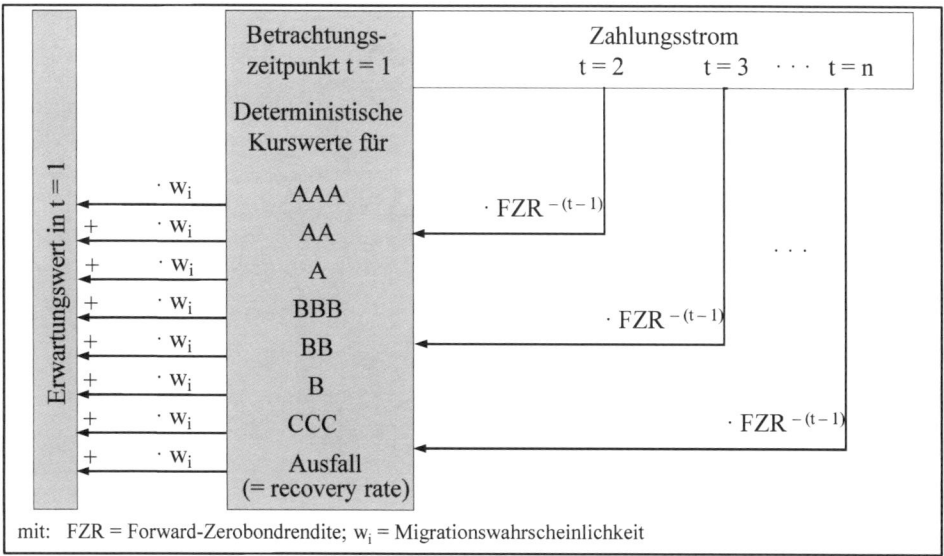

mit: FZR = Forward-Zerobondrendite; w_i = Migrationswahrscheinlichkeit

Abb. 190: Vorgehensweise bei der Ermittlung des erwarteten Marktwerts eines marktfähigen Kredits

Zu diesem Zwecke sind zunächst die jeweiligen **(Forward-)Zerobondrenditen** (FZR) bzw. alternativ die (Forward-)Zerobondabzinsfaktoren aus den ratingspezifischen Zinsstrukturen abzuleiten und mit diesen die entsprechenden (erwarteten) Zahlungsströme zu bewerten. Nun ist in der Migrationsmatrix deutlich geworden, dass den deterministischen Kurswerten unterschiedliche Eintrittswahrscheinlichkeiten anhaften. Deshalb müssen zur Ermittlung des Erwartungswerts des Kreditgeschäfts die deterministischen Kurswerte jeweils mit der entsprechenden Wahrscheinlichkeit aus der Migrationsmatrix gewichtet werden. Abbildung 190 veranschaulicht die formale Vorgehensweise zur Bestimmung des Erwartungswerts.

Die Ermittlung des Erwartungswerts soll nun mithilfe eines Beispiels verdeutlicht werden. Es liege ein Kredit über 1 Mio. EUR mit einer Nominalverzinsung von 6 % und einer Laufzeit von 5 Jahren zugrunde. Der Kreditnehmer werde bei Geschäftsabschluss der Ratingklasse AA zugeordnet. Der Risikohorizont betrage ein Jahr und die „Recovery Rate", der durchschnittlich zu erwartende Resterlös eines Kredits in dieser Ratingklasse, belaufe sich auf 510.000 EUR. Mithilfe der entsprechenden (Forward-)Zerobondrenditen für AA-Kreditnehmer (vgl. Abbildung 191) können die deterministischen Kurswerte berechnet werden. So beläuft sich beispielsweise der deterministische Kurswert des wegen einer Anleihenemission begebenen Kredits zum Zeitpunkt $t = 1$ bei unveränderter Bonität auf:

$$1.091.724\ \text{EUR} = 60.000\ \text{EUR} + \frac{60.000\ \text{EUR}}{1,0365^1} + \frac{60.000\ \text{EUR}}{1,0422^2} + \frac{60.000\ \text{EUR}}{1,0478^3} + \frac{60.000\ \text{EUR}}{1,0517^4}$$

(Forward-)Zerobondrenditen					Deterministische Kurswerte des Kredits am Jahresende (x_i)
	Laufzeit				
	1 Jahr	2 Jahre	3 Jahre	4 Jahre	
AAA	3,60 %	4,17 %	4,73 %	5,12 %	1.093.529 EUR
AA	3,65 %	4,22 %	4,78 %	5,17 %	1.091.724 EUR
A	3,72 %	4,32 %	4,93 %	5,32 %	1.086.430 EUR
BBB	4,10 %	4,67 %	5,25 %	5,63 %	1.075.309 EUR
BB	5,55 %	6,02 %	6,78 %	7,27 %	1.020.064 EUR
B	6,05 %	7,02 %	8,03 %	8,52 %	980.859 EUR
CCC	15,05 %	15,02 %	14,03 %	13,52 %	836.258 EUR
Ausfall	-	-	-	-	510.000 EUR

Rating am Jahresende (vertical label along left side)

Abb. 191: (Forward-) Zerobondrenditen und Kreditbarwerte am Ende der Betrachtungsperiode

Der Erwartungswert des AA-Kredits kann durch Addition der mit den Migrationswahrscheinlichkeiten (in Abbildung 189 grau unterlegt) gewichteten ratingspezifischen **deterministischen Kurswerte** ermittelt werden:

Erwartungswert (in t = 1) = 1.093.529 EUR · 0,70 % + 1.091.724 EUR · 90,65 %

$$+ 1.086.430 \text{ EUR} \cdot 7,79 \% + 1.075.309 \text{ EUR} \cdot 0,64 \%$$

$$+ 1.020.064 \text{ EUR} \cdot 0,06 \% + 980.859 \text{ EUR} \cdot 0,14 \%$$

$$+ 836.258 \text{ EUR} \cdot 0,02 \% + 510.000 \text{ EUR} \cdot 0,00 \%$$

= 1.090.970 EUR

Der Erwartungswert des Kredits beträgt somit am Ende des unterstellten Risikohorizonts von einem Jahr 1.090.970 EUR und der **Expected Loss des Kredits** demnach 754 EUR (= 1.091.724 EUR – 1.090.970 EUR). Um nun auf Basis des Erwartungswerts die Wertschwankungen des Kredits und darüber den Value at Risk bestimmen zu können, bedarf es einer Aussage über die zugrunde liegende Verteilung. Kann eine Normalverteilung unterstellt werden, dann steht mit der Standardabweichung ein etabliertes Schwankungsmaß für die Quantifizierung des Risikos zur Verfügung. Wie aus Tabelle 99 entnommen werden kann, beträgt die Standardabweichung im Beispiel 6.058 EUR. Wird nun ein Z-Wert von 3 festgelegt, ist die negative Wertveränderung des Kredits, also der Value at Risk, aufgrund von Bonitätsänderungen am Ende des Jahres mit einer Wahrscheinlichkeit von 99,87 % nicht größer als 18.174 EUR.

		Migrationswerte x_i in t = 1	w_i in %	$w_i \cdot x_i$	$x_i - EW(x_i)$	$w_i \cdot [x_i - EW(x_i)]^2$
Rating in t = 1	AAA	1.093.529 EUR	0,70	7.655 EUR	2.559 EUR	45.839 EUR
	AA	1.091.724 EUR	90,65	989.648 EUR	754 EUR	515.360 EUR
	A	1.086.430 EUR	7,79	84.633 EUR	- 4.540 EUR	1.605.644 EUR
	BBB	1.075.309 EUR	0,64	6.882 EUR	- 15.661 EUR	1.569.708 EUR
	BB	1.020.064 EUR	0,06	612 EUR	- 70.906 EUR	3.016.597 EUR
	B	980.859 EUR	0,14	1.373 EUR	- 110.111 EUR	16.974.205 EUR
	CCC	836.258 EUR	0,02	167 EUR	- 254.712 EUR	12.975.641 EUR
	Ausfall	510.000 EUR	0,00	0 EUR	- 580.970 EUR	0 EUR
Summe:		$\sum w_i \cdot x_i = EW(x_i) = 1.090.970$ EUR			$\sum w_i \cdot [x_i - EW(x_i)]^2 = STD(x_i)^2$ = 36.702.994 EUR; bzw. $STD(x_i) = 6.058$ EUR	

mit: $EW(x_i)$ = Erwarteter Marktwert des Kredits in t = 1; $STD(x_i)$ = Standardabweichung des Marktwerts

Tabelle 99: Berechnung von Erwartungswert und Standardabweichungen für einen AA-Kredit (in Anlehnung an JP MORGAN 1997)

Die Normalverteilungsannahme von Marktwerten der Kredite steht jedoch im Widerspruch zur Realität, da diese gerade nicht symmetrisch verteilt sind. Denn dem aus Banksicht günstigsten Ereignis, der ordnungsgemäßen Rückführung des Kredits, welches mit einer sehr hohen Wahrscheinlichkeit eintritt, steht der Restwert des Kredits im Insolvenzfall, d. h., die Bank erhält bei einer unterstellten Recovery Rate von 51 % gerade 510.000 EUR, mit einer sehr geringen Eintrittswahrscheinlichkeit gegenüber (vgl. Tabelle 99). Abbildung 192 stellt die linksschiefe Verteilung des Kreditmarktwerts im Vergleich zur Normalverteilung dar.

Berechnet man den Value at Risk unter Verwendung der kumulierten Wahrscheinlichkeiten, so ist aus Tabelle 99 abzulesen, dass beispielsweise ein Marktwert in Höhe von 1.020.064 EUR mit einer Wahrscheinlichkeit von 99,84 % (= 0,7 % + 90,65 % + 7,79 % + 0,64 % + 0,06 %) nicht unterschritten wird. Hiervon ist der erwartete Marktwert von 1.090.970 EUR abzuziehen, um so den Value at Risk von 70.906 EUR (= 1.090.970 EUR – 1.020.064 EUR) als den unerwarteten Marktwertverlust zu erhalten. Um unter Ansatz der Normalverteilungsannahme auf das gleiche Konfidenzniveau von 99,84 % zu kommen, müsste ein Z-Wert von 2,95 verwendet werden, woraus sich ein Value at Risk von 17.871 EUR (= 2,95 · 6.058 EUR) berechnet. Dieser ist also um 53.035 EUR niedriger als der sich aus der tatsächlichen Verteilung ergebende Value at Risk (vgl. Abbildung 192). Die Normalverteilung ist also offensichtlich nicht geeignet, die potenziellen Wertänderungen eines Kredits oder eines Kreditportfolios adäquat zu beschreiben und damit ist auch die Verwendung der Standardabweichung als Risikoparameter unsachgemäß. Es ist vielmehr angezeigt, die bereits oben vorgestellten Perzentile (99,84 %) als statistische Parameter zu verwenden und Wahrscheinlichkeitsaussagen unmittelbar auf Basis der historischen Beobachtungen zu treffen.

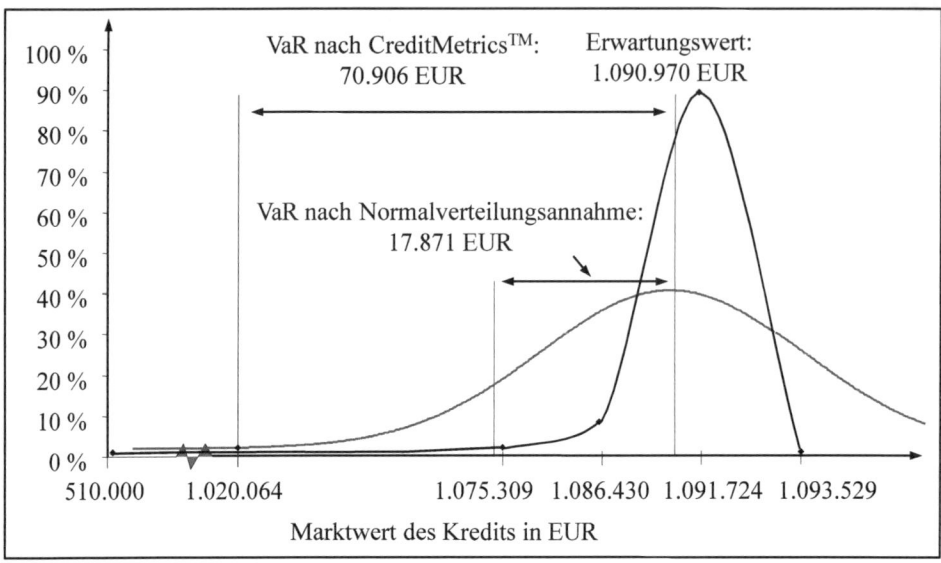

Abb. 192: VaR des Kredits jeweils nach CreditMetrics™ und nach Normalverteilungsannahme mit einem Konfidenzniveau von 99,84 %

Nachdem die grundsätzliche Vorgehensweise zur Bestimmung des Kreditrisikos mithilfe von CreditMetrics™ dargestellt wurde, sind nun die Betrachtungen **auf die Portfolioebene** auszudehnen. Dabei nimmt der Komplexitätsgrad erheblich zu, denn die Anzahl der möglichen Ergebniskonfigurationen am Jahresende wächst exponentiell. Bei acht Ratingklassen und zwei Kreditnehmern steigt die Anzahl beispielsweise bereits auf 64 (= 8^2) an. Trotz dieses Nachteils liegt in der Möglichkeit, das Risiko des Kreditportfolios gesamthaft zu messen, gerade die Stärke des Ansatzes begründet. Denn anstatt Kredite einer isolierten Betrachtung zu unterziehen, können Interdependenzen zwischen den Kreditnehmern berücksichtigt und damit die Vorteile einer Diversifikation quantifiziert werden. Die Ermittlung und anschließende Berücksichtigung von Korrelationen zwischen den einzelnen Kreditereignissen erweist sich als überaus anspruchsvoll. Dieser Baustein gehört denn auch zu den umstrittensten Bereichen des Konzepts von CreditMetrics™. Das Problem ist dabei zweischichtig. Einerseits sind Informationen, aus denen sich Korrelationsdaten direkt ablesen lassen, nur in geringer Menge und zudem in meist schlechter Qualität vorhanden. Andererseits sind die Modelle, die eine indirekte Schätzung der Korrelationen erlauben, deshalb auf äußerst restriktive Annahmen angewiesen. Insgesamt sind **vier Möglichkeiten** vorstellbar, um die notwendigen Korrelationen zu schätzen:

(1) **Effektive Rating- und Ausfallkorrelationen**: Die Grundlage bilden von den Ratingagenturen erhobene historische Rating- und Ausfallkorrelationen. Dies ermöglicht zwar eine objektive Messung, die jedoch durch Datenknappheit erheblich eingeschränkt wird. Kreditnehmerspezifische Analysen (nach unterschiedlichen Märkten, Einkommen etc.) sind kaum möglich. Als Konsequenz dessen werden praktisch sämtliche Schuldner mit demselben Rating gemessen.

(2) **Korrelationen von Zinsspreads**: Sie stellen das wahrscheinlich objektivste Kriterium zur Messung der Korrelation zwischen Änderungen des Markt- oder Kurswerts eines Akti-

vums und Änderungen der Bonität dar. Auch hier macht sich die schlechte Datenqualität negativ bemerkbar. Ein zusätzliches Problem besteht darin, dass Anleihen eines Emittenten zum Teil mit unterschiedlichen Spreads (zum Beispiel aus Liquiditätsgründen) gehandelt werden.

(3) **Vom Anwender vorgegebene konstante Korrelationen**: Die Vorgehensweise repräsentiert den mit Abstand einfachsten Ansatz. Positiv ist anzumerken, dass der Ansatz die Möglichkeit bietet, bestimmte Risikokonzentrationen bei einzelnen Großkrediten explizit zu berücksichtigen. Als nachteilig ist jedoch die Subjektivität zu beurteilen und die Gefahr andere Klumpenrisiken zu vernachlässigen.

(4) **Aktienkurskorrelation**: Besonders positiv ist hier hervorzuheben, dass zukunftsgerichtete Marktinformationen effizient ausgenutzt werden. Als problematisch sind indes der rechnerische Aufwand zu bezeichnen und die Problematik der Behandlung nicht börsennotierter Unternehmen.

Die Herausforderung der Umsetzung des Modells beschränkt sich selbstverständlich nicht nur auf die sachgerechte Bestimmung der tatsächlichen Korrelationen. Ähnlich komplex stellt sich die Ermittlung der Werteverteilung des Portfolios dar. Aus Vereinfachungsgründen schlägt CreditMetrics™ die Beschränkung auf eine Teilmenge der potenziellen Werte vor, die das Portfolio annehmen kann. Um dabei mögliche statistische Verzerrungen (weitestgehend) bereits ex ante ausschließen zu können, sollte die Eingrenzung der Daten mithilfe einer simulierten Zufallsstichprobe (Monte-Carlo-Simulation) erfolgen. Je umfangreicher die Stichprobe ist, umso besser gelingt die Approximation an eine stetige Verteilung und desto geringer ist die statistische Verzerrung.

(2)   CreditPortfolioView™

Einige der in letzter Zeit entwickelten Modelle zur Kreditrisikomessung erweitern die Risikobetrachtung um eine **explizite Berücksichtigung makroökonomischer Größen**. Hintergrund dieser Entwicklung sind empirisch gestützte Zweifel, ob eine ausschließliche Fokussierung auf die ziemlich groben Ratingklassen bzw. Migrationswahrscheinlichkeiten eine bestmögliche Schätzung (Messung) des Kreditrisikos ermöglichen. Untersuchungen für den amerikanischen Markt belegen, dass in den Jahren 1973 bis 1993 makroökonomische Größen, wie beispielsweise die Änderungsrate des Bruttoinlandsprodukts, einen signifikanten Einfluss auf die Ausfallraten hatten. Empirische Untersuchungen für Belgien, Deutschland, Japan, die Schweiz und Spanien bestätigen diesen Zusammenhang. Die zukünftige Wertentwicklung von Krediten bzw. Kreditportfolios sollte also in Abhängigkeit mehrerer Faktoren (auch makroökonomischer) modelliert werden.

In diesem Kontext stellt das von McKinsey & Co entwickelte **CreditPortfolioView™** eine **Verfeinerung und Weiterentwicklung des Ratingmigrationsansatzes** dar, welches in der Lage ist, sowohl Ausfallrisiko als auch Bonitätsrisiko unter Bezugnahme makroökonomischer Einflussgrößen zu quantifizieren. Es wird implizit unterstellt, dass für ein gut diversifiziertes Kreditportfolio die Entwicklungen der makroökonomischen Einflussgrößen (Konjunkturkennzahlen) als wesentliche Ursachen für die Volatilität der Ausfallraten und für die Ratingmigrationen der Kreditnehmer aufgefasst werden können.

Die Quantifizierung des Kreditrisikos erfolgt in CreditPortfolioView™ grundsätzlich durch die Modellierung von zwei Komponenten (vgl. Abbildung 193).

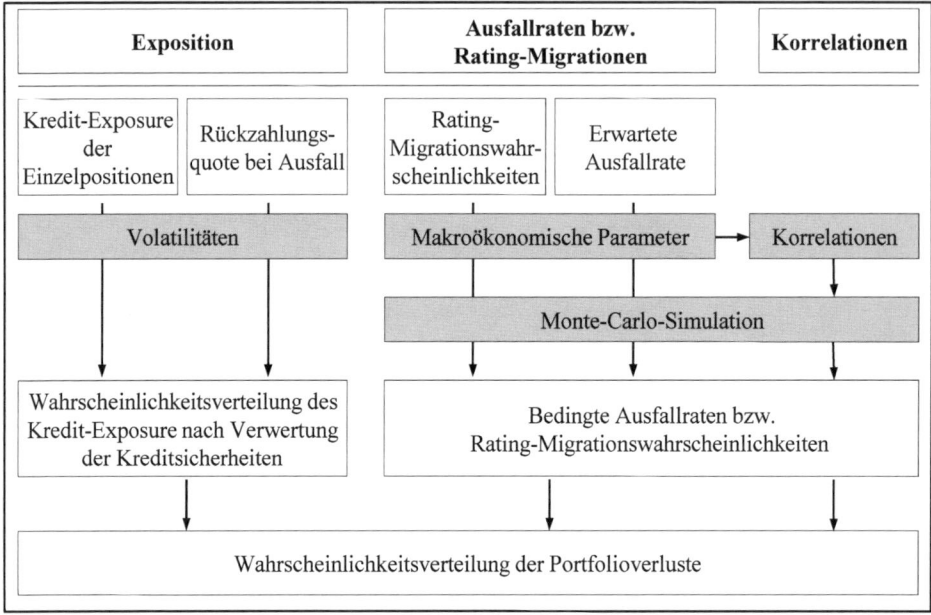

Abb. 193: Aufbauschema vom CreditPortfolioView™

Die **erste Komponente** umfasst die Ermittlung der gemeinsamen Wahrscheinlichkeitsverteilung von Kredit-Exposure und der Rückzahlungsquote. Es wird unterstellt, dass sowohl Kredit-Exposure als auch Rückzahlungsquote einer mehr oder weniger starken Volatilität unterworfen sind, und somit diese Eigenschaften in der Modellierung entsprechende Berücksichtigung finden müssen. Bei dem in die Modellierung eingehenden Kredit-Exposure kann es sich sowohl um liquide als auch um illiquide Kreditpositionen handeln. Ähnlich wie in CreditMetrics™ wird der Marktwert eines marktfähigen Kredittitels am Ende des Prognosehorizonts durch die Diskontierung der noch ausstehenden Zahlungstranchen mit der ratingklassenspezifischen Zinsstrukturkurve ermittelt. Im Falle der illiquiden Kreditpositionen ist das barwertige Kredit-Exposure grundsätzlich durch die Diskontierung der zukünftigen potenziellen Verluste auf den Betrachtungszeitpunkt zu bestimmen. Die **zweite und zentrale Komponente** des CreditPortfolioView™, auf welche später noch ausführlicher eingegangen wird, befasst sich mit der Ermittlung von **sektorspezifischen bedingten Ausfallraten bzw. Ratingmigrationswahrscheinlichkeiten** unter Berücksichtigung von **makroökonomischen Einflussfaktoren**. Die Wahrscheinlichkeitsverteilung der Verluste des Kreditportfolios ergibt sich schließlich aus der Zusammenführung der beiden genannten Komponenten.

Wie bereits erwähnt, wird in CreditPortfolioView™ unterstellt, dass das zukünftige Risikobild der Ausfallraten bzw. der Ratingmigrationswahrscheinlichkeiten der Kreditnehmer entscheidend von den **Entwicklungen der Konjunkturzyklen** abhängt. Folgerichtig ist anzunehmen, dass in einer Aufschwungphase der Volkswirtschaft die sich tatsächlich einstellenden Ausfallraten im Vergleich zu deren zeitlichen Durchschnittswerten eher geringer ausfallen werden. Existiert für den Kreditnehmer eine Ratingeinstufung und handelt es sich um einen marktfähigen Kredittitel, ist im Falle eines Wirtschaftsaufschwungs für den Kreditnehmer eher mit einer Verbesserung der Ratingklasse und für den Kredittitel mit einer Erhöhung des Kurswerts zu rechnen. Wird dagegen von einer Rezession ausgegangen, wird sachlogisch das Gegenteil der Fall sein.

Intuitiv würden die Ausfallraten der jeweiligen Kreditnehmersektoren unterschiedlich stark auf die Einflüsse von makroökonomischen Größen reagieren. Diese Intuition wird zudem durch die Empirie bestätigt. Abbildung 194 zeigt die Entwicklungen der Ausfallraten von acht Wirtschaftsbranchen (Kreditnehmersektoren) in den Jahren zwischen 1964 und 1992.

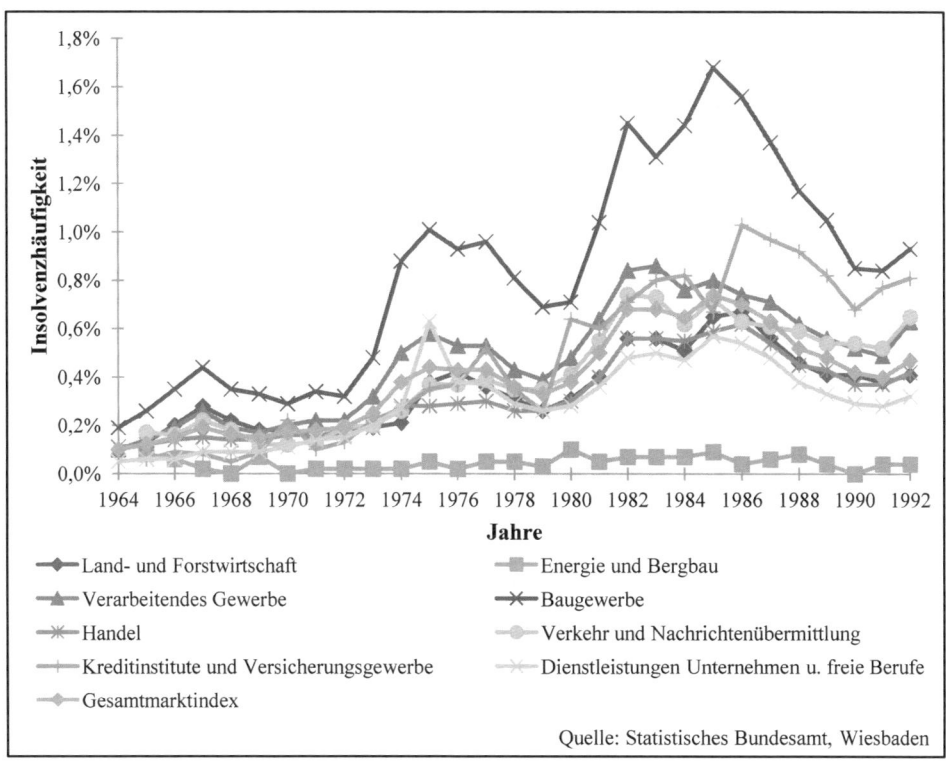

Abb. 194: Entwicklung der Ausfallraten der acht Wirtschaftsbranchen in Deutschland in den Jahren 1964–1992

Die im Zeitablauf schwankenden Ausfallraten lassen dabei die Vermutung zu, dass diese im Wesentlichen durch die Konjunkturzyklen bedingt waren. Auffallend ist, dass die Entwicklungen der Ausfallrate in den meisten Branchen ähnliche Verlaufsmuster aufweisen. Jedoch unterscheiden sich die Verlaufsmuster der Ausfallraten einiger Branchen deutlich von dem Gesamtmarktindex. Dieses Phänomen kann dadurch erklärt werden, dass die Ausfallraten der jeweiligen Wirtschaftsbranche auf die zyklischen Konjunkturentwicklungen unterschiedlich stark reagieren. Dabei besteht eine Analogie zur CAPM-Theorie, bei welcher das Risiko der jeweiligen Sektoren aufgrund der unterschiedlichen Höhe des sektorspezifischen Beta-Faktors unterschiedliche Sensitivität auf die Entwicklung des Gesamtmarktrisikos aufweist.

Der Gesamtmarktindex allein ist aber kein geeigneter Erklärungsfaktor, um die unterschiedlichen Verlaufsmuster der Ausfallraten verschiedener Wirtschaftsbranche zu erklären, da die Kreditnehmersektoren auf die Entwicklung dieses Index unterschiedlich stark reagieren. Vielmehr müssen für jeden Kreditnehmersektoren sektorspezifische makroökonomische Einflussfaktoren identifiziert werden, die den Entwicklungsverlauf der Ausfallraten dieses Sektors im Wesentlichen determinieren.

Die Identifizierung und Herausfilterung solcher makroökonomischen Einflussfaktoren kann anhand der Verfahren der multivariaten Diskriminanzanalyse erfolgen, welche in der Kreditwürdigkeitsprüfung eingesetzt werden (vgl. S. 315 ff.). Durch Regressionsanalysen werden makroökonomische Einflussfaktoren identifiziert, deren Wertentwicklungen einen signifikanten Einfluss auf die Entwicklungen der Ausfallraten aufweisen. Um den Rechenaufwand zu einzuschränken, ist es sinnvoll, die Anzahl der Einflussfaktoren auf 2 bis 4 zu begrenzen. Als wichtigste makroökonomische Einflussfaktoren sind insbesondere die Wachstumsrate des Bruttoinlandsprodukts, die Geld- und Kapitalmarktzinssätze, die Arbeitslosenquote sowie der Börsenindex zu nennen.

Nachdem für jeden Kreditnehmersektor die relevanten makroökonomischen Einflussfaktoren identifiziert und eine funktionale Beziehung zu den Entwicklungen von Ausfallraten hergeleitet worden sind, werden in der Modellierung des CreditPortfolioView™ anhand dieser gewonnenen Kenntnisse die sogenannten bedingten Ausfallraten bzw. Ratingmigrationswahrscheinlichkeiten hergeleitet.

In einem **ersten Schritt** werden die Zeitreihen der **makroökonomischen Einflussgrößen** sowie die statistische Grundgesamtheit für die Ermittlung der sektorspezifischen Ausfallraten und Ratingmigrationswahrscheinlichkeiten zusammengestellt. Diese liefern die statistische Basis für die durchzuführenden Analysen.

Das CreditPortfolioView™ unterstellt in Bezug auf die makroökonomischen Einflussfaktoren eine zeitliche Autokorrelation in den historischen Entwicklungen dieser Faktoren. So könnte beispielsweise die Wachstumsrate des Bruttoinlandsprodukts für das Jahr 2000 durch deren Wertentwicklungen in den vergangenen zehn Jahren determiniert sein. Aufgabe des **zweiten Schritts** ist es, durch **Regressionsanalysen** eine funktionale Beziehung zwischen dem Wert eines makroökonomischen Einflussfaktors eines beliebigen Jahrgangs und dessen zuvor realisierten Werten herzustellen. Diese funktionale Beziehung lässt sich durch folgende Gleichung ausdrücken:

$$X_{j,i,t} = \alpha_{i,0} + \alpha_{i,1} \cdot X_{j,i,t-1} + \alpha_{i,2} \cdot X_{j,i,t-2} + \ldots + \alpha_{i,n} \cdot X_{j,i,t-n} + \varepsilon_{j,i,t} \tag{1}$$

So wird der Wert des makroökonomischen Einflussfaktors i (z. B. Baukonjunktur) des Kreditnehmersektors j (z. B. Baubranche) für das Planjahr t (z. B. 2001) durch die Werte, die zuvor in den Jahren zwischen $t-1$ (z. B. 2000) und $t-n$ (z. B. 1992) realisiert worden sind, determiniert. Die Parameter α_i sind Konstante, mit deren Hilfe der Wert eines makroökonomischen Einflussfaktors eines beliebigen Jahrgangs durch dessen in der Vergangenheit realisierte Werte bestmöglich erklärt werden kann. Die unerwarteten Entwicklungen der makroökonomischen Einflussfaktoren werden dagegen durch die Einführung eines normalverteilten Residualterms $\varepsilon_{j,i,t}$ als Korrekturfaktor berücksichtigt. Ob eine so ermittelte Funktion zur Prognose der zukünftigen Wertentwicklungen eines makroökonomischen Einflussfaktors geeignet ist, zeigt sich daran, ob diese zu nachträglichen Prognosen der historischen, bereits realisierten Werten schon eine hohe bzw. signifikante statistische Güte aufweisen kann. Mithilfe einer solchen Funktion kann grundsätzlich auch eine **mehrperiodische Prognose** durchgeführt werden (vgl. Abbildung 195). Im Zuge der Prognose ergibt sich ein Set von zukünftigen Wertentwicklungen des makroökonomischen Einflussfaktors (Strahllinien in der Abbildung), die jeweils mit einer Wahrscheinlichkeit verbunden sind. Unter Zuhilfenahme eines vorgegebenen Konfidenzniveaus kann daraus schließlich eine Wahrscheinlichkeitsaussage abgeleitet werden.

In einem **dritten Schritt** wird zunächst versucht, mittels der Regressionsanalyse eine funktionale Beziehung herzuleiten, mit deren Hilfe die **Entwicklungen der sektorspezifischen Ausfallraten** durch Berücksichtigung der makroökonomischen Einflussgrößen vorausgesagt werden können. Es gilt:

$$P_{j,t} = f(y_{j,t}) \tag{2}$$

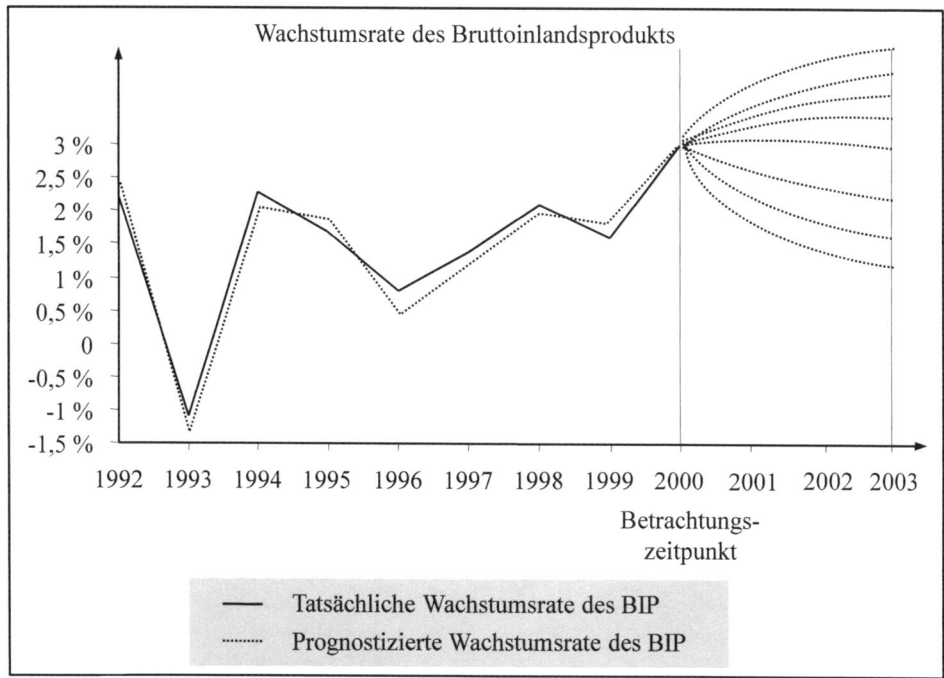

Abb. 195: Tatsächliche und prognostizierte Wachstumsrate des Bruttoinlandsprodukts

Demnach hängt die Höhe der Ausfallraten $P_{j,t}$ des Kreditnehmersektors j (z. B. Bausektor oder Region Freiburg) im Zeitpunkt t im Wesentlichen von den relevanten makroökonomischen Einflussfaktoren ab, die zunächst in einem **sektorspezifischen Index** $y_{j,t}$ zusammengefasst werden. Zur Herleitung des sektorspezifischen Index werden zunächst aus einer Fülle von infrage kommenden makroökonomischen Einflussfaktoren diejenigen ausgewählt, die jeweils einen signifikanten Einfluss auf die Entwicklung der sektorspezifischen Ausfallraten aufweisen. Diese werden zum sektorspezifischen Index $y_{j,t}$ verdichtet:

$$y_{j,t} = \beta_{j,0} + \sum_i \beta_{j,1} \cdot X_{j,i,t} + v_{j,t} \tag{3}$$

Wird die Gleichung (3) in Gleichung (2) eingesetzt, so erhält die Gleichung (2) folgende Ausprägung:

$$P_{j,t} = f(y_{j,t}) = f(\beta_{j,0} + \sum_i \beta_{j,1} \cdot X_{j,i,t} + v_{j,t}) \tag{4}$$

Jeder makroökonomische Einflussfaktor $X_{j,i,t}$ wird durch einen konstanten Sensitivitätsparameter $b_{j,i}$ gewichtet, dessen Höhe so gewählt wird, dass mit dessen Hilfe die sektorspezifischen Ausfallraten eines beliebigen Jahrgangs durch die ausgewählten makroökonomischen Einflussfaktoren bestmöglich prognostiziert bzw. erklärt werden können. Die unerwartete Entwicklung des sektorspezifischen Index wird ebenfalls durch einen als normalverteilt unterstellten Residualterm $n_{j,t}$ zum Ausdruck gebracht. Ähnlich wie die Vorgehensweise im zweiten Schritt wird eine so hergeleitete Funktion erst dann zur Prognose von zukünftigen Entwicklungen der Ausfallraten eingesetzt, wenn diese bei der nachträglichen Prognose bereits realisierter Ausfallraten eine hohe statistische Güte aufweisen kann (vgl. Abbildung 196).

Wird die Gleichung (1) zur Prognose der Wertentwicklungen von makroökonomischen Einflussgrößen in die Gleichung (4) eingesetzt, kann eine funktionale Beziehung hergeleitet werden, welche die **sektorspezifischen Ausfallraten** durch die Zeitreihenentwicklungen der makroökonomischen Einflussfaktoren zu prognostizieren bzw. zu erklären in der Lage ist:

$$P_{j,t} = f(X_{j,i,t-1}; v_{j,t}, \varepsilon_{j,i,t}) \tag{5}$$

Mit den aktuellen sowie historischen Werten der relevanten makroökonomischen Einflussfaktoren als Inputdaten, und unter Berücksichtigung der zufallsverteilten Residualterme in der Modellierung, können die sektorspezifischen Ausfallraten bzw. Ratingmigrationswahrscheinlichkeiten für die Planperiode mittels der obigen Gleichung prognostiziert werden.

Aus Gleichung (5) zur Prognose von sektorspezifischen Ausfallraten geht hervor, dass die Ergebnisse der Prognose im Wesentlichen durch die Zufallsentwicklung der beiden Residualterme determiniert sind. Die Unterstellung der Normalverteilung für die beiden Residualterme weist den Vorteil auf, dass der Verteilungsverlauf der beiden Terme lediglich durch die Kenntnis der Standardabweichung und des Erwartungswerts abgebildet werden kann. Die Zufallsverteilungen der beiden Residualterme sind nicht unabhängig voneinander, sondern vielmehr miteinander korreliert. Die Korrelationen der beiden Terme lassen sich aus den historischen Zeitreihen ableiten und zeigen sich in folgender Form:

$$E = \begin{bmatrix} v \\ \varepsilon \end{bmatrix} \text{ normalverteilt zur Kovarianzmatrix } \begin{bmatrix} \text{Kov}_v & \text{Kov}_{v,\varepsilon} \\ \text{Kov}_{\varepsilon,v} & \text{Kov}_\varepsilon \end{bmatrix} \tag{6}$$

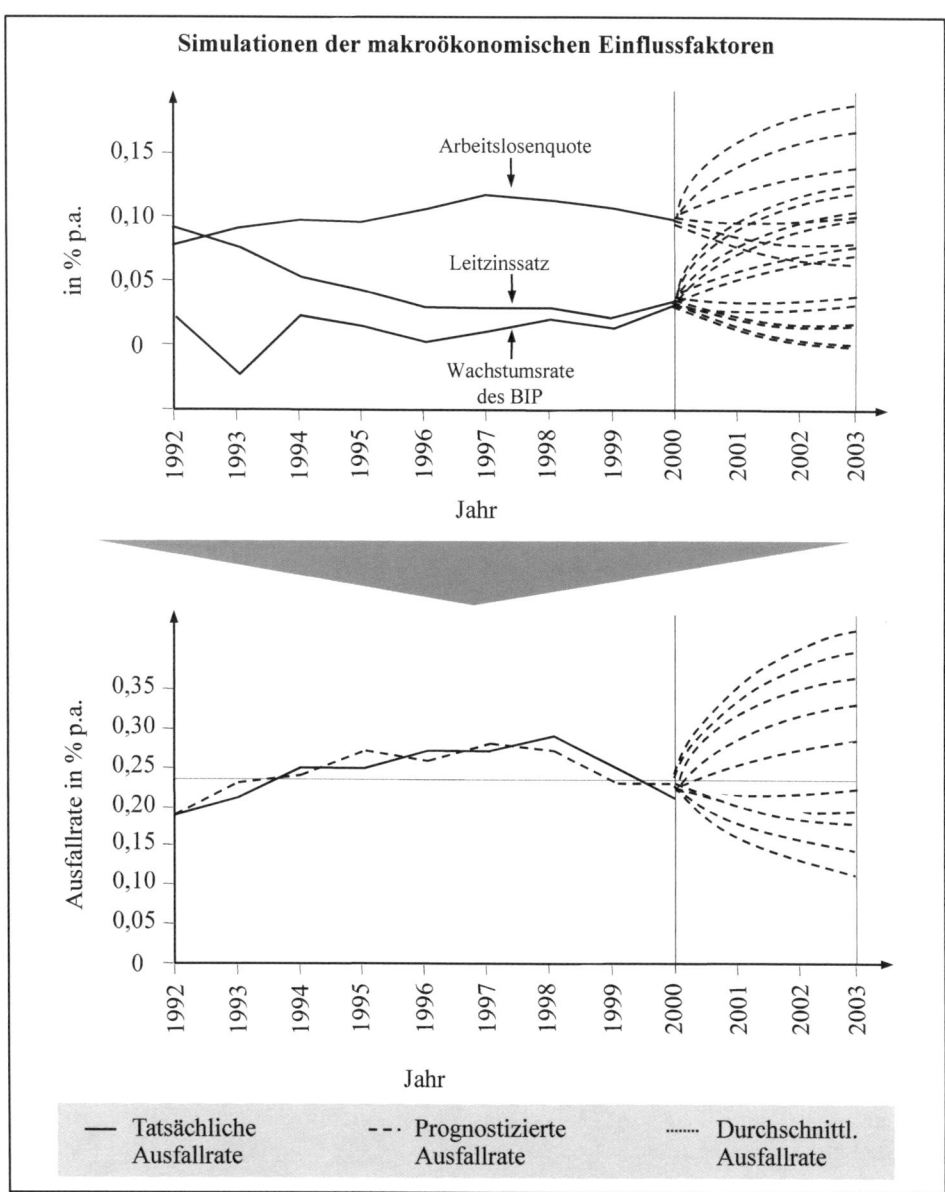

Abb. 196: Monte-Carlo-Simulation von makroökonomischen Einflussfaktoren

Werden die Ausfallraten eines Kreditnehmersektors mithilfe eines Modells simuliert, so gehen die Korrelationen der beiden Terme implizit in die Modellierung ein. Auf diese Weise werden im Rahmen eines Modells die sektorspezifischen Ausfallraten und makroökonomischen Einflussfaktoren unter Berücksichtigung ihrer Interdependenzen kombiniert. Da ferner unterstellt wird, dass die Normalverteilungseigenschaft der beiden Residualterme auch für die Zukunft fortgeschrieben werden darf, bietet sich die Verwendung der **Monte-Carlo-Simulation** als ein geeignetes Instrument an. Die Vorgehensweise von Schritt eins bis drei wird durch Abbildung 196 verdeutlicht. Simuliert werden z. B. die Ausfallraten der Tabakverarbeitungsindustrie in Deutschland. Als sektorspezifische makroökonomische Einflussfaktoren kämen beispielsweise die Wachstumsrate des Bruttoinlandsprodukts, der Leitzinssatz und die Arbeitslosenquote infrage. Zunächst werden alle möglichen zukünftigen Entwicklungen der sektorspezifischen makroökonomischen Einflussfaktoren mittels Gleichung (1) simuliert. Die Simulationsergebnisse fließen anschließend mittels Gleichung (5) in die Simulation der Ausfallraten ein (vgl. Abbildung 196). Die Simulationsdurchläufe erfolgen insbesondere unter Berücksichtigung der zwischen den sektorspezifischen Ausfallraten und makroökonomischen Einflussfaktoren bestehenden Korrelationen. Auf diese Weise können Ausfallraten nicht nur für das Planjahr t (z. B. 2001), sondern auch für die Folgejahre prognostiziert werden.

Im Zuge der Projizierung von sektorspezifischen Ausfallraten wird auch eine sektorspezifische durchschnittliche Ausfallrate ermittelt. Diese ergibt sich aus dem Durchschnitt der in der Vergangenheit realisierten Ausfallraten. Sie ist also eine angesichts des langfristigen Konjunkturtrends (durchschnittliche Konjunkturlage) zu erwartende Ausfallrate, bei der die Einflüsse der zyklischen Konjunkturentwicklungen geglättet werden. Um die Frage zu beantworten, inwieweit eine durch Simulation projizierte Ausfallrate die ihr zugrunde gelegte Konjunkturlage ausdrückt, wird in einem **vierten Schritt** die Kennzahl **Risikofaktor** eingeführt. Diese drückt das Verhältnis zwischen den projizierten Ausfallraten und der durchschnittlichen Ausfallrate aus:

$$r_t = \frac{P_t}{\bar{P}} \tag{7}$$

mit: r_t = Risikofaktor für das Planjahr t; P_t = simulierte Ausfallrate für das Planjahr t; $\bar{P}$ = durchschnittliche Ausfallrate

Für den Fall, dass der Risikofaktor einen Wert von größer als 1 aufweist, wird die projizierte Ausfallrate höher ausfallen als die durchschnittliche Ausfallrate. Es kann davon ausgegangen werden, dass es sich hier gegenüber dem langfristigen Wachstumstrend um eine schwächere Konjunkturlage oder sogar um eine Rezession handelt. Wird diese Kenntnis auf die Ratingmigrationswahrscheinlichkeiten eines Kreditnehmersektors übertragen, so kann die Aussage abgeleitet werden, dass für die Betrachtungsperiode die Ratingeinstufungen der Kreditnehmer innerhalb dieses Sektors eher abgewertet als aufgewertet werden. Im Gegensatz dazu impliziert ein Risikofaktor von kleiner als 1 eine Aufschwungphase der Volkswirtschaft, da die projizierte Ausfallrate geringer ausfallen wird als die durchschnittliche Ausfallrate. Für diese Konstellation ist eher mit aufwärts tendierenden Ratingmigrationen der Kreditnehmer zu rechnen. Die Ratingmigrationen bleiben von den makroökonomischen Einflussfaktoren unberührt, wenn der Risikofaktor einen Wert von genau 1 aufweist, da in diesem Fall die sich einstellende Konjunkturlage genau der durchschnittlichen Konjunkturlage entspricht. Tabelle 100 verdeutlicht die oben geschilderten Sachverhalte.

Risikofaktor	Konjunkturlage	Einfluss auf Ratingmigrationen
r = 1	Langfristiger Wachstumstrend	Kein
r > 1	Rezession	Vermehrt abwärts tendierende Ratingmigrationen
r < 1	Aufschwung	Vermehrt aufwärts tendierende Ratingmigrationen

Tabelle 100: Risikofaktoren und Ratingmigrationen

Aufgrund dieser Beziehung können die Simulationsergebnisse von projizierten Ausfallraten unmittelbar mithilfe einer linearen Transformation (vgl. Gleichung (7)) in eine Reihe von Risikofaktoren überführt werden. Werden alle erdenklichen Konjunkturlagen und deren zugehörigen Ausfallraten im Rahmen der Monte-Carlo-Simulation berücksichtigt, so ergibt sich ein Set von Risikofaktoren, die sämtliche Feinabstufungen der Konjunkturlage von Rezession bis zum Aufschwung abbilden (vgl. Abbildung 197).

Abb. 197: Monte-Carlo-Simulation von Risikofaktoren

Ein einfaches Beispiel soll diesen Sachverhalt verdeutlichen. In einer einperiodigen Betrachtung sollen die Ratingmigrationswahrscheinlichkeiten eines Kreditnehmersektors von der Ratingklasse B (Moody's), welche mit einer durchschnittlichen Ausfallrate in Höhe von 6,78 % verbunden ist, mithilfe der Monte-Carlo-Simulation hergeleitet werden. Wird die Simulation nur einmal durchgeführt und eine projizierte Ausfallrate in Höhe von 7,91 % ermittelt, so beträgt der Risikofaktor:

$$r = \frac{7,91\,\%}{6,78\,\%} = 1,167$$

Da in dieser Simulation der Risikofaktor größer als 1 ist, deutet das Ergebnis auf eine schwächere Konjunkturlage sowie vermehrte abwärts tendierende Ratingmigrationen hin. Wird beispielsweise eine weitere Simulation vorgenommen und dabei eine projizierte Ausfallrate in Höhe von 6,80 % ermittelt, so beträgt der Risikofaktor genau 1. In diesem Fall findet eine konjunkturbedingte Ratingmigration des Kreditnehmers nicht statt, da die projizierte und die durchschnittliche Konjunkturlage exakt übereinstimmen. Werden nun so genügend Simulationen durchgeführt, ergibt sich ein Set von Simulationsergebnissen, die sämtliche Ratingkonstellationen – von Rating-Upgrades bis Kreditausfall – abbilden. Daraus kann schließlich eine Wahrscheinlichkeitsaussage in Bezug auf die zukünftigen Entwicklungen der Ausfallraten des betreffenden Kreditnehmersektors abgeleitet werden. Diese wird umso genauer und plausibler sein, je größer die Anzahl der durchgeführten Simulationen ist.

Im Folgenden werden die Vorgehensweise der Monte-Carlo-Simulation und die Ableitung einer Wahrscheinlichkeitsaussage anhand der Tabelle 101 kurz erläutert. In dem vorliegenden Beispiel wird durch insgesamt 1.000 Simulationen eine Reihe von Ausfallraten durch Zufallsziehungen projiziert (vgl. Tabelle 101, Spalte 2), wobei jede dieser Ausfallraten ihrer Höhe nach einem Rang zugewiesen wird (vgl. Spalte 1). Mittels der bereits erläuterten Gleichung (7) werden die projizierten Ausfallraten anschließend in Risikofaktoren transformiert (Spalte 4). So erzeugen die Simulationen 1.000 Risikofaktoren, deren unterschiedliche Höhe auf unterschiedliche zukünftige Konstellationen der Konjunkturlage hindeutet.

Rang	Projizierte Ausfallrate	Durchschnittliche Ausfallrate	Projizierter Risikofaktor	Kumulierte Wahrscheinlichkeit
(1)	(2)	(3)	(4) = (2) / (3)	(5) = (1) · 0,1 %
1000	35,00 %	6,78 %	5,162	100,00 %
...	...	6,78 %	...	
→ 990	26,41%	6,78 %	3,896	99,00 %
989	25,80%	6,78 %	3,805	98,90 %
988	25,43%	6,78 %	3,750	98,80 %
987	25,23%	6,78 %	3,721	98,70 %
986	24,81%	6,78 %	3,659	98,60 %
985	23,24%	6,78 %	3,428	98,50 %
...	...	6,78 %	...	...
385	6,84 %	6,78 %	1,009	38,50 %
384	6,83 %	6,78 %	1,008	38,40 %
383	6,83 %	6,78 %	1,007	38,30 %
382	6,81 %	6,78 %	1,004	38,20 %
→ 381	6,78 %	6,78 %	1,000	38,10 %
380	6,77 %	6,78 %	0,999	38,00 %
...	...	6,78 %	...	...
1	0,00 %	6,78 %	0	0,1 %

Tabelle 101: Projizierung von Ausfallraten und Risikofaktoren mithilfe der Monte-Carlo-Simulation

Aufgrund der Anzahl durchgeführter Simulationen beträgt die Eintrittswahrscheinlichkeit jedes projizierten Risikofaktors bzw. jeder projizierten Konjunkturlage 0,1 % (= 1 / 1.000). Wird beispielsweise ein Risikofaktor in Höhe von genau 1 projiziert und belegt dieser den Rang 381, so beträgt die **kumulierte Wahrscheinlichkeit** dafür, dass die Ausfallraten dieses Kreditnehmersektors in der Betrachtungsperiode nicht höher ausfallen werden als die durchschnittliche Ausfallrate, 38,1 % (= 0,1 % · 381). Somit kann in Bezug auf die zukünftige Ratingentwicklung dieses Kreditnehmersektors die Aussage abgeleitet werden, dass mit einer Wahrscheinlichkeit von 38,1 % der betreffende Kreditnehmersektor seine Ratingklasse entweder beibehalten oder sogar verbessern kann (vgl. Tabelle 101, Spalte 5). Wird risikopolitisch ein Konfidenzniveau in Höhe von 99 % gefordert, und beträgt die mit dem Rang 990 belegte projizierte Ausfallrate 26,41 %, so führt dies zu der Aussage, dass für die Betrachtungsperiode eine Ausfallrate dieser Höhe mit einer Wahrscheinlichkeit von 99 % nicht überschritten wird (vgl. Tabelle 101, Spalte 5). Auf diese Weise können für den betreffenden Kreditnehmersektor Ratingmigrationswahrscheinlichkeiten sowohl für Upgrades als auch für Downgrades relativ einfach hergeleitet werden. Die Ergebnisse lassen sich weiter verfeinern, wenn die Anzahl der Simulationsdurchläufe entsprechend erhöht wird.

Insgesamt stellt das CreditPortfolioView™ eine Verfeinerung und Weiterentwicklung des Ratingmigrationsansatzes dar, indem zusätzlich den Auswirkungen von makroökonomischen Einflussfaktoren auf das Kreditportfolio Rechnung getragen wird. Die Modellierung des CreditPortfolioView™ zeigt Folgendes:

- In CreditPortfolioView™ werden für jeden Kreditnehmersektor die sektorspezifischen bedingten Ratingmigrationswahrscheinlichkeiten bzw. Ausfallraten ermittelt. Demnach könnten zwei Kreditnehmer gleicher Ratingklasse wegen ihrer unterschiedlichen Sektorzugehörigkeit voneinander abweichende Ratingmigrationswahrscheinlichkeiten aufweisen, da unterschiedliche makroökonomische Einflussfaktoren in die Modellierung der jeweiligen Ausfallraten eingehen und somit unterschiedliche Ergebnisse hervorrufen. Dies steht im Unterschied zu CreditMetrics™, wo ungeachtet der Sektorzugehörigkeit allen Kreditnehmern einer Ratingklasse dieselben Ratingmigrationswahrscheinlichkeiten zugewiesen werden.

- In CreditPortfolioView™ werden die Korrelationen der Migrationswahrscheinlichkeiten zweier Kreditnehmer implizit durch die Berücksichtigung der Sektorzugehörigkeiten, der Ratingklassen sowie der makroökonomischen Einflussfaktoren abgebildet.

Trotz der konzeptionellen Verfeinerungen gegenüber anderen vorgestellten Kreditrisikomodellen muss jedoch auf die große **Unsicherheit** in der Modellierung des CreditPortfolioView™ hingewiesen werden, die prinzipiell mit Prognosen auf Basis historischer Daten einhergeht. Denn die aus der Historie abgeleiteten Zusammenhänge gelten in erster Linie ausschließlich für den beobachteten Markt und den untersuchten Zeitraum. Ob diese Zusammenhänge auch in der Zukunft und eventuell sogar für andere Märkte Bestand haben, ist ungewiss.

3. Vergleich der Kreditrisikomodelle aus anwendungsorientierter Sicht

Wie in den vorangegangenen Kapiteln bereits erläutert wurde, hängt der Einsatzerfolg eines Kreditrisikomodells von Kriterien wie theoretische Fundierung, Richtigkeit der Prognose und konzeptionelle Integrationsfähigkeit in den Kreditmanagementprozess ab. Um jedoch eine erfolgreiche Implementierung eines Kreditrisikomodells auch in der Praxis zu gewährleisten, ist es von großer Bedeutung, dass eine Reihe zusätzlicher Kriterien erfüllt werden müssen. Zu nennen sind diesbezüglich vor allem die technische Implementierbarkeit, Akzeptanz vonseiten der Mitarbeiter, Flexibilität des Modellansatzes und nicht zuletzt die Wirtschaftlichkeit des Modelleinsatzes.

In Bezug auf die **technische Implementierbarkeit** existieren für alle drei Kreditrisikomodelle Softwarelösungen: Für CreditMetrics™ und CreditPortfolioView™ gibt es z. B. die Softwarelösungen CreditManager™ und CreditPortfolioView™. Für CreditRisk+™ wurde eine Softwarelösung entwickelt, die auf dem Tabellenkalkulationsprogramm von Microsoft Excel™ basiert und über das Internet den Nutzern kostenlos zur Verfügung gestellt wird. Der Vorteil dieser Softwarelösung besteht darin, dass diese relativ unproblematisch in bestehende Datenverarbeitungsstrukturen eingebunden werden kann. Neben der standardisierten Softwarebasis wird die Implementierung von CreditRisk+™ zusätzlich durch die geringeren Anforderungen an Dateninput erleichtert.

Unter **Akzeptanz** werden zunächst die Übersichtlichkeit und Einfachheit des anzuwendenden Kreditrisikomodells verstanden. Demnach muss das Kreditrisikomodell sich einerseits durch die transparente und verständliche Struktur des Ansatzes sowie die einfache Handhabung und andererseits durch die hohe Plausibilität und Nachvollziehbarkeit der Modellresultate auszeichnen. So sollten nicht nur Spezialisten und Modellentwickler, sondern auch die meisten Bankmitarbeiter das Modell verstehen und beherrschen können. Ferner versteht man unter der Akzeptanz auch das richtige Maß an Komplexität und Detailgenauigkeit in der Modellkonzeption, sodass dieses Kreditrisikomodell trotz der geforderten Übersichtlichkeit und Einfachheit gerade noch in der Lage ist, die Realität mit hohem Zufriedenheitsgrad abzubilden. In diesem Kontext ist im Gegensatz zu CreditRisk+™ und CreditMetrics™ bei CreditPortfolioView™ anzuführen, dass gerade die Komplexität seiner Modellkonzeption die Akzeptanz der Mitarbeiter im Kreditbereich gegenüber diesem Modell überfordert, da dieses Modell entgegen der Intuition der Bankmitarbeiter sich nicht primär mit der Bonität der einzelnen Schuldner beschäftigt, sondern sein Schwerpunkt in der betonten Hervorhebung der makroökonomischen Einflüsse auf den Verlust des Kreditportfolios liegt.

Das Kriterium der **Flexibilität** beinhaltet grundsätzlich die Fähigkeit eines Kreditrisikomodells, Quantifizierung bzw. Analysen von Kreditrisiken schnell durchzuführen. Explizit damit verbunden ist die Fähigkeit eines solchen Modells, nicht nur Modellresultate schnell und unkompliziert erzeugen zu können, sondern auch sich mit geringem Aufwand an geänderte Umweltzustände und Anforderungen anzupassen. So besteht beispielsweise für CreditRisk+™ neben seiner Fähigkeit, Modellresultate wegen der einfachen Handhabung schnell und einfach zu ermitteln, auch explizit die Möglichkeit, ohne größeren Aufwand eine Modellanpassung an konjunkturelle Szenarien vorzunehmen. Ebenfalls zeigt sich die Flexibilität von CreditMetrics™ in der Fähigkeit, durch leicht vorzunehmende Modellanpassung z. B. verschiedene makroökonomische Einflüsse stärker in der Modellierung einzubinden. Die Flexibilität von CreditMetrics™ wird jedoch, ähnlich wie die des CreditPortfolioView™, durch die in der Modellierung erforderliche Monte-Carlo-Simulation erheblich reduziert. Die rechenintensive Monte-Carlo-Simulation erweist sich besonders bei umfangreichen Portfolios als sehr zeitaufwendig und nimmt leicht Rechenzeiten von mehreren Stunden in Anspruch. Dies führt dazu, dass die in der Praxis oft erforderlichen Analysen zu den Auswirkungen von bestimmten Marktszenarien (z. B. Stresstests), zu Änderungen der Portfoliostruktur und zu Variationen der Eingangsparameter nicht ohne Weiteres und vor allem nicht genügend intensiv durchgeführt werden können. Im Gegensatz dazu kann CreditRisk+™ die gleiche Analyse innerhalb weniger Minuten übermitteln, was dazu führt, dass sich die Transparenz und Nachvollziehbarkeit der Modellergebnisse durch die Möglichkeit der im großen Umfang durchführbaren Analysen erheblich erhöht.

Wegen des steigenden Drucks der Aufsichtsbehörden und der großen Bedeutung des Kreditrisikos auf das Jahresergebnis sehen sich viele Banken veranlasst, umfassende Kreditrisikomodelle aufzubauen und zu pflegen. Da dies mit hohen Investitionsausgaben verbunden ist, stellt sich die Frage der **Wirtschaftlichkeit** mit großem Nachdruck. Für die kleineren Banken mit i. d. R. regional geprägten Kreditgeschäften und relativ kleinen Kreditportfolios ist es oft sinnvoll, aufgrund der begrenzten Ressourcen auf vorhandene Kreditrisikomodelle zurückzugreifen und diese je nach geschäftspolitischen Gegebenheiten institutsspezifisch anzupassen. Gerade für diese Banken, bei welchen vornehmlich die Ausfallrisiken im Vordergrund des Kreditrisikomanagements stehen, erscheint der Einsatz von CreditRisk+™ vorteilhaft, da dieses Modell nicht zuletzt wegen der kostenlosen Benutzung der Software auch mit vergleichsweise geringerem Implementierungs- und Umsetzungsaufwand verbunden ist. Die Modellerweiterungen bzw. -modifikationen von CreditRisk+™ sind ebenfalls mit geringem Aufwand umsetzbar. Im Gegensatz dazu käme der Einsatz von CreditPortfolioView™ vor allem für die größeren Banken infrage, da solche wegen ihres i. d. R. umfangreichen Kreditportfolios eher den höheren Aufwand für die Implementierung des anspruchsvollen Modells rechtfertigen können und auch stärker daran interessiert sein sollten, makroökonomische Aspekte in ihrem Risikomodell zu integrieren.

Insgesamt zeichnet sich das CreditRisk+™ in Bezug auf alle angesprochenen Kriterien wegen der standardisierten Softwarebasis, der verständlichen und einfachen Handhabung und nicht zuletzt wegen der nur mit vergleichsweise geringem Aufwand durchführbaren Modellumsetzungen und -anpassungen aus. In der Tabelle 102 werden die bereits aufgeführten Wertungen tabellarisch zusammengefasst.

Vergleichskriterium	Kreditrisikomodelle		
	CreditRisk+^{TM}	CreditMetrics^{TM}	CreditPortfolioView^{TM}
Konzeption			
• Initiator	Credit Suisse Financial Products (1997)	JP Morgan (1997)	McKinsey & Company (1997)
• Methodische Grundlagen	Etablierte Methodik der Versicherungsmathematik	Etablierter Ansatz der Statistik/Versicherungsmathematik	Etablierter statistischer Ansatz
Technische Implementierbarkeit			
• Software	Kostenloses und standardisiertes Excel-Tool	CreditManager^{TM}	CreditPortfolioView^{TM}
• Datenanforderungen	Relativ gering	Relativ hoch	Relativ hoch
Akzeptanz	Relativ hoch	Relativ hoch	Relativ niedrig
Flexibilität	• Einfache/schnelle Analysen und Adaptionen • Sehr schnelle Rechengeschwindigkeit	• Flexibilität durch Eingangsparameter • Sehr langsame Rechengeschwindigkeit wegen Monte-Carlo-Simulation	• Modellierung und Parametrisierung sehr flexibel • Sehr langsame Rechengeschwindigkeit wegen Monte-Carlo-Simulation
Wirtschaftlichkeit	Implementierungs- und Umsetzungsaufwand relativ gering	Implementierungs- und Umsetzungsaufwand mittel bis hoch	Implementierungs- und Umsetzungsaufwand relativ hoch

Tabelle 102: Kreditrisikomodelle im Überblick

LITERATURHINWEISE

BASLER AUSSCHUSS (2000)
BASLER AUSSCHUSS (2003)
BLEYMÜLLER, J./GEHLERT, G./GÜLICHER, H. (2008)
BRÖKER, F. (2000)
BÜSCHGEN, H. E. (1999)
CREDIT SUISSE (1997)
EIDGENÖSSISCHE BANKENKOMMISSION (2006)
JOHANNING, L./RUDOLPH, B. (2000)
KIRMSSE, ST. (1996)
KLOSE, S. (1996)
MCKINSEY & COMPANY (1998)
ROLFES, B./SCHIERENBECK, H. (2001)
RUDOLPH, B. (2001)
SCHIERENBECK, H. (2003A)
UBS AG (2000)
WILSON, T. (1997)

BASLER AUSSCHUSS (2001C)
BAXMANN, U. G. (1985)
BRAKENSIEK, T. (1991)
BRÖKER, F./LEHRBASS, F.B. (2001)
CRAMER, M. (1981)
CREDIT SUISSE GROUP (2001)
EIGERMANN, J. (2001)
J.P. MORGAN (1997)
KIRMSSE, ST. (2001)
LISTER, M. (1997)
MOODY'S INVESTOR SERVICE (1998)
RUDOLPH, B. (1984)
SAUNDERS, A. (1999)
STANDARD & POOR'S (1996)
WAHRENBURG, M./NIETHEN, S. (2000)
ZUBERBÜHLER, D. (1997)

II. Das Zinsänderungsrisiko

1. Begriff, Ausprägungen und Steuerungsbereiche des Zinsänderungsrisikos

Das Zinsänderungsrisiko hat für die Banken traditionell eine besondere Bedeutung. Denn der Großteil des Ertrags wird aus dem zinstragenden Geschäft erwirtschaftet. Aber auch bei den Banken, die das Dienstleistungs- und Handelsgeschäft vermehrt betonen, kann auf ein wirksames Controlling der Zinsänderungsrisiken letztlich nicht verzichtet werden.

Grundsätzlich kann zwischen einem **bonitäts-** und einem **marktzinsinduzierten Zinsänderungsrisiko** unterschieden werden. Ersteres wird systematisch im Zusammenhang mit dem Kreditrisiko behandelt (vgl. S. 436 ff.). Im Folgenden geht es daher lediglich um das marktzinsinduzierte Zinsänderungsrisiko.

Allgemein wird unter dem (marktzinsinduzierten) Zinsänderungsrisiko die Gefahr einer von Marktzinsänderungen herbeigeführten negativen Entwicklung des periodisierten Zinserfolgs oder barwertiger Zinspositionsgrößen verstanden. Entsprechend lassen sich beim Zinsänderungsrisiko das **zinsinduzierte Marktwertrisiko** und das **Zinsspannenrisiko** voneinander unterscheiden.

In einer isolierten Betrachtung besteht das zinsinduzierte Marktwertrisiko in der Gefahr, dass sich die Marktwerte von Aktivpositionen durch steigende Zinsen reduzieren bzw. die Marktwerte von Passivpositionen durch fallende Zinsen erhöhen.

Im Rahmen des marktwertorientierten Risikobegriffs werden sämtliche bilanzwirksamen und bilanzunwirksamen Geschäftspositionen einer Bank auf potenzielle Veränderungen der Marktwerte hin untersucht, indem die Schwankungen aller diskontierten Cashflows ermittelt werden.

Führt man Aktiv- und Passivseite zusammen, so besteht das gesamte bilanzielle Marktwertrisiko in der Gefahr, dass sich der im Marktwert des Eigenkapitals ausdrückende Saldo aktivischer und passivischer Marktwerte aufgrund von Zinsänderungen verschlechtert. Dabei ist zu beachten, dass die marktwertorientierte Eigenkapitaldefinition nicht dem finanzbuchhalterischen Eigenkapital entspricht (vgl. dazu auch Abbildung 198).

Sofern die Marktwerte der Verbindlichkeiten bei Zinsänderungen absolut stärker reagieren als die Marktwerte der Aktiva, führen Phasen steigender Zinsen zu Gewinnen und Phasen sinkender Zinsen zu Verlusten hinsichtlich der Veränderungen des Marktwerts des Eigenkapitals.

Diese als Marktwertreagibilität bezeichnete Sensitivität von Aktiva und Verbindlichkeiten in Bezug auf Zinsänderungen ist von **zwei Faktoren** abhängig (vgl. Tabelle 103). Der erste Faktor umfasst die noch vorzustellenden Sensitivitätsmaße (vgl. dazu S. 482 ff.). Sensitivitätsmaße, wie z. B. Key-Rate-Durationen oder Basispoint Values, erklären, wie stark die Marktwerte auf eine bestimmte, i. d. R. auf 1 % normierte Zinsveränderung reagieren. Die zu unterstellende wahrscheinliche **Zinsveränderung** stellt gleichzeitig den zweiten, die Marktwertreagibilität beeinflussenden Faktor dar. Bezüglich der Beurteilung der Gesamtwirkung alternativer Sensitivitätsmaße und Zinsveränderungen ist beispielsweise vorstellbar, dass sich zunächst die Zinsstrukturkurve nicht parallel verändert, sondern dreht. Durch die Drehung kann z. B. ein geringer Verfall langfristiger Zinsen und ein starker Anstieg kurzfristiger Zinsen resultieren. Deshalb ist es möglich, dass die Marktwertveränderung langfristiger Cashflows trotz eines hohen Sensitivitätsmaßes geringer ausfällt als die Marktwertveränderung kurzfristiger Cashflows mit geringem Sensitivitätsmaß. Dementsprechend sind Marktwertveränderungen stets in Abhängigkeit von Sensitivitätsmaßen und Zinsentwicklungen zu beurteilen.

Zinsänderungsrisiko		Zinsanstieg	Zinssenkung
Marktwertrisiko (des Eigenkapitals)	Marktwertreagibilität der Verbindlichkeiten > Marktwertreagibilität der Aktiva	Gewinn	Verlust
	Marktwertreagibilität der Verbindlichkeiten < Marktwertreagibilität der Aktiva	Verlust	Gewinn

Tabelle 103: Marktwertrisiko und Bilanzstruktur

Vom zinsinduzierten Marktwertrisiko abzugrenzen ist das **Zinsspannenrisiko**. Das Zinsspannenrisiko besteht in der Gefahr, dass sich der periodisierte Zinserfolg in Gestalt der Bruttozinsspanne einer Bank vermindert. Damit bezieht sich das Zinsspannenrisiko grundsätzlich auf alle Geschäftspositionen, deren Zinserträge oder -aufwendungen sich verändern können. In einer wiederum isolierten Betrachtung führen Verringerungen des durchschnittlichen Aktivzinses oder Erhöhungen des durchschnittlichen Passivzinses zu einer Verringerung der Bruttozinsspanne. Mit einer Verringerung des durchschnittlichen Aktivzinses ist aber grundsätzlich auch eine Verringerung des durchschnittlichen Passivzinses verbunden. Eine Gefahr der Verringerung der Bruttozinsspanne entsteht demnach, wenn der durchschnittliche Aktivzins stärker fällt als der Passivzins. Umgekehrt führt die Erhöhung des Passivzinses zu einer Verringerung der Bruttozinsspanne, wenn gleichzeitig der durchschnittliche Aktivzins weniger stark steigt.

Wird zusätzlich berücksichtigt, dass variabel verzinsliche Positionen unterschiedlich stark auf Marktzinsänderungen reagieren, sind die entsprechenden Zinsanpassungselastizitäten zu ermitteln (vgl. dazu ausführlich S. 508 ff.). Aus der Berechnung und Gegenüberstellung durchschnittlicher aktivischer und passivischer Zinsanpassungselastizitäten ergeben sich für die Gesamtbank schließlich sogenannte Elastizitätsüberhänge. Bei einem aktivischen Elastizitätsüberhang resultiert bei sinkenden Zinsen ein Verlust und bei steigenden Zinsen ein Gewinn (vgl. Tabelle 104).

Zinsänderungsrisiko		Zinsanstieg	Zinssenkung
Zinsspannenrisiko	aktivischer Elastizitätsüberhang	Gewinn	Verlust
	passivischer Elastizitätsüberhang	Verlust	Gewinn

Tabelle 104: Zinsspannenrisiko und Bilanzstruktur

Eine gewisse Kombination von Marktwert- und Zinsspannenrisiko gibt es bei einer **handelsbilanzorientierten** Betrachtung. Hier schlagen sich neben der Veränderung der Bruttozinsspanne auch die Kursveränderungen der aktivischen bilanzwirksamen Positionen und der Positionen für Finanzderivate aus dem Handelsbestand, dem Anlagebestand sowie der Liquiditätsreserve ergebnisbeeinflussend nieder. Demgemäß setzt sich das Zinsänderungsrisiko aus dem Zinsspannenrisiko und dem Marktwertrisiko der aktivischen bilanzwirksamen Positionen und der Derivate zusammen. Hinsichtlich der Derivate ist zu beachten, dass diese sowohl als Long- oder Short-Positionen erfolgswirksame Marktwertveränderungen mit sich bringen (vgl. Abbildung 198).

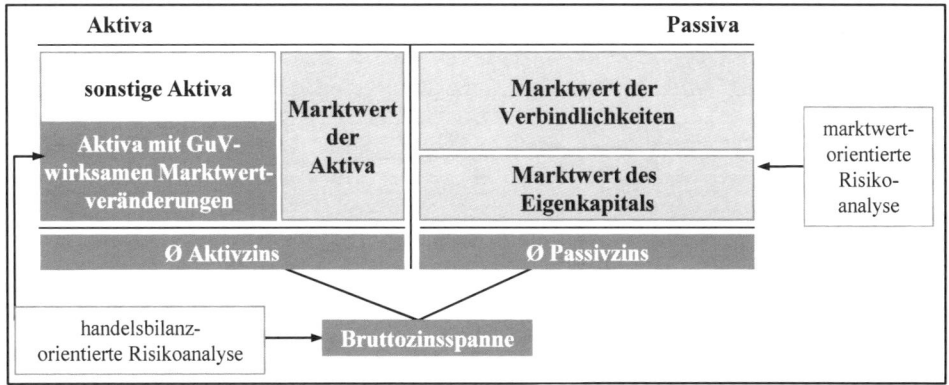

Abb. 198: Varianten der Zinsänderungsrisikoanalyse

Für die Höhe des gesamten Zinsänderungsrisikos ist letztlich entscheidend, welche Effekte sich aus der Summe der beiden, unter Umständen gegenläufigen Risikokategorien ergeben.

Im Falle einer **Zinssenkung** erhöhen sich die Marktwerte der betroffenen aktivischen Positionen. Gewinnerhöhende und sich in der GuV niederschlagende Zuschreibungen können jedoch nur für Wertpapiere des Umlaufvermögens vorgenommen werden. Allerdings entstehen bezüglich der übrigen aktivischen Wertpapiere stille Reserven, die im Bedarfsfall durch den Wertpapierverkauf gewinnrealisierend aufgelöst werden könnten. Die positive Marktwertentwicklung fällt diesbezüglich umso höher aus, je stärker die betroffenen aktivischen Positionen auf Zinsveränderungen reagieren.

Im Falle eines aktivischen Elastizitätsüberhangs ergibt sich bei Zinssenkungen ein Druck auf die Bruttozinsspanne. Ob und inwiefern die sich aus der sinkenden Bruttozinsspanne ergebenden Verluste durch Gewinne aus ansteigenden Marktwerten kompensiert werden und damit zu einer Neutralisierung oder sogar Erhöhung der Reingewinnspanne führen, hängt neben der Höhe des Elastizitätssaldos auch von der Reagibilität der aktivischen Positionen ab.

Aus einem **Zinsanstieg** resultiert eine im Gegensatz zur Zinssenkung genau umgekehrte Ergebnisentwicklung. Die Marktwerte aktivischer Wertpapierpositionen fallen und ergeben einen Abschreibungsbedarf, der aufgrund des anzuwendenden Niederstwertprinzips stets GuV-wirksam ist. Die daraus resultierende Verlustwirkung wird durch einen passivischen Elastizitätsüberhang, der zu Verringerungen der Bruttozinsspanne führt, zusätzlich erhöht. Damit ist eine insgesamt negative Veränderung der Reingewinnspanne verbunden.

Die konzeptionelle Grundlage einer handelsbilanzorientierten Analyse des Zinsänderungsrisikos bildet das in Abbildung 199 dargestellte **ROI-Konzept**. Bezugspunkt ist hierbei die Reingewinnspanne. Denn die Marktwertrisiken abschreibungspflichtiger Wertpapiere könnten sich in Abhängigkeit der bilanziellen Einordnung der risikobehafteten Geschäfte in drei verschiedenen Kennzahlen des ROI-Grundschemas niederschlagen (vgl. Abbildung 199). Bei Wertpapieren der Liquiditätsreserve wirken sie sich in der Risikospanne aus, die ansonsten vor allem für das schlagend gewordene Ausfallrisiko reserviert ist. Bei Wertpapieren, die dem Handels- bzw. Anlagebestand zugeordnet sind, finden sie ihren Niederschlag in der Handels- bzw. der AOSE-Spanne. Zusammengefasst lassen sich die Marktwertkonsequenzen von Marktzinsänderungen damit erst auf Ebene der Reingewinnspanne analysieren. Das Zinsspannenrisiko beeinflusst über seine Wirkung auf die Bruttozinsspanne ebenfalls die Reingewinnspanne.

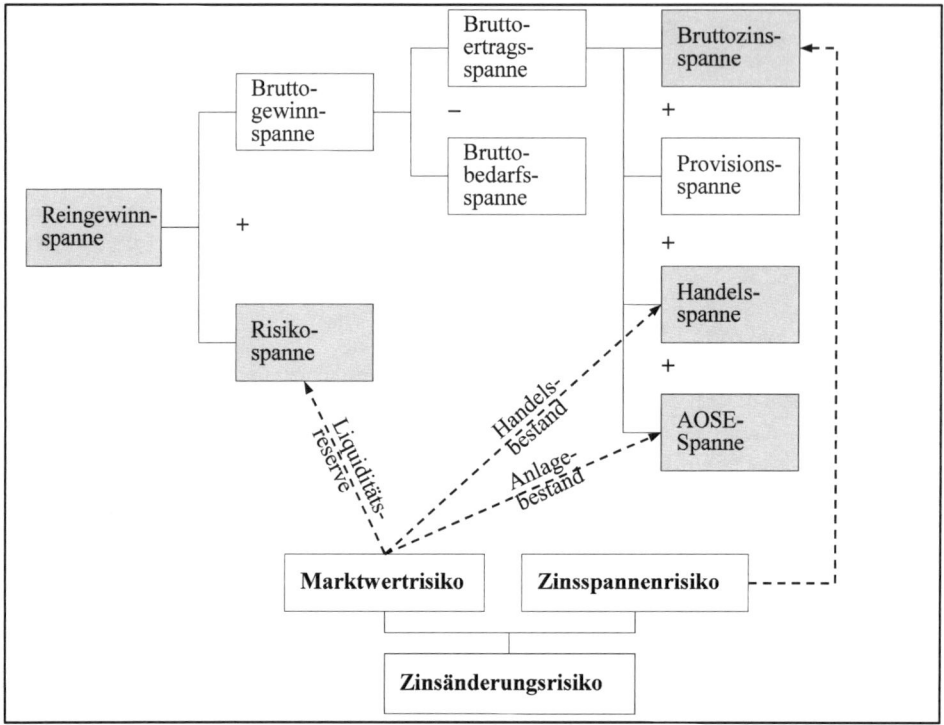

Abb. 199: Einbindung von Zinsänderungsrisiken in das ROI-Grundschema

Allgemein gilt: Um die Gesamtwirkung von Zinsspannenrisiko und Marktwertrisiko im handelsbilanzorientierten ROI-Grundschema darzustellen, sind die Einzelwerte nach der Gleichung

$$\Delta \, RGSP = (\Delta \, MW + \Delta B \, ZSP) \, / \, BS$$

mit: $\Delta \, RGSP$ = Veränderung der Reingewinnspanne; $\Delta \, MW$ = Marktwertveränderung; $\Delta \, BZSP$ = Veränderung der Bruttozinsspanne; BS = Bilanzsumme

zusammenzufassen.

Diese handelsbilanzorientierte Sichtweise des Zinsänderungsrisikos, wie sie sich im ROI-Grundschema zeigt, ist nun konsequent von der **marktwertorientierten** Betrachtung zu trennen. Dies natürlich zunächst auch deshalb, weil aufgrund spezifischer Bewertungsvorschriften in der Handelsbilanz – man denke an das Niederstwertprinzip der Aktivseite und die Bilanzierung von Verbindlichkeiten zum Rückzahlungsbetrag auf der Passivseite – schlagende Marktwertrisiken in der Handelsbilanz nur teilweise erfasst werden. Will man eine vollständige Risikoanalyse durchführen, ist folglich von einer reinen Marktwertbilanz auszugehen, die keine Rücksicht auf vorhandene Bilanzierungsvorschriften nimmt und auch die Risikowirkungen auf die Bruttozinsspanne konzeptionell enthält.

2.   Konzeption moderner Zinsrisikomessverfahren

a)   Grundlagen

Voraussetzung einer adäquaten Risikosteuerung ist die systematische Risikoanalyse. Die Bank muss über ein Instrumentarium verfügen, mit dessen Hilfe sie sich ein zutreffendes Bild über die bestehenden Marktwert- bzw. Zinsspannenrisiken verschaffen kann. Hieraus leitet sich für die Zinsrisikomessung nun die Aufgabe ab, die möglichen negativen Ergebnisabweichungen im Hinblick auf ihre **Eintrittswahrscheinlichkeiten** zu analysieren. Klassische Messkonzepte sind dazu nicht in der Lage, da sie mit subjektiven Szenarien bezüglich der Entwicklung von Zinssätzen operieren. Moderne Konzepte zur Risikomessung verwenden dagegen – wie im Folgenden gezeigt wird – Methoden, welche es erlauben, spezifischen Marktzinsänderungen die entsprechenden Eintrittswahrscheinlichkeiten zuzuordnen und damit Wahrscheinlichkeitsaussagen bezüglich der Marktwert- und Zinsspannenveränderungen abzuleiten.

Moderne Zinsrisikomessverfahren setzen also bei der Analyse von Zinsänderungsrisiken an der **Wahrscheinlichkeitsverteilung** der Marktzinsänderungen an. Im Folgenden wird von der auch in der Praxis üblichen Prämisse ausgegangen, die stetigen Veränderungsraten von Marktzinsen ließen sich approximativ als **normalverteilt** charakterisieren. Die Normalverteilung stimmt nicht exakt mit der empirisch beobachtbaren Verteilung stetiger Veränderungsraten von Marktzinsen überein. Insbesondere ordnet sie größeren Veränderungsraten kleinere Wahrscheinlichkeiten zu als empirisch beobachtet und erfasst beobachtbare „Ausreißer" nur unzureichend. Sie weist jedoch gegenüber anderen statistischen Verteilungen den Vorteil auf, dass sie vollständig über die beiden Parameter Mittelwert und **Standardabweichung** (STD) beschrieben werden kann. Dies erlaubt Aussagen über die Wahrscheinlichkeit, mit der bestimmte, aus Sicht der Bank negative Ausprägungen stetiger Veränderungsraten von Marktzinsen eintreten können. Alternativ hierzu ließen sich beispielsweise mit leptokurtischen Verteilungen bessere Messergebnisse erreichen. Allerdings müsste auch hier für eine Gesamtbankrisikosteuerung wieder auf die Normalverteilung zurückgegriffen werden.

Auf der Grundlage dieser, für moderne Zinsrisikomessverfahren zentralen Normalverteilungsannahme von Marktzinsänderungen, bestimmt sich das Zinsänderungsrisiko – sei es als Marktwertrisiko oder als Zinsspannenrisiko – sodann wie folgt (vgl. Abbildung 200):

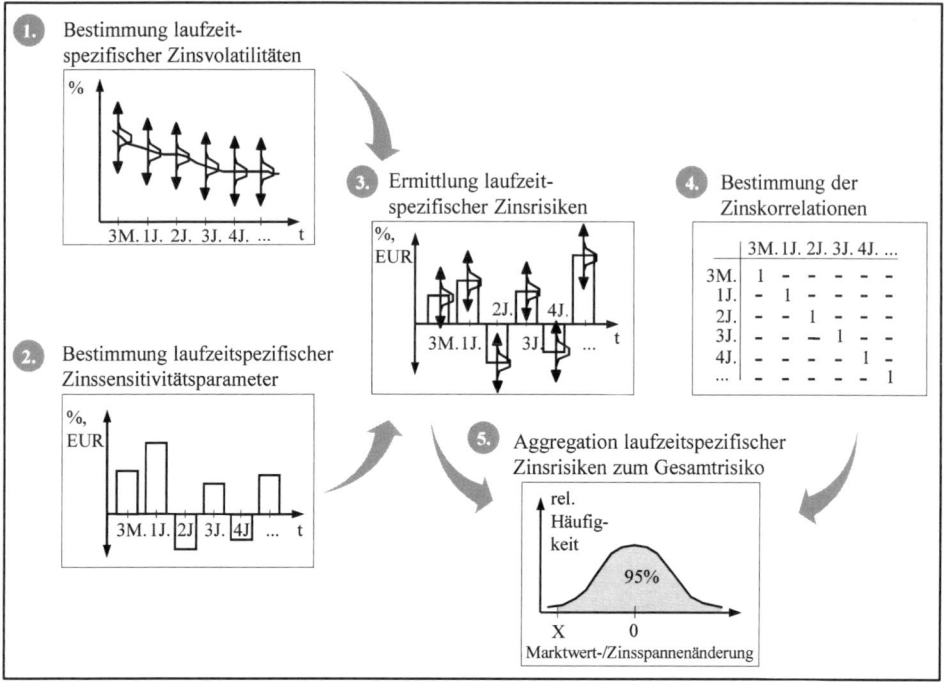

Abb. 200: Konzeption moderner Zinsrisikomessverfahren

Zunächst ist der Risikoparameter als stetige Veränderungsrate von Marktzinsen (z. B. Zerobond- oder Kuponrenditen) zu definieren, sowie dessen **Volatilitäten** zu bestimmen. Diese statistischen Größen sind einerseits von der Wahl der Zeitpunkte, zwischen denen die Marktzinsänderungen gemessen werden, abhängig. Andererseits wird das Ergebnis wiederum durch das statistische Signifikanzniveau wie auch durch die Wahl des Analysezeitraums beeinflusst (vgl. dazu ausführlich S. 386 ff.).

Die Zeitpunkte, zwischen denen die Zinssatzänderungen gemessen werden sollen, können grundsätzlich beliebig festgelegt werden. Im Rahmen der **operativen Risikosteuerung**, beispielsweise der Steuerung des Zinsänderungsrisikos eines Handelsportfolios, empfiehlt es sich, der Berechnung der Standardabweichungen stetige Veränderungsraten zugrunde zu legen, die aus den Zinssätzen unmittelbar aufeinander folgender Tage ermittelt wurden. Damit wird quasi eine „Halte- bzw. Liquidationsperiode" (Zeitraum bis zur Absicherung) von einem Tag unterstellt. Vielfach werden aus Vorsichtserwägungen jedoch längere Liquidationsperioden angesetzt, die zu größeren Volatilitäten führen, obwohl auch große Positionen am Markt relativ schnell abgesichert werden können. Von bankaufsichtlicher Seite her werden prinzipiell Haltedauern von zehn Tagen vorgeschlagen resp. verlangt.

Für die Risikosteuerung im Rahmen eines **mittel- bis langfristigen** Planungshorizonts, beispielsweise der Aktiv-Passiv-Steuerung, sind die Zinsvolatilitäten dagegen für stetige Veränderungsraten längerer Zeitintervalle (z. B. eine Rechnungslegungsperiode) zu bestimmen. Entweder wird bei der Berechnung der Veränderungsraten direkt von einem längeren Zeitintervall zwischen den Marktzinsen der maßgeblichen Beobachtungstage ausgegangen, oder die Standardabweichungen stetiger Veränderungsraten eintägiger Halteperioden werden unter Anwendung des Wurzelgesetzes in Standardabweichungen für längere Zeitintervalle hochgerechnet.

Unter Berücksichtigung der spezifischen Zinsvolatilitäten sind danach die **laufzeitspezifischen Zinsrisiken** zu ermitteln. Diese können teils **indirekt** über (daraus abgeleitete) laufzeitspezifische Sensitivitätsparameter, teils **direkt** anhand von Bewertungsmodellen, im Falle der Marktwertrisiken beispielsweise anhand des Barwertmodells, bestimmt werden. Letztere zeigen sowohl die Richtung als auch die Intensität der Reaktion bankbetrieblicher Ergebnisgrößen auf vorgegebene Marktzinsänderungen auf. Sensitivitätsanalysekonzepte umfassen bei **Marktwertbetrachtungen** die klassische Durationsanalyse, das Konzept der Key-Rate-Duration und die Basispoint-Value-Methode. Bei einer **Zinsspannenbetrachtung** findet das Elastizitätskonzept Anwendung.

Die Marktzinsänderungen unterschiedlicher Laufzeiten vollziehen sich jedoch nicht unabhängig voneinander. Es lassen sich vielmehr Interdependenzen zwischen diesen beobachten. Deshalb sind die laufzeitspezifischen Zinsrisiken schließlich unter Berücksichtigung der Zinskorrelationen zum **Gesamtrisiko** zu aggregieren.

Im Folgenden werden zunächst die Marktwertrisiken und ihre Aggregation zum Gesamtrisiko näher untersucht.

b)   Quantifizierung von Marktwertrisiken

Unabhängig vom theoretischen Konstrukt zur Bestimmung von Marktwertrisiken ist zunächst zu überlegen, welches Geschäftsvolumen überhaupt einem Zinsänderungsrisiko ausgesetzt ist. Mit dem Single Cashflow, dem produktspezifischen Cashflow und dem Super Cashflow lassen sich im Folgenden drei Varianten zur Definition des Risikovolumens voneinander abgrenzen. Im Rahmen der **Single-Cashflow**-Variante wird das Marktwertrisiko eines einzelnen Cashflows gemessen. Bei der **produktspezifischen** Variante wird das Marktwertrisiko einer aus mehreren, zu unterschiedlichen Zeitpunkten anfallenden Single Cashflows bestehenden Zinsrisikoposition, z. B. eines festverzinslichen Wertpapiers quantifiziert. Die **Super-Cashflow**-Variante weitet die Cashflow- und damit die Risikoerfassung auf mehrere oder sämtliche Zinsrisikopositionen einer Bank aus. Hierbei wird jedes zu berücksichtigende Produkt zunächst in seine einzelnen Single Cashflows zerlegt. Danach werden die laufzeitgleichen Zahlungen über alle Positionen aggregiert. Die resultierenden Super Cashflows bilden anschließend die Basis für die Berechnung des Marktwertrisikos.

Das zentrale Problem dabei ist die Prognose der Cashflows einzelner Geschäfte. Die einzelgeschäftsbezogenen Cashflows müssen mit hinreichender Genauigkeit bestimmt werden können, um als solide Basis für die Messung der Marktwertschwankungen zu fungieren. Hier wurden für die unterschiedlichen Bankprodukte diverse Verfahren z. B. zur **Cashflowprognose** oder zum **Cashflow-Mapping** entwickelt, auf die an dieser Stelle nicht weiter eingegangen werden soll. Es sei auf die entsprechende Literatur verwiesen (z. B. KUDERNATSCH, HORNBACH).

(1) Indirekte Bestimmung von Marktwertrisiken

Mit den Durationskonzepten von MACAULAY und FISHER/WEIL sollen zunächst die „Klassiker" **marktwertorientierter Sensitivitätsanalyseverfahren** erörtert werden. Ausgehend von der Kritik an diesen Konzepten soll mit dem Konzept der Key-Rate-Duration und der Basispoint-Value-Methode zwei moderne, als Indikatormodelle (vgl. S. 488 ff.) zu bezeichnende Ansätze zur Analyse der Marktwertsensitivität von Zinsrisikopositionen gegenüber Marktzinsänderungen vorgestellt werden.

Die **Duration**, erstmals von MACAULAY Ende der dreißiger Jahre des letzten Jahrhunderts entwickelt, wurde zunächst als eine einfache, eindimensionale Größe zur Festlegung der „**durchschnittlichen Laufzeit**" von kupontragenden Anleihen konstruiert. Diese ergibt sich mathematisch als gewogener Mittelwert der einzelnen Zahlungszeitpunkte, zu denen Zahlungen (Zins- und Tilgungszahlungen) stattfinden. Als Gewichtungsfaktor der einzelnen Zahlungszeitpunkte dient das Verhältnis des Barwerts der jeweiligen Zahlung zum Barwert der gesamten Zahlungsreihe. Die allgemeine Formel für die Berechnung der MACAULAY Duration lautet wie folgt:

$$D = \frac{\sum_{t=1}^{n} t \cdot CF_t \cdot (1+R)^{-t}}{M_0}$$

mit: D = Duration; M_0 = Marktwert im Zeitpunkt 0; CF_t = Cashflow (Rückfluss) im Zeitpunkt t; R = Marktrendite; t = Zeitindex; n = Restlaufzeit

Die Vorgehensweise bei der Bestimmung der Duration einer Zinsrisikoposition sei anhand eines festverzinslichen Wertpapiers mit folgenden Ausgestaltungsmerkmalen demonstriert:

- Nominalvolumen: 1 Mio. EUR

- Zinskupon: 4 % (jährlich nachschüssig)

- Restlaufzeit: 3 Jahre

- Aktueller Marktwert: 1 Mio. EUR

- Marktrendite: 4 %

Ausgangspunkt der Durationsberechnung bildet die mithilfe eines Liquiditätsplans ermittelte Zahlungsreihe der zu analysierenden Zinsrisikoposition (Spalte [1] und [2], Tabelle 105). Zunächst ist der Barwert aller Zahlungen zu bestimmen. Als einheitlicher Kalkulationszinsfuß wird die aktuelle Marktrendite (Verfallrendite) eines Wertpapiers mit gleichem Zinskupon und identischer Restlaufzeit verwendet (Spalte [3]). Aus diesen Barwerten ergibt sich im Verhältnis zum gesamten Barwert anschließend eine Anteilsquote (Spalte [4]), die als Gewichtungsfaktor für die Zahlungszeitpunkte verwendet wird (Spalte [5]). Die Duration des Wertpapiers resultiert schließlich aus der Summe der gewichteten Zahlungszeitpunkte. Sie beläuft sich im Beispiel auf **2,88610 Jahre**.

Wie aus der Berechnung hervorgeht, handelt es sich bei der Duration nach MACAULAY insofern um eine durchschnittliche Laufzeit, als sie die durchschnittliche Dauer der Kapitalbindung bezogen auf die Barwerte der Cashflows misst. Bei Zerobonds entspricht die Duration der Restlaufzeit, da nur am Laufzeitende Zahlungen anfallen. Bei Kuponpapieren ist sie wegen der Zinszahlungen dagegen stets kleiner als die Restlaufzeit. Die Duration ist umso niedriger, je höher Kupon (Nominalzins) und Marktrendite sind und je früher die Tilgung einsetzt.

Zahlungs- zeitpunkt t	Cashflow im Zeitpunkt t	Barwert (Verfallrendite = 4 %)	Anteilsquote = Gewichtungsfaktor	MACAULAY Duration
(1)	(2)	(3) = (2) · 1,04 – t	(4) = (3) / 1 Mio.	(5) = (1) · (4)
1	40.000	38.461,54	0,03846	0,03846
2	40.000	36.982,25	0,03698	0,07396
3	1.040.000	924.556,21	0,92456	2,77368
Summe	1.120.000	1.000.000,00	1,00000	2,88610

Tabelle 105: Bestimmung der Duration nach MACAULAY am Beispiel eines festverzinslichen Wertpapiers

Für die Quantifizierung von Marktwertrisiken ist die Duration interessant, weil sich mit dieser Maßzahl die Sensitivität eines Marktwerts gegenüber Veränderungen der Zinsstrukturkurve relativ einfach abschätzen lässt. Hierzu ist die MACAULAY Duration lediglich durch den Term (1 + Marktrendite) zu dividieren. Analytisch ergibt sich diese von HICKS 1939 als **Modified Duration** bezeichnete Größe aus der ersten Ableitung der „klassischen" Barwertformel nach der Marktrendite, dividiert durch den aktuellen Marktwert der Zinsrisikoposition.

Nach der klassischen Barwertformel bestimmt sich der Barwert bzw. Marktwert M_0 einer Zinsrisikoposition mit n Jahren Restlaufzeit nach folgender Formel:

$$M_0 = \sum_{t=1}^{n} CF_t \cdot (1+R)^{-t}$$

mit: M_0 = Marktwert im Zeitpunkt 0; CF_t = Cashflow (Rückfluss) im Zeitpunkt t; R = Marktrendite; t = Zeitindex; n = Restlaufzeit

Leitet man diese nach der Marktrendite R ab, dann ergibt sich:

$$\frac{\delta M_0}{\delta R} = \sum_{t=1}^{n} -t \cdot CF_t \cdot (1+R)^{-t-1} = -\frac{1}{1+R} \cdot \sum_{t=1}^{n} t \cdot CF_t \cdot (1+R)^{-t}$$

Der hinter dem Summenzeichen stehende Term entspricht der mit dem aktuellen Marktwert der Zinsrisikoposition multiplizierten Duration nach MACAULAY. Somit lässt sich dieser Ausdruck auch schreiben als:

$$\frac{\delta M_0}{\delta R} = -\frac{1}{1+R} \cdot D \cdot M_0$$

bzw.

$$\frac{\delta M_0}{\delta R} = -MD \cdot M_0 \text{ mit } MD = \text{Modified Duration} = \frac{1}{1+R} \cdot D$$

Diese erste Ableitung kann zur linearen **Approximation** der konvexen Beziehung zwischen dem Marktwert und der Marktrendite einer Zinsrisikoposition verwendet werden. Je größer die tatsächliche Änderung der aktuellen Rendite DR ist, desto ungenauer ist die Approximation der Marktwertänderung ΔM_0. Wird obige Gleichung auf beiden Seiten durch den aktuellen Marktwert dividiert, so erhält man die prozentuale Änderung der Zinsrisikoposition $\partial M_0 / M_0$ bei einer Änderung der Marktrendite um ∂R:

$$\frac{\frac{\delta M_0}{M_0}}{\delta R} = -MD$$

Für das betrachtete Wertpapier ergibt sich eine Modified Duration in Höhe von 2,7751 (2,8861 / 1,04). Dieser Wert besagt, dass eine einprozentige Veränderung der Marktrendite zu einer Marktwertänderung der 4%-Anleihe in Höhe von approximativ 2,78 % führt. Dabei ist zu beachten, dass der Marktwert **invers** auf Renditeänderungen reagiert. Das heißt, sinkende Renditen führen zu höheren Marktwerten und steigende Renditen zu sinkenden Marktwerten.

Die **Qualität der Modified Duration** als exaktes Maß für die Zinssensitivität von Marktwerten ist in dreierlei Hinsicht begrenzt. Aufgrund der Diskontierung sämtlicher Cashflows mit der aktuellen Marktrendite (Verfallrendite) eines Wertpapiers mit gleichem Zinskupon und identischer Restlaufzeit als einheitlichem Kalkulationszins wird **erstens** implizit von einer horizontalen Renditestruktur ausgegangen. **Zweitens** bildet die Modified Duration die Marktwertkonsequenzen von Parallelverschiebungen dieser Renditestrukturkurve ab, wie folgendes Beispiel illustriert. Ausgehend von einer horizontalen Renditestruktur für die bereits betrachtete 4%-Anleihe auf dem Niveau von 4 % sei zunächst eine Parallelverschiebung derselben um 0,5 % nach oben auf ein Niveau von 4,5 % unterstellt. Infolge dieses Anstiegs sinkt der mithilfe der klassischen Barwertformel berechnete Marktwert um 13.744,82 EUR bzw. 1,3745 %. Bei einer Parallelverschiebung um 0,5 % nach unten auf ein Renditeniveau von 3,5 % steigt der Marktwert dagegen um 14.008,19 EUR bzw. 1,4008 %. Addiert man die beiden Marktwertveränderungen, so ergibt sich eine absolute Marktwertänderung von 27.753,01 EUR (= 13.744,82 EUR + 14.008,19 EUR), was einer relativen Veränderung von 2,7753 % (= 1,3745 % + 1,4008 %) entspricht. Dieser Wert zeigt die relative Veränderung des Marktwerts bei einer Veränderung sämtlicher Zinssätze um ±0,5 % (also insgesamt 1 %) auf und ist nahezu identisch mit der Modified Duration. Je größer das Ausmaß der Parallelverschiebung ist, desto ungenauer wird **drittens** der mithilfe der laufzeitspezifischen Zerobondrenditen exakt berechnete Marktwert durch die Modified Duration approximiert.

Mithilfe des sogenannten **Convexity-Terms** wird versucht, diesen Fehler weitestmöglich zu beheben. Dazu wird die Modified Duration um einen komplexen Ausdruck ergänzt, mit dem zumindest die auf die Konvexität der Barwertfunktion in Abhängigkeit vom Zins zurückzuführende Abweichungen korrigiert werden.

Die Annahme einer **horizontalen Renditestruktur** ist insofern von geringerer Bedeutung, als sie durch das Konzept der **Effective Duration** aufgehoben werden kann. Im Rahmen dieses von FISHER/WEIL vorgeschlagenen Ansatzes werden die Barwerte der einzelnen Cashflows mithilfe der laufzeitspezifischen Renditen von Zerobonds bzw. den korrespondierenden Zerobond-Abzinsfaktoren bestimmt. Sind diese am Markt nicht verfügbar, lassen sie sich, wie bereits an anderer Stelle gezeigt (vgl. S. 161 ff.), synthetisch aus den am Markt beobachtbaren Renditestrukturkurven von Kuponpapieren replizieren. Die allgemeine Formel für die Berechnung der Effective Duration lautet wie folgt:

$$ED = \frac{\sum\limits_{t=1}^{n} t \cdot CF_t \cdot (1 + ZBR_t)^{-t}}{M_0}$$

mit: ED = Effective Duration; n = Restlaufzeit; t = Zeitindex; CF_t = Cashflow (Rückfluss) im Zeitpunkt t; ZBR_t = laufzeitspezifische Zerobondrendite; M_0 = Marktwert im Zeitpunkt 0

Für das betrachtete Wertpapier ergibt sich unter der Annahme der in Spalte [3] gegebenen laufzeitspezifischen Zerobondrenditen eine Effective Duration in Höhe von **2,88472** Jahren (vgl. Tabelle 106).

Zahlungs-zeitpunkt t	Cashflow im Zeitpunkt t	Laufzeit-spezifische Zerobond-rendite	Barwert	Anteilsquote = Gewichtungsfaktor	Effective Duration
(1)	(2)	(3)	(4) = (2) · (1 + (3))-t	(5) = (4) / 1 Mio.	(6) = (1) · (5)
1	40.000	2,750 %	38.929,44	0,03893	0,03893
2	40.000	3,386 %	37.423,10	0,03742	0,07484
3	1.040.000	4,034 %	923.647,40	0,92365	2,77095
Summe	1.120.000	-	1.000.000,00	1,00000	2,88472

Tabelle 106: Bestimmung der Effective Duration am Beispiel eines festverzinslichen Wertpapiers

Als Folge der Diskontierung der einzelnen Zahlungen mittels der laufzeitspezifischen Zerobondrenditen resultiert nach dem Konzept von FISHER/WEIL eine – verglichen mit dem Ansatz von MACAULAY – geringere durchschnittliche Kapitalbindungsdauer. Bei inversem Verlauf der Zinsstrukturkurve der Zerobondrenditen würde sich dagegen eine Effective Duration ergeben, die größer ist als die MACAULAY Duration. Die Abweichung ist umso größer, je steiler die Renditestruktur verläuft und je länger die Restlaufzeit der betrachteten Zinsrisikoposition ist. In Analogie zur Modified Duration resultiert durch Division mit dem Term (1 + R) eine **Modified Effective Duration** in Höhe von approximativ **2,7738**.

Im Gegensatz zur Annahme einer horizontalen Renditestruktur erscheint dagegen die Prämisse einer **Parallelverschiebung der Renditestruktur** problematisch. Parallel bedeutet nicht nur, dass die Renditeänderungen für sämtliche Fristigkeiten perfekt korreliert sein müssen, sondern auch, dass das Ausmaß der Renditeänderungen über das gesamte Fristenspektrum völlig identisch sein muss. Faktoranalysen zeigen jedoch, dass die Annahme perfekter Korrelationen nicht der Realität entspricht. Darüber hinaus können oft auch Drehungen der Renditestruktur beobachtet werden.

Ursache des in Verbindung mit größeren Renditeänderungen auftretenden **Approximations-fehlers** ist die Tatsache, dass die Modified Duration gemäß der mathematischen Herleitung nur für infinitesimal kleine Renditeänderungen Gültigkeit besitzt. Da die Marktwert-Rendite-Kurve jedoch stets links gekrümmt bzw. **konvex** fallend verläuft, wird die Erhöhung des Marktwerts als Reaktion auf einen Renditerückgang tendenziell zu niedrig, die Verringerung in der Folge eines Renditeanstiegs dagegen tendenziell zu hoch eingeschätzt. Abbildung 201 verdeutlicht den Approximationsfehler bei der Abschätzung der Marktwertänderung mithilfe der Modified Duration grafisch.

Die Modified Duration stellt die Steigung einer an die Marktwert-Rendite-Kurve angelegten Tangente dar. Sie entspricht damit also der Steigung dieser Funktion im Tangentialpunkt (in Abbildung 201 repräsentiert durch die Steigung am Punkt $[R_0, M_0]$). Je weiter man sich von diesem Tangentialpunkt, d. h. vom Renditeniveau der Ausgangssituation entfernt, desto größer wird der Abstand der Tangente von der Marktwert-Rendite-Kurve (Abstand zwischen M^{real} und M^D). Dann steigt der Bewertungsfehler der Duration. Für gleiche Renditeniveaus wird dieser Abstand vom Grad der Konvexität der jeweiligen Zinsrisikoposition determiniert, wobei der Bewertungsfehler mit dem Konvexitätsgrad zunimmt.

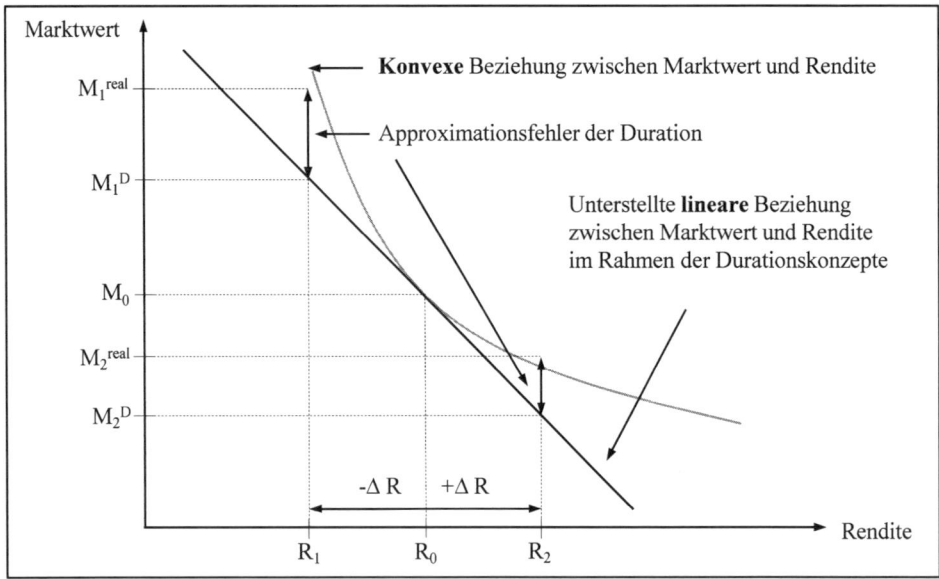

Abb. 201: Konvexität der Marktwert-Rendite-Kurve und Linearitätsannahme der Durationskonzepte

Um auch Marktwertkonsequenzen größerer Renditeänderungen hinreichend genau erfassen zu können, muss dieser Konvexitätseffekt also unbedingt berücksichtigt werden. Das Ziel besteht letztlich darin, den bei der Abschätzung von zinsänderungsbedingten Marktwertschwankungen mithilfe der Duration auftretenden Bewertungsfehler durch die Erweiterung um einen von der **Konvexität** abhängigen Korrekturfaktor zu reduzieren.

Die Konvexität misst die Veränderungsrate der Duration, die sich aus einer Änderung der Marktrendite ergibt.

Folglich lautet die allgemeine Formel zur Berechnung der Konvexität wie folgt:

$$K = \frac{1}{M_0} \cdot \sum_{t=1}^{T} \frac{t \cdot (t+1) \cdot CF_t}{(1+R)^t}$$

mit: K = Konvexität; M_0 = Marktwert im Zeitpunkt 0; CF_t = Cashflow (Rückfluss) im Zeitpunkt t;
R = Marktrendite; t = Zeitindex

Die Vorgehensweise zur Berechnung der Konvexität einer Zinsrisikoposition soll anhand des bereits zuvor verwendeten Wertpapiers erfolgen (vgl. Tabelle 107).

Zahlungszeit-punkt t	$t \cdot (t+1)$	Cashflow im Zeitpunkt t	Barwert (Verfallrendite = 4 %)	Barwert $\cdot (t \cdot (t+1))$
(1)	(2)	(3)	(4) = (3) · 1,04-t	(5) = (4) · (2)
1	2	40.000	38.461,54	76.923,08
2	6	40.000	36.982,25	221.893,49
3	12	1.040.000	924.556,21	11.094.674,56
Summe	-	-	1.000.000	11.393.491,12

Tabelle 107: Bestimmung der Konvexität anhand eines festverzinslichen Wertpapiers

Zur Berechnung der Konvexität sind in einem ersten Schritt die Anzahl Zahlungszeitpunkte zu ermitteln. Die einzelnen Zahlungszeitpunkte werden im Folgenden mit dem Term (t + 1) multipliziert. Analog der Ermittlung der MACAULAY Duration sind die Barwerte der Zahlungsreihe unter Verwendung der Verfallrendite zu bestimmen. Die Summe aus den einzelnen Barwerten entspricht wiederum dem Marktwert des Wertpapiers. Anschließend werden die Barwerte der einzelnen Zahlungen mit dem in Spalte [2] ermittelten Term multipliziert. Die in Spalte [5] resultierenden Ergebnisse werden addiert. Die sich daraus ergebende Summe zur Ermittlung der Konvexität ist durch den Marktpreis des Wertpapiers zu dividieren.

Für das festverzinsliche Wertpapier ergibt sich folglich eine Konvexität von **11,39349** (= 11.393.491,12 / 1.000.000). Für festverzinsliche Wertpapiere zeigt sich, dass sie unabhängig von Renditeveränderungen eine positive Konvexität besitzen. Sowohl positive als auch negative Veränderungen der Marktrendite ergeben einen positiven Effekt des Konvexitätsterms auf die Preisänderung.

Die geschätzte Preisänderung bei einer Änderung der Marktrendite wird in einem ersten Schritt mit der Duration approximiert. Die Konvexität schätzt dann in einem zweiten Schritt eine weitere Preisanpassung. Zur Darstellung einer verbesserten Approximation der Preisänderung unter Verwendung der Konvexität sei ein Anstieg der Verfallrendite um 0,5 % von 4 % auf 4,5 % unterstellt. Der mittels der Barwertformel berechnete Marktpreis des Wertpapiers beträgt 986.255,18 EUR. Dies entspricht einer Wertreduktion von 13.744,82 EUR gegenüber der Ausgangssituation. Die unter Berücksichtigung der Konvexität geschätzte Preisänderung wird sodann nach folgender Formel ermittelt:

$$\Delta M = \left[-\frac{1}{1+R} \cdot D_{Mac} \cdot \Delta R \cdot M_0 \right] + \left[\frac{1}{2} \cdot \frac{1}{(1+R)^2} \cdot K \cdot (\Delta R)^2 \cdot M_0 \right]$$

mit: ΔM = Veränderung des Marktwerts; R = Marktrendite; D_{Mac} = MACAULAY Duration; ΔR = Veränderung der Marktrendite; K = Konvexität; M_0 = Marktwert im Zeitpunkt 0

Der erste Summand der Klammer entspricht der durch die Modified Duration geschätzten Marktwertänderung in Höhe von -13.875,46 EUR. Der daraus resultierende Approximationsfehler beträgt folglich -130,64 EUR. Dieser lässt sich nun durch Einbezug der oben berechneten Konvexität vermindern. Dazu wird die mittels der Modified Duration berechneten Marktwertänderung durch den zweiten Summanden der Klammer korrigiert. Für diese ausschließlich auf die Konvexität zurückzuführende Preisänderung ermittelt sich ein Wert in Höhe von 136,94 (dieser sowie die folgenden Werte wurden auf Basis ungerundeter Zwischenresultate berechnet). Die beiden Summanden werden schließlich addiert und mit dem Marktwert des Wertpapiers im Zeitpunkt 0 multipliziert. Die dadurch geschätzte Marktwertänderung beträgt neu -13.743,79 EUR (= -13.875,46 + 131,67), und weicht nur geringfügig um +1,03 EUR von der tatsächlichen Preisänderung ab.

Wenngleich die Güte der Approximation und damit die Eignung der Modified Duration als Zinssensitivitätskennzahl dadurch deutlich gesteigert werden kann, so stellen diese Ansätze nach wie vor nur **Näherungslösungen** für die tatsächliche Marktwertveränderung dar.

Das von CHAMBERS/CARLETON und HO entwickelte Konzept der **Key-Rate-Duration** ist im Unterschied zur Modified Duration und Modified Effective Duration in der Lage, die Marktwertkonsequenzen komplexer, d. h. paralleler und nicht paralleler Veränderungen der Renditestruktur abzubilden. Es wird von der Prämisse ausgegangen, dass die Renditestruktur und deren Veränderung durch bestimmte Schlüsselrenditen, sogenannte **Key Rates**, determiniert werden. Die Marktwertsensitivität einer Zinsrisikoposition wird im Rahmen dieses Konzepts durch ein Set laufzeitspezifischer Sensitivitätskennzahlen, sogenannte **Key-Rate-Durationen**, beschrieben. Jede dieser Key-Rate-Durationen gibt an, wie der Marktwert prozentual auf die Veränderung einer einzelnen Key Rate reagiert.

Für die Berechnung der Key-Rate-Durationen einer Zinsrisikoposition müssen zuerst die Key Rates und anschließend die **Key-Rate-Bewegungen** definiert werden. Die Anzahl der Key Rates ist beliebig wählbar, die Auswahl derselben sollte aufgrund der Charakteristika der betrachteten Zinsrisikopositionen und unter Berücksichtigung des Steuerungsziels der Analyse erfolgen. Soll beispielsweise das Marktwertrisiko eines Handelsportfolios gesteuert werden, dann empfiehlt sich die Festlegung einer größeren Anzahl Key Rates. Soll hingegen ein Key-Rate-Duration-Profil als Entscheidungsgrundlage für die Geschäftsleitung erstellt werden, so kann die Zinssensitivität der betrachteten Positionen anhand einiger weniger Key Rates anschaulich dargestellt werden. Allgemein sollten in denjenigen Laufzeitsegmenten mehr Key Rates festgelegt werden, in denen das Zinsrisiko der betrachteten Positionen groß ist. Im betrachteten Beispiel werden die 1-, 2- und 3-Jahres-Zerobondrenditen als Key Rates festgelegt. Die Definition einer Key-Rate-Bewegung geht aus Abbildung 202 hervor.

Die durchgezogene Linie stellt die aktuelle Zerobond-Renditestruktur dar, während die gestrichelten Linien die Veränderungen der Renditestruktur bezüglich Bewegungen der **einzelnen** Key Rates um ΔKR_t zum Ausdruck bringen. Wie Abbildung 202 verdeutlicht, wird von einem linearen Verlauf der Renditestruktur zwischen den einzelnen Key Rates ausgegangen. Die Veränderungen der Zinssätze, die nicht als Key Rates ausgewählt wurden, unter Umständen aber zur Bewertung von Zinsrisikopositionen benötigt werden, können damit durch lineare Interpolation zwischen den einzelnen Key Rates ermittelt werden. Erhöht sich beispielsweise die als Key Rate gewählte 1-Jahres-Zerobondrendite um 1 %, dann steigen etwa die nicht als Key Rates gewählten Zerobondrenditen mit 6 bzw. 18 Monaten Restlaufzeit jeweils um 0,5 %. Im Falle identischer Key-Rate-Änderungen würde sich die Zerobond-Renditestruktur parallel verschieben.

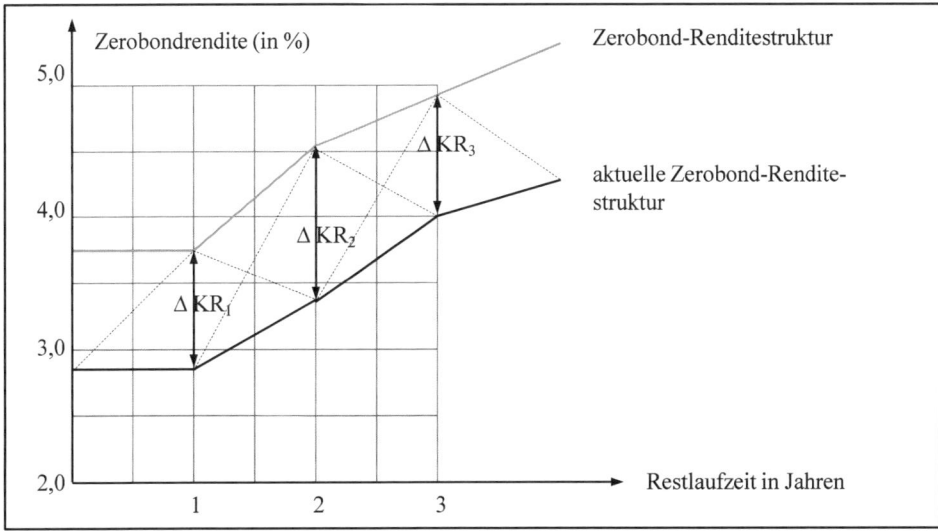

Abb. 202: Bewegung der Key Rates

Key-Rate-Durationen können entweder analytisch bestimmt oder numerisch approximiert werden. Im Gegensatz zur Macaulay und Effective Duration ist eine **analytische** Bestimmung nur dann möglich, wenn das zeitliche Anfallen der Cashflows einer Zinsrisikoposition mit den Laufzeiten der gewählten Key Rates übereinstimmt. Ist dies der Fall, ergeben sich die einzelnen Key-Rate-Durationen aus den partiellen Ableitungen der Barwertformel nach den laufzeitspezifischen Key Rates dividiert durch den aktuellen Marktwert und lassen sich nach folgender Formel berechnen:

$$KRD_t = -\frac{\dfrac{\delta M_0}{\delta KR_t}}{M_0} = \frac{t \cdot CF_t \cdot (1 + KR_t)^{-t-1}}{M_0}$$

mit: KRD_t = laufzeitspezifische Key-Rate-Duration; M_0 = Marktwert im Zeitpunkt 0; CF_t = Cashflow (Rückfluss) im Zeitpunkt t; KR_t = laufzeitspezifische Key Rate; t = Zeitindex

489

Für die im Beispiel betrachtete 4%-Anleihe mit drei Jahren Restlaufzeit ergeben sich die folgenden Werte:

$$KRD_1 = \frac{1 \cdot 40.000\ GE \cdot (1,0275)^{-2}}{1.000.000\ GE} = 0,03789$$

$$KRD_2 = \frac{2 \cdot 40.000\ GE \cdot (1,03386)^{-3}}{1.000.000\ GE} = 0,07239$$

$$KRD_3 = \frac{3 \cdot 1.040.000\ GE \cdot (1,04034)^{-4}}{1.000.000\ GE} = 2,66350$$

Die partiellen Ableitungen lassen sich in Analogie zur Modified Duration ebenfalls zur linearen **Approximation** der konvexen Marktwert-Rendite-Beziehung einsetzen. Werden diese zur Abschätzung der Marktwertkonsequenzen von Key-Rate-Änderungen (ΔKR_t) größeren Ausmaßes angewandt, so wird die Erhöhung des Marktwerts als Reaktion auf eine sinkende Key Rate wiederum tendenziell zu niedrig, die Verringerung des Marktwerts in Folge einer steigenden Key Rate dagegen tendenziell zu hoch eingeschätzt.

Für Zinsrisikopositionen, bei denen das zeitliche Anfallen der Cashflows nicht mit den Laufzeiten der gewählten Key Rates übereinstimmt, lassen sich Key-Rate-Durationen vereinfachend **numerisch** approximieren.

Bei der **numerischen** Approximation von Key-Rate-Durationen sind unter Verwendung entsprechender Bewertungsmodelle zunächst die relativen Marktwertänderungen zu ermitteln, die sich für vorgegebene Veränderungen der einzelnen Key Rates (z. B. 0,10 %) ceteris paribus ergeben. Zur Bewertung der Cashflows, deren zeitlicher Anfall nicht mit den Laufzeiten der jeweils gewählten Key Rates übereinstimmt, werden die relevanten Zinssätze bzw. deren Veränderung durch lineare Interpolation bestimmt (vgl. hierzu Abbildung 202). Setzt man die sich ergebende Marktwertänderung anschließend in Relation zu den jeweils unterstellten Key-Rate-Änderungen, erhält man die numerisch approximierten Key-Rate-Durationen. Für die numerische Berechnung der Key-Rate-Durationen einer Zinsrisikoposition gilt damit allgemein:

$$KRD_t = -\frac{\dfrac{\Delta M_0}{M_0}}{\Delta KR_t}$$

mit: KRD_t = laufzeitspezifische Key-Rate-Duration; M_0 = Marktwert im Zeitpunkt 0; KR = laufzeitspezifische Key Rate; t = Zeitindex

Aufgrund der Division der relativen Marktwertänderung durch die unterstellte Key-Rate-Änderung resp. der damit einhergehenden Annahme eines linearen Verlaufs zwischen Marktwert und Key Rate begeht man – im Unterschied zur analytischen Key-Rate-Duration – bereits bei der Bestimmung der Key-Rate-Duration selbst einen Bewertungsfehler. Dieser fällt je nach Richtung und Ausmaß der unterstellten Key-Rate-Änderung unterschiedlich hoch aus.

In Abbildung 203 wird die numerische Berechnung der Key-Rate-Durationen der 4%-Anleihe schrittweise demonstriert. Hinsichtlich der Veränderung der als Key Rates definierten 1-, 2- und 3-Jahres-Zerobondrenditen wird von einem Zinsanstieg um jeweils absolut 0,10 % ausgegangen.

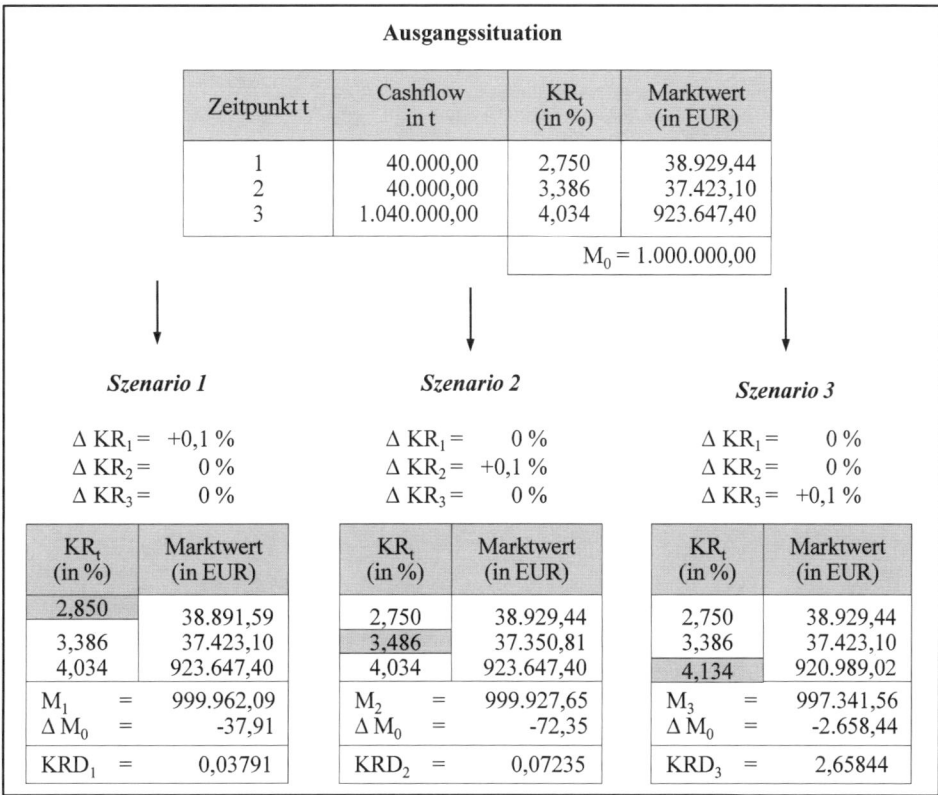

Abb. 203: Numerische Berechnung von Key-Rate-Durationen am Beispiel einer dreijährigen 4%-Anleihe

Zur Illustration der Vorgehensweise sei die relative Marktwertänderung der 4%-Anleihe infolge einer Veränderung der 1-Jahres-Key-Rate betrachtet. Bei einem Anstieg der 1-Jahres-Key-Rate von 2,75 % um 0,10 % auf 2,85 % reduziert sich der Marktwert des betrachteten Wertpapiers von 1 Mio. EUR auf 999.962,09 EUR, d. h. um 37,91 EUR bzw. 0,003791 %. Dividiert man die relative Marktwertänderung durch die unterstellte Key-Rate-Änderung in Höhe von 0,10 %, dann resultiert daraus eine numerisch approximierte Key-Rate-Duration in Höhe von 0,03791. Bei einer Schwankung der 1-Jahres-Key-Rate um 1,0 % verändert sich der Marktwert der 4%-Anleihe somit näherungsweise um 0,03791 %. Bei entsprechenden Änderungen der 2- und 3-Jahres-Key-Rates schwankt der Marktwert um 0,07235 % bzw. 2,65844 %.

Bei der **Ermittlung laufzeitspezifischer Basispoint Values** wird grundsätzlich nach den gleichen Prinzipien verfahren wie bei der Berechnung von Key-Rate-Durationen. Im Unterschied zum Key-Rate-Duration-Konzept werden mit den Basispoint Values jedoch nicht nur laufzeitspezifische Zinssensitivitäten gegenüber bestimmten ausgewählten Key Rates, sondern gegenüber **sämtlichen** positionsrelevanten Zerobondrenditen ermittelt. Zudem spiegelt jeder

Basispoint Value die **absolute** Marktwertänderung der betrachteten Zinsrisikoposition hinsichtlich der Änderung einer einzelnen Zerobondrendite in Höhe eines Basispunktes wider.

Die Berechnung kann – in Analogie zur Key-Rate-Duration – entweder analytisch oder numerisch erfolgen. **Analytisch** ergeben sich laufzeitspezifische Basispoint Values aus den partiellen Ableitungen der Barwertformel nach den laufzeitspezifischen Zerobondrenditen sowie anschließender Multiplikation mit einem Basispunkt. Sie können nach folgender Formel ermittelt werden:

$$BPV_t = -\frac{\delta M_0}{\delta ZBR_t} \cdot 1\,BP = t \cdot CF_t \cdot (1 + ZBR_t)^{-t-1} \cdot 1\,BP$$

mit: BPV_t = laufzeitspezifischer Basispoint Value; M_0 = Marktwert im Zeitpunkt 0; BP = Basispunkt; t = Zeitindex; CF_t = Cashflow (Rückfluss) im Zeitpunkt t; ZBR_t = laufzeitspezifische Zerobondrendite

Durch Einsetzen in obige Formel resultieren für das betrachtete Wertpapier die folgenden laufzeitspezifischen Basispoint Values:

$$BPV_1 = 1 \cdot 40.000\,EUR \cdot (1,0275)^{-2} \cdot 0,0001 = 3,79\,EUR/BP$$

$$BPV_2 = 2 \cdot 40.000\,EUR \cdot (1,03386)^{-3} \cdot 0,0001 = 7,24\,EUR/BP$$

$$BPV_3 = 3 \cdot 1.040.000\,EUR \cdot (1,04034)^{-4} \cdot 0,0001 = 266,35\,EUR/BP$$

Bei einer Veränderung der einjährigen Zerobondrendite um 1 BP schwankt der Marktwert der 4%-Anleihe approximativ um 3,79 EUR, bei entsprechenden Schwankungen der 2- und 3-Jahres-Zerobondrenditen jeweils um 7,24 EUR bzw. 266,35 EUR.

Numerisch werden die Basispoint Values approximiert, indem unter Verwendung entsprechender Bewertungsmodelle zunächst die absoluten Marktwertänderungen zu ermitteln sind, die sich für vorgegebene Veränderungen der einzelnen Zerobondrenditen, z. B. 1 Basispunkt, ceteris paribus ergeben. Setzt man diese anschließend in Relation zu den jeweils unterstellten Änderungen der Zerobondrenditen, erhält man die numerisch approximierten laufzeitspezifischen Basispoint Values. Für die Berechnung gilt allgemein:

$$BPV_t = -\frac{\Delta M_0}{\Delta ZBR_t(\text{in } BP)}$$

mit: BPV_t = laufzeitspezifischer Basispoint Value; M_0 = Marktwert im Zeitpunkt 0; ZBR_t = laufzeitspezifische Zerobondrendite; t = Zeitindex; BP = Basispunkt

Zur Demonstration der Vorgehensweise bei der numerischen Berechnung sei die absolute Marktwertänderung der 4%-Anleihe infolge einer Veränderung der einjährigen Zerobondrendite betrachtet. Bei einem Anstieg der 1-Jahres-Zerobondrendite von 2,75 % um 1 BP auf 2,76 % reduziert sich der Marktwert der zukünftigen, in einem Jahr erwarteten Zahlung in Höhe von 40.000 EUR von 38.929,44 EUR um 3,79 EUR auf 38.925,65 EUR. Dividiert man die absolute Marktwertänderung durch die unterstellte Zerobondrendite-Änderung in Höhe von 1 BP, dann resultiert ein numerisch approximierter Basispoint Value bezüglich der 1-Jahres-Zerobondrendite in Höhe von 3,79 EUR. Bei einer Schwankung der einjährigen Zerobondrendite um 1 BP verändert sich der Marktwert der 4%-Anleihe somit näherungsweise um 3,79 EUR. Für entsprechende Schwankungen der zwei- und dreijährigen Zerobondrenditen resultieren Werte in Höhe von 7,24 EUR und 266,31 EUR.

Verknüpfung marktwertorientierter Sensitivitäts- und Risikoparameter am Beispiel laufzeitspezifischer Basispoint Values

Bei der **indirekten** Quantifizierung von Marktwertrisiken sind die vorstehend diskutierten Sensitivitätsparameter mit den als **Risikoparameter** zugrunde zu legenden stetigen Veränderungsraten der **Zerobondrenditen** zu verknüpfen. Die konkrete Vorgehensweise soll am Beispiel laufzeitspezifischer Basispoint Values aufgezeigt werden.

Gemäß der standardisierten Vorgehensweise im analytischen Grundmodell des VaR (vgl. S. 403 ff.) sind zuerst die **stetigen Veränderungsraten der relevanten Zerobondrenditen** als Risikoparameter zu definieren. In einem zweiten Schritt ist die Standardabweichung (STD) dieses Risikoparameters zu bestimmen.

Die **Risikomesszahl** (RMZ) ergibt sich im Anschluss daran aus der Multiplikation der Standardabweichung (STD) der stetigen Veränderungsrate der (relevanten) Zerobondrendite (ZBR_t) mit dem Z-Wert. Geht man davon aus, dass das Risiko in der Gefahr steigender Zinsen besteht, bestimmt sich die Risikomesszahl einer Long-Position (zukünftiger Mittelzufluss) aus der Multiplikation des Z-Werts mit der positiven Standardabweichung. Bei Short-Positionen (zukünftigen Mittelabflüssen) besteht das Risiko in der Gefahr sinkender Zinsen, sodass sich die Risikomesszahl aus der Multiplikation des Z-Werts mit der negativen Standardabweichung ergibt. Durch Potenzierung der Eulerschen Zahl e mit der ermittelten Risikomesszahl und anschließender Subtraktion von 1 resultiert der laufzeitspezifische **Risikofaktor** (RF). Da die laufzeitspezifischen Basispoint Values (BPV_t) jedoch die Marktwertkonsequenzen absoluter Zerobondrenditeänderungen aufzeigen, muss der Risikofaktor anschließend in einen absoluten Multiplikator überführt werden. Dies wird durch Multiplikation mit der aktuellen, in Basispunkten ausgedrückten Zerobondrendite erreicht. Der **Value at Risk einer einzelnen Zahlung** VaR_t^{BPV} ergibt sich schließlich aus der multiplikativen Verknüpfung von laufzeitspezifischem Basispoint Value, laufzeitspezifischem Risikofaktor und aktueller, in Basispunkten ausgedrückter Zerobondrendite. Abbildung 204 fasst die Vorgehensweise zusammen.

Stufe 1	Definition der stetigen Veränderungsraten der relevanten Zerobondrendite (ZBR_t) als Risikoparameter
Stufe 2	Berechnung der Standardabweichung der stetigen Veränderungsraten der (relevanten) Zerobondrendite (STD_t^{ZBR})
Stufe 3	Bestimmung der laufzeitspezifischen Risikomesszahl (RMZ_t^{ZBR}) durch Multiplikation der Standardabweichung der stetigen Veränderungsraten der (relevanten) Zerobondrendite mit dem gewünschten Z-Wert $$RMZ_t^{ZBR} = \pm \, Z\text{-Wert} \cdot STD_t^{ZBR}$$
Stufe 4	Ableitung des laufzeitspezifischen Risikofaktors (RF_t^{ZBR}) durch Potenzierung der Eulerschen Zahl e mit der Risikomesszahl und anschließender Subtraktion von 1 ($RF_t^{ZBR} = e^{RMZt} - 1$)
Stufe 5	Ermittlung des Value at Risk des Single Cashflows (VaR_t^{BPV}) durch Multiplikation von laufzeitspezifischem Risikofaktor, laufzeitspezifischen Basispoint Value und aktueller (relevanter) Zerobondrendite in Basispunkten (BP)

Abb. 204: Indirekte Ermittlung des Value at Risk einer einzelnen Zahlung

Damit weicht die hier gewählte Vorgehensweise grundsätzlich vom standardisierten Grundmodell des VaR ab, da auf die Definition des **Risikovolumens** verzichtet wird. Formal entspricht das Risikovolumen in der hier gewählten Vorgehensweise der Multiplikation des Basispoint Value mit der Zerobondrendite. Das Ergebnis dieser Multiplikation ist jedoch materiell nicht bzw. nur schwer als Risikovolumen interpretierbar.

Um Aussagen über das **Marktwertrisiko** einer aus mehreren, zu unterschiedlichen Zeitpunkten anfallenden **Single Cashflows** bestehenden Zinsrisikoposition (Produktcashflow) treffen zu können, müssen neben den isolierten Marktwertrisiken der einzelnen Single Cashflows zusätzlich auch die paarweisen **Korrelationen** der Risikoparameter bekannt sein. Im Falle perfekt positiver Korrelationen (Korrelationskoeffizienten = +1) zwischen den stetigen Veränderungsraten der Zerobondrenditen ergibt sich das Gesamtrisiko aus der Addition der Verlustrisiken der einzelnen Single Cashflows. Weisen die Korrelationskoeffizienten dagegen Werte zwischen -1 und +1 auf, d. h. bestehen zwischen den einzelnen Zahlungen risikokompensierende Effekte, dann bestimmt sich der Value at Risk einer aus mehreren Single Cashflows bestehenden Zinsrisikoposition VaR^{BPV} allgemein nach folgender Formel:

$$VaR^{BPV} = \sqrt{\begin{array}{l} \begin{bmatrix} VaR_1^{BPV} & VaR_2^{BPV} & \ldots & VaR_t^{BPV} \end{bmatrix} \cdot \\[2mm] \begin{bmatrix} 1 & KOR(ZBR_1, ZBR_2) & \ldots & KOR(ZBR_1, ZBR_t) \\ KOR(ZBR_2, ZBR_1) & 1 & \ldots & KOR(ZBR_2, ZBR_t) \\ \ldots & \ldots & \ldots & \ldots \\ KOR(ZBR_t, ZBR_1) & KOR(ZBR_t, ZBR_2) & \ldots & 1 \end{bmatrix} \cdot \\[2mm] \begin{bmatrix} VaR_1^{BPV} \\ VaR_2^{BPV} \\ \ldots \\ VaR_t^{BPV} \end{bmatrix} \end{array}}$$

Zur **Risikoquantifizierung** der sich aus mehreren Zinsrisikopositionen zusammensetzenden **Super Cashflows** sind zunächst laufzeitspezifische Basispoint Values für auf 1 EUR normierte Cashflows zu bestimmen. Jeder dieser normierten Basispoint Values gibt an, wie sich der Marktwert einer zu einem bestimmten Zeitpunkt in der Zukunft anfallenden Zahlung in Höhe 1 EUR verändert, wenn sich die entsprechende laufzeitkongruente Zerobondrendite um einen Basispunkt verändert. Dies kann anhand der mit der Renditeänderung korrespondierenden Veränderung der Zerobond-Abzinsfaktoren abgelesen werden.

Die vereinfachte Formel zur numerischen Approximation von auf 1 EUR normierten Basispoint Values $BPV_t^{1\,GE}$ lautet somit:

$$BPV_t^{1\,GE} = -\frac{\Delta ZB - AF_t}{\Delta ZBR_t (in\,BP)}$$

mit: $BPV_t^{1\,GE}$ = laufzeitspezifischer normierter Basispoint Value; ZB-AF_t = laufzeitspezifischer Zerobond-Abzinsfaktor; ZBR_t = laufzeitspezifische Zerobondrendite; t = Zeitindex; BP = Basispunkt

Mithilfe dieser laufzeitspezifischen normierten Basispoint Values lassen sich Basispoint Values für beliebige, zu bestimmten zukünftigen Zeitpunkten anfallende Super-Cashflow-Volumina nach folgender Gleichung bestimmen:

$$BPV_t = BPV_t^{1\,GE} \cdot CF_t$$

mit: BPV_t = laufzeitspezifischer Basispoint Value; $BPV_t^{1\,GE}$ = laufzeitspezifischer normierter Basispoint Value; CF_t = Cashflow/Super Cashflow im Zeitpunkt t; t = Zeitindex

Die Super-Cashflow-orientierte Quantifizierung des Marktwertrisikos kann grundsätzlich anhand obiger Formel zur produktspezifischen Risikoberechnung erfolgen. Allerdings ist dabei zu beachten, dass das Risiko für ein aus aktivischen und passivischen Zinsrisikopositionen bestehendes Portfolio i. d. R. sowohl in der Gefahr sinkender als auch in der Gefahr steigender Zinsen besteht. Der Gegenläufigkeit der Long- und Short-Positionen ist jeweils entweder über die Vorzeichen der Super Cashflows bei der Aufstellung der Vektoren oder über veränderte Vorzeichen der relevanten Korrelationskoeffizienten Rechnung zu tragen. Aufgrund der fehlenden Linearität des natürlichen Logarithmus erfolgt eine Abweichung der Wertänderung, die sich bei einer negativen Standardabweichung ergibt, von derjenigen, die bei einer positiven Standardabweichung resultiert. Deshalb muss das Marktwertrisiko der Gesamtposition des Weiteren sowohl in Abhängigkeit eines Zinsanstiegs als auch in Abhängigkeit einer Zinssenkung bestimmt werden. Aus Vorsichtsgründen ist dann der größere der beiden Risikowerte als Value at Risk zu betrachten.

Die vorstehend beschriebene allgemeine Vorgehensweise zur Bestimmung zinsänderungsbedingter Marktwertrisiken mittels laufzeitspezifischer Basispoint Values soll nun beispielhaft anhand der in Abbildung 205 dargestellten Positions- und Marktdaten schrittweise erläutert werden.

Die betrachtete Bank weise per 01.07.10 eine Bilanz mit insgesamt vier Positionen auf. Bei den Aktiva handelt es sich um ein dreijähriges Geschäft über 1,0 Mio. EUR mit einer Verzinsung von 4,0 % p. a. und ein zweijähriges Geschäft über 2,0 Mio. EUR mit einer Verzinsung von 6,0 % p. a. Daneben bestehen zwei zweijährige Passiva über je 1,5 Mio. EUR zu 2,0 % bzw. 3,0 % p. a.

Aktiva				Passiva			
Position	Lauf-zeit	Volumen	Nominal-zins	Position	Lauf-zeit	Volumen	Nominal-zins
A	3 Jahre	1 Mio. EUR	4,0 %	C	2 Jahre	1,5 Mio. EUR	3,0 %
B	2 Jahre	2 Mio. EUR	6,0 %	D	2 Jahre	1,5 Mio. EUR	2,0 %

Zerobond-rendite	Aktuelles Niveau	Standard-abweichung	Korrelationen		
			ZBR [0;1]	ZBR [0;2]	ZBR [0;3]
ZBR [0;1]	2,750 %	2,181900 %	1	0,558710	0,485715
ZBR [0;2]	3,386 %	2,516385 %	0,558710	1	0,591403
ZBR [0;3]	4,034 %	2,561373 %	0,485715	0,591403	1

Abb. 205: Positions- und Marktdaten zur indirekten Quantifizierung des Marktwertrisikos mittels laufzeitspezifischer Basispoint Values

Hinsichtlich der Zerobond-Renditestruktur wird ein normaler Verlauf mit einer einjährigen Zerobondrendite von 2,75 %, einer zweijährigen von 3,386 % und einer dreijährigen von 4,034 % unterstellt. Anstelle fiktiv gewählter Werte handelt es sich dabei um die beispielhaft aus den 1-, 2- und 3-Jahres-Euro-Schweizerfranken-Sätzen per 01.07.10 abgeleiteten Zerobondrenditen. Der Berechnung der Standardabweichung der als Risikoparameter zugrunde gelegten stetigen Veränderungsraten dieser Zerobondrenditen liegt ein Analysezeitraum von sechseinhalb Jahren (01.01.04 bis 01.07.10) zugrunde. Die Halteperiode beträgt 5 (Werk-)Tage. Für die Standardabweichung der stetigen wöchentlichen Veränderungsraten der einjährigen Zerobondrendite ergibt sich ein Wert von 2,181900 %. Die Standardabweichungen der stetigen wöchentlichen Veränderungsraten der zwei- und dreijährigen Zerobondrenditen betragen jeweils 2,516385 % bzw. 2,561373 %. Als Z-Wert wird ein mit einer Wahrscheinlichkeit von 99,87 % verbundener Wert in Höhe von 3 gewählt.

Zur Single-Cashflow-spezifischen Risikoberechnung sei Position A betrachtet. Das Marktwertrisiko bezüglich dieser Position, bei dem es sich um die bis jetzt betrachtete dreijährige 4%-Anleihe handelt, besteht darin, dass der Marktwert sich aufgrund eines Anstiegs der Zerobondrenditen verschlechtert. Um die Risikoberechnung nicht unnötig zu erschweren, wird auf die Quantifizierung des durch das „Rutschen" auf der Renditestruktur entstehenden Effektes im Folgenden verzichtet.

Für den in einem Jahr aus der 4%-Anleihe erwarteten Single Cashflow in Höhe von 40.000 EUR ergibt sich folgendes Marktwertrisiko:

$$RMZ_1^{ZBR} = STD_1^{ZBR} \cdot Z\text{-Wert} = 2,181900\,\% \cdot 3 = 6,545700\,\%$$

$$RF_1^{ZBR} = e^{RMZ_1^{ZBR}} = e^{6,545700\,\%} - 1 = 6,76468\,\%$$

$$BPV_1 = 1 \cdot CF_1 \cdot (1 + ZBR_1)^{-2} \cdot 1\,BP = 40.000\,EUR \cdot (1,0275)^{-2} \cdot 0,0001 = 3,79\,EUR/BP$$

$$VaR_1^{BPV} = BPV_1 \cdot RF_1^{ZBR} \cdot ZBR_1(\text{in BP}) = 3,79\,EUR/BP \cdot 6,76468\,\% \cdot 275\,BP = 70,51\,EUR$$

Unter den getroffenen Annahmen errechnet sich ein Value at Risk in Höhe von 70,51 EUR. Dieser Wert bedeutet, dass der Marktwert der in einem Jahr erwarteten Zahlung in Höhe von 40.000 EUR innerhalb einer Woche mit einer Wahrscheinlichkeit von weniger als 0,13 % um mehr als 70,51 EUR sinkt. Auf diese Weise lässt sich für jeden Single Cashflow das entsprechende Verlustrisiko bestimmen. Für die in zwei und drei Jahren erwarteten Single Cashflows ergeben sich auf die jeweiligen Risikoparameter bezogene Verluste in Höhe von:

$$VaR_2^{BPV} = 7,24\,EUR/BP \cdot 7,841412\,\% \cdot 338,6\,BP = 192,23\,EUR$$

$$VaR_3^{BPV} = 266,35\,EUR/BP \cdot 7,987057\,\% \cdot 403,4\,BP = 8.581,75\,EUR$$

Der Marktwert der in zwei (drei) Jahren erwarteten Zahlung in Höhe von 40.000 EUR (1.040.000 EUR) sinkt innerhalb einer Woche mit einer Wahrscheinlichkeit von weniger als 0,13 % um mehr als 192,23 EUR (8.581,75 EUR).

Bei perfekt positiv korrelierten Risikoparametern würde sich das zinsinduzierte Marktwertrisiko des betrachteten Wertpapiers aus der Addition der Verlustrisiken der einzelnen Single Cashflows ergeben. Danach betrüge das Verlustrisiko der 4%-Anleihe 8.844,49 EUR (= 70.51 EUR + 192,23 EUR + 8.581,75 EUR). Unter Berücksichtigung der in Abbildung 205 dargestellten paarweisen Korrelationen zwischen den stetigen Veränderungsraten der 1-, 2- und 3-Jahres-Zerobondrenditen, errechnet sich der Value at Risk des Wertpapiers zu:

$$\text{VaR}^{\text{BPV}} = \left\vert \begin{array}{l} \begin{bmatrix} 3{,}79\,\text{EUR/BP} \cdot 275\,\text{BP} \cdot & 7{,}244\,\text{EUR/BP} \cdot 338{,}6\,\text{BP} \cdot & 266{,}35\,\text{EUR/BP} \cdot 403{,}4\,\text{BP} \\ (e^{+6{,}545700\%}-1) & \cdot(e^{+7{,}549155\%}-1) & \cdot(e^{+7{,}684119\%}-1) \end{bmatrix} \cdot \\[2em] \begin{bmatrix} 1 & 0{,}558710 & 0{,}485715 \\ 0{,}558710 & 1 & 0{,}591403 \\ 0{,}485715 & 0{,}591403 & 1 \end{bmatrix} \cdot \\[3em] \begin{bmatrix} 3{,}79\,\text{EUR/BP} \cdot 275\,\text{BP} \cdot (e^{+6{,}545700\%}-1) \\ 7{,}244\,\text{EUR/BP} \cdot 338{,}6\,\text{BP} \cdot (e^{+7{,}549155\%}-1) \\ 266{,}35\,\text{EUR/BP} \cdot 403{,}4\,\text{BP} \cdot (e^{+7{,}684119\%}-1) \end{bmatrix} \end{array} \right.$$

$$= 8.731{,}70\,\text{EUR}$$

Wie obige Rechnung verdeutlicht, ist das Marktwertrisiko der 4%-Anleihe geringer als die Summe der Marktwertrisiken der einzelnen Single Cashflows. Bedingt durch die Berücksichtigung der Korrelationseffekte sinkt der Value at Risk der 4%-Anleihe von 8.844,49 EUR auf 8.731,70 EUR. Der risikoreduzierende Effekt der Korrelation beläuft sich auf 112,79 EUR bzw. 1,28 %.

Zur Super-Cashflow-orientierten Risikoberechnung sind die Positionen A, B, C und D zunächst in ihre einzelnen Single Cashflows zu zerlegen. Aus der Saldierung der laufzeitgleichen Zahlungen resultieren sodann erwartete Mittelzuflüsse in einem und in drei Jahren in Höhe von 85.000 EUR und 1.040.000 EUR und ein erwarteter Mittelabfluss in zwei Jahren in Höhe von -915.000 EUR. Für die auf 1 EUR normierten Basispoint Values ergeben sich bei unterstellten Veränderungen der Zerobondrenditen in Höhe von jeweils 1 Basispunkt approximativ die folgenden Werte:

$$\text{BPV}_1^{1\,\text{EUR}} = -\frac{\Delta\text{ZB} - \text{AF}_1}{\Delta\text{ZBR}_1(\text{in BP})} = -\frac{0{,}9731413\,\text{EUR} - 0{,}9732360\,\text{EUR}}{276\,\text{BP} - 275\,\text{BP}} = 0{,}0000947\,\text{EUR/BP}$$

$$\text{BPV}_2^{1\,\text{EUR}} = -\frac{\Delta\text{ZB} - \text{AF}_2}{\Delta\text{ZBR}_2(\text{in BP})} = -\frac{0{,}9353896\,\text{EUR} - 0{,}9355705\,\text{EUR}}{339{,}6\,\text{BP} - 338{,}6\,\text{BP}} = 0{,}0000947\,\text{EUR/BP}$$

$$\text{BPV}_3^{1\,\text{EUR}} = -\frac{\Delta\text{ZB} - \text{AF}_3}{\Delta\text{ZBR}_3(\text{in BP})} = -\frac{0{,}8878690\,\text{EUR} - 0{,}8881250\,\text{EUR}}{404{,}4\,\text{BP} - 403{,}4\,\text{BP}} = 0{,}0002561\,\text{EUR/BP}$$

Aus der Multiplikation der normierten Basispoint Values mit den laufzeitkongruenten Zahlungen erhält man anschließend die Basispoint Values der einzelnen Super Cashflows. Nach Einsetzen in obige Formel zur produktorientierten Berechnung des Marktwertrisikos berechnen sich in Abhängigkeit der jeweiligen Zinsentwicklung schließlich die folgenden Risikowerte:

Die Berechnungen in Abbildung 206 zeigen, dass das Risiko im Falle eines Zinsanstiegs 6.815,22 EUR beträgt, d. h. der Marktwert der Bankbilanz sinkt innerhalb einer Woche mit einer Wahrscheinlichkeit von weniger als 0,13 % um mehr als 6.815,22 EUR. Im Falle einer Zinssenkung resultiert dagegen ein Value at Risk in Höhe von 6.311,05 EUR. Wird aus Vorsichtsgründen der höhere der beiden Werte als Risikowert betrachtet, beträgt das Marktwertrisiko über alle vier Positionen hinweg **6.815,22 EUR**.

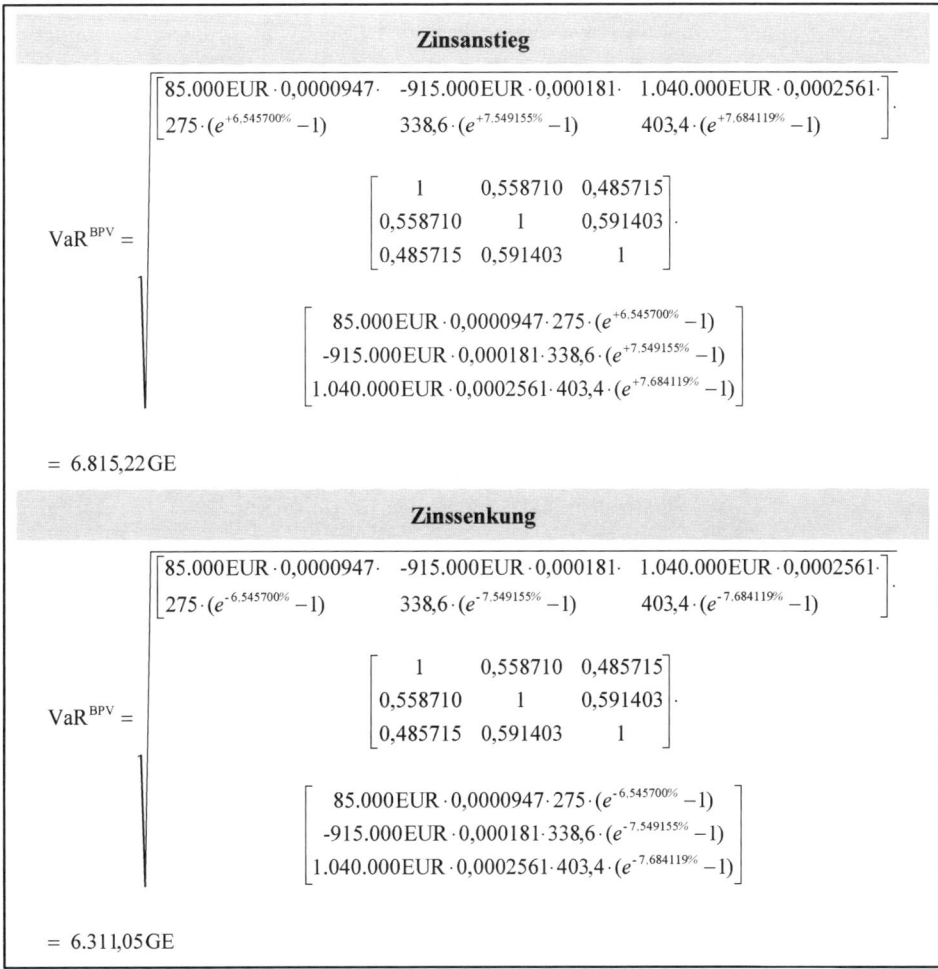

Abb. 206: Indirekte Super-Cashflow-orientierte Bestimmung des Marktwertrisikos am Beispiel laufzeitspezifischer Basispoint Values

Bislang wurde bei der Berechnung von Marktwertrisiken implizit unterstellt, dass die untersuchten Marktwertänderungen ohne eine Veränderung der Restlaufzeit erfolgen. Korrekterweise wäre jedoch zu berücksichtigen, dass sich bei einer entsprechend langen Haltedauer selbst bei konstantem Zinsniveau eine Marktwertänderung durch den „Rutsch" auf der Zinsstrukturkurve ergibt. Demzufolge müsste bei der Berechnung der stetigen Veränderungsraten der Zerobondrenditen grundsätzlich auch die Verkürzung der Restlaufzeit mit berücksichtigt werden. Sofern die Haltedauern entsprechend kurz sind, ist dieser Effekt vernachlässigbar. Bei einer längeren Haltedauer können sich durch die Veränderung der Restlaufzeit jedoch durchaus Marktwertveränderungen ergeben. Möglich wäre ferner, dass der Effekt einer Zinsänderung durch die Verkürzung der Restlaufzeit kompensiert wird.

(2) Direkte Bestimmung von Marktwertrisiken mittels Cashflowneubewertung

Im vorangegangenen Abschnitt wurde exemplarisch anhand der Value-at-Risk-Bestimmung mittels laufzeitspezifischer Basispoint Values dargestellt, wie Marktwertrisiken von Single-, Produkt- und Super Cashflows unter Verwendung von Sensitivitätsparametern quantifiziert werden können. Eine einfachere Variante zur Quantifizierung von Marktwertrisiken stellt die direkte Value-at-Risk-Bestimmung mittels Neubewertung der jeweils betrachteten Cashflows dar. Gemäß der standardisierten Vorgehensweise bei der Risikoquantifizierung im Rahmen des analytischen Grundmodells des VaR lassen sich entsprechende Beziehungen aufbauen. Als Risikoparameter fungiert dabei nicht wie bisher die stetige Veränderungsrate der Zerobondrenditen, sondern die **stetige Veränderungsrate der Zerobond-Abzinsfaktoren**, deren Standardabweichung (STD) zu berechnen ist.

Für einen in der Zukunft erwarteten Mittelzufluss (Long Position) ergibt sich die **Risikomesszahl** (RMZ) aus der Multiplikation der negativen, bei einem zukünftigen Mittelabfluss (Short-Position) der positiven Standardabweichung mit dem Z-Wert. Der **Risikofaktor** (RF) berechnet sich sodann aus der Potenzierung der Eulerschen Zahl e mit der ermittelten Risikomesszahl und Subtraktion von Eins. Die multiplikative Verknüpfung von aktuellem Marktwert der Zahlung und laufzeitspezifischem Risikofaktor führt schließlich zum **Value at Risk eines Single Cashflow** $VaR_t^{ZB\text{-}AF}$. Abbildung 207 fasst die Vorgehensweise zusammen.

Stufe 1	Definition der stetigen Veränderungsraten des relevanten Zerobond-Abzinsfaktors (ZB-AF$_t$) als Risikoparameter
Stufe 2	Berechnung der Standardabweichung der stetigen Veränderungsraten des (relevanten) Zerobond-Abzinsfaktors (STD$_t^{ZB\text{-}AF}$)
Stufe 3	Bestimmung der laufzeitspezifischen Risikomesszahl (RMZ$_t^{ZB\text{-}AF}$) durch Multiplikation der Standardabweichung der stetigen Veränderungsraten des (relevanten) Zerobond-Abzinsfaktors mit dem gewünschten Z-Wert (RMZ$_t^{ZB\text{-}AF}$ = ± Z-Wert · STD$_t^{ZB\text{-}AF}$)
Stufe 4	Ableitung des laufzeitspezifischen Risikofaktors (RF$_t^{ZB\text{-}AF}$) durch Potenzierung der Eulerschen Zahl e mit der Risikomesszahl und anschließender Subtraktion von 1 (RF$_t^{ZB\text{-}AF}$ = e^{RMZt} − 1)
Stufe 5	Ermittlung des Value at Risk des Single Cashflows (VaR$_t^{ZB\text{-}AF}$) durch Multiplikation von laufzeitspezifischem Risikofaktor und aktuellem Marktwert des Cashflows (CF$_t$)

Abb. 207: Direkte Ermittlung des Value at Risk einer einzelnen Zahlung

Unter Berücksichtigung der zwischen den stetigen Veränderungsraten der Zerobond-Abzinsfaktoren einzelner Laufzeiten bestehenden Korrelationen ergibt sich der **Value at Risk** einer sich aus mehreren Single Cashflows zusammensetzenden Zinsrisikoposition VaR$^{ZB\text{-}AF}$ allgemein nach:

$$VaR^{ZB\text{-}AF} = \begin{vmatrix} \left[VaR_1^{ZB\text{-}AF} \quad VaR_2^{ZB\text{-}AF} \quad \ldots \quad VaR_t^{ZB\text{-}AF}\right] \cdot \\[4pt] \begin{bmatrix} 1 & KOR(ZB\text{-}AF_1, ZB\text{-}AF_2) & \ldots & KOR(ZB\text{-}AF_1, ZB\text{-}AF_t) \\ KOR(ZB\text{-}AF_2, ZB\text{-}AF_1) & 1 & \ldots & KOR(ZB\text{-}AF_2, ZB\text{-}AF_t) \\ \ldots & \ldots & \ldots & \ldots \\ KOR(ZB\text{-}AF_t, ZB\text{-}AF_1) & KOR(ZB\text{-}AF_t, ZB\text{-}AF_2) & \ldots & 1 \end{bmatrix} \cdot \\[4pt] \begin{bmatrix} VaR_1^{ZB\text{-}AF} \\ VaR_2^{ZB\text{-}AF} \\ \ldots \\ VaR_t^{ZB\text{-}AF} \end{bmatrix} \end{vmatrix}$$

Auch die Super-Cashflow-orientierte Quantifizierung des Marktwertrisikos kann anhand vorstehender Formel erfolgen. Hierzu sind lediglich anstelle einzelner Single Cashflows die zu Super Cashflows aggregierten laufzeitgleichen Zahlungen der zu berücksichtigenden Geschäfte der Berechnung des Risikovolumens zugrunde zu legen. Zu beachten ist, dass das Risiko für ein aus aktivischen und passivischen Zinsrisikopositionen bestehendes Portfolio i. d. R. sowohl in der Gefahr sinkender als auch in der Gefahr steigender Zerobond-Abzinsfaktoren besteht. Der Gegenläufigkeit von Mittelzu- und -abflüssen ist wiederum entweder über die Vorzeichen der Super Cashflows bei der Aufstellung der Vektoren oder über veränderte Vorzeichen der relevanten Korrelationskoeffizienten Rechnung zu tragen. Aufgrund der fehlenden Linearität des natürlichen Logarithmus und der daraus folgenden Abweichung der Wertänderung, die sich bei einer negativen Standardabweichung ergibt, von derjenigen, die bei einer positiven Standardabweichung resultiert, muss das Marktwertrisiko der Gesamtposition sowohl in Abhängigkeit eines Anstiegs als auch in Abhängigkeit einer Senkung der relevanten Zerobond-Abzinsfaktoren bestimmt werden. Aus Vorsichtsgründen ist wiederum der größere der beiden Risikowerte als Value at Risk zu betrachten.

Zur Veranschaulichung der allgemeinen Vorgehensweise bei der Zerobond-Abzinsfaktorgestützten Kalkulation von Marktwertrisiken sei wiederum von der in Abbildung 205 dargestellten vereinfachten Bankbilanz ausgegangen. Anstelle der stetigen Veränderungsraten der Zerobondrenditen werden im Folgenden jedoch die aus den beispielhaften 1-, 2- und 3-Jahres-Sätzen abgeleiteten stetigen Veränderungsraten der Zerobond-Abzinsfaktoren als Risikoparameter zugrunde gelegt (vgl. Abbildung 208). Für die stetigen wöchentlichen Veränderungsraten des einjährigen Zerobond-Abzinsfaktors ergibt sich im Analysezeitraum vom 01.01.04 bis 01.07.10 eine Standardabweichung in Höhe von 0,132164 %. Die Standardabweichungen der stetigen wöchentlichen Veränderungsraten des zwei- und dreijährigen Zerobond-Abzinsfaktors betragen jeweils 0,291007 % bzw. 0,367924 %.

Aktiva								Passiva
Position	Lauf-zeit	Volumen	Nominal-zins		Position	Lauf-zeit	Volumen	Nominal-zins
A	3 Jahre	1 Mio. EUR	4,0 %		C	2 Jahre	1,5 Mio. EUR	3,0 %
B	2 Jahre	2 Mio. EUR	6,0 %		D	2 Jahre	1,5 Mio. EUR	2,0 %

Zerobond-Abzinsfaktor	Aktuelles Niveau	Standard-abweichung*	Korrelationen		
			ZB-AF[0;1]	ZB-AF[0;2]	ZB-AF[0;3]
ZB-AF[0;1]	0,973236	0,132164 %	1	0,582205	0,504633
ZB-AF[0;2]	0,935571	0,291007 %	0,582205	1	0,746350
ZB-AF[0;3]	0,888125	0,367924 %	0,504633	0,746350	1

* Standardabweichung der stetigen wöchentlichen Veränderungsraten der abgeleiteten Zerobond-Abzinsfaktoren

Abb. 208: Positions- und Marktdaten zur direkten Bestimmung des Marktwertrisikos

Die Single-Cashflow-spezifische Risikoberechnung sei wiederum anhand der Position A erläutert. Für die in einem Jahr aus der 4%-Anleihe erwartete Zahlung in Höhe von 40.000 EUR ergibt sich folgendes Marktwertrisiko:

$$RMZ_1^{ZB\text{-}AF} = -SCF_1^{ZB\text{-}AF} \cdot Z\text{-Wert} = -0,132164\,\% \cdot 3 = -0,396492\,\%$$

$$RF_1^{ZB\text{-}AF} = e^{RMZ_1^{ZB\text{-}AF}} - 1 = e^{-0,396492\,\%} - 1 = -0,395707\,\%$$

$$RV_1^{ZB\text{-}AF} = CF_1 \cdot ZB\text{-}AF_1 = 40.000\,\text{EUR} \cdot 0,973236 = 38.929,44\,\text{EUR}$$

$$VaR_1^{ZB\text{-}AF} = RV_1^{ZB\text{-}AF} \cdot RF_1^{ZB\text{-}AF} = 38.929,44\,\text{EUR} \cdot (-0,39570\,\%) = -154,05\,\text{EUR}$$

Unter den getroffenen Annahmen errechnet sich ein VaR in Höhe von 154,05 EUR. Dieser Wert bedeutet, dass der Marktwert der in einem Jahr erwarteten Zahlung in Höhe von 40.000 EUR innerhalb einer Woche mit einer Wahrscheinlichkeit von weniger als 0,13 % um mehr als 154,05 EUR sinkt. Auf diese Weise lässt sich für jeden Single Cashflow das entsprechende Verlustrisiko bestimmen. Für die in zwei und drei Jahren erwarteten Single Cashflows ergeben sich auf die jeweiligen Risikoparameter bezogene Verluste in Höhe von:

$$VaR_2^{ZB\text{-}AF} = RV_2^{ZB\text{-}AF} \cdot RF_2^{ZB\text{-}AF} = 37.422,84\,\% \cdot (-0,869221\,\%) = -325,29\,\text{EUR}$$

$$VaR_1^{ZB\text{-}AF} = RV_1^{ZB\text{-}AF} \cdot RF_1^{ZB\text{-}AF} = 38.929,44\,\text{GE} \cdot (-0,39570\,\%) = -154,05\,\text{EUR}$$

Der Marktwert der in zwei (drei) Jahren erwarteten Zahlung in Höhe von 40.000 EUR (1.040.000 EUR) sinkt innerhalb einer Woche mit einer Wahrscheinlichkeit von weniger als 0,13 % um mehr als 325,29 EUR (10.138,93 EUR).

Werden die in Abbildung 208 dargestellten paarweisen Korrelationen zwischen den stetigen Veränderungsraten der 1-, 2- und 3-Jahres-Zerobond-Abzinsfaktoren berücksichtigt, errechnet sich das Verlustrisiko des gesamten Wertpapiers zu:

$$
\text{VaR}^{\text{ZB-AF}} = \left| \begin{array}{l}
\begin{bmatrix} 40.000\,\text{EUR} \cdot 0,973236 & 40.000\,\text{EUR} \cdot 0,935571 & 1.040.000\,\text{EUR} \cdot 0,888125 \\ \cdot (e^{-0,396492\%} - 1) & \cdot (e^{-0,873021\%} - 1) & \cdot (e^{-1,103772\%} - 1) \end{bmatrix} \cdot \\[2ex]
\begin{bmatrix} 1 & 0,582205 & 0,504633 \\ 0,582205 & 1 & 0,746350 \\ 0,504633 & 0,746350 & 1 \end{bmatrix} \cdot \\[2ex]
\begin{bmatrix} 40.000\,\text{EUR} \cdot 0,973236 \cdot (e^{-0,396492\%} - 1) \\ 40.000\,\text{EUR} \cdot 0,935571 \cdot (e^{-0,873021\%} - 1) \\ 1.040.000\,\text{EUR} \cdot 0,888125 \cdot (e^{-1,103772\%} - 1) \end{bmatrix}
\end{array} \right.
$$

$$= 10.463,52\,\text{EUR}$$

Aufgrund der bestehenden Korrelationen zwischen den einzelnen Zerobond-Abzinsfaktoren von kleiner 1 entspricht der Value at Risk des Wertpapiers nicht der Summe der Verlustrisiken der einzelnen Single Cashflows. Er fällt mit insgesamt 10.463,52 EUR um 154,75 EUR geringer aus.

Zur Super-Cashflow-orientierten Risikoberechnung sind die Positionen A, B, C und D – in Analogie zur Basispoint-Value-gestützten Methodik – zunächst in ihre einzelnen Zahlungen zu zerlegen. Die laufzeitgleichen Zahlungen sind sodann zu aggregieren und mit den entsprechenden Zerobond-Abzinsfaktoren zu multiplizieren. Für die einzelnen Super Cashflows (SCF) ergeben sich damit die folgenden Risikovolumina:

$$\text{RV}_1^{\text{ZB-AF}} = \text{SCF}_1 \cdot \text{ZB-AF}_1 = 85.000\,\text{EUR} \cdot 0,973236 = 87.725,06\,\text{EUR}$$

$$\text{RV}_2^{\text{ZB-AF}} = \text{SCF}_2 \cdot \text{ZB-AF}_2 = -915.000\,\text{EUR} \cdot 0,935571 = -856.047,47\,\text{EUR}$$

$$\text{RV}_3^{\text{ZB-AF}} = \text{SCF}_3 \cdot \text{ZB-AF}_3 = 1.040.000\,\text{EUR} \cdot 0,888125 = 923.650,00\,\text{EUR}$$

Nach Einsetzen in vorstehende Formel ergeben sich in Abhängigkeit der jeweiligen Entwicklung der Zerobond-Abzinsfaktoren die in Abbildung 209 genannten Verlustrisiken. Diese Werte weichen von den mithilfe indirekter Bewertungsverfahren ermittelten Value-at-Risk-Größen geringfügig ab (vgl. Abbildung 206). Hierfür gibt es verschiedene Ursachen:

• Die Korrelationen zwischen Zerobondrenditen sind nicht identisch.

• Während bei Zinssenkungen die Zerobondrenditen kleiner werden und sich damit negativ entwickeln, steigen die Werte der Zerobondabzinsfaktoren. Bei Zinserhöhungen ergeben sich umgekehrte Entwicklungen. Deshalb resultieren wiederum aufgrund der Logarithmierung unterschiedliche Ergebnisse.

- Während bei den indirekten Verfahren bezüglich der untersuchten Zinssätze lineare Veränderungen unterstellt werden, versuchen die direkten Verfahren der Krümmung der Barwertfunktion gerecht zu werden.

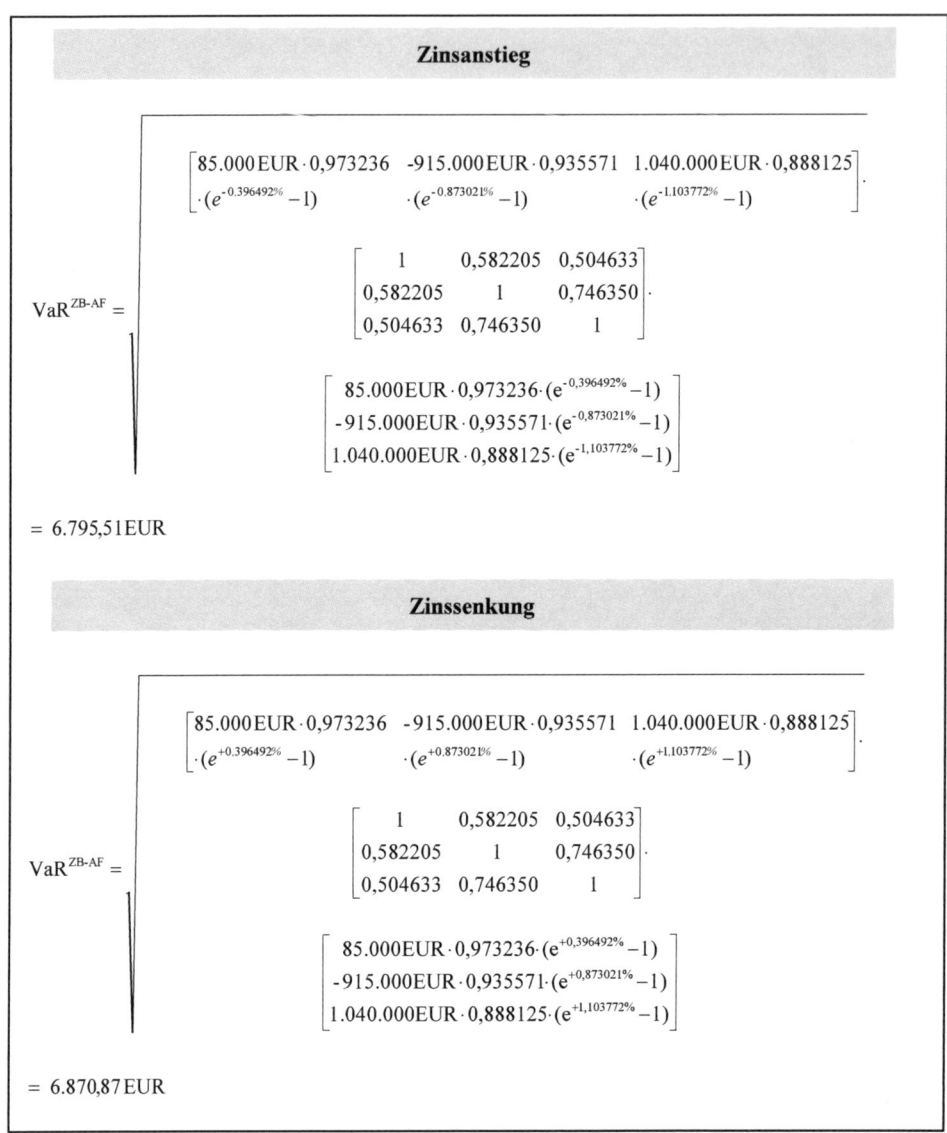

Abb. 209: Direkte Super-Cashflow-orientierte Bestimmung des Marktwertrisikos

c) Quantifizierung des Zinsspannenrisikos

Mit dem Konzept der Zinsbindungsbilanz wird zunächst der **klassische Ansatz** zur Quantifizierung von Zinsspannenrisiken diskutiert. Ausgehend von der Kritik an diesem Konzept wird mit dem Elastizitätskonzept anschließend ein modernes Verfahren zur Zinsspannenrisikomessung vorgestellt.

(1) Das Konzept der Zinsbindungsbilanz

Im Rahmen des auf SCHOLZ zurückgehenden Konzepts der Zinsbindungsbilanz werden betragsmäßige Inkongruenzen zwischen dem aktivischen und passivischen Festzinsaltgeschäft, sogenannte **Festzinsüberhänge** bzw. die diesen gegenüberstehenden **Festzinslücken** als Ursache des Zinsspannenrisikos angesehen. Festzinsüberhänge bzw. Festzinslücken lassen sich stichtagsbezogen aus der Gegenüberstellung der jeweils vorhandenen Bestände der Festzinspositionen beider Bilanzseiten ermitteln. Als Festzinspositionen im engeren Sinne gelten (gemäß BaFin) nur Geschäfte mit einer Zinsbindung von sechs Monaten und länger. Hat ein Finanzinstitut in größerem Umfang Aktiva als Passiva zu Festzinsbedingungen vereinbart, besteht, wie Abbildung 210 verdeutlicht, ein aktivischer Festzinsüberhang. Dieser äußert sich in einer Festzinslücke auf der Passivseite. Im umgekehrten Fall resultiert dagegen ein Festzinsüberhang auf der Passivseite bzw. eine aktivische Festzinslücke.

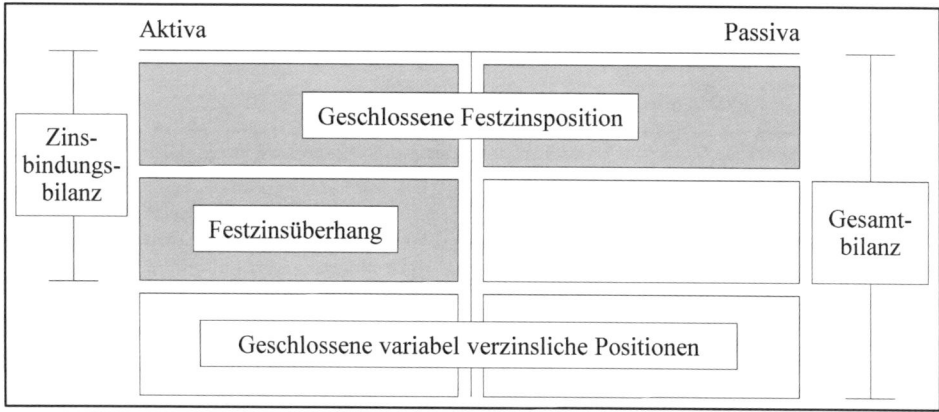

Abb. 210: Darstellung eines aktivischen Festzinsüberhangs

Die Bedeutung von Festzinsüberhängen bzw. Festzinslücken als Determinanten des Zinsspannenrisikos erwächst aus der Tatsache, dass Festzinspositionen während ihrer Zinsbindung nicht an geänderte Marktzinsen angepasst werden können. Hingegen passen sich die variabel verzinslichen Positionen der Festzinslücke an Marktzinsänderungen an. Im Falle eines aktivischen Festzinsüberhangs bzw. einer passivischen Festzinslücke führt dieses unterschiedliche Zinsanpassungsverhalten zwingend zu einer Reduktion der Zinsspanne bei steigendem Zinsniveau, im Falle eines passivischen Festzinsüberhangs bzw. einer aktivischen Festzinslücke ergibt sich dagegen eine Verringerung der Zinsspanne bei sinkendem Zinsniveau. Die Intensität der Reaktion der Zinsspanne auf Veränderungen des Zinsniveaus ist vom Volumen des Festzinsüberhangs bzw. der Festzinslücke abhängig.

Die Vorgehensweise zur Ermittlung der Sensitivität der Zinsspanne gegenüber Marktzinsänderungen im Konzept der Zinsbindungsbilanz soll anhand der in Abbildung 211 dargestellten
Zinsbindungsbilanzen verdeutlicht werden. Dem Beispiel liegt eine aktuelle Bankbilanz mit
einer Bilanzsumme von 500 Mio. EUR zugrunde. Im Aktivbereich bestehen Festzinspositionen in Höhe von 350 Mio. EUR zu einem Durchschnittszins von 6,83 %, im Passivgeschäft
Festzinspositionen im Umfang von 250 Mio. EUR mit einer durchschnittlichen Verzinsung
von 4,69 %. Die Zinsspanne der geschlossenen Festzinsposition beträgt folglich 2,14 %.

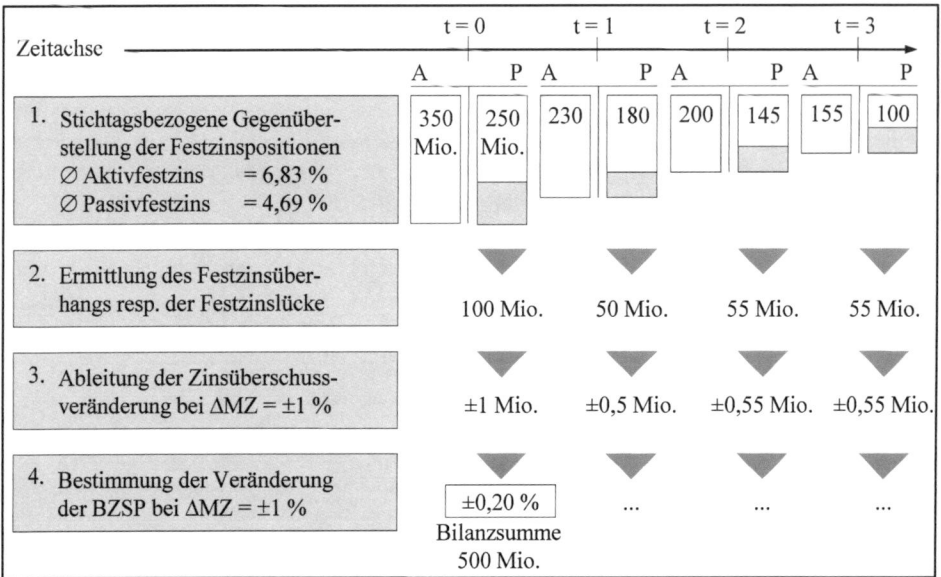

Abb. 211: Bestimmung der Zinssensitivität der Bruttozinsspanne mithilfe der Zinsbindungsbilanz

Da lediglich 250 Mio. EUR der 350 Mio. EUR festzinsgebundenen Aktiva durch festzinsge-
bundene Passiva gedeckt sind, besteht im aktuellen Betrachtungszeitpunkt (t = 0) ein Festzinsüberhang im Aktivbereich in Höhe von 100 Mio. EUR. Dem steht eine entsprechende Festzinslücke im Passivbereich gegenüber. Unter der Bedingung, dass zukünftig keine Festzins-
Neugeschäfte abgeschlossen werden, beträgt der Bestand an Festzinsaktiva zum nächsten
Stichtag (t = 1) nur noch 230 Mio. EUR. Bis zu diesem Zeitpunkt (z. B. Quartals- oder Jahresende) sind also bereits Festzinsmittel in Höhe von 120 Mio. EUR an die Bank zurückgeflos-
sen. Der Bestand an Festzinspassiva schmilzt dagegen lediglich um 70 Mio. EUR auf
180 Mio. EUR ab, sodass sich der aktivische Festzinsüberhang auf 50 Mio. EUR reduziert. In
t = 2 und t = 3 erhöht sich dieser wieder leicht auf jeweils 55 Mio. EUR.

Während für die Festzinspositionen des Aktivüberhangs für die Dauer der Zinsbindung eine
Anhebung der Zinssätze nicht möglich ist, erhöht sich bei einem Anstieg des Zinsniveaus um
1 % der Zinsaufwand der variabel verzinslichen Geschäfte der passivischen Festzinslücke um
1 Mio. EUR (100 Mio. · 1 %). Dies führt zu einer Reduktion des Zinsüberschusses in gleichem
Ausmaße. Eine einprozentige Marktzinssenkung führt dagegen zu einer Verringerung des Zinsaufwands der variabel verzinslichen Passiva der Festzinslücke in Höhe von 1 Mio. EUR. Infolge
des konstant bleibenden Zinsertrags der aktivischen Festzinspositionen des Überhangs ergibt sich

somit eine entsprechende Verbesserung des Zinsüberschusses. Setzt man die Veränderung des Zinsüberschusses in Höhe von ± 1 Mio. EUR in Relation zum entsprechenden Stichtagsvolumen der Gesamtbilanz in Höhe von 500 Mio., dann resultiert für die Bruttozinsspanne als Reaktion auf eine einprozentige Marktzinsänderung eine Veränderung von ± 0,20 % (vgl. Abbildung 211).

Prinzipiell benötigt man bei der Sensitivitätsbestimmung der Bruttozinsspanne keine Angaben über die Durchschnittsverzinsung der einzelnen Blöcke, da neben der Marktzinsänderung allein die Differenz der aktivischen und passivischen Festzinsvolumina als Komponenten in die Berechnung eingeht. Mithilfe blockspezifischer Durchschnittszinsen lassen sich jedoch kritische Zinssätze, sogenannte **Grenzzinssätze** berechnen, bis zu denen die durchschnittliche Verzinsung der Festzinslücke, d. h. der offenen variablen Passiv(Aktiv)-Position ansteigen (fallen) darf, bevor – je nach Grenzzinstyp – Teilergebnisse negativ werden. Beispielhaft können folgende **Grenzzinssätze** unterschieden werden:

- Der Grenzzins **Typ A** kennzeichnet jenen durchschnittlichen variablen Passivzins, bei dem der Zinsüberschuss aus der offenen Festzinsposition negativ wird. Im obigen Beispiel beträgt er 6,83 %.

- Der Grenzzins **Typ B** kennzeichnet jenen durchschnittlichen variablen Passivzins, bei dem neben dem Zinsüberschuss aus der offenen Festzinsposition auch der Zinsüberschuss aus der geschlossenen Festzinsposition aufgezehrt ist. Für das Beispiel ergibt sich folgende Rechnung: Die Zinsspanne der geschlossenen Festzinsposition beträgt 2,14 % (= 6,83 % – 4,69 %). Bezogen auf ein Volumen von 250 Mio. EUR resultiert daraus ein Zinsüberschuss aus dem kongruent gedeckten Teil des Festzinsgeschäfts in Höhe von 5,35 Mio. EUR. Dieser wird bei einer Marktzinserhöhung genau dann vollständig verzehrt, wenn der durchschnittliche Zinssatz der variablen Passiva der Festzinslücke (100 Mio. EUR) um 5,35 % (5,35 Mio. EUR / 100 Mio. EUR) auf 12,18 % (6,83 % + 5,35 %) steigt.

Für die praktische Risikosteuerung liefern die vorstehend genannten Grenzzinssätze allerdings nur **bedingt entscheidungsrelevante** Informationen. Denn aufgrund der Grenzzinssätze allein kann noch keine Entscheidung darüber getroffen werden, ob die offene Festzinsposition bei einer Über- oder Unterschreitung der Grenzzinssätze zu schließen ist oder nicht. Um einen solchen Entscheid zu fällen, ist stets der Umfang der offenen Festzinsposition zu berücksichtigen. So stellt beispielsweise für eine Bank mit einer in Relation zur Bilanzsumme verschwindend geringen offenen Festzinsposition das Über- oder Unterschreiten der Grenzzinssätze i. d. R. keine besorgniserregende Situation dar. Des Weiteren bleiben die volumenmäßigen oder risikostrukturellen Auswirkungen einer Schließung offener Festzinspositionen auf die geforderte Mindestmarge in der Kalkulation der kritischen Zinssätze unberücksichtigt. Würde sich beispielsweise die Mindestmarge aufgrund einer gewachsenen Bilanzsumme bedingt durch die Glattstellung des Festzinsüberhangs oder infolge einer verschlechterten Risikostruktur erhöhen, wären die Grenzzinssätze bei Vorliegen eines Aktivüberhangs zu hoch, bei Vorliegen eines Passivüberhangs dagegen zu niedrig angesetzt worden. Darüber hinaus kann ein Zinsüberschuss von „null" für eine Bank keinesfalls einen risikoadäquaten Schwellenwert bilden.

Die Unzulänglichkeiten des Zinsbindungskonzepts reichen jedoch weit über die nur bedingt entscheidungsrelevante Steuerungsinformation der Grenzzinssätze hinaus. Die wohl schwerwiegendste Kritik wird dabei in der **Beschränkung** der Zinssensitivitätsanalyse **auf den Fest-zinsüberhang** selbst gesehen. Dies erscheint nämlich nur dann sachgerecht, wenn

- innerhalb der Betrachtungsperiode keine Festzinsgeschäfte auslaufen,

- im beidseitig variabel verzinslichen Geschäft die Veränderung des Durchschnittszinses der variablen Aktiva infolge einer Marktzinsänderung in jedem Fall der Veränderung des Durchschnittszinses der variablen Passiva entspricht und

- der Durchschnittszins der variabel verzinslichen Positionen der Festzinslücke in gleichem Umfang schwankt wie der Marktzins.

Wie anhand der in Tabelle 108 dargestellten Zinsdifferenzen deutlich wird, reagieren die Zinssätze variabel verzinslicher Geschäfte jedoch unterschiedlich stark auf Marktzinsänderungen.

Zeitraum	1974–1978	1978–1981	1981–1988	1988–1992	1992–2005
Sparzins	-3,49	+2,50	-3,00	+0,83	-2,85
Festgeldzins	-8,19	+7,71	-9,23	+5,26	-6,14
Hypothekenzins	-4,51	+5,87	-5,73	+4,39	-3,96
Kapitalmarktzins	-5,30	+5,90	-5,80	+3,00	-5,25
Geldmarktzins	-13,11	+9,33	-10,28	+6,59	-8,20
Quelle: Monatsberichte der Deutschen Bundesbank, eigene Berechnungen					

Tabelle 108: Zinsdifferenzen zwischen den Wendepunkten der deutschen Zinsentwicklung

So reagiert etwa im Einlagenbereich der Festgeldzins erheblich stärker auf Marktzinsänderungen als der Sparzins. Dies führte in der Zinsanstiegsphase von 1988 bis 1992 z. B. dazu, dass der Sparzins bei den deutschen Banken im Durchschnitt lediglich um 0,83 % angehoben wurde, während der Festgeldzins um mehr als das Sechsfache, nämlich um 5,26 % anstieg. Ähnliche Unterschiede werden auch zwischen dem kurzen und dem langen Ende der Zinsstrukturkurve am Geld- und Kapitalmarkt sichtbar. Denn die normale Zinsstruktur drehte sich über die mehr als doppelt so hohe Zinsreagibilität des Geldmarktzinses von +6,59 % gegenüber dem Kapitalmarktzins von nur +3 % während der Zinsanstiegsphase zwischen 1988 und 1992 in eine inverse Zinsstruktur. In der Regel wird daher weder eine Marktzinsänderung von einem Prozent zu einer Änderung des durchschnittlichen Überhangfinanzierungs- resp. Anlagezinses von ebenfalls einem Prozent führen, noch eine gleichmäßige Entwicklung der Durchschnittzinsen im variabel verzinslichen Aktiv- und Passivgeschäft stattfinden. Eine Beschränkung der Sensitivitätsanalyse auf den Festzinsüberhang wird somit zwangsläufig zu einer **Fehleinschätzung** der Auswirkungen von Marktzinsänderungen auf die Bruttozinsspanne führen.

(2) Das Elastizitätskonzept

Aus Kritik an der Zinsbindungsbilanz heraus wurde, aufbauend auf ein vereinfachtes Konzept der Zinssensitivitätsanalyse von LEE, von ROLFES das **Elastizitätskonzept** entwickelt. In diesem werden nicht allein Inkongruenzen zwischen aktivischen und passivischen Festzinspositionen als Ursache des Zinsspannenrisikos angesehen, sondern zusätzlich das unterschiedliche Konditionenanpassungsverhalten der variabel verzinslichen Positionen. Zu den variabel verzinslichen Positionen zählen auch in ihrer Zinsbindung auslaufende und damit „variabel" werdende Festzinspositionen.

Verfahren zur Bestimmung von Zinsanpassungselastizitäten

Wesentliches Element zur Abbildung der Reagibilität variabel verzinslicher Positionen bezüglich Veränderungen von Marktzinsen stellt die sogenannte **Zinsanpassungselastizität** dar. Diese ist folgendermaßen definiert:

$$\varepsilon_i = \frac{\Delta PZ_i^T}{\Delta MZ^T}$$

mit: ε = Elastizität; PZ = Positionszins; MZ = Marktzins; i = Position i; T = Betrachtungszeitraum

Die Zinsanpassungselastizität bezeichnet die Relation zwischen der absoluten Veränderung der abhängigen Variable „Positionszins" und der absoluten Veränderung der erklärenden Variable „Marktzins". Damit spiegelt sie die in der Praxis für den Großteil der Bankprodukte zu beobachtende Tatsache wider, dass sich die Entwicklung der Konditionen von Kundengeschäften eng an der Veränderung bestimmter Geld- und Kapitalmarktzinsen orientiert. Hierbei kann von einem Ursache-Wirkungs-Zusammenhang ausgegangen werden, d. h., Änderungen von Kundenkonditionen werden als Reaktion auf Änderungen entsprechender, als Referenzzinssätze gewählter Geld- und Kapitalmarktzinsen vorgenommen.

Die Ermittlung von Zinsanpassungselastizitäten kann zum einen direkt anhand des vorstehenden Differenzenquotienten erfolgen. Diese Rechenoperation wird als Grundmodell der Elastizitätsberechnung bezeichnet. Zum andern lassen sich Zinsanpassungselastizitäten mittels Verfahren der Regressionsanalyse bestimmen. Auf beide Ansätze wird im Folgenden näher eingegangen. Das **Grundmodell der Elastizitätsberechnung** sei zunächst anhand einer variabel verzinslichen Position verdeutlicht.

Innerhalb einer fiktiv unterstellten Betrachtungsperiode steige der als Referenzzins gewählte Marktzins um 5 % von 4 % auf 9 %. Gleichzeitig erhöhe sich der Zinssatz der variabel verzinslichen Position von 7 % auf 10 %, also um 3 %. Für die variabel verzinsliche Position ergibt sich damit im betrachteten Zeitraum eine Zinsanpassungselastizität von +0,6. Das bedeutet, dass bei einem Anstieg des Referenzzinses um absolut 1 % der Positionszins um absolut 0,6 % steigt. Unterstellt man, dass die zinsvariable Position als Aktivposition im Zeitpunkt t = 0 zum Referenzzins refinanziert wird, dann beläuft sich die Zinsmarge in t = 0 auf 3 % (= 7 % – 4 %), während sie in t = 1 nur noch 1 % (= 10 % – 9 %) beträgt (vgl. Abbildung 212).

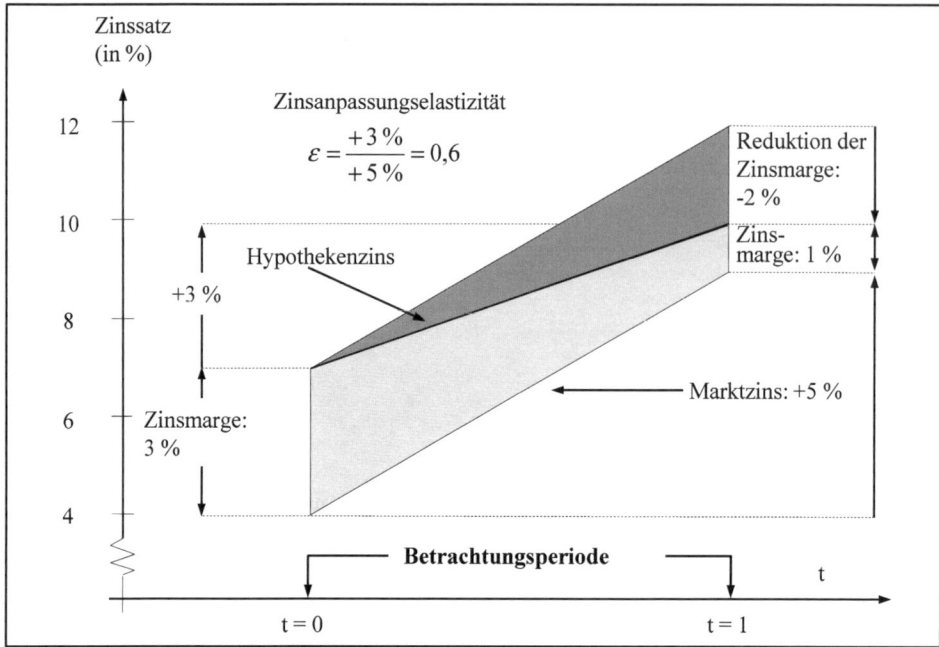

Abb. 212: Die Zinsanpassungselastizität einer variabel verzinslichen Position

Während für Festzinsneugeschäfte – in Analogie zu den variabel verzinslichen Positionen – positive Elastizitäten ermittelbar sind, reagieren Festzinspositionen **während ihrer Zinsbindung** nicht auf Marktzinsänderungen und weisen damit innerhalb dieser Zinsbindungsfrist stets eine Zinsanpassungselastizität von null auf. Dies wird in Abbildung 213 deutlich.

Während der als Referenzzins gewählte Marktzins wiederum um 5 % steigt, bleibt der Zinssatz der nunmehr betrachteten Festzinsposition aufgrund der die Betrachtungsperiode annahmegemäß überdauernden Zinsbindungsfrist konstant bei 7 %. Aus der Relation der absoluten Veränderungen der Zinssätze ergibt sich für die Festzinsposition daher eine Zinsanpassungselastizität in Höhe von null. Bei wiederum unterstellter Refinanzierung in $t = 0$ verringert sich damit die Zinsmarge innerhalb des betrachteten Zeitraums von +3 % auf -2 %.

Von zentraler Bedeutung bei der Bestimmung von Zinsanpassungselastizitäten ist die Wahl des als **Referenzzins** zugrunde zu legenden Marktzinses. Zur Verbesserung der Positionszinsprognose empfiehlt es sich dabei, als Referenzzins für eine Produktart denjenigen Geld- und Kapitalmarktzins zu wählen, der den höchsten **Erklärungsbeitrag** zur Variation des Positionszinses liefert. Eine undifferenzierte Elastizitätsberechnung in Form einer von obiger Definition der Zinsanpassungselastizität ausgehenden einfachen Divisionsrechnung ist dabei nicht in der Lage, Informationen bezüglich der Güte eines Marktzinses als Referenzzins zu liefern. Deshalb wird mit der **Regressionsanalyse** und dem darauf aufbauenden Elastizitätsdiagramm nachfolgend ein Verfahren vorgestellt, das die Qualität eines Marktzinses zur Erklärung einer Konditionenentwicklung einzuschätzen vermag. Die Beurteilung nach statistischen Kriterien soll exemplarisch anhand der Berechnung der Zinsanpassungselastizität für variable Hypothekarkredite unter Verwendung des 3-Monats-Euribor als Referenzzins verdeutlicht werden. Als

Datenbasis dienen die in den Monatsberichten der Deutschen Bundesbank veröffentlichten Zinssätze im Zeitraum von 1988 bis 2005, wobei der jeweils laufende 6-Monats-Durchschnittswert herangezogen wurde.

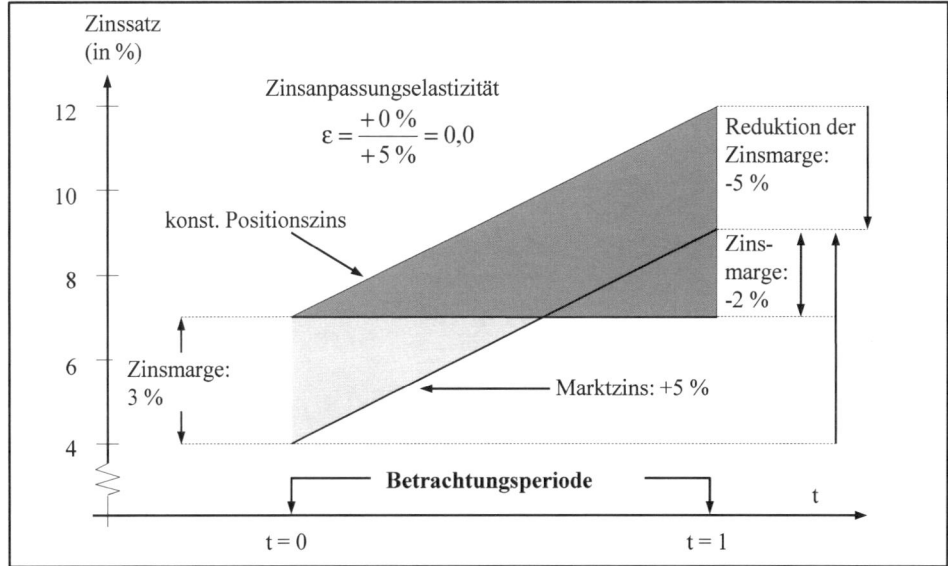

Abb. 213: Die Zinsanpassungselastizität einer Festzinsposition während der Zinsbindungsdauer

Zunächst werden die historischen Zeitreihen des 3-Monats-Euribor (vormals Fibor) und des variablen Hypothekenzinses (var. Hypo-Zins) in ein **Koordinatensystem** übertragen. Auf der Abszisse werden die Beobachtungswerte für die unabhängige Variable (3-Monats-Euribor), auf der Ordinate diejenigen für die abhängige Variable (var. Hypo-Zins) abgetragen. Für jeden Zeitpunkt (z. B. Monatsende) ergibt sich somit eine Kombination aus einer Euribor- und einer var. Hypo-Zins-Beobachtung, die als Punkt im Diagramm dargestellt wird. Werden sämtliche Beobachtungswerte der Zeitreihen übertragen, entsteht eine sogenannte Punktwolke. Aus deren Form erhält man Hinweise auf den zur Beschreibung der Abhängigkeit des var. Hypo-Zinses vom Euribor geeigneten mathematischen Funktionstyp. Abbildung 213 zeigt ein solches auch als **Streuungsdiagramm** bezeichnetes Koordinatensystem.

Da die Punktestreuung das Bestehen eines linearen Zusammenhangs der Variablen nahelegt, d. h. mit steigendem Euribor auch der var. Hypo-Zins steigt, erscheint es angemessen, die Abhängigkeit durch eine **lineare Regressionsfunktion** (Regressionsgerade) zu beschreiben. Unter den prinzipiell unendlich vielen Regressionsgeraden, die durch die Punktwolke gelegt werden können, ist diejenige zu wählen, die die im Streuungsdiagramm erkennbare Grundtendenz des Zusammenhangs möglichst gut beschreibt. Zur Evaluation dieser optimalen Regressionsgeraden, deren Steigung dann der gesuchten Zinsanpassungselastizität entspricht, bietet sich die **Methode der kleinsten Quadrate** an. Damit wird die Summe der quadrierten Abweichungen der einzelnen Kombinationspunkte von der gesuchten Geraden minimiert. Für den var. Hypo-Zins lässt sich auf diese Weise für die Zeit von 1988 bis 2005 ein Elastizitätswert in Höhe von 0,66 bestimmen. Aus der Relation der durch die Regressionsfunktion erklärten Abweichungsquadratsumme und der zu erklärenden Gesamtabweichungsquadratsumme resultiert für den betrachteten Zeitraum schließlich ein **Bestimmtheitsmaß** in Höhe von 0,939. Das heißt, 93,9 % der Variation des var. Hypo-Zinses können durch die Veränderung des 3-Monats-Euribor erklärt werden. Damit ist die Abweichung vom Maximalwert, der 100 % beträgt, grundsätzlich noch zu hoch.

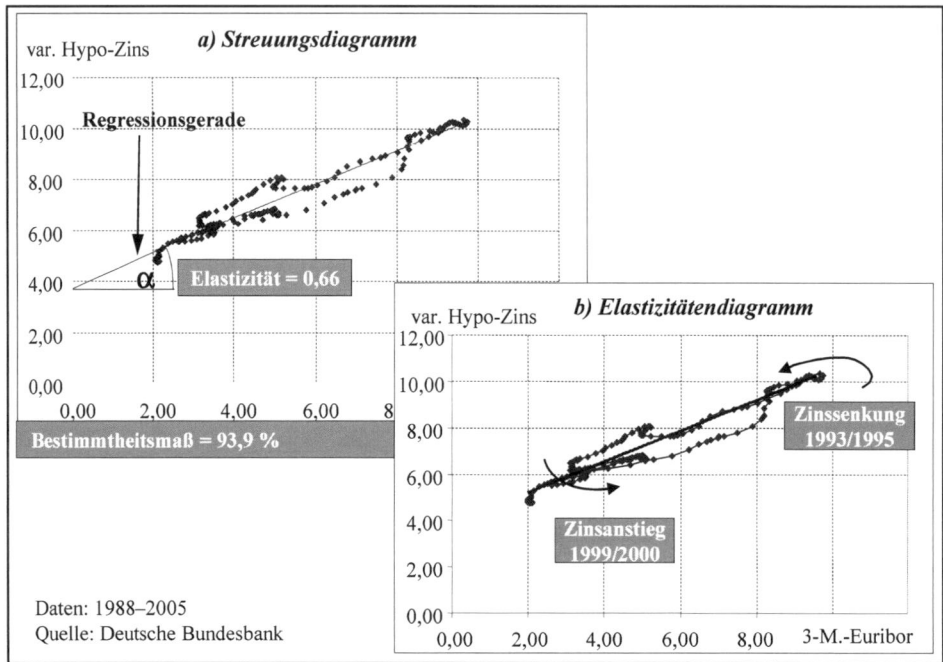

Abb. 214: Elastizitätsanalyse mittels Streuungsdiagramm und Elastizitätsdiagramm

Eine Verbesserung der Qualität der zuvor ermittelten Elastizitätswerte wird durch die Berücksichtigung von **Verzögerungen in der Konditionenanpassung** erreicht, welche bei Aktiv- und Passivgeschäften als konditionenpolitisches Instrument eingesetzt werden. Die zeitliche Erstreckung dieser sogenannten **Time-Lags** ist sowohl von der Zinsänderungsrichtung als auch von der Zinsänderungsintensität, d. h. der Geschwindigkeit der Marktzinsänderung abhängig. Beispielsweise lässt sich hinsichtlich der Zinsänderungsrichtung beobachten, dass Banken in Zeiten des Übergangs von einer Hochzins- in eine Niedrigzinsphase den zeitlichen Spielraum nutzen und die Zinsanpassung bei Kundenkrediten hinauszögern. In Zinsanstiegsphasen sind sie hingegen geneigt, die Zinsentwicklung möglichst schnell an ihre Kreditnehmer weiterzugeben. Umgekehrte Relationen gelten für die Einlagengeschäfte. Des Weiteren stellt man fest, dass je nach Höhe der Zinsänderungsintensität die Reaktion bei der Konditionenanpassung durch eine Art Trägheitseffekt unterschiedlich hoch sein kann.

Zur Identifikation von Zinsanpassungsverzögerungen findet das sogenannte **Elastizitätsdiagramm** Anwendung. Dabei handelt es sich um ein modifiziertes Streuungsdiagramm, bei dem die in der klassischen Regressionsanalyse geforderte Unabhängigkeit der Ereignisse insofern aufgehoben wird, als die Kombinationspunkte der jeweils folgenden Zeitpunkte durch Linien miteinander verbunden sind. Auf diese Weise gelingt es, die zeitliche Struktur der Ereignisse sichtbar zu machen. Anpassungsverzögerungen sind dann als **schleifenartige Kurvenverläufe** zu erkennen. In Abbildung 215 ist das Elastizitätsdiagramm für den betrachteten var. Hypo-Zins dargestellt. Deutlich sichtbar ist darin der schleifenartig verlaufende Anpassungspfad des var. Hypo-Zinses in der 1993 einsetzenden Zinssenkungsphase.

Eine einfache Methode zur Messung der zeitlichen Erstreckung der Zinsanpassungsverzögerung besteht darin, die Zeitreihe mit dem identifizierten Time-Lag soweit in die Vergangenheit zu verschieben, bis das Bestimmtheitsmaß ein Maximum erreicht. So muss etwa die Zeitreihe des var. Hypo-Zinses um 2 Monate korrigiert werden, damit der Erklärungsbeitrag der Regressionsfunktion maximiert wird. Dies bedeutet, dass Banken Änderungen des 3-Monats-Euribor im Durchschnitt erst nach zwei Monaten an ihre Hypothekarkredit-Kunden weitergegeben haben. Wird die Zeitreihe des var. Hypo-Zinses um diesen zweimonatigen **Verzögerungseffekt korrigiert**, ergibt sich das in Abbildung 215 dargestellte Elastizitätsdiagramm.

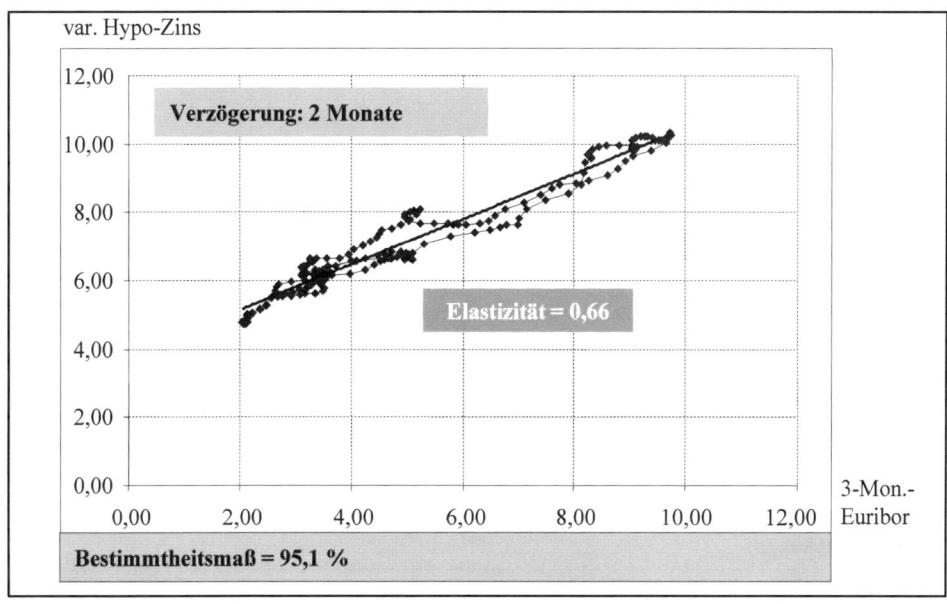

Abb. 215: Elastizitätsdiagramm der Time-Lag-korrigierten KK-Zins-Zeitreihe

Auffallend ist zunächst, dass die schleifenartigen Anpassungspfade zum Teil in sich zusammengefallen sind. Damit lassen sich grafisch weniger Hinweise auf zeitliche Verzögerungen in der var. Hypo-Zins-Anpassung identifizieren. Des Weiteren sind die einzelnen Kombinationspunkte dichter um die ermittelte Regressionsgerade angeordnet. Numerisch wird diese geringe Punktestreuung durch ein von 0,939 auf 0,951 gestiegenes Bestimmtheitsmaß belegt. Nach dem Herausfiltern der Verzögerungseffekte wird also mehr der Variation des var. Hypo-Zinses durch die Euribor-Entwicklung erklärt.

Generell lässt sich feststellen, dass sich für den überwiegenden Teil der in den Bundesbankberichten aufgeführten Bankprodukte Zinsanpassungselastizitäten mit einem hohen Bestimmtheitsmaß berechnen lassen (vgl. Tabelle 109). Für den Großteil der variabel verzinslichen Geschäfte stellt dabei der Geldmarktzins (3-Monats-Euribor) den Referenzzins mit dem höchsten Bestimmtheitsmaß dar. Bezüglich der Festzinsgeschäfte lässt sich eine deutliche Anlehnung an die Kapitalmarktsätze jeweils identischer Laufzeiten beobachten.

	Produktart	Zinsanpassungs-elastizität	Bestimmt-heitsmaß	Referenzzins	Anpassungs-vermögen
Sollzins	Kontokorrentkredit				
	• 100–500 TEUR	0,70	85 %	3-Mon.-Euribor	3 Monate
	• 500–2.500 TEUR	0,64	83 %	3-Mon.-Euribor	1 Monat
	Wechselkredit	0,88	81 %	3-Mon.-Euribor	keine
	Ratenkredit 5–15 TEUR	0,37	83 %	3-Mon.-Euribor	3 Monate
	Hypo.-Kredit (fest) mit				
	• Laufzeit 2 Jahre	0,99	98 %	2-J.-GKM-Zins	1 Monat
	• Laufzeit 5 Jahre	0,98	99 %	5-J.-GKM-Zins	1 Monat
	• Laufzeit 10 Jahre	0,95	99 %	10-J.-GKM-Zins	keine
	Hypo.-Kredit (variabel)	0,66	95 %	3-Mon.-Euribor	2 Monate
Habenzins	Festgeld				
	• 50–500 TEUR	0,85	100 %	3-Mon.-Euribor	1 Monat
	• 500–2.500 TEUR	0,91	100 %	3-Mon.-Euribor	1 Monat
	Sparbrief (Laufzeit 4 Jahre)	0,87	99 %	4-J.-GKM-Zins	1 Monat

Tabelle 109: Zinsanpassungselastizitäten ausgewählter Soll- und Habenzinssätze

Die Zinssensitivität der Bruttozinsspanne im Elastizitätskonzept

Die **Messung der Sensitivität** der Bruttozinsspanne gegenüber Marktzinsänderungen erfolgt im Rahmen des Elastizitätskonzepts grundsätzlich in drei Schritten. Erstens sind die **Zinsanpassungselastizitäten** sämtlicher Bilanzpositionen zu bestimmen. In einem zweiten Schritt sind die Zinsanpassungselastizitäten in der von ROLFES vorgeschlagenen **Elastizitätsbilanz** den jeweiligen Positionsvolumina zuzuordnen. In einem letzten Schritt ergeben sich aus der Berechnung und Gegenüberstellung durchschnittlicher aktivischer und passivischer Zinsanpassungselastizitäten für die Gesamtbank schließlich sogenannte **Elastizitätsüberhänge**. Diese geben Auskunft über Richtung und Intensität der Zinsspannenänderung bezüglich Veränderungen eines oder mehrerer Referenzzinsen. Welches Profil die ermittelten Elastizitätsüberhänge dabei aufweisen können, wird in Abbildung 216 dargestellt.

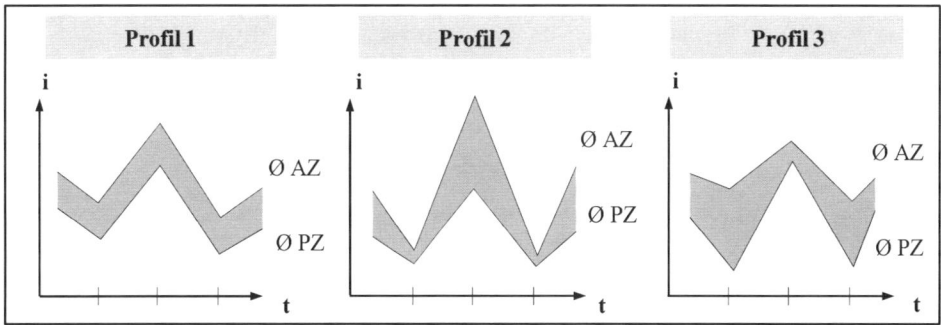

Abb. 216: Darstellung von Zinselastizitätsprofilen

Profil 1 ist gekennzeichnet durch ein **Elastizitätsgleichgewicht**, d. h. der durchschnittliche Aktivzins (Ø AZ) reagiert auf Referenzzinsänderungen genau gleich wie der durchschnittliche Passivzins (Ø PZ). Änderungen des Zinsniveaus – gleich welcher Richtung – haben somit keinen Einfluss auf die Zinsspanne.

Profil 2 stellt insofern eine ungleichgewichtige Situation dar, als der durchschnittliche Aktivzins stärker auf Referenzzinsänderungen reagiert als der durchschnittliche Passivzins (**Aktiv-Elastizitätsüberhang**). Daher verbessert sich bei steigenden Referenzzinssätzen die Zinsspanne, während sie sich in Phasen sinkender Referenzzinssätze verschlechtert.

Bei **Profil 3** verläuft die Entwicklung genau gegensätzlich. Da der durchschnittliche Aktivzins weniger reagibel ist als der entsprechende Passivzins (**Passiv-Elastizitätsüberhang**), profitiert eine Bank von einem sinkenden Zinsniveau, während sie bei einem Anstieg des Zinsniveaus eine Verschlechterung der Zinsspanne hinnehmen muss.

Die beschriebene Vorgehensweise zur Messung der Sensitivität der Bruttozinsspanne gegenüber Marktzinsänderungen soll anhand der in Abbildung 217 dargestellten stark vereinfachten Elastizitätsbilanz der bereits bekannten Modellbank illustriert werden. Dabei sei zunächst von folgenden Prämissen ausgegangen:

• Innerhalb der Betrachtungsperiode stehen keine Festzinspositionen zur Prolongation oder Substitution an.

• Die Geschäftsstruktur bleibt während der Betrachtungsperiode konstant.

• Der 3-Monats-Euribor liefert den höchsten Erklärungsbeitrag zur Variation der Zinsen variabler Positionen.

Die Bilanzstruktur der betrachteten Bank ist durch einen vergleichsweise hohen Anteil an Festzinsgeschäften gekennzeichnet (vgl. auch Zinsbindungsbilanz aus Abbildung 211). So stehen einem aktivischen Festzinsblock in Höhe von 350 Mio. EUR passivische Festzinsvolumina in Höhe von 250 Mio. EUR gegenüber. Während das Festzinsgeschäft für die Dauer der Zinsbindung ex definitione eine Zinsanpassungselastizität von 0 aufweist, ergibt die Volumengewichtung der zum 3-Monats-Euribor ermittelten Elastizitätswerte eine durchschnittliche Zinsanpassungselastizität des variabel verzinslichen Aktivgeschäfts in Höhe von 0,80, wohingegen sich für das variabel verzinsliche Passivgeschäft ein Wert von 0,40 ergibt.

Aktiva									**Passiva**
Block	Position	Volumen (Mio. EUR)	Zinselastizität	Ertragsveränderung bei ΔMZ = + 1 %-Pkt. (EUR)	Block	Position	Volumen (Mio. EUR)	Zinselastizität	Aufwandsveränderung bei ΔMZ = + 1 %-Pkt. (EUR)
(0)	(1)	(2)	(3)	(4)=(2)·(3):100	(5)	(6)	(7)	(8)	(9)=(7)·(8):100
F	unverz. Aktiva	20	0	0	F	unverzinsl. Passiva	60	0	0
	Kundenkredite fest (4 Jahre)	230	0	0		Schuldverschreibungen			
	Interbankenkredite fest (2 Jahre)	100	0	0		• (LZ 5 Jahre)	90	0	0
						• (LZ 2 Jahre)	100	0	0
	Σ / ∅ „Fest"	350	0	0		Σ / ∅ „Fest"	250	0	0
V	Hypo-Darlehen (LZ 2 Jahre)	50	0,60	+300.000	V	Spareinlagen	200	0,25	+500.000
	Kontokorrentkredite	100	0,90	+900.000		Interbanken-3-Monats-Geld	50	1,00	+500.000
	Σ / ∅ „Var."	150	0,80	+1.200.000		Σ / ∅ „Var."	250	0,40	+1.000.000
	Σ / ∅ „Gesamt"	500	0,24	+1.200.000		Σ / ∅ „Gesamt"	500	0,20	+1.000.000

Elastizitätsüberhang = 0,04

Abb. 217: Bestimmung des gesamtbankbezogenen Elastizitätsüberhangs

Aus den vorstehenden Daten lässt sich für den durchschnittlichen Aktivzins eine Zinsanpassungselastizität in Höhe von 0,24 bestimmen. Für den durchschnittlichen Passivzins ergibt sich dagegen ein Elastizitätswert in Höhe von 0,20. Per Saldo verbleibt damit ein aktivischer Elastizitätsüberhang in Höhe von 0,04, der besagt, dass sich die Bruttozinsspanne bei einem einprozentigen Anstieg des 3-Monats-Euribor um 0,04 % erhöht bzw. bei einer einprozentigen Senkung des 3-Monats-Euribor um 0,04 % verringert. Bei einer Bilanzsumme in Höhe von 500 Mio. EUR entspricht dies einer Veränderung des Zinsüberschusses in Höhe von +200.000 EUR bzw. -200.000 EUR. Damit führt jedoch bereits diese stark vereinfachte Elastizitätsbilanz sowohl betrags- als auch richtungsmäßig zu einer völlig anderen Aussage hinsichtlich der Zinssensitivität der Bruttozinsspanne der Modellbank als die Zinsbindungsbilanz (vgl. Abbildung 211). Dies ist ausschließlich auf die variabel verzinslichen Bilanzpositionen zurückzuführen. In der Regel verändern sich nämlich die Zinssätze der zur Refinanzierung des aktivischen Festzinsüberhangs verwendeten variabel verzinslichen Passiva nicht proportional zur Marktzinsänderung – wie von der Zinsbindungsbilanz unterstellt – sondern unterproportional. Demzufolge müssen auch die unterproportional und ungleich reagierenden Geschäfte der geschlossenen variabel verzinslichen Position bei der Ermittlung der Zinssensitivität berücksichtigt werden. Für eine detaillierte Analyse kann die dargestellte Bilanz deshalb in folgende **drei Schichten** eingeteilt werden:

- Der Festzinsblock (**F/F-Schicht**) enthält diejenigen festverzinslichen Forderungen, die auch festverzinslich refinanziert wurden. Es handelt sich annahmegemäß um Festzinsgeschäfte, die innerhalb der Betrachtungsperiode nicht zur Prolongation oder Substitution anstehen. Deshalb resultieren für die einzelnen Positionen Zinsanpassungselastizitäten in Höhe von null. Änderungen des 3-Monats-Euribor haben damit keinen Einfluss auf den Ergebnisbeitrag der F/F-Schicht.

- Im zweiten Block (**F/V-Schicht**) stehen einem aktivischen Festzinsüberhang variabel verzinsliche Mittel gegenüber. Für die Festzinspositionen des Überhangs ergeben sich Zinsanpassungselastizitäten in Höhe von null. Die variabel verzinslichen Mittel dagegen reagieren mit einer durchschnittlichen Zinsanpassungselastizität in Höhe von 0,40 auf Marktzinsänderungen. Aus diesem Grunde verringert sich im Falle eines Anstiegs des 3-Monats-Euribor um 1 % der Ergebnisbeitrag der F/V-Schicht und damit der Zinsüberschuss um 400.000 EUR (= 100 Mio. EUR · 0,40 · 1 %) bzw. die Bruttozinsspanne um 0,08 % (= 100 Mio. EUR · 0,40 · 1 % / 500 Mio. EUR). Verglichen mit der Zinsbindungsbilanz fällt damit die Veränderung des Ergebnisbeitrags der F/V-Schicht infolge einer einprozentigen Marktzinserhöhung um 600.000 EUR bzw. 0,12 % geringer aus.

- Im dritten Block (**V/V-Schicht**) stehen den variabel verzinslichen Aktiva variabel verzinsliche Passiva gegenüber. Die variablen Aktivzinsen sind hingegen mit einer Zinsanpassungselastizität von 0,80 reagibler als die variablen Passivzinsen mit einer Zinsanpassungselastizität von 0,40. Deshalb erhöht sich im Falle eines Anstiegs des 3-Monats-Euribor um 1 % der Ergebnisbeitrag des rein variablen dritten Blocks und damit der Zinsüberschuss um 600.000 EUR (= 150 Mio. EUR · 0,40 · 1 %) bzw. die Bruttozinsspanne um 0,12 % (150 Mio. EUR · 0,40 · 1 % / 500 Mio. EUR).

Insgesamt, d. h. über alle drei Schichten hinweg, ergibt sich damit bei einem einprozentigen Anstieg des 3-Monats-Euribor eine Erhöhung des Zinsüberschusses um 200.000 EUR bzw. der Bruttozinsspanne um 0,04 %. Dies entspricht nicht der in der Zinsbindungsbilanz ermittelten Verminderung um 1 Mio. EUR bzw. 0,20 %. Dieser extreme Unterschied verdeutlicht die angesichts falscher Zinsreagibilitätsprämissen möglichen Fehlsteuerungsimpulse der Zinsbindungsbilanz.

Zur Erweiterung des Grundmodells sind in einem nächsten Schritt die Festzinsabläufe in das Modell zu integrieren. Diesbezüglich erfordert der Einbezug innerhalb des Betrachtungszeitraums **auslaufender Zinsbindungen** zunächst Annahmen über deren weitere Disposition. Da die Prämisse der Strukturgleichheit fürs Erste weiterhin aufrechterhalten werden soll, wird im Folgenden davon ausgegangen, dass auslaufende Zinsbindungen prolongiert, d. h. durch Neugeschäfte der gleichen Produktart verlängert werden. In der Regel ergeben sich dabei zwischen dem Abschlussdatum eines auslaufenden Festzinsaltgeschäfts und dem zukünftigen Neugeschäftsabschlussdatum Unterschiede im Zinsniveau und/oder in der Zinsstruktur. Neugeschäfte müssen deshalb zu einer von der ursprünglichen Verzinsung abweichenden Kondition abgeschlossen werden. Dies führt zu einer Veränderung der Zinsspanne, wobei **zwei Effekte** zu unterscheiden sind:

Der erste Effekt trägt der Tatsache Rechnung, dass sich die Zinsspanne auch dann als Folge auslaufender Zinsbindungen verändern kann, wenn die Marktzinsen innerhalb der Betrachtungsperiode konstant bleiben. Verantwortlich dafür sind in der Vergangenheit, d. h. zwischen ursprünglichem Geschäftsabschlussdatum und aktuellem Betrachtungszeitpunkt stattgefundene Marktzinsänderungen. Diese haben jeweils zu Veränderungen der Neugeschäftskonditionen geführt, wie anhand Abbildung 218 deutlich wird.

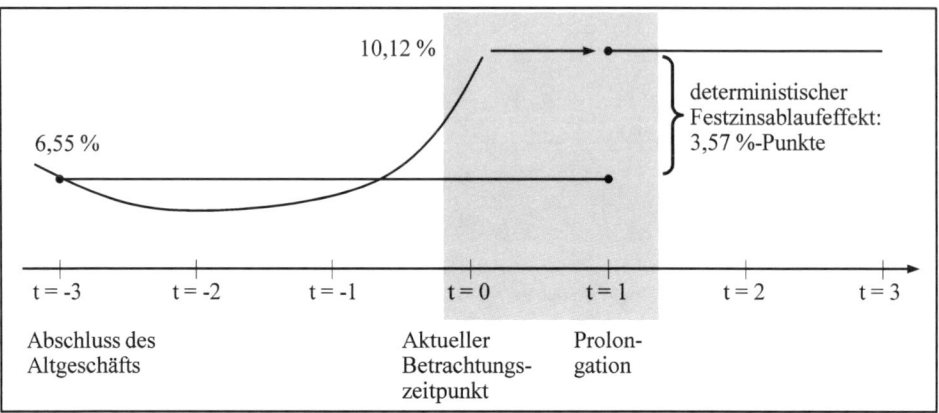

Abb. 218: Bestimmung des deterministischen Festzinsablaufeffekts

Im Beispiel wird ein festverzinslicher Kundenkredit mit vierjähriger Zinsbindung unterstellt, der vor drei Perioden zum Zinssatz von 6,55 % abgeschlossen wurde. Dieses Geschäft stehe mit Ablauf der Zinsbindung im Zeitpunkt t = 1 zur Prolongation an. Von t = -3 bis zum aktuellen Betrachtungszeitpunkt t = 0 hätten sich die Neugeschäftskonditionen für diese Produktart im Zuge der allgemeinen Zinsentwicklung von ursprünglich 6,55 % nach einer zwischenzeitlichen Zinssenkung bis auf 10,12 % erhöht (in Abbildung 218 wird diese in der Vergangenheit stattgefundene Zinsentwicklung durch eine Kurve verdeutlicht). Bei innerhalb des Zeitraums von t = 0 bis t = 1 konstant bleibenden Marktzinsen würde der in t = 1 auslaufende Kundenkredit also nicht zu 6,55 %, sondern zu 10,12 % prolongiert werden. Die Änderung der Neugeschäftskondition des Kundenkredits beliefe sich damit auf +3,57 % (= 10,12 % Neugeschäftskondition -6,55 % Altgeschäftskondition). Diese vom Betrachtungszeitpunkt aus gesehen bereits in der Vergangenheit vollzogene Veränderung der Neugeschäftskondition wird fortan als **deterministischer Festzinsablaufeffekt** (FAE) bezeichnet. Der deterministische Charakter dieses Effektes ergibt sich aus der Tatsache, dass die vergangene Entwicklung nicht mehr unsicher ist, sondern deren Erfolgswirkung zum aktuellen Betrachtungszeitpunkt bereits feststeht.

Neben der in der Periode von t = -3 bis t = 0 bereits eingetretenen und im Jahr der Prolongation erfolgswirksam werdenden Änderung der Neugeschäftskondition ist ein zweiter Effekt zu berücksichtigen. Es handelt sich dabei um die mögliche Veränderung der Neugeschäftskondition als Folge sich im Zeitraum von t = 0 bis t = 1 ändernder Marktzinsen, die als **Elastizitätseffekt im Festzinsablauf** bezeichnet wird. Dies geschieht analog zur Behandlung variabel verzinslicher Positionen über die Zinsanpassungselastizität. Es wird eine Neugeschäftselastizität des vierjährigen Kundenkredits von 1 gegenüber dem zinsbindungsgleichen Kapitalmarktzins als Referenzzins unterstellt. Folglich ergeben sich für das in t = 1 zu prolongierende Festzinsgeschäft in Abhängigkeit vom jeweils unterstellten Marktzinsszenario die in Abbildung 219 dargestellten elastizitätsbedingten Veränderungen der Neugeschäftskondition.

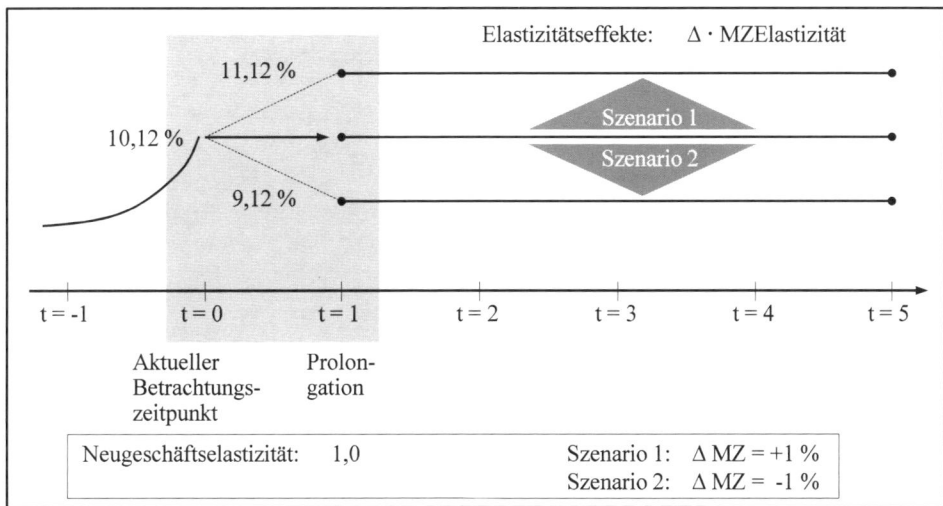

Abb. 219: Bestimmung des Elastizitätseffekts im Festzinsablauf

Um ein möglichst hohes Bestimmtheitsmaß zu erhalten, kann die Zinsanpassungselastizität von Festzinsneugeschäften mit Laufzeiten über einem und unter fünf Jahren in **Kreuzelastizitäten** gegenüber dem ein- und fünfjährigen Kapitalmarktzins transformiert werden. Grundlage hierfür bildet die Beobachtung, dass die Veränderung der Kapitalmarktzinsen in diesem Laufzeitbereich teils durch den einjährigen Kapitalmarktzins, teils durch den fünfjährigen Kapitalmarktzins erklärt werden kann. Um die relevanten Kreuzelastizitäten zu berechnen, werden zunächst sogenannte **Renditeelastizitäten** bestimmt. Mit diesen kann die Reagibilität von Kapitalmarktzinsen unterschiedlicher Laufzeit hinsichtlich Veränderungen des ein- und fünfjährigen Kapitalmarktzinses als Referenzzinsen zum Ausdruck gebracht werden. Für den deutschen Kapitalmarkt sind im Zeitraum von 1976 bis 1994 die in Abbildung 220 dargestellten Renditeelastizitäten mit einem als hoch zu bezeichnenden Bestimmtheitsmaß nachweisbar.

Der vierjährige Kapitalmarktzins weist zum Beispiel empirisch ermittelte Renditeelastizitäten in Höhe von $\varepsilon_{1;4} = 0{,}12$ zum einjährigen Kapitalmarktzins und in Höhe von $\varepsilon_{5;4} = 0{,}88$ zum fünfjährigen Kapitalmarktzins auf. Bei einem unterstellten Anstieg des einjährigen Kapitalmarktzinses um absolut 1 % und des fünfjährigen Kapitalmarktzinses um absolut 0,5 % würde sich der vierjährige Kapitalmarktzins somit entsprechend um absolut 0,56 % ($= 0{,}12 \cdot 1 + 0{,}88 \cdot 0{,}5$) erhöhen.

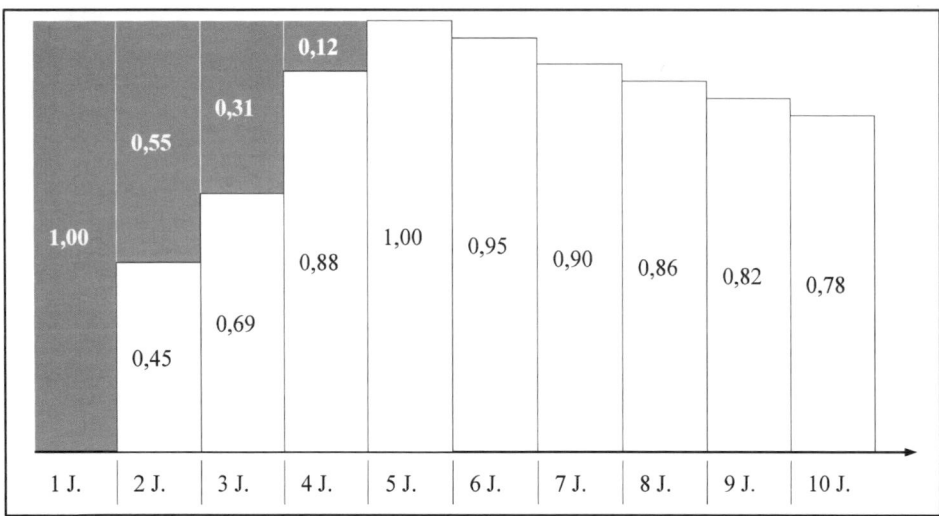

Abb. 220: Empirisch ermittelte Renditeelastizitäten für Laufzeiten von 1 bis 10 Jahren

Bei **festverzinslichen Kapitalmarktgeschäften** entsprechen die Kreuzelastizitäten den in Abbildung 220 dargestellten Renditeelastizitäten. Bei **festverzinslichen Kundengeschäften**, z. B. des betrachteten Kundenkredits mit vierjähriger Zinsbindung, bestimmen sich die Kreuzelastizitäten aus der Multiplikation von Neugeschäftselastizität des Kundengeschäfts und den Renditeelastizitäten des zinsbindungsgleichen Kapitalmarktgeschäfts. Weist der vierjährige Kundenkredit beispielsweise eine Neugeschäftselastizität von 1,0 gegenüber dem vierjährigen Kapitalmarktzins als Referenzzins auf, resultieren die beiden folgenden Kreuzelastizitäten:

$$\varepsilon_{\text{Kreuz 1;4}} = 0,12 \cdot 1 = 0,12 \text{ und } \varepsilon_{\text{Kreuz 5;4}} = 0,88 \cdot 1 = 0,88$$

Bei der Bestimmung dieser Elastizitätswerte wurde eine Nebenbedingung aufgestellt: Die Summe der beiden Kreuzelastizitäten muss 1 ergeben. Diese Bedingung ist grundsätzlich erforderlich, damit auch Parallelverschiebungen der Zinsstrukturkurve mithilfe der Elastizitäten dargestellt werden können. Allerdings wird im Laufzeitbereich über fünf Jahre von der Einhaltung der Bedingung aufgrund der Dominanz des Bestimmtheitsmaßes bei der Auswahl von Elastizitäten wieder abgesehen.

Für Kapitalmarktgeschäfte mit Laufzeiten von fünf Jahren und länger liefert der einjährige Kapitalmarktzins als Referenzzins keinen Erklärungsbeitrag (vgl. Abbildung 220). Daher nehmen die Renditeelastizitäten der Kapitalmarktgeschäfte und damit die Kreuzelastizitäten von Kapitalmarkt- und Kundengeschäften bezüglich des einjährigen Referenzzinses im Laufzeitbereich von fünf Jahren und länger jeweils den Wert null an.

Neben diesem aus Festzinsabläufen resultierenden Effekt lassen sich in Analogie hierzu hinsichtlich der Ergebniswirkung **struktureller Änderungen der Bilanz** ebenfalls **zwei Effekte** unterscheiden. Um diese zu illustrieren, sei für die Aktivseite der Ausgangselastizitätsbilanz folgende Volumenentwicklung geplant:

| | vor *Strukturänderung* | | | | | | nach *Strukturänderung* | | | | |

Aktiva (vor Strukturänderung) and **Aktiva** (nach Strukturänderung)

Block	Position	Volumen (Mio. EUR)	Anteil in %	Zins in %	Elasti-zität	Block	Position	Volumen (Mio. EUR)	Anteil in %	Zins in %	Elasti-zität
F	unverzinsl. Aktiva	20	4	0	0	F	unverzinsl. Aktiva	20	4	0	0
	Kundenkredite fest (4 Jahre)	230	46	6,55	0		Kundenkredite fest (4 Jahre)	230	46	6,55	0
	Interbankenkredite fest (2 Jahre)	100	20	8,83	0		Interbankenkredite fest (2 Jahre)	100	20	8,83	0
	Σ / Ø „Fest"	350	70	6,83	0		Σ / Ø „Fest"	350	70	6,83	0
V	Hypo-Darlehen (LZ 2 Jahre)	50	10	8,97	0,60	V	Hypo-Darlehen (LZ 2 Jahre)	100	20	8,97	0,60
	Kontokorrentkredite	100	20	12,48	0,90		Kontokorrentkredite	50	10	12,48	0,90
	Σ / Ø „Variabel"	150	30	11,31	0,80		Σ / Ø „Variabel"	150	30	10,14	0,70
	Σ / Ø „Gesamt"	500	100	8,17	0,24		Σ / Ø „Gesamt"	500	100	7,82	0,21

Struktureffekt I	Struktureffekt II
Δ Aktivzins = -0,35 %-Punkte	Δ Elastizität Aktivseite = -0,03

Abb. 221: Bestimmung der Struktureffekte I und II

Während die Volumina der Festzinspositionen im Betrachtungszeitraum jeweils konstant bleiben mögen, sei für die Kontokorrentkredite ein Abschmelzen der Position um 50 Mio. EUR auf 50 Mio. EUR geplant. Das Volumen der variabel verzinslichen Hypothekendarlehen steige dagegen um 50 Mio. EUR auf 100 Mio. EUR. Bei einer insgesamt konstant bleibenden Bilanzsumme in Höhe von 500 Mio. EUR geht damit der Bilanzsummenanteil der höher verzinslichen Kontokorrentkredite auf 10 % zurück. Der Anteil der niedriger verzinslichen Hypothekendarlehen steigt hingegen auf 20 %, sodass sich zum einen die Durchschnittsverzinsung der Aktivseite um 0,35 % auf 7,82 % reduziert. Neben dieser als **Struktureffekt I** bezeichneten Veränderung des durchschnittlichen Aktiv- bzw. Passivzinses führt die strukturelle Änderung der Bilanz zum anderen zu einer neuen Gewichtung der Zinsanpassungselastizitäten der einzelnen Bilanzpositionen. Im Beispiel hat dies zur Konsequenz, dass sich die durchschnittliche Zinsanpassungselastizität der Aktivseite um 0,03 auf 0,21 verringert. Der durchschnittliche Aktivzins weist damit eine geringere Sensitivität gegenüber die sich im Zeitraum von $t = 0$ bis $t = 1$ ändernden Marktzinsen auf. Diese strukturbedingte Veränderung der durchschnittlichen Zinsanpassungselastizität der Aktiv- bzw. Passivseite wird fortan als **Struktureffekt II** bezeichnet.

Die Integration der Effekte **auslaufender Zinsbindungen** in die Elastizitätsbilanz erfolgt durch Einfügen dreier zusätzlicher Spalten. In diesen werden die Kreuzelastizitäten bezüglich des ein- und fünfjährigen Marktzinses und die deterministischen Festzinsablaufeffekte ange-zeigt. Zu beachten gilt dabei, dass eine Relativierung der ermittelten Werte über den Anteil der in der Betrachtungsperiode auslaufenden Volumina am Gesamtvolumen der betreffenden Pro-duktart vorzunehmen ist. Zur Berücksichtigung der Ergebniswirkung **struktureller Änderun-gen der Bilanz** sind zwei zusätzliche Spalten einzufügen. In diese werden die aktuelle Durch-schnittsverzinsung und die in der Betrachtungsperiode geplante Geschäftsvolumenänderung jeder Bilanzposition übertragen. Die Struktureffekte selbst werden in zwei zusätzlichen Zeilen ausgewiesen. In der in Abbildung 222 dargestellten Elastizitätsbilanz werden die beschriebe-nen Erweiterungen in Form der Einbeziehung von Festzinsablaufeffekten und Struktureffekten explizit berücksichtigt. Um direkt Informationen über die einzelnen Positionen ableiten zu können, werden nur in sich vollkommen homogene Bilanzpositionen betrachtet.

Aus den Elastizitäts- und deterministischen Festzinsablaufwerten der Festzinsgeschäfte wird deutlich, dass sämtliche Positionen im Laufe der Betrachtungsperiode fällig und prolongiert werden. Die Kundenkredite, die Interbankenkredite und die Schuldverschreibungen mit zwei-jähriger Laufzeit weisen jeweils Neugeschäftselastizitäten von 1 zur zinsbindungsgleichen Kapitalmarktrendite als Referenzzins auf. Dadurch stimmen die positionsspezifischen Kreuz-elastizitäten mit den entsprechenden Renditeelastizitäten überein. Der Elastizitätswert der fünfjährigen Schuldverschreibungen in Höhe von 0,80 ist dagegen als Ausdruck der im Ver-gleich zur Kapitalmarktrendite unterdurchschnittlichen Reagibilität des Neugeschäftszinses zu interpretieren. Die deterministischen Festzinsablaufeffekte geben jeweils die in der Vergan-genheit bis zum aktuellen Betrachtungszeitpunkt bereits eingetretenen Änderungen der Neuge-schäftskonditionen an. Bei Neugeschäftselastizitäten von 1 geht daraus gleichzeitig hervor, dass der entsprechende Kapitalmarktzins in den zurückliegenden Jahren seit Kundengeschäfts-abschluss ebenfalls um genau diesen Wert gestiegen ist. Ferner ist anzumerken, dass im variablen Geschäft den zweijährigen Hypothekendarlehen der 3-Monats-Euribor als Referenz-zins zugrunde liegt. Hier wurde auf die Integration von Kreuzelastizitäten verzichtet, da der 3-Monats-Euribor als Referenzzins das höhere Bestimmtheitsmaß aufweist. Durch Gewichtung der Zinssätze, Elastizitäten und deterministischen Festzinsablaufeffekte mit den jeweiligen Volumina erhält man die entsprechenden Durchschnittswerte der Aktiva und Passiva. Als Dif-ferenz aus dem durchschnittlichen Aktivzins in Höhe von 8,17 % und dem durchschnittlichen Passivzins in Höhe von 4,65 % ergibt sich eine Bruttozinsspanne in Höhe von 3,52 %. Diese hätte die Bank am Ende der Betrachtungsperiode erwirtschaftet, falls sich während der Betrachtungsperiode weder die Bilanzstruktur und die Geld- und Kapitalmarktzinsstruktur ändern, noch Festzinsbindungen auslaufen würden. Unabhängig von der zukünftigen Zinsent-wicklung wirken jedoch ein positiver **Saldo deterministischer Festzinsablaufeffekte** von 1,20 % und ein negativer **Saldo der Struktureffekte I** von -0,35 % auf die Höhe der zukünfti-gen Zinsspanne. Ersterer resultiert vor allem aus dem hohen Volumenanteil der in einer Nied-rigzinsphase abgeschlossenen und in der Betrachtungsperiode auslaufenden Kundenkredite mit vierjähriger Zinsbindung. Letzterer ergibt sich aus der Umschichtung hochverzinslicher Kontokorrentkredite im Umfang von 50 Mio. EUR in niedriger verzinsliche Hypotheken-Dar-lehen. Aufgrund ihres deterministischen Charakters sind jedoch beide Effekte bei der Quantifi-zierung des Zinsspannenrisikos nicht zu berücksichtigen.

Aktiva

Position	Pos.-Zins	Volumen (Mio. EUR)	Δ Vol.	Elastizität 3 M.	Elastizität 1 J.	Elastizität 5 J.	FAE
unverzinsl. Aktiva	–	20	0 %	–	–	–	–
Kundenkredite fest (4 Jahre)	6,55 %	230	0 %	–	0,12	0,88	3,57 %
Interbanken-kredite fest (2 J.)	8,83 %	100	0 %	–	0,55	0,45	-0,14 %
∑/∅ „Fest“	6,83 %	350	0 %	–	0,24	0,71	2,31 %
Hypo-Darlehen LZ 2 Jahre	8,97 %	50	+100 %	0,60	–	–	–
Kontokorrent-kredite	12,48 %	100	-50 %	0,90	–	–	–
∑/∅ „Variabel“	11,31 %	150	0 %	0,80	–	–	–
∑/∅ „Gesamt“	8,17 %	500	0 %	0,24	0,17	0,49	1,61 %
Struktureffekt II	–	–	–	-0,03	0	0	0
∑/∅ „Gesamt nach SE II“	8,17 %	500	0 %	0,21	0,17	0,49	1,61 %
Struktureffekt I	-0,35 %						

Passiva

Position	Pos.-Zins	Volumen (Mio. EUR)	Δ Vol.	Elastizität 3 M	Elastizität 1 J.	Elastizität 5 J.	FAE
unverzinsl. Passiva	–	60	0 %	–	–	–	–
Schuldver-schreibungen							
• (LZ 5 Jahre)	4,54 %	90	0 %	–	0	0,80	2,43 %
• (LZ 2 Jahre)	7,63 %	100	0 %	–	0,55	0,45	-0,14 %
∑/∅ „Fest“	4,69 %	250	0 %	–	0,22	0,47	0,82 %
Spareinlagen	3,49 %	200	0 %	0,25	–	–	–
Interbanken-3-Monats-Geld	9,08 %	50	0 %	1,00	–	–	–
∑/∅ „Variabel“	4,61 %	250	0 %	0,40	–	–	–
∑/∅ „Gesamt“	4,65 %	500	0 %	0,20	0,11	0,23	0,41 %
Struktureffekt II	–	–	–	0	0	0	0
∑/∅ „Gesamt nach SE II“	4,65 %	500	0 %	0,20	0,11	0,23	0,41 %
Struktureffekt I	0 %						

Bruttozins-spanne	Elastizitätsüberhänge 3 M.	Elastizitätsüberhänge 1 J.	Elastizitätsüberhänge 5 J.	Struktureffekt I	FAE
3,52 %	0,01	0,06	0,26	-0,35 %	1,20 %

FAE = deterministischer Festzinsablaufeffekt

Abb. 222: Bestimmung referenzzinsspezifischer Elastizitätsüberhänge unter Berücksichtigung auslaufender Zinsbindungen und struktureller Änderungen der Bilanz

Aufgrund der Tatsache, dass sich die Zinsanpassung der variabel verzinslichen Positionen überwiegend am 3-Monats-Euribor orientiert und die Neugeschäftselastizitäten zu prolongierender Festzinsaltgeschäfte mithilfe von Renditeelastizitäten in Kreuzelastizitäten zum ein- und fünfjährigen Kapitalmarktzins als Referenzzins transformiert werden können, ergeben sich **drei referenzzinsspezifische Elastizitätsüberhänge**. Da es sich dabei ausschließlich um aktivische Überhänge handelt (3 Monate: 0,01; 1 Jahr: 0,06; 5 Jahre: 0,26), besteht für die Beispielbank damit ein Zinsspannenrisiko in der Gefahr sinkender Zinsen. Zur Messung dieses Zinsspannenrisikos werden die Elastizitätsüberhänge im Folgenden nun mit den Volatilitäten der entsprechenden Referenzzinssätze verknüpft.

Verknüpfung referenzzinsspezifischer Elastizitätsüberhänge und Volatilitäten zum Zinsspannenrisiko

Zur Quantifizierung des Zinsspannenrisikos mittels referenzzinsspezifischer Elastizitätsüberhänge sind zunächst die Erwartungswerte und Standardabweichungen (STD) der **Risikoparameter** zu bestimmen. Dazu werden die stetigen Veränderungsraten der Referenzzinsen (RZ) 3-Monats-Euribor, 1-Jahres- und 5-Jahres-Kapitalmarktzins zugrunde gelegt.

Die **Risikomesszahl** (RMZ) ergibt sich aus der Multiplikation der Standardabweichung (STD) der stetigen Veränderungsrate der Referenzzinsen mit dem Z-Wert. Da bei aktivischen Elastizitätsüberhängen (EÜ) das Risiko in der Gefahr sinkender Zinsen besteht, bestimmt sich die Risikomesszahl aus der Multiplikation des Z-Werts mit der negativen Standardabweichung. Bei passivischen Elastizitätsüberhängen besteht jedoch das Risiko in der Gefahr steigender Zinsen, sodass sich die Risikomesszahl aus der Multiplikation des Z-Werts mit der positiven Standardabweichung ergibt. Durch Potenzierung der Eulerschen Zahl e mit der Risikomesszahl und anschließender Subtraktion von 1 wird die stetige Risikomesszahl sodann in eine diskrete Risikomesszahl transformiert. Bei dem sich daraus ergebenden **Risikofaktor** (RF) handelt es sich um einen relativen Multiplikator für die Veränderung eines Referenzzinses. Die referenzzinsspezifischen Elastizitätsüberhänge (EÜt) zeigen jedoch die Sensitivität der Zinsspanne gegenüber absoluten Referenzzinsänderungen auf. Deshalb muss der Risikofaktor anschließend in einen absoluten Multiplikator überführt werden. Dies wird durch Multiplikation mit dem aktuellen Referenzzins erreicht. Schließlich resultiert das **referenzzinsspezifische Zinsspannenrisiko** $ZSPR_t^{EÜ}$ aus der multiplikativen Verknüpfung von referenzzinsspezifischem Elastizitätsüberhang, referenzzinsspezifischem Risikofaktor und aktuellem Niveau des jeweiligen Referenzzinses. Abbildung 223 fasst die Vorgehensweise zusammen.

Stufe 1	Definition der stetigen Veränderungsraten des relevanten Referenzzinssatzes (RZ_t) als Risikoparameter
Stufe 2	Berechnung der Standardabweichung der stetigen Veränderungsraten des (relevanten) Referenzzinssatzes (STD_t^{RZ})
Stufe 3	Bestimmung der referenzspezifischen Risikomesszahl (RMZ_t^{RZ}) durch Multiplikation der Standardabweichung der stetigen Veränderungsraten des (relevanten) Referenzzinssatzes mit dem gewünschten Z-Wert $(RMZ_t^{RZ} = \pm \text{ Z-Wert} \cdot STD_t^{RZ})$
Stufe 4	Ableitung des referenzspezifischen Risikofaktors (RF_t^{RZ}) durch Potenzierung der Eulerschen Zahl e mit der Risikomesszahl und anschließender Subtraktion von 1 $(RF_t^{RZ} = e^{RMZt} - 1)$
Stufe 5	Ermittlung des referenzspezifischen Zinsspannenrisikos $(ZSPR_t^{E\ddot{U}})$ durch Multiplikation von referenzspezifischem Elastizitätsüberhang $(E\ddot{U})$, referenzspezifischem Risikofaktor und aktuellem Niveau des (relevanten) Referenzzinses (RZ_t)

Abb. 223: Quantifizierung des Zinsspannenrisikos mittels referenzspezifischer Elastizitätsüberhänge

Bei der hier gewählten Vorgehensweise wird wiederum nur auf Teile des standardisierten Ablaufschemas zurückgegriffen. Eine vollständige formale Übertragung der Stufen des Grundmodells ist wegen der Berechnung des Zinsspannenrisikos als **relative Größe** nicht möglich, da der Value at Risk im Grundmodell als absoluter Wert berechnet wird. Gleichwohl entsprechen bei der hier vorgestellten Vorgehensweise die Elastizitätsüberhänge dem Risikovolumen und das Zinsspannenrisiko dem Value at Risk.

Um Aussagen über das **gesamte Zinsspannenrisiko** treffen zu können, ist zweierlei zu beachten: Zum einen müssen neben den Volatilitäten zusätzlich wiederum die paarweisen **Korrelationen** der Referenzzinsen berücksichtigt werden. Zum anderen ist zu beachten, dass das Risiko für eine durch aktivische und passivische Elastizitätsüberhänge charakterisierte Bilanz sowohl in der Gefahr sinkender als auch in der Gefahr steigender Zinsen besteht. Der Gegenläufigkeit in den einzelnen Laufzeitbereichen ist entweder über die Vorzeichen der Elastizitätsüberhänge bei der Aufstellung der Vektoren oder über veränderte Vorzeichen der relevanten Korrelationskoeffizienten Rechnung zu tragen. Aufgrund der fehlenden Linearität des natürlichen Logarithmus erfolgt eine Abweichung der Zinsspannenänderung, die sich bei einer negativen Standardabweichung ergibt, von derjenigen, die bei einer positiven Standardabweichung resultiert. Deshalb muss das gesamte Zinsspannenrisiko sodann sowohl in Abhängigkeit eines Zinsanstiegs als auch in Abhängigkeit einer Zinssenkung bestimmt werden. Aus Vorsichtsgründen ist der größere der beiden Risikowerte als Zinsspannenrisiko zu betrachten. Allgemein bestimmt sich das gesamte Zinsspannenrisiko somit nach folgender Formel:

$$\left. \begin{array}{c} \left[ZSPR\,{}_{3\,M.}^{E\ddot{U}} \quad ZSPR\,{}_{1\,J.}^{E\ddot{U}} \quad ZSPR\,{}_{5\,J.}^{E\ddot{U}} \right]. \\ \\ ZSPR^{E\ddot{U}} = \begin{bmatrix} 1 & KOR(RZ_{3\,M.},RZ_{1\,J.}) & KOR(RZ_{3\,M.},RZ_{5\,J.}) \\ KOR(RZ_{1\,J.},RZ_{3\,M.}) & 1 & KOR(RZ_{1\,J.},RZ_{5\,J.}) \\ KOR(RZ_{5\,J.},RZ_{3\,M.}) & KOR(RZ_{5\,J.},RZ_{1\,J.}) & 1 \end{bmatrix} \cdot \\ \\ \begin{bmatrix} ZSPR\,{}_{3\,M.}^{E\ddot{U}} \\ ZSPR\,{}_{1\,J.}^{E\ddot{U}} \\ ZSPR\,{}_{5\,J.}^{E\ddot{U}} \end{bmatrix} \end{array} \right.$$

Die vorstehend beschriebene allgemeine Vorgehensweise zur Messung des Zinsspannenrisikos mittels referenzzinsspezifischer Elastizitätsüberhänge soll nun beispielhaft anhand der in Abbildung 222 dargestellten Elastizitätsbilanz schrittweise erläutert werden. Die hierzu benötigten Bilanz- und Marktdaten sind Abbildung 224 zu entnehmen.

Hinsichtlich der Fristenstruktur der Zinssätze wird ein normaler Verlauf mit einem 3-Monats-Euribor von 3,396 %, einem einjährigen Kapitalmarktzins von 3,594 % und einem fünfjährigen Kapitalmarktzins von 5,875 % unterstellt. Die Standardabweichung der stetigen jährlichen Veränderungsraten des 3-Monats-Euribor betrage 18,349832 %, die der ein- und fünfjährigen Kapitalmarktzinsen jeweils 23,619033 % bzw. 24,599321 %. Als Z-Wert wird wiederum ein Wert in Höhe von 3 gewählt, der mit einer Wahrscheinlichkeit von 99,87 % verbunden ist.

Aktiva									Passiva
Ø Elastizität			Elastizitätsüberhang				Ø Elastizität		
3 M.	1 J.	5 J.	3 M.	1 J.	5 J.		3 M.	1 J.	5 J.
0,21	0,17	0,49	0,01	0,06	0,26		0,20	0,11	0,23

Referenz-zinsen	Aktuelles Niveau	Standard-abweichung*	Korrelationen		
			$RZ_{3M.}$	$RZ_{1J.}$	$RZ_{5J.}$
$RZ_{3M.}$	3,396 %	18,349832 %	1	0,785676	0,360641
$RZ_{1J.}$	3,594 %	23,619033 %	0,785676	1	0,750675
RZ_{5J}	5,875 %	24,599321 %	0,360641	0,750675	1

* Standardabweichung der jährlichen stetigen Veränderungsraten der 3-Monats-Euribor, des 1- und des 5-Jahres-Kapitalmarktzinses

Abb. 224: Bilanz- und Marktdaten zur Quantifizierung des Zinsspannenrisikos mittels referenzzinsspezifischer Elastizitätsüberhänge

Zur **referenzzinsspezifischen Zinsspannenrisikoberechnung** sei der Elastizitätsüberhang gegenüber dem 3-Monats-Euribor betrachtet. Da es sich um einen positiven Überhang handelt, besteht das Risiko für die Beispielbank in der Gefahr eines sinkenden 3-Monats-Euribor und berechnet sich wie folgt:

$$RMZ_{3\,M.}^{RZ} = -STD_{3\,M.}^{RZ} \cdot Z\text{-Wert} = -18{,}349832\,\% \cdot 3 = -55{,}049496\,\%$$

$$RF_{3\,M.}^{RZ} = e^{RMZ_{3\,M.}^{RZ}} - 1 = e^{-55{,}049496\,\%} - 1 = -42{,}333569\,\%$$

$$EÜ_{3\,M.} = \varnothing ZE_{3\,M.}^{A} - \varnothing ZE_{3\,M.}^{P} = 0{,}21 - 0{,}20 = 0{,}01$$

$$ZSPR_{3\,M.}^{EÜ} = EÜ_{3\,M.} \cdot RF_{3\,M.}^{RZ} \cdot RZ_{3\,M.} = 0{,}01 \cdot (-42{,}333569\,\%) \cdot 3{,}396\,\% = -0{,}01437\,\%$$

Der Berechnung der Risikomesszahl ist die negative Standardabweichung der jährlichen stetigen Veränderungsraten zugrunde gelegt. Es ergibt sich ein Wert in Höhe von -55,049496 %. Nach Potenzierung der Eulerschen Zahl e mit der Risikomesszahl und Subtraktion von 1 resultiert sodann ein Risikofaktor in Höhe von -42,333569 %. Dieser besagt, dass nur gerade in 1,3 von 1.000 Fällen der 3-Monats-Euribor innerhalb eines Jahres um mehr als 42,333569 % relativ sinkt. Aus der multiplikativen Verknüpfung des Risikofaktors mit dem referenzzinsspezifischen Elastizitätsüberhang in Höhe von 0,01 und dem aktuellen Niveau des 3-Monats-Euribor in Höhe von 3,396 % errechnet sich das Zinsspannenrisiko gegenüber dem 3-Monats-Euribor schließlich zu 0,014376 %. Das heißt, die Zinsspanne sinkt als Reaktion auf eine Veränderung des 3-Monats-Euribor innerhalb eines Jahres mit einer Wahrscheinlichkeit von weniger als 0,13 % um mehr als absolut 0,014376 %.

In Analogie zur Berechnung des referenzzinsspezifischen Zinsspannenrisikos bezüglich des 3-Monats-Euribor berechnen sich die Zinsspannenrisiken hinsichtlich des 1- und 5-Jahres-Kapitalmarktzinses entsprechend zu:

$$ZSPR_{1\,J.}^{EÜ} = EÜ_{1\,J.} \cdot RF_{1\,J.}^{RZ} \cdot RZ_{1\,J.} = 0{,}06 \cdot (-50{,}765274\,\%) \cdot 3{,}594\,\% = -0{,}109470\,\%$$

$$ZSPR_{5\,J.}^{EÜ} = EÜ_{5\,J.} \cdot RF_{5\,J.}^{RZ} \cdot RZ_{5\,J.} = 0{,}26 \cdot (-52{,}192116\,\%) \cdot 5{,}875\,\% = -0{,}797235\,\%$$

Die Zinsspanne sinkt als Reaktion auf eine Veränderung des 1-Jahres-Kapitalmarktzinses (5-Jahres-Kapitalmarktzinses) innerhalb eines Jahres mit einer Wahrscheinlichkeit von weniger als 0,13 % um mehr als 0,109470 % (0,797235 %) absolut.

Bei perfekt positiv korrelierten Risikoparametern würde sich das **gesamte Zinsspannenrisiko** aus der Addition der referenzzinsspezifischen Zinsspannenrisiken ergeben und betrüge -0,921081 % (= (-0,014376 %) + (-0,109470 %) + (-0,797235 %)). Unter Berücksichtigung der in Abbildung 224 dargestellten paarweisen Korrelationen zwischen den stetigen Veränderungsraten des 3-Monats-Euribor, des 1-Jahres- und des 5-Jahres-Kapitalmarktzinses, errechnet sich das gesamte Zinsspannenrisiko jedoch zu:

$$ZSPR^{E\ddot{U}} = \begin{array}{l} \begin{bmatrix} 0{,}01 \cdot 3{,}396\,\% & 0{,}06 \cdot 3{,}594\,\% & 0{,}26 \cdot 5{,}875\,\% \\ \cdot (e^{-55{,}049496\,\%} - 1) & \cdot (e^{-70{,}857099\,\%} - 1) & \cdot (e^{-73{,}797963\,\%} - 1) \end{bmatrix} \cdot \\[2mm] \begin{bmatrix} 1 & 0{,}785676 & 0{,}360641 \\ 0{,}785676 & 1 & 0{,}750675 \\ 0{,}360641 & 0{,}750675 & 1 \end{bmatrix} \cdot \\[2mm] \begin{bmatrix} 0{,}01 \cdot 3{,}396\,\% \cdot (e^{-55{,}049496\,\%} - 1) \\ 0{,}06 \cdot 3{,}594\,\% \cdot (e^{-70{,}857099\,\%} - 1) \\ 0{,}26 \cdot 5{,}875\,\% \cdot (e^{-73{,}797963\,\%} - 1) \end{bmatrix} \end{array}$$

$$= 0{,}888561\,\%$$

Wie obige Rechnung verdeutlicht, ist das gesamte Zinsspannenrisiko geringer als die Summe der referenzzinsspezifischen Zinsspannenrisiken. Bedingt durch die Berücksichtigung der Korrelationseffekte sinkt das Risiko von 0,921081 % auf 0,888561 %. Der risikoreduzierende Effekt beläuft sich damit auf 0,03252 %.

LITERATURHINWEISE

BÜHLER, A. (2000)
CONSBRUCH, J. ET AL. (1983)
FABOZZI, F. J. (1991)
FISHER, L./WEIL, R. L. (1971)
HO, T. S. Y. (1992)
KÖPF, G. (1987)
LEE, D. R. (1981)
MACAULAY, F. R. (1938)
ROLFES, B. (1985)
SCHOLZ, W. (1979)
STEINBERG, R. (1999)

CHAMBERS, D./CARLETON, W. (1988)
ELLER, R. (1991)
FIEBACH, G. (1994)
GROSS, H./KNIPPSCHILD, M. (2001)
HORNBACH, C. (2010)
KUDERNATSCH, M. (2010)
LISTER, M. (1997)
RINKER, A.(1997)
ROLFES, B. (1989)
SCHWANITZ, J. (1996)
WITTROCK, C./JANSEN, S. (1996)

III. Das Währungsrisiko

Die große Bedeutung der Devisenmärkte für international tätige Banken wird deutlich, wenn man die täglich umgesetzten Marktvolumina und deren Wachstumsraten betrachtet. Während das Volumen des globalen Devisenhandels 1973 noch 10 bis 20 Milliarden USD pro Tag betrug, waren es 1986 bereits etwa 200 Milliarden USD und 1995 mehr als 1.300 Milliarden USD. Im Jahr 2000 erreichte das tägliche Volumen sogar bereits 1.800 Milliarden USD (BOFINGER 2000 und KLEINERT/MOSDORF 1998). Im Oktober 2011 betrug das tägliche Handelsvolumen gemäß der Bank für internationalen Zahlungsausgleich 4,7 Billionen USD.

Grundlage sämtlicher Devisengeschäfte bildet der Wechselkurs. Wechselkurse können in Form einer direkten Notierung (auch Preisnotierung) oder einer indirekten Notierung (auch Mengennotierung) dargestellt werden (vgl. Tabelle 110). Die **direkte Notierung** definiert, wie viele Einheiten der Inlandswährung für eine Einheit der Fremdwährung bezahlt werden müssen. Aus Sicht einer deutschen Bank stünde demnach der Euro im Zähler, die Fremdwährung im Nenner. Die im Zähler stehende Währung wird auch als **Referenzwährung** bezeichnet, jene im Nenner als **Denominationswährung**. Bei der **indirekten Notierung** wird die Frage beantwortet, wie viele Einheiten Fremdwährung für eine Einheit Inlandswährung geleistet werden müssen. International herrscht zunehmend die indirekte Notierung vor, weshalb mit dem Beginn der Europäischen Währungsunion am 01.01.1999 die indirekte Notierung eingeführt wurde. Da bei der direkten Notierung Fremdwährungszahlungen durch Multiplikation in Inlandswährung umgerechnet werden können, wird allerdings in der Folge aus didaktischen Gründen die direkte Notierung der indirekten vorgezogen. Gleichzeitig wird aber bei grundlegenden Erkenntnissen auf Gemeinsamkeiten und Unterschiede in Bezug auf die indirekte Notierung eingegangen, um der neuen Tendenz Rechnung zu tragen.

	direkte Notierung am 01.01.01	indirekte Notierung am 01.01.01
Heimmarkt Deutschland:	1 USD = 1,06 EUR oder 1,06 EUR/USD	1 EUR = 0,94 USD oder 0,94 USD/EUR
Heimmarkt Schweiz:	1 USD = 1,61 EUR oder 1,61 EUR/USD	1 EUR = 0,62 USD oder 0,62 USD/EUR

Tabelle 110: Direkte und indirekte Notierung von Wechselkursen

Entsprechend der Unterteilung in Bargeld und Buchgeld bei inländischen Zahlungsmitteln werden ausländische Zahlungsmittel in Sorten und Devisen differenziert. Unter **Sorten** werden ausländische Banknoten und Münzen verstanden. **Devisen** sind auf ausländische Währungen lautende und im Ausland zahlbare Forderungen resp. Verpflichtungen wie Fremdwährungsguthaben bei ausländischen Banken, Schecks oder Wechsel in Fremdwährung, die im Ausland zahlbar sind. Der **Devisenmarkt** kann verstanden werden als der „Ort" des Zusammentreffens von Angebot und Nachfrage nach unterschiedlichen Devisen.

Unter **Devisenhandel** im weiteren Sinn lässt sich sowohl der ausschließlich über Fremdwährungsguthaben abgewickelte Interbankenhandel als auch der im Geschäft zwischen Banken und Nichtbanken zusätzlich stattfindende Verkehr mit Schecks und Wechseln in Fremdwährung subsumieren. Der Devisenhandel im engeren Sinne umfasst ausschließlich den An- und Verkauf von Devisen gegen Inlandswährung oder andere Währungen auf der Basis von individuell zwischen den Geschäftspartnern fixierten Austauschverhältnissen, den Devisenkursen.

Die grenzüberschreitenden Handels- und Finanzgeschäfte heutiger Prägung wären ohne die entsprechende Nutzung von Devisenmärkten undenkbar. Infolge eines hohen Grades an wirtschaftlicher Integration werden auf den Devisenmärkten riesige Volumina umgesetzt. Auf diesen besteht sowohl im Kassa- als auch im Terminhandel jederzeit die Möglichkeit, Verträge über den Tausch von Währungsbeträgen abzuschließen. Die Devisengeschäfte werden sowohl zum Zahlungsausgleich im Zusammenhang mit Im- und Exporten von Waren und Dienstleistungen, internationalen Portfolioumschichtungen und Direktinvestitionen als auch zur Kursspekulation und als Interventionsmittel der offiziellen Währungsbehörden eingesetzt.

In den weiteren Ausführungen wird in einem ersten Schritt das Devisenhandelsgeschäft betrachtet. In einem zweiten Schritt folgen die Quantifizierung des Risikos von Fremdwährungsgeschäften aus handelsrechtlicher und barwertiger Sicht und die Darstellung spezifischer Steuerungsmöglichkeiten.

1. Das Devisenhandelsgeschäft und dessen Instrumente

Der Handel an den internationalen Devisenmärkten findet in zwei Hauptsegmenten statt, dem Devisenkassa- und dem Devisenterminhandel (vgl. Abbildung 225).

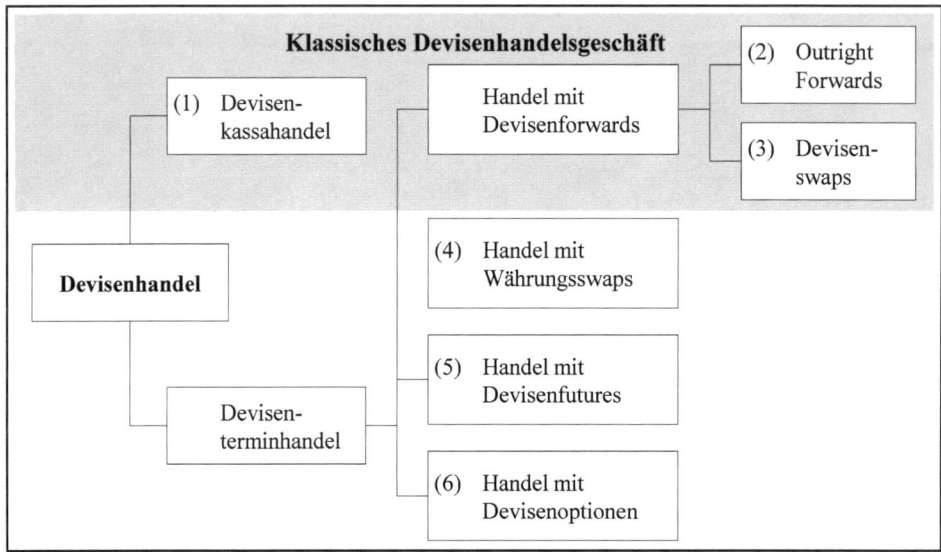

Abb. 225: Struktur des Devisenhandelsgeschäfts

Im Devisenterminhandel lassen sich die Segmente Devisenforward-, Währungsswap-, Devisenfutures- und Devisenoptionshandel unterscheiden. Zusammen mit dem Devisenkassahandel bildet der Devisenforwardhandel mit seinen Teilsegmenten Outright- und Devisenswaphandel das, was im klassischen Sinn allgemein unter dem Begriff des Devisenhandels subsumiert wird.

Zu (1):

Beim **Devisenkassageschäft** (auch Devisenspotgeschäft) wird eine Fremdwährung gegen eine andere Fremdwährung oder gegen eine Lokalwährung gekauft oder verkauft. Zwischen Abschluss und Erfüllung liegen zwei Arbeitstage. Der vereinbarte Kurs wird als Devisenkassakurs bezeichnet und kann in den genannten Notierungen definiert sein.

Zu (2):

Von einem **Outright-Geschäft** (auch Devisentermingeschäft) wird gesprochen, wenn beide Kontrahenten vereinbaren, die gegenseitig verkauften Devisen erst zu einem späteren als dem marktüblichen Kassatermin zu erfüllen, wobei der Zeitpunkt der Erfüllung (Termin) und der für die Erfüllung geltende Kurs (Terminkurs) bereits beim Abschluss des Geschäfts festgelegt werden. Der vereinbarte Zeitraum zwischen Verpflichtungsgeschäft und Erfüllungsgeschäft stellt die Laufzeit des Termingeschäfts dar. Der Devisenterminmarkt unterscheidet sich vom Devisenkassamarkt in erster Linie dadurch, dass die Erfüllung (Lieferung und Zahlung) zu einem mehr als zwei Geschäftstage entfernten Zeitpunkt erfolgt.

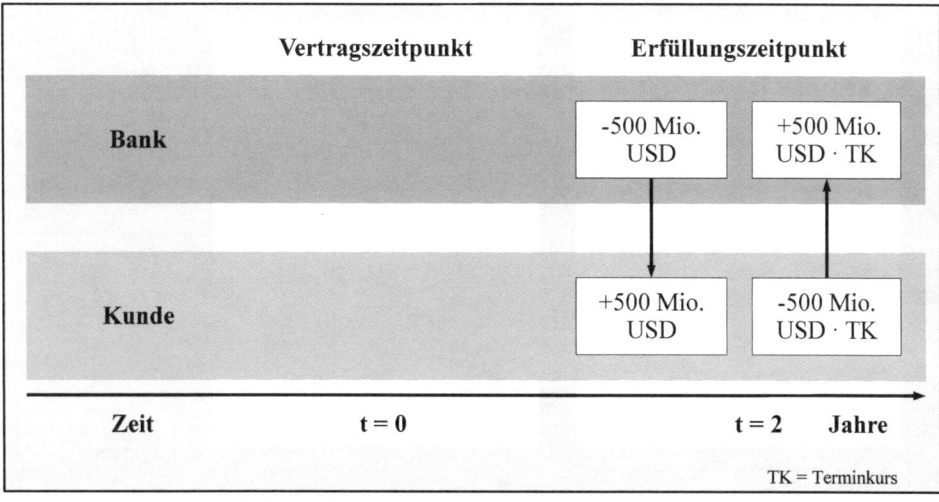

Abb. 226: Beispiel eines Outright-Geschäfts

Abbildung 226 zeigt beispielhaft ein Outright-Geschäft, bei dem die Bank 500 Mio. USD gegen eine bestimmte Summe an EUR in t = 2 tauscht, wobei das Geschäft zu einem festgelegten Terminkurs in t = 0 abgeschlossen wird. Zur Ermittlung des **Terminkurses** bedient man sich bei unterstellter Vollkommenheit der Finanzmärkte der Zinsparitätentheorie, welche eine Beziehung zwischen den Zinssätzen im In- und Ausland sowie den Termin- und Kassawechselkursen herstellt. Diese Beziehung kann anhand einer arbitragefreien Replikation des Grundgeschäfts hergeleitet werden: Die Bank könnte anstelle dieses Outright-Geschäfts in inländischer oder ausländischer Währung Geldmarktfinanzierungs- und Geldmarktanlagegeschäfte tätigen und dadurch das Outright-Geschäft synthetisch herstellen. Der Terminkurs müsste also so gewählt werden, dass beide Alternativen dieselben Tauschbedingungen ergeben, da sich ansonsten Arbitragemöglichkeiten ergeben würden. Die Berechnung des Terminkurses setzt demnach die Kenntnis über den Kassakurs und die Geld- und Kapitalmarktzinsen in der jeweiligen Währung voraus.

Wird das kontrahierte Fremdwährungsvolumen in t = n mit (-F) bezeichnet, so errechnet sich der Gegenwert in Inlandswährung zum Zeitpunkt t = n, indem das Kontraktvolumen mit dem Terminkurs multipliziert wird (F · Terminkurs). Diese beiden Zielcashflows in t = n gilt es, mithilfe von Alternativtransaktionen zu erzeugen. In einem ersten Schritt kann die Auszahlung in Fremdwährung in t = n in Form einer Geldmarktfinanzierung in Fremdwährung über n Jahre erzeugt werden. Das Kapital ist so zu wählen, dass bei Fälligkeit des Geschäfts inklusive Zinsen exakt die kontrahierte Auszahlung (- F) zurückzuzahlen ist. In t = 0 ist somit ein Betrag in Höhe von F · ZB-$_{AFFremdwährung}$ [0;n] aufzunehmen. In einem zweiten Schritt erfolgt ein Kassakauf inländische gegen ausländische Währung, um den Betrag aus der Geldmarktfinanzierung auszugleichen. Die hieraus resultierende Einzahlung in inländischer Währung ist in einem weiteren Schritt durch eine Geldmarktanlage in Höhe von - F · ZB-AF$_{FW}$[0;n] · Kassakurs zu kompensieren, damit sich die beiden Zahlungsströme in Inlandswährung zum Zeitpunkt t = 0 genau ausgleichen. Die Rückzahlung der inländischen Geldmarktanlage wird im Zeitpunkt $t = n$ genau $F \cdot$ ZB-AF$_{\text{Fremdwährung}}[0,n]$ / ZB-AF$_{\text{Inlandswährung}}[0,n] \cdot$ Kassakurs betragen.

Grundgeschäft			
Zeitpunkt		$t = 0$	$t = n$
Zielcashflows	FW		$- F$
	IW		$F \cdot TK$
Replikation			
Zeitpunkt		$t = 0$	$t = n$
Geldmarktfinanzierung in Fremdwährung	FW	$F \cdot \text{ZB-AF}_{FW}[0;n]$	$- F$
	IW		
Kassakauf	FW	$- F \cdot \text{ZB-AF}_{FW}[0;n]$	
	IW	$F \cdot \text{ZB-AF}_{FW}[0;n] \cdot KK$	
Geldmarktanlage in Inlandswährung	FW		
	IW	$- F \cdot \text{ZB-AF}_{FW}[0;n] \cdot KK$	$F \cdot \dfrac{\text{ZB-AF}_{FW}[0;n]}{\text{ZB-AF}_{IW}[0;n]} \cdot KK$

Tabelle 111: Replikation eines Outright-Geschäfts

mit: F = Kontrahiertes Fremdwährungsvolumen; FW = Fremdwährung; IW = Inlandswährung; KK = Kassakurs; TK = Terminkurs; ZB-AF = Zerobond-Abzinsfaktor; „-" = Auszahlung; „+" = Einzahlung

Die allgemein gehaltene Darstellung eines Replikationsprozesses wird im Folgenden anhand der in Tabelle 112 gegebenen Daten konkretisiert, wobei die Zerobond-Abzinsfaktoren bereits aus der Zinsstruktur berechnet wurden.

	Laufzeit 1 Jahr	Laufzeit 2 Jahre
GKM-Zinssatz EUR	4 %	5 %
ZB-AF EUR	0,96154	0,90659
GKM-Zinssatz USD	5 %	6 %
ZB-AF USD	0,95238	0,88949
Kassakurs	1,0732 EUR/USD	

Tabelle 112: Wechselkurs und Zinsen resp. Zerobond-Abzinsfaktor (ZB-AF) für das Beispiel in $t = 0$

Das Outright-Geschäft entspricht dem Beispiel in Abbildung 226. Aus Sicht der Bank entsteht dabei eine Forderung in EUR, welche sich aus 500 Mio. USD multipliziert mit dem Terminkurs zusammensetzt. Wie in Tabelle 113 dargestellt, steht dieser Forderung eine Verbindlichkeit von 500 Mio. USD gegenüber. Die Replikation der USD Verbindlichkeit in $t = 2$ wird, wie bereits dargestellt, anhand einer Geldmarktfinanzierung in USD mit einer Rückzahlung in $t = 2$ von 500 Mio. USD erzeugt. In $t = 0$ wird daher ein Betrag in Höhe von 444,75 Mio. USD (=

500 Mio. USD · 0,88949) aufgenommen. Dieser Betrag wird in EUR gewechselt und über zwei Jahre angelegt und ist im Zeitpunkt t = 2 526,48 Mio. EUR (= 477,30 Mio. EUR / 0,90659) wert.

Grundgeschäft			
Zeitpunkt		t = 0	t = n
Zielcashflows	USD		-500 Mio. USD
	EUR		500 Mio. USD · TK
Replikation			
Zeitpunkt		t = 0	t = n
Geldmarktfinanzierung in USD	USD	444,75 Mio. USD	-500 Mio. USD
	EUR		
Kassakauf	USD	-444,75 Mio. USD	
	EUR	477,30 Mio. EUR	
Geldmarktanlage in EUR	USD		
	EUR	-477,30 Mio. EUR	526,48 Mio. EUR

Tabelle 113: Bestimmung des arbitragefreien Devisenterminkurses durch Replikation der typischen Zahlungsstruktur eines Outright-Geschäfts

mit: TK = Terminkurs; „-" = Auszahlung; „+" = Einzahlung

Unter der Voraussetzung, dass Zerobonds mit entsprechendem Volumen und entsprechender Laufzeit handelbar sind, lässt sich durch diese Vorgehensweise die typische Cashflowstruktur eines Outright-Geschäfts durch eine Kombination aus zwei Geldmarktgeschäften und einem Devisenkassageschäft replizieren (vgl. Tabelle 113). Aus der Schlusszahlung der EUR-Anlage kann direkt der arbitragefreie Terminkurs abgeleitet werden, indem die beiden Zielcashflows gleichgesetzt werden:

$$526{,}48 \text{ Mio. EUR} = 500 \text{ Mio. USD} \cdot TK$$

Löst man nach dem Terminkurs auf, ergibt sich dieser wie folgt:

$$TK = \frac{526{,}48 \text{ Mio. EUR}}{500 \text{ Mio. USD}} = 1{,}0530 \frac{EUR}{USD}$$

Allgemein lässt sich aus Tabelle 111 für den Terminkurs die folgende Formel ableiten:

$$F \cdot \frac{ZB\text{-}AF_{FW}[0;n]}{ZB\text{-}AF_{IW}[0;n]} \cdot KK = F \cdot TK$$

und damit

$$TK = \frac{ZB\text{-}AF_{FW}[0;n]}{ZB\text{-}AF_{IW}[0;n]} \cdot KK$$

Mit der Verwendung von Denominationswährung und Referenzwährung kann die Formel für den Terminkurs bei der direkten Notierung auch wie folgt geschrieben werden:

$$TK = \frac{\text{ZB-AF}_D[0;n]}{\text{ZB-AF}_R[0;n]} \cdot KK$$

mit: ZB-AF$_D$(0,t) = Zerobond-Abzinsfaktor der Denominationswährung und ZB-AF$_R$(0,t) = Zerobond-Abzinsfaktor der Referenzwährung

Für den Fall unterjähriger Devisenforwards lässt sich der Terminkurs formell auch folgendermaßen darstellen:

$$TK = \frac{\left(1 + i_R \cdot \dfrac{t_R}{\text{Basis}_R}\right)}{\left(1 + i_D \cdot \dfrac{t_D}{\text{Basis}_D}\right)} \cdot KK$$

mit: R = Referenzwährung; D = Denominationswährung; i_R, i_D = Zinssätze in den betroffenen Währungen; t_R, t_D = Laufzeit in Tagen gemäß Usance der jeweiligen Währungen; Basis$_R$, Basis$_D$ = Länge des Geschäftsjahres in Tagen gemäß Usance der jeweiligen Währungen

Somit würde sich beispielsweise in t = 0 bei Verwendung der internationalen Usance (actual/360) für eine Laufzeit von 176 Tagen, einem unterstellten Kassakurs von 1,0732 EUR/USD, einem EUR-Zinssatz von 4 % sowie einem USD-Zinssatz von 5 % ein gleichgewichtiger USD-Terminkurs von exakt

$$TK = \frac{\left(1 + 0,04 \cdot \dfrac{176}{360}\right)}{\left(1 + 0,05 \cdot \dfrac{176}{360}\right)} \cdot 1,0732\frac{\text{EUR}}{\text{USD}} = 1,0681\frac{\text{EUR}}{\text{USD}}$$

ergeben.

Bei dem in Tabelle 113 dargestellten Vorgehen zur Replikation eines Outright-Geschäfts wurde unterstellt, dass Zerobonds abgeschlossen werden können. Tatsächlich müsste in der Praxis aber die Replikation i. d. R. mithilfe von Geld- und Kapitalmarktgeschäften durchgeführt werden, wodurch die Replikation an Komplexität zunimmt. Tabelle 114 beinhaltet die konkret abzuschließenden Geldmarkt-Alternativgeschäfte, die zur Replikation eines Outright-Verkaufs von 500 Mio. USD gegen EUR fällig in zwei Jahren notwendig wären. Die Replikation des Outright-Geschäfts erfolgt zunächst, indem zur Erzeugung des Zielcashflows von -500 Mio. USD in t = 2 eine zweijährige GKM-Geldaufnahme über 471,70 Mio. USD erfolgt. Diese löst bei ihrer Fälligkeit inklusive Zins (6 % p. a.) exakt die gewünschte Auszahlung aus. Des Weiteren ist durch eine GKM-Anlage die Zahlung in t = 1 glattzustellen. Die aus den beiden GKM-Geschäften resultierende Nettoeinzahlung von +444,75 Mio. USD (= 471,70 + (-26,95)) ist durch einen entsprechenden Kassaverkauf gegen USD zu neutralisieren. Es sind somit zwei Einzeltransaktionen nötig, um die Auszahlung von -500 USD in t = 2 zu replizieren. Die resultierende Nettoeinzahlung in Höhe von +444,75 Mio. USD wird kompensiert durch einen Kassakauf EUR gegen USD zu einem Kassakurs von 1,0732 EUR/USD.

	in Mio. USD		
Zeitpunkt	t = 0	t = 1	t = 2
Geldaufnahme zu 6 % (2 J.)	471,70	-28,30	-500,00
Geldanlage zu 5 % (1 J.)	-26,95	28,30	
Saldo aus GKM-Geschäften	444,74	0,00	-500,00
Kassageschäft zu 1,0732 EUR/USD	-444,74		
Netto Cashflows	0,00	0,00	**-500,00**
	in Mio. EUR		
Zeitpunkt	t = 0	t = 1	t = 2
Kassageschäft zu 1,0732 EUR/USD	+477,30		
Geldanlage zu 5 % (2 J.)	-501,41	25,07	526,48
Geldaufnahme zu 4 % (1 J.)	24,11	-25,07	
Saldo aus GKM-Geschäften	477,30	0	526,48
Netto Cashflows	0	0	**526,48**

Tabelle 114: Konstruktion eines 2-Jahres-Outright-Geschäfts anhand von Geld- und Kapitalmarktgeschäften

Mit dem Kassakauf erhält die Bank einen Zufluss an EUR in Höhe von +477,30 Mio. EUR (= 444,74 Mio. USD · 1,0732 EUR/USD), welcher wiederum durch Geld- und Kapitalmarktgeschäfte in EUR kompensiert wird. Um auf den Anlagebetrag von -501,41 EUR zu kommen, muss in einem ersten Schritt der zu kompensierende Betrag in Höhe von 477,30 Mio. EUR in den Wert in t = 2 umgewandelt werden. Dies erreicht man, indem dieser durch den ZB-AF$_{EUR}$[0,2] dividiert wird (477,30 Mio. EUR / 0,90659). In einem zweiten Schritt kann ausgehend vom Future Value der Anlagebetrag in Höhe von 526,48 Mio. EUR berechnet werden. Außerdem ist in EUR eine Anlage dergestalt zu konstruieren, dass der Cashflow in t = 1 null beträgt. Der **arbitragefreie Terminkurs** lässt sich nun direkt aus dem Quotienten aus EUR-Zahlung und USD-Zahlung in t = 2 ableiten. Im gewählten Beispiel beträgt er 526,48 EUR / 500 USD = 1,053 EUR/USD und entspricht damit dem Wert aus Tabelle 113.

Zu (3):

In der Kategorie Devisenswap (nicht zu verwechseln mit einem Währungsswap) kann der Spot-Forward- vom Forward-Forward-Devisenswap unterschieden werden. Der wichtigste Devisenswap, der **Spot-Forward-Devisenswap**, stellt eine Kombination von Kassakauf und Terminverkauf oder umgekehrt dar. Abbildung 227 zeigt beispielhaft einen Spot-Forward-Devisenswap, bei dem vonseiten der Bank ein Devisenkassakauf von 500 Mio. USD gegen 536,6 Mio. EUR in t = 0 erfolgt. Gleichzeitig wird im Rahmen eines Outright-Geschäfts ein

Devisenterminverkauf in Höhe von 500 Mio. USD gegen 531,5 Mio. EUR abgeschlossen, welcher in einem Jahr fällig wird.

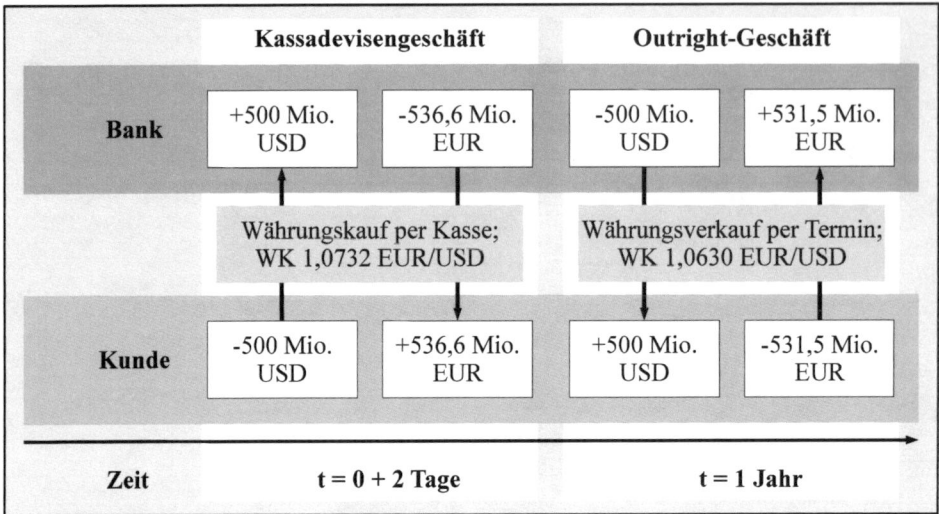

Abb. 227: Beispiel für einen Spot-Forward-Swap

Der **Swapsatz** ergibt sich aus der Differenz zwischen Terminkurs und Kassakurs. Im vorliegenden Fall des einjährigen Devisenforwards beträgt er folglich

$$1,0630 - 1,0732 = -0,0102 \text{ EUR/USD}.$$

Alternativ kann der Swapsatz auch direkt über den Quotienten der Zerobond-Abzinsfaktoren der beteiligten Währungen berechnet werden:

$$\text{Swapsatz} = TK - KK = \left(\frac{\text{ZB-AF}_D[0;n]}{\text{ZB-AF}_R[0;n]} - 1 \right) \cdot KK$$

bzw. für das Beispiel

$$\text{Swapsatz} = \left(\frac{0,95238}{0,96154} - 1 \right) \cdot 1,0732 \frac{\text{EUR}}{\text{USD}} = 0,0102 \frac{\text{EUR}}{\text{USD}}$$

Von einem Forward-Forward Swap spricht man, wenn sich der Devisenswap aus einer Kombination von zwei Outright-Geschäften mit unterschiedlicher Laufzeit zusammensetzt. Die Berechnung des Swapsatzes erfolgt analog zum Spot-Forward Swap, wobei der Kassakurs durch den Terminkurs des Outright-Geschäfts mit kürzerer Laufzeit ersetzt wird. Für das Beispiel in Abbildung 228 berechnet sich der Swapsatz dementsprechend aus dem zweijährigen abzüglich des einjährigen Terminkurses:

$$\text{Swapsatz} = 1,0530 \frac{\text{EUR}}{\text{USD}} - 1,0630 \frac{\text{EUR}}{\text{USD}} = -0,01 \frac{\text{EUR}}{\text{USD}}$$

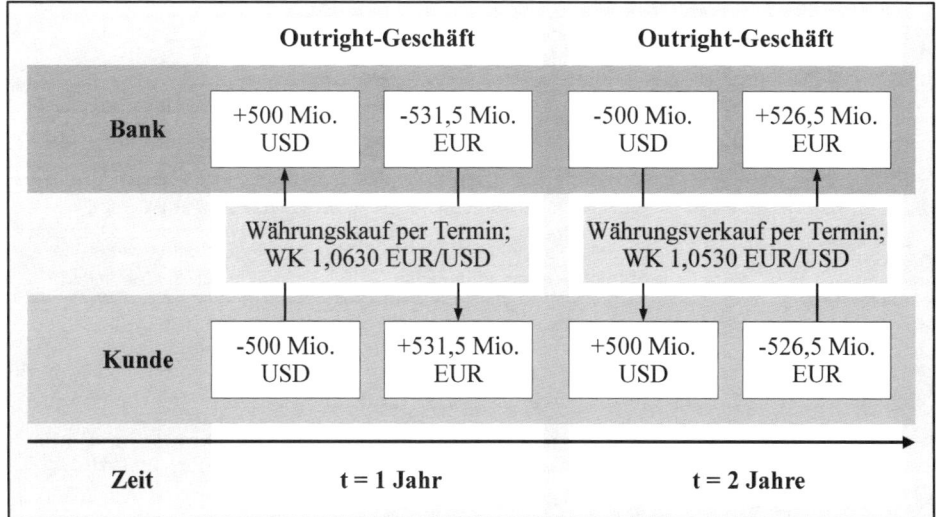

Abb. 228: Beispiel für einen Forward-Forward-Swap

Je nachdem, ob es sich beim ersten Währungstausch um einen Devisenkauf oder -verkauf handelt, wird im internationalen Devisenterminhandel von sogenannten **Buy-and-sell-Swaps** bzw. **Sell-and-buy-Swaps** gesprochen. Im vorherigen Beispiel handelte es sich aus Sicht der Bank demnach um einen Buy-and-sell-Swap.

Zusammenfassend kann festgehalten werden, dass für die Höhe des Swapsatzes primär die Differenz in den Zinssätzen, die am internationalen Markt für die betreffenden Währungen offeriert werden, entscheidend sind. Im Falle niedrigerer Auslandszinsen fällt der Swapsatz positiv aus. Die zugrunde liegende Währung notiert mit einem **Report (Premium)**. Wird unter dieser Konstellation ein Buy-and-sell-Swap oder ein Outright-Verkauf abgeschlossen, so ist die Summe der Einzahlungen größer als jene der Auszahlungen. Bei Sell-and-buy-Swaps sowie Outright-Käufen tritt das Gegenteil ein. Im Fall höherer Auslandszinsen ist der Swapsatz negativ, und die Fremdwährung notiert mit einem **Deport (Discount)**. Die erfolgsmäßigen Auswirkungen der angesprochenen Transaktionen sind in diesem Fall genau entgegengesetzt zum Reportfall. Sind ausländischer und inländischer Zinssatz gleich hoch, so entspricht der Devisenterminkurs exakt dem Devisenkassakurs. In diesem Fall sind die Einzahlungen und die Auszahlungen identisch. Tabelle 115 fasst diesen Tatbestand noch einmal tabellarisch zusammen. Zu beachten ist, dass sich durch Anwendung der indirekten Notierung die Zuordnung von Report und Deport gerade umkehrt.

Swapsätze	Transaktion	
	Buy-and-sell-Swap	**Sell-and-buy-Swap**
Null (TK = KK)	Summe der Einzahlungen gleich Summe der Auszahlungen	Summe der Einzahlungen gleich Summe der Auszahlungen
Report (TK > KK)	Summe der Einzahlungen größer als Summe der Auszahlungen	Summe der Einzahlungen kleiner als Summe der Auszahlungen
Deport (TK < KK)	Summe der Einzahlungen kleiner als Summe der Auszahlungen	Summe der Einzahlungen größer als Summe der Auszahlungen

Tabelle 115: Erfolgsbeiträge im Devisenterminhandel bei unterschiedlichen Swapstellen

Devisenswaps erlauben den beiden beteiligten Parteien, einen bestimmten Devisenbetrag für einen bestimmten Zeitraum im Austausch gegen einen anderen Währungsbetrag zu nutzen. Sie werden vorwiegend zur Kurssicherung und zum Ausgleich bzw. gezielten Aufbau von Fristeninkongruenzen bei Devisenzahlungsströmen eingesetzt, wie später noch gezeigt wird.

Zu (4):

Im Rahmen eines **Währungsswaps** verkaufen sich zwei Vertragsparteien gegenseitig Fremdwährungsbeträge mit der vertraglichen Verpflichtung, dieselben Beträge zu einem fixierten Wechselkurs an einem bestimmten Zeitpunkt in der Zukunft zurückzukaufen. Ein Währungsswap vollzieht sich grundsätzlich in drei Schritten:

1. gegenseitiger Austausch der Finanzierungsmittel zu dem bei Swapabschluss geltenden Kassa-Wechselkurs,

2. jährlicher oder halbjährlicher Austausch der anfallenden Zinszahlungen auf der Grundlage der ausgetauschten Nominalbeträge und der vereinbarten Zinssätze sowie

3. Rücktausch der Kapitalbeträge am Ende der Laufzeit des Swaps zu einem festgelegten Kurs (meist zum ursprünglichen zu Beginn der Laufzeit des Swaps geltenden Kassakurs).

Neben dem Motiv der Wechselkurssicherung tritt häufig auch die Nutzung von Arbitragemöglichkeiten auf. Zur Veranschaulichung der Struktur von Währungsswaps sowie der sich eventuell bietenden Arbitragemöglichkeit mit diesem Geschäft dient nachstehendes Beispiel aus Abbildung 229.

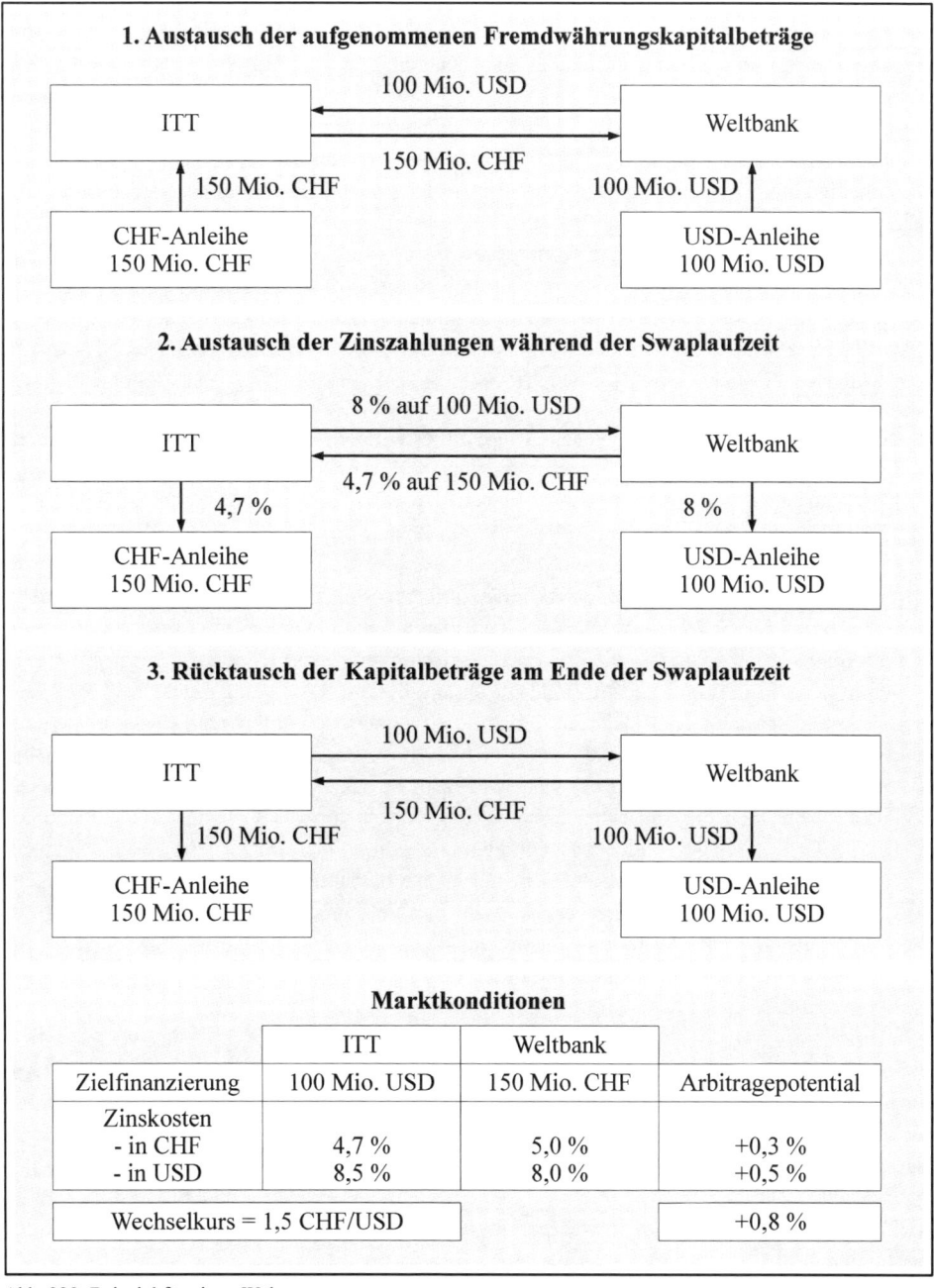

1. Austausch der aufgenommenen Fremdwährungskapitalbeträge

ITT ← 100 Mio. USD — Weltbank
ITT — 150 Mio. CHF → Weltbank

150 Mio. CHF ↑ ITT
100 Mio. USD ↑ Weltbank

CHF-Anleihe
150 Mio. CHF

USD-Anleihe
100 Mio. USD

2. Austausch der Zinszahlungen während der Swaplaufzeit

8 % auf 100 Mio. USD
4,7 % auf 150 Mio. CHF

ITT — Weltbank

4,7 %

8 %

CHF-Anleihe
150 Mio. CHF

USD-Anleihe
100 Mio. USD

3. Rücktausch der Kapitalbeträge am Ende der Swaplaufzeit

100 Mio. USD
150 Mio. CHF

ITT — Weltbank

150 Mio. CHF ↓

100 Mio. USD ↓

CHF-Anleihe
150 Mio. CHF

USD-Anleihe
100 Mio. USD

Marktkonditionen

	ITT	Weltbank	
Zielfinanzierung	100 Mio. USD	150 Mio. CHF	Arbitragepotential
Zinskosten - in CHF - in USD	4,7 % 8,5 %	5,0 % 8,0 %	+0,3 % +0,5 %
Wechselkurs = 1,5 CHF/USD			+0,8 %

Abb. 229: Beispiel für einen Währungsswap

Dem folgenden Beispiel liegt ein CHF-Bedarf der Weltbank zugrunde. Diese ist zwar an sämtlichen Anleihemärkten ein geschätzter Schuldner. Sie kann den Markt eines bestimmten Landes allerdings nicht unbegrenzt in Anspruch nehmen.

Eine spürbare Sättigung mit Weltbankpapieren war beispielsweise Anfang der 1980er-Jahre auf dem Schweizer Kapitalmarkt zu verzeichnen. Daher musste die Weltbank für CHF trotz erstklassiger Bonität eine Prämie gegenüber schwächeren Adressen auf dem Schweizer Kapitalmarkt bezahlen (5 % statt wie beispielsweise ITT nur 4,7 %), wohingegen auf dem größeren Markt für langfristige USD-Anleihen keine Sättigungsgrenze bestand und die Bonität der Bank sich hier auch in guten Konditionen widerspiegelte (nur 8 % statt wie beispielsweise ITT 8,5 %). Gleichzeitig konnte die amerikanische Gesellschaft ITT, die USD benötigte, allerdings am USD-Markt nicht ein solches Standing wie die Weltbank aufweist (demnach nur 8,5 %), auf dem Schweizer Kapitalmarkt günstigere Konditionen als die Weltbank erzielen (4,7 %). Insgesamt ergibt sich aus den für die Weltbank sowie für ITT gültigen Marktkonditionen ein Gesamt-Arbitragepotenzial von 0,8 %. Um dieses allerdings nutzen zu können, bedarf es der Durchführung eines Währungsswaps, bei dem die Weltbank anstelle einer EUR-Emission eine USD-Anleihe zu 8 % und – im Gegenzug – ITT eine EUR-Anleihe zu 4,7 % statt einer USD-Anleihe begibt.

Hinsichtlich der Kosten, die für jeden Swappartner anfallen, ergeben sich für die Weltbank Nettokosten von 4,7 % (= -8 % [Zinskosten für USD] + 8 % [Swap-Inflow] – 4,7 % [Swap-Outflow]) anstatt Kosten in Höhe von 5 %, welche ohne Swapvereinbarung angefallen wären, und für ITT Nettokosten von 8 % (= -4,7 % [Zinskosten für EUR] + 4,7 % [Swap-Inflow] – 8 % [Swap-Outflow]) anstatt Kosten von 8,5 % ohne Swaptransaktion. Damit konnte durch den Währungsswap die Weltbank einen Finanzierungsvorteil von 0,3 % (= 5 % – 4,7 %) realisieren, während ITT 0,5 % (= 8,5 % – 8 %) einsparen konnte. Der gesamte Finanzierungsvorteil von 0,8 % ergab sich ausschließlich aus der Bedingung, dass jeder Swappartner Zinszahlungen in der von ihm nicht gewünschten Währung nur weiterleitete. Obgleich die Weltbank insgesamt bei Betrachtung beider Kapitalmärkte ein besseres Standing als ITT hatte (sie hätte bei einer gleichzeitigen Inanspruchnahme des EUR- sowie des USD-Markts insgesamt nur 13 % (= 5 % + 8 %) aufwenden müssen, während ITT 13,2 % (= 4,7 % + 8,5 %) zu leisten gehabt hätte), erhielt sie nur einen Finanzierungsvorteil von 0,3 % und ITT die restlichen 0,5 %. In aller Regel werden die Zinszahlungen und damit die Aufteilung des Gesamtfinanzierungsvorteils nicht in der oben beschriebenen Weise bestimmt. Sie sind Verhandlungssache der jeweiligen Swappartner. Theoretisch wäre beispielsweise eine hälftige Aufteilung des Gesamtvorteils oder eine Aufteilung entsprechend dem Standing der Partner auf den durch die Swapvereinbarung betroffenen Kapitalmärkten denkbar.

Zu (5):

Bei den **Devisenfutures** resp. **Devisenterminkontrakten** handelt es sich um eine **standardisierte** Form des Devisentermingeschäfts. Der Kauf (resp. der Verkauf) eines Futures beinhaltet die Verpflichtung zur Abnahme (resp. zur Lieferung) eines standardisierten Fremdwährungsbetrags bei einer standardisierten Kontraktfälligkeit zu einem heute festgelegten Kurs. Die überwiegende Zahl der Kontrakte wird durch ein kompensierendes Gegengeschäft rechtzeitig vor Fälligkeit glattgestellt. Nur in weniger als 1 % aller Fälle kommen die Kontraktwährungen zur Andienung.

Ein weiterer Unterschied zu Devisenforwards besteht darin, dass Futures-Transaktionen an organisierten Börsen abgeschlossen und die Preise für die einzelnen Futures-Kontrakte öffentlich bekannt gegeben werden. Ein „Clearing House" übernimmt jeweils die Gegenposition zu einer Transaktion und minimiert somit das Bonitätsrisiko. Die damit verbundene Erfüllungsgarantie wird durch ein System von Sicherheitsleistungen und Nachschusspflichten gestützt. So ist bei

Geschäftsabschluss ein Sicherheitsbetrag („Initial Margin") aufzubringen, welcher 5–10 % des Kontraktwerts beträgt. Ebenso werden sämtliche Futures-Positionen durch das Clearing House täglich neu bewertet („marking to market"). Im Verlauf eines Handelstages erzielte Gewinne werden dem Sicherheitskonto („Margin Account") gutgeschrieben, während Verluste über dieses Konto – im Sinne der Vermeidung einer Verlustansammlung – gedeckt werden. Sinkt die „Initial Margin" durch Verluste unter den Wert einer Mindestquote („Maintenance Margin"), welche ca. 75–80 % der „Initial Margin" beträgt, so muss ein Nachschuss („Variation Margin") geleistet werden, um eine Glattstellung der Futures-Position durch das Clearing House zu vermeiden.

Zu (6):

Seit Ende 1982 wurde der Katalog der Absicherungsinstrumente durch die Einführung von Devisenoptionen an der Philadelphia Stock Exchange (PHLX) erweitert. Eine **Devisenoption** ist ein Vertrag zwischen Käufer und Verkäufer (Stillhalter) des Optionskontrakts, der dem Optionskäufer gegen Zahlung eines bestimmten Preises (Optionsprämie) das Recht einräumt, einen vereinbarten Fremdwährungsbetrag zu einem festgelegten Kurs (Ausübungs- resp. Basispreis) zu kaufen (Kaufoption) oder zu verkaufen (Verkaufsoption). Im Gegensatz zum Devisentermingeschäft beinhaltet eine Devisenoptionsvereinbarung somit nur ein Recht, nicht jedoch die Verpflichtung, den vertraglich festgelegten Devisenbetrag zu kaufen resp. zu verkaufen. Dies charakterisiert eine Devisenoption als ein „**bedingtes**" Devisentermingeschäft und grenzt sie von „**unbedingten**" Devisentermingeschäften, wie sie Devisenforwards resp. Devisenfutures darstellen, ab. Während bei unbedingten Devisentermingeschäften sich **beide Vertragsparteien**, d. h. Käufer und Verkäufer, zur Abnahme resp. Lieferung der zugrunde liegenden Devise verpflichten, hat bei einem Devisenoptionsgeschäft **nur** der **Verkäufer** (= Stillhalter) die Verpflichtung zur Abnahme resp. Lieferung, sofern der Optionskäufer von seinem erworbenen Optionsrecht Gebrauch macht. Der Käufer einer Devisenoption kann hingegen sein Optionsrecht verfallen lassen oder veräußern. Sein Einsatz ist auf die ursprünglich bezahlte Optionsprämie begrenzt. Bezüglich einer weiteren Charakterisierung von Optionsgeschäften, insbesondere ihrer Systematisierung nach unterschiedlichen Merkmalen sowie die Möglichkeiten ihres Einsatzes hinsichtlich einer Kurssicherung, sei auf die Ausführungen zur Steuerung des Aktienkursrisikos verwiesen (vgl. S. 556 ff.).

Eine Besonderheit von Devisenoptionsmärkten stellen synthetisch erzeugte Optionsprodukte dar, welche sich vor allem im anglo-amerikanischen Finanzraum zunehmender Beliebtheit erfreuen. Eine einheitliche Bezeichnung dieser, von den klassischen Devisenoptionen („straight options") abweichenden Optionskonstrukte existiert bislang noch nicht. Häufig werden diese synthetischen Produkte durch Kombination von Optionen unterschiedlicher Ausrichtungen (Long- resp. Short-Optionsposition) oder unterschiedlicher Optionstypen (Call- resp. Putoptionen) oder durch Kombination von Devisenoptionen mit Devisenforwards erzeugt. Im Einzelnen können so Optionssonderformen unterschieden werden, die entweder ein Aufschieben der Prämienzahlungen bis zum Ausübungszeitpunkt („Deferred Premium Options"), einen völligen Wegfall der Prämienzahlungen („Zero Cost resp. Premium Options"), eine Verringerung der zu zahlenden Prämie („Debit Cost resp. Premium Options") oder die Erzielung eines Prämienertrages („Credit Cost resp. Premium Options") ermöglichen. Alle diese Möglichkeiten bedingen jedoch spezifische Pay-off-Profile, welche sich, im Vergleich zu den Pay-off-Profilen der klassischen Devisenoption, durch eine Beschränkung des möglichen Gewinnpotenzials auszeichnen.

2. Interne Modelle zur Quantifizierung des Währungsrisikos

a) Wechselkursverschiebungen als Ursache von Währungsrisiken

Als Währungsrisiko wird üblicherweise die Gefahr bezeichnet, dass das erzielte Ergebnis aufgrund von Geschäften, die den Übergang von einer Währung in eine andere erfordern, das erwartete Ergebnis unterschreitet. Bei den angesprochenen Währungsübergängen kann es sich einerseits um **effektive Währungswechsel am Devisenkassa- bzw. Devisenterminmarkt** handeln, bei denen schlagend werdende Währungsrisiken sowohl den Gewinn als auch die Liquidität belasten. Die hier angesprochenen Risiken können unter dem handelsbilanzorientierten Risikobegriff subsumiert werden. Andererseits können **Devisenkursverschiebungen** auch ausschließlich erfolgsrelevante Bewertungsverluste verursachen, welche im Rahmen marktwertorientierter Risikodetermination besprochen werden. Unabhängig davon, ob bei einer Fremdwährungstransaktion ein effektiver oder kalkulatorischer Währungsübergang stattfindet, liegt die Ursache für die Entstehung des Währungsrisikos in der Unsicherheit bezüglich der zukünftigen Entwicklung der Wechselkurse. Aus dieser Ungewissheit resultiert auch die Bedeutung, die Risiken aus Fremdwährungsgeschäften zu erfassen und mit den bereits dargestellten Instrumenten zu steuern.

b) Dimensionen der Risikoquantifizierung von Fremdwährungsgeschäften

(1) Handelsbilanzorientierte Betrachtungsweise

(a) Das Devisenkursrisiko

Ein Devisenkursrisiko entsteht für eine Bank grundsätzlich dann, wenn sie in ihrer Bilanz **offene** aktivische oder passivische Fremdwährungspositionen hält, d. h., wenn in ihrer Bilanz **betragsmäßige** Inkongruenzen zwischen aktivischen und passivischen Fremdwährungspositionen bestehen. Darüber hinaus muss sich der die jeweilige offene Fremdwährungsposition betreffende Wechselkurs für die Bank in einer ungünstigen Weise verändern. Im Einzelnen entstehen nachteilige Wechselkursentwicklungen bei Fremdwährungs**aktiva** nur dann, wenn der zugrunde liegende **Devisenkurs sinkt** (Aufwertung der Inlandswährung resp. Abwertung der Auslandswährung) und somit auch die in inländischen Währungseinheiten ausgedrückten ausländischen Vermögens- resp. Forderungspositionen an Wert verlieren. Umgekehrt sind bei Fremdwährungs**passiva** Belastungen der Reingewinnspanne ausschließlich mit dem **Anstieg** des zugrunde liegenden **Devisenkurses** (Abwertung der Inlandswährung resp. Aufwertung der Auslandswährung) verbunden, da dann der Wert der in inländischen Währungseinheiten gemessenen Verpflichtung zunimmt. Neben Kursrisiken beinhalten Fremdwährungsgeschäfte für Finanzinstitute allerdings auch Kurschancen. Diese ergeben sich für Fremdwährungsaktiva immer dann, wenn der Wechselkurs steigt, und – vice versa – für Fremdwährungspassiva, wenn der Devisenkurs fällt. Im Ergebnis führt dies dazu, dass einerseits bei übereinstimmenden aktivischen und passivischen Fremdwährungspositionen Wertsteigerungen auf der einen Seite durch Wertminderungen auf der anderen Seite ausgeglichen werden. Andererseits sind für die Höhe des Devisenkursrisikos resp. der Devisenkurschance nur die Höhe des Unterschiedsbetrags zwischen den Fremdwährungsaktiva und den Fremdwährungspassiva sowie die Richtung und das Ausmaß der Kursänderung (= Volatilität der zugrunde liegenden Devise) entscheidend.

Aktiva	Fremdwährungspositionen		Passiva
	in Mio.	in Mio.	
USD Darlehen	100	100	USD Termineinlage
JPY Darlehen	200	300	JPY Schuldverschreibung

Abb. 230: Das Devisenkursrisiko bei Fremdwährungspositionen

Gleichen sich Aktiv- und Passivpositionen einer Währung aus, so bezeichnet man diese Positionen als „geschlossen". Umgekehrt wird – wie bereits oben ausgeführt – mit der Bezeichnung „offene Position" ein entsprechendes Ungleichgewicht zwischen aktivischer und passivischer Fremdwährungsposition gekennzeichnet. Übersteigen bei einer offenen Position die aktivischen Fremdwährungspositionen die passivischen Positionen, so liegt ein aktivischer Überhang oder eine Plusposition vor. Fallen die Aktivpositionen geringer aus als die Passivpositionen, besteht ein passivischer Überhang oder eine Minusposition. Die aktivischen und passivischen USD-Fremdwährungspositionen in Abbildung 230 heben sich mit je 100 Mio. USD gegenseitig auf, sind also geschlossen, während bei den JPY-Positionen ein passivischer Überhang zu erkennen ist. Bei einer Aufwertung der Heimwährung gegenüber dem JPY wird demnach für die Bank ein Bewertungsverlust aus dem Devisenkursrisiko eintreten.

Tabelle 116 fasst noch einmal die Zusammenhänge von Devisenkursrisiken und -chancen sowie die Entwicklung des zugrunde liegenden Devisenkurses gemäß direkter Notierung zusammen.

Devisenkurs	Überhang	
	aktivisch	passivisch
sinkt (Aufwertung)	Verlust	Gewinn
steigt (Abwertung)	Gewinn	Verlust

Tabelle 116: Devisenkursrisiken und -chancen offener Fremdwährungspositionen

(b) Das Swapsatzrisiko

Neben dem Kursrisiko offener Währungspositionen kann eine weitere Komponente des Währungsrisikos relevant werden, wenn Devisenterminpositionen laufzeitmäßig nicht übereinstimmen: das **Swapsatzrisiko**. Zur Illustration des Swapsatzrisikos soll das bekannte Zahlenbeispiel dienen. Hierzu sei am 01.01.01 beispielhaft von folgenden Fremdwährungspositionen ausgegangen:

- 500 Mio. USD-Termin-Verbindlichkeiten per 01.01.02

- 500 Mio. USD-Termin-Forderungen per 01.01.03.

Die Devisenmarktkonditionen per 01.01.01 sollen zusammenfassend nochmals dargestellt werden (vgl. Tabelle 123):

Kassakurs am 01.01.01	(1)	1,0732 EUR/USD	1,0732 EUR/USD
Terminkurs am 01.01.01	(2)	per 01.01.02: 1,0630 EUR/USD	per 01.01.03: 1,0530 EUR/USD
Swapsatz [0,t]	(1) - (2)	-0,0102 EUR/USD	-0,0202 EUR/USD
Impliziter Swapsatz [0,t]		-0,0202 EUR/USD – (-0,0102 EUR/USD) = -0,01 EUR/USD	

Tabelle 117: Ausgangsdaten zur Ermittlung des Swapsatzrisikos

Obgleich beide Fremdwährungspositionen mit jeweils 500 Mio. USD betragsmäßig geschlossen sind und im laufenden Jahresergebnis kein Kursrisiko mehr schlagend werden kann, enthalten diese Positionen dennoch ein Swapsatzrisiko aufgrund ihrer **zeitlichen Inkongruenz**. Diese zeitliche Inkongruenz ist in Abbildung 231 dargestellt: Während die USD-Termin-Verbindlichkeit bereits zum 01.01.02 fällig wird, erstreckt sich die Laufzeit der USD-Termin-Forderung bis zum 01.01.03.

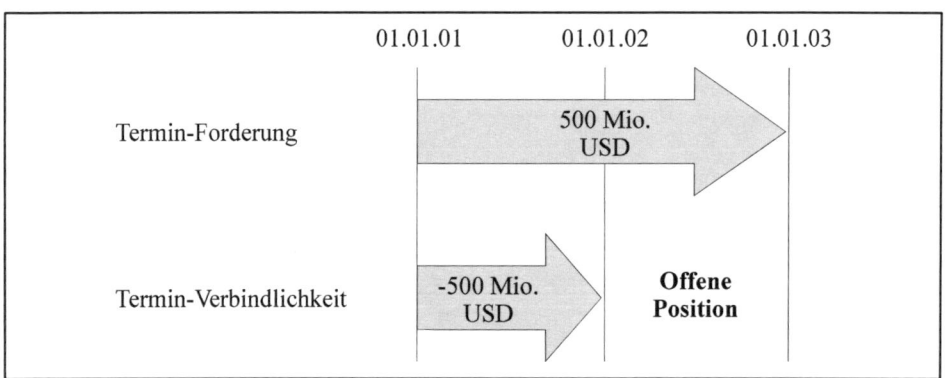

Abb. 231: Darstellung des Swapsatzrisikos

Eine Möglichkeit, die mit der Fälligkeit der USD-Termin-Verbindlichkeit auftretende offene Devisenposition vom 01.01.02 bis zum 01.01.03 bereits per 01.01.01 abzusichern, besteht im Abschluss von zwei Termingeschäften im Sinne eines Aufbaus von Gegenpositionen. Zu diesem Zweck wird zur Immunisierung des Währungsrisikos der Terminverbindlichkeit ein Terminkauf von USD mit gleicher Laufzeit abgeschlossen. Das Währungsrisiko der Termineinlage kann mit einem Terminverkauf von USD mit gleicher Laufzeit aufgehoben werden. Der Terminkauf kostet die Bank dabei -500 Mio. USD · 1,0630 EUR/USD = -531,5 Mio. EUR. Der Terminverkauf demgegenüber bringt einen Erlös von 500 Mio. USD · 1,0530 EUR/USD = 526,5 Mio. EUR ein. Per Saldo entstehen Absicherungskosten in Höhe von -5 Mio. EUR. Anstelle von zwei Termingeschäften hätte die Bank aber auch einen Forward-Forward-Swap („buy and sell" vom 01.01.02 bis 01.01.03) über 500 Mio. USD abschließen können. Im gewählten Beispiel ergibt sich für den Forward-Forward-Swap ein sogenannter **impliziter Swapsatz** von -0,0202 EUR/USD – (-0,0102 EUR/USD) = -0,01 EUR/USD. Die erste Swapzahlung ergibt bei den unterstellten Devisenmarktkonditionen einen Swaperlös in Höhe von 500 Mio. USD · 0,0102 EUR/USD = 5,1 Mio. EUR, weil die Devisen per 01.01.02 günstiger als zum Kassakurs erworben werden können. Die zweite Swapzahlung hingegen verursacht Swapkosten in Höhe von -500 USD · 0,0202 EUR/USD = -10,1 Mio. EUR. Insgesamt würden somit durch die Absicherung anhand eines Forward-Forward-Swaps wiederum -5 Mio. EUR an Nettokosten anfallen, was auch der Multiplikation des impliziten Swapsatzes mit dem Volumen von 500 Mio. EUR entspricht.

Um die möglichen Erfolgskonsequenzen einer erst per 01.01.02 vorgenommenen Absicherung der Ursprungspositionen mit einem Spot-Forward-Swap darstellen zu können, müssen im Folgenden drei Szenarien unterschieden werden:

(1) Konstanter USD-Kassakurs, 12-Monats-Swapsatz entspricht dem impliziten Swapsatz,

(2) Veränderter USD-Kassakurs, 12-Monats-Swapsatz entspricht dem impliziten Swapsatz,

(3) Konstanter USD-Kassakurs, 12-Monats-Swapsatz weicht vom impliziten Swapsatz ab.

Zu (1): Da am 01.01.02 der Kassakauf zum unveränderten USD-Kurs in Höhe von 1,0732 EUR/ USD durchzuführen ist, entsteht zunächst im Vergleich zur Forward-Forward-Glattstellung per 01.01.01 ein Verlust in Höhe von -5,1 Mio. EUR (= -536,6 Mio. EUR – (-531,5 Mio. EUR)). Auf der anderen Seite resultiert aus dem zeitgleich abgeschlossenen Devisenterminverkauf zum USD-Terminkurs von 1,0632 EUR/USD (= 1,732 EUR/USD + (0,01 EUR/USD)) ein Gewinn von ebenfalls 5,1 Mio. EUR (= 531,6 Mio. EUR – 526,5 Mio. EUR). Es wird deutlich, dass der per 01.01.02 abgeschlossene Spot-Forward-Swap zwar andere EUR-Cashflows am 01.01.02 und 01.01.03 erzeugt als ein am 01.01.01 kontrahierter Forward-Forward-Swap. Beide Swapalternativen führen dennoch in der Summe zu einem identischen Gesamtcashflow (vgl. Tabelle 118).

	01.01.01	01.01.02	01.01.03
Kassa- resp. Terminkurs (in EUR/USD)	-	Kassakurs konstant: 1,0732	Terminkurs neu: 1,0632
Glattstellung am 01.01.02 (in Mio. EUR)	-	-1,0732 · 500 Mio. = -536,6 Mio.	1,0632 · 500 Mio. = 531,6 Mio.
Glattstellung am 01.01.01 (in Mio. EUR)	-	-1,063 · 500 Mio. = -531,5 Mio.	1,053 · 500 Mio. = 526,5 Mio.
Differenz (in Mio. EUR)	-	-5,1 Mio.	+5,1 Mio.
Saldo gegenüber der Ausgangslage (in Mio. EUR)	-	0,0 Mio.	

Tabelle 118: Swapsatzrisiko einer zeitlich offenen Devisenposition bei konstantem Kassakurs und unverändertem impliziten Swapsatz

Zu (2): Anstatt wie unter (1) noch angenommen, soll der Kassakurs am 01.01.02 nicht mehr 1,0732 EUR/USD, sondern jetzt beispielsweise 1,09 EUR/USD betragen. Dies hat zur Folge, dass die zuvor aus dem USD-Kassakauf resultierende negative Cashflowdifferenz in Höhe von -5,1 Mio. EUR nunmehr auf -13,5 Mio. EUR (= -545 Mio. EUR – (-531,5 Mio. EUR)) ansteigt.

Da aber der Swapsatz gegenüber dem impliziten Swapsatz vom 01.01.01 unverändert geblieben ist, bedingt der Anstieg des Kassakurses um 0,0168 EUR/USD ebenfalls ein Ansteigen des relevanten Terminkurses um 0,0168 EUR/USD auf 1,08 EUR/USD (= 1,09 EUR/USD + (-0,01 EUR/USD)) mit der Folge, dass auch in diesem Fall der – im Vergleich zum Szenario (1) – höhere Verlust in der ersten Swapzahlung durch einen entsprechenden Gewinn in Höhe von 13,5 Mio. EUR (= 540 Mio. EUR – 526,5 Mio. EUR) in der zweiten Zahlung kompensiert werden kann. Die Swapkosten des Glattstellungsswaps betragen, wie auch im ersten Beispiel, -5 Mio. EUR (= (-545 Mio. EUR) + 540 Mio. EUR), weshalb sich im Vergleich zur Ausgangssituation per Saldo nichts ändert (vgl. Tabelle 119).

	01.01.01	01.01.02	01.01.03
Kassa- resp. Terminkurs (in EUR/USD)	-	Kassakurs konstant: 1,09	Terminkurs neu: 1,08
Glattstellung am 01.01.02 (in Mio. EUR)	-	-1,09 · 500 Mio. = -545,0 Mio.	1,0632 · 500 Mio. = 540,0 Mio.
Glattstellung am 01.01.01 (in Mio. EUR)	-	-1,063 · 500 Mio. = -531,5 Mio.	1,053 · 500 Mio. = 526,5 Mio.
Differenz (in Mio. EUR)	-	-13,5 Mio.	+13,5 Mio.
Saldo gegenüber der Ausgangslage (in Mio. EUR)	-	0,0 Mio.	

Tabelle 119: Swapsatzrisiko einer zeitlich offenen Devisenposition bei verändertem Kassakurs und unverändertem impliziten Swapsatz

Zu (3): Wiederum wird der Fall eines unveränderten USD-Kassakurses unterstellt. Dann resultiert – wie bereits unter (1) dargestellt – aus dem Kassateil des Spot-Forward-Swaps per 01.01.02 eine Cashflowdifferenz zum Forward-Forward-Swap in Höhe von -5,1 Mio. EUR. Hat sich nun aber zum 01.01.02 aufgrund einer größeren Zinsdifferenz zwischen den beiden Währungen der periodenspezifische Swapsatz von -0,01 EUR/USD (impliziter Swapsatz der Ausgangssituation) auf beispielsweise -0,02 EUR/USD verändert, so kann aufgrund eines von 1,0632 EUR/USD auf 1,0532 EUR/USD (= 1,0732 EUR/USD + (-0,02 EUR/USD)) gesunkenen USD-Terminkurses kein Gewinn mehr erzielt werden, welcher den Kassamarktverlust egalisieren kann (Opportunitätserfolg = 526,6 Mio. EUR – 526,5 Mio. EUR = 0,1 Mio. EUR). Die Folge ist eine gesamte Cashflowdifferenz von -5 Mio. EUR gegenüber der Ausgangslage. Die Swapkosten des am 01.01.02 abgeschlossenen Glattstellungsswaps betragen dementsprechend -10 Mio. EUR (= -5 Mio. EUR + (-5 Mio. EUR), vgl. Tabelle 120).

	01.01.01	01.01.02	01.01.03
Kassa- resp. Terminkurs (in EUR/USD)	-	Kassakurs konstant: 1, 0732	Terminkurs neu: 1, 0532
Glattstellung am 01.01.02 (in Mio. EUR)	-	-1,0732 · 500 Mio. = -536,6 Mio.	1,0532 · 500 Mio. = 526,6 Mio.
Glattstellung am 01.01.01 (in Mio. EUR)	-	-1,063 · 500 Mio. = -531,5 Mio.	1,053 · 500 Mio. = 526,5 Mio.
Differenz (in Mio. EUR)	-	-5,1 Mio.	+0,1 Mio.
Saldo gegenüber der Ausgangslage (in Mio. EUR)	-	-5,0 Mio.	

Tabelle 120: Swapsatzrisiko einer zeitlich offenen Devisenposition bei konstantem Kassakurs und verändertem impliziten Swapsatz

Das Swapsatzrisiko stellt demnach die Gefahr dar, dass sich – aus heutiger Sicht – der Swapsatz in der Weise verändert, dass sich der Erfolg einer nachträglichen Schließung der offenen Terminposition verschlechtert.

In den drei erläuterten Fällen wurden aus Vereinfachungsgründen die aus den zum 01.01.02 möglichen Differenzinvestitionen resultierenden Refinanzierungs- bzw. Wiederanlageeffekte vernachlässigt. Vergleicht man beispielsweise die aus dem Forward-Forward-Swap und dem Spot-Forward-Swap resultierenden Cashflows, so ergeben sich am 01.01.02 und am 01.01.03, wie bereits erörtert wurde, die in Tabelle 118 bis Tabelle 120 dargestellten Cashflowdifferenzen. Diese Cashflowdifferenzen stimmen in ihrer absoluten Höhe völlig überein. Deshalb wurde bislang vereinfachend erklärt, dass beide Swap-Varianten den gleichen Erfolg erbringen. Tatsächlich müssten aber diese Cashflowdifferenzen mit berücksichtigt werden, da sie zu unterschiedlichen Zeitpunkten anfielen, Zinseffekte nach sich ziehen und damit zu unterschiedlichen Ergebnissen führen.

Um beide Seiten miteinander vergleichen zu können, müssten prinzipiell die Auszahlungsbeträge am 01.01.02 in Einklang gebracht werden. Da aber, wie in Tabelle 121 dargestellt, der Forward-Forward-Swap im ersten Szenario zu einer um 5,1 Mio. EUR höheren Auszahlung führt, ist durch eine Kreditaufnahme in Höhe von 5,1 Mio. EUR eine entsprechende Einzahlung zu generieren. Damit ist eine Kreditrückzahlung am 01.01.03 verbunden, die sich aus dem Kreditbetrag von 5,1 Mio. EUR und einer hierauf zu leistenden Zinszahlung von im Beispiel 0,235 Mio. EUR (bei angenommenen 5 %) zusammensetzt und die bislang außer Acht gelassen wurde. Spot-Forward-Swap und Forward-Forward-Swap würden also unter Berücksichtigung dieser Effekte bei den im Beispiel vorgegebenen Swap-Sätzen nicht mehr übereinstimmen. Der Spot-Forward-Swap führt trotz der unterstellten Identität von implizitem und tatsächlich realisiertem Swap-Satz bei gleichbleibendem Kassakurs zu einem Ergebnisnachteil in Höhe der Zinszahlung von 0,235 Mio. EUR. Eine erfolgsneutrale Situation bei unterstellter Schließung der offenen Währungsposition nach einem Jahr hätte sich nur dann eingestellt, wenn der Kassakurs am 01.01.02 dem einjährigen Terminkurs am 01.01.01 entsprochen hätte und der implizite Swapsatz konstant geblieben wäre.

	01.01.01	01.01.02	01.01.03
Cashflow des Spot-Forward-Swaps (Absicherung am 01.01.02; Szenario (1))	-	-1,0732 · 500 Mio. = -536,6 Mio.	1,0632 · 500 Mio. = 531,6 Mio.
Cashflow des Forward-Forward-Swaps (Absicherung am 01.01.01)	-	-1,063 · 500 Mio. = -531,5 Mio.	1,053 · 500 Mio. = 526,5 Mio.
Cashflowdifferenz	-	= -5,1 Mio.	= 5,1 Mio.
Kreditaufnahme der Cashflowdifferenz zu 5 % p. a.	-	+5,1 Mio.	-5,1 Mio. · (1 + 5 %) = -5,335 Mio.
Saldo aus Kreditaufnahme und Cashflowdifferenz	-	0,0 Mio.	-0,235 Mio.

Tabelle 121: Berücksichtigung von Barwerteffekten bei der Bestimmung des Swapsatzrisikos

Ergänzend zum oben definierten Swapsatzrisiko kann unter Berücksichtigung der in Tabelle 121 durchgeführten Analyse festgehalten werden, dass ein Swapsatzrisiko immer dann auftritt, wenn für identische Betrachtungsperioden durch eine spätere Glattstellung der Grundgeschäfte im Vergleich zur Glattstellung zum ursprünglichen Zeitpunkt des Geschäftsabschlusses zusätzliche Swapkosten entstehen oder sich die ursprünglich erwarteten Swaperlöse vermindern.

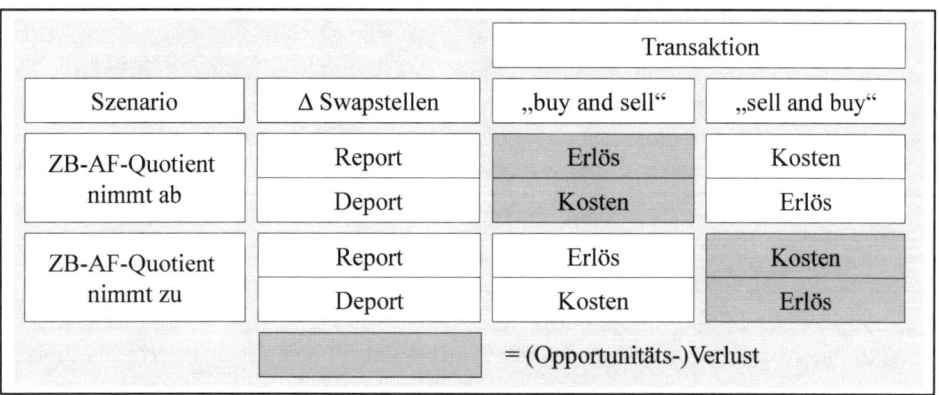

Abb. 232: Bedingungskonstellationen für die Entstehung von Swapsatzrisiken

Aus der bereits erörterten und für die Berechnung von Swapsatzrisiken aufgestellten Gleichung

$$\text{Swapsatz} = \text{TK} - \text{KK} = \left(\frac{\text{ZB-AF}_D[0;n]}{\text{ZB-AF}_R[0;n]} - 1 \right) \cdot \text{KK}$$

mit: KK = Kassakurs; ZB-AF = Zerobond-Abzinsfaktor

wird deutlich, dass der Eintritt eines Swapsatzrisikos nicht nur vom zur Schließung zeitlich offener Devisenpositionen nötigen Forward-Geschäft abhängt, sondern auch entscheidend davon, ob der betreffende, aus dem Verhältnis der länderspezifischen Zerobond-Abzinsfaktoren gebildete ZB-AF-Quotient zu- oder abnimmt (vgl. Abbildung 232). So erleidet eine Bank im Rahmen der direkten Devisennotierung immer dann einen Opportunitätsverlust, wenn bei einem **Buy-and-sell-Swap** der **ZB-AF-Quotient sinkt**. Wird eine Währung per Termin mit einem **Report** (ZB-AF-Quotient > 1) gehandelt, sinkt im Vergleich zur Ausgangssituation der zu erzielende Swaperlös. Bei einem **Deport** (ZB-AF-Quotient < 1) steigen die einem Devisenforward zuzuordnenden Swapkosten. In Fällen, in denen der **ZB-AF-Quotient zunimmt**, sind mit dem Abschluss von **Sell-and-buy-Swaps** entsprechende Opportunitätsverluste verbunden. Bei einem zunehmenden **Report** erhöhen sich die Swapkosten, während aus einem abnehmenden **Deport** sinkende Swaperlöse resultieren. In allen anderen Fällen werden aufgrund von Swapsatzänderungen entsprechende Swapsatzchancen realisiert.

Darüber hinaus führen auch Veränderungen des Kassakurses zu Veränderungen des Swapsatzes. Je nachdem in welche Richtung die für die Denominations- oder Referenzwährung relevanten Zinsen und Kassakurse sich bewegen, können sich die Auswirkungen auf den Swapsatz in ihrem kumulativen Gesamteffekt verstärken oder kompensieren.

Es wird nochmals darauf hingewiesen, dass die Interpretation bei indirekter Notierung grundsätzlich umgekehrt verläuft. Ein Report im Rahmen der direkten Notierung beispielsweise stellt bei der direkten Notierung ein Deport dar. Während die beiden Notierungen ineinander überführt werden können, indem der reziproke Wert der Ausgangsnotierung genommen wird, ist die Überführung bei Swapsätzen oder gar impliziten Swapsätzen nicht so einfach. Diese müssen aus den jeweiligen Kassa- und Terminkursen neu berechnet werden.

Abschließend ist anzumerken, dass gemäß der o. g. Swapsatzgleichung ein wesentlicher Teil des Swapsatzrisikos von der Veränderung der länderspezifischen Zinssätze abhängt. Abweichend von der klassischen Zuordnung zum Währungsrisiko wäre es deshalb durchaus sinnvoll, diesen Teil des Swapsatzrisikos unter dem **Zinsänderungsrisiko** zu subsumieren.

(2)   Marktwertorientierte Betrachtungsweise

(a)   Modellierung der Marktwertrisikoparameter

Im vorangegangenen Abschnitt wurde dargestellt, wie sich im Rahmen des klassischen, jahresergebnisorientierten Risikomanagements Währungsrisiken quantifizieren lassen. Diese ausschließlich periodisch ausgelegte Sichtweise kann allerdings nur bedingt den Anforderungen an moderne Risikomanagementsysteme gerecht werden. Wie bereits an anderer Stelle erwähnt (vgl. S. 378 ff.), sollten zur Bewertung bzw. Performancebestimmung von Finanzinstrumenten und Marktstrategien zusätzlich oder sogar ausschließlich marktwertbasierte Kalkulationskonzepte zum Einsatz kommen. Darauf aufbauend sind für ein integriertes Risikomanagement entsprechende Verfahren zu entwickeln, mit denen sich das dem Value at Risk entsprechende potenzielle Verlustrisiko im Marktwert aktuell gehaltener Positionen quantifizieren und steuern lässt.

Negative Ergebnisveränderungen können sich zum einen aus währungsinduzierten und zum anderen aus zinsinduzierten Effekten ergeben. Währungsinduzierte Risiken stellen ergebnismindernde Schwankungen des Devisenkurses dar. Demgegenüber beinhalten die zinsinduzierten Risiken alle Erfolgsminderungen, die aus den Veränderungen der am Markt gültigen Zinsstrukturen und den damit einhergehenden Barwertschwankungen resultieren.

Wie sich Marktwertrisiken währungsübergreifend im Portfoliokontext kalkulieren lassen, wird anhand eines vereinfachenden Beispiels erläutert. In einem ersten Schritt ist festzulegen, wie die zukünftigen Marktparameterveränderungen modelliert werden sollen. Zur Erläuterung der hier gewählten Methodik soll die Zeitreihe der für eine GBP-Anlage relevanten ZB-Abzinsfaktoren für Restlaufzeiten von fünf Jahren ZB-AF$_{GBP}$[0,5] im fiktiven Zeitraum zwischen 05.02.01 und 05.02.05 herangezogen werden (vgl. Abbildung 233).

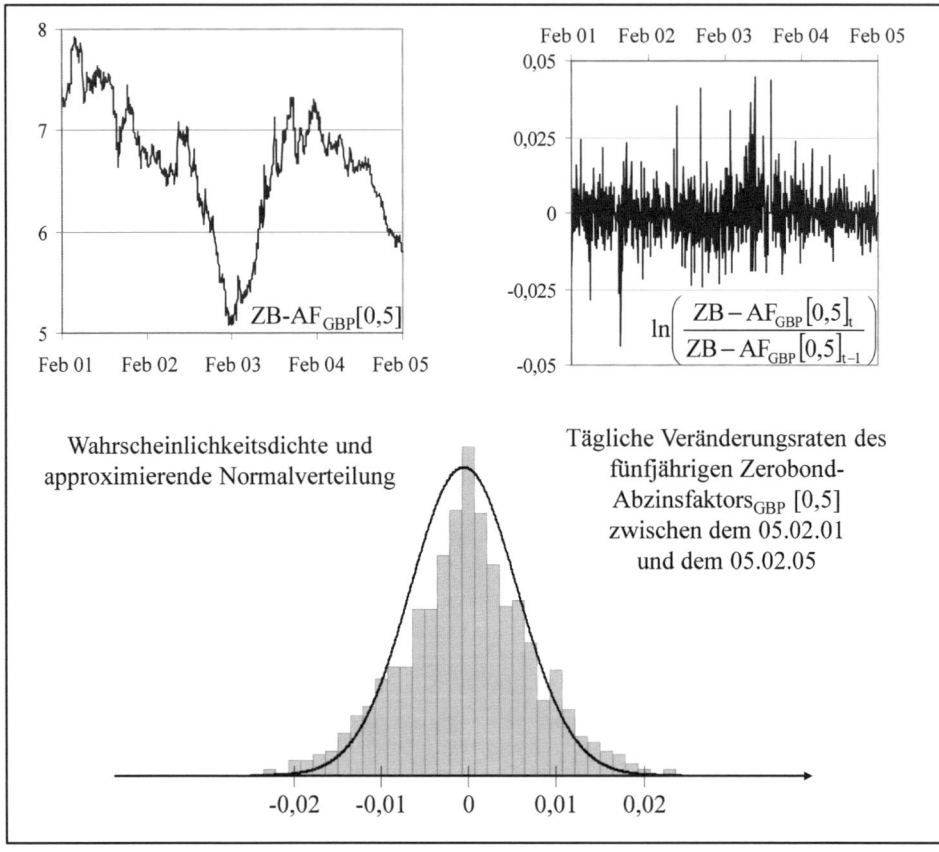

Abb. 233: Ableitung einer approximierenden Normalverteilung aus der historischen Wahrscheinlichkeitsdichte der logarithmierten täglichen Veränderungsraten des ZB-Abzinsfaktors für fünfjährige Restlaufzeiten in GBP

Die täglichen Veränderungen, die dem nach dem Grundmodell (vgl. S. 403 ff.) zu definierenden Risikoparameter entsprechen, sollen durch den logarithmierten Quotienten aus dem aktuellen ZB-Abzinsfaktor und dem jeweiligen Vortageswert quantifiziert werden:

$$RP_{ZB-AF} = \text{(stetige) Veränderungsrate der ZB-AF} = LN\left(\frac{ZB\text{-}AF_{GBP}[0,5]_t}{ZB\text{-}AF_{GBP}[0,5]_{t-1}}\right)$$

Die Wahrscheinlichkeitsdichte, d. h. die relative Häufigkeit, mit der die beobachteten Veränderungsraten RP im Erhebungszeitraum auftraten, lässt sich aus der Balkengrafik in Abbildung 233 entnehmen. Zur Risikoquantifizierung soll eine Normalverteilung verwendet werden, die denselben Mittelwert EW(RP) und dieselbe Standardabweichung STD(RP) besitzt wie die historischen Veränderungsraten im ZB-Abzinsfaktor ZB-AF$_{GBP}$[0,5] (approximierende Normalverteilung). Unter der Annahme, dass sich der entsprechende ZB-Abzinsfaktor genauso verhalten wird wie in der Vergangenheit, lassen sich auf der Basis der Normalverteilungshypothese Eintrittswahrscheinlichkeiten für bestimmte definierte Schwankungsbreiten ableiten. Sollen z. B. lediglich 0,26 % der normalverteilten Veränderungsraten außerhalb des definierten „Schwankungsbandes" liegen, so ergibt sich bei einem Z-Wert von 3 ein kritischer, der Risikomesszahl RMZ entsprechender, Schwankungswert von 3 · STD(RP).

Legt man die kritische Veränderungsrate auf das Dreifache der jeweiligen Standardabweichungen fest, so bedeutet dies, dass abstrahiert von Marktwerteffekten aufgrund von Restlaufzeitverkürzungen eine Marktwertverschlechterung über den kritischen Wert hinaus lediglich mit einer Wahrscheinlichkeit von 0,13 % auftreten sollte.

Neben diesen zinsinduzierten Risikoeffekten sind für Fremdwährungsgeschäfte selbstverständlich die währungsinduzierten Risikoeffekte von besonderer Bedeutung. Letztere lassen sich erfassen, indem als Risikoparameter die (stetige) Veränderungsrate eines Kassadevisenkurses untersucht wird. Es gilt:

$$RP_{KDK} = \text{(stetige) Veränderungsrate des Kassadevisenkurses} = LN\left(\frac{KDK_t}{KDK_{t-1}}\right)$$

mit: LN = natürlicher Logarithmus; KDK = Kassadevisenkurs; RP = Risikoparameter

Um Aussagen über das potenzielle Marktwertrisiko eines aus mehreren Geschäften zusammengesetzten Portfolios treffen zu können, sind zunächst die aus den Einzelgeschäften resultierenden Cashflows zu aggregieren. Daraus ergeben sich für die Zukunft zahlungszeitpunktbezogene Cashflows, die im Folgenden als Einzelpositionen bezeichnet werden. Diese Einzelpositionen sind anschließend vor dem Hintergrund des zinsinduzierten und des davon zu trennenden währungsinduzierten Risikos mithilfe der Veränderungsraten individueller ZB-AF sowie der Veränderungsrate des relevanten Kassadevisenkurses zu bewerten. Für das Zinsänderungsrisiko wird die aus der Schwankung der Zerobond-Abzinsfaktoren die Barwertschwankung jeder Einzelposition abgeleitet, wobei der Einzelpositionsbarwert sich aus der Multiplikation des mithilfe des Kassadevisenkurses in die Referenzwährung umgerechneten Einzelpositionswerts ergibt. Zur Quantifizierung des Währungsrisikos wird die potenzielle Schwankung des Kassadevisenkurses mit dem Gesamtbarwert aller in die Referenzwährung umgerechneten Einzelpositionen verknüpft. Über die Korrelationskoeffizientenmatrix der entsprechenden Risikoparameter resultiert schließlich das Gesamtrisiko eines auf eine **einzige** Währung lautenden Währungsportfolios.

Bei der Risikoquantifizierung von Fremdwährungsportfolios sind demnach als Risikoparameter stets die Veränderungsraten der für die jeweiligen Cashflows relevanten ZB-AF sowie die Veränderungsrate des Kassadevisenkurses relevant. Gemäß der standardisierten Vorgehensweise im Grundmodell zeigt sich also:

währungsinduzierter Risikoeffekt	zinsinduzierter Risikoeffekt
RP_{KK} = Veränderungsrate des Devisenkurses	$RP_{ZB\text{-}AF}$ = Veränderungsrate des Zerobond-Abzinsfaktors
RMZ_{KK} = $STD(RP_{KK}) \cdot \pm Z\text{-Wert}$	$RMZ_{ZB\text{-}AF}$ = $STD(RP_{ZB\text{-}AF}) \cdot \pm Z\text{-Wert}$
RF_{KK} = $e^{RMZ} - 1$	$RF_{ZB\text{-}AF}$ = $e^{RMZ} - 1$
$RVKDK$ = Summe der Barwerte der Einzelpositionen in Referenzwährung	$RV_{ZB\text{-}AF}$ = Barwert der Einzelposition in Referenzwährung
VaR_{KK} = $RF_{KK} \cdot RV_{KK}$	$VaR_{ZB\text{-}AF}$ = $RV_{ZB\text{-}AF} \cdot RF_{ZB\text{-}AF}$

Tabelle 122: Analytisches Vorgehen für der Berechnung des VaR bei währungs- und zinsinduziertem Risikoeffekt

Diese Vorgehensweise soll anhand eines aus zwei Positionen (A und B) bestehenden Portfolios veranschaulicht werden, wobei die Positionen zwei unterschiedliche Zahlungszeitpunkte aufweisen. Zur Ermittlung der Barwerte dieser Positionen sind der ZB-AF A mit dem Einzelpositionswert A und der ZB-AF B mit dem Einzelpositionswert B zu multiplizieren. Der Gesamtbarwert folgt aus der Addition dieser beiden Werte. Zur Bestimmung des Zinsrisikos wird der Barwert der Position A (B) mit der Schwankung des ZB-AF$_A$[0,n] (ZB-AF$_B$[0,n]) verknüpft. Das Währungsrisiko folgt aus der Verknüpfung des Gesamtbarwerts mit der Schwankung des Kassadevisenkurses. Der Bezug auf den Gesamtbarwert erfordert lediglich eine einmalige Währungsrisikoberechnung. Alternativ dazu ließe sich das Währungsrisiko auch berechnen, indem der Barwert jeder Einzelposition bezüglich der Kassadevisenkursschwankung untersucht wird.

Für die Berechnung des Portfolio-Value-at-Risk bestehend aus Long- und Short-Positionen müssen zwei Szenarien berechnet werden, da die Gefahr i. d. R. sowohl in sinkenden als auch in steigenden Risikoparametern bestehen kann (vgl. S. 411). Ansonsten reicht ein Szenario, in welchem mit einem positiven oder negativen Z-Wert gerechnet wird, je nachdem, ob das Risiko in einem negativen oder positiven Z-Wert begründet liegt. Der Portfolio-Value-at-Risk berechnet sich demnach für zwei Long- resp. Short-Positionen A und B gemäß folgender Formel:

$$VaR_{Gesamt} = \left| \begin{bmatrix} VaR^{BW(A)}_{RP(ZB-AF(A))} & VaR^{BW(B)}_{RP(ZB-AF(B))} & VaR^{BW(A;B)}_{RP(KK)} \end{bmatrix} \cdot \begin{bmatrix} 1 & KOR_{ZB-AF(A),ZB-AF(B)} & KOR_{ZB-AF(A),KK} \\ KOR_{ZB-AF(B),ZB-AF(A)} & 1 & KOR_{ZB-AF(B),KK} \\ KOR_{KK,ZB-AF(A)} & KOR_{KK,ZB-AF(B)} & 1 \end{bmatrix} \cdot \begin{bmatrix} VaR^{BW(A)}_{RP(ZB-AF(A))} \\ VaR^{BW(B)}_{RP(ZB-AF(B))} \\ VaR^{BW(A;B)}_{RP(KK)} \end{bmatrix} \right|$$

mit: A, B = Einzelpositionen; BW = Barwert der Einzelpositionen bzw. Gesamtbarwert; KK = Kassadevisenkurs; KOR = Korrelation; RP = Risikoparameter; ZB-AF = Zerobond-Abzinsfaktor

(b) Kalkulation des Marktwertrisikos von Währungsportfolios

Die im vorangegangenen Abschnitt erläuterten Grundsätze der Kalkulation von Marktwertrisiken sollen anhand der in Tabelle 123 dargestellten Positions-, Markt- und Risikodaten für ein Mehrwährungsportfolio schrittweise erläutert werden.

Es sei angenommen, dass ein Finanzinstitut per 01.01.01 aus dem Devisenkassahandel Positionen in der Höhe von +200.000 GBP und -150.000 GBP sowie Terminfälligkeiten über -300.000 GBP per 01.01.02 und +250.000 GBP per 01.01.03 besitzt.

Zuerst sind sämtliche Fremdwährungspositionen mit den aktuellen Kassakursen sowie den fristenkongruenten ZB-Abzinsfaktoren in EUR-Marktwerte umzurechnen. Die auf diese Weise ermittelten Marktwerte bilden die Basis der Kalkulation unkorrelierter, zinsinduzierter Marktwertrisiken der Einzelpositionen, die sich in den Einzelbeträgen des Marktwertrisikovektors wiederfinden. Für die ermittelten Nettobeträge je Fremdwährung werden danach die einzelnen, auf potenzielle Kassakursveränderungen zurückzuführenden Marktwertverluste ermittelt und als weitere Komponenten in den Marktwertrisikovektor eingestellt.

Im unterstellten Beispiel soll die Standardabweichung der logarithmierten täglichen Veränderungsraten des GBP-Zerobond-Abzinsfaktors für einjährige Restlaufzeiten 0,00046 betragen. Als Z-Wert soll der Faktor 3 verwendet werden, was einem Konfidenzniveau von 99 % entspricht. Somit lässt sich am 01.01.01 die Aussage treffen, dass der ZB-AFGBP[0,1] am 02.01.01 mit einer Wahrscheinlichkeit von 99,74 % zwischen $0,94679 \cdot e^{(-0,00046 \cdot 3)} = 0,94548$ und $0,94679 \cdot e^{(0,00046 \cdot 3)} = 0,94809$ liegen wird.

Fälligkeit	GBP-Long-Positionen	GBP-Short-Positionen	GBP-Zins	ZB-AF$_{GBP}$[0,n]
Spot	200.000	-150.000		
1 Jahr		-300.000	5,62 %	0,94679
2 Jahre	250.000		5,73 %	0,89449
Kassakurs$_{EUR/GBP}$	1,5855	Korrelationen		
	STD	ZB-AF$_{GBP}$[0,1]	ZB-AF$_{GBP}$[0,2]	KK$_{EUR/GBP}$
ZB-AF$_{GBP}$[0,1]	0,00046	1	0,856	-0,076
ZB-AF$_{GBP}$[0,2]	0,00092	0,856	1	-0,079
KK$_{EUR/GBP}$	0,00546	-0,076	-0,079	1

mit: ZB-AF = Zerobond-Abzinsfaktor; KK = Kassakurs; STD = Standardabweichung

Tabelle 123: Positions- und Risikodaten zur Berechnung des Marktwertrisikos eines Währungsportfolios

Da im Beispiel sowohl Short- als auch Long-Positionen in die Value-at-Risk-Berechnung einfließen, muss mit zwei Szenarien gerechnet werden. Dementsprechend wird jeder Value at Risk auf Basis eines positiven und eines negativen Z-Werts berechnet. Für die Auszahlung von 300.000 GBP (Short-Position) ergibt sich für einen positiven Z-Wert ein dem Value at Risk entsprechendes und in EUR bewertetes, zinsinduziertes Marktwertrisiko zu:

$$-300.000 \text{ GBP} \cdot 0,94679 \cdot 1,5855 \frac{\text{EUR}}{\text{GBP}} \cdot (e^{0,00046 \cdot (+3)} - 1) = -621,90 \text{ EUR}$$

Für einen negativen Z-Wert errechnet sich ein zinsinduziertes Marktwertrisiko gemäß:

$$-300.000 \text{ GBP} \cdot 0,94679 \cdot 1,5855 \frac{\text{EUR}}{\text{GBP}} \cdot (e^{0,00046 \cdot (-3)} - 1) = +621,04 \text{ EUR}$$

Es besteht somit unter den getroffenen Modellannahmen lediglich eine Wahrscheinlichkeit in Höhe von 0,13 %, dass der Marktwert aufgrund von Änderungen im fristenkongruenten Zerobond-Abzinsfaktor täglich um mehr als 621,90 EUR abnimmt.

Bei der zweiten Terminposition über 250.000 GBP handelt es sich um eine in einem Jahr fällige Long-Position, für die sich das folgende zinsinduzierte Marktwertrisiko bei positivem Z-Wert berechnen lässt:

$$250.000 \text{ EUR} \cdot 0,89449 \cdot 1,5855 \frac{\text{EUR}}{\text{GBP}} \cdot (e^{0,00092 \cdot (+3)} - 1) = 979,92 \text{ EUR}$$

Für einen negativen Z-Wert ergibt sich als Value at Risk:

$$250.000 \text{ EUR} \cdot 0,89449 \cdot 1,5855 \frac{\text{EUR}}{\text{GBP}} \cdot (e^{0,00092 \cdot (-3)} - 1) = -977,22 \text{ EUR}$$

Es ist deshalb ein negativer Z-Wert zu berücksichtigen, weil das Risiko bei der Long-Position in steigenden Zinsen und damit eines negativen Risikoparameters „Veränderungsrate des zweijährigen Zerobond-Abzinsfaktors" liegt. Zur Ermittlung des währungsinduzierten Marktwertrisikos ist, wie oben bereits erläutert, der Nettomarktwert mit den entsprechenden Risikokoeffizienten zu multiplizieren. Für das Beispiel in Tabelle 123 ergibt sich eine Short-Position in GBP. Der Value at Risk bei unterstelltem positiven Z-Wert ist dann:

$$\begin{bmatrix} -300.000 \cdot 0,94679 \\ +250.000 \cdot 0,89449 \\ +50.000 \end{bmatrix} \cdot 1,5855 \cdot (e^{0,00546 \cdot (+3)} - 1) = -272,70 \text{ EUR}$$

und bei negativem Z-Wert:

$$\begin{bmatrix} -300.000 \cdot 0,94679 \\ +250.000 \cdot 0,89449 \\ +50.000 \end{bmatrix} \cdot 1,5855 \cdot (e^{0,00546 \cdot (-3)} - 1) = +268,27 \text{ EUR}$$

Der Risikovektor der Marktwerte – bestehend aus zwei Zins- und einer Währungsrisikokomponente, die jeweils den einzelnen Value-at-Risk-Werten entsprechen – lautet somit für das Szenario 1:

$$\text{VaR} = [-621,90 + 979,92 - 272,70]$$

und für das Szenario 2:

$$\text{VaR} = [+621,04 - 977,22 + 268,27]$$

Insgesamt ergibt sich somit ein undiversifiziertes Marktwertrisiko, indem alle negativen Value at Risks zusammengezählt werden, in der Höhe von -1871,82 EUR. Durch diesen summarischen Risikoausweis wird allerdings unterstellt, dass die einzelnen Risikoparameter, d. h. die Veränderungsraten der Zerobond-Abzinsfaktoren und jene der Wechselkurse sich so verändern, dass das Risiko maximiert wird. Im betrachteten Beispiel würde dies also heißen, dass der einjährige Zerobond-Abzinsfaktor steigt, während der zweijährige sinkt und der Kassakurs aufgrund der Short-Position steigt. Dies stellt jedoch eine unzulässige Vereinfachung dar. Bei der Bestimmung des Portfoliorisikos müssen vielmehr die paarweisen Korrelationen (vgl. für das Beispiel Tabelle 123) berücksichtigt werden. Der Value at Risk des Fremdwährungsbeispiels beträgt im Szenario 1:

$$
\text{VaR}_{\text{Gesamt}} = \sqrt{\left[-621,9 \ 979,92 \ -272,7\right] \cdot \begin{bmatrix} 1 & 0,856 & -0,076 \\ 0,856 & 1 & -0,079 \\ -0,076 & -0,079 & 1 \end{bmatrix} \cdot \begin{bmatrix} -621,9 \\ 979,92 \\ -272,7 \end{bmatrix}} = 628,09 \text{ EUR}
$$

Für das Szenario 2 ergibt sich ein Value at Risk in der Höhe von:

$$
\text{VaR}_{\text{Gesamt}} = \sqrt{\left[-621,04 \ -977,22 \ 268,27\right] \cdot \begin{bmatrix} 1 & 0,856 & -0,076 \\ 0,856 & 1 & -0,079 \\ -0,076 & -0,079 & 1 \end{bmatrix} \cdot \begin{bmatrix} 621,04 \\ -977,22 \\ 268,27 \end{bmatrix}} = 624,90 \text{ EUR}
$$

Im Falle positiver Veränderungen der Risikoparameter ergibt sich ein Value at Risk für das Fremdwährungsportfolio in der Höhe von 628,09 EUR. Das heißt, dass das betrachtete Portfolio im ersten Szenario mit einer Wahrscheinlichkeit von 99 % innerhalb einer eintägigen Haltedauer nicht mehr als 628,09 EUR an Wert verlieren wird. Dem steht ein Value at Risk bei sinkenden Risikoparametern in der Höhe von 624,90 EUR gegenüber. Da aus Vorsichtsgründen der höhere der beiden Werte betrachtet werden sollte, beträgt das Marktwertrisiko über alle vier Fremdwährungspositionen 628,09 EUR. Wie obige Rechnung verdeutlicht, ist das Marktwertrisiko des Portfolios geringer als die Summe der isolierten Einzelrisiken. Insgesamt beläuft sich der risikoreduzierende Effekt im Beispiel auf beachtliche 1.246,43 EUR, was nicht zuletzt auf die Kombination von Long- und Short-Positionen zurückzuführen ist, welche aufgrund unterschiedlicher Vorzeichen in die Berechnung eingehen.

LITERATURHINWEISE

BASLER AUSSCHUSS (2004)
BREUER, W. (2000)
IMO, CH./GITH, TH. (1989)
KNIPPSCHILD, M. (1991)
LOMBARD, O./MARTEAU, D. (1990)
MOSER, R. (1978)
TOPRITZHOFER, E./MOSER, R. (1977)

BOFINGER, P. (2000)
HÖLSCHER, R. (1987)
KLEINERT, H./MOSDORF, S. (1998)
KÖPF, G. (1987)
MEHL, J. (1991)
NOLTE, M. (1997)

IV. Das Aktienkursrisiko

1. Begriff und Wesen des Aktienkursrisikos

Unter dem Aktienkursrisiko wird allgemein die Gefahr verstanden, dass sich der Wert eines aus Aktien oder aus Finanzderivaten, denen Aktien zugrunde liegen, bestehenden Portfolios aufgrund von Kursbewegungen vermindert. Das Aktienkursrisiko ist eng mit dem Kreditrisiko verbunden, da die Ursachen für das Schlagendwerden beider Risikokategorien identisch sein können. So ist es möglich, dass aufgrund einer Bonitätsverschlechterung eine Forderung an ein (börsennotiertes) Unternehmen vollständig oder teilweise ausfällt und dass gleichzeitig aufgrund der (fundamentalen) Verschlechterung der Unternehmenslage der Aktienkurs dieser Unternehmung sinkt. Dieser Teil des Aktienkursrisikos zählt zu den **Gegenparteienrisiken** und ist grundsätzlich bereits bei der Steuerung des Kreditrisikos zu berücksichtigen (vgl. S. 436 ff.). In diesem Abschnitt wird das Aktienkursrisiko als ein allgemeines Markt- bzw. Preisrisiko analysiert, das nicht ausschließlich durch die Bonität der börsennotierten Unternehmungen determiniert wird.

Das Kurswertrisiko von festverzinslichen Wertpapieren wird nicht durch das (Aktien-)Kursrisiko abgedeckt, da das erstgenannte Risiko eine Komponente des Zinsänderungsrisikos darstellt. Interdependenzen zwischen beiden Risikokategorien sind jedoch durchaus vorhanden, zumal das Zinsniveau unter anderem auch die Entwicklung der Aktienkurse beeinflusst. Des Weiteren stellt die Investition in festverzinsliche Wertpapiere eine Alternative zur Investition in Aktien dar, sodass bei einem sehr hohen Zinsniveau die (mit einem vergleichsweise höheren Risiko behaftete) Aktienanlage weniger attraktiv erscheinen kann. Im Fall steigender Zinsen könnte sich somit ein schlagend werdendes Zinsspannen- und Kurswertrisiko ergeben, das aufgrund der zusätzlichen möglichen Abschreibungen für das Aktienportfolio noch verstärkt wird. Im Rahmen eines umfassenden Risikomanagements sind diese Interdependenzen zu berücksichtigen.

Aufgrund der zahlreichen Determinanten des Aktienkurses stellt sich die Frage, in welchem Maße das Aktienkursniveau vom Zinsniveau bestimmt wird. Bei einem signifikanten Zusammenhang könnte z. B. die Aktienkursentwicklung in Abhängigkeit vom Zinsniveau prognostiziert werden. Idealtypisch wäre dann sogar eine Einbindung der Quantifizierung und Steuerung des Aktienkursrisikos im Rahmen des Zinsrisikomanagements denkbar. Da jedoch ein solch monokausaler Zusammenhang in der Realität nicht gegeben ist, werden die Interdependenzen von Aktienkursrisiko und Zinsänderungsrisiko bei der Risikomessung über entsprechende Korrelationen mit erfasst.

2. Messung von Aktienkursrisiken

Zur Messung von Aktienkursrisiken können zum einen die bereits vorgestellten Erkenntnisse des Grundmodells (vgl. S. 403 ff.) herangezogen werden. Zum anderen führt der Einsatz von Indikatormodellen zu ergänzenden Aussagen, die zudem für bestimmte Steuerungszwecke teilweise besser geeignet sind. Aktienkursrisiken können natürlich nicht nur aus bilanzwirksamen Aktienpositionen, sondern auch aus Finanzderivaten resultieren. Zur Messung der mit diesen Derivaten verbundenen Risiken kann es unter Umständen sinnvoll sein, das Grundmodell zu verlassen und eines der bereits erörterten Erweiterungsmodelle zu nutzen (vgl. S. 402 ff.).

a)   Das Aktienkursrisiko im Grundmodell der Risikomessung

Um zu demonstrieren, wie das **Aktienkursrisiko** eines Aktienportfolios im Grundmodell zu bestimmen ist, sei ein Portfolio unterstellt, das am 31.03.01 aus 60.000 Aktien der ABB, 9.000 der CS-Group, 480 der Swisscom, 720 von Nestlé und 2.400 Genussscheinen der Roche besteht. Der Portfoliomanager plant, dieses Aktienpaket nach einer Haltedauer von einem Tag vollständig zu verkaufen.

Nach dem Stufenschema des Grundmodells fungiert hier die Aktienkursrendite, mit der sich die Schwankungen von Aktienkursen beschreiben lassen, als Risikoparameter (vgl. hierzu ausführlicher Abbildung 168 auf S. 404). Zur Bestimmung der Aktienkursrendite sind unter Berücksichtigung der für das bestehende Portfolio geplanten zukünftigen Haltedauer die historischen Aktienkurse zu Beginn und am Ende der Plan-Haltedauer festzustellen. Aus diesen Aktienkursentwicklungen werden anschließend die stetigen Aktienkursrenditen, deren Erwartungswert und deren Standardabweichung berechnet.

Am 31.03.01 galten annahmegemäß für die untersuchten Aktien die in Tabelle 124 genannten Kurse. Das **Risikovolumen** ergibt sich, indem die Aktienanzahl mit dem aktuellen Kurswert multipliziert wird. Für den **Risikoparameter Aktienkursrendite** lässt sich nun aus der Standardabweichung beispielsweise bei einem Z-Wert von 3 die **Risikomesszahl** berechnen. Die Standardabweichung erhält ein negatives Vorzeichen, da es sich bei den Aktienpositionen im Beispiel um Long-Positionen handelt. Diesbezüglich besteht eine Verlustgefahr, wenn die Aktienkurse sinken. Aus der Risikomesszahl folgt im nächsten Schritt der **Risikofaktor**, der die Form $(e^{RMZ} - 1)$ erhält. Schließlich resultieren die **Value-at-Risk**-Werte einzelner Aktien aus der Multiplikation des Risikovolumens mit dem Risikofaktor.

Sofern die Aktienrenditen nicht vollständig positiv miteinander korrelieren, entspricht das Gesamtrisiko bekanntlich nicht der Summe der Einzelrisiken. Durch teilweise gegenläufige Kursbewegungen vermindert sich das tatsächliche Gesamtrisiko gegenüber der Summe der Einzelrisiken. Nach den bisherigen Ergebnissen lässt sich das Gesamtrisiko mithilfe der Formeln für Linearkombinationen berechnen (vgl. S. 410 ff).

	Risikoparameter	Stetige Aktienkursrenditen				
	Firma	ABB	CS-Group	Swisscom	Nestlé	Roche
	Kurs	3,23	23,25	414,50	274,50	83,65
Stufe 1	Anzahl	60.000	9.000	480	720	2.400
	Risikovolumen	193.800	209.250	198.960	197.640	200.760
Stufe 2	Standardabweichung	5,72 %	3,09 %	1,70 %	1,59 %	1,73 %
Stufe 3	Risikomesszahl	-17,15 %	-9,26 %	-5,10 %	-4,76 %	-5,19 %
Stufe 4	Risikofaktor	-15,76 %	-8,85 %	-4,97 %	-4,65 %	-5,06 %
Stufe 5	VaR	-30.546	-18.515	-9.886	-9.193	-10.162

Tabelle 124: Beispiel zur Quantifizierung von Aktienkursrisiken

Dazu sind die in Tabelle 124 genannten Value-at-Risk-Kennziffern je Aktienwert mithilfe der in Tabelle 125 dargestellten Korrelationskoeffizientenmatrix zu verbinden, woraus sich abschließend das Gesamtrisiko des Aktienportfolios ergibt. Die standardisierte Vorgehensweise im Risikomodell RiskMaster erfolgt für Aktienkursrisiken somit allgemein nach folgenden Gleichungen:

- Risikoparameter = Aktienkursrendite

- Risikovolumen$_{AKT}$ = Kurs · Aktienanzahl

- Risikomesszahl (RMZ$_{AKT}$) = ± STD (Aktienkursrendite) · Z-Wert

- Risikofaktor$_{AKT}$ = $(e^{RMZ_{AKT}}) - 1$

- VaR$_{AKT}$ = RisikovolumenAKT · Risikofaktor$_{AKT}$

	ABB	CS-Group	Swisscom	Nestlé	Roche
ABB	1,0000	0,4019	0,1788	0,2293	0,3026
CS-Group	0,4019	1,0000	0,3946	0,4062	0,5332
Swisscom	0,1788	0,3946	1,0000	0,1632	0,2511
Nestlé	0,2293	0,4062	0,1632	1,0000	0,5014
Roche	0,3026	0,5332	0,2511	0,5014	1,0000

Tabelle 125: Matrix der Korrelationskoeffizienten

Für das Beispiel gilt:

$$VaR_{AKT}^{PF} =$$

$$\sqrt{\begin{bmatrix} -30.546 & -18.515 & -9.886 & -9.193 & -10.162 \end{bmatrix} \cdot \begin{bmatrix} 1 & 0,4019 & 0,1788 & 0,2293 & 0,3026 \\ 0,4019 & 1 & 0,3946 & 0,4062 & 0,5332 \\ 0,1788 & 0,3946 & 1 & 0,1632 & 0,2511 \\ 0,2293 & 0,4062 & 0,1632 & 1 & 0,5014 \\ 0,3026 & 0,5332 & 0,2511 & 0,5014 & 1 \end{bmatrix} \cdot \begin{bmatrix} -30.546 \\ -18.515 \\ -9.886 \\ -9.193 \\ -10.162 \end{bmatrix}}$$

= 55.658 EUR

mit: VaR_{AKT}^{PF} = Value at Risk eines Aktienportfolios

Der Value at Risk von Aktienpositionen stellt als Ergebnis der Risikomessung grundsätzlich einen zentralen Parameter der Risikosteuerung dar, zum Beispiel in Verbindung mit der Risikolimitierung oder der Erfassung des Gesamtbankrisikos (vgl. hierzu S. 377 ff.). Gleichwohl wird bei der speziellen Steuerung von Aktienkursrisiken häufig nur auf bestimmte Teile der im

Grundmodell ermittelten statistischen Parameter, wie z. B. Standardabweichungen, Korrelationen etc., oder aber auf ergänzende Steuerungsinformationen, wie sie beispielsweise von Indikatormodellen geliefert werden, zurückgegriffen.

b)   Der Einsatz des Beta-Faktors im Rahmen eines Indikatormodells

Indikatormodelle sind bekanntlich darauf ausgerichtet, die wesentlichen Einflussgrößen des Risikos zu extrahieren. Das bekannteste Indikatormodell stellt zweifelsohne das Marktmodell von SHARPE, LINTNER und MOSSIN dar. In diesem nicht unumstrittenen Ein-Faktor-Modell wird mithilfe des sogenannten Beta-Faktors versucht, die Kursbewegung einer Aktie im Verhältnis zu einem Marktindex zu beschreiben.

SHARPE´s Indexmodell stellt eine aus heutiger Sicht wesentliche Weiterentwicklung der von MARKOWITZ vorgetragenen Erkenntnisse der Portfoliotheorie dar. Durch die Einführung des **Beta-Faktors** wurde die für das von MARKOWITZ vorgestellte Modell unverzichtbare aber sehr aufwendige Ermittlung von **Korrelationskoeffizienten zwischen einzelnen Wertpapierrenditen überflüssig**, da in diesem Modell jedes **Wertpapier nur noch im Vergleich zum Gesamtmarkt** analysiert wird.

Mithilfe der in Abbildung 234 skizzierten und von SHARPE im Rahmen des Capital Asset Pricing Model (CAPM) entwickelten Wertpapierlinie wird die Renditeerwartung eines Wertpapiers aus dem systematischen Risiko abgeleitet. Unter systematischem Risiko versteht man den Teil des Risikos einer Position, der nicht wegdiversifiziert werden kann. Unter Verwendung des Beta-Faktors als Maßstab für das systematische Risiko wird der Verlauf der Wertpapierlinie des CAPM in der Abbildung 234 verdeutlicht. Einer Investition zum risikofreien Zins wird ein Beta von null, dem Marktportfolio ein Beta von eins zugeordnet. Entsprechend ergeben sich alle anderen Kombinationen von Renditeerwartung und Beta-Faktor.

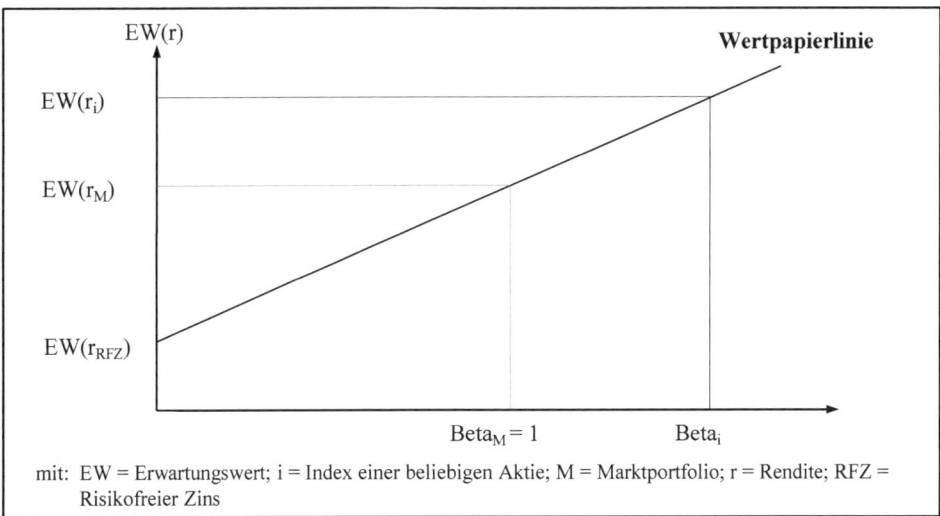

Abb. 234: Der Verlauf der Wertpapierlinie im CAPM

Obwohl das CAPM in zahlreichen empirischen Untersuchungen letztlich weder bestätigt noch widerlegt werden konnte, haben sich die Beta-Faktoren im Rahmen des Portfoliomanagements als ein sehr bedeutendes Analyseinstrument durchgesetzt. Beta-Faktoren werden für einzelne Aktien tagtäglich ermittelt und veröffentlicht. Als Maßstab für die Entwicklung des Markts kann dabei ein möglichst marktbreiter Index herangezogen werden. In Deutschland wird dazu beispielsweise der Deutsche Aktienindex DAX®, in der Schweiz der Swiss Market Index SMI verwendet. Die Zusammenhänge zwischen Marktindex und Beta-Faktor sollen beispielhaft am DAX® aufgezeigt werden.

Der DAX® ist offiziell am 1. Juli 1988 eingeführt worden. Zur Indexberechnung werden 30 deutsche Standardwerte herangezogen, die größtenteils an allen deutschen Präsenzbörsen gehandelt werden. Die Werte wurden nach den Kriterien Börsenumsatz, Börsenkapitalisierung und frühe Eröffnungskurse ausgesucht. Der DAX® repräsentiert fast 6 % des gesamten Grundkapitals inländischer börsennotierter Unternehmen und deutlich über 80 % der gesamten Börsenumsätze in deutschen Aktien.

Der DAX® wird nach der sogenannten Laspeyres-Formel berechnet und ist mit dem Grundkapital der einzelnen Unternehmungen gewichtet. Der Index wird um Kapitalveränderungen bereinigt. Im Gegensatz zu den meisten anderen Indizes, die als reine Preisindizes fungieren, wird beim DAX® auch eine Bereinigung um Dividendenabschläge durchgeführt, sodass abrupte Sprünge aufgrund von Dividendenzahlungen nicht auftreten. Der DAX® liefert somit einen zuverlässigen Performancemaßstab und ist daher besonders geeignet, als Surrogat für die Wertentwicklung des „Marktportfolios" zu fungieren. In Tabelle 126 werden die Beta-Faktoren für ausgewählte Aktien des DAX® dargestellt.

Kennzahlen bezogen auf DAX®-Aktienwerte (31. Juli 2012)					
Kürzel	**Volatilitäten**		**Korrelation**		**Beta**
	30 Tage p. a.	**250 Tage p. a.**	**30 Tage**	**250 Tage**	**250 Tage**
DAX	25,03 %	29,65 %	-	-	-
ADS	24,65 %	32,19 %	0,68	0,85	0,78
ALV	33,44 %	42,61 %	0,94	1,31	0,91
BAS	31,39 %	34,10 %	0,89	1,07	0,93
BAY	30,04 %	34,49 %	0,88	0,98	0,85
BMW	35,38 %	40,38 %	0,91	1,18	0,87
BEI	22,38 %	19,47 %	0,72	0,42	0,64
CBK	46,34 %	68,17 %	0,85	1,69	0,74
DAI	32,36 %	41,66 %	0,85	1,25	0,89
DBK	44,21 %	54,35 %	0,85	1,59	0,87
DB1	32,59 %	37,12 %	0,77	0,81	0,64
LHA	24,51 %	39,36 %	0,71	1,08	0,81
DPW	29,28 %	30,71 %	0,86	0,87	0,84

Tabelle 126: Beta-Faktoren einzelner deutscher Standardwerte (Quelle: Deutsche Börse AG)

Kennzahlen bezogen auf DAX®-Aktienwerte (31. Juli 2012)					
Kürzel	Volatilitäten		Korrelation		Beta
	30 Tage p. a.	250 Tage p. a.	30 Tage	250 Tage	250 Tage
DTE	30,48 %	28,02 %	0,75	0,70	0,74
EOA	33,20 %	38,32 %	0,71	1,11	0,86
FME	17,15 %	21,94 %	0,68	0,34	0,46
FRE	21,16 %	21,96 %	0,56	0,37	0,51
HEI	41,64 %	49,30 %	0,86	1,45	0,87
HEN	23,38 %	26,06 %	0,80	0,65	0,74
IFX	56,52 %	45,01 %	0,53	1,10	0,73
SDF	30,85 %	37,16 %	0,66	0,96	0,77
LIN	26,48 %	26,99 %	0,74	0,73	0,80
MAN	35,12 %	43,76 %	0,61	1,16	0,79
MRK	23,81 %	27,76 %	0,78	0,62	0,66
MEO	37,00 %	39,83 %	0,62	0,90	0,67
MUV	27,94 %	32,19 %	0,88	0,97	0,89
RWE	35,19 %	41,55 %	0,76	1,16	0,83
SAP	32,00 %	24,84 %	0,75	0,63	0,75
SIE	25,67 %	26,20 %	0,82	0,81	0,91
TKA	39,36 %	48,04 %	0,80	1,37	0,84
VOW	32,81 %	43,67 %	0,68	1,25	0,85

Tabelle 126: Beta-Faktoren einzelner deutscher Standardwerte (Quelle: Deutsche Börse AG) (Forts.)

Anhand dieser Tabelle lassen sich die Aktien hinsichtlich ihres Risikocharakters einteilen in:

- risikoreiche Papiere (Beta > 1,05),

- risikonormale Papiere (0,94 ≤ Beta ≤ 1,05) und

- risikoarme Papiere (Beta < 0,94).

Bei dem Einsatz von Beta-Faktoren im Rahmen des Portfoliomanagements muss insbesondere die **Korrelation** berücksichtigt werden. In der Tabelle ist der Beta-Faktor der BMW-Aktie mit 0,4886 relativ tief, d. h., dass dieser Wert bei einem Marktanstieg um 1 % um ca. 0,49 % ansteigt. Da die Wertentwicklung der Aktie jedoch nur zu 40,7 % (30 Tage) bzw. 25,7 % (250 Tage) mit dem Index korreliert, verliert der Beta-Faktor erheblich an Aussagekraft. Um Beta-Faktoren sinnvoll einsetzen zu können, sollte nicht nur die Korrelation sehr hoch sein, sondern weiterhin auch eine **zeitliche Stabilität** der Beta-Faktoren gewährleistet sein.

Im Rahmen des Portfoliomanagements kann das Konzept der Beta-Faktoren unter Berücksichtigung dieser Prämissen (hohe Korrelation und zeitliche Stabilität) im Wesentlichen drei Funktionen erfüllen:

1) **Performancemessung** unter Berücksichtigung des Risikos:
   Von gut informierten Portfoliomanagern wird angenommen, dass sie bewusst Risiken eingehen, um Erträge zu erzielen. Portfolios mit unterschiedlichem Risikocharakter müssen hinsichtlich ihrer Performance verglichen werden. Mit dem Beta-Faktoren-Konzept ist es möglich, das systematische Risiko eines Portfolios zu bestimmen und die dafür zu erzielende Risikoprämie im Vergleich zu berücksichtigen. Die „Überrendite eines Portfolios", die eigentlich nur bei unvollkommenen Märkten auftreten kann, ist dann nicht einfach im Vergleich zum Index zu bestimmen, sondern wird unter Berücksichtigung des Portfolio-Betas um Risikozu- und -abschläge korrigiert.

2) **Portfoliobildung** unter Berücksichtigung der Beta-Faktoren:
   Aktienportfolios können anhand von Beta-Faktoren gebildet werden. Es lassen sich verschiedene Strategien unterscheiden. Bei der Bildung von sogenannten **Index-Fonds** werden Portfolios konstruiert, die ein Portfolio-Beta von 1 aufweisen sollen. Ziel einer solchen Strategie ist es, ein Portfolio zu bilden, das auf keinen Fall schlechter als der Index abschneidet. Das Portfolio kann hierbei einerseits genauso aufgebaut werden wie der Index, wozu allerdings viel Kapital benötigt wird. Andererseits lässt sich auch mit weniger Kapital unter Berücksichtigung der einzelnen Betas ein Portfolio aufbauen, das bei begrenzter Diversifikation ca. 15–20 Aktien enthalten sollte. Neben dem Index-Fonds kann man mithilfe der Beta-Faktoren auch sogenannte **Beta-Fonds** bilden. In Hausse-Phasen werden Portfolios mit einem Beta größer 1 konstruiert, während in Baisse-Phasen das Portfolio in Aktien mit einem Beta kleiner 1 umgeschichtet wird (vgl. S. 559 ff.).

3) Beta-Faktoren im **aktiven Risikomanagement**:
   Das Beta-Faktoren-Konzept bildet die Grundlage für einen effizienten Einsatz von Hedging-Instrumenten zur Steuerung des Aktienkursrisikos. Als Instrumente dienen hierbei insbesondere Index-Futures und Optionen, die später noch erläutert werden.

Damit wird zum einen deutlich, dass der Beta-Faktor als (Risiko-)Indikator ein Instrument der Risikomessung darstellt, mit dem das Risiko einer Renditeschwankung ausgedrückt werden kann. Zum anderen wird die enge Verzahnung des Beta-Faktors mit der Risikosteuerung zum Ausdruck gebracht, da der Beta-Faktor ein zentrales Element bei der Zusammenstellung von Portfolios darstellen kann.

LITERATURHINWEISE

BASLER AUSSCHUSS (1995A)   BASLER AUSSCHUSS (2004)
LERBINGER, P. (1984)   LINTNER, J. (1965)
LISTER, M. (1997)   MARKOWITZ, H. M. (1952)
MOSSIN, J. (1966)   SHARPE, W. F. (1963)

V. Das operationelle Risiko

1. Typologisierung des operationellen Risikos

Die Identifikation, Messung und Steuerung von Risiken gehört zu den zentralen Aufgaben von Banken. Während im Bereich der Finanzrisiken bereits etablierte Standards existieren, müssen die Konzeptionen zum Management des operationellen Risikos noch weiterentwickelt werden. Unter operationellem Risiko versteht man die Gefahr von Verlusten, die infolge der Unangemessenheit oder des Versagens von internen Verfahren, Menschen und Systemen oder aufgrund externer Ereignisse eintreten. Diese Definition schließt Rechtsrisiken ein, nicht aber strategische Risiken oder Reputationsrisiken. Aus regulatorischer Sicht steht im Hinblick auf operationelle Risiken die Stabilisierung des Finanzsystems im Zentrum. Sensibilisiert wurden die Regulatoren nicht zuletzt durch etliche extreme Verluste, die Banken in den 1990er-Jahren erlitten und die sich nicht vollumfänglich auf Finanzrisiken zurückführen ließen.

Bei der Definition des Begriffs des operationellen Risikos steht generell die ursachenbezogene **direkte Betrachtung** im Vordergrund. Eine **indirekte Definition**, die sämtliche Risiken, die sich nicht den Markt- oder Kreditrisiken zuordnen lassen, als operationelle Risiken bezeichnet, ist wenig hilfreich. Um ein effizientes Risikomanagement aufbauen zu können, ist es unumgänglich, die einzelnen Risikoursachen zu kennen.

Als maßgebliche Definitionsinstanz gilt der BASLER AUSSCHUSS. Der von ihm definierte Begriff operationeller Risiken spielt vor allem auch im Rahmen der Ausarbeitung der nationalen Gesetzgebungen eine zentrale Rolle. Es scheint wenig zweckmäßig, beim internen Management von diesem Begriff abzuweichen, zumal der BASLER AUSSCHUSS eine Orientierung an seiner Definition im Rahmen des Managementprozesses für verbindlich erachtet. Der Gebrauch einer unterschiedlichen Definition operationeller Risiken für das aufsichtliche Management einerseits und für das interne andererseits mag allenfalls bei Großbanken mit gewissen Vorteilen verbunden sein. Der Entwicklung einer zielgerichteten bankinternen Denkweise ist er aber nicht förderlich. Überdies erschwert es die Etablierung von Standards und den Wissenstransfer zwischen den Instituten, wenn sich verschiedene Banken auf unterschiedliche Definitionen des operationellen Risikos stützen. Die Definition operationeller Risiken gemäß BASLER AUSSCHUSS lautet:

> Operationelles Risiko ist die Gefahr von Verlusten, die in Folge der Unangemessenheit oder des Versagens von
>
> * internen Verfahren,
>
> * Menschen und
>
> * Systemen oder
>
> * in Folge externer Ereignisse
>
> eintreten.

Diese Definition schließt Rechtsrisiken ein, beinhaltet aber nicht strategische Risiken oder Reputationsrisiken. Hieraus leitet sich die in Abbildung 235 dargestellte bankbetriebliche Risikokategorisierung ab.

Finanzrisiken hängen unmittelbar mit den Finanzströmen einer Bank zusammen und umfassen daher sämtliche Risiken des Wertbereichs. Das operationelle Risiko (i. w. S.) lässt sich in operationelle Risiken, wie sie der BASLER AUSSCHUSS versteht (operationelles Risiko i. e. S), und das Geschäftsrisiko unterteilen. Das **Geschäftsrisiko** umfasst strategische und politische Risiken. Im Rahmen dieser Kategorisierung erscheint das operationelle Risiko, wie es im Kontext der neuen aufsichtlichen Vorschläge interpretiert wird, als eine klar ursachenbezogene Risikokategorie. Die zugrunde liegenden Ereignisse sind grundsätzlich sauber von jenen abzugrenzen, die sich den Finanz- oder den Geschäftsrisiken zuordnen lassen. Die Frage der Zuordnung und gegenseitigen Abgrenzung der Risikoarten erscheint in diesem Licht als reine Definitionsproblematik, der mittels gut strukturierter bankinterner Risikohandbücher zu begegnen ist.

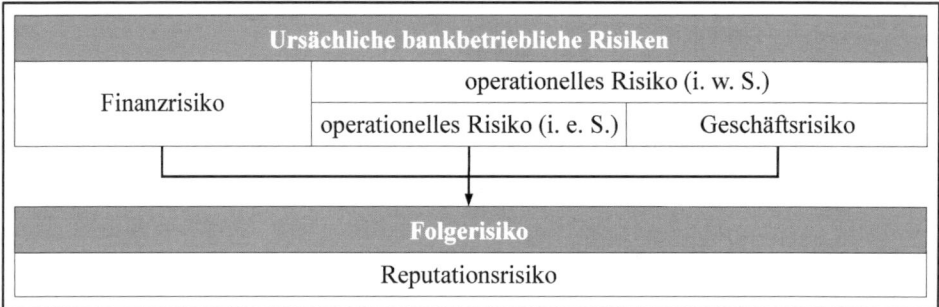

Abb. 235: Bankbetriebliche Risikoarten

2. Identifizierung des operationellen Risikos

Aufgrund der besonderen Bedeutung soll für das operationelle Risiko die Risikoidentifikation von der Risikomessung abgegrenzt werden. Die Risikoidentifikation ist darauf auszurichten, die spezifischen operationellen Risikostrukturen einer Bank möglichst vollständig und differenziert zu beschreiben. Hierzu können qualitative und quantitative Ansätze der Risikoidentifikation diskutiert werden.

a) Qualitative Ansätze der Risikoidentifikation

Die Ansätze zur qualitativen Identifikation des operationellen Risikos können in ereignisbasierte und prozessbasierte Methoden der Risikoidentifikation untergliedert werden (vgl. Abbildung 236).

Bei den ereignisbezogenen Ansätzen lassen sich im Weiteren einzelereignisbezogene Analysetechniken und Ansätze zur Analyse von Ereignisverkettungen unterscheiden. Bei den einzelereignisbezogenen Analysetechniken werden unstandardisierte Kreativtechniken und Verfahren auf der Basis standardisierter Fragebogen unterschieden. Zu den bedeutendsten Vertretern der **unstandardisierten Kreativtechniken** gehören unter anderem Brainstorming und Brainwriting. Diese Verfahren zeichnen sich dadurch aus, dass keine Wirkungen schlagend gewordener operationeller Risiken vorgegeben sind, die es zu erklären gilt. Generell geht es darum, durch

Nutzung kreativer Potenziale allfällige Einzelrisiken, wie z. B. eine mögliche Beschädigung des Rechenzentrums in einem Brandfall, zu erfassen. Die Beteiligten können sich entweder mündlich (Brainstorming) oder schriftlich (Brainwriting) zu möglichen Risiken frei äußern. Anschließend tragen die Teilnehmenden die Ergebnisse zusammen und prüfen, diskutieren, modifizieren oder ergänzen sie. Zum Schluss liegt eine Liste potenzieller Risiken vor, die der gesamte Kreis der Befragten für plausibel hält.

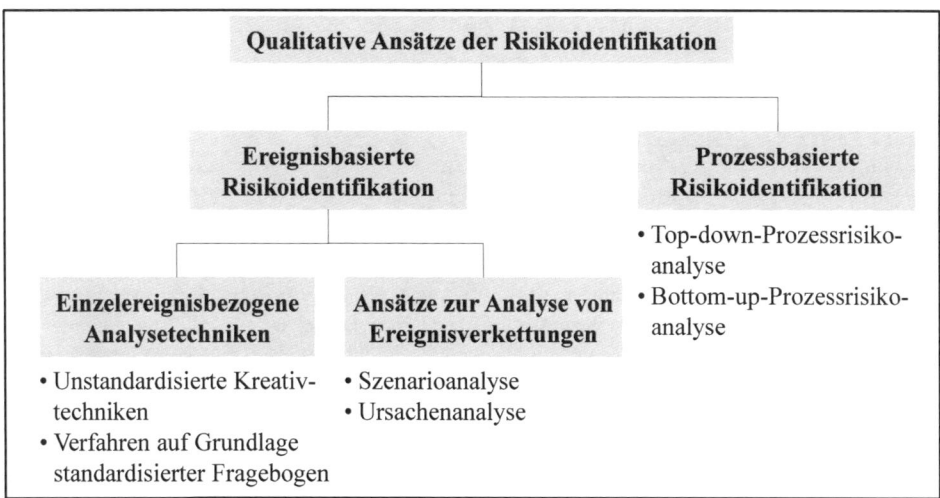

Abb. 236: Klassifizierung qualitativer Ansätze der Risikoidentifikation

Standardisierte Fragebogen umfassen – ähnlich wie Checklisten – eine strukturierte Sammlung von Fragen. Die Fragen sollten allgemein formuliert sein, damit sie sich auf möglichst viele organisatorische Bereiche anwenden lassen. Die Standardisierung der Fragen bildet zugleich die Grundlage für die Aggregation und Abbildung der identifizierten Risiken auf höheren organisatorischen Ebenen.

Die **Szenarioanalyse** versucht, in einem bestimmten Risikobereich strukturierte Verbindungen zwischen Risikoursachen und Risikowirkungen über mehrere Ebenen hinweg zu ermitteln. Dabei steht die szenariobasierte Verkettung von Ereignissen im Fokus. Szenarioanalysen zur Identifikation von Risiken lassen sich sowohl auf Gesamtbankebene als auch mit Blick auf untergeordnete organisatorische Einheiten, Produkte oder Prozesse einsetzen. Die Qualität der Analyse hängt wesentlich vom sachlichen und fachlichen Wissen der befragten Mitarbeiter ab. Empfehlenswert ist es, die Analyse in einer überschaubaren Gruppe durchzuführen und die Ergebnisse laufend zu protokollieren. Eine gebräuchliche Variante von Szenarioanalysen stellen die Stressanalysen resp. Worst-Case-Analysen dar. Hierbei versucht man vor allem solche Effekte zu erfassen, die sich aus einer Verkettung ausschließlich negativ geprägter Ursache-Wirkungs-Relationen ergeben. Die Korridoranalyse will im Unterschied dazu das Spektrum möglicher Wirkungen im Bereich zwischen einer vollständig positiv und einer vollständig negativ geprägten Verkettung von Ereignissen aufzeigen.

Die **Ursachenanalyse** geht im Vergleich zur Szenarioanalyse genau umgekehrt vor. Ausgangspunkt sind hier nicht die Ursachen operationeller Risiken, die mögliche Wirkungen zeigen, sondern früher aufgetretene Wirkungen, von denen her szenariobasiert nach potenziellen Ursachen gesucht wird. Sowohl personell als auch inhaltlich ist die Ursachenanalyse relativ frei ausgestaltbar. Mehrheitlich wird sie allerdings im Rahmen von Gruppenveranstaltungen mit ausgewählten Personen und mit Blick auf einen genau definierten Wirkungsbereich durchgeführt.

Die **Top-down-Prozessrisikoanalyse** versucht, die Ursachen eines unerwünschten Ereignisses prozessbasiert aufzuspüren. Ausgangspunkt ist somit ein gestörter Prozess. Zur Problemlösung ist zunächst der gesamte Prozess aufzuzeigen. Darauf aufbauend ist sodann zu analysieren, welche Ursachen dem unerwünschten Ereignis zugrunde liegen könnten. Der Kreis der Teilnehmenden setzt sich vorzugsweise aus Kompetenzträgern aus den einzelnen Teilprozessen zusammen. Nur so ist gewährleistet, dass sämtliche Ursachen eines fehlgeleiteten Prozesses über sämtliche Teilprozesse hinweg identifiziert werden können.

Die **Bottom-up-Prozessrisikoanalyse** verläuft in genau umgekehrter Richtung, wobei man von einem intakten und störungsfreien Prozess ausgeht. Dieser wird nun, ähnlich wie bei der Top-down-Prozessrisikoanalyse, in seine einzelnen Teilprozesse zerlegt, die ihrerseits wiederum entsprechenden Verantwortungsbereichen zugeordnet werden. Auf dieser strukturellen Grundlage lässt sich jeder einzelne Teilprozess auf potenzielle Störzustände resp. generelle Fehlerquellen hin untersuchen. Allerdings bleibt man nicht bei einer isolierten Analyse auf Teilbereichsebene stehen, sondern prüft auch, welche kumulativen Effekte der Eintritt mehrerer potenzieller Risiken in einzelnen Teilprozessen mit sich bringen kann. Vom organisatorischen Rahmen her stimmt die Bottom-up- mit der Top-down-Prozessrisikoanalyse überein.

b) Quantitative Ansätze der Risikoidentifikation

Neben den Ansätzen zur qualitativen Identifikation operationeller Risiken kann auch die Analyse bankinterner und externer Daten Aufschluss über potenzielle Risiken geben.

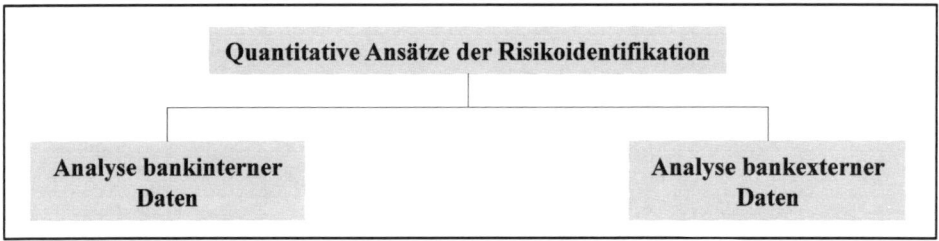

Abb. 237: Klassifizierung quantitativer Ansätze der Risikoidentifikation

Bankinterne Daten, die sich zur Risikoidentifikation verwenden lassen, stammen

* aus dem Financial und dem Management Accounting,

* aus der bankinternen Prüfung (Audit) und

* sonstigen bankinternen Informationsquellen.

Bankexterne Daten lassen sich im Rahmen der Risikoidentifikation im Sinne eines Benchmarkings nutzen. Bei diesem Verfahren untersuchen Expertenteams bekannte Verlustfälle anderer Institute daraufhin, ob sie auch im eigenen Institut auftreten könnten. Wenn beispielsweise bei einer Bank X fünf Schlüsselmitarbeiter bei einem Flugzeugabsturz ums Leben kommen, ist ein solches Ereignis für die eigene Bank nicht zwingend relevant. Beispielsweise dann nicht, wenn die eigene Bank bereits Richtlinien besitzt, die es einem definierten Kreis von Schlüsselmitarbeitern explizit untersagt, gemeinsame Flüge zu unternehmen. Die Quellen bankexterner Verlustdaten sind überaus vielfältig. Infrage kommen:

- Geschäftsberichte der Konkurrenz,

- öffentliche Medien (Zeitschriften, Internet, Fernsehen und Radio),

- Berichte von Branchenverbänden und sportlichen Behörden sowie

- Operational-Risk-Data-Pooling-Initiativen.

Die Operational-Risk-Data-Pooling-Initiativen sind – im Unterschied zu den drei anderen Informationsquellen – nur beschränkt öffentlich zugänglich. Wer die Daten dieser Pools nutzen will, muss sich verpflichten, über sämtliche eigenen Verluste lückenlos Meldung zu erstatten. Dies hält heute noch viele Banken davon ab, sich solchen Konsortien anzuschließen. Man befürchtet, dass Konkurrenten, die ebenfalls dem Datenpool angeschlossen sind, auch aus anonymisierten Informationen aufschlussreiche Rückschlüsse ziehen können. Andererseits ist natürlich der Nutzen einer Mitgliedschaft nicht zu unterschätzen. Der Datenpool verschafft einer Bank grundsätzlich die Möglichkeit, aus Fehlern der Konkurrenz zu lernen und somit operationelle Risiken besser zu kontrollieren. Bedeutende Vertreter solcher Operational-Risk-Data-Pooling-Initiativen sind die ORX ASSOCIATION und GOLD (BRITISH BANKERS ASSOCIATION). Grundlegend für den Aufbau einer Verlustdatenbank ist eine standardisierte Datenerfassung. Es muss klar geregelt sein, in welcher Form die einzelnen Mitglieder die Verlustfälle zu melden haben.

3. Messung des operationellen Risikos

Im Unterschied zur Messung von Kredit- und Marktrisiken hat sich für operationelle Risiken in Banken bislang noch kein Standard etablieren können. In den nun folgenden Ausführungen soll das Spektrum möglicher Messansätze aufgezeigt und kritisch beleuchtet werden. Als anzustrebendes Ziel gilt dabei eine möglichst realitätsnahe interne Messung des operationellen Risikos, auf deren Basis sich wirkungsvolle Steuerungsmaßnahmen ergreifen lassen. Im Hinblick auf eine ertragsorientierte Gesamtbanksteuerung drängt sich die Entwicklung eines Messinstrumentariums auf, das nach Möglichkeit mit dem Value-at-Risk-Konzept zur Messung der Markt- und Kreditrisiken kompatibel ist.

a) Ansätze zur qualitativen Bewertung des operationellen Risikos

(1) Basisinstrumente zur qualitativen Risikobewertung

Bei allen Ansätzen zur Messung operationeller Risiken mittels qualitativer Bewertungsverfahren beruht die Verlustschätzung mehrheitlich auf subjektiven Einschätzungen. So stützen sich insbesondere die ereignisbasierten Bewertungsverfahren und die prozessbasierte Schätzung von Risikopotenzialen auf die bereits ausgeführten internen Verfahren der Risikoidentifikation. Risikoindikatoren sind nicht auf Risikowirkungen ausgerichtet, sondern versuchen, das Risiko ursächlich abzubilden.

Die Basisinstrumente zur qualitativen Bewertung operationeller Risiken können untergliedert werden in

1. ereignisbasierte Bewertungsverfahren (annualisierte Gesamterwartungswerte/Szenarioanalyse),

2. prozessbasierte Abschätzung von Risikopotenzialen und

3. Risikoindikatoren.

Zu 1.: Die Risikomessung mittels **annualisierter Gesamterwartungswerte** stellt ein pragmatisches Schätzverfahren dar, dessen Aussagekraft wesentlich von einzelnen, möglicherweise subjektiv geprägten Expertenmeinungen abhängt. Dieser Ansatz eignet sich speziell für die Bewertung von operationellen Risiken, die mittels einzelereignisbezogener Analysetechniken identifiziert worden sind. Entsprechende Risiken sind nach potenzieller Verlusthöhe und Häufigkeit zu bewerten. Bei der zeitlichen Schadensbeurteilung ist in der horizontalen Dimension zwischen Ereignissen zu unterscheiden, die täglich, wöchentlich, monatlich, quartalsweise, jährlich, alle fünf, alle 20 oder alle 100 Jahre eintreten.

Die Messung operationeller Risiken mittels **szenariobasierter Risikoabschätzung** orientiert sich an den Identifikationskonzepten zur Analyse von Ereignisverkettungen. Sie nutzt daher die in der Identifikationsphase eruierten Ereignisverkettungen als Basis. Die alternativen Äste, Best Case oder Worst Case, lassen sich mit bestimmten Wahrscheinlichkeiten versehen und entsprechend gewichten. Jeder an eine definierte Wahrscheinlichkeit geknüpfte Verlustpfad entspricht einer bestimmten Verlusthöhe.

Zu 2.: Die **prozessbasierte Abschätzung von Risikopotenzialen** setzt eine differenzierte Erfassung sämtlicher Haupt- und Teilprozesse in einer Bank voraus. Sie erhebt Anspruch auf Vollständigkeit der Risikoerfassung in Bezug auf prozessbasierte Abläufe. Bezweckt wird die Abschätzung potenzieller Verluste, die mithilfe prozessbasierter Identifikationsansätze ermittelt wurden. Idealtypisch sollte bei der bottom-up-orientierten Variante wie folgt vorgegangen werden: In einer ersten Phase ist für die in einem Teilprozess identifizierten Fehlerereignisse zu ermitteln, mit welcher Häufigkeit diese auftreten. Grundsätzlich ist dies aufgrund einer Expertenschätzung möglich oder, falls entsprechende Erfahrungswerte vorliegen, anhand empirischer Daten. In einer zweiten Phase sind in analoger Weise die Durchschnittswerte resp. maximalen Werte für Verluste zu generieren. In einer dritten Phase lassen sich durch einfache Multiplikation der Häufigkeiten mit den Verlusthöhen für einzelne Fehlerquellen, für einzelne Teilprozesse oder für sämtliche Teilprozesse die erwarteten Verluste resp. die Maximalverlustsumme eines gesamten Prozesses ermitteln.

Zu 3.: Mit der Risikomessung mittels **Risikoindikatoren** verbindet man die Erwartung, zukünftige Verluste resp. sich verändernde Risikopotenziale genauer abschätzen zu können. Hinsichtlich ihrer **zeitlichen Dimension** lassen sich zukunftsgerichtete, zeitnahe und vergangenheitsgerichtete Indikatoren unterscheiden. Für die Risikomessung speziell wertvoll sind nur zukunftsgerichtete ursachenbasierte Indikatoren. **Risikoindikatoren** sind Kennzahlen, die dazu dienen, die Entstehung operationeller Risiken frühzeitig zu erkennen, um ihre Realisation verhindern oder wenigstens einschränken zu können. Aufgrund eines vermuteten Zusammenhangs zwischen einem oder mehreren Indikatoren und potenziellen oder effektiven Verlusten versucht man, zu Aussagen über die Veränderung oder das Eintreten dieser Verluste zu gelangen. Risikoindikatoren lassen sich somit als Instrumentarien einsetzen, die Risiken indirekt und approximativ aufzuzeigen vermögen. Risikoindikatoren sollten leicht messbar sein und nicht mittels aufwendiger Verfahren berechnet werden müssen. Aussagekräftige Risikoindikatoren sollten des Weiteren einen möglichst hohen Grad an Objektivität aufweisen und im Sinne der Wirtschaftlichkeit möglichst einfach zu aktualisieren und in die Managementprozesse zu integrieren sein.

(2) Entwicklung eines bankinternen Operational-Risk-Ratingsystems

In der bankwissenschaftlichen Literatur wurde ein Scorecard-basierter Ansatz vorgestellt, der darauf abzielt, Erkenntnisse aus dem Kreditrisikomanagement für den Umgang mit operationellen Risiken zu nutzen.

Die Aufgabe dieses wirkungsbasierten Ansatzes besteht darin, die einzelnen Einheiten, wie Geschäftsbereiche oder Prozesse, mit einem Operational-Risk-Rating auf ihre Risikoexponierung hin zu vergleichen, wobei das Ratingsystem laufend an die sich verändernden Risikostrukturen angepasst wird. Grundsätzliche Unterschiede zwischen einem Rating im Bereich des Kreditrisikos und einem Rating im Bereich des operationellen Risikos werden in Tabelle 127 gegenübergestellt.

	Kredit-(Ausfall-)Risiko	**Operationelles Risiko**
Bezugspunkt des Ratings	Kreditnehmer	Organisationseinheit oder Prozess einer Bank
Treibende Faktoren zur Festlegung des Ratings	• Typische qualitative Merkmale des Kreditnehmers • Typische quantitative Merkmale des Kreditnehmers	• Qualitative Ursachen des operationellen Risikos in einer Organisationseinheit • Quantitative Ursachen des operationellen Risikos in einer Organisationseinheit
Ziele	• Unterteilung sämtlicher Kunden in merkmalshomogene Gruppen mit einer einheitlichen Ausfallrate • Verursachungsgerechte Abwälzung erwarteter Verluste auf die Kreditnehmer	• Unterteilung sämtlicher Organisationseinheiten und Prozesse in einheitliche Gruppen, die eine ähnliche Exponierung nach operationellen Risiken aufweisen • Schaffung eines bankinternen Risikobewusstseins hinsichtlich der Gefährdung durch operationelle Risiken in den einzelnen Organisationseinheiten oder Prozessen

Tabelle 127: Zentrale Merkmale eines Ratings im Bereich des Kredit-(Ausfall-)Risikos und des operationellen Risikos

So findet z. B. die Ratingeinstufung der einzelnen Organisationseinheiten in folgenden drei **Teilprozessen** statt:

1. Wirkungsbasierte Kategorisierung der Organisationseinheiten (Teilprozess 1)

2. Ratingprognose mittels risikodeterminierender Faktoren (Teilprozess 2)

3. Analyse der Trennschärfe des Modells (Teilprozess 3)

In einer ersten Phase werden die Organisationseinheiten im Top-down-Verfahren den einzelnen Ratingklassen zugeordnet. In der zweiten wird diese Zuordnung bottom-up nach Maßgabe typischer Merkmale der Organisationseinheiten nachvollzogen. Abschließend wird das Modell auf seine Trennschärfe hin analysiert. Diese kann dann als gut bezeichnet werden, wenn sich die Top-down-Rating-Festlegung durch die Bottom-up-Prognose des Ratings auf der Basis risikorelevanter Merkmale befriedigend erklären lässt. Im ersten Teilprozess gilt es zunächst, die Organisationseinheiten einem bestimmten Cluster zuzuordnen. Im zweiten Teilprozess sollen ursächliche Faktoren (bottom-up) darauf hin untersucht werden, inwiefern sie das top-down-definierte Rating aus dem ersten Teilprozess zu erklären vermögen. Die Diskriminanzanalyse dient dabei als grundlegendes statistisches Konzept. In einer dritten Phase ist die Trennschärfe des Modells zu prüfen. Zu diesem Zweck wird die Top-down-Ratingfestlegung mit der ursachenbasierten Prognose des Ratings (bottom-up) verglichen. Eine Gegenüberstellung der Ratings wird tendenziell zeigen, dass die Bottom-up-Ratingprognose die Top-down-Ratingeinteilung sehr gut zu erklären vermag. Vor dem Hintergrund des daraus entstehenden Ratings der Organisationseinheiten lassen sich schließlich Aussagen über die relative Höhe des operationellen Risikos der einzelnen Einheiten treffen.

b) Risikoquantifizierung durch Modellierung von Verlustdaten

Mittels Quantifizierung operationeller Risiken anhand von Verlustdaten wird versucht, eine geeignete Basis für die Implementierung bereits praktizierter Verfahren zur Messung von Markt- und Kreditrisiken zur operationellen Risikomessung zu schaffen. Dies geschieht vorrangig in der Absicht, Messgrößen zu generieren, die mit jenen im Bereich der Markt- und Kreditrisiken kompatibel sind, und so eine integrative Erfassung aller Risikoarten in einer Bank ermöglichen. Im Fokus steht dabei neben der Schätzung der erwarteten und unerwarteten Verluste auf Gesamtbankebene die Schätzung der nach Ursache, Wirkung und Verantwortungsbereichen differenzierten Risikopotenziale im Sinne eines transparenten Bottom-up-Risikomessverfahrens. Der Quantifizierung liegt konzeptionell eine Dreiteilung der Verluste nach Verlusthöhen zugrunde. Risiken mit geringen Verlustwirkungen bis beispielsweise 10.000 EUR werden häufig vollständig ausgeklammert. Andererseits werden Risiken aus Extremereignissen, die über einem bankspezifisch zu definierenden Schwellenwert (threshold) zu liegen kommen, mittels der Extremwerttheorie quantifiziert. Die zwischen diesen beiden Limiten liegenden Verlustereignisse werden mittels der stochastischen Modellierung quantifiziert.

Die wesentlichen **Probleme der Quantifizierung** auf der Basis verlustdatenbasierter Ansätze sind

• in der nachweislich punktuell mangelhaften **Datenlage** in einzelnen Geschäftsfeldern resp. Ereigniskategorien,

- in der hohen **Dynamik** der Veränderung des operationellen Risikos und

- in der Ungewissheit über die **Vollständigkeit** der Risikoidentifikation zu sehen.

(1) Stochastische Modellierung

Bei der Messung operationeller Risiken durch die Anpassung theoretischer Verteilungen greift man auf den **versicherungsmathematischen Ansatz** der Trennung von Verlusthöhen und Verlusthäufigkeiten zurück. Dadurch lässt sich der Datenbedarf erheblich reduzieren. Grundsätzlich ist es allerdings auch möglich, die theoretische Verteilung direkt an die Verlustverteilung anzupassen. Bei getrennter Betrachtung von Verlusthöhen und Verlusthäufigkeiten wird explizit Unabhängigkeit der beiden Größen unterstellt. Die Anzahl der Fehltransaktionen beispielsweise hängt nicht vom Verlust ab, der bei Auftreten einer Fehltransaktion entstehen kann. Entsprechend wird auch angenommen, dass sich Verlusthöhen und Verlusthäufigkeiten über völlig unterschiedliche aktive Steuerungsmaßnahmen beeinflussen lassen. Aus der Verknüpfung von Verlusthöhen- und Verlusthäufigkeitsverteilung mittels Faltung resultiert die eigentliche Verlustverteilung.

Grundsätzlich gelangt man entweder über die historische Simulation, die direkte theoretische Anpassung an Verlustdaten oder die Kombination der Verlusthöhen- und Verlusthäufigkeiten zu einer Verlustverteilung. Diese ermöglicht in sämtlichen Fällen die Schätzung eines Operational Value at Risk. Die historische Simulation mittels Verlustdaten entfällt im Bereich des operationellen Risikos aufgrund der Datenproblematik wegen mangelnder Praktikabilität. Die direkte Anpassung von theoretischen Verteilungen an Verluste hat gegenüber der getrennten Modellierung von Verlusthöhen und Verlusthäufigkeiten den Nachteil, dass sie sehr datenintensiv ist und erst noch eine geringere Transparenz aufweist. Die getrennte Modellierung bietet beispielsweise auch die Möglichkeit, Maßnahmen zu ergreifen, die gezielt die Verlusthöhen beeinflussen, oder alternativ, die Verlusthäufigkeiten auf ihre Wirkungen hin zu kontrollieren. Auch ist denkbar, die Verlusthöhen oder Verlusthäufigkeiten bei der Quantifizierung mittels qualitativer Informationen zu beeinflussen.

Abbildung 238 zeigt anhand eines Beispiels, wie sich aus optimierten Verlusthöhen- und Verlusthäufigkeitenverteilungen eine Verlustverteilung herleiten lässt, die als Basis für die Berechnung eines Operational Value at Risk dienen kann. Hier werden die in Tabelle 128 dargestellten Verteilungen von Verlusthäufigkeiten und -höhen zugrunde gelegt.

Verlusthäufigkeitenfunktion		Verlusthöhenfunktion	
Häufigkeit (in %)	Verlusthäufigkeit	Häufigkeit (in %)	Verlusthöhe
60 %	0	70 %	5.000 EUR
30 %	1	20 %	50.000 EUR
10 %	2	10 %	500.000 EUR

Tabelle 128: Ausgangsdaten zur Berechnung einer Verlustverteilung

Der **erwartete Verlust** ergibt sich aus der Multiplikation der erwarteten Verlusthäufigkeit mit der erwarteten Verlusthöhe, die sich wiederum aus den wahrscheinlichkeitsgewichteten Einzelzuständen errechnen lassen.

Erw. Verlusthäufigkeit = (0 · 60 %) + (1 · 30 %) + (2 · 10 %) = 50 %

Erw. Verlusthöhe = (5.000 · 70 %) + (50.000 · 20 %) + (500.000 · 10 %) = 63.500 EUR

Erw. Verlust = Erw. Verlusthäufigkeit · Erw. Verlusthöhe = 50 % · 63.500 = **31.750 EUR**

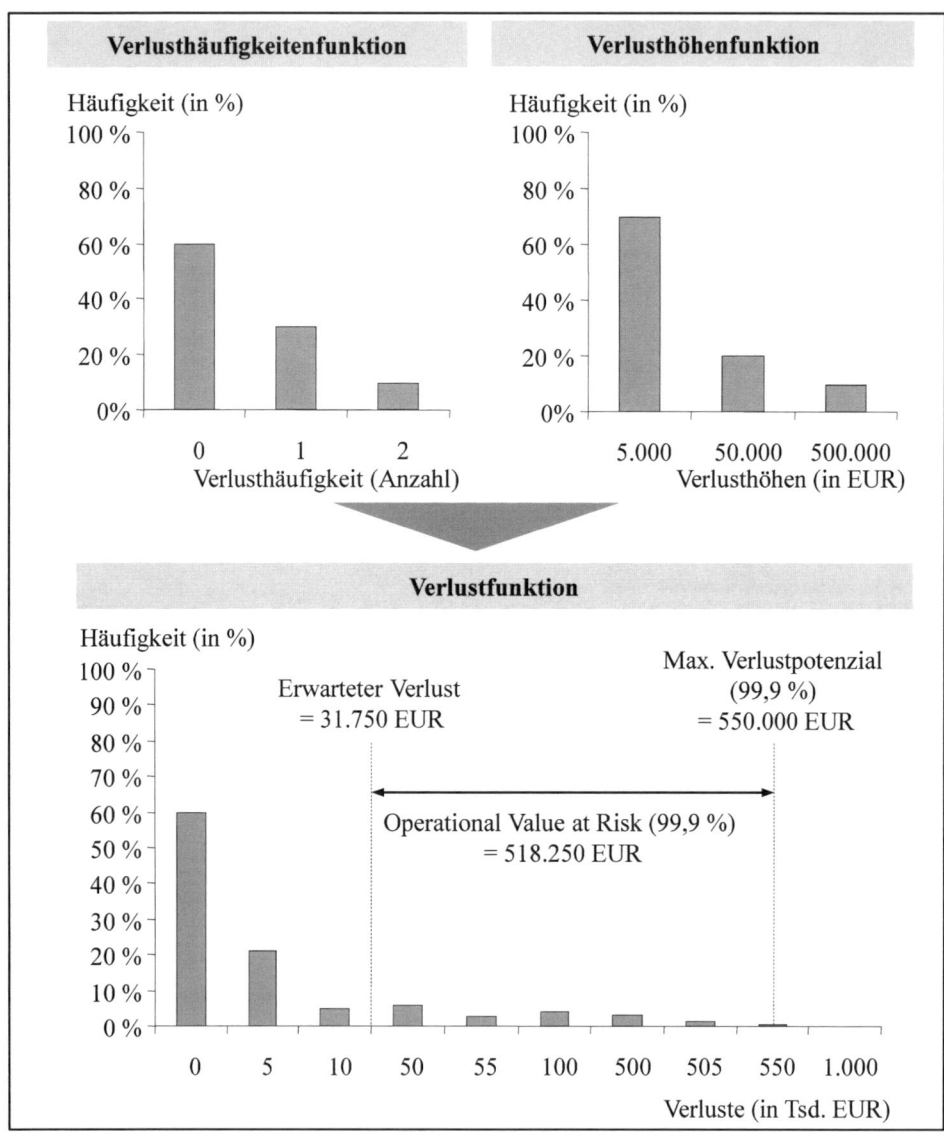

Abb. 238: Analytische Berechnung der Verlustfunktion

Der unerwartete Verlust (**Operational Value at Risk**) ist an eine Wahrscheinlichkeitsaussage geknüpft und entspricht dem geschätzten maximalen Wertverlust in einer Ereigniskategorie, der innerhalb eines festgelegten Zeitraums, mit einer bestimmten Wahrscheinlichkeit eintritt. Wird dem Beispiel eine Wahrscheinlichkeit von 99,9 % zugrunde gelegt, so errechnet sich aus der kumulierten Wahrscheinlichkeitsverteilung ein maximales Verlustpotenzial von 550.000 EUR. Bereinigt man diesen Wert um den erwarteten Verlust von 31.750 EUR, so resultiert bei einem Signifikanzniveau von 99,9 % ein Operational Value at Risk von **518.250 EUR** (= 550.000 EUR – 31.750, vgl. Abbildung 238).

Im Allgemeinen ist es sinnvoll, die Verlustverteilung mit Simulationsverfahren wie der Monte-Carlo-Simulation zu generieren. Anders als bei der historischen Simulation werden die Risikoparameter, wie die Verlusthäufigkeit oder die Verlusthöhe, nicht aus Daten der Vergangenheit gewonnen, sondern mithilfe von Zufallszahlen ermittelt. Damit lassen sich Verluste aus operationellen Risiken simulieren, indem im Rahmen stochastischer Prozesse die Zufallszahlen in die spezifischen zu simulierenden Verteilungen transformiert werden. Wird dieser Vorgang beliebig oft wiederholt, kann man die zufallsbasierte Bandbreite der ganzen Verteilung simulieren.

Die im Folgenden beispielhaft skizzierte Monte-Carlo-Simulation wurde mit Crystal Ball 2000.2® durchgeführt. In einer fiktiven Bank wurden die Anzahl der externen Ereignisse und die damit verbundenen direkt messbaren Verluste untersucht. An die empirischen Daten der Verlusthäufigkeiten- und Verlusthöhenverteilungen wurden in der bereits erläuterten Art theoretische Verteilungen angepasst. Es zeigte sich, dass sich die Verlusthäufigkeiten x optimal durch eine Binomialverteilung annähern lassen. Diese weist bei einem Erwartungswert von 50 Ereignissen pro Monat die folgende stochastische Verteilung auf:

$$f_{BIN}(x/100; 0,5) = \begin{cases} \binom{100}{x} \cdot 0,5^x \cdot (1-0,5)^{100-x} & \text{für } x = 0, 1, 2, ..., 100 \\ 0 & \text{sonst} \end{cases}$$

mit: f(…) = Dichtefunktion, x = Zufallsvariable (Verlusthöhe)

Die Verlusthöhenverteilung ist stark rechtsschief und konnte optimal durch die folgende Weibull-Verteilung approximiert werden:

$$f_{WEI}(y/1; 500) = \begin{cases} \dfrac{1}{500^1} \cdot y^{1-1} \cdot e^{-(y/500)^1} & \text{für } x \geq 0, \alpha > 0 \text{ und } \beta > 0 \\ 0 & \text{sonst} \end{cases}$$

mit: y = Zufallsvariable (Verlusthöhe), e = Eulersche Zahl, f(…) = Dichtefunktion

Der Erwartungswert der Weibull-verteilten Verlusthöhen beläuft sich auf 2.500 EUR pro externes Ereignis bei einer generellen Mindestverlusthöhe von 2.000 EUR pro Ereignis. Somit ergeben sich in der Ausgangssituation die in Abbildung 239 dargestellten theoretischen Verteilungen.

Mittels Zufallszahlen betreffend Verlusthöhe und Verlusthäufigkeit lässt sich nun die **Verlustverteilung** generieren. Beide Größen werden als voneinander unabhängig betrachtet. Die Verlustverteilung weist einen Erwartungswert von 125.000 EUR (= 2.500 EUR · 50 externe Ereignisse) auf. Das Maximalverlustpotenzial bei einer Wahrscheinlichkeit von 98 % liegt bei 199.007 EUR. Legt man der Berechnung des Operational Value at Risk eine Wahrscheinlichkeit von 98 % zugrunde, so beträgt dieser für das Risiko externer Ereignisse in einer Periode 74.007 EUR (= 199.007 EUR – 125.000 EUR).

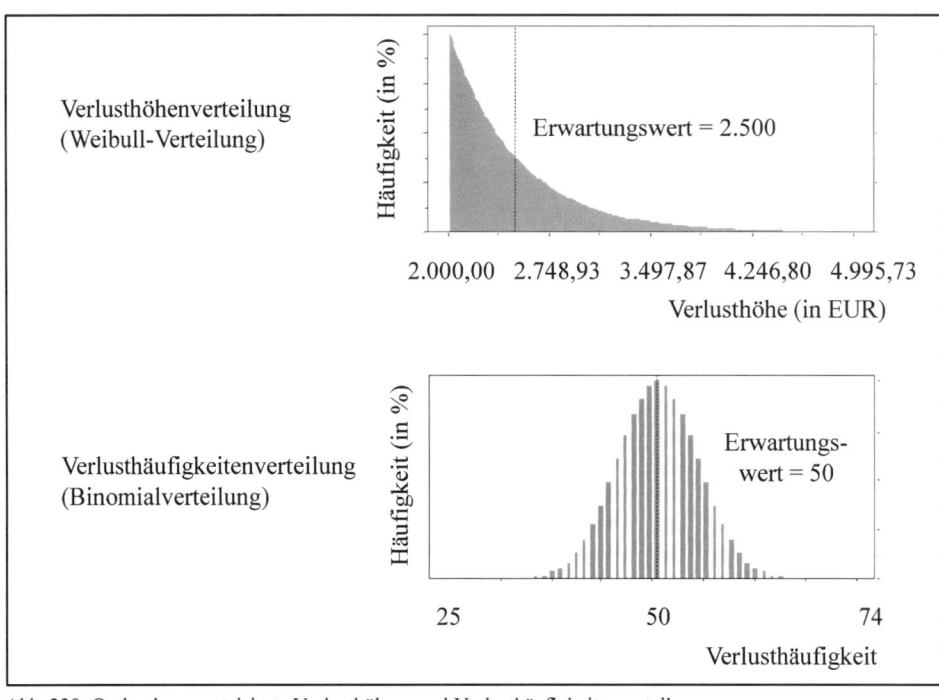

Abb. 239: Optimal parametrisierte Verlusthöhen- und Verlusthäufigkeitenverteilungen

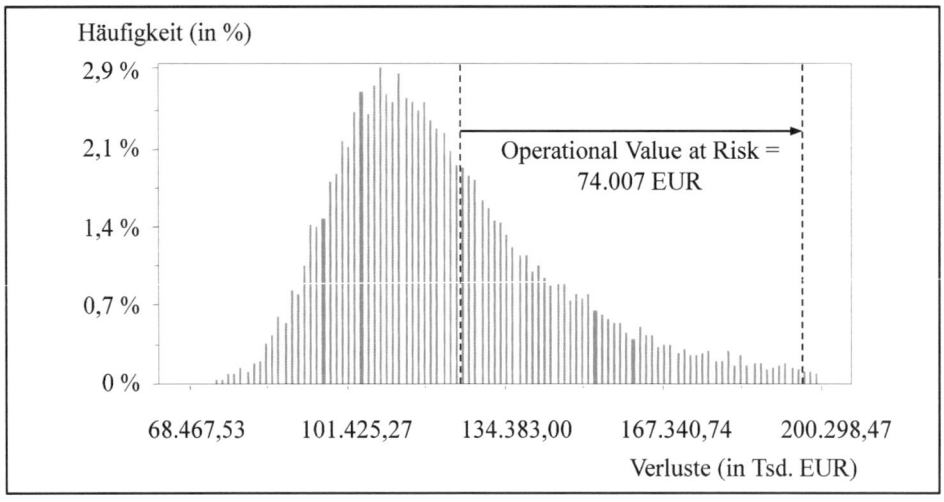

Abb. 240: Verlustverteilung

(2) Extremwerttheorie

Bei der stochastischen Modellierung von Verlusten aus operationellen Risiken im vorangehenden Kapitel stand die optimale Anpassung der theoretischen Verteilungswerte an die empirischen Daten im Vordergrund. Diese Approximation gelingt generell in jenen Bereichen gut, in denen die Bank über ausreichende Daten verfügt. Eine optimale Anpassung der Verteilungsschwänze wird oft vernachlässigt. Die **Extremwerttheorie** (Extreme Value Theory, EVT) setzt genau an diesem Punkt an und versucht, eine Funktion für die Anpassung der Verteilungsschwänze zu finden, resp. die extremen Verlustereignisse jenseits eines definierten Schwellenwerts eigenständig zu quantifizieren. Es werden nur extreme Verlustwerte berücksichtigt. Die zentrale Frage ist, wie viel Risikokapital es für die schwer abschätzbaren Risiken am Verteilungsende zusätzlich zu allozieren gilt.

Innerhalb der Extremwerttheorie lassen sich zwei unterschiedliche Ansätze unterscheiden: Der **Minima-Maxima-Ansatz** und der **Peaks-over-Threshold-Ansatz**. Der Minima-Maxima-Ansatz unterteilt die Betrachtungsperiode in eine bestimmte Anzahl Teilperioden. Als Extremwert wird in jeder Teilperiode das Minimum oder Maximum definiert und mittels der generalisierten Paretoverteilung modelliert. Im Unterschied dazu gelten beim moderneren Peaks-over-Threshold-Ansatz jene Verlustereignisse als Extremverluste, die einen bestimmten hohen Schwellenwert überschreiten (vgl. Abbildung 241). Diejenigen Datenpunkte, welche unterhalb dieses Schwellenwerts zu liegen kommen, fließen entsprechend in die Risikomessung der normalen stochastischen Modellierung ein.

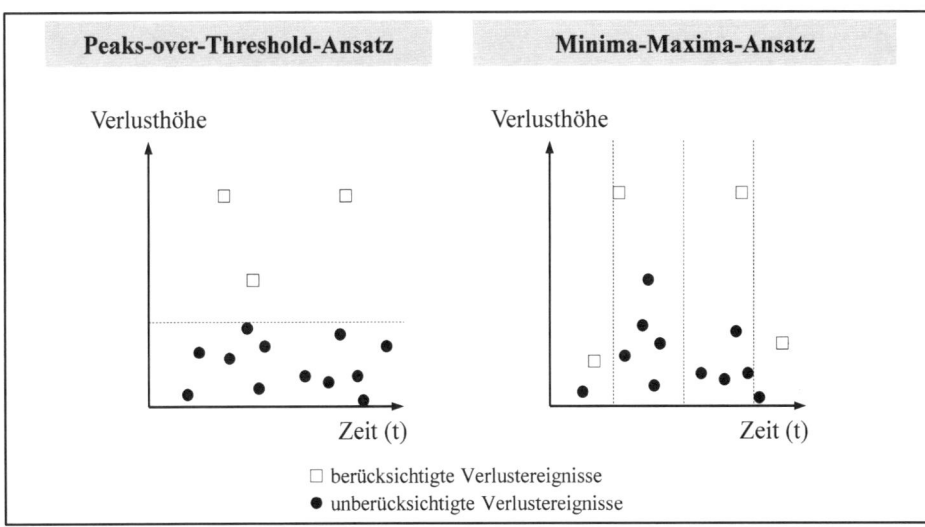

Abb. 241: Ansatzspezifisch berücksichtigte Verlustereignisse

c) Kausale Risikomessung als Synthese qualitativer und quantitativer Messansätze

Kausale Risikomessansätze setzen unmittelbar an den einem Risiko zugrunde liegenden Ursache-Wirkungs-Relationen an. Zu den linearen Ansätzen zählt das Sensitivitätskonzept. Bei den nicht linearen unterscheidet man die Bayesschen Netzwerke, die neuronalen Netzwerke und Fuzzy Logic. Da die beiden letzteren nur minimal differieren, wird hier lediglich der modernste und wohl auch praxisrelevanteste Ansatz, das Konzept Bayesscher Netzwerke, vorgestellt.

Ein **sensitivitätsbasiertes Konzept** zur Messung des operationellen Risikos wird in drei Stufen aufgebaut. In einer qualitativ geprägten ersten Phase sind die Ursachen zu identifizieren, die zur Erklärung einer bestimmten Wirkungsgröße potenziell infrage kommen. In einer zweiten Phase fasst man die Ursachen und die Wirkungen in metrische Werte und testet sie im Regressionsmodell. In der dritten Phase leitet man einen Prozess zur Bereinigung der untersuchten Ursachen ein, bei dem solche Ursachen, die zu wenig zur Erklärung der untersuchten Wirkungsgröße beitragen, sukzessive eliminiert werden. Dieser Prozess führt schließlich zu einem Portfolio von Ursache-Wirkungs-Relationen mit hohem Erklärungsgehalt.

Bayessche Netzwerke sind grafische Modelle, die Graphentheorie und Wahrscheinlichkeitstheorie miteinander kombinieren. Man verwendet einen gerichteten azyklischen Graphen, der die Wahrscheinlichkeitsverteilung verschiedener voneinander unabhängiger Ereignisse modelliert.

Praktische Anwendungsfelder von Bayesschen Netzwerken finden sich in allen Wissenschaftsbereichen, in denen es darum geht, mit unsicherem Wissen zu arbeiten. In der Biologie lassen sich damit DNA-Strukturen prognostizieren. In der Meteorologie dienen solche Modelle zur Wettervorhersage und in der Medizin zur Diagnose von Krankheiten. In der Betriebswirtschaft ist ihre Anwendung bislang kaum verbreitet.

LITERATURHINWEISE

ALEXANDER, C. (2002)
BASLER AUSSCHUSS (2003)
BEECK, H./KAISER, T. (2000)
BRINK, G. J. V. D. (2001)
CRUZ, M.G. (2004)
FAISST, U./KOVACS, M. (2003)
GRÜTER, M. D. (2006)
HOFFMAN, D. G. (2002)
JOVIC, D./PIAZ, J.-M. (2001)
KECK, W./JOVIC, D. (1999)
LISTER, M. (2002A)
MEYER-KAHLEN, W. (1988)
MÜLLER, W. (1978)
NEUBÜRGER, K.W. (1981)
NEUKOMM, M. (2004)
PEEMÖLLER, F. (2002)
RÜCKER, U. (1999)
SCHIERENBECK, H. (2003A)
SCHIERENBECK, H./LISTER, M./GRÜTER, M. D./PAUL, S. (2003)
UTELLI, CH. (1998)
YOUNG, B. J. (2000)
ZURICH FINANCIAL SERVICES GROUP (1998)

BASLER AUSSCHUSS (2001B)
BASLER AUSSCHUSS (2004)
BLOHM, H./LÜDER, K. (1995)
COLEMAN, R. (2000)
EINHAUS, C. (2002)
GEIGER, H./PIAZ, J.-M. (2001)
HOFFMANN, K. (1985)
HÖLSCHER, R. (1999B)
KAUFMANN, M./DRÖSE, G. (2000)
KREIKEBAUM, H. (1997)
LISTER, M. (2002B)
MINZ, K.-A. (2004)
MÜNCHBACH, D. (2001)
NEUBÜRGER, K. W. (1989)
ORX ASSOCIATION (2004)
PETER, A./VOGT, H. J./KRAß, V. (2000)
RUNZHEIMER, B. (1978)
SCHIERENBECK, H./LISTER, M. (2002)
TRIPP ET AL. (2004)
WOLF, K./RUNZHEIMER, B. (2003)
ZEB/ (2003)

VI. Das Liquiditätsrisiko

1. Begriff und Wesen des Liquiditätsrisikos

Die jederzeitige Sicherstellung ausreichender Liquidität stellt im Bankbetrieb ein vielschichtiges Problem dar, das sich auch im Begriff und Wesen des Liquiditätsrisikos niederschlägt. Es ist einerseits sowohl in einer objekt- als auch in einer subjekt- bzw. bankbezogenen Sichtweise zu sehen. Andererseits tritt es als originäres, wie auch als derivatives Risiko auf. Des Weiteren sind Liquiditätsrisiken in ihrer Zahlungsstromwirksamkeit und ihrer Erfolgswirksamkeit zu betrachten.

a) Objekt- und bankbezogenes Liquiditätsrisiko

Das **objektbezogene Liquiditätsrisiko**, das die Liquidität von Produkten und Märkten betrifft, spezifiziert das Risiko, dass eine Bank nicht oder nur unter Inkaufnahme signifikanter Verluste in der Lage ist, Positionen am Markt zu liquidieren. Der Liquiditätsbegriff wird in diesem Kontext also mit der Geldnähe von Vermögenspositionen verknüpft. In einer formalen Betrachtungsweise kann man die Marktliquidität einer börsengehandelten Position über die Geld-Brief-Spanne oder über die Preiselastizität der Handelsumsätze, also den Einfluss des Transaktionsvolumens auf den Preis, messen. Das objektbezogene Liquiditätsrisiko einer Position, die sich nicht zum Zeitpunkt des Liquiditätsbedarfs selbst liquidiert, kann gesamthaft durch zwei Faktoren beschrieben werden:

- Die Marktgängigkeit der Position (für börsengehandelte Positionen beispielsweise bestimmt durch die Bestandshöhe in Relation zum Handelsvolumen) und

- den Zustand des Marktumfeldes (Hoch- oder Niedrigzinsphase, Börsenbaisse oder -hausse, Konjunkturzyklus, ...).

Das subjektbezogene Liquiditätsrisiko bezieht sich im Gegensatz zum objektbezogenen Liquiditätsrisiko nicht auf eine einzelne Position, sondern auf die Bank selbst und die Gefahr, dass diese nicht in der Lage ist, Zahlungsverpflichtungen bei Fälligkeit nachzukommen. Es kann daher auch als **bankbezogenes Liquiditätsrisiko** bezeichnet werden. Ursächlich für das bankbezogene Liquiditätsrisiko können im Wesentlichen die fehlende Fähigkeit sein, Aktiva zu liquidieren, entsprechende Refinanzierungsmöglichkeiten zu finden sowie das Ausbleiben erwarteter Kundenzahlungen oder der Eintritt unerwarteter Kundenforderungen. Das objektbezogene Liquiditätsrisiko stellt also einen Teilaspekt des bankbezogenen Liquiditätsrisikos dar. Das bankbezogene Liquiditätsrisiko geht aber durch die Gegenüberstellung von Zahlungsverpflichtungen und Zahlungsmittelzuflüssen, die der Bank erwachsen, über das objektbezogene Liquiditätsrisiko hinaus, welches nur einen Teil des den Zahlungsmittelbestand einer Bank betreffenden Risikos abbildet. Die bankbezogene Liquidität kann somit in eine Gleichgewichtsbedingung gefasst werden (vgl. Abbildung 242).

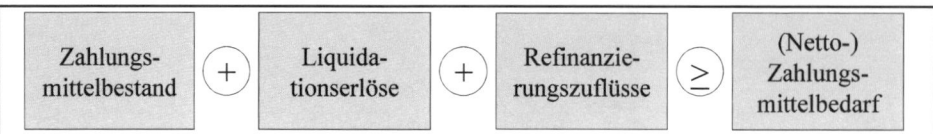

| Zahlungs-mittelbestand | + | Liquida-tionserlöse | + | Refinanzie-rungszuflüsse | ≥ | (Netto-) Zahlungs-mittelbedarf |

Abb. 242: Gleichgewichtsbedingung der bankbezogenen Liquidität

b) Originäres und derivatives Liquiditätsrisiko

Die Trennung zwischen originären und derivativen Liquiditätsrisiken ist hierarchisch dem bankbezogenen Liquiditätsrisiko zuzuordnen, da sie nur bei einer Gesamtbankbetrachtung erfolgen kann und nicht auf dem einzelnen Produkt und dessen Märkten beruht. Der Einfluss objektbezogener Liquiditätsrisiken wird abermals lediglich als untergeordneter Teilaspekt betrachtet.

Die **originären Liquiditätsrisiken** werden klassischerweise in drei Einzelaspekte aufgeschlüsselt. Diese sind das Terminrisiko, das Abrufrisiko sowie eine als Liquiditätsanspannungsrisiko, resp. Substitutionsrisiko oder von einigen Autoren auch als „funding risk" bezeichnete Komponente.

Das **Terminrisiko** beschreibt die Auswirkungen einer möglichen, unplanmäßigen Verlängerung von Aktivgeschäften infolge vertragsinkonformen Verhaltens. Ursächlich für Terminrisiken können sowohl Markthemmnisse – vor allem in Bezug auf Auslandsaktivitäten – als auch nicht fristgerechte Zins- oder Tilgungszahlungen der Gegenparteien sein.

Das **Abrufrisiko** bezeichnet die Gefahr, die sich aus der unerwarteten Inanspruchnahme von Kreditzusagen oder dem unerwarteten Abruf von Einlagen ergibt. Der Einlagenabruf kann in diesem Fall entweder aufgrund noch nicht erreichter vertraglicher Fälligkeit unerwartet erfolgen oder die Höhe des Einlagenabzugs überschreiten, der aufgrund bisheriger Erfahrungen erwartet worden ist. Die Bank muss i. d. R. auch im ersten Fall dem Auszahlungsbegehren des Kunden aus Standing-Gründen nachkommen. Aus der gleichen Überlegung heraus können auch unerwartete, aktivseitige Neugeschäfte dem Abrufrisiko zugeordnet werden. Obgleich für sie keine Zahlungsverpflichtung besteht, sollte die Bank die Geschäfte bei angemessener Kondition, unabhängig von ihrer Liquiditätssituation, tätigen können.

Die Definition des **Liquiditätsanspannungsrisikos** umfasst schließlich das objektbezogene Liquiditätsrisiko als die Gefahr, dass aufgrund mangelnder Marktliquidität die Veräußerung von Positionen nicht oder nur unter erschwerten Bedingungen möglich ist. Darüber hinaus ist im Liquiditätsanspannungsrisiko auch das nicht auf den Positionsbestand bezogene Marktrisiko eingeschlossen, das sich beispielsweise ergibt, wenn Anschlussfinanzierungen nicht oder ebenfalls nur unter erschwerten Bedingungen möglich sind. Somit kann das Liquiditätsanspannungsrisiko als eine Kombination von Refinanzierungsrisiko und objektbezogenem Risiko verstanden werden.

Eine Besonderheit von Liquiditätsrisiken besteht darin, dass sie nicht nur als originäres Risiko auftreten, sondern auch als **derivatives Risiko** und damit als Folge des Schadenseintritts einer anderen Risikokategorie von deren Eintritt als originäres Risiko abhängig sind. Dies ist zwar teilweise auch für andere Risiken gegeben, da z. B. Kreditrisiken auch als Folge operationeller

Risiken eintreten können. Allerdings ist in jenen Fällen meist nur eine eindeutige Risikoabgrenzung vonnöten, um zu entscheiden, ob beispielsweise der Kreditausfall als operationelles Risiko oder als Kreditrisiko zu betrachten ist. Demgegenüber ist das derivative Liquiditätsrisiko als separates Risiko zu betrachten, das aus dem Eintritt des originären Risikos resultieren kann, aber nicht muss. Sein Schlagendwerden ist von Höhe und Grad der Erwartung des originären Risikos sowie dessen Korrelation mit den restlichen Zahlungsströmen innerhalb der Bank abhängig.

Ein Überblick des Zusammenhangs zwischen originären Erfolgsrisiken und derivativen Liquiditätsrisiken ist in der folgenden Abbildung 243 gegeben.

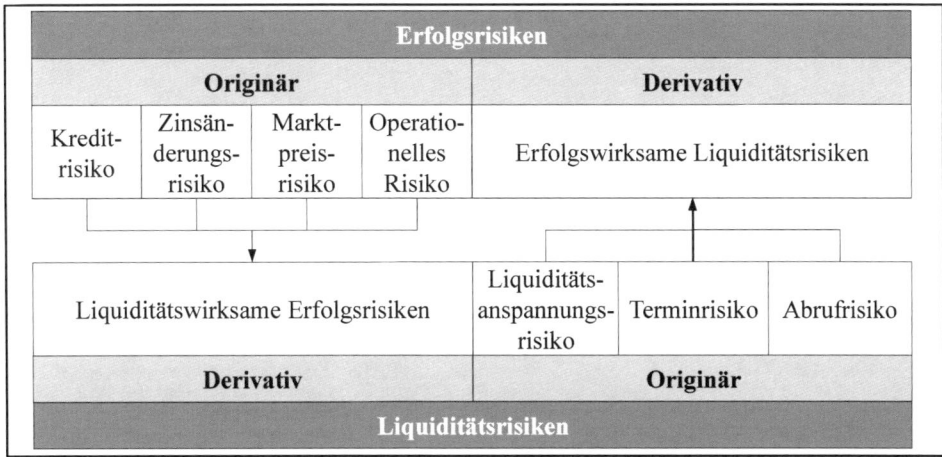

Abb. 243: Derivative und originäre Liquiditätsrisiken und deren Zusammenhang mit dem Erfolgsrisiko

Versucht man aufbauend auf den gemachten Ausführungen die dargestellten Definitionen des bank- sowie objektbezogenen Liquiditätsrisikobegriffs und des originären sowie des derivativen Liquiditätsrisikobegriffs zu integrieren, so fällt die Überschneidung der beiden häufig alternativ aufgestellten Definitionen auf. Wie in Abbildung 244 deutlich wird, kann durch eine Zusammenführung beider Auslegungsrichtungen eine differenzierte Betrachtung der Liquiditätsrisikoursachen erfolgen.

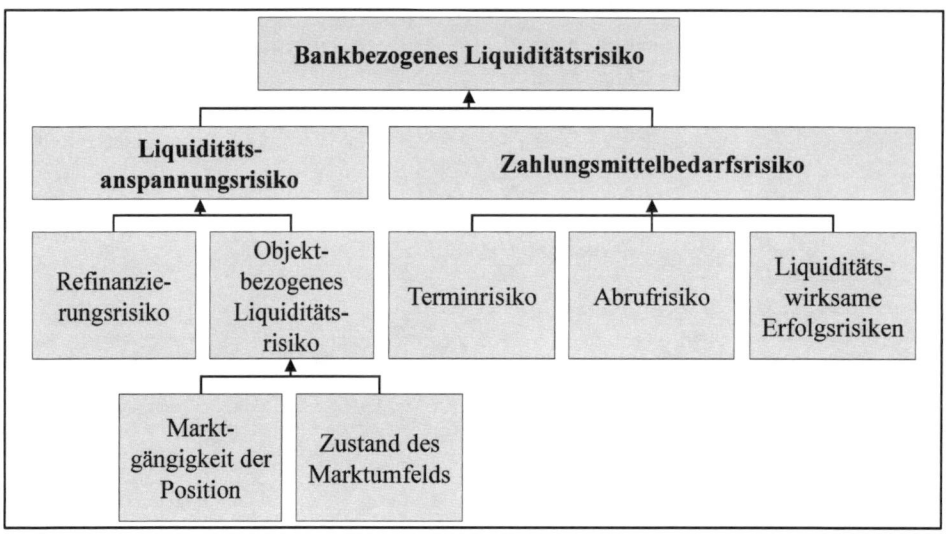

Abb. 244: Integration bank- und objektbezogener sowie derivativer und originärer Liquiditätsrisikodefinition

c) Überleitung zahlungsstrombezogener in erfolgswirksame Liquiditätsrisiken

Die bisherigen Ausführungen zum Liquiditätsrisiko – wie auch die aufgestellte Definition für das (bankbezogene) Liquiditätsrisiko – beschreiben dieses immer im Sinne einer Risikogröße betreffend den Zahlungsmittelbestand. Eine Definition, die durchaus probat ist und ihre Begründung in der Sicherstellung der Zahlungsfähigkeit findet.

Die Notwendigkeit der Überleitung des Liquiditätsrisikos als Maß der Zahlungsmittelunsicherheit hin zu einer erfolgswirksamen Größe ergibt sich jedoch beim Versuch, das Liquiditätsrisiko in eine Gesamtbankrisikobetrachtung zu integrieren. Denn anders als Liquiditätsrisiken sind Risikogrößen, wie beispielsweise Kredit- oder Marktpreisrisiken, direkt erfolgsbezogen (vgl. S. 371 ff.). Ebenso wird die Überleitung aus der häufig vorzufindenden Risikodefinition für Banken deutlich, wonach das Risiko in negativen Auswirkungen auf die Erfolgsrechnung besteht.

Festzustellen ist, dass für eine Bank als Unternehmung das Risiko auch in den erfolgswirksamen Auswirkungen mangelnder Liquidität und nicht alleine in fehlenden Zahlungsmitteln per se besteht. Als Liquiditätsrisiko sind somit im Rahmen ertragsorientierten Bankmanagements die Auswirkungen auf die Erfolgsrechnung durch eine suboptimale Liquiditätsausstattung zu betrachten.

Sowohl ein Zuviel als auch ein Zuwenig an Liquidität sind als suboptimal einzustufen. So kann bei einem Liquiditätsüberschuss von einer unrentablen Überliquidität gesprochen werden, die es ebenfalls zu erfassen und schließlich zu steuern gilt.

Die Grundlage zur Überleitung des zahlungsstrombezogenen hin zum **erfolgswirksamen Liquiditätsrisiko** ergibt sich durch die einfache Multiplikation des unerwarteten Zahlungsmittelbedarfs oder -überschusses vor Vornahme gezielter Ausgleichsgeschäfte – also dem zahlungsstrombezogenen Liquiditätsrisiko – mit der Abweichung vom als „normal" anzunehmenden Zinssatz (beispielsweise dem EURIBOR), die beim Ausgleich des Zahlungsmittelbedarfs oder -überschusses entsteht, entsprechend Abbildung 245. Die Konditionsabweichung spiegelt somit das Liquiditätsanspannungsrisiko wider.

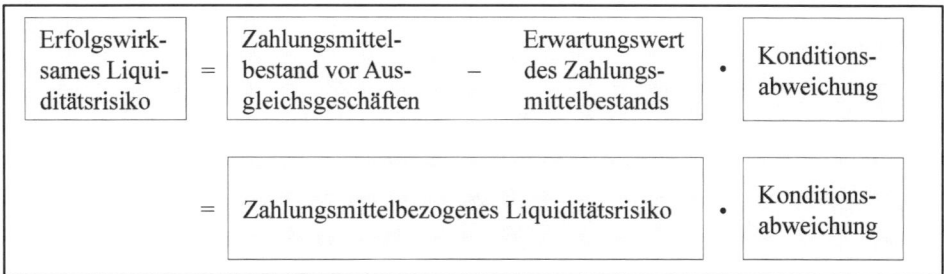

Abb. 245: Überleitung des zahlungsstrombezogenen in das erfolgswirksame Liquiditätsrisiko

2.   Messung zahlungsstrombezogener Liquiditätsrisiken

Bei der Messung von Liquiditätsrisiken ist zwischen dispositiven, kurzfristigen Liquiditätsrisiken sowie strukturellen, langfristigen Liquiditätsrisiken zu unterscheiden. Während für erstere das Auseinanderfallen von Ein- und Auszahlungen auf täglicher Basis von Bedeutung ist, muss die Messung struktureller Liquiditätsrisiken auf der Zusammensetzung der Bilanz, erwarteten zukünftigen Entwicklungen sowie einer daraus abzuleitenden Liquiditätsablaufbilanz beruhen.

a)   Messung dispositiver Liquiditätsrisiken

Aus dem Grundmodell des VaR (vgl. S. 403 ff.) kann mit dem Liquidity at Risk (LaR) eine Maßzahl abgeleitet werden, die, i. d. R. basierend auf historischen Daten, den mit einer vorgegebenen Wahrscheinlichkeit maximal eintretenden Zahlungsmittelbedarf innerhalb eines vorgegebenen Zeitintervalls bestimmt. Dabei kann auf den Saldo des autonomen Zahlungsstroms, d. h. auf alle nicht durch das Liquiditätsrisikomanagement der Bank selbst verursachten Zahlungen, als Risikoparameter zugegriffen werden.

Da man sich durch die Definition des Saldos autonomer Zahlungen als Risikoparameter jedoch nicht in der stetigen Betrachtungsebene befindet, entfällt im Modell RiskMaster einerseits die in Stufe 4 praktizierte Rückrechnung. Andererseits entfällt auch die fünfte Stufe, da das Risikovolumen durch das Abstellen der Berechnung auf einen Absolutbetrag bereits enthalten ist, womit Risikofaktor, Risikomesszahl und LaR identisch sind. Eine Verknüpfung über die Korrelationskoeffizientenmatrix in der sechsten Stufe ist nicht erforderlich, solange der autonome Zahlungsstrom auf Gesamtbankebene betrachtet wird. Werden als Risikoparameter jedoch die Zahlungsströme einzelner Geschäftsbereiche herangezogen, so ergibt sich der LaR der Gesamtbank durch eine Zusammenführung der LaR der einzelnen Geschäftsbereiche über die Korrelationskoeffizientenmatrix. Das nunmehr vierstufige Vorgehen für den LaR ist in Tabelle 129 zusammengefasst.

Stufe 1	Definition des Saldos autonomer Zahlungen als Risikoparameter (RP)
Stufe 2	Berechnung der Standardabweichung des Risikoparameters STD_{RP}
Stufe 3	Bestimmung des LaR durch Fixierung des Konfidenzniveaus mit der Auswahl des Z-Werts: $LaR = -Z \cdot STD_{RP}$
Stufe 4	Verknüpfung der einzelnen LaR im Falle mehrerer Risikoparameter über eine Korrelationskoeffizientenmatrix zum Gesamtbank-LaR: $LaR_{gesamt} = \sqrt{\begin{array}{l}[\text{Risikovektor}] \\ \cdot [\text{Korrelationskoeffizientenmatrix}] \\ \cdot [\text{Transponente des Risikovektors}]\end{array}}$

Tabelle 129: Adaption des Modells RiskMaster für die LaR

Auch wenn von diversen Autoren die **Normalverteilungsannahme** für Liquiditätsrisiken als geeignete Grundannahme vorgeschlagen wird, konstatierte beispielsweise die EUROPÄISCHE ZENTRALBANK, dass dies eine unzutreffende Vereinfachung darstelle. Die von ihr vermutete Verletzung der Normalverteilungsannahme bei Cashflowbetrachtungen im Bankbetrieb konnte auch auf empirischer Basis nachgewiesen werden. Daraus abgeleitet wurde vorgeschlagen, von der Normalverteilungsannahme abzurücken und beispielsweise Verfahren der **Extremwerttheorie** zur Berechnung alternativer Risikomaße anzuwenden. Der Aussagegehalt des LaR als mit einer vorgegebenen Wahrscheinlichkeit maximal eintretender Zahlungsmittelbedarf innerhalb eines vorgegebenen Zeitintervalls wird hierdurch nicht verändert. Jedoch kann zum einen der Verteilungsschiefe der autonomen Zahlungsströme und zum anderen der hohen Bedeutung extremer Ereignisse für die Bestimmung zu haltender Liquiditätsreserven Rechnung getragen werden.

b) Messung struktureller Liquiditätsrisiken

Zur Beantwortung der Frage, wie groß der erwartete Liquiditätsabfluss innerhalb eines Tages maximal sein kann, kann mit dem LaR auf Basis historischer autonomer Zahlungen eine wichtige Kennzahl zur Risikoquantifizierung abgeleitet werden. Für längerfristige Betrachtungen, die über den dispositiven Rahmen hinausgehen, ist sie jedoch weit weniger geeignet. Hauptursache hierfür ist, dass die Fälligkeiten von Bilanzpositionen vollkommen außer Acht gelassen werden.

Ein Verfahren, das explizit auch zur Betrachtung struktureller Liquiditätsrisiken geeignet ist, stellt die Liquiditätsablaufbilanz dar. Dieser, in ähnlicher Form auch als „liquidity gap analysis" bekannte Ansatz, ist in mehr oder weniger sophistizierter Gestaltung auch in gesetzlichen Vorschriften wie beispielsweise der deutschen Liquiditätsverordnung enthalten.

Die praktische Implementierung einer Liquiditätsablaufbilanz muss jedoch in mehreren Schritten erfolgen und, um eine risikoadäquate Messung zu ermöglichen, deutlich über die gesetzlichen Anrechnungsfaktoren hinausgehen. So sind in einem ersten Schritt Ansätze zur Modellierung von Zahlungsströmen für bilanzielle sowie außerbilanzielle Bestandsgeschäfte, zinsunabhängige Positionen sowie für Neu- und Anschlussgeschäfte abzuleiten. Hierbei kann in der Praxis, aufgrund der Vielzahl der zu modellierenden Positionen, zu Beginn der Implementierung als Vereinfachung der Fokus auf den relevantesten Positionen liegen.

In einem zweiten Schritt ist mittels Szenarioanalysen oder durch Simulation der Risikofaktoren der Liquiditätsablaufbilanz das zahlungsstrombezogene Liquiditätsrisiko abzuleiten. Als Szenarien können hierbei historische Szenarien wie frühere Börsencrashs, Bankenzusammenbrüche oder politische Ereignisse, aber ebenso hypothetische Szenarien, die entweder bankspezifische oder systemische Belastungen simulieren, zum Einsatz kommen. Im Rahmen der Simulation der Risikofaktoren der Liquiditätsablaufbilanz ist für die einzelnen bilanziellen und außerbilanziellen Positionen festzustellen, welche Faktoren einen besonderen Einfluss auf die Zahlungen aus der jeweiligen Position aufweisen. Für diese Risikofaktoren sind Verteilungsparameter zu ermitteln, auf deren Basis Monte-Carlo-Simulationen durchgeführt werden können, die als Basis zur Ermittlung hypothetischer Liquiditätsablaufbilanzentwicklungen herangezogen werden können.

Unabhängig vom Verfahren, das zur Ermittlung der Liquiditätsablaufbilanzen eingesetzt wird, kann als zahlungsstromwirksames Risiko die Abweichung des Zahlungsstroms in einem Laufzeitband bei Eintritt des Szenarios, das mit vorgegebener Wahrscheinlichkeit nicht unter- oder überschritten wird, vom Zahlungsstrom im Erwartungsfall betrachtet werden. Bei Einsatz von Risikofaktoren in Verbindung mit Monte-Carlo-Simulationen entsteht somit ein Messverfahren, welches, entsprechend der LaR-Ermittlung aus autonomen Zahlungen, eine konsistente Verknüpfung von Wahrscheinlichkeitsaussage und Risikohöhe ermöglicht.

3. Ermittlung des erfolgswirksamen Liquiditätsrisikos

Um eine Überleitung der auf Zahlungsstromebene ermittelten Liquiditätsrisiken hin zu einer ertragsorientierten Betrachtung vornehmen zu können, bedarf es der Bestimmung eines Kostensatzes als Multiplikator gemäß der in Abbildung 245 dargestellten Grundgleichung. Hierzu sind die Kosten kurzfristiger Liquiditätsknappheit, längerfristigen Refinanzierungsbedarfs sowie die Opportunitätskosten, welche durch Überliquidität verursacht werden können, zu betrachten.

Indem diese Kosten mit dem LaR verknüpft und gegebenenfalls um Simulationsrechnungen bzgl. der Schwankung dieser Kosten ergänzt werden, lässt sich der sogenannte Liquidity Value at Risk (LVaR) quantifizieren.

a) Erfolgswirkung dispositiven Liquiditätsbedarfs

Ein kurzfristiger Finanzierungsbedarf ergibt sich immer dann, wenn zum Abschluss eines Geschäftstages ein Netto-Zahlungsmittelbedarf gedeckt werden muss. Ist der Refinanzierungsbedarf festgestellt, wird die Bank die ihr zur Verfügung stehenden Deckungsmassen in einer vordefinierten Reihenfolge in Anspruch nehmen. Hierbei wird sich die Reihenfolge an den Kosten, die mit der Inanspruchnahme der jeweiligen Position verbunden sind, orientieren. Die Bank muss somit in einem ersten Schritt die verfügbaren Risikodeckungsmassen gemäß der zu erwartenden Kosten durch die Inanspruchnahme ordnen. Eine vereinfachte Aufstellung hierfür bildet die Aufteilung der Risikodeckungsmassen in aktivische sowie passivische Primär-, Sekundär- und Tertiärliquidität gemäß Tabelle 130.

	Aktivisch	Passivisch
Primärliquidität	• Kassenbestand • Zentralbankguthaben	• Innertagskredite
Sekundärliquidität	• Aktiva, die nahezu verlustfrei in Liquidität wandelbar sind	• Offenmarkt-/Repogeschäfte mit der Zentralbank • Besicherte und unbesicherte GKM-Geschäfte im engeren Sinne
Tertiärliquidität	• Aktiva, die mit Liquidationsdis-agios verbunden sind	• Spitzenrefinanzierungs-/ Engpassfinanzierungsfazilität

Tabelle 130: Stufenweise Bestimmung der Liquiditätsrisikodeckungsmassen

Da die aktivische Primärliquidität in ihrer Höhe im Wesentlichen durch die Geschäftstätigkeit (im Fall des Kassenbestands) sowie gesetzliche Vorgaben (im Fall der Zentralbankguthaben) definiert ist und die passivische Primärliquidität nur innertäglich zur Verfügung steht, kann sie im Rahmen der Ermittlung der Erfolgswirkung von Liquiditätsrisiken weitgehend vernachlässigt werden. Demgegenüber ist für die aktivische Sekundärliquidität die Erfolgswirkung durch Opportunitätskosten gehaltener, nahezu verlustfrei wandelbarer Aktiva zu erfassen. In der Regel handelt es sich hierbei um risikolose Staatsanleihen, womit sich die Opportunitätskosten, basierend auf dem Gegenpositionsprinzip der Marktzinsmethode bei gespaltenen Geld- und Kapitalmarktsätzen (vgl. S. 217 ff.), auf den Risikoaufschlag des Instituts belaufen. Diese Opportunitätskosten sind für die Haltedauer bis zum erwarteten Einsatz zur Deckung schlagend werdender Risiken zu berücksichtigen.

Für die Tertiärliquidität sind die Liquidationsdisagios, die sich für börsengehandelte Wertpapiere über die Geld-Brief-Spanne ableiten lassen, in die Ermittlung der Erfolgswirkung schlagend werdender Liquiditätsrisiken einzubeziehen.

b) Erfolgswirkung strukturellen Liquiditätsbedarfs

Während für kurzfristige Liquiditätsrisiken die vorübergehende Überführung von Deckungsmassen in Primärliquidität zum Ausgleich des Liquiditätsbedarfs im Vordergrund steht, geht es bei strukturellen Liquiditätsrisiken um die dauerhafte Refinanzierung negativer Liquiditätssalden. Hierbei ergibt sich die Erfolgswirkung aus Veränderungen des Risikoaufschlags der Bank – entweder durch eine institutsspezifische Ratingveränderung oder eine den Gesamtmarkt betreffende Veränderung der Risikoaufschläge. Zur Ermittlung der Erfolgswirkung sind schließlich Veränderungen im Risikoaufschlag sowie Veränderungen im Zahlungsstrom integriert zu betrachten. Hierfür können entweder barwertige Veränderungen betrachtet werden oder die periodischen Risikoaufschläge, die sich beim Glattstellen offener Liquiditätspositionen ergeben für die gesamte Liquiditätsablaufbilanz ermittelt werden.

c) Erfolgswirkung von Liquiditätsüberschüssen

Neben den verursachten Kosten, die sich aus der Refinanzierung negativer Liquiditätssalden eines Laufzeitbandes ergeben, sind auch die durch Liquiditätsüberschüsse verursachten Auswirkungen zu beachten. Entscheidend ist es, wie im Fall des Liquiditätsbedarfs, die Kosten-komponenten, welche sich aus gehaltener Überliquidität ergeben, abzuleiten. Die Überliquidität kann sowohl als dispositives als auch als strukturelles Phänomen auftreten und in beiden Fällen unterschiedliche Kostengrenzen aufweisen. Darüber hinaus sind die Auswirkungen auf bilanzielle und aufsichtliche Kennzahlen zu beachten.

Im Rahmen der Ermittlung des strukturellen erfolgswirksamen Liquiditätsrisikos werden die Kosten struktureller Überliquidität bereits erkennbar. Diese sind die Kosten des Haltens der Liquidität bis zu ihrem erwarteten oder tatsächlichen Verwendungszeitpunkt. In diesem Zusammenhang können die bei Future-Geschäften als „**cost of carry**" bezeichneten **Nettofi-nanzierungskosten** des Haltens eines Aktivums bis zu dessen geplanter Verwendung übertra-gen werden. In ihrer Höhe werden die Liquiditätshaltungskosten durch die Differenz aus dem Zinsaufwand, der durch die Liquiditätsaufnahme entsteht und dem Zinsertrag der zwischen-zeitlichen Anlage definiert. Da die Liquidität zum geplanten Bedarfszeitpunkt mit absoluter Sicherheit zur Verfügung stehen muss, kommt nur eine risikofreie Anlage in Betracht. Die Liquiditätshaltungskosten belaufen sich somit auf den Risikoaufschlag der jeweiligen Bank.

In der dispositiven Betrachtung können, wie in der strukturellen Betrachtung, die Liquiditäts-haltungskosten ebenfalls aus der Differenz des Zinsertrags der Anlage und des Zinsaufwands der Aufnahme der Überliquidität abgeleitet werden. Hierbei ist die Überliquidität im dispositi-ven Kontext als der Teil der Liquidität zu betrachten, der über die Mindestreserve der Bank hin-ausgeht. Während in der strukturellen Betrachtung mit Laufzeiten, die sich i. d. R. im Jahresbe-reich befinden, entsprechende risikofreie Anlagemöglichkeiten in ausreichendem Ausmaß zur Verfügung stehen, liegt für das dispositive Liquiditätsrisiko eine veränderte Ausgangslage vor. Die Liquiditätshaltungskosten sind hier nicht in jedem Fall durch den Risikoaufschlag definiert.

Für dispositive Überliquidität können gesamthaft drei alternative Anlagemöglichkeiten eruiert werden:

(1) Anlage zum Zentralbank- oder Geldmarktsatz,

(2) Anlage zum Satz der Einlagefazilität und

(3) verzinsungsfreie Überliquidität auf dem Zentralbankkonto.

Entsprechend ergeben sich die Kosten der Überliquidität für die dispositive Betrachtung aus dem Risikoaufschlag der Bank, dem Risikoaufschlag zuzüglich 100 Basispunkten oder dem Refinanzierungssatz der Bank.

Neben den direkt quantifizierbaren Kosten der Überliquidität ergeben sich für ein Institut durch gehaltene Überliquidität noch weitere Auswirkungen, die vor allem mit der vergrößerten Bilanzsumme in Zusammenhang stehen. So geht mit einer vergrößerten Bilanzsumme eine **Verschlechterung der bilanzsummenbezogenen Kennzahlen** einher. In diesem Zusammen-hang ist Überliquidität mit den Nebenwirkungen der Limitierung von Zinsänderungsrisiken durch bilanzverlängernde Geschäfte.

LITERATURHINWEISE

BANKS, E. (2005)

EZB (2002)

MATZ, L. (1999)

SCHULTE, M. /HORSCH, A. (2002)

SÜCHTING, J./PAUL, ST. (1998)

BRÜGGESTRAT, R. (1990)

HARRINGTON, R. (1987)

POHL, M. (2007)

STÜTZEL, W. (1959)

ZERANSKI, S. (2005)

Literaturverzeichnis

ADAM, D. (1983): Kurzlehrbuch Planung. Mit Aufgaben und Lösungen, 2. Aufl., Wiesbaden.

ADRIAN, R./HEIDORN, TH. (2000): Der Bankbetrieb, Wiesbaden.

ALBACH, H. (1966): Die Koordination der Planung in Großunternehmen, in: Zeitschrift für Betriebswirtschaft, 36. Jg., S. 790–804.

ALBISETTI, E./GSELL, M./NYFELLER, P. (1990): Bankgeschäfte, Band 2, 4. Aufl., Zürich.

ALEXANDER, C. (2002): Rules and models, in: Risk (January), S. 18–20.

ALLERKAMP, F. (1983): Tilgungsplanung, Analyse und Gestaltung unternehmerischer Definanzierungsentscheidungen, Band 26 der Schriftenreihe des Instituts für Kreditwesen der Westfälischen Wilhelms-Universität Münster, Hrsg.: SCHIERENBECK H., Frankfurt am Main.

ALTENHOFF, N. R. (1978): Putting Bank Strategic Planning to Work, in: The Bankers Magazine (March/April), S. 74–79.

ALTMAN, E. I./KISHORE, V. (1996): Default and Returns in the High Yield Debt Market, 1991–1995, New York University Salomon Center Special Report.

ANDERS, U. (1996): Prognose von Insolvenzwahrscheinlichkeiten mit Hilfe logistischer neuronaler Netzwerke: Eine Untersuchung von kleinen und mittleren Unternehmen, Mannheim.

ANSOFF, H. I. (1982): Methoden zur Verwirklichung strategischer Änderungen in der Unternehmung, in: Schriften zur Unternehmensführung, Band 29: Strategisches Management I, Hrsg.: JACOB, H., Wiesbaden, S. 69–87.

ANTENSTEINER, E./FEUERSTEIN, D. (1989): Aufbau einer Stückkostenkalkulation für die Zukunft der Bank, in: Die Bank, S. 259–270.

ARNSFELD, T. (1998): Deduktion einer grenzkostenorientierten Eigenkapitalkostenkalkulation für Banken, Band 19 der zeb/Schriftenreihe, Hrsg.: ROLFES, B./SCHIERENBECK, H., Frankfurt am Main.

ARTOPOEUS, W. (1996): Die Natur der Risiken hat sich verändert, in: Börsen-Zeitung v. 27.4.1996, S. 5–12.

ARTZNER, P./DELBAEN, F./EBER, J./HEATH, D. (1997): Thinking Coherently. in: Risk, 10, S. 68–72.

ASTFALK, T. (2000): Die neue Effektivzinsberechnung für Verbraucherkredite, in: Sparkasse, 117. Jg., S. 412–416.

BAETGE, J. (1997): Früherkennung von Kreditrisiken, in: Risikomanagement in Kreditinstituten, Hrsg.: SCHIERENBECK, H./ROLFES, B./SCHÜLLER, ST., Band 5 der zeb/Schriftenreihe, Hrsg.: ROLFES, B./SCHIERENBECK, H., 2. unveränd. Aufl., Frankfurt am Main, S. 191–221.

BAETGE, J. (1998): Aktuelle Entwicklungen bei der Bonitätsbeurteilung mit Hilfe Neuronaler Netze, in: Gesamtbankmanagement – Integrierte Risiko-Ertragssteuerung in Kreditinstituten, Hrsg.: SCHIERENBECK, H./ROLFES, B./SCHÜLLER, ST., Frankfurt am Main, S. 137–157.

BAETGE, J./SIERINGHAUS, I. (1996): Bilanzbonitäts-Rating von Unternehmen, in: Handbuch Rating, Hrsg.: BÜSCHGEN, H. E./EVERLING, O., Wiesbaden, S. 221–249.

BAFIN (2012): Mindestanforderungen an das Risikomanagement – MaRisk, in: Rundschreiben 10/2012 (BA).

BAKER, H. K./HASLEM, J. A. (1974): Strategic Planning for the new Bank, in: The Magazine of Bank Administration (April), S. 28–32.

BALKE, C. /ELLENBECK, R. (2013): Liquiditätstransformation im Strukturbeitrag (1), in: die bank, Nr. 4, S. 60–63.

BANKEN, R. (1987): Die Marktzinsmethode als Instrument der pretialen Lenkung in Kreditinstituten, Band 35 der Schriftenreihe des Instituts für Kreditwesen der Westfälischen Wilhelms-Universität Münster, Hrsg.: SCHIERENBECK, H., Frankfurt am Main.

BANKERS TRUST (1995): A Comprehensive Risk Measurement Service.

BANKS, E. (2005): Liquidity Risk – Managing Asset and Funding Risk, Basingstoke.

BASLER AUSSCHUSS FÜR BANKENAUFSICHT (1988): Internationale Konvergenz der Eigenkapitalmessung und Eigenkapitalanforderungen, Basel.

BASLER AUSSCHUSS FÜR BANKENAUFSICHT (1995a): Geplante Ergänzung der Eigenkapitalvereinbarung durch die Marktrisiken, Basel.

BASLER AUSSCHUSS FÜR BANKENAUFSICHT (1995b): Eigenkapitalunterlegung des Marktrisikos auf der Basis interner Modelle, Basel.

BASLER AUSSCHUSS FÜR BANKENAUFSICHT (1996a): Änderungen der Eigenkapitalvereinbarung zur Einbeziehung der Marktrisiken, Basel.

BASLER AUSSCHUSS FÜR BANKENAUFSICHT (1996b): Aufsichtliches Rahmenkonzept für Backtesting (Rückvergleiche) bei der Berechnung des Eigenkapitalbedarfs zur Unterlegung des Marktrisikos mit bankeigenen Modellen, Basel.

BASLER AUSSCHUSS FÜR BANKENAUFSICHT (1996c): Überblick über die Änderung der Eigenkapitalvereinbarung zur Einbeziehung von Marktrisiken, Basel.

BASLER AUSSCHUSS FÜR BANKENAUFSICHT (1997): Principles for the management of interest rate risk, Basel.

BASLER AUSSCHUSS FÜR BANKENAUFSICHT (2000): Principles for the Management of Credit Risk, Basel.

BASLER AUSSCHUSS FÜR BANKENAUFSICHT (2001a): Overview of the new Basel Capital Accord, Basel.

BASLER AUSSCHUSS FÜR BANKENAUFSICHT (2001b): Principles for the Management and Supervision of Interest Rate Risk, Basel.

BASLER AUSSCHUSS FÜR BANKENAUFSICHT (2001c): The Internal Ratings-Based Approach, Basel.

BASLER AUSSCHUSS FÜR BANKENAUFSICHT (2002): Quantitative Impact Study 3 – Technical Guidance, Basel.

BASLER AUSSCHUSS FÜR BANKENAUFSICHT (2003): Consultative Document, The New Basel Capital Accord, Basel.

BASLER AUSSCHUSS FÜR BANKENAUFSICHT (2004): International Convergence of Capital Measurment and Capital Standards: A Reviesed Framework, Basel.

BAUERSFELD, T. (2007): Gedeckte Instrumente zur Refinanzierung von Hypothekendarlehen – Eine Analyse von Mortgage Covered Bonds und Mortgage Backed Securities in europäischen Ländern, Schriftenreihe des European Center for Financial Services, Wiesbaden.

BAUMGARTNER, B. (1980): Die Controller-Konzeption: Theoretische Darstellung und praktische Anwendung, Band 35 der Schriftenreihe des Instituts für betriebswirtschaftliche Forschung der Universität Zürich, Bern/Stuttgart.

BAXMANN, U. G.(1985): Bankbetriebliche Länderrisiken – unter besonderer Berücksichtigung ihrer potentiellen Früherkennung und kreditpolitischen Behandlung, München/Florenz.

BAXMANN, U. G. (1987): Opportunitätskosten zur Erfolgsspaltung im Bankbetrieb, in: WiSt, 16. Jg., S. 209–212.

BEDER, T. S. (1995): VAR: Seductive but Dangerous, in: Financial Analysts Journal, Vol. 54, S. 12–24.

BEECK, H./KAISER, T. (2000): Quantifizierung von Operational Risk mit Value-at-Risk, in: Handbuch Risikomanagement – Risikomanagement für Markt-, Kredit- und operative Risiken, Band 1, Hrsg.: JOHANNING, L./RUDOLPH, B., Bad Soden/Ts.

BEHRENWALDT, U. (1996): Funktionen des Rating für Anleger, in: Handbuch Rating, Hrsg.: BÜSCHGEN, H. E./EVERLING, O., Wiesbaden, S. 291–303.

BENKE, H./GEBAUER, B./PIASKOWSKI, F. (1991): Die Marktzinsmethode wird erwachsen: Das Barwertkonzept (I) + (II), in: Die Bank, S. 457–463 u. S. 514–521.

BENKE, H./PIASKOWSKI, F./SIEVI, C. R. (1995): Neues vom Barwertkonzept, in: Die Bank, S. 119–125.

BENÖLKEN, H./WINGS, H. (1984): Strategisches Bank-Controlling, in: Die Bank, S. 579–581.

BENÖLKEN, H./WINGS, H. (1985): Strategisches Bank-Controlling, in: Die Bank, S. 19–24, S. 78–79 und S. 143–147.

BERBLINGER, J. (1996): Marktakzeptanz des Rating durch Qualität, in: Handbuch Rating, Hrsg.: BÜSCHGEN, H. E./EVERLING, O., Wiesbaden, S. 21–110.

BIEG, H. (1998): Die externe Rechnungslegung der Kreditinstitute und Finanzdienstleistungsinstitute, München.

BIELEFELD, C. (2008): Barwertige Vertriebssteuerung in Kreditinstituten – Kompatibilität zum Zielsystem, Anwendungsbereiche und Erfolgszuweisungsproblematik, Dresden.

BLACK, F. (1976): The Pricing of Commodity Contracts, in: Journal of Financial Economics, 3, S. 167–169.

BLACK, F./SCHOLES, M. S. (1973): The Pricing of Options and Corporate Liabilities, in: Journal of Political Economy, Vol. 81, S. 637–654.

BLATTMANN, J. (1987): Stand der Theorie-Diskussion zur „Marktzinsmethode", in: Die Bank, S. 621–627.

BLEYMÜLLER, J./GEHLERT, G./GÜLICHER, H. (2008): Statistik für Wirtschaftswissenschaftler, 15. Aufl., München.

BLOHM, H./LÜDER, K. (1995): Investition – Schwachstellen im Investitionsbereich des Industriebetriebes und Wege zu ihrer Beseitigung, 8. akt. u. erg. Aufl., München.

BOFINGER, P. (2000): Was dem Euro helfen könnte, in: Handelsblatt am 12.09.2000.

BOHNENKAMP, P./KASTNER, K. H. (1993): Mit Controlling zum Markterfolg – Relative Prozesskostenrechnung in: Bank-Magazin, Nr. 6, S. 8–12.

BONN, R. (2006): Finanzplanbasierte Messung und Steuerung des Liquiditätsrisikos, Band 10 der Schriftenreihe Finanzmanagement, Hrsg.: HÖLSCHER, R., Sternenfels.

BRAKENSIEK, T. (1991): Die Kalkulation und Steuerung von Ausfallrisiken im Kreditgeschäft der Banken, Band 44 der Schriftenreihe des Instituts für Kreditwesen der Westfälischen Wilhelms-Universität, Hrsg.: SCHIERENBECK, H., Frankfurt am Main.

BRAMMERTZ, W. (1992): Ganzheitliches Denken zur Risiko-Kontrolle, in: Die Schweizer Bank, Nr. 9, S. 45–49.

BRAMMERTZ, W. (1997a): Simulationstechniken für Finanzinstitute (I), in: Die Bank, S. 22–26.

BRAMMERTZ, W. (1997b): Simulationstechniken für Finanzinstitute (II), in: Die Bank, S. 114–118.

BREHME, A. (2013): Marktpreisbasierte Kalkulation und Steuerung von Ergebnisbeiträgen in Energieversorgungsunternehmen, Band 107 der Schriftenreihe Schriften zum betrieblichen Rechnungswesen und Controlling, Hamburg.

BREUER, W. (2000): Unternehmerisches Währungsmanagement, 2. Aufl., Wiesbaden.

BRINK, G. J. V. D. (2001): Operational Risk Management, Wie Banken das Betriebsrisiko beherrschen, Stuttgart.

BRÖKER, F. (2000): Quantifizierung von Kreditportfoliorisiken – Eine Untersuchung zu Modellalternativen und Anwendungsfeldern, Band 23 der zeb/Schriftenreihe, Hrsg.: ROLFES, B./SCHIERENBECK, H., Frankfurt am Main.

BRÖKER, F./LEHRBASS, F. B. (2001): Kreditportfoliomodelle in der Praxis, in: Handbuch Bankcontrolling, Hrsg.: SCHIERENBECK, H./ROLFES, B./SCHÜLLER, ST., Wiesbaden, S. 773–788.

BRÜGGERSTRAT, R. (1990): Die Liquiditätsrisikoposition eines Kreditinstituts – Ein bankaufsichtliches Konzept, Frankfurt am Main.

BÜHLER, A. (2000): Management komplexer Zinsänderungsrisiken, in: Fit for Finance, Hrsg.: GEHRIG, B./ZIMMERMANN, H., 6. AUFL., Zürich, S. 335–355.

BÜHLER, W. (1988): Rationale Bewertung von Optionsrechten auf Anleihen, in: Schmalenbachs Zeitschrift für betriebswirtschaftliche Forschung, 40. Jg., S. 851–883.

BÜHLER, W. (1995): Modelltypen der Aufbauorganisation von Kreditinstituten, in: Handbuch Bankorganisation, Hrsg.: STEIN, J. H. V. /TERRAHE, J., 2. Aufl., Wiesbaden, S. 107–163.

BUNDESAUFSICHTSAMT FÜR DAS KREDITWESEN (1998): Jahresbericht 1997, Berlin.

BUNDESREGIERUNG (1997): Entwurf eines Gesetzes zur Umsetzung von EG-Richtlinien zur Harmonisierung bank- und wertpapieraufsichtsrechtlicher Vorschriften nebst Begründung, in: Bundestags-Drucksache 13/7142 vom 06.03.1997.

BÜSCHGEN, H. E. (1983a): Strategische Planung im marktorientierten Bankbetrieb, in: Die Bank, S. 260–271.

BÜSCHGEN, H. E. (1983b): Strategische Bankunternehmensplanung und Geschäftsfeldplanung, in: Betriebswirtschaftliche Blätter, 32. Jg., S. 274–279.

BÜSCHGEN, H. E. (1987): Controlling und Marketing, in: Rechnungswesen im Dienste der Bankpolitik, Hrsg.: KRUMNOW, J./METZ, M., Stuttgart, S. 159–180.

BÜSCHGEN, H. E. (1988): Zinstermingeschäfte, Instrumente und Verfahren zur Risikoabsicherung an Finanzmärkten, Frankfurt am Main.

BÜSCHGEN, H. E. (1998): Bankbetriebslehre – Bankgeschäfte und Bankmanagement, 5. Aufl., Wiesbaden, Nachdruck 1999.

BÜSCHGEN, H. E. (2001): Leistungsorientierte Vergütungssysteme als Instrument zur Synchronisation von Mitarbeiterinteressen und Gesamtbankzielen, in: Handbuch Bankcontrolling, Hrsg.: SCHIERENBECK, H./ROLFES, B./SCHÜLLER, ST., Wiesbaden, S. 531–548.

BÜSCHGEN, H. E./BÖHNER, W. (1982): Controlling in Universalbanken, in: BFuP, 34. Jg., S. 193–207.

CANARIS, C. W. (1987): Zinsberechnungs- und Tilgungsverrechnungsklauseln beim Annuitätendarlehen, in: NJW vom 11.03.87, S. 609–617.

CANDILIS, W. O. (1968): Long-Range Planning in Banking, Dept. of Economic Research of The American Bankers Ass., o. O.

CHAMBERS, D./CARLETON, W. (1988): Generalized Approach to Duration, in: Research in Finance, Vol. 7, S. 163–181.

COENENBERG, A. G./BAUM, H.-G./GÜNTHER, TH. (1999): Strategisches Controlling – Grundfragen der strategischen Planung und Kontrolle, 2. vollst. neugest. Aufl., Stuttgart.

COLEMAN, R. (2000): Using Modelling in Operational Risk Management, Conference: Operational Risk in Retail Financial Services, London.

COMPTON, E.N. (1981): Bank Planning: A Status Report, in: The Bankers Magazine, Vol. 164, Heft 3, S. 71–75.

CONGENA (Hrsg.) (1995): Die lernende Bankorganisation, Strategien für die Jahrtausendwende, Wiesbaden.

CONSBRUCH/MÖLLER/BÄHRE/SCHNEIDER (Hrsg.) (1983): KWG, Loseblattsammlung, 11.28, S. 25–27: Schreiben des Bundesaufsichtsamtes für das Kreditwesen vom 24. Febr. 1983 zum Zinsänderungsrisiko.

COOPER, R. (1989): The Rise of Activity-Based Costing – Part Three: How many cost drivers do you need, and how do you select them?, in: Journal of Cost Management, Vol. 3; Winter, S. 34–46.

CRAMER, M. (1981): Das internationale Kreditgeschäft der Banken – Struktur, Risiken und Kreditentscheidungsprozeß, Wiesbaden.

CREDIT SUISSE FINANCIAL PRODUCTS (1997): CreditRisk+ – A Credit Risk Management Framework, London (http://www.csfb.csh.com).

CREDIT SUISSE GROUP (1998): Geschäftsbericht 1997/98, Zürich.

CREDIT SUISSE GROUP (2001): Geschäftsbericht 2000/01, Zürich.

CRUZ, M. G. (2004): Operational Risk Modelling and Analysis: Theory and Practice, London.

DALDRUP, A. (2005): Kreditrisikomaße im Vergleich, in: Professur für Anwendungssysteme und E-Business – Publikationen; Arbeitsbericht; Nr. 13/2005, Göttingen.

DALDRUP, A./GEHRKE, N./SCHUMANN, M. (2006): Vergleich alternativer Kreditrisikomaße, in: Zeitschrift für das gesamte Kreditwesen: Pflichtblatt der Frankfurter Wertpapierbörse; Vol. 59, Frankfurt, S. 238–243.

DANNENBERG, M. (2001): Strategisches Bankmanagement, Die Bewältigung von Komplexität, Dynamik und Unsicherheit im Kreditgewerbe, Kassel.

DEYHLE, A./STEIGMEIER, B. et al. (1993): Controller und Controlling, Bern.

DIBBERN, K. (1983): Was heißt eigentlich Effektivverzinsung, in: Die Bank, S. 22–26 und S. 69–73.

DIECKHÖNER, B. (1984): Controlling bei Genossenschaftsbanken, in: BankInformation, 11. Jg., S. 10–19.

DISMAN, S. H. (1994): Standardisierte Kreditentscheidungen im Privatkundengeschäft, in: Handbuch Bankcontrolling, Hrsg.: SCHIERENBECK, H./MOSER, H., Wiesbaden, S. 905–919.

DOLZANSKI, C. (2000): Die Besonderheiten der leistungswirtschaftlichen Bankkostenrechnung (I + II), Grundzüge und Konzeption von Kostenrechnung und Kostenmanagement im Betriebsbereich der Kreditinstitute, Frankfurt am Main.

DROSTE, K. D./FASSBENDER, H./PAULUHN, B./SCHLENZKA, P. F./LÖHNEYSEN, E. v. (1983): Falsche Ergebnisinformationen – Häufige Ursache für Fehlentwicklung in Banken, in: Die Bank, S. 313–323.

DÜPMANN, M. (2007): Bilanzielle Abbildung von zinsinduzierten Wertänderungen und Zinsrisiken im Jahresabschluss der Kreditinstitute nach HGB und IFRS, Wissenschaftliche Schriften zur Wirtschaftsprüfung, Düsseldorf.

DUTSCHKE, W./HABERKORN, H. (1985): Das Führungs-, Informations- und Steuersystem einer Privatbank, in: Die Bank, S. 380–390.

ECHTERBECK, H. (1991): Marktzinsorientierte Ergebnisspaltung des Eigenhandels von Kreditinstituten, Band 42 der Schriftenreihe des Instituts für Kreditwesen der Westfälischen Wilhelms-Universität Münster, Hrsg.: SCHIERENBECK, H., Frankfurt am Main.

EHLERDING, A. (2006): Die Relevanz der Kreditorganisation für das Kreditrisiko, Band 46 der zeb/Schriftenreihe, Hrsg.: ROLFES, B./SCHIERENBECK, H., Frankfurt am Main.

EIDGENÖSSISCHE BANKENKOMMISSION (1995): Die neuen Eigenmittelvorschriften – Sonderheft, Bulletin der Eidgenössischen Bankenkommission, Heft Nr. 27, Bern.

EIDGENÖSSISCHE BANKENKOMMISSION (2000): Bulletin (40/2000), (www.ebk.admin.ch/f/publik/bulletin/bull40.pdf).

EIDGENÖSSISCHE BANKENKOMMISSION (2006): EBK-Rundschreiben 06/1, Eigenmittelanforderungen für Kreditrisiken, Bern.

EIGERMANN, J. (2001): Quantitatives Credit-Rating unter Einbeziehung qualitativer Merkmale, Entwicklung eines Modells zur Ergänzung der Diskriminanzanalyse durch regelbasierte Einbeziehung qualitativer Merkmale, Band 5 der Schriftenreihe Finanzmanagement, Hrsg.: HÖLSCHER, R., Sternenfels.

EINHAUS, C. (2002): Operationelle Risiken – Grundlagen der aktuellen Diskussion, in: Sparkasse, 119. Jg., S. 488–490.

ELLER, R. (1991): Modified Duration und Convexity – Analyse des Zinsrisikos, in: Die Bank, S. 322–326.

ELLERMEIER, C. (1975): Marktorientierte Bankorganisation, Darmstadt.

ELTON, E. J./GRUBER, M.J./URICH, T. J. (1978): Are betas best? in: Journal of Finance 33, (5/1978), S. 1375–1384.

EMMERICH, G. (1969): Methoden der Zeitmessung von bankbetrieblichen Tätigkeiten, in: Bankbetrieb, 9. Jg., S. 310–315.

EMSE, C. (2005): Verbriefungstransaktionen deutscher Kreditinstitute – Eine Analyse alternativer Strukturvarianten und deren regulatorische Erfassung nach Grundsatz I und Basel II, Schriftenreihe des European Center for Financial Services, Hrsg.: TIETMEYER, H./ROLFES, B., Wiesbaden.

ERDMANN, U. (1991): Entlohnung von Führungskräften in Kreditinstituten, Band 43 der Schriftenreihe des Instituts für Kreditwesen der Westfälischen Wilhelms-Universität Münster, Hrsg.: SCHIERENBECK, H., Frankfurt am Main.

EUROPÄISCHE ZENTRALBANK (Hrsg.) (2002): Developments in Bank's Liquidity Profile and Management, Frankfurt am Main.

EUROPEAN BANKING AUTHORITY (2011): 2011 EU-Wide Stress Test – Methodological Note.

EVERDING, M. (1997): Kostenmanagement, in: Kreditinstituten, Band 4 der zeb/Schriftenreihe, Hrsg.: ROLFES, B./SCHIERENBECK, H., 2. Aufl., Frankfurt am Main.

FABER, P. (2007): Wertsicherung von Aktienanlagen – Identifizierung und Reduzierung von Absicherungsrisiken alternativer Strategien unter besonderer Berücksichtigung des Renditepotenzials, Schriftenreihe des European Center for Financial Services, Hrsg.: TIETMEYER, H./ROLFES, B., Wiesbaden.

FABOZZI, F. J. (1991): The Handbook of Fixed Income Securities, 3rd Ed., Illinois.

FAISST, U./KOVACS, M. (2003): Quantifizierung von Operationellen Risiken – ein Methodenvergleich, in: Die Bank, (5/2003), S. 342–348.

FALKENROTH, G. (1983): Damnum-Verteilung auf die Laufzeit des Darlehens, in: Der Betriebsberater, Heft 15, S. 642 f.

FASSBENDER, H. (1973): Zur Theorie und Empirie der Fristigkeitsstruktur der Zinssätze, Untersuchungen über das Spar-, Giro- und Kreditwesen, Abteilung A: Wirtschaftswissenschaften, Hrsg: F. VOIGT, Band 72, Berlin.

FASSBENDER, H. (2001): Strategisches Bankcontrolling – heutiger Stand und Weiterentwicklung, in: Handbuch Bankcontrolling, Hrsg.: SCHIERENBECK, H./ROLFES, B./SCHÜLLER, ST., Wiesbaden, S. 161–180.

FEYL, W. (1978): Unternehmungsplanung im Bankbetrieb – Möglichkeiten und Grenzen, in: ÖBA, 26. Jg., S. 398–409.

FIEBACH, G. (1994): Risikomanagement mit Zins-Futures und Futures-Optionen, Basler Bankenstudien, Hrsg.: SCHIERENBECK, H., Bern/Stuttgart/Wien.

FIGLEWSKI, S. (1990): Theoretical Valuation Models, in: Financial Options From Theory To Practice, Hrsg.: FIGLEWSKI, S. S./SILBER, W. L./SUBRAHMANYAN, M. G., New York, S. 77–134.

FISCHER, O. (1975): Art. Bankkostenrechnung, in: Management-Enzyklopädie, Band 1, München.

FISHER, L./WEIL, R. L. (1971): Coping with the Risk of Interest-Rate Fluctuations: Returns to Bondholders from Naive and Optimal Strategies, in: The Journal of Business, Vol. 44, S. 409–431.

FLECHSIG, R. (1982): Kundenkalkulation in Kreditinstituten, Band 24 der Schriftenreihe des Instituts für Kreditwesen der Westfälischen Wilhelms-Universität Münster, Hrsg.: SCHIERENBECK, H., Frankfurt am Main.

FLECHSIG, R. (1983): Bankbetriebliches Controlling im Kundenmanagement, in: ÖBA, 31. Jg., S. 157–164.

FLECHSIG, R./FLESCH, H.-R. (1982): Die Wertsteuerung – Ein Ansatz des operativen Controlling im Wertbereich, in: Die Bank, S. 454–465.

FLECHSIG, R./ROLFES, B. (1987): Risikokosten in der Deckungsbeitragsrechnung, in: Die Bank, S. 373–377.

FLESCH, H.-R./PIASKOWSKI, F./SEEGERS, J. (1987): Marktzinsmethode bzw. Wertsteuerung – Neue Thesen und Erkenntnisse aus der Realisierung, in: Die Bank, S. 485–493.

FLESCH, H.-R./PIASKOWSKI, F./SIEVI, C. R. (1984): Erfolgssteuerung durch Effektivzinsen im Konzept der Wertsteuerung, in: Die Bank, S. 357–366.

FLESCH, H.-R./PIASKOWSKI, F./SIEVI, C. R. (1987): Stellungnahme zum Aufsatz von SCHIE-RENBECK/ROLFES „Effektivzinsrechnung und Marktzinsmethode", in: Die Bank, S. 190–193.

FLESCH, H.-R./PIASKOWSKI, F./SIEVI, C. R. (1988): Marktzinsmethode: Umrechnung der effektiven Marge in DM-Ergebnisse, in: Die Bank, S. 380–384.

FRANKE, A. (1968): Kosten- und Erfolgsrechnung der Sparkassen, München.

FRIESENECKER, S. (1992): Strategisches Controlling für Universalbanken: Konzeptionelle Analyse und instrumentale Darstellung des Bridging, St. Gallen.

FUCHS, K. (1983): Operative computerunterstützte Personaleinsatzplanung, in: Sparkassen im Markt, Diskussionsforum zur marktorientierten Unternehmensführung, Heft 6, Stuttgart, S. 7–15.

GÄLWEILER, A. (1980): Portfolio-Management, Produkt-/Marktstrategien als Voraussetzung, in: ZfO, 49. Jg., S. 123–130.

GEIGER, H./PIAZ, J.-M. (2001): Identifikation und Bewertung operationeller Risiken, in: Handbuch Bankcontrolling, Hrsg.: SCHIERENBECK, H./ROLFES, B./SCHÜLLER, ST., 2. vollst. überarb. Aufl., Wiesbaden, S. 789–802.

GEIDT-KARRENBAUER, U. (2010): Die Optimierung des Kreditportfolios. Ein Modell zur optimalen Gestaltung des Kreditportfolios mithilfe aktiver Steuerungsinstrumente, Band 12 der Schriftenreihe Finanzmanagement, Hrsg.: HÖLSCHER, R., Sternenfels.

GEISDORF, G./FRITSCHI, O. (1973): Marktorientierte Organisationsstruktur einer Sparkasse in: Betriebswirtschaftliche Blätter, 22. Jg., S. 1–9.

GERDSMEIER, S./KROB, B. (1994): Kundenindividuelle Bewertung des Ausfallrisikos mit dem Optionspreismodell, in: Die Bank, S. 469–475.

GLEISSNER, W. (2006): Risikomaße und Bewertung, in: Risikomanager, Vol. 12, S. 2–11, Vol. 13, S. 17–23, Vol. 14, S. 14–20, Köln.

GLOYSTEIN, P. (1983): Aufbau eines Controlling-Systems im Bankbetrieb, in: Der Controlling-Berater, Hrsg.: MANN/MEYER, Freiburg (Loseblattsammlung).

GNOTH, K. (1987a): Kalkulation von Zinsgeschäften – Teil I: Marktzins als Meßlatte, in: Die Bank, S. 184–189.

GNOTH, K. (1987b): Kalkulation von Zinsgeschäften – Teil II: Ermittlung der kalkulatorischen Zinssätze, in: Die Bank, S. 256–261.

GNOTH, K. (1991a): Weiterentwicklung der Marktzinsmethode (I): Die Berechnungsmethode, in: Die Bank, S. 214–222.

GNOTH, K. (1991b): Weiterentwicklung der Marktzinsmethode (II): Vergleichende Ergebnisbeurteilung, in: Die Bank, S. 267–273.

GRABIAK, S./KOTISSEK, N./KÜSTERS, H./MARUSEV, A. W. (1988): Die moderne Marktzinsmethode im Tagesgeschäft der Banken, in: Zeitschrift für das gesamte Kreditwesen, 41. Jg., S. 787–790.

GRÄBENER, T. (2008): Die Marktdisziplinierung der Kreditinstitute, Band 50 der zeb/Schriftenreihe, Hrsg.: ROLFES, B./SCHIERENBECK, H., Frankfurt am Main.

GRAMATKE, W.-C. (2011): Kalkulation von impliziten Optionsrechten des Kunden in der privaten Wohnungsbaufinanzierung, Band 60 der zeb/Schriftenreihe, Hrsg.: ROLFES, B./SCHIERENBECK, H., Frankfurt am Main.

GRILL, W. (1993): Jahresabschluß und Buchführung der Kreditinstitute nach neuem Recht, Bad Homburg.

GRIMMER, J. (2003): Gesamtbanksteuerung – Theoretische und Empirische Analyse des Status quo in der Bundesrepublik Deutschland, Österreich und der Schweiz (http://duepublico.uni-duisburg-essen.de/servlets/DerivateServlet/Derivate-5480/grimmerdiss.pdf).

GROSS, H./KNIPPSCHILD, M. (1997): Risikocontrolling in der Deutschen Bank AG, in: Risikomanagement in Kreditinstituten, Hrsg.: SCHIERENBECK, H./ROLFES, B./SCHÜLLER, ST., Band 5 der zeb/Schriftenreihe, Hrsg.: ROLFES, B./SCHIERENBECK, H., 2. unveränd. Aufl., Frankfurt am Main, S. 69–109.

GROSS, H./KNIPPSCHILD, M. (2001): Aufsichtsrechtliche Standardverfahren zur Eigenmittelhinterlegung von Preisrisiken, in: Handbuch Bankcontrolling, Hrsg.: SCHIERENBECK, H./ROLFES, B./SCHÜLLER, ST., 2. vollst. überarb. Aufl., Wiesbaden, S. 1039–1058.

GRÜTER, M. (2006): Management des operationellen Risikos in Banken, Band 45 der zeb/Schriftenreihe, Hrsg.: ROLFES, B./SCHIERENBECK, H., Frankfurt am Main.

GÜDE, U. (1967): Bank- und Sparkassenkalkulation – ihre Darstellung und Kritik, Meisenheim am Glan.

HABERSTOCK, L./BREITHECKER, V. (1998): Kostenrechnung, Teil 1: Einführung, 10. unveränd. Aufl., Bielefeld.

HAGENMÜLLER, K.-F. (1976): Organisation einer marktorientierten Bank, in: bm, 5. Jg., Heft 4, S. 5–13.

HAGENMÜLLER, K.-F./JACOB, A.-F. (1988): Der Bankbetrieb-Band III: Rechnungswesen und Bankpolitik, 5. Aufl., Wiesbaden.

HAHN, D./TAYLOR, B. (Hrsg.) (1999): Strategische Unternehmensplanung, strategische Unternehmensführung – Stand und Entwicklungstendenzen, 8. Aufl., Heidelberg.

HANSELMANN, G.R. (1969): Marktorientierte Organisationsstruktur einer Großbank, in: Industrielle Organisation, S. 483–488.

HARRINGTON, R. (1987): Trends in Banking Structure and Regulation in OECD Countries: Asset and Liability Mannagement by Banks, Paris.

HAUCK, W. (1991): Optionspreise: Märkte, Preisfaktoren, Kennzahlen, Wiesbaden.

596

HAUSCHILDT, J. (1993): Der Controller in der Bank, Organisation des Planungs- und Rechnungswesens in Bankbetrieben, 2. Aufl. Frankfurt am Main.

HAUSCHILDT, J./SCHEWE, G. (1993): Der Controller in der Bank, Taschenbücher für Geld, Bank, Börse, Band 89, Frankfurt am Main.

HEIN, M. (1993): Einführung in die Bankbetriebslehre, 2. Aufl., München.

HELWIG, C. (2008): Portfolioorientierte Quantifizierung des Adressenausfall- und Restwertrisikos im Leasinggeschäft – Modellierung und Anwendung, Band 53 der zeb/Schriftenreihe, Hrsg.: ROLFES, B./SCHIERENBECK, H., Frankfurt am Main.

HENKEL, R./BENÖLKEN, H. (1975): Führungsaufgabe Betriebsorganisation, in: Betriebswirtschaftliche Blätter, 24. Jg., S. 182–188 und 25. Jg. (1976), S. 4–11.

HESELER, P. (1984): Elemente eines Controllling-Systems für Banken, Detmold.

HINTERHUBER, H. H. (1996): Strategische Unternehmungsführung, Band 1: Strategisches Denken, 6. neubearb. u. erw. Aufl., Berlin/New York.

HINTERHUBER, H. H. (1997): Strategische Unternehmungsführung, Band 2: Strategisches Handeln, 6. völlig neubearb. Aufl., Berlin/New York.

HO, T. S. Y. (1992): Key Rate Durations: Measures of Interest Rate Risks, in: The Journal of Fixed Income, Nr. 9, S. 29–44.

HOFFMAN, D. G. (2002): Managing Operational Risk: 20 Firmwide Best Practice Strategies, London.

HOFFMANN, K. (1985): Risk Management: Neue Wege der betrieblichen Risikopolitik, Karlsruhe.

HOFMANN, M. (2009): Management von Refinanzierungsrisiken in Kreditinstituten – Marktzinsorientierte Kalkulation und Steuerung des Ergebnisses aus der Refinanzierungsdisposition, Schriftenreihe des European Center for Financial Services, Hrsg.: TIETMEYER, H./ROLFES, B., Wiesbaden.

HÖLSCHER, R. (1987): Risikokosten-Management in Kreditinstituten – Ein integratives Modell zur Messung und ertragsorientierten Steuerung der bankbetrieblichen Erfolgsrisiken, Band 36 der Schriftenreihe des Instituts für Kreditwesen der Westfälischen Wilhelms-Universität Münster, Hrsg.: SCHIERENBECK, H., Frankfurt am Main.

HÖLSCHER, R. (1994a): Marktzinsorientierte Ergebnisrechnung in der Lebensversicherung, Stuttgart.

HÖLSCHER, R. (1994b): Risikokosten-Management, in: SCHIERENBECK, H. (Hrsg.), Bank- und Versicherungslexikon, 2. Aufl., München/Wien, S. 575–581.

HÖLSCHER, R. (1999a): Die Vorfälligkeitsentschädigung im Kreditgeschäft der Banken, in: WISU, 18. Jg., S. 532–546.

HÖLSCHER, R. (1999b): Gestaltungsformen und Instrumente des industriellen Risikomanagements, in: Risk Controlling in der Praxis, Hrsg.: SCHIERENBECK, H., Zürich, S. 413–455.

Hölscher, R. (2006): Aufbau und Instrumente eines integrativen Risikomanagements, in: Risk Controlling in der Praxis, Rechtliche Rahmenbedingungen und geschäftspolitische Implikationen in Banken, Versicherungen und Industrie, Hrsg.: SCHIERENBECK, H., 2. Aufl., Zürich, S. 341–399.

HÖLSCHER, R. (2006): Produktion, in: Herausforderung Bankmanagement – Entwicklungslinien und Steuerungsansätze, Festschrift zum 60. Geburtstag von Henner Schierenbeck, Hrsg.: ROLFES, B., Frankfurt am Main, S. 361–380.

HÖLSCHER, R. (2010): Investition, Finanzierung und Steuern, München.

HÖLSCHER, R./ELFGEN, R. (2002): Herausforderung Risikomanagement. Identifikation, Bewertung und Steuerung industrieller Risiken, Wiesbaden.

HÖLSCHER, R./KALHÖFER, C./BONN, R. (2005): Die Bewertung operationeller Risiken in Kreditinstituten, in: Finanz Betrieb. Zeitschrift für Unternehmensfinanzierung und Finanzmanagement, 7. Jg., S. 490–504.

HÖLSCHER, R./KARRENBAUER, U. (2008): Die Adressausfallrisiken im Rahmen des Kreditrisiko-Standardansatzes, in: Risikomanager, Heft 15, S. 1, 6–13.

HÖLSCHER, R./KARRENBAUER, U. (2008): Die Quantifizierung von Adressenausfallrisiken im Rahmen des IRB-Ansatzes, in: Risikomanager, Heft 16, S. 14–21.

HÖLSCHER, R./KARRENBAUER, U. (2008): Kreditrisikominderungstechniken in der Solvabilitätsverordnung, in: Risikomanager, Heft 24, S. 1, 8–18.

HÖLSCHER, R./KREMERS, M. (2009): Die Zukunft ist keine Zahl, in: Frankfurter Allgemeine Zeitung, Beilage: Die 100 größten Unternehmen, Nr. 155, 08. Juli 2009, S. U4.

HOHE, S. (2011): Steuerung bankbetrieblicher operationeller Risiken durch Versicherungen, Band 17 der Schriftenreihe Finanz- und Risikomanagement, Hrsg.: HÖLSCHER, R., Aachen.

HORNBACH, C. (2010): Integrierte Zinsbuchsteuerung. Dispositionskonzepte zum wertorientierten Management bankbetrieblicher Zinsportfolios, Band 14 der Schriftenreihe Finanzmanagement, Hrsg.: HÖLSCHER, R., Sternenfels.

HORVÁTH, P. (Hrsg.) (1998): Prozesskosten-Management, 2. vollst. neubearb. Aufl., München.

HORVÁTH, P. (1999): Controlling, 7. vollst. überarb. Aufl., München.

HORVÁTH, P./GASSERT, H./SOLARO, D. (Hrsg.) (1991): Controllingkonzeptionen für die Zukunft: Trends und Visionen, Stuttgart.

HÜLS, D. (1995): Früherkennung insolvenzgefährdeter Unternehmen, Düsseldorf.

IMO, CH./GITH, TH. (1989): Einführung in den Optionshandel, Hrsg.: DTB DEUTSCHE TERMINBÖRSE GMBH, in Zusammenarbeit mit IFCI INTERNATIONAL FINANCE & COMMODITIES INSTITUTE, Wiesbaden.

JACOB, H.-R./VILLIEZ, CH. V. (1990): Grundlagenmodell für die laufzeitkongruente Refinanzierung des Festzinsgeschäftes, in: Die Bank, S. 554–559.

JOHANNING, L./RUDOLPH B. (Hrsg.) (2000): Handbuch Risikocontrolling, Band I: Risikomanagement für Markt-, Kredit- und operative Risiken, Band II: Risikomanagement in Banken, Asset Management Gesellschaften, Versicherungs- und Industrieunternehmen, Bad Soden/Ts.

JOHNSON, H. T. (1988): Activity-based Information: A Blueprint for World-Class Management Accounting, in: Management Accounting (June), S. 23–30.

JOHNSON, H. T./KAPLAN, R. S. (1987): The Importance of Long-Term Product Costs, in: The McKinsey Quarterly, S. 36–48.

JORION, P. (2001): Value at Risk – The New Benchmark for Managing Financial Risk, 2. Aufl., New York.

JOVIC, D./PIAZ, J.-M. (2001): „Operational Risk Management" als kritischer Erfolgsfaktor für Banken, in: Der Schweizer Treuhänder, S. 923–930.

J. P. MORGAN (1995): Introduction to RiskMetricsTM, New York.

J. P. MORGAN (1996): RiskMetricsTM – Technical Document, 4th Edition, New York.

J. P. MORGAN (1997): Introduction to CreditMetricsTM, New York.

JURGEIT, L. (1989): Bewertung von Optionen und bonitätsrisikobehafteten Finanztiteln: Anleihen, Kredite und Fremdfinanzierungsfazilitäten, Wiesbaden.

KAESER, W. (1984): Controlling im Bankbetrieb, 2. Aufl., Bern/Stuttgart.

KALHÖFER, CHR. (2001): Marktzinsorientierte Kalkulation in Lebensversicherungsunternehmen, Band 5 der Schriftenreihe Finanzmanagement, Hrsg.: HÖLSCHER, R., Berlin.

KALTENHÄUSER, U. (1979): Das Aufgabenfeld des Controllers – Von der Rechnungsverantwortung zur Mitentscheidung, in: ZFO, 48. Jg., S. 429–434.

KASTNER, K.H./BOHNENKAMP, P. (1993): Beratung im Dienstleistungssektor – Ein kommunikatives Phänomen empirisch beobachtet, in: Office Management, Nr. 5, S. 50–53.

KAUFMANN, M./DRÖSE, G. (2000): Operational Risk Management: Risikotransfer durch Versicherung, in: Die Bank, S. 788–791.

KECK, W./JOVIC, D. (1999): Das Management von operationellen Risiken bei Banken, in: Der Schweizer Treuhänder, 73. Jg., Heft 10, S. 963–970.

KIESER, A./KUBICEK, H. (1992): Organisation, 3. Aufl., Berlin/New York.

KIRMSSE, ST. (1996): Die Bepreisung und Steuerung von Ausfallrisiken im Firmenkundengeschäft der Kreditinstitute – Ein optionspreistheoretischer Ansatz, Band 10 der zeb/Schriftenreihe, Hrsg.: ROLFES, B./SCHIERENBECK, H., Frankfurt am Main.

KIRMSSE, ST. (2001): Gesamtbankorientierte Kreditrisikosteuerung, in: Handbuch Bankcontrolling, Hrsg.: SCHIERENBECK, H./ROLFES, B./SCHÜLLER, ST., 2. vollst. überarb. Aufl., Wiesbaden, S. 1015–1038.

KIRSCH, W. (1975): Planung – Kapitel einer Einführung, München.

KIRSCH, W./ESSER, W. M./GABELE, E. (1979): Das Management des geplanten Wandels von Organisationen, Stuttgart.

KLEINEBECKEL, H. (1998): Finanz- und Liquiditätssteuerung: Leitfaden und Rezeptbuch eines Controlling-Praktikers, 5. vollst. neuüberarb. Aufl., Freiburg i. Br.

KLEINERT, H./MOSDORF, S. (1998): Die Renaissance der Politik, Wege ins 21. Jahrhundert, München.

KLEWIN, R./MARUSEV, A. W. (1988): Von der Globalplanung einer Kreditgenossenschaft bis zur Einzelkalkulation, in: Sparkassen im Markt (15/1988): Controlling, S. 29–33.

KLINGE, K.-A. (1967): Organisation des Bankbetriebes, Frankfurt am Main.

KLOPFER, D./KREUTZ, P./ULL, J. (1989): Leitfaden durch die Kosten- und Erlösrechnung, 3. Aufl., Stuttgart.

KLOSE, S. (1996): Asset-Management von Länderrisiken, Basler Bankenstudien, Hrsg.: SCHIERENBECK, H., Bern/Stuttgart/Wien.

KNAPP, TH. (1988): Erfolgsfaktoren und dezentrale Steuerung, in: Die Bank, S. 608–612.

KNAPP, TH. (1989): Controlling – Akzeptanz, Effizienz und Dezentralisierung, in: Die Bank, S. 679–682.

KNIPPSCHILD, M. (1991): Controlling von Zins- und Währungsswaps in Kreditinstituten, Band 41 der Schriftenreihe des Instituts für Kreditwesen der Westfälischen Wilhelms-Universität Münster, Hrsg.: SCHIERENBECK, H., Frankfurt am Main.

KOCH, H. (1980): Neuere Beiträge zur Unternehmensplanung, Wiesbaden.

KOCH, H. (1982): Integrierte Unternehmensplanung, Wiesbaden.

KOCH, J. (2009): Die Wertschöpfungstiefe im deutschen Bankensektor – Eine theoretische und empirische Analyse der Einflussfaktoren und der Auswirkungen auf die finanzielle Erfolgssituation, Band 55 der zeb/Schriftenreihe, Hrsg.: ROLFES, B./SCHIERENBECK, H., Frankfurt am Main.

KÖLLHOFER, D. (1975): Bankkostenrechnung, in: Bank-Enzyklopädie (Unterrichts- und Nachschlagewerk der Bankakademie), Band III, Wiesbaden, S. 197–262.

KÖNIG, P./QUAST, W. (2001): Die Rolle des Bankcontrollers – Selbstverständnis und Anforderungen, in: Handbuch Bankcontrolling, Hrsg.: SCHIERENBECK, H./ROLFES, B./SCHÜLLER, ST., 2. vollst. überarb. Aufl., Wiesbaden, S. 69–87.

KÖPF, G. (1987): Ansätze zur Bewertung von Aktienoptionen – Eine kritische Analyse, in: Hochschulschriften zur Betriebswirtschaftslehre, Hrsg.: BESCHORNER, D./HEINHOLD, M., Band 52, München.

KOLLHOSSER, H. (1986): Zur Tilgungsverrechnung beim Amortisationsdarlehen, in: ZIP 28.11.86, S. 1429–1440.

KOMMISSION „FESTVERZINSLICHE WERTPAPIERE" DER DEUTSCHEN VEREINIGUNG FÜR FINANZANALYSE UND ANLAGEBERATUNG (DVFA) (1984): Methoden der Renditeermittlung in Deutschland, in: Anlagepraxis (2/1984), S. 38 ff.

KOSIOL, E. (1991): Finanzmathematik, Nachdruck 10. Aufl., Wiesbaden.

KOSMIDER, H. P. (1986): Der Dispositionsbezogene Effektivzins (DEZ) – Eine Effektivzinsmethode ohne Wiederanlageprämissen, in: Operations Research Proceedings 1985, Hrsg.: STREITFERDT, L., Berlin/Heidelberg, S. 205–215.

KOTISSEK, N. (1987): Zur Berechnung des Kontitionsbeitrags bei konstanter effektiver Marge, in: bm, 16. Jg., Heft 1, S. 34–37.

KREIKEBAUM, H. (1997): Strategische Unternehmensplanung, 6. Aufl., Stuttgart/Berlin/Köln.

KREWERTH, B. (1981): Die Kostenrechnung als Steuerungsinstrument im Bankbetrieb, Frankfurt am Main.

KREWERTH, B. (1986): Die Erfolgskomponenten im System der Banksteuerung, in: Rentabilität und Risiko – Zu Fragen der Ertragsgestaltung im Bankbetrieb, Hrsg.: SCHEIDL, K., Frankfurt am Main, S. 121–146.

KRÜMMEL, H.-J./RUDOLPH, B. (Hrsg.) (1983): Strategische Bankplanung. Konzepte, Erfahrungen und Perspektiven der langfristigen Unternehmensplanung bei Banken, Frankfurt am Main.

KRUMNOW, J. (1990): Risikoanalyse im Controlling einer Großbank, Bankwirtschaftliches Kolloquium an der Johann Wolfgang Goethe-Universität Frankfurt am Main, 25.06.1990.

KRUMNOW, J. (1991): Strategisches Bankencontrolling – organisatorische und instrumentelle Führungsunterstützung in einem Bankkonzern, in: ÖBA, 39. Jg., S. 3–12.

KRUSCHWITZ, L. (2000): Investitionsrechnung, 8. neubearb. Aufl., München.

KUDERNATSCH, M. (2010): Konzeption einer passiven Zinsbuchsteuerung, Dissertation, Basel.

KUNZE, C. (1984): Die Marktzinsmethode – Ein neuer Weg in der Kostenrechnung?, in: Betriebswirtschaftliche Blätter, 33. Jg., S. 436–444.

LAMMERSKITTEN, P. (1978): Organisatorische Fragen beim Aufbau einer modernen Planungsabteilung in einer Geschäftsbank, in: Bankbetriebliches Lesebuch, L. MÜLHAUPT zum 65. Geburtstag, Hrsg.: DEPPE, H.-D., Stuttgart, S. 495–510.

LAND, M. (2012): Konzeption eines globalen Risikofonds für systemrelevante Finanzinstitute unter Berücksichtigung ihrer Identifizierung und Versicherungsprämien (http://d-nb.info/1023205874/34).

LEE, D.R. (1981): Interest Rate Sensitivity Analysis (IRSA): A Bank Planing Approach to Interest Rate Cycle, in: Managerial Planing, Vol. 29, Nr. 2, S. 16–22 und S. 37.

LEHMANN, M./SCHMIDT, R. H. (1982): Bankkosten und Bankpreise im Massengeschäft, in: Kredit und Kapital, 15. Jg., S. 341–365.

LERBINGER, P. (1984): Beta-Faktoren und Beta-Fonds in der Aktienanalyse, in: AG (11/1984), S. 287–294.

LINDENMANN, H.-H. (1978): Grundlagen der Kosten- und Erlösrechnung im Bankbetrieb, Bern/Stuttgart.

Lintner, J. (1965): The valuation of risk assets and the selection of risky investments in stock portfolios and capital budgets, Review of Economics and Statistics, 47 (1), S. 13–37.

LISTER, M. (1997): Risikoadjustierte Ergebnismessung und Risikokapitalallokation, Band 12 der zeb/Schriftenreihe, Hrsg.: ROLFES, B./SCHIERENBECK, H., Frankfurt am Main.

LISTER, M. (2001): Value Controlling in Geschäftsbanken, in: Handbuch Bankcontrolling, Hrsg.: SCHIERENBECK, H./ROLFES, B./SCHÜLLER, ST., 2. vollst. überarb. Aufl., Wiesbaden, S. 1125–1146.

LISTER, M. (2002a): Eigenmittelunterlegung für operationelle Risiken in Banken, Discussion Paper, Basel.

LISTER, M. (2002b): Wertorientiertes Risiko-Controlling in Unternehmen, nicht veröffentlichte Habilitation, Basel.

LOMBARD, O./MARTEAU, D. (1990): Devisenoptionen, Wiesbaden.

LÜCKE, K.P. (1983): Verwirrspiel mit Renditen, in: Die Bank, S. 473–478.

MACAULAY, F. R. (1938): Some Theoretical Problem Suggested by the Movement of Interest Rates, Bond Yields and Stock Prices in the United States since 1856, National Bureau of Economic Research, New York, S. 44–53.

MAIR, W. (1972): Die reale Kurs- und Rentabilitätsrechnung, Wien.

MANKWALD, R. (1975): Marketingorientierte Organisation bei Universalbanken, Frankfurt am Main.

MANN, R. (1989): Praxis strategisches Controlling, 5. Aufl., Landsberg/Lech.

MARKOWITZ, H. M. (1952): Portfolio Selection, in: Journal of Finance, Vol. 7, S. 77–91.

MARUSEV, A. W. (1988): Die Marktzinsmethode im Tagesgeschäft der Banken, in: Bank-Controlling 1988 – Beiträge zum Münsteraner Controlling-Workshop, Hrsg.: SCHIERENBECK, H./SCHIMMELMANN, W. V./ROLFES, B., Frankfurt am Main, S. 59–68.

MARUSEV, A. W. (1989): Die Marktzinsmethode im Tagesgeschäft der Banken, in: PC-Einsatz in der betrieblichen Praxis, TagungsBand zum 6. Deutschen Personal Computer Kongreß, Ehningen, S. 68–94.

MARUSEV, A. W. (1990): Das Marktzinsmodell in der bankbetrieblichen Einzelgeschäftskalkulation, Band 40 der Schriftenreihe des Instituts für Kreditwesen der Westfälischen Wilhelms-Universität Münster, Hrsg.: SCHIERENBECK, H., Frankfurt am Main.

MARUSEV, A. W./PFINGSTEN, A. (1992): Arbitragefreie Herleitung zukünftiger Zinsstruktur-Kurven und Kurswerte, in: Die Bank, S. 169–172.

MATZ, L. (1999): Liquidity Risk Management, Austin.

MCINTIRE, S. C. (1974): Implementing Bank Planning and Control, in: The Bankers Magazine, Vol. 157, Heft 2, S. 67–73.

MCKINSEY & COMPANY (1998): CreditPortfolioView, Approach Document, Version 2. Februar.

MEHL, J. (1991): Devisenoptionen als Instrumente des Währungsrisikomanagements, Band 45 der Schriftenreihe des Instituts für Kreditwesen der Westfälischen Wilhelms-Universität Münster, Hrsg.: SCHIERENBECK, H., Frankfurt am Main.

MERTIN, K. (1982): (Self-)Controlling, in: Zeitschrift für das gesamte Kreditwesen, 35. Jg., S. 1118–1121.

MERTIN, K. (1984): Controlling bei Kreditinstituten, Vortrag am 25.01.1984 an der Universität Köln, in: Mitteilungen und Berichte des Instituts für Bankwirtschaft und Bankrecht an der Universität Köln, 15. Jg., Nr. 43, S. 67–70.

MERTIN, K. (1987): Konzern-Controlling als Führungsaufgabe am Beispiel einer Großbank, in: Bank-Controlling als Managementaufgabe, Hrsg.: KOLBECK, R., Frankfurt am Main, S. 11–33.

MEYER, C. (1999): Value at Risk für Kreditinstitute: Erfassung des aggregierten Marktrisikopotentials, Wiesbaden.

MEYER, E./WEBER, J. (Hrsg.) (1990): Handbuch Controlling, Stuttgart.

MEYER, H. (1985): Zinsen und Bankbilanzierung – Gedanken zum Einfluß der Verzinslichkeit auf die Bewertung der Aktiva und Passiva in der Bankbilanz, in: Bankaufsicht, Bankbilanz und Bankprüfung – unter Berücksichtigung der Dritten KWG-Novelle, Hrsg.: FORSTER, K. H., Düsseldorf, S. 137–154.

MEYER-KAHLEN, W. (1988): Captive-Versicherungen, in: Handwörterbuch der Versicherungen, Hrsg.: FARNY, D. et al., Karlsruhe, S. 95–97.

MEYER ZU SELHAUSEN, H. (2000): Bank-Informationssysteme, Eine Bankbetriebswirtschaftslehre mit IT-Schwerpunkt, Stuttgart.

MINZ, K.-A. (2004): Operationelle Risiken in Kreditinstituten, Competence Center Finanz- und Bankmanagement, Frankfurt am Main.

MOODY`S INVESTOR SERVICE (Hrsg.) (1998): Historical Default Rates of Coporate Bond Issuers 1920–1997, Special Comment, New York.

MORGENSTERN, U. (2004): Interne Modelle in der aufsichtsrechtlichen Risikomessung des Eigenhandelsgeschäftes mittelgroßer Kreditinstitute – Vorteilhaftigkeitsvergleich der Eigenmittelunterlegung der Marktrisikopositionen, Band 39 der zeb/Schriftenreihe, Hrsg.: ROLFES, B./SCHIERENBECK, H., Frankfurt am Main.

MOSER, R. (1978): Wechselkursrisiko: Theorie und Praxis der Kurssicherungstechniken, in: Schriftenreihe der Österreichischen Bankwirtschaftlichen Gesellschaft, Heft LV, Hrsg.: KRASENSKY, H., 2. Aufl., Wien.

Mossin, J. (1966): Equilibrium in a Capital Asset Market, Econometrica, Vol. 34, Nr. 4, S. 768–783.

MOTTÉ, R. (1981): Rentabilitätsorientierte Liquiditätsplanung, in: Sparkassen im Markt, Hrsg.: DEUTSCHER SPARKASSEN- UND GIROVERBAND, Heft 2, Stuttgart, S. 19–24.

MÜLHAUPT, L. (1956): Umsatz-, Kosten- und Gewinnplanung einer Kreditbank, Ansatzpunkte einer theoretischen Bankbetriebslehre, in: Schmalenbachs Zeitschrift für betriebswirtschaftliche Forschung, 8. Jg., S. 7–74.

MÜLHAUPT, L./SCHIERENBECK, H./FLECHSIG, R. (1982): Die Planung des optimalen Kreditportefeuilles einer Universalbank, in: Kredit und Kapital, 15. Jg., S. 1–49 und S. 188–206.

MÜLLER, F. (2011): Konsequenzen und Gestaltungsmöglichkeiten für Einleger und Einlagenkreditinstitute durch Unterschiede in den Einlagensicherungssystemen der EU-Mitgliedsstaaten, Band 59 der zeb/Schriftenreihe, Hrsg.: ROLFES, B./SCHIERENBECK, H., Frankfurt am Main.

MÜLLER, M. (1976): Arbeits- und Zeitstudien als Mittel der Rationalisierung und Kalkulation im Bankbetrieb, Europäische Hochschulschriften, Band 127, Frankfurt am Main. und München.

MÜLLER, W. (1978): Instrumente des Risk Management. Gestaltungsformen und Konsequenzen, in: GEBERA-Schriften, Band 5: Risk Management, Strategien zur Risikobeherrschung, Hrsg.: GOETZKE, W./SIEBEN, G., Köln, S. 69–81.

MÜLLER, M. A. (2011): Kreditrisikosteuerung mithilfe von Credit Spreads, Band 15 der Schriftenreihe Finanz- und Risikomanagement, Hrsg.: HÖLSCHER, R., Aachen.

MÜNCHBACH, D. (2001): Management der operationellen Risiken des Private Banking, Bern.

NEUBÜRGER, K. W. (1981): Risiko-Chancen-Kalkül: Hilfsmittel für die Unternehmensentscheidungen bei Unsicherheit, in: Die Betriebswirtschaft, 41. Jg., Heft 3, S. 447–456.

NEUBÜRGER, K. W. (1989): Chancen- und Risikobeurteilung im strategischen Management: Die informatorische Lücke, Stuttgart.

NEUKOMM, M. (2004): Value at Risk-Quantifizierung unter Verwendung von Hochfrequenzdaten, Wiesbaden.

NOLTE, M. (1997): Marktwertcontrolling im Währungsportfolio, Band 13 der zeb/Schriftenreihe, Hrsg.: ROLFES, B./SCHIERENBECK, H., Frankfurt am Main.

O. V. (1985a): Preisangabeverordnung – Stellungnahmen und Anmerkungen zum „effektiven Jahreszins", in: LangfrKredit, 36. Jg., S. 738–740.

O. V. (1985b): Was der effektive Jahreszins wirklich aussagt – Das Verwirrspiel auf den Preistafeln der Banken, in: impulse (12/1985b), S. 214–217.

ORX ASSOCIATION (2004): ORX Reporting Standards – An ORX Member's Guide to Operational Risk Event/Loss Reporting.

PASSARDI, A. (1971): Probleme der Kostenrechnung im Bankbetrieb, in: Betriebswirtschaftliche Probleme des Bankbetriebes, Bern/Stuttgart, S. 77–96.

PAUL, ST. (1996): Neue Organisationsstrukturen und die Zukunft des Middle Management in der Kreditwirtschaft, in: Semesterbericht Nr. 43 des Instituts für Kredit- und Finanzwirtschaft, Bochum.

PEEMÖLLER, F. (2002): Operational Risk Data Pooling, Presentation, CFSforum – Operational Risk, Frankfurt am Main.

PENZKOFER, P. (1972): Die Ausrichtung der Bankorganisation auf Kundengruppen, in: Blätter für das Genossenschaftswesen, 118. Jg., S. 49–52.

PENZKOFER, P. (1973): Der Zusammenhang zwischen Innovation und Bank-Organisation und personalwirtschaftlichen Aspekten, in: Bank-Betrieb, 13. Jg., S. 177–181.

PETER, A./VOGT, H.-J./KRASS, V. (2000): Management operationeller Risiken bei Finanzdienstleistern, in: Handbuch Risikomanagement Band I: Risikomanagement für Markt-, Kredit- und operative Risiken, Hrsg.: JOHANNING, L./RUDOLPH, B., Bad Soden/Ts.

PFINGSTEN, A./MARUSEV, A. W. (1991): Kalkulation von Anschlußgeschäften mit der Marktzinsmethode im Multi-Engpaßfall, in: Operations Research Proceedings.

PFOHL, H.-C. (1997): Planung und Kontrolle, 2. Aufl. Stuttgart/Berlin/Köln/Mainz.

PICKER, M. (2012): Strategische Fristen- und Währungstransformation –Analyse der Erfolgs- und Risikotreiber, Band 61 der zeb/Schriftenreihe, Hrsg.: ROLFES, B./SCHIERENBECK, H., Frankfurt am Main.

PICOT, A./BÖHME, M. (1999): Controlling in dezentralen Unternehmensstrukturen, München.

PICOT, A./NEUBURGER, R. (2000): Auswirkungen der Informations- und Kommunikationstechnologie auf Bankgeschäfte und Bankorganisation, in: Aktuelle Tendenz im Innovationsmanagement, Hrsg.: HÄFLIGER, G. E./MEIER, J. D., Heidelberg, S. 311–327.

PODDIG, T./DICHTL, H./PETERSMEIER, K. (2003): Statistik, Ökonometrie, Optimierung: Methoden und ihre praktischen Anwendungen in Finanzanalyse und Portfoliomanagement, Bad Soden/Ts.

POHL, M. (2008): Das Liquiditätsrisiko in Banken – Ansätze zur Messung und ertragsorientierten Steuerung, Band 54 der zeb/Schriftenreihe, Hrsg.: ROLFES, B./SCHIERENBECK, H., Frankfurt am Main.

POULLAIN, L. (1973): Die Organisation der bankbetrieblichen Planung, in: Zeitschrift für das gesamte Kreditwesen, 26. Jg., S. 248–251.

PRESS, W. H./FLANNERY, B. P./TEUKOLSKY, S. A./VETTERLING, W. T. (1992): Numerical Recipes, The Art of Scientific Computing, Cambridge 1986, Nachdruck.

PROFFESOREN-ARBEITSGRUPPE (1987): Bankaufsichtsrechtliche Begrenzung des Risikopotentials von Kreditinstituten, in: Die Betriebswirtschaft, 47. Jg., Heft 3, S. 285–302.

RAAYMANN, J. G. (1995): Entscheidungsorientierte Zinsergebnisrechnung im Kollektivgeschäft von Bausparkassen, Basler Bankenstudien, Hrsg.: SCHIERENBECK, H., Bern/Stuttgart/Wien.

RAPPAPORT, A. (1999): Shareholder Value – Wertsteigerung als Maß-Stab für die Unternehmensführung, 2. Aufl., Stuttgart.

REHKUGLER, H./PODDIG, T. (1998): Bilanzanalyse, München/Wien.

REIMER, T. (2009): Kalkulation verursachungsgerechter Standard-Risikokosten zur risikoadjustierten Bepreisung der privaten Unfallversicherung – Analyse der Eignung barwertiger Verfahren aus dem Retailkreditgeschäft, Dresden.

RENGER, K. (2000): Effektivzinsberechnung nach den neuen EU-Regelungen, in: Finanz-Betrieb, 2. Jg., S. 640–650.

RICHTER, H. J. (1987): Theoretische Grundlagen des Controlling, Strukturkriterien für die Entwicklung von Controlling-Konzeptionen, Frankfurt am Main.

RIEBEL, P. (1994): Einzelkosten- und Deckungsbeitragsrechnung, Grundfragen einer markt- und entscheidungsorientierten Unternehmensrechnung, 7. Aufl., Wiesbaden.

RINGEL, J. (2001): Controlling-Organisation in Banken, in: Handbuch Bankcontrolling, Hrsg.: SCHIERENBECK, H./ROLFES, B./SCHÜLLER, ST., 2. vollst. überarb. Aufl., Wiesbaden, S. 19–36.

RINKER, A. (1997): Anreizsysteme in Kreditinstituten – Gestaltungsprinzipien und Steuerungsimpulse aus Controllingsicht, Band 15 der zeb/Schriftenreihe, Hrsg.: ROLFES, B./SCHIERENBECK, H., Frankfurt am Main.

RITTER, W. (2002): Unternehmenssanierung im neuen Insolvenzrecht, Band 3 der Schriftenreihe Finanzmanagement, Hrsg.: HÖLSCHER, R., Sternenfels.

RÖHL, S. (2010): Messung und Steuerung von Cross-Selling im Retailgeschäft von Banken, in: Band 13 der Schriftenreihe Finanzmanagement, Hrsg.: HÖLSCHER, R., Sternenfels.

ROLFES, B. (1985): Die Steuerung von Zinsänderungsrisiken in Kreditinstituten, Frankfurt am Main.

ROLFES, B. (1989): Risikosteuerung mit Zinselastizitäten, in: Zeitschrift für das gesamte Kreditwesen, 41. Jg., Heft 5, S. 196–201.

ROLFES, B. (1998): Moderne Investitionsrechnung, 2. unwesentl. veränd. Aufl., München.

ROLFES, B. (2001): Kalkulatorische Aspekte der laufenden Anpassung variabler Kreditkonditionen, in: Wertpapier-Mitteilungen, 55. Jg., S. 762–767.

ROLFES, B. (2005): Die kleinen und mittleren Banken im Würgegriff von Regulierungsdichte und Risikomanagement-Erfordernissen, in: Konsolidierung in der europäischen Finanzdienstleistungsindustrie, Hrsg.: BASLER BANKENVEREINIGUNG, Bern, S. 119–133.

ROLFES, B. (2006): Gesamtbanksteuerung – Wie weit sind die Banken und Sparkassen?, in: Zeitschrift für das gesamte Kreditwesen, Heft 13, S. 10–13.

ROLFES, B. (2006): Herausforderung Bankmanagement – Entwicklungslinien und Steuerungsansätze, Festschrift zum 60. Geburtstag von Henner Schierenbeck, Frankfurt am Main.

ROLFES, B. (2006): Integrierte Zinsbuchsteuerung in der Niedrigzinsphase, in: Der Bankensektor im Wandel: Festschrift zum 65. Geburtstag von Professor Dr. Erich Priewasser, Hrsg.: EMMERICH, N./ROSSBACH, P., Frankfurt am Main.

ROLFES, B. (2008): Gesamtbanksteuerung, 2. Aufl., Stuttgart.

ROLFES, B. (2009): Systemrelevante Banken sollen Prämien zahlen, in: Frankfurter Allgemeine Zeitung vom 12.09.2009, S. 21.

ROLFES, B. (2013): Neu bewerten statt kopieren – Vertriebs- und Banksteuerung aufeinander abstimmen, in: Bankinformation, Heft 1, S. 14–19.

ROLFES, B./BANNERT, TH. (2001): Die Kalkulation variabel verzinslicher Bankgeschäfte, in: Handbuch Bankcontrolling, Hrsg.: SCHIERENBECK, H./ROLFES, B./SCHÜLLER, ST., 2. vollst. überarb. Aufl., Wiesbaden, S. 281–300.

Rolfes, B./Böhnke W. (2011): Die Banken in ihrer größten Krise – Wie geht es weiter?, Beiträge des Duisburger Banken-Symposiums, Wiesbaden.

Rolfes, B./Böhnke W. (2012): Nach der Finanzkrise – Banken in der Klemme?, Beiträge des Duisburger Banken-Symposiums, Wiesbaden.

ROLFES, B./BRÖKER, F. (2000): Integration expliziter Rückzahlungsquoten bei der optionspreistheoretischen Bewertung von Krediten, in: Die Bank, S. 176–179.

ROLFES, B./DARTSCH, A. (1998): Verrentungskonzeptionen im Spannungsfeld interner und externer Rechnungslegung bei Banken, in: WISU, 27. Jg., S. 67–75.

ROLFES, B./HASSELS, M. (1994): Das Barwertkonzept in der Banksteuerung – Möglichkeit und Grenzen, in: ÖBA, 42. Jg., S. 337–349.

ROLFES, B./HOLLÄNDER, D. (2008): Treasury-Management und Risikokapitalallokation in Förderbanken, in: Strategisches Management in Förderbanken, Hrsg.: KEUPER, F., Wiesbaden, S. 139–160.

ROLFES, B./KIRMSSE, ST. (1999): Management-Informationssystem zum Risikocontrolling, in: BankInformation, 26. Jg., Heft 12, S. 26–32.

ROLFES, B./LAND, M. (2010): Grundkonzept und Umsetzbarkeit eines globalen Risikofonds für systemrelevante Finanzinstitute, in: Zeitschrift für das gesamte Kreditwesen, Heft 18, S. 959–962.

ROLFES, B./ROSENTHAL, O./SCHNEIDER, M. (2007): Europäische Bankenstudie 2006, in: Österreichisches Bank-Archiv, 56. Jg., 2008, Heft 6, S. 394–402.

ROLFES, B./SCHIERENBECK, H. (1992): Der Marktwert variabel verzinslicher Bankgeschäfte, in: Die Bank, S. 403–412.

ROLFES, B./SCHIERENBECK, H. (Hrsg.) (2001): Ausfallrisiken – Quantifizierung, Bepreisung und Steuerung, Tagungsband, Band 26 der zeb/Schriftenreihe, Hrsg.: ROLFES, B./SCHIERENBECK, H., Frankfurt am Main.

ROLFES, B./SCHNEIDER, M. (2007): Organisches Wachstum und Rentabilitätsmanagement – Perspektiven und Herausforderungen für deutsche Banken, in: Zeitschrift für das gesamte Kreditwesen, Heft 14, S. 735–738.

ROLFES, B./SCHWANITZ, J. (1992): Die „Stabilität" von Zinselastizitäten, in: Die Bank, S. 334–337.

ROLFES, B./SCHNEIDER, M. (2007): Organisches Wachstum und Rentabilitätsmanagement – Perspektiven und Herausforderungen für deutsche Banken, in: Zeitschrift für das gesamte Kreditwesen, Heft 14, S. 735–738.

ROLFES, B./STICKLING, G. (2005): Konkurrenzbedingte Kundenwanderungen im Retail Banking, in: BankInformation 03/2005, S. 8–11.

ROLFES, B./TIETMEYER, H. (2007): Umbruch in der Bankindustrie – Zukunftsperspektiven und Strukturveränderung, Beiträge zum Duisburger Banken-Symposium, Wiesbaden.

ROLFES, B./TIETMEYER, H. (2010): Krisen und Strukturveränderungen in der Finanzindustrie, Beiträge des Duisburger Banken-Symposiums, Wiesbaden.

ROLFES, B./TIETMEYER, H./HEINKE, E. (2004): Der deutsche Bankenmarkt – Unfähig zur Konsolidierung?, Beiträge zum Duisburger Banken-Symposium, Wiesbaden.

ROLFES, B./VILLIEZ, CH. V. (1989): Steuerung des Transformationsergebnisses, in: Die Bank, S. 502–506.

ROLFES, B./ZUR BRÜGGE, R. (2004): Fokusstrategie – Die Umsetzung für Sparkassen – Fragen und Antworten, Stuttgart.

ROSSIER, J. A. (1973): Umbruch in der Bankorganisation, in: Die Unternehmung, 27. Jg., S. 57–73.

RÜCKER, U. (1999): Finite Risk Konzepte als Beispiel hybrider Instrumente der Risikofinanzierung, in: Risk Controlling in der Praxis, Hrsg.: SCHIERENBECK, H., Zürich, S. 365–411.

RÜCKER, U.-C. (1999): Finanzierung von Umweltrisiken, Band 1 der Schriftenreihe Finanzmanagement, Hrsg.: HÖLSCHER, R., Sternenfels.

RUDOLPH, B. (1984): Kreditsicherheiten als Instrumente zur Umverteilung und Begrenzung von Kreditrisiken, in: Schmalenbachs Zeitschrift für betriebswirtschaftliche Forschung, 36. Jg., S. 16–43.

RUDOLPH, B. (2001): Kalkulation von Risikokosten auf Basis des Optionspreismodells, in: Handbuch Bankcontrolling, Hrsg.: SCHIERENBECK, H./ROLFES, B./SCHÜLLER, ST., 2. Aufl., Wiesbaden, S. 331–344.

RUHL, ST. (2000): Entscheidungsunterstützung bei der Sanierungsprüfung, Band 4 der Schriftenreihe Finanzmanagement, Hrsg.: HÖLSCHER, R., Sternenfels.

RUNZHEIMER, B. (1978): Risiko-Analyse in der Investitionsplanung, in: Die Betriebswirtschaft, 38. Jg., Heft 2/3, S. 44–50.

SANDER, S. (1990): Der Controllerdienst als Funktionsbereich: neue Wege für seine Effizienzsteigerung, St. Gallen.

SAUER, H. (1985): Controlling-Einstieg über Controlling-Infrastruktur?, in: Betriebswirtschaftliche Blätter, 34. Jg., S. 173–183.

SAUNDERS, A. (1999): Credit Risk Measurement – New Approaches to Value at Risk and Other Paradigms, New York/Weinheim.

SAUTER, W. (1994): Grundlagen des Bankgeschäfts, 3. Aufl., Frankfurt am Main.

SCHEURER, K./REX, G. (1983): Die Betriebskosten-Abrechnung als Element einer Bank-Kosten- und Ergebnisrechnung, in: BankInformation, 10. Jg., Heft 8, S. 34–38 und Heft 9, S. 40–43.

SCHIERENBECK, C. (2009): Closing the Productivity Gap in Higher Education – A Business Manager's Approach to Ensuring Broad Access to Affordable and High-Quality Educational Services, Dissertation, Duisburg-Essen.

SCHIERENBECK, H. (1983): Bilanzstrukturmanagement in Kreditinstituten, in: Betriebswirtschaftliche Blätter, 32. Jg., S. 280–289.

SCHIERENBECK, H. (1984): Effektivzinskalküle, in: Die Betriebswirtschaft, 44. Jg., S. 99–108.

SCHIERENBECK, H. (1986): Zur Integration von Betriebsergebnis- und Effektivzinsrechnung bei Disagiokrediten mit Festzinsvereinbarungen, in: Kredit und Kapital, 19. Jg., Heft 1, S. 76–109.

SCHIERENBECK, H. (2003a): Ertragsorientiertes Bankmanagement, Band 1: Grundlagen, Marktzinsmethode und Rentabilitäts-Controlling, Band 2: Risiko-Controlling und integrierte Rendite-/Risikosteuerung, 8. überarb. u. erw. Aufl. Wiesbaden.

SCHIERENBECK, H. (2003b): Grundzüge der Betriebswirtschaftslehre, 16. vollst. überarb. u. erw. Aufl., München/Wien.

SCHIERENBECK, H./FELLENSTEIN, D. (1992): Bankbetriebliche Controlling-Systeme unter Berücksichtigung Schweizer Rahmenbedingungen, WWZ-Forschungsbericht, Basel.

SCHIERENBECK, H./HÖLSCHER, R. (1998): BankAssurance – Institutionelle Grundlagen der Bank- und Versicherungsbetriebslehre, 4. Aufl., Stuttgart.

SCHIERENBECK, H./HÖLSCHER, R. (2001): Die Marktzinsmethode als entscheidungsorientiertes Konzept der Ergebnismessung von Einzelgeschäften (Perioden- und Barwertmodell), in: Handbuch Bankcontrolling, Hrsg.: SCHIERENBECK, H./ROLFES, B./SCHÜLLER, ST., 2. vollst. überarb. Aufl., Wiesbaden, S. 223–238.

SCHIERENBECK, H./HOLLÄNDER, D./PICKER, M. (2013): Marktzinsmethode 2.0 – erweiterte Anforderungen an ein Transferpreiskonzept, in: Zeitschrift für das gesamte Kreditwesen, Nr. 11, S. 579–582.

SCHIERENBECK, H./LISTER, M. (2002): Value Controlling: Grundlagen Wertorientierter Unternehmensführung, 2. Aufl., München/Wien.

SCHIERENBECK, H./LISTER, M./GRÜTER, M. D./PAUL, S. (2003): Ertragsorientierte Allokation von Risikokapital im Bankbetrieb, WWZ-Forschungsbericht, Basel.

SCHIERENBECK, H./MARUSEV, A. W. (1990): Margenkalkulation von Bankprodukten im Marktzinsmodell, in: Zeitschrift für Betriebswirtschaft, 60. Jg., Heft 8, S. 789–814.

SCHIERENBECK, H./MARUSEV, A. W. (1991): Zur Kritik an der Marktzinsmethode – Eine Stellungnahme zum gleichnamigen Beitrag von J. F. DJEBBAR (erschienen in ÖBA, 38. Jg. (1990)), in: ÖBA, 39. Jg., S. 155–162.

SCHIERENBECK, H./MARUSEV, A. W./WIEDEMANN, A. (1992): Einzelgeschäftsbezogene Aussteuerung von Engpässen mit Hilfe des Marktzinsmodells, in: Die Betriebswirtschaft, Nr. 4, S. 443–471.

SCHIERENBECK, H./PAUL, ST. (1998): Moderne Bankkalkulation mit Hilfe der Marktzinsmethode und der Optionspreistheorie, WWZ-Forschungsbericht (2/1998), Basel.

SCHIERENBECK, H./ROLFES, B. (1986): Effektivzinsrechnung in der Bankenpraxis, in: Schmalenbachs Zeitschrift für betriebswirtschaftliche Forschung, 38. Jg., S. 766–778.

SCHIERENBECK, H./ROLFES, B. (1987a): Effektivzinsrechnung und Marktzinsmethode, in: Die Bank, S. 25–33.

SCHIERENBECK, H./ROLFES, B. (1987b): Zur Diskussion um das opportunitätsgerechte Effektivzinskonzept, in: Die Bank, S. 328–335.

SCHIERENBECK, H./ROLFES, B. (1988): Entscheidungsorientierte Margenkalkulation, Band 38 der Schriftenreihe des Instituts für Kreditwesen der Westfälischen Wilhelms-Universität Münster, Hrsg.: SCHIERENBECK, H., Frankfurt am Main.

SCHIERENBECK, H./SEIDEL, E./ROLFES, B. (1987): Controlling in Kreditgenossenschaften – Gesamtbankcontrolling, Band 1 und 2 der Schriftenreihe der Akademie Deutscher Genossenschaften, Wiesbaden.

SCHIERENBECK, H./WIEDEMANN, A. (1993a): Das Treasury-Konzept der Marktzinsmethode (I): Integration von Grundmodell und Barwertkalkül, in: Die Bank, S. 670–676.

SCHIERENBECK, H./WIEDEMANN, A. (1993b): Das Treasury-Konzept der Marktzinsmethode (II): Die Messung des Treasury-Erfolgs, in: Die Bank, S. 731–737.

SCHIERENBECK, H./WIEDEMANN, A. (1995): Treasury Management in Banken, WWZ-Forschungsbericht, Basel.

SCHIERENBECK, H./WIEDEMANN, A. (1996): Marktwertrechnung im Finanz-Controlling, Stuttgart.

SCHIERENBECK, H./WÖHLE, C. B. (2011): Übungsbuch zu Grundzüge der Betriebswirtschaftslehre, 10. Aufl., München.

SCHIERENBECK, H./WÖHLE, C. B. (2012): Grundzüge der Betriebswirtschaftslehre, 18. Aufl., München.

SCHIMMELMANN, W. V. (1993): Art „Bankorganisation", in: OBST/HINTNER, Geld-, Bank- und Börsenwesen, Hrsg.: KLOTEN, N./STEIN, J. H. V., 39. vollst. neubearb. Aufl., Stuttgart, S. 940–956.

SCHIMMELMANN, W. V./HILLE, W. (1984): Banksteuerung über ein System von Verrechnungszinsen, in: Bilanzstrukturmanagement in Kreditinstituten, Hrsg.: SCHIERENBECK, H./WIELENS, H., Frankfurt am Main, S. 47–65.

SCHMALENBACH, E. (1947): Pretiale Wirtschaftslenkung Band 1: Die optimale Geltungszahl, Bremen-Horn.

SCHMALENBACH, E. (1963): Kostenrechnung und Preispolitik, 8. Aufl., Köln/Opladen.

SCHMIDT, W. (1984): Möglichkeiten der Verbesserung des Zinsüberschusses durch ein Mindestmargenkonzept, in: Bilanzstrukturmanagement in Kreditinstituten, Hrsg.: SCHIERENBECK, H./WIELENS, H., Frankfurt am Main, S. 29–46.

SCHMITZ, J. (1986): Die Organisation von Controlling-Systemen in Kreditinstituten – Ein betriebsgrößenabhängiger Erklärungsansatz, in: ZFO, 55. Jg., S. 373–381.

SCHNEIDER, D. (1992): Investition, Finanzierung und Besteuerung, 7. Aufl., Wiesbaden.

SCHNEIDER, M. (2009): Kalkulation von Lifetime bzw. Reverse Mortgages – Eine kritische Analyse am Beispiel des US-amerikanischen Home Equity Conversion Mortgage (HECM)-Modells, Schriftenreihe des European Center for Financial Services, Hrsg.: TIETMEYER, H./ROLFES, B., Wiesbaden.

SCHOLZ, F.J. (1985): Die neue Preisangabenverordnung in der Kreditwirtschaft, in: Kreditpraxis, 11. Jg., Heft 4, S. 8–14.

SCHOLZ, W. (1979): Zinsänderungsrisiken im Jahresabschluß der Kreditinstitute, in: Kredit und Kapital, 12. Jg., S. 517–544.

SCHÜLLER, ST. (1984): Organisation von Controllingsystemen in Kreditinstituten, Frankfurt am Main.

SCHÜLLER, ST. (1985): Aufgaben und organisatorische Gestaltung des Bankcontrollings, in: Die Bank, S. 558–560.

SCHÜLLER, ST. (1988): Die Einführung von entscheidungsorientierten Steuerungssystemen – Voraussetzungen und Konsequenzen, in: Bank-Controlling 1988 – Beiträge zum Münsteraner Controlling-Workshop, Hrsg.: SCHIERENBECK, H./SCHIMMELMANN, W. V./ROLFES, B., Frankfurt am Main, S. 111–140.

SCHÜLLER, ST. (1992): Ergebnisorientierte Produktivitätssteuerung, in: Produktivitätsmanagement für Finanzdienstleister, Band 1 der zeb/Schriftenreihe, Hrsg.: ROLFES, B./SCHIERENBECK, H., Frankfurt am Main, S. 33–63.

SCHULTE, M./HORSCH, A. (2002): Wertorientierte Banksteuerung II: Risikomanagement, Frankfurt am Main.

SCHUSTER, L. (1973): Bankmanagement durch Profit Center, in: Bankmanagement in Theorie und Praxis, Hrsg.: SCHUSTER, L., Bern/Stuttgart, S. 29–43.

SCHWANITZ, J. (1996): Elastizitätsorientierte Zinsrisikosteuerung in Kreditinstituten, Band 7 der zeb/Schriftenreihe, Hrsg.: ROLFES, B./SCHIERENBECK, H., Frankfurt am Main.

SCHWANITZ, J. (2001): Die Entwicklung einer controlling-adäquaten IT-Organisation, in: Handbuch Bankcontrolling, Hrsg.: SCHIERENBECK, H./ROLFES, B./SCHÜLLER, ST., 2. vollst. überarb. Aufl., Wiesbaden, S. 37–52.

SCHWARZ, M. (2004): Management bankaufsichtsrechtlicher Eigenmittelanforderungen, Band 41 der zeb/Schriftenreihe, Hrsg.: ROLFES, B./SCHIERENBECK, H., Frankfurt am Main.

SECKELMANN, R. (1984): Zinsrechnung und Zinsrecht, in: Zeitschrift für das gesamte Kreditwesen, 37. Jg., S. 96–102.

SEIDEL, E./WIRTZ, U. (1989): Akzeptanz des Banken-Controlling, in: Die Bank, S. 383–391.

SERFLING, K. (1992): Controlling, 2. Aufl., Stuttgart.

SHANK, J. K. (1989): Strategic cost management. New wine, or just New Bottles?, in: Journal of Management Accounting Research 1, Fall, S. 47–65.

SHARPE, W. F. (1963): A Simplified Model for Portfolio Analysis, in: Management Science, Vol. 9, S. 277–293.

SIEGEL, B./DEGENER, R. (1988): Leistungs- und ertragsorientierte Entlohnungssysteme, in: Zeitschrift für das gesamte Kreditwesen, 41. Jg., S. 532–536.

SIEVI, C.R. (1984): Finanzmathematische Kalkulation im Aktiv- und Passivgeschäft, Bretten.

SLEVOGT, H. (1982): Bankbetriebslehre oder Bankgeschäftslehre?, in: ÖBA, 30. Jg., S. 167–179.

SLEVOGT, H. (1988): Wider die falschen Opportunitätszinsen, in: Zeitschrift für das gesamte Kreditwesen, 41. Jg., S. 104–106.

SLUNDER, S. (2008): Kennzahlenbasierte Leistungsmessung und darauf aufbauende Mittelallokation in Universitäten – eine empirische und implikationentheoretische Analyse (http://duepublico.uni-duisburg-essen.de/servlets/DerivateServlet/Derivate-21493/Dissertation%20Slunder%2011_02_2009%20PDF_A_1b.pdf).

SMITH, E. E. (1970): Organizing for the Bank Planning, in: The Bankers Magazine, Vol. 153, Nr. 3, S. 19–27.

SOBOL, I.M. (1991): Die Monte-Carlo-Methode, 4. Aufl., Berlin.

SOHL, J. H. (2009): Alternativer Risikotransfer zur Solvabilitätssteuerung im Schadenversicherungsunternehmen (http://nbn-resolving.de/urn/resolver.pl?urn=urn:nbn:de:hbz:464-20091204-190508-7).

SORG, P. (1982): Bank-Controlling – Ein Weg zur Ertragskraftstabilisierung, in: BK, 31. Jg., S. 157–162.

SPREMANN, K./ZUR, E. (Hrsg.) (1992): Controlling: Grundlagen, Informationssysteme, Anwendungen, Wiesbaden.

STANDARD & POOR'S (1996): Credit Week vom 15. April 1996.

STEIN, J. H. V. /TERRAHE, J. (Hrsg.) (1995): Handbuch Bankorganisation, 2. Aufl., Wiesbaden.

STEINBERG, R. (1999): Zinsänderungsrisiko und Bankenaufsicht – Analyse und Weiterentwicklung bankaufsichtsrechtlicher Zinsrisikonormen, Band 21 der zeb/Schriftenreihe, Hrsg.: ROLFES, B./SCHIERENBECK, H., Frankfurt am Main.

STEPPELER, W. (1985a): Der Effektivzins nach der Preisangabeverordnung, in: Zeitschrift für das gesamte Kreditwesen, 38. Jg., S. 846– 850.

STEPPELER, W. (1985b): Effektivzinsen nach der Preisangabeverordnung 1985 – Die neue Berechnungsmethode und ihre praktischen Auswirkungen, 2. Aufl., Stuttgart.

STÖPPEL, J. (2009): Strategische Preispolitik im Retailbanking – Eine empirische Analyse am Beispiel einer Großsparkasse, Band 58 der zeb/Schriftenreihe, Hrsg.: ROLFES, B./SCHIERENBECK, H., Frankfurt am Main.

STRÄTER, J. (2005): Der Customer-Lifetime-Value von Privatkunden im Finanzdienstleistungssektor Band 42 der zeb/Schriftenreihe, Hrsg.: ROLFES, B./SCHIERENBECK, H., Frankfurt am Main.

STRENGE, K. (2005): Kalkulation von Einlagensicherungsbeiträgen, Band 43 der zeb/Schriftenreihe, Hrsg.: ROLFES, B./SCHIERENBECK, H., Frankfurt am Main.

STÜTZEL, W. (1959): Liquidität, in: Handwörterbuch der Sozialwissenschaften, Stuttgart, S. 622–629.

SÜCHTING, J. (1982): Schwerpunkte und Probleme der bankbetrieblichen Kosten- und Erlösrechnung, in: Zeitschrift für Betriebswirtschaft, 52. Jg., S. 790–794.

SÜCHTING, J. (1985): Überlegungen zu einer flexiblen Preispolitik der Kreditinstitute im Firmenkundengeschäft, in: bm, 14. Jg., Heft 3, S. 5–9.

SÜCHTING, J./PAUL, ST. (1998): Bankmanagement, 4. Aufl., Stuttgart.

TOPRITZHOFER, E./MOSER, R. (1977): Wechselkursrisiko und Kurssicherung aus unternehmerischer Sicht, in: WiSt, 6. Jg., S. 412–419.

TOUTENBURG, H. (1998): Deskriptive Statistik: Eine Einführung mit SPSS für Windows mit Übungsaufgaben und Lösungen, 3. Aufl., Berlin.

TRIPP, M. H./BRADLEY, H. L./DEVITT, R. /ORROS, G. C./OVERTON, G. L./PRYOR, L. M./ SHAW, R. A. (2004): Quantifying Operational Risk in Insurance Companies, Institute of Actuaries, London.

UBS AG (2000): Finanzbericht 1999, Basel/Zürich.

UBS AG (2001): Handbuch 2000/2001, Basel/Zürich.

ULBRICHT, K. (1982): Risiken einer Kalkulation mit Effektivzinsen, in: LangfrKredit, 33. Jg., S. 298–301.

UTELLI, CH. (1998): Operationelle Risiken identifizieren, in: Schweizer Bank, (7/1998), S. 36–39.

UTHOFF, C. (1997): Erfolgsoptimale Kreditwürdigkeitsprüfung auf der Basis von Jahresabschlüssen und Wirtschaftsauskünften mit Künstlichen Neuronalen Netzen, Stuttgart.

VILLIEZ, CH. V. (1989): Budgetkontrolle und Abweichungsanalyse in Kreditinstituten, Band 39 der Schriftenreihe des Instituts für Kreditwesen der Westfälischen Wilhelms-Universität Münster, Hrsg.: SCHIERENBECK, H., Frankfurt am Main.

VOLLMUTH, H. J. (2000): Controlling – Instrumente von A–Z, 5. überarb. Aufl., München.

WAGNER, E. (1988): Effektivzins von Krediten und Wertpapieren, Frankfurt am Main.

WAGNER, R./WIMMER, K. (2010): Marktzinsmethode – noch das richtige Konzept in der Finanzkrise?, in: Bank-Archiv – Zeitschrift für das gesamte Bank- und Börsenwesen, Vol. 58, S. 232–239.

WAHL, D. (1998): Finanzmathematik, Theorie und Praxis, Stuttgart.

WAHRENBURG, M./NIETHEN, S. (2000): Vergleichende Analyse alternativer Kreditrisikomodelle, in: Kredit und Kapital, 33. Jg., S. 234–257.

WALZ, H./WEBER, TH. (1989): Laufzeitarbitrage auf dem deutschen Kapitalmarkt, in: Die Bank, S. 16–21.

WEBER, J. (1999): Einführung in das Controlling, Teil 1: Konzeptionelle Grundlagen und Teil 2: Instrumente, 8. akt. u. erw. Aufl., Stuttgart.

WEISS, C. L. (1998): Aufbau einer effektiven Portfoliosteuerung, in: Management von Marktpreis- und Ausfallrisiken: Instrumente und Strategien zur Risikominimierung in Banken, Hrsg.: HANKER, P., Wiesbaden, S. 234–247.

WIEDEMANN, A. (1991): Verbundstrategie für Kreditgenossenschaften, Basler Bankenstudien, Hrsg.: SCHIERENBECK, H., Bern/Stuttgart/Wien.

WIEDEMANN, A. (1998): Die Passivseite als Erfolgsquelle, Zinsmanagement in Unternehmen, Wiesbaden.

WIELENS, H. (1977): Fragen der Bankorganisation, Frankfurt am Main.

WILD, J. (1982): Grundlagen der Unternehmensplanung, 4. Aufl., Reinbek bei Hamburg.

WILHELM, W. (1974): Reform an Haupt und Gliedern, in: Manager Magazin (4/1974), S. 36–42.

WILSON, T. (1997): Portfolio Credit Risk (I+II), in: Risk Magazine, Vol. 10 (September/Oktober).

WIMMER, K. (1993): Die aktuelle und zukünftige Effektivzinsangabeverpflichtung von Kreditinstituten, in: Betriebsberater, S. 950–956.

WIMMER, K. (2000): Neuer Modus der Effektivzinsberechnung bei Verbraucherkrediten, in: Die Bank, S. 178–182.

WIMMER, K./STÖCKL-PUCKALL, E. (1998): Neuregelung der Effektivzinsberechnung, in: Die Bank, S. 33–37.

WITT, F.-J. (Hrsg.) (1991): Aktivitätscontrolling und Prozesskostenmanagement, Stuttgart.

WITTE, E. (1973): Organisation für Innovationsentscheidungen – Das Promotorenmodell, Göttingen.

WITTROCK, C./JANSEN, S. (1996): Gesamtbankrisikosteuerung auf Basis von Value-at-Risk-Ansätzen, in: ÖBA, 44. Jg., S. 909–918.

WÖHLE, C. B. (2002): Die Tücken der Cost Income Ratio im bankbetrieblichen Zielsystem, in: Die Unternehmung, 56. Jg., Heft 3, S. 177–186.

WÖHLE, C. B. (2003): Modellanalytische Bilanzstrukturoptimierung unter Rendite-/Risiko-Kriterien im Rahmen des Dualen Steuerungsmodells, in: Kredit und Kapital, 35. Jg., Heft 1, S. 82–119.

WÖHLE, C. B. (2005): Kapitalwertorientierte Kreditkalkulation, in: Die Betriebswirtschaft, 65. Jg., S. 278–295.

WOLF, K./RUNZHEIMER, B. (2003): Risikomanagement und KonTraG: Konzeption und Implementierung, 4. Aufl., Wiesbaden.

WOOD, D. R. jr. (1980): Long Range Planning in Large United States Banks, in: Long Range Planning, Vol. 13, S. 91–98.

YOUNG, B. J. (2000): Bayesian Belief Networks: A Powerful New Tool with which to Analyse and Quantify Operational Risk, Operational Risk Research Forum.

ZAPP, H. (1974): Zentrale und dezentrale Planung in einer Großbank, in: Zeitschrift für das gesamte Kreditwesen, 27. Jg., S. 123–126.

ZAPP, H. (1981): Planung als Führungsverhalten, in: Die Bank, S. 62–63.

ZEB/ (2003): Die Herausforderung Operational Risk für Kantonal- und Regionalbanken, zeb/ risk. workshops.2003, Zürich.

ZERANSKI, S. (2005): Liquidity at Risk zur Steuerung des liquiditätsmäßig-finanziellen Bereiches von Kreditinstituten, Chemnitz.

ZIMMERMANN, H. (2000): Asset- & Liability Management, in: Fit for Finance, Hrsg.: GEHRIG, B./ZIMMERMANN, H., 6. akt. Aufl., Zürich, S. 397–417.

ZUBERBÜHLER, D. (1997): Die Risiken im inländischen Kreditgeschäft der Schweizer Banken, in: Bulletin zur Pressekonferenz der Eidgenössischen Bankenkommission vom 22. April.

ZÜRICH FINANCIAL SERVICES GROUP (1998): Fact Sheet Finite Risk, Mai, Zürich.

ZUR BRÜGGE, R. (2003):Multidimensionale Kundensegmentierung in Finanzdienstleistungsunternehmen, Band 38 der zeb/Schriftenreihe, Hrsg.: ROLFES, B./SCHIERENBECK, H., Frankfurt am Main.

Stichwortverzeichnis

Printed by Printforce, the Netherlands